ŒUVRES

DE POTHIER.

IMPRIMERIE DE J. TASTU,
RUE DE VAUGIRARD, N°. 36.

ŒUVRES

DE POTHIER,

CONTENANT

LES TRAITÉS DU DROIT FRANÇAIS.

NOUVELLE ÉDITION

MISE EN MEILLEUR ORDRE ET PUBLIÉE PAR LES SOINS

DE M. DUPIN,

AVOCAT A LA COUR ROYALE DE PARIS ;

AUGMENTÉE D'UNE DISSERTATION SUR LA VIE ET LES OUVRAGES
DE CE CÉLÈBRE JURISCONSULTE, PAR LE MÊME.

Ornée d'un beau portrait et d'un fac-similé.

TOME SIXIÈME.

PARIS.

CHASSERIAU, LIBRAIRE,

RUE NEUVE-DES-PETITS-CHAMPS, N. 5.

1823.

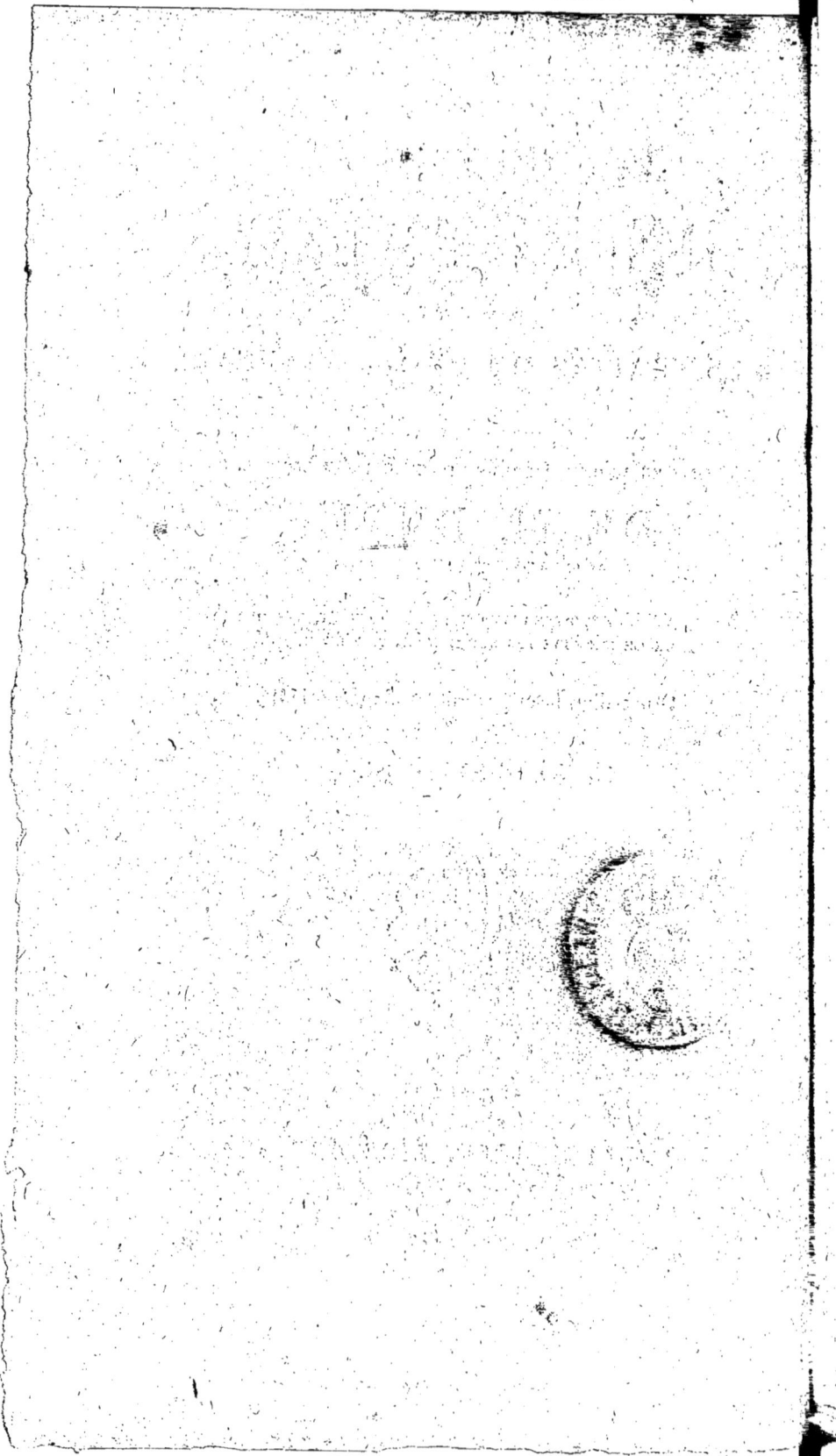

TRAITÉ

DE LA PUISSANCE DU MARI

SUR LA PERSONNE ET LES BIENS

DE LA FEMME.

~~~~~~

ARTICLE PRÉLIMINAIRE.

Le mariage, en formant une société entre le mari et la femme, dont le mari est le chef, donne au mari, en la qualité qu'il a de chef de cette société, un droit de puissance sur la personne de la femme, qui s'étend aussi sur ses biens.

Nous traiterons, dans une première partie, de la puissance qu'il a sur la personne de la femme; dans la seconde, de celle qu'il a sur ses biens.

————

PREMIÈRE PARTIE.

De la puissance du mari sur la personne de la femme.

————

ARTICLE PREMIER.

1. La puissance du mari sur la personne de la femme, consiste, par le droit naturel, dans le droit, qu'a le mari, d'exiger d'elle tous les devoirs de soumission qui sont dus à un supérieur.

Un de ses principaux effets, est un droit, qu'a le mari, d'obliger sa femme à le suivre partout où il juge à propos d'aller demeurer ou résider, pourvu néanmoins que ce ne soit pas hors du royaume et en pays étranger : car si le mari, en abjurant sa patrie, voulait s'y établir, la femme, qui doit encore plus à sa patrie qu'à son mari, ne serait pas obligée de l'y suivre, et d'imiter l'abjuration que son mari fait de sa patrie.

Le droit civil a beaucoup augmenté la puissance du mari sur la personne de sa femme.

Par l'ancien droit romain, la puissance, qu'un père de famille avait sur la personne de sa femme, était immense : elle était la même que celle qu'il avait sur ses enfans et sur ses esclaves. Il acquérait cette puissance de trois différentes manières, *confarreatione, coëmptione et usu.* Ceux, qui seront curieux de connaître quelles étaient ces différentes manières d'acquérir cette puissance, et en quoi elle consistait, peuvent consulter ce que nous en avons écrit dans notre ouvrage des Pandectes, au titre *de his qui sui vel alieni juris sunt*, n° 9, surtout dans les notes, *et in prætermissis ad hunc titulum.*

2. Nous nous bornerons à traiter de ce en quoi notre droit municipal fait principalement consister la puissance qu'il donne au mari, sur la personne de sa femme.

Nos Coutumes ont mis la femme dans une telle dépendance de son mari, qu'elle ne peut rien faire de valable, et qui ait quelque effet civil, si elle n'a été habilitée et autorisée par lui à le faire.

La Coutume d'Orléans est celle qui s'en explique le mieux : il y est dit, *art.* 194 : « Femme mariée ne peut donner, aliéner, disposer, ni aucunement contracter entre vifs, sans autorité et consentement de son mari. »

Sur cette autorisation du mari, qui est nécessaire à la femme, nous verrons, dans une première section, ce que c'est que cette autorisation, sur quoi elle est fondée, et comment elle peut être suppléée : dans une seconde, quelles sont les femmes qui ont besoin de l'autorisation de leurs maris, et quels sont les maris qui peuvent autoriser leurs femmes : dans une troisième, dans quels actes l'autorisation est nécessaire, en quels cas la femme en est dispensée : dans une quatrième, comment et quand doit s'interposer l'autorisation ; enfin, dans une cinquième section, nous exposerons l'effet, tant de l'autorisation, que du défaut d'autorisation.

SECTION PREMIÈRE.

Ce que c'est que l'autorisation du mari, dont la femme a besoin, et sur quoi elle est fondée ; quand la femme commence à en avoir besoin ; et comment elle peut être suppléée.

§ I. Ce que c'est que l'autorisation du mari, dont la femme a besoin ; et sur quoi elle est fondée.

3. On peut définir l'autorisation du mari, qui est nécessaire à la femme, un acte par lequel le mari habilite sa femme pour

quelque acte qu'elle ne peut valablement faire que dépendamment de lui.

Le besoin, qu'a la femme de cette autorisation de son mari, n'est pas fondé sur la faiblesse de sa raison; car une femme mariée n'a pas la raison plus faible que les filles et les veuves, qui n'ont pas besoin d'autorisation.

La nécessité de l'autorisation du mari n'est donc fondée que sur la puissance, que le mari a sur la personne de sa femme, qui ne permet pas à sa femme de rien faire que dépendamment de lui.

4. Il suit de ces principes, que l'autorisation du mari, dont la femme a besoin, est très-différente de l'autorité d'un tuteur, dont le mineur, qui est sous puissance de tuteur, a besoin. Celle-ci n'est requise uniquement qu'en faveur du mineur, pour empêcher qu'il ne soit surpris, et qu'il ne contracte quelque engagement préjudiciable à ses intérêts : c'est pourquoi, le défaut de cette autorisation ne peut être opposé que par le mineur, ou par ceux qui sont à ses droits, et qui le représentent. Lorsque le mineur juge que le contrat, qu'il a fait sans l'autorité de son tuteur, lui est avantageux, il peut en poursuivre l'exécution, sans que ceux, avec lesquels il a contracté, puissent lui opposer le défaut de l'autorisation de son tuteur, qui n'est pas intervenue au contrat : *Placuit* (dit Justinien, au titre des Institutes *de auctor. tutor.*) *meliorem quidem conditionem licere eis (pupillis) facere, etiam sine tutoris auctoritate, deteriorem verò non aliter quàm cum tutoris auctoritate. Undè in his causis, ex quibus obligationes mutuæ nascuntur, ut in emptionibus venditionibus, etc. Si tutoris auctoritas non interveniat, ipsi quidem, qui cum his (pupillis) contrahunt, obligantur; at invicem pupilli non obligantur.*

Au contraire, l'autorisation du mari, dont la femme a besoin pour contracter valablement, n'étant pas requise en faveur de la femme, mais en faveur du mari; pour maintenir la puissance qu'il a sur sa femme, il n'importe, pour la nullité d'un contrat et autres actes, que la femme fait sans être autorisée de son mari, que ces actes soient avantageux ou désavantageux à la femme. C'est ce qui résulte des termes employés par les Coutumes : *Femme mariée ne peut* AUCUNEMENT CONTRACTER. L'Ordonnance des donations de 1731, reconnaît et suppose ce principe; car quoique l'acceptation, que fait une femme mariée, d'une donation pure et simple qui lui est faite, ne puisse que lui être avantageuse, néanmoins elle décide, *art.* 9, que cette acceptation est nulle, si la femme n'est autorisée de son mari pour la faire.

5. De-là, naît encore une autre différence entre l'autorité du mari et celle d'un tuteur. Celle-ci n'étant requise qu'en faveur du mineur, la nullité du contrat, que le mineur a fait sans l'autorité

de son tuteur, n'est qu'une nullité relative, qui n'a lieu qu'autant que le mineur jugerait que le contrat lui est désavantageux : c'est pourquoi, lorsque le mineur, devenu majeur, l'a approuvé, soit expressément, en le ratifiant, soit tacitement, en laissant passer le temps de la restitution, sans s'être pourvu contre, cette approbation purge le vice, qui résultait du défaut d'autorité du tuteur; et le contrat porte hypothèque, de ce jour, sur les biens du mineur, lorsqu'il a été passé devant notaires.

Au contraire, l'autorisation du mari étant requise pour habiliter la femme à contracter, laquelle, tant qu'elle est sous puissance de mari, en est, sans cette autorisation, absolument incapable, la nullité des contrats et autres actes, qu'elle a faits sans cette autorisation, est une nullité absolue, qui ne peut être purgée ni couverte par la ratification que la femme ferait de cet acte depuis sa viduité. Cette ratification ne peut donc rendre valable l'acte qui a été fait sans l'autorisation de son mari; elle ne peut valoir que comme un nouveau contrat, qui ne peut avoir d'effet que du jour qu'elle est intervenue.

6. Cette autorisation n'est pas un simple consentement; le contrat, auquel le mari aurait donné son consentement, en y souscrivant, ne sera pas pour cela valable, s'il n'a pas expressément autorisé la femme pour le faire.

§ II. Quand la femme commence-t-elle à avoir besoin d'autorisation.

7. La puissance, qu'a le mari sur la personne de sa femme, étant un effet du mariage, elle ne peut commencer qu'avec le mariage, l'effet ne devant pas précéder sa cause. Ce n'est donc que du jour de la bénédiction nuptiale que la femme passe sous la puissance de son mari, et, par conséquent, ce n'est que de ce jour que doit commencer le besoin qu'elle a d'autorisation, qui est un effet de cette puissance.

8. Néanmoins, quelques Coutumes ont assujetti la femme, aussitôt qu'elle est fiancée, à se faire autoriser par son fiancé. Telle est la Coutume d'Artois, qui dit en l'article 87 : « La femme, » dès qu'elle est fiancée, ne peut contracter, ne disposer de ses » biens par testament, ne autrement, sans l'autorité de son » fiancé. »

Quoique Dumoulin ait traité d'impertinente cette disposition de Coutume (*Hoc ineptum*, dit-il en sa note, *quàm possit majus, scilicet discedere à sponsalibus*), néanmoins, elle doit être suivie dans son territoire.

9. Quoique cette Coutume assujettisse la femme à l'autorisation, *dès qu'elle est fiancée*, néanmoins, vis-à-vis de ceux qui ont contracté avec une fiancée, cette incapacité ne peut leur être opposée, que lorsque les fiançailles ont été rendues publiques, par la

publication des bancs : autrement, il serait injuste qu'ils fussent induits en erreur par des fiançailles qu'ils pouvaient ignorer, des fiançailles n'étant pas si publiques que l'est un mariage.

10. Cette puissance, donnée au fiancé sur sa fiancée, étant un effet anticipé que cette Coutume donne au futur mariage, c'est une conséquence que, lorsque le mariage ne se fait pas, il n'y a pas lieu à cette puissance; et que tout ce que la fiancée a fait, sans l'autorité de son fiancé, est valable.

11. Cette disposition de la Coutume d'Artois, qui assujettit les femmes fiancées à la puissance du fiancé, ayant pour objet de régler l'état de ces femmes, est un statut personnel, qui ne peut, par conséquent, avoir lieu que sur les femmes soumises à son empire, par le domicile qu'elles ont dans son ressort, lors des fiançailles.

§ III. Comment l'autorisation du mari est-elle suppléée par celle du juge.

12. Comme un mari pourrait refuser d'autoriser sa femme pour des actes qu'elle a intérêt de faire, ou pourrait être trop éloigné pour donner cette autorisation aussi promptement que le cas l'exige, nos Coutumes ont pourvu à cela, en permettant, en ce cas, à la femme de se faire autoriser par le juge, sur le refus ou pour l'absence de son mari. La femme doit, en ce cas, donner requête au juge, par laquelle elle expose quel est l'acte, pour lequel elle demande à être autorisée, l'absence, ou le refus de son mari de l'autoriser; duquel refus elle fait apparoir, par la sommation qu'elle lui en a faite. Le juge, en connaissance de cause, l'autorise par l'ordonnance qu'il met au bas de sa requête. Cette autorisation du juge est représentative de celle du mari, et y supplée; elle rend la femme habile à faire l'acte, pour lequel le juge l'a autorisée, de même que si elle était autorisée par son mari.

13. La seule différence entre l'autorisation du mari et celle du juge, est que, lorsqu'une femme, durant le mariage, a contracté quelque obligation, n'étant autorisée que par le juge, le créancier ne peut se faire payer sur les biens de la communauté, tant qu'elle subsiste, si ce n'est jusqu'à concurrence de ce que la communauté aurait profité de l'affaire, pour laquelle la femme a contracté l'obligation; sauf à lui à se pourvoir, après la dissolution de la communauté, sur les biens de la femme : au lieu que, lorsque la femme a été autorisée de son mari, pour quelque obligation qu'elle a contractée durant le mariage, le mari ayant approuvé l'obligation, ne peut s'opposer au paiement que le créancier en exige durant la communauté; le mari a seulement droit de prétendre, lors de la dissolution de la communauté, récompense de la somme qui en a été tirée pour l'acquitter, si la dette était une dette, qui ne concernât que des affaires particulières à la femme, dont elle eût seule profité, et dont elle fût seule débitrice.

14. Il reste à observer qu'il n'y a qu'un juge séculier qui puisse accorder cette autorisation. Denisart, en ses notes sur un acte de notoriété du Châtelet de Paris, du 22 février 1695, rapporte un arrêt de 1729, qui a déclaré abusive l'ordonnance d'un official de Séez, séant à Mortagne, par laquelle il avait autorisé une femme, sur le refus de son mari, à procéder devant lui sur une demande en réclamation de vœux, qui avait été donnée contre elle, devant lui, par son fils. La raison est, que l'autorisation du juge, qui rend la femme habile, soit à contracter, soit à ester en jugement, concerne l'état civil de sa personne, lequel est entièrement du ressort de la puissance séculière.

SECTION II.

Quelles sont les femmes qui ont besoin de l'autorisation de leurs maris; et quels sont les maris qui peuvent autoriser leurs femmes.

ARTICLE PREMIER.

Quelles femmes ont besoin de l'autorisation de leurs maris.

Nous traiterons cette question par rapport, 1° aux femmes séparées de biens; 2° aux marchandes publiques; 3° à celles dont le mari a perdu l'état civil; 4° à celles dont le mari a perdu l'usage de la raison; 5° à celles dont on ignore ce qu'est devenu le mari; 6° à celles dont le mari passe pour mort dans le public.

§ I. Des femmes séparées de biens.

15. Le besoin, qu'a une femme de l'autorisation de son mari, pour les contrats et autres actes qui se présentent dans le commerce de la société civile, ayant son fondement dans la puissance que son mari a sur sa personne, comme nous l'avons vu en la section précédente, et non sur la communauté de biens en laquelle elle est avec son mari, on en doit conclure qu'une femme, quoique séparée de biens, soit par son contrat de mariage, soit par une sentence de séparation intervenue depuis le mariage, ne laisse pas d'avoir besoin de l'autorisation de son mari pour les actes qu'elle fait, sauf pour ceux qui ne concerneraient que la simple administration de ses biens.

C'est pourquoi, la seule différence, que la séparation de biens met entre la femme qui est séparée de biens, et celle qui ne l'est pas, par rapport à la nécessité de l'autorisation, est que la femme, qui n'est pas séparée, ne peut faire valablement aucun acte, aucun contrat, quel qu'il soit, sans autorisation de son mari, ou du juge. Au contraire, la femme séparée ayant, par sa séparation, le droit d'administrer elle-même ses biens, les Coutumes l'ont dispensée de l'autorisation pour tous les actes qui ne concernent que la simple administration de ses biens.

C'est ainsi qu'il faut entendre ce qui est dit en l'article 234 de la Coutume de Paris : « Une femme mariée ne se peut obliger » sans le consentement de son mari, si elle n'est séparée par effet, » ou marchande publique. »

Le sens de cet article est, que la femme mariée, qui n'est ni séparée, ni marchande publique, ne peut, en aucun cas, par quelque acte ou par quelque contrat que ce soit, s'obliger sans le consentement de son mari.

Mais on n'en doit pas conclure que celle, qui est séparée, puisse indistinctement, pour quelque acte que ce soit, se passer de l'autorisation de son mari : elle peut s'en passer seulement pour les actes et contrats qui ne concernent que l'administration de ses biens, que la séparation lui donne droit d'administrer.

A l'égard de tous les autres actes, comme seraient les contrats de vente ou d'échange d'un héritage, un emprunt de sommes considérables, l'acceptation ou répudiation d'une succession échue à la femme, et généralement tous les actes qui ne sont pas de simple administration, la femme, quoique séparée, ne peut valablement les faire sans l'autorisation de son mari, ou du juge.

16. La Coutume de Montargis s'est écartée de ces principes. Cette Coutume dispense entièrement la femme qui est séparée, de se faire autoriser pour quelques actes que se soit, de même que si elle était à cet égard délivrée de la puissance de son mari : elle dit, au chapitre 8, article 6 : « Femme séparée, quant aux » biens solemnellement, peut et lui loist contracter et disposer » de ses biens meubles et immeubles, ainsi et en la manière » qu'elle pourrait faire, si elle n'était mariée. »

La Coutume de Dunois, *art.* 58, a une semblable disposition.

Notre ancienne Coutume d'Orléans, en *l'article* 171, avait la même disposition; mais cet article a été retranché lors de la réformation; et l'on observe aujourd'hui, en cette Coutume, de même qu'ailleurs, que la femme n'est dispensée de l'autorisation, que pour les actes de simple administration. Mornac, *ad* l. 21, *cod. de procurat.*, rapporte un arrêt rendu en la Coutume d'Orléans, l'an 1586, trois ans après sa réformation, qui a jugé que la femme séparée avait besoin d'autorisation, pour l'aliénation de ses immeubles. Il est aussi rapporté par Lalande.

Par la même raison, lorsque la femme a vendu, étant autorisée de son mari, quelque héritage, dont le prix n'a pas été payé lors du contrat, elle aura encore besoin de l'autorisation de son mari, pour en recevoir le prix, lorsque l'acheteur le paiera; car il en doit être fait un emploi auquel le mari a intérêt de veiller.

17. Dans les Coutumes, qui admettent le principe que la séparation ne dispense la femme mariée de l'autorisation, que

pour les actes d'administration, on a douté si le rachat d'une rente constituée, qui était fait à une femme séparée, à qui elle était due, pouvait passer pour un acte de pure administration. La raison, pour le regarder comme tel, était que ce rachat étant un acte nécessaire, la femme ne pouvait refuser son consentement. Néanmoins, comme il contient l'extinction, et, par conséquent, l'aliénation du principal de la rente, qui est immeuble, et que le mari a intérêt d'y être appelé, afin de veiller au remploi des deniers pour la sûreté des charges du mariage, auxquelles la femme doit contribuer, il a été jugé que l'autorisation du mari, ou du juge, à son défaut, était nécessaire. C'est pourquoi, lorsque le débiteur offre le rachat de la rente à la femme, si elle ne rapporte pas un acte d'autorisation, ce débiteur peut demander, pour faire le rachat sûrement, et pour être déchargé des intérêts, que les deniers demeurent en dépôt chez le notaire, jusqu'à ce que la femme ait rapporté une autorisation.

18. Il reste à observer, que, pour qu'une femme puisse être regardée comme séparée, et qu'elle puisse, en conséquence, faire, sans autorisation, les actes d'administration de ses biens, il ne suffit pas qu'elle ait obtenu une sentence de séparation ; il faut que cette sentence ait été mise à exécution, soit par la restitution de la dot, soit par des poursuites pour se la faire restituer, qui soient subsistantes. C'est ce que signifient ces termes de l'article 234, ci-dessus rapportés, *séparée par effet*.

La raison est, qu'une sentence de séparation, lorsqu'elle n'est pas suivie d'exécution, est regardée comme nulle et non avenue, comme nous le verrons en notre traité de la communauté, n. 518.

19. La simple clause d'exclusion de la communauté ne dispense la femme de l'autorisation pour aucun acte ; car cette clause ne prive pas le mari du droit de jouir des biens de sa femme, *ad sustinenda onera matrimonii :* cette clause n'en laisse pas l'administration à la femme, comme nous le verrons en notre Traité de la Communauté, n. 461.

§ II. De la femme, marchande publique.

20. La Coutume de Paris, après avoir parlé de la femme séparée, parle aussi de la femme, marchande publique : elle dit, article 236 : « La femme, marchande publique, se peut obliger » sans son mari, touchant le fait et dépendance de ladite mar- » chandise. »

L'article 235 explique ce que la Coutume entend par marchande publique. Il y est dit : « La femme n'est réputée marchande pu- » blique, pour débiter les marchandises dont son mari se mêle ; » mais elle est réputée marchande publique, quand elle fait mar- » chandise séparée, et autre que celle de son mari. »

La femme d'un marchand, quoiqu'elle aide son mari dans son

commerce, n'est donc pas ce que la Coutume entend par une marchande publique : elle ne peut, de même que toute autre femme, faire valablement, en son propre nom, aucun acte ni aucun contrat, sans l'autorisation de son mari ; et, lorsqu'elle débite dans la boutique de son mari, et qu'elle fait quelques autres espèces de marchés, que son mari est dans l'habitude de lui permettre de faire, ce n'est pas elle qui est censée contracter ; elle ne fait que prêter son ministère à son mari, qui est censé contracter par son ministère. Elle est, en cela, semblable à un facteur, ou à une fille de boutique, lesquels, lorsqu'ils contractent pour leur maître, ne sont pas censés contracter en leur nom, et ne s'obligent pas, mais obligent leur maître, qui est censé faire lui-même, par leur ministère, les contrats qu'ils font pour lui, et qu'il est dans l'habitude de faire par leur ministère.

Pour qu'une femme soit marchande publique, et dans le cas de l'article de la Coutume, il faut donc qu'elle fasse publiquement un commerce, dont son mari ne se mêle pas, soit que son mari n'en fasse aucun, soit qu'il en fasse un différent de celui de sa femme.

21. La femme, marchande publique, peut, sans avoir besoin d'autorisation, faire valablement tous les contrats qui dépendent de son commerce, tels que sont les ventes et les achats des marchandises de son commerce, les achats des ustensiles, les louages des ouvriers et ouvrières qu'elle emploie pour son commerce, les lettres de change qu'elle donne, qu'elle endosse ou qu'elle accepte pour le fait de son commerce, etc.

L'utilité du commerce, et la nécessité, ont fait dispenser la marchande publique de l'autorisation pour ces actes ; cette femme n'ayant pas toujours son mari à ses côtés, qui puisse l'autoriser pour ces actes, lesquels souvent ne souffrent pas de retardement.

22. La marchande publique non-seulement s'oblige elle-même par lesdits contrats ; elle oblige aussi son mari, lorsqu'elle est commune : (*Etant marchande publique*, dit l'article 234,) *elle s'oblige et son mari, touchant le fait et dépendance de ladite marchandise*, et même par corps.

La raison est, que l'approbation, que le mari est censé donner au commerce que fait sa femme à son vu et su, renferme une approbation de tous les contrats qu'elle fait, qui en dépendent, et une accession de sa part aux obligations qui en naissent.

§ III. De la femme dont le mari a perdu l'état civil.

23. Le besoin, qu'ont les femmes de l'autorisation de leurs maris, étant, comme nous l'avons vu *suprà*, n. 2 *et* 3, un effet civil de la puissance que les maris ont sur elles, il suit de-là, que, lorsque le mari a perdu son état civil par une condamnation à une peine capitale, ayant, en ce cas, perdu tous les droits qu'il

avait dans la société civile, dont il est retranché, et, par conséquent, le droit de puissance qu'il avait sur sa femme, quant aux effets civils, la femme, qui est délivrée de cette puissance à cet égard, peut faire tous les actes et contrats qu'elle juge à propos de faire, sans avoir besoin de l'autorisation de son mari, de même que si elle était fille ou veuve.

Elle n'a pas non plus besoin de se faire autoriser par le juge; car cette autorisation n'étant que représentative et supplétive de celle du mari, elle ne peut être nécessaire à une femme qui, étant délivrée de la puissance de son mari, quant aux effets civils, n'a plus besoin de l'autorisation de son mari.

24. Lorsque c'est par contumace que le mari a été condamné à une peine capitale, on ne peut contracter sûrement avec la femme, si elle n'est au moins autorisée par le juge, à défaut de l'autorisation du mari. Il est vrai que si le mari meurt, après les cinq ans écoulés depuis l'exécution de la sentence, sans s'être représenté, il est censé avoir perdu l'état civil, du jour de l'exécution de la sentence; et, en conséquence, tous les actes, faits depuis par la femme, quoique sans autorisation, sont valables. Mais si le mari est mort dans les cinq ans, ou s'il s'est représenté, ou a été arrêté, la contumace étant, en ce cas, mise au néant, et n'ayant eu aucun effet, la femme ne sera pas censée avoir été délivrée de la puissance de son mari, et, en conséquence, tous les actes, par elle faits sans autorisation, seront nuls.

§ IV. De la femme dont le mari est tombé en démence.

25. Lorsqu'un mari est tombé dans un état de démence, cet état étant une infirmité qui peut lui être survenue sans sa faute, ne doit le priver d'aucun de ses droits, ni, par conséquent, du droit de puissance qu'il a sur sa femme; il en empêche seulement l'exercice. La femme demeurant donc toujours sous puissance de mari, à défaut de l'autorisation que ce mari ne peut lui donner, elle doit avoir recours à celle du juge, qui en est représentative.

26. Lorsque, dans ce cas, la femme est créée curatrice par le juge, à la personne et aux biens de son mari, sa nomination à cette curatelle renferme nécessairement une autorisation pour administrer tant les biens de son mari que les siens. La femme n'a donc pas besoin d'aucune autre autorisation. Mais elle ne pourrait, sans une autorisation particulière du juge, aliéner quelqu'un de ses héritages, accepter ou répudier une succession qui lui serait échue, et faire tout autre acte qui excèderait les bornes d'une administration.

§ V. De la femme dont on ignore ce qu'est devenu le mari.

27. Quoiqu'on ignore où est le mari, et qu'il soit incertain s'il

est vivant ou mort, la femme doit avoir recours à l'autorisation du juge, pour suppléer à celle du mari; car, ne pouvant pas être délivrée de la puissance de son mari, que par la mort naturelle ou civile de son mari, ni, par conséquent, recouvrer, sans cela, le pouvoir de contracter sans autorisation, qu'elle a perdu en se mariant, elle ne pourrait pas établir la validité des contrats, et autres actes qu'elle aurait faits sans autorisation, faute de pouvoir prouver que, lorsqu'elle a fait ces actes, son mari était mort, et qu'elle avait le pouvoir de contracter sans autorisation.

Néanmoins, comme il n'est guère possible que la femme ait recours à l'autorisation du juge, pour chacun des actes qui sont à faire pour l'administration des biens, tant de son mari que d'elle, j'aurais de la peine à ne pas regarder comme valables tous les actes et contrats de pure administration, quoique faits sans autorisation. Il est pourtant plus sûr que cette femme se fasse autoriser par le juge, pour cette administration.

§ VI. De la femme dont le mari passe pour mort dans le public.

28. Lorsque la femme, et les personnes qui ont contracté avec elle, ont eu un juste sujet de croire que son mari était mort, et que la femme avait, en conséquence, le pouvoir de contracter sans autorisation; comme lorsqu'un homme ayant été vu parmi les morts, après une bataille, et cru mort, quoiqu'il ne le fût pas, on a donné des certificats en bonne forme de sa mort; si, sur la foi de ces certificats, la femme a fait plusieurs contrats avec plusieurs personnes, sans autorisation, et que le mari ait depuis reparu, je pense, qu'en ce cas, tant la femme que ceux qui ont contracté avec elle, ayant eu, sur le fondement de ces certificats, un juste sujet d'être persuadés de la mort du mari, et ayant, en conséquence, contracté de bonne foi, sans l'autorisation qu'on croyait de bonne foi n'être plus nécessaire, cette bonne foi, tant de la femme que de ceux qui ont contracté avec elle, doit suppléer au défaut de la formalité de l'autorisation, et rendre ces contrats valables. C'est le cas de cette maxime des interprètes, *Error communis facit jus.* Lorsque le public a un juste sujet de croire qu'une personne a un état, que, dans la vérité, elle n'a pas, l'intérêt du commerce de la société civile exige que cette personne puisse faire valablement les mêmes actes qu'elle ferait, si elle avait véritablement cet état; autrement l'erreur, dans laquelle est le public, sur l'état de cette personne, troublerait le commerce, et serait préjudiciable à toutes les personnes qui auraient affaire à elle. Suivant ces principes, dans l'espèce proposée, l'erreur, dans laquelle était le public, sur l'état de la femme qui passait pour veuve, ayant eu un juste fondement dans les certificats en bonne forme, qui avaient été donnés de la mort de son mari, tous les actes et contrats, que cette femme, qui passait pour veuve, quoiqu'elle ne

le fût pas, a faits sans autorisation, sont aussi valables que si elle eût été effectivement veuve. *Voyez* Barthole et les autres docteurs, *ad* l. *Barbarius Philippus*, ff. *de off. prætoris.*

ARTICLE II.

Quels maris peuvent autoriser leurs femmes.

29. Un mari, quoique mineur, a le droit de puissance maritale sur la personne de sa femme, quoiqu'elle soit majeure; d'où il suit qu'un mari, quoique mineur, a le pouvoir d'autoriser sa femme, soit qu'elle soit mineure, soit qu'elle soit majeure; ce pouvoir étant un effet et une dépendance de la puissance qu'il a sur elle.

30. Un mari mineur, quoiqu'il n'ait pas le pouvoir d'aliéner ses propres biens immeubles, a néanmoins le pouvoir d'autoriser sa femme majeure, pour l'aliénation des immeubles de cette femme.

La femme, comme majeure, étant capable, par elle-même, d'aliéner ses immeubles, et n'ayant besoin, pour le faire valablement, que de l'autorisation de son mari, l'aliénation, qu'elle en fait, autorisée de son mari, quoique mineur, est valable, et elle ne peut se faire restituer contre.

Mais, si le mari mineur souffre quelque préjudice de l'autorisation qu'il a donnée, pour l'aliénation de l'immeuble de sa femme, n'ayant pas reçu l'équivalent de la jouissance de cet immeuble, dont sa communaute est privée par l'aliénation qui en a été faite, les mineurs étant restituables contre tous les actes qu'ils font, qui sont préjudiciables à leurs intérêts, ce mari mineur peut prendre des lettres de rescision, contre l'autorisation qu'il a donnée à sa femme, pour cette aliénation; et cette autorisation étant rescindée et annulée, l'aliénation, que la femme a faite, se trouvant, par ce moyen, destituée d'autorisation, deviendra nulle; rien de ce qu'une femme mariée fait, ne pouvant être valable sans autorisation.

Lorsqu'un mari mineur ne souffre aucun préjudice de l'autorisation qu'il a donnée pour l'aliénation d'un héritage de sa femme; comme lorsqu'il a autorisé sa femme majeure pour faire à quelqu'un donation entre vifs de son héritage propre, avec rétention d'usufruit, l'acte ne peut recevoir d'atteinte ni de la part de la femme, ni de la part du mari. Il ne le peut de la part de la femme, puisque étant majeure, elle est très-capable de disposer de ses héritages par donation entre vifs, de même qu'à tout autre titre, pourvu qu'elle soit autorisée de son mari.

L'acte ne peut pareillement recevoir d'atteinte de la part du mari; car, au moyen de la rétention de l'usufruit, la jouissance de l'héritage devant toujours tomber dans sa communauté, tant qu'elle durera, il ne souffre aucun préjudice de l'autorisation qu'il a donnée à sa femme, pour faire la donation, et il ne peut, par conséquent, être recevable à se pourvoir contre son autorisation.

31. Lorsque la femme est mineure, le mari, qui est aussi mineur, peut bien l'autoriser, quant aux actes pour lesquels les mineurs émancipés n'ont pas besoin de curateur, tels que sont tous les actes de simple administration; mais il ne peut lui tenir lieu de curateur, quant aux actes pour lesquels les mineurs émancipés ont besoin d'un curateur, tels que sont ceux qui concernent le fonds de quelqu'un de leurs immeubles. Par exemple, il ne suffit pas que le mari, lorsqu'il est mineur, ait été assigné, avec sa femme, sur une demande en licitation, ou sur une demande en retrait donnée contre sa femme, et qu'il soit partie avec elle dans l'instance; il faut que la femme soit en outre assistée d'un curateur pour y défendre.

Lorsque le mari est majeur, il peut tenir lieu à sa femme, de curateur.

32. A l'égard des actes, que les mineurs ne peuvent faire valablement, même avec un curateur, un mari, quoique majeur, ne peut les rendre valables, en autorisant sa femme mineure pour les faire.

Par exemple, l'aliénation volontaire, que la femme mineure aurait faite de quelqu'un de ses immeubles, ne laisserait pas d'être nulle, quoiqu'elle eût été autorisée par son mari majeur. L'autorisation du mari n'est pas néanmoins, en ce cas, tout-à-fait inutile; car l'incapacité, qui résulte de la minorité de la femme, pour les aliénations volontaires de ses immeubles, n'étant qu'une incapacité relative, qui n'est établie qu'en faveur de la mineure, la nullité des aliénations volontaires de ses immeubles, que la femme mineure a faites avec l'autorisation de son mari, n'est qu'une nullité relative, qui donne seulement à la femme le droit de se pourvoir contre, et qui cesse par l'approbation que la femme, devenue majeure, donne à ces actes, soit expressément, soit tacitement, en laissant passer le temps dans lequel elle doit se pourvoir contre. Au contraire, l'incapacité, en laquelle est une femme mariée, de rien faire sans autorisation, étant une incapacité absolue, la nullité des actes qu'elle fait sans autorisation, est une nullité absolue : ces actes ne peuvent jamais devenir valables, et il n'est pas besoin de se pourvoir contre.

SECTION III.

Pour quels actes et pour quelles obligations l'autorisation du mari est-elle nécessaire; et en quels cas la femme peut-elle ester en jugement sans son mari.

§ I. Pour quels actes.

33. L'article de la Coutume cité ci-dessus, dit : *Femme mariée ne peut donner, aliéner, ne aucunement contracter,* etc.

Ces termes, *ne peut aliéner*, comprennent les aliénations de meubles, aussi bien que les aliénations d'immeubles; les aliénations nécessaires, aussi bien que les volontaires. Une femme mariée ne peut donc, sans autorisation, recevoir valablement le paiement des sommes ou choses qui lui sont dues; car le paiement, qui est fait à un créancier, renferme une aliénation de sa créance.

Lorsque la femme paie, sans autorisation, ce qu'elle doit, le paiement pourrait paraître, selon la subtilité du droit, n'être pas valable, parce qu'un paiement est une aliénation des choses payées. Néanmoins, lorsque la dette n'est pas contestée, et que le terme du paiement est venu, on doit, pour éviter le circuit d'actions, déclarer valable le paiement qui en a été fait par la femme, quoique sans autorisation. Cela surtout doit avoir lieu, lorsque le créancier a dépensé de bonne foi les deniers qui lui ont été payés. *Arg. l.* 9, § 2, ff. *de auctor. tutor.*

Il suit aussi de-là, qu'une femme mariée ne peut, sans autorisation, répudier une succession qui lui est déférée; car cette répudiation serait une espèce d'aliénation du droit qui lui est déféré.

Elle ne peut pas, non plus, sans l'autorisation de son mari ou du juge, accepter une succession, ni expressément, ni en faisant ce qui passe pour être acte d'héritier; car l'acceptation d'une succession renferme une obligation, que l'héritier contracte envers les créanciers et légataires de la succession; la femme n'étant pas capable de contracter une obligation sans autorisation, ne peut, par conséquent, accepter une succession sans autorisation.

34. Par ces termes, *ne aucunement contracter*, la Coutume déclare nuls tous les contrats que la femme fait sans autorisation, soit qu'ils lui soient préjudiciables, soit même qu'ils lui soient avantageux : elle ne peut pas plus obliger les autres envers elle, que s'obliger envers les autres. L'Ordonnance de 1731 a confirmé ces principes, en déclarant qu'une femme mariée ne pouvait, sans autorisation, accepter valablement une donation qui lui était faite, comme nous l'avons vu *suprà*, *n.* 4.

35. Outre les exceptions que souffrent ces principes, à l'égard des femmes séparées et des femmes marchandes publiques, que nous avons rapportées en la section précédente, les auteurs, qui ont traité de cette matière, ont coutume d'en rapporter encore quelques autres : ils ont coutume d'excepter de la nécessité de l'autorisation, le contrat, fait par une femme, pour retirer son mari de prison. Cette opinion est fondée sur un arrêt du 27 août 1564, rendu *consultis classibus*, dans l'espèce duquel le mari prisonnier avait passé procuration à sa femme, pour vendre une métairie, à l'effet d'employer le prix à satisfaire le créancier qui le retenait en prison. Il avait omis, par la procuration, d'autori-

ser sa femme. La femme, qui avait vendu la métairie, et employé le prix à délivrer son mari de prison, ayant été depuis poursuivie en garantie par l'acheteur qui souffrait éviction, avait opposé à l'acheteur, contre son obligation de garantie, le défaut d'autorisation, et même elle avait pris des lettres de rescision; mais elle en fut déboutée par l'arrêt.

36. Lebrun, qui rapporte cet arrêt, fait trois observations. Il observe, premièrement, que le sentiment du barreau est de restreindre cette exception au cas auquel le mari n'aurait pu être retiré autrement de prison, y étant retenu pour une dette à l'égard de laquelle un débiteur n'est pas admis au bénéfice de cession.

37. La Coutume de Normandie, qui approuve non-seulement l'obligation de la femme, mais même la vente de ses héritages dotaux, pour rédimer son mari de prison, *art.* 541, dit : *Pour rédimer son mari de prison, de guerre, ou de cause non civile.*

38. Une seconde observation, que fait Lebrun, est qu'une femme peut bien être dispensée d'autorisation dans un contrat fait pour délivrer de prison son mari qui y est constitué, mais qu'il en est autrement, lorsque le contrat n'est fait que pour empêcher qu'il y soit constitué. *Arrêt rapporté par Soefve, du 23 mai* 1653, *t.* 1, *cent.* 4, 40.

39. Il fait une troisième observation, qui est, que, même lorsqu'il s'agit de retirer de prison le mari qui y est déjà constitué, la femme, lorsqu'elle est mineure, ne peut s'obliger sans l'autorisation du juge. Dufresne, *tome* 1 *de son Journal, liv.* 6, *chap.* 15, *sur la fin,* dit que M. Talon en faisait une maxime.

40. Quelques auteurs ont aussi pensé que, la femme mariée pouvant contracter sans autorisation, pour retirer son mari de prison, elle le pouvait aussi pour s'en retirer elle-même, lorsqu'elle y était constituée pour stellionat.

Lebrun est d'avis contraire. Il dit que, si le défaut d'autorisation n'est pas considéré, lorsqu'une femme a contracté pour délivrer son mari de prison, c'est par une raison qui est particulière au mari, qui est que la nécessité de l'autorisation ayant été établie en faveur du mari, elle ne doit pas être rétorquée contre lui dans une occasion aussi importante. Cette raison n'ayant pas d'application à la femme, elle ne doit pas être dispensée d'autorisation, lorsqu'elle contracte pour se délivrer de prison, puisqu'il ne tient qu'à elle d'avoir recours à l'autorisation du juge, lorsque son mari lui refuse la sienne.

Mais lorsqu'une femme mariée, marchande publique, a été constituée prisonnière, pour fait de son commerce, Lebrun convient que le contrat, qu'elle fait avec le créancier qui la retient en prison, pour en sortir, est valable sans autorisation; car il est du nombre des contrats relatifs à son commerce, pour lesquels nous avons vu que la femme, marchande publique, n'avait pas besoin d'autorisation.

41. Outre le cas, auquel la femme a contracté sans autorisation, pour retirer son mari de prison, les arrêts ont passé quelquefois par-dessus la formalité de l'autorisation, dans des cas qui leur ont paru favorables. Mornac, *ad l.* 2, ff. *ad Senat. Cons. Vell.* ; et Chenu, *q.* 116, rapportent un arrêt du 12 avril 1595, qui a déclaré valable un contrat, par lequel une femme, en l'absence de son mari, avait, sans autorisation, constitué une dot modique à sa fille. L'annotateur de Lebrun en rapporte un autre du 13 mars 1651, qui a pareillement déclaré valable un contrat de dotation fait par une femme non autorisée, pour l'entrée en religion de sa fille. Ces arrêts ne doivent pas être tirés à conséquence : une femme doit, en ce cas, avoir recours à l'autorisation du juge, lorsqu'elle ne peut avoir celle de son mari.

42. Ricard, Lebrun et d'autres auteurs exceptent encore de la nécessité de l'autorisation, les contrats qui interviennent durant le mariage entre le mari et la femme, tels que sont les dons mutuels. Les moyens, sur lesquels ils fondent leur opinion, ne me paraissent pas solides. Ils disent, 1° que le besoin, qu'a la femme de l'autorisation de son mari, étant un droit établi en faveur du mari, on ne doit pas le rétorquer contre lui, et opposer le défaut d'autorisation contre des contrats de sa femme, lorsqu'il a intérêt qu'ils soient valables.

Ce principe est démenti par l'Ordonnance de 1731, *art* 9, qui déclare nulles les donations, que la femme a acceptées sans être autorisée, soit que la femme soit commune, soit qu'elle soit séparée, quoique le mari, lorsque la femme est commune, ait intérêt qu'elles soient valables, puisque sa communauté en profiterait.

Ils disent, 2° que le mari ne peut autoriser sa femme, dans un contrat qui intervient entre elle et lui, *quùm nemo possit auctor esse in rem suam.* La Coutume, en permettant expressément le don mutuel entre mari et femme, pour lequel, dit-on, le mari ne peut autoriser sa femme, dispense tacitement cet acte de l'autorisation.

Cette seconde raison n'est pas bonne. Si un tuteur ne peut pas être *auctor in rem suam*, c'est que l'autorité du tuteur étant requise pour veiller à l'intérêt du mineur, un tuteur n'est pas propre à autoriser son mineur, pour des contrats dans lesquels le tuteur a un intérêt contraire à celui du mineur; ce qui ne reçoit aucune application à l'autorisation du mari, qui n'intervient pas pour veiller aux intérêts de la femme, qui est capable d'y veiller elle-même, mais pour habiliter sa femme à contracter : or, il peut également l'habiliter pour un contrat qui intervient entre lui et sa femme, comme pour des contrats que sa femme fait avec des tiers. C'est pourquoi, nonobstant l'avis de ces auteurs, il est plus sûr que le mari autorise sa femme dans les contrats qui interviennent entre lui et elle. Auzanet rapporte un arrêt du 28 août 1635, qui a déclaré nul, contre le mari, un don mutuel, faute d'autorisation de la femme.

43. De droit commun, la femme n'a besoin d'autorisation que pour les actes entre vifs; elle n'en a pas besoin pour des dispositions testamentaires. C'est ce qui résulte de ces termes de la Coutume, *ne peut contracter* ENTRE VIFS ; lesquels restreignent formellement la nécessité de l'autorisation aux actes ENTRE VIFS : d'où il suit qu'elle n'est point requise pour les dispositions testamentaires. La raison est, 1° qu'il est de la nature de ces dispositions, d'être l'ouvrage de la volonté seule du testateur, sans que celle d'aucune autre personne y doive influer; 2° que les testamens étant la dernière volonté, dans laquelle meurt le testateur, ils n'ont leur *être* qu'au temps de la mort du testateur, temps auquel cesse la puissance que le mari avait sur la personne de sa femme, et auquel doit, par conséquent, cesser la nécessité de l'autorisation.

44. Il y a néanmoins quelques Coutumes, qui assujettissent la femme mariée à l'autorisation, même pour ses dispositions testamentaires : telles sont celles du Nivernais, Bourbonnais, Bourgogne, Normandie, etc.

La disposition de ces Coutumes ayant pour objet de régler l'état de la personne mariée, et l'étendue de la dépendance en laquelle elle est de son mari, doit être regardée comme un statut personnel; et elle ne peut, en conséquence, suivant la nature des statuts personnels, exercer son empire que sur les personnes qui y sont sujettes, par le domicile qu'elles ont dans son ressort. C'est pourquoi, une femme mariée, qui a son domicile sous une Coutume qui n'exige pas l'autorisation, peut, sans autorisation, disposer, par testament, de tous ses biens, même de ceux situés sous les Coutumes qui l'exigent.

Vice versâ, une femme mariée, domiciliée sous une Coutume, qui exige l'autorisation du mari pour le testament des femmes mariées, ne peut, sans cette autorisation, disposer par testament, même de ceux de ses biens qui sont situés sous des Coutumes qui ne l'exigent pas, suivant la nature des statuts personnels, qui exercent leur empire sur les personnes qui y sont sujettes, par rapport à tous leurs biens, quelque part qu'ils soient situés.

45. Si une femme, domiciliée sous une Coutume qui requiert l'autorisation du mari, pour les testamens des femmes mariées, a fait son testament sans autorisation, le vice en serait-il purgé par la translation de domicile des conjoints, sous une Coutume qui ne demande pas l'autorisation? La raison de douter est, que,

le testament ne recevant sa perfection qu'au temps de la mort du testateur, il semble que, pour que le testament de cette femme soit valable, il suffit qu'elle ait été, au temps de sa mort, capable de le faire, sans l'autorisation de son mari. La loi 1, § 8, *de bonor. possess. secund. tab.*, décide, au contraire, que, pour qu'un testament soit valable, il faut que le testateur ait eu la capacité de tester, aussi bien au temps de la confection du testament, qu'au temps de sa mort : *Exigit prætor, ut is, cujus bonorum possessio (secundùm tabulas) datur, utroque tempore jus testamenti faciendi habuerit, et cùm testamentum facit, et cùm moritur.* La raison est, que le principe, que les testamens reçoivent leur perfection, lors de la mort du testateur, suppose qu'il y a un testament qui a précédé la mort, auquel la mort donne la perfection qui lui manquait : savoir, l'irrévocabilité, et la force de donner un droit aux personnes, au profit de qui les dispositions sont faites : mais la mort du testateur ne peut donner cette perfection à un acte nul, par l'incapacité en laquelle était de le faire la personne qui l'a fait; un acte nul ne pouvant être perfectionné, le néant n'étant pas susceptible de perfection. La femme, dans cette espèce, ayant donc été incapable de faire le testament qu'elle a fait, faute de l'autorisation qu'exigeait la loi à laquelle elle était alors sujette, sa mort ne peut le confirmer.

46. Lorsque la femme mariée a fait son testament sans autorisation, dans un temps auquel elle n'en avait pas besoin, étant alors domiciliée sous une Coutume qui ne l'exige pas, sera-t-il valable, si, au temps de sa mort, elle se trouve domiciliée sous une Coutume qui l'exige?

Il semble qu'il ne le peut être; car la loi, ci-dessus rapportée, exige, dans le testateur, la capacité de tester au temps de sa mort. La raison est, que, les testamens étant les dernières volontés, dans lesquelles meurt le testateur, et ne recevant, par conséquent, leur perfection, qu'au temps de la mort du testateur, il est nécessaire, pour qu'un testament soit valable, que le testateur soit, lors de sa mort, capable de tester. Or, dit-on, cette femme, qui se trouve, lors de sa mort, sujette à une Coutume qui demande l'autorisation du mari, pour les testamens des femmes mariées, n'ayant point été autorisée pour faire le sien, se trouve, lors de sa mort, incapable de tester; ces Coutumes ne réputant les femmes capables de tester, que lorsqu'elles sont habilitées et autorisées par leurs maris.

Contre le principe, que, pour qu'un testament soit valable, il faut que le testateur ait eu, lors de sa mort, la capacité de tester, on opposera peut-être ce qui est dit en la loi 20, § 4, ff. *qui testam. fac. poss.*, qui décide que le testament d'un fou, qu'il a fait avant qu'il fût devenu fou, est valable : d'où on conclut qu'il n'est pas nécessaire, pour qu'un testament soit valable, que le testateur ait été, au temps de sa mort, capable de tester, puisque le testament d'un homme qui meurt fou, est valable, quoiqu'un fou soit incapable de tester.

La réponse est, qu'on doit faire une grande différence entre un empêchement de fait à la confection du testament, et une incapacité de droit de tester, qui résulte de l'état de la personne. La folie ne forme qu'un empêchement de fait. Un père de famille fou a, par son état de père de famille, le droit et la capacité de tester. La folie n'est qu'un empêchement de fait qui l'empêche de pouvoir user de son droit : cet empêchement, de même que tous les autres empêchemens de fait à la confection d'un testament, ne sont d'aucune considération hors le temps de cette confection. Mais l'empêchement de tester, en lequel est, dans ces Coutumes, une femme mariée, qui n'est pas autorisée de son mari, est une incapacité de droit, qui résulte de son état de femme sous puissance de mari, qui la rend inhabile, si elle n'est habilitée et rendue capable par l'autorisation de son mari. Cette capacité de droit doit se trouver dans la personne de la testatrice, au temps de sa mort; le testament, qui ne reçoit sa perfection qu'au temps de la mort, ne pouvant pas la recevoir dans un temps auquel la testatrice serait incapable de tester.

On répond mieux en convenant du principe, que, pour qu'un testament soit valable, le testateur doit avoir la capacité, c'est-à-dire, le droit de tester; mais en soutenant que, dans l'espèce proposée, la femme avait, lors de sa mort, le droit de tester. Il est vrai que la Coutume, à laquelle elle était sujette lors de sa mort, appose au droit de tester qu'ont les femmes mariées, la condition de se faire autoriser de leurs maris, pour faire leur testament; parce que ces Coutumes ne leur permettent pas de rien faire, pas même un testament, sans l'autorisation de leurs maris : mais cette condition, qui concerne plutôt la confection du testament, que le droit de disposer par testament, ne doit être requise et ne doit être considérée que lors de la confection du testament. La femme, dans notre espèce, n'ayant pas été, lors de la confection de son testament, sujette à une Coutume qui demandât l'autorisation du mari, il a été fait valablement, et rien n'empêche qu'il ne puisse être confirmé par la mort de cette femme, qui a, lors de sa mort, le droit de tester. Un testament, qui a été fait valablement, lors de sa confection, est confirmé par la mort du testateur, sans qu'il soit besoin qu'il intervienne, pour cela, aucun fait confirmatif de la part du testateur : il suffit qu'il ne soit pas intervenu aucun fait contraire, c'est-à-dire, qu'il ne l'ait pas révoqué. Or, l'autorisation du mari n'est requise que pour ce que *fait* la femme; il n'est donc pas besoin d'autorisation pour que la mort de la femme, dans notre espèce, confirme le testament.

2*

C'est une question entièrement semblable à la précédente, si, dans les Coutumes qui demandent l'autorisation du mari pour les testamens des femmes mariées, le testament, qu'une fille a fait, avant son mariage, a besoin d'être confirmé par un acte fait avec l'autorisation de son mari.

47. Dans les Coutumes, qui demandent l'autorisation du mari, pour le testament des femmes mariées, une femme, qui a fait un testament avec l'autorisation de son mari, a-t-elle besoin de son autorisation pour le révoquer? Je ne la crois pas nécessaire. Il est de l'essence des dispositions testamentaires qu'elles soient la dernière volonté dans laquelle meurt le testateur : il suffit donc qu'il paraisse, de quelque manière que ce soit, que cette femme a changé de volonté à l'égard de ses dispositions testamentaires, pour qu'elles ne puissent être valables. Or l'acte, par lequel elle les a révoquées, fait suffisamment connaître son changement de volonté, quoiqu'elle ne se soit pas fait autoriser pour le faire.

C'est mal à propos que Guy-Pape oppose la règle de droit, *Quæque dissolvuntur eodem modo quo colligata sunt.* Cette règle, qui suppose un lien déjà formé, ne peut recevoir d'application aux dispositions testamentaires, qui ne peuvent avoir aucun effet, jusqu'à ce qu'elles aient été confirmées par la mort du testateur qui meurt dans la même volonté.

En vain aussi opposerait-on que *prius testamentum non rumpitur, nisi per posterius æquè perfectum :* car c'était une subtilité du droit romain; et, quoique le testament ne fût pas rompu, quant à la subtilité du droit, ceux, au profit de qui les dispositions qu'il contenait, étaient faites, ne pouvaient en profiter contre la volonté du testateur : *Hæredibus ut indignis, qui non habuerunt supremam voluntatem, abstulit jampridem senatus hereditatem;* l. 12, ff. *de his quæ ut indig.* l. 4, *cod. dict. tit.* Ajoutez que, dans nos Coutumes, nos testamens ne sont que ce qu'étaient les codicilles d'un intestat, qui se révoquaient *nudâ voluntate.*

48. Ce qui a été dit des testamens, ne doit pas être étendu aux contrats, dont l'exécution est différée après la mort de la femme : l'autorisation du mari est nécessaire à la femme pour ces contrats, même dans les Coutumes qui ne la demandent pas pour les testamens.

La raison est, que les testamens n'ont aucun effet qu'au temps de la mort de la femme, temps auquel cesse la puissance du mari; au lieu que les contrats, quoique leur exécution soit différée après la mort de la femme, ont néanmoins leur effet du jour de leur confection. C'est de ce jour qu'ils produisent les engagemens qui en naissent : la femme n'étant pas, alors, capable de contracter aucuns engagemens sans l'autorisation de son mari, elle ne peut, sans cette autorisation, faire valablement ces contrats.

49. La femme mariée n'a besoin d'autorisation que pour les actes qu'elle fait en son nom : lorsqu'elle contracte comme fondée de procuration, soit de son mari, soit de quelque autre personne que ce soit, il n'est pas besoin d'autorisation : car ce n'est pas elle, en ce cas, qui contracte ; c'est celui qui lui a donné procuration, qui contracte par son ministère.

Par la même raison, lorsqu'une femme mariée arrête les parties des marchands et artisans, pour les fournitures faites pour le ménage, ces arrêtés, qu'elle fait, par le consentement tacite de son mari, qui est dans l'usage de la charger de ce soin, n'ont pas besoin de l'autorisation du mari pour être valables ; car ce n'est pas la femme qui est censée faire, en son nom, ces arrêtés, c'est le mari qui est censé les faire par le ministère de sa femme.

§ II. Pour quelles obligations la femme mariée a-t-elle besoin de l'autorisation de son mari.

50. La Coutume de Paris dit en termes généraux, en l'article 234 : « Une femme mariée ne se peut obliger sans le consentement de son mari, si elle n'est séparée, ou marchande publique. »

Quelque généraux que soient ces termes, ils sont néanmoins susceptibles des distinctions que nous allons rapporter.

Cette maxime, que la femme mariée ne peut s'obliger sans le consentement et l'autorité de son mari, n'est qu'une conséquence du principe rapporté ci-dessus, n. 2, qu'une femme mariée ne peut rien faire de valable, et qui ait quelque effet civil, si elle n'est habilitée et autorisée par son mari pour le faire. C'est pourquoi, la maxime doit être restreinte aux obligations qui naîtraient de quelque fait de la femme, pour lequel elle n'aurait pas été autorisée.

Par exemple, une femme mariée n'est pas capable des obligations qui naissent de quelque contrat (1) que ce soit, ni de celles qui naissent d'une acceptation de succession, ou d'une gestion d'affaires d'autrui, ou d'affaires communes, si elle n'a été autorisée pour faire ces contrats, ou pour cette acceptation de succession, ou pour cette gestion, ne pouvant, sans autorisation, faire valablement aucune de ces choses.

Mais, à l'égard des obligations que nous contractons sans aucun fait de notre part, la femme est capable de ces obligations, comme toute autre personne, sans le consentement de son mari.

Telles sont, 1° les obligations que nous contractons, *ex quasi contractu*, par le fait d'un autre, sans aucun fait de notre part.

_____

(1) Sauf aux cas d'exception ci-dessus.

Par exemple, si, pendant l'absence du mari et de la femme, une personne a fait faire des réparations urgentes à une maison du propre de la femme, la femme est obligée envers cette personne, *ex quasi contractu negotiorum gestorum*, sans qu'il soit besoin qu'il intervienne aucun consentement de son mari ; car c'est le fait de ce *negotiorum gestor*, qui produit cette obligation, sans aucun fait de la femme.

Telles sont, 2° les obligations que la loi seule ou l'équité seule produit : la femme mariée est, comme toute autre personne, capable de ces obligations, sans que le consentement de son mari soit nécessaire.

51. De-là suit la décision de la question suivante. J'ai prêté à une femme mariée une somme de mille écus, sans qu'elle ait été autorisée à l'emprunter ; mais elle en a profité, étant justifié qu'elle l'a employée en entier à l'acquittement de ses dettes. Pourrai-je exiger cette somme ? La réponse est, qu'elle n'a pu, à la vérité, contracter l'obligation de me rendre cette somme, qui naît du contrat de prêt ; car, n'ayant pu valablement faire ce contrat, sans être autorisée, elle est incapable de l'obligation qui naît de ce contrat : mais, si elle n'est pas capable de cette obligation, qui naît du contrat de prêt, elle est capable de celle que forme en elle la loi naturelle seule, et indépendamment d'aucun contrat. Cette loi ne permet pas qu'on puisse s'enrichir aux dépens d'un autre ; *neminem æquum est cum alterius detrimento locupletari;* 1. 206, ff. *de reg. jur.;* et elle oblige, en conséquence, cette femme, à me rendre la somme qu'elle a reçue de moi, et qui lui a servi à acquitter ses dettes ; sans quoi, elle s'enrichirait à mes dépens : ce que la loi naturelle ne permet pas.

52. La femme mariée contracte aussi, sans le consentement de son mari, les obligations qui naissent de ses délits et quasi-délits : mais comme le mari, qui, pendant tout le temps que dure la communauté, a droit de jouir de tous les revenus des biens de sa femme, ne doit pas souffrir des délits de sa femme, lorsqu'il n'y a pas eu de part, et qu'il n'a pu les empêcher, ceux, auxquels la femme a fait tort, et qui ont obtenu contre elle des condamnations pécuniaires, ne peuvent s'en faire payer sur les revenus des biens de la femme, tant que la communauté durera, lesdits revenus appartenant au mari pendant ledit temps.

53. Quoique le dol, qu'une femme commet en contractant, soit une espèce de délit, néanmoins, il n'oblige point la femme qui a contracté sans autorisation ; celui, qui en souffre, devant s'imputer d'avoir contracté avec elle.

54. Lorsque la femme a trompé celui avec qui elle a contracté, en prenant la qualité de fille majeure, ou de veuve, s'oblige-t-elle, en ce cas, envers celui avec qui elle a contracté ? Il faut distinguer. Si celui, qui a contracté avec cette femme, a pu

s'informer de l'état et de la condition de cette femme, la femme, en ce cas, ne sera pas obligée envers lui : il devait s'informer de l'état de cette femme : *Qui cum aliquo contrahit, debet esse gnarus conditionis ejus cum quo contrahit.* Autrement, il y aurait une voie ouverte d'éluder la loi, qui ne permet pas aux femmes mariées de contracter sans autorisation ; on leur ferait prendre la qualité de filles majeures, ou de veuves.

Mais lorsqu'une femme, qui n'était point avec son mari, dont on ignorait le mariage dans le lieu de sa demeure, et qui passait dans le public pour fille, contracte dans ce lieu, elle s'oblige envers ceux avec qui elle contracte. Comme il n'était guère possible, en ce cas, aux personnes qui ont contracté avec cette femme, de s'informer si elle était mariée, on ne peut leur imputer de ne l'avoir pas fait. On peut appliquer à ce cas la loi *Barbarius Philippus,* ff. *de offic. præt.*

§ III. Du besoin qu'a la femme de l'assistance de son mari, pour ester en jugement.

55. La femme mariée, étant sous la puissance de son mari, ne peut ordinairement ester en jugement, sans l'assistance de son mari ; ce n'est que par cette assistance qu'elle a *legitimam standi in judicio personam.*

La Coutume de Paris, *art.* 224, en a une disposition : il y est dit : « Femme ne peut ester en jugement, sans le consentement » de son mari, si elle n'est autorisée, ou séparée par justice, et » ladite séparation exécutée. »

La même disposition se trouve dans la plupart des Coutumes, et elle est un droit commun pour tout le pays coutumier.

C'est pourquoi, quoique les actions, qui concernent la propriété des biens immeubles de la femme, appartiennent à la femme, et que le mari ne puisse les intenter sans sa femme, ni y défendre sans elle, la femme ne peut pas non plus intenter lesdites actions sans son mari, ni y défendre sans lui.

Lors donc qu'une femme mariée intente une demande, l'exploit d'assignation doit être donné à la requête du mari et de la femme. Si la demande était donnée à la requête de la femme seule, elle serait nulle, aussi bien que toute la procédure qui aurait été faite, et la sentence qui aurait été rendue sur cette demande.

Pareillement, lorsque quelqu'un intente une action contre une femme mariée, il doit donner la demande contre le mari et la femme : la demande, qui serait donnée contre la femme, serait nulle, aussi bien que toute la procédure et la sentence.

56. Ce principe, qu'une femme mariée ne peut ester en jugement, sans son mari, a lieu, même à l'égard des instances commencées avant son mariage. C'est pourquoi, si, pendant le cours

d'une instance sur une demande qu'une fille a donnée contre quelqu'un, ou qu'on a donnée contre elle, cette fille se marie, on ne
peut plus, depuis son mariage, procéder valablement, ni de part
ni d'autre, jusqu'à ce que l'instance ait été reprise par son mari ;
ou que, sur le refus de reprendre l'instance, elle ait été autorisée
par justice à continuer de la poursuivre, ou d'y défendre.

57. Ce principe souffre quelques exceptions. L'article 224, ci-
dessus rapporté, *n.* 55, en rapporte deux.

La première résulte de ces termes, *si elle n'est autorisée.*

Une femme ne devant pas être exposée à perdre des droits qui
lui appartiennent, par le caprice de son mari, qui refuserait mal-
à-propos de l'autoriser sur la demande qu'elle veut donner pour
les poursuivre en justice, la Coutume lui permet de se faire autoriser par le juge, pour donner la demande. L'autorisation du juge
supplée, en ce cas, à celle du mari, et elle habilite la femme à
ester en jugement sur cette demande, sans le consentement de son
mari.

58. La femme, pour avoir cette autorisation, doit faire apparoir au juge du refus de son mari, sur la sommation qu'elle lui a
faite.

Il n'est pas nécessaire qu'elle prouve la justice de la demande
qu'elle veut intenter, pour que le juge doive autoriser la femme
à l'intenter : il faut néanmoins qu'elle ait quelque apparence de
fondement. C'est pourquoi, la Coutume de Sedan, *tit. 4, art.*
96, après avoir dit que la femme ne peut pas ester en jugement,
sans son mari, ajoute, *n'était que pour son profit et cause raisonnable, elle fût autorisée par justice.*

Ce qui est dit par la Coutume de Bourbonnais, que la femme
doit être autorisée par le juge, *au refus du mari sans cause légitime ;*
par celle de Péronne, *au cas qu'il fût refusant sans cause raisonnable,* fait aussi connaître que cette autorisation ne doit être accordée, par le juge, qu'avec quelque connaissance de cause.

59. Pareillement, lorsque le mari, assigné avec sa femme pour
défendre à une demande intentée contre sa femme, déclare qu'il
ne veut pas y défendre, la partie peut demander que la femme
soit autorisée par le juge pour y défendre.

60. Cette autorisation du juge, accordée à la femme, soit pour
intenter des actions, soit pour y défendre, ne préjudicie point
au mari, lequel n'est point tenu sur les revenus des biens de sa
femme, dont il a droit de jouir, des condamnations qui intervien-
draient contre sa femme dans ces instances, ni des frais, si ce
n'est jusqu'à concurrence de ce que sa communauté en aurait
profité.

61. La Coutume de Paris, en l'article ci-dessus rapporté, fait
une seconde exception à l'égard des femmes, par ces termes, *ou
séparées par justice, et ladite séparation exécutée.*

Ce pouvoir, que la Coutume donne aux femmes séparées, d'ester en jugement, sans l'assistance de leurs maris, étant une suite du pouvoir que la séparation leur donne d'administrer leurs biens, sans avoir besoin pour cela de leurs maris, il est évident que cette exception pour les femmes séparées, ne doit s'entendre que des actions qui concernent l'administration de leurs biens, qu'elles peuvent intenter, et auxquelles elles peuvent défendre sans leurs maris.

A l'égard de celles, qui concernent la propriété de leurs immeubles, les femmes, quoique séparées, ne peuvent les intenter ni y défendre, sans l'assistance de leur mari, ou l'autorisation du juge.

La Coutume veut que la séparation soit exécutée : car, comme nous l'avons déjà vu *supra*, n. 18, les sentences de séparation, qui n'ont pas été mises à exécution, sont regardées comme non avenues et n'ont aucun effet.

La Coutume dit, *séparées par justice* : elle entend par ces termes, qu'une séparation, qui se fait par une simple convention, intervenue entre les conjoints, durant le mariage, ne donnerait pas de même le pouvoir à la femme d'ester en jugement, sans son mari, ces conventions étant nulles, et ne pouvant produire aucun effet. C'est en ce sens que sont entendus ces termes, *par justice*, dans l'acte de notoriété du Châtelet de Paris, du 8 mai 1703. Mais la Coutume n'entend pas par ces termes, *par justice*, restreindre au seul cas des séparations *judiciaires*, le pouvoir qu'elle donne aux femmes séparées, et ne pas l'accorder dans le cas des séparations contractuelles, portées par le contrat de mariage. Il y a même raison dans l'un et dans l'autre cas; la séparation contractuelle, qui est une loi irréformable du contrat de mariage, paraît même quelque chose de plus fort que la judiciaire.

62. Quelques Coutumes ajoutent une troisième exception, à l'égard des femmes marchandes publiques, auxquelles elles donnent le pouvoir d'intenter, sans leur mari et sans autorisation, les demandes relatives à leur commerce, et d'y défendre : telles sont celles de Dourdan, *tit.* 6, *art.* 80; de Mantes, *art.* 125.

Les marchandes publiques ont-elles ce pouvoir dans la Coutume de Paris, et dans celles qui ne s'en sont pas expliquées? Je ne le crois pas. Si la Coutume de Paris eût voulu donner ce pouvoir aux femmes marchandes publiques, elle les aurait comprises, avec les femmes séparées, dans l'exception de l'*art.* 224; comme elle les a comprises, avec les femmes séparées, dans l'exception de l'*art.* 234.

La séparation donne à la femme le pouvoir d'administrer ses biens, et d'en jouir pour son compte particulier; c'est une suite de ce pouvoir que la femme puisse donner les demandes qui concernent cette jouissance, et y défendre, sans le consentement de son mari, qui n'y a aucun intérêt. Au contraire, la femme marchande publique exerce son commerce pour le compte de la communauté. Si le mari, en lui permettant de faire un commerce, est censé lui permettre de faire, sans le consulter, tous les contrats relatifs à ce commerce, ce n'est pas une conséquence qu'il doive être censé lui avoir permis pareillement d'intenter et de soutenir, sans son consentement, des procès, quoique relatifs à ce commerce.

63. Le principe, que la femme ne peut ester en jugement sans son mari, souffre une quatrième exception à l'égard des accusations criminelles : une femme mariée, contre qui on a intenté une accusation criminelle, peut ester en jugement pour y défendre, sans l'assistance de son mari, de même qu'un mineur, sans l'assistance de son tuteur.

64. Mais, lorsqu'une femme veut intenter une accusation criminelle contre quelqu'un, elle doit être autorisée ou par son mari, ou par justice. Cette distinction, entre le cas auquel la femme est poursuivie pour injure qu'elle a faite à quelqu'un, et le cas auquel elle poursuit celle qui lui a été faite, a été observée par la Coutume de Poitou, *tit.* 3, *art.* 126.

65. Notre Coutume d'Orléans, *art.* 200, permet aux femmes d'ester en jugement, sans leur mari, tant en demandant qu'en défendant, pour les actions qui naissent des délits. Elle dit : « Femme » mariée peut intenter et poursuivre en jugement, sans son mari, » l'injure dite ou faite à elle ; et aussi peut être convenue pour » l'injure qu'elle aurait faite ou dite à aucun. »

Ces termes, *l'injure dite ou faite à elle,* comprennent tous les délits, de quelque espèce qu'ils soient, commis envers la femme. La Coutume l'autorise *à en poursuivre la réparation* sans son mari ; ce qui doit s'entendre, soit par plainte, soit par action civile : car ce terme, *poursuivre,* est général, et comprend l'une et l'autre voie.

Pareillement ces termes, *peut être convenue pour l'injure, etc.* comprennent, tant la demande au civil, que la plainte, et s'entendent de tous les délits commis par la femme contre quelqu'un.

66. La Coutume ajoute : « Toutefois si ladite femme est con- » damnée, le mari, et les biens que lui et sadite femme ont et pos- » sèdent, constant leur mariage, n'en sont tenus durant la com- » munauté de biens. »

La sentence de condamnation obtenue contre la femme seule, donne bien un droit d'hypothèque sur les biens de la femme, à ceux qui l'ont obtenue ; mais elle ne peut préjudicier au droit qu'a le mari de jouir des biens de sa femme, pendant tout le temps que doit durer la communauté, dans laquelle lesdits revenus doivent tomber.

SECTION IV.

Comment et quand doit s'interposer l'autorisation d'un mari.

Il faut, à cet égard, distinguer entre les actes extrajudiciaires et les actes judiciaires. Nous verrons, dans un premier paragraphe, comment doit s'interposer l'autorisation du mari dans les actes extrajudiciaires : dans un second, quand elle doit être interposée : dans un troisième, nous traiterons de la forme de l'autorisation pour les actes judiciaires.

§ I. Comment l'autorisation du mari doit-elle s'interposer dans les actes extrajudiciaires.

67. Il faut, à cet égard, distinguer entre les actes de simple administration, et ceux qui passent les bornes d'une simple administration, qui ont pour objet la propriété des biens immeubles de la femme, qui tendent à en disposer, à les aliéner, et à les charger d'hypothèques. Une autorisation générale, portée par une procuration du mari, par laquelle il autorise sa femme à administrer ses biens, suffit pour tous les actes et contrats que fait la femme, qui ne passent pas les bornes de cette administration : il suffit, pour ces actes, que la femme s'y dise autorisée par la procuration d'un tel jour, laquelle contient cette autorisation. La femme n'a pas besoin en tout d'autorisation pour ces actes, lorsqu'elle est séparée.

A l'égard des autres actes et contrats, l'autorisation du mari doit être expresse et spéciale pour le contrat qui se passe ; les autorisations générales portées, soit par une procuration, soit même par un contrat de mariage, par lequel un mari autorise sa femme à disposer, comme bon lui semblera, de ses immeubles, à les aliéner et à les hypothéquer, sont regardées comme nulles et de nul effet, étant contraires aux lois, en ce qu'elles tendent à mettre les femmes hors de la dépendance en laquelle les lois veulent que les femmes soient de leurs maris.

Cette jurisprudence nous est attestée par un acte de notoriété du Châtelet de Paris, du 22 février 1695 ; il y est dit : « Nous » attestons que l'*art.* 223 de la Coutume de Paris s'observe exac- » tement et à la lettre, sans aucune restriction, de manière que » toute femme mariée ne peut vendre, aliéner, ni hypothéquer ses » immeubles, sans l'autorisation *expresse* de son mari ; que tous » les actes, faits sans une autorisation expresse, sont nuls, et que, » par conséquent, *toutes les autorisations* générales, par des pro- » curations, par contrat de mariage ou autres actes, ne peuvent » jamais suppléer ce que la Coutume demande, etc. »

La même chose est répétée plus bas. Il y est dit, que la procuration générale, de même que la stipulation, faite par un contrat de mariage, pour donner la liberté à une femme de disposer, ne peut s'étendre qu'à la jouissance.

La même chose est attestée par les actes de notoriété des 12 novembre 1699, et 23 février 1708, qui disent, qu'il faut que l'autorisation soit spéciale, *mise* in ipso actu, *ou par une procuration faite spécialement pour l'acte qui se passe.*

68. Pour que le mari soit censé avoir autorisé sa femme, il ne suffit pas qu'il ait déclaré, par le contrat, qu'il y donnait son consentement, et qu'il l'approuvait : car, comme nous l'avons déjà vu *suprà*, n. 3, l'autorisation est quelque chose de plus qu'un consentement : c'est un acte par lequel il habilite sa femme à faire le contrat. Il est donc absolument nécessaire qu'il déclare qu'il autorise sa femme. Ce terme est comme sacramentel, et je ne vois que celui d'*habiliter*, qui puisse paraître équipollent.

Sans cela, le consentement formel, donné par le mari au contrat de sa femme, n'empêcherait pas le contrat d'être absolument nul, faute d'autorisation.

69. Il faut dire la même chose, à plus forte raison, du consentement tacite : c'est pourquoi, quoique le mari ait souscrit au contrat de la femme, s'il n'a pas dit expressément qu'il autorisait sa femme, le contrat sera nul.

Pareillement, quoique le mari ait été conjointement avec sa femme, partie au contrat, et se soit obligé conjointement avec elle, s'il n'est pas dit qu'il a autorisé sa femme, le contrat ne sera valable qu'à l'égard du mari; il sera nul à l'égard de la femme. Lebrun, *sect.* 4, *n.* 15, cite plusieurs arrêts qui l'ont ainsi jugé.

Si le mari ne s'était obligé par ce contrat, que comme caution de sa femme, le contrat serait nul, non-seulement par rapport à la femme, par le défaut d'autorisation; mais il le serait encore, en ce cas, par rapport au mari; un cautionnement étant nul, lorsque l'obligation principale est nulle, comme nous l'avons vu en notre Traité des Obligations, *n.* 366.

70. C'est encore une conséquence de notre principe, que, lorsque le mari a prêté son ministère à sa femme pour contracter, *putà*, lorsqu'il a vendu un héritage de sa femme, en vertu de la procuration qu'elle lui avait envoyée pour le vendre, le contrat ne laisse pas d'être nul, si le mari n'y a pas expressément déclaré qu'il autorisait sa femme pour ce contrat.

Lebrun, *sect.* 4, *n.* 23, observe qu'il faut que le mari déclare qu'il autorise sa femme, non-seulement pour le présent contrat, mais aussi pour la procuration qu'elle lui a donnée pour le faire en son nom; autrement la procuration étant nulle, faute d'autorisation, le contrat, fait en vertu de cette procuration, ne pourrait se soutenir.

§ Ii. Quand l'autorisation du mari doit-elle être interposée.

71. Nous ne sommes pas si rigoureux à l'égard de l'autorisation du mari, dont la femme a besoin, que l'étaient les Romains à l'égard de celle de tuteur, dont le pupille avait besoin pour contracter : celle-ci ne pouvait être utilement interposée que lors de la passation de l'acte par le tuteur en personne : *Tutor, in ipso negotio præsens debet auctor fieri. Instit. tit. de auct. tutor.* § 2.

Au contraire, il n'est pas précisément nécessaire que l'autorisation du mari, dont la femme a besoin pour contracter, soit interposée précisément lors de la passation du contrat pour lequel on en a besoin ; il n'est pas nécessaire non plus que le mari soit présent à ce contrat ; le mari peut valablement autoriser sa femme, par un acte qui précède celui pour lequel il l'autorise, et il n'importe quel intervalle de temps il y ait entre l'acte d'autorisation, et le contrat pour lequel la femme a été autorisée.

Il est à propos, en ce cas, d'annexer à la minute du contrat, l'acte de procuration par lequel le mari a déclaré qu'il autorisait sa femme pour le faire ; autrement, si, par la suite, on attaquait le contrat, et qu'on ne pût rapporter cette procuration, on ne pourrait établir la validité du contrat : l'énonciation, faite par le contrat, que la femme est autorisée par acte d'un tel jour, passé devant tel notaire, et qu'elle l'a représenté, ne suffirait pas pour établir la validité du contrat, l'acte d'autorisation n'étant pas rapporté.

72. Observez que, quoiqu'il ne soit pas nécessaire que l'acte d'autorisation du mari soit interposé précisément lors de la passation du contrat, il est néanmoins nécessaire qu'il soit fait mention, dans le contrat, de l'autorisation, et que la femme, par le contrat, se dise autorisée, et contracte avec la qualité de femme autorisée.

Sans cela, le contrat sera nul, quoique la femme ait été autorisée pour le faire ; car, en ne faisant pas usage de l'autorisation de son mari, en contractant comme une femme libre, sans se dire autorisée, c'est la même chose que si elle ne l'avait pas été.

73. Lorsque j'ai donné procuration à ma femme, par laquelle je l'ai autorisée pour faire en son nom un certain contrat, suffit-il, pour que le contrat soit valable, qu'elle y ait fait mention de la procuration qui renferme l'autorisation ; *putà*, qu'il y soit dit, que, suivant la procuration de son mari, d'un tel jour, passée devant tel notaire, elle a vendu, etc. ? Lebrun, *liv.* 2, *chap.* 1, *sect.* 4, *n.* 19, décide que cela ne suffit pas, et que le contrat est nul, s'il n'y est pas dit expressément que la femme est autorisée de son mari, par ladite procuration. Suivant ce principe, le même auteur, *n.* 18, décide que, lorsqu'un mari a promis, dans un con-

trat, de le faire ratifier par sa femme, et déclaré qu'il l'autorisait pour ladite ratification, l'acte de ratification, que la femme ferait de cet acte, serait nul, si la femme ne déclarait pas expressément qu'elle est autorisée de son mari.

74. L'autorisation du mari peut bien être interposée avant le contrat pour lequel il autorise sa femme, pourvu que la femme, par le contrat, se dise autorisée; mais il ne suffirait pas, pour que le contrat de la femme fût valable, que l'autorisation du mari fût intervenue depuis le contrat, quoique la femme, dans le contrat, se fût dite d'avance, autorisée de son mari, dans la confiance qu'elle avait d'obtenir cette autorisation. Cet acte ayant été absolument nul, faute d'autorisation, n'a pu être confirmé par l'autorisation qui est survenue depuis; le néant ne pouvant pas être susceptible de confirmation. C'est pourquoi, il semblerait, à s'en tenir à la rigueur des principes, que l'autorisation, qui interviendrait depuis, devrait être de nul effet.

Néanmoins, Leprêtre, *cent.* 2, *ch.* 16, rapporte deux arrêts, qui ont jugé que l'autorisation, intervenue depuis l'acte, rétablissait l'acte; et ces arrêts ont, en conséquence de l'autorisation intervenue depuis l'acte, condamné la femme à payer ce qu'elle s'était obligée de payer par l'acte, avant que d'être autorisée. Mais Leprêtre et Lebrun observent fort bien que ces arrêts n'ont pas jugé que l'autorisation, interposée depuis l'acte, rendît l'acte valable du jour de sa confection, *ut ex tunc;* ce qui est absolument nul, ne pouvant être confirmé; mais qu'ils ont seulement jugé que l'acte devenait valable *ut ex nunc,* du jour de l'autorisation, *tanquàm ex consensu contrahentium, qui adhuc perseverare intelligitur, quandiù non apparet mutatio voluntatis.*

De-là il suit, 1° que si, avant l'autorisation, l'une ou l'autre des parties était morte, ou avait perdu l'usage de la raison, ou avait déclaré un changement de volonté, l'autorisation du mari, qui serait depuis interposée, ne pourrait plus rétablir l'acte.

2°. Que l'acte, rétabli par l'autorisation survenue depuis, ne peut produire d'hypothèque que du jour de l'autorisation, parce qu'il n'est valable que de ce jour.

§ III. De la forme de l'autorisation du mari dans les actes judiciaires.

75. Il y a cette différence à l'égard de la forme de l'autorisation, entre les actes judiciaires et les actes extrajudiciaires, que, dans ceux-ci, pour qu'une femme soit censée autorisée, il est nécessaire que le mari ait déclaré en termes formels, qu'il autorisait sa femme pour un tel acte. Le terme d'*autoriser* est comme un terme sacramentel, qu'il faut nécessairement employer. La présence du mari au contrat ne tient pas lieu d'autorisation.

Au contraire, dans les actes judiciaires, il n'est pas nécessaire que le mari déclare qu'il autorise sa femme, pour intenter une telle demande, ou pour défendre à une telle demande qui a été intentée contre elle; il est censé suffisamment l'autoriser, lorsqu'il est en qualité dans l'instance conjointement avec elle. Il suffit, lorsque la femme a une demande à intenter, que l'exploit d'assignation soit donné à la requête du mari et de la femme : pareillement, pour que la femme soit censée suffisamment autorisée à une demande, il suffit que, sur l'assignation donnée à son mari et à elle, son mari et elle constituent conjointement procureur, et que le mari défende conjointement avec elle.

Une seconde différence est, qu'à l'égard des actes extrajudiciaires, il n'est pas précisément nécessaire que le mari soit en qualité dans le contrat; il peut l'autoriser par un acte qui précède le contrat pour lequel il l'autorise; et il suffit que la femme, par le contrat, se dise autorisée pour un tel acte. Au contraire, à l'égard des actes judiciaires, il est nécessaire que le mari, dans l'instance, soit en qualité de mari conjointement avec sa femme.

SECTION V.

Quel est l'effet tant de l'autorisation que du défaut de l'autorisation.

76. L'effet de l'autorisation du mari et de l'autorisation supplétive du juge, est de rendre la femme aussi capable de l'acte, pour lequel elle est autorisée, qu'elle le serait, si elle n'était pas mariée. En conséquence, l'autorisation rend bien l'acte, pour lequel elle est autorisée, aussi valable qu'il le serait si elle n'était pas mariée; mais elle ne lui donne pas plus de force qu'il n'en aurait eue. C'est pourquoi, lorsqu'une femme mariée a souffert quelque lésion dans un contrat pour lequel elle a été autorisée, l'autorisation ne rend pas le contrat moins susceptible de rescision, pour cause de minorité, qu'il ne le serait, si cette femme eût fait ce contrat étant fille.

Pareillement, lorsqu'une femme mariée mineure a fait, avec l'autorisation de son mari, un acte dont les mineurs ne sont pas capables; *putà*, si elle a fait, avec l'autorisation de son mari, une aliénation volontaire de quelqu'un de ses héritages, cette aliénation, quoique faite avec l'autorisation du mari, n'est pas moins nulle que celle faite par une mineure non mariée.

77. L'autorisation, néanmoins, ne laisse pas d'avoir quelque effet, même en ce cas : car, lorsque la femme a été autorisée, pour faire cette aliénation, la nullité du contrat, par lequel elle a fait cette aliénation, n'est qu'une nullité relative, qui n'a lieu qu'autant que la femme jugerait que le contrat lui est désavantageux; au lieu que, si cette femme avait fait ce contrat sans être autorisée, la nullité du contrat serait une nullité absolue. Voyez *suprà*, n. 5.

78. Ce qui a été dit jusqu'à présent sur l'effet de l'autorisation, convient tant à celle du juge qu'à celle du mari : mais ces deux autorisations diffèrent, en ce que celle du mari donne à la femme commune en biens, le pouvoir de charger des dettes qu'elle contracte par l'acte pour lequel elle est autorisée, la communauté, indéfiniment et au-delà de ce que la communauté profite de l'acte; au lieu que l'autorisation du juge donne bien le pouvoir à la femme de s'obliger, et ses biens, par le contrat pour lequel elle est autorisée, mais sans que les biens de la communauté puissent en souffrir aucun préjudice, et sans que la communauté puisse être tenue des obligations que la femme contracte par cet acte, si ce n'est jusqu'à concurrence de ce qu'elle en profite.

A l'égard du défaut d'autorisation, l'effet est de rendre absolument nuls les actes de la femme mariée, dans lesquels l'autorisation du mari n'est point intervenue. *Voyez* ce qui en a été dit *suprà , n.* 5.

Nous avons traité, dans toute cette première partie, de l'autorisation dont la femme a besoin, qui est le principal effet de la puissance qu'a le mari sur la personne de sa femme.

79. Nous observerons ici un autre effet de cette puissance, qui est que la femme, par rapport à cette puissance que le mari a sur elle, est présumée avoir été empêchée, pendant le temps que le mariage a duré, d'intenter les actions qu'elle avait contre des tiers, lorsque ces actions pouvaient réfléchir contre son mari, par des recours de garantie, qu'auraient pu exercer contre lui les personnes contre qui elle avait ces actions : en conséquence de cette présomption, le temps de la prescription, par rapport à ces actions, ne court point contre la femme pendant le temps du mariage, suivant cet axiome de droit : *Contrà non valentem agere nulla currit præscriptio.*

Suivant ce principe, si le mari, durant le mariage, avait vendu, comme à lui appartenant, un héritage propre de la femme, le temps de la prescription ne court point pendant que le mariage dure, contre l'action qu'a la femme pour le revendiquer; car cette action, qu'elle a contre l'acheteur, devant réfléchir contre le mari, contre qui l'acheteur a un recours de garantie, elle est présumée avoir pu être empêchée par son mari, de l'intenter, pendant que le mariage a duré.

80. A l'égard des actions de la femme, qui ne réfléchissent pas contre le mari, la prescription court pendant le temps du mariage ; la femme ne peut paraître avoir été empêchée de les intenter, son mari n'ayant eu aucun intérêt à l'en empêcher. La femme ne pouvait, à la vérité, pendant ce temps, les intenter sans être autorisée; mais il était en son pouvoir de se faire autoriser pour les intenter, sinon par son mari, au moins par justice.

SECONDE PARTIE.

De la puissance du mari sur les biens de la femme.

Par le droit romain, la femme mariée avait deux espèces de biens, les biens dotaux et les biens paraphernaux.

Elle transférait à son mari la propriété de ses biens dotaux, à la charge de la restitution qui devait lui en être faite, lors de la dissolution du mariage. Le mari, durant le mariage, en était le véritable propriétaire, sauf qu'il ne lui était permis d'aliéner les biens fonds, dont la dot était composée, qu'avec le consentement de la femme, ni de les obliger, même avec son consentement. Justinien, par la suite, avait défendu de les aliéner et de les obliger, même avec le consentement de la femme.

La femme, durant le mariage, était donc plutôt créancière de la restitution de ses biens dotaux, qu'elle n'en était propriétaire : c'est en conséquence de cette créance, c'est par rapport à cette restitution, et en considération de cette restitution, qui devait lui être faite un jour de sa dot, que la dot est appelée quelquefois, dans les textes de droit, le bien et le patrimoine de la femme.

Les biens paraphernaux de la femme étaient ceux qui ne faisaient pas partie de sa dot; ils étaient ainsi appelés des mots grecs para pherné, qui signifient *extrà dotem*. Le mari n'avait aucun droit dans lesdits biens; la femme en avait la libre disposition.

Cette distinction des biens dotaux et des biens paraphernaux, est encore connue aujourd'hui dans les provinces régies par le droit écrit.

Nous nous bornerons à expliquer, sur cette matière, les principes de la Coutume de Paris, qui sont semblables à ceux de la plupart des Coutumes.

81. La distinction des biens en biens dotaux et biens paraphernaux, n'y est pas connue; au contraire, on y tient pour maxime, que tous les biens de la femme sont réputés dotaux.

On distingue les biens de la femme en biens de communauté, et biens propres.

82. La puissance, qu'a le mari, le rend maître absolu de tous les biens de la communauté, et lui donne le droit d'en disposer, même pour la part qu'y a sa femme, sans qu'elle puisse disposer

elle-même, sans son mari, en aucune manière, de sa part, pendant que le mariage et la communauté durent. *Voyez notre Traité de la Communauté, part.* 1, *chap.* 3.

Les biens propres de la femme sont ceux qu'elle n'a pas mis en communauté. Il y en a deux espèces. Les biens propres de la première espèce, sont les biens propres de la femme, qui sont immeubles; ceux de la seconde espèce, sont les biens meubles de la femme, qu'elle a exclus de la communauté, par une clause de réalisation.

83. Ceux-ci ne diffèrent des biens mis en communauté, qu'en ce que la femme ou ses héritiers sont créanciers de la reprise du montant desdits biens contre la communauté. Au surplus, le mari n'a pas moins le droit de disposer à son gré desdits biens, que de ceux de la communauté; il peut seul, et sans sa femme, intenter en justice les actions pour raison desdits biens, et y défendre. La clause de réalisation ne laisse à la femme, comme nous venons de le dire, qu'une créance pour la reprise, et un privilége sur les effets qui se trouvent encore en nature en la possession du mari ou de sa succession, lors de la dissolution de la communauté, pour le paiement de la reprise qui en est due.

84. A l'égard des biens propres de la femme de la première espèce, qui sont ses biens immeubles, la femme en conserve la propriété pendant le mariage : le mari ne peut les vendre ni les engager sans le consentement de sa femme; il ne peut, sans sa femme, les partager ni les liciter; il ne peut, sans elle, intenter les actions qui concernent la propriété desdits biens, ni y défendre sans elle.

85. Observez que, quoique la femme conserve, pendant le mariage, le droit de propriété de ses héritages et autres immeubles, dont elle ne peut être privée *par le fait* de son mari, à quelque titre que son mari en eût disposé sans son consentement, elle peut néanmoins en être privée par la négligence de son mari. C'est ce qui a été jugé par un arrêt du premier juin 1596, rapporté par Louet, *let.* F, *art.* 15. Un mari ayant manqué pendant trois ans de payer la redevance bordelière, dont était chargé l'héritage propre de sa femme, le seigneur prétendit la commise de cet héritage à son profit, suivant la Coutume de Nivernais. La femme s'y opposait, en disant que son mari n'avait pu, par son fait, lui faire perdre la propriété de son héritage. Le seigneur répondait qu'on doit distinguer entre *le fait* du mari, qui est quelque chose de positif, et la simple négligence du mari; que le fait du mari, pris au premier sens, ne pouvait pas lui faire perdre son héritage, mais que la négligence du mari pouvait le lui faire perdre. Par l'arrêt, la commise fut adjugée au seigneur.

Par la même raison, une femme peut, pendant le mariage, perdre la propriété d'une rente propre, par la négligence de son mari à s'en faire servir, et à la faire reconnaître par le débiteur, qui en sera libéré par l'accomplissement du temps de la prescription.

Dans tous ces cas et autres semblables, la femme perd son propre par la négligence de son mari, même dans le cas auquel le recours, qu'elle a pour ses dommages et intérêts contre son mari, lui serait inutile par l'insolvabilité de son mari.

86. La puissance maritale ne donne pas, à la vérité, au mari *jus dominii* sur les immeubles propres de sa femme, mais elle lui donne, par rapport auxdits biens, une espèce de droit de bail et de gouvernement, qui consiste principalement en trois choses.

87. La première chose, en laquelle il consiste, est de donner au mari, pendant le mariage, tout ce qu'il y a d'honorifique attaché aux biens propres de sa femme.

En conséquence, le mari a le droit de prendre le titre des seigneuries dont la femme est propriétaire. Si, par exemple, la femme est propriétaire d'un marquisat, d'un comté, d'une baronnie, ou de quelque autre seigneurie, son mari a le droit de se dire et de se qualifier marquis, comte, baron, seigneur d'un tel lieu. Si le mari n'était pas de qualité à pouvoir prendre les titres de marquis, comte ou baron, il pourrait, en ce cas, se qualifier seulement de seigneur du marquisat, du comté ou de la baronnie d'un tel lieu.

Ce droit du mari lui donne aussi l'exercice de tous les droits honorifiques attachés aux seigneuries de sa femme. Il peut, en conséquence, même sans sa femme, sommer les vassaux des seigneuries de sa femme, de venir à la foi : il peut, sans elle, saisir féodalement leurs fiefs, faute de foi non faite ; il peut, sans elle, leur accorder souffrance pour la faire ; il peut, sans elle, les recevoir en foi. Il faut pourtant que, dans ces actes de sommation, de saisie féodale, de souffrance et de réception en foi, il prenne la qualité de *mari d'une telle femme*, les vassaux des seigneuries de sa femme n'étant obligés de le reconnaître qu'en cette qualité.

88. Le mari est aussi chargé des devoirs féodaux dont sont chargés les fiefs de sa femme : il est, par rapport auxdits fiefs, l'homme du seigneur ; il lui en doit porter la foi, quand même sa femme l'aurait portée avant son mariage : il doit, en la portant, se qualifier de mari d'une telle. En portant la foi en cette qualité de mari d'une telle, il couvre le fief de sa femme, sans que sa femme soit obligée de la porter elle même, durant le mariage, quand même elle ne l'aurait pas portée auparavant.

C'est par cette raison, que le mari devient, par le mariage, l'homme du seigneur, pour les fiefs de sa femme ; que, dans beaucoup de Coutumes, le mariage donne ouverture au profit de rachat, pour les fiefs de la femme qui se marie.

89. Le mari, ayant l'exercice de tous les droits honorifiques

3*

attachés aux seigneuries dont sa femme est propriétaire, s'il y a quelque droit de justice qui y soit attaché, l'institution et la destitution des officiers de la justice appartiennent au mari, sans qu'il ait besoin pour cela de consulter sa femme. Pareillement, s'il y a quelque droit de patronage attaché aux seigneuries de la femme, c'est au mari seul qu'appartient la présentation aux bénéfices.

Il doit aussi, en conséquence, jouir de tous les honneurs attachés auxdits droits de justice et de patronage, tels que sont, à l'église, ceux d'être mis aux prières nominales, de l'eau-bénite, de l'encens, etc. Les curés sont obligés de rendre lesdits honneurs tant au mari qu'à la femme.

90. La seconde chose, en laquelle consiste le droit du mari, par rapport aux propres de sa femme, est celui qu'il a d'en percevoir tous les fruits et revenus pendant tout le temps que le mariage et la communauté durent. *Voyez*, sur ce droit, ce que nous en avons dit en notre Traité de la Communauté, *part.* 1, *chap.* 2, *sect.* 1, *art.* 3.

91. La troisième chose, en laquelle consiste le droit du mari, par rapport aux biens de sa femme, est le droit, qu'il a, d'administrer les biens propres de sa femme.

Ce droit établit une différence entre les baux, que le mari fait, des héritages propres de sa femme, et ceux, que fait un simple usufruitier, des héritages dont il a l'usufruit. Celui-ci ne peut les faire que pour le temps que doit durer son usufruit : le propriétaire de l'héritage n'est point obligé, après la mort de l'usufruitier, qui a éteint l'usufruit, d'entretenir les baux faits par l'usufruitier, que pour le temps qui en reste.

92. Au contraire, les baux, que le mari fait, des héritages propres de sa femme, étant censés faits en la qualité, qu'il a, d'administrateur des biens de sa femme, sa femme est censée les avoir faits elle-même par son ministère, conjointement avec lui. C'est pourquoi, à l'exception de certaines Coutumes, qui défendent expressément aux maris de faire, sans le consentement de leurs femmes, des baux à ferme ou à loyer des héritages propres de leurs femmes, qui s'étendent au-delà du mariage; telles qu'est celle de Blois, *art.* 179; de droit commun, la femme, aussi bien que les héritiers, sont obligés, après la dissolution du mariage et de la communauté, d'entretenir les baux à ferme ou à loyer, que le mari a faits seul, des héritages propres de sa femme, pour tout le temps qui reste à courir.

Il faut, néanmoins, pour cela, que deux choses concourent. 1°. Il faut que ces baux n'aient été faits que pour le temps ordinaire, pour lequel il est d'usage de faire des baux à loyer ou à ferme. C'est ce qui résulte de l'article 227 de la Coutume de Paris. Cette Coutume, après avoir dit en l'article 226, que le mari ne

peut aliéner les propres de sa femme, dit en l'article 227 : « Peut
» toutefois le mari faire baux à loyer ou à moison à six ans, pour
» héritages assis à Paris; et à neuf ans, pour héritages assis aux
» champs; et au-dessous, sans fraude. »

93. Il est particulier aux maisons de Paris, que le mari, en sa
qualité d'administrateur des biens de sa femme, n'ait droit d'en
faire des baux que pour six ans. Dans les autres villes, le mari
peut faire des baux pour neuf ans, des maisons de ville, de
même que des biens de campagne : lorsqu'ils sont faits pour un
plus long temps, ils sont censés excéder les bornes de l'administration, qu'a le mari, des biens propres de sa femme; et, en conséquence, la femme, ni ses héritiers, ne sont pas obligés, après
la dissolution de la communauté, de les entretenir.

Elle n'y est pas obligée, quand même, lors de la dissolution
de la communauté, il ne resterait à courir que très-peu d'années
de ce bail; car il suffit que, dans son principe, le mari ait excédé
son pouvoir, pour qu'il ne puisse obliger sa femme.

Ces baux, qui sont faits pour un trop long temps, étant des
espèces d'aliénations de l'héritage propre de la femme, qui sont
interdites au mari, l'obligation de garantie, qui en naît, est une
dette, dont le mari n'a pu charger sa communauté, suivant que
nous l'avons établi au Traité de la Communauté, n. 253.

94. Le mari même ne contracte cette obligation que lorsqu'il a
fait le bail en son propre nom : mais, lorsque le bail porte, qu'il
l'a fait en sa qualité de mari, sans que ce mari ait promis de le
faire ratifier par sa femme, le preneur ne peut prétendre aucuns
dommages et intérêts. Il n'a point été trompé : il savait ou devait savoir que le mari n'avait pas, en sa qualité de mari, sans
le consentement de sa femme, le pouvoir de faire un bail pour un
aussi long temps.

95. La Coutume de Paris requiert, pour que les baux des
héritages propres, faits par le mari, obligent la femme, qu'ils
soient faits sans fraude. C'est ce qui résulte de ces termes de
l'article 227, ci-dessus rapportés, *et sans fraude.*

Cette fraude consiste dans un dessein affecté de priver la
femme ou ses héritiers, de la disposition, qu'ils doivent avoir, de
la jouissance de ses héritages propres, après la dissolution de la
communauté.

Elle se présume dans des baux, que le mari se serait empressé
de faire pendant la dernière maladie de sa femme, laquelle était
déjà à l'extrémité; pareillement, dans ceux que le mari se serait
empressé de faire à la veille d'une demande en séparation, qu'il
savait que sa femme devait donner contre lui.

Elle se présume encore dans les baux faits par anticipation :
c'est-à-dire, dans un temps auquel il restait encore plusieurs
années des précédens baux; mais ce défaut se couvre, lorsque le

bail, qui avait été fait par anticipation, a commencé à courir pendant la communauté; car il est, en ce cas, indifférent qu'il ait été fait par anticipation.

96. Enfin, la femme n'est pas obligée d'entretenir les baux pour lesquels son mari a reçu de gros pots-de-vin; ou, si elle veut bien les entretenir, elle doit avoir, contre la communauté, la reprise d'une partie du pot-de-vin, au *prorata* du temps qui reste à courir du bail, depuis la dissolution de la communauté.

97. On a fait la question de savoir, si le rachat des rentes propres de la femme, qui était fait au mari durant le mariage, était un acte de simple administration, et s'il pouvait, en conséquence, être valablement fait au mari seul, sans que la femme intervînt à l'acte, ou qu'elle eût été sommée d'y intervenir. La raison de douter est, que le rachat d'une rente, emportant l'aliénation et l'extinction de cette rente, paraît excéder les bornes de la simple administration qui est accordée au mari, et, qu'en conséquence, la présence de la femme y était nécessaire, comme elle l'est à tous les autres actes qui concernent la propriété de ses biens propres. Quelques arrêts, fondés sur cette raison, ont autrefois jugé que le rachat des rentes propres de la femme ne pouvait être valablement fait au mari seul; mais le sentiment le plus commun aujourd'hui, est qu'il peut être valablement fait au mari, parce que le rachat pouvant être fait par le débiteur, malgré le créancier, la femme n'ayant aucuns moyens pour l'empêcher, le mari ayant seul qualité pour recevoir les deniers qui en proviennent, comme légitime administrateur des biens de sa femme, la présence de la femme est absolument inutile à ce rachat : c'est pourquoi, il a prévalu de le regarder plutôt comme un acte de simple administration, que le mari peut faire seul, que comme un acte d'aliénation.

98. Tout ce que nous avons dit, jusqu'à présent, des droits, qu'a le mari, sur les immeubles propres de sa femme, a lieu non-seulement dans le cas auquel il y a communauté de biens entre les conjoints, mais même dans le cas auquel il y aurait, par le contrat de mariage, une clause d'exclusion de communauté; car la simple clause d'exclusion de communauté n'empêche pas le mari d'avoir la jouissance de tous les biens de sa femme, *ad sustinenda onera matrimonii*, et d'en avoir l'administration.

99. Il en est autrement de la séparation de biens. Lorsqu'une femme est séparée de biens, soit par une clause de son contrat de mariage, par laquelle il est dit que chacun des conjoints jouira séparément de ses biens, soit par une sentence de séparation intervenue depuis le mariage, et exécutée, le mari n'a, en ce cas, ni la jouissance ni l'administration des biens de sa femme; elle a le droit d'en jouir elle-même, et de les administrer elle-même : et elle n'a pas même besoin de l'autorité de

son mari pour tous les actes qui concernent cette administration.

Néanmoins, même en ce cas de séparation, le mari conserve une autorité sur les immeubles propres de sa femme, lesquels ne peuvent être par elle aliénés ni engagés sans l'autorité et le consentement de son mari : elle ne peut pas même recevoir le rachat des rentes propres qui lui sont dues, sans que le mari y soit appelé, parce que le mari a droit de veiller à l'emploi du rachat, comme nous l'avons vu *suprà*, *n.* 17.

FIN DU TRAITÉ DE LA PUISSANCE DU MARI.

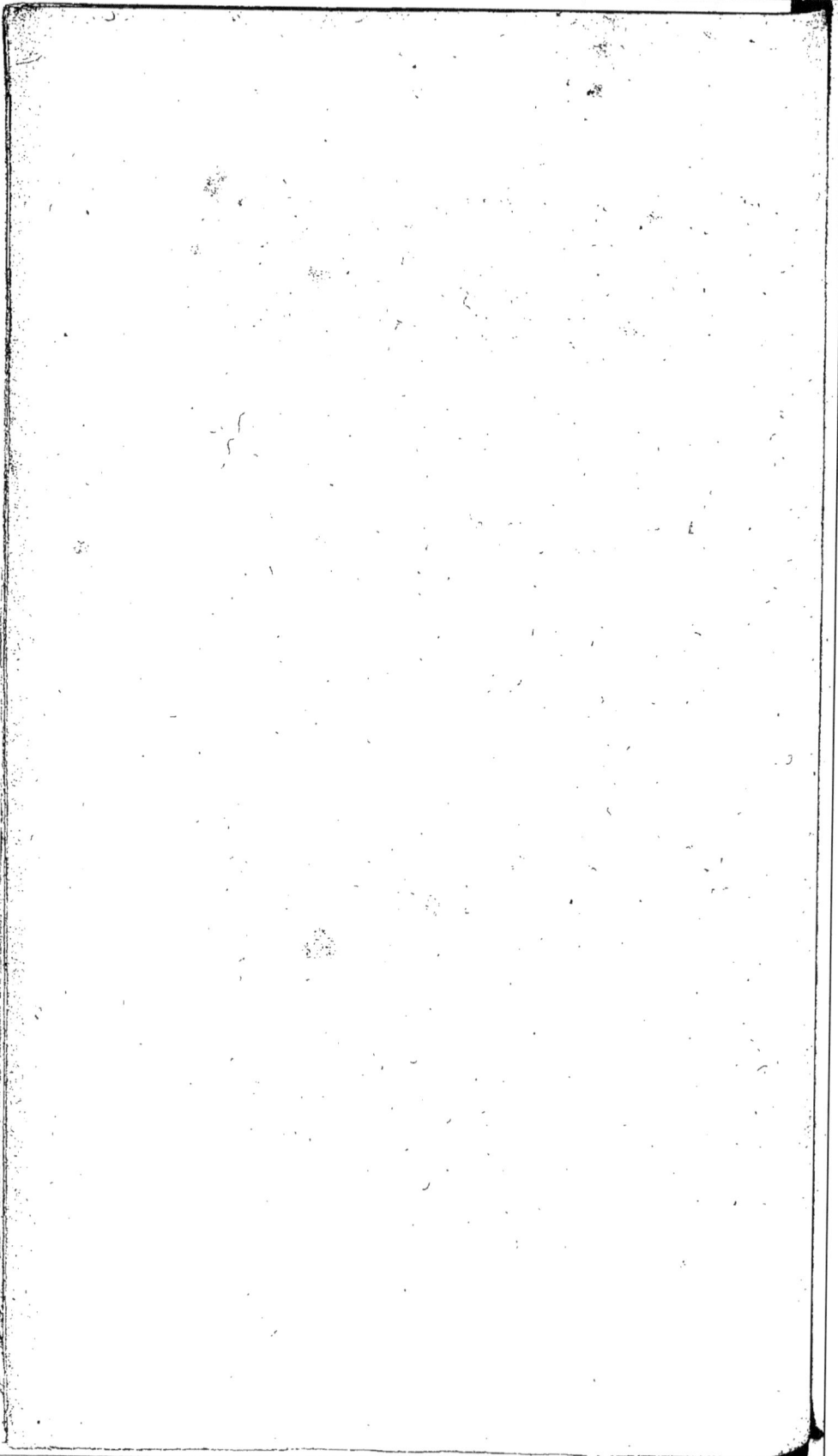

INTRODUCTION

AU TRAITÉ DE LA COMMUNAUTÉ.

Après avoir traité du mariage même, et de la puissance qu'il donne au mari sur la personne et les biens de sa femme, il est de l'ordre de traiter des principales conventions qui l'accompagnent ordinairement, et qu'on appelle *conventions matrimoniales*.

Nous verrons, dans un premier paragraphe, quelles conventions peuvent faire les personnes qui se marient ; dans un second, quand et comment se font ces conventions ; dans un troisième, quels en sont les caractères.

§ I. Quelles conventions peuvent faire les personnes qui se marient.

1. C'est un principe, que les contrats de mariage sont susceptibles de toutes sortes de conventions.

Ce terme de contrat de mariage se prend ici pour l'acte qui contient les conventions, que font ensemble les personnes qui sont sur le point de se marier.

La Coutume d'Orléans fait mention de ce principe en l'article 202, où il est dit : « En traité de mariage, et avant la foi baillée » et bénédiction nuptiale, homme et femme peuvent faire et ap- » poser telles conditions, douaires, donations et autres conven- » tions que bon leur semblera. »

Celle de Montargis, *chap. 8, art. 8*, dit la même chose.

Cette disposition n'est point une disposition locale, et qui leur soit particulière ; elle exprime, sur ce point, le droit commun.

2. Les contrats de mariage sont tellement susceptibles de toutes sortes de conventions, qu'on y en admet qui, par tout autre acte que par un contrat de mariage, ne seraient pas valables.

Par exemple, quoique par tout autre acte que par un contrat de mariage, il ne soit pas permis de faire aucune convention sur la succession d'une personne encore vivante ; néanmoins on admet, dans les contrats de mariage, la convention, par laquelle un enfant se contente de la dot qui lui est donnée par ses père et mère, et renonce, en conséquence, à la succession future, en faveur des autres enfans, ou de quelqu'un d'eux ; *putà*, en faveur de l'aîné, ou en faveur des enfans mâles.

Quoique, par tout autre acte que par un contrat de mariage, je ne puisse pas convenir et promettre qu'une certaine personne sera mon héritière, l'institution d'héritier ne pouvant se faire que par testament, et devant dépendre de la libre volonté du testateur, toujours révocable jusqu'à la mort, néanmoins, on a admis dans les contrats de mariage les institutions contractuelles, par lesquelles l'un des conjoints institue irrévocablement pour son héritier, soit l'autre conjoint, soit les enfans ou l'aîné des enfans qui naîtront du futur mariage.

Ces institutions contractuelles sont admises même dans les lieux où les Coutumes rejettent absolument l'institution d'héritier, jusque dans les testamens, dans lesquels elles ne sont regardées que comme de simples legs universels.

3. Enfin, c'est par la faveur des contrats de mariage, que l'Ordonnance de 1731 a dispensé les donations, qui se font, par contrat de mariage, aux parties contractantes, ou aux enfans qui naîtront du futur mariage, de plusieurs règles auxquelles elle assujettit les donations, à peine de nullité, comme nous le verrons en son lieu.

4. Le principe, que les contrats de mariage sont susceptibles de toutes sortes de conventions, a ses exceptions. Celles, qui blesseraient la bienséance publique, quoique faites par contrat de mariage, ne seraient pas valables. Par exemple, il n'est pas douteux que s'il était dit, par un contrat de mariage, que la femme serait le chef de la communauté de biens qui aurait lieu entre les conjoints, une telle convention ne serait pas valable, étant contre la bienséance publique, que l'homme, que Dieu a fait pour être le chef de la femme, *Vir est caput mulieris*, ne soit pas le chef de leur communauté de biens, et qu'au contraire cette communauté ait la femme pour chef.

5. Les conventions, qui paraissent tendre à soustraire la femme à la puissance que notre droit municipal a accordée au mari sur elle, sont aussi regardées comme étant, dans nos mœurs, contraires à la bienséance publique, et en conséquence nulles.

C'est pour cette raison que la jurisprudence a déclaré nulles les autorisations générales dans les contrats de mariage, c'est-à-dire, les clauses par lesquelles il était porté que le mari, par le contrat de mariage, autorisait sa femme, non-seulement pour administrer, mais même pour aliéner à son gré ses héritages, à quelque titre que ce soit, sans qu'elle eût besoin d'avoir recours pour cela à une autorisation particulière. Nous avons rapporté *supra*, en notre Traité de la Puissance du Mari sur la personne et les biens de sa femme, les arrêts qui proscrivent et annulent ces clauses d'autorisation générale, comme tendantes à rendre la femme indépendante du mari, et à la soustraire entièrement à sa puissance.

Cette jurisprudence n'a lieu que dans les Coutumes qui ne s'en sont pas expliquées. Ces autorisations générales, par contrat de mariage, sont valables dans les Coutumes qui les permettent par une disposition expresse, telles que celle de Berry, *tit.* 1, *art.* 2.

6. Quelque susceptibles que soient les contrats de mariage de toutes sortes de conventions, celles, qui contrediraient quelque loi prohibitive, ne sont pas valables.

Par exemple, la Coutume de Blois défendant à ceux qui ne sont pas nobles, de disposer par donation entre vifs, de plus de moitié de leurs héritages patrimoniaux, ils ne peuvent valablement en disposer, même par contrat de mariage.

7. Non-seulement les conventions, qui contrediraient ouvertement une loi prohibitive, celles même qui tendent à l'éluder, doivent être déclarées nulles, quoique portées par des contrats de mariage.

Telles sont les conventions, par lesquelles on conviendrait que la femme aurait sa part dans la communauté, franche de dettes, ou qu'elle en serait tenue pour une moindre partie que celle qu'elle a dans l'actif; car ces conventions tendent à éluder une loi prohibitive, qui défend aux conjoints de se faire aucun avantage direct ou indirect pendant le mariage, en laissant au mari le pouvoir d'avantager sa femme, pendant le mariage, en faisant des acquisitions, dans lesquelles la part, qu'aurait la femme, serait payée par le mari, en tout ou en partie. Voyez ce que nous disons de ces conventions, dans notre Traité de la Communauté, *part.* 1, *chap.* 2, *art.* 8, § 1.

8. Ce principe, que les conventions, qui laissent aux conjoints le pouvoir de s'avantager durant le mariage, ne sont pas valables, ne doit pas néanmoins être pris trop à la rigueur; car l'Ordonnance de 1731, *art.* 8, permet, dans les contrats de mariage, les donations universelles faites entre conjoints, sous la réserve de disposer d'une certaine somme qui demeurera comprise dans la donation, si le donateur n'en dispose pas, quoique cette réserve laisse, en quelque façon, au pouvoir du conjoint donateur, d'avantager ou non l'autre conjoint, durant le mariage, en disposant ou ne disposant pas de cette somme.

9. Le principe, que les conventions, qui tendent à éluder une loi prohibitive, sont nulles, même dans les contrats de mariage, y a fait rejeter la convention que la femme ne pourrait renoncer à la communauté, et celle par laquelle elle renoncerait au privilège, qu'elle a, de n'être tenue des dettes de la communauté, que jusqu'à concurrence de ce qu'elle en a amendé. Ces conventions vont à éluder la loi qui défend au mari d'engager les propres de sa femme, malgré elle.

10. On ne doit pas non plus admettre, dans un contrat de mariage, la convention que le survivant ne serait pas tenu, après la

mort du prédécédé, de faire inventaire pour dissoudre la communauté avec les enfans mineurs du mariage, héritiers du prédécédé, ni celle par laquelle on le dispenserait de quelqu'une des formalités requises pour cet inventaire.

§ II. Quand et comment doivent se faire les conventions matrimoniales.

11. Les conventions matrimoniales doivent se faire avant la célébration du mariage; il n'est plus temps de les faire après que le mariage a été célébré. Par exemple, dans les provinces, dont la loi n'admet la communauté de biens entre conjoints, que lorsque les parties en sont expressément convenues, si des parties ont célébré leur mariage avant que d'avoir fait un contrat de mariage, elles ne pourront plus, aussitôt que le mariage aura été célébré, convenir entre elles d'une communauté de biens : le mari ne pourra plus donner à sa femme d'autre douaire que celui que lui donnent les Coutumes, sous lesquelles ses héritages sont situés.

C'est ce qui résulte de ces termes de l'article de la Coutume d'Orléans, qui est ci-dessus rapporté : AVANT LA FOI BAILLÉE ET BÉNÉDICTION NUPTIALE, *homme et femme peuvent*, etc.

12. Ces conventions doivent se faire par un acte qu'on appelle *contrat de mariage*. Cet acte doit être passé devant notaires. On rejette, dans la plupart de nos provinces, les contrats de mariage passés sous signatures privées; pourquoi? C'est afin d'empêcher que les conjoints par mariage n'aient un moyen facile d'éluder la loi, qui leur défend de se faire aucun avantage durant le mariage, en faisant, durant le mariage, des contrats de mariage qu'ils antidateraient d'auparavant.

Il y a néanmoins quelques provinces où les contrats de mariage, passés sous signatures privées, sont admis. Les signatures des parens des deux familles, qui se trouvent au bas de ces actes, ont paru devoir écarter tout soupçon d'antidate.

Mais, si le prétendu contrat de mariage n'était revêtu que des signatures privées des seules parties contractantes, je crois qu'il devrait être rejeté comme suspect d'antidate, même dans les provinces qui admettent les contrats de mariage sous signatures privées. J'ai vu des consultations imprimées, d'avocats du Parlement de Normandie, où les contrats de mariage sous signatures privées sont admis, qui étaient de cet avis.

13. Quoique les futurs conjoints ne soient pas obligés d'appeler leurs parens à leur contrat de mariage, néanmoins, lorsqu'ils y ont fait assister leurs parens, ils ne peuvent plus, par d'autres actes, quoiqu'avant la célébration du mariage, faire de nouvelles conventions, à moins qu'ils n'y fassent pareillement assister leurs parens respectifs, qui ont assisté à leur contrat de mariage.

Les Coutumes de Paris, *art.* 258, et d'Orléans, *art.* 223, en

ont une disposition. Il y est dit : « Toutes contre-lettres faites à
» part et hors la présence des parens qui ont assisté aux contrats
» de mariage, sont nulles. »

La disposition de ces Coutumes, ajoutée lors de la réformation, et formée sur la jurisprudence qui avait lieu alors, établit
un droit commun, qui a lieu dans les Coutumes qui ne s'en sont
pas expliquées.

La Coutume comprend ici, sous le terme de contre-lettres,
non-seulement les conventions qui dérogent et sont contraires à
quelqu'une de celles portées au contrat de mariage, mais généralement toutes les nouvelles conventions ou donations, qui ne sont
pas portées au contrat de mariage.

A l'égard des actes, qui ne seraient qu'explicatifs de quelqu'une
des conventions portées au contrat de mariage, et qui ne contien-
draient rien de nouveau, ils ne peuvent pas passer pour contre-
lettres, et rien n'empêche qu'ils ne soient valables.

La raison, pour laquelle la Coutume déclare nulles les contre-
lettres faites à part et hors de la présence des parens, qui ont
assisté au contrat, s'aperçoit facilement. Quoique des conventions
de mariage ne soient pas vicieuses, par cela seul qu'elles ont été
faites à l'insu des parens, néanmoins l'affectation marquée de ces
conjoints, de cacher à leurs parens et au public leurs conventions, en les faisant à part et par un acte séparé de leur contrat
de mariage, fait regarder ces conventions, comme des conventions dont les conjoints ont eu honte, et qui doivent, pour cela,
être présumées avoir été dictées plutôt par la passion, que par
de justes motifs C'est ce qui a porté la Coutume à les déclarer
nulles.

14. On regarde comme contre-lettres, non-seulement les conventions et donations faites depuis le contrat de mariage, dans le
temps intermédiaire, hors de la présence des parens, mais même
les donations faites peu de jours avant le contrat, par des personnes qui se proposaient de s'épouser, et qui voulaient les cacher
à leur famille. C'est ce qui a été jugé par un arrêt du 19 février
1716, qui a déclaré nulle une donation faite entre des personnes
veille de leur contrat de mariage. L'arrêt est rapporté par
l'auteur du traité des contrats de mariage.

15. La Coutume, en déclarant toutes contre-lettres nulles,
comprend non-seulement celles, qui interviennent entre les futurs
conjoints, mais pareillement celles, qui interviennent entre l'un
des futurs conjoints, et quelqu'une des personnes qui ont été
parties au contrat.

Par exemple, si le futur, à qui son père avait promis une certaine somme en dot, lui promettait, par un acte passé hors de la
présence de sa femme, et des principaux parens de sa femme, de
ne pas exiger cette somme de son vivant, cet acte serait nul,

comme étant une contre-lettre au contrat de mariage, et le père ne pourrait l'opposer contre les poursuites de son fils, pour le paiement de la dot promise par le contrat de mariage.

16. Ce que la Coutume dit, que les contre-lettres, faites hors de la présence des parens qui ont assisté au contrat de mariage, sont nulles, ne doit pas être tellement pris à la rigueur, que l'absence d'un seul des parens qui ont assisté au contrat de mariage, doive indistinctement les rendre nulles. Si ce parent, en l'absence de qui la contre-lettre a été passée, n'était qu'un parent éloigné, et qu'elle ait été passée en présence des plus proches parens, et de ceux qui avaient le plus d'autorité dans la famille, elle doit être jugée valable.

Au reste, il ne faut pas suivre l'opinion de Laurière, qui restreint aux parens de la ligne directe ascendante, et au tuteur, les parens dont la présence est requise par cet article; il comprend pareillement les collatéraux qui ont assisté au contrat de mariage. Il est vrai que les conjoints n'étaient pas obligés de les y appeler: mais, lorsqu'ils les y ont appelés, ils ne peuvent se dispenser de les appeler pareillement aux contre-lettres, pour les rendre valables, par les raisons expliquées ci-dessus, *n.* 13.

§ III. Quels sont les caractères propres aux conventions matrimoniales.

17. Nous remarquerons, dans les conventions matrimoniales, deux caractères qui leur sont propres.

Premier caractère. Le premier caractère, qui est propre à toutes les conventions matrimoniales, et aux donations faites par ces contrats de mariage, est, qu'elles sont toutes censées faites sous la condition tacite, *si nuptiæ sequantur* : c'est pourquoi, si les promesses de mariage, que les parties se sont faites, viennent à se rompre, toutes ces conventions et donations deviennent nulles, et sont regardées comme non avenues, *quasi ex defectu conditionis.*

Il n'y a qu'un mariage valable, et qui ait les effets civils, qui puisse accomplir cette condition. C'est pourquoi, lorsque le mariage, que des personnes ont contracté, est nul par quelque empêchement dirimant qui s'y rencontre; ou même, lorsque le mariage étant valable, il est privé des effets civils, tels que sont les mariages qui ont été contractés *in extremis,* après un mauvais commerce qui a précédé, ou qui ont été tenus secrets jusqu'à la mort de l'une des parties (sur quoi *voyez* notre *Traité du Mariage, part.* 5, *chap.* 2, *art.* 3); en l'un et en l'autre cas, toutes les conventions et donations, portées par le contrat de mariage de ces personnes, sont nulles; et la femme ne peut demander ni communauté, ni douaire. L'homme, ou ses héritiers, doivent seulement, *conditione sine causâ*, rendre à la femme, ou à ses héritiers, ce qu'il a reçu d'elle.

Observez, néanmoins, que lorsque l'empêchement, qui rend le mariage nul, a été ignoré de bonne foi par les parties, ou par l'une d'elles, la partie, qui a été de bonne foi, peut profiter des conventions et donations portées au contrat de mariage, comme nous l'avons vu en notre Traité du Mariage, *n.* 438, 439.

18. *Second caractère.* Un second caractère, qui est propre aux conventions matrimoniales, et aux donations portées par les contrats de mariage, est, qu'aussitôt qu'elles ont été confirmées par la célébration du mariage qui a suivi le contrat, il n'est plus permis aux parties d'y déroger en rien, même par leur consentement mutuel.

Ce principe a lieu, non-seulement à l'égard des conventions expresses, qui sont portées par un contrat de mariage, mais encore à l'égard des conventions virtuelles et implicites, qu'on suppose intervenues entre les personnes qui ont contracté mariage. C'est pourquoi, lorsque des personnes, soumises à une Coutume, qui admet la communauté de biens entre mari et femme, sans que les parties s'en soient expliquées, ont contracté mariage sans passer aucun contrat de mariage, la convention virtuelle et implicite, par laquelle ces personnes sont censées s'en être rapportées à leur Coutume pour leurs conventions, et être, en conséquence, convenues d'une communauté de biens, est une convention aussi invariable, que si elle eût été expresse et portée par un contrat de mariage. Aussitôt que le mariage a été célébré, il n'est plus permis aux parties d'y déroger, même par un consentement mutuel, soit en déclarant qu'elles n'ont point entendu, en se mariant, contracter une communauté de biens, soit en convenant de la faire cesser, pour l'avenir, par une séparation de biens.

Même dans le cas, auquel la dissipation, que le mari fait de ses biens, fournirait un juste sujet de séparation, les parties ne pouvant pas déroger à leur convention de communauté, ne peuvent, par leur seul consentement, convenir de la séparation : il faut qu'elle soit ordonnée par le juge, en connaissance de cause, comme nous l'allons voir dans notre Traité de la Communauté.

19. Les conventions matrimoniales sont tellement irréformables, que les parties ne peuvent pas, par leur contrat de mariage, se réserver la faculté de changer ou réformer quelqu'une desdites conventions, parce que ce serait se réserver la faculté de s'avantager durant le mariage, ce qui n'est pas permis; *suprà, n.* 7.

Suivant ce principe, Lebrun, Traité de la Communauté, *liv.* 1, *chap.* 3, *n.* 9, décide que les parties, qui se marient avec clause d'exclusion de communauté, ne peuvent pas valablement se réserver, par leur contrat de mariage, la faculté de déroger par la suite, pendant leur mariage, à cette clause, et d'établir entre

elles la communauté, telle qu'elle est réglée par la Coutume.
Dumoulin, sur l'article 110 de la Coutume de Paris, *n*. 4, décide
la même chose, et dit que c'était, de son temps, l'avis du barreau. Lebrun convient néanmoins, que, par un arrêt du 27 juillet 1634, rendu pour la famille de M. Thiersaut, rapporté par
Brodeau sur Louet, *lettre* M, *chap.* 4, cette réserve a été confirmée ; mais il ne croit pas qu'on doive suivre la décision de cet
arrêt.

Nous n'entreprenons pas de traiter de toutes les différentes espèces de conventions matrimoniales : nous nous bornerons à celles
qui sont le plus d'usage dans le pays coutumier. Nous commen-
cerons par la communauté et les conventions qui y sont relatives.

TRAITÉ

DE LA COMMUNAUTÉ.

~~~~~~

ARTICLE PRÉLIMINAIRE.

1. La communauté, entre conjoints par mariage, est une espèce de société de biens, qu'un homme et une femme contractent lorsqu'ils se marient.

2. Cette communauté est fondée sur la nature même du mariage ; le mariage étant *viri et mulieris conjunctio individuam vitæ consuetudinem continens* ; Inst. *tit. de patr. potest.* § 1. Cette convention entre l'homme et la femme, que le mariage renferme, de vivre en commun pendant toute leur vie, fait présumer celle de mettre en commun leur mobilier, leurs revenus, les fruits de leurs épargnes et de leur commune collaboration. Suivant l'ancien droit français, la simple cohabitation produisait une société tacite et taisible entre ceux qui avaient habité ensemble par an et jour ; à plus forte raison entre mari et femme.

3. Cette communauté entre conjoints par mariage, est exorbitante des sociétés ordinaires. Dans celles-ci, chaque associé a un droit égal : au contraire, dans la communauté entre conjoints, la puissance, que le mari a sur la personne et les biens de sa femme, le rend chef de cette communauté, et lui donne, en cette qualité, le droit de disposer à son gré, à tel titre que bon lui semble, même de donation entre vifs, de toutes les choses qui la composent, tant pour la part de sa femme que pour la sienne, sans le consentement de sa femme, laquelle, de son côté, n'a pas droit de disposer de rien. C'est pour cette raison, que le mari, pendant que la communauté dure, est réputé, en quelque façon, comme le seul seigneur et maître absolu des biens dont elle est composée, et que le droit, qu'y a la femme, n'est regardé, pendant que la communauté dure, que comme un droit informe, qui se réduit au droit de partager un jour les biens qui se trouveront la composer, lors de sa dissolution. C'est ce qui fait dire à Du-

moulin, que cette communauté était plutôt *in habitu quàm in actu*, et que la femme, durant le mariage, *non est propriè socià, sed speratur fore;* Molin. sur l'article 109 de l'ancienne Coutume de Paris. *Voyez la seconde Partie.*

4. Le droit sur la communauté de biens entre mari et femme, est différent dans les différentes provinces du royaume. On en distingue quatre espèces.

La première espèce de droit sur cette matière, est le droit de la Coutume de Paris, de celle d'Orléans, et de presque tout le pays coutumier, qui admet entre des conjoints par mariage, lorsqu'ils ne s'en sont pas expliqués, une communauté de biens, qui commence à l'instant de la bénédiction nuptiale, et qui a lieu, quelque peu de temps que le mariage ait duré.

5. La seconde espèce est le droit de quelques Coutumes, telles que celles d'Anjou, du Maine, Grand-Perche, Chartres, qui n'admettent une communauté de biens entre un mari et une femme, qui ne l'ont pas expressément stipulée, que dans le cas auquel le mariage a duré au moins un an et jour.

Les dispositions de ces Coutumes sont un reste de notre ancien droit français, tel qu'il est décrit au grand Coutumier, *l.* 2, *chap.* 40, où il est dit : « *Nota,* que par usage et Coutume, deux con- » joints ou affins demeurans ensemble par an et jour, sans faire » division ou protestation, ils acquièrent l'un avec l'autre com- » munauté quant aux meubles et conquêts. »

6. La troisième espèce de droit, sur la matière de la communauté de biens entre mari et femme, est le droit de quelques Coutumes, et celui qui a lieu dans les provinces régies par le droit écrit, lequel n'admet pas de communauté de biens entre un homme et une femme qui se marient, s'ils ne l'ont stipulée, mais ne défend pas de la stipuler.

7. La quatrième espèce de droit, est celui de la Coutume de Normandie. Cette Coutume n'admet pas la communauté; elle dit en l'article 389 : « Les personnes, conjointes par mariage, ne » sont communes en biens, soit meubles, soit immeubles; ainsi » les femmes n'y ont rien qu'après la mort du mari. » Elle accorde, néanmoins, à la femme un droit, qui a quelque rapport au droit de communauté, en lui accordant, après la mort du mari, la moitié des *conquêts faits* en bourgage constant le mariage, et le tiers en usufruit *des conquêts faits* hors bourgage, *art.* 329. Elle lui accorde, outre cela, après la mort du mari, le tiers aux meubles, s'il y a des enfans, ou la moitié, s'il n'y en a point, en contribuant aux dettes pour sa part, hormis les funérailles et legs testamentaires, *art.* 392.

Quoique ce soit en considération de la collaboration de la femme, que la Coutume accorde à la femme la part qu'elle lui accorde, ce n'est pas à titre de communauté, mais plutôt comme à titre de succession de son mari, à laquelle succession il est dit, *art.* 394, qu'elle peut renoncer.

La Coutume de Normandie, non-seulement n'admet pas la communauté, mais elle défend de la stipuler. C'est ce qui résulte de l'article 330, où il est dit : « Quelque accord ou convenant » qui ait été fait par le contrat de mariage, les femmes ne peuvent » avoir plus grande part aux conquêts faits par le mari, que ce » qui leur appartient par la Coutume, à laquelle les contractans » ne peuvent déroger. »

8. Dans les Coutumes de la première et de la seconde espèce, qui admettent une communauté entre homme et femme, sans que les parties s'en soient expliquées, on distingue deux espèces de communauté : la conventionnelle et la légale, ou coutumière.

9. La communauté conventionnelle est celle, qui a lieu entre des conjoints par mariage, par une convention expresse intervenue entre eux avant leur mariage, par laquelle ils sont convenus qu'il y aurait communauté de biens entre eux.

10. La communauté légale, ou coutumière, est celle, qui a lieu entre des conjoints par mariage, suivant la loi du domicile, qu'ils avaient lors de leur mariage, quand ils ne s'en sont pas expliqués, et qui est composée, tant en actif qu'en passif, des choses dont cette loi déclare qu'elle doit être composée.

Quoique cette communauté soit appelée *légale,* ce n'est pas, néanmoins, comme l'observe Dumoulin, la loi qui en est la cause immédiate; elle n'est pas formée, dit cet auteur, *vi ipsius consuetudinis immediatè et in se.* La cause immédiate, qui produit et établit cette communauté, est une convention, qui n'est pas, à la vérité, expresse et formelle, mais qui est virtuelle et implicite, par laquelle les parties, en se mariant, quand elles ne se sont pas expliquées sur leurs conventions matrimoniales, sont censées être tacitement convenues d'une communauté de biens, telle qu'elle a lieu par la Coutume du lieu de leur domicile, suivant ce principe de droit : *Ea enim, quæ sunt moris et consuetudinis, in bonæ fidei judiciis debent venire.* l. 34, § 20, ff de ædil. edicto.

Cette communauté de biens n'est appelée légale, que parce que c'est une communauté, sur laquelle les parties, par cette convention tacite, s'en sont entièrement rapportées à la loi.

La loi même, lorsqu'elle dit, *Homme et femme sont uns et communs en tous biens meubles, etc.;* ne renferme pas un précepte. Elle n'ordonne pas à l'homme et à la femme qui se marient, d'être *uns et communs, etc.,* puisqu'il leur est très-permis de convenir du contraire ; elle déclare seulement que l'usage est qu'ils sont censés être convenus d'être *uns et communs en tous meubles, etc.,* lorsqu'ils ne se sont pas expliqués avant leur mariage.

11. De-là il suit que, lorsque des personnes, domiciliées sous la Coutume de Paris, ou sous quelque autre Coutume semblable,

4*

se sont mariées sans faire de contrat de mariage, la communauté légale, qui a lieu, en ce cas, suivant la Coutume de Paris, entre ces personnes, s'étend à tous les héritages qu'elles acquerront durant leur mariage, fussent-ils situés dans des provinces, dont la loi n'admet pas la communauté, lorsqu'elle n'a pas été stipulée.

Telle est la doctrine de Dumoulin, que d'Argentré contredit mal à propos, en disant que la Coutume de Paris, n'ayant pas d'empire hors de son territoire, ne peut rendre conquêt un héritage situé hors de son territoire, et dans une province dont la loi n'admet la communauté, que lorsqu'elle est stipulée : d'où cet auteur conclut que, lorsque des Parisiens se sont mariés sans faire de contrat de mariage, la femme ne peut pas prétendre droit de communauté dans un héritage situé dans le Lyonnais, que le mari aura acquis durant le mariage, mais seulement récompense du prix que le mari aura tiré de la communauté pour l'acquérir; la Coutume de Paris, qui a établi leur communauté, ne pouvant rendre conquêt cet héritage, sur lequel elle n'a aucun empire.

Dumoulin a prévenu cette objection, et y a répondu en disant, que, quoique la communauté, qui a lieu entre ces personnes de Paris, qui se sont mariées sans contrat de mariage, soit appelée communauté légale, ce n'est pas néanmoins la loi coutumière de Paris qui la forme, et qui en est la cause immédiate : *Non habet locum vi ipsius consuetudinis immediatè et in se.* Ce n'est pas cette loi coutumière, qui imprime, aux héritages acquis durant cette communauté, la qualité des conquêts; la cause immédiate, qui forme cette communauté, et qui donne aux héritages acquis pendant qu'elle dure, la qualité de conquêts, est la convention implicite, que ces personnes ont eue, d'avoir entre elles une communauté en tous biens meubles et conquêts immeubles, telle que la Coutume de Paris, à laquelle elles s'en sont rapportées, déclare qu'il est d'usage et de coutume, lorsque les parties ne s'en sont pas expliquées. Or, cette convention, que ces parties sont censées avoir eue, quoiqu'elle ne soit qu'implicite, n'en est pas moins une convention, qui doit avoir le même effet, que si elle était formelle et expresse, et qui doit, par conséquent, rendre communs et conquêts les héritages que chacune d'elles acquerra, quelque part qu'ils soient situés, comme l'aurait fait une convention expresse de communauté.

12. De-là il suit, que la disposition des Coutumes, qui admettent une communauté entre homme et femme, sans que les parties s'en soient expliquées, n'est pas un statut réel, qui ait pour objet immédiat les choses qui doivent entrer en communauté; c'est plutôt un statut personnel, puisqu'il a pour objet immédiat de régler les conventions, que les personnes, soumises à la Coutume, à raison du domicile qu'elles ont dans son territoire, sont

censées avoir eues sur la communauté de biens, lorsqu'elles se sont mariées.

13. *Vice versâ*, lorsque deux personnes, domiciliées dans le Lyonnais, s'y sont mariées sans stipuler de communauté, la femme ne peut être fondée à prétendre, en vertu de la Coutume d'Orléans, droit de communauté dans un héritage situé sous la Coutume d'Orléans, que son mari a acquis durant le mariage; car ce n'est pas la Coutume d'Orléans, qui imprime par elle-même la qualité de *conquêts* aux héritages, que des personnes mariées acquièrent durant le mariage. Ce qui leur donne cette qualité, c'est la convention implicite de communauté, que sont censées avoir eue des personnes, qui, étant, lors du mariage, domiciliées sous la Coutume d'Orléans, sont censées être convenues de se marier selon la Coutume d'Orléans. Mais ces Lyonnais, qui, lors de leur mariage, n'avaient pas leur domicile à Orléans, mais à Lyon, ne peuvent être censés avoir eu aucune convention de communauté, puisque le droit observé à Lyon, lieu de leur domicile, suivant lequel ils sont censés avoir voulu se marier, n'en admet pas, lorsqu'elle n'a pas été expressément stipulée.

14. Le principe, que nous venons de poser, que les parties, qui contractent mariage, sont censées s'en rapporter à la loi de leur domicile, sur leurs conventions matrimoniales, lorsqu'elles ne s'en sont pas expliquées, ne souffre pas de difficulté, lorsque les parties ont leur domicile dans la même province. Mais que doit-on décider, lorsque l'une des parties est domiciliée dans une province, dont la loi admet la communauté de biens, lorsque les parties ne s'en sont pas expliquées, et que l'autre partie est domiciliée dans une autre province dont la loi ne l'admet pas? Il faut décider, en ce cas, que c'est à la loi du lieu du domicile de l'homme, que les parties doivent être censées s'en être rapportées : car la femme, qui, en se mariant, suit le domicile de son mari, doit plutôt être censée s'être soumise à la loi de ce domicile, qui va devenir le sien, que le mari ne doit être censé s'être soumis à la loi du domicile de la femme.

C'est pourquoi, si un Parisien va épouser à Lyon une femme, pour l'emmener à Paris, et que les parties n'aient pas passé de contrat de mariage, elles doivent être censées être convenues d'une communauté de biens suivant la Coutume de Paris, lieu du domicile de l'homme, quoique le droit, observé à Lyon, n'admette pas de communauté, lorsque les parties ne l'ont pas stipulée.

Vice versâ, si un Lyonnais va prendre femme à Paris, pour l'emmener à Lyon, et qu'il n'y ait pas eu de contrat de mariage, il n'y aura pas de communauté; le droit, observé à Lyon, lieu du domicile du mari, n'en admettant pas, si elle n'a été stipulée.

15. Si l'homme, en se mariant, avait intention de fixer son

domicile dans le pays de la femme; par exemple, si un Lyonnais venait à Orléans épouser une femme, dans le dessein de fixer son domicile à Orléans, ce Lyonnais serait, en ce cas, censé avoir abdiqué son domicile de Lyon, et en avoir acquis un à Orléans, à la loi duquel il doit être censé s'être soumis.

16. Doit-on décider la même chose, dans le cas auquel le Lyonnais aurait épousé l'Orléanaise à Paris, dans le dessein d'aller établir son domicile à Orléans? La raison de douter est, que le domicile ne pouvant s'acquérir que *facto et animo*, le Lyonnais, en ce cas, lorsqu'il s'est marié, n'avait pas encore perdu son domicile de Lyon, et n'en avait pas encore acquis un à Orléans, où il n'était pas encore venu. Néanmoins, il faut dire que, quoique, lorsqu'il s'est marié, il n'eût pas encore acquis domicile à Orléans, il suffit qu'il eût dessein d'y fixer son domicile, pour qu'Orléans doive être censé le lieu de son domicile matrimonial, et pour qu'il soit, en conséquence, censé avoir voulu suivre, pour son mariage, les lois d'Orléans, plutôt que celles du domicile qu'il allait quitter.

17. Nous avons vu de quelle nature était le statut des Coutumes, qui établissent une communauté de biens entre mari et femme, lorsque les parties, en contractant mariage, ne s'en sont pas expliquées : il nous reste à examiner de quelle nature est le statut de la Coutume de Normandie, qui la défend. L'assignera-t-on à la classe des statuts réels, qui ont pour objet principal les choses, tels que sont ceux qui défendent de disposer, par donation ou legs, des héritages propres, au-delà d'une certaine portion; ceux qui défendent aux maris et femmes de se donner, et une infinité d'autres? L'assignera-t-on plutôt à la classe des statuts personnels, qui ont pour objet de régler l'état des personnes?

Si ce statut était regardé comme un statut réel, étant de la nature des statuts réels qui exercent leur empire sur toutes les choses situées dans leur territoire, à l'égard de quelque personne que ce soit, il s'ensuivrait que, lorsqu'un homme, quoiqu'il n'eût pas son domicile en Normandie, acquerrait, durant sa communauté avec sa femme, un héritage en Normandie; cet héritage ne tomberait pas dans sa communauté, la loi de Normandie, à laquelle cet héritage serait supposé sujet par sa situation, ne le permettant pas; et la femme ne pourrait prétendre, dans cet héritage, rien de plus que ce que la Coutume de Normandie, *art.* 329, accorde aux femmes dans les conquêts. Mais, comme il ne doit pas être au pouvoir du mari de s'avantager des biens de la communauté au préjudice de sa femme, le mari, en cas d'acceptation de communauté, devrait récompense à sa femme ou à ses héritiers, de la moitié de la somme qu'il a tirée de sa communauté, pour faire cette acquisition, sous la déduction de la valeur du droit qu'elle a dans l'héritage.

M. Boullenois, en sa question 5, nous atteste qu'au Parlement de Paris, la disposition de la Coutume de Normandie, qui défend la communauté entre conjoints par mariage, est regardée comme un statut personnel, qui a pour objet de régler l'état des personnes; la communauté, qui est l'objet de ce statut, étant quelque chose qui appartient à l'état des personnes mariées.

En conséquence, suivant la nature des statuts personnels, qui n'exercent leur empire que sur les personnes domiciliées dans leur territoire, la disposition de la Coutume de Normandie, qui défend la communauté, est censée n'avoir lieu qu'à l'égard des personnes, qui, lorsqu'elles contractent mariage, ont leur domicile en Normandie, à l'effet qu'elles ne puissent convenir d'une communauté.

18. Les personnes soumises à cette loi, par le domicile qu'elles ont dans la province de Normandie, ne peuvent pas l'éluder en allant passer leur contrat de mariage dans une province, dont les lois admettent la communauté, avec l'intention de revenir en Normandie, après qu'elles auront célébré leur mariage. Boullenois, en sa question 5, décide avec raison que la convention de communauté, portée par le contrat de mariage, que ces parties ont passé en ce lieu, n'est pas plus valable que si leur contrat eût été passé en Normandie. Les lois du lieu, où un acte se passe, ne réglant que les formes extérieures de l'acte, ce sont celles du lieu du domicile des parties contractantes, auxquelles leurs personnes demeurent toujours soumises, en quelque lieu qu'elles aillent contracter, qui règlent leurs engagemens personnels, et les conventions qui leur sont permises ou interdites.

19. Lorsqu'il n'y a que l'une des parties, qui contractent mariage, qui soit de Normandie; et que l'autre est de Paris, ou de quelque autre province, dont les lois admettent la communauté, on convient assez que, si c'est le Parisien qui est allé prendre femme en Normandie, pour l'emmener à Paris, il y aura communauté suivant la Coutume de Paris; qu'au contraire, il n'y aura pas de communauté, lorsque c'est un Normand qui est allé prendre femme à Paris, et que les parties ne se sont pas expliquées, par le contrat de mariage, sur la communauté.

La question, sur laquelle les avis sont partagés, est de savoir si, lorsqu'un Normand vient à Paris épouser une Parisienne, pour l'emmener en Normandie, la Parisienne peut, par une convention expresse de son contrat de mariage, stipuler valablement la communauté? On tient la négative en Normandie. La raison est, que l'homme, étant sujet à la Coutume de sa province de Normandie, dans laquelle il a dessein de retourner, il ne peut pas convenir d'une communauté, contre une disposition prohibitive de cette Coutume qui la lui défend. En vain dit-on que la Parisienne n'étant pas encore, lors de la passation de son contrat de mariage, sujette à la Coutume de Normandie, a pu valablement stipuler une communauté de biens : car, pour qu'une convention soit valable, il ne suffit pas que l'une des parties soit capable de cette convention, il faut que les deux parties le soient. Il ne suffit donc pas, pour que la convention de communauté, portée au contrat, soit valable, que la Parisienne ait été capable de cette convention : le Normand, avec qui la convention est intervenue, en étant incapable, par une loi de sa province qui la lui interdit, la convention ne peut être valable.

Au contraire, à Paris, on juge que cette convention est valable. On dit que la Coutume de Normandie, en défendant la convention de communauté, n'a entendu la défendre que dans les mariages qui se contractaient entre des personnes qui seraient l'une et l'autre de la province; qu'elle n'a point entendu gêner la liberté, qu'ont les hommes de contracter mariage avec des femmes d'autres provinces, ni, par conséquent, les empêcher de contracter mariage, en ce cas, suivant les lois de la province de la femme qu'ils épousent. Comme on ne manque pas, en ce cas, de faire passer le contrat de mariage par un notaire du Châtelet de Paris, le scel de ce Châtelet, qui est attributif de juridiction, attire au Châtelet de Paris la connaissance des contestations, qui pourraient s'élever après la dissolution du mariage, sur les clauses du contrat de mariage; et elles y sont jugées suivant cette jurisprudence.

Nous diviserons en six parties ce Traité de la Communauté entre conjoints par mariage. Nous traiterons, dans la première partie, des personnes entre lesquelles la communauté peut être contractée, du temps auquel elle commence, et des choses dont elle est composée, tant en actif que passif; dans la seconde, du droit des conjoints sur les choses dont la communauté est composée pendant qu'elle dure; dans la troisième, de la dissolution de la communauté, et du droit, qu'ont la femme ou ses héritiers, de l'accepter ou d'y renoncer; dans la quatrième, de la liquidation et du partage, qui sont à faire après la dissolution de communauté. Dans la cinquième, nous verrons comment chacun des conjoints, ou ses héritiers, sont tenus des dettes de la communauté. Nous traiterons, dans la sixième partie, de la continuation de communauté.

PREMIÈRE PARTIE.

Des personnes entre lesquelles peut être contractée la communauté; du temps auquel elle commence; et des choses dont elle est composée, tant en actif que passif.

CHAPITRE PREMIER.

Des personnes entre lesquelles peut être contractée la communauté, soit légale, soit conventionnelle; et du temps auquel elle commence.

ARTICLE PREMIER.

Des personnes entre lesquelles peut être contractée la communauté, soit légale, soit conventionnelle.

20. La communauté, soit légale, soit conventionnelle, étant un effet civil du mariage, c'est une conséquence qu'elle ne peut être contractée que par des personnes capables de contracter ensemble un mariage civil. C'est pourquoi, si l'une des parties, qui ont contracté mariage ensemble, était alors privée de l'état civil, par une condamnation à une peine capitale, ne pouvant y avoir eu de mariage civil entre ces personnes, il n'y aura pas entre elles de communauté conjugale. Cela a lieu, à plus forte raison, lorsque le mariage non-seulement n'est pas un mariage civil, mais est absolument nul.

Néanmoins, la bonne foi de l'une des parties, qui a eu une juste cause d'ignorance de l'empêchement à la légitimité ou à la validité du mariage, peut donner les effets civils à ce mariage, quoiqu'il ne soit pas mariage civil, et même quoiqu'il soit absolument nul; et, en conséquence, la communauté conjugale aura lieu entre ces personnes. *Voyez notre Traité du Mariage*, n. 437 *et suiv.*

21. Lorsque des étrangers, quoique non naturalisés, mais do-

miciliés en France, sous une Coutume qui admet la communauté de biens, sans qu'il soit besoin de la stipuler, y contractent mariage, sans passer aucun contrat de mariage, la communauté légale a lieu entre ces personnes. Il est vrai que ces personnes ne sont pas capables du droit civil, qui n'a été établi que pour les citoyens, tel que le droit des testamens, des successions, du retrait lignager; mais elles sont capables de ce qui appartient au droit des gens, telles que sont toutes les conventions. Or, la communauté légale n'est fondée que sur une convention, que les personnes, qui contractent mariage, sont présumées avoir eue d'établir entre elles une communauté, telle que la loi de leur domicile l'établit *suprà*, *n.* 10, de laquelle convention, de même que de toutes les autres conventions, les étrangers sont capables. La communauté légale peut donc avoir lieu entre ces personnes, à plus forte raison la conventionnelle.

ARTICLE II.

Du temps auquel commence la communauté, soit légale, soit conventionnelle.

22. La communauté légale ne commençait autrefois qu'au coucher, comme l'observe Laurière, en sa note sur l'*art.* 220 de la Coutume de Paris, c'est-à-dire, lorsqu'il y avait lieu de présumer que le mariage avait reçu sa consommation par le commerce charnel des conjoints.

La nouvelle Coutume de Paris, *art.* 220, a abrogé cet ancien droit. Elle dit : *Commence la communauté, du jour des épousailles et bénédiction nuptiale.*

Cela a lieu dans toutes les Coutumes du royaume, qui admettent une communauté légale; non-seulement dans celles qui l'admettent indistinctement, quelque peu de temps que le mariage ait duré, mais même dans celles qui ne l'admettent, que lorsque le mariage a duré un an et jour : car, dans celles-ci, la cohabitation, que les conjoints par mariage ont eue par an et jour, fait présumer qu'elles ont eu la volonté de contracter une communauté, aussitôt qu'elles ont contracté mariage. C'est pourquoi Dumoulin, en sa note sur l'*art.* 508 de la Coutume du Maine, dit : *Trahitur retrò ad diem nuptiarum.*

23. La communauté conventionnelle commence aussi du jour de la bénédiction nuptiale, et non du jour du contrat de mariage par lequel elle est stipulée : c'est ce qui paraît par ces termes usités dans les contrats de mariage, *les futurs* SERONT *uns et communs.* Ces termes, qui sont au futur, font connaître que l'intention des parties est de ne commencer cette communauté, qu'au temps auquel commencera leur mariage. D'ailleurs, la commu-

nauté, entre conjoints par mariage, étant différente des sociétés qui se contractent entre d'autres personnes, et ayant des caractères qui lui sont propres, comme nous l'avons vu *suprà*, *n.* 3, elle ne peut avoir lieu que lorsque les parties ont acquis, par la célébration du mariage, cette qualité de *conjoints par mariage*.

CHAPITRE II.

Des choses dont est composée, tant en actif qu'en passif, la communauté légale.

SECTION PREMIÈRE.

Des choses dont la communauté est composée en actif.

24. L'article 220 de la Coutume de Paris nous dit quelles sont les choses dont la communauté légale est composée en actif. Il est conçu en ces termes : « Homme et femme conjoints ensemble par mariage, sont communs en biens meubles, et conquêts immeubles faits durant et constant ledit mariage. »

La Coutume ne fait que deux espèces principales de choses qui composent la communauté légale, les meubles et les conquêts.

Nous traiterons des meubles, dans un premier article ; des conquêts, dans un second : nous ajouterons un troisième article, dans lequel nous traiterons des fruits des propres de chacun des conjoints, qui sont perçus ou échus durant la communauté.

Si l'article de la Coutume, ci-dessus rapporté, n'en a pas parlé, et n'en a pas fait une troisième espèce de choses, dont est composée la communauté légale, c'est parce qu'ils sont renfermés dans celle des meubles, ou même quelquefois dans celle des conquêts : néanmoins, ces fruits constituent véritablement une troisième espèce de choses, dont la communauté est composée, comme nous le verrons en son lieu.

ARTICLE PREMIER.

Des meubles.

25. La Coutume, en disant qu'homme et femme sont uns et communs *en meubles*, comprend, sous la généralité de ces termes, *en meubles*, tous les meubles de chacun des conjoints, de quelque espèce qu'ils soient, non-seulement les meubles corporels,

mais pareillement les effets mobiliers incorporels, ces choses étant comprises sous le terme général de *meubles*. La Coutume d'Orléans, *art.* 186, pour ne laisser aucun doute sur ce point, s'en est expliquée, en disant, *sont uns et communs en biens meubles, dettes actives.* Plusieurs autres Coutumes s'en sont pareillement expliquées.

26. La Coutume de Paris comprend aussi, sous la généralité des termes dont elle se sert, tant les biens meubles, qui appartiennent à chacun des conjoints lors du mariage et dès auparavant, que ceux acquis depuis. C'est ce qui paraît par la ponctuation du texte. Il est dit, *sont communs en biens meubles, et conquêts immeubles faits durant et constant leur mariage.* La virgule étant posée après ces mots, *en biens meubles,* n'y en ayant point après les mots *conquêts immeubles,* il s'ensuit que les termes restrictifs qui suivent, *faits durant et constant leur mariage,* ne se rapportent qu'aux *conquêts* immeubles, et non aux meubles.

On peut encore tirer argument de ce que la Coutume de Paris, dans l'article suivant, charge expressément la communauté, du mobilier passif de chacun des conjoints, soit qu'il ait été contracté après ou avant le mariage : l'actif mobilier doit donc pareillement y entrer, soit qu'il soit d'avant, soit qu'il soit depuis le mariage. Enfin l'article 186 de la Coutume d'Orléans, rédigée trois ans après celle de Paris, par les mêmes commissaires, et qui doit servir à l'interpréter, s'en explique formellement. Il y est dit : « Homme et femme sont uns et communs en biens meubles, dettes actives et passives, faits TANT AUPARAVANT LEUR MARIAGE, *que durant icelui.*

Pour faire connaître plus en détail quelles sont les choses qui, sous le nom de meubles, composent la communauté légale, nous verrons, dans un premier paragraphe, quelles sont les choses corporelles qui sont meubles, et qui entrent, en conséquence, dans la communauté légale; dans un second, quelles sont les choses incorporelles qui sont réputées meubles, et qui entrent, en conséquence, dans cette communauté. Enfin, dans un troisième, nous traiterons de quelques exceptions que souffre le principe.

§ I. Des meubles corporels.

27. Les choses corporelles sont les êtres physiques, les choses *quæ tangi possunt.* Elles sont meubles ou immeubles.

28. On appelle *meubles,* celles qui sont transportables d'un lieu à un autre, et qui ne font pas partie de quelque fonds d'héritage ou de maison.

29. Quelque grand que soit le volume de ces choses, qui sont transportables d'un lieu à un autre, et quelque grand qu'en

soit le prix, elles ne laissent pas de passer pour meubles, et d'entrer, en conséquence, dans la communauté : par exemple, de grands vaisseaux, qui appartiennent à un armateur, entrent dans la communauté légale de cet armateur avec sa femme. La Coutume de Calais, *tit.* 1, *art.* 3, et celle de Normandie, *art.* 519, en ont des dispositions.

30. Par la même raison, quelque grande que soit la dignité de l'homme, dans nos colonies, les Nègres, qui sont nos esclaves, sont regardés comme biens meubles, et entrent, par conséquent, dans la communauté légale.

La déclaration du roi, du mois de mars 1685, a apporté une exception à cette règle : elle porte que les esclaves sont meubles, *s'ils ne sont attachés à la terre.* La loi entend, par ces termes, *s'ils ne sont attachés à la terre,* ceux qui sont destinés, principalement et à perpétuité, à la culture des terres de quelque habitation. Ces esclaves ne sont pas *meubles,* parce qu'ils sont censés faire partie d'un fonds de terre, c'est-à-dire, de l'habitation à la culture des terres de laquelle ils sont destinés : ils sont censés ne faire qu'un seul et même tout avec cette habitation, et, par conséquent, ils n'entrent dans la communauté légale, qu'autant que l'habitation, à laquelle ils sont attachés, serait un conquêt qui y entrerait.

A l'égard de tous les autres esclaves, tels que sont ceux qui sont employés, soit au service de la personne de leur maître, comme un valet de chambre, un cocher, un cuisinier, soit à quelque autre ministère qui ne les attache pas à une terre, cette déclaration du roi les déclare meubles, et ils doivent, par conséquent, entrer dans la communauté légale.

31. Pour bien connaître quelles choses doivent passer pour meubles, et entrer, en conséquence, dans la communauté légale, il faut établir quelques règles, qui servent à discerner quelles sont les choses qui sont censées faire partie d'un fonds de terre ou d'une maison, et quelles sont celles qui n'en font pas partie, et qui doivent, en conséquence, être réputées meubles.

RÈGLES SUR LES CHOSES QUI SONT CENSÉES FAIRE PARTIE D'UN
FONDS DE TERRE.

Première règle.

32. Les édifices, qui sont construits sur un fonds de terre, font partie de ce fonds de terre, suivant la règle : *Quod solo inædificatur solo cedit ; Inst. tit. de rer. divis.* § 29.

Seconde règle.

33. Les semences, qui ont été jetées dans une terre, font aussitôt partie de la terre dans laquelle elles ont été jetées : *Quœ sata sunt, solo cedere intelliguntur ; Instit. dict. tit.* § 32.

Troisième règle.

34. Il en est de même des arbres, et des arbustes, et même des oignons de fleurs, qui sont plantés en pleine terre ; ils font partie du fonds de terre où ils ont été plantés, aussitôt qu'ils y ont été plantés.

Si, néanmoins, quelqu'un, par erreur, avait planté, dans sa terre, un arbre qui ne lui appartînt pas, ou avait, par erreur, planté son arbre dans une terre qui ne lui appartenait pas, l'arbre conserverait sa qualité de meuble, et ne serait pas censé faire partie de la terre où il a été planté, jusqu'à ce qu'il y fût attaché par les racines qu'il y aurait poussées : *Instit. dict. tit.* § 31.

La règle souffre une autre exception à l'égard des arbres des pépinières, qui sont transplantés de la terre, qui les a produits, dans une autre terre, où ils sont mis comme en dépôt pour s'y nourrir et s'y fortifier, jusqu'à ce qu'on les en arrache pour être vendus. Ces arbres conservent leur qualité de meubles, qu'ils ont acquise, lorsqu'ils ont été arrachés de la terre où ils sont nés; ils ne sont pas censés faire partie de la terre où ils ont été transplantés, n'y ayant point été plantés pour perpétuelle demeure, et n'y étant que comme en dépôt, jusqu'à ce qu'ils en soient arrachés pour être vendus : ils entrent, par conséquent, dans la communauté légale.

A l'égard des arbustes et des fleurs, qui sont plantés dans des pots et dans des caisses, il n'est pas douteux que ce sont choses meubles, comme le sont les pots, et les caisses où ils sont plantés.

Quatrième règle.

35. Les choses, placées sur un fonds de terre, quoiqu'elles n'y soient que légèrement cohérentes, lorsqu'elles y sont placées pour perpétuelle demeure, en sont censées faire partie.

Suivant cette règle, les échalas, qui servent à attacher les vignes, quoiqu'ils ne soient que très-légèrement cohérens à la terre où ils sont piqués, font partie de cette terre, parce qu'ils y sont placés pour perpétuelle demeure, et destinés à y servir à cet usage, jusqu'à ce qu'ils soient entièrement usés, et qu'ils ne puissent plus servir.

36. Suivant cette même règle, un moulin à vent est censé faire partie du sol sur lequel il est placé, parce qu'il y est placé pour perpétuelle demeure, quoiqu'il n'y soit point attaché.

Plusieurs Coutumes en ont des dispositions : Paris, *art.* 90 ; Orléans, *art.* 352.

A l'égard des moulins assis sur bateaux, tels que nous en avons sur notre rivière de Loire, ils sont meubles, puisque les bateaux, sur lesquels ils sont assis, le sont. Orléans, *art.* 352. Plusieurs autres Coutumes en ont des dispositions. La seule Coutume de Berry, *tit.* 4, *art.* 3, les déclare immeubles.

L'article 90 de la Coutume de Paris, dit, à la vérité, indistinctement que les moulins à eau sont immeubles : mais cela ne doit être entendu que de ceux qui sont construits sur des pilotis enfoncés sur le sol de la rivière, et non de ceux qui sont assis sur bateaux.

37. Un moulin à vent n'étant censé immeuble et faire partie du fonds de terre, sur lequel il est placé, que parce qu'il y est placé pour perpétuelle demeure, c'est une conséquence qu'il ne doit être réputé tel, que lorsqu'il y a été placé par le propriétaire de la terre, et qu'il en doit être autrement, s'il y avait été placé par un usufruitier ou par un fermier de la terre : car on ne peut pas dire, en ce cas, qu'il ait été placé pour perpétuelle demeure, l'usufruitier et le fermier étant présumés ne l'avoir placé que pour le temps que devait durer l'usufruit et le bail, et devant l'emporter après la fin de l'usufruit ou du bail. Le moulin doit donc, en ce cas, passer pour une chose meuble, qui doit, en conséquence, entrer dans la communauté légale de l'usufruitier ou du fermier.

38. A l'égard des échalas, quoiqu'ils aient été placés dans la vigne par un usufruitier ou un fermier, ils ne laissent pas d'y être réputés placés pour perpétuelle demeure, et faire, en conséquence, partie de la vigne ; l'usufruitier et le fermier étant, en leur qualité d'usufruitier ou de fermier, obligés d'entretenir la vigne d'échalas, et d'y laisser, après la fin de l'usufruit ou du bail, ceux qu'ils y ont mis.

Cinquième règle.

39. Les choses, qui sont réputées faire partie d'un fonds de terre, continuent, même pendant qu'elles en sont détachées, à être réputées en faire partie, tant qu'elles sont destinées à y être replacées.

Suivant cette règle, les oignons de fleurs, qu'on ôte de la terre d'un jardin, l'hiver, pour les y replanter au printemps, continuent d'être réputés faire partie de ce jardin, tant qu'ils sont destinés à y être replantés.

Suivant cette règle, les échalas, qu'on détache de la vigne pendant l'hiver, pour y être replacés au printemps, continuent, même pendant ce temps, d'être réputés faire partie de la vigne.

Cette destination suffit bien pour conserver à ces choses la qualité d'immeubles et de partie de la terre, lorsqu'elles l'ont une fois acquise, mais elle ne suffit pas pour la leur faire acquérir.

C'est pourquoi, si j'ai acheté d'un jardinier des oignons de tulipes, pour les planter dans un jardin, cette destination ne les empêche pas d'être choses meubles, et ils ne commencent à être réputés faire partie de mon jardin, que lorsqu'ils y auront été plantés.

Pareillement, si j'ai fait amener, dans ma maison de vignes, des échalas, pour être employés dans mes vignes, cette destination ne les empêche pas de conserver la qualité de meubles, et ne leur fera pas acquérir celle d'immeubles et de partie de la vigne, jusqu'à ce qu'ils aient été piqués en terre, et que la vigne y ait été attachée.

C'est ce qu'enseigne Ulpien, en la loi 17, § 11, ff. de act. empti : *Pali, qui vineæ causá parati sunt, antequàm collocentur, fundi non sunt; sed qui exempti sunt hâc mente, ut collocentur, fundi sunt.*

Sixième règle.

40. Les pailles, qui sont nées dans une terre, et les fumiers, qui y sont faits par les animaux qui servent à son exploitation, étant, dès leur naissance, destinés à demeurer toujours dans cette terre, à y être enterrés pour la fumer, et à être, par-là, en quelque façon identifiés avec cette terre, sont réputés en faire partie.

C'est en conséquence de ce principe, qu'Ulpien décide que, lorsqu'une terre est vendue ou léguée, les pailles et les fumiers qui y sont, appartiennent à l'acheteur ou au légataire, comme en faisant partie : *Fundo vendito vel legato, sterquilinium et stramenta emptoris et legatarii sunt; dict. leg. 17, § 2.*

Comme c'est cette destination qui fait regarder les pailles et fumiers comme faisant partie de la terre, il faudrait décider autrement, si l'usage du père de famille était de les vendre, plutôt que de les employer à fumer sa terre : ils seraient, en ce cas, réputés meubles, et entreraient, par conséquent, dans la communauté légale du propriétaire de ces pailles et fumiers avec sa femme.

C'est la distinction que faisait Trebatius : *In sterquilinio autem distinctio Trebatii probanda est : ut si quidem stercorandi agri causâ comparatùm sit, emptorem sequatur (tanquàm pars fundi venditi); si vendendi, venditorem (quasi hoc casu non sit pars fundi venditi, sed res mobilis distincta à fundo); dict.* § 2.

Septième règle.

41. Les choses, qui sont de nature à n'être pas par elles-mêmes *in bonis nostris*, et qui ne nous appartiennent qu'à raison de quelqu'une de nos terres où elles se trouvent, sont censées faire partie de cette terre.

Suivant cette règle, les animaux, qui sont dans leur liberté naturelle dans un certain lieu, font partie de ce lieu, où ils sont dans leur liberté naturelle.

Par exemple, les poissons sont censés faire partie de l'étang; les lapins, de la garenne; les pigeons, du colombier, où ils se trouvent dans leur liberté naturelle, et avec lesquels ils sont censés ne faire qu'un seul et même tout.

La raison est que, suivant les principes du droit, les animaux *feræ naturæ* ne sont proprement *in bonis*, que lorsque nous les tenons *sub manu et custodiâ nostrâ*. Le propriétaire d'un étang, où il y a des poissons; d'une garenne, où il y a des lapins; d'un colombier, où il y a des pigeons, est donc seulement propriétaire d'un étang empoissonné, d'une garenne peuplée de lapins, d'un colombier peuplé de pigeons, plutôt qu'il ne l'est des poissons, des lapins et des pigeons qui y sont. Ces animaux n'étant donc pas, quant au domaine que le propriétaire de l'étang, de la garenne, ou du colombier, peut en avoir, quelque chose de distingué de l'étang, de la garenne et du colombier, où ils sont dans leur liberté naturelle, ils ne peuvent entrer *per se* et comme choses meubles, dans la communauté légale de ce propriétaire avec sa femme; ils ne peuvent y entrer qu'autant que l'étang, la garenne, et le colombier, avec lesquels ils sont censés ne faire qu'un seul et même tout, seraient des conquêts, qui y entreraient.

Mais lorsque ces animaux ne sont pas dans leur liberté naturelle, et sont *sub manu nostrâ*, tels que sont les poissons que nous avons dans un réservoir, ou les poissons d'un étang dont la bonde est levée, et qui est mis à sec; tels que sont pareillement les lapins qu'on élève dans un grenier ou clapier, et les pigeons qu'on élève sous une mue, ou qui sont renfermés dans une volière : ces animaux, en ce cas, nous appartiennent *per se*, comme choses meubles, et entrent, en cette qualité, dans la communauté légale.

Cette distinction se trouve dans plusieurs de nos Coutumes. Celle de Paris, art. 91, dit : « Poisson étant en étang ou en

» fosse, est réputé immeuble (1); mais quand il est en boutique
» ou réservoir, est réputé meuble. » Notre Coutume d'Orléans,
art. 355, dit la même chose. Cette distinction se trouve dans
l'auteur du grand Coutumier.

Elle se trouve dans les lois romaines. Ulpien, en disant, *Pisces
qui sunt in piscinâ* (dans un réservoir), *non sunt œdium nec fundi,
non magis quàm pulli; l. 15, l. 16, ff. de act. empt.*, laisse à
conclure qu'il en est autrement, lorsqu'ils sont *in stagno, in laxitate naturali.*

Paul, en la loi 3, § 14, ff. *de adquir. possessione : Item feras
bestias, quas (2) vivariis incluserimus, et pisces, quos in pisci-
nas conjecerimus, à nobis possideri; sed eos pisces qui in stagno
sunt, aut feras, quæ in silvis circumseptis vagantur, à nobis non
possideri (3) : quoniam relictæ sint in libertate naturali.*

Cette distinction étant prise dans la nature des choses, doit
être observée partout où les Coutumes ne s'en sont pas expliquées.

42. De ce que la Coutume déclare immeubles les poissons, qui
sont dans un étang, dans leur liberté naturelle, Chopin, sur la
Coutume de Paris, et Lebrun, en son Traité de la Communauté,
en ont mal à propos conclu que les abeilles devaient aussi être
pareillement réputées immeubles, parce qu'elles sont dans leur
liberté naturelle dans leurs ruches, où elles ne sont pas tenues
enfermées, d'où elles vont et viennent où il leur plaît. La fausseté de cette conséquence est évidente. Si les poissons, qui sont
dans un étang, sont immeubles, c'est parce que l'étang, avec
lequel ils sont censés ne faire qu'un seul et même tout, est un
immeuble.

Au contraire, une ruche, avec laquelle les abeilles, qui
sont dans leur liberté naturelle, ne composent qu'un même tout,
étant un meuble, qui entre, en cette qualité, dans la communauté
légale; les abeilles de cette ruche, qui ne font qu'un seul tout
avec la ruche, doivent pareillement avoir la qualité de *meubles*,
et entrer avec la ruche en communauté légale.

43. De tout ce qui vient d'être dit, résulte la différence des
animaux *feræ naturæ* et des animaux domestiques.

A l'égard des animaux *feræ naturæ*, tant qu'ils sont *in naturali
laxitate*, nous ne sommes ni possesseurs, ni propriétaires de ces

---

(1) Comme ne faisant qu'un seul et même tout avec l'étang où il est *in
libertate naturali.*

(2) *Gellius*, Noct. Attic. 11, 20; *ait vivaria, septa quædam loca esse in
quibus feræ vivæ pascuntur, quæ à Varrone appellantur Leporaria* (des
clapiers), *à Scipione Roboraria, quòd ea plerumque tabulis roboreis septa
essent.*

(3) *Possidemus tantùm stagnum piscibus refertum, aut silvam feris bestiis
refertam.*

animaux *per se;* nous ne le sommes que *ratione loci nostri in quo sunt.* Il en est autrement des animaux domestiques, tels que sont les volailles et autres animaux d'une basse-cour : ce n'est point *ratione loci nostri in quo sunt,* que nous sommes possesseurs et propriétaires de ces animaux; nous sommes possesseurs et propriétaires de ces animaux *per se :* et, comme ces animaux sont, par eux-mêmes, quelque chose de meuble, ils sont, à notre égard, un bien meuble, qui doit, par conséquent, entrer dans la communauté légale.

Cela a lieu, même à l'égard des animaux qui servent à l'exploitation des terres, tels que sont les chevaux, les bœufs, les vaches, les troupeaux de moutons. Nous sommes possesseurs et propriétaires de ces animaux *per se,* comme d'un bien meuble, et ils doivent entrer, en cette qualité, dans la communauté légale. Nous ne sommes pas propriétaires de ces animaux *ratione fundi,* à l'exploitation duquel ils servent; ces animaux, de même que toutes les autres choses qui servent à l'exploitation d'une terre, n'en font pas pour cela partie : *Instrumentum fundi non est pars fundi, arg. l. fin. ff. de supell. legat.; l. 2, § 1, ff. de instrum. leg.*

44. Quoique tel soit le droit qui doit être observé, tant qu'il n'y aura pas de loi contraire, néanmoins je ne puis m'empêcher de témoigner, qu'il serait à désirer qu'il y eût une loi qui attachât au domaine d'une terre ceux des bestiaux qui servent à son exploitation, en ordonnant que les bestiaux, qui servent à l'exploitation d'une terre, seraient réputés en faire partie; et qu'en conséquence, en matière de communauté, ils n'y tomberaient qu'autant que la terre y serait apportée; qu'en matière de succession, l'héritier aux propres, qui succède à la terre, succéderait aussi aux bestiaux de cette terre; qu'en matière de retrait, le retrayant retirerait la terre avec les bestiaux; qu'en matière de garde-noble, dans les Coutumes qui donnent les meubles du mineur au gardien, le gardien ne pourrait s'attribuer comme biens meubles les bestiaux des terres de ses mineurs. Faute d'une telle loi, à combien d'inconvéniens est-on exposé, inconvéniens contraires au bien de l'agriculture! Une femme, qui avait une terre bien garnie en bestiaux, s'est remariée sans faire de contrat de mariage : elle est obligée, après la mort de son mari, de renoncer à la communauté, et de laisser, en conséquence, aux héritiers ou créanciers de son mari, tous les bestiaux de sa terre, qui sont entrés dans la communauté à laquelle elle a renoncé. Elle n'a pas de grands moyens pour en acheter une quantité suffisante, elle ne pourra pas bien faire valoir sa terre. En matière de succession et en matière de retrait, un héritier aux propres succède à une terre, sans succéder aux bestiaux, qui appartiennent à l'héritier au mobilier : un retrayant retire la terre, sans retirer les bestiaux : cet héritier et ce retrayant n'ont pas le

moyen d'en acheter une quantité suffisante ; la terre sera mal cultivée. L'inconvénient est encore bien plus frappant en matière de garde-noble, dans les provinces, dont la loi donne au gardien, en propriété, tous les meubles échus à son mineur, de la succession du prédécédé de ses père et mère. Ce mineur, à la fin de sa garde, trouvera ses terres sans bestiaux, qui, comme effets mobiliers, appartiennent à son gardien : comment fera-t-il valoir ses terres ?

Le législateur a déjà reconnu l'utilité qu'il y a, à ne pas séparer d'une terre les bestiaux qui servent à son exploitation, en ordonnant, par l'Ordonnance de 1747, *art.* 6, contre la disposition du droit romain, que les bestiaux servant à l'exploitation d'une terre, seraient censés compris dans la substitution de la terre, quoique le testateur ne s'en fût pas expliqué.

On me pardonnera cette digression.

Huitième règle.

45. Les fruits et productions de la terre, tant qu'ils y sont encore pendans, font partie de la terre qui les a produits, avec laquelle ils sont censés ne faire qu'un seul et même tout, et une seule et même chose.

Mais, aussitôt qu'ils en sont séparés, ils commencent à être une chose particulière, distinguée de la terre dont ils faisaient auparavant partie, *incipiunt habere propriam* ousian ; et il est évident que cette chose, qui commence d'être, est une chose meuble, puisqu'elle est transportable d'un lieu à un autre.

Cette doctrine est puisée dans les lois romaines. Gaïus nous dit : *Fructus pendentes pars fundi videntur :* 1. 44, ff. *de rei vendicat.;* et Ulpien dit : *Fructus perceptos villæ non esse constat ;* 1. 17, § 1, ff. *de act. empt.* La Coutume de Paris, *art.* 92, dit pareillement : « Bois coupé, blé, foin ou grain soyé ou fauché, sup- » posé qu'il soit encore sur le champ, et non transporté, est » meuble ; mais quand il est sur pied et pendant par les racines, » il est réputé immeuble. »

La Coutume dit, *supposé qu'il soit encore sur le champ,* c'est-à-dire, *quoiqu'il soit encore sur le champ.* La raison est, que c'est sa séparation de la terre, à laquelle il était uni, qui le rend une chose meuble qui existe séparément de la terre, et n'en fait plus partie. Il suffit donc que ce bois, ce blé, ce foin soit séparé de la terre, quoiqu'il soit encore sur le champ, pour qu'il soit une chose meuble.

Notre Coutume d'Orléans, *art.* 354, dit pareillement : « Fruits » pendans par les racines, sont héritage. »

46. Suivant la règle, que nous venons d'exposer, les arbres des pépinières, qui tiennent encore à la terre qui les a produits des

pépins qui y ont été semés, sont censés faire partie de cette terre, et ne faire qu'un seul et même tout avec elle.

Mais, lorsqu'ils ont été arrachés et séparés, ils deviennent une chose meuble, distinguée de cette terre.

Ils conservent même cette qualité de choses meubles, lorsqu'ils sont haubinés, c'est-à-dire, transplantés dans une autre, où ils sont mis en dépôt, pour s'y fortifier quelque temps, jusqu'à ce qu'on les en arrache pour les vendre; car n'étant que comme en dépôt dans cette terre, ils n'en font pas partie, comme nous l'avons vu *suprà*, *n*. 34.

Voyez *infrà*, *art*. 3, une limitation, apportée par quelques Coutumes, à la règle que les fruits pendans sont immeubles.

RÈGLES SUR LES CHOSES QUI SONT CENSÉES FAIRE PARTIE D'UNE MAISON, OU D'UN AUTRE ÉDIFICE.

47. La Coutume de Paris établit, à cet égard, une règle en l'article 90, qui est conçu en ces termes : « Ustensiles d'hôtel, qui se » peuvent transporter sans fraction et détérioration, sont réputés » meubles ; mais s'ils tiennent à fer et à clous, et sont scellés en » plâtre, et sont mis pour perpétuelle demeure, et ne peuvent » être transportés sans fraction et détérioration, sont censés et » réputés immeubles. »

Cette règle est imparfaite ; car il y a des choses, qui, sans être attachées à fer et à clous, sont censées faire partie de la maison ; et d'autres, qui, quoique attachées à fer et à clous, ne sont pas censées en faire partie. Il est donc nécessaire, pour éclaircir la matière, d'établir les règles suivantes.

Première règle.

48. Les choses, qui sont dans une maison ou autre édifice, pour perpétuelle demeure, en font partie ; *secùs*, si elles n'y sont que pour un temps.

Cette règle est prise de la loi 17, § 7, ff. *de act. empt. Labeo generaliter scribit eu quæ perpetui usus causâ in ædificiis sunt, ædificii esse ; quæ verò ad præsens, non esse ædificii.*

Seconde règle.

49. Les choses, qui sont tellement attachées à un édifice, qu'il ne serait pas facile de les en détacher, sont présumées y être pour perpétuelle demeure, et faire partie de la maison et édifice où elles sont attachées.

C'est conformément à cette règle, que la Coutume de Paris, *art*. 90, et notre Coutume d'Orléans, *art*. 353, décident qu'un pressoir est réputé immeuble, comme faisant partie de l'édifice ou de la maison où il est construit.

Cela ne doit s'entendre que des grands pressoirs à arbre ou à roue. On a depuis inventé de petits pressoirs à auge, qui peuvent facilement être transportés d'un lieu à un autre ; ces petits pressoirs sont choses meubles.

Les anciens avaient aussi de petits pressoirs qui pouvaient facilement se déplacer, et c'est de ces petits pressoirs qu'on doit entendre ce que dit Ulpien : *Multa etiam defossa esse, neque tamen fundi, aut villæ habere, ut puta vasa vinaria,* TORCULA- RIA *, quoniam hæc instrumenti magis sunt, etiamsi ædificio cohærent; dict. leg.* 17, ff. *de act. empt.*

50. Ce qu'il dit aussi, que les vases, où l'on met du vin, quoique enfoncés en terre, sont meubles, ne doit s'entendre que de ceux qu'on peut facilement déplacer, et non de ces grands foudres qui ne peuvent facilement l'être. C'est ainsi que Cujas concilie cette loi avec la loi 21, ff. *de instrum. leg.*, où il est dit : *Dolia, molæ olivariæ, et prelum, et quæcumque infixa inædificataque sunt, fundo continentur.*

A l'égard des cuves, dont nous nous servons dans nos maisons de vignes, qui ne sont point enfoncées en terre, ni cohérentes, et qui peuvent, par conséquent, facilement se déplacer, il ne peut être douteux que ces cuves sont de purs meubles, et qu'elles ne sont pas censées faire partie du lieu où elles se trouvent : *sunt magis instrumenta fundi, quàm sunt pars fundi.*

Plusieurs Coutumes ont suivi ces distinctions : celle de Melun, *article* 283, dit : « Cuves et baignoires sont réputées meubles ; » mais si elles ne se peuvent ôter sans faire ouverture ou sans » désassembler, sont réputées immeubles. »

Normandie, *art.* 515, dit : « Cuves et tonnes sont réputées im- » meubles, quand elles ne peuvent être enlevées sans désas- » sembler. »

Tours, *art.* 224 ; Calais, *art.* 3 ; Châlons, *art.* 108, disent la même chose.

Ces coutumes apportent pour exemple les cuves et chaudières de brasseurs, de teinturiers, de tanneurs, assises en terre.

Laon, *art.* 101, répute meubles les cuves et autres gros ustensiles qui peuvent se désassembler et transporter sans grande détérioration.

51. Les presses d'imprimerie, les métiers de tisserands, quoique attachés au lieu où ils sont, pouvant en être facilement déplacés, ne sont point pareillement regardés comme faisant partie de la maison où ils sont ; mais ils sont de purs meubles. Cela a été ainsi jugé pour les presses d'imprimerie du célèbre Robert Étienne, par un arrêt rapporté par tous les commentateurs.

52. Il n'en est pas de même d'une forge de maréchal ou de

serrurier. Ne pouvant être déplacée du lieu où elle est construite, sans être entièrement démolie, elle est censée mise pour perpétuelle demeure, et faire partie de la maison où elle est construite.

Troisième règle.

53. Les choses, qui peuvent facilement être déplacées du lieu où elles sont, ne laissent pas d'être censées faire partie de la maison, lorsqu'elles y servent à compléter la partie de la maison où elles sont placées, *quùm posita sunt ad integrandam domum :* mais si elles n'y servent que d'ornement et d'ameublement, ou pour l'exercice du métier de la personne qui habite la maison, *si posita sunt ad instruendam domum*, elles ne sont pas censées faire partie de la maison, et sont de simples meubles.

Cette règle est le développement de ce que dit Ulpien : *Ea esse ædium solemus dicere, quæ quasi pars ædium sunt... vel propter ædes habentur ;* l. 13, § fin., ff. de act. empt.

54. Suivant cette règle, les marbres ou les boiseries, dont on revêtit un chambranle de cheminée ou les murs d'une chambre, quoiqu'ils puissent être assez facilement détachés, sont censés y être pour perpétuelle demeure; car ces choses servent à compléter et perfectionner les murs qu'ils revêtissent, lesquels, sans cela, seraient trop nus et trop malpropres, et auxquels il manquerait quelque chose.

C'est par cette raison, qu'Ulpien dit, en la loi 17, § 3, ff. *de act. empt. : Crustæ marmoreæ ædium sunt.*

Par la même raison, le parquet d'une chambre est censé faire partie de la maison; car il sert à cette chambre de *pavimentum*, et le *pavimentum* d'une chambre est quelque chose qui fait partie de la chambre.

55. A l'égard des glaces et des tableaux, qui sont encadrés dans une cheminée, si ce qui est derrière la glace ou le tableau, sont les briques de la cheminée, ou quelque planche qui ne soit pas de même parure que le reste de la cheminée, en ce cas, la glace ou le tableau paraît être mis pour compléter cette partie de la maison; car la cheminée serait imparfaite, et il y manquerait quelque chose, si, derrière le tableau ou la glace, il n'y avait que les briques, ou quelque planche de parure différente du reste de la cheminée. Le tableau ou la glace, étant donc, en ce cas, mis *ad integrandam domum*, il est censé en faire partie : *Quæ tabulæ pictæ pro tectorio includuntur, ædium sunt ;* l. 17, § 3, ff. act. empt.

Au contraire, si ce qui est derrière la glace ou le tableau, est de même parure que le reste de la cheminée, en ce cas, la cheminée ayant toute sa perfection indépendamment de la glace qu'on y a attachée, on ne peut pas dire, en ce cas, que la glace serve *ad integrandam domum*, elle ne sert que *ad instruendam domum*, et elle ne doit pas, suivant notre principe, être censée faire partie de la maison, mais elle doit être regardée comme un meuble.

56. Lorsque, dans la construction d'un grand vestibule, on a pratiqué des niches, les statues, qui sont attachées dans ces niches, sont censées faire partie de la maison, car elles sont placées *ad integrandam domum* : elles servent à compléter cette partie de la maison. En effet, les niches n'étant faites que pour y placer des statues, il manquerait quelque chose au vestibule, s'il n'y avait pas de statues placées dans les niches.

C'est de ces statues qu'on doit entendre ce que dit Papinien : *Papinianus ait : Sigilla* (1) *et statuæ affixæ, instrumento domus non continentur, sed domús portio sunt ;* l. 12, § 23, ff. *de instrum. legat.*

57. Un contre-feu attaché avec des pattes de fer à un mur de cheminée, fait partie de la maison ; il sert à garantir le mur de la cheminée de l'ardeur du feu, qui le brûlerait et le dégraderait. La cheminée en est donc plus parfaite et plus complète, lorsqu'elle a ce contre-feu : il sert donc *ad integrandam domum, propter ædes habetur.*

58. Les cloisons, les retranchemens, les alcoves, etc., sont aussi censés faire partie de la maison, puisqu'ils en composent la distribution.

59. Les rateliers d'une écurie doivent aussi, suivant cette règle, être réputés immeubles, comme faisant partie de l'écurie, car ils servent à la compléter. Il manquerait quelque chose à une écurie, pour qu'elle puisse être écurie, si elle n'avait pas de rateliers.

Par la même raison, lorsqu'un bâtiment a été construit exprès pour être une raffinerie de sucre, les grandes chaudières, qui y sont enfoncées en terre, et scellées en maçonnerie, sont censées faire partie de l'édifice, auquel il manquerait quelque chose, et qui ne serait pas une raffinerie, sans ces chaudières.

Quatrième règle.

60. Les choses, qui servent à compléter la maison, quoiqu'elles n'y soient pas attachées, sont aussi censées faire partie de la maison. Telles sont les choses, qui servent à la clôture de la maison, ou de quelque partie de la maison, comme les clefs, les cadenas, les planches qui servent à fermer la boutique le soir, et qu'on ouvre le matin ; les coulisses de nattes, les châssis, un cou-

---

(1) *Id est, parva signa,* de petites statues.

vercle de puits : *Ædium multa esse, quæ ædibus adfixa non sunt, ignorari non oportet ; ut putà, seras, claves, claustra ; l. 17, ff. act. empt. Opercula puteorum, quamvis non sunt adfixa, ædium esse constat ; dict. leg. 17, § 8.*

61. Par la même raison, l'artillerie, qui est dans un château ou une forteresse, quoiqu'elle n'y soit point attachée, est censée y être pour perpétuelle demeure, et en faire partie ; car elle sert à compléter ce château ou cette forteresse, qui ne peut être château ou forteresse sans artillerie. Plusieurs Coutumes en ont des dispositions ; Berry, Tours, Nivernois, Bourbonnais, Laon, Amiens, etc.

C'est par la même raison, que les arrêts ont jugé que, dans les terres où il y a une chapelle, qui est une des dépendances de la terre, les vases sacrés, ornemens et autres choses, qui y servent à la célébration du sérvice divin, doivent être réputés immeubles, comme y étant pour perpétuelle demeure, et servant à compléter cette partie de la terre, qui ne serait pas chapelle, sans ces choses qui servent à y célébrer le service divin. La Coutume d'Amiens en a une disposition.

Il faut décider autrement, dans le cas auquel un seigneur a obtenu, pour cause d'infirmité, la permission de l'évêque de faire célébrer la messe dans son hôtel à Paris. Le lieu, où on la célèbre, n'étant pas établi chapelle pour toujours, les vases sacrés et ornemens, qui servent pour la célébration de la messe, ne sont pas dans l'hôtel pour perpétuelle demeure, et sont de purs meubles.

Cinquième règle.

62. Les choses attachées à une maison, et qui en font partie, continuent d'en faire partie, lorsqu'elles en sont détachées, tant qu'elles sont destinées à y être replacées : mais celles, qui n'ont pas encore fait partie de la maison, quoiqu'elles soient destinées à y être attachées et à en faire partie, et qu'elles aient déjà été apportées pour cet effet dans la maison, ne commencent à en faire partie, que lorsqu'elles y ont été attachées comme elles doivent l'être : *Ea, quæ ex ædificio detracta sunt, ut reponantur, ædificii sunt : at quæ parata sunt ut imponantur, non sunt ædificii ; dict. leg. 17, § 10.*

Quod insulæ causá paratum est, si nondùm perfectum, quamvis positum in ædificio sit, non tamen videtur ædium esse ; dict. leg. 17, § 5. Adde, l. 18, § 1, ff. dict. tit.

Suivant cette règle, si une maison a été incendiée, ou est tombée de vieillesse, les matériaux, qui en restent, conservent leur qualité d'immeubles, tant qu'ils peuvent paraître destinés à la reconstruction de la maison : mais, lorsque le propriétaire paraît avoir abandonné le dessein de reconstruire sa maison, ces matériaux, séparés du sol, sont choses meubles.

Sixième règle.

63. Les choses, attachées ou non attachées à une maison, qui seraient censées en faire partie, si elles y avaient été mises par le propriétaire, ne sont pas censées en faire partie, lorsqu'elles y ont été mises par un usufruitier ou un fermier, lesquels, ou leurs héritiers, ont le droit de les détacher et de les emporter à la fin de l'usufruit ou du bail.

La raison est, que l'usufruitier ou le fermier est censé ne les avoir placées, que pour le temps de son usufruit ou de son bail: c'est une conséquence de la première règle.

Cette règle souffre exception à l'égard des clefs. Celles, que l'usufruitier ou le locataire d'une maison a fait faire pour cette maison, font partie de cette maison; et le locataire, de même que les héritiers de l'usufruitier, ne peuvent, après la fin du bail ou de l'usufruit, les retenir; et ils sont tenus de les remettre au propriétaire, personne ne pouvant avoir droit de retenir les clefs d'une maison, qu'il n'a plus le droit d'habiter. Le locataire a seulement, en ce cas, le droit de répéter du propriétaire le prix de ces clefs, s'il l'avait mis en demeure de les lui fournir.

A l'égard des choses attachées à fer et à clous, que le fermier ou usufruitier, qui les a placées dans une maison, a droit d'enlever, observez que le propriétaire a droit de les retenir, en offrant de récompenser ledit fermier ou usufruitier, du prix qu'elles valent.

64. Toutes les choses, qui, selon les règles que nous venons d'établir, sont censées faire partie d'un fonds de terre ou d'une maison, n'étant point considérées *in se* comme choses meubles, mais comme ne faisant qu'un seul et même tout, et une seule et même chose, avec le fonds de terre ou la maison dont elles font partie, elles ne peuvent entrer dans la communauté légale, à moins que le fonds de terre ou la maison dont elles font partie, ne fût un conquêt.

65. Outre les choses, qui font partie d'un fonds de terre ou d'une maison, il y a encore certaines choses qui, quoique choses meubles, considérées *in se*, sont néanmoins réputées immeubles, comme étant l'accessoire d'un droit immobilier, avec lequel elles sont censées ne faire qu'un seul tout et une même chose.

Tels sont les moulins assis sur bateaux, lorsqu'ils sont bannaux. Quoique ces bateaux, *in se*, soient choses meubles, comme nous l'avons vu *suprà*, n. 36, néanmoins étant l'accessoire d'un droit de bannalité, qui est un droit immobilier, ils sont réputés immeubles. C'est ce que nous apprenons d'une note de Dumoulin, sur l'article 282 de la Coutume de Bourbonnais, qui dit que *moulins assis sur bateaux* sont censés meubles; *scilicet*, dit Dumoulin en sa note, *quandò sunt liberæ facultatis; secùs, si annexum habeant jus servitutis, et alii teneatur ibi molituram facere.* La Coutume de Tours, *art.* 221, en a une disposition.

§ II. Des meubles incorporels.

66. Les choses incorporelles, qui sont des êtres moraux *quæ in jure consistunt*, ne sont pas proprement susceptibles de la qualité de meubles, ni de la qualité d'immeubles; car ces choses ne subsistant que dans l'entendement, et ne pouvant être dans aucun lieu, on ne peut pas dire, ni qu'elles sont transportables d'un lieu à un autre, ni qu'elles ne peuvent pas changer de lieu.

Néanmoins, notre droit français ayant distribué les biens, c'est-à-dire, toutes les choses que nous avons *in bonis*, en biens meubles et en biens immeubles, il a fallu assigner les choses incorporelles, que nous avons *in bonis*, à l'une ou à l'autre de ces deux classes de biens.

Pour connaître quelles sont les choses incorporelles, qui entrent en qualité de biens mobiliers dans la communauté légale, il est nécessaire d'établir quelques règles, qui fassent connaître quelles sont les choses incorporelles, qui sont de la classe des biens meubles, et quelles sont, au contraire, celles, qui sont de la classe des biens immeubles.

Première règle.

67. Les droits, que nous avons à cause de quelqu'un de nos héritages, qui, étant des droits de cet héritage, sont censés ne faire qu'une seule et même chose, qu'un seul et même tout avec cet héritage, sont droits immobiliers, qui appartiennent à la classe des biens immeubles.

Tels sont tous les droits de servitudes prédiales, comme le droit de passer sur l'héritage voisin, pour la commodité du nôtre, le droit d'obliger l'héritage voisin à recevoir les eaux du nôtre, etc. Ces droits de servitude sont des droits qui ne nous appartiennent, qu'à cause de notre héritage auquel la servitude est due; ce sont des droits et *des qualités* de cet héritage, qui ne font qu'une seule et même chose avec l'héritage : *Quid aliud sunt jura prædiorum, quàm prædia qualiter se habentia, ut bonitas, salubritas, amplitudo*; l. 86, ff. *de verbor. signific.* : et, par conséquent, il ne peut être douteux qu'ils sont de la classe des biens immeubles, comme l'héritage auquel ils sont attachés.

Tel est pareillement un droit de patronage réel attaché à une de nos terres. Il n'est pas douteux que, ne faisant qu'un seul et même tout avec la terre dont il est inséparable, il est, comme la terre, de la classe des biens immeubles.

Seconde règle.

68. Les droits, que nous avons dans un héritage, qu'on appelle *jus in re*, ou droit foncier, appartiennent à la classe des biens immeubles, comme l'héritage qui en est le sujet, et dans lequel nous avons ce droit.

Tels sont les droits de directe seigneuriale, que nous avons sur des héritages qui relèvent de nous en fief ou en censive; les droits de champart, et terrage; les droits de dîmes, les droits de rentes foncières, que nous avons sur les héritages qui en sont chargés; les droits de servitude personnelle, que nous avons sur les héritages qui en sont chargés, comme sont les droits d'usufruit, d'usage, etc.

La raison est, que le droit, que nous avons dans un héritage, le *jus in re*, est, en quelque façon, l'héritage même, qui est censé, en quelque façon, nous appartenir en partie, quant au droit que nous y avons, lequel est un démembrement du droit de domaine, de propriété, qu'en a le propriétaire. Ce droit doit donc suivre la nature de l'héritage, et être, comme lui, de la classe des biens immeubles.

Il en est de même des droits qu'on a dans un territoire, tels que les droits de justice, de bannalité, de corvées, etc.

Troisième règle.

69. Les droits de créance personnelle, qui naissent de l'obligation, qu'une personne a contractée envers nous de nous donner une chose, et qu'on appelle *jus ad rem*, sont réputés mobiliers ou immobiliers, suivant la nature de la chose due, qui fait l'objet du droit de créance, et dans laquelle ce droit de créance doit se fondre, se terminer, et se réaliser.

C'est pourquoi, la créance d'une somme d'argent, ou de quelque autre chose meuble, est un droit mobilier : au contraire, la créance, que j'ai d'un héritage, ou de quelque autre immeuble, contre une personne qui s'est obligée de me le donner, est un droit immobilier. C'est ce qu'on exprime par cet axiome : *Actio ad mobile, est mobilis; actio ad immobile, est immobilis.*

La raison est, que l'on considère, dans un droit de créance, la chose en laquelle elle doit se réaliser, c'est-à-dire, celle que le créancier à droit d'espérer d'acquérir du débiteur, en exécution de l'obligation qu'il a contractée de la lui donner. C'est en ce sens qu'on dit : *Qui actionem habet ad rem recuperandam, ipsam rem habere videtur;* l. 15, ff. de reg. juris.

On peut apporter une infinité d'exemples de cette règle. Le contrat de vente d'un héritage nous en fournit un.

Le droit de créance, qu'a le vendeur contre l'acheteur, est un droit mobilier; car il tend à lui faire acquérir une somme d'argent qui lui est due pour le prix de l'héritage, laquelle somme d'argent est une chose meuble. C'est donc *actio ad mobile*, et, par conséquent, un droit mobilier.

Au contraire, le droit de créance, qu'a l'acheteur contre le vendeur, pour se faire donner l'héritage qui lui a été vendu, est un droit immobilier ; c'est *actio ad immobile*, puisqu'il tend à lui faire acquérir l'héritage, qui est un immeuble.

70. Lorsque j'ai vendu à un marchand de bois, des arbres sur pied, qui sont sur mon héritage, le droit de créance, qu'a cet acheteur contre moi, et qui naît de l'obligation, que j'ai contractée envers lui, de les lui laisser abattre et enlever, est un droit mobilier; car, quoique ces arbres, que je lui ai vendus, fussent, au temps du contrat, quelque chose d'immeuble, comme faisant partie du fonds de terre, dont ils n'étaient pas encore séparés, néanmoins ne lui ayant pas vendu le fonds, son droit de créance ne tend à lui faire acquérir les arbres, qu'après qu'il les aura séparés du fonds. Or, aussitôt qu'ils en sont séparés, ils deviennent meubles : son droit de créance ne tend donc qu'à lui faire acquérir des meubles, il doit se terminer à des meubles; c'est donc un droit *ad mobile*, et, par conséquent, un droit mobilier.

71. Par la même raison, le droit de créance, qu'a le fermier d'un héritage contre le locateur, pour qu'il l'en fasse jouir, n'est qu'une créance d'un droit mobilier; car le droit de ce fermier ne tend pas à lui faire acquérir l'héritage, qui a été donné à ferme, mais seulement à lui faire avoir la faculté d'en percevoir les fruits, et d'acquérir lesdits fruits, par la perception qu'il en fera. Ces fruits devenant chose meuble, par la perception qui s'en fait, son droit ne tend donc qu'à lui faire acquérir quelque chose de meuble, c'est *actio ad mobile*, et, par conséquent, un droit mobilier.

Le droit d'un fermier, qui résulte d'un simple bail à ferme, est bien différent de celui d'un usufruitier, d'un emphitéote, d'un preneur par bail à longues années. Le droit de ceux-ci est un droit dans l'héritage, *jus in re*, lequel, suivant la seconde de nos règles, est un droit immobilier; au lieu que le droit d'un fermier n'est qu'un droit de simple créance personnelle. C'est ce qui paraît bien par la loi *emptorem*, 9, *cod. de loc. et conduct.* qui décide que, lorsque celui, qui a donné à ferme ou à loyer son héritage, l'a vendu, sans charger l'acheteur de l'entretien du bail, l'acheteur n'est pas tenu de l'entretenir, et peut expulser le fermier : au lieu que ceux, qui ont un droit dans un héritage, peuvent réclamer leur droit, en quelques mains que l'héritage passe, quoiqu'on n'en ait pas chargé les acquéreurs (*Voyez notre Traité du Contrat de Louage, n.* 288).

72. Le droit de créance, qui résulte d'une obligation de dommages et intérêts, en laquelle s'est convertie une obligation primitive, par son inexécution, est un droit mobilier, car ces dommages et intérêts devant se liquider et se terminer à une somme d'argent, la créance de ces dommages et intérêts *tendit ad mobile.*

Quatrième règle.

73. Lorsqu'un héritage est dû avec plusieurs choses mobilières, quoique ce soit l'héritage qui soit le principal objet de la créance, elle n'est néanmoins immobilière, que par rapport à l'héritage: elle est mobilière, par rapport aux choses mobilières qui sont dues; et elle entre, par rapport auxdites choses, dans la communauté légale.

Par exemple, si, peu avant mon mariage, on m'a vendu un héritage, avec tous les meubles qui y sont, dont la tradition ne m'avait pas encore été faite lors de mon mariage, la créance, qui résulte de cette vente, n'est immobilière, que par rapport à l'héritage; elle est créance mobilière, par rapport aux meubles qui m'ont été vendus avec l'héritage, et elle entre, en cette qualité, par rapport auxdits meubles, dans la communauté légale, que je contracte avec ma femme en me mariant.

Cela est conforme au principe ci-dessus cité, *Qui actionem habet, ipsam rem habere videtur.* Si ma créance avait été acquittée avant mon mariage; si, lors de mon mariage, l'héritage, et les meubles qui y sont, m'eussent déjà appartenu, il n'y eût eu que l'héritage qui eût été propre de communauté; les meubles qui y sont, seraient entrés dans la communauté légale : ma créance doit donc, par rapport auxdits meubles, y entrer, comme s'ils m'appartenaient déjà.

Cinquième règle.

74. Lorsque deux choses sont dues sous une alternative, dont l'une est immeuble et l'autre est meuble, la qualité de la créance est en suspens jusqu'au paiement : elle est censée avoir été immobilière, si c'est l'immeuble qui est payé; ou mobilière, si c'est le meuble.

Par exemple, si quelqu'un m'avait légué une telle maison, ou la somme de dix mille livres; la créance, qui résulte de ce legs, qui m'était dû lors de mon mariage, sera censée une créance mobilière, et, comme telle, elle est entrée en la communauté légale, si, par la suite, c'est la somme de dix mille livres qui m'est payée; au contraire, elle sera censée avoir été immobilière, et, en conséquence, propre de communauté, si c'est la maison qui m'est délivrée.

Si le testateur, au lieu de laisser le choix à l'héritier chargé du legs, m'en avait accordé le choix, c'est le choix que je ferais, ou de la maison, ou de la somme d'argent, qui déciderait si la créance est mobilière ou non, et si elle est entrée en la communauté ou non. *Voyez notre Traité des Obligations*, n. 254.

Y a-t-il lieu, en ce cas, à quelque récompense ? Voyez *infrà*, part. 4.

Sixième règle.

75. Lorsqu'il n'y a qu'une chose due, quoique avec une faculté accordée au débiteur, de payer une autre chose à la place, c'est la nature de la chose due qui règle la qualité de la créance, et non celle de la chose qui a été payée à la place.

Par exemple, si quelqu'un m'a fait un legs en ces termes : « *Je* » *lègue à un tel la somme de dix mille livres, en paiement de la-* » *quelle il sera néanmoins permis à mon héritier de lui donner* » *une telle maison qui est de la valeur de ladite somme ;* » la créance, qui résulte de ce legs qui m'a été fait, n'est pas une créance alternative de la somme de dix mille livres ou de la maison ; la somme de dix mille livres est la seule chose due. La maison, qu'on peut me payer à la place de cette somme, ne m'est pas proprement due ; elle n'est pas *in obligatione,* elle n'est qu'*in facultate solutionis :* c'est pourquoi, cette créance étant la créance d'une somme d'argent, qui est la seule chose due, est une créance mobilière, qui, en cette qualité, si le legs n'était pas encore acquitté lors de mon mariage, entrera dans la communauté légale ; et, quoique, par la suite, le débiteur m'ait donné la maison en paiement de cette créance, suivant la faculté qu'il en avait, elle ne laissera pas d'être réputée avoir été une créance mobilière, et la maison, qui m'a été donnée en paiement, appartiendra à ma communauté, comme étant donnée en paiement d'une créance qui lui appartenait.

Pareillement, si le legs m'avait été fait en ces termes : « *Je lè-* » *gue à un tel une telle maison, que mon héritier pourra retenir,* » *en lui payant la somme de dix mille livres à la place ;* » la créance, qui résulte de ce legs, n'est pas alternative : la maison est la seule chose due ; la somme, que l'héritier peut payer à la place, n'est qu'*in facultate solutionis.* Cette créance étant donc la créance d'une maison, est une créance immobilière, laquelle, si elle n'était pas encore acquittée, lorsque je me suis marié, sera un propre de communauté ; et, si, depuis mon mariage, l'héritier me paie la somme de dix mille livres à la place, suivant la faculté qui lui a été accordée, j'aurai remploi de cette somme de dix mille livrés, comme ayant été reçue en paiement d'une créance qui m'était un propre de communauté. *Voyez notre Traité des Obligations*, n. 244.

Septième règle.

76. La créance d'une somme d'argent ou autre chose mobilière, quoiqu'elle soit accompagnée d'un droit d'hypothèque, même spéciale, sur quelque héritage du débiteur, ne laisse pas d'être un droit mobilier, qui, comme tel, entre dans la communauté légale.

Quoique le droit d'hypothèque, étant un droit dans l'héritage hypothéqué, *jus in re*, à ne le considérer qu'en lui-même, pût paraître être de nature immobilière, néanmoins ce droit d'hypothèque n'étant qu'un accessoire de la créance personnelle, à laquelle il est attaché, lorsque cette créance est par elle-même mobilière, le droit d'hypothèque ne peut pas la rendre immobilière : car ce n'est pas de la chose accessoire que la chose principale doit suivre la nature, c'est au contraire l'accessoire qui suit la chose principale : *Accessorium sequitur principale*. D'où il suit que les créances de choses mobilières, quoique hypothécaires, ne laissent pas de tomber, comme droits mobiliers, dans la communauté légale, et elles y entrent avec tous les droits d'hypothèque, dont elles sont accompagnées, suivant la règle *Accessorium sequitur principale*.

Huitième règle.

77. Pour juger si un droit de créance personnelle est mobilier ou immobilier, et s'il doit, en conséquence, entrer ou non dans la communauté légale, on ne considère que la chose qui en est l'objet, c'est-à-dire, la chose due, et on n'a aucun égard à la cause d'où le droit de créance procède.

Cette maxime est la contradictoire d'une, que Lebrun a hasardée en son Traité de la Communauté, *liv.* 1, *chap.* 5. Cet auteur avance que la créance d'une somme d'argent, qui appartient à l'un des conjoints, lors de leur mariage, n'entre point dans la communauté légale, lorsqu'elle a pour cause le prix de quelque immeuble, dont ce conjoint a disposé avant son mariage, parce qu'elle représente, en quelque façon, cet héritage, qui ne serait point entré en communauté, si l'on n'en eût pas disposé.

Suivant ce principe, Lebrun décide que, lorsque l'un des conjoints a vendu, avant son mariage, un héritage, la créance du prix, qui lui en est dû lors de son mariage, ne doit pas entrer dans la communauté. Suivant le même principe, il décide que la créance, qu'aurait l'un des conjoints, lors de son mariage, contre son tuteur, pour raison de ses principaux de rente qui ont été remboursés par ses débiteurs à son tuteur, n'entre pas dans la communauté.

Il décide encore, suivant le même principe, que la créance d'une somme de deniers due à l'un des conjoints, lors de son mariage, pour le retour d'un partage d'immeubles qu'il avait fait avant son mariage avec ses cohéritiers, n'entre pas dans la communauté. Lebrun, pour établir son principe, se fonde sur ce qui s'observe à l'égard du passif de la communauté, où l'on a effectivement égard quelquefois à la cause d'où procède la dette passive d'un conjoint, pour décider si la communauté en doit être chargée, comme nous le verrons *infrà, sect.* 2; mais on n'en peut tirer aucune conséquence pour l'actif, comme nous le ferons voir *dicto loco*.

Ce principe de Lebrun est contredit par son annotateur. Ce dernier cite un arrêt, qui a jugé, contre le principe de Lebrun, que la créance d'une somme d'argent, due à l'un des conjoints, pour retour d'un partage d'immeubles fait avant le mariage, était entrée dans la communauté légale. Cet arrêt est rapporté par Louis, sur l'*art.* 254 de la Coutume du Maine.

Renusson, en son Traité de la Communauté, *part.* 1, *ch.* 3, *n.* 15, rapporte le même arrêt, et en suit la décision.

En établissant la fausseté du principe de Lebrun, nous établissons notre huitième règle, qui n'est autre chose que la proposition contradictoire de ce principe.

Neuvième règle.

78. La créance d'une somme d'argent, qu'a l'un des conjoints, lorsqu'il se marie, ne laisse pas de tomber dans la communauté légale, quoiqu'elle soit un propre fictif pour le cas de sa succession.

Cette règle est fondée sur le principe, que les fictions n'ont d'effet que pour le cas pour lequel elles sont établies : *Fictio non operatur ultrà casum.* En conséquence, les créances de sommes d'argent et autres droits mobiliers, qui ont, pour quelque cas, la qualité de propres fictifs, sont, hors le cas de cette fiction, considérées pour ce qu'elles sont dans la vérité, et, par conséquent, comme droits mobiliers, qui, en cette qualité, doivent entrer dans la communauté légale.

On peut apporter, pour premier exemple de cette règle, la créance d'une somme d'argent due à un mineur, pour le prix de sa part dans un héritage qu'il a licité avec ses cohéritiers. Quoique cette créance, si elle se trouvait dans la succession de ce mineur décédé en minorité, dût, suivant le principe de l'*art.* 94 de la Coutume de Paris, y être regardée comme un propre de la ligne dont procédait l'héritage licité, à l'effet d'appartenir à l'héritier aux propres de cette ligne, à l'exclusion de l'héritier au mobilier du mineur; néanmoins, hors du cas de la succession de ce mineur, qui est le seul cas pour lequel la fiction a été établie, cette créance doit être considérée, telle qu'elle est dans la vérité, c'est-à-dire, comme créance mobilière ; et, en conséquence, lorsque le mineur se marie, elle doit, en cette qualité de créance mobilière, entrer dans la communauté légale.

79. On peut apporter, pour second exemple, la créance d'une somme d'argent due à un enfant, en sa qualité d'héritier de sa mère, pour la reprise des deniers dotaux de sa mère, laquelle, par son contrat de mariage, les avait stipulés propres à elle, aux siens et à ceux de son côté et ligne. Quoique cette créance soit un propre fictif conventionnel pour le cas de la succession de cet enfant, à l'effet que, si cette créance est trouvée dans sa succession, les héritiers aux propres maternels y doivent succéder comme à un propre maternel, à l'exclusion du père héritier au mobilier, cela n'empêche pas cette créance d'être, hors du cas de la fiction, considérée telle qu'elle est dans la vérité, c'est-à-dire, comme un droit mobilier, laquelle, en conséquence, lorsque cet enfant se marie, doit entrer en la communauté légale.

80. Si les deniers dotaux avaient été stipulés propres *quant à tous effets, même quant à la disposition,* cette clause empêcherait-elle la créance de la reprise de ces deniers dotaux, d'entrer dans la communauté légale, lorsque l'enfant, à qui elle appartient, se mariera ? Non : la raison est que les propres conventionels ne peuvent être réputés tels, que vis-à-vis des personnes qui ont été parties à la convention qui les a formés, suivant ce principe de droit : *Antè omnia animadvertendum ne conventio in aliâ re facta, aut cum aliâ personâ, in aliâ re personâve noceat,* l. 27, § 4, ff. *de pact.*

La créance, qu'a l'enfant, dans cette espèce, pour la reprise de ses deniers dotaux, est bien un propre même de disposition vis-à-vis de son père, à l'effet qu'il n'en puisse disposer, au profit de son père, pour une plus grande part que celle dont on peut disposer d'un propre, parce que son père était partie à la convention du contrat de mariage qui a formé ce propre. Mais la femme, que cet enfant, créancier de cette reprise, épouse, n'ayant pas été partie à la convention, la créance de cette reprise ne peut passer vis-à-vis d'elle pour un propre : elle n'est, vis-à-vis d'elle, qu'une pure créance mobilière, qui doit entrer dans leur communauté légale.

Dixième règle.

81. Les rentes constituées sont, selon la Coutume de Paris et le droit commun, réputées immeubles.

Lorsque ces rentes se constituaient par forme d'assiette sur un héritage, duquel le constituant se dessaisissait jusqu'à concurrence de la rente, au profit de celui à qui elles étaient constituées, ces rentes étant alors un droit, que le créancier de la rente avait dans l'héritage, sur lequel elle était constituée, il ne pouvait alors être douteux que ces rentes devaient être assignées à la classe des biens immeubles, suivant la seconde de nos règles. Mais, depuis que ces rentes n'ont plus été regardées, que comme une créance personnelle, que le créancier de la rente a contre celui qui s'en est constitué le débiteur envers lui; depuis que ces rentes se constituent sans assignat spécial sur aucun héritage, et par des personnes qui n'en possèdent aucun; depuis que, même lorsqu'elles sont constituées avec un assignat spécial sur un certain héritage, cet assignat n'est regardé que comme un droit d'hypothèque spéciale, qui n'est qu'un droit accessoire à la créance personnelle, dans laquelle consiste la rente : on a beaucoup agité la question, si les rentes ne devaient plus être assignées qu'à la classe des biens meubles, ou si elles devaient être encore assignées à celle des immeubles.

La raison, pour les assigner à la classe des meubles, est fort simple. Une rente constituée, dit-on, dans la vérité et la réalité des choses, n'est autre chose que la créance d'autant de sommes d'argent, qu'il courra d'années depuis la création de la rente jusqu'au rachat; par conséquent, une créance de choses meubles, rien n'étant plus meuble que des sommes d'argent; par conséquent un droit mobilier, suivant la règle, *Actio ad mobile est mobilis.*

Au contraire, pour assigner les rentes constituées à la classe des biens immeubles, on dit qu'une rente constituée ne doit pas être considérée simplement comme la créance des arrérages qui en doivent courir jusqu'au rachat, mais comme un être moral et intellectuel distingué, par l'entendement, de ces arrérages, qui sont plutôt les fruits que produit la rente, qu'ils ne sont la rente même; puisque le créancier les perçoit sans entamer ni diminuer l'intégrité de la rente. Cet être moral, dans lequel on fait consister la rente constituée, a paru, par le revenu annuel et perpétuel qu'il produit, ressembler aux biens immeubles, et devoir, *pour cet effet*, être mis dans la classe des biens immeubles.

On opposera peut-être que la raison, tirée de ce que les arrérages d'une rente constituée se perçoivent sans rien diminuer ni entamer du fonds de la rente, n'est pas suffisante pour faire déclarer immeuble la rente : car la perception, qui se fait, des intérêts que produit la créance d'une somme d'argent exigible, qui est de nature à en produire, telle qu'est celle d'une somme due par un acheteur, pour le prix d'un héritage qui lui a été vendu, se fait pareillement sans entamer le principal de cette créance, qui n'en est pas moins un bien meuble.

La réponse est, qu'il y a une grande différence entre une rente constituée et la créance d'une somme exigible qui produit des intérêts. Ce qui fait le principal de celle-ci, est la somme principale qui est due, dont les intérêts ne sont que les accessoires.

6*

Cette créance, ayant pour objet principal une somme d'argent qui est due, *tendit ad mobile*, et est, par conséquent, un bien mobilier, suivant la troisième règle ci-dessus.

On ne peut pas dire de même, que le principal d'une rente constituée soit la créance d'aucune somme d'argent, distinguée dés arrérages de la rente; car on ne peut pas dire que la rente soit la créance de la somme pour laquelle elle a été constituée, et pour laquelle elle peut être rachetée. La créance d'une somme est le droit de l'exiger. Le créancier d'une rente constituée n'ayant pas le droit d'exiger la somme, pour laquelle elle peut être rachetée, il s'ensuit que la rente constituée n'est pas la créance de cette somme. Cette somme n'est qu'*in facultate luitionis :* elle est l'objet d'un droit, qu'a le débiteur, de se libérer de la rente par le paiement de cette somme; elle n'est pas l'objet d'aucun droit de la part du créancier. Le droit, qui fait le principal d'une rente constituée, n'a donc pour objet aucune somme d'argent, ni aucune autre chose qui rende mobilière la nature de ce droit : ce droit n'est autre chose qu'un être moral, qui produit des arrérages, qui en sont les fruits civils; en quoi il est semblable aux héritages, qui, comme ce droit, produisent un revenu annuel et perpétuel; et il n'en diffère qu'en ce qu'il n'est qu'un être moral, et que les héritages ont un être physique.

La Coutume de Paris a embrassé cette dernière opinion : elle dit en l'article 94 : *Rentes constituées à prix d'argent sont réputées immeubles jusqu'à ce qu'elles soient rachetées.*

Il était inutile d'ajouter, *jusqu'à ce qu'elles soient rachetées :* car une rente constituée cessant d'exister lorsqu'elle est rachetée, il est évident qu'elle ne peut plus être immeuble, le néant n'étant susceptible d'aucune qualité; et il n'est pas moins évident que les deniers, qui sont provenus du rachat, sont meubles.

Il n'importe, pour qu'une rente constituée soit immeuble, qu'elle soit accompagnée d'hypothèque ou non, ni par quelle espèce d'acte elle ait été constituée; elle ne laisse pas d'être réputée immeuble, quoiqu'elle ait été constituée par un simple billet sous signature privée : la Coutume, à cet égard, ne fait aucune distinction.

82. C'est le principal de la rente, que la Coutume déclare immeuble, c'est-à-dire, *cet être moral,* distingué, par l'entendement, des arrérages qu'il produit. A l'égard des arrérages, ils sont meubles à mesure qu'ils naissent; et ils naissent tous les jours, et forment, tous les jours, une créance mobilière de la trois cent soixante-cinquième partie de la somme qui est due par chacun an; sauf que, dans les années bissextiles, le jour intercalaire n'est pas compté. Il est vrai que ces arrérages de chaque jour ne sont exigibles qu'au jour du terme auquel la rente est payable; mais, quoiqu'ils ne soient pas encore exigibles, ils ne laissent pas d'exis-

ter et d'être dus : c'est pourquoi, lorsque le créancier d'une rente se marie, tout ce qui a couru d'arrérages de sa rente, jusqu'au jour de la bénédiction nuptiale, entre, comme meuble, dans la communauté légale, quoique le terme ne fût pas encore échu. Quant à ceux à échoir, à mesure qu'ils naîtront, pendant que durera sa communauté, ils y tomberont non-seulement comme meubles, mais comme fruits.

83. Quoique le principal d'une rente constituée soit, *ex accidenti*, devenu exigible, *putà*, par le décret de quelque héritage hypothéqué à la rente, ou faute par le débiteur d'avoir exécuté les clauses du contrat de constitution, la rente ne laisse pas de continuer d'être immeuble. *Nec obstat* que les créances d'une somme d'argent exigible sont choses meubles, suivant la règle troisième ; car la rente n'est pas pour cela *in se* la créance d'une somme d'argent exigible : elle n'est toujours *in se* que la créance d'une rente ; ce n'est que *ex accidenti et ex causâ extrinsecâ*, que le créancier de la rente a le droit de contraindre le débiteur au rachat de la rente, et au paiement de la somme pour laquelle elle a été constituée.

On insistera et on dira : Je veux bien que, dans ce cas, la rente *in se* continue d'être immeuble ; mais le droit, qu'a le créancier, d'exiger le remboursement de la somme, pour laquelle elle a été constituée, est un droit qui est dans ses biens, et qui, selon la troisième règle, est un droit mobilier, puisque *tendit ad mobile*. Ce droit doit donc, en sa qualité de bien meuble, tomber dans la communauté légale du créancier à qui il appartient, et, par ce moyen, la rente tombera indirectement dans la communauté légale.

Je réponds que ce droit, qu'a le créancier, d'exiger le remboursement de sa rente, étant un droit qu'il n'a qu'à cause de la rente, ce droit étant un droit, qui est un accident et un accessoire de la rente, on ne doit pas examiner quelle est la nature de ce droit considéré *in se* : il suffit que ce droit soit un droit, que le créancier n'a qu'à cause de sa rente, et qui est un accessoire de la rente, pour qu'il ne puisse entrer dans la communauté légale du créancier, qu'autant que la rente y entrerait, suivant la règle, *Accessorium sequitur principale*.

84. La Coutume d'Orléans, *art.* 191 *et* 351, a suivi, sur la nature des rentes constituées, la disposition de la Coutume de Paris ; la jurisprudence l'a adoptée pour les Coutumes qui ne s'en sont pas expliquées.

On s'est d'autant plus volontiers porté à embrasser cette opinion, que ces rentes sont devenues très-communes, et qu'elles composent tout le patrimoine de plusieurs familles.

Il y a néanmoins encore plusieurs Coutumes, qui mettent les rentes constituées dans la classe des biens meubles, comme Reims, *art.* 18; Troyes, *art.* 66, *etc.* Quelques-unes les regardent comme immeubles, lorsqu'elles ont été réalisées, nanties et hypothéquées par nantissement de fait; *Chauny, art.* 6.

Il n'est pas hors de propos d'observer que, quoique la Coutume de Blois paraisse être du nombre de celles qui mettent les rentes constituées dans la classe des biens meubles, puisqu'elle dit, *art.* 157 : « Rentes foncières et volantes, *etc.*, sont réputées » héritages;.. sinon que lesdites rentes fussent rachetables; au- » quel cas, tant que le réméré durera, seront réputées et se par- » tiront comme meubles; » néanmoins, les officiers, avocats, procureurs de Blois, de Châteaudun et autres villes régies par cette Coutume, attestent que cette disposition de leur Coutume n'est pas observée, et que les rentes constituées, quoiqu'elles ne puissent être constituées, sans faculté de rachat perpétuel, sont réputées immeubles, de même que dans la Coutume de Paris. Cette inobservation de l'*art.* 157 de la Coutume de Blois est très-ancienne; car Tronçon, dans son Commentaire sur la Coutume de Paris, imprimé en l'année 1652, *sur l'art.* 94, atteste pareillement avoir ouï dire la même chose aux officiers de Blois.

85. Dans la diversité de Coutumes sur la nature des rentes, c'est celle du lieu du domicile du créancier de la rente, qui doit décider si elle doit être réputée meuble, ou immeuble : car une rente constituée étant un droit personnel, et qui n'a aucune situation, elle ne peut être régie que par la loi qui régit la personne à qui elle appartient.

Ce principe souffre une exception, à l'égard des rentes dues par le roi. On a donné à ces rentes une situation feinte, qui est le lieu où est établi le bureau de paiement des arrérages desdites rentes; et elles sont, en conséquence, régies par la loi du lieu où est le bureau : c'est pourquoi, les rentes sur l'Hôtel-de-Ville de Paris sont, conformément à la Coutume de Paris, réputées biens immeubles, quand même les créanciers, à qui elles appartiennent, auraient leur domicile dans un lieu, dont la loi répute meubles les rentes.

Les autres rentes sont régies par la loi du domicile du créancier. Quand même elles seraient créées avec un assignat spécial sur quelque héritage, ce ne serait pas, en ce cas, la loi du lieu, où est situé l'héritage sur lequel la rente est assignée, qui régirait la rente; car cet assignat n'est qu'un accessoire de la rente.

On ne considère pas non plus quelle est la loi du domicile du débiteur; car la rente n'étant *un bien* que dans la personne du créancier, à qui elle appartient; ce ne peut être que la loi, qui régit la personne du créancier, qui doit régler si elle est *un* BIEN *meuble* ou *un* BIEN *immeuble*.

86. Les rentes constituées étant meubles ou immeubles, suivant que la loi du lieu du domicile du créancier, à qui elles ap-

partiennent, les répute meubles ou immeubles, que doit-on décider, lorsqu'une rente appartient à plusieurs personnes, dont les unes demeurent sous une Coutume qui répute les rentes meubles, et les autres demeurent sous une Coutume qui les répute immeubles? Les rentes étant des droits divisibles, il n'y a aucun inconvénient à décider que la rente, en ce cas, sera réputée immeuble pour les parts de ceux des propriétaires qui demeurent sous des Coutumes qui les réputent immeubles, et qu'elle sera réputée meuble, pour les parts de ceux qui demeurent sous des Coutumes qui les réputent meubles.

87. Lorsque la propriété d'une rente constituée appartient à une personne, et l'usufruit de cette rente à une autre, c'est la loi du lieu du domicile du propriétaire, qui règle la nature de la rente; on ne doit pas considérer celle du domicile de l'usufruitier. C'est pourquoi, si un Parisien a l'usufruit d'une rente, dont la propriété appartient à une personne domiciliée sous la Coutume de Reims, qui les répute meubles, le droit d'usufruit, qu'a le Parisien, n'est qu'un droit mobilier : *vice versâ*, si c'était le Parisien qui fût le propriétaire, et le Rémois l'usufruitier, le droit d'usufruit du Rémois serait un droit mobilier

88. Lorsque le créancier d'une rente constituée transfère son domicile d'un lieu, dont la loi réputait meubles les rentes, dans un autre lieu, dont la loi les répute immeubles, la rente change de nature; de meuble qu'elle était, elle devient immeuble. Il faut décider la même chose *vice versâ*.

Observez que, lorsqu'une rente est, en qualité de bien meuble, entrée dans la communauté légale du créancier, qui, lors de son mariage, avait son domicile sous une Coutume qui répute meubles les rentes, cette rente continue de demeurer dans cette communauté, quoique cette rente soit devenue immeuble par la translation du domicile du créancier; ne devant pas être au pouvoir du mari, en changeant de domicile, de priver sa communauté d'un bien qui lui a été acquis.

Vice versâ, si le créancier de la rente, lors de son mariage, avait son domicile sous une Coutume, qui répute immeubles les rentes, la rente n'entrera pas dans la communauté, quoique, durant le mariage, elle soit devenue meuble par la translation de domicile du créancier, dans une Coutume qui répute meubles les rentes; autrement ce créancier, par la translation de domicile, avantagerait, à ses dépens, la communauté et l'autre conjoint : ce qui ne doit pas lui être permis.

89. Lorsqu'un Parisien va prendre femme dans une province, dont la loi répute meubles les rentes; *putà*, à Troyes, et qu'il l'y épouse, sans passer de contrat de mariage, dans le dessein de l'emmener à Paris, les rentes, qui appartiennent à cette femme, tombent-elles dans la communauté légale? Non; car, quoique les

rentes, qui appartiennent à cette femme, fussent, avant son mariage, des biens meubles, suivant la Coutume de Troyes, par laquelle sa personne et ses droits personnels ont été régis jusqu'à l'instant de son mariage, elles ont cessé de l'être, et elles sont devenues immeubles, conformément à la Coutume de Paris, dès l'instant du mariage ; et elles n'ont pu, par conséquent, tomber dans la communauté légale qui a commencé dans ce temps.

La raison est, que la femme ayant, dès cet instant, passé sous la puissance de son mari, elle a, dès cet instant, commencé à n'avoir pour domicile que celui de son mari ; et, par conséquent, sa personne et ses droits personnels, tels que ses rentes, ont, dès cet instant, cessé d'être régis par la Coutume de Troyes, et ont commencé à l'être par la Coutume de Paris.

Vice versâ, lorsqu'un Troyen vient prendre femme à Paris, pour l'emmener à Troyes, les rentes de cette Parisienne deviennent, à l'instant de son mariage, biens meubles, et entrent, en cette qualité, dans la communauté légale, qui se forme en ce temps ; parce que, dès cet instant, la femme, avec les droits attachés à sa personne, devient soumise à la loi de Troyes, qui est celle du domicile de son mari, qui, par le mariage, est aussi devenu le sien.

90. Passons aux rentes viagères. Dans les Coutumes, où les rentes constituées, quoique perpétuelles, sont un bien meuble, les viagères le sont à plus forte raison. Ce n'est que dans les Coutumes, qui réputent immeubles les rentes constituées qui sont perpétuelles, qu'il peut y avoir lieu à la question, si les viagères y sont aussi un bien immeuble, ou si elles ne sont qu'un bien meuble. Voici les raisons qu'on apporte de part et d'autre.

Ceux, qui soutiennent meubles les rentes viagères, disent, que la principale raison, qui a fait regarder les rentes perpétuelles comme un être moral, distingué des arrérages qu'il produit, et comme immeuble, est parce que les arrérages s'en perçoivent sans diminuer ni entamer son intégrité. Mais il n'en est de même d'une rente viagère : elle se consomme par parties, à mesure que les années de la vie de la personne, sur la tête de qui elle est constituée, s'écoulent, et que les arrérages s'en perçoivent ; et elle s'éteint enfin entièrement par la mort de cette personne, et par la perception des arrérages de la dernière année de sa vie. Ce sont donc ces arrérages qui forment tout le fonds et l'être entier de la rente viagère, qui n'est, en conséquence, que la créance d'autant de certaines sommes d'argent, qu'il y aura d'années de la vie de la personne, sur la tête de qui elle est constituée, et, par conséquent, une créance mobilière et un bien meuble.

Ceux, qui soutiennent immeubles les rentes viagères, disent que les Coutumes, qui déclarent immeubles les rentes constituées, les réputent telles par une fiction, qui suppose, dans ces rentes, un être moral et intellectuel, distingué, par l'entendement, des arrérages qu'elles produisent, quoique ces rentes, même celles qui sont perpétuelles, ne soient, dans la vérité, autre chose que la créance des arrérages qui en courront jusqu'à leur rachat. Or, cette fiction s'applique pareillement aux rentes viagères. On peut pareillement feindre et supposer, dans ces rentes, un être moral et intellectuel, distingué par l'entendement des arrérages, qui sont regardés comme les fruits civils desdites rentes, lequel être intellectuel ne diffère de celui, qu'on suppose dans les rentes perpétuelles, qu'en ce que celui-ci est un être perpétuel, qui doit toujours subsister jusqu'au rachat ; au lieu que celui, qu'on suppose dans les rentes viagères, est un être périssable, dont la durée est bornée au temps de la vie de la personne, sur la tête de qui elles sont constituées. Au surplus, la fiction, qui suppose dans les rentes, tant qu'elles subsistent, un être distingué des arrérages qu'elles produisent, n'est pas moins applicable aux viagères qu'aux perpétuelles. La Coutume de Paris, en déclarant immeubles les rentes constituées à prix d'argent, n'a pas restreint sa disposition aux rentes perpétuelles ; elle ne dit pas : « Rentes constituées à prix d'argent, (lorsqu'elles » sont perpétuelles) sont réputées immeubles : » elle dit simplement et indistinctement : « Rentes constituées à prix d'argent, sont » réputées immeubles ; » ce qui comprend les viagères comme les perpétuelles : *Ubi lex non distinguit, nec nos debemus distinguere.*

Par arrêt du 4 août 1729, rapporté par Denisart, sur le mot *Communauté, n.* 84, il a été jugé que les arrérages d'une rente viagère, qui appartenaient à l'un des conjoints, étaient tombés dans la communauté, comme fruits de cette rente ; ce qui confirme l'opinion, que les rentes viagères doivent être considérées comme un être moral distingué des arrérages qu'il produit, et de la classe des biens immeubles.

Onzième règle.

91. Les offices sont réputés un bien immeuble.

Il y a trois espèces d'offices. La première espèce est de ceux qui sont en la pleine disposition du roi, auxquels il n'y a aucune finance attachée, tels que sont les gouvernemens, les offices des commensaux de la maison du roi. Les offices de cette espèce ne sont pas *in bonis*. La question, si les offices sont un bien meuble ou immeuble, ne peut donc avoir lieu à l'égard de ces offices, puisqu'ils ne sont pas un bien de celui qui en est revêtu.

92. La seconde espèce d'office, est celle des offices vénaux, tels que sont les offices de judicature, tant des cours souveraines, que des siéges inférieurs ; les offices de finance, tels qu'est l'office d'un

receveur des tailles ; les offices de procureurs, d'huissiers, etc.

Observez que l'on considère deux choses dans ces offices : 1° le droit d'exercer une certaine fonction publique, que l'office donne à la personne qui y est reçue ; 2° la finance attachée à l'office. Le droit d'exercer la fonction publique n'est pas ce qui est dans le commerce, et sur quoi tombe la question.

La finance de l'office consiste dans une somme d'argent, qui a été payée au roi, pour les besoins de l'État, lors de la création de l'office, et dont il a été expédié, par le garde du trésor royal, une quittance qu'on appelle *quittance de finance d'office*.

A cette finance est attaché le droit, qu'a celui, qui l'a payée, ou qui est à ses droits, de se présenter (ou une autre personne) au roi, pour être pourvu de l'office. Le roi n'est pas néanmoins astreint à accorder des provisions à la personne qui lui est présentée : il peut les refuser, sans être tenu de dire les causes de son refus ; sauf au propriétaire à présenter une autre personne. Lorsque le roi n'a aucune cause de refus, il accorde les provisions de l'office à la personne qui lui est présentée, sous la condition qu'elle sera jugée capable par la cour ou juridiction, à laquelle les provisions sont adressées : lorsqu'après un examen, elle a été trouvée capable, elle est reçue dans l'office. C'est par rapport à cette finance de l'office, que les offices vénaux sont dans le commerce, et qu'ils sont un bien des particuliers qui les acquièrent. Cette espèce de bien étant très-extraordinaire, il était incertain à laquelle des deux classes de biens on l'assignerait ; si ce serait à celle des biens meubles, ou à celle des biens immeubles : on s'est déterminé à les mettre dans la classe des biens immeubles.

La Coutume de Paris, *art.* 95, en a une disposition ; elle dit : *Office vénal est réputé immeuble.* La Coutume d'Orléans, *art.* 485, dit la même chose.

Ces Coutumes, en déclarant immeubles les offices, leur avaient néanmoins laissé quelque chose qui tenait de la nature des meubles, en disant que, lorsqu'ils étaient vendus par décret, le prix devait en être distribué au sou la livre, comme celui des biens meubles : mais l'édit du mois de mars 1683, a rendu immeubles les offices, quant à tous effets, en ordonnant que le prix s'en distribuerait par ordre d'hypothèque, comme celui des immeubles.

93. Observez qu'il y a certains offices, tels que ceux de notaires et de procureurs, auxquels il y a ordinairement une pratique annexée.

On appelle *la pratique*, toutes les dettes actives de l'étude, c'est-à-dire, les créances de notaires, pour raison des actes qu'ils ont passés ; celles de procureurs, pour raison des instances qu'ils ont poursuivies.

Lorsque l'officier se marie, quoique son office, étant un bien immeuble, n'entre pas dans la communauté légale, *la pratique* ne laisse pas d'y entrer; car cette pratique, qui est composée de différentes créances de sommes d'argent, contre différens particuliers, est un bien mobilier.

On opposera peut-être, que la pratique d'un office est un accessoire de l'office, qui doit suivre l'office. La réponse est, qu'il est faux que la pratique d'un office soit un pur accessoire de l'office: c'est un bien, qui est distingué de l'office, puisqu'il peut en être séparé, et qu'on peut vendre l'office à une personne, et la pratique à une autre.

94. La troisième espèce d'offices, est celle des offices qu'on appelle *domaniaux*, parce qu'ils appartiennent au domaine du roi, et ont été engagés moyennant une certaine finance : ils consistent dans le droit, qu'a le propriétaire engagiste d'exercer cette fonction, ou par lui-même, s'il en est capable, en se faisant recevoir dans l'office, ou par un commis qu'il fait recevoir, et à qui il donne l'office à ferme, ou qui lui en compte de clerc à maître. La plupart des greffes sont des offices de cette nature. Ces offices sont aussi réputés immeubles.

Douzième règle.

95. Les priviléges de perruquiers, sont une espèce de biens réputés immeubles.

Cette règle est fondée sur la ressemblance de cette espèce de biens avec les offices.

Le roi, dans les besoins de l'Etat, a établi, dans chaque ville, un certain nombre de priviléges de perruquiers, moyennant une certaine finance, qui a été payée par ceux qui en ont été les acquéreurs. Ces priviléges ne sont pas des offices, puisqu'il n'y a aucune fonction publique qui y soit attachée; mais, quant à leur nature de biens, ils ressemblent aux offices, en ce que cette espèce de biens, de même que les offices, consiste dans une quittance de finance qui est dans le commerce, et qui donne à ceux, qui en sont les propriétaires, le droit de se faire recevoir, ou eux-mêmes, ou, à leur place, telle autre personne qu'ils jugeront à propos, maîtres perruquiers dans la ville, où le privilége est établi, pourvu qu'ils aient les qualités requises, et qu'ils aient fait le temps d'apprentissage; et d'y exercer le métier, à l'exclusion de tous autres.

§ III. Des exceptions que souffre le principe, qui fait entrer, dans la communauté légale, tous les meubles de chacun des conjoints.

Première exception.

96. Toutes les choses, quoique meubles, qui proviennent à l'un des conjoints, durant le mariage, de son héritage ou autre

immeuble propre de communauté, sans en être des fruits, n'entrent point dans la communauté légale.

La raison de cette exception est, qu'il n'est pas permis à un conjoint d'avantager et d'augmenter, durant le mariage, la communauté, aux dépens et par la diminution de ses propres, parce que, par ce moyen, il avantagerait directement l'autre conjoint: ce que ne permettent pas les lois, qui défendent tous avantages directs ou indirects entre conjoints durant le mariage.

On peut apporter, pour premier exemple de notre exception, le cas auquel un homme a fait abattre, durant son mariage, des arbres de haute futaie sur son héritage, ou sur celui de sa femme. Ces arbres n'étant point *in fructu*, l. 11, ff. *de usufr.*, n'étant point censés faire partie des fruits et du revenu de l'héritage, n'entrent point dans la communauté légale, quoiqu'ils soient devenus meubles par leur séparation du sol : mais, comme ils proviennent d'un héritage propre, sans en être des fruits, ils appartiennent en propre à celui des conjoints, sur l'héritage duquel ils ont été coupés, qui peut, lors de la dissolution de la communauté, ou les reprendre en nature, si on n'en a pas encore disposé, ou, lorsqu'ils ont été vendus, exercer la reprise du prix, sur les biens de la communauté qui l'a reçu.

Il en serait autrement, si les arbres avaient été coupés avant le mariage. L'exception ne concerne que les meubles qui sont provenus, *durant le mariage,* de quelque héritage de l'un des conjoints. Ces arbres, ayant appartenu au conjoint, dès avant son mariage, et lors de son mariage, comme choses meubles, ne sont pas dans le cas de l'exception, et ils entrent, en qualité de biens meubles, dans la communauté légale, sans qu'on considère leur origine.

Il en est aussi autrement d'une coupe de bois taillis, qui est faite durant le mariage : cette coupe étant *in fructu*, entre, en qualité de fruits, dans la communauté légale.

97. On peut apporter, pour second exemple, les pierres tirées d'une carrière ouverte sur l'héritage propre de l'un des conjoints, durant le mariage.

Les jurisconsultes romains faisaient, à cet égard, une distinction. Ils croyaient qu'il y avait des carrières, où la pierre renaissait à mesure qu'on en tirait; qu'il y en avait de telles dans les Gaules et dans l'Asie. Ils décidaient que la pierre, qu'on tirait de ces carrières, était un fruit de l'héritage; mais que, dans les autres carrières, où la pierre ne renaissait pas, les pierres, qu'on en tirait, ne devaient pas être regardées comme un fruit de l'héritage, mais plutôt comme une partie du fonds même, qui en était d'autant diminué; qu'en conséquence, à l'exception des carrières où la pierre renaît, les marbres, que le mari avait tirés durant le mariage, d'une carrière qu'il avait ouverte sur le fonds dotal de sa femme, n'appartenaient pas au mari comme fruit, mais faisaient partie de la dot; l. 7, §. 13; l. 8, ff. *solut. matr.;* l. 18, ff. *de fund. dot.* Observez que, dans la loi 7, § 13, il faut suivre la correction d'Antoine Faber, et lire : *Marmor non est mariti, et impensa est ei præstanda.*

Je laisse aux naturalistes à décider s'il y a effectivement des carrières, où la pierre renaisse à la place de celle qu'on en a tirée; ce qu'il y a de certain, c'est que cela n'est pas ordinaire. C'est pourquoi, on doit regarder comme une règle générale, que les pierres, tirées d'une carrière, qui a été ouverte durant le mariage, sur l'héritage propre de l'un des conjoints, ne doivent pas être regardées comme des fruits de cet héritage, qui appartiennent à la communauté, mais comme choses, qui faisaient partie du fonds dont elles ont été tirées, lequel en a été diminué d'autant.

Quoique la pierre ne renaisse pas, néanmoins, il y a des carrières si riches et si abondantes, qu'elles sont regardées, comme, en quelque façon, inépuisables. Si ces carrières étaient établies sur l'héritage propre de l'un des conjoints, dès avant le mariage, et que, dès ce temps, on regardât les pierres, qu'on en tirait, comme faisant le revenu de l'héritage, qui n'était pas propre à en produire d'autres, en ce cas, les pierres, qu'on en tirerait, pendant le mariage, pourraient être regardées comme le revenu et les fruits de l'héritage, et comme devant, en cette qualité, appartenir à la communauté.

98. On peut apporter, pour troisième exemple de l'exception, le cas auquel on aurait trouvé, durant la communauté, un trésor dans l'héritage propre de l'un des conjoints. Quoique ce trésor soit un effet mobilier, le tiers, qui en appartient au conjoint, en sa qualité de propriétaire de cet héritage, ne doit point entrer dans la communauté, parce que c'est quelque chose qui lui est provenu de son héritage propre, sans en être un fruit.

À l'égard du tiers, qui appartiendrait à l'un des conjoints dans le trésor, en sa qualité de seigneur haut justicier, comme ayant été trouvé dans le territoire de sa justice, ce tiers appartient à la communauté, comme fruit de son droit de justice.

Il n'est pas douteux que le tiers, qui appartient, *jure inventionis*, au conjoint qui l'a trouvé durant la communauté, appartient à la communauté, de même que toutes les choses, que chacun des conjoints acquiert durant la communauté.

Seconde exception.

99. Les choses mobilières, qui sont substituées, durant la communauté, à quelque propre de communauté de l'un des conjoints, sont pareillement des propres de communauté de ce conjoint.

On peut apporter, pour exemple, le cas, auquel l'héritage propré de l'un des conjoints a été vendu durant la communauté. Quoique la créance du prix, qui en est dû à celui des conjoints qui l'a vendu durant la communauté, soit un bien meuble de ce conjoint, cette créance, néanmoins, n'appartient pas à la communauté, parce qu'elle a été, durant la communauté, substituée à son héritage propre, par la vente qu'il en a faite, et qu'elle lui en tient lieu.

100. Il faut dire la même chose de la créance d'une somme d'argent due à l'un des conjoints, pour le retour de partage d'une succession de biens immeubles, partage que l'un des conjoints a fait durant la communauté avec ses cohéritiers. Cette créance, quoique mobilière, n'entre pas en communauté, étant provenue, durant la communauté, à ce conjoint, du droit qu'il avait à une succession d'immeubles, qui est un droit immobilier.

C'est l'avis de Lebrun, qui est mal-à-propos contredit par Bourjon, qui prétend que ce retour en deniers doit tomber en communauté, sans que le conjoint en puisse avoir aucune reprise; il se fonde sur ce que les partages ayant, dans notre jurisprudence, un effet rétroactif, ce conjoint est censé avoir succédé directement aux seuls immeubles échus dans son lot, et au retour en deniers, dont son cohéritier est chargé envers lui; que ce retour en deniers étant, en soi, un effet mobilier, et ne pouvant lui tenir lieu d'aucuns immeubles qu'il ait eus, n'ayant succédé qu'à ceux échus dans son lot, ce retour en deniers doit tomber dans la communauté. La réponse est que ce retour n'est pas un simple effet mobilier de la succession, auquel on puisse dire que le conjoint a succédé. On ne peut pas dire que ce soit un effet de la succession, puisque la succession était toute immobilière, et que ce n'est pas dans la bourse de la succession, mais dans la bourse particulière du cohéritier, qui en est chargé, que doit se prendre ce retour. Ce retour en deniers, dont son cohéritier est chargé envers lui par le partage, doit donc passer pour une créance contre son cohéritier, mobilière à la vérité, mais qui lui tient lieu, non d'aucuns immeubles déterminés, n'ayant succédé qu'à ceux échus en son lot, mais d'un droit immobilier indéterminé, puisqu'elle lui tient lieu de ce qui manquait à son lot, pour parfaire sa part et son droit à une succession immobilière. Cette créance lui est provenue, durant le mariage, du droit qu'il avait à une succession immobilière, et, par conséquent, d'un droit immobilier : elle doit donc, suivant notre principe, quoiqu'elle soit mobilière en soi, être exclue de la communauté.

Il en est autrement, lorsque, par le partage d'une succession composée de meubles et d'immeubles, il est échu beaucoup plus de meubles, à proportion, que d'immeubles dans le lot du conjoint. Tout ce qui lui est échu de mobilier, tombe dans la communauté, sans qu'il en puisse avoir aucune reprise. On ne peut pas dire, en ce cas, que ce qu'il a eu de mobilier dans son lot, de plus que le montant de sa part dans le mobilier de la succession, lui tienne lieu et soit subrogé à ce qu'il a eu de moins que sa part dans la masse immobilière. Les meubles et les immeubles de cette succession ne composent qu'une même succession, dans laquelle le conjoint est censé n'avoir jamais eu de droit qu'aux choses échues dans son lot, par lequel il est rempli de toute sa portion héréditaire. On ne peut donc pas dire, en ce cas, que ce qu'il a eu de mobilier dans son lot, lui tienne en rien lieu de quelque droit immobilier, ni, par conséquent, l'exclure de la communauté.

101. Observez que nous ne suivons pas en entier l'opinion de Lebrun, qui exclut de la communauté la créance d'une somme d'argent, que l'un des conjoints a pour prix de la vente d'un héritage, ou pour un retour de partage d'immeubles, soit que la vente ou le partage aient été faits avant ou depuis le mariage. Nous pensons, au contraire, que ces créances ne sont exclues de la communauté, que dans le cas auquel la vente de l'héritage, ou le partage, ont été faits durant la communauté; parce qu'en ce cas, cette créance mobilière est, durant la communauté, provenue d'un propre de communauté, auquel elle est subrogée, et duquel elle tient lieu : mais, lorsque la vente de l'héritage, ou le partage, ont été faits avant le mariage, la créance de la somme de deniers, que le conjoint avait en se mariant, quoique pour le prix d'un héritage, entre, avec le reste de son mobilier, dans la communauté, comme nous l'avons vu, *suprà*, *n*. 77. Les mêmes raisons ne se rencontrent pas : on ne peut pas dire que la créance pour le prix d'un héritage, que le conjoint a vendu avant le mariage, provienne d'un propre de communauté; cet héritage, qui n'appartenait plus au conjoint, lorsqu'il s'est marié, n'ayant jamais été, ni pu être, son propre de communauté.

Troisième exception.

102. Les sommes d'argent, et autres choses mobilières, qui ont été données ou léguées à l'un des conjoints, soit avant, soit durant le mariage, n'entrent pas dans la communauté légale, lorsqu'elles ont été données ou léguées avec la clause qu'elles seraient propres au donataire ou au légataire.

La raison est, qu'il est au pouvoir de celui qui donne, d'apposer à la donation telles conditions ou restrictions que bon lui semble : *Unicuique licet quem voluerit modum liberalitati suæ apponere.* D'où il suit que les choses, données à l'un des conjoints, ne peuvent entrer dans la communauté de biens, en laquelle il est avec l'autre conjoint, lorsqu'elles n'ont été données qu'à la charge qu'elles n'y entreraient pas; ce que le donateur a suffisamment donné à entendre, en disant qu'il les donnait à la charge qu'elles seraient propres au donataire.

Voyez ce que nous dirons sur cette clause, *infrà*.

Quatrième exception.

103. Ce qu'un mineur, qui se marie *de suo*, a en biens meubles, de plus que le tiers de l'universalité de tous ses biens, n'entre pas dans la communauté légale.

La jurisprudence des arrêts a fait cette exception. Les arrêts, rapportés par Louet, *lettre* M, *n*. 20, ont jugé que l'apport fait en biens meubles, par le contrat de mariage d'un mineur, à une communauté conventionnelle, était réductible au tiers de l'universalité des biens de ce mineur, et que le mineur était, de plein droit, restitué contre le consentement, quoique formel, qu'il avait donné à cet apport excessif. Les biens meubles d'un conjoint, qui entrent dans la communauté légale, n'y entrent que par le consentement tacite du conjoint, au pouvoir duquel il était de les en exclure par une convention de réalisation. Lorsqu'un mineur, qui a tout son bien, ou une grande partie de son bien en biens meubles, s'est marié, sans faire de contrat de mariage, il doit, suivant cette jurisprudence, être restitué, de plein droit, contre le consentement, qu'il paraît avoir donné, à ce que tout son mobilier entrât dans la communauté légale, et contre le défaut d'une convention pour la réalisation de ce qui excédait le tiers de l'universalité de ses biens : car un consentement tacite n'est pas plus fort qu'un consentement formel, contre lequel la jurisprudence des arrêts restitue un mineur, qui apporte en communauté plus du tiers de son bien; et les mineurs sont restituables contre ce qu'ils ont manqué de faire, de même que contre ce qu'ils ont fait de préjudiciable à leurs intérêts : *Minoribus, in his quæ vel prætermiserunt, vel ignoraverunt, innumeris auctoritatibus constat esse consultum;* l. 8, *cod. de in integr. restit.*

Cette réduction du mobilier du mineur, qui doit entrer dans la communauté, au tiers de l'universalité de ses biens, n'a lieu que lorsque le mineur se marie *de suo*. Lorsque c'est son père, sa mère, ou quelque autre, qui lui donne une dot en argent ou autres effets mobiliers, il est au pouvoir de celui qui donne cette dot, de la laisser entrer en entier dans la communauté de ce mineur, en ne faisant aucune convention de réalisation; car celui, qui donne une chose, est le maître de la donner de la manière et à telles conditions que bon lui semble. Mais, lorsque le mineur est marié en ses droits et *de suo*, il n'importe que ce soit son père ou un autre tuteur qui le marie : son père n'a pas plus de droit, qu'un autre tuteur, de disposer du bien de son fils, et il ne doit pas, par conséquent, lui être permis, lorsqu'il marie son fils, de faire entrer en communauté plus du tiers du bien de son fils.

Cinquième exception.

104. Le principe, que tous les meubles de chacun des conjoints entrent dans la communauté légale, souffre encore une exception dans un cas, par l'édit des secondes noces. *Voyez* ce cas dans notre *Traité du Mariage*, n. 551.

ARTICLE II.

Des conquêts.

105. Les immeubles conquêts sont la seconde espèce de choses dont est composée la communauté légale; la Coutume de Paris, *article* 220, dit : « Homme et femme sont uns et communs en » biens meubles, *et conquêts immeubles faits durant et constant* » *le mariage.* »

En matière de communauté, le terme de *conquêts* est opposé à celui de *propres*. On entend par *conquêts*, les héritages qui sont de la communauté; et, par *propres*, ceux qui n'en sont pas.

Ce terme de *propre* est pris, en matière de communauté, dans un sens différent de celui, dans lequel il est pris dans les autres matières de droit. Ce terme de *propre* est pris, dans les autres matières, pour un héritage ou autre immeuble, qui appartient à quelqu'un à titre de succession d'un parent; mais, en matière de communauté, on appelle *propre*, tout ce qui n'est pas commun, tout ce qui n'est pas entré en communauté. Un héritage est *propre* de communauté, lorsqu'il appartient à l'un des conjoints, sans faire partie des biens de la communauté, qu'il a avec l'autre conjoint.

Comme il y a lieu souvent à la question, si un héritage, ou autre immeuble, est *conquêt* ou *propre* de communauté, nous établirons des règles, pour distinguer les héritages, ou immeubles, qui sont *conquêts*, et ceux qui sont *propres*. Nous emploierons le premier paragraphe de cet article à exposer la première de ces règles; dans le second paragraphe, nous exposerons les autres.

§ I.

Première règle.

106. Il n'y a que des acquêts qui puissent être *conquêts* de la communauté légale; tous les héritages, et autres immeubles, qui sont *propres* en matière de succession, sont aussi toujours *propres* de cette communauté, quoique les choses, qui sont propres de

communauté, ne soient pas de même toujours *propres* en matière
de succession.

Les héritages et immeubles, qui sont propres, en matière de
succession, étant ceux qui adviennent à titre de succession, ou
à un titre équipollent à succession, tels que sont les dons et legs
faits à des enfans par leurs père et mère, ou autres parens de la
ligne directe ascendante, et les accommodemens de famille qui
se font entre ces personnes; pour entrer dans le détail de notre
règle, et pour faire bien connaître quels sont les héritages et
autres immeubles, qui sont propres en matière de succession, et
qui sont, en conséquence, suivant notre règle, propres de la
communauté légale, nous appliquerons notre règle à chacun de
ces titres. Nous l'appliquerons aussi ensuite aux partages et licitations entre cohéritiers.

Application de la règle au titre de succession.

107. Les héritages, qui adviennent à titre de succession d'un
parent, soit en ligne directe, soit en ligne collatérale, sont
propres en matière de succession; ceux donc, qui adviennent
à ce titre à l'un des conjoints, quoique durant le mariage, lui
sont pareillement, suivant notre règle, propres de communauté.

Il en est de même des offices et des rentes. Ces choses étant
réputées immeubles, et de même nature que les héritages, elles
sont susceptibles de la qualité de propres; c'est pourquoi, lorsque ces choses adviennent à l'un des conjoints, quoique durant
le mariage, par succession directe ou collatérale de quelqu'un
de ses parens, ces choses lui étant propres de succession, sont
pareillement propres de communauté.

108. Observez que, pour qu'une rente soit propre, en matière
de succession, il ne suffit pas qu'elle soit réputée immeuble en
la personne de l'héritier qui y a succédé, il faut aussi qu'elle
ait été réputée immeuble dans la personne à qui l'héritier a
succédé. C'est pourquoi, si l'un des conjoints, domicilié sous la
Coutume de Paris, qui répute immeubles les rentes, a succédé,
durant le mariage, à un de ses parens domicilié sous celle de
Troyes, qui les répute meubles, cette rente, quoiqu'elle soit devenue immeuble en la personne du Parisien, quoiqu'elle soit une
chose immeuble qui lui est échue par succession, ne sera pas un
propre en sa personne, mais un simple acquêt.

La raison est, que la nature des propres est d'être d'*anciens
héritages* (c'est le nom que plusieurs Coutumes leur donnent)
qui se sont transmis dans la famille par succession. Or, on ne
peut pas dire qu'une rente, qui n'a commencé à être réputée immeuble et de la nature des héritages, que dans la personne de l'héritier, soit *un ancien héritage;* ce n'est donc pas un propre, mais

un simple *acquêt* de cet héritier. C'est ce qui a été jugé par un arrêt du 14 mars 1697, contre les héritiers aux propres maternels de la dame de Machault, qui, étant domiciliée à Paris, avait succédé à sa mère, domiciliée sous la Coutume de Reims, qui répute les rentes meubles. L'arrêt jugea que cette rente, quoique devenue immeuble en la personne de la dame de Machault, n'était point un propre maternel, mais un simple acquêt dans la succession de ladite dame de Machault, qui n'avait succédé à sa mère, à cette rente, que comme à un meuble. Cet arrêt est rapporté par Boullenois, *quest.* 2 ; par Lemaître, par l'annotateur de Lebrun, etc.

109. Il me paraît suivre, de la décision de cet arrêt, que, lorsque l'un des conjoints domicilié à Paris, succède, durant le mariage, à un de ses parens domicilié sous une Coutume qui répute les rentes meubles, celles, qu'il a recueillies de cette succession, doivent entrer en sa communauté : car la communauté est composée de tous *les acquêts des conjoints faits durant le mariage.* Or, ces rentes, auxquelles le conjoint a succédé comme à des meubles, quoique devenues immeubles en la personne de ce conjoint, n'étant pas, selon la décision de cet arrêt, des propres en sa personne, mais des acquêts ; et ces acquêts étant faits durant le mariage, puisque c'est durant le mariage que le conjoint y a succédé, il s'ensuit qu'ils doivent entrer dans la communauté de ce conjoint.

110. L'annotateur de Lebrun est d'un avis contraire au nôtre : il pense que ces rentes, quoiqu'elles ne soient pas propres de succession, ne laissent pas d'être propres de communauté. Si elles ne sont pas propres de succession, c'est, dit-il, parce qu'il leur manque une condition nécessaire pour cela, qui est, qu'elles aient été possédées comme immeubles par le défunt, de la succession duquel elles sont advenues au conjoint. Cette condition n'est pas nécessaire pour qu'elles soient propres de communauté ; il suffit, pour cela, que le conjoint les ait eues à titre de succession. Je réponds que, si les immeubles, qui adviennent à l'un des conjoints, durant le mariage, à titre de succession, n'entrent pas dans la communauté, ce n'est pas précisément et seulement parce qu'ils lui adviennent à titre de succession, mais c'est parce que le titre de succession leur imprime la qualité de propres, qui est incompatible avec celle d'acquêts, et par conséquent de conquêt : c'est pourquoi, les meubles, qui ne sont pas susceptibles de la qualité de propres, quoiqu'ils adviennent à l'un des conjoints, à titre de succession, ne laissent pas de tomber dans la communauté. Par la même raison, ces rentes, auxquelles le conjoint n'a succédé que comme à des meubles, quoique devenues immeubles en sa personne, n'ayant pas la qualité de propres, et n'étant que des acquêts, rien n'empêche qu'elles ne tombent dans la communauté comme conquêts.

7*

111. Pour qu'une chose soit propre dans la personne de l'héritier, qui y a succédé, il est, à la vérité, nécessaire qu'elle ait été possédée comme immeuble par la personne à qui il a succédé; mais il n'est pas de même nécessaire qu'elle ait été possédée par elle comme propre; car c'est une maxime, que l'acquêt du défunt devient propre en la personne de son héritier.

112. Par la même raison, lorsque, par la défaillance de la ligne, d'où procédait un héritage propre, l'héritier aux acquêts, qui est étranger à cette ligne, a succédé (1) à cet héritage, quoiqu'il n'y ait pas succédé comme à un propre, cet héritage ne laissera pas d'être un propre dans la personne de cet héritier; sauf, qu'il ne sera plus un ancien propre, mais un propre qui ne remonte pas plus haut qu'à la personne du défunt à qui il a succédé.

113. Pour qu'un héritage soit propre, en matière de succession, et par conséquent en matière de communauté, il n'est pas non plus nécessaire que l'héritier, qui a succédé à cet héritage, justifie que le défunt, auquel il a succédé, en était le propriétaire; le défunt, l'ayant possédé lors de sa mort, et cet héritage s'étant trouvé parmi les effets de sa succession, le défunt est par-là suffisamment présumé l'avoir été, tant que l'héritier n'en est pas évincé.

114. Cela a lieu, même dans le cas auquel un tiers, se prétendant propriétaire de l'héritage, aurait donné une demande en revendication contre l'héritier, pour se le faire délaisser, de laquelle, depuis et pendant la communauté de l'héritier avec sa femme, le demandeur en revendication se serait désisté par une transaction, pour une somme d'argent, que l'héritier lui aurait payée : l'héritage ne laisse pas d'être propre en matière de succession, et, par conséquent, propre de communauté; sauf la récompense, que l'héritier doit à sa communauté, de la somme qu'il en a tirée, pour la donner au demandeur en revendication, et se conserver, par ce moyen, l'héritage, comme nous le verrons *infrà...* La raison est, qu'une transaction étant de sa nature *de re incertâ et dubiâ*, et l'héritier, en donnant au demandeur en revendication la somme qu'il lui a donnée, ayant pu vouloir plutôt éviter un procès, que reconnaître le droit du demandeur en revendication, cette transaction n'est pas suffisante pour détruire la présomption que le défunt, auquel l'héritier a succédé, qui s'est trouvé lors de sa mort en possession de l'héritage, en était aussi le propriétaire.

_____

(1) Dans les Coutumes d'Anjou, du Maine, et quelques autres, par la défaillance de la ligne, la succession des propres est déférée au fisc : mais ces Coutumes doivent être restreintes dans leur territoire.

115. Il en serait autrement, si, par l'acte, l'héritier avait reconnu que l'héritage appartenait au demandeur en revendication, lequel aurait consenti que l'héritage demeurât à l'héritier, pour la somme que l'héritier lui aurait donnée : l'acte, en ce cas, serait une véritable vente, que le demandeur en revendication ferait de cet héritage à l'héritier. L'héritier ne serait plus censé tenir à titre de succession cet héritage ; son titre serait la vente qui lui en aurait été faite : l'héritage serait donc, dans ce cas, acquêt, et, par conséquent, *conquêt*, l'acquisition ayant été faite durant la communauté.

116. Quand même, par l'acte intervenu sur la demande en revendication, et qualifié de transaction, l'héritier n'aurait pas formellement reconnu le droit de propriété du demandeur en revendication ; si la somme, qu'il lui a donnée pour se conserver l'héritage, était de toute la valeur de l'héritage, ce serait une forte présomption que l'acte serait une véritable vente, que le demandeur lui aurait faite de l'héritage, déguisée sous le nom de transaction ; et cette présomption pourrait suffire pour faire déclarer acquêt l'héritage, et, par conséquent, conquêt, si l'acte était intervenu durant la communauté de l'héritier.

117. Hors ce cas, la femme de cet héritier, qui prétendrait que l'héritage est un conquêt de sa communauté, et que l'acte, intervenu entre le demandeur en revendication et son mari, est une vente, que ce demandeur en a faite à son mari, ne devrait pas être admise dans les offres qu'elle ferait de justifier le droit de propriété de ce demandeur en revendication, à moins qu'elle n'eût cette preuve à la main, par des titres clairs et incontestables ; car on ne doit pas admettre un tiers à ressusciter un procès assoupi par une transaction.

118. Si un héritage, dont le parent, à qui j'ai succédé, était en possession lors de sa mort, lui avait été vendu par quelqu'un qui s'était fait fort du propriétaire ; quoique le propriétaire, dont le vendeur s'était fait fort, n'ait ratifié que depuis la mort de mon parent, et même quoique je lui aie donné de l'argent pour le porter à ratifier, néanmoins, je ne serai pas censé avoir acquis moi-même cet héritage de ce propriétaire, par la ratification qu'il a faite ; je suis censé l'avoir à titre de succession de mon parent ; et l'héritage est, en conséquence, un propre, tant en matière de succession que de communauté, sauf la récompense que je dois à la communauté, de l'argent que j'en ai tiré pour faire ratifier le propriétaire.

La raison de douter était, que mon parent, à qui j'ai succédé, n'a pu acquérir la propriété de l'héritage qu'on lui a vendu, que par le consentement du propriétaire. Ce consentement n'étant pas encore intervenu lors de sa mort, je n'ai pu lui succéder à cet héritage ; car on ne peut succéder à quelqu'un à une chose qui ne lui appartient pas.

La raison de décider, au contraire, que je dois être censé avoir succédé à mon parent à cet héritage, est qu'il est de la nature des ratifications d'avoir un effet rétroactif. Celui, qui ratifie une vente, qui était faite en son nom, est censé avoir donné procuration de la faire, suivant la règle, *Ratihabitio mandato comparatur :* il est censé avoir vendu lui-même, et mis lui-même l'acheteur en possession, suivant cette règle de droit : *Qui mandat, ipse fecisse videtur.* Mon parent, auquel j'ai succédé, est donc censé, par le secours de la fiction, qui donne un effet rétroactif aux ratifications, être devenu propriétaire de l'héritage qu'on lui a vendu, dès aussitôt qu'il en a été mis en possession, de même que si c'eût été le propriétaire, au nom duquel la vente lui a été faite, qui l'y eût mis lui-même, et, par conséquent, en avoir été propriétaire lors de sa mort : je dois, par conséquent, être censé lui avoir succédé à cet héritage.

119. Par la même raison, je dois être censé avoir succédé à mon parent, à un héritage qu'il avait acquis d'un mineur, quoique le mineur, devenu majeur, n'ait ratifié que depuis la mort de mon parent.

On dit de même, pour raison de douter, que les lois déclarent nulles les aliénations des biens des mineurs. Le parent, à qui j'ai succédé, n'a donc pu acquérir la propriété de l'héritage que le mineur lui a vendu, avant la ratification de ce mineur faite en majorité ; je n'ai donc pu lui succéder à cet héritage, qui ne lui appartenait pas lors de sa mort.

La réponse, qui sert de raison pour décider, est que la loi ne prononce la nullité de l'aliénation des biens des mineurs, qu'en faveur des mineurs. Cette nullité n'est donc qu'une nullité relative, qui n'a lieu, qu'autant que le mineur trouverait que l'aliénation, qu'il a faite de ses biens, lui serait désavantageuse. Mais lorsque le mineur, devenu majeur, approuve l'aliénation qu'il a faite, soit par une ratification expresse, soit par une ratification tacite, en laissant écouler le temps de la restitution sans se pourvoir, l'aliénation est valable : c'est pourquoi, dans cette espèce, le mineur, devenu majeur, ayant ratifié la vente qu'il a faite à mon parent, cette vente, dont la validité, jusqu'à cette ratification, avait été *in suspenso,* est censée avoir été valable ; mon parent est censé être devenu propriétaire, par la tradition que le mineur lui en a faite : je dois donc pareillement être censé avoir succédé à cet héritage.

120. Il n'en est pas de même de la nullité, que les lois prononcent, de tout ce que fait une femme sans être autorisée. Cette nullité n'est pas établie en faveur de la femme, puisqu'elle s'étend même aux actes qui lui seraient avantageux, tels qu'est l'ac-

ceptation qu'elle ferait d'une donation qui lui serait faite ; *Ordonnance de 1731, art. 9.* C'est pourquoi, si une femme sous puissance de mari, avait, sans être autorisée, vendu un héritage à mon parent, auquel j'ai depuis succédé ; et que, depuis la mort de mon parent, par un acte passé entre cette femme devenue veuve et en ses droits, et moi, elle eût consenti que cette vente eût lieu à mon profit, et que je retinsse l'héritage, cet acte ne me paraît pouvoir passer que pour une vente, que cette veuve m'aurait faite de cet héritage, et non pour une confirmation de celle qu'elle en aurait faite au parent, auquel j'ai succédé ; ce qui est absolument nul, n'étant pas susceptible de confirmation : d'où il suit, que cet héritage doit être réputé acquêt, et par conséquent conquêt de la communauté légale, si c'est durant cette communauté que l'acte a été passé.

121. Pour que je sois censé avoir, à titre de succession, un héritage ou un autre immeuble, et qu'il soit, en conséquence, propre en matière de succession, et propre de communauté, il n'est pas nécessaire que j'aie trouvé cet héritage même dans la succession de mon parent à qui j'ai succédé ; il suffit que j'y aie trouvé le droit, en vertu duquel j'en suis depuis devenu propriétaire.

La raison de cette maxime est, que le droit à une chose est censé être, *juris affectu et eventu,* la chose même à laquelle il se termine, et dans lequel il se fond et se réalise par la suite, suivant cette règle de droit : *Is, qui actionem habet ad rem recuperandam, ipsam rem habere videtur ;* l. 15, ff. *de reg. jur.* D'où il suit que, lorsque j'ai succédé à mon parent à un droit qu'il avait à un certain héritage, duquel je suis depuis devenu propriétaire en vertu de ce droit, je suis censé lui avoir succédé à l'héritage même, dans lequel le droit, auquel je lui ai succédé, s'est depuis réalisé.

Suivant ces principes, si mon parent, à qui j'ai succédé, avait, de son vivant, acheté un certain héritage, dont il n'avait pas encore été mis en possession lors de sa mort ; quoique je n'aie trouvé, dans sa succession, que l'action *ex empto,* je suis censé lui avoir succédé à l'héritage même, que je me suis fait donner par cette action.

122. Par la même raison, si le parent, à qui j'ai succédé, avait vendu un héritage avec faculté de réméré, et que, depuis sa mort, j'aie, en qualité de son héritier, exercé le réméré, je suis censé avoir cet héritage à titre de succession de mon parent. Quoique je n'aie pas trouvé l'héritage même dans sa succession, il suffit que j'y aie trouvé le droit de réméré, qui s'est réalisé dans cet héritage que j'ai réméré. Cet héritage m'est donc propre, et en matière de succession, et propre de communauté, sauf la récompense que je dois à la communauté, de la somme que j'en ai tirée pour exercer le réméré.

123. Par la même raison, si le parent, à qui j'ai succédé, avait aliéné un héritage, sous une condition résolutoire; *puta*, s'il l'avait donné à quelqu'un, à condition qu'il y rentrerait, si le donataire mourait sans enfans, et que, la condition ayant existé depuis la mort du parent auquel j'ai succédé, je sois rentré dans cet héritage, je serai censé avoir cet héritage à titre de succession de mon parent, quoique ce ne soit pas l'héritage même qui se soit trouvé dans sa succession; car, en succédant au droit de rentrer dans l'héritage, je suis censé avoir succédé à cet héritage auquel ce droit s'est terminé, et dans lequel il s'est réalisé.

On objectera, peut-être, que l'existence de la condition, qui a donné ouverture au droit de rentrer dans cet héritage, n'étant survenue que depuis la mort de mon parent, je n'ai pas même trouvé ce droit dans la succession de mon parent, puisqu'il n'était pas encore né lors de l'ouverture de cette succession.

La réponse est, que, suivant les principes que nous avons établis en notre Traité des Obligations, *n*. 220, l'existence des conditions apposées à un contrat, a un effet rétroactif au temps du contrat, qui fait réputer le droit, auquel l'existence de la condition a donné ouverture, comme acquis dès le temps du contrat. Suivant ce principe, le parent, à qui j'ai succédé, est censé avoir eu, dès le temps du contrat de donation qu'il a faite de son héritage, le droit d'y rentrer, et l'avoir transmis par conséquent dans sa succession.

124. Lorsque le parent, à qui j'ai succédé, a vendu un héritage dont il a mis l'acheteur en possession, sans en recevoir le prix, pour lequel il lui a accordé terme; et que, par une convention que j'ai eue, depuis sa mort, en qualité de son héritier, avec l'acheteur, je suis rentré dans l'héritage en le quittant du prix, cet héritage m'est-il propre? La raison de douter est, que la vente de l'héritage ayant été faite purement et simplement, sans pacte commissoire, le vendeur, à qui j'ai succédé, paraît n'avoir retenu aucun droit de rentrer dans l'héritage auquel j'ai pu succéder. La réponse à ce raisonnement est, que, dans tous les contrats synallagmatiques, la partie qui a, de sa part, exécuté le contrat, a le droit de répéter la chose qu'elle a donnée en exécution du contrat, en cas de l'inexécution du contrat de la part de l'autre partie : c'est de ce droit que naît l'action qu'on appelle *condictio ob rem dati re non secuta*. Le vendeur, dont j'ai été héritier, avait donc le droit de rentrer dans l'héritage, en cas d'inexécution du contrat; il l'a laissé dans sa succession, et il me l'a transmis. C'est en vertu de ce droit, qu'en conséquence de l'inexécution du contrat, par la convention de désistement entre l'acheteur et moi, je suis rentré dans cet héritage, et j'en suis devenu propriétaire. Je le suis donc devenu en vertu d'un droit auquel j'ai succédé : cet héritage m'est donc propre en matière

de succession, et il doit, par conséquent, être aussi propre de communauté; sauf la récompense, que je dois à la communauté, de la somme due pour le prix de l'héritage qui devait entrer dans la communauté, et dont je l'ai privée en déchargeant l'acheteur de cette somme, pour avoir l'héritage, comme nous le verrons *infrà.*

On dira peut-être: A quoi sert le pacte commissoire, si, sans ce pacte, le vendeur a le droit de rentrer dans l'héritage, faute de paiement du prix? *Voyez, dans notre traité du contrat de vente, n.* 475, ce que ce pacte donne de plus.

125. Le principe, que nous venons d'établir, que je suis censé avoir à titre de succession un héritage, lorsque j'ai succédé à mon parent, au droit en vertu duquel j'en suis depuis devenu propriétaire, n'a lieu que lorsque le droit, auquel j'ai succédé, a été la cause prochaine et immédiate de l'acquisition que j'ai faite, depuis, de cet héritage, comme dans les exemples ci-dessus rapportés: il en est autrement, lorsque le droit, auquel j'ai succédé, n'en a été qu'une cause éloignée. Par exemple, si j'ai succédé à un parent, à une seigneurie directe, à laquelle était attaché un droit d'avoir, par retrait conventionnel, les héritages d'un certain territoire, lorsqu'ils sont vendus; et que depuis, un héritage, sujet à ce droit, ayant été vendu, j'en aie exercé le retrait qui m'en a rendu propriétaire, je ne serai pas censé avoir cet héritage à titre de succession. Cet héritage est un acquêt; et si la vente, qui a donné ouverture au retrait que j'ai exercé, est intervenue durant ma communauté, il sera conquêt de cette communauté. La raison est, que le droit attaché à la seigneurie, à laquelle j'ai succédé, qui consiste dans le droit d'être préféré pour acheter les héritages qui y sont sujets, lorsqu'ils sont vendus, n'est que la cause éloignée de l'acquisition que j'ai faite de l'héritage dont j'ai exercé le retrait. La cause prochaine de mon acquisition est le contrat de vente de cet héritage, aux droits duquel contrat j'ai été subrogé à l'acheteur à qui la vente en avait été faite, par le retrait que j'ai exercé sur lui, qui m'en a rendu acheteur en sa place. C'est donc ce contrat de vente qui est le véritable titre et la cause prochaine de l'acquisition que j'ai faite de cet héritage; je le possède à titre d'achat, et par conséquent c'est un acquêt.

Pour les mêmes raisons, un héritage retiré par retrait féodal, a été jugé acquêt, par arrêt du 24 janvier 1623; *Bardet, liv.* 1, *chap.* 109.

126. Pareillement, lorsqu'ayant un droit de justice qui m'est propre, l'ayant eu de la succession de mes parens, j'ai, en ma qualité de seigneur de justice, acquis par droit de déshérence ou de confiscation, des biens immeubles d'un homme mort sans héritiers, ou condamné à une peine capitale; ces immeubles ne sont

pas des propres, mais des acquêts; et si la mort ou la condamnation, qui ont donné ouverture à la déshérence ou à la confiscation, sont arrivées durant ma communauté, ils sont des conquêts, car ce n'est pas mon droit de justice, qui est la cause prochaine et immédiate de l'acquisition que j'ai faite de ces immeubles; c'est le droit de déshérence ou de confiscation, auquel la mort ou la condamnation de la personne, à qui ils appartenaient, a donné ouverture; lesquels droits de déshérence ou de confiscation, sont des fruits civils de mon droit de justice qui les a produits, et en sont distingués comme la fille l'est de la mère, et comme les fruits le sont de la terre qui les a produits.

Il n'en est pas de même du droit de déshérence, que la Coutume de Bretagne, *art.* 595, et quelques autres donnent au seigneur de fief par la défaillance de l'estoc. Lorsque, dans ces Coutumes, le seigneur succède au fief qui relevait de lui, par la mort de son vassal, qui n'a laissé aucuns héritiers de la ligne d'où ce fief procédait, cette succession ne doit pas être considérée comme un fruit et une obvention du fief dominant, mais comme une réversion qui se fait de ce fief au seigneur, par l'extinction de l'inféodation que produit la défaillance de la ligne. Le droit d'y rentrer, en cas de défaillance de la ligne, était une des dépendances du fief dominant: ce fief, dans lequel le seigneur est rentré, et auquel s'est terminé le droit qu'il avait d'y rentrer, en est donc pareillement une dépendance, comme il l'était avant l'inféodation qui l'en avait séparé. C'est pourquoi, si le fief dominant était propre, le fief, dans lequel le seigneur du fief dominant est rentré par ce droit de déshérence, est pareillement propre.

Il en est de même de la commise du fief pour désaveu ou pour félonie : ce n'est pas tant, en ce cas, une acquisition que fait le seigneur, qu'une réversion qui se fait par l'extinction de l'inféodation. Le droit, qu'a le seigneur, de rentrer dans les fiefs qui relèvent de lui, lorsque le cas arrivera, est un droit qui fait partie du fief dominant; et par conséquent le fief, dans lequel, le cas étant arrivé, le seigneur est rentré, et auquel le droit, qu'il avait d'y rentrer, s'est terminé, doit pareillement faire partie des dépendances du fief dominant, et être de même nature, et par conséquent propre, lorsque le fief dominant est un propre de la personne à qui il appartient.

127. Les héritages confisqués sont-ils propres ou acquêts aux enfans ou autres héritiers du condamné, auxquels le roi a fait remise de la confiscation? Je crois que la décision de la question dépend beaucoup des termes dans lesquels le brevet est conçu. Si le roi déclare, par le brevet, qu'il se désiste en leur faveur de son droit de confiscation des biens du condamné, le roi paraît, en ce cas, en se désistant de son droit de confiscation, avoir, par la plénitude de sa puissance, rendu au condamné le droit de trans-

mettre par succession, ses biens, qu'il avait perdus en perdant l'état civil par la condamnation. Ses enfans ou autres héritiers sont, en conséquence, censés avoir, à titre de succession, les biens du condamné; et par conséquent ceux desdits biens, qui sont immeubles, sont de véritables propres. Mais si le brevet porte simplement que le roi fait don des biens confisqués aux enfans ou autres héritiers du condamné, les enfans n'ayant, en ce cas, d'autre titre que le don que leur en a fait le roi, ces biens sont *acquéts*, et par conséquent conquêts, si le don a été fait durant la communauté.

Il y a des auteurs, qui distinguent entre les enfans du condamné et ses autres parens, en interprétant, selon le premier sens, le brevet, lorsque la remise est faite aux enfans; et selon le second sens, lorsque la remise est faite à d'autres parens.

128. Quoique l'héritage, auquel l'un des conjoints a succédé à son parent durant le mariage, n'ait pas, dans la succession de ce conjoint, ni en matière de disposition, les effets d'un bien propre, ne restant plus personne de la famille dont il procédait, il n'en est pas moins pour cela propre de communauté; car ce n'est que *ex accidenti et ex causâ extrinsecâ*, qu'il n'a pas, dans la succession de ce conjoint, et en matière de disposition, les effets d'un bien propre : il n'en est pas moins, en soi, un héritage propre, ayant été transmis par succession. Ce n'est donc pas un acquêt, ni par conséquent un conquêt.

129. Il nous reste à observer que, pour qu'un immeuble, échu à l'un des conjoints durant la communauté, par la succession de son parent, soit propre de succession, et par conséquent propre de communauté, il n'importe que ce parent, par la succession duquel il lui est échu, soit un parent de la ligne directe ascendante, ou de la ligne directe descendante, ou de la collatérale. Toutes ces successions font des propres.

Doit-on excepter de cette règle la succession, par laquelle les pères et mères succèdent à leurs enfans aux choses qu'ils leur ont données? Nous traiterons cette question dans un traité des successions.

Application de la règle aux dons et legs faits en avancement de succession, ou pour en tenir lieu.

130. Les héritages, ou autres immeubles, donnés ou légués à un enfant par son père, sa mère, ou quelque autre parent de la ligne directe ascendante, sont propres à cet enfant, en matière de succession, de même que s'ils lui étaient échus par la succession de ces personnes; et par conséquent, suivant la règle ci-dessus proposée, ils sont aussi propres de communauté, quand même le don ou le legs aurait été fait durant la communauté.

La raison est, que ces parens devant, suivant l'ordre de la nature, la succession de leurs biens à leurs enfans, les dons et legs, qu'ils leur font de leurs biens, sont moins des dons et legs, qu'un acquittement de la dette naturelle de leur succession qu'ils leur doivent. Les enfans, par les donations entre vifs qui leur sont faites de ces biens, sont censés recueillir d'avance la succession du donateur; et c'est pour cela que ces donations sont appelées *avancement d'hoirie, avancement de succession.*

131. Cela a lieu, 1° quand même l'enfant donataire aurait depuis renoncé à la succession du donateur; les héritages et autres immeubles, qui lui ont été donnés, n'en sont pas moins des propres de succession et de communauté; car le donateur n'est pas moins censé les lui avoir donnés en avancement de sa succession et ils lui tiennent lieu de sa succession.

132. Cela a lieu, 2° quand même les héritages donnés excèderaient la part que l'enfant donataire eût dû avoir dans la succession du donateur. Ces héritages ne laissent pas de lui être propres entièrement, et non pas seulement jusqu'à concurrence de la part qu'il eût dû avoir dans la succession du donateur; car le donateur n'en est pas moins censé lui avoir donné le total, comme un avancement de sa succession, dans laquelle il a voulu lui faire une part plus avantageuse, que celle que lui eût faite la loi civile des successions.

133. Cela a lieu, 3° quand même l'enfant donataire ne serait pas l'héritier présomptif immédiat de son aïeul qui les lui a donnés, étant précédé par son père. Ces héritages ne laissent pas d'être censés lui avoir été donnés en avancement de succession : car, selon l'ordre de la nature, les biens de son aïeul devant lui parvenir un jour, non pas à la vérité immédiatement, mais médiatement et par le canal de son père, son aïeul, en les lui donnant ou les lui léguant, ne fait que prévenir ce temps, et sauter par-dessus le canal par lequel ils doivent lui passer. La donation ou le legs qu'il lui en fait, est donc une anticipation de sa succession; les héritages ou autres immeubles, ainsi donnés ou légués, sont donc propres de succession, et par conséquent propres de communauté.

134. Cela a lieu, 4° quand même l'héritage ne passerait pas directement du père au fils; mais par le canal d'une autre personne, que le père aurait chargée de substitution envers son fils. Par exemple, si un père ayant deux fils, fait l'aîné légataire universel, à la charge de substitution envers le puîné; quoiqu'à l'ouverture de la substitution, le puîné recueille les héritages compris en la substitution, par le canal et des mains de son frère aîné, ce puîné ne laisse pas d'être censé les tenir à titre de donation de son père, la substitution, qui est son titre, étant une donation que son père lui a faite. Ces héritages lui sont donc des

propres de succession, et par conséquent propres de communauté.

Contrà, vice versâ, lorsqu'un oncle a grevé son neveu d'une substitution au profit des enfans dudit neveu, les héritages compris dans la substitution, que lesdits enfans ont recueillis, ne leur sont que des acquêts : car, quoiqu'ils soient passés du père aux enfans, ce n'est pas de leur père qu'ils les tiennent ; leur père n'a été que le canal par lequel ils leur sont passés : ils les tiennent de leur grand-oncle, qui les leur a donnés par la substitution qu'il a faite en leur faveur. Mais les donations, faites par un parent collatéral, ne sont que des acquêts, comme nous le verrons plus amplement ci-après.

135. Lorsqu'un père, durant le mariage de son fils, lui fait donation d'une rente d'une certaine somme, dont il se constitue lui-même le débiteur envers lui, cette rente est-elle en la personne du fils, qui en est le créancier, un bien acquêt, ou un propre?

Pour soutenir que cette rente n'est pas un propre, mais seulement un acquêt, on dit qu'un propre est un *ancien héritage,* qui a appartenu à la personne à qui on a succédé, et a passé de sa personne à celle qui lui a succédé. Or, la rente, que le père a donnée à son fils, et dont il s'est constitué le débiteur envers son fils, étant une rente qui n'a été créée et formée que par la donation qui en a été faite au fils, et qui n'a commencé à exister qu'en la personne du fils, on ne peut pas dire que ce soit un ancien héritage qui ait passé de la personne du père en celle du fils. On ne peut donc pas dire que cette rente soit un propre ; elle n'est donc qu'un acquêt du fils ; et la donation ne lui en ayant pas été faite par son contrat de mariage, c'est un acquêt fait durant son mariage, et, par conséquent, un conquêt, qui est entré dans la communauté légale, s'il n'y a clause contraire dans la donation, de même qu'y seraient entrés des meubles que le père aurait donnés à son fils.

Au contraire, pour soutenir cette rente propre, on dit qu'il est vrai que cette rente, considérée en sa forme de rente, n'a commencé à exister qu'en la personne du fils, et qu'elle n'a jamais, dans cette forme, appartenu au père. Mais si elle ne lui a pas appartenu *formaliter* dans sa forme de rente, elle lui a appartenu *causaliter et eminenter,* comme étant renfermée dans la masse de ses biens, sur lesquels il l'a constituée : autrement, il n'aurait pas pu la donner à son fils, personne ne pouvant donner ce qu'il n'a pas. La rente peut, de cette manière, paraître avoir passé du père au fils, à un titre qui fait des propres, et être, par conséquent, un propre, tant de succession que de communauté.

J'avais, dans mon introduction à la Coutume d'Orléans, embrassé cette seconde opinion, que feu M. Rousseau, mon respectable ami, m'avait dit être la plus accréditée au Palais ; mais j'ai appris que, depuis, il était intervenu un arrêt de la cour, dont je ne sais pas la date, qui a jugé conformément à la première opinion.

Il n'y aurait pas lieu à cette question, s'il était dit par la donation, que le père fait donation à son fils d'une certaine somme, pour le prix de laquelle il lui a, par le même acte, constitué une rente de tant. La donation étant, en ce cas, d'une somme d'argent, il ne peut être douteux, en ce cas, que la rente constituée au fils, pour le prix de cette somme, est un acquêt, et par conséquent un conquêt ayant été fait durant le mariage.

136. Lorsqu'un père, débiteur envers son fils, d'une somme d'argent qu'il lui a promise en le mariant, lui donne à la place, durant le mariage, un héritage, cet héritage est-il propre? La raison de douter est, que l'héritage paraît, en ce cas, donné au fils par le père, en paiement de la somme qu'il lui devait : or, la dation en paiement est un acte équipollent à vente : *Dare in solutum, est vendere*; l. 4, cod. de evict. C'est donc comme si le père avait vendu à son fils cet héritage, pour le prix de la somme qu'il devait à son fils : mais il n'est pas douteux que l'héritage, qu'un père aurait vendu à son fils, serait un acquêt de ce fils. Nonobstant ces raisons, il n'est pas douteux que cet héritage est à ce fils un propre de succession, et, par conséquent, un propre de communauté. Le père, en donnant cet héritage à son fils, à la place de la somme, qu'il lui avait promise en mariage, n'est pas censé le lui vendre pour le prix d'une somme qu'il lui doit; il n'est censé faire autre chose qu'exécuter la donation de la dot qu'il lui avait promise en mariage. Cette donation reçoit son exécution, non pas à la vérité *in ipsâ re promissâ, sed in re diversâ*, que le fils veut bien recevoir à la place. Le fils est donc censé tenir cet héritage, en exécution de la donation qui lui avait été faite par son contrat de mariage, et, par conséquent, à titre de donation en avancement de succession.

C'est ce qui résulte évidemment de l'article 26 de la Coutume de Paris, où il est dit : « Le fils auquel le père ou mère, aïeul ou » aïeule ont donné aucun héritage tenu en fief, ne doit que la » bouche et les mains au seigneur féodal, encore que..... la chose » lui soit baillée en paiement de ce qui lui avait été promis par » contrat de mariage. » La Coutume, en décidant que le fils ne doit, en ce cas, que la bouche et les mains, suppose évidemment que le fils, dans l'espèce proposée, tient l'héritage à titre de donation, en exécution de celle qui lui a été faite par son père, et que son père n'est pas censé le lui avoir vendu; car, s'il était censé le lui avoir vendu, le fils devrait le profit de vente, n'étant pas douteux que la vente, faite par un père à son fils, d'un héritage tenu en fief, donne ouverture au profit de vente.

Observez que l'héritage donné à l'un des conjoints, durant le mariage, à la place d'une somme qui lui avait été promise, ne lui est propre de communauté qu'à la charge de récompenser la communauté, de la somme promise qui serait entrée dans la communauté légale, si le conjoint n'avait pas reçu l'héritage à la place. C'est ce que nous verrons plus amplement *infrà, partie* 4.

137. Il n'y a, suivant le droit commun, que les donations faites par les père et mère et autres ascendans à un enfant, qui soient regardées comme des titres équipollens à celui de succession, qui rendent propre l'héritage ou autre immeuble qui a été donné, de la même manière que si le donataire l'eût eu à titre de succession. Celles, qui sont faites par tout autre parent, quand même elles seraient faites à l'héritier présomptif du donateur, ne font que des acquêts, qui sont conquêts, lorsque la donation a été faite durant la communauté.

La raison de différence est, qu'il n'y a que nos parens de la ligne directe ascendante, qui nous doivent, selon l'ordre de la nature, la succession de leurs biens; les autres ne nous la doivent pas. C'est donc, lorsqu'ils nous donnent leurs biens, une véritable donation qu'ils nous font; et l'on ne peut pas dire que ce soit un acquittement anticipé de la dette de leur succession, puisqu'ils ne nous la doivent pas.

Il y a, néanmoins quelques Coutumes, comme Anjou, le Maine, qui réputent les donations à l'héritier présomptif, quoiqu'en ligne collatérale, faites en avancement de succession, et les héritages et autres immeubles, qui lui sont donnés, biens propres et patrimoniaux. Il n'est pas douteux que les héritages et autres immeubles régis par ces Coutumes, lesquels sont, en ce cas, propres en matière de succession, sont aussi, en conséquence, suivant notre règle, propres de communauté.

138. Lorsqu'un testateur a, par son testament, rappelé à sa succession les enfans d'un parent qui eût été son héritier, s'il ne fût pas prédécédé; pour le représenter, et prendre, dans les biens de la succession du testateur, la part qu'y eût eue ce parent, s'il ne fût pas prédécédé; ce rappel est-il regardé comme un titre de succession, qui donne la qualité de propres aux héritages advenus auxdits enfans par ledit rappel? ou ne doit-il être regardé que comme un legs, qui ne fait que des acquêts?

La jurisprudence a établi, à cet égard, une distinction entre le rappel fait *intrà terminos juris*, et celui fait *extrà terminos juris*.

Le rappel est censé fait *intrà terminos juris*, lorsque, dans les Coutumes, qui n'admettent pas la représentation, le testateur a rappelé des personnes à qui le droit romain l'accordait.

Par exemple, lorsque, dans les Coutumes de Blois ou de Meaux, qui n'admettent aucune représentation en ligne collatérale, un testateur a rappelé à sa succession ses neveux ou nièces, enfans d'un frère ou d'une sœur prédécédés, ce rappel est *intrà terminos juris*, parce que la Novelle de Justinien leur accordait la représentation.

A plus forte raison, le rappel des petits-enfans est *intrà terminos juris*, dans les Coutumes qui excluent la représentation, même en directe.

Le rappel, qui est fait *intrà terminos juris*, est regardé comme un titre de succession, qui donne aux héritages, qui adviennent à ce titre, la qualité de propres de succession, et par conséquent de propres de communauté. C'est ce qui a été jugé par un arrêt du 9 juin 1687, rapporté au Journal du Palais, et par plusieurs autres précédens, cités par le journaliste.

Le rappel *extrà terminos juris*, est celui des personnes auxquelles le droit romain ne donne pas le droit de représentation. Tel est le rappel des petits-neveux et des petits-cousins. Ce rappel n'est valable que *per modum legati*; et par conséquent les héritages advenus à ce titre, sont de purs acquêts, de même que ceux advenus à titre de legs.

Application de la règle aux accommodemens de famille.

139. Les accommodemens de famille, par lesquels quelque héritage passe du père au fils, étant regardés, par la jurisprudence, comme des avancemens de succession, ces héritages, que le fils a eus par quelque accommodement de famille, étant, par conséquent, des propres de succession, ils sont pareillement des propres de communauté, quoique l'accommodement ait été fait durant la communauté.

Par exemple, lorsqu'un père, durant le mariage de son fils, lui fait abandon d'un héritage, à la charge de payer ses dettes en total ou en partie, cet acte n'est pas regardé comme une vente, que le père fasse à son fils de cet héritage, pour le prix de la somme à laquelle montent les dettes qu'il le charge de payer à son acquit : cet acte est regardé comme un pur accommodement de famille et un avancement de succession; car le père, par cet acte, ne fait que prévenir le temps de l'ouverture de sa succession, et fait d'avance ce qui se serait fait lors de l'ouverture de sa succession. Sans cet abandon, lors de l'ouverture de la succession du père, le fils aurait succédé à cet héritage, et il n'y aurait succédé qu'à la charge des dettes dont le père le charge par cet abandon. Le fils est donc censé avoir cet héritage en avancement de succession; il est donc un propre, et par conséquent un propre de communauté.

C'est la jurisprudence des arrêts. Il y en a un assez récent, rendu en la quatrième des enquêtes, au rapport de M. Rolland de Chasseranges. Dans l'espèce de cet arrêt, le père du sieur de

Landivisiau lui avait fait donation de la terre du Plessis, à la charge de payer pour 600,000 livres de dettes, laquelle somme était la valeur entière de la terre. Le sieur de Landivisiau, après la mort de son père, ayant voulu faire rapport de cette terre à la succession, pour y prendre ses droits d'aînesse, ses sœurs s'y étant opposées, et ayant soutenu que le titre, auquel le sieur de Landivisiau avait cette terre, était une véritable vente, que son père lui avait faite de cette terre, pour ladite somme, l'arrêt jugea que son titre était une donation en avancement de succession, et qu'il était, en conséquence, fondé dans le rapport qu'il faisait de cette terre.

Par la même raison, lorsqu'un père, durant le mariage de son fils, lui abandonne un héritage, pour demeurer quitte envers lui de ce qu'il lui doit, *putà*, pour un compte de tutelle, cet acte n'est pas censé être une vente, que le père fasse à son fils, pour le prix de la somme due à son fils; cet abandon n'est censé être qu'un pur accommodement de famille et un avancement de succession : le fils aurait pareillement succédé à cet héritage, et aurait fait confusion de ce qui lui restait dû par son père. Le fils étant donc censé avoir cet héritage en avancement de succession, cet héritage lui est propre, et par conséquent propre de communauté, quoique l'abandon ait été fait durant la communauté.

Observez qu'il ne lui est propre de communauté qu'à la charge de la récompense de la somme qui lui était due par son père, la créance de cette somme étant, comme *meuble*, entrée dans la communauté légale.

Pareillement, dans l'espèce précédente, l'héritage, donné par un père à son fils, à la charge de payer ses dettes, n'est propre de communauté, qu'à la charge de récompenser la communauté des sommes qu'il en a tirées pour les payer.

Application de la règle aux partages, licitations, et autres actes qui en tiennent lieu.

140. Les héritages et autres immeubles d'une succession, échus à quelqu'un par le partage qu'il en a fait avec ses cohéritiers, lui sont propres entièrement, et non pas seulement pour la part héréditaire qu'il avait avant le partage. Quand même ils excéderaient le montant de sa part héréditaire, et seraient chargés, en conséquence, d'un retour en deniers, ils seraient entièrement propres, et non pas seulement jusqu'à concurrence de sa part héréditaire. Par conséquent, suivant notre règle, ils doivent aussi être entièrement propres de communauté, quand même le partage aurait été fait durant le mariage, sauf seulement la récompense que le conjoint héritier doit de la somme qu'il en a tirée, pour payer le retour dont son lot était chargé.

Cette maxime est tirée de notre jurisprudence française, sur la nature des partages.

Ces principes sont, sur cette matière, entièrement opposés à ceux du droit romain.

Suivant ceux du droit romain, un partage était regardé comme une espèce de contrat d'échange, par lequel chaque cohéritier échangeait les parts qu'il avait, avant le partage, dans les héritages tombés dans les lots de ses cohéritiers, contre celles que les cohéritiers avaient, avant partage, dans ceux tombés dans le sien.

En conséquence, chaque héritier était censé n'avoir succédé au défunt aux héritages tombés dans son lot, que pour la part dont il était héritier, et avoir acquis de ses cohéritiers les autres parts, avec la charge des hypothèques des créanciers particuliers de ses cohéritiers; l. 6, § 8, ff. *comm. divid.*

Au contraire, suivant les principes du droit français, les partages ne sont pas regardés comme des titres d'acquisition : la part, que chaque héritier a dans les biens de la succession, avant le partage, est une part indéterminée; c'est le partage qui la détermine aux effets tombés au lot de cet héritier. Le partage est censé ne faire autre chose que de déterminer la part à laquelle chaque héritier a succédé au défunt, qui était auparavant indéterminée; et il la détermine aux seuls effets tombés dans son lot. Au moyen de cette détermination, que fait le partage, et de l'effet rétroactif qu'on lui donne au temps du décès du défunt, le défunt est censé avoir, dès l'instant de son décès, saisi en entier chacun de ses héritiers, de toutes les choses comprises dans leur lot, à la charge des retours : chaque héritier est censé avoir seul succédé entièrement à toutes lesdites choses, à la charge des retours, s'il y en a, et n'avoir rien acquis de ses cohéritiers par le partage.

141. Ces principes ont lieu, non-seulement à l'égard du premier partage qui se fait entre des cohéritiers : ils ont lieu pareillement à l'égard des subdivisions. Lorsque, par le premier partage, quelques effets de la succession sont demeurés indivis entre tous, ou seulement entre quelques-uns des cohéritiers, il reste à faire entre eux une subdivision de ces choses restées en commun. *Nulla enim in æternum communio est.* La part de chacun de ces cohéritiers, par rapport aux choses qui leur sont demeurées communes et indivises, est encore indéterminée, jusqu'à la subdivision qui doit s'en faire; cette subdivision la détermine aux choses qui tombent dans le lot de chacun, par la subdivision. Cette subdivision a, de même que le premier partage, un effet rétroactif au temps du décès du défunt, de manière que chacun d'eux est censé avoir seul succédé au défunt, à tous les effets contenus dans le lot qui lui est échu par la subdivision, et n'est censé avoir rien acquis de ses copartageans.

142. C'est en conséquence de ces principes, que notre Coutume d'Orléans, suivie en cela par toutes celles qui ne s'en sont pas expliquées, décide, *art.* 15 *et* 113, qu'il n'est dû aucun profit, ni féodal ni censuel, pour les héritages et subdivisions, *encore qu'il y ait tournes.* C'est une conséquence de nos principes, que chaque héritier n'est censé rien acquérir de ses cohéritiers, par ces partages et subdivisions; mais qu'il est censé avoir seul succédé immédiatement au défunt, à tous les effets compris dans son lot, à la charge de la tourne, lorsqu'il en est chargé.

143. C'est pareillement une conséquence de ces principes, qu'après le partage, les créanciers particuliers de mes cohéritiers ne peuvent prétendre aucun droit d'hypothèque sur les héritages et autres immeubles tombés dans mon lot, quoiqu'il soit plus fort que ma part héréditaire, et chargé d'un retour; car, étant censé, selon nos principes, avoir seul succédé immédiatement au défunt, pour le total à toutes les choses comprises dans mon lot, et n'étant censé avoir rien acquis de mes cohéritiers, les créanciers de mes cohéritiers ne peuvent rien trouver dans les effets de mon lot, qui ait appartenu pour aucune part à leurs débiteurs, ni qui puisse être sujet à leurs hypothèques; ils n'ont que la voie de saisir et arrêter la somme due à leurs débiteurs, pour retour de partage, si elle n'a pas encore été payée.

144. La maxime, que nous avons posée ci-dessus, que les héritages et autres immeubles échus à quelqu'un, lui sont propres pour le total, tant en matière de succession que de communauté, est pareillement une conséquence évidente de ces principes.

145. Ces principes, sur la nature des partages, ont été étendus aux licitations.

On appelle *licitation,* un acte par lequel des cohéritiers ou d'autres copropriétaires, qui ont d'une succession qui leur est échue en commun, ou d'une acquisition qu'ils ont faite ensemble en commun, quelque héritage qui leur est commun et indivis, et qui ne peut se partager, ou qu'ils ne jugent pas à propos de partager, conviennent entre eux qu'il appartiendra, pour le total, à celui d'entre eux qui le portera à un plus haut prix, à la charge de donner à chacun des autres, dans ce prix, la part qu'il a dans la succession ou dans l'acquisition.

Ces licitations entre cohéritiers ayant le même objet et la même fin que les partages des successions, qui est de faire cesser la communauté et l'indivision des biens de la succession, elles sont regardées comme des actes qui tiennent lieu de partage, et qui sont de la même nature que les partages. Ulpien, *en la loi* 22, § 1, ff. *famil. ercisc.,* rapporte la licitation parmi les choses qui font partie de l'office d'un commissaire au partage d'une sucession : *Familiœ erciscundœ judex.... potest etiam licitatione admissâ uni rem adjudicare.*

8*

Ces licitations étant des actes qui tiennent lieu de partage, et qui sont de la nature des partages, on leur a appliqué les mêmes principes que notre droit français a établis sur la nature des partages, et que nous venons de rapporter ci-dessus. La licitation, de même que le partage, n'est pas regardée comme un titre d'acquisition : elle ne fait autre chose, de même que le partage, que déterminer les parts que chacun des héritiers licitans a dans la succession. Celle de celui, qui se rend adjudicataire par la licitation, est déterminée à l'héritage dont il est adjudicataire par la licitation, à la charge de payer aux autres, par forme de retour, leur part dans le prix ; et les parts, que les autres héritiers licitans ont dans la succession, sont déterminées aux parts du prix que leur doit l'adjudicataire ; et, au moyen de l'effet rétroactif qu'on donne à la licitation, de même qu'aux partages, l'adjudicataire est censé avoir succédé immédiatement au défunt, pour le total à l'héritage dont il est adjudicataire, à la charge de payer à ses héritiers leur part dans le prix ; et n'avoir rien acquis de ses cohéritiers, qui sont censés remplis du droit indéterminé qu'ils avaient dans la succession, pour la part du prix que l'adjudicataire est tenu de leur donner, et n'avoir jamais eu aucune part dans l'héritage licité.

146. C'est sur ce principe qu'est fondé l'article 80 de la Coutume de Paris, où il est dit : « Si l'héritage ne se peut partir entre cohéritiers, et se licite par justice sans fraude (1), ne sont » dues aucunes ventes par l'adjudication faite à un d'eux. »

Cette décision est une conséquence des principes que nous venons d'exposer. Si la Coutume décide que l'adjudication, faite à l'un des héritiers, de l'héritage qui est licité entre eux, ne donne ouverture à aucun profit de vente, c'est parce que, suivant ces principes, l'adjudicataire n'est censé rien acquérir de ses cohéritiers colicitans.

Suivant les mêmes principes, l'héritage, qui m'est adjugé par la licitation, n'est point hypothéqué aux créanciers particuliers de mes cohéritiers colicitans, lesquels sont censés n'y avoir jamais eu aucune part.

C'est pareillement une conséquence de ces principes, que l'héritage, adjugé par licitation à l'un des héritiers, lui est propre pour le total en matière de succession ; et, par conséquent, suivant notre règle, il est propre de communauté, sauf la récompense des

_____

(1) Ces termes, *sans fraude*, concernent le cas auquel étant intervenu un partage entre deux héritiers, lequel aurait assigné à chacun des portions divisées, l'un d'eux ferait ensuite à l'autre une vente de sa portion divisée, et, pour frauder le seigneur du profit dû par cette vente, supprimerait l'acte de partage inconnu au seigneur, et ferait apparoir d'une licitation faite entre eux de cet héritage, comme s'il restait encore indivis.

sommes tirées de la communauté, pour payer les parts dues dans le prix aux colicitans.

147. Observez que ces termes, qui se trouvent dans l'article 80 de la Coutume de Paris, ci-dessus rapporté, *si l'héritage ne se peut partir*, et ceux-ci, *se licite par justice*, ne doivent pas s'entendre *restrictivè*, mais seulement *enuntiativè*; et tout ce que nous venons d'exposer sur la nature et les effets d'une licitation, a lieu, 1° soit que l'héritage licité n'ait pu se partager, soit qu'il ait pu absolument se partager, mais que les parties aient jugé plus à propos de le liciter; 2° soit que la licitation ait été faite devant le juge, sur assignation; soit qu'elle ait été faite volontairement par un acte devant notaires; 3° soit que la licitation se soit faite entre les seuls héritiers, soit qu'on ait admis des étrangers à enchérir, pourvu que l'adjudication ait été faite à un des héritiers : car la raison, qui fait regarder la licitation, comme n'étant qu'une espèce de partage, étant tirée de ce qu'elle a la même fin, qui est de faire cesser la communauté et l'indivis, on doit, dans tous les cas dans lesquels cette raison se rencontre, regarder la licitation comme un partage, et lui en donner les effets.

148. Non-seulement les actes, qui se font dans la forme de licitation, mais généralement tous les actes, qui paraissent avoir pour fin principale de faire cesser entre cohéritiers la communauté et l'indivis, quelque nom qu'on leur ait donné, sont, de même que les licitations, regardés comme des actes tenant lieu de partage, et auxquels, de même qu'aux licitations, on donne tous les mêmes effets qu'aux partages.

C'est pourquoi, si mon cohéritier m'a vendu sa portion indivise dans un héritage de sa succession, quoique l'acte soit conçu dans les termes d'une vente de sa portion dans l'héritage, néanmoins comme on doit, dans les actes, rechercher plutôt l'intention des parties, que s'attacher aux termes dans lesquels ils sont conçus, et aux noms qu'il a plu aux notaires de leur donner, et que la principale fin et intention, que les parties paraissent avoir eue dans cet acte, est de faire cesser la communauté et l'indivis, par rapport à cet héritage; l'acte, suivant notre jurisprudence, n'est pas regardé comme une vente, quoiqu'il soit qualifié de ce nom, ni comme une cession; il est regardé comme un acte tenant lieu de partage, qui ne fait autre chose que déterminer nos parts héréditaires, par rapport à cet héritage. La mienne, par cet acte, est déterminée à l'héritage pour le total, à la charge de payer à mon cohéritier la somme convenue par l'acte; et celle de mon cohéritier est déterminée au droit d'exiger de moi cette somme. En conséquence, je suis censé, dans ce cas, de même que dans le cas de la licitation, avoir succédé immédiatement au défunt, à l'héritage pour le total, à la charge de payer la somme à mon cohéritier, pour lui tenir lieu de la part indéterminée qu'il avait à la succession. Ainsi, cet acte ne donne pas plus ouverture aux profits seigneuriaux, que la licitation. L'héritage n'est sujet, pour aucune partie, aux hypothèques des créanciers particuliers de mon cohéritier; il m'est propre pour le total en matière de succession, et, par conséquent, il est propre de communauté, sauf la récompense, comme nous l'avons dit ci-dessus. *Voyez*, au Journal du Palais, l'arrêt du 29 février 1692.

149. Ce qui a été jugé, pour le cas auquel mon cohéritier m'a vendu sa part indivise, doit pareillement avoir lieu dans le cas où il en aurait disposé envers moi, par bail à rente rachetable ou non rachetable, ou à quelque autre titre commutatif. Mais, si mon cohéritier m'a fait donation de sa part indivise dans quelque héritage de sa succession, ou même en général de tous ses droits successifs, il est évident qu'un tel acte, quoiqu'il fasse cesser l'indivis, ne peut être considéré comme tenant lieu de partage : un acte, par lequel l'une des parties a tout, et l'autre n'a rien, étant ce qu'il y a de plus contraire à l'essence des partages. C'est pourquoi, cet acte ne pouvant passer pour autre chose que pour une véritable donation que m'a faite mon cohéritier, les héritages, dont il m'a fait donation, pour la portion indivise qu'il y avait, seront acquêts pour cette portion, et par conséquent conquêts, si le don a été fait durant la communauté.

150. Lorsqu'un cohéritier de ma femme me vend la portion indivise d'un héritage, qui lui est commun avec ma femme; s'il est dit, par cet acte, que j'y parais pour ma femme, en qualité de son mari, il n'est pas douteux que, tant qu'elle ne désavoue pas cet acte, il est censé n'être autre chose qu'un acte tenant lieu du partage, qui était à faire entre elle et ce cohéritier : il suffit même, pour cela, qu'il soit dit qu'un tel a vendu à un tel, *mari d'une telle.* Cette qualité de mari, qu'on lui donne dans l'acte, fait connaître que ce n'est pas en son propre nom, mais en sa qualité de mari d'une telle sa femme, et par conséquent pour sa femme, qu'il traite avec le cohéritier de sa femme.

151. Mais s'il est dit simplement qu'un tel a vendu à un tel sa portion indivise, qu'il a dans un tel héritage qui lui est commun avec la femme dudit tel, cet acte doit-il passer comme un acte tenant lieu d'un partage, que je fais, pour ma femme, avec le cohéritier de ma femme ? Pour la négative, on peut dire, que, n'étant pas dit, par l'acte, que j'y parais au nom de ma femme, ni même en qualité de son mari, je suis censé y paraître en mon seul propre et privé nom, et par conséquent acheter véritablement, pour moi, la portion du cohéritier de ma femme.

Néanmoins, j'inclinerais à dire, que, quoiqu'il ne soit pas dit, dans cet acte, que j'y traite au nom de ma femme, et dans la qualité que j'ai de son mari, on doit facilement présumer que c'est en cette qualité, plutôt qu'en mon seul propre et privé nom, que j'ai traité, dans cet acte, avec le cohéritier de ma femme, parce que la qualité, que j'ai, de mari et d'administrateur de la personne, des biens et des affaires de ma femme, doit faire facilement présumer que, dans les actes qui concernent les affaires de ma femme, c'est en cette qualité de mari, et pour ma femme, que j'y procède, quoique cela ne soit point exprimé par l'acte. Or, l'acte, dont il est question, concerne les affaires de ma femme, puisqu'il tend à faire cesser la communauté et l'indivis, qui était entre elle et son cohéritier ; je dois donc être facilement présumé y avoir traité en ma qualité de mari, et pour ma femme.

En vain oppose-t-on qu'un partage de succession d'immeubles, échue à ma femme, excède mon pouvoir d'administrateur de ses biens ; car il suit seulement de-là, que non-seulement, dans ce cas-ci, mais même dans le cas auquel il serait dit expressément par l'acte, que je traite au nom de ma femme, l'acte ne serait pas valable, et n'obligerait pas ma femme, si elle le désapprouvait ; mais il ne suit nullement, que, lorsque ma femme ne le désapprouve pas, je ne puisse être présumé avoir traité en son nom, et que l'acte ne doive être censé tenir lieu du partage, qui était à faire entre elle et son cohéritier, et, qu'en conséquence, l'héritage ne soit, pour le total, un propre de ma femme.

152. Si le cohéritier de ma femme avait vendu sa portion indivise, tant à moi qu'à ma femme, sera-t-elle, en ce cas, un conquêt ? La raison de douter est qu'on ne peut plus dire, en ce cas, que je n'ai traité qu'au nom de ma femme et pour ma femme ; car on ne peut être censé traiter d'une affaire, pour une autre personne et en son nom, que lorsqu'elle n'est pas présente à l'acte, et qu'elle ne traite pas, par elle-même, de l'affaire : donc, dans le cas présent, où ma femme était présente à l'acte, et autorisée de moi, pour traiter par elle-même, on ne peut dire que je ne traitais, dans cet acte, qu'en son nom. Or, dira-t-on, si j'y traitais en mon nom, ce ne pouvait être que pour l'acquisition de la portion indivise du cohéritier de ma femme : l'acte est donc, en ce cas, comme les termes le portent, une véritable vente, que le cohéritier de ma femme fait, tant à moi qu'à ma femme, de sa portion indivise dans l'héritage, lequel, en conséquence, doit être, pour cette portion, conquêt de cette communauté.

Nonobstant ce raisonnement, je crois qu'on doit décider autrement. Je conviens que le mari a traité en son propre nom ; mais je ne conviens pas que ce ne pût être que pour faire l'acquisition de la portion indivise du cohéritier de sa femme. Je pense, au contraire, que, quoiqu'il ait traité en son propre nom, l'acte peut néanmoins passer pour n'être autre chose qu'un acte, qui tenait lieu du partage qui était à faire de l'héritage.

Qu'avait-il à faire, dira-t-on, à ce partage ? Je réponds que, quoique ce partage fût principalement à faire entre sa femme et son cohéritier, il concernait néanmoins le mari à certains égards. Si la femme avait cet héritage en commun, quant à la propriété avec son cohéritier, le mari l'avait aussi en commun avec lui, quant à la jouissance qui appartenait à sa communauté, pour la portion qu'avait sa femme dans cet héritage. La vente, que le cohéritier de la femme fait de sa part au mari et à la femme, peut donc être regardée comme un acte, par lequel, pour faire cesser l'indivis, qui est entre lui et les conjoints, il consent que l'héritage demeure en entier à la femme pour la propriété, et au mari pour la jouissance qu'il en doit avoir pendant la communauté, à la charge de payer à ce cohéritier la somme convenue par l'acte, laquelle sera payée par la communauté, qui doit avoir la jouissance de l'héritage, et qui en sera, après sa dissolution, remboursée par la femme, à qui appartient l'héritage comme propre de communauté.

153. Lorsque la succession est échue au mari, quoique le cohéritier du mari vende sa portion indivise de quelque héritage de la succession, au mari et à la femme, qui intervient pour cet effet dans l'acte, je crois que l'acte ne laisse pas de devoir passer pour n'être autre chose qu'un acte tenant lieu du partage qui était à faire entre le mari et son cohéritier, et que sa femme ne doit être censée intervenir à l'acte, que parce qu'elle doit participer, pendant la communauté, à la jouissance de cet héritage, en sa qualité de commune, et afin de se rendre caution, pour son mari, des obligations qu'il contracte, par cet acte, avec son cohéritier : en conséquence, l'héritage ne laisse pas de devoir être regardé comme un propre de communauté du mari, à la charge de la récompense de la somme qui a été tirée de la communauté, pour payer son cohéritier.

154. Deux héritiers, l'un paternel, l'autre maternel, au même degré, partagent ensemble le mobilier de la succession. L'héritier paternel ayant pris, par ce partage, une quantité de mobilier beaucoup plus grande que celle qui lui revenait pour sa moitié, donne en retour, à l'héritier maternel, un héritage propre paternel, auquel il avait seul succédé. On ne peut pas supposer, en ce cas, que l'héritier maternel ait succédé au défunt à cet héritage paternel, puisqu'il n'était pas héritier des propres de cette ligne; cet héritage ne peut donc être considéré que comme un acquêt qu'il a fait de l'héritier paternel, pour le retour que l'héritier paternel lui devait du partage du mobilier qu'ils ont fait ensemble : d'où il suit que, si le partage a été fait pendant la communauté légale de cet héritier maternel avec sa femme, cet héritage sera un conquêt de cette communauté.

155. Il en serait autrement, si l'héritier paternel avait donné cet héritage propre paternel à l'héritier maternel, pour tenir

lieu de la part qui lui revenait dans les acquêts du défunt; car les acquêts du défunt, pour la part qui en revenait à cet héritier maternel, devant être en sa personne des propres, et par conséquent, propres de communauté, l'héritage, qui lui a été donné pour lui en tenir lieu, doit pareillement être, par subrogation, propre de communauté, suivant la règle *infrà*.

156. Il y a quelques Coutumes, qui ont des dispositions contraires aux principes que nous avons exposés sur la nature et les effets des partages et licitations.

Par exemple, la Coutume de Dunois, *art.* 44, dit : « Par partage d'aucuns héritages censuels, n'est dû profit au seigneur censuel, s'il n'y a bourse déliée. »

Cette Coutume ayant décidé que le profit de vente est dû, lorsque le partage est fait *avec bourse déliée*, c'est-à-dire, lorsque l'un des héritiers, qui a un lot plus fort que sa portion héréditaire, est chargé d'un retour envers son cohéritier, qui a un lot plus faible; ou lorsque, par licitation, il s'est rendu adjudicataire, pour le total, de l'héritage qui était à partager, pour le prix qu'il y a porté; et le profit de vente, auquel elle soumet, en ce cas, l'héritier copartageant chargé d'un retour en deniers, ou adjudicataire par licitation à deniers, n'étant autre chose que le profit qui est dû pour les acquisitions, qui, étant faites à prix d'argent, sont équipollentes à vente : il s'ensuit évidemment, que cette Coutume considère le partage fait avec retour de deniers, comme une véritable acquisition, que le copartageant, chargé du retour, fait, à prix d'argent, de ce dont son lot excède sa portion héréditaire; et, pareillement, que la licitation est une véritable acquisition à prix d'argent, que l'adjudicataire fait, des parts de ses colicitans dans l'héritage licité.

Cette Coutume ayant considéré, de cette manière, les partages faits avec retour de deniers, et les licitations, doit-on en conclure, suivant l'esprit particulier de cette Coutume, que les héritages échus au lot d'un héritier, à la charge d'un retour en deniers, doivent, jusqu'à concurrence de ce dont excède la portion héréditaire de cet héritier, être dans cette Coutume réputés acquêts; et pareillement, que l'héritage, dont un héritier se rend adjudicataire par licitation, doit être, pour les portions de ses cohéritiers, réputé acquêt, et par conséquent conquêt, si le partage ou la licitation se sont faits durant la communauté ? Je pense que, même dans cette Coutume, et dans celles qui ont une disposition semblable, les héritages échus à un héritier, par un lot de partage, quoique plus fort que sa portion héréditaire, ou dont il s'est rendu adjudicataire par licitation, sont propres pour le total, en matière de succession, et par conséquent qu'ils sont aussi, pour le total, propres de communauté, sauf la récompense.

Il est vrai que, suivant l'esprit particulier de ces Coutumes, opposé, en cela, aux principes ci-dessus, qui sont suivis dans les autres Coutumes, il n'est point censé avoir succédé immédiatement au défunt, à ce qu'il a, de plus que sa portion héréditaire, dans l'héritage dont il s'est rendu adjudicataire par licitation, ou dans ceux qui lui sont échus dans son lot de partage, à la charge d'un retour en deniers; mais, s'il n'y a pas succédé immédiatement, il a succédé au droit de l'avoir par l'événement du partage ou de la licitation, que l'indivis de la succession, qui lui a été déférée indivisément avec ses cohéritiers, obligeait de faire; ce qui suffit pour qu'il soit censé y avoir succédé, comme nous l'avons établi *suprà*, n. 121, et pour que ce qui lui est échu par son lot de partage, ou ce dont il s'est rendu adjudicataire par licitation, soit propre pour le total.

§ II.

Seconde règle.

157. Les acquêts de chacun des conjoints par mariage, ne sont conquêts, que lorsque le titre ou la cause de leur acquisition n'a pas précédé le temps de leur communauté; sinon, ils sont propres de communauté.

Cette règle se tire de ces termes du texte, *conquêts faits durant et constant leur mariage*. N'y ayant de conquêts que ceux faits *durant et constant le mariage*, c'est une conséquence que les héritages, dont le titre d'acquisition précède le mariage, ne sont pas conquêts, mais sont propres de communauté.

On peut apporter plusieurs exemples de cette règle. Si j'ai acheté, avant mon mariage, un héritage, dont je n'ai été mis en possession que depuis mon mariage, cet héritage ne sera pas conquêt, mais sera propre de communauté. Je n'ai, à la vérité, commencé à en devenir propriétaire, que lorsque j'en ai été mis en possession, et par conséquent durant la communauté; mais le titre d'acquisition, qui est le contrat de la vente qui m'en a été faite, étant antérieur à mon mariage, l'héritage doit, suivant notre règle, être propre de communauté.

Lorsque j'ai commencé, avant mon mariage, de posséder sans titre un héritage, quoique j'en sois devenu propriétaire durant la communauté, par l'accomplissement du temps de la possession, qui s'est accompli durant la communauté, l'héritage sera propre de communauté; car ma possession, qui est la cause de l'acquisition que j'ai faite de l'héritage, ayant commencé avant mon mariage, la cause de l'acquisition a précédé le temps de la communauté, et par conséquent l'héritage est, suivant notre règle, un propre de communauté.

158. Notre règle a lieu, quand même le titre, qui a précédé le temps de la communauté, n'aurait été ouvert que durant la communauté.

Par exemple, si une personne décédée avant mon mariage, a, par une disposition directe ou fidéicommissaire de son testament, disposé à mon profit d'un héritage, sous une condition qui n'a été accomplie que depuis mon mariage, quoiqu'en ce cas, la disposition testamentaire, qui est mon titre d'acquisition, n'ait été ouverte que depuis mon mariage et durant la communauté, par l'accomplissement de la condition, qui n'a été accomplie qu'en ce temps, l'héritage ne laissera pas d'être propre de communauté; car, selon notre règle, il suffit, pour cela, que le testament qui renferme cette disposition, qui est mon titre d'acquisition, ait précédé mon mariage, quoiqu'elle n'ait été ouverte que depuis.

Mais si le testateur n'était mort que depuis mon mariage, quoique le testament ait été fait et rédigé auparavant, mon titre d'acquisition ne sera pas censé avoir précédé mon mariage, et l'héritage sera, en conséquence, conquêt de ma communauté; car, un testament étant essentiellement la dernière volonté du testateur, et ne pouvant être que par sa mort sa dernière volonté, il ne peut être véritablement testament que par la mort du testateur : ce n'est auparavant qu'un projet, d'où il ne résulte aucun droit, et qui ne doit acquérir son être de testament qu'à la mort du testateur.

159. Suivant notre principe, quoique la donation, faite à l'un des conjoints par le contrat de mariage, soit toujours censée faite sous la condition tacite, *si nuptiæ sequantur*, et qu'en conséquence elle ne soit ouverte qu'au temps du mariage, néanmoins l'héritage, donné par contrat de mariage, est propre de communauté; car le contrat de mariage, qui renferme la donation, est un titre qui précède le mariage.

La Coutume d'Orléans, *art.* 211, en a une disposition formelle. Il y est dit : « Chose immeuble, donnée à l'un des conjoints par » traité et en faveur de mariage, est propre au donataire, s'il n'est » dit au contraire. » (C'est-à-dire, s'il n'est dit qu'elle est donnée pour être ameublie à la communauté.)

Cette disposition de la Coutume d'Orléans étant fondée sur les principes généraux de la matière de la communauté, qui servent à distinguer les conquêts et les propres de communauté, doit être suivie dans les Coutumes qui ne s'en sont pas expliquées.

Voyez *infrà*, ce que nous avons dit sur la *cinquième règle*, où nous traitons plus amplement des donations faites par contrat de mariage.

160. Notre règle a lieu, quand même le titre d'acquisition, qui a précédé le mariage, aurait été d'abord invalide et sujet à

rescision, et n'aurait été confirmé que durant la communauté.

Par exemple, si l'on m'a vendu, avant mon mariage, un héritage, pour une somme au-dessous de la moitié du juste prix; quoique ce soit durant ma communauté que j'ai validé cette vente, en payant au vendeur le supplément du juste prix, l'héritage sera propre de communauté : car ce n'est pas le paiement, que j'ai fait du supplément du juste prix, qui est mon titre d'acquisition, c'est la vente qui m'a été faite avant mon mariage; le paiement du supplément ne fait que la confirmer.

Par la même raison, si j'ai acheté d'un mineur un héritage avant mon mariage, quoique le mineur, devenu majeur, n'ait ratifié que durant la communauté, l'héritage sera propre de communauté : car ce n'est pas la ratification, intervenue durant la communauté, qui est le titre d'acquisition de cet héritage, c'est la vente, qui m'en a été faite par ce mineur avant mon mariage; la ratification ne fait que la confirmer.

Il faudrait décider autrement, dans le cas auquel j'aurais acheté, avant mon mariage, un héritage d'une femme sous puissance de mari, qui me l'aurait vendu sans être autorisée, et qui, depuis, étant devenue veuve, aurait, par une convention intervenue entre elle et moi, depuis mon mariage, ratifié et consenti l'exécution de la vente, qu'elle m'en avait faite auparavant. L'héritage, en ce cas, est conquêt : la vente, qui m'en avait été faite avant mon mariage, était un acte absolument nul, qui n'était pas, par conséquent, susceptible de confirmation. La convention intervenue entre cette femme devenue veuve, et moi, depuis mon mariage, durant la communauté, ne peut donc pas passer pour une confirmation de celle qu'elle m'avait faite avant mon mariage, laquelle étant absolument nulle, n'en était pas susceptible : elle est une nouvelle vente que cette femme m'a faite de son héritage; elle est le véritable et seul titre d'acquisition de cet héritage : ce titre étant du temps de ma communauté, l'héritage est conquêt.

161. Lorsque j'ai acheté, avant mon mariage, un héritage que quelqu'un m'a vendu au nom et comme se faisant fort de celui qui en était le propriétaire, de qui il n'avait pas de procuration, quoique ce propriétaire n'ait ratifié que depuis mon mariage, et que je ne sois, par conséquent, devenu propriétaire de l'héritage que depuis mon mariage, la propriété n'ayant pu m'en être transférée que par son consentement, néanmoins on doit décider, en ce cas, que l'héritage est propre de communauté; car c'est la vente, qui en a été faite avant mon mariage, qui est mon titre d'acquisition; la ratification du propriétaire, intervenue depuis mon mariage, n'a fait que le confirmer. En ratifiant ce qui s'est fait en son nom, il est censé l'avoir fait lui-même, suivant cette règle, *Ratihabitio mandato comparatur*, et celle-ci, *Qui mandat, ipse fecisse videtur*.

162. Lorsque celui, qui m'a vendu, avant mon mariage, un héritage dont il n'était pas le propriétaire, ne me l'a pas vendu au nom du propriétaire, mais en son propre nom; si, depuis mon mariage, le propriétaire s'est présenté, a justifié de son droit de propriété, et, par une convention intervenue entre lui et moi, a consenti que l'héritage me demeurât pour une somme que je lui ai payée pour le prix, ou que je me suis obligé de lui payer, soit que cette somme fût pareille à celle, pour laquelle je l'avais achetée de mon premier vendeur, soit qu'elle fût différente, on doit décider, en ce cas, que l'héritage est conquêt; car cette convention n'est pas une confirmation de la vente qui m'avait été faite, c'est une nouvelle vente qu'il me fait de son héritage. C'est cette nouvelle vente qui est mon titre d'acquisition, et non celle qui m'avait été faite avant mon mariage, puisque ce n'est qu'en vertu de cette nouvelle vente, et nullement en vertu de l'autre, que j'ai acquis la propriété de l'héritage. Cet héritage est donc conquêt, puisque le titre d'acquisition est du temps de la communauté.

163. Il faudrait décider autrement, si, par la convention intervenue entre le propriétaire de l'héritage et moi, ce propriétaire eût seulement consenti que l'héritage me demeurât, en se réservant la répétition du prix contre mon vendeur à qui je l'ai payé, pour laquelle répétition il a l'action qu'a le propriétaire d'une chose, contre celui qui s'en est mis en possession et qui l'a vendue, action dont nous avons traité en notre ouvrage sur le contrat de vente, *part. 2, chap. 4* : car, en ce cas, je continue de posséder l'héritage, en vertu de la vente qui m'a été faite avant mon mariage : le propriétaire ne me fait pas une nouvelle vente; il ne fait que consentir l'exécution de celle qui m'a été faite.

164. Lorsque j'ai acheté, avant mon mariage, un héritage de quelqu'un, qui me l'a vendu comme en étant le propriétaire; si, depuis mon mariage, une autre personne a donné une demande en revendication de cet héritage, et que, sur cette demande, par une transaction, sans décider la question du droit de propriété de cet héritage, la personne se soit désistée de sa demande pour une somme que je lui ai donnée, l'héritage sera propre de communauté : car la transaction, qui est, par sa nature, *de re incertâ et dubiâ*, n'ayant pas décidé la question de la propriété de l'héritage, celui, qui m'a vendu l'héritage avant mon mariage, est, en conséquence de la possession qu'il en avait, réputé en avoir été le propriétaire, tant que le contraire n'est pas justifié, et m'en avoir, en conséquence, transféré la propriété, en exécution de la vente qu'il m'en a faite. C'est cette vente, qui est mon seul et véritable titre d'acquisition de l'héritage, et non la transaction, par laquelle je suis censé avoir acquis plutôt le désistement du procès qu'on me faisait sur cet héritage, que l'héritage même.

165. Lorsqu'une commission, qu'avait le mari avant son mariage, est érigée en titre d'office, qu'il acquiert durant le mariage, il n'est pas douteux que l'office est conquêt. Quand même la commission, qu'il avait avant le mariage, aurait pu lui servir à obtenir la préférence pour l'acquérir, on ne peut pas dire qu'il l'a acquis en vertu du droit antérieur au mariage; car on ne peut pas avoir de droit à ce qui n'existe pas.

Mais, lorsque le mari avait un office avant son mariage, qui a été supprimé durant le mariage, et ensuite rétabli moyennant finance, sans que le mari ait été obligé de prendre de nouvelles provisions, cet office rétabli est censé le même office qu'il avait avant le mariage, et est, par conséquent, propre de communauté : la suppression est censée, en ce cas, s'être convertie en une simple taxe.

Troisième règle.

166. L'héritage acquis par l'un des conjoints, en vertu d'un droit, qui, de sa nature, n'est pas cessible, est propre de communauté, quoique le droit soit né durant la communauté.

Cette règle reçoit son application au droit de retrait lignager. Quoique le droit de retrait lignager soit né durant le mariage, par la vente qui a été faite, durant ce temps, d'un héritage que l'un des conjoints avait droit de retirer par retrait lignager, l'héritage, que ce conjoint a acquis par le retrait lignager qu'il a exercé, est propre de communauté; car le droit de retrait lignager étant un droit qui, par sa nature, n'est pas cessible, et que le lignager, à qui il appartient, ne peut exercer pour le compte d'un autre, ni en total, ni pour partie, il s'ensuit que le conjoint lignager n'a pu exercer ce droit, que pour son compte seul, et non pour le compte de sa communauté : d'où il suit que l'héritage, qu'il a acquis en vertu de ce droit, et auquel ce droit s'est terminé, lui est propre de communauté.

La Coutume d'Orléans, *art.* 382, en a une disposition, qui, étant fondée sur des principes pris dans la nature des choses, doit être suivie dans les autres Coutumes qui ne s'en sont pas expliquées. Il y est dit : « Si le mari, à cause de sa femme, retrait » quelque héritage, il est fait propre d'icelle femme. » Bien entendu, à la charge de la récompense envers la communauté, sur laquelle la Coutume s'explique dans la suite dudit article.

Par la même raison, si le mari exerce, durant le mariage, le retrait lignager d'un héritage de sa famille, il lui est pareillement propre de communauté.

167. Il en est autrement du retrait conventionnel. Ce droit étant cessible, et capable, par conséquent, d'entrer en communauté, lorsque ce droit est né durant le mariage, par la vente qui

a été faite, durant ce temps, de quelque héritage sujet à ce droit, il tombe dans la communauté, et l'héritage, acquis en vertu de ce droit, est conquêt, comme nous l'avons déjà vu *suprà*, *n.* 125.

Quatrième règle.

168. Les héritages, ou autres immeubles, donnés à l'un ou à l'autre des conjoints, entre vifs ou par testament, sont conquêts de leur communauté légale, sauf en trois cas : 1° lorsque la donation précède le temps du mariage, quoiqu'elle soit faite en faveur du mariage et par le contrat de mariage ; 2° lorsqu'elles sont des avancemens de succession, ou actes qui en tiennent lieu ; 3° lorsqu'elles sont faites à la charge que les choses données seront propres au donataire.

Cette règle est tirée de l'article 246 de la Coutume de Paris, qui est conçu en ces termes : « Chose immeuble donnée à l'un des » conjoints pendant leur mariage, à la charge qu'elle sera propre » de communauté, ne tombe en communauté ; mais si elle est » donnée simplement à l'un des conjoints, elle est commune, fors » et excepté les donations faites en ligne directe, lesquelles ne » tombent en communauté. »

Cette disposition de la nouvelle Coutume de Paris a été insérée précisément dans les mêmes termes, dans l'article 211 de notre nouvelle Coutume d'Orléans, qui a été rédigée trois ans après celle de Paris, par les mêmes commissaires.

Notre Coutume d'Orléans, pour plus grande explication, a ajouté en fin dudit article 211, ce qui suit, qui n'était que sous-entendu dans celle de Paris : « Mais la chose immeuble donnée à » l'un des conjoints, par traité et en faveur de mariage, est pro- » pre au donataire, s'il n'est dit autrement. » (C'est-à-dire, s'il n'est dit expressément que la chose est donnée pour être ameublie à la communauté.)

Ces dispositions des Coutumes de Paris et d'Orléans ne sont pas des dispositions locales ; elles sont puisées dans les principes généraux de la matière de la communauté entre conjoints par mariage, et doivent, par conséquent, être suivies partout où cette communauté a lieu.

Cette communauté est, en cela, plus étendue que la société universelle, que deux personnes contracteraient, de tous les gains et profits qu'ils feraient durant le cours de cette société. Cette société, qu'on appelle en droit, *societas universorum quæ ex quæstu veniunt*, ne comprend que ce qui est acquis à titre de commerce, *aut ex re communi*, et ne s'étend pas à ce qui est donné à l'un des associés ; l. 9, 10, 11, 71, § 1, ff. *pro socio*.

169. Le premier cas d'exception, que nous avons proposé par cette quatrième règle, est une suite de notre seconde règle.

Suivant cette règle, les héritages, dont le titre d'acquisition précède le mariage, ne sont pas conquêts, mais sont propres de communauté. Or, le contrat de mariage doit toujours précéder le mariage. Les donations, faites par le contrat de mariage des conjoints, sont donc propres de communauté à celui des conjoints à qui elles ont été faites.

Ce cas d'exception est aussi formellement exprimé en fin de l'article 211 de la Coutume d'Orléans, que nous avons ci-dessus rapporté.

170. Cela a lieu, quand même la donation aurait été faite aux deux futurs conjoints : l'héritage ne serait pas, pour cela, conquêt, mais il serait propre de communauté pour moitié de chacun des conjoints ; ce qui est fort différent : car le mari ne peut, en ce cas, disposer de la moitié qui appartient à sa femme, sans le consentement de sa femme ; et la femme ou ses héritiers peuvent, en cas de renonciation à la communauté, retenir, comme un propre, la moitié de cet héritage ; au lieu que, s'il était conquêt, le mari pourrait, sans le consentement de sa femme, disposer du total ; et, s'il n'en avait pas disposé, la femme ni ses héritiers ne pourraient, en cas de renonciation, y prétendre aucune part.

Quoique les termes de la donation de quelque héritage, faite par le contrat de mariage, expriment qu'elle est faite *aux futurs époux*, néanmoins, lorsque l'un des futurs est un des enfans et descendans du donateur, ou même son héritier présomptif en ligne collatérale, le donateur est facilement présumé n'avoir entendu faire sa donation qu'à lui, et ne s'être servi de ces termes, *aux futurs époux*, que par rapport à la jouissance de l'héritage, qui devait être commune aux futurs pendant leur communauté : c'est pourquoi l'héritage lui sera, pour le total, propre de communauté.

Il y a plus : lorsque, par le contrat de mariage, un parent de la ligne directe ascendante de la future épouse, ou même son proche parent en collatérale, dont elle est l'héritière présomptive, a fait donation de quelque héritage en ces termes, *en faveur de mariage a donné au futur époux tel héritage ;* quoiqu'il ne soit pas parlé, par la donation, de la future épouse, néanmoins le donateur est facilement présumé avoir voulu donner à la future épouse, et n'avoir pas entendu donner *au futur époux*, en son propre nom, mais en son nom et qualité d'époux et de mari, comme ayant, en cette qualité de mari, qualité pour accepter et recevoir ce qui est donné pour la dot de sa femme.

C'est ce que nous enseigne Dumoulin, dans l'espèce d'une donation faite, par contrat de mariage, par le père de la future épouse, au futur époux : *Quamvis verba*, dit-il, *non concipiantur in filiam, sed in futurum generum ; nisi specialiter dicatur genero pro se et suis, non censetur ei data in sponsalitiam largitatem,*

sed in dubio censetur ei datum in dotem, et pro dote sponsæ,......
videtur ipsi mulieri dare, non autem viro, nisi in qualitate viri....
manet ergò domus dotalis et proprium patrimonium filiæ.

Quelques Coutumes ont, par une disposition expresse, autorisé ces présomptions, et en ont fait des présomptions de droit. Celle du Maine, art. 345, dit : « *Donation faite, en faveur de* » *mariage d'héritier ou d'héritière présomptive du donneur........* » supposé qu'elle soit faite aux deux conjoints, ou à celui d'eux » qui n'est héritier du donneur, est vue être faite en faveur du » parent ou parente du donneur, etc. »

Dans les autres Coutumes, il est laissé à l'arbitrage du juge à décider, par les circonstances, à qui donation doit être présumée faite.

Observez que, lorsque la donation est faite par contrat de mariage, par un parent de la future, *au futur époux*, on peut, suivant les circonstances, avoir quelque prétexte pour l'entendre d'une donation faite à la future, comme nous l'avons vu ci-dessus : *contrà, vice versá,* lorsqu'elle est faite *à la future épouse* par un parent du futur, il n'y a aucun prétexte ni aucune couleur, sous laquelle on puisse se dispenser de regarder cette donation, autrement que comme faite effectivement et véritablement à la future.

171. Le second cas d'exception, que nous avons proposé, est lorsque la donation est un avancement de succession, ou un acte qui en tient lieu : c'est une suite de notre première règle. Suivant cette règle, il n'y a que les acquêts qui puissent être conquêts ; les immeubles donnés en avancement de succession, étant propres et non acquêts, ils ne peuvent être conquêts.

La Coutume de Paris, en l'article 246 ci-dessus rapporté, fait mention de notre second cas d'exception, en ces termes, *fors et excepté les donations faites en ligne directe, lesquelles ne tombent en communauté.*

172. Néanmoins, si le père ou la mère de l'un des conjoints, par la donation qu'ils lui ont faite d'un héritage, soit par le contrat de mariage, soit depuis le mariage, avaient expressément déclaré, par l'acte de donation, que leur volonté était, que l'héritage donné entrât en la communauté de ce conjoint, cet héritage y entrerait ; cette clause de la donation serait une espèce d'ameublissement de cet héritage.

173. Lorsqu'un père, par la donation qu'il a faite d'un héritage à son gendre et à sa fille, pendant leur communauté, a déclaré qu'il le leur donnait pour appartenir à chacun d'eux par moitié, est-il censé, par cette clause, avoir voulu que l'héritage entrât en leur communauté ? Non ; mais il est censé, selon le sens obvie des termes, avoir donné une moitié de cet héritage à sa fille, et l'autre moitié à son gendre : en conséquence, l'héritage,

pour la moitié qui a été donnée à la fille, sera propre de la fille, et il sera, pour l'autre moitié, qui a été donnée au gendre, un conquêt de leur communauté. En conséquence, lors de la dissolution de la communauté, au cas qu'elle soit acceptée par la femme ou ses héritiers, l'homme n'aura qu'un quart du total de cet héritage : si c'était par le contrat de mariage que la donation eût été faite de cette manière, il serait propre à chacun d'eux pour moitié.

174. La Coutume s'étant exprimée indistinctement par ces termes, *en ligne directe,* on a fait la question, si les héritages donnés par un enfant à son père, pendant le mariage de son père, étaient dans le cas de l'exception, et devaient être propres de communauté à son père. Renusson décide pour l'affirmative, et il se fonde sur ce que la Coutume s'est exprimée indistinctement, sans distinguer la ligne descendante de l'ascendante. Je crois qu'il se trompe. Si la Coutume n'a pas exprimé la distinction de la ligne descendante et de l'ascendante, c'est qu'il a paru que cette distinction se sous-entendait assez facilement, sans qu'il fût besoin de l'exprimer. En effet, cette exception n'est fondée que sur ce que les donations en ligne directe sont des avancemens de succession, ou des actes qui en tiennent lieu ; et conséquemment que les héritages ou autres immeubles, donnés en ligne directe, sont des propres, et non des acquêts, qui ne peuvent par conséquent être *conquêts.* Or, il est évident que cette raison ne peut recevoir d'application, qu'aux donations faites à l'un des conjoints par quelqu'un de ses parens de la ligne directe ascendante, n'y ayant que ces donations qui soient des avancemens de succession. On ne peut pas dire de même que les donations, faites à l'un des conjoints par quelqu'un de ses enfans, soient un avancement de succession; ce serait pervertir l'ordre de la nature. Les héritages, donnés à ce conjoint par un de ses enfans, ne sont donc pas dans le cas de l'exception : ils ne sont pas des propres, ce sont des acquêts, et par conséquent des conquêts, si la donation a été faite pendant le mariage.

Cela a lieu, quand même la femme de celui, à qui la donation a été faite, ne serait que la belle-mère du donateur. Si l'enfant donateur a fait cette donation en majorité, et après que son père lui a rendu compte, cette donation sera valable, et l'héritage donné entrera dans la communauté qui est entre son père et sa belle-mère, s'il n'est pas stipulé, par l'acte, qu'il sera propre au donataire.

En vain dira-t-on qu'il n'est pas présumable que l'enfant, en donnant un héritage à son père, ait eu intention que sa belle-mère en profitât. Si le donateur ne voulait pas qu'elle en profitât, il était en son pouvoir de l'empêcher, en apposant à sa donation la clause que l'héritage donné serait propre au donataire; lorsqu'il ne l'a pas apposée, il est censé avoir consenti que sa belle-mère pût profiter de la donation, comme commune.

175. La Coutume de Paris n'excepte que les donations *en ligne directe*, parce que, suivant la Coutume de Paris, et suivant le droit commun, il n'y a que les donations en ligne directe qui soient réputées *avancemens de succession*. Dans les Coutumes, qui regardent aussi comme *avancemens de succession*, les donations faites à l'héritier présomptif en collatérale, les héritages donnés, durant le mariage, à l'un des conjoints, héritier présomptif en collatérale du donateur, doivent être aussi compris dans notre second cas d'exception, comme nous l'avons vu sur la première règle.

176. Le troisième cas d'exception, proposé par notre quatrième règle, est, lorsque la donation est faite, à la charge que la chose donnée sera propre au donataire. La Coutume de Paris, dans l'article que nous avons ci-dessus rapporté, en fait mention. Il y est dit : « Chose immeuble, donnée à l'un des conjoints, pendant « leur mariage, à la charge qu'elle sera propre au donataire, ne « tombe en communauté. »

Nous avons déjà parlé de cette clause, *suprà*, *n.* 102, dans le cas auquel elle est apposée à une donation d'une somme d'argent, ou d'autres choses mobilières; auquel cas, de même que dans ce cas-ci, la clause, que les choses données seront propres au donataire, les empêche d'entrer dans la communauté.

Cela est fondé sur ce principe de la raison naturelle, qu'il est permis, à celui qui donne quelque chose, de la donner sous telles conditions et sous telles restrictions que bon lui semble. Lors donc que le donateur n'a donné qu'à condition que les choses qu'il donnait, n'entreraient pas dans la communauté du donataire, ce qu'il a suffisamment témoigné, en déclarant qu'elles seraient propres au donataire, les choses données n'y doivent pas entrer.

177. Observez que, lorsque la donation est une donation entre vifs, cette clause, pour être valable, doit être apposée incontinent par l'acte de donation; inutilement serait-elle apposée *ex intervallo*, après la conclusion de l'acte, par une convention qui interviendrait entre le donateur et le donataire. La raison est, que les donations entre vifs, recevant toute leur perfection aussitôt que l'acte est achevé, il ne peut plus être au pouvoir du donateur d'en changer l'effet : les choses données ayant cessé, dès-lors, d'appartenir au donateur, le donateur n'en ayant plus, en conséquence, la disposition, il ne peut plus rien prescrire, ni ordonner, par rapport à ces choses. D'ailleurs, les choses données ayant été, aussitôt la perfection et la conclusion de la donation, acquises à la communauté, elle n'en peut plus être dépouillée.

Cela a lieu, quand même l'autre conjoint interviendrait à la convention faite *ex intervallo*, et donnerait son consentement à la clause que l'héritage donné serait propre au conjoint donataire; car ce consentement serait un avantage qu'il ferait au conjoint donataire durant le mariage, ce qui n'est pas permis, nos lois ayant interdit tout avantage direct ou indirect entre conjoints durant le mariage.

Lorsque la donation est une donation testamentaire, ces donations n'étant parfaites que par la mort du testateur, il est toujours au pouvoir du testateur, tant qu'il vit, d'y apposer cette clause.

178. Quand même j'aurais souscrit au contrat de mariage de mon héritier présomptif, par lequel il était convenu que tout ce qui adviendrait à chacun des conjoints, pendant le mariage, par succession, donation ou autrement, entre vifs, entrerait en communauté, cela ne m'empêcherait pas de pouvoir apposer valablement à la donation, que je lui ferais depuis, durant le mariage, la condition que les choses données n'entreront pas en communauté; car, en souscrivant au contrat de mariage où était cette convention, je ne me suis pas, pour cela, obligé à rien laisser de mes biens à ce conjoint, qui était mon héritier présomptif. Ayant donc été le maître de disposer de mes biens envers d'autres personnes, et de ne lui en rien laisser, il a dû être en mon pouvoir, en les lui donnant, d'apposer à ma donation telles conditions que bon m'a semblé.

179. Dans la donation, qui est faite à l'un des conjoints, durant le mariage, la clause, que l'héritage donné lui sera propre, doit être expresse; elle ne s'infère pas de ce qui a été donné à la charge d'une substitution : l'héritage donné ne laisse pas de tomber, en ce cas, dans la communauté, avec la charge de la substitution; et la communauté venant à se dissoudre par la mort de l'autre conjoint, ses héritiers prennent leur part dans cet héritage, et en jouissent jusqu'à l'ouverture de la substitution.

180. La clause, apposée à la donation, que le donateur fait de quelque héritage à l'un des conjoints, son héritier présomptif, en ligne collatérale, que la donation lui est faite en avancement de sa succession, renferme-t-elle la clause que l'héritage donné sera propre au donataire? Je pense qu'elle la renferme. Il est vrai que cette clause, que la donation est faite en avancement de succession, ne peut pas avoir l'effet que la donation soit véritablement avancement de succession; car un avancement de succession est l'acquittement que quelqu'un fait d'avance de la dette naturelle de sa succession. Il est impossible que la donation, que quelqu'un fait à son héritier présomptif, en ligne collatérale, soit un acquittement anticipé de la dette naturelle de sa succession,

puisque nous ne devons pas notre succession à nos héritiers collatéraux, et qu'il répugne qu'on s'acquitte de ce qu'on ne doit pas. Cette donation ne peut donc pas être un avancement de succession, quelque clause qu'on ait apposée. Il est vrai aussi que cette clause ne peut pas avoir l'effet de donner à l'héritage la qualité de bien patrimonial, et d'empêcher qu'il ne soit acquêt, tant qu'il n'a pas encore été rapporté à la succession du donateur; les qualités de bien patrimonial et d'acquêt ne dépendant pas de la volonté des personnes, mais de la nature du titre. Mais, si cette clause ne peut pas avoir ces effets, que la nature des choses ne permet pas qu'elle puisse avoir, elle doit avoir ceux que le donateur, qui l'a apposée à sa donation, a pu lui procurer; et, par conséquent, elle doit avoir, non-seulement l'effet que le donataire soit tenu, lorsqu'il viendra à la succession du donateur, d'y rapporter et d'y précompter, sur sa part héréditaire, l'héritage qui lui a été donné sous cette clause; mais elle doit pareillement avoir l'effet, que l'héritage soit un propre de communauté du donataire, et ne tombe pas plus dans sa communauté, que s'il lui était échu de la succession du donateur.

181. Lorsque quelqu'un a fait, durant la communauté, à l'un des conjoints, don ou legs d'une rente viagère, avec l'expression, que c'était *pour ses alimens*, le donateur me paraît, en ce cas, avoir, par cette expression, suffisamment déclaré sa volonté que la rente demeurât propre au conjoint donataire, sans que, lors de la dissolution de la communauté, les héritiers de l'autre conjoint puissent prétendre aucune part dans les arrérages, qui courront depuis la dissolution de communauté.

Quoique le testateur n'ait pas exprimé qu'il léguait la rente viagère pour les alimens du légataire, cela peut facilement se présumer, soit par la qualité de la personne du légataire, soit par d'autres circonstances : comme lorsqu'un maître a légué une rente viagère à un domestique, le legs est présumé fait pour ses alimens, quoique cela ne soit pas exprimé; et il ne tombe pas, par conséquent, dans la communauté du légataire, si ce n'est pour les arrérages, qui en courront pendant que la rente durera.

Cette présomption n'a pas si facilement lieu dans les donations entre vifs, qui ne sont pas susceptibles d'une interprétation aussi étendue que les testamens.

182. Il nous reste à observer que la clause, que l'héritage donné sera propre au donataire, et n'entrera pas dans la communauté, ne concerne que la propriété de cet héritage; elle n'empêche pas que les jouissances et revenus de cet héritage ne tombent dans la communauté, tant qu'elle durera, de même que les jouissances des autres propres des conjoints y tombent; ce qui a lieu, à moins que le contraire ne fût convenu expressément;

car le donateur étant le maître de donner, sous telle condition que bon lui semble, il peut valablement stipuler que l'héritage qu'il donne, n'entrera dans la communauté, ni pour le fonds, ni pour les jouissances, et que le donataire aura la reprise de celles qui y seront tombées. Mais cette clause, étant insolite, doit être bien expresse.

183. Aux trois exceptions, que nous venons d'exposer, on peut en ajouter une quatrième, qui est, que les dons ou legs, quoique faits durant le mariage, ne tombent pas en communauté, lorsque la chose, donnée ou léguée à l'un des conjoints, est de nature à ne pouvoir subsister, que dans la personne du conjoint à qui elle est léguée, et est incommunicable à d'autres.

Par exemple, si mon créancier d'une rente ou de quelque autre chose, me fait, par don ou legs, durant mon mariage, remise de ce que je lui dois, ce don ou legs, par la nature de la chose donnée ou léguée, ne peut tomber dans ma communauté, et j'en dois seul profiter. La libération et la décharge d'une dette, est quelque chose qui ne peut subsister que dans celui qui en est le débiteur, et il n'y a que lui qui en puisse profiter.

Il en serait autrement, si le legs ne portait pas que le testateur fait remise à un tel de la rente qu'il lui doit, mais qu'il fût dit qu'il lègue à tel la rente qu'il lui doit. En ce cas, la rente, due par le conjoint légataire, tomberait dans sa communauté : car la rente qu'il doit, est une chose qui peut y tomber. Il est vrai qu'il se ferait, en ce cas, confusion et extinction de la rente, pour la part que le conjoint légataire, débiteur de cette rente, a dans les biens de sa communauté; mais il en demeurera débiteur pour moitié envers l'autre conjoint, qui a moitié dans les biens de la communauté.

184. On peut apporter, pour second exemple, le legs qui me serait fait, durant mon mariage, d'un droit de servitude prédiale, pour la commodité de mon héritage propre de communauté, sur un héritage du testateur, voisin du mien. Ce legs, par la nature de la chose léguée, ne peut tomber dans ma communauté : car un droit de servitude prédiale est inséparable de l'héritage, pour lequel il est constitué, et ne peut appartenir à d'autre qu'au propriétaire de cet héritage.

Il ne faut pas dire la même chose du legs d'un usufruit, fait à l'un des conjoints pendant le mariage : ce legs tombe en communauté ; car, quoique le fonds du droit d'usufruit, *ipsum jus usus-fructús*, soit attaché à la personne de l'usufruitier, et ne puisse passer à d'autres, néanmoins, quant à l'émolument qu'elle renferme, il est cessible et communicable : *ususfructus vendi et locari potest;* et, par conséquent, il peut tomber dans la communauté du légataire à qui il est légué.

Cinquième règle.

185. Lorsque l'un des conjoints rentre, durant le mariage, dans un héritage, par la rescision, la résolution ou la simple cessation de l'aliénation qu'il en a faite, il redevient propriétaire, au même titre qu'il l'était lorsqu'il l'a aliéné.

Corollaire premier.

Il suit, de cette règle, que l'héritage, dans lequel l'un des conjoints est rentré, durant le mariage, n'entre pas dans la communauté légale, si ce n'est qu'il eût été conquêt, lors de l'aliénation qui en a été faite durant le mariage, auquel cas il redevient conquêt, tel qu'il était.

Corollaire second.

Lorsque l'héritage, dans lequel le conjoint est rentré, durant le mariage, a été aliéné avant le mariage, il ne peut jamais être conquêt; car le titre, auquel il en était propriétaire, lorsqu'il l'a aliéné, et qui revit, précédait, en ce cas, nécessairement le temps du mariage. Or, suivant notre seconde règle, il n'y a de conquêts que les acquêts, dont le titre ne précède pas le temps du mariage.

Cette règle est évidente, aussi bien que ses corollaires. N'y ayant aucun nouveau titre d'acquisition, en vertu duquel le conjoint redevienne propriétaire de l'héritage dans lequel il rentre, il est nécessaire que ce soit au même titre, auquel il l'était lorsqu'il l'a aliéné; lequel titre revit, en ce cas, par la rescision, résolution ou cessation de l'aliénation qui avait été faite de l'héritage.

186. Notre cinquième règle comprend trois cas.

Le premier cas est celui, auquel le conjoint rentre dans un héritage, par la rescision de l'aliénation qu'il en avait faite. Nous pouvons supposer, pour exemple de ce cas, que le conjoint a vendu un héritage, et que, sur des lettres de rescision obtenues contre le contrat de vente, soit de sa part, soit de la part de l'acheteur, le contrat ayant été déclaré nul, et les parties mises au même état qu'avant le contrat, il est rentré dans l'héritage qu'il a vendu. Y étant rentré par la rescision de la vente et de l'aliénation qu'il en avait faite, on doit dire, suivant notre règle, qu'il en est redevenu propriétaire, au même titre auquel il l'était lorsqu'il l'a aliéné. On peut même dire, dans ce cas, pour raison surabondante, que l'aliénation ayant été rescindée et aliénée, le conjoint est censé n'avoir pas aliéné son héritage, et en être toujours demeuré propriétaire au même titre auquel il l'a toujours été.

187. Le second cas de notre règle, est celui auquel le conjoint rentre dans l'héritage qu'il a aliéné, non par la rescision de l'aliénation qu'il en a faite, mais par une simple résolution de cette aliénation, qui ne la détruise que pour l'avenir, et la laisse subsister pour le passé. On ne peut pas dire, dans ce cas-ci, comme dans le précédent, que le conjoint est censé n'avoir pas aliéné l'héritage dans lequel il rentre, et en avoir toujours été propriétaire au même titre auquel il l'a toujours été ; mais on peut toujours dire que, quoiqu'il ait véritablement cessé, pendant un temps, d'être propriétaire de l'héritage dans lequel il rentre, n'y ayant aucun nouveau titre d'acquisition, en vertu duquel il en redevienne propriétaire, il ne peut le redevenir qu'au même titre, auquel il l'était lorsqu'il l'a aliéné, comme nous l'avons dit ci-dessus.

On peut apporter plusieurs exemples de ce cas.

Premier exemple.

L'un des conjoints, dans un temps auquel il n'avait point d'enfans, a fait donation à quelqu'un d'un héritage : depuis, la donation ayant été révoquée par la survenance d'un enfant, il est rentré, durant son mariage, dans cet héritage. Il n'y rentre, en ce cas, que par la simple résolution de l'aliénation qu'il en avait faite ; il n'y a aucun nouveau titre d'acquisition, en vertu duquel il en redevienne propriétaire. Il ne peut donc le redevenir qu'au même titre, auquel il l'était lorsqu'il l'a aliéné.

Second exemple.

L'un des conjoints a vendu son héritage sous faculté de réméré : il est rentré, durant le mariage, dans cet héritage, en vertu de son droit de réméré. On ne peut pas dire que ce réméré, qu'il a exercé, soit une nouvelle vente, ni une rétrocession, que l'acheteur lui ait faite de l'héritage, puisqu'il n'est pas besoin, pour ce réméré, d'un nouveau consentement de l'acheteur. Ce réméré n'est donc que la résolution de la vente et de l'aliénation, que ce conjoint avait faite de l'héritage dans lequel il rentre ; ce n'est pas un nouveau titre d'acquisition, en vertu duquel il en redevienne le propriétaire, et, par conséquent, il ne peut le redevenir qu'au même titre auquel il l'était lorsqu'il l'a vendu.

188. Il n'importe que la résolution de l'aliénation se fasse *ex causâ antiquâ, necessariâ et inhærente contractui*, comme dans les deux exemples précédens, ou que ce soit *ex causâ novâ*, comme dans ceux qui suivent.

Troisième exemple.

L'un des conjoints, qui avait fait donation à quelqu'un d'un héritage, y est rentré, durant le mariage, en vertu d'un jugement qui a déclaré la donation révoquée pour cause d'ingratitude, et lui a permis d'y rentrer. Ce jugement n'est pas un nouveau titre d'acquisition; il ne renferme qu'une résolution de la donation et de l'aliénation. Le conjoint n'en redevenant donc pas propriétaire en vertu d'aucun nouveau titre d'acquisition, il ne peut le redevenir qu'au même titre auquel il l'était, lors de l'aliénation qu'il en a faite.

Quatrième exemple.

L'un des conjoints avait aliéné à titre de bail à rente un héritage; il y est rentré par le déguerpissement que lui en a fait le preneur durant le mariage. Ce déguerpissement n'est pas un nouveau titre d'acquisition; ce n'est que la résolution du bail à rente qui en avait été fait. Le conjoint ne redevenant donc pas, en ce cas, propriétaire de l'héritage dans lequel il rentre, en vertu d'aucun nouveau titre d'acquisition, il ne peut le redevenir qu'au même titre, auquel il l'était lors du bail à rente qu'il en a fait.

Cinquième exemple.

189. L'un des conjoints, qui avait vendu un héritage, y rentre durant le mariage, en vertu d'une convention, qu'il a avec l'acheteur, qui n'avait pas encore payé le prix de son acquisition, ou qui ne l'avait payé qu'en partie, par laquelle cet acheteur s'est désisté purement et simplement de la vente qui lui en a été faite. Ce désistement n'est pas une rétrocession, ni une nouvelle vente, que l'acheteur fasse à ce conjoint, de l'héritage; ce n'est qu'une résolution de celle que ce conjoint lui en avait faite; c'est plutôt *distractus quàm novus contractus*. La Coutume d'Orléans, suivie en ce point par celles qui ne s'en sont pas expliquées, en a une disposition précise dans l'article 112, par lequel elle déclare qu'il n'est pas dû un nouveau profit de vente par ce désistement; ce qui suppose qu'il ne renferme pas une nouvelle vente, mais une simple résolution de la première. Le conjoint, qui rentre, durant le mariage, en vertu de ce désistement, dans l'héritage qu'il avait vendu, n'en redevenant pas propriétaire en vertu d'un nouveau titre d'acquisition, il ne peut le redevenir qu'au même titre auquel il l'était lorsqu'il l'a vendu.

190. Cette décision n'a lieu que lorsque le désistement de l'acheteur, en vertu duquel le conjoint est rentré dans l'héritage

qu'il lui avait vendu, est un désistement pur et simple. Si ce désistement ne s'est fait que pour quelque augmentation de prix, et à de nouvelles conditions, ce n'est pas, en ce cas, un simple désistement, c'est une rétrocession; c'est une nouvelle vente, que cet acheteur fait de l'héritage au conjoint qui lui avait vendu. Le conjoint, qui y rentre en vertu de cette convention qu'il a eue avec l'acheteur, durant le mariage, en redevient propriétaire en vertu d'un nouveau titre d'acquisition; et ce nouveau titre étant du temps du mariage, l'héritage est conquêt.

Il en est de même, lorsqu'après que la vente, que l'un des conjoints a faite de son héritage, a été entièrement consommée de part et d'autre, par la tradition de l'héritage, et le paiement du prix en entier, ce conjoint a, durant le mariage, une convention avec l'acheteur, qui lui rétrocède l'héritage pour le même prix. Cette rétrocession, que fait l'acheteur, quoique faite pour le même prix et aux mêmes conditions, ne peut être regardée comme un simple désistement de la vente qui lui en avait été faite, car on ne peut se désister que des actes qui n'ont pas encore reçu toute leur exécution : *Discedi potest ab actu inchoato, non ab actu consummato.* Elle ne peut donc être regardée que comme une nouvelle vente, que l'acheteur fait de cet héritage à ce conjoint qui le lui avait vendu : c'est donc pour le conjoint un nouveau titre d'acquisition, en vertu duquel il en redevient propriétaire. Ce nouveau titre étant du temps du mariage, il est sans difficulté que l'héritage devient conquêt, quand même il aurait été propre de communauté, lorsque le conjoint l'a vendu ; à moins que la rétrocession n'ait été faite expressément, afin de tenir lieu du remploi dû à ce conjoint, pour la vente qu'il en avait faite durant le mariage; auquel cas il serait propre de communauté par subrogation, comme nous le verrons *infrà*, sur la règle 8e.

Notre décision doit avoir lieu, quand même, dans l'acte, on ne se serait pas servi du terme de *rétrocession*, mais de celui désistement : *putà*, s'il était dit que *l'acheteur se désiste de la vente d'un tel héritage, qui lui a été faite par un tel, et consent qu'il y rentre, en lui rendant le prix qu'il a payé,* l'acte ne devrait pas moins passer pour une véritable rétrocession et pour un nouveau titre : car on doit plutôt considérer, dans les actes, la nature de l'acte, que les termes dans lesquels il est conçu : *Magis spectandum id quod actum est, quàm verba.*

191. Le troisième cas de notre règle, est lorsque le conjoint rentre dans un héritage, par la cessation de l'aliénation qu'il en a faite; comme lorsque, l'ayant aliéné pour un certain temps, ou jusqu'à l'événement d'une certaine condition, il y rentre par l'expiration de ce temps, ou par l'événement de cette condition. Redevenant, en ce cas, propriétaire de l'héritage, sans aucun

nouveau titre d'acquisition, il le redevient au même titre auquel il l'était lorsqu'il l'a aliéné.

Sixième règle.

192. Ce qui est uni par une union réelle à un héritage, en suit la nature. C'est pourquoi, ce qui est uni, quoique pendant le mariage, par une union réelle, à un héritage propre de communauté, est propre comme l'héritage auquel il est uni.

La raison est, que ce qui est uni par une action réelle à un héritage, ne faisant qu'un seul et même corps, qu'une seule et même chose avec l'héritage auquel il est uni, il ne peut avoir d'autre qualité que celle qu'a l'héritage auquel il est uni : n'étant pas quelque chose de distingué réellement de cet héritage, il ne peut avoir aucune qualité qui lui soit propre, et qui soit distinguée de celle de l'héritage auquel il est uni. C'est le cas de la maxime : *Accessorium sequitur naturam rei principalis.*

Premier exemple.

Lorsque le propriétaire d'un héritage voisin d'une rivière navigable, a, par concession du prince, le droit d'alluvion, c'est-à-dire, d'avoir les accrues que la rivière ferait à son héritage, lesquelles, sans une pareille concession, appartiennent au roi, les accrues, qui se sont faites, quoique durant le mariage, à cet héritage, ne sont point conquêts, mais elles sont propres de communauté, si l'héritage est propre de communauté : car étant unies, par une union réelle et naturelle, à cet héritage, et ne faisant, par conséquent, avec lui qu'une seule et même chose, qu'un seul et même héritage, elles ne peuvent avoir une autre qualité que la sienne.

Second exemple.

Lorsqu'on a construit, quoique durant le mariage, un bâtiment sur un terrain propre de communauté, ce bâtiment étant censé ne faire qu'une seule et même chose avec le terrain sur lequel il est construit, et en étant un accessoire, suivant la règle, *Ædificium solo cedit, instit. de rer. div., arg.* § 29 ; il doit suivant cette règle, *Accessorium sequitur naturam rei principalis,* avoir la même qualité de propre de communauté qu'a le terrain, sauf la récompense que doit, en ce cas, à la communauté le conjoint propriétaire du terrain, comme nous le verrons *infrà.*

193. Il n'en est pas de même de l'union qui n'est que civile. Par exemple, si j'ai acquis, durant mon mariage, un héritage qui relevait, en fief ou en censive, d'une terre seigneuriale qui m'était propre de communauté ; quoique cet héritage soit réuni à

mon fief, duquel il relevait, et ne fasse plus avec lui qu'un seul et même fief, il ne laissera pas d'être conquêt, et il n'aura pas la qualité de propre de communauté qu'a mon fief dont il relevait : car, quoiqu'il soit réuni à mon fief, et qu'il ne fasse plus qu'un même fief avec lui, cette union n'est qu'une union civile ; ce n'est qu'une union de fief, ce n'est pas une union réelle et naturelle. Cet héritage, que j'ai acquis, nonobstant cette union de féodalité, est réellement un corps différent et distingué de ma terre seigneuriale, dont il relevait en fief ou en censive, et il est, par conséquent, susceptible d'une qualité différente : rien ne l'empêche d'être conquêt, quoique ma terre soit un propre de communauté.

194. Pareillement, lorsque j'ai acquis durant mon mariage un héritage, et que je l'ai uni à un autre qui m'était propre de communauté, cette union, qui n'est qu'une union de simple destination, n'empêche pas l'héritage d'être conquêt. Par exemple, si j'ai acquis, durant mon mariage, une pièce de terre voisine des terres d'une métairie qui m'est propre de communauté, et que depuis j'aie compris, dans le bail à ferme que j'ai fait de cette métairie, cette pièce de terre nouvellement acquise, avec les autres terres dépendantes anciennement de cette métairie ; quoique, par le bail à ferme, j'aie uni cette pièce de terre à ma métairie, en la comprenant dans le bail à ferme que j'en ai fait, cette pièce de terre ne laissera pas d'être un conquêt, et n'aura pas la qualité de propre de communauté qu'a ma métairie : car cette union ne consiste que dans la seule destination du père de famille, et n'est point une union réelle, puisque, depuis que j'ai compris la pièce de terre nouvellement acquise dans le bail de la métairie, elle est tout aussi réellement séparée et distinguée des anciennes terres de cette métairie, qui sont propres de communauté, qu'elle l'était avant que je l'eusse comprise dans ce bail, et même avant que je l'eusse acquise ; et, par conséquent, elle peut avoir une qualité différente.

Il en serait de même, quand même j'aurais renfermé dans mon parc la pièce de terre nouvellement acquise, en reculant les murs de mon parc. Cela n'empêche pas cette pièce d'être conquêt, quoique le reste de mon parc fût propre de communauté : car cette union, qui unit cette terre au reste de mon parc, n'est qu'une union de simple destination, ce n'est pas une union réelle. Quoiqu'elle soit enfermée dans mon parc, elle ne change pas de place, et elle est aussi réellement distinguée des autres terres de mon parc, qu'elle l'était auparavant.

Pareillement, lorsque l'un des conjoints a acheté, pendant la communauté, la maison voisine d'une qui lui était propre, et que des deux il n'en a fait qu'une, cette union n'est qu'une union de destination : car le terrain de la maison nouvellement acquise, demeure réellement distingué, comme il l'était, de celui de l'ancienne. Il ne doit donc pas prendre la qualité de propre, qu'a celui de l'ancienne, mais il est, avec tout ce qu'il contient, un conquêt de communauté.

Septième règle.

195. Ce qui reste d'un héritage, en conserve la qualité, aussi bien que les droits qu'on y retient lorsqu'on l'aliène. C'est pourquoi, ce qui reste d'un héritage propre de communauté, est propre de communauté, aussi bien que les droits qu'on a retenus dans cet héritage, ou par rapport à cet héritage, en l'aliénant.

Par exemple, si une maison, propre de communauté, vient à être incendiée durant le mariage, la place et les matériaux qui en restent, conservent la qualité de propres de communauté qu'avait la maison : ils conservent même la qualité de propres en matière de succession, si la maison incendiée avait cette qualité.

Observez, à l'égard des matériaux, qu'ils ne conservent la qualité d'immeubles, que tant qu'on n'a pas abandonné le dessein de reconstruire la maison, et de les employer à la reconstruction, comme nous l'avons vu *suprà, n.* 62. Lorsque ce dessein paraît abandonné, ils demeurent meubles, et ne sont plus, par conséquent, susceptibles de la qualité de propres en matière de succession : mais, quoique devenus meubles, ils conservent toujours la qualité de propres de communauté; car les choses, quoique de nature mobilière, qui proviennent d'un propre de communauté, n'entrent point en communauté, comme nous l'avons vu *suprà, n.* 96.

196. Pareillement, les droits qu'on retient, en aliénant un héritage propre de communauté, sont propres de communauté; ce qui doit s'entendre non-seulement des droits, qu'on retient dans l'héritage même, tels que les droits de cens, de rente foncière, d'usufruit, etc., qu'on appelle *jus in re;* mais aussi des droits qu'on retient à la chose, qui tendent à rentrer un jour dans la chose, qu'on appelle *jus ad rem,* tels que sont ceux qui naissent d'une clause de réméré, ou de quelque autre clause résolutoire, expresse ou tacite, sous laquelle l'aliénation est faite.

Huitième règle.

197. Les héritages et autres immeubles, quoique acquis durant la communauté, sont propres de communauté par la fiction de la subrogation, lorsqu'ils ont été acquis à la place d'un propre de communauté, et pour en tenir lieu.

Pour l'intelligence de cette règle, il faut expliquer ce que c'est que la fiction de subrogation.

C'est une fiction de droit, par laquelle une chose, que j'ai acquise à la place d'une autre que j'ai aliénée, prend la qualité de la chose aliénée, à la place de laquelle elle a été acquise, et à laquelle elle est subrogée.

Cette fiction n'a lieu qu'à l'égard des qualités extrinsèques d'une chose, telles que sont la qualité de propre ou patrimoniale, et la qualité de propre de communauté : elle n'a pas lieu à l'égard des qualités intrinsèques. On appelle qualités intrinsèques, celles qu'une chose a, en quelques mains qu'elle passe : telles sont les qualités de meuble, d'immeuble, d'héritage féodal, d'héritage censuel. Si j'acquiers une chose meuble, à la place d'un immeuble que j'ai aliéné, cette chose ne pourra pas acquérir, par la fiction de subrogation, la qualité d'immeuble. Pareillement, si j'acquiers un héritage censuel, à la place d'un féodal que j'ai aliéné, il ne pourra acquérir la qualité d'héritage féodal, parce que les qualités d'immeuble et de féodal, sont des qualités intrinsèques.

Pour que la fiction de la subrogation ait lieu, il faut encore que la chose, que j'acquiers à la place d'une que j'ai aliénée, soit capable et susceptible de la qualité qu'avait la chose que j'ai aliénée. C'est pourquoi, si j'ai acquis une chose meuble, à la place d'un héritage patrimonial que j'ai aliéné, *putà*, en changeant mon héritage patrimonial contre un diamant ou contre un tableau, ce diamant ou ce tableau ne pourra pas acquérir, par la fiction de la subrogation, la qualité de patrimonial ou propre en matière de succession, qu'avait mon héritage, parce qu'il n'y a que les immeubles qui soient susceptibles de cette qualité de bien patrimonial et de propres en matière de succession. Un diamant, un tableau, étant choses meubles, n'en sont pas susceptibles.

Mais les meubles étant susceptibles de la qualité de propres de communauté, aussi bien que les immeubles, lorsque l'héritage, propre de communauté de l'un des conjoints, est aliéné durant la communauté, pour une somme d'argent ou d'autres choses mobilières, cette somme d'argent, ou ces autres choses mobilières ont, par la subrogation, la qualité de propres de communauté de ce conjoint, et, en conséquence, elles n'y tombent qu'à la charge de la reprise au profit de ce conjoint.

Enfin, pour qu'une chose acquière, par la fiction de la subrogation, la qualité de celle que j'ai aliénée, il faut qu'elle me tienne lieu immédiatement de celle que j'ai aliénée. Par exemple, si j'ai échangé mon héritage patrimonial contre un autre héritage, cet héritage, que j'ai acquis en échange du mien, aura, par la fiction de la subrogation, la qualité de bien patrimonial et de propre, en matière de succession, qu'avait celui que j'ai aliéné.

Au contraire, si j'ai vendu mon héritage patrimonial pour une certaine somme d'argent, pour laquelle l'acheteur m'a constitué une rente, cette rente, que l'acheteur m'a constituée, n'acquerra pas, par subrogation, la qualité de bien patrimonial et de propre, en matière de succession, qu'avait l'héritage que j'ai vendu, quoique cette rente, qui est un immeuble, soit susceptible de cette qualité; car cette rente ne me tient pas lieu immédiatement de l'héritage que j'ai vendu; elle me tient lieu plutôt du prix pour lequel je l'ai vendu; c'est pour ce prix qu'elle m'a été constituée. Ce qui me tenait lieu immédiatement de l'héritage que j'ai vendu, était le prix pour lequel je l'ai vendu : la qualité *de bien patrimonial*, qu'avait cet héritage, n'ayant pu passer à ce prix, qui, étant quelque chose de mobilier, n'en était pas susceptible, elle s'est éteinte, et n'a pu passer à la rente qui m'a été constituée. Mais cette rente, quoiqu'elle m'ait été constituée, durant le mariage, par le contrat de vente que j'ai fait de mon héritage, durant le mariage, et quoiqu'elle soit un acquêt que j'ai fait durant mon mariage, ne sera pas néanmoins conquêt, et elle aura, par le moyen de la subrogation, la qualité de propre de communauté; car cette qualité *de propre de communauté* étant une qualité, dont les choses meubles sont susceptibles aussi bien que les immeubles, cette qualité a passé, de mon héritage, au prix pour lequel je l'ai vendu; et de ce prix, à la rente qui a été constituée pour ce prix.

Lorsque le conjoint, par le contrat d'échange, qu'il a fait durant la communauté, a payé un retour en deniers, pour l'héritage qu'il a reçu en contre-échange de son héritage propre, l'héritage, qu'il a reçu en contre-échange, sera-t-il conquêt *au prorata* de la somme de deniers payée pour la soulte de partage? D'Argentré, sur l'*article* 418 de la Coutume de Bretagne, *gl.* 2, *n.* 3, suivi par Lebrun et Duplessis, décide que, nonobstant la soulte, il ne laissera pas d'être propre, pour le total, à la charge seulement de récompenser la communauté de la somme qui en a été tirée pour payer la soulte. La raison est, que la soulte n'est qu'un accessoire du contrat, qui n'en doit pas changer la nature : ce contrat, nonobstant la soulte, est principalement un contrat d'échange, que le conjoint a fait de son héritage propre contre un autre héritage, lequel rend propre de subrogation l'héritage reçu en contre-échange. Si néanmoins le conjoint, pour acquérir l'héritage, qu'il a reçu en contre-échange, avait donné une somme de deniers, égale à peu près à la valeur de l'héritage, qu'il a donné en échange, ou même qui la surpassât, on ne pourrait se dispenser de considérer le contrat comme un contrat mixte, mêlé de vente et d'échange, et, en conséquence, l'héritage acquis par le contrat, comme conquêt au *prorata* de la somme de deniers donnée pour l'acquérir, et propre de subrogation, pour le surplus seulement.

198. Lorsque j'achète, durant la communauté, un héritage, avec déclaration que c'est des deniers qui m'étaient propres, *putà*, qui provenaient du prix de la vente que j'avais précédemment faite, durant la communauté, d'un héritage propre; ou, lorsqu'il est dit que c'est pour me tenir lieu de remploi du prix de cet héritage; l'héritage acquis, avec cette déclaration, quoiqu'acquis durant la communauté, a, par la subrogation, la qualité de propre de communauté, qu'avaient les deniers provenus du prix de la vente de mon héritage, ou l'action de remploi dont il me tient lieu.

Si je l'avais acheté pour un plus grand prix, que celui pour lequel j'avais vendu précédemment mon héritage propre de communauté, il ne sera propre de communauté, par subrogation, que jusqu'à concurrence du prix, pour lequel j'ai vendu mon héritage propre; il sera conquêt pour le surplus. Par exemple, si j'ai vendu mon héritage propre pour le prix de 12,000 livres, et que j'en aie acheté un autre, pour le prix de 24,000 livres, avec déclaration que c'était pour me tenir lieu de remploi du prix qui m'était dû de celui que j'ai vendu 12,000 livres, cet héritage, nouvellement acquis, ne sera propre de communauté, par subrogation, que jusqu'à concurrence de 12,000 livres, c'est-à-dire, pour la moitié; il sera conquêt pour le surplus. Je suis censé, en ce cas, avoir fait l'acquisition pour moitié, pour mon compte particulier, et pour me tenir lieu de remploi; et l'avoir faite, pour l'autre moitié, pour le compte de la communauté.

Néanmoins, si la somme, dont le prix de la nouvelle acquisition excède celle dont le remploi m'était dû, était peu considérable, je pense que je devrais être censé avoir fait l'acquisition, entièrement pour mon compte, à la charge de récompenser la communauté, de ce que j'ai mis, pour cette acquisition, de plus que la somme dont le remploi m'était dû. Par exemple, si j'avais vendu mon héritage pour le prix de 12,000 livres, et que j'en eusse depuis acquis un autre pour la somme de 13,000 livres, avec déclaration que c'est pour me tenir lieu du remploi qui m'est dû, je pense qu'il est bien plus raisonnable que je sois censé avoir fait cette acquisition entièrement pour mon compte, et que l'héritage me soit propre en total, à la charge de la récompense de 1,000 livres envers la communauté, plutôt que de regarder cette acquisition comme faite pour la treizième partie, pour le compte de la communauté, dans laquelle ma femme aurait une vingt-sixième partie.

Observez que, pour que la déclaration puisse rendre l'héritage nouvellement acquis propre de communauté par subrogation, il faut que cette déclaration soit faite *in continenti*, par le contrat d'acquisition de l'héritage nouvellement acquis. Si l'acquisition avait été faite sans cette déclaration, inutilement la ferait-on *ex intervallo*; car l'héritage ayant été fait conquêt, lorsqu'il a été acquis, faute de cette déclaration, la communauté ne peut plus, par cette déclaration, qu'on ferait *ex intervallo*, être privée d'une chose qui lui a été une fois acquise.

199. Lorsque c'est pour tenir lieu de remploi des propres de la femme, que le mari acquiert un héritage durant le mariage, il faut pareillement que la déclaration soit faite, par le contrat d'acquisition, que l'héritage est acquis pour tenir lieu de ce remploi. Mais cette déclaration n'est pas seule suffisante pour que l'héritage tienne lieu de ce remploi, et soit, en conséquence, *propre de communauté de la femme, par subrogation;* il faut, outre cela, que la femme consente que cet héritage lui tienne lieu de remploi.

Par ce consentement, qu'elle donne, l'héritage ou autre immeuble acquis pour lui tenir lieu de remploi, devient, par subrogation, l'héritage propre de la femme, et est à ses risques, comme le sont ses autres propres : c'est pourquoi, si une maison, acquise pour lui tenir lieu de remploi, après le consentement qu'elle a donné à ce remploi, venait à brûler par le feu du ciel, la perte tombe sur la femme, et non sur la communauté; elle ne peut prétendre autre chose, pour son remploi, que la place et les matériaux qui en restent.

Par la même raison, si le mari avait acquis une rente pour tenir lieu de remploi à sa femme, laquelle rente devînt, par la suite, caduque, par l'insolvabilité du débiteur, la femme, qui a donné son consentement à ce remploi, doit seule supporter la perte de cette caducité.

Néanmoins Lebrun, *l. 3, chap. 2, sect. 1, dist. 2, n. 84,* décide que, si la rente est devenue caduque avant la dissolution de la communauté, la femme n'est pas obligée de la prendre, quoiqu'elle ait consenti à ce remploi, parce que le mari, comme administrateur de sa femme, était tenu de faire un bon emploi des deniers de sa femme. J'ai de la peine à croire que la femme, ayant donné en majorité son consentement à ce remploi, pût être reçue à le critiquer.

Si la femme était mineure, lorsqu'elle a consenti à un remploi désavantageux, nul doute, en ce cas, qu'elle peut se faire restituer contre son consentement.

200. Pour qu'un héritage ou autre immeuble acquis par le mari, avec déclaration que c'est pour tenir lieu de remploi à sa femme, soit propre de subrogation, il faut, à la vérité, que cette déclaration soit portée par le contrat d'acquisition; mais il n'est pas de même nécessaire que le consentement, que la femme doit donner à ce remploi, soit donné par le contrat, ni dans le même temps : la femme peut le donner *ex intervallo;* et, en attendant ce consentement de la femme, la déclaration faite par le mari, dans le contrat d'acquisition, que l'héritage est acquis pour tenir lieu de remploi des propres de la femme, tient en suspens

l'état et la qualité de cet héritage. Si la femme ratifie et consent cette déclaration, les ratifications ayant un effet rétroactif, suivant la règle de droit, *Ratihabitio mandato comparatur; l.* 152, *aliàs* 194, *n.* 2, ff. *de reg. jur.* (1), l'héritage sera censé avoir été, dès l'instant de son acquisition, acquis pour tenir lieu du remploi de sa femme, et avoir toujours été, en conséquence, propre de communauté de la femme, par subrogation. Si, au contraire, elle refuse d'accepter cet héritage pour son remploi, cet héritage sera conquêt; la déclaration servira seulement, en ce cas, à donner à la femme, sur ce conquêt, une hypothèque privilégiée pour le remploi dont elle est créancière.

Lorsque la femme a laissé passer tout le temps du mariage, sans s'expliquer si elle entendait approuver la déclaration faite par le contrat d'acquisition de l'héritage, est-elle en droit, après la dissolution du mariage, d'accepter, pour son remploi, l'acquisition de l'héritage, malgré les héritiers du mari? Duplessis tient la négative. Il trouve que la femme, en ne s'expliquant pas, ayant toujours laissé l'héritage aux risques de la communauté, ayant toujours été en son pouvoir de refuser l'emploi, si l'héritage eût diminué de prix, il ne serait pas équitable qu'elle pût, en acceptant l'emploi, profiter de l'augmentation du prix qui serait survenue sur l'héritage. D'autres auteurs pensent, nonobstant ces raisons, que, tant que la femme n'a pas été mise en demeure de s'expliquer, non-seulement la femme, mais même ses héritiers, sont en droit de prendre l'acquisition pour leur compte.

Si la femme avait souscrit, ou avait été présente au contrat d'acquisition de l'héritage, par lequel contrat le mari a déclaré que l'acquisition est faite pour tenir lieu à la femme de son remploi, quoiqu'il ne soit pas dit expressément, par le contrat, que la femme a accepté cet héritage pour lui tenir lieu de son remploi, la présence ou la souscription de la femme au contrat, où cette déclaration est portée, en est une suffisante acceptation; et, par conséquent, nul doute, en ce cas, que cet héritage doit lui en tenir lieu, et en être un propre de communauté de la femme, par subrogation.

201. Quoique la femme, créancière du remploi de ses propres, ait acquis, conjointement avec son mari, un héritage durant le mariage; si, par le contrat d'acquisition de cet héritage, il n'y a pas une déclaration expresse que l'acquisition est faite pour tenir lieu du remploi des propres de la femme, on ne pourra

---

(1) Quoique la loi, d'où cette maxime est tirée, traite des délits, néanmoins elle a pareillement lieu en matière de contrats; et la ratification, que je fais d'un contrat fait en mon nom, équipolle à un mandat. *Voyez Cujas, ad* l. 60, ff. *de reg. jur.*

pas inférer, de cela seul que la femme l'a acquis avec son mari, que l'acquisition a été faite pour lui tenir lieu de remploi : c'est pourquoi, faute de déclaration, l'héritage sera conquêt.

Cette décision doit surtout avoir lieu, lorsqu'il restait, par le contrat d'acquisition, des obligations à acquitter envers le vendeur. En ce cas, il paraît une raison, pour laquelle la femme a acheté, conjointement avec son mari, qui est celle de donner plus de sûreté au vendeur, pour les obligations qui restaient à accomplir. Mais, quand même toutes les obligations des acheteurs auraient été entièrement accomplies par le contrat, par le paiement entier du prix, dont le contrat porterait quittance, et qu'ainsi l'intervention de la femme, à ce contrat, fût superflue, je pense néanmoins, qu'il faudrait décider de même, que, faute de déclaration, l'héritage est conquêt.

202. Le principe, que nous avons exposé jusqu'à présent, a souffert, en 1720, une exception en un cas ; c'est le cas auquel les maris avaient reçu, en billets de la banque royale, dans le temps qu'ils avaient cours, le rachat des rentes propres de leurs femmes. Par une déclaration du roi, rendue en ce temps, les maris ont été autorisés à faire emploi de ces billets de banque, en rentes sur l'hôtel-de-ville, ou en rentes provinciales. En conséquence, ces rentes, qu'un mari a acquises en ce temps, durant son mariage, avec déclaration, faite par le contrat de constitution, que les billets de banque, pour lesquels elles sont constituées, proviennent du rachat qu'il a reçu des rentes propres de sa femme, tiennent lieu du remploi de la femme, sans qu'il ait été nécessaire, pour cela, que le consentement de la femme intervînt ; et elles lui sont propres de communauté, par subrogation.

Neuvième règle.

203. Un héritage ou autre immeuble, dont on ne trouve pas le titre d'acquisition, est, dans le doute, présumé conquêt, lorsqu'aucune des parties ne peut justifier qu'il lui ait appartenu avant le mariage, et qu'il lui fût propre.

La raison de cette règle est évidente. Celui des deux conjoints, qui prétendrait que l'héritage lui est propre, doit le justifier, suivant cette règle de droit : *Ei incumbit probatio qui dicit ;* l. 2. ff. *de probat.* Aucun des deux ne pouvant le justifier, il ne peut passer pour le propre d'aucun des deux ; il ne peut, par conséquent, être considéré autrement que comme conquêt.

Cette justification peut se faire non-seulement par titres, mais, à défaut de titres, par la seule preuve testimoniale. C'est pourquoi, je pense que l'un des conjoints ou ses héritiers, qui ré-

10*

clament un héritage comme propre, doivent être reçus à la preuve qu'il le possédait avant le mariage. C'est ce qui a été très-bien observé par le nouveau commentateur de la Coutume de la Rochelle. Il serait dangereux de n'admettre d'autre preuve que celle qui résulte des titres, les titres pouvant se supprimer.

ARTICLE III.

Des fruits des propres.

204. Les fruits des héritages et autres biens propres de chacun des conjoints, qui sont perçus, nés, et échus durant la communauté, sont la troisième espèce de choses qui composent la communauté légale.

Toutes les charges du mariage devant tomber sur la communauté, il était juste de lui donner ces fruits, pour les supporter.

On dira peut-être que les fruits des propres de chacun des conjoints, qui sont perçus ou échus durant la communauté, étant des choses meubles, ils entrent, en leur qualité de choses meubles, dans la communauté légale, dans laquelle entrent tous les biens meubles de chacun des conjoints, comme nous l'avons vu en l'article premier ; qu'ainsi il est inutile de considérer dans ces fruits leur qualité de *fruits,* et d'en faire une troisième espèce de choses qui composent la communauté légale.

Je réponds que cela n'est pas inutile, et que la qualité de fruits, qu'ont ces choses, est une qualité particulière qu'ils ont pour entrer dans la communauté légale, distinguée de leur qualité générale de biens meubles, et qui les y fait entrer dans certains cas, dans lesquels leur seule qualité générale de biens meubles ne les y ferait pas entrer.

En effet, le principe, que tous les biens meubles de chacun des conjoints entrent dans la communauté, souffre exception à l'égard de ceux qui sont provenus de leurs biens propres durant la communauté, tels que sont des bois de haute futaie abattus durant la communauté, sur les héritages propres de l'un ou de l'autre conjoint ; *suprà, n.* 96. Si donc les fruits perçus ou échus durant la communauté, entrent dans la communauté, ce n'est pas en leur qualité générale de choses meubles, puisque des choses meubles, provenues pendant la communauté des propres des conjoints, n'y entrent pas, comme nous venons de le dire.

Il faut donc rechercher et considérer dans ces fruits, outre leur qualité générale de choses meubles, la qualité particulière qu'ils ont de *fruits* des propres des conjoints, perçus ou échus durant leur communauté, puisque c'est cette qualité particulière seule qui les fait entrer dans la communauté.

Cela est encore plus nécessaire par rapport à la communauté conventionnelle, dont nous parlerons au chapitre suivant. Par exemple, si chacun des conjoints, par une clause du contrat de mariage, a limité la quantité de ses biens meubles, qui entrerait dans la communauté, *putà,* à une somme de dix mille livres, et réservé propre le surplus de ses biens, tant présens qu'à venir, qui lui écherraient par succession ou autrement, les fruits des propres de chacun des conjoints entrent dans cette communauté, outre cette somme de dix mille livres, à laquelle ils ont borné la quantité de leurs biens meubles qui doivent y entrer, parce qu'ils y entrent en une qualité particulière, qu'ils ont pour y entrer, qui est la qualité de *fruits* perçus ou échus durant le mariage.

Il faut, à présent, voir quelles sont les choses qui sont fruits des biens propres de chacun des conjoints. On appelle fruits, ce qui naît et renaît d'une chose : *Fructus est quidquid ex re nasci et renasci solet.* Par exemple, les blés et les autres grains, les foins, les fruits des vignes et des arbres, sont des fruits d'une terre, parce que la terre les produit, et en reproduit d'autres les années suivantes. Pareillement une coupe de bois taillis est un fruit, parce que les souches, sur lesquelles on a fait la coupe, repoussent, et reproduisent de quoi faire, au bout d'un certain temps, une autre coupe. La pêche d'un étang est pareillement un fruit, parce qu'au moyen du peuple qu'on y laisse, il reproduit de quoi faire, au bout d'un certain temps, une autre pêche.

Au contraire, les pierres et les marbres, qu'on tire d'une carrière, ne sont pas des fruits; car il n'en renaît pas d'autres à la place de ceux qu'on tire, c'est le fonds même qu'on épuise en les tirant; voyez *suprà, n.* 97.

205. Les fruits se divisent en fruits naturels et en fruits civils. Les fruits naturels sont ceux que la terre produit, et qui ont un être physique. Ils se subdivisent en fruits purement naturels et en fruits industriels. Les fruits purement naturels sont ceux que la terre produit sans culture, comme l'herbe des prés, la coupe d'un bois taillis, les noix, et les autres fruits des arbres. Les fruits industriels sont ceux que la terre ne produit que par le moyen de la culture, tels que sont les blés et autres grains, les fruits des vignes, etc.

Les fruits civils sont ceux *qui in jure consistunt,* qui n'ont pas un être physique, mais un être moral et intellectuel; par exemple, les fermes de biens de campagne; les loyers des maisons; les arrérages des rentes, tant foncières que constituées; les profits et droits seigneuriaux, etc.

206. Les fruits naturels, soit purement naturels, soit industriels, sont acquis à la communauté, et y entrent aussitôt qu'ils sont perçus durant la communauté.

Ces fruits sont censés perçus par leur séparation de la terre où ils étaient pendans : car c'est par cette séparation qu'ils acquièrent un être particulier et distingué de la terre avec laquelle auparavant ils étaient censés ne faire qu'une seule et même chose. C'est pourquoi la Coutume de Paris, *art.* 92, dit : « Bois coupé, blé, foin, ou grain soyé ou fauché, supposé qu'il » soit (c'est-à-dire, quoiqu'il soit) encore sur le champ et non » transporté, est réputé meuble. »

C'est pourquoi, si un propre de communauté de l'un des conjoints est fauché aujourd'hui, et que le conjoint meure le soir, tout le foin est acquis à la communauté, ayant été séparé de la terre, pendant que la communauté durait encore, quoiqu'il soit encore sur le pré.

207. Quoique les fruits des propres soient accordés à la communauté, pour supporter les charges du mariage, ce n'est pas néanmoins au *prorata* du temps que la communauté a duré, et qu'elle a supporté ces charges, que ces fruits lui appartiennent. Les Coutumes donnent à la communauté généralement tous les fruits qui sont perçus durant la communauté, à la charge de supporter, pendant ce temps, toutes les charges du mariage : c'est pourquoi, si la récolte des fruits pendans sur l'héritage de l'un des conjoints, s'était faite peu de temps après le mariage, quelque peu de temps que le mariage eût duré, n'eût-il duré qu'un mois ou deux, la récolte entière appartiendrait à la communauté.

Cela a lieu, quand même les fruits, qui ont été cueillis peu après le mariage, qui n'aurait duré que peu de mois, seraient le fruit d'un grand nombre d'années. Supposons, par exemple, que, peu après le mariage, il s'est fait, durant la communauté, une coupe d'un bois taillis, propre de l'un des conjoints, qui ne se coupe que tous les dix ans : quoique cette coupe soit le fruit de dix années, et que le mariage n'ait duré que peu de mois, la coupe entière ne laissera pas d'appartenir à la communauté.

Vice versâ, quoique le principal revenu de l'héritage de l'un des conjoints, *putà*, de la femme, consistât dans un bois taillis, d'où il n'y a eu aucune coupe à faire pendant tout le temps qu'a duré le mariage; quoique le mariage ait duré plusieurs années, le mari ne pourra rien prétendre pour la communauté qu'il a eue avec sa défunte femme, dans la coupe qui s'en fera après la mort de sa femme, qui a dissous la communauté.

En cela, ce qui s'observe à l'égard des fruits des propres, est différent de ce qui s'observait par le droit romain, à l'égard des fruits du bien dotal, qui n'appartenaient au mari qu'à proportion du temps que le mariage avait duré, et qu'il avait supporté les charges du mariage, pour le support desquelles la dot lui était donnée.

En cela pareillement, ce qui s'observe à l'égard de la communauté, est différent de ce qui s'observe à l'égard des titulaires des bénéfices, qui ne peuvent prétendre les fruits qu'à proportion du temps qu'ils ont été en possession du bénéfice.

208. N'y ayant que les fruits des propres, perçus durant le temps de la communauté, qui appartiennent à la communauté, ceux qui ont été perçus avant le mariage, et, par conséquent, avant que la communauté ait commencé, y entrent bien en qualité de choses meubles, mais ce n'est pas en qualité de fruits.

209. A l'égard de ceux, qui étaient encore pendants lors de la dissolution de la communauté, et qui n'ont été perçus que depuis; n'ayant point été perçus durant la communauté, ils ne peuvent appartenir à la communauté; mais ils appartiennent en entier au conjoint propriétaire de l'héritage ou de ses héritiers.

C'est ce qu'enseigne la Coutume de Paris, *art.* 231, où il est dit : « Les fruits des héritages propres, pendans par les racines » au temps du trépas de l'un des conjoints par mariage, appar- » tiennent à celui auquel appartient l'héritage, à la charge de » payer la moitié des labours et semences. »

Notre Coutume d'Orléans a, à cet égard, une disposition semblable à celle de Paris, qui s'observe pareillement, à cet égard, comme un droit commun, dans celles qui ne s'en sont pas expliquées.

210. Si un mari, par affectation et en fraude de sa communauté, avait retardé une récolte, qui était à faire sur son héritage propre, durant la communauté, afin de se l'approprier en entier, en la retardant après la mort de sa femme, qu'il voyait menacée d'une mort prochaine, les héritiers de la femme pourraient prétendre, en qualité de communs, part dans la récolte que le mari ferait depuis la mort de sa femme, comme ayant été retardés en fraude du droit de communauté de sa femme. On peut apporter pour exemple le cas auquel un bois taillis du propre du mari, se trouvant dans l'année où l'on a coutume de le couper, le mari, qui voyait sa femme menacée d'une mort prochaine, en aurait, contre l'usage, remis la coupe à une autre année.

211. *Vice versâ*, si un mari, voyant sa femme à l'extrémité, et la préparation d'une récolte abondante à faire sur les vignes de sa femme, les avait, par affectation et en fraude des héritiers de sa femme, vendangées avant le temps, les héritiers de sa femme, qui serait morte aussitôt après cette vendange prématurée, et encore avant le temps de la vendange, seraient bien fondés à prétendre des dommages et intérêts contre le mari.

C'est ce qu'insinue l'article 207 de la Coutume d'Orléans, où il est dit : « Fruits cueillis, coupés et abattus, ÉTANT EN MATU- » RITÉ, ... sont réputés meubles. » Par ces termes, ÉTANT EN

MATURITÉ, la Coutume insinue que le mari, qui, en fraude des héritiers de sa femme, a recueilli les fruits de l'héritage propre de sa femme, avant leur maturité, ne peut pas se les attribuer comme meubles entrés dans sa communauté. Il ne suffit pas même au mari de rendre ces fruits, en l'état qu'ils sont, aux héritiers de la femme, auxquels ils devaient appartenir, si on eût attendu le temps de leur maturité pour les couper; car le mari, ayant détérioré ces fruits, en les coupant trop tôt, doit dédommager les héritiers de sa femme, de ce qu'ils souffrent de cette détérioration par son dol.

212. La Coutume oblige le propriétaire de l'héritage, qui perçoit, à son profit seul, les fruits de son héritage propre, après la dissolution de la communauté, de rembourser à l'autre conjoint la moitié des frais faits par la communauté, pour les faire venir. Cette disposition est tirée d'un principe général, qui a lieu pour toutes les sociétés et communautés, qui est qu'un associé ou commun est obligé *actione pro socio*, ou *actione communi dividundo*, de faire raison à la société ou communauté, de ce qui en a été tiré pour une affaire qui lui est particulière, et dont il profite seul, un associé ou commun ne devant pas s'avantager aux dépens de la communauté : d'où il suit, que la perception des fruits, que fait le propriétaire de l'héritage, après la dissolution de la communauté, étant une affaire qui le concerne seul et dont il profite seul, il doit récompense à la communauté, du montant des frais qui ont été faits par la communauté, pour faire venir lesdits fruits, comme ayant été faits pour une affaire qui lui est particulière, et dont il profite seul.

Pourrait-il se décharger de cette récompense, en offrant d'abandonner la récolte à la communauté? Non, de même qu'il ne serait pas recevable à l'abandonner à un *negotiorum gestor*, qui aurait fait cette impense pour lui. Quoique, par la récolte, elle n'ait pas rempli en entier le conjoint, des frais de labours et semences, le conjoint ne laisse pas de profiter en entier du prix de cette impense; parce que cette impense étant une impense nécessaire, qu'il eût été obligé de faire de ses propres deniers, si elle n'eût pas été faite de ceux de la communauté, il profite de cette impense, *quatenùs propriæ pecuniæ pepercit* : il profite de la somme qu'il eût été obligé de tirer de sa bourse particulière, et qui eût été égale à celle qui a été tirée de la communauté.

Cette récompense, qui est due à la communauté, appartient, en cas d'acceptation de la communauté, à chacun des conjoints ou à leurs héritiers, pour la moitié que chacun d'eux a dans les biens de la communauté. C'est pourquoi la Coutume de Paris, qui, dans l'art. 231, suppose le cas d'acceptation de la communauté, comme le cas le plus ordinaire, oblige le conjoint ou ses héritiers, débiteurs de cette récompense, à en payer la moitié à l'autre conjoint ou à ses héritiers. A l'égard de l'autre moitié de cette récompense, qui appartient au conjoint, qui en est le débiteur, pour la moitié qu'il a lui-même dans les biens de la communauté, ce conjoint ne pouvant en être débiteur envers lui-même, il s'en fait confusion et extinction pour cette moitié.

Mais, dans le cas de la renonciation à la communauté, la femme, débitrice de la récompense due à la communauté, pour les frais de labours et semences faits sur son héritage propre, dont elle a perçu les fruits à son profit seul, depuis la dissolution de la communauté, n'ayant, au moyen de sa renonciation à la communauté, aucune part dans les biens de la communauté, ni, par conséquent, dans la récompense qu'elle doit à la communauté, pour les frais de labours et semences, faits sur son héritage, elle doit en payer le total aux héritiers de son mari.

Il en est de même des héritiers de la femme, qui ont renoncé à la communauté.

Par la même raison, si c'est sur l'héritage propre du mari, que les frais de labours et semences ont été faits; le mari ou ses héritiers, qui en ont perçu les fruits après la dissolution du mariage, ne doivent aucune récompense à la femme, ou aux héritiers de la femme, qui, au moyen de leur renonciation à la communauté, n'ont rien à prétendre dans les récompenses dues à la communauté.

213. La Coutume de Paris ne parle que des *labours et semences :* elle n'a pas pensé aux vignes, auxquelles il y a d'autres façons, et d'autres impenses à faire pour la production de leurs fruits. Il n'y en avait peut-être pas alors, ou très-peu dans son territoire. La Coutume d'Orléans, *art.* 208, s'est plus expliquée, et doit servir de supplément à ce que celle de Paris a manqué d'énoncer; il y est dit, « à la charge de payer la moitié des *labours, semences, façons et impenses*. » Ces termes comprennent les façons qu'il faut faire tous les ans aux vignes, pour en tirer les échalas l'hiver, les repiquer au printemps, pour lier les vignes, les accoler, les ébourgeonner; et les impenses qu'il faut faire quelquefois pour éplucher les vers qui se mettent dans le verjus certaines années. Le conjoint, qui, après la dissolution du mariage, fait, à son profit seul, la vendange sur son héritage propre, est tenu, même dans la Coutume de Paris, de rembourser à l'autre conjoint ou à ses héritiers, moitié des frais desdites façons et impenses, aussi bien que des labours.

214. Si un gentilhomme avait fait seul, sans le secours de personne, toutes les façons et tous les labours à faire aux vignes de l'héritage propre de sa femme, les héritiers de sa femme seraient-ils fondés à refuser de rembourser le mari, desdits labours et façons, pour la part qu'il a dans la communauté, en lui opposant qu'il n'a rien déboursé ni rien tiré de sa communauté, et qu'il

est au-dessous de sa naissance de se faire payer du prix de son travail ? Je pense que les héritiers seraient mal fondés, et qu'ils ne peuvent se dispenser de rembourser au mari, pour sa part, le prix desdits labours et façons. Il est vrai qu'il est au-dessous de la naissance de ce gentilhomme, de louer ses bras à des étrangers ; mais ce n'était point une chose au-dessous de sa naissance, que de labourer et cultiver, pendant la communauté, la vigne de sa femme.

215. Il y a quelques Coutumes particulières, qui se sont écartées de la disposition de la Coutume de Paris et du droit commun, en abandonnant à la communauté, pour ses frais de culture et semences, la récolte qui se fait sur les héritages propres des conjoints, après la dissolution de la communauté, lorsqu'au temps de cette dissolution, les terres étaient déjà ensemencées, et les vignes marrées et taillées.

De ce nombre est la Coutume de Blois, qui dit, en l'*art.* 184 : « Si, lors du trépas de l'un desdits conjoints, les terres sont en- » semencées, et les vignes (1) marrées et taillées, qui étaient » propres de l'un desdits conjoints, les fruits desdites terres et » vignes se diviseront, pour ladite année, entre le survivant et » les héritiers du premier décédé également. »

216. Suivant le même esprit, au lieu que, par le droit commun, la pêche d'un étang, qui ne se fait qu'après la dissolution de la communauté, appartient en entier au propriétaire de l'étang, en remboursant à la communauté le prix de l'empoissonnement, lorsqu'il s'est fait aux dépens de la communauté ; au contraire, la Coutume de Blois a, pour indemniser la communauté des frais de l'empoissonnement, abandonné à la communauté la pêche de l'étang, qui s'est trouvé en pêche dans l'année de la dissolution de communauté, quoique la pêche n'ait été faite qu'après cette dissolution. C'est ce qui est dit par l'article suivant : « Et touchant les fruits d'un étang qui aurait été peuplé à com- » muns dépens ; si ledit étang était en pêche l'année du trépas » de l'un desdits conjoints, sera la pêche partie comme meuble » également entre le survivant et les héritiers du premier dé- » cédé. »

La Coutume, dans ces articles, suppose le cas d'acceptation de la communauté, comme le cas le plus commun. En cas de renonciation à la communauté, par la femme ou ses héritiers, les récoltes et la pêche, dans l'espèce desdits articles, appartiennent en total au mari ou à ses héritiers.

_____

(1) *Marrées*, c'est-à-dire, lorsqu'on a fait le premier labour, qui se fait à la suite de l'hiver. Ce terme vient du nom de *marre*, qui est le nom qu'on donne, dans le Blaisais et l'Orléanais, à l'instrument avec lequel on laboure les vignes.

217. De ce que la Coutume de Blois, et les autres, qui ont une disposition semblable, donnent à la communauté les fruits, qui, lors de la dissolution de la communauté, sont pendans par les racines sur les héritages propres des conjoints, il n'en faut pas conclure que ces Coutumes décident que ces fruits, pendans par les racines, sont meubles : la décision serait absurde; car ces fruits, faisant partie de l'héritage sur lequel ils sont pendans, jusqu'à ce qu'ils en soient séparés, ils ne peuvent pas avoir une qualité différente de celle qu'a l'héritage, avec lequel ils ne font qu'un seul et même fonds. Tout ce que ces Coutumes ont voulu, est que ces fruits, quoiqu'ils ne doivent être récoltés et devenir meubles qu'après la dissolution de la communauté, appartinssent néanmoins à la communauté, pour lui tenir lieu des frais qu'elle a faits pour la production. De-là vient que, même dans ces Coutumes, en matière de succession, les fruits, pendans sur un héritage propre lors de l'ouverture de la succession, n'appartiennent pas à l'héritier aux meubles, mais à l'héritier aux propres, qui succède à l'héritage. De-là vient que, même en matière de communauté, les fruits, qui étaient pendans lors de la dissolution de la communauté, n'appartiennent à la communauté, que lorsque les frais, faits pour leur production, ont été faits par la communauté, le mari les faisant valoir par ses mains; et qu'il en est autrement, lorsque ces frais n'ont pas été faits par la communauté, mais par un fermier qui tenait l'héritage par bail à moitié. La Coutume du Maine, *art.* 256, en a une disposition, qui doit servir d'interprétation à celle de Blois. Après y avoir dit que les fruits des vignes, qui seront bêchées, et des terres, qui seront labourées et ensemencées du *meuble commun,* appartiendront à la communauté, quoiqu'ils ne soient récoltés sur l'héritage propre de l'un des conjoints, qu'après la dissolution de la communauté, la Coutume ajoute : « Si lesdites vignes ou terres ont été bail-» lées à faire à moitié, ou pour en avoir, par celui qui les la-» boure, autre portion des fruits, ce ne sera réputé être fait de » *meuble commun.* »

218. Dans cette variété de Coutumes, dont les unes donnent la récolte des fruits industriels, qui se fait sur l'héritage propre de l'un des conjoints après la dissolution du mariage, au propriétaire de l'héritage, à la charge de rembourser la communauté des frais de culture; et dont les autres la donnent à la communauté, doit-on suivre la Coutume des lieux où les héritages sont situés, ou plutôt celle à laquelle les parties se sont soumises en se mariant, soit expressément, par une clause de leur contrat de mariage, soit tacitement, parce que c'était la loi du lieu où était alors leur domicile? La question souffre difficulté. Ceux, qui soutiennent que c'est la Coutume du lieu où l'héritage est situé, disent que les dispositions des Coutumes, qui règlent si les fruits,

pendans sur les héritages propres des conjoints, lors de la dissolution de la communauté, doivent appartenir, ou non, à la communauté, sont des statuts réels, qui n'ont d'empire que sur les héritages situés dans leur territoire; qu'en conséquence, lorsque deux Blaisais ont contracté mariage, leur Coutume de Blois ne peut donner à la communauté, qui était entre les conjoints, les fruits pendans lors de la dissolution de la communauté, sur l'héritage propre de l'un des conjoints, qui est situé sous la Coutume d'Orléans, la Coutume de Blois ne pouvant avoir d'empire sur ces héritages.

Ceux, qui tiennent l'opinion contraire, nient formellement que les dispositions des Coutumes sur ce point, soient des statuts réels : ils soutiennent, au contraire, que, suivant la doctrine de Dumoulin, que nous avons exposée, *suprà n.* 10, les dispositions des Coutumes sur la communauté, et les choses qui doivent y entrer ou non, sont statuts personnels, qui n'ont d'autre objet que de déclarer ce dont les personnes soumises à leur empire, doivent être présumées ou supposées être convenues en se mariant. Suivant ce principe, Dumoulin décide, comme nous l'avons vu, que, lorsque deux Parisiens se sont mariés sans contrat de mariage, et que l'un d'eux acquiert un héritage situé dans une province, dont la loi n'admet pas la communauté, cet héritage entre dans leur communauté, suivant la Coutume de Paris, quoique cette Coutume n'ait pas d'empire hors de son territoire, parce que ce n'est pas *immediatè et per se* qu'elle l'y fait entrer, mais en conséquence de la convention, qu'elle présume et suppose être intervenue entre les conjoints, lorsqu'ils se sont mariés, qu'ils seraient communs en biens, et que ce que chacun d'eux acquerrait durant le mariage, entrerait en leur communauté.

Suivant cette doctrine de Dumoulin, qui répute statuts personnels les dispositions sur la communauté, et sur les choses qui y doivent entrer ou être excluses, celles, qui concernent les fruits en question, doivent être regardées, non comme statuts réels, mais comme statuts personnels, qui ne font autre chose que décider, si, lorsque les personnes soumises à leur empire se marient, on doit présumer qu'elles ont voulu que les fruits en question entrassent dans leur communauté, ou si on doit présumer qu'elles ont voulu qu'ils en fussent exclus. Suivant ces principes, lorsque deux Orléanais ont contracté communauté de biens en se mariant, les fruits pendans, lors de la dissolution de la communauté, sur l'héritage propre de l'un d'eux, quoique situé sous la Coutume de Blois, sont exclus de la communauté, parce que les parties sont présumées avoir, conformément à la Coutume d'Orléans, voulu qu'ils en fussent exclus. *Contrà, vice versâ,* lorsque les Blaisais se sont mariés, les fruits pendans lors de la dissolution de la communauté, sur des terres ensemencées et labourées aux frais de la communauté, doivent appartenir à la communauté, quoiqu'elles soient situées sous la Coutume d'Orléans, qui a une disposition contraire, parce que ce n'est pas la Coutume de Blois *immediatè et in se*, qui les y fait entrer, mais la convention que cette Coutume suppose que ces personnes ont eue pour les y faire entrer.

Si les parties s'étaient soumises expressément à la Coutume de Blois pour leur communauté, hésiterait-on à décider que cette convention devrait faire tomber en la communauté les fruits pendans, lors de la dissolution, sur l'héritage de l'un des conjoints, quelque part que fût situé l'héritage ? Lorsque le contrat n'exprime pas de soumission à une Coutume, les parties sont censées s'être soumises à celle du lieu de leur domicile matrimonial : cette soumission tacite doit avoir le même effet qu'une soumission expresse.

J'incline pour cette seconde opinion.

219. Passons à présent aux fruits civils. Il n'y a que ceux, qui sont nés durant la communauté, qui y entrent. Ceux, qui sont nés auparavant, y entrent comme choses meubles, mais non comme fruits : ceux qui ne sont nés qu'après la dissolution de la communauté, appartiennent au propriétaire de la chose qui les a produits.

Il est donc nécessaire de savoir quand ils doivent être censés nés. Ils sont censés nés lorsqu'ils commencent à être dus : *Fructus civiles tunc nasci intelliguntur, quùm incipiunt deberi*. Il faut faire l'application de ce principe aux différentes espèces de fruits civils. Commençons par les fermes des héritages de campagne.

Les fermes étant le prix des fruits, que le fermier recueille sur l'héritage qui lui a été donné à ferme, elles ne sont dues que lorsqu'il a recueilli ces fruits, ou lorsqu'il n'a tenu qu'à lui de les recueillir. Cette espèce de fruits civils ne naît donc, que lors de la récolte des fruits pour lesquels la ferme est due, et la ferme, par conséquent, n'appartient à la communauté, que lorsque cette récolte s'est faite pendant le temps que durait encore la communauté.

C'est pourquoi, si la dissolution de la communauté est arrivée avant la récolte, fût-ce la veille de la récolte ; la communauté n'aura rien dans la ferme qui sera due pour cette récolte ; elle appartiendra en entier au propriétaire de l'héritage. Au contraire, si la dissolution de la communauté n'est arrivée qu'après la récolte faite, la ferme due pour cette récolte appartient, en ce cas, en entier à la communauté. Si elle est arrivée pendant la récolte, la communauté aura part à la ferme, à proportion de ce qu'il y avait de fruits déjà cueillis. Par la même raison, lorsqu'un héritage, qui produit plusieurs espèces différentes de fruits, a été affermé pour une seule somme par chacun an, et que la dissolution de la communauté est arrivée après la récolte d'une certaine espèce de fruits, et avant celle des autres espèces, il faut faire une ventilation de la part que chaque espèce de fruits doit porter dans le prix total de la ferme; et si, par cette ventilation, on estime que l'espèce de fruits, dont la récolte était faite, doit porter, *putà*, le tiers ou le quart du prix total de la ferme, elle appartiendra, pour cette part, à la communauté, et, pour le surplus, au propriétaire de l'héritage.

220. Il n'en est pas de même des loyers de maisons, qui sont une autre espèce de fruits civils : ils échéent tous les jours, et sont dus tous les jours par parties. Par exemple, si une maison a été louée pour une somme de trois cent soixante-cinq livres par chacun an; du jour que le locataire est entré, ou qu'il a dû entrer en jouissance de ma maison, il est dû et échu chaque jour la trois cent soixante et cinquième partie du loyer, qui monte à vingt sous par chaque jour. Il est vrai que ces parties du loyer, qui sont dues et échues chaque jour, ne sont pas payables chaque jour, et qu'elles ne le sont qu'après l'expiration du terme convenu pour le paiement du loyer; mais ce terme n'en diffère que l'exigibilité, et n'empêche pas ces parties du loyer d'être dues et échues chaque jour; et elles sont, en conséquence, acquises chaque jour à la communauté.

C'est pourquoi, lors de la dissolution de la communauté, non-seulement le terme du loyer, échu avant la dissolution de la communauté, appartient à la communauté, s'il n'a pas encore été payé; mais la communauté a encore droit d'avoir, dans le terme qui écherra après la dissolution de la communauté, une part, à proportion du temps qui s'est écoulé de ce terme jusqu'au jour de la dissolution de la communauté. Par exemple, supposons que la maison propre de l'un des conjoints fût louée pour une somme de quatre cents livres par chacun an, payable par quartier, de trois mois en trois mois, et qu'il se soit écoulé, durant la communauté, outre le dernier terme échu, quinze jours de celui qui doit échoir après la dissolution de la communauté : ce temps de quinze jours étant à peu près la sixième partie du terme qui doit échoir, la sixième partie de la somme, payable pour ce terme, doit appartenir à la communauté; le loyer du temps, qui s'est écoulé durant la communauté, ayant été dû et acquis chaque jour à la communauté, pendant qu'il s'écoulait.

La raison de différence, à cet égard, entre les fermes des biens de campagne et les loyers de maisons, est sensible. La ferme d'un bien de campagne étant le prix des fruits, que le fermier doit recueillir sur l'héritage qui lui a été donné à ferme, il ne doit sa ferme que lorsqu'il les recueille. Si, par une force majeure, ils venaient à périr entièrement avant qu'il les eût recueillis, il ne devrait point de ferme. La ferme n'est donc due que dans le temps et à mesure que les fruits sont recueillis. Au contraire, un loyer de maison est le prix de la jouissance annuelle de cette maison. Le locataire, qui habite la maison tous les jours, ou qui a droit de l'habiter, recueille chaque jour une partie de cette jouissance de la maison, et, par conséquent, il doit chaque jour une partie du loyer, qui est le prix de cette jouissance.

Il faut décider la même chose à l'égard du loyer de toutes les autres espèces d'héritages, dont la jouissance est continuelle et quotidienne, tels que sont un magasin, un moulin, etc. Le loyer de ces choses, de même que celui des maisons, échet et est dû, par parties, chaque jour, et est de même acquis par parties, chaque jour, à la communauté.

221. Les arrérages de rentes, soit foncières, soit constituées, soit perpétuelles, soit viagères, sont aussi des espèces de fruits civils, qui, comme les loyers de maisons, échéent aussi, et sont dus, par parties, par chacun jour du temps pendant lequel ils ont couru; c'est pourquoi, lors du rachat de ces rentes, on doit payer, avec le principal, non-seulement les arrérages échus jusqu'au dernier terme, mais aussi ceux qui sont dus pour tous les jours qui se sont écoulés depuis le dernier terme jusqu'au jour du rachat.

Par la même raison, lors de la dissolution de la communauté, les arrérages des rentes propres de l'un ou de l'autre des conjoints, appartiennent à la communauté, non-seulement pour tout ce qui en est échu, jusqu'aux termes qui ont précédé la dissolution de communauté, mais aussi pour tout le temps qui s'est écoulé depuis lesdits derniers termes jusqu'au jour de la dissolution.

Quand même la rente foncière serait due sur des biens de campagne, les arrérages se compteraient, de jour à jour, de même que ceux des autres rentes, de la manière dont nous venons de l'expliquer : car, ces arrérages de rente foncière, différens en cela des fermes, ne sont pas dus pour raison des fruits qui se recueillent sur l'héritage sujet à la rente, mais pour raison du fonds même de l'héritage, et de la possession qu'en a le détenteur sujet à la rente.

222. Tout ce que nous venons de dire, touchant la manière de compter les loyers des maisons et les arrérages des rentes, est un droit commun qui s'observe partout, même dans la Coutume d'Orléans, quoiqu'elle ait un article qui, par rapport aux termes dans lesquels il est conçu, paraît contraire, mais qui a reçu, par l'usage, une interprétation conforme au droit commun. Voici cet article 297, qui est conçu en ces termes : « Fruits civils, coupés » et abattus en maturité, ensemble les moisons et fermes dues à » raison desdits fruits, sont réputés meubles, encore que les » termes de payer lesdites moisons ou fermes, ne soient échus;

» et, au regard des arrérages de rentes foncières ou constituées,
» et loyers de maisons, sont réputés meubles *lors seulement que*
» *les termes de paiement sont échus.* »

Par ces derniers termes, *sont réputés meubles, lors seulement
que les termes de paiement sont échus,* il semblerait que la Coutume voudrait dire que les loyers de maisons et les arrérages de rentes ne deviennent meubles, ne commencent à être dus, et ne sont acquis à la communauté, que lorsque le terme de paiement est échu ; et, qu'en conséquence, il ne peut être rien dû à la communauté, dans les loyers ou rentes, dont le terme de paiement n'est échu qu'après la dissolution.

Néanmoins cet article n'est pas entendu dans la province, dans ce sens qu'il paraît présenter : un usage constant lui a donné une autre interprétation, suivant laquelle tout ce que la Coutume veut dire en cet article, est, qu'au lieu que les fermes des biens de campagne, aussitôt que les fruits sont recueillis, sont dues entièrement, et sont, en conséquence, ameublies et acquises pour le total de la communauté, quoique les termes de paiement des dites fermes ne soient pas encore échus ; au contraire, les loyers de maisons et les arrérages de rentes ne sont ameublis et acquis *pour le total* à la communauté, et ne sont *entièrement* dus, que lors seulement que les termes de paiemens sont échus. Mais, quoiqu'ils ne soient pas ameublis *pour le total*, et dus *entièrement* auparavant, ils ne laissent pas auparavant de s'ameublir par parties, et d'être acquis à la communauté par parties, à mesure que s'écoule le temps de ce terme ; de manière que, dans le terme qui n'échet qu'après la dissolution, il est dû à la communauté, dans la somme due pour ce terme, une portion, pour le temps qui en a couru durant la communauté.

C'est l'interprétation que donnent, à cet article, Lalande et l'auteur des notes de 1711, et que j'ai suivie dans mes notes de l'édition de 1760 ; et elle est constamment suivie dans l'usage. Dans tous les actes de partage de communauté, on ne manque jamais de tirer en ligne, dans la masse de l'actif de la communauté, les arrérages de chaque rente propre de l'un ou de l'autre conjoint, échus jusqu'au dernier terme, et ensuite le montant de ce qui en a couru, depuis le dernier terme jusqu'au jour de la mort du prédécédé, qui a dissous la communauté.

223. Il résulte de ce que nous venons de dire, que les loyers de maisons et les arrérages de rentes se comptent de jour à jour, *de die in diem ;* c'est-à-dire, que la somme due, pour chaque terme ou demi-terme de loyers de maisons ou d'arrérages de rentes, se divise en autant de portions qu'il y a de jours dont le terme ou demi-terme est composé ; lesquelles portions sont dues et acquises à la communauté, à mesure que s'écoule chacun des jours dont le terme ou demi-terme est composé. Mais ces loyers

et arrérages de rentes ne se comptent pas de *momento ad momentum;* c'est-à-dire que ce qui est dû, pour chaque jour de loyers ou d'arrérages de rentes, ne se subdivise pas; c'est pourquoi, il n'importe à quelle heure du jour soit arrivée la mort du conjoint prédécédé qui a dissous la communauté : ce qui est dû pour ce jour, de loyers ou d'arrérages de rentes, ne commence à être dû que lorsque ce jour est entièrement écoulé, et ne peut appartenir à la communauté, n'ayant commencé à être dû que depuis la mort du conjoint, arrivée en ce jour, avant qu'il fût entièrement écoulé.

224. Les arrérages de cens sont une espèce de fruits civils, différente des arrérages de rente foncière. Les cens étant principalement dus *in recognitionem directi dominii,* c'est-à-dire, pour la reconnaissance solennelle que le censitaire, à un certain jour marqué par les titres, doit faire de la seigneurie directe qui appartient au seigneur sur son héritage; ce cens n'est dû et ne commence à être dû, qu'au jour auquel doit se faire cette reconnaissance solennelle de la seigneurie, c'est-à-dire, au jour auquel ce cens est payable : c'est pourquoi si la dissolution de la communauté est arrivée avant ce jour, fût-ce la veille de ce jour, il n'est dû à la communauté aucune portion dans les sommes qui doivent être payées ce jour par les censitaires.

Mais, si la dissolution de la communauté est arrivée le jour même que le cens est payable, tous les cens, qui sont payables ce jour, doivent appartenir à la communauté; car, aussitôt que ce jour est arrivé, dès le premier moment de ce jour, il y a une ouverture au devoir de la reconnaissance de la seigneurie directe; et, par conséquent, le cens, qui doit se payer en témoignage de cette reconnaissance, a commencé d'être dû, quoique les censitaires aient tout le temps de ce jour, c'est-à-dire, depuis le matin jusqu'au commencement de la nuit, pour s'acquitter de cette dette.

A l'égard des défauts encourus par les censitaires, qui ne sont pas venus payer le cens ce jour, ils ne sont pas dus à la communauté, dont la dissolution est arrivée le jour que ce cens est payable; car, ces défauts étant la peine de la demeure en laquelle a été le censitaire de venir reconnaître la seigneurie, et payer le cens au jour marqué, ils ne peuvent commencer à être dus qu'après que ce jour est écoulé entièrement, et, par conséquent, après la dissolution de la communauté, qu'on suppose arrivée dans ce jour; le censitaire, qui pouvait encore s'acquitter de ce devoir au dernier instant de ce jour, n'ayant pu être en demeure qu'après que ce jour a été entièrement écoulé.

On opposera peut-être que nous avons dit *suprà, n.* 223, que ce qui était dû pour loyers de maisons ou arrérages de rentes, pour le jour auquel est arrivée la dissolution de la communauté, n'appartenait pas à la communauté. N'est-ce pas tomber en contradiction avec nous-mêmes, que de dire que le cens, dû le jour qu'est arrivée la dissolution de la communauté, appartient à la communauté ? Non : la raison de différence vient de la différente cause de ces dettes. Un jour de loyer est le prix d'un jour de jouissance, que le locataire a eu de la maison qui lui a été louée; un jour d'arrérages de rente, est le prix d'un jour de la jouissance que le débiteur de la rente a eu, ou dû avoir du sort principal de la rente : le locataire de la maison, le débiteur de la rente ne doivent donc le jour de loyer ou le jour d'arrérage de rente, que lorsqu'ils ont eu ce jour de jouissance; et ils ne l'ont eu que lorsque le jour est écoulé : le jour de loyer ou d'arrérages de rente n'est donc dû que lorsqu'il est écoulé; il n'est donc dû qu'après que la dissolution de la communauté est arrivée, qu'on suppose être arrivée dans ce jour, et il ne peut, par conséquent, appartenir à la communauté. Au contraire, le cens est dû pour la reconnaissance de la seigneurie; il est donc dû aussitôt qu'il y a ouverture à ce devoir : or il y a ouverture à ce devoir aussitôt qu'est arrivé le jour auquel doit se faire cette reconnaissance, et auquel le cens est payable. Quoique le censitaire ait tout le temps de ce jour pour s'acquitter de cette dette, il ne s'ensuit pas qu'il n'en soit pas débiteur dès le commencement du jour; et, lorsqu'il va payer le cens dans les premières heures du jour, on ne peut pas dire qu'il le paie d'avance : le cens étant donc dû aussitôt que le jour, auquel il est payable, est arrivé, et dès le commencement de ce jour, il a été dû pendant que la communauté durait encore, quoique la dissolution en soit arrivée dans le cours de ce jour.

225. Il est évident que les dîmes et les champarts ne sont dus qu'au temps et à mesure que se fait la récolte des fruits qui sont sujets à ces droits; et il en est de même des fermes de ces droits, lorsqu'on a donné ces droits à ferme. Tout ce qui a été dit des fruits que la terre produit, et des fermes des biens de campagne, reçoit application à l'égard de ces droits et des fermes de ces droits.

226. Les droits casuels sont une autre espèce de fruits civils; tels sont les profits seigneuriaux, qui sont dus en cas de ventes, ou de mutations des biens relevant en fief ou en censive d'une seigneurie propre de l'un ou de l'autre des conjoints : ils sont dus et acquis à la communauté, aussitôt que la clause, qui y donne ouverture, arrive durant la communauté.

Par exemple, lorsqu'un héritage relevant soit en fief, soit en censive, de la seigneurie de l'un des conjoints, est vendu; aussitôt que la convention a été arrêtée, soit par acte devant notaires, soit par acte sous signatures privées, le profit de vente est dû; et, si c'est durant le temps de la communauté qu'elle a été arrêtée, il est acquis à la communauté.

A l'égard de l'amende pour ventes recélées, cette amende étant due pour la demeure, en laquelle a été le censitaire, de déclarer son contrat, quoique la vente ait été faite durant le temps de la communauté, et qu'en conséquence le profit de vente ait été acquis à la communauté, l'amende pour ventes recélées, n'appartiendra pas à la communauté, si le temps, que le censitaire avait pour déclarer son contrat, n'est expiré que depuis la dissolution de la communauté.

Les profits de rachat, qui sont dus pour les mutations, sont pareillement dus et acquis à la communauté, aussitôt que les morts ou les mariages, qui ont opéré ces mutations, sont arrivés durant la communauté.

227. Quoique la mort du vassal, qui a fait naître le profit de rachat, et celle de l'un des conjoints, qui a dissous la communauté, soient arrivées le même jour; si l'on peut justifier que celle du vassal a précédé celle du conjoint, le profit appartiendra à la communauté, comme étant né pendant qu'elle durait encore, la mort du conjoint, qui l'a dissoute, n'étant arrivée que depuis : si, au contraire, celle du conjoint a précédé, le profit, né par la mort du vassal, qui n'est arrivée que depuis, appartiendra en entier au propriétaire de la seigneurie, ce profit n'étant né que depuis la dissolution de la communauté.

S'il était incertain laquelle des deux morts a précédé, je pense que, dans le doute, le profit doit appartenir à celui des conjoints ou à ses héritiers, qui sont propriétaires de la seigneurie, et qu'il ne peut être prétendu par la communauté. Ma raison est, qu'un propriétaire, en sa qualité de propriétaire, est fondé de droit commun, et a un droit général, pour prétendre tous les fruits qui sont nés de sa chose, tant qu'un autre ne justifie pas avoir un droit particulier pour les prétendre à son exclusion. C'est donc à l'autre conjoint, ou à ses héritiers, qui font valoir les droits de la communauté, à justifier que le profit appartient à la communauté, et, par conséquent, à justifier que le profit est né durant la communauté, et que la mort du vassal, qui l'a fait naître, a précédé la dissolution de la communauté : faute de pouvoir justifier cela, le profit, dans le doute, appartient au propriétaire.

On peut faire la même question, lorsque le contrat de vente, qui a donné ouverture au profit, a été passé le jour de la mort de l'un des conjoints, et qu'il est incertain si le contrat a précédé la mort.

228. Les amendes, les épaves, les droits de déshérence et de confiscation, sont les fruits civils d'un droit de justice. Lorsque l'un des conjoints est propriétaire d'un droit de justice, ces fruits de son droit de justice tombent, de même que tous les autres fruits des propres, dans la communauté, lorsqu'ils naissent durant la communauté.

Les amendes en matière civile, telles que sont toutes les amendes de police, sont dues et acquises à la communauté, aussitôt qu'est rendu le jugement qui les prononce, lorsque ce jugement est contradictoire : s'il est rendu par défaut, l'amende, prononcée par ce jugement, n'est due que du jour de la signification du jugement.

229. Le droit d'épave est un autre fruit du droit de justice; il fait partie de celui que notre droit français donne au hautjusticier, de s'attribuer, primitivement à tous autres, toutes les choses qui n'ont point de maîtres, TA ADESPOTA, qui se trouvent dans le territoire de leur justice. On appelle *épaves*, les bêtes ou autres meubles égarés : celui, qui les trouve, doit, à peine d'amende, les déférer à la justice du lieu où il les trouve.

Le droit du seigneur de justice, par rapport aux épaves, consiste à se les faire adjuger ou vendre à son profit, au bout d'un certain temps prescrit par les Coutumes ou par l'usage, qui commence à courir du jour qu'elles ont été déférées, et après les proclamations faites, pendant ce temps, aux lieux et jours accoutumés, lorsqu'elles n'ont pas été réclamées par le propriétaire, avant l'adjudication.

Ce fruit n'est censé perçu, et n'est acquis au seigneur de la justice que par l'adjudication; car, la chose pouvant toujours être réclamée par le propriétaire, jusqu'à l'adjudication, ce n'est que par l'adjudication qu'elle est acquise au seigneur de la justice, et elle ne tombe, par conséquent, dans la communauté, que lorsque l'adjudication en a été faite durant la communauté.

230. Le trésor trouvé en terre, pour la portion que notre droit français en accorde au seigneur de la justice du lieu où il a été trouvé, est un fruit de son droit de justice, qui lui est acquis, aussitôt que la découverte en a été faite, et qui appartient, par conséquent, comme fruit, à la communauté, si la découverte en a été faite durant la communauté : il n'est pas besoin d'attendre, comme à l'égard des épaves, si quelqu'un viendra le réclamer; car le trésor est, par sa nature, une chose dont on ne peut connaître le propriétaire, *vetus depositio pecuniæ cujus memoria non extat*, et qui, par conséquent, n'est pas sujet à réclamation.

231. Les droits de déshérence et de confiscation sont aussi des fruits du droit de justice; ils consistent dans le droit, qu'ont les seigneurs de justice, de s'attribuer les biens, situés ou trouvés dans le territoire de leur justice, des personnes qui sont mortes sans laisser aucun héritier, ou qui ont été condamnées par un jugement qui emporte confiscation. Le droit à ces biens est acquis aux seigneurs de justice, dès l'instant de la mort de celui

qui n'a pas laissé d'héritiers, ou de la prononciation du jugement qui emporte confiscation, lorsqu'il est contradictoire; et,
s'il est par défaut, du jour de l'exécution. Lorsque le droit à ces
biens est acquis au seigneur de justice pendant la communauté,
il appartient, comme fruit de son droit de justice, à la communauté.

232. Il nous reste à observer, à l'égard des fruits des propres
des conjoints, que non-seulement les fruits de ceux qui ont une
durée perpétuelle, appartiennent à la communauté, mais pareillement les fruits de ceux qui ont une durée bornée à un temps
certain ou incertain : tels sont les fruits d'un héritage, dont l'un
des conjoints n'a qu'un droit de propriété réversible, ou dans
lesquels il n'a qu'un droit d'usufruit : tels sont les arrérages d'une
rente viagère propre de l'un des conjoints, comme il a été jugé
par l'arrêt du 4 août 1729, rapporté *suprà*, n. 90.

SECTION II.

Du passif de la communauté.

Le passif de la communauté légale consiste principalement
dans les dettes de chacun des conjoints, dont cette communauté
est chargée : nous en traiterons dans le premier article. La
communauté a encore d'autres charges qui font partie de son
passif, dont nous ferons l'énumération dans le second article.

ARTICLE PREMIER.

Des dettes des conjoints.

Pour connaître quelles sont les dettes de chacun des conjoints,
qui sont une charge de leur communauté, nous traiterons séparément de celles qu'ils ont contractées avant leur mariage; de
celles que chacun des conjoints contracte durant leur mariage; et
enfin des dettes des successions qui leur échéent durant le mariage.

§ I. Des dettes que les conjoints ont contractées avant leur mariage.

233. La communauté légale est chargée de toutes les dettes mobilières, dont chacun des conjoints était débiteur au temps que
s'est contracté le mariage.

Cela est conforme à un principe de notre ancien droit français, que les dettes mobilières d'une personne sont une charge
de l'universalité de ses meubles. Chacun des conjoints, en se
mariant, faisant entrer l'universalité de ses meubles dans la com-

munauté légale, il s'ensuit, suivant ce principe, que cette communauté doit être tenue de leurs dettes mobilières, qui en sont une charge.

La Coutume de Paris, *art.* 221, s'en explique : « A cause de
» laquelle communauté le mari est tenu personnellement payer
» les dettes mobilières dues à cause de sa femme; .... et
» aussi la femme est tenue, après le trépas de son mari, payer
» la moitié des dettes mobilières faites et accrues par ledit
» mari, tant durant ledit mariage qu'auparavant icelui,
» etc. »

Nous ne citons cet article que pour faire voir que la Coutume de Paris fait entrer, dans la communauté légale, toutes les dettes mobilières dont chacun des conjoints était débiteur, lorsqu'ils ont contracté leur mariage; nous réservant de rapporter cet article en entier, et d'en donner l'explication *infra, part.* 5, où nous traiterons de la manière dont chacun des conjoints est tenu des dettes de la communauté, après sa dissolution.

234. Une dette est mobilière, lorsque la chose due est une chose mobilière : par exemple, les dettes d'une somme d'argent, d'une certaine quantité de blé ou de vin, d'un cheval, d'un lit, etc., sont des dettes mobilières.

235. Lorsque quelqu'un s'est obligé à faire ou à ne pas faire quelque chose, cette dette est une dette mobilière; car, à faute, par le débiteur, d'accomplir son obligation, elle se résout en des dommages et intérêts, qui consistent dans une somme d'argent à laquelle ils sont évalués; et, par conséquent, en quelque chose de mobilier.

236. Quoique ces dettes soient accompagnées d'hypothèque, telles que celles pour lesquelles il y a un acte devant notaires, ou une sentence, elles ne laissent pas d'être dettes mobilières, et d'être, par conséquent, une charge de la communauté des conjoints, qui s'en sont trouvés débiteurs, lorsqu'ils ont contracté leur mariage.

237. Lorsque l'un ou l'autre des conjoints a contracté, avant son mariage, une dette mobilière solidairement avec d'autres, étant débiteur de cette dette pour le total, la communauté en est chargée pour le total, sauf à exercer le même recours, qu'a le conjoint, contre ceux qui en sont les codébiteurs.

Mais si le conjoint, lorsqu'il s'est marié, n'était personnellement débiteur d'une dette mobilière que pour certaine portion, quoiqu'il en fût tenu hypothécairement pour le total, la communauté ne sera chargée que de la portion pour laquelle ce conjoint en est personnellement tenu.

Par exemple, si l'un des conjoints a été, avant son mariage, héritier pour un quart d'une personne, sa communauté ne sera chargée que pour un quart des dettes mobilières hypothécaires de cette succession, dont le conjoint était encore débiteur lorsqu'il s'est marié : elle n'en sera pas chargée pour le surplus ; car ces dettes ne sont dettes de la personne du conjoint, que pour le quart dont il en est personnellement tenu en sa qualité d'héritier ; pour le surplus, elles ne sont pas une dette de sa personne, mais une charge des biens de la succession qui y sont hypothéqués, et auxquels il a succédé. Ces biens n'entrant pas dans la communauté, elle ne doit pas être tenue de cette charge : c'est pourquoi, si ces dettes sont payées durant la communauté, sans qu'on ait pu avoir de recours contre les cohéritiers du conjoint, à cause de leur insolvabilité, le conjoint, dont les biens ont été libérés, doit à la communauté récompense pour les trois quarts.

238. En général, la Coutume, en chargeant la communauté légale des dettes passives des conjoints, ne la charge que des dettes mobilières dont ils sont débiteurs personnels, et non de celles dont ils ne sont tenus qu'hypothécairement, à cause de quelqu'un de leurs héritages qui y est hypothéqué ; c'est pourquoi, si, pour libérer l'héritage, ces dettes sont acquittées durant le mariage, des deniers de la communauté, le conjoint, dont l'héritage a été libéré, doit récompense à la communauté, qui n'était pas tenue de cette dette.

239. On a coutume d'apporter une exception au principe que toutes les dettes mobilières, dont chacun des conjoints se trouve débiteur, lorsqu'ils contractent leur mariage, sont une charge de la communauté.

Cette exception concerne les dettes mobilières, qui ont pour cause le prix d'un propre de communauté de l'un ou de l'autre des conjoints.

Par exemple, si j'ai acheté avant mon mariage un héritage, pour le prix d'une somme de 10,000 liv., payable dans un certain temps, dont je suis encore débiteur lors de mon mariage ; quoique cette dette soit une dette mobilière, puisqu'elle est la dette d'une somme d'argent, néanmoins la communauté n'en sera pas chargée. Par la même raison, si, lors de mon mariage, j'étais débiteur d'une certaine somme d'argent, pour un retour de partage d'immeubles d'une succession qui m'est échue avant mon mariage ; ce retour étant le prix des immeubles, qui me sont échus par le partage, lesquels me sont propres de communauté, la communauté ne sera point chargée de la somme que je dois pour ce retour, quoique ce soit une dette mobilière, parce qu'elle est due pour le prix de mes propres de communauté.

Cette exception, qui est adoptée par tous les auteurs, et qui est suivie dans l'usage, est fondée sur ce qu'il a paru trop dur, qu'un conjoint fît payer à la communauté le prix d'un héritage qu'il retient pour lui seul, et qui lui est propre de communauté.

Cette raison n'a d'application qu'au cas, auquel le conjoint est, lors de son mariage, possesseur de l'héritage dont il doit le prix; et ce n'est que dans ce cas, que la dette du prix de l'héritage, quoique mobilière, n'entre pas en communauté.

Mais si, dès avant mon mariage, j'avais revendu ou autrement disposé de l'héritage, pour le prix duquel je suis débiteur d'une certaine somme, la communauté serait chargée de cette dette, de même que de toutes mes autres dettes mobilières.

Pareillement, cette raison, qui a fait considérer la cause de la dette, pour exclure de la communauté les dettes d'une somme d'argent, dont l'un des conjoints était débiteur pour le prix d'un propre de communauté, étant une raison qui n'a d'application qu'à ses dettes passives, c'est mal-à-propos que Lebrun en a voulu tirer argument, pour prétendre exclure pareillement de la communauté les dettes actives mobilières antérieures au mariage, qui ont pour cause le prix de l'aliénation que l'un des conjoints a faite de quelqu'un de ses héritages avant son mariage. *Voyez suprà, n. 77.*

Quelques auteurs ont eu une opinion singulière à l'égard de cette dette du prix d'un héritage propre, acquis par l'un des conjoints avant le mariage. Ils conviennent que cette dette est une dette propre de ce conjoint, et qu'en conséquence le conjoint en doit récompense à la communauté, lorsqu'elle a été payée des deniers de la communauté; mais ils y apportent un tempérament, qui est, que cette dette étant une dette qui, par sa qualité de dette mobilière, devrait tomber dans la communauté, et qui n'en est exclue que parce qu'elle est la dette du prix d'un propre du conjoint, le conjoint peut se décharger de cette dette, et la faire entrer dans la communauté, en abandonnant à la communauté son héritage propre, pour le prix duquel elle est due, et à cause duquel elle était exclue de la communauté. Vaslin, en son Commentaire sur la Coutume de La Rochelle, cite pour cette opinion Valla, *de rebus dubiis*, Laurent Jouet et Ferrière; et il la rejette avec raison : car cette dette, par rapport à sa cause, n'étant point entrée dans la communauté, lorsque la communauté a commencé, il ne peut plus être permis au conjoint de l'y faire entrer par la suite. Le conjoint devant seul profiter de l'augmentation du prix, qui surviendrait sur son héritage propre, il ne doit pas, lorsqu'il est diminué de prix, en faire supporter la perte à sa communauté, en abandonnant à la communauté cet héritage, pour se décharger du prix qu'il en doit.

240. Le principe, que les dettes passives mobilières de chacun des conjoints, sont une charge de la communauté légale, reçoit encore une exception à l'égard des dettes passives d'un corps certain, qui, quoique mobilier, appartient à celui des conjoints seul qui en est débiteur, et n'est point entré dans sa communauté.

On peut apporter, pour exemple, la dette qui résulte de la vente que l'un des conjoints a faite à un marchand de bois, avant son mariage, d'arbres qui étaient encore sur pied sur son héritage lors de son mariage. Cette dette est une dette mobilière de ce conjoint; car il ne doit donner les arbres qu'il a vendus, qu'après qu'ils auront été abattus, et qu'ils seront, en conséquence, devenus choses meubles. Néanmoins, comme ces arbres, quoique meubles, étant provenus, durant le mariage, d'un propre de communauté, n'entrent point en communauté, et appartiennent au conjoint seul, à qui est le propre, la dette de ces arbres est la dette de ce conjoint seul, et non de la communauté.

241. Il reste à observer, à l'égard des dettes passives mobilières, soit de l'homme, soit de la femme, qu'elles entrent dans la communauté légale, quand même elles excèderaient la valeur de l'actif mobilier, et même la valeur de tous les biens du conjoint qui en est débiteur. La femme a un remède, qui est la renonciation à la communauté; mais le mari n'en a point pour se décharger des dettes dont sa femme était débitrice lorsqu'il l'a épousée, et qui sont, en conséquence, entrées dans la communauté; de-là cet axiome, *Qui épouse la femme, épouse les dettes*.

242. Quoique le mari devienne débiteur des dettes de la femme qu'il a épousée, les créanciers de la femme, quoiqu'ils eussent un titre exécutoire contre elle, ne peuvent procéder contre le mari, par voie d'exécution, qu'ils n'aient, au préalable, obtenu sentence contre lui, qui le condamne au paiement, ou, ce qui revient au même, qui déclare exécutoires contre lui les titres que les créanciers ont contre sa femme.

243. A l'égard des dettes passives immobilières, dont chacun des conjoints est le débiteur, lorsqu'ils contractent mariage, le conjoint, qui en est le débiteur, en demeure seul tenu, et la communauté n'en est pas chargée.

Par exemple, si, peu avant mon mariage, j'avais vendu un certain héritage, dont je n'avais pas encore mis l'acheteur en possession lors de mon mariage, je demeure seul tenu de la dette de cet héritage envers l'acheteur; ce n'est point une dette de ma communauté, dans laquelle l'héritage n'est point entré.

Il n'importe que la dette soit d'un immeuble certain et déterminé, comme dans l'espèce précédente, ou d'un immeuble indéterminé.

Par exemple, si mon père, dont je suis héritier, qui n'avait point de vignes, a légué à quelqu'un, en ces termes : *Je lègue à un tel un arpent de vignes dans les bons cantons de la province*; ce legs, dont j'étais encore débiteur, lorsque je me suis marié, est la dette d'un immeuble indéterminé, dont la communauté légale, avec ma femme, ne doit pas être chargée. C'est pourquoi, si, durant mon mariage, j'achète un arpent de vignes pour le délivrer au légataire, et acquitter le legs, je devrai récompense à la communauté, de la somme que j'en ai tirée pour l'acquisition de cet arpent, comme ayant servi à acquitter une dette dont j'étais seul tenu.

Il en serait autrement si le legs était conçu en ces termes : *Je lègue à un tel de quoi acheter un arpent de vignes.* Ce ne serait pas, en ce cas, un arpent de vignes qui aurait été légué, mais la somme d'argent qui est nécessaire pour l'acheter. La dette, qui résulte de ce legs dont je suis tenu, ne serait pas la dette d'un immeuble, mais la dette d'une somme d'argent, et par conséquent une dette mobilière, qui entre dans la communauté.

244. Si l'un des futurs conjoints, qui était, lorsqu'il s'est marié, débiteur d'un héritage envers une personne à qui il s'était obligé de le donner, était en outre débiteur envers la même personne, par rapport à cet héritage, de sommes d'argent, *putà*, pour les fruits qu'il en avait perçus, pour les dégradations qui y avaient été faites par sa faute, il n'y a que la dette de l'héritage, qui n'entre pas dans la communauté ; celles, pour raison des fruits et des dégradations, étant dettes de sommes d'argent, et par conséquent dettes mobilières, y entrent.

245. Lorsque la dette, dont l'un des conjoints est débiteur au temps de son mariage, est une dette alternative de deux choses, dont l'une est immeuble et l'autre est meuble, c'est le paiement, qu'en fera le conjoint, qui en est le débiteur, qui déterminera si la dette est une dette immobilière, dont le conjoint doit être seul débiteur, ou si c'est une dette mobilière, dont la communauté doit être chargée.

Cette option de paiement de l'une des deux choses, donne-t-elle lieu à quelque récompense ? *Voyez infrà*, part. 4.

Il ne faut pas confondre, avec les dettes alternatives, la dette d'une seule chose, avec faculté au débiteur d'en payer une autre à la place, comme nous l'avons vu *suprà*.

246. Y ayant variété dans les Coutumes sur la nature des rentes constituées à prix d'argent, que les unes réputent immeubles, et les autres réputent meubles, est-ce la loi du domicile du créancier à qui la rente est due, ou celle du conjoint qui en est le débiteur, qui doit décider si la rente, dont le conjoint est débiteur, doit entrer, ou non, dans la communauté de ce conjoint ? Lebrun, *Traité de la Communauté*, l. 1, ch. 5, n. 35, décide fort bien que c'est la loi du domicile, qu'a le créancier de la rente, au temps auquel le débiteur se marie, qui doit régler si elle entrera, ou non, dans la communauté. Cela est une suite de ce que nous avons dit *suprà*, n. 85, que c'était la loi du domicile du créancier de la rente qui en réglait la nature, et qui lui donnait la qualité d'immeuble ou de meuble.

Suivant ce principe, si un Rémois, lorsqu'il se marie, doit une rente à un Parisien, cette rente étant un immeuble, suivant la loi du domicile du créancier, qui en règle la nature, la dette de cette rente, dont ce Rémois est débiteur, est la dette d'un immeuble, qui ne doit pas, par conséquent, entrer dans la communauté légale de ce Rémois.

Vice versâ, si un Parisien, lorsqu'il se marie, doit une rente à un Rémois, la rente étant meuble, suivant la loi du créancier à qui la rente est due, la dette de cette rente, dont le Parisien est débiteur, est la dette d'un meuble, et, par conséquent, une dette mobilière qui doit entrer dans la communauté légale de ce Parisien.

Lorsque la dette d'une rente est entrée dans la communauté, en sa qualité de dette de *chose mobilière,* que donnait à la rente la loi du domicile qu'avait alors le créancier; quoique cette rente, par la suite, durant le mariage, vienne à changer de nature par la translation du domicile du créancier sous une Coutume qui répute les rentes immeubles, la communauté, pour cela, n'en sera pas déchargée.

Pareillement, si la rente, dont le conjoint était débiteur lorsqu'il s'est marié, était alors immeuble, quoique, par la suite, durant le mariage, elle devienne meuble par la translation du domicile du créancier, ce conjoint continuera d'en être seul débiteur.

247. Ce n'est qu'à l'égard de leur principal, que les rentes constituées sont réputées immeubles, et qu'elles n'entrent pas dans la communauté légale du conjoint qui en est le débiteur. Les arrérages sont dettes mobilières qui entrent dans cette communauté.

Il est évident que les rentes foncières, dont les héritages des conjoints sont chargés, n'entrent point dans la communauté légale; dans laquelle les héritages, qui en sont chargés, n'entrent pas; mais tout ce qui en est dû d'arrérages, lors de la célébration du mariage, y entre; ces arrérages étant une dette mobilière du conjoint à qui les héritages appartiennent.

La communauté est aussi tenue de tous les arrérages des rentes, tant constituées que foncières, dues par chacun des conjoints, qui courront pendant tout le temps qu'elle durera : car, puisque tous les revenus des biens propres de chacun des conjoints appartiennent à la communauté, comme nous l'avons vu *suprà, sect.* 1, *art.* 3, elle doit être tenue de ces arrérages, qui sont les charges desdits revenus, et qui les diminuent de plein droit.

C'est pourquoi, les créanciers des rentes, soit foncières, soit constituées, dues par la femme, sont en droit d'exiger du mari, comme chef de la communauté, un titre nouvel, par lequel il s'oblige en sa qualité de mari d'une telle, à la prestation des arrérages desdites rentes, qui courront pendant tout le temps que la communauté durera.

§ II. Des dettes que les conjoints contractent durant leur mariage.

248. Le mari étant, pendant que le mariage et la communauté durent, seul maître de cette communauté, comme nous l'avons observé au commencement de ce Traité; ayant le droit d'en disposer à son gré, tant pour sa part que pour celle de sa femme, sans son consentement, même de les perdre et de les dissiper; c'est une conséquence que la communauté est tenue de toutes les dettes qu'il contracte pendant que durent le mariage et la communauté.

Ce droit qu'a le mari, de charger les biens de la communauté, tant pour la part qu'il y a, que pour celle qu'y a sa femme, de toutes les dettes qu'il contracte pendant la communauté, est une suite de la qualité qu'il a de chef de la communauté, que lui donne le droit de puissance qu'il a sur sa femme. La femme, lorsque son mari contracte, est censée, non en son propre nom, mais en sa qualité de commune, contracter et s'obliger avec lui pour sa part en la communauté, même sans qu'elle en ait rien su, et sans qu'elle puisse s'y opposer.

Ce principe a lieu à l'égard de toutes les dettes que le mari contracte pendant que dure la communauté.

Il n'importe que la communauté en ait profité, ou non; il n'importe même qu'il les ait contractées pour les affaires de la communauté, ou non. Par exemple, si le mari, durant le mariage, s'est rendu caution pour quelqu'un, pour des affaires auxquelles il n'a aucun intérêt, et uniquement pour faire plaisir au débiteur son ami; quoique le cautionnement ne concerne point les affaires de la communauté, elle ne laissera pas d'être chargée de la dette qui résulte de ce cautionnement, quand même le débiteur, que le mari a cautionné, serait insolvable.

Il y a plus : lorsque le mari a commis un délit pendant le mariage, on ne peut pas dire, à la vérité, que sa femme, qui n'y a eu aucune part, soit censée l'avoir commis avec lui; mais elle n'en est pas moins censée s'être obligée avec lui, en sa qualité de commune, à la réparation du délit, pour sa part en la communauté : cette réparation est une dette de la communauté, quoiqu'elle n'ait profité aucunement du délit. Par exemple, si le mari, durant le mariage, a, dans une rixe, grièvement blessé quelqu'un, envers qui il a été condamné en une certaine somme, pour réparation civile, la communauté est tenue de cette dette.

Elle est pareillement tenue des amendes, auxquelles le mari est condamné durant le mariage, soit en matière de police, soit en matière criminelle.

249. Il faut en excepter l'amende, à laquelle le mari serait condamné par un jugement à une peine capitale.

Les peines capitales sont celles de mort, celles des galères à perpétuité, et du bannissement à perpétuité hors du royaume.

La raison, pour laquelle la communauté n'est pas tenue de l'amende prononcée contre le mari par un tel jugement, est que ce jugement, faisant perdre de plein droit au mari son état civil, opère de plein droit la dissolution de la communauté : d'où il suit qu'on ne peut pas dire que la dette de cette amende ait été contractée durant la communauté, puisque le jugement, qui la prononce, et par lequel la dette de cette amende a été contractée, avait opéré la dissolution de la communauté.

En vain opposerait-on que le crime a été commis durant la communauté : car le crime rend bien digne de l'amende celui qui l'a commis, mais il ne l'en rend pas proprement débiteur : c'est le jugement de condamnation qui forme cette dette.

Il y a plus de difficulté à l'égard de la réparation civile, à laquelle le mari a été condamné envers une partie civile, par le jugement qui le condamne à une peine capitale. On peut dire que le mari, en commettant ce crime durant la communauté, a, dès ce temps, contracté l'obligation de réparer le tort qu'il a causé par ce crime à cette partie civile : la dette de cette réparation civile a donc été contractée durant la communauté. Ce n'est pas le jugement de condamnation qui a produit cette dette, il n'a fait que la liquider. Néanmoins, on juge favorablement que, lorsque la réparation civile est prononcée par un jugement capital, la communauté n'en est tenue que jusqu'à concurrence de ce qu'elle en aurait profité. Livonière en a fait une maxime, *liv*. 4, *chap*. 1, *n*. 24.

250. Le principe, que nous avons établi, que la communauté est tenue de toutes les dettes, que le mari contracte pendant qu'elle dure, souffre exception à l'égard de celles qui sont contractées pour des affaires qui concernent l'intérêt du mari seul, et dont il n'y a que lui qui profite.

Cette exception dérive d'un principe, qui est, qu'encore bien que le mari soit, durant le mariage et pendant que la communauté dure, maître absolu des biens de la communauté, et qu'il puisse, en conséquence, en disposer à son gré, et les dissiper, il ne peut néanmoins s'en avantager au préjudice de la part que doit y avoir sa femme.

Suivant ce principe, si, durant ma communauté, je me suis obligé envers mon voisin à lui donner une certaine somme pour l'affranchissement d'un droit de servitude, dont mon héritage était chargé envers le sien, ma communauté ne sera point tenue de cette dette; car elle a été contractée pour une affaire qui ne concerne que l'intérêt de moi seul, et dont je profite seul.

C'est pourquoi, si, par la suite, je payais des deniers de la communauté cette somme, j'en devrais récompense à la communauté.

On peut apporter une infinité d'autres exemples. Voyez *infrà*, *part.* 4, où nous traiterons des récompenses.

251. Le principe, que la communauté est tenue de toutes les dettes, que le mari a contractées pendant qu'elle dure, reçoit pareillement exception à l'égard de celles qu'il contracte, durant la communauté, en faveur de quelqu'un des enfans qu'il a d'un précédent mariage; ou même, lorsqu'il n'a pas d'enfans, en faveur de quelqu'un de ses héritiers présomptifs, dont ces personnes seules profitent; car il ne peut pas plus avantager, des biens de la communauté, ces personnes, que lui-même, au préjudice de la part que doit y avoir sa femme.

Par exemple, si, durant la communauté, le mari, par le contrat de mariage de quelqu'un de ses enfans d'un précédent mariage, ou de quelqu'un de ses héritiers présomptifs, s'est engagé de donner une certaine somme pour la dot, il est seul tenu de cette dette; sa communauté n'en est pas chargée.

Il en est de même de toutes les autres dettes, qui ne sont contractées que pour l'intérêt de ces personnes, tel que serait un cautionnement que le mari, durant la communauté, aurait subi pour les affaires de ces personnes.

252. C'est au temps que le mari a contracté la dette, que l'on considère si la personne, en faveur de qui il l'a contractée, était son héritière présomptive.

C'est pourquoi, si un mari, pendant sa communauté, a promis une certaine somme pour la dot de sa cousine, qui était alors son héritière présomptive, la communauté ne sera pas tenue de cette dette, quoique, par la suite, par des enfans qui sont survenus au mari, cette cousine ait cessé d'être son héritière présomptive.

Vice versâ, si cette cousine n'était pas alors son héritière présomptive, quoiqu'elle le soit depuis devenue, la communauté, qui a été chargée de cette dette, continuera d'en être chargée, à moins qu'il ne l'eût promis expressément que pour le cas auquel elle le deviendrait.

Par exemple, si un homme, qui n'a qu'un enfant, promet à une cousine qui est, après cet enfant, sa plus proche parente, une certaine somme en dot, dans le cas auquel cet enfant viendrait à la prédécéder, cette dette doit être considérée comme contractée en faveur de son héritière présomptive, puisqu'elle est contractée pour le cas auquel cette cousine la deviendrait, et, en conséquence, la communauté n'en doit pas être chargée.

Il n'en est pas de même d'une dette, que le mari contracterait, sans le consentement de sa femme, en faveur de quelqu'un de leurs enfans communs. Cette dette est une charge de la communauté : car cet enfant n'appartenant pas moins à sa femme qu'à lui, on ne peut pas dire qu'en contractant cette dette, il attire de son côté, au préjudice de sa femme, les biens de la communauté.

Par la même raison, lorsqu'un homme a épousé une femme de sa famille, et qu'ils ont l'un et l'autre, pour héritière présomptive, la même personne, la communauté paraît devoir être chargée de la dette que le mari, sans le consentement de sa femme, a contractée en faveur de cette personne.

253. Le principe, que la communauté doit être chargée de toutes les dettes que le mari contracte pendant qu'elle dure, doit-il recevoir une troisième exception à l'égard de l'obligation de garantie, qu'il contracte envers un acheteur, à qui il vend, durant la communauté, un héritage propre de sa femme, sans le consentement de sa femme ? J'ai cru autrefois que cette obligation de garantie était une dette de communauté, de même que toutes celles que le mari contracte pendant que la communauté dure. Dans cette supposition, j'ai décidé, dans mon Traité du Contrat de vente, n. 179, qu'un homme ayant vendu, pendant la communauté, l'héritage propre de sa femme, sans son consentement, la femme ayant depuis accepté la communauté, l'acheteur devait avoir une exception de garantie contre la demande en revendication de cet héritage, pour y faire déclarer la femme non recevable pour la moitié, comme étant tenue, en sa qualité de commune, de cette obligation de garantie pour la moitié. Je crois devoir changer d'avis, et faire, pour cette obligation de garantie, une troisième exception au principe qui charge la communauté de toutes les obligations que le mari contracte pendant qu'elle dure. Voici sur quoi je me fonde : c'est la loi qui donne au mari la puissance qu'il a sur la personne et les biens de sa femme, et qui lui donne le droit de contracter, tant pour elle que pour lui, et de la rendre, en sa qualité de commune, participante de toutes les obligations qu'il contracte, sans avoir besoin pour cela de son consentement : mais la loi n'accorde au mari ce droit de puissance sur la personne et les biens de sa femme, qu'à la charge expresse qu'il ne pourra vendre les héritages propres de sa femme, sans le consentement de sa femme. Par cette défense, la loi de la puissance maritale excepte le contrat de vente des héritages propres de la femme, de la généralité des contrats qu'elle autorise le mari, comme chef de la communauté, à faire, tant pour lui que pour sa femme, en sa qualité de commune, sans avoir besoin de son consentement. C'est pourquoi, lorsque le mari vend, pendant la communauté, l'héritage

propre de sa femme, sans son consentement, il ne peut être censé avoir fait ce contrat, tant pour lui que pour sa femme, en sa qualité de commune, ni, par conséquent, avoir contracté, tant pour lui que pour sa femme, comme commune, l'obligation de garantie envers l'acheteur, que ce contrat renferme. Donc il contracte seul cette obligation de garantie : sa communauté n'en est pas chargée ; elle n'est tenue, en cas d'éviction, qu'à la restitution du prix qu'elle a reçu. La femme peut donc, quoiqu'elle ait accepté la communauté, revendiquer son héritage propre, que son mari a vendu, en offrant seulement à l'acquéreur la restitution du prix, pour la part dont elle est tenue comme commune ; sauf à lui à se pourvoir contre les héritiers du mari, pour le surplus et pour les dommages et intérêts résultans de l'obligation de garantie.

La Coutume de Poitou a suivi ce sentiment, en permettant, par l'art. 230, à la femme, sans distinguer si elle est commune ou non, de se faire rendre son héritage propre, lorsque le mari l'a vendu.

Lebrun, *liv.* 2, *chap.* 3, *n.* 38, dit que la femme, quoiqu'elle ait accepté la communauté, peut évincer, pour le total, l'acheteur de son héritage propre, et qu'elle est, comme commune, tenue envers lui, pour sa part, des dommages et intérêts résultans de l'obligation de garantie, que son mari a contractée durant la communauté, en le lui vendant. Cela implique contradiction ; car on ne peut supposer que la femme peut évincer pour le total l'acheteur, qu'en supposant qu'elle n'est aucunement tenue de l'obligation de garantie, que son mari a contractée envers lui ; puisque, si elle en était tenue, elle ne serait pas recevable dans sa demande en revendication, pour la part dont elle serait tenue de cette obligation, suivant le principe : *Quem de evictione tenet actio, eum agentem repellit exceptio.* Mais si elle n'est pas tenue de cette obligation de garantie, elle ne peut pas être tenue des dommages et intérêts résultans de l'inexécution de cette obligation.

§ III. Des dettes contractées par la femme durant la communauté.

254. Les dettes, contractées par la femme durant la communauté, pour les affaires de la communauté, sont charges de la communauté, lorsqu'elle a été autorisée de son mari pour les contracter.

255. Les dettes, qu'elle a contractées pour raison d'un commerce qu'elle exerce au vu et au su de son mari, sont pareillement dettes de la communauté, quoique son mari ne l'ait pas expressément autorisée pour les contracter : car le mari ayant donné, au moins tacitement, son consentement au commerce que

sa femme exerce, il est censé avoir donné tacitement son consentement aux dettes que la femme a contractées pour raison de ce commerce, dont elles sont une suite nécessaire.

256. A l'égard des autres dettes, que la femme a contractées sans l'approbation de son mari; quoiqu'elle les ait valablement contractées, s'étant, sur le refus de son mari, fait autoriser par justice pour les contracter, la communauté n'en est tenue que jusqu'à concurrence de ce qu'elle a profité de l'affaire pour laquelle elles ont été contractées.

Par exemple, si une femme, sur le refus de son mari, s'est fait autoriser par justice pour la poursuite de droits successifs qu'on lui disputait, la communauté ne sera tenue des dettes, que cette femme a contractées pour raison de cette poursuite, que jusqu'à concurrence de ce qu'elle a profité.

C'est pourquoi, si le mari est assigné par les créanciers de la femme, pour le paiement des dettes qu'elle a contractées pour cette poursuite, le mari, en offrant de rapporter les choses qui lui sont parvenues de cette succession, et de compter des fruits qu'il en a perçus, peut se faire décharger de leur demande.

La Coutume d'Orléans, *art.* 201, a une disposition conforme à ces principes. En l'art. 201, il est dit : « Femme conjointe par » mariage peut poursuivre ses actions et droits avec l'autorité de » son mari; et, au refus, elle peut requérir être autorisée par » justice, et, en cette qualité, intenter lesdites actions, sans » que les sentences ou jugemens qui pourraient être donnés à » l'encontre desdites femmes non autorisées, ni avouées par lesdits » maris, puissent être exécutés sur les biens de la communauté, » pendant icelle : toutefois le mari sera tenu rapporter ce qu'il » aura pris et reçu à cause desdits droits et actions poursuivis » par sadite femme. »

Pour cet effet, le mari doit faire un inventaire de tout ce qui lui est parvenu à cause desdits droits, et le représenter aux créanciers, ou en justifier par quelque autre acte équipollent, à peine, faute de l'avoir fait, d'être tenu indéfiniment envers lesdits créanciers.

257. Lorsque la communauté n'a aucunement profité des dettes, que la femme a contractées durant le mariage, sans l'approbation de son mari, quoique ce soient des dettes qu'elle a valablement contractées, la communauté n'en est aucunement tenue.

Par exemple, si une femme, pendant son mariage, a commis quelque délit, pour raison duquel elle ait été poursuivie et condamnée en quelque somme d'argent, soit pour amende, soit pour réparation, la communauté, qui n'a pas profité du délit, ne sera aucunement tenue de cette dette; et, comme tous les revenus des biens de la femme appartiennent à la communauté, pendant tout le temps qu'elle dure, comme nous l'avons vu *suprà*, *sect.* 1, *art.* 3, le créancier ne se pourra faire payer de cette dette sur les biens de la femme, qu'après la dissolution de la communauté.

Notre Coutume d'Orléans, *art.* 200, en a une disposition. Il y est dit : « Femme mariée..... peut être convenue, sans son mari, » pour l'injure qu'elle aurait faite ou dite à aucun. Toutefois si » ladite femme est condamnée, le mari, et les biens, que lui et » sadite femme ont et possèdent constant leur mariage, n'en » sont tenus durant la communauté de biens. »

La Coutume s'explique mal. Les biens de la femme sont tenus de la dette qui résulte de la condamnation intervenue contre elle ; ils y sont hypothéqués du jour du jugement. La Coutume veut dire seulement, que les revenus des biens de la femme, pendant que la communauté dure, ne sont pas tenus de cette dette, parce que les revenus de tout ce temps n'appartiennent pas à la femme débitrice, mais à la communauté, qui n'est pas tenue de cette dette.

Cette disposition de la Coutume d'Orléans, ainsi que la précédente, rapportée *suprà*, étant fondée sur les principes généraux de la communauté entre conjoints par mariage, elles doivent avoir lieu dans les Coutumes qui ne s'en sont pas expliquées.

258. Lorsque le créancier a fait constituer prisonnière la femme, pour la réparation civile en laquelle il l'a fait condamner, est-il fondé à répéter du mari, durant le mariage, les sommes qu'il paie pour les alimens de la femme, pendant le temps qu'il la retient en prison ? Les moyens du créancier sont, que la communauté doit à la femme des alimens : le créancier a donc acquitté une dette de la communauté, en les lui fournissant ; et, par conséquent, il pourrait paraître fondé à s'en faire rembourser par le mari, chef de la communauté, qui était débitrice desdits alimens, et à la décharge de laquelle il les a fournis.

Les moyens du mari, pour se défendre de cette demande, sont, que la communauté n'a pas profité des alimens, que le créancier a fournis à la femme qu'il retient prisonnière ; que ceux, qui auraient été fournis à la femme en maison de son mari, qui est le lieu où ils lui sont dus, n'auraient rien coûté à la communauté, qui en aurait été dédommagée par les services que la femme aurait rendus à la maison.

259. Quelques Coutumes se sont écartées des principes généraux que nous venons d'exposer sur les dettes qui naissent des délits, soit du mari, soit de la femme : telles sont les Coutumes d'Anjou et du Maine. Ces Coutumes ne font aucune distinction entre le mari et la femme : elles disent indistinctement que le créancier du conjoint qui a commis le délit, peut se venger sur les biens communs, pour la réparation qui lui est due, sauf à

l'autre conjoint, qui n'a pas commis le délit, à requérir la séparation des biens de la communauté, à l'effet de restreindre le créancier à la part qu'y doit avoir le conjoint qui a commis le délit,
laquelle séparation de biens continue à l'avenir.

260. Il nous reste à observer que, pour éviter les fraudes, par
lesquelles la femme pourrait éluder, par des antidates, la règle
qui ne lui permet pas de charger la communauté, sans le consentement de son mari, des dettes qu'elle contracte durant le
mariage, la jurisprudence des arrêts a établi que la communauté
n'était point tenue de toutes les dettes contractées par la femme,
par des actes sous signature privée, quoiqu'ils eussent une date
antérieure au mariage, à moins que le créancier ne justifiât la
vérité de cette date; sauf à lui à s'en faire payer, après la dissolution du mariage, par la femme. Les arrêts sont rapportés par
Denisart. La décision de ces arrêts est fondée sur le principe établi en notre Traité des obligations, n. 750, que les actes sous
signature privée ne font pas foi de leur date contre les tiers,
contre lesquels ils sont censés n'avoir de date que du jour qu'ils
sont produits. Je crois néanmoins qu'on doit avoir égard aux
circonstances.

§ IV. Des dettes des successions qui échéent à l'un ou à l'autre des conjoints par mariage, pendant la communauté.

261. Lorsque, durant la communauté, il est échu une succession à l'un ou à l'autre des conjoints, que ce conjoint a acceptée;
si toute cette succession ne consiste qu'en mobilier, la communauté profitant, en ce cas, en entier de la succession, doit en
supporter toutes les charges, et être tenue de toutes les dettes,
tant des dettes mobilières, que des rentes qui étaient dues par le
défunt. Il y a, néanmoins, une différence entre le mari et la femme.
Lorsque le mari a accepté indiscrètement la succession d'un
homme insolvable, et qui ne consistait qu'en mobilier, la communauté, qui a recueilli tout l'actif de cette succession, est tenue
entièrement des dettes, quoiqu'elles excèdent de beaucoup l'actif
dont elle a profité. Au contraire, lorsqu'une femme, sur le refus
de son mari, a été autorisée par justice pour accepter une succession, qui ne consistait pareillement qu'en mobilier, la communauté n'est tenue des dettes de cette succession, que jusqu'à concurrence de l'actif dont elle a profité.

262. La raison de différence, à cet égard, entre le mari et la
femme, dérive des principes que nous avons établis dans les paragraphes précédens. Le mari étant maître absolu des biens de la
communauté, pendant tout le temps qu'elle dure, pouvant en disposer à son gré, même les perdre, la communauté est chargée
entièrement de toutes les dettes qu'il contracte pendant qu'elle

12*

dure, soit qu'elle ait profité ou non des affaires pour lesquelles il
les a contractées, comme nous l'avons vu *suprà*, n. 248 : elle doit
donc être chargée entièrement des dettes des successions échues
au mari pendant qu'elle dure, dont le mari s'est rendu débiteur
en acceptant indiscrètement ces successions, quoique ces dettes
excèdent l'actif desdites successions dont elle a profité. Au contraire, la femme n'ayant pas le droit de disposer des biens de la
communauté, pendant qu'elle dure, dans lesquels elle n'a encore
qu'un droit informe, elle ne peut charger la communauté des
dettes qu'elle contracte, sans l'approbation de son mari, pendant
qu'elle dure, si ce n'est jusqu'à concurrence de ce que la communauté profite des affaires pour lesquelles elle les a contractées,
comme nous l'avons vu *suprà*, n. 256 : d'où il suit que, lorsque,
durant la communauté, une femme autorisée par justice, au refus
de son mari, accepte indiscrètement une succession plus onéreuse
que profitable, la communauté ne peut être tenue des dettes de
cette succession, dont la femme se rend débitrice en l'acceptant,
si ce n'est jusqu'à concurrence de ce que ladite communauté profite des biens de ladite succession.

C'est pourquoi, si le mari, comme chef de la communauté, est
poursuivi par les créanciers desdites successions, en offrant de
leur compter de tout ce qui lui en est parvenu, il doit être ren-
voyé de leurs demandes : et ces créanciers sont obligés d'attendre
le temps de la dissolution de la communauté, pour se faire payer
de ce qui manque pour les remplir, par la femme, qui, en acceptant la succession, s'est rendue leur débitrice; la femme ne le
pouvant plus tôt, puisque, jusqu'à ce temps, les revenus de tous
ses biens ne lui appartiennent pas, mais appartiennent à la communauté, comme nous l'avons vu *suprà*.

263. Lorsque la succession, échue à l'un des conjoints durant
la communauté, n'est composée que d'immeubles, tout l'actif, en
ce cas, étant propre de communauté au conjoint à qui la succession est échue, il doit être tenu de tout le passif, tant des dettes
mobilières que des rentes : la communauté, qui ne succède à rien
de l'actif, n'en doit être aucunement tenue, si ce n'est des arrérages et des intérêts qui courront depuis l'ouverture de la succession jusqu'à la dissolution. Ces arrérages et ces intérêts étant des
charges des revenus des biens de cette succession, lesquels, ainsi
que ceux de tous les autres biens du conjoint, appartiennent, durant tout ce temps, à la communauté.

264. Lorsque la succession, qui échet à l'un des conjoints durant
la communauté, est composée en partie de meubles qui entrent
dans la communauté, et en partie d'immeubles qui n'y entrent
pas, et qui sont propres de communauté à celui des conjoints à
qui la succession est échue, Lebrun et Renusson pensent que la
communauté est chargée, en ce cas, de toutes les dettes mobi-

lières de la succession, et que le conjoint, à qui elle est échue, est seul chargé de tous les principaux de rentes dus par la succession; sauf que, dans le cas auquel les dettes mobilières excèderaient l'actif mobilier, il accorde à la communauté récompense de cet excédent contre le conjoint, jusqu'à concurrence de ce qu'il profite des immeubles de la succession qui lui sont propres de communauté : et pareillement, dans le cas auquel les principaux de rentes, dus par la succession, dont ils chargent le conjoint, excèderaient la valeur des immeubles auxquels il succède, ils lui donnent récompense contre la communauté, jusqu'à concurrence de ce qu'elle profite de l'actif mobilier, déduction faite du passif. Je pense qu'il y a de la distinction à faire entre les différentes Coutumes.

Il y a des Coutumes, qui chargent le mobilier des successions de toutes les dettes mobilières de la succession : il n'est pas douteux que, dans ces Coutumes, la communauté, dans laquelle entre tout le mobilier actif des successions échues à l'un ou à l'autre des conjoints, est tenue de toutes les dettes mobilières desdites successions.

Mais il y a des Coutumes, qui, comme celle de Paris, *art.* 334, font contribuer les héritiers aux différentes espèces de biens, à toutes les différentes espèces de dettes, soit mobilières, soit rentes, à proportion de ce que chacun d'eux a dans l'actif de la succession. L'esprit de ces Coutumes est, que chaque différente espèce de biens, dont est composée l'universalité de la succession , soit chargée d'une portion dans toutes les différentes espèces de dettes, ou mobilières, ou rentes, qui soit dans la même raison et proportion qu'est la valeur de chaque espèce de biens, à celle du total de la succession. Par exemple , si le mobilier de la succession fait le tiers du total de la succession, le mobilier, dans ces Coutumes , est chargé du tiers de toutes les dettes, tant des mobilières que des principaux de rentes dus par la succession.

265. Lorsqu'une succession est déférée, dans ces Coutumes, à l'un des conjoints par mariage pendant sa communauté, et qu'elle est composée de mobilier qui entre dans la communauté, et d'immeubles qui deviennent propres de communauté à ce conjoint , j'aurais de la peine à suivre l'opinion de Lebrun et de Renusson, et j'inclinerais plutôt pour celle de Lemaître, et de quelques autres auteurs, qui pensent que, dans ce cas, la communauté doit être chargée de la portion dans toutes les dettes, tant mobilières que principaux de rentes dus par la succession, dont la Coutume, qui a déféré la succession, charge ce mobilier : et pareillement le conjoint, qui retient les immeubles de la succession , comme propres de communauté, doit être seul tenu de l'autre portion des dettes, tant mobilières que principaux de rentes, dont la Coutume charge les immeubles de cette succession.

Par exemple, si le mobilier de la succession en fait le tiers, et les immeubles en font les deux autres tiers, la communauté sera tenue du tiers de toutes les dettes, tant mobilières que principaux de rentes, et le conjoint sera tenu seul des deux autres tiers; sauf que la communauté sera tenue en entier de tous les intérêts et arrérages qui courront pendant tout le temps que la communauté durera; parce que les revenus desdits immeubles, ainsi que ceux de tous les biens du conjoint, appartiennent pendant ledit temps à la communauté.

266. Je me fonde sur ce que le contrat de communauté, qui intervient tacitement entre les conjoints, renferme, de même que tous les autres contrats de société, des cessions réciproques, que chacune des parties fait à l'autre partie, des choses et droits qu'elle met dans la communauté, pour la part que l'autre conjoint doit avoir dans la communauté : c'est pourquoi, lorsqu'il m'est échu une succession pendant ma communauté, au partage que je fais, après la mort de ma femme, des biens de la communauté, avec l'héritier de ma femme, cet héritier de ma femme doit être considéré, en sa qualité de commun pour moitié, comme cessionnaire, pour moitié, de mes droits successifs dans le mobilier de la succession. Il doit, par conséquent, être tenu des dettes de cette succession, que j'ai fait entrer dans la communauté, de la même manière qu'en serait tenu tout autre cessionnaire, à qui un héritier aurait fait une cession de la moitié de ses droits successifs dans le mobilier d'une succession. Or un tel cessionnaire, dans la Coutume de Paris, serait tenu de la moitié, non de toutes les dettes mobilières de cette succession, mais de la portion que le mobilier de cette succession doit porter dans toutes les dettes, tant mobilières que rentes dues par cette succession, suivant la contribution et répartition qui doit s'en faire sur les différentes espèces de biens dont la succession est composée. Dans cette espèce, l'héritier de ma femme doit donc pareillement être tenu de la moitié, non de toutes les dettes mobilières de la succession tombée en communauté, mais de la portion que le mobilier de ladite succession doit porter dans toutes les dettes, tant mobilières que rentes dues par ladite succession; et c'est de cette portion seule que la communauté doit être chargée.

267. On oppose, contre cette opinion, qu'elle est contraire aux principes de la matière de la communauté. Suivant ces principes, la communauté doit être chargée de toutes les dettes mobilières de chacun des conjoints. Les dettes d'une succession, par l'acceptation pure et simple que l'héritier fait de la succession, deviennent des dettes personnelles de l'héritier; les dettes mobilières d'une succession, que l'un des conjoints a acceptée durant la communauté, étant devenues les dettes de ce conjoint, la communauté, qui doit être chargée de toutes les dettes mobilières de

chacun des conjoints, doit donc être chargée de toutes les dettes mobilières de la succession, qui sont devenues, par son acceptation, les dettes de ce conjoint. L'opinion de Lemaître, qui ne l'en charge que d'une partie, est donc contraire aux principes de la communauté.

La réponse est, que le principe, qui charge la communauté de toutes les dettes mobilières de chacun des conjoints, souffre une exception à l'égard de celles que l'un des conjoints a contractées pour raison de quelqu'un de ses propres de communauté, comme nous l'avons vu *suprà*, n. 239. Or, les dettes mobilières de la succession, pour la portion dont les immeubles de la succession sont chargés, sont dettes que le conjoint a contractées pour raison desdits immeubles, auxquels il a seul succédé, et par conséquent pour raison de ses propres de communauté, qui doivent être exceptées de la règle qui fait tomber les dettes mobilières des conjoints dans la communauté, et dont il doit être tenu seul.

Denisart atteste que cette opinion, que nous avons embrassée, est suivie par l'usage au Châtelet de Paris.

268. J'étais créancier, lorsque je me suis marié, d'une rente constituée qui m'était due par mes parens. Cette rente étant réputée immeuble, m'est un propre de communauté. Depuis, je suis devenu unique héritier pur et simple du débiteur de cette rente : suis-je fondé à prétendre que notre communauté me doit faire raison de cette rente, ou pour le total, si la succession qui m'est échue ne consistait qu'en mobilier, et est entrée en entier dans notre communauté; ou pour la portion, dont le mobilier de cette succession était tenu des dettes de cette succession, si elle consistait en mobilier et en immeubles? La raison de douter est, qu'il s'est fait extinction et confusion de cette rente, lorsque je suis devenu l'unique héritier pur et simple de celui qui en était le débiteur, les qualités de créancier et de débiteur étant des qualités qui se détruisent réciproquement, lorsqu'elles viennent à concourir dans une même personne. Or, dit-on, je ne puis être fondé à prétendre que notre communauté me fasse raison de ce qui n'existe plus. Notre communauté n'a pu jamais être débitrice envers moi de cette rente, puisqu'elle a cessé d'exister aussitôt et dans le même instant que je suis devenu héritier de mon débiteur. Nonobstant cette raison, il faut décider que notre communauté est tenue, envers moi, de la continuation de cette rente; et qu'en conséquence, lors de la dissolution de la communauté, ma femme ou ses héritiers, en cas d'acceptation de la communauté, seront tenus de me la continuer pour la moitié qu'ils ont dans la communauté. Cette décision est fondée sur la loi 2; § 18, ff. *de hæred. vend.*, qui décide que, lorsqu'un héritier, après avoir accepté une succession, a cédé à quelqu'un ses droits successifs, le cessionnaire desdits droits successifs est tenu de faire raison à l'héritier, son cé-

dant, de ce qui était dû audit cédant par le défunt dont on a cédé les droits successifs : *Quum quis debitori suo hæres extitit*, dit cette loi, *confusione creditor esse desinit; sed si vendidit hæreditatem, æquissimum videtur emptorem hæreditatis, vicem hæredis obtinere, et idcircò teneri venditori hæreditatis.* Or, comme nous l'avons observé, notre communauté, dans laquelle entrent les biens et les droits de la succession de mon débiteur, qui m'est échue, doit être considérée comme un cessionnaire de droits successifs : elle doit donc, aux termes de cette loi, me faire raison de ce qui m'était dû par le défunt.

La raison de la loi est, que le cessionnaire de droits successifs, ayant tout l'émolument de la succession, en doit aussi supporter toutes les charges : c'est pourquoi, il doit rembourser à l'héritier, son cédant, tout ce que l'héritier a payé pour acquitter les dettes de la succession, non-seulement par des paiemens réels, mais par la confusion qui s'est faite des dettes de la succession, qui étaient dues à l'héritier, laquelle confusion est une espèce de paiement.

269. Que doit-on décider sur la question inverse ? J'étais, lorsque je me suis marié, débiteur envers un de mes parens, d'une certaine somme, pour le prix d'un héritage qu'il m'avait vendu, peu avant mon mariage, et qui était par conséquent propre de communauté. Cette dette ayant été contractée pour raison d'un propre de communauté, j'en suis tenu seul; elle n'est pas dette de communauté; *suprà, n.* 239. Depuis, je suis devenu durant ma communauté, héritier unique du créancier. Cette créance, que le défunt avait contre moi, étant une créance mobilière, sera-t-elle censée être entrée dans notre communauté, de même que tout le reste du mobilier de cette succession qui m'est échue, et en serai-je débiteur envers notre communauté ? La raison de douter est, que s'étant fait confusion et extinction de cette créance, que le défunt avait contre moi, dès le premier instant que je suis devenu son héritier, cette créance, qui était éteinte et qui n'existait plus, n'a pu entrer dans notre communauté. La raison de décider, au contraire, est que la communauté d'un conjoint, à qui il échet une succession, doit être considérée comme un cessionnaire des droits successifs mobiliers de ce conjoint. Or, la loi 37, ff. *de pecul.*, décide que l'héritier, qui a cédé ses droits successifs, doit faire raison à son cessionnaire de ce qu'il devait au défunt, parce que, par cette succession, il lui cède tout ce qui lui est parvenu ou qui doit lui parvenir de cette succession, et, par conséquent, l'émolument qu'il a perçu, en devenant héritier, de l'extinction de la dette dont il était débiteur envers le défunt. Je dois donc, suivant cette loi, faire raison à notre communauté, qui est cessionnaire de mes droits successifs mobiliers dans la succession qui m'est échue, de la créance mobilière que

le défunt avait contre moi ; cette créance, dont j'ai été libéré en devenant son héritier, faisant partie des droits successifs mobiliers, dont notre communauté est cessionnaire.

Des autres charges de la communauté légale.

270. Les autres charges de la communauté sont, les alimens qu'elle doit fournir aux conjoints; l'éducation des enfans communs.

A l'égard des alimens, et des frais de l'éducation des enfans, que chacun des conjoints a d'un précédent mariage, si lesdits enfans ont un revenu suffisant pour y subvenir, la communauté n'en doit pas être chargée; ils doivent être pris sur le revenu desdits enfans: mais si lesdits enfans n'avaient pas de revenu pour y subvenir, les alimens et l'éducation sont, en ce cas, une dette naturelle de leur père ou de leur mère, dont la communauté, dans laquelle entrent les dettes de chacun des conjoints, doit être chargée.

271. La communauté ayant, pendant tout le temps qu'elle dure, la jouissance des propres de chacun des conjoints, c'est une conséquence qu'elle soit chargée de l'entretien de leurs héritages propres. Cet entretien comprend toutes les dépenses qu'il faut faire pour la jouissance de ces héritages, et pour les tenir en bon état, selon leur différente nature.

Par exemple, l'entretien d'un héritage en nature de vignes, comprend les dépenses qu'il faut faire pour les cultiver, pour les fumer, pour les garnir suffisamment d'échalas, pour les provigner, pour les renouveler, en arrachant celles qui sont trop vieilles, pour en planter d'autres à leur place.

Les dépenses, qui sont à faire pour l'empaillement d'une métairie, pour marner les terres, pour peupler un colombier ou une garenne, pour empoissonner un étang, pour entourer les héritages de fossés ou de haies, où il en est besoin, sont aussi des choses qui concernent l'entretien dont la communauté est chargée.

Il en est de même des réparations qui sont à faire aux bâtimens, sur les héritages propres de chacun des conjoints.

272. Il faut, néanmoins, en excepter celles qu'on appelle *grosses réparations*, qui sont plutôt reconstructions que réparations. Ces grosses réparations ne sont pas réparations d'entretien, et la communauté n'en est pas, par conséquent, chargée. La Coutume de Paris, *art.* 262, nous donne une règle pour discerner quelles sont les réparations d'entretien qui sont à la charge de ceux qui ont la jouissance de l'héritage, et quelles sont celles qu'on appelle *grosses réparations*, qui sont à la charge

du propriétaire : elle dit que celles d'entretien sont toutes les réparations, hors les *quatre gros murs*, *les poutres*, *entières couvertures et voûtes*.

Les quatre gros murs sont les deux pans et les deux pignons qui ferment un bâtiment. Si quelqu'un de ces quatre gros murs est à refaire à neuf sur l'héritage de l'un des conjoints, c'est une grosse réparation, dont la communauté n'est pas chargée, et à qui, par conséquent, il est dû récompense par le conjoint propriétaire de l'héritage, lorsqu'elle a fourni les deniers pour la faire, comme nous le verrons *infrà*. Il en est de même, s'il a fallu substituer une poutre neuve à la place d'une qui était pourrie, ou reconstruire une voûte, ou refaire en entier une couverture dont la charpente ne valait plus rien.

Quoique la communauté ne soit pas ordinairement chargée de ces grosses réparations, néanmoins si elles étaient à faire sur un héritage propre de la femme, et qu'elles fussent provenues du défaut d'entretien de cet héritage, pendant le temps qu'a duré la communauté, le mari, qui, comme chef de la communauté, était chargé de cet entretien, aurait, en ce cas, chargé sa communauté de ces grosses réparations, auxquelles il aurait donné lieu par sa faute.

273. Les impenses, qui se font sur un héritage, non pour la simple jouissance de cet héritage, mais pour convertir la forme de cet héritage en une autre forme plus avantageuse, ne sont point des impenses de simple entretien : telles sont celles qui se font pour défricher une terre inculte, pour planter en vignes ou en bois une terre nue, pour en faire un pré ou un étang, ou pour construire dessus un bâtiment. Si donc il a été fait, durant la communauté, de ces sortes d'impenses sur l'héritage propre de l'un des conjoints, il est dû récompense à la communauté, qui a fourni les deniers pour les faire.

274. On doit aussi comprendre, parmi les charges de la communauté, les frais de l'inventaire qu'on doit faire après la dissolution, des effets dont elle est composée, et des titres qui en dépendent; les frais de liquidation des reprises que les conjoints ou leurs héritiers ont à exercer sur la communauté, ou des récompenses qu'ils doivent à la communauté : enfin les frais de partage des biens de la communauté, et tous ceux qu'il faut faire pour y parvenir, tels que sont ceux faits pour l'estimation des biens.

275. Les frais funéraires du conjoint prédécédé ne sont point chargés de la communauté; sa succession en est tenue en entier. Plusieurs Coutumes, comme Meaux, *chap.* 9, *art.* 51, et autres, en ont des dispositions, qui doivent être suivies dans celles qui ne s'en sont pas expliquées. La raison est, que ces frais ne se font qu'après la mort, auquel temps il n'y a déjà

plus de communauté, puisqu'elle a été dissoute par la mort du conjoint.

La somme, qu'on adjuge à la veuve, pour son habit de deuil, fait partie de ces frais funéraires, et doit, par conséquent, lui être payée en entier sur la succession du mari, et non sur la communauté.

276. Il est évident que les legs, faits par le prédécédé, ne sont pas dus par la communauté, et que la succession en est seule chargée pour le total. Cela a lieu, même à l'égard de ceux faits par le mari; car le pouvoir, qu'avait le mari, de disposer à son gré des biens de la communauté, est un pouvoir qu'il n'a que pendant sa vie et pendant que dure la communauté. Il ne peut donc en disposer que par des actes entre vifs, qui ont leur effet pendant sa vie et pendant que dure la communauté; mais il ne peut en disposer par des dispositions testamentaires, qui ne peuvent avoir d'effet qu'après sa mort, et, par conséquent, après la dissolution de la communauté.

277. Néanmoins, si le legs était causé pour restitution de quelque tort, que le mari aurait fait au légataire, et que la cause fût justifiée, ce legs étant, en ce cas, dette de la communauté, plutôt qu'un legs, la communauté en serait chargée. Mais si la cause, quoiqu'exprimée par le testament, n'est pas justifiée, la communauté n'en doit pas être tenue; autrement, il serait au pouvoir du mari de se proroger le droit de disposer, après sa mort, des biens de la communauté, en prétextant d'une fausse cause de restitution, les dispositions qu'il en ferait.

Les héritiers du mari, qui prétendent que le legs doit être acquitté sur les biens de la communauté, n'ont, en ce cas, faute de preuve de la cause du legs, que la voie de déférer à la veuve le serment, si elle n'en a pas de connaissance.

CHAPITRE III.

De la communauté conventionnelle, et des différentes conventions qui interviennent par rapport à la communauté.

SECTION PREMIÈRE.

De la communauté conventionnelle.

278. La communauté conventionnelle est celle qui est formée par la convention expresse des parties, portée par leur contrat de mariage.

La convention de communauté, dans les contrats de mariage, se fait ordinairement *pure*. Rien n'empêche, néanmoins, que les parties ne puissent y apposer un terme ou une condition. Par exemple, on peut convenir qu'il y aura communauté entre les conjoints, qui ne commencera qu'au bout d'un an de mariage.

Pareillement, on peut convenir *qu'il y aura communauté entre les conjoints, s'ils ont des enfans de leur mariage.* On a élevé la question, si cette condition était accomplie par la naissance d'un seul enfant, et quoiqu'il fût depuis mort durant le mariage. On a jugé pour l'affirmative, par arrêté du 22 mai 1759, rapporté par Denisart. La décision de cet arrêt est conforme à celle de la loi 4, *cod. quand. dies leg. ced.*, où il est dit : *Quùm uxori usus-fructus fundi legatur, et ejus proprietas, quùm liberos habuerit; nato filio, statim proprietatis legati dies cedit; nec quidquam obest, si is decedat.*

279. Lorsque les parties, par leur contrat de mariage, ont simplement dit, qu'il y aurait entre elles communauté de biens, sans s'expliquer davantage, cette communauté conventionnelle n'est pas différente, en ce cas, de la communauté légale, et elle est composée, tant en actif que passif, des mêmes choses dont la Coutume du lieu du domicile, que le mari avait lorsqu'il s'est marié, compose la communauté.

280. La communauté conventionnelle ne commençant, aussi bien que la communauté légale, qu'au jour de la célébration du mariage, comme nous l'avons établi *supra*, *n.* 23; c'est une conséquence, que c'est à ce temps qu'on doit avoir égard si les choses, qui appartiennent à chacun des conjoints, sont de nature à y entrer. C'est pourquoi, si un homme de Cambrai, dont la Coutume répute meubles les rentes constituées à prix d'argent, vient prendre femme à Paris, en conservant son domicile à Cambrai, où il compte retourner avec sa femme, après la célébration du mariage, et que, par le contrat de mariage, il y ait une communauté stipulée, sans autre explication; les rentes, qui appartiennent à sa femme, lesquelles étaient immeubles, tant qu'elle a eu son domicile à Paris, deviennent meubles à l'instant de la célébration du mariage, parce qu'elle perd son domicile de Paris, et qu'elle acquiert le domicile de son mari, qui est à Cambrai. Elles doivent donc entrer dans la communauté.

On doit suivre la même décision dans le cas inverse. Lorsqu'un Parisien va prendre femme à Cambrai, dans le dessein de retourner à Paris, la femme acquérant, dès l'instant de la célébration du mariage, le domicile de son mari, qui est à Paris, les rentes, qui lui appartiennent, deviennent immeubles, et ne tombent pas en communauté.

281. Il ne doit pas, néanmoins, être permis à l'un des conjoints, de changer de nature, en fraude de l'autre conjoint, les biens

qu'il avait lors du contrat de mariage, qui étaient de nature à entrer dans cette communauté, en aliénant les biens meubles, et en acquérant des immeubles à la place; car les parties, lors du contrat de mariage, en ne s'expliquant pas sur les choses qui composeraient leur communauté, sont censées être tacitement convenues qu'elle sera composée des choses que chacune d'elles avait alors, qui étaient de nature à y entrer. C'est pourquoi, les immeubles, dans lesquels l'un des conjoints a, dans le temps intermédiaire, converti ses biens mobiliers, quoiqu'acquis par lui avant la communauté, doivent y entrer, comme tenant lieu de biens mobiliers, qu'il avait lors du contrat de mariage, qui devaient y entrer, et sur lesquels l'autre conjoint avait droit de compter.

Il n'en est pas de même d'un héritage, qui aurait été donné à l'un des conjoints dans le temps intermédiaire. La donation ayant été faite avant la communauté commencée, l'héritage n'entrera pas en communauté. Il n'est fait, en ce cas, aucune fraude à l'autre conjoint, qui n'a pas dû compter sur cet héritage.

Si l'un des conjoints avait, pendant le temps intermédiaire, converti en mobilier les immeubles qu'il avait lors de son contrat de mariage, dans le dessein de faire entrer ce mobilier dans la communauté, et d'avantager, par ce moyen, l'autre conjoint, ce mobilier en doit être exclus : sans cela, ce serait un avantage qu'il ferait à l'autre conjoint dans un temps prohibé.

Il est bien permis à des futurs conjoints de se faire, avant le mariage, tous les avantages qu'ils jugent à propos de se faire; mais il ne leur est pas permis de s'en faire secrètement, dans le temps intermédiaire du contrat de mariage. L'affectation, qu'ils ont eue de les dissimuler, lors de leur contrat de mariage, fait présumer qu'ils sont dictés par la passion, puisqu'ils ont honte de les faire. C'est la raison pour laquelle les Coutumes déclarent nulles toutes contre-lettres aux contrats de mariage.

SECTION II.

Des différentes clauses qui peuvent intervenir dans les contrats de mariage, par rapport à la communauté.

ARTICLE PREMIER.

De la clause par laquelle les futurs conjoints conviennent que leur communauté sera régie par une certaine Coutume.

282. La communauté, lorsque les parties ne s'en sont pas expliquées, se règle, comme nous l'avons déjà vu, par la Coutume du lieu du domicile qu'avait le mari, lors du mariage.

Quelquefois, par une clause du contrat de mariage, elles conviennent que leur communauté sera réglée par une telle Coutume, qui n'est pas celle du domicile du mari.

Si la Coutume, par laquelle les parties ont déclaré qu'elles voulaient que leur communauté fût régie, n'a pas de dispositions différentes de celle du lieu du domicile du mari, la clause est superflue; mais, si elle en a de différentes, la clause a effet : car, en conséquence de cette clause, ce n'est pas la Coutume du lieu du domicile du mari, c'est celle par laquelle les parties ont déclaré vouloir que leur communauté fût régie, qui doit régler tout ce qui concerne cette communauté.

283. Suivant ce principe, si, par le contrat de mariage d'un Orléanais, il est dit que la communauté sera régie par la Coutume de Blois, les fruits, qui, lors de la dissolution de la communauté, se trouveront pendans sur les terres des héritages propres de chacun des conjoints, quoiqu'ils ne soient recueillis que depuis la dissolution de la communauté, appartiendront, conformément à la Coutume de Blois, à la communauté, pourvu que les terres aient été labourées et ensemencées durant la communauté; au lieu que la Coutume d'Orléans les donne au conjoint à qui appartient l'héritage, ou à ses héritiers, en remboursant à la communauté les labours et semences, comme nous l'avons vu *suprà*, *chap.* 2, *art.* 3.

284. Lorsqu'un homme, conservant son domicile sous la Coutume de Cambrai, qui répute meubles les rentes constituées à prix d'argent, vient prendre femme à Paris, la clause, portée par le contrat de mariage, que la communauté sera régie par la Coutume de Paris, exclut-elle de la communauté les rentes constituées, qui appartiennent à chacun des conjoints? Pour la négative, on dit que la Coutume de Paris n'a aucune disposition formelle et directe, qui exclut de la communauté les rentes constituées; celle, par laquelle elle les répute immeubles, ne comprend que les rentes qui appartiennent à des personnes que leur domicile rend sujettes à ses lois. Ce Cambrésien, aussi bien que sa femme, qui, dès l'instant de la célébration du mariage, a perdu son domicile de Paris, et acquis celui de son mari, étant régis l'un et l'autre par la Coutume de Cambrai; les rentes, qui appartiennent à l'un et à l'autre, sont meubles : par conséquent, elles doivent entrer en communauté; car la Coutume de Paris, par laquelle ces conjoints ont voulu qu'elle fût régie, dit expressément qu'homme et femme sont communs en *tous biens meubles*.

On dit, au contraire, pour l'affirmative, que l'intention de la famille de la femme, en stipulant que la communauté serait régie par la Coutume de Paris, a été qu'il n'entrât dans la communauté que ce qui y entrerait si le mariage était contracté avec un Parisien, et que les choses, que la Coutume de Paris répute immeubles, qu'elle exclut, en conséquence, de la communauté conjugale, telles que sont les rentes constituées, fussent pareillement, par rapport à la communauté, réputées telles, à l'effet de n'y pas entrer : qu'on doit d'autant plus croire que c'est ce qu'a voulu la famille par cette convention, qu'autrement elle serait superflue; la Coutume de Paris n'ayant pas d'ailleurs, sur la matière de la communauté, des dispositions différentes de celle de Cambrai : que, suivant la seconde règle d'interprétation, que nous avons proposée dans notre Traité des Obligations, *n*. 92, une convention doit être entendue plutôt dans un sens qui lui donne quelque effet, que dans un sens qui la rendrait superflue.

Il y a lieu à la même question, dans le cas inverse, lorsqu'un Parisien, conservant son domicile à Paris, a été prendre femme à Cambrai, et qu'il a été convenu, par le contrat de mariage, que la communauté sera régie par la Coutume de Cambrai.

285. Ces conventions, que la communauté sera régie par une telle Coutume, ou que les conjoints seront communs suivant une telle Coutume, n'ont d'effet que sur ce qui concerne la communauté; telles que sont les choses qui y doivent entrer ou non, le préciput que le survivant doit prendre au partage de la communauté, etc.

286. Celle, par laquelle il est dit simplement que les parties promettent s'épouser suivant une telle Coutume, étant conçue en termes indéfinis, est plus générale, et elle s'étend à toutes les conventions matrimoniales, *putà*, au douaire, dont la Coutume, à laquelle les parties se sont soumises, doit régler la quantité, et s'il doit être propre aux enfans, etc.

Mais elle ne donne pas aux parties le droit, que la Coutume, suivant laquelle elles ont déclaré vouloir se marier, accorde aux conjoints par mariage, de disposer l'un envers l'autre, durant leur mariage, de certains biens, lorsque la loi du lieu où est leur domicile le leur défend : car cette convention ne peut pas les soustraire à l'empire de la loi de leur domicile, ni par conséquent leur permettre ce que cette loi leur défend.

Suivant ce principe, quoique la Coutume de Blois permette aux conjoints par mariage, ayant des enfans, de se donner durant leur mariage, par don mutuel, l'usufruit des meubles et conquêts; des conjoints par mariage domiciliés à Orléans, quoique mariés selon la Coutume de Blois, ne peuvent pas, s'ils ont des enfans, se faire ce don, que la Coutume d'Orléans ne leur permet pas de se faire.

Par la même raison, quoique les parties, par leur contrat de mariage, se soient soumises à une Coutume qui ne défend pas aux femmes de contracter des obligations pour autrui, avec l'autorité de leur mari; si les parties sont domiciliées sous une Coutume, qui ne permet pas aux femmes mariées de s'obliger, même avec l'autorité de leur mari, la femme ne le pourra pas.

Vice versâ, quoique les parties se soient soumises à une Coutume, qui ne permet pas aux femmes de s'obliger pour autrui avec l'autorité de leur mari, si les parties sont domiciliées sous une Coutume qui le permet, la femme pourra s'obliger, avec l'autorité de son mari; autrement les parties, qui contractent avec elles sous la foi de la loi de leur domicile, qui le leur permet, seraient induites en erreur.

ARTICLE II.

De la convention d'apport à la communauté.

287. Il est très-ordinaire, dans les contrats de mariage, que chaque conjoint promette d'apporter à la communauté une certaine somme déterminée : c'est ce que nous appelons la *convention d'apport*.

L'effet de cette convention est que le conjoint se rend, par cette convention, débiteur envers la communauté, de la somme qu'il a promis d'y apporter; de manière que si, lors de la dissolution de la communauté, elle n'est pas entièrement acquittée, il doit faire raison à la communauté, de ce qui s'en manque.

Nous verrons, par rapport à cette convention, 1° quelles sont les choses que le conjoint peut imputer sur la somme qu'il a promis d'apporter à la communauté; 2° comment il doit justifier qu'il a fourni cette somme; 3° en quoi cette convention différencie la communauté conventionnelle de la communauté légale.

§ I: Quelles sont les choses qui peuvent être imputées sur la somme que le conjoint a promis d'apporter à la communauté.

288. Les choses, qui s'imputent sur la somme que le conjoint a promis d'apporter à la communauté, sont tous les effets mobiliers que le conjoint peut justifier avoir eus lors de son mariage, lesquels, étant entrés en la communauté, ont été reçus par la communauté, en paiement de la somme que le conjoint a promis d'y apporter, et ont acquitté le conjoint d'autant de cette somme.

La communauté ne commençant qu'au jour de la bénédiction nuptiale, et non dès le temps du contrat de mariage, comme nous l'avons établi *supra*, *n.* 22, il suit de-là qu'il n'y a que les choses, que le conjoint avait lors de la bénédiction nuptiale, qui puissent être censées avoir été reçues par la communauté, en paiement de la somme promise par le conjoint pour son apport, et qui puissent, en conséquence, y être imputées. Il n'importe qu'il les eût dès le temps du contrat de mariage, ou qu'il les ait acquises depuis : au contraire, celles, qu'il avait lors du contrat de mariage, et qu'il a cessé d'avoir dans le temps intermédiaire, de quelque manière qu'il ait cessé de les avoir, ne peuvent être imputées sur la somme qu'il a promis d'apporter à la communauté, qui ne peut être censée les avoir reçues, puisque le conjoint ne les avait plus lorsqu'elle a commencé.

289. Il suit aussi de notre principe, que c'est sur le pied de la valeur qu'avaient, au temps de la bénédiction nuptiale, les effets mobiliers du conjoint, qu'ils doivent être imputés sur la somme promise pour son apport : car c'est en ce temps que la communauté les a reçus en paiement ; et, quand on reçoit des choses en paiement, c'est pour le prix qu'elles valent au temps auquel on les reçoit.

290. Les dettes actives, qui appartiennent à chacun des conjoints lors du mariage, ne s'imputent sur la somme promise pour l'apport, qu'autant qu'elles ont été payées durant la communauté ; car ce n'est que par le paiement, qui en est fait durant la communauté, que la communauté en profite.

Observez une différence, à cet égard, entre celles du mari et celles de la femme. Le mari, pour pouvoir imputer, sur la somme qu'il a promise pour son apport, les dettes actives qu'il avait lors de son mariage, est tenu de justifier qu'elles ont été payées durant la communauté, soit par des contre-quittances, qu'il aurait tirées des débiteurs, soit au moins par un journal non suspect. Au contraire, la femme n'est pas chargée de prouver que les dettes actives, qu'elle justifie lui avoir appartenu lors de son mariage, lui ont été payées durant la communauté. Si le mari ne justifie pas, par des diligences faites à temps contre les débiteurs, qu'il n'a pu en tirer paiement, il n'est pas recevable à alléguer qu'elles n'ont pas été payées durant la communauté, puisque c'est lui qui en a dû procurer le paiement : c'est pourquoi, ces dettes doivent être, en ce cas, réputées avoir été payées durant la communauté, et elles doivent, en conséquence, être imputées sur la somme promise par la femme pour son apport.

291. Tout ce qui fait partie de la dot mobilière d'un conjoint, et qui est entré dans la communauté, s'impute sur la somme qu'il a promise pour son apport : c'est pourquoi, si les père et mère de l'un des conjoints ont promis, par le contrat de mariage, outre la dot qu'ils lui donnaient, de nourrir chez eux, pendant un certain nombre d'années, *putà*, pendant trois ans, les futurs conjoints et leurs domestiques ; ces nourritures, qui, en exécution de cette clause, ont été fournies aux futurs conjoints pendant ledit temps ; sont censées faire partie de la dot de ce conjoint ; et, en conséquence, la communauté, qui en a profité, doit imputer la somme, à laquelle elles doivent être appréciées, sur celle promise pour l'apport de ce conjoint.

292. Les père et mère d'un conjoint lui donnent quelquefois en dot les fruits d'un certain héritage, pendant un certain nom-

bre d'années, et non l'héritage même. Ces fruits composent, en ce cas, le principal de la dot; l. 4, ff. *de pact. dot.* C'est pourquoi, ces fruits, que la communauté a recueillis, non-seulement doivent s'imputer sur la somme promise par ce conjoint pour son apport; mais, s'ils excédaient la somme promise pour l'apport, l'excédant serait repris comme propre.

C'est ce qui a été jugé, il y a quelques années, par une sentence du bailliage d'Orléans, qui a été confirmée par arrêt de la cour. Les père et mère de la dame de Rochefort lui avaient donné en dot la coupe d'une certaine quantité de bois taillis, pendant un certain nombre d'années. Le sieur de Rochefort avait fait toutes lesdites coupes durant la communauté. Sa fille, après la mort de sa mère, demanda la reprise du prix desdites coupes, sous la déduction de la somme promise pour l'apport de sa mère. Cette reprise lui fut adjugée, attendu que lesdites coupes composaient le principal de la dot de sa mère.

Si ce sont, en ce cas, les fruits qui composent le principal de la dot, quels peuvent donc être, en ce cas, les fruits de la dot de la femme qui peuvent entrer en communauté, et servir à supporter les charges du mariage? La loi 4, ff. *de pact. dot.* ci-dessus citée, fournit la réponse à cette demande. Les fruits de cette dot sont, suivant cette loi, les intérêts que peuvent produire les sommes provenues du prix desdites coupes.

293. Il faut décider autrement, lorsque c'est le droit d'usufruit d'un certain héritage, qui a été donné en dot à l'un des conjoints. Ce ne sont pas, en ce cas, les fruits de cet héritage qui sont perçus durant la communauté, qui composent le principal de la dot, c'est le droit d'usufruit en lui-même qui est la dot. Les fruits de l'héritage sont les fruits de ce droit d'usufruit, lesquels, comme fruits de la dot, appartiennent à la communauté, et ne peuvent, par conséquent, être imputés sur la somme promise pour l'apport de ce conjoint.

294. N'étant pas ordinaire que des fruits, qui doivent être perçus durant la communauté, composent le principal de la dot, ils ne la composent que lorsque les parties s'en sont clairement expliquées : lorsqu'il y a de l'ambiguïté dans les termes du contrat de mariage, cette intention ne se présume pas facilement. C'est sur ce fondement que Lebrun décide, *Traité de la Communauté*, que, lorsque des père et mère ont donné en dot, peu avant la récolte, un héritage en ces termes, *un tel héritage, avec les fruits qui sont pendans*, on ne doit pas croire que leur intention a été que les fruits, qui étaient pendans au temps du mariage, et qui n'ont été perçus que depuis, dussent faire partie du principal de la dot; on doit plutôt croire qu'ils n'ont voulu dire autre chose, sinon qu'ils donnaient cet héritage tel qu'il se trouvait, sans s'en réserver la récolte qui était à faire, quoiqu'imminente. Ces termes

avec les fruits qui y sont pendans, doivent donc être regardés comme superflus : la récolte, qui en est faite durant la communauté, doit appartenir à la communauté, et ne peut conséquemment être imputée sur la somme promise pour l'apport.

295. Le conjoint ne doit pas non plus imputer sur la somme, qu'il a promise pour son apport, le mobilier qui lui advient durant le mariage par succession, donation, ou autrement; car c'est sur les biens présens, qu'il a lors du mariage, qu'il s'oblige de fournir à la communauté la somme qu'il a promise pour son apport. Il est censé avoir aussi tacitement promis d'y apporter, suivant la loi des communautés conjugales, les effets mobiliers qui lui adviendraient, par la suite, durant la communauté, à quelque titre que ce fût, lorsqu'il ne s'est pas expliqué du contraire par le contrat de mariage.

Mais lorsque, par le contrat de mariage, il se réserve propre ce qui lui adviendrait par succession, donation ou legs, en ce cas, on doit faire, jusqu'à due concurrence, compensation de la somme, qu'il a promis d'apporter à la communauté, et dont il est débiteur envers elle, avec la reprise qu'il a droit d'exercer sur la communauté, pour le montant du mobilier qui lui est advenu, durant la communauté, à titre de succession, donation ou legs.

§ II. Comment le conjoint doit-il justifier qu'il a fourni à la communauté la somme qu'il a promis d'y apporter.

296. C'est au conjoint, qui a promis d'apporter à la communauté une certaine somme, à justifier de la quantité de son mobilier qui y est entré; faute de quoi, il demeure débiteur envers elle de la somme qu'il a promis d'y apporter.

297. Cette quantité de mobilier peut se justifier, 1° par le contrat de mariage où elle est déclarée : car on présume facilement, surtout lorsqu'il ne s'est pas écoulé un temps considérable entre le contrat de mariage et la célébration, que le conjoint avait encore, lors de la célébration du mariage, la quantité de mobilier déclarée par le contrat de mariage, et qu'elle est, en conséquence, entrée dans la communauté, tant que le contraire ne paraît pas.

Il y a, à cet égard, une différence à observer entre l'homme et la femme. Le contrat de mariage, qui contient la déclaration faite par la femme, de la quantité de son mobilier, doit être quittancé par le mari, qui doit reconnaître avoir reçu de sa femme cette quantité de mobilier. A l'égard du mari, entre les mains de qui, comme chef de la communauté, est le mobilier qu'il a promis d'apporter; comme il ne peut se donner quittance à lui-même, la déclaration de la quantité de son mobilier, qui est portée par le contrat de mariage, suffit seule pour établir qu'il avait effectivement ce mobilier; la femme, et la famille de la femme, peuvent s'en informer, avant que de signer le contrat. C'est ce qui a été jugé par un arrêt du 23 juillet 1712, rapporté au sixième tome du Journal des audiences.

298. 2°. La quantité du mobilier, que chacun des conjoints avait lors du mariage, lorsqu'elle n'a pas été déclarée par le contrat de mariage, peut aussi se justifier par un état fait entre les conjoints, même depuis le mariage, et sous leur signature privée, qui en contient le détail et la prisée. Aucun des conjoints, qui ont signé cet état, n'est recevable à l'attaquer, en alléguant que, dans la vue d'avantager l'autre conjoint contre la défense de la loi, il a considérablement diminué, par cet état, la quantité de son mobilier, ou souffert que l'autre conjoint grossît la quantité du sien : car on n'est pas recevable à alléguer sa fraude.

Néanmoins, s'il alléguait que, par inadvertance et par oubli, il a omis, dans cet état, certains articles de son mobilier, et qu'il fût en état d'en faire facilement la preuve, il pourrait être admis à la faire, et à faire ajouter à l'état les omissions qu'il aurait justifiées.

299. A l'égard des héritiers du conjoint prédécédé, lorsqu'ils attaquent de fraude l'état, que les conjoints ont fait de leur mobilier, en soutenant que, dans la vue d'avantager le conjoint survivant, le mobilier du prédécédé a été, par cet état, considérablement diminué, ou celui du survivant, grossi; si les faits de fraude, qu'ils allèguent, sont bien circonstanciés et considérables, ils peuvent être admis à la preuve de cette fraude.

En vain opposerait-on que l'héritier, qui représente le défunt, et qui ne peut avoir plus de droit que lui, ne peut pas être reçu à la preuve, à laquelle le défunt n'aurait pas été reçu. La réponse est, que ce principe souffre exception, lorsque la preuve demandée est la preuve d'une fraude qui a été faite à un héritier, en sa qualité d'héritier.

300. 3°. La preuve de la quantité du mobilier qu'une des parties avait lors du mariage, peut aussi se faire par des actes non suspects, faits avant ou peu après le mariage, quoique l'autre conjoint n'y ait pas été présent.

Par exemple, un partage que le conjoint, avant ou peu après son mariage, a fait du mobilier des successions de ses père et mère, lequel contient et exprime la quantité du mobilier qui lui est échue par ce partage, pour son lot, prouve que ce conjoint avait effectivement, lors de son mariage, cette quantité de mobilier.

Pareillement, un compte de tutelle, rendu à un des conjoints peu avant ou peu après son mariage, fait foi de ce qui lui était dû lors de son mariage.

Lorsqu'il n'y a aucun acte, par lequel on puisse justifier la quantité du mobilier, que les conjoints ou l'un des conjoints avaient lors du mariage, on en admet la preuve par la commune renommée : on laisse à la discrétion du juge, à fixer, sur les enquêtes faites de la commune renommée, la quantité de ce mobilier.

Le juge, pour la fixation de ce mobilier, doit être plus indulgent envers la femme ou ses héritiers, qu'envers le mari; l'empire, qu'a le mari sur la femme, pouvant souvent ne lui avoir pas laissé le pouvoir de constater, pendant le mariage, par quelque acte, le mobilier qu'elle avait lors de son mariage.

§ III. En quoi la convention d'apport d'une somme déterminée différencie-t-elle la communauté conventionnelle de la légale.

301. La première différence, que cette convention d'apport met entre la communauté légale et la conventionnelle, est que la communauté légale acquiert, à titre universel, tout le mobilier de chacun des conjoints : au contraire, par cette convention d'apport, la communauté conventionnelle acquiert, à titre particulier, les effets de chacun des conjoints, en paiement de la somme qu'il a promise pour lors, et seulement jusqu'à due concurrence de cette somme. S'il y a plus grande quantité de mobilier, cet excédant n'entre pas dans cette communauté conventionnelle, et est de droit un propre de communauté au conjoint, dont il doit avoir la reprise lors de la dissolution de communauté.

COROLLAIRE. De-là naît la décision d'une question que nous agiterons *infrà*, art. 5, où je renvoie.

302. Une seconde différence, que la convention d'apport d'une certaine somme met entre la communauté légale et la conventionnelle, est que chacun des conjoints ne s'oblige d'apporter, en la communauté légale, que les effets mobiliers qu'il a, et autant qu'ils sont à lui : c'est pourquoi, si la communauté souffre, par la suite, éviction de quelqu'un des effets mobiliers, que ce conjoint possédait lors du mariage, ce conjoint n'est tenu de rien pour raison de cette éviction. Au contraire, par la convention d'apport d'une certaine somme, le conjoint se rendant débiteur de cette somme envers la communauté conventionnelle, si le prix de tous les effets mobiliers, que ce conjoint avait lors du mariage, et qu'il a fait entrer en communauté, en paiement de cette somme, ne monte pas à cette somme, il demeure débiteur de ce qui s'en manque envers la communauté; et, si la communauté a souffert éviction de quelques effets mobiliers, que ce conjoint

possédait lors du mariage, et qu'il avait fait entrer, en cette communauté, en paiement de la somme promise pour son apport, le prix desdits effets, dont la communauté a souffert éviction, ne pourra être imputé, ni venir en paiement de la somme promise par ce conjoint pour son apport; ce qui est conforme à un principe que nous avons établi en notre Traité des Obligations, n. 540, 543, que le paiement fait d'une chose ne libère le débiteur, qu'autant qu'il transfère à celui à qui il est fait, une propriété irrévocable de la chose donnée en paiement, dont il ne soit pas évincé par la suite : *Non videntur data, quæ eo tempore, quo dantur, accipientis non fiunt;* l. 167, ff. de reg. jur., et celle-ci: *Quod evincitur, in bonis non est :* l. 190, ff. dict. tit.

ARTICLE III.

De la convention d'ameublissement.

303. La convention d'ameublissement est une convention, par laquelle les parties, ou l'une d'elles, font entrer, dans leur communauté conjugale, tous leurs immeubles, ou quelques-uns d'eux.

Cette convention est appelée convention d'*ameublissement;* et les immeubles des conjoints, qui, en conséquence de cette convention, entrent en communauté, sont appelés *propres ameublis,* parce que cette convention fait entrer dans la communauté ces immeubles, de la même manière que les meubles y entrent, et qu'elle donne au mari le même pouvoir sur ces immeubles, qu'il a sur les meubles.

Cette convention donne à la communauté conventionnelle plus d'étendue que n'en a la communauté légale, en y faisant entrer des immeubles, qui n'entrent pas dans la communauté légale.

Nous verrons sur cette convention, 1° quelles sont les différentes espèces d'ameublissement, et quelles sont les clauses qui renferment ou non une convention d'ameublissement; 2° si les mineurs sont capables de cette convention; 3° quels sont les effets des ameublissemens, tant généraux que particuliers, de corps déterminés; 4° quels sont les effets d'ameublissemens indéterminés.

§ I. Quelles sont les différentes espèces d'ameublissemens; et quelles sont les différentes clauses qui renferment, ou non, une convention d'ameublissement.

304. Il y a différentes espèces d'ameublissemens; il y a des ameublissemens généraux, il y en a de particuliers.

C'est un ameublissement général, lorsqu'on apporte à la communauté une universalité de biens immeubles; comme lorsqu'il est dit, par le contrat de mariage, que les futurs conjoints seront communs en tous biens.

C'est une question, si cette communauté de tous biens comprend seulement l'universalité des biens présens des conjoints, ou si elle s'étend à tous ceux qui leur adviendront dans la suite durant la communauté.

Par le droit romain, la société de tous biens comprenait les biens présens et à venir, à quelque titre qu'ils advinssent. La loi 3, § 1, ff. *pro. soc.*, en a une disposition formelle; il y est dit : *Quum specialiter omnium bonorum societas coïta est, tunc et hæreditas et legatum, et quod donatum est, aut quâquâ ratione acquisitum, communioni acquiretur.*

Dans notre jurisprudence, les conventions d'ameublissement, de même que celles de réalisation, étant de droit étroit, il y a de la difficulté à adopter la décision de cette loi, et à étendre la stipulation d'une communauté de tous biens, aux biens à venir, lorsque les parties ne s'en sont pas expliquées.

C'est encore un ameublissement général, lorsque les parties conviennent que les successions, qui leur adviendront durant la communauté, seront communes; puisque cette convention renferme l'universalité des biens de ces successions, tant des immeubles que des meubles.

305. C'est un ameublissement particulier, lorsqu'on promet d'apporter en communauté, non l'universalité de ses immeubles, mais quelques immeubles particuliers.

Cet ameublissement est ou déterminé, ou indéterminé. Il est déterminé, lorsque, par le contrat de mariage, une partie promet d'apporter en communauté tel et tel immeuble.

Au contraire, lorsqu'il est dit, par le contrat de mariage, que l'un des futurs conjoints apportera à la communauté ses biens meubles ou immeubles, jusqu'à la concurrence de tant; ou bien, lorsqu'il est dit que le conjoint apportera en la communauté une certaine somme à prendre d'abord sur ses meubles, et, pour ce qui s'en manquerait, sur ses immeubles, *lesquels jusqu'à concurrence sortiront nature de conquêt;* ces clauses contiennent un ameublissement indéterminé.

Observez que, dans la dernière de ces clauses, ce sont ces termes, *lesquels jusqu'à concurrence sortiront nature de conquêts,* qui renferment l'ameublissement, et qui différencient cette clause de la simple convention d'apport d'une certaine somme; car, par ces derniers termes, le futur conjoint ne promet pas simplement d'apporter à la communauté une certaine somme, et de s'en rendre débiteur envers elle; mais il promet, pour ce qui manquera du prix de ses meubles, qui doivent entrer en communauté, afin de remplir la somme fixée pour son apport, de mettre quelques-unes de ses immeubles, jusqu'à due concurrence, dans cette communauté, lesquels y sortiront nature de conquêts : il se rend, jusqu'à cette concurrence, débiteur envers la communauté, non d'une simple somme d'argent, mais d'immeubles qu'il promet mettre dans la communauté; ce qui forme un ameublissement.

Mais, lorsqu'il est dit simplement, que le futur conjoint promet d'apporter à la communauté la somme de tant, à prendre sur ses biens meubles ou immeubles, cette convention n'est qu'une simple convention d'apport d'une telle somme, et ne renferme aucun ameublissement : ces termes, *à prendre sur ses biens meubles et immeubles*, ne signifient autre chose, sinon qu'il hypothèque tous ses biens à cette obligation; ou bien encore, que, s'il est aliéné, durant la communauté, quelqu'un de ses immeubles, le prix, qui en sera reçu, durant la communauté, viendra en déduction et en paiement de la somme promise pour son apport.

Il en est de même de la clause, par laquelle il serait dit, dans un contrat de mariage, que le mari pourrait vendre un certain héritage de la femme, dont le prix entrera en communauté : cette clause ne renferme pas une convention d'ameublissement; car ce n'est pas l'héritage, que la femme promet, par cette clause, d'apporter en communauté, mais la somme qu'il vaut, et pour laquelle il sera vendu. S'il ne l'a pas été, la femme est débitrice à la communauté, non de l'héritage, mais de la somme qu'on estimera qu'il vaut, et qu'il peut être vendu.

§ II. Si les mineurs sont capables de la convention d'ameublissement.

3o6. Pour la négative, on peut dire que la convention d'ameublissement tend à l'aliénation de l'héritage ameubli. Elle rend commun un héritage, qui appartenait en entier à celui des conjoints qui l'a ameubli; elle tend même à l'aliénation entière de l'héritage; dans le cas auquel, par le partage de la communauté, qui doit se faire après la dissolution de la communauté, l'héritage, ameubli par l'une des parties, écherrait au lot de l'autre partie; ou, dans le cas auquel le mari, durant la communauté, aliénerait l'héritage ameubli par sa femme. Or, tous actes, qui renferment une aliénation, ou qui tendent à l'aliénation des immeubles des mineurs, leur sont interdits : l'ameublissement de leurs immeubles leur doit donc être interdit.

Nonobstant ces raisons, la jurisprudence a établi que, lorsqu'un mineur, qui contracte mariage, n'avait pas, en biens meubles, de quoi faire à la communauté un apport du tiers de ses biens, il pouvait, avec l'autorité de son tuteur ou de son curateur, ameublir de ses immeubles, jusqu'à concurrence de ce qui s'en manquait. La raison est, qu'étant de l'intérêt public que les mineurs se marient, on doit leur permettre toutes les conventions qui sont ordinaires dans les contrats de mariage. De-là cette maxime : *Habilis ad nuptias, habilis ad pacta nuptialia*. Or, c'est une convention des plus ordinaires dans les contrats de mariage, que les parties fassent, de part et d'autre, un apport proportionné à leurs facultés, pour composer leur communauté. On doit donc mettre les mineurs en état de faire cet apport, en leur permettant d'apporter à la communauté une partie de leurs immeubles, lorsqu'ils n'ont pas, en biens meubles, de quoi faire cet apport.

§ III. Des effets des ameublissemens, tant généraux que particuliers, de corps certains et déterminés.

307. Dans le cas d'un ameublissement général, comme lorsque les parties, en se mariant, ont stipulé une communauté de tous biens, aussitôt que le mariage est célébré, tous les héritages et autres immeubles de chacun des conjoints, deviennent effets de communauté.

Pareillement, lorsque, par le contrat de mariage, il a été convenu que les successions, qui écherraient aux conjoints durant le mariage, seraient communes, si, durant le mariage, il échet quelque succession à l'un ou à l'autre des conjoints, tous les immeubles, qui lui écherront de cette succession, aussi bien que les meubles, deviendront, dès l'ouverture de cette succession, effets de la communauté.

Dans le cas d'un ameublissement particulier, lorsqu'il est déterminé, l'un des futurs conjoints ayant, par le contrat de mariage, promis d'apporter à la communauté tels et tels immeubles, ces immeubles deviennent pareillement, dès l'instant de la célébration du mariage, effets de la communauté.

308. COROLLAIRE PREMIER. Ces immeubles ameublis devenant effets de la communauté, il suit de-là qu'ils deviennent en même temps aux risques de la communauté, et si, par la suite, ils périssent ou sont détériorés, la perte en tombe, non sur le conjoint qui les a ameublis, mais sur la communauté.

Il n'importe qu'ils soient péris ou détériorés, ou par force majeure, ou par le fait du mari; car le mari étant, durant le mariage, maître absolu de tous les biens qui composent la communauté, il peut les perdre sans en être comptable envers sa communauté, comme nous l'avons déjà vu, et comme nous le verrons encore plus amplement *infrà, part.* 2.

309. COROLLAIRE SECOND. Le mari peut disposer par vente, donation, ou à quelque autre titre que ce soit, des héritages ameublis par sa femme, de même que de tous les autres effets

de sa communauté, sans avoir pour cela besoin de son consentement.

310. COROLLAIRE TROISIÈME. Les héritages et autres immeubles, qui ont été ameublis par chacun des conjoints, doivent, après la dissolution de communauté, être compris dans la masse du partage qui est à faire des biens de la communauté. Néanmoins, celui des conjoints, qui a ameubli l'héritage, peut le retenir, en le précomptant sur sa part, pour le prix qu'il vaut au temps du partage, et pour lequel il a été couché dans la masse, et en laissant l'autre partie prélever, sur la masse, d'autres effets pour pareille valeur.

Les héritiers du conjoint, qui a fait l'ameublissement, ont le même droit.

Lorsqu'un enfant a recueilli successivement les successions de ses père et mère, sans qu'il ait été fait aucun partage entre lui et le survivant, cet enfant est censé avoir recueilli en entier l'héritage ameubli, dans la succession de celui qui en a fait l'ameublissement : c'est pourquoi, dans la succession de cet enfant, l'héritage ameubli sera réputé, pour le total, propre du côté de celui qui a fait l'ameublissement, de même que s'il n'avait point été ameubli. C'est ce qui a été jugé par un arrêt du 10 avril 1668, rapporté par les auteurs.

311. Lorsque la communauté a souffert éviction d'un héritage ameubli par l'un des conjoints, pour quelque cause qui existait au temps qu'en a été fait l'ameublissement, le conjoint, qui l'a ameubli, est-il tenu de l'éviction envers la communauté ?

Il n'y a pas lieu à cette question à l'égard des ameublissemens généraux ; car, par ces ameublissemens généraux, les parties n'entendent apporter à la communauté d'autres héritages et immeubles, que ceux qui leur appartiennent, et seulement autant qu'ils leur appartiennent.

La question ne tombe que sur les ameublissemens particuliers. On peut, à cet égard, proposer deux cas. Le premier cas est, lorsqu'il est dit, par le contrat de mariage, que le futur conjoint apportera à la communauté une certaine somme, en paiement de laquelle il a ameubli un tel héritage. Si, par la suite, la communauté vient à être évincée de cet héritage, il n'est pas douteux que le conjoint, qui l'a ameubli, demeure débiteur envers la communauté, de la somme qu'il a promis d'y apporter ; l'héritage qu'il avait donné en paiement à la communauté qui en a été évincée, n'a pu le libérer de cette somme ; un paiement ne pouvant être valable, ni par conséquent libérer le débiteur, s'il ne transfère au créancier, à qui il est fait, une propriété irrévocable de la chose qui lui a été donnée en paiement, comme nous l'avons vu *suprà*, n. 302.

Le second cas est, lorsque, par le contrat de mariage, l'ameublissement n'est précédé d'aucune promesse d'apporter une certaine somme à la communauté; comme lorsqu'il est dit simplement, par le contrat de mariage, que le futur conjoint, pour composer la communauté de sa part, y a apporté et ameubli un tel héritage. Le conjoint, qui l'a apporté, sera-t-il, en ce cas, tenu de l'éviction de cet héritage? Il y a trois opinions. La première est de ceux qui décident indistinctement que le conjoint, qui a fait l'ameublissement, n'est aucunement tenu, en ce cas, de l'éviction que la communauté a soufferte de cet héritage. La seconde est de ceux qui pensent qu'on doit faire une distinction. Lorsque l'apport, que j'ai fait d'un certain héritage, est un apport égal à celui de l'autre conjoint, la communauté de biens, que nous avons constatée, et à laquelle nous avons entendu apporter autant l'un que l'autre, étant un contrat commutatif, je suis garant, envers la communauté, de l'éviction de l'héritage que j'y ai apporté; la garantie des évictions ayant lieu dans tous les contrats commutatifs : c'est pourquoi, en cas d'éviction de l'héritage que j'ai ameubli, je suis tenu de conférer, en argent ou autres effets, la valeur de cet héritage. Mais, lorsque, par le contrat de mariage par lequel j'ai ameubli un héritage à la communauté, l'autre conjoint n'avait rien apporté de sa part; ou lorsque, outre l'héritage que j'ai ameubli, j'avais apporté, en autres effets, à la communauté, autant que lui, l'ameublissement, que j'ai fait, étant, en ce cas, un titre lucratif, je ne suis aucunement tenu de l'éviction, que la communauté a soufferte de cet héritage, n'y ayant pas lieu, dans les titres lucratifs, à la garantie des évictions.

La troisième opinion est de ceux, qui, en rejetant la distinction que font ceux de la seconde opinion, décident indistinctement que le conjoint, qui a apporté, par le contrat de mariage, un héritage, est tenu, en cas d'éviction, de faire raison de la valeur à la communauté, parce que le contrat de société est un contrat de commerce, dans lequel, par conséquent, il y a lieu à la garantie. Quoique, par ce contrat, l'une des parties y apporte en choses plus que l'autre, ce contrat n'est pas, pour cela, (hors le cas de l'édit des secondes noces), censé renfermer une donation faite à la partie qui apporte moins en choses, laquelle est présumée suppléer, en industrie, ce qu'elle apporte de moins en choses; l. 5, § 1, ff. *pro soc.* J'avais, dans mon introduction à la Coutume d'Orléans, embrassé la seconde opinion; on m'a fait revenir à la troisième.

312. Il nous reste à observer, sur les effets des ameublissemens, soit généraux, soit particuliers, qu'ils n'ont lieu qu'entre les parties contractantes ou leurs héritiers, et pour le cas de la communauté; ce qui est conforme à ce principe de droit : *Antè omnia animadvertendum est ne conventio in aliâ re facta, aut cum*

aliá personá, in aliá re vel personá noceat; l. 27, § 4, ff. de pact.

Lors donc que l'un des conjoints a ameubli un certain héritage, cet héritage n'est réputé conquêt, que vis-à-vis de l'autre conjoint ou de ses héritiers, et pour le cas de la communauté, vis-à-vis de tous les autres, il conserve la qualité qu'il avait avant l'ameublissement. C'est pourquoi, lorsque j'ai ameubli un héritage, qui m'était propre d'une certaine ligne, cet héritage, pour la part que j'y ai, et même pour le total, s'il m'est demeuré en total par le partage de la communauté, conservera, dans ma succession, la qualité de propre de cette ligne; et ce seront mes héritiers, aux propres de cette ligne, qui y succéderont.

Par la même raison, il sera sujet aux réserves coutumières, et je ne pourrai en disposer, soit par donation entre vifs, soit par testament, pour une plus grande part que celle pour laquelle la loi coutumière du lieu où il est situé, permet de disposer des propres.

Par la même raison, il sera sujet au retrait lignager lorsqu'il sera vendu. *Voyez notre Traité des retraits , n.* 130.

§ IV. Des effets des ameublissemens indéterminés.

313. Lorsque l'ameublissement est indéterminé, comme lorsque l'un des conjoints a apporté en communauté ses meubles et immeubles, jusqu'à la concurrence d'une certaine somme; tant que cet ameublissement demeure indéterminé, tant que les parties n'ont pas réglé entre elles lesquels, des immeubles de ce conjoint, entreraient dans la communauté, aucun n'y est entré, et la communauté n'a qu'un simple droit de créance, et une simple action contre le conjoint qui a fait l'ameublissement, pour l'obliger, lors de la dissolution de la communauté, à comprendre, dans la masse des biens de la communauté qui sont à partager, quelques-uns de ses immeubles, jusqu'à concurrence de la somme par lui promise, desquels immeubles le choix lui doit être laissé, ou à ses héritiers; et, faute par lui ou ses héritiers de le faire, dans un temps qui sera limité par le juge, ce choix doit être référé à l'autre conjoint, ou aux héritiers de l'autre conjoint.

Il suit de ce principe, que, tant que l'ameublissement est indéterminé, si, durant la communauté, quelqu'un des immeubles du conjoint, qui a fait cet ameublissement, vient à périr par force majeure, la perte en est supportée en entier par ce conjoint, et non par la communauté; car, l'ameublissement étant indéterminé, on ne peut pas dire que c'est celui, qui a péri, qui est entré en la communauté : c'est pourquoi, le conjoint doit fournir à la communauté, dans les immeubles qui lui restent, la somme entière qu'il a promise pour son apport.

On avait aussi tiré de notre principe cette conséquence, que, tant que l'apport de la femme était indéterminé, le mari n'avait pas droit de vendre aucun des immeubles de la femme, parce qu'on ne pouvait dire d'aucun, qu'il fût celui qui a été ameubli, et qui est entré dans la communauté : c'est ce que Mornac dit, en quelque endroit, avoir été jugé par un arrêt qu'il rapporte. Je pense, néanmoins, que les ameublissemens se faisant principalement pour qu'il y ait un fonds de biens de communauté, dont le mari puisse, en cas de besoin, disposer, la clause d'un ameublissement indéterminé, que la femme fait de ses immeubles jusqu'à concurrence d'une certaine somme, renferme tacitement un pouvoir qu'elle donne au mari, tant qu'elle n'a point encore déterminé son apport, d'aliéner ceux des immeubles qu'il jugera à propos, jusqu'à concurrence de ladite somme; et l'aliénation, qu'en fera le mari, déterminera l'apport indéterminé de la femme à ceux qu'il aura aliénés. Mais si, avant que le mari eût vendu aucun héritage de sa femme, elle lui avait fait signifier qu'elle déterminait son ameublissement à tels et tels héritages, le mari ne pourrait plus disposer, que de ceux auxquels l'ameublissement aurait été déterminé.

344. Il nous reste à observer la différence entre un ameublissement indéterminé, que je fais de mes immeubles jusqu'à concurrence d'une certaine somme, et la simple clause, par laquelle je promets d'apporter à la communauté une certaine somme. Celle-ci donne à la communauté un droit de créance, contre moi, de cette somme. Lorsque ma femme meurt en laissant, pour son héritier, un enfant de notre mariage, cet enfant, en sa qualité d'héritier de sa mère, a, contre moi, pour la part qu'il a en la communauté, c'est-à-dire, pour la moitié, un droit de créance de ce qui reste dû de cette somme. Cette créance, qu'il a contre moi, étant la créance d'une somme d'argent, et, par conséquent, une créance mobilière, si cet enfant vient, par la suite, à mourir sans postérité, je lui succéderai, en qualité de son héritier au mobilier, à cette créance qu'il avait contre moi, et il s'en fera extinction et confusion.

Lorsque j'ai ameubli à la communauté mes immeubles, jusqu'à concurrence d'une certaine somme, cet ameublissement indéterminé ne donne pareillement contre moi à la communauté qu'un droit de créance. Mais (et c'est en cela que l'ameublissement indéterminé diffère de la simple convention d'apport d'une certaine somme d'argent) cette créance n'est pas une créance mobilière; car ce n'est pas une somme d'argent, que la communauté a droit d'exiger de moi : elle a droit d'exiger que je mette quelqu'un de mes immeubles, jusqu'à concurrence de la somme convenue, dans la masse des biens de la communauté. Cette créance, ayant pour objet des immeubles, est une créance immobilière. C'est pourquoi, lorsque ma femme meurt, l'enfant né de notre mariage, qui lui succède à cette créance pour la part qu'elle avait en la communauté, c'est-à-dire pour la moitié, succède à une créance immobilière, laquelle est, en sa personne, un propre maternel, auquel, s'il vient à mourir par la suite, succéderont à mon exclusion ses héritiers aux propres maternels : je pourrai seulement, dans les Coutumes de Paris et d'Orléans, succéder en usufruit, suivant la disposition de ces Coutumes, qui défèrent au survivant la succession en usufruit des conquêts, auxquels leurs enfans ont succédé au prédécédé.

ARTICLE IV.

De la convention de réalisation, ou stipulation de propre.

345. La convention d'ameublissement, dont nous avons traité dans l'article précédent, intervient pour donner à la communauté plus d'étendue que n'en a la communauté légale : la convention de réalisation intervient au contraire pour la restreindre.

La convention de réalisation est une convention usitée dans les contrats de mariage, par laquelle les parties, ou l'une d'elles, excluent de la communauté conjugale, qu'elles se proposent de contracter, leur mobilier, soit pour le total, soit pour partie.

La convention de réalisation, lorsqu'elle est simple, ne concerne que le cas de la communauté; mais, par les contrats de mariage, on y ajoute souvent des extensions qui l'étendent à d'autres cas.

Nous traiterons, dans un premier paragraphe, de la simple clause de réalisation; et, dans un second, des extensions qu'on y apporte par les contrats de mariage.

§ I. De la simple convention de réalisation, ou stipulation de propre.

346. La convention de réalisation est ou expresse, ou tacite. Elle est expresse, lorsque les parties ont stipulé, par leur contrat de mariage, que *leur mobilier ou le surplus de leurs biens serait propre.*

La clause, par laquelle on stipule qu'une somme d'argent sera employée en achat d'héritage, est équivalente à celle par laquelle on stipule qu'elle sera propre; et elle renferme, aussi bien qu'elle, une convention de réalisation.

La Coutume de Paris en a une disposition en l'article 93. « Somme de deniers donnée par père, mère, aïeul ou aïeule, ou » autres ascendans, à leurs enfans, en contemplation de ma-

» riage, pour être employée en achat d'héritage, encore qu'elle
» n'ait été employée, est réputée immeuble, à cause de sa des-
» tination. »

C'est par forme d'exemple que la Coutume de Paris parle
d'une somme donnée par père, mère, ou autre ascendant : il en
est de même du cas auquel elle aurait été donnée à l'un des
futurs conjoints, par quelqu'un de ses collatéraux, ou par un
étranger, pour être employée en achat d'héritages; et pareillement lorsque l'un des futurs conjoints stipule, à l'égard d'une
somme d'argent qui lui appartient, qu'elle sera employée en
achat d'héritages. Dans tous ces cas, la clause, que la somme
sera employée en achat d'héritages, équipolle à la stipulation
qu'elle sera propre; et la somme est, à cause de sa destination,
réputée immeuble, et exclue, en conséquence, de la communauté, de même que si on l'avait stipulée propre.

317. La convention de réalisation se fait aussi quelquefois tacitement, lorsque l'un des conjoints, ou quelqu'un pour lui,
promet d'apporter à la communauté une certaine somme. La limitation, qui est faite de son apport à cette somme, renferme
une réalisation tacite du surplus de ses biens mobiliers. Par exemple, lorsqu'il est dit, par le contrat, que le père de l'un des futurs conjoints lui donne, pour sa dot de mariage, une somme
de 30,000 livres; de laquelle il en entrera à la communauté une
somme de 10,000 livres; quoiqu'on n'ait pas ajouté que le surplus de cette somme lui serait propre, ce surplus est censé tacitement exclus de la communauté, de même que s'il eût été expressément stipulé propre : car dire que, de cette somme, il en
entrera en communauté 10,000 livres, c'est bien dire que le surplus n'y entrera pas : *Qui dicit de uno, negat de altero.*

Par la même raison, lorsque les parties se sont expliquées sur
leur communauté en ces termes, *les futurs conjoints seront communs en tous les biens qu'ils acquerront*, on doit sous-entendre
une tacite réalisation de tous les biens mobiliers qu'elles ont :
car dire que leur communauté sera composée des biens qu'elles
acquerront, c'est dire que ceux, qu'elles ont déjà, n'y entreront
pas, suivant la susdite règle : *Qui dicit de uno, negat de altero.*

Il n'en est pas de même de cette clause : *les futurs conjoints
seront communs en biens meubles et immeubles qu'ils acquerront.*
Elle ne renferme point de réalisation; elle n'exclut point de la
communauté les biens meubles que les conjoints ont lors de leur
mariage; car, étant susceptible de deux sens, l'un, qui rapporterait
ces termes, *qu'ils acquerront*, à toute la phrase, tant aux meubles
qu'aux immeubles; l'autre, qui ne rapporte ces termes, *qu'ils acquerront*, qu'à ceux-ci, *aux immeubles*, qui précèdent immédiatement; on doit préférer ce second sens, comme plus conforme
au droit commun des communautés, qui y fait entrer le mobilier;

la présomption étant que des parties, dans leur convention, ont suivi le droit commun et le plus usité, lorsque le contraire ne paraît pas.

318. La convention de réalisation peut se faire, non-seulement à l'égard du mobilier, que les parties ont lorsqu'elles se marient, mais pareillement à l'égard de celui, qui leur advient depuis, durant le mariage, soit à titre de succession, soit à quelque autre titre, comme de donation ou de legs. C'est ce qu'on a coutume d'exprimer par ces termes : *Tout ce qui adviendra aux futurs conjoints, durant le mariage, de succession, donation ou legs, leur sera propre.*

319. Les conventions de réalisation étant de droit étroit, ne s'étendent pas d'une chose à une autre : c'est pourquoi, lorsque les futurs conjoints, après avoir apporté chacun une certaine somme à la communauté, ont stipulé que le surplus de leurs biens serait propre, cette clause ne comprend que les biens mobiliers qu'ils avaient alors; elle ne s'étend pas à ceux qui leur adviennent depuis, durant le mariage, soit à titre de succession, soit à quelque autre titre.

320. Mais si la somme d'argent, ou autre chose mobilière, qui est advenue à l'un des conjoints, durant le mariage, lui est advenue en vertu d'un titre, qu'il avait déjà lors de son mariage, quoiqu'il n'ait été ouvert, et ne lui ait acquis la chose, que depuis le mariage, elle sera comprise dans la clause de réalisation des biens mobiliers qu'il avait lors de son mariage.

Par exemple, si le conjoint, qui, par son contrat de mariage, a stipulé propre le surplus de ses biens, avait une créance conditionnelle d'une somme de cent pistoles, quoique la condition n'ait été accomplie, et que la somme n'ait été payée que depuis le mariage, cette créance est censée comprise dans la stipulation de propre, et le conjoint a la reprise de la somme payée durant la communauté.

321. Par la même raison, si le conjoint, qui a stipulé la réalisation des biens qu'il avait lors de son mariage, avait dès-lors, parmi ses biens, un billet de loterie, quoique la loterie n'ait été tirée que depuis le mariage, et que le lot, échu à son billet, ne lui ait été acquis que depuis le mariage, il doit néanmoins être censé compris dans la stipulation de propre, et le conjoint en doit avoir la reprise : car le billet de loterie, qu'il avait lors de son mariage, et qui faisait partie de ses biens stipulés propres, était une espèce de créance conditionnelle du lot qui écherrait à ce billet par la roue de fortune, au cas qu'il en échût un.

Néanmoins, si, dans l'état des biens de ce conjoint réservés propres, du montant desquels la communauté se rendait débitrice, lors de la dissolution envers ce conjoint, le billet de loterie y était compris pour la valeur qu'il avait avant le tirage de la loterie, la communauté ayant pris, en ce cas, pour son compte et à ses risques le billet de loterie, le lot, échu à ce billet, devrait, en ce cas, appartenir à la communauté, laquelle ne doit, en ce cas, que le prix que valait le billet avant le tirage, et pour lequel il avait été compris dans l'état des biens réservés propres.

322. De même que la clause de réalisation des biens, qu'ont les conjoints lorsqu'ils se marient, ne s'étend pas à ceux qui leur adviendront par la suite, pareillement, *vice versâ*, la clause, par laquelle les futurs conjoints ont réalisé les biens qui leur adviendraient, durant le mariage, ne s'étend pas à ceux qu'ils avaient lorsqu'ils se sont mariés.

Par la même raison, la clause que *ce qui adviendra aux futurs conjoints, durant le mariage, par succession, leur sera propre*, comprend bien ce qui leur serait donné ou légué par leur père, mère, ou quelque autre de leurs ascendans, ces titres étant regardés comme des espèces de successions ; mais elle ne comprend pas ce qui leur serait donné ou légué, durant le mariage, par d'autres parens ou par des étrangers.

Vice versâ, s'il était dit que ce qui adviendrait aux futurs conjoints *par donation*, leur serait propre, cette clause ne s'étend pas à ce qui leur adviendrait par succession ; mais elle comprend ce qui peut leur advenir à titre de legs ou de substitution, le terme de *donation* étant un terme général, qui comprend les donations testamentaires, aussi bien que les donations entre vifs.

323. On ajoute quelquefois dans ces clauses, *ou autrement*. Ces termes *ou autrement*, sont des termes généraux, qui comprennent tous les titres lucratifs, par lesquels des biens peuvent advenir durant le mariage ; c'est pourquoi, il n'est pas douteux que s'il est dit que ce qui adviendra aux futurs conjoints, durant le mariage, *par succession ou autrement, sera propre*, la clause comprend tout ce qui leur sera donné ou légué, *et vice versâ*.

Lorsque les conjoints ont stipulé propre ce qui leur adviendrait durant le mariage, *par succession, don, legs, ou autrement*, ces termes *ou autrement*, comprennent les bonnes fortunes qui pourraient arriver à l'un ou à l'autre des conjoints durant la communauté. Par exemple, si l'un des conjoints durant la communauté, a trouvé une épave ou un trésor, le tiers, qui lui appartient, *jure inventionis*, dans l'épave ou dans le trésor, lui sera propre, et sera exclus de la communauté par ces termes *ou autrement*.

Lorsque l'un des conjoints, durant la communauté, a eu un lot à une loterie, si la somme, payée pour acquérir le billet de loterie, a été payée des deniers de la communauté, le lot doit appartenir à la communauté. Le lot est une acquisition que la communauté a faite ; il est le prix du risque que la communauté a couru de perdre la somme payée pour le billet de loterie. Mais si le billet de loterie n'a pas été payé des deniers de la communauté, mais des deniers d'un tiers, qui les a donnés au conjoint, le lot sera propre au conjoint, comme une acquisition de bonne fortune, exclue de la communauté par cette clause.

Il y en a qui pensent que, par ces termes *ou autrement*, ce qui advenait à l'un des conjoints par droit de déshérence ou de confiscation, durant la communauté, en était exclus. Je ne le crois pas; car les choses, qui lui adviennent à ce titre, sont fruits de son droit de justice, comme nous l'avons vu *suprà*, n. 231. Or, la convention de réalisation, quelque étendus qu'en soient les termes, ne s'étend pas aux fruits des biens propres des conjoints, qui se perçoivent ou naissent durant la communauté.

324. Enfin, par ces termes, *donation*, *legs*, *ou autrement*, il ne doit entendre que les titres lucratifs. Pour cette raison, a été jugé, par un arrêt du 12 mars 1738, rapporté par Denisart, qu'un héritage, acquis à rente viagère par l'un des conjoints, durant la communauté, appartient à la communauté, nonobstant la clause du contrat de mariage, parce que la rente viagère était assez forte pour pouvoir être considérée comme le véritable prix de l'héritage, l'acquisition de cet héritage n'est pas faite à titre de donation, quoiqu'on eût donné à l'acte le nom de donation.

325. L'effet de la clause de réalisation est, que les biens mobiliers des conjoints, qui sont réalisés par cette clause, sont réputés immeubles et propres conventionnels, à l'effet d'être exclus de la communauté, et d'être conservés au conjoint seul qui les réalisés.

Il y a, néanmoins, une grande différence entre les véritables immeubles, qui sont propres réels de communauté, et ces propres conventionnels. La communauté a seulement la jouissance dés immeubles réels qui sont propres de communauté; mais ils ne se confondent pas avec les biens de la communauté : le conjoint, à qui ils appartiennent, continue, durant le mariage, d'en être seul propriétaire, comme il l'était avant le mariage; et, en conséquence, le mari ne peut aliéner les propres réels de communauté de sa femme sans son consentement. Au contraire, les mobiliers réalisés, ou propres conventionnels, se confondent dans la communauté avec les biens mobiliers de la communauté, qui est seulement chargée d'en restituer, après sa dissolution, la valeur à celui des conjoints qui les a réalisés. En conséquence, le mari, comme chef de la communauté, peut aliéner les meubles que la femme a réalisés. La réalisation de ces meubles, et leur exclusion de communauté, ne consiste que dans une créance de reprise de leur valeur, que le conjoint, qui les a réalisés, a droit d'exercer, après la dissolution de la communauté, contre la communauté, dans laquelle ces meubles réalisés se sont confondus; et c'est à cette créance de reprise que la qualité de propre conventionnel est attachée. Le conjoint n'est pas créancier *in specie* des meubles réalisés; il ne l'est que de leur valeur; et, s'il s'en trouvait quelques-uns en nature, lors de la dissolution de la communauté, il y aurait seulement un privilége pour la créance de reprise, en les faisant reconnaître.

La raison de cette différence entre les immeubles réels propres de communauté, et les meubles réalisés, est que la communauté doit avoir la jouissance de tous les propres de chacun des conjoints, *ad sustinenda onera matrimonii*. Elle peut avoir la jouissance de leurs immeubles propres réels, sans que cette jouissance en consomme le fonds. Il n'est donc pas nécessaire, pour qu'elle ait cette jouissance, qu'elle ait le droit d'aliéner le fonds: au contraire, les meubles réalisés étant des choses qui se consomment par l'usage même qu'on en fait, *quæ usu consumuntur*, ou du moins qui s'altèrent et deviennent de nulle valeur par un long usage; pour que la communauté en puisse avoir la jouissance, et pour conserver, en même temps, au conjoint, qui les a réalisés, quelque chose qui lui tienne lieu du droit de propriété, qu'il a entendu se réserver par la convention de réalisation, il a été nécessaire d'abandonner à la communauté ces meubles réalisés, et de laisser au mari, chef de cette communauté, le droit de les aliéner et d'en disposer, sans quoi la communauté n'en pourrait pas avoir la jouissance. Il a fallu aussi, pour conserver au conjoint son droit de propriété sur les meubles, qu'il a réalisés, lui donner une créance de reprise de la valeur des effets réalisés, qu'il aura droit d'exercer contre la communauté lors de sa dissolution. Ceci est conforme aux principes de droit sur le quasi-usufruit; *Instit. tit. de usufr.*, § 3, et *tit. ff. de usufr. ear. rer. quæ usu consum.*

§ II. Des extensions qu'on apporte, par les contrats de mariage, à la convention de réalisation.

326. La convention de réalisation, lorsqu'elle est simple, n'a d'effet que pour le cas de la communauté. La créance pour la reprise de la somme, à laquelle monte la valeur des effets réalisés, que l'enfant héritier du prédécédé, qui a fait la réalisation, a contre la communauté et contre le conjoint survivant, pour la part qu'a le survivant dans la communauté, n'est regardée comme un propre conventionnel, que pour le cas de la communauté; mais, dans la succession de cet enfant, cette créance de reprise, qu'a cet enfant, n'est regardée que comme une créance mobilière, à laquelle le survivant, en sa qualité d'héritier au mobilier de ses enfans, lui succède, et en fait confusion et extinction en y succédant.

La convention de réalisation est simple, lorsqu'on a dit simple-

14*

ment, que le mobilier du conjoint *serait propre*, ou bien *qu'il serait propre au futur conjoint.*

327. Pareillement, lorsqu'il a été dit simplement qu'une somme
d'argent, donnée à l'un des conjoints, ou qui lui appartient, serait *employée en achat d'héritages ;* l'emploi n'ayant pas été fait,
la convention de réalisation de cette somme, qui résulte de
cette destination en achat d'héritages, n'est qu'une simple clause
de réalisation, qui n'a d'effet que pour le cas de la communauté,
et qui n'empêche pas que, dans la succession de l'enfant créancier de cette somme, elle ne doive être regardée comme une simple créance mobilière, à laquelle le survivant, comme héritier
au mobilier de ses enfans, a droit de succéder. Cela a souffert
néanmoins quelque difficulté, à l'égard de la somme d'argent apportée en mariage par la femme, avec la clause qu'elle serait
employée en achat d'héritages, lorsqu'elle était morte avant que
l'emploi eût été fait, laissant pour héritier un enfant, lequel
était mort ensuite. On a douté si, dans la succession de cet enfant, le mari survivant, père de cet enfant, pouvait succéder à
la créance de reprise de cette somme. On disait, en faveur des
héritiers aux propres maternels, que, si le mari survivant avait
fait l'emploi de la somme en héritages, ces héritages auraient été
des propres maternels en la personne de l'enfant héritier de sa
mère, auxquels propres il n'aurait pu succéder à cet enfant; que
c'était, de la part du mari, une fraude de n'avoir pas rempli la
destination portée par le contrat de mariage, pour se procurer
la succession de la reprise de cette somme, lors de la mort de ses
enfans; qu'ils ne doivent pas profiter de cette fraude, et que
l'emploi en héritages, qui devait être fait de cette somme, devait, vis-à-vis de lui, être réputé fait, suivant cette règle de
droit, *In omnibus causis pro facto accipitur, id, in quo per
alium mora sit quominùs fiat,* l. 39, ff. *de reg. jur.;* et, qu'en
conséquence, dans la succession de l'enfant, le père devait être
exclus de succéder à la reprise de cette somme, de même qu'il
eût été exclus de succéder aux héritages, si l'emploi eût été fait.

Par ces raisons, quelques anciens arrêts, cités par Renusson,
en son Traité de la Communauté, avaient jugé contre le mari;
mais cet auteur nous apprend que la jurisprudence a depuis
changé, et que les arrêts postérieurs ont jugé que, lorsqu'une
femme a apporté en mariage une certaine somme, pour être employée en achat d'héritage, cette destination d'emploi n'imposant
pas au mari une obligation précise de le faire; et, qu'en conséquence, faute de l'avoir fait, il ne devait pas être exclus de succéder à ses enfans à la reprise de cette somme, qu'ils ont droit
d'exercer comme héritiers de leur mère.

Il en serait autrement si le mari s'était obligé formellement
envers la famille de sa femme, à faire l'emploi. L'inexécution de

son obligation le rend débiteur des dommages et intérêts de cette famille; et il doit, pour lesdits dommages et intérêts, céder à cette famille la succession de la reprise de la somme, à la place des héritages auxquels cette famille eût succédé, s'il avait fait l'emploi.

328. La simple convention de réalisation du mobilier des conjoints n'a d'effet, comme nous l'avons dit, que pour le cas de la communauté; mais on a introduit, dans les contrats de mariage, des additions qu'on fait à la convention de réalisation, qui l'étendent au cas de la succession des enfans.

La première espèce d'addition, qu'on fait à la convention de réalisation, est, lorsqu'après qu'il a été dit que le mobilier du futur conjoint lui serait propre, et pareillement, après qu'il a été dit qu'une certaine somme d'argent, faisant partie de la dot de l'un des conjoints, serait employée en achat d'héritages qui lui seraient propres, on ajoute ces termes *et aux siens*.

L'effet de cette addition, *et aux siens*, est d'étendre la convention de réalisation ou stipulation de propres, au cas de la succession des enfans; de manière que, lorsqu'un des conjoints, *putà*, la femme, dont le mobilier a été stipulé propre à elle *et aux siens*, meurt, laissant pour ses héritiers ses enfans : si quelqu'un desdits enfans vient à mourir, la créance de la reprise de la somme réalisée, pour la portion à laquelle ils ont succédé à leur mère, est, dans leur succession, réputée immeuble et propre maternel, auquel les autres enfans succèdent, à l'exclusion du mari survivant, héritier au mobilier de ses enfans.

Observez que, ces stipulations étant de droit étroit, le terme *siens* ne comprend que les enfans du conjoint, dont le mobilier a été stipulé propre à lui *et aux siens*. Ce n'est qu'en faveur desdits enfans, que la créance de reprise de la somme réalisée est réputée propre de succession. C'est pourquoi, si tous les enfans du conjoint, dont le mobilier a été stipulé propre à lui et aux siens, meurent successivement, la créance de la reprise de la somme réalisée, qui a été réputée immeuble, et propre dans la succession des enfans, tant qu'il est resté quelque enfant pour la recueillir, ne sera plus, dans la succession du dernier mourant des enfans, considérée que comme une créance mobilière, telle qu'elle l'est dans la vérité, à laquelle succédera le conjoint survivant, en sa qualité d'héritier au mobilier de ses enfans : car la réalisation n'ayant été faite qu'au profit *des siens*, c'est-à-dire, des enfans, il ne reste plus, lors de la succession du dernier mourant des enfans, aucun de ceux en faveur de qui la réalisation a été faite; et, par conséquent, son effet doit cesser.

Il en est de même des termes *hoirs*, employés dans les conventions de réalisation : ces termes ne comprennent que les hoirs ou héritiers de la ligne directe, c'est-à-dire, les enfans. C'est pourquoi, lorsque le mobilier de l'un des conjoints a été stipulé propre à lui et *à ses hoirs*, la réalisation, pour le cas de la succession, n'est censée faite qu'en faveur des enfans de ce conjoint, et est entièrement semblable à la stipulation, par laquelle son mobilier aurait été stipulé propre à lui et aux siens.

Au reste, dans ces stipulations, ces termes, *siens, hoirs*, comprennent non-seulement les enfans du premier degré ; mais aussi les petits-enfans, et toute la postérité du conjoint qui a fait la stipulation.

Ils comprennent non-seulement les enfans, qui naîtront du mariage, mais ceux que le conjoint, qui a fait la stipulation, a de ses précédens mariages.

329. La seconde addition, qui se fait par les contrats de mariage aux conventions de réalisation, est celle qui se fait par ces termes, *et à ceux de son côté et ligne*, lorsqu'il est dit, par le contrat de mariage, que le mobilier du futur conjoint sera propre à lui, aux siens *et à ceux de son côté et ligne*.

Ces termes, *de son côté et ligne*, comprennent tous les parens, même collatéraux du conjoint qui a fait la stipulation, et étend, à leur profit, la fiction de la réalisation dans la succession du dernier mourant des enfans.

C'est pourquoi, si le mobilier de l'un des conjoints, *putà*, de la femme, a été stipulé propre à elle, aux siens et à ceux de son côté et ligne, et qu'elle soit morte en laissant, pour ses héritiers, ses enfans, lesquels sont tous morts aussi successivement, la créance de reprise de la somme réalisée, sera, dans la succession du dernier mourant des enfans, réputée immeuble et propre maternel, auquel succèderont les héritiers maternels dudit enfant, à l'exclusion du conjoint survivant, père et héritier au mobilier dudit enfant.

Il s'est élevé une question sur l'effet de ces deux additions faites à des stipulations de propres, qui a été jugée par un arrêt du 17 avril 1703, rendu en forme de règlement, rapporté par Augeard, *t.* 1.

Dans l'espèce, sur laquelle a été rendu l'arrêt, le nommé Conthié, par son contrat de mariage avec Susanne Barré, sa troisième femme, avait apporté 2,000 livres en communauté, et stipulé propre le surplus de son mobilier, à lui, aux siens et à ceux de son côté et ligne. Il mourut le premier, laissant pour héritiers huit enfans de ses différens mariages. Deux des enfans du troisième mariage étant morts depuis, leur mère prétendit, en sa qualité de leur héritière au mobilier, devoir leur succéder aux portions, qu'ils avaient dans la reprise de propres, préférablement à leurs frères et sœurs, leurs héritiers aux propres paternels.

Elle soutenait que ces stipulations de propres, aux siens, et à ceux de son côté et ligne, n'étaient valables, à l'effet de faire de la créance de la reprise de la somme réalisée, un propre conventionnel en matière de succession, que lorsque la dot de l'un des conjoints, à laquelle on apposait ces stipulations, lui était donnée par ses père et mère, étant permis, en ce cas, aux donateurs, d'apposer à leur donation telle loi que bon leur semblait; mais que, lorsquelle conjoint se mariait *de suo,* il ne pouvait pas changer lui-même la nature de son bien, et faire d'un effet mobilier, un propre de son côté dans la succession de ses enfans. La Cour n'eut aucun égard à cette distinction, et l'arrêt adjugea aux frères, comme héritiers paternels, les parts que les enfans décédés avaient dans la reprise de propre, comme étant un propre paternel, dont la mère était exclue par la stipulation.

330. Ces deux espèces d'additions, qu'on fait à la convention de réalisation, donnent à la créance de reprise de la somme réalisée, la qualité d'immeuble et de propre pour le cas de la succession, à l'effet que le conjoint survivant n'y puisse succéder, en sa qualité d'héritier au mobilier de ses enfans; mais elles ne donnent pas à cette créance la qualité de propre de disposition. C'est pourquoi, lorsque ces enfans sont en âge de tester de leur mobilier, cette créance de reprise, qu'ont lesdits enfans, est comprise, comme bien meuble, dans le legs de leurs meubles et acquêts qu'ils auraient fait au survivant.

Pour obvier à cela, il y a une troisième addition qui se fait quelquefois par les contrats de mariage, à la convention de réalisation : la partie qui stipule que son mobilier lui *sera propre et aux siens ;* ou bien qu'*il lui sera propre, aux siens et à ceux de son côté et ligne,* ajoute ces termes, *même quant à la disposition,* ou bien ceux-ci, *quant à tous effets.*

L'effet de l'addition de ces termes est d'étendre la convention de réalisation, même au cas de la disposition ; de manière que les enfans héritiers du conjoint prédécédé, qui a réalisé ainsi son mobilier, ne puissent, soit par donation entre vifs, soit par testament, pas plus disposer au profit du survivant de la créance de reprise de la somme réalisée, qu'ils ne le pourraient d'un propre réel.

334. Chacun des futurs conjoints peut comprendre, dans ces stipulations de propre, à lui, aux siens et à ceux de son côté et ligne, non-seulement le mobilier, qu'il a lorsqu'il se marie, mais celui qui lui adviendra. C'est ce qu'on a coutume d'exprimer par ces termes : *Le surplus de ses biens, ensemble ce qui lui adviendra durant le mariage par succession, don ou legs, lui sera propre, aux siens et à ceux de son côté et ligne.*

Pourrait-on encore ajouter à cette clause, celle-ci : *Sera pareillement propre aux siens et à ceux de son côté et ligne, tout ce* qui, après sa mort, adviendra directement aux enfans à naître du mariage, par des successions de sa famille ? Je crois que cette clause est valable : par cette clause, l'autre conjoint renonce au droit de succéder à ses enfans, aux biens mobiliers qu'ils auraient eus des successions des parens de la famille de celui qui a fait la stipulation. Nous avons vu, dans la préface, que la faveur des contrats de mariage y a fait admettre les renonciations à des successions futures. Si l'on peut renoncer entièrement à une succession future, on peut y renoncer pareillement, quant à certains biens desdites successions.

332. Sur l'effet de ces additions, qu'on fait aux conventions de réalisation, il y a trois principes à observer.

PREMIER PRINCIPE. Ces additions sont de droit étroit : elles doivent, en conséquence, s'interpréter selon le sens rigoureux, et grammatical des termes, dans lesquels elles sont conçues, duquel il n'est pas permis de s'écarter, sur des conjectures de l'intention des parties. On peut apporter, pour premier exemple de ce principe, le cas, auquel un père, en dotant seul et entièrement *de suo* sa fille, se serait, par le contrat de mariage de sa fille, exprimé en ces termes : « Le père de la future, en faveur de mariage, a donné à sa fille la somme de tant en argent, que le futur époux a confessé avoir reçue, de laquelle somme il en entrera tant en la communauté, et le surplus sera propre à la future, aux siens *et à ceux de son côté et ligne.* » Quoiqu'il soit très-probable que l'intention du donateur a été de conserver à sa propre famille, plutôt qu'à celle de sa femme, qui lui est étrangère, ce qu'il a eu soin de réserver propre, néanmoins on ne doit pas, sur cette conjecture de sa volonté, s'écarter du sens rigoureux et grammatical des termes. Or, dans cette clause, *sera propre à la future, aux siens et à ceux de son côté et ligne*, ces termes, *et à ceux de son côté et ligne*, selon leur sens grammatical, se réfèrent à la future, et non au donateur, et signifient *ceux du côté et ligne de la future*, et non pas seulement ceux du côté et ligne du donateur. C'est pourquoi, la créance de reprise de la femme, ainsi réalisée, ne doit, dans la succession des enfans qui ont succédé à leur mère, être regardée que comme un propre conventionnel, qui ne remonte pas plus haut qu'à leur mère ; et il suffit, pour leur succéder à ce propre, d'être parens desdits enfans du côté de leur mère, sans qu'il soit besoin de l'être aussi du côté de celui qui a fait la donation. C'est ce qui a été jugé par plusieurs arrêts, et notamment par un arrêt en forme de règlement du 16 mars 1733, rapporté par l'auteur du Traité des Contrats de Mariage, *tome 2, p. 421.* Dans l'espèce de cet arrêt, le sieur Dumoulin et sa femme, en mariant leur fille à M. de Fieubet, avaient stipulé, à l'égard d'une certaine partie de la dot, qu'elle serait propre à la future, aux siens et à ceux de son côté et ligne. Madame de Fieubet étant morte, et ayant laissé, pour héritier, un fils mineur qui mourut aussi quelque temps après; dans la succession de ce mineur, la créance, pour la reprise de la partie de la dot stipulée propre, que le mineur, comme héritier de sa mère, avait contre son père, fut disputée entre la veuve Dumoulin, aïeule du mineur, et les parens collatéraux de la famille Dumoulin. Ceux-ci prétendaient succéder pour moitié à cette reprise, en soutenant que les sieur et dame Dumoulin ayant doté chacun pour moitié, la reprise de cette dot était, pour moitié, propre conventionnel de la famille Dumoulin. L'arrêt jugea que le propre conventionnel ne devait pas monter plus haut qu'à la personne de madame de Fieubet, et adjugea, en conséquence, à la veuve Dumoulin cette créance pour le total.

Pour conserver à la famille du donateur la somme réservée propre pour le donateur, il aurait fallu concevoir la clause autrement, et dire, *sera propre à la future, aux siens et à ceux du côté et ligne du donateur.*

On peut apporter, pour un second exemple de notre principe, celui de la clause, par laquelle il est dit que, s'il est aliéné, durant le mariage, quelque propre de l'un des conjoints, la créance pour le remploi du prix lui sera *propre, aux siens et à ceux de son côté et ligne.* Quoiqu'il y eût quelque sujet de présumer que le conjoint, qui a fait la stipulation, a eu intention de conserver le prix de ses propres, qui seraient aliénés, aux familles d'où ils procédaient, néanmoins, dans l'espèce de cette clause, ces termes, *et à ceux de son côté et ligne,* pris dans leur sens propre et grammatical, comprennent dans leur généralité indistinctement tous les parens de ce conjoint, qui a fait la stipulation, sans remonter plus haut. La créance pour le remploi du prix des propres, sera donc un propre conventionnel, qui ne remontera pas plus haut qu'à la personne du conjoint, qui a fait la stipulation, et il ne sera pas nécessaire, pour y succéder, d'être de la ligne d'où procédait le propre aliéné. C'est ce qui a été jugé par un arrêt du 16 mai 1735, rapporté par l'auteur du Traité des Contrats de Mariage. Il aurait fallu, pour le conserver à cette ligne, dire expressément que la créance pour le remploi du prix, serait propre *à ceux de la ligne d'où procédaient les propres aliénés;* ou bien, *qu'elle serait propre de même nature que les propres qui seraient aliénés.*

333. SECOND PRINCIPE. Les additions, qui se font aux conventions de réalisation, ne s'étendent ni d'une personne à une autre, ni d'une chose à une autre, ni d'un cas à un autre.

Ce principe est une suite du précédent.

1° Ces additions ne s'étendent pas d'une personne à une autre: c'est pourquoi, lorsqu'un conjoint a stipulé que son mobilier lui serait propre *et aux siens*, ce qu'il a stipulé pour *les siens*, c'est-à-dire, pour ses enfans, ne doit pas s'étendre à ses collatéraux; et, en conséquence, la créance de reprise ne doit pas, dans la succession du dernier mourant des enfans, être considérée comme un propre conventionnel de la ligne de celui qui a fait la stipulation, comme nous l'avons dit *supra*, *n*. 328.

334. Lorsqu'un conjoint a stipulé que son mobilier serait propre à lui et à ceux de son côté et ligne, sans dire *aux siens*, et sans se servir d'aucun autre terme qui désigne ses enfans, peut-on, suivant le principe que les stipulations ne s'étendent pas d'une personne à une autre, dire que, dans cette espèce, la créance de reprise de la somme réalisée ne doit pas être réputée propre conventionnel en faveur des enfans du conjoint, qui a fait la stipulation? Je pense que les enfans de celui, qui a fait la stipulation, sont, dans cette espèce, compris dans la convention de la réalisation, quoiqu'ils n'y soient pas désignés par des termes qui leur soient particuliers, tels que ceux-ci, *et aux siens*, qu'on a coutume d'employer : ils sont, avec les collatéraux, compris sous ces termes, *et à ceux de son côté et ligne* ; car personne n'est plus proche de la ligne de celui, qui a fait la stipulation, que ses enfans. Il est d'autant plus nécessaire de regarder les enfans comme compris dans cette convention de réalisation, qu'il ne tombe pas sous le sens, que le conjoint ait voulu conserver ses biens mobiliers à ses collatéraux, et qu'il n'ait pas voulu pareillement les conserver à ses enfans, qui doivent lui être beaucoup plus chers que ses collatéraux.

Notre décision souffrirait encore moins de difficulté, si le conjoint s'était servi du terme, *même* ; *putà*, s'il était dit, *lui sera propre*, et MÊME *à ceux de son côté et ligne*.

335. 2° Les additions, faites à la convention de réalisation, ne s'étendent pas d'une chose à une autre : c'est pourquoi, lorsqu'il est dit, par le contrat de mariage, à l'égard de l'un des futurs conjoints, que le surplus de ses biens sera propre à lui, aux siens et à ceux de son côté et ligne, et qu'il est dit ensuite que ce qui lui adviendra par succession, don ou legs, lui sera propre, l'addition, qui est faite à la convention de réalisation, pour le surplus des biens mobiliers que le conjoint avait en se mariant, ne s'étend pas à ce qu'il a stipulé, pour le mobilier qui lui adviendrait par succession, lequel ne sera qu'un simple propre de communauté.

Par la même raison, cette addition, *aux siens et à ceux de son côté et ligne*, à la stipulation de propre, que l'un des conjoints a fait du surplus de ses biens, se borne à faire, de la reprise de la valeur du mobilier, qu'il avait en se mariant, un propre conventionnel dans la succession de ses enfans, mais elle ne s'étend pas au remploi du prix de ses immeubles, qui auraient été aliénés durant le mariage. La créance de ce remploi, dans la succession des enfans de ce conjoint, ne passera que pour une simple créance mobilière, à laquelle succédera le conjoint survivant, comme héritier au mobilier de ses enfans : car le conjoint, en stipulant propre aux siens, et à ceux de son côté et ligne, le surplus de ses biens, est censé n'avoir entendu parler que de ceux qu'il avait en se mariant, et non des créances pour le remploi du prix de ces propres, qui seraient aliénés durant le mariage, lesquelles étaient des choses qui n'existaient pas encore, et qui n'ont commencé d'exister que durant le mariage, lorsque les propres ont été aliénés.

Il y a, néanmoins, un cas, auquel la stipulation, que fait l'un des conjoints, que le surplus de ses biens lui sera propre, à lui, aux siens et à ceux de son côté et ligne, doit être censée comprendre la créance pour le remploi du prix de ses propres, qui seront aliénés durant le mariage; c'est le cas auquel le surplus des biens, que le conjoint a, de cette manière, stipulé propre, ne consistait qu'en immeubles.

Par exemple, si les père et mère de la fille, en la mariant, lui ont donné en mariage 30,000 livres; savoir : 6,000 livres en effets mobiliers, que le futur époux a reconnu avoir reçus, et 24,000 liv. en tels et tels immeubles; et qu'il soit dit ensuite que la communauté sera, de la part de la future, composée de 10,000 livres, à prendre d'abord sur son mobilier, et ensuite sur ses immeubles, et que le *surplus de ses biens* sera propre à elle, aux siens et à ceux de son côté et ligne, dans cette espèce, le surplus des biens, que la future se réserve propre, et à ceux de son côté et ligne, ne consiste que dans des immeubles; car tout son mobilier est entré dans son apport à la communauté. La future, en stipulant que ses immeubles lui seront propres, aux siens et à ceux de son côté et ligne, n'a pu considérer le cas, auquel elle conserverait ces immeubles en nature jusqu'à la dissolution; car la stipulation de propre ne peut avoir aucun effet dans ce cas, ces immeubles ne pouvant pas recevoir de la stipulation de propre, une qualité de propres qu'ils ont de leur propre nature. Il est donc nécessaire, pour donner quelque effet à cette stipulation, de supposer que le conjoint, en stipulant ses immeubles propres à lui, aux siens et à ceux de son côté et ligne, a fait cette stipulation pour le cas, auquel ils seraient aliénés durant le mariage, et que c'est la créance, pour le remploi du prix pour lequel ils seraient vendus, que les parties ont eu en vue dans cette stipulation de propre. Cela est conforme à cette règle d'interprétations, que les conventions doivent plutôt être entendues dans un sens, selon lequel elles ont quelque effet, que dans un sens selon lequel elles n'en pourraient avoir aucun. *Traité des Obligations, n.* 92.

Hors ce cas, la stipulation de propre à ceux de son côté et

ligne, que le futur conjoint fait du surplus de ses biens, ne s'applique pas à la créance pour le remploi du prix de ses propres; il faut, pour faire de cette créance un propre conventionnel, dans la succession des enfans, ou stipuler expressément que cette créance sera propre aux siens, ou qu'elle sera propre aux siens et à ceux de son côté et ligne; ou appliquer, par quelques termes de relation, la stipulation de propre pour la créance du remploi du prix des propres aliénés, à celle que le conjoint a précédemment faite pour le surplus de ses biens; comme, lorsqu'après la clause, par laquelle il est dit que le surplus des biens du conjoint lui sera propre, aux siens et à ceux de son côté et ligne, il est ajouté de suite, que la créance, pour le remploi du prix de ses propres, qui seraient aliénés durant le mariage, *sera propre de la même manière,* ou bien, *sera pareillement propre :* ces termes, *de la même manière,* et ce terme, *pareillement,* sont des termes de relation à la clause précédente, lesquels, dans la succession des enfans du conjoint, qui a fait ces stipulations, font de la créance, pour le remploi du prix des propres aliénés, un propre conventionnel, semblable à celui qui résulte de la clause précédente, pour la reprise de la valeur du surplus des biens mobiliers, que le conjoint avait lorsqu'il s'est marié.

On peut de même appliquer, par des termes de relation, la stipulation, que le conjoint a faite, que le surplus de ses biens sera propre aux siens et à ceux de son côté et ligne, à celle qu'il fait pour ce qui lui adviendra par succession ou donation, en ajoutant de suite : *Ce qui adviendra au conjoint par succession ou donation, lui sera propre* DE LA MÊME MANIÈRE, ou bien, *lui sera* PAREILLEMENT *propre.*

Néanmoins, pour éviter toutes contestations, au lieu de ces termes de relation, il est plus sûr de répéter expressément, soit à l'égard de la créance pour le remploi du prix des propres aliénés, soit à l'égard de ce qui pourrait advenir par succession, que ces créances seront propres aux siens et à ceux de son côté et ligne.

336. 3° Les additions, qu'on fait à la convention de réalisation, ne s'étendent pas d'un cas à un autre. Par exemple, comme nous l'avons déjà dit *suprà,* n. 330, ce qui est stipulé pour le cas de succession des enfans, ne s'étend pas au cas de la faculté de disposer.

337. TROISIÈME PRINCIPE. Les conventions de réalisation, et toutes les additions, qu'on y fait, ne peuvent avoir aucun effet, qu'entre ceux qui étaient parties à la convention, leurs héritiers ou autres successeurs. C'est pourquoi, les propres conventionnels, qui sont formés par les conventions, ne peuvent être réputés tels, qu'entre les familles contractantes, et non envers des tiers qui n'y ont pas été parties.

Ce principe est tiré de cette règle générale du droit : *Ani-*

madvertendum ne conventio in aliá re facta aut cum aliá personá , in aliá re aliáve personá noceat ; l. 27 , § 4, ff. de pact. Voyez ce que nous avons dit en notre *Traité des Obligations* , n. 85 et 87 et suiv.

On peut faire l'application de ce principe à l'espèce suivante. Titius, 1er du nom, a épousé Sempronia, laquelle, par contrat de mariage, a stipulé qu'une certaine somme lui sera propre, aux siens et à ceux de son côté et ligne. Elle a laissé, pour son héritier, son fils Titius, second du nom, lequel a épousé Cornélia, et qui est mort ensuite, laissant pour son héritier Titius, troisième du nom, qui est mort aussi. Dans la succession de ce Titius, troisième du nom, Cornélia, sa mère, comme son héritière au mobilier, lui succèdera à la créance, qu'il avait contre son aïeul Titius, premier du nom, pour la reprise de la somme stipulée propre par Sempronia, sans que les parens de la famille de Sempronia puissent lui opposer que cette somme, ayant été stipulée, par Sempronia, propre à elle, aux siens et à ceux de son côté et ligne, la créance, pour la reprise de cette somme, est un propre conventionnel affecté à la famille de Sempronia : car, la convention n'étant intervenue qu'entre Titius et Sempronia, la créance, pour la reprise de cette somme, ne peut être réputée un propre conventionnel de la famille de Sempronia, que vis-à-vis de Titius, avec qui la stipulation a été faite, et ceux qui le représenteraient. Elle ne doit pas, suivant notre principe, être réputée un propre conventionnel vis-à-vis de Cornélia, qui n'a pas été partie à cette convention.

L'auteur du Traité des Contrats de Mariage rapporte un arrêt du 20 janvier 1738. Dans l'espèce de cet arrêt, le sieur Dumoulin, par son contrat de mariage avec Antoinette de la Collonge, avait stipulé qu'une somme de 9,000 liv. qui faisait partie de son mobilier, lui serait propre, aux siens et à ceux de son côté et ligne. Gaspard de Fieubet, par le prédécès de sa mère, avait recueilli la succession du sieur Dumoulin, son aïeul maternel, dans laquelle s'était trouvé ce propre conventionnel de 9,000 liv. Ledit Gaspard de Fieubet, étant depuis décédé en minorité, ses héritiers aux propres de la famille de Dumoulin, prétendirent avoir droit de lui succéder à cette somme de 9,000 liv. stipulée propre par le contrat de mariage du sieur Dumoulin, que le mineur de Fieubet avait recueillie dans la succession dudit sieur Dumoulin. Ils se fondaient sur ce que la convention de propre, portée au contrat de mariage du sieur Dumoulin, avait fait de cette somme de 9,000 liv., un propre conventionnel affecté à la famille Dumoulin. M. de Fieubet, père du mineur défunt, et son héritier au mobilier, leur répondait fort bien : Cette convention de propre a bien pu faire de cette somme de 9,000 liv., un propre conventionnel vis-à-vis d'Antoinette de la Collonge, avec qui la convention a été faite, mais elle n'en a pu faire un vis-à-vis de moi, qui n'ai pas été partie à cette convention. L'arrêt a débouté les parens de la famille Dumoulin de leur demande, et a adjugé cette somme de 9,000 liv. à M. de Fieubet, comme faisant partie de la succession mobilière du mineur.

338. Suivant le même principe, lorsqu'une femme, par son contrat de mariage avec son premier mari, a stipulé qu'une certaine somme lui serait propre, aux siens et à ceux de son côté et ligne, *même quant à la disposition*, la créance, qu'elle a pour la reprise de cette somme, contre les héritiers de son premier mari, doit tomber, comme un effet mobilier, dans la communauté légale avec son second mari. On ne peut pas opposer que la clause ci-dessus rapportée, a fait de cette créance un propre conventionnel, même de disposition : car les conventions n'ayant d'effet qu'entre ceux qui y ont été parties, cette clause, portée au contrat du premier mariage, n'a pu faire de cette créance *un propre de disposition*, que vis-à-vis du premier mari, à l'effet que les enfans, qui auraient succédé à leur mère à cette créance, n'eussent pu en disposer envers leur père pour plus que pour un propre réel : mais cette clause ne peut, suivant notre principe, faire réputer cette créance pour un propre conventionnel vis-à-vis du second mari, qui n'a pas été partie dans cette convention; et elle ne peut, par conséquent, empêcher qu'elle ne tombe dans la communauté légale de cette femme avec son second mari. Lebrun, en décidant le contraire en son Traité de la Communauté, *liv.* 1, *chap.* 5, § 1, *d.* 3, *n.* 12, a péché contre les premiers principes de la matière des conventions et des propres conventionnels.

339. On a depuis peu agité la question, si, lorsque l'un des conjoints a, par son contrat de mariage, réalisé son mobilier au profit des siens et de ceux de son côté et ligne, la créance, pour la reprise de ce mobilier, devait être réputée propre conventionnel, non-seulement vis-à-vis la personne de l'autre conjoint, mais même vis-à-vis tous ceux de la famille; ou s'il ne devait être réputé tel que vis-à-vis le conjoint, ou ceux qui viendraient de son chef.

Par exemple, lorsqu'une femme a stipulé que son mobilier serait propre à elle, aux siens et à ceux de son côté et ligne; dans la succession de l'enfant, qui a succédé à sa mère à cette créance, il n'est pas douteux que, vis-à-vis du conjoint survivant, père de cet enfant, cette créance sera réputée être un propre conventionnel maternel de sa succession, duquel il sera exclus par les parens maternels de cet enfant. Mais, en supposant que le père fût prédécédé, et que l'enfant eût renoncé à sa succession; dans la succession de l'enfant, la créance, qu'il a contre la succession de son père, pour la reprise du mobilier réalisé de sa mère, sera-t-elle pareillement réputée propre conventionnel maternel, vis-à-vis de l'aïeul paternel de cet enfant, son héritier au mobilier; et cet aïeul devra-t-il, en conséquence, être exclus de succéder à cette créance par les parens maternels? L'opinion commune sur cette question, était que la créance, pour cette reprise, était, dans la succession des enfans, réputée un propre conventionnel du côté du conjoint qui avait fait la stipulation, non-seulement vis-à-vis la personne de l'autre conjoint, mais vis-à-vis tous ceux de la famille de l'autre conjoint; et, qu'en conséquence, dans l'espèce proposée, les parens maternels devaient succéder à l'enfant, à la créance pour la reprise des deniers réalisés par sa mère, comme à un propre maternel, à l'exclusion de l'aïeul paternel.

La question a été jugée, contre cette opinion commune, par arrêt du 17 mai 1762, rendu en forme de règlement. Dans l'espèce de l'arrêt, M. Bellanger Dessenlis, par son contrat de mariage avec Marie-Marguerite Maillard, avait stipulé une partie de son mobilier propre à lui, aux siens et à ceux de son côté et ligne. M. Bellanger Dessenlis étant mort, avait laissé, pour héritier, M. Bellanger de Beauvoir, son fils. Dans la succession de M. de Beauvoir se trouvèrent certains effets, qu'il avait eus de la succession de son père, lesquels étaient, à la vérité, par leur nature, effets mobiliers, mais qui étaient compris dans la convention de propre, portée au contrat de mariage de M. Bellanger père. La succession de ces effets fut disputée entre les bisaïeux maternels du défunt, qui étaient ses héritiers au mobilier, et les parens paternels. Ceux-ci soutenaient que ces effets, quoique mobiliers par leur nature, avaient été faits propres conventionnels de la famille Bellanger, par la convention de propre portée au contrat de mariage de M. Bellanger, qui devaient être regardés comme tels, contre tous les parens de la famille maternelle; parce que les conventions de propres à ceux du côté et ligne de l'un des conjoints, portées par les contrats de mariage, devaient être regardées, non-seulement comme des conventions intervenues entre l'homme et la femme qui contractent mariage, mais comme des conventions intervenues entre les familles de l'homme et de la femme, qui devaient faire une loi pour lesdites familles.

On ajoutait que cette opinion était très-favorable, puisqu'elle tendait à conserver les biens dans les familles. Si on s'en écartait, les personnes, dont toute la fortune consiste dans un mobilier considérable, et qui donnent à leurs enfans, en les mariant, des dots considérables qui ne consistent qu'en argent ou en effets mobiliers, ne pourraient plus avoir de voie assurée pour conserver leur bien à leur famille, que celle des substitutions, qui est une voie dispendieuse, gênante et sujette à beaucoup d'embarras.

Les héritiers au mobilier du mineur répondaient, que les conventions de propres, portées par les contrats de mariage, ne peuvent pas être considérées comme conventions intervenues entre les familles des futurs conjoints. Chaque famille ne forme pas un corps, et n'a pas une personne civile capable de contracter : les parens de chacun des futurs conjoints, qui assistent et signent au contrat de mariage, n'assistent et ne signent au contrat que par honneur, et n'y sont pas parties contractantes. La convention, portée par un contrat de mariage, par laquelle l'un des futurs conjoints stipule qu'une partie de son mobilier lui sera propre, aux siens et à ceux de son côté et ligne, est donc une convention qui n'intervient qu'entre les futurs conjoints, laquelle, par conséquent, ne peut avoir aucun effet qu'entre eux. Elle ne peut donc faire, des effets mobiliers stipulés propres, un propre conventionnel de la famille du conjoint qui a fait la stipulation dans la succession de ses enfans, que contre l'autre conjoint, à l'effet de l'exclure, lui ou ceux qui seraient à ses droits, de la succession de ce propre conventionnel : mais elle ne peut faire regarder ce mobilier comme un propre conventionnel, contre d'autres personnes, qui viennent de leur chef à la succession de ce mobilier, la convention, par laquelle on a réalisé ce mobilier, ne pouvant être opposée à ces personnes, ni avoir aucun effet contre elles, puisqu'elles n'y ont pas été parties. Donc, disaient les bisaïeul et bisaïeule maternels de M. de Beauvoir, la stipulation de propre, portée au contrat de mariage de M. Bellanger Dessenlis, n'a pu faire, des effets mobiliers en question, un propre conventionnel, que contre Marie-Marguerite Maillard sa femme, avec qui la convention a été faite, à l'effet de l'exclure de la succession de ce mobilier, si elle eût survécu à son fils, et eût été son héritière : mais cette stipulation n'a pu, vis-à-vis de nous, qui venons de notre chef à la succession de ce mobilier, en faire un propre conventionnel ; une convention, à laquelle nous n'avons pas été parties, ne pouvant avoir aucun effet contre nous. Marguerite Maillard a bien pu renoncer, pour elle, à succéder à ses enfans au mobilier compris dans la convention de propre ; mais elle n'a pu y renoncer pour nous, qui venons à cette succession de notre chef, et qui ne tenons point d'elle le droit que nous avons d'y succéder. Sur ces raisons, l'arrêt a débouté les parens paternels de leur demande, et adjugé aux bisaïeul et bisaïeule maternels de M. de Beauvoir, la succession de tout son mobilier, même de celui compris en la stipulation de propre portée au contrat de mariage de son père.

340. Il nous reste à voir de quelle manière s'éteignent les propres conventionnels, qui sont formés par les additions qu'on fait à la convention de réalisation. Ils s'éteignent de plusieurs manières : par la consommation de la fiction, par le paiement, par la confusion, et par le transport qui en est fait à un étranger.

De la consommation de la fiction.

341. Le propre conventionnel s'éteint par la consommation de la fiction, c'est-à-dire, lorsqu'elle a eu tout l'effet qu'on s'est proposé par la convention qui l'a formé.

Par exemple, lorsque l'un des conjoints, *putà*, la femme, a stipulé que son mobilier lui serait propre, aux siens et à ceux de son côté et ligne, la fiction, qui fait de la créance pour la reprise de ce mobilier, un propre conventionnel, est consommée, lorsqu'à la mort du dernier resté des enfans, à qui cette créance appartenait, les parens maternels de cet enfant y ont succédé comme un propre maternel; car elle a eu tout l'effet qu'on s'était proposé par la convention, qui était de conserver ce bien, même aux parens collatéraux de la femme, à l'exclusion de l'autre conjoint. C'est pourquoi, cette créance, pour la reprise du mobilier réalisé, à laquelle les parens du côté maternel de l'enfant ont succédé, comme à un propre maternel conventionnel, cessera d'être, dans la personne de ces parens, un propre conventionnel, et ne sera plus qu'une simple créance mobilière.

Si cette femme n'a stipulé propre qu'à elle et aux siens, sans ajouter, *et à ceux de son côté et ligne,* la fin, qu'elle s'est proposée en ce cas, n'étant que de conserver à tous ses enfans le mobilier qu'elle a réalisé, et d'empêcher son mari, père desdits enfans, de succéder à cette reprise à ceux d'entre eux qui mourraient les premiers, au préjudice de ceux qui resteraient, il s'ensuit, qu'aussitôt que le dernier resté des enfans y a succédé aux prédécédés, la fiction ayant eu tout son effet, le propre conventionnel est éteint, et que, dans la personne de ce dernier resté des enfans, cette créance n'est plus qu'une simple créance mobilière, à laquelle, à sa mort, son père succédera comme son héritier au mobilier.

342. Supposons que la femme, qui a stipulé que son mobilier sera propre à elle et aux siens, ait laissé trois enfans, qui lui ont succédé chacun pour un tiers à la créance de cette reprise. A la mort du premier décédé desdits enfans, les deux, qui restaient, lui ont succédé, à l'exclusion de leur père, chacun pour moitié, au tiers qu'ils avaient dans ladite reprise. A la mort du second, le père, en convenant que le dernier resté des enfans doit succéder, à son exclusion, au tiers que le défunt tenait de son chef de la succession de sa mère, est-il fondé à prétendre qu'il en doit être autrement de la portion, que le défunt a eue de la succession du premier décédé des enfans, parce que la fiction doit être réputée consommée pour ce tiers, et, par conséquent, le propre conventionnel doit être réputé éteint pour ce tiers? Cette prétention du père n'est pas fondée. Il est vrai que la fiction a eu une

partie de son effet, à la mort de l'enfant premier décédé, par rapport au tiers qui lui appartenait dans le propre conventionnel, en y faisant succéder les deux enfans qui restaient, à l'exclusion du père : mais elle n'a pas eu tout son effet. Elle n'aura tout son effet, et elle ne sera entièrement consommée, que lorsque le dernier resté des enfans y aura succédé ; la fin, que la femme s'est proposée, en réalisant ce mobilier aux siens, étant de le conserver en entier à ses enfans, jusqu'à celui qui restera le dernier, et d'empêcher que le conjoint survivant n'y succédât, pour quelque portion que ce fût, au préjudice des enfans.

Du paiement.

343. La créance, pour la reprise du montant du mobilier réalisé, à laquelle la convention de réalisation, et les additions qu'on y a faites, ont donné la qualité de propre conventionnel, s'éteint, de même que toutes les créances, par le paiement : *Solutione extinguitur obligatio.*

Le propre conventionnel, qui n'est autre chose qu'une qualité de cette créance, est donc éteint par le paiement qui est fait de cette créance ; une qualité ne pouvant pas subsister lorsque son sujet est détruit.

C'est pourquoi, si, après la mort du conjoint qui a fait la stipulation de propre, il est intervenu un partage des biens de la communauté entre les enfans et le conjoint survivant, et que les enfans aient, à ce partage, exercé la reprise, dont ils étaient créanciers, en leur qualité d'héritiers du conjoint prédécédé, et qu'ils en aient été payés, n'y ayant plus de créance de reprise, il n'y a plus de propre conventionnel.

C'est pourquoi, si, depuis ce partage, ces enfans meurent en majorité, le conjoint survivant, en sa qualité de leur héritier aux meubles et acquêts, leur y succèdera entièrement, sans que les héritiers aux propres de la famille du conjoint prédécédé, qui a fait la stipulation portée au contrat de mariage, puissent prétendre, dans les successions desdits enfans, la reprise du mobilier compris en cette stipulation ; la créance de cette reprise étant une chose qui n'existe plus, et qui a été éteinte par le paiement qui en a été fait auxdits enfans. C'est le sentiment de tous les auteurs ; et cela a été jugé par deux arrêts, l'un du 16 mai 1692, l'autre en 1749, rendu au profit de M. de Bomelle, qui sont cités par l'auteur du Traité des Contrats de Mariage.

344. Il en serait autrement, si l'enfant, qui a été payé de la reprise du mobilier, compris dans la stipulation de propre du conjoint prédécédé, était mort en minorité : car, suivant l'article 49 de la Coutume de Paris, qui forme, sur ce point, un droit commun pour les autres Coutumes, ayant été, lors de la réformation

de cette Coutume, ajouté et formé sur la jurisprudence qui était établie alors; lorsqu'une rente propre, appartenante à un mineur, lui a été remboursée, si le mineur décède en minorité, les deniers provenus de ce remboursement, ou le remploi, qui en a été fait, représente, dans la succession du mineur, cette rente; et les héritiers aux propres, qui y succéderaient, si elle était en nature, succèdent aux deniers qui en sont provenus. Par la même raison, lorsque le mineur, qui a été payé de la reprise de propre qui lui était due, meurt en minorité, les deniers provenus du paiement qui lui en a été fait, appartiennent à son héritier aux propres, qui succèderait au propre conventionnel, s'il était encore en nature : car ce que la Coutume de Paris a ordonné, à l'égard des deniers provenus du remboursement d'une rente propre, a été étendu à tous les autres propres, aux conventionnels comme aux autres : *Quùm tantumdèm operetur fictio in casu ficto, quantùm veritas in casu vero.*

De la confusion.

345. Lorsque l'enfant, créancier d'une reprise, qui est un propre conventionnel du côté du conjoint prédécédé, devient héritier de l'autre conjoint, qui en était le débiteur, il se fait confusion et extinction de cette créance de reprise, et, par conséquent, du propre conventionnel, tant parce que les qualités de créancier et de débiteur sont des qualités qui se détruisent réciproquement, lorsqu'elles concourent dans la même personne, que parce que la créance est censée payée et acquittée, l'enfant étant censé avoir trouvé, dans la succession de son débiteur, de quoi en être payé : *Aditio hæreditatis pro solutione est.*

346. Ce principe souffre exception en deux cas. Le premier cas d'exception est, lorsque c'est par bénéfice d'inventaire que l'enfant, créancier du propre conventionnel, est devenu héritier du conjoint dernier mort, qui en était le débiteur : car l'effet du bénéfice d'inventaire est d'empêcher la confusion des droits de l'héritier, et de ceux de la succession bénéficiaire, et, par conséquent, d'empêcher l'extinction des créances de l'héritier contre la succession bénéficiaire, jusqu'à ce qu'il en soit payé sur les biens de ladite succession, par une liquidation faite avec les créanciers de ladite succession. *Voyez notre Introduction au tit.* 17 *de la Coutume d'Orléans, n.* 52.

347. Le second cas d'exception est, lorsque l'enfant, ayant été en minorité héritier pur et simple du conjoint dernier décédé, débiteur du propre conventionnel, est mort en minorité. En ce cas, les héritiers, qui auraient succédé à ce propre, s'il se fût trouvé en nature dans la succession de l'enfant, succèdent à cet enfant, suivant l'article 94 de la Coutume de Paris, ci-dessus

cité, au remploi du prix de ce propre, qu'ils sont censés trouver dans sa succession ; les biens de la succession du conjoint, qui en a été le débiteur, dont l'enfant a été héritier, lui tenant lieu du remploi du prix de ce propre, jusqu'à due concurrence.

348. On ajoutait un troisième cas d'exception, savoir, lorsqu'en fin de la stipulation portée au contrat de mariage, par laquelle l'un des futurs conjoints stipulait, que le surplus de son mobilier lui serait propre, aux siens et à ceux de son côté et ligne, il était ajouté, *et sera réputé tel dans les successions des enfans qui naîtront du mariage, nonobstant toute confusion et concours d'hérédités survenus en leur personne.* Mais, depuis que la nouvelle jurisprudence établie par l'arrêt de règlement de 1762, rapporté *suprà*, n. 338, a établi que la créance de reprise de propre, qu'a l'enfant héritier du conjoint prédécédé, contre le conjoint survivant, ne peut être, dans la succession de cet enfant, réputé propre conventionnel, que contre la personne du conjoint survivant, avec qui la convention de propre a été faite, ou ceux qui seraient à ses droits, et non contre les autres personnes de la famille de ce conjoint, qui viendraient de leur chef à la succession de l'enfant ; il ne peut plus y avoir lieu, dans le ressort du Parlement de Paris, aux questions de savoir si l'enfant créancier de la reprise, en recueillant la succession du conjoint survivant, qui en était le débiteur, a fait confusion de cette créance, et si cette confusion a été le propre conventionnel ; de manière que, dans la succession de l'enfant, les parens du côté du conjoint qui a fait la stipulation, ne puissent plus le prétendre contre ceux de la famille de l'autre conjoint. Car, suivant cette jurisprudence, il suffit que le conjoint, débiteur de cette reprise, soit mort avant l'enfant, et ne puisse plus, par conséquent, venir à sa succession, pour qu'il ne puisse plus y avoir de propre conventionnel dans la succession de l'enfant, n'y ayant que lui, à qui, suivant cette jurisprudence, la convention de propre puisse être opposée. Néanmoins, comme il y a d'autres Parlemens dans le ressort desquels cette jurisprudence peut n'être pas suivie, tout ce que nous avons dit sur la confusion, ne doit pas être regardé comme inutile.

Du transport.

349. C'est un principe commun à tous les propres, de quelque espèce qu'ils soient, aux conventionnels aussi bien qu'aux réels, que la qualité de propre n'est pas une qualité intrinsèque, mais une qualité purement extrinsèque et relative à la personne qui en est le propriétaire ; c'est pourquoi, lorsque le propriétaire d'une chose, qui est en sa personne un propre, soit réel, soit conventionnel, aliène cette chose, la qualité de propre, qu'avait

cette chose, se perd entièrement, et s'évanouit par l'aliénation qu'il en fait.

En conséquence, lorsque l'enfant, à qui appartient une créance de reprise, qui est en sa personne un propre conventionnel, a aliéné cette créance par le transport qu'il en a fait à quelqu'un, cette créance, par l'aliénation qui en est faite, perd sa qualité de propre conventionnel, et les héritiers de cet enfant, du côté d'où elle procédait, ne peuvent rien prétendre, à cet égard, dans la succession de cet enfant, dans laquelle cette créance ne se trouve plus.

Ce principe souffre exception dans le cas, auquel l'enfant, qui a fait un transport de sa créance, propre conventionnel, meurt en minorité; car, en ce cas, les héritiers du côté, d'où le propre procédait, lui succèdent, suivant l'article 94 de la Coutume de Paris, aux deniers provenus du prix du transport qui en a été fait, ou au remploi d'iceux.

ARTICLE V.

De la convention de séparation de dettes, et de la clause de franc et quitte.

350. Quoique la clause, par laquelle, dans un contrat de mariage, les père et mère, en mariant leur fils, le déclarent franc et quitte de dettes, soit une convention qui n'appartient pas proprement à la matière de la communauté, et qui est très-différente de la convention de séparation de dettes, néanmoins, comme quelques personnes les confondent quelquefois, nous avons cru qu'il était à propos, qu'après avoir traité, dans un premier paragraphe, de la convention de séparation de dettes, nous traitassions aussi, dans un second, de la clause de franc et quitte, afin de faire mieux connaître le rapport qu'ont entre elles ces deux clauses, et leurs différences.

§ I. De la convention de séparation de dettes.

351. La convention de séparation de dettes est une convention par laquelle les parties conviennent, par leur contrat de mariage, que leur communauté ne sera point chargée des dettes, que chacune d'elles a contractées avant le mariage.

Cette convention se fait ordinairement en ces termes : *Chacun des futurs conjoints acquittera séparément ses dettes faites auparavant le mariage.* Elle peut se faire par quelques autres termes que ce soit.

352. C'est une question, si, lorsque les conjoints ont, par leur contrat de mariage, apporté chacun une somme certaine ou quel-

que corps certain, pour en composer leur communauté, leurs dettes antérieures au mariage doivent être, par cela seul, censées exclues de la communauté, sans qu'il soit besoin d'une convention expresse de séparation de dettes. C'est l'avis de La Thaumassière, dans ses Questions sur la Coutume de Berri. Je le crois conforme aux principes. Si les Coutumes chargent la communauté des dettes mobilières de chacun des conjoints, antérieures au mariage, c'est qu'elles y font entrer l'universalité de leurs biens mobiliers, dont, suivant les principes de l'ancien droit français, les dettes mobilières sont une charge; mais, lorsque les conjoints ont composé autrement leur communauté conventionnelle, et qu'au lieu d'y apporter l'universalité de leurs biens mobiliers, ils n'y ont apporté chacun qu'une somme certaine ou des corps certains pour la composer, on doit, par une raison contraire, décider que cette communauté ne doit pas être chargée de leurs dettes antérieures au mariage; car les dettes ne sont charges que d'une universalité de biens, et non de choses certaines ou de sommes certaines. *Æs alienum universi patrimonii, non certarum rerum onus est : doctores ad l. 50, § 1, ff. de judic.*

Cela doit surtout avoir lieu, lorsque les futurs conjoints ont fait chacun un apport égal; comme lorsqu'il est dit que, pour composer la communauté, les futurs conjoints y apporteront chacun une somme de dix mille livres; cette somme de dix mille livres, que chacun promet apporter, doit être entendue d'une somme de dix mille livres effectives, *de net, et toutes dettes payées*; car la communauté conventionnelle, à laquelle chacun des conjoints apporte une somme égale, est de la classe des contrats commutatifs, de la nature desquels il est que les contractans s'y proposent l'égalité, et que chacun d'eux ait intention d'y recevoir autant qu'il donne. Mais cette égalité, que les futurs conjoints sont présumés s'être proposée, serait entièrement renversée, si, pendant que celui des conjoints, qui ne doit rien, y apporterait dix mille livres effectives, celui, qui doit beaucoup, en apportant ses dettes avec la somme de dix mille livres, qu'il a promis d'apporter, n'y apporterait rien, ou presque rien d'effectif.

Nonobstant ces raisons, Lebrun, *liv. 2, ch. 3, n. 6*, est d'avis contraire, et il entreprend de réfuter l'opinion de La Thaumassière. Les raisonnemens, qu'il emploie pour cela, me paraissent mauvais, et ne renferment que des pétitions de principe. Il dit en premier lieu, *que l'apport ne règle point les dettes, ni les dettes ne règlent point l'apport.* On ne sait pas trop ce qu'il veut dire; mais s'il veut dire que, pour régler si la communauté doit être chargée des dettes des conjoints antérieures au mariage, on ne doit pas considérer de quoi l'apport de chacun des conjoints est composé, si c'est d'une universalité de biens, qui est une chose qui renferme la charge des dettes; ou si c'est d'une somme certaine, ou d'un corps certain, qui sont des choses qui ne renfer-ment pas cette charge; c'est poser pour principe ce qui fait pré-cisément l'objet de la question, et, par conséquent, une pétition de principe.

Il dit, en second lieu, *que toutes les dettes mobilières, en quel-que temps qu'elles soient créées, sont à la charge de la commu-nauté, s'il n'y a convention contraire.* C'est encore une pétition de principe; car c'est précisément ce qui est en question, si une communauté, dans laquelle les conjoints n'ont apporté chacun qu'une somme certaine, et non l'universalité de leur mobilier, est chargée de leurs dettes mobilières antérieures au mariage, quoiqu'il n'y ait pas de convention expresse qui les exclue.

Il dit, en troisième lieu, que *l'apport égal n'empêche pas qu'il n'y ait ordinairement entre les conjoints une industrie inégale, et des dettes inégales, qui ne sont point censées rompre l'égalité de cet apport.* Il veut dire que, lorsque deux conjoints promettent chacun apporter une somme égale, *putà*, une somme de dix mille livres chacun; quoique l'un d'eux charge la communauté plus que l'autre, par ces dettes, il est néanmoins vrai de dire que, quant à la somme qu'ils ont promis chacun d'apporter, ils ont fait un apport égal, puisque c'est une même somme de part et d'au-tre; de même que, lorsque l'un d'eux a plus d'industrie, quoique, par son industrie, il apporte réellement plus que l'autre, l'apport est censé égal lorsqu'ils apportent une somme égale. Je réponds que l'inégalité d'industrie est mal-à-propos comparée avec l'iné-galité de dettes.

Lorsque deux conjoints promettent d'apporter chacun à la com-munauté une certaine somme, *putà*, de dix mille livres, il n'est pas question entre eux de leur industrie. Chacun s'oblige d'ap-porter une somme effective de dix mille livres; et celui, qui a le moins d'industrie, ne satisfait pas moins à son obligation, que celui qui en a davantage, en apportant, comme lui, une somme effective de dix mille livres qu'il a de net, toutes dettes payées. Mais, lorsque deux futurs conjoints, dont l'un doit beaucoup, et l'autre ne doit rien, ont promis chacun d'apporter une somme de dix mille livres, celui, qui doit beaucoup, en apportant une somme de dix mille livres, avec la charge de ses dettes, qui montent, *putà*, à huit mille livres, ne fait pas un apport aussi effectif de la somme de dix mille livres, qu'il a promis d'apporter, que celui qui ap-porte une somme de dix mille livres, sur laquelle il ne doit rien : car celui, qui doit huit mille livres, n'apporte réellement et ef-fectivement que deux mille livres. Il n'apporte pas d'une manière effective les huit mille livres; il ne les apporte à la communauté, que pour les en faire sortir pour payer ses dettes.

Nous avons deux principales questions sur la convention de séparation de dettes. La première, est de savoir quelles sont les dettes comprises dans cette convention; la seconde, quel est l'effet de cette convention, tant à l'égard des conjoints entre eux, que vis-à-vis de leurs créanciers.

PREMIÈRE QUESTION.

Quelles sont les dettes comprises dans la convention de séparation de dettes.

353. Les dettes, comprises dans la convention de séparation de dettes, sont les dettes des conjoints qui sont antérieures au mariage.

La convention comprend non-seulement les dettes, dont chacun des conjoints était débiteur envers des tiers, mais pareillement celles dont l'un des conjoints était débiteur envers l'autre. Par exemple, si Pierre épouse Marie, qui était sa débitrice d'une somme de cinq cents livres; s'il n'y a ni réalisation de la créance de Pierre, ni séparation de dettes, cette dette entrant en communauté, tant en actif que passif, il s'en fera confusion et extinction entière. S'il y a séparation de dettes, il ne se fera pas de confusion de cette dette, si ce n'est lors de la dissolution de communauté, pour la moitié qu'auront, dans les biens de la communauté, Marie ou ses héritiers, lesquels continueront d'être débiteurs de l'autre moitié de la dette envers Pierre ou ses héritiers : si Marie renonce à la communauté, elle continuera d'en être débitrice pour le total.

Vice versâ, si c'était Pierre qui fût débiteur de cette somme envers Marie, lorsqu'il l'a épousée, la séparation de dettes n'aura cet effet, que lors de la dissolution de communauté; Pierre continuera d'en être débiteur envers Marie et ses héritiers, pour la part qu'ils auront dans la communauté. Si Marie, en vertu d'une clause de son contrat de mariage, reprenait son apport, en renonçant à la communauté, Pierre continuerait d'être débiteur envers elle de cette somme pour le total.

354. Les dettes antérieures au mariage, qui sont exclues de la communauté par la convention de séparation de dettes, sont celles que chacun des conjoints a contractées avant le mariage.

De-là il suit, qu'une dette, que l'un des conjoints a contractée avant le mariage, quoique sous une condition qui n'a été accomplie que depuis le mariage, est comprise dans la séparation de dettes.

A plus forte raison, celle, qui a été contractée sans condition avant le mariage, doit-elle y être comprise, quoique le terme du paiement ne soit arrivé que depuis le mariage.

355. Par la même raison, les dettes, contractées avant le mariage, sont comprises dans la séparation de dettes, quoiqu'elles n'aient été liquidées que depuis le mariage.

En conséquence, lorsque l'un des conjoints a été condamné, durant le mariage, en une certaine somme envers quelqu'un, pour réparation civile d'un délit commis avant le mariage, cette réparation adjugée par la sentence, quoique rendue durant le mariage, est comprise dans la convention de séparation de dettes : car c'est une dette antérieure au mariage ; la sentence n'a fait que la liquider : elle a été contractée par le délit commis avant le mariage

356. Il y a plus de difficulté à l'égard de l'amende, en laquelle l'un des conjoints a été condamné, durant le mariage, pour un délit commis avant le mariage : car ce n'est que par la sentence de condamnation qu'il devient débiteur de l'amende : d'où il semble suivre que cette dette n'est pas antérieure au mariage, ni, par conséquent, comprise en la convention de séparation de dettes. Néanmoins Lebrun décide qu'elle y est comprise. On peut dire, en faveur de son sentiment, que la dette de l'amende, en laquelle le conjoint a été condamné, durant le mariage, pour un délit commis avant le mariage, avait, dans ce délit, un germe antérieur au mariage. Ce germe aurait avorté, si le conjoint fût mort avant qu'il fût intervenu aucune condamnation contre lui : mais celle, qui est intervenue, a fait éclore ce germe ; et c'est à raison de ce germe antérieur au mariage, que la dette de cette amende peut être regardée comme ayant un commencement antérieur au mariage, et, par conséquent, comme une dette antérieure au mariage, comprise dans la convention de séparation de dettes.

357. Lorsqu'un homme a entrepris et commencé, avant le mariage, un procès, qui a duré depuis le mariage, et sur lequel est intervenu, durant le mariage, un jugement qui l'a condamné aux dépens, la dette des dépens, faits par sa partie depuis le mariage, qu'il est condamné de lui rembourser, est-elle comprise dans la convention de séparation de dettes ? La raison de douter est, que, cet homme n'ayant pu être débiteur du remboursement des dépens faits par sa partie envers qui il a été condamné, avant que ces dépens aient été faits, la dette de ceux qui n'ont été faits que depuis le mariage, ne peut être antérieure au mariage. La raison de décider que cette dette doit être regardée comme une dette antérieure au mariage, et comprise, en conséquence, dans la convention de séparation de dettes, est que, quoique la dette ne soit née que durant le mariage, elle est née d'une cause antérieure au mariage, qui est la téméraire contestation que cet homme a formée en entreprenant le procès ; ce qui suffit pour que cette dette soit regardée comme antérieure au mariage, et comprise dans la clause de séparation de dettes.

Il en est de même de la dette des dépens qu'il doit à son procureur. La dette même de ceux qui n'ont été faits que depuis le mariage, est une dette antérieure au mariage, ayant pour cause le mandat qu'il a donné à son procureur, de poursuivre le procès lorsqu'il l'a entrepris.

Quid, si, depuis le mariage, pendant le cours du procès, il avait changé de procureur? La dette des dépens faits par ce nouveau procureur, quoique procédant d'un mandat contracté durant le mariage, ayant pour cause originaire le procès entrepris avant le mariage, peut être considérée comme une dette, dont la cause est antérieure au mariage, et, par conséquent, comme une dette antérieure au mariage, comprise dans la convention de séparation de dettes; autrement, il serait au pouvoir du mari, en changeant de procureur, de faire supporter à sa communauté les frais d'un procès dans lequel il était engagé avant son mariage.

Observez qu'il n'y a que les dépens faits sur les contestations formées avant le mariage, qui soient compris dans la convention de séparation de dettes : mais si, depuis le mariage, pendant le cours du procès, le mari a formé des demandes incidentes, ou s'il en a été formé contre lui, les dépens faits sur ces demandes incidentes, auxquels il aura été condamné, aussi bien que ceux faits par son procureur, sont à la charge de la communauté.

Lorsque c'est la femme qui était engagée dans un procès avant son mariage; si le mari a repris l'instance, il n'y aura que les dépens faits avant le mariage, qui seront compris dans la séparation de dettes; la dette des dépens faits depuis la reprise d'instance, auxquels le mari a été condamné, aussi bien que celle de ceux faits par son procureur, qui a repris pour lui, sont dettes de la communauté, ayant été contractées durant la communauté, par la reprise d'instance.

Mais si, sur le refus du mari de reprendre l'instance, la femme a été autorisée par le juge à poursuivre le procès, la communauté ne sera pas tenue des condamnations qui pourraient intervenir contre elle, suivant les principes établis *infrà*, part. 2.

358. Si, pour gratifier un hôpital, j'ai donné ordre, avant mon mariage, à un entrepreneur, de construire à mes dépens un bâtiment dont cet hôpital avait besoin; quoique le bâtiment n'ait été construit que depuis mon mariage, le prix, que j'en dois à cet entrepreneur, est compris dans la convention de séparation de dettes : car cette dette procédant de la convention, que j'ai eue avec l'entrepreneur, avant mon mariage, a une cause antérieure au mariage.

Mais si, depuis mon mariage, il avait fait, de mon ordre, des augmentations, le prix de ces augmentations serait une dette de la communauté, l'ordre, pour les faire, ayant été donné pendant la communauté.

359. Si, dès avant mon mariage, j'étais chargé d'une tutelle, ou de quelque autre administration publique ou particulière, que j'ai

continuée depuis mon mariage, le reliquat de mon compte ne sera censé compris dans la séparation de dettes, que pour raison des articles dont j'étais débiteur avant mon mariage ; mais ce que je dois, pour raison de ce que j'ai reçu depuis mon mariage, ou par les fautes que j'ai commises dans ma gestion depuis mon mariage, est une dette de communauté.

360. Quoique les dettes mobilières de chacun des conjoints, antérieures au mariage, soient, par la convention de séparation de dettes, exclues de la communauté, les intérêts de ces dettes, de même que les arrérages des rentes, soit foncières, soit constituées, soit perpétuelles, soit viagères, dues par chacun des conjoints, quoique constituées avant le mariage, sont, pour tout le temps que lesdits intérêts et arrérages ont couru depuis le mariage et durant la communauté, les charges de la communauté, comme étant lesdits intérêts et arrérages les charges naturelles des revenus des biens de chacun des conjoints, lesquels tombent dans la communauté, et que lesdits intérêts et arrérages diminuent de plein droit ; car on n'a de revenu effectif que ce qui reste, déduction faite des intérêts et arrérages qu'on doit.

A l'égard des intérêts et arrérages courus avant le mariage, jusqu'au jour du mariage, ils sont compris dans la convention de séparation de dettes, et la communauté n'en est pas chargée, non plus que de ceux qui courent depuis la dissolution de la communauté : on compte pour cela lesdits intérêts et arrérages de jour à jour.

Ceux courus depuis le mariage et pendant que la communauté a duré, sont tellement une charge de la communauté, que Lebrun, l. 2, *chap.* 3, *sect.* 4, *n.* 10, a été jusqu'à dire qu'ils n'en pouvaient pas être exclus, même par une convention expresse portée au contrat de mariage. Mais je crois qu'il va trop loin ; quoique cette convention soit insolite, je ne vois rien qui l'empêche d'être valable.

Quoique les intérêts et arrérages courus durant le mariage, soient censés n'avoir pas été compris dans la convention de séparation de dettes, parce qu'ils sont une charge des revenus, néanmoins la communauté en est entièrement chargée, quand même ils excèderaient les revenus. Il suffit, pour cela, que les parties, qui, en se mariant, n'en ont pas fait une balance avec les revenus, soient censées n'avoir pas eu intention de les comprendre dans leur convention de séparation de dettes.

QUESTION II.

Quel est l'effet de la convention de séparation de dettes, tant à l'égard des conjoints entre eux, que vis-à-vis de leurs créanciers.

361. L'effet, qu'a la convention de séparation de dettes, à l'égard des conjoints entre eux, est que, si les dettes, exclues de la communauté par cette convention, ont été acquittées des deniers de la communauté, le conjoint, qui en était débiteur, ou ses héritiers, en doivent récompense à la communauté lors de sa dissolution. Nous traiterons de cette récompense *infrà, part. 4.*

362. A l'égard des créanciers, la convention de séparation de dettes ne peut empêcher les créanciers de la femme de demander au mari, durant la communauté, le paiement des dettes de la femme, quoiqu'exclues de la communauté, à moins qu'il ne soit en état de leur représenter un inventaire des biens mobiliers de sa femme qui lui sont parvenus, et de leur en compter.

C'est la disposition de l'*article* 222 de la Coutume de Paris, qui est conçu en ces termes : « Et combien qu'il soit convenu entre » deux conjoints qu'ils paieront séparément leurs dettes faites » auparavant le mariage, ce néanmoins ils en seront tenus, s'il » n'y a inventaire préalablement fait ; auquel cas ils demeurent » quittes, représentant l'inventaire ou l'estimation d'icelui. »

Cette disposition a été copiée dans les mêmes termes dans notre Coutume d'Orléans, en l'*article* 212 : elle doit avoir lieu dans les Coutumes qui ne s'en sont pas expliquées, ayant été insérée dans la Coutume de Paris lors de sa réformation, et formée sur la jurisprudence qui s'observait alors.

363. La Coutume exige deux choses du mari, pour qu'il puisse se dispenser du paiement des dettes de sa femme, antérieures à son mariage, quoiqu'exclues de la communauté par une convention de séparation de dettes. 1°. Elle exige qu'il ait fait un inventaire des biens mobiliers de sa femme qu'elle lui a apportés en mariage.

Le futur conjoint doit faire cet inventaire avec sa future femme, avant le mariage. C'est ce qui résulte de ces termes, *s'il n'y a inventaire* PRÉALABLEMENT *fait.*

Il doit être fait par-devant notaires ; ou s'il a été fait sous les signatures privées des parties, il faut qu'il ait été reconnu par acte devant notaires, avant la célébration du mariage, pour en rendre la date certaine.

Lorsque le contrat contient, par détail, les biens mobiliers que la femme apporte en mariage, il tient lieu de cet inventaire.

Le compte rendu à la femme, quoique depuis le mariage, peut tenir lieu de cet inventaire, lorsque celui, qui lui rend compte, a administré ses biens jusqu'au temps de son mariage.

Le mari doit comprendre, dans cet inventaire, tous les effets mobiliers que la femme a apportés en mariage, sans aucune exception, tant ceux qu'elle a mis en communauté, que ceux qu'elle a réalisés par une stipulation de propres.

Il y a quelque chose de particulier pour le cas auquel une veuve, débitrice d'un compte de tutelle envers ses enfans d'un premier mariage, contracte un second mariage, avec une convention de séparation de dettes. Par arrêt de règlement du 14 mars 1731, la Cour a ordonné, qu'en ce cas, soit qu'il y ait communauté stipulée (avec la clause de séparation de dettes), soit qu'il y ait exclusion de communauté, l'inventaire ne sera réputé valable, s'il n'est fait, avant la célébration du mariage, devant notaires, et en présence d'un tuteur nommé pour cet effet par le juge, sur un avis de parens, aux enfans à qui le compte est dû. Faute de l'observation de ces formalités, le second mari est tenu, solidairement avec sa femme, du compte de tutelle envers les enfans, nonobstant la clause de séparation de dettes, ou même d'exclusion de communauté, sauf son recours contre sa femme.

364. La seconde chose, que la Coutume exige, est que, sur la demande des créanciers de la femme, le mari leur représente l'inventaire, ou l'estimation d'icelui. Elle dit : *Il demeure quitte , représentant l'inventaire, ou l'estimation d'icelui.* C'est-à-dire, qu'il doit abandonner auxdits créanciers les effets compris dans l'inventaire qu'il doit leur représenter, qui se trouvent en nature, pour, par lesdits créanciers, se venger sur lesdits effets pour le paiement de leurs créances; et, à l'égard des effets compris audit inventaire, qui ne se trouvent plus en nature, il doit leur compter du prix qu'il en a reçu ou dû recevoir, et de l'emploi qu'il en a fait pour le paiement des dettes de sa femme ; et s'il lui reste quelque chose du prix desdits meubles entre les mains, il doit le leur remettre.

Il n'importe que lesdits effets aient été réalisés par une stipulation de propres: le mari ne doit pas moins les représenter aux créanciers, s'ils se trouvent en nature ; ou compter du prix, s'ils ne se trouvent pas. La réalisation, qui en a été faite, n'a aucun effet vis-à-vis des créanciers, et elle n'empêche pas qu'ils ne puissent être saisis et exécutés comme toute autre espèce de meuble.

Il n'importe aussi qu'ils aient été apportés sous le nom de dot; et qu'il ne reste aucuns autres biens de la femme, pour soutenir les charges du mariage ; car la Coutume ne fait aucune distinction.

Le mari doit aussi compter aux créanciers des biens mobiliers qui seraient échus à sa femme depuis le mariage, de même que de ceux compris en l'inventaire.

A l'égard des fruits des biens de la femme, que le mari a perçus durant le mariage, jusqu'à la demande des créanciers, il n'est pas obligé de leur en compter, étant censé les avoir consommés de bonne foi, *ad sustinenda onera matrimonii*.

Il reste à observer que c'est seulement, pendant la durée de la communauté, que le mari peut être poursuivi pour les dettes de sa femme, quoique exclues de la communauté par une convention de séparation de dettes, faute de rapporter un inventaire ; après la dissolution de communauté, les créanciers de la femme ne peuvent plus demander au mari le paiement de leurs créances; ils n'ont contre lui que la voie de la saisie et arrêt, de ce qu'il pourrait devoir à la femme, leur débitrice.

§ II. De la clause de franc et quitte.

365. La clause de franc et quitte, est une convention, par laquelle les parens de l'un des futurs conjoints se font fort envers l'autre, qu'il n'a pas de dettes.

C'est ordinairement les parens de l'homme qui se font fort qu'il est franc et quitte de dettes.

Ils s'obligent, par cette convention, envers la femme, *in id quanti ejus interest*, que l'homme se trouve tel qu'ils l'ont assuré, c'est-à-dire, exempt de dettes; et, en conséquence, dans les cas où il ne se serait pas trouvé tel, à indemniser la femme du préjudice que lui auraient causé les dettes de son mari, antérieures au mariage.

366. Lesdites dettes peuvent causer deux espèces de préjudice à la femme. Le premier, et le principal, est, par rapport à sa dot, son douaire et ses autres conventions matrimoniales, en cas d'insolvabilité de son mari, sur les biens duquel elle ne serait pas, pour ses créances, utilement colloquée pour une aussi grande somme, que celle pour laquelle elle l'eût été, sans lesdites dettes.

La seconde espèce de préjudice, que lesdites dettes peuvent causer à la femme, est celui, qui résulte de ce que sa part en la communauté aurait été meilleure, si elle n'eût pas été diminuée par lesdites dettes.

C'est une question entre les auteurs, si, lorsque des parens, en mariant leur fils, l'ont déclaré franc et quitte de dettes, ils doivent être censés s'être obligés, envers la femme, de l'indemniser de ces deux espèces de préjudices, ou seulement de celui de la première espèce.

Renusson, *Traité de la Communauté*, part. 1, chap. 11, n. 36, croit que cette clause renferme l'obligation d'indemniser la femme de ces deux espèces de préjudices.

Au contraire, Lebrun, en son *Traité de la Communauté, liv.* 2, *chap.* 3, *sect.* 3, *n.* 41 *et* 42, pense que cette convention ne s'étend pas à l'espèce de préjudice que la femme pourrait souffrir par rapport à la communauté, et que les parties, dans cette convention, sont censées n'avoir d'autre objet que d'indemniser la femme du préjudice, que les dettes antérieures au mariage pourraient apporter à l'acquittement de ses créances.

L'opinion de Lebrun paraît être celle qui est suivie dans l'usage; et les père et mère, qui, en mariant leur fils, le déclarent franc et quitte de dettes, ne contractent d'autre obligation, que celle d'indemniser la femme de la somme, pour laquelle les dettes du mari, antérieures au mariage, empêcheraient qu'elle ne pût être utilement colloquée sur les biens de sondit mari, pour le paiement de ses créances.

367. C'est ce qui s'éclaircira par les exemples suivans.

PREMIER EXEMPLE. Je suppose, qu'après la dissolution de communauté, les biens du mari ont été discutés. Le prix des meubles, qui étaient en petite quantité, n'a servi qu'à payer les dettes privilégiées, comme celle du maître d'hôtel, etc. Le prix des immeubles, déduction faite des frais, monte à 20,000 livres. Il s'est trouvé pour 25,000 livres de créances hypothécaires antérieures au mariage; au moyen de quoi, la femme, créancière de 40,000 livres, n'a pu rien toucher de la somme de 20,000 livres qu'elle eût touchée, s'il n'y avait pas eu de dettes antérieures au mariage. Elles lui causent donc un préjudice de 20,000 livres. Les parens, qui ont déclaré son mari franc et quitte, doivent donc, pour indemniser la femme, lui payer la somme de 20,000 livres, à laquelle monte le préjudice, que les dettes antérieures lui causent.

SECOND EXEMPLE. Je suppose, à présent, que les biens du mari, qu'on a déclaré franc et quitte, ne consistent qu'en mobilier, et que le mari est domicilié sous une Coutume, où les meubles ne sont pas susceptibles d'hypothèque, et où, en conséquence, le prix s'en distribue au sou la livre entre tous les créanciers. Je suppose que le mobilier, déduction faite des frais et dettes privilégiées, n'a produit que 10,000 liv.; sur quoi, il y a pour 100,000 livres de dettes à payer; savoir 40,000 livres pour les créances de la femme; 40,000 livres pour dettes postérieures au mariage; et, pour dettes antérieures au mariage, 20,000 livres. Les créanciers antérieurs au mariage ont été colloqués pour 20,000 livres. Sans ces créances, il y aurait eu 2,000 livres à distribuer entre la femme, qui en aurait eu 1,000 livres, et les créanciers postérieurs au mariage, qui auraient eu les autres 1,000 livres. Les créanciers antérieurs au mariage, font donc, en ce cas, un préjudice de 1,000 livres à la femme, et les parens, qui l'ont déclaré franc et quitte, doivent, en conséquence, payer à la femme une somme de 1,000 livres pour l'en indemniser.

Observez que, dans la distribution du mobilier de l'homme, qu'on a déclaré franc et quitte de dettes, on ne doit pas ordinairement, parmi les dettes de l'homme antérieures au mariage, dont la femme doit être garantie, comprendre ses dettes chirographaires, leur date ne pouvant faire, contre des tiers, une foi suffisante du temps auquel elles ont été contractées. *Traité des Obligations*, n. 750.

368. Lorsque la femme, après la dissolution de la communauté, a trouvé, dans les biens de son mari, de quoi être payée entièrement de ses créances, l'obligation des parens du mari, qui l'ont déclaré franc et quitte de dettes, demeure par-là acquittée.

Il ne suffit pas, pour cela, que sa dot lui ait été entièrement restituée; il faut qu'elle ait été entièrement payée de toutes ses conventions, et généralement de toutes les créances qu'elle a contre son mari.

369. Lebrun, *liv.* 3, *chap.* 2, *sect.* 2, *d.* 6, *n.* 19, en excepte la créance que la femme a, contre son mari, pour son indemnité des obligations qu'elle a contractées pour lui durant le mariage. J'aurais de la peine à admettre cette exception. Les parens, déclarant leur fils franc et quitte, s'obligent envers la femme *in id quanti ejus interest*, que son mari ait été tel qu'on le lui a déclaré. Or, l'intérêt, qu'a la femme, que son mari ait été tel, ne s'étend pas moins à son indemnité, qu'à ses autres créances, ayant intérêt que les dettes antérieures de son mari ne l'empêchent pas de trouver, dans les biens de son mari, de quoi se payer de ses créances d'indemnité, aussi bien que des autres.

On oppose que la femme n'est pas recevable à se plaindre de n'avoir pu être payée sur les biens de son mari, de sa créance pour indemnité; que c'est par sa faute qu'elle souffre cette perte; qu'ayant été en son pouvoir de ne se pas obliger pour son mari, elle doit s'imputer de l'avoir fait. La femme répond à cela qu'elle ne s'est obligée pour son mari, que parce qu'elle comptait pouvoir en être indemnisée sur le bien de son mari, qu'elle croyait franc et quitte de dettes antérieures au mariage, comme on le lui avait assuré; que ce sont ceux, qui le lui ont assuré, qui l'ont induite en erreur, et qui doivent être, par conséquent, obligés de l'indemniser du préjudice, que les dettes antérieures de son mari lui ont causé, en empêchant qu'elle n'ait été payée sur les biens de son mari, sur lesquels elle comptait, et sur lesquels elle eût effectivement trouvé de quoi être payée, sans lesdites dettes.

Les autres moyens, que Lebrun emploie pour fonder son opinion, ne sont pas meilleurs. *La raison est, dit-il, que, par cette clause, l'ascendant ne garantit les conventions de la femme de son fils, que contre les dettes antérieures au mariage, non contre les postérieures.*

La réponse est, qu'on convient que les parens, qui ont déclaré leur fils franc de dettes, ne garantissent, par cette clause, la femme, que des dettes de son mari antérieures au mariage, et, qu'en conséquence, s'il ne s'en trouve aucune, ils ont rempli leur obligation, et ils ne sont point tenus, en ce cas, de la perte que la femme a soufferte en s'obligeant, pour son mari, pour des dettes postérieures à son mariage : mais, en garantissant la femme des dettes de son mari antérieures au mariage, ils s'obligent de l'indemniser de tout le préjudice, que lesdites dettes antérieures au mariage lui ont causé, en empêchant qu'elle ne pût être payée sur les biens de son mari, de son indemnité pour les obligations qu'elle a contractées pour son mari depuis le mariage.

Le second moyen de Lebrun est de dire, *qu'il serait au pouvoir des conjoints de ruiner l'ascendant.* Cela est faux ; car, quoique le mari puisse, depuis son mariage, contracter des dettes immenses, et que la femme puisse s'obliger pour lui pour des dettes immenses, les parens du mari, qui l'ont déclaré franc et quitte, ne seront pas néanmoins, par cette clause, obligés *in immensum*, ne pouvant l'être que jusqu'à concurrence du montant des dettes antérieures au mariage, et de là somme pour laquelle les créanciers, antérieurs au mariage, auront été utilement colloqués sur les biens du mari.

370. Il résulte de tout ce que nous venons de dire de la clause, par laquelle les parens de l'homme le déclarent franc et quitte de dettes, que cette convention est entièrement différente de la convention de séparation de dettes.

1°. La convention de séparation de dettes est une convention, qui intervient entre les deux futurs conjoints ; au contraire, la clause de franc et quitte est une convention, qui n'intervient pas entre les futurs conjoints, mais qui n'intervient qu'entre la femme, et les parens de l'homme, qui le déclarent franc et quitte. Il n'y a, par cette convention, que lesdits parens qui contractent une obligation envers la femme ; l'homme, qui est marié franc et quitte, n'en contracte aucune, et n'est pas censé partie à la convention.

371. 2°. La convention de séparation de dettes concerne la communauté de biens, qui doit être entre les futurs conjoints : elle a pour objet d'en exclure la charge de leurs dettes antérieures au mariage ; chacun d'eux s'oblige réciproquement d'indemniser la communauté de ce qui en serait tiré pour payer les dettes antérieures au mariage.

Au contraire, la clause, par laquelle les parens du futur conjoint le déclarent franc et quitte, ne concerne pas la communauté de biens qui doit être entre les futurs conjoints : elle peut intervenir dans un contrat de mariage, par lequel il y aurait exclusion de communauté; et, lorsqu'il y a communauté, cette clause n'a pas pour objet d'exclure de la communauté la charge des dettes du futur conjoint antérieures au mariage; son unique objet est que lesdites dettes n'empêchent pas la femme de pouvoir être payée sur les biens de son mari, comme nous l'avons expliqué.

372. La clause, par laquelle les parens déclarent leur fils franc et quitte, est aussi très-différente de celle par laquelle les parens promettraient de payer ses dettes antérieures au mariage, et de l'en acquitter; car, par la clause, dans laquelle les parens déclarent leur fils franc et quitte, ils ne s'obligent pas de payer ses dettes, mais seulement d'indemniser la femme de ce qu'elle a manqué de toucher pour le paiement de ces créances sur les biens de son mari, par rapport aux créanciers antérieurs de son mari, qui ont été colloqués avant elle. Si le mari n'avait laissé aucuns biens, sur lesquels la femme eût pu être payée, quand même il n'y aurait pas eu de créances antérieures aux siennes, les parens du mari, qui l'ont déclaré franc et quitte de dettes, ne seront tenus de rien envers la femme.

En cela, cette clause est très-différente de celle, par laquelle les parens du mari se seraient rendus cautions, envers la femme, de la restitution de la dot et de ses conventions matrimoniales; car, par ce cautionnement, les parens s'obligent, envers la femme, de la payer entièrement de ce dont elle n'aura pu être payée sur les biens de son mari; au lieu que, par la clause de franc et quitte, ils ne s'obligent de la payer, que jusqu'à concurrence de la somme pour laquelle les créanciers du mari, antérieurs au mariage, auront été utilement colloqués sur les biens du mari.

373. Lorsque ce sont les parens de la fille qui déclarent, en la mariant, qu'elle est franche et quitte de dettes (ce qui arrive très-rarement); si, par le contrat de mariage, la fille avait fait donation à son mari, en cas de survie, d'une certaine somme à prendre sur ses biens, la clause pourrait s'entendre de la même manière, en ce sens, que les parens de la fille s'obligeraient, par cette clause, d'indemniser le mari de ce dont les créanciers de sa femme, antérieurs au mariage, qui auraient été utilement colloqués sur les biens de sa femme, auraient empêché qu'il n'eût pu être payé, sur lesdits biens, de la somme comprise en la donation qui lui a été faite par sa femme.

Mais lorsque la femme, qu'on a déclarée être franche et quitte de dettes, n'a fait aucune donation à son mari, le mari ne pouvant, en ce cas, avoir aucune créance à exercer contre sa femme, il ne peut avoir, en ce cas, d'autre intérêt que sa femme soit franche et quitte de dettes, que celui qu'il a que les dettes de sa femme, antérieures au mariage, ne diminuent pas sa communauté, par les sommes qu'il en faudrait tirer pour les acquitter, tant en principaux qu'intérêts. Les parens de la fille s'obligent donc, par cette convention envers son mari, à payer, à la décharge de sa communauté, toutes les dettes de sa femme antérieures au mariage. Si elles en étaient déjà exclues pour le fonds, par une clause de séparation de dettes, ils seraient censés s'être obligés d'acquitter la communauté des intérêts desdites dettes, courus depuis le mariage, et pareillement des arrérages des rentes constituées dues par la femme avant son mariage, courus depuis. C'est ce qu'enseigne Lebrun, en son *Traité de la Communauté*, liv. 2, chap. 3, sect. 3, n. 50.

374. La garantie des dettes de la femme, qu'on a déclarée franche et quitte, comprend celles dont elle était débitrice envers ses parens, qui l'ont déclarée franche et quitte, aussi bien que celles dont elle était débitrice envers d'autres personnes. Lebrun, au lieu cité, fait de longs raisonnemens pour prouver cette proposition, qui est évidente par elle-même, et il cite, en pure perte, des textes de droit, qui n'ont aucune application à la question.

Cet auteur décide, en conséquence, qu'une mère qui, en mariant sa fille, la déclare franche et quitte de dettes, est censée faire remise du douaire qui lui est dû par sa fille. Je pense que, lorsque ce douaire consiste dans une rente annuelle, la clause ne s'étend qu'à la charge des arrérages du douaire, qui courent jusqu'au temps de la dissolution de la communauté, et qu'elle ne s'étend pas à ceux qui courront depuis la dissolution de la communauté arrivée, soit par la mort du mari, soit par une séparation. La raison est, que cette clause est une convention intervenue entre les parens de la femme, qui l'ont déclarée franche et quitte, et le mari. Ce n'est qu'envers le mari que l'obligation, qui résulte de cette clause, est contractée, et elle ne peut, par conséquent, s'étendre qu'aux arrérages, à la décharge desquels le mari a intérêt. Or, le mari a bien intérêt à la décharge des arrérages du douaire, qui courront jusqu'à la dissolution de la communauté, parce que la communauté en serait chargée; mais il n'a aucun intérêt à la décharge de ceux qui ne courent que depuis la dissolution de la communauté.

375. La clause, par laquelle les parens de la femme la déclarent franche et quitte des dettes antérieures au mariage, diffère de la convention de séparation de dettes.

1°. Celle-ci est une convention qui intervient entre les futurs conjoints; celle, par laquelle les parens déclarent la fille franche et quitte, intervient entre lesdits parens de la fille, et l'homme qui la doit épouser.

2°. La convention de séparation de dettes ne comprend que les sommes principales dues par chacun des conjoints avant le mariage : elle n'empêche pas que la communauté ne soit chargée de tous les intérêts desdites sommes, qui courront pendant le temps de sa durée, aussi bien que des arrérages des rentes dues par chacun des conjoints, qui courront pendant ledit temps. Mais la clause, qu'on a ajoutée, par laquelle les parens de la femme l'ont déclarée franche et quitte de dettes, les oblige à acquitter la communauté même des intérêts des sommes dues par la femme avant le mariage, courus pendant le temps de sa durée, et des arrérages des rentes dues par la femme, courus pendant ledit temps, comme nous l'avons vu.

376. La clause, par laquelle les parens de la femme la déclarent franche et quitte de dettes, étant une convention, qui intervient entre lesdits parens, et l'homme qui doit l'épouser, et à laquelle convention la femme n'est pas partie, c'est une conséquence que si l'homme n'a pas pu se faire indemniser par les parens de la femme, qui se sont trouvés insolvables, des sommes qui ont été tirées de la communauté, pour payer les dettes de la femme antérieures au mariage, l'homme ou ses héritiers n'auront aucun recours, pour en être indemnisés, contre la femme qui ne serait pas héritière de ses parens qui l'ont déclarée franche et quitte; à moins, qu'outre cette clause, il n'y eût une convention de séparation de dettes; auquel cas l'homme aurait bien, en vertu de la convention de séparation de dettes, un recours contre sa femme, pour les sommes principales par elle dues avant son mariage, et acquittées des deniers de la communauté; mais il n'en aurait aucun pour les intérêts desdites sommes, et pour les arrérages des rentes, il n'a recours que contre les parens de sa femme qui l'ont déclarée franche et quitte, et contre leur succession.

377. La clause, par laquelle les parens de la femme la déclarent franche et quitte de dettes, est différente de celle, par laquelle ils s'obligeraient formellement d'acquitter ses dettes antérieures au mariage. Ils s'obligent, en ce second cas, tant envers leur fille, qu'envers l'homme qui doit l'épouser. C'est une donation qu'ils font à leur fille, de la somme à laquelle montent ses dettes, qui fait partie de la dot qu'ils lui donnent. C'est pourquoi, en ce second cas, bien loin que les parens puissent avoir recours contre leur fille, après la dissolution de la communauté, pour ses dettes qu'ils ont acquittées, c'est au contraire leur fille qui a action contre eux, pour qu'ils soient tenus de les acquitter, si cela n'a pas encore été fait.

Au contraire, lorsque les parens de la femme l'ont simplement déclarée franche et quitte de dettes, cette clause étant une convention, qui n'intervient qu'entre les parens de la femme, et l'homme qu'elle doit épouser, et en laquelle la femme n'est pas partie, les parens de la femme ne contractent, en ce cas, d'obligation qu'envers l'homme, et ne garantissent que lui des dettes de sa femme antérieures au mariage. Les parens de la femme, qui, en conséquence de l'engagement qu'ils ont contracté avec leur gendre, ont payé les dettes de la femme antérieures au mariage, ont, après la dissolution de la communauté, l'action *negotiorum gestorum* contre leur fille, pour répéter d'elle les sommes qu'ils ont payées pour acquitter ses dettes, pourvu néanmoins que l'action ne puisse réfléchir contre leur gendre ou ses héritiers.

C'est pourquoi, lorsque, par le contrat de mariage, outre la clause, par laquelle les parens de la femme l'ont déclarée franche et quitte de dettes, il y a entre les futurs conjoints une convention de séparation de dettes, les parens de la femme, qui, en exécution de leur engagement envers leur gendre, ont payé des sommes principales dues par leur fille avant son mariage, en ont la répétition contre leur fille, après la dissolution de la communauté, *actione negotiorum gestorum*, l'action ne pouvant pas, en ce cas, réfléchir contre l'homme ni contre ses héritiers, la communauté n'étant pas tenue desdites dettes de la femme, au moyen de la séparation de dettes.

Mais si, par le contrat de mariage, il n'y avait pas de séparation de dettes, les dettes de la femme, antérieures au mariage, étant, en ce cas, tombées dans la communauté, les parens de la femme, qui, en exécution de leur engagement envers leur gendre, les ont acquittées, ne peuvent les répéter contre leur fille, qui a renoncé à la communauté, parce que l'action réfléchirait, en ce cas, contre le mari ou ses héritiers, qu'ils en ont garantis; la femme, au moyen de sa renonciation, ayant action contre son mari ou ses héritiers, pour être acquittée de toutes les dettes de communauté, et, par conséquent, des siennes, qui, faute de séparation de dettes, sont devenues dettes de communauté.

Si la femme avait accepté la communauté, ses parens pourraient répéter d'elle la moitié des sommes par eux payées pour le paiement de ses dettes, leur action, pour cette moitié, ne pouvant, en ce cas, réfléchir contre le mari ou ses héritiers, puisque sa femme, en qualité de commune, est débitrice pour moitié, sans recours, des dettes de la communauté.

378. La clause, par laquelle les parens de la femme la déclarent franche et quitte de dettes, peut avoir lieu, quoique le contrat de mariage porte exclusion de communauté : car le mari ayant droit de percevoir tous les revenus des biens, qui lui sont apportés en dot par sa femme, pendant tout le temps du mariage, pour en supporter les charges, il a intérêt qu'il ne se trouve aucune dette de la femme, antérieure au mariage, qui diminue lesdits revenus. C'est pourquoi, les parens, qui ont déclaré la femme franche et quitte de dettes, s'obligent, en ce cas, d'acquitter le

mari de toutes les poursuites, que les créanciers de sa femme, antérieurs audit mariage, pourraient faire sur les biens de sa femme, qui lui ont été apportés en dot.

De la clause de reprise de l'apport de la femme, en cas de renonciation.

379. C'est une convention très-usitée dans les contrats de mariage, que celle par laquelle la femme stipule qu'elle pourra, lors de la dissolution de communauté, en y renonçant, reprendre franchement et quittement ce qu'elle y a mis.

Cette convention, par laquelle la femme doit avoir part aux gains, si la communauté prospère, sans rien supporter des pertes dans le cas contraire, étant une convention, que la faveur des contrats de mariage y a fait admettre, quelque contraire qu'elle soit aux règles ordinaires des sociétés, elle est de droit très-étroit.

Nous verrons sur cette convention, 1° quand il y a ouverture au droit qui en résulte : 2° au profit de quelles personnes : 3° par quelles personnes peut être exercée l'action qui en naît, lorsque le droit a été ouvert au profit de la femme ou des autres personnes comprises dans la convention : 4° quelles choses sont l'objet de cette convention.

§ I. Quand y a-t-il ouverture au droit qui résulte de la convention pour la reprise de l'apport de la femme.

380. C'est la dissolution de communauté qui donne ouverture au droit qui résulte de cette convention. Aussitôt que la dissolution de communauté est arrivée du vivant de la femme, *putà*, par la mort du mari, le droit, qui résulte de cette convention, est acquis à la femme, dès l'instant de la mort du mari : il devient, dès-lors, un droit formé qui fait partie des biens de la femme, dont elle peut disposer, et qu'elle transmet dans sa succession.

Il n'est pas nécessaire, pour que ce droit soit ouvert, d'attendre que la femme ait renoncé à la communauté. La renonciation à la communauté n'est pas apposée, dans cette convention, comme une condition qui en doive suspendre l'ouverture ; c'est plutôt *les faciendi* ; c'est la charge sous laquelle la femme doit user du droit, que cette convention lui donne, de reprendre franchement et quittement ce qu'elle a apporté à la communauté. Elle ne peut le reprendre qu'à la charge d'abandonner le surplus en renonçant à la communauté : mais, dès avant qu'elle ait renoncé à la communauté, elle a, par la dissolution de communauté, le droit de reprendre ce qu'elle y a mis, à la charge d'abandonner le surplus; et, si elle meurt avant d'avoir pris qualité, elle transmet à ses héritiers ce droit tel qu'elle l'avait, c'est-à-dire, le droit de reprendre ce qu'elle a apporté à la communauté, en renonçant à la communauté. C'est ce qui a été jugé par un arrêt du 29 juillet 1716, rapporté au sixième tome du Journal des audiences.

381. Les notaires expriment quelquefois cette convention d'une manière louche. Au lieu de la concevoir en ces termes : *Arrivant la dissolution de la communauté, la future épouse pourra, en renonçant à la communauté, reprendre franchement et quittement tout ce qu'elle y a apporté;* il y a des notaires qui la conçoivent en ceux-ci : *La future seule survivant, pourra renoncer à la communauté; ce faisant, reprendre ce qu'elle y aura apporté.* Cela a donné lieu à la question, si ce terme *survivant,* renfermait une condition, de manière, qu'arrivant la dissolution de communauté par une sentence de séparation de biens, le droit, qui résulte de cette clause, ne dût être ouvert que dans le cas auquel la femme survivrait à son mari. Lebrun, *Traité de la Communauté, liv 3, ch. 2, sect. 2, § 5, n. 21,* décide que ce terme ne renferme pas une condition; que, par ces termes, les parties n'avaient voulu dire autre chose, sinon que le droit de reprendre l'apport, en renonçant à la communauté, n'était accordé, par cette convention, qu'à la personne seule de la femme, et non à ses enfans ni à ses autres héritiers. En conséquence les parties, par ces termes, *la femme survivant,* ont seulement voulu dire qu'il y aurait ouverture à la reprise au profit de la femme survivante, dans le cas auquel la dissolution de communauté arriverait par le prédécès du mari, et que, dans le cas contraire, auquel elle arriverait par le prédécès de la femme, il n'y aurait pas ouverture à la reprise au profit de ses héritiers, parce que l'intention des parties était d'accorder la reprise à la seule personne de la femme, et non à ses héritiers. Si les parties ne se sont pas expliquées sur le cas auquel la dissolution de communauté arriverait par une sentence de séparation, c'est qu'elles n'ont pas pensé à ce cas, qu'elles ne comptaient pas devoir arriver; mais on n'en doit pas conclure qu'elles aient voulu restreindre le droit de reprise accordé par la convention à la femme, au seul cas auquel la dissolution de la communauté arriverait par le prédécès du mari, et l'exclure pour le cas auquel elle arriverait par une sentence de séparation. Lebrun autorise sa décision par des arrêts rapportés par Brodeau sur Louet, *lettre C, chap.* 26, qui ont jugé qu'une femme, dans le cas d'une sentence de séparation de biens, pouvait exercer la reprise qu'elle avait stipulée en cas de survie.

382. On a agité autrefois la question, si, lorsque la femme, après une sentence de séparation, avait exercé la reprise qui, par la convention, n'était accordée qu'à elle seule, ladite femme ve-

nant depuis à prédécéder, le mari survivant ne devait pas avoir la répétition de cette reprise contre les héritiers de la femme. L'annotateur de Lebrun, au lieu ci-dessus, rapporte deux arrêts, l'un du 20 décembre 1712, l'autre du 26 février 1718, qui ont admis le mari à répéter, contre les héritiers de sa femme, l'apport dont elle avait exercé la reprise après une sentence de séparation de biens. On se fondait, pour cette répétition, sur ce que la reprise de l'apport n'étant accordée qu'à la personne seule de la femme, ses héritiers ne pouvaient le retenir : mais le même annotateur rapporte ensuite un autre arrêt contraire aux deux précédens, du 30 décembre 1718, par lequel, sur les conclusions de M. Gilbert de Voisins, il a été donné congé aux héritiers de la femme, de la demande que le mari avait donnée contre eux en répétition de l'apport dont la femme avait exercé la reprise après une sentence de séparation de biens. Cet arrêt est aussi rapporté au septième tome du Journal des audiences.

C'est à la décision de ce dernier arrêt qu'on doit s'en tenir. De ce que, par la convention, la reprise de l'apport, en renonçant à la communauté, a été accordée à la personne seule de la femme, on doit seulement conclure qu'il ne peut y avoir ouverture à cette reprise, qu'au profit de la seule personne de la femme; et qu'en conséquence, lorsque la dissolution de communauté arrive par le prédécès de la femme, elle ne peut faire ouverture à la reprise au profit des héritiers de la femme, qui ne sont pas compris dans la convention. Mais, lorsque le droit de reprise a été ouvert, au profit de la femme, le droit, par cette ouverture, ayant été acquis à la femme, étant devenu un droit formé qui fait partie de ses biens, rien n'empêche qu'elle ne le puisse transmettre à ses héritiers, et tout ce qui lui en est provenu, de même que tous ses autres biens.

383. Ce n'est que la dissolution de communauté, qui arrive par le prédécès du mari, ou par une séparation, qui peut donner ouverture, au profit de la femme, au droit qui résulte de cette convention.

Ce ne peut être que celle qui arrive par le prédécès de la femme, qui puisse y donner ouverture au profit des enfans, ou autres héritiers, qui ont été expressément compris dans la convention.

Ceci sert à l'interprétation d'une clause qui était conçue en ces termes : *Advenant le prédécès du mari, la femme et ses enfans renonçant à la communauté, reprendront*, etc. La femme étant prédécédée, les enfans renoncèrent à la communauté, demandèrent à exercer la reprise. On leur opposait que la reprise étant stipulée, pour le cas du prédécès du mari, et ce cas n'étant pas arrivé, il ne pouvait y avoir ouverture à la reprise. Les enfans répondaient que ces termes, *advenant le prédécès du mari*, ne pouvaient se rapporter qu'à la femme, à qui, par cette clause, la reprise en renonçant était accordée, *advenant le prédécès du mari*; mais, à leur égard, ayant été aussi compris dans la convention, la reprise doit être censée leur être accordée pour le cas du prédécès de la femme, leur mère, puisque c'est le seul cas qui pouvait donner ouverture, à leur profit, à la convention. Sur ces raisons, la reprise leur fut adjugée par arrêt du 13 décembre 1641, rapporté par Brodeau sur Louet, *lettre F, chap.* 28, *n.* 3.

§ II. Au profit de qui la dissolution de communauté donne-t-elle ouverture à la convention pour la reprise de l'apport.

384. Quoique ce soit un principe général pour toutes les conventions, que nous sommes censés avoir stipulé pour nos héritiers tout ce que nous avons stipulé pour nous; *Qui sibi paciscitur, sibi hæredique suo paciscitur* (Traité des obligations, *n.* 63 *et suiv.*); néanmoins, par une exception à ce principe général, la convention, dont nous traitons, étant d'un droit très-étroit, lorsqu'une femme a stipulé, qu'arrivant la dissolution de communauté, elle pourrait, en y renonçant, reprendre franchement ce qu'elle y a apporté, elle est censée n'avoir stipulé cela que pour elle seule, et non pour ses héritiers, s'ils ne sont pas expressément compris dans la convention, soit en les y nommant, soit en s'expliquant de manière qu'on ne puisse douter de la volonté que les parties ont eue de les y comprendre. En conséquence, lorsqu'il est dit simplement que la future, en renonçant à la communauté, reprendra franchement ce qu'elle y a apporté; si, dans ce cas, la communauté vient à se dissoudre par le prédécès de la femme, ses héritiers, n'étant point expressément compris dans la convention, ne pourront pas exercer la reprise; et, en renonçant à la communauté, ils y laisseront tout ce qui a été apporté par la femme, sans qu'ils puissent reprendre autre chose que ce qui a été réservé propre.

Les enfans avaient néanmoins prétendu autrefois devoir être censés tacitement compris dans cette convention; mais les arrêts rapportés par Louet et Brodeau, *lettre F, n.* 28, et par les autres arrêtistes, ont jugé qu'ils n'y étaient pas plus compris que les autres héritiers, si les parties ne s'en étaient pas expliquées par la convention.

385. Ce principe, que la femme est censée avoir stipulé pour elle seule le droit de reprendre, en renonçant à la communauté, ce qu'elle y a apporté, et non pour ses enfans ou autres héritiers, s'ils ne sont expressément compris dans la convention, a lieu, non-seulement lorsque la clause est conçue en ces termes : *La future pourra*, etc.; ou *Il sera permis à la future*, etc.; il a lieu,

même dans le cas où la clause aurait été conçue en termes imper-
sonnels. C'est ce qui a été jugé par un arrêt du 19 février 1604,
rapporté par La Thaumassière, en ses Questions, *centur.* 7e.
Dans l'espèce de cet arrêt, la clause était conçue en ces termes:
*Advenant dissolution de communauté, en cas de renonciation à la
communauté, reprise sera faite de tout ce que la femme y aura apporté.* La dissolution de communauté étant arrivée par le prédécès de la femme, l'arrêt débouta les enfans de la reprise de
l'apport, qu'ils voulaient exercer en renonçant à la communauté.

386. Pour que la femme puisse rendre transmissible à ses héritiers, par son prédécès, le droit, qu'elle a stipulé par cette convention, de reprendre, en renonçant à la communauté, ce qu'elle
y a apporté, il faut qu'elle les comprenne expressément dans la
convention. En ce cas, lorsque, par son prédécès, elle laisse des
héritiers de la qualité de ceux compris dans la convention, elle
leur transmet ce droit par son prédécès, et il se fait, par son prédécès, ouverture à ce droit au profit desdits héritiers, qui peuvent l'exercer de même que l'eût exercé la femme, si le droit eût
été ouvert de son vivant, par le prédécès du mari, ou par une séparation.

Mais si la femme, par son prédécès qui a dissous la communauté, n'a laissé que des héritiers qui ne sont pas de la qualité
de ceux qui sont compris dans la convention; *putà,* si la reprise
a été stipulée au profit de la future et de ses enfans, et qu'elle ne
laisse pour héritiers que des collatéraux, elle ne transmet pas
auxdits héritiers le droit qu'elle a stipulé de reprendre, en renonçant à la communauté, ce qu'elle y a apporté, et la convention
devient caduque.

387. On comprend assez souvent les enfans dans cette convention. C'est ce qui se fait par ces termes : *La future et ses enfans
pourront, etc.,* ou *La future et les siens ;* ou *La future et ses hoirs,
etc. :* car ces termes, *siens, hoirs,* dans ces clauses, qui sont de
droit étroit, ne comprennent que les héritiers de la ligne descendante, c'est-à-dire les enfans. C'est ce que nous avons déjà observé *suprà,* n. 328, par rapport aux propres conventionnels.

Au reste, ces termes, *enfans, siens, hoirs,* comprennent non-
seulement les enfans du premier degré, mais ceux de tous les degrés. Le terme *enfant,* dans notre langue, répond au terme latin
liberi : or, la loi 220, ff. *de verb. sign.,* nous apprend que *Liberorum appellatione nepotes et pronepotes, cæterique qui ex his des-
cendunt, continentur.* Il n'y a aucune raison de croire que les parties, dans cette clause, se soient écartées de cette signification
ordinaire du terme *enfans ;* l'affection, qu'on a pour ses petits-
enfans, étant la même qu'on a pour ses propres enfans.

Ces raisons me paraissent décisives contre l'opinion de Lebrun, qui restreint dans cette clause le terme *enfans*, à ceux du premier degré.

Ces termes comprennent aussi tous les enfans de la femme, non-seulement ceux qui naîtront du mariage, mais pareillement ceux qu'elle a des mariages précédens. Néanmoins s'il était dit : *La future et ses enfans qui naîtront du mariage, pourront reprendre*, etc.; ces termes, *qui naîtront du mariage*, excluraient de la convention ceux des précédens mariages, suivant la règle : *Inclusio unius est exclusio alterius*. C'est pourquoi, dans ce cas, si la femme, par son prédécès qui a dissous la communauté, n'a laissé pour ses héritiers que des enfans de ses précédens mariages, il n'y aura pas ouverture à la reprise pour ses héritiers.

Obiter nota : mais lorsque la femme a laissé un enfant du mariage, ceux des précédens mariages profitent de la reprise qui a été ouverte au profit de cet enfant, avec qui ils la partagent; cet enfant ne devant pas être plus avantagé qu'eux dans la succession de la mère commune, et étant, en conséquence, obligé à leur faire rapport de l'avantage que lui a fait sa mère, en stipulant la reprise à son profit.

388. Voici une espèce, dans laquelle on a jugé que ces termes, *qui naîtront du mariage*, n'excluaient pas les enfans des précédens mariages, dans le cas auquel la femme n'en avait laissé aucun de ce mariage. La clause était conçue en ces termes : « Il sera permis à la future épouse et aux enfans qui naîtront du mariage, même à ses héritiers collatéraux, d'accepter ou de renoncer à la communauté; auquel cas de renonciation, reprendront franchement et quittement tout ce qu'elle aura apporté, etc. » Par arrêt du mois d'août 1685, rapporté par Berroyer, *tome 1 des Arrêts de Bardet, l. 2, chap. 11*, nonobstant ces termes, *qui naîtront du mariage*, on adjugea la reprise à un enfant d'un précédent mariage. La circonstance de la reprise accordée dans cette clause, *même aux héritiers collatéraux*, fit présumer que les parties, par ces termes, *aux enfans qui naîtront du mariage*, n'avaient pas entendu exclure les enfans du mariage précédent, qui étaient infiniment plus chers à la femme que ses parens collatéraux, pour lesquels elle avait stipulé la reprise.

389. Par la même raison, si la convention était conçue en ces termes : *La future et ses héritiers collatéraux* pourront, en renonçant à la communauté, reprendre ce qu'elle y a apporté; je penserais qu'on doit entendre la clause comme s'il y avait *et ses héritiers, MÊME collatéraux*, et regarder en conséquence les enfans comme compris dans la convention : car il ne peut tomber sous le sens que ce que les parties ont bien voulu accorder à tous les héritiers collatéraux de la femme, elles l'aient refusé à leurs propres enfans, qui leur sont infiniment plus chers.

Je sais qu'il y a plusieurs auteurs qui sont d'avis contraire; Lebrun, *Traité de la Comm.*, liv. 3, chap. 2, sect. 2, d. 5, n. 12; Lemaître, Duplessis, etc. : mais je ne puis déférer à leur avis.

En vain opposent-ils que, la convention étant de droit étroit, les enfans ne peuvent être censés compris dans la convention, qu'ils n'y soient expressément compris. La réponse est que, pour que les enfans soient expressément compris dans la convention, il n'est pas précisément nécessaire qu'il y soient nommés : il suffit que les parties se soient, par les termes de la convention, expliquées de manière qu'il n'y ait pas lieu de douter raisonnablement de la volonté qu'elles ont eue de les y comprendre. Or, les parties, en comprenant dans la convention, même leurs héritiers collatéraux, ne laissent aucun lieu de douter de la volonté qu'elles ont eue d'y comprendre, à plus forte raison, leurs enfans. L'arrêt, qui est le 112ᵉ du recueil de Montholon, et qu'on oppose contre notre opinion, n'a aucune application à la question. Dans l'espèce de cet arrêt, il était dit : *La femme survivante son mari sans enfans, aura tout ce qu'elle a apporté, en renonçant à la communauté; et, si elle prédécède sans enfans, le mari sera quitte; et reprendront les collatéraux tout ce qu'elle aura apporté, sans prendre par eux aucune chose en ladite communauté.* La femme étant prédécédée, et ayant laissé pour héritier un enfant, cet enfant prétendit avoir droit de reprendre, en renonçant à la communauté, ce que sa mère y avait apporté. Il en fut débouté par l'arrêt, et avec raison : car il est évident, dans cette espèce, que les enfans n'étaient compris dans aucune des parties de cette clause. Si l'on accordait, par la seconde partie de la clause, aux héritiers collatéraux de la femme, le droit de reprendre tout ce qu'elle avait apporté, c'était par une raison qui lui était particulière : on leur accordait cela comme une récompense de ce qu'ils étaient restreints à cela pour tout droit de communauté, et privés de pouvoir prétendre aucune part dans tous les gains et profits de la communauté, si elle eût prospéré. Mais les enfans, qui auraient participé à la bonne fortune, et auraient eu moitié dans tous les gains, profits et acquisitions, si la communauté eût prospéré, doivent aussi, dans le cas contraire, participer à la mauvaise fortune, et perdre, en renonçant à la communauté, ce que leur mère y a apporté.

390. Lorsque la femme a stipulé qu'elle et ses héritiers collatéraux pourraient reprendre, en renonçant à la communauté, ce qu'elle y a apporté, doit-on sous-entendre, comme compris dans la convention, non-seulement les enfans, mais pareillement, à défaut d'enfans, les père et mère, et autres héritiers de la ligne directe ascendante de la femme? Je le pense; car nos parens de la ligne directe ascendante nous étant plus chers que des colla-

téraux, et étant plus ordinaire de stipuler cette reprise pour les père et mère de la femme, que pour ses collatéraux, il y a tout lieu de présumer que les parties, en étendant la convention de la reprise de l'apport jusqu'aux héritiers collatéraux, ont entendu, à plus forte raison, comprendre dans la convention les parens de la ligne directe ascendante.

Quelque étendue que soit la convention pour la reprise de l'apport, en renonçant à la communauté, lorsqu'on y a expressément compris même les héritiers collatéraux de la femme, elle n'a pas néanmoins encore, en ce cas, la même étendue que les conventions ordinaires : car, dans les conventions ordinaires, ce qu'une personne stipule, elle est censée le stipuler pour elle et pour sa succession, en tant qu'elle est sa succession simplement, soit qu'elle doive être acceptée, et quelles que soient les personnes qui l'accepteront, soit qu'elle doive être jacente. Au contraire, la convention pour la reprise de l'apport, en renonçant à la communauté, étant une convention d'une nature particulière, par laquelle la femme, qui stipule cette reprise, est censée ne la stipuler que pour elle, et pour ceux qu'elle a expressément compris dans la convention ; c'est une conséquence, que, lorsqu'elle y a compris expressément même ses héritiers collatéraux, elle n'a pas même, en ce cas, stipulé pour sa succession simplement, en tant qu'elle est sa succession, mais seulement pour sa succession, en tant qu'elle sera acceptée par quelqu'un de ses parens. C'est pourquoi, si, après sa mort, sa succession est jacente, le curateur à sa succession jacente ne pourra exercer la reprise.

Par la même raison, si, ne s'étant trouvé aucuns parens de la femme, et son mari s'étant trouvé incapable de lui succéder, *putà*, parce que c'est un étranger non naturalisé, le seigneur haut justicier, à qui la succession de la femme a été déférée, ne pourra exercer la reprise, que la femme n'a stipulée que pour elle et pour ses héritiers qui seraient de sa parenté.

391. On a agité la question, si, dans l'espèce suivante, les enfans doivent être censés compris dans la convention pour la reprise de l'apport de la femme, la clause étant conçue en ces termes : « En cas de prédécès, sera permis à la future épouse, et » à ses enfans issus du futur mariage SEULEMENT, de renoncer à » la communauté, ou icelle accepter ; et, en cas de renoncia- » tion, reprendra ladite future épouse tout ce qu'elle aura ap- » porté, etc. » La femme étant morte la première, et ayant laissé un enfant pour héritier, le subrogé tuteur renonça pour l'enfant à la communauté, et demanda la reprise de ce que sa mère y avait apporté. Le père, pour s'en défendre, disait que l'enfant était bien compris dans la première partie de la clause, qui permettait la renonciation à la communauté ; mais qu'il n'était pas compris dans la seconde partie, qui accorde la reprise de l'ap-

port en cas de renonciation. C'est, dit-on, ce qui paraît par les termes dans lesquels cette seconde partie de la clause est conçue : *Et, en cas de renonciation, reprendra ladite future, etc.* Ces termes, qui sont au singulier, *reprendra ladite future*, ne comprennent que la femme. Pour que les enfans y fussent compris, il aurait fallu dire : *Et, en cas de renonciation, reprendront ;* ou bien : *Et, en cas de renonciation, reprendra.* On disait, au contraire, pour l'enfant, que les deux parties de la clause étaient tellement connexes, et avaient une telle relation, qu'il suffisait que les enfans fussent compris dans la première partie de la clause, pour qu'ils dussent être sous-entendus dans la seconde ; la simple faculté de renoncer à la communauté, étant une faculté qu'ont tous ceux qui succèdent aux droits de la femme, quels qu'ils soient, et qui n'a pas besoin d'être stipulée. Ces termes de la clause, *Sera permis à la future épouse et à ses enfans issus du futur mariage* SEULEMENT, *de renoncer à la communauté, etc.*, ne doivent pas s'entendre d'une simple faculté de renoncer, telle qu'elle est de droit commun, et qui n'a pas besoin d'être stipulée, mais d'une faculté de renoncer, telle qu'elle était énoncée dans la suite de la clause, et à laquelle était attaché le droit de reprendre l'apport de la femme en renonçant. C'est ce que prouve évidemment le terme *seulement*, employé dans cette clause, lorsqu'il y est dit, *sera permis à la future épouse et à ses enfans issus du futur mariage* SEULEMENT, *de renoncer, etc.* Il est évident que la faculté de renoncer, que les parties restreignent aux enfans issus du mariage, par ce terme *seulement*, est la faculté de renoncer, à laquelle est joint le droit de reprendre l'apport, et non la simple faculté de renoncer, telle qu'elle a lieu de droit commun. Ce n'est que le droit de reprendre l'apport en renonçant, qu'on a refusé aux autres héritiers et successeurs de la femme ; on n'a pas voulu leur interdire la faculté de se décharger des dettes de la communauté, en y renonçant, et en y laissant ce qui y a été mis. On ne doit donc pas dire que, dans cette espèce, les enfans ne sont pas compris dans la convention pour la reprise de l'apport, en renonçant, sous le prétexte que, par les derniers termes de la clause, il est dit simplement, *En cas de renonciation, reprendra ladite future, etc.,* sans dire que les enfans reprendront pareillement : car il suffit, pour que cela doive se sous-entendre, que les enfans aient été expressément compris dans le commencement de la clause, qui ne renferme autre chose, dans tout ce qu'elle contient, que la faculté accordée aux personnes qui y sont comprises, de reprendre l'apport de la femme, en renonçant à la communauté.

Sur ces raisons, est intervenu l'arrêt du 27 février 1629, qui, dans la présente espèce, a accordé à l'enfant héritier de sa mère, la reprise de l'apport de sa mère, en renonçant à la communauté. Il est rapporté au tome premier du Journal des audiences, *liv.* 1, *chap.* 21, et dans le recueil de Barbet, tome premier, *liv.* 2, *chap.* 11.

392. Lebrun, Traité de la Communauté, *liv.* 3, *chap.* 2, *sect.* 2, *d.* 5, *n.* 11, rapporte une autre espèce. Il était dit par un contrat de mariage : « Sera loisible à la future épouse, en cas qu'elle survive, de renoncer ; et, en ce faisant, reprendre franchement et quittement ce qu'elle a apporté ; et, en cas qu'elle prédécède, ladite faculté de renoncer sera transmissible aux enfans qu'elle laissera du mariage ; et, à leur défaut, à ses héritiers collatéraux. » Le cas du prédécès de la femme étant arrivé, Lebrun, consulté sur cette espèce, décida que les enfans ne pouvaient prétendre la reprise en renonçant, et que la faculté de renoncer, dont il était parlé dans la seconde partie de la clause, ne devait être entendue que de la simple faculté de renoncer à la communauté, telle que la Coutume l'accorde. La raison, qui peut faire adopter l'avis de Lebrun sur cette espèce, est qu'étant une chose insolite d'accorder indistinctement aux héritiers collatéraux de la femme, le droit de reprendre, en renonçant, ce qu'elle a apporté, il y a lieu de croire que la faculté de renoncer, dont il est parlé dans la seconde partie de la clause, et qui est accordée même aux héritiers collatéraux, n'est autre chose que la simple faculté de renoncer, que la Coutume accorde à tous les successeurs de la femme, pour se décharger des dettes. Mais s'il n'eût pas été parlé, dans cette partie de la clause, des héritiers collatéraux, et qu'il eût été dit simplement, *ladite faculté de renoncer sera transmissible aux enfans,* je crois que cela devrait s'entendre de la faculté de renoncer, dont il a été parlé dans la première partie de la clause, à laquelle est joint le droit de reprendre, en renonçant, ce que la femme a apporté. C'est le sens que présentent ces termes, LADITE *faculté.*

§ III. Lorsque la convention pour la reprise de l'apport de la femme a été ouverte, soit au profit de la femme, soit au profit de ses héritiers compris dans la convention, par qui l'action qui en résulte peut-elle être exercée.

393. Lorsque la convention pour reprendre, en renonçant, ce que la femme a apporté en communauté, a été ouverte au profit de la femme, soit par le prédécès de son mari, soit par une séparation, l'action, qui naît de cette convention, pour exiger du mari ou de ses héritiers, en renonçant à la communauté, ce que la femme y a apporté, peut être exercée non-seulement par la femme, au profit de qui le droit, qui naît de cette convention, a été ouvert ; elle peut pareillement être exercée par toutes les personnes, qui ont succédé aux droits de cette femme, ou qui ont droit d'exercer ses droits.

En vain opposerait-on que le droit, qui naît de la convention pour la reprise de l'apport en renonçant, est un droit personnel à la femme. Il n'est personnel qu'en ce sens, qu'il ne se peut faire ouverture à ce droit qu'au profit de la seule personne de la femme, par la dissolution de communauté qui arrive de son vivant; et que, lorsque la dissolution arrive par son prédécès, il ne peut y avoir ouverture au profit des héritiers de la femme, au droit qui naît de cette convention, s'ils ne sont eux-mêmes compris dans la convention. Mais, lorsqu'une fois le droit, qui naît de cette convention, a été ouvert au profit de la femme, c'est un droit qui lui est acquis en pleine propriété, dont elle peut disposer, et qu'elle transmet dans sa succession, de même que tous ses autres biens. C'est pourquoi, l'action, qui résulte de ce droit, peut être exercée par ses héritiers ou autres successeurs. Elle transmet ce droit à ses héritiers, quand même elle serait morte avant que de s'être expliquée si elle entendait accepter ou renoncer à la communauté; et il a été jugé, en conséquence, par arrêt du 2 juillet 1716, rapporté par l'auteur du traité des contrats de mariage, que ses héritiers étaient, en ce cas, reçus à exercer l'action pour la reprise de son apport, en renonçant à la communauté, comme nous l'avons vu *suprà*, n. 380.

Il en est de même de ses autres successeurs, tels que serait son légataire universel, comme Lebrun en convient, *Traité de la commun.*, *liv.* 3, *chap.* 2, *sect.* 2, *d.* 5, *n.* 17.

394. Par la même raison, le droit, qui naît de la convention pour la reprise de l'apport de la femme, en renonçant à la communauté, ayant été ouvert au profit de la femme, les créanciers de la femme doivent être reçus à exercer l'action qui en naît pour reprise de l'apport de la femme. C'est mal-à-propos que Lebrun, *ibidem*, distingue si c'est du vivant de la femme, ou depuis la mort de la femme, qui est morte après que le droit a été ouvert à son profit, que les créanciers de la femme demandent à exercer pour elle cette reprise. Cette distinction n'a aucun fondement. Des créanciers sont reçus, soit du vivant, soit après la mort de leur débiteur, à exercer tous les droits qui appartiennent à leur débiteur, ou à sa succession.

Il y a plus : quand même la femme, au profit de qui le droit de reprendre son apport, en renonçant, a été ouvert par le prédécès de son mari, aurait, en fraude de ses créanciers, et pour favoriser ses enfans débiteurs de cette reprise, accepté une communauté mauvaise, et se serait par-là privée de son droit, qui ne lui est accordé qu'en renonçant à la communauté; les créanciers de la femme devraient, en faisant déclarer nulle et frauduleuse l'acceptation que leur débitrice a faite de la communauté, être admis à y renoncer pour elle, et à exercer la reprise de son apport, qu'elle a droit d'exercer, en y renonçant. C'est une suite de ce principe de notre jurisprudence, qu'un débiteur ne peut, en fraude de ses créanciers, se désister des droits qui lui sont acquis. C'est pour cela que, lorsqu'un débiteur a renoncé, en fraude de ses créanciers, à une succession avantageuse, ses créanciers sont admis, dans notre jurisprudence, contre la subtilité du droit romain, à exercer les droits de leur débiteur dans cette succession, en faisant déclarer nulle et frauduleuse la renonciation qu'il y a faite.

395. Lorsque, par le prédécès de la femme, le droit de reprendre l'apport de la femme, en renonçant à la communauté, a été ouvert au profit de l'héritier de la femme, qui était compris dans la convention, non-seulement ledit héritier, au profit de qui le droit a été ouvert, peut exercer l'action qui naît de ce droit; les héritiers et autres successeurs de cet héritier, et pareillement les créanciers de cet héritier le peuvent de même que lui.

396. Si cet héritier compris dans la convention, au profit de qui le droit de reprendre l'apport de la femme, en renonçant à la communauté, a été ouvert par le prédécès de la femme, avait accepté la succession sous bénéfice d'inventaire, et qu'il fît ensuite abandon de la succession aux créanciers de la succession, pour se décharger des dettes; ce droit de reprendre l'apport de la femme, étant un droit qui a été ouvert au profit de cet héritier, et qui lui a été acquis en sa qualité d'héritier de la femme compris dans la convention, un droit qu'il tient, par conséquent, de la succession de la femme, il doit être compris dans l'abandon qu'il fait aux créanciers de cette succession, de tous les biens et droits de cette succession. Les créanciers de la succession de la femme, à qui il a fait l'abandon, peuvent donc exercer l'action qui naît de ce droit.

397. Ces principes servent à décider la question, s'il y a ouverture au droit, qui naît de la convention de reprendre l'apport de la femme, en renonçant à la communauté, lorsque la femme est prédécédée, en laissant pour son héritier un enfant ou autre parent expressément compris dans la convention; et, pour légataire universel, une autre personne qui n'y est pas comprise. Lebrun, *ibid*, *n.* 17, prétend qu'il n'y a pas, en ce cas, ouverture au droit de reprise, ni au profit de l'héritier, quoique compris dans la convention, parce que le legs universel, fait à une autre personne, l'empêche d'en pouvoir profiter; ni au profit du légataire universel, parce qu'il n'est pas compris dans la convention.

Il faut dire, au contraire, conformément à nos principes, que, si l'héritier de la femme accepte la succession, cet héritier étant de la qualité de ceux auxquels, aux termes de la convention, ce droit est transmissible, il s'ensuit que ce droit a été ouvert au profit de cet héritier, et lui a été acquis; ce qui suffit pour que cet héritier le fasse passer, ainsi que tous les autres biens et droits de la succession, au légataire universel, par le saisissement et la délivrance de son legs universel.

Le légataire universel, après avoir été saisi de son legs, peut donc exercer l'action qui naît de ce droit, comme l'eût pu faire l'héritier au profit duquel il a été ouvert, et au lieu duquel est le légataire universel.

On opposera peut-être que c'est un principe, que les choses léguées sont censées passer directement de la personne du défunt en celle du légataire ; ce droit n'a donc pu, dira-t-on, être ouvert au profit de l'héritier, et acquis à cet héritier, pour passer de lui au légataire universel. La réponse est, que ce n'est que par une fiction que les biens et les droits de la succession sont censés passer directement au légataire. Dans la vérité, ils passent d'abord à l'héritier, pour, de lui, passer au légataire. C'est ce que prouve la règle, *le mort saisit le vif, son plus prochain héritier.* C'est ce qui est renfermé dans l'essence du titre d'héritier; qui n'est autre chose que le successeur à tous les droits du défunt, *successor in universum jus defuncti.* La fiction, qui fait réputer les choses léguées, comme passées directement du défunt au légataire, étant une fiction qui n'est établie qu'en faveur du légataire, pour certains effets, elle ne peut être rétorquée contre lui et à son préjudice, ni empêcher, par conséquent, que le droit de reprise n'ait été ouvert au profit de l'héritier, et n'ait passé de l'héritier à lui : *Quod in favorem alicujus introductum est, non debet contra eum retorqueri.* A ces raisons, qui sont les raisons fondamentales de notre opinion, et qui sont prises dans la nature des choses, on peut encore ajouter une raison d'inconvénient, qui est que, dans l'opinion de Lebrun, la femme aurait une voie ouverte pour avantager son mari, en faisant un légataire universel, pour décharger son mari de la reprise stipulée au profit de l'héritier. Enfin, notre opinion a été confirmée par un arrêt de 1711, rapporté par l'Annotateur de Lebrun.

398. Il y a des auteurs qui ont donné dans une autre extrémité, en soutenant que, lorsqu'une femme a laissé un héritier compris dans la convention, et un légataire universel, ce légataire universel peut exercer la reprise, même dans le cas auquel l'héritier aurait renoncé à la succession : ils prétendent qu'on ne doit pas avoir égard à cette renonciation, comme faite en fraude du legs universel. Cette opinion ne me paraît pas soutenable. Le droit de reprendre l'apport de la femme, en renonçant, était un droit qui était transmissible dans sa succession à cet héritier, comme compris dans la convention : mais ce droit étant un droit de la succession, il ne peut être transmis à l'héritier, ni ouvert à son profit, s'il n'accepte pas la succession. Le légataire ne peut donc,

en ce cas, exercer la reprise, ne le pouvant ni de son chef, puis-qu'il n'est pas compris dans la convention, ni du chef de cet hé-ritier, au profit de qui le droit n'a pu être ouvert, puisqu'il a renoncé à la succession. Quant à ce qu'on dit, qu'on ne doit pas avoir égard, dans cette espèce, à la renonciation de cet héritier, comme faite en fraude du légataire universel, la réponse est, qu'un débiteur ne peut, à la vérité, renoncer, en fraude de ses propres créanciers, à une succession avantageuse qui lui est dé-férée, avec laquelle il eût pu s'acquitter envers eux, en tout ou en partie, de ce qu'il leur doit : mais, dans cette espèce, l'héri-tier, en renonçant à la succession, ne commet aucune fraude envers le légataire universel, dont il n'est pas le débiteur.

§ IV. Quelles choses sont l'objet de cette convention.

399. La convention, par laquelle la femme stipule la reprise de ce qu'elle a apporté en communauté, en cas de renonciation à la communauté, étant une convention de droit étroit, elle doit être étroitement renfermée dans les bornes des termes dans les-quels elle est conçue, et elle ne peut être étendue d'une chose à une autre.

C'est pourquoi, lorsqu'il est dit simplement par la convention, que la femme, en renonçant à la communauté, reprendra ce qu'elle a apporté, la convention ne renferme que ce qu'elle a apporté à la communauté en se mariant; elle ne s'étend pas à ce qu'elle y a fait entrer depuis, par les successions ou donations qui lui sont advenues durant le mariage.

Lorsqu'on veut que la femme ait aussi la reprise de ces choses, on ne se contente pas de dire que la femme reprendra ce qu'elle a apporté en communauté; on ajoute ces termes, *et tout ce qu'elle y aura fait entrer depuis, pendant le mariage;* ou bien ceux-ci, *et tout ce qui y sera entré à cause d'elle,* ou autres semblables.

400. Dans l'espèce d'un arrêt du 12 août 1731, rapporté par Bardet, *tom.* 1, *liv.* 4, *ch.* 45, la future avait été dotée par ses père et mère d'une somme de 36,000 livres; et il était dit : *La future épouse, renonçant à la communauté, reprendra les 36,000 livres par elle apportées en dot, et tout ce qu'elle montrera avoir apporté de plus.* La Cour jugea que ces termes, *tout ce qu'elle montrera avoir apporté de plus,* comprenaient la reprise d'un legs qui lui avait été fait, durant le mariage, par un étranger. En effet, ces termes ne permettaient pas de borner la convention à ce que la femme avait apporté en se mariant, puisque n'y ayant ap-porté qu'une somme fixe et certaine de 36,000 livres, il était dit qu'elle reprendrait *ce qu'elle montrera avoir apporté de plus :* ces termes ne peuvent s'entendre que de ce qui lui serait advenu pen-

dant tout le temps qu'a duré la communauté, par succession, don ou legs.

401. Par un arrêt du 18 juin 1687, rapporté au second tome du Journal du Palais, il a été jugé que cette clause : *La future, en renonçant à la communauté, reprendra franchement tout ce qu'elle se trouvera y avoir apporté,* ne comprenait que ce que la femme y avait apporté en se mariant, et ne s'étendait pas à un legs qui lui avait été fait durant le mariage.

Lebrun, *Traité de la Communauté, liv.* 2, *chap.* 2, *s.* 2, *d.* 5, *n.* 37, n'approuve pas la décision de ce dernier arrêt : il pense que, dans la convention de reprise, ces termes, *ce qu'elle se trouvera avoir apporté,* ou ceux-ci, *ce qu'elle aura apporté,* étant au temps futur, ne se réfèrent pas au temps auquel a commencé la communauté, mais au temps futur de la dissolution de la communauté, et qu'ils comprennent, par conséquent, non-seulement ce que la femme a fait entrer en communauté en se mariant, mais tout ce qu'elle y a fait entrer jusqu'au temps de la dissolution de communauté, pendant tout le temps qu'elle a duré. Cela paraît effectivement être assez le sens de ces termes, qui sont au temps futur.

402. Quelquefois, par la convention par laquelle la femme stipule le droit de reprendre, en renonçant, ce qu'elle a apporté à la communauté, il est dit que ce sera sous la déduction d'une certaine somme que le mari pourra retenir pour l'indemniser des frais de noces. Lebrun, *Traité de la Communauté, liv.* 3, *ch.* 2, § 2, *d.* 5, *n.* 28, demande, au sujet de cette clause, si, la dissolution de communauté étant arrivée par le prédécès du mari, les héritiers du mari, débiteurs de la reprise envers la femme, ont le droit de retenir sur cette reprise la somme qu'eût pu retenir le mari. Il est sans difficulté qu'ils le peuvent. La femme ne peut pas exiger d'eux plus que ce qu'elle a stipulé. Or, elle n'a pas stipulé la reprise de tout ce qu'elle a apporté, mais seulement la reprise de ce qu'elle a apporté, sous la déduction d'une certaine somme ; elle ne peut donc demander la reprise de son apport que sous la déduction de cette somme. Les héritiers d'un défunt ne peuvent être débiteurs, en cette qualité d'héritiers, de plus que de ce dont le défunt était débiteur : or, le mari n'était pas débiteur de la reprise de tout l'apport, mais seulement de la reprise de l'apport, sous la déduction d'une certaine somme ; ses héritiers ne doivent donc pareillement être tenus de la reprise de l'apport, que sous la déduction de cette somme.

403. Assez souvent la femme, par cette convention, stipule pour elle, sans aucune déduction, la reprise de tout son apport, et elle stipule, pour ses héritiers compris dans la convention, la reprise de cet apport, sous la déduction d'une certaine somme que le mari pourra retenir pour les frais de noces ; comme lorsque

la clause est conçue en ces termes : *La future épouse, en cas de renonciation à la communauté, reprendra ce qu'elle y a apporté. Ses enfans, et à défaut de ses enfans, les père et mère le reprendront pareillement : mais lesdits père et mère ne le reprendront que sous la déduction de la somme de tant.* La dissolution de communauté est arrivée par le prédécès du mari, et a donné ouverture au droit au profit de la femme, laquelle est morte sans avoir pris qualité, et a laissé pour ses héritiers ses père et mère, lesquels, en leur qualité d'héritiers de la femme, renoncent à la communauté, et demandent, contre les héritiers du mari, la reprise de ce que leur fille a apporté à la communauté. Les père et mère seront-ils obligés de souffrir la déduction de la somme portée par la convention ? Non ; car cette déduction n'a pas été accordée au mari dans tous les cas, mais seulement dans le cas auquel, par le prédécès de la femme sans enfans, il y aurait ouverture à la reprise au profit des père et mère de la femme. Mais, dans cette espèce, ce n'est pas au profit des père et mère de la femme, que le droit de reprise a été ouvert ; il a été ouvert par le prédécès du mari, au profit de la femme, qui l'a stipulé pour elle, sans aucune déduction. Ce droit lui ayant été acquis sans aucune déduction, elle l'a transmis tel qu'elle l'avait, et par conséquent sans aucune déduction, à ses père et mère, qui sont ses héritiers.

404. Voici une question, qu'on m'a dit s'être présentée : Par un contrat de mariage, la reprise de l'apport était accordée aux père et mère de la future, en renonçant à la communauté ; et il était ajouté, *et audit cas,* il sera donné *au mari la somme de tant, pour frais de noces.* La femme laissa pour héritiers son père, pour les meubles et acquêts ; et des collatéraux, pour les propres maternels. Le père, qui exerçait la reprise, prétendait que la somme stipulée pour les frais de noces, était une dette de la succession de la femme, à laquelle les héritiers maternels devaient contribuer avec lui ; et que ces termes, *il sera donné,* présentaient un sens différent de ceux dont on se sert ordinairement, *il sera fait déduction.* Je crois la prétention du père mal fondée. Ces termes, *audit cas il sera donné, etc.,* ne renferment autre chose qu'une charge apposée à la reprise qui est accordée aux père et mère. Or, à qui est-ce à acquitter la charge sous laquelle une disposition a été faite, si ce n'est à celui au profit de qui la disposition a été faite sous cette charge ? En vain dirait-on que ces termes ne contiennent pas tant une charge apposée à la reprise, que la dette d'une somme que la femme a contractée envers son mari, dans le cas auquel il y aurait lieu à la reprise ; laquelle dette passe à sa succession : car, quand même on accorderait que la femme aurait contracté cette dette envers son mari, elle aurait été éteinte en même temps que contractée, par la compensation qui s'en serait faite jusqu'à due concurrence avec la dette de la restitution de

l'apport, que l'homme a contractée envers sa femme : deux personnes ne pouvant pas contracter réciproquement, l'une envers l'autre, des dettes de sommes d'argent, sous une même condition, sans qu'il s'en fasse nécessairement, et de plein droit, compensation jusqu'à due concurrence.

405. Lorsque la convention a été conçue en ces termes : *la future et ses enfans qui naîtront du mariage, reprendront ce qu'elle a apporté en communauté : les enfans qu'elle a du précédent mari, auront aussi cette reprise, mais sous la déduction de la somme de quatre mille livres, que le mari retiendra pour frais de noces;* la femme étant prédécédée, et ayant laissé pour héritiers un enfant de ce mariage, et un autre d'un mariage précédent, au profit desquels il y a eu ouverture à la reprise, étant l'un et l'autre compris dans la convention, on demande, à l'égard de la déduction de la somme de quatre mille livres, dont l'enfant du précédent mariage a été chargé, s'il y a lieu à cette déduction pour le total, ou seulement pour partie. Lebrun, *Traité de la Communauté,* liv. 3, ch. 2, s. 2, d. 5, n. 43, rapporte quatre opinions différentes sur cette question.

La première est, que l'enfant du mariage précédent, aura la moitié de la reprise, à la charge de faire déduction au mari de la somme entière de 4,000 livres, portée par la convention. La seconde est, qu'il aura la moitié de la reprise, à la charge de faire déduction au mari de la moitié des 4,000 livres. La troisième est, qu'il ne doit être fait aucune déduction, même par l'enfant du premier mariage, parce qu'elle réfléchirait sur l'enfant du second lit, au profit duquel la reprise a été stipulée, sans aucune déduction. La quatrième est, que l'enfant du second lit, aussi bien que celui du premier, doivent, en ce cas, faire chacun déduction pour moitié sur leur part, de la somme de 4,000 livres.

De ces quatre opinions, c'est la seconde qu'on doit suivre, qui est suivie par Lebrun. Elle est fondée sur ce principe d'équité, que, lorsqu'une disposition, faite au profit de quelqu'un, sous une certaine charge, ne peut avoir lieu que pour partie; celui au profit de qui elle est faite, ne doit être tenu de la charge que pour la même partie; l. 43, § 2; l. 44, § 9, ff. *de condit. et demonst.* Suivant ce principe, l'enfant du premier lit, pour qui la reprise avait été stipulée, à la charge de laisser 4,000 liv. au mari, n'ayant été héritier de sa mère que pour moitié, la reprise, en conséquence, n'ayant été ouverte à son profit, que pour la moitié, il ne doit être tenu que pour moitié, de la charge de laisser au mari 4,000 liv, et il ne doit lui faire déduction que de 2,000 liv, la charge de lui faire déduction de 4,000 livres, ne lui étant imposée que dans le cas auquel, se trouvant seul héritier de sa mère, par le défaut ou la renonciation des enfans du premier lit, la reprise se serait trouvée ouverte, pour le total, à son profit. Ajoulez que les deux parties de la convention, celle, pour laquelle la reprise a été stipulée sous la déduction d'une somme de 4,000 liv., et celle, pour laquelle elle a été stipulée sans déduction pour les enfans qui naîtraient du mariage, doivent se concilier, et avoir chacune leur effet. Mais, si l'enfant du premier lit était obligé de faire, sur sa portion de la reprise, déduction au mari de la somme tout entière de 4,000 liv., l'enfant du second lit, qui se trouverait, par ce moyen, avoir, dans la succession de sa mère, 4,000 liv. de plus que celui du premier, serait tenu, par la loi du rapport, de faire raison à l'enfant du premier lit, de 2,000 liv. pour la moitié de ladite somme; et, par ce moyen, la clause, par laquelle la reprise a été stipulée pour lui sans déduction, n'aurait aucun effet et ne lui servirait de rien, puisqu'il se trouverait supporter de cette déduction, autant que s'il en eût été chargé, de même que l'enfant du premier lit. Cela doit faire rejeter la première opinion, et la quatrième, qui n'est qu'une suite de la première, et qui n'en diffère qu'en ce qu'elle évite le circuit auquel il y aurait lieu dans la première.

On ne doit pas non plus suivre la troisième opinion, qui, pour trop donner d'effet à la partie de la clause, par laquelle on a stipulé la reprise sans aucune déduction pour les enfans qui naîtront du mariage, détruit entièrement l'autre partie de la clause, par laquelle on a chargé l'enfant du premier lit d'une déduction de 4,000 liv., en privant le mari entièrement de cette déduction même vis-à-vis de l'enfant du premier lit, qui en a été expressément chargé; parce que, dit-on, la déduction, que ferait l'enfant du premier lit, réfléchirait, par la loi du rapport, contre l'enfant du second lit, contre les termes de la clause, qui lui accorde la reprise sans aucune déduction. Cette opinion me paraît vicieuse, en ce qu'elle ne concilie pas les deux parties de la clause, qui doivent, l'une et l'autre, avoir leur exécution. Si celle, qui concerne les enfans du second lit, a son exécution, celle, qui concerne la déduction dont l'enfant du premier lit est chargé, doit avoir aussi la sienne. Elle ne l'a pas dans la troisième opinion; mais, dans la seconde, que nous avons embrassée, on concilie les deux parties de la convention. Celle, qui concerne la déduction de la somme, dont l'enfant du premier lit est chargé envers le mari, reçoit son exécution, puisque cet enfant fait à son beau-père cette déduction pour la même part qu'il a dans la reprise : celle, qui concerne l'enfant du second lit, pour qui la reprise a été stipulée sans aucune déduction, reçoit aussi son exécution, puisqu'il n'est fait aucune déduction au mari pour la part que cet enfant a dans la reprise. Il est vrai que l'enfant du second lit supporte indirectement une partie de la déduction, en ce que, par la loi du rapport, il est obligé de faire raison à l'enfant du premier, d'une somme de 1,000 liv. moitié de celle de 2,000 livres, qu'il se trouve avoir de plus que lui : mais ce rapport est une chose étrangère, dont le mari n'est pas garant.

Il suffit, pour que la clause, qu'il reprendrait sans aucune déduction, ait eu son effet, qu'il n'ait été fait aucune déduction au mari de la somme de 4,000 livres, pour la part que l'enfant du second lit a eue dans la reprise. L'enfant du second lit en profite, en ce que, s'il eût été assujetti à la déduction, aussi bien que celui du premier lit, il l'aurait supportée pour 2,000 liv.; au lieu que, sa part n'ayant pas été sujette à la déduction, il n'en supporte que pour 1,000 livres.

Observez, dans l'espèce proposée, que, si l'enfant du second lit avait renoncé à la succession de sa mère, celui du premier lit se trouvant, par ce moyen, seul héritier, le droit de reprise serait ouvert pour le total au profit de cet enfant du premier lit, qui devrait, en conséquence, faire au mari la déduction de la somme entière de 4,000 liv. *Contrà, vice versâ*, si, par la renonciation de l'enfant du premier lit, celui du second était seul héritier, la reprise ayant été stipulée pour lui sans déduction, le mari n'aurait aucune déduction à prétendre.

406. Il ne peut y avoir d'autres choses comprises dans la reprise, que la femme a stipulée au profit de quelqu'un de ses héritiers, que celles auxquelles cet héritier a droit de succéder. Voici un exemple de ce principe. Par un contrat de mariage, il est dit que *la future, ses enfans et ses père et mère reprendront*, en renonçant à la communauté, *tout ce qu'elle y a apporté et tout ce qu'elle y aura fait entrer par les successions, dons et legs qui lui seront advenus durant le mariage*; et, par une autre clause, il est dit que les successions, tant mobilières qu'immobilières, qui adviendront durant la communauté à chacun des conjoints, y entreront. La dissolution de communauté arrive par le prédécès de la femme sans enfans, qui laisse son père pour héritier aux meubles et acquêts, et des parens collatéraux maternels, pour les héritiers aux propres maternels. La communauté étant obérée, les différens héritiers y renoncent. Le père, qui est compris dans la convention, et au profit de qui, par conséquent, le droit de reprise est ouvert, exerce la reprise. Il ne peut, en l'exerçant, demander au mari que le mobilier que sa fille a fait entrer en communauté. Les héritages, qui sont échus à la fille, durant le mariage, de la succession de sa mère, et qui, au moyen de la clause que les successions seront communes, sont entrés dans la communauté, demeurent au mari : le père n'en peut avoir la reprise, parce qu'il n'en est pas héritier, lesdits héritages étant des propres maternels. Les parens maternels, qui sont héritiers aux propres maternels, ne peuvent pas non plus en avoir la reprise, parce que les collatéraux ne sont pas compris dans la convention.

Il en serait autrement, si le droit de reprise avait été ouvert au profit de la femme, par le prédécès du mari. Le droit de reprise, tant des héritages, que des meubles par elle apportés en communauté, ayant été acquis à la femme, elle le transmettrait dans sa succession ; savoir, le droit de reprise des meubles, à son héritier au mobilier ; et le droit de reprise des héritages, qu'elle a eus de la succession de sa mère, à ses héritiers aux propres maternels.

407. La reprise des effets mobiliers, que la femme a apportés ou fait entrer dans la communauté, ne se fait pas en nature. Le mari ou ses héritiers sont, pour cette reprise, lorsqu'il y a ouverture, débiteurs de la somme que lesdits effets valaient, lorsque la femme les a apportés ou fait entrer en la communauté : on suit, à cet égard, l'estimation qui en a été faite, lorsque la femme les a apportés ou fait entrer en la communauté. La femme, ou les héritiers au profit de qui la reprise est ouverte, ont seulement sur lesdits effets qui se trouveraient en nature, lors de la dissolution de la communauté, un privilége sur tous les autres créanciers du mari, pour le paiement de la somme due pour la reprise.

408. Lorsque la femme a apporté à la communauté, ou y a fait entrer des dettes actives, le mari est débiteur envers la femme qui a stipulé la reprise, ou envers ses héritiers compris dans la convention, non-seulement des sommes qu'il a effectivement reçues des débiteurs, mais de tout ce qu'il en a dû recevoir ; à moins qu'il n'établisse, par le rapport des diligences par lui faites contre les débiteurs, qu'il n'a pas été en son pouvoir d'en être payé. En vain opposerait-on que le mari a le droit de perdre les effets de la communauté : car le principe souffre une exception à l'égard de ceux dont la femme a stipulé la reprise, dans le cas auquel il y a lieu à cette reprise.

409. A l'égard des héritages, que la femme a apportés ou a fait entrer en communauté, lorsqu'ils se trouvent en la possession du mari ou de sa succession, au temps de la dissolution de la communauté, qui a donné ouverture à la reprise, la femme ou ses héritiers doivent les reprendre en nature.

S'ils se trouvaient détériorés par le fait ou la faute du mari, le mari, de même que tout débiteur de corps certain, est tenu, en ce cas, de la somme à laquelle seront estimées les détériorations.

Si, au contraire, le mari avait fait des améliorations, s'il les avait faites du consentement exprès de la femme, il devrait lui être fait raison du prix qu'elles ont coûté. S'il ne justifiait pas les avoir faites du consentement exprès de la femme, on devrait même, en ce cas, lui faire raison de ce dont l'héritage s'en trouve plus précieux, ou du moins lui permettre de les enlever, en remettant l'héritage dans l'état auquel il était auparavant.

410. Lorsque le mari, pendant la communauté, a aliéné les héritages que la femme y a apportés, la femme, qui exerce le

droit de reprise de son apport, n'est pas fondée à les revendiquer contre les acquéreurs; la clause, pour la reprise de l'apport, doit se concilier avec la cause d'ameublissement.

L'intention des parties, dans la clause d'ameublissement, étant principalement de donner au mari la faculté de disposer des héritages ameublis par sa femme, et de les convertir en argent, quand il en aura besoin; la clause de reprise de l'apport, qui doit se concilier avec elle, ne doit pas priver le mari de cette faculté. C'est pourquoi, lorsque le mari use du droit qu'il avait de vendre les héritages ameublis par sa femme, le droit de reprise de la femme doit, en ce cas, se convertir au droit de reprise de la somme que valaient lesdits héritages, lors de l'aliénation que le mari en a faite.

Lorsque le mari les a vendus sans fraude, la somme, pour laquelle il les a vendus, est censée être la valeur desdits héritages, et c'est de cette somme que la reprise est due. Mais, s'il paraissait que le mari a vendu ces héritages à vil prix, en fraude de la reprise, soit pour gratifier l'acquéreur, soit en recevant de lui secrétement des deniers d'entrée, la femme, qui exerce la reprise, n'est point obligée, en ce cas, de se tenir au prix porté par le contrat, et elle peut la demander suivant l'estimation qui en sera faite.

Pareillement, si l'héritage ameubli, lorsqu'il a été vendu, était en mauvais état, on doit, lorsque sa femme ou ses héritiers exerceront la reprise, leur faire raison de ce qu'il aurait été plus vendu, s'il eût été dans l'état dans lequel le mari devait l'entretenir.

Quoique la clause de reprise de l'apport ne doive pas priver le mari de la faculté d'aliéner les propres ameublis de sa femme, néanmoins, comme cela pourrait être révoqué en doute, il est de la prudence, pour lever toute difficulté, de faire usage de la clause indiquée par l'auteur des contrats de mariage, que *le futur époux pourra librement disposer de tout ce qui est ameubli, sauf, en cas de reprise de l'apport, à se pourvoir sur les biens de la communauté ou du mari, pour le prix.*

411. La femme, qui exerce la reprise de ce qu'elle a apporté à la communauté, doit-elle faire déduction de ses dettes passives qu'elle avait lors de son mariage? Lebrun, *ibid.*, n. 58, décide hardiment que, s'il n'y a pas une clause de séparation de dettes par le contrat de mariage, le mari ou ses héritiers doivent rendre à la femme, qui exerce la reprise, tout l'actif qu'elle y a apporté, et que non-seulement il ne peut faire aucune déduction des dettes passives de la femme, qu'il a payées, mais qu'il est même tenu de l'acquitter de celles qui ne sont pas encore payées. Cette opinion de Lebrun est évidemment injuste. Par la convention, qui accorde à la femme, en renonçant à la communauté, la

reprise de ce qu'elle y a apporté, on ne lui accorde la reprise que de ce qu'elle a apporté *effectivement*. Or, la femme, en apportant à la communauté l'universalité de ses biens mobiliers, n'y a apporté d'effectif que ce qui reste, déduction faite de ses dettes mobilières, qui en sont une charge, *quùm bona non intelligantur nisi deducto ære alieno* : elle ne doit donc les reprendre, que sous la déduction desdites dettes : autrement elle reprendrait plus qu'elle n'a apporté.

Il en serait autrement, si la reprise n'était pas de l'universalité des biens que la femme a apportés en communauté, mais d'une certaine somme, ou de certaines choses. Par exemple, s'il était dit : *La future épouse, en cas de renonciation à la communauté, reprendra la somme de 6,000 liv., pour lui tenir lieu de ce qu'elle y a apporté*; ou bien s'il était dit, *reprendra l'argenterie qu'elle y a apportée;* il n'est pas douteux que, dans l'un et dans l'autre de ces cas, la femme doit reprendre, sans aucune déduction, soit la somme de 6,000 liv., soit la valeur de l'argenterie qu'elle a apportée en communauté.

412. Lorsqu'une femme a apporté à la communauté du mobilier et quelque héritage qu'elle y a ameubli, la reprise, qu'elle stipule de son apport, en cas de renonciation à la communauté, forme, lorsqu'elle est ouverte, une créance, qui est créance mobilière, pour raison du mobilier qui a été apporté en communauté, et immobilière pour raison de l'héritage qui a été ameubli. C'est pourquoi, si, par le prédécès de la femme, le droit de reprise a été ouvert au profit d'un enfant qui meurt peu après, le droit de reprise, dans la succession de cet enfant, est, pour raison du mobilier qui a été apporté en la communauté, une créance mobilière, à laquelle le mari, débiteur de cette reprise, comme héritier au mobilier de son enfant, succède, et dont il se fait, en conséquence, confusion et extinction : mais la reprise, par rapport à l'héritage qui a été ameubli, étant une créance immobilière, est dans la succession de l'enfant, par rapport audit héritage, un propre maternel, auquel succèdent les héritiers aux propres maternels de cet enfant, lesquels, en leur dite qualité, ont droit de reprendre le propre ameubli.

ARTICLE VII.

De la convention du préciput.

413. On appelle préciput, en matière de communauté, ce que le survivant a droit de prélever sur les biens de la communauté, lors du partage qui en est à faire.

Il y a deux espèces de préciputs : le préciput légal, et le préciput conventionnel.

§ I. Du préciput légal.

414. Le préciput légal est le droit que plusieurs Coutumes accordent au survivant de deux conjoints nobles, de prélever au partage qui est à faire des biens de leur communauté, les biens meubles dépendans de leur communauté sous certaines charges.

La Coutume de Paris est du nombre de celles qui accordent ce préciput au survivant noble. Voici comme elle s'en explique en l'*art.* 238 : « Quand l'un des deux conjoints nobles, demeu-
» rans tant en la ville de Paris que dehors, vivans noblement,
» prédécède, il est en la faculté du survivant de prendre et
» accepter les meubles étant hors la ville et faubourgs de
» Paris, sans fraude ; auquel cas il est tenu payer les dettes
» mobilières, et les obsèques et funérailles d'icelui trépassé, se-
» lon sa qualité, s'il n'y a enfans ; et s'il y a enfans, partissent par
» moitié. »

La Coutume de Paris diffère des autres Coutumes qui accordent ce préciput, en ce que celle de Paris n'y fait entrer que les meubles qui sont hors la ville et faubourgs de Paris, au lieu que les autres y font entrer indistinctement tous les meubles.

Notre Coutume d'Orléans n'accorde aucun préciput.

415. Pour qu'il y ait lieu à ce préciput légal, il faut que cinq choses concourent.

Il faut, en premier lieu, que les conjoints aient leur domicile sous une Coutume qui accorde ce préciput. La raison est, que les meubles n'ayant aucune situation, ils ne peuvent être régis que par la loi qui régit la personne à qui ils appartiennent, qui est celle de son domicile.

Est-ce au temps du contrat de mariage qu'il faut que les conjoints aient eu leur domicile sous une Coutume qui accorde ce préciput ? ou est-ce au temps du prédécès de l'un des conjoints ?

Pour le temps du contrat de mariage, on dit que c'est la loi du domicile, que l'homme avait lors du contrat de mariage, ou à défaut de contrat, lors de la célébration du mariage, qui règle la communauté, comme nous l'avons vu *suprà*.

Les parties sont censées être, du moins virtuellement, convenues d'établir entre elles une communauté de biens, telle que la Coutume de ce domicile l'établit, suivant la règle, *in contractibus tacitè veniunt ea quæ sunt moris et consuetudinis*. Elles sont censées être virtuellement convenues de la composer des choses dont cette Coutume la compose, de la partager de la manière dont elle le prescrit, et, par conséquent, elles sont censées convenues du préciput qu'elle accorde au survivant noble, lors de ce partage. Elles ne peuvent donc plus, en transférant leur domicile ailleurs, déroger à cette convention; et le survivant de deux conjoints nobles, mariés sous une Coutume qui accorde ce préciput, doit l'avoir, quoique, lors de la dissolution de communauté, il ait son domicile sous une autre Coutume qui ne l'accorde pas. *Contrá, vice versá*, si, lors du mariage, l'homme était domicilié sous une Coutume qui n'accorde pas ce préciput, le survivant ne peut pas le prétendre, quoique, lors de la dissolution de communauté, il demeure sous une Coutume qui l'accorde; les parties étant censées avoir établi leur communauté suivant la Coutume que l'homme avait lors de leur mariage, laquelle ne l'accorde pas.

Au contraire, pour le temps du prédécès, on dit que la disposition des Coutumes qui accordent au survivant de deux conjoints nobles, les meubles, n'a pas pour objet principal la matière de la communauté, mais plutôt une espèce de gain de survie, qu'elle défère au survivant de deux conjoints nobles, des meubles du prédécédé. Ce gain de survie étant déféré au survivant par le prédécès de l'autre, c'est au seul temps de ce prédécès qu'il suffit que les parties soient régies par la Coutume qui le défère.

C'est l'avis de Lebrun, *Traité de la Communauté, liv.* 3, *chap.* 2, *sect.* 1 *et* 4, *n.* 26, et de son annotateur, *ibid.*; de Bacquet, *Traité des droits de justice, chap.* 21, *n.* 75; de Lemaître, sur Paris, etc.

416. Lorsque, par le mariage d'un noble Orléanais avec une demoiselle de Chartres, il est dit qu'il y aura communauté entre les conjoints, selon la Coutume de Chartres, à laquelle les parties se soumettent, cette convention suffit-elle pour que le survivant domicilié à Orléans, dont la Coutume n'accorde aucun préciput, puisse prétendre celui que la Coutume de Chartres accorde au survivant noble? Cette question dépend de la précédente. Si la disposition de la Coutume de Chartres, qui accorde au survivant de deux conjoints nobles, les meubles, était censée avoir pour objet principal la matière de la communauté, et de régler comment le partage doit s'en faire lors de sa dissolution; en ce cas, les parties, en déclarant qu'elles se soumettent pour leur communauté à la Coutume de Chartres, devraient être censées implicitement convenues entre elles de ce qui est porté par cette disposition; et le survivant serait, en vertu de cette convention implicite, fondé à prétendre tous les meubles. Mais si, au contraire, suivant l'opinion la plus autorisée, cette disposition, qui accorde tous les meubles au survivant, quoiqu'insérée sous un titre qui traite de la communauté, n'a pas néanmoins pour objet principal la matière de la communauté, mais plutôt une espèce de gain de survie, qu'elle défère au survivant de deux conjoints

nobles; les parties, en ce cas, en soumettant leur communauté à la Coutume de Chartres, ne sont pas censées, pour cela, être convenues de ce qui est porté par cette disposition; et le survivant qui, au temps du prédécès, n'a pas son domicile sous la Coutume de Chartres, ne peut profiter de la disposition de cette Coutume, nonobstant la soumission portée par le contrat de mariage à la Coutume de Chartres, pour le fait de communauté.

417. Il faut, en second lieu, que les conjoints soient nobles.

Observez que la veuve d'un homme noble, qui lui survit, quoiqu'elle soit de naissance roturière, est néanmoins admise à ce préciput des nobles; car, en se mariant à un homme noble, elle est devenue participante de la noblesse de son mari.

Contrà, vice versâ, une femme de naissance noble, qui survit à son mari roturier, n'est pas admise à ce préciput, quoique, par la dissolution du mariage, elle recouvre sa noblesse, qui n'était qu'éclipsée pendant le mariage. La raison est, que les Coutumes requièrent la noblesse, non-seulement dans la personne du survivant, mais dans les deux conjoints. La Coutume dit, *quand l'un des deux conjoints nobles*.

Est-il nécessaire que les conjoints fussent nobles dès le temps qu'ils ont contracté leur mariage, ou s'il suffit qu'ils le soient lors du prédécès? Cette question dépend encore des précédentes. Si l'on décide, dans les questions précédentes, que ce préciput ne naît d'aucune convention, au moins virtuelle, entre les conjoints, lors de leur mariage, mais que c'est un simple gain de survie de la part des meubles du prédécédé, que la Coutume défère au survivant, on doit décider, dans cette question, qu'il suffit que les conjoints le soient lors du prédécès de l'un d'eux, qui donne ouverture, au profit du survivant, à cette espèce de gain de survie.

418. Il faut, en troisième lieu, qu'il y ait eu communauté de biens entre les conjoints, et qu'elle subsiste au temps du prédécès. C'est ce qui paraît par les termes de l'art. 131 de l'ancienne Coutume de Paris : *Entre nobles, quand l'un des deux conjoints va de vie au trépas, le survivant peut, si bon lui semble, prendre les meubles et créances demeurés de son décès, et qui* communs *étaient entre eux; et dont ils jouissaient au temps d'icelui trépas.* Quoique ces termes, *et qui communs étaient*, ne se trouvent pas dans l'article de la nouvelle Coutume, ils doivent y être supposés, n'ayant été omis que pour abréger, ne paraissant pas, par le procès-verbal, qu'on ait voulu faire à cet égard aucune innovation. D'ailleurs, à prendre l'article de la nouvelle Coutume tel qu'il est conçu, il paraît qu'il est dans l'espèce d'une commu-

nauté subsistante au temps du prédécès, puisqu'il est dit à la fin de cet article, que les meubles, *s'il y a enfans, se partissent par moitié.*

Il n'y a donc pas lieu à ce gain de survie, 1° lorsque, par le contrat de mariage, il y avait exclusion de communauté; 2° lorsque la communauté, ayant été dissoute par une séparation, ne subsistait plus au temps du prédécès.

419. Y a-t-il lieu, en cas de renonciation à la communauté ? Il est évident que, lorsque c'est le mari qui a survécu, la renonciation, qui est faite par les héritiers de la femme à la communauté, fait cesser ce gain de survie : car, au moyen de cette renonciation, la femme prédécédée n'a, dans les meubles de la communauté, aucune part qui puisse être déférée au mari survivant; il retient de son chef le total, *jure non decrescendi.*

Lorsque c'est la femme qui survit, Lebrun, *ibid*, n. 28, décide que, si elle renonce à la communauté, elle ne peut prétendre ce gain de survie. C'est aussi l'avis de Duplessis. La raison est, que, lorsqu'une femme a renoncé à la communauté, elle est censée n'y avoir jamais eu aucune part : tous les biens de la communauté demeurent au mari, *jure non decrescendi,* et sont censés n'avoir jamais été communs. La femme, qui a renoncé, ne peut donc pas prétendre ces meubles : car les Coutumes ne défèrent au survivant la succession que des meubles *communs* entre le prédécédé et lui.

420. Il faut, en quatrième lieu, qu'il n'y ait point d'enfans. L'art. 238 de la Coutume de Paris, dit expressément, *pourvu qu'il n'y ait enfans; et, s'il y a enfans, partissent par moitié.*

Ces termes comprennent les petits-enfans. Un enfant du prédécédé, en quelque degré qu'il soit, fait défaillir cette condition, *pourvu qu'il n'y ait enfans;* l. 1, *cod. de condit. insert.;* etc., et exclut, par conséquent, le survivant.

Un posthume, qui naît vivant et à terme, fait aussi défaillir cette condition : *Si quis prægnantem uxorem reliquit, non videtur sine liberis decessisse;* l. 187, ff. *de Reg. J. Intelligendus est (enim) mortis tempore fuisse, qui in utero relictus est;* l. 153, ff. *de verb. signif.*

421. Pour que le survivant soit exclus par les enfans ou l'enfant du prédécédé, il n'importe pas non plus que ce soient des enfans communs, ou des enfans que le prédécédé ait eus d'un précédent mariage : car, ayant un droit égal aux biens du prédécédé, de quelque mariage qu'ils soient nés, ils doivent avoir un droit égal d'en exclure le survivant. C'est pourquoi Dumoulin, sur ces termes de l'ancienne Coutume, dit : Ce qui s'entend *ex quocumque ipsius matrimonio.*

422. Il n'y a que les enfans du prédécédé qui jouissent de l'état civil, qui puissent exclure le survivant : ceux qui, lors du

prédécès, l'avaient déjà perdu, soit par la profession religieuse, soit par une condamnation à une peine capitale, étant censés n'avoir aucune existence dans la société civile, ne peuvent avoir le droit d'exclure le survivant.

Si l'enfant, que le prédécédé a laissé, n'avait été condamné que par contumace à une peine capitale, par un jugement exécuté avant la mort du prédécédé, le droit du survivant serait en suspens. S'il mourait après les cinq ans, sans s'être représenté, il serait censé mort civilement dès l'exécution du jugement, et il n'aurait pu, par conséquent, faire obstacle au survivant : au contraire, s'il était mort dans les cinq ans, le jugement de contumace rendu contre lui, étant, en ce cas, anéanti, la succession du prédécédé serait censée lui avoir été déférée, et il aurait exclus le survivant.

423. Si le prédécédé n'a laissé qu'un enfant, qu'il a exhérédé pour une juste cause, cet enfant, quoiqu'exhérédé, fait-il défaillir la condition, *pourvu qu'il n'y ait enfans?* On peut citer, pour l'affirmative, la loi 114, § 13, ff. *de leg.* 1°, où il est dit : *Quim erit rogatus, si sine liberis decesserit, fideicommissum restituere, conditio defecisse videbitur, si patri supervixerint liberi; nec quæritur, an hæredes extiterint.* Pour la négative, on peut dire, au contraire, que la Coutume, par ces termes, *pourvu qu'il n'y ait enfans*, n'a entendu parler que des enfans capables de succéder au prédécédé : car elle n'a apporté cette condition, que parce qu'elle a voulu préférer au survivant les enfans du prédécédé, pour la part que le prédécédé avait dans les meubles communs; mais elle n'a entendu lui préférer que ceux qui étaient capables d'y succéder, et non celui que l'exhérédation en a rendu incapable.

424. Il n'en est pas de même de l'enfant qui a renoncé à la succession du prédécédé : il suffit, pour faire défaillir la condition, *pourvu qu'il n'y ait enfans*, que le prédécédé ait laissé un enfant à qui la succession ait été déférée, et qui ait pu la recueillir.

425. Lorsque le prédécédé n'a point laissé d'enfans, ceux, que le survivant aurait d'un précédent mariage, font-ils défaillir la condition, *pourvu qu'il n'y ait pas d'enfans?* Il est étonnant que Lebrun, *ibid.*, n. 31, et Duplessis proposent cette question, et il l'est encore plus qu'ils la décident pour l'affirmative. Il est, au contraire, de la dernière évidence que cette condition ne peut être entendue que des enfans du prédécédé, qui sont les seuls en faveur de qui elle a pu être apposée, ceux du survivant n'ayant aucun intérêt à la disposition de cet article. L'art. 131 de l'ancienne Coutume s'en expliquait formellement; il portait, *pourvu qu'il n'y ait enfans du trépassé.* Si, dans la nouvelle Coutume, ces mots, *du trépassé*, ne se trouvent plus, ce n'est que pour abréger qu'on les a retranchés, comme superflus : elle fait d'ailleurs

assez entendre qu'elle ne parle que des enfans *du trépassé*, par
ce qui suit, *et, s'il y a enfans, partissent par moitié*: ceux du
survivant n'ayant pas de partage à faire avec lui, La seule raison
que Lebrun et Duplessis allèguent pour leur opinion, est que ce
préciput, disent-ils, doit être égal et respectif comme le don mutuel; mais sur quoi cela est-il fondé?

426. Enfin il faut, en cinquième lieu, que les parties n'aient
pas, par leur contrat de mariage, renoncé à ce préciput, que les
Coutumes accordent aux survivans nobles. Cette convention est
très-licite; on peut valablement renoncer aux dispositions des lois
qui ne concernent que l'intérêt des particuliers qui y renoncent;
l. 31, ff. *de pact.*

427. Les parties, qui, par leur contrat de mariage, conviennent
d'un certain préciput qu'aura le survivant, sont-elles censées, par
cela seul, renoncer au préciput légal? Non. Mais, dira-t-on,
convenir par un contrat de mariage, que le survivant aura pour
préciput des meubles de la communauté jusqu'à concurrence d'une
certaine somme, c'est bien convenir qu'il n'en prendra pas plus,
et, par conséquent, qu'il ne prendra pas le total desdits meubles
que les Coutumes défèrent au survivant. Je réponds par une distinction. Convenir que le survivant prendra, à titre de préciput
conventionnel, des meubles de la communauté jusqu'à concurrence d'une certaine somme, c'est convenir qu'il n'en prendra
pas au-delà de cette somme. Je distingue : c'est convenir qu'il n'en
prendra pas au-delà de cette somme à ce titre; je l'avoue : à un
autre titre, je le nie. Or, la disposition de la Coutume, qui donne
au survivant de deux conjoints nobles, le droit de prendre le total
des meubles de la communauté, à la charge des dettes mobilières
de ladite communauté, est un titre entièrement différent du titre
que forme la convention du préciput portée par le contrat. La
disposition de la Coutume est un avantage que la loi fait au survivant; c'est un titre universel, auquel est attachée la charge des
dettes de la communauté : au contraire, le titre, qui résulte d'une
convention du préciput portée par un contrat de mariage, est un
avantage que les conjoints se font réciproquement : ce n'est point
un titre universel; ce n'est pas un titre, auquel soit attachée la
charge de payer les dettes, ni aucune autre charge.

428. Après avoir vu quelles sont les cinq choses qui doivent
concourir, pour qu'il ait lieu au préciput légal, que plusieurs
Coutumes accordent au survivant de deux conjoints nobles, il
nous reste à voir quelles sont les choses dans lesquelles il consiste,
et quelles en sont les charges.

Il consiste dans les meubles de la communauté qui se trouvent
lors du prédécès : ces Coutumes donnent au survivant la part qu'y
avait le prédécédé.

Toutes ces Coutumes, à l'exception de celle de Paris, les

donnent au survivant, sans en rien excepter. Celle de Paris en excepte ceux qui, lors du prédécès, se trouvent dans la ville de Paris et dans les faubourgs : elle s'exprime ainsi en l'*art.* 238 : *Il est en la faculté du survivant, de prendre et accepter les meubles étant* HORS LA VILLE ET FAUBOURGS DE PARIS, *sans fraude.*

La raison de cette exception vient apparemment de ce que le luxe ayant commencé à Paris, avant que de se répandre dans les provinces, on a cru que les meubles, que les personnes demeurantes à Paris, auraient dans Paris, seraient souvent d'un prix trop considérable, pour en gratifier le survivant au préjudice des héritiers du prédécédé : c'est pour cette raison que la Coutume de Paris a voulu que le survivant de deux conjoints nobles, sans enfans, n'eût *que les meubles étant hors la ville et faubourgs de Paris, sans fraude.*

Ces termes *sans fraude,* tombent sur les meubles qu'on avait coutume de laisser à Paris, et que le survivant n'avait fait transporter ailleurs que dans la vue d'en profiter à la mort du prédécédé : ce qui se présume, lorsqu'on les en a transportés pendant la dernière maladie du prédécédé.

429. On a agité la question, si, à l'exception des meubles corporels, qui se trouvent à Paris lors de la mort du prédécédé, et de ceux qui en auraient été transportés en fraude, la Coutume donne généralement au survivant tous les autres effets mobiliers de la communauté, les incorporels, tels que sont les dettes actives mobilières, aussi bien que les meubles corporels. Lebrun, *ibidem,* n. 41 *et* 42 ; Auzanet, Duplessis et Lemaître pensent que la Coutume n'accorde au survivant que les meubles matériels et corporels, parmi lesquels ils comprennent l'argent comptant qui se trouve hors de Paris, et qu'elle ne lui accorde point les dettes actives mobilières. Ces auteurs se fondent sur ces termes de l'article 238, *étant hors de la ville,* etc. Ces termes *étant,* disent-ils, désignent des meubles qui *sont* dans un lieu, et ne peuvent, par conséquent, s'appliquer aux meubles incorporels, lesquels ne subsistent que dans l'entendement, et ne sont dans aucun lieu. Lebrun ajoute qu'en droit, les droits et biens incorporels font une troisième espèce de biens, distinguée des biens corporels et des biens-fonds ; *l.* 15, § 2, ff. *de re judic.;* et qu'ils ne doivent pas, par conséquent, être compris sous le terme de *meubles.* Néanmoins Dumoulin, agitant cette question sur l'*art.* 116 de l'ancienne Coutume de Paris (1), conçue dans les mêmes termes que le 238ᵉ de la nouvelle, après avoir rapporté pour raisons de douter celles sur lesquelles Lebrun fonde son opinion, décide que la Coutume

---

(1) Il porte : Il est en la faculté du survivant d'accepter les meubles étant hors ladite ville et faubourgs de Paris, sans fraude.

comprend non-seulement les meubles matériels et corporels, mais pareillement les incorporels, c'est-à-dire, les créances mobilières.

Dumoulin s'explique sur cette question d'une manière trop énergique, pour ne pas rapporter ses propres termes : « Reste une difficulté, dit-il. Le survivant a seulement les meubles corporels et matériels étant hors la ville et faubourgs, sans fraude, et sans qu'il puisse rien prétendre aux créances et dettes actives, combien qu'elles procèdent de choses étant hors la ville : il est bien clair *quòd in terminis juris, appellatione mobilium simpliciter, non veniunt nomina; l. A. D. Pio,* ff. *de re judic.;* encore moins, *quandò additur circumstantia quæ non congruit nominibus, prout situs loci,* comme *ibi* meubles étant hors la ville. Mais il y a bien autre raison de présent; car les Coutumes de France ne sont pas statuts d'Italie, et ne se restreignent *ad modum loquendi et intelligendi juris romani,* mais s'entendent, *secundùm modum loquendi et utendi* de France et des Coutumes, lesquelles, quand elles disposent des meubles, elles comprennent aussi les dettes actives mobilières, *etiàm alio non addito.* »

Dumoulin, après avoir prouvé cela par des exemples, ajoute : *Quantò fortiùs,* quand il y a la charge expresse de payer les dettes mobilières! Car cela montre bien, *per locum et argumentum à correlativis,* que, sous ce mot, viennent les créances ou dettes actives : autrement n'y aurait propos qu'il payât les passives; ce serait contre la règle et raison naturelle et incommutable; *de quá in L. secundùm naturam,* ff. *de reg. jur.* »

Cet argument de Dumoulin me paraît très-fort. La charge des dettes passives, imposée par la Coutume au survivant, étant une charge de l'universalité des meubles, qui comprend les incorporels et les corporels, démontre suffisamment que, par le terme de *meubles,* c'est cette universalité qui comprend les incorporels et les corporels, que la Coutume a entendu déférer au survivant.

Ajoutez que l'*art.* 131 de l'ancienne Coutume de Paris, s'était expliqué formellement sur les créances; il y est dit : *Entre nobles, quand l'un des deux conjoints va de vie à trépas, le survivant peut prendre les meubles et créances demeurés de son décès.* Si, dans l'*art.* 238 de la nouvelle Coutume, dans lequel on a réuni cet *art.* 131, qui concernait les nobles demeurans sous le ressort de la Coutume de Paris, mais hors la ville de Paris; et le 116, qui concernait les nobles bourgeois de Paris, ces termes, *et créances,* ne se trouvent pas, on peut dire qu'ils n'ont été retranchés que pour abréger, comme superflus, et étant suffisamment compris sous le terme général de *meubles.*

430. Le préciput légal comprend non-seulement les dettes actives et créances, que la communauté a contre des tiers; elle com-

18*

prend pareillement celles qu'elle a contre les conjoints. Supposons, par exemple, que le survivant fût débiteur envers la communauté, d'une récompense de 20,000 livres, pour pareille somme tirée de la communauté, soit pour impenses faites sur ses héritages propres, soit pour acquitter ses dettes mobilières antérieures au mariage, et exclues de la communauté par une clause de séparation de dettes, soit pour d'autres causes; et que compensation faite de ladite somme de 20,000 livres avec une somme de 12,000 livres, à laquelle je suppose que montent les créances que le survivant a contre la communauté pour ses reprises, le survivant se trouve reliquataire d'une somme de 8,000 livres; le survivant, en acceptant le préciput légal, devient quitte de ce reliquat de 8,000 livres, et il s'en fait confusion : car la créance que la communauté avait contre lui pour ce reliquat, étant un effet actif mobilier de la communauté, elle entre dans son préciput légal.

431. A l'égard de l'exception que la Coutume de Paris fait des meubles de Paris, Dumoulin observe fort bien qu'on doit comprendre dans cette exception, non-seulement les meubles corporels qui sont à Paris, mais pareillement les créances qui procéderaient de choses qui sont à Paris; telles que sont, par exemple, des loyers qui se seraient trouvés dus lors du prédécès, pour des maisons de Paris, et des profits seigneuriaux de censives étant dans la ville et faubourgs de Paris.

432. Si des conjoints Parisiens avaient coutume de porter à leur terre, lorsqu'ils y vont passer un certain temps de l'année, et quelques-uns de leurs meubles de Paris, *putà*, leur argenterie, et de les remporter lorsqu'ils y retournent; l'un d'eux venant à prédécéder pendant leur séjour à la campagne, cette argenterie, qui se trouve à la campagne, pourrait-elle être prétendue par le survivant? La raison de douter est, qu'elle se trouve sans fraude hors de Paris : le survivant, qui ne prévoyait pas le décès de l'autre conjoint, ne l'ayant pas portée hors de Paris en fraude, et à dessein d'en profiter. La raison de décider, au contraire, que cette argenterie ne peut être prétendue par le survivant, est qu'ayant coutume d'être à Paris, d'où elle n'a été transportée que dans l'intention de l'y remporter, elle est, par sa destination, un meuble de Paris, et, par conséquent, dans le cas de l'exception. Cela est fondé sur cette règle de droit : *Rebus quæ in fundo sunt, accedunt etiàm quæ tunc non sunt, si esse soleant;* l. 78, § 7, ff. de leg. 3°.

Il en serait autrement d'une argenterie, que les conjoints seraient dans l'usage de laisser à leur terre, sous la garde d'un concierge, lorsqu'ils s'en retournent à Paris : il n'est pas douteux que c'est un meuble *étant hors la ville de Paris*, qui ne peut être contesté au survivant.

Quand même on aurait fait venir à Paris quelque pièce de cette argenterie, *putà*, pour la faire raccommoder, et dans l'intention de la renvoyer à la campagne ; quoiqu'elle se trouvât à Paris lors du décès, on ne pourrait la contester au survivant. Cette chose ne se trouvant à Paris que par accident, elle n'est pas un meuble de Paris ; mais elle est, par sa destination, un meuble *étant hors de la ville* de Paris.

Il en est de même lorsque des conjoints sont revenus à Paris avec les chevaux qui servent à l'exploitation de leur terre. Quoique le décès de l'un d'eux soit arrivé aussitôt après leur retour à Paris, avant que les chevaux en aient été renvoyés, ces chevaux, qui ne se trouvent à Paris que par accident, sont censés, à cause de leur destination, meubles de campagne, meubles étant *hors la ville* de Paris, et on ne peut conséquemment les contester au survivant.

433. Lorsqu'un Parisien, après avoir fait emplette à Rome de tableaux de grand prix, pour les placer dans son hôtel à Paris, vient à perdre sa femme, pendant que les tableaux sont encore en chemin, peut-il les prétendre comme meubles étant hors la ville de Paris ? Je le pense ; car, quoiqu'ils fussent destinés à être *meubles de Paris*, ils ne l'étaient pas encore. Lorsque des meubles de Paris sont transportés de Paris dans un autre lieu, avec intention de les y faire revenir, cette destination leur conserve bien la qualité de *meubles de Paris*, qu'ils avaient déjà ; mais la destination ne peut pas donner à des meubles la qualité de meubles de Paris avant qu'ils y soient arrivés ; voyez *suprà*, n. 39.

434. Les meubles du prédécédé, que les Coutumes accordent au survivant de deux conjoints nobles, sont seulement ceux de leur communauté. Plusieurs Coutumes s'en expliquent formellement, et on le doit supposer dans celles qui ne s'en expliquent pas. L'article 434 de l'ancienne Coutume s'en explique formellement : il y est dit, *demeurés de son décès, et qui étaient communs entre eux*. Ce n'est que pour abréger que ces mots ont été retranchés dans l'art. 238 de la nouvelle.

Sur les meubles, tant corporels qu'incorporels, dont la communauté est composée, voyez *suprà*, ch. 2, sect. 1, art. 1.

Les héritages ameublis ne sont pas compris sous le nom de meubles.

435. Il nous reste à parler des charges. L'article 238 de Paris dit, *auquel cas il est tenu payer les dettes mobilières, et les obsèques et funérailles d'icelui trépassé*.

Lebrun, *ibidem*, n. 36, estime que, par ces termes, le survivant est chargé indistinctement de toutes les dettes mobilières du prédécédé ; non seulement de celles, qui étaient dettes de communauté ; mais même de celles, qui étaient particulières au prédécédé, *putà*, au moyen d'une clause de séparation de dettes. C'est aussi l'avis de Duplessis. Lemaître pense, au contraire, que le survivant n'est chargé, par cet article, que d'acquitter les héritiers du prédécédé, de la part des dettes de la communauté, dont la succession est tenue. Son opinion me paraît préférable. La Coutume ne faisant pas succéder, par cet article, le survivant indistinctement à l'universalité des biens meubles du prédécédé, mais seulement à l'universalité des miens meubles de la communauté, pour la part qu'y avait le prédécédé, comme nous l'avons vu au nombre précédent, il ne doit pas être présumé avoir été chargé d'autres dettes mobilières, que de celles de la communauté, qui sont les seules qui soient une charge de l'universalité des biens de la communauté, à laquelle il succède au prédécédé, pour la part qu'il y avait. Le survivant n'étant donc tenu que des dettes de la communauté, par la nature de la chose à laquelle il succède, pour qu'il pût être réputé tenu des autres, il eût fallu que la Coutume s'en fût expliquée d'une manière plus formelle; ce que n'ayant pas fait, les dettes mobilières, dont elle le charge, doivent être entendues, *secundùm subjectam materiam*, de celles de la communauté.

Suivant ce principe, si la succession du prédécédé était débitrice envers le survivant, *putà*, pour une donation, que le prédécédé aurait faite au survivant de quelque somme d'argent ou de choses mobilières, ou pour des récompenses mobilières, que le prédécédé devait à la communauté, il ne s'en fera pas de confusion, et le survivant, quoiqu'il accepte le préciput légal, ne laissera pas d'en demeurer créancier; car ces dettes sont bien des dettes mobilières de la succession du prédécédé, mais elles ne sont pas dettes de la communauté, qui sont les seules dont le survivant, qui accepte le préciput légal, est tenu d'acquitter la succession du prédécédé.

436. Quoique la créance, qu'a le survivant pour la reprise de ses deniers exclus de la communauté, par une convention de réalisation, ou pour le remploi du prix de ses propres, soit une dette de la communauté, néanmoins il n'en est pas chargé par cet article. Mais ce n'est pas par les raisons qu'en donne Lebrun, qui dit que c'est *parce que la communauté n'en est que dépositaire, et qu'elles se prennent par distraction et par délibation.* C'est parler très-improprement, que de dire que la communauté n'en est que dépositaire. Un dépositaire est celui qui garde la chose d'autrui sans pouvoir s'en servir, pour la remettre en nature à celui qui l'a confiée à sa garde. Ce n'est point de cette manière que la communauté a les sommes de deniers, que chacun des conjoints s'est réservées propres, ou qui proviennent du prix de ses propres aliénés durant le mariage. Elles s'emploient pour les affaires de la communauté, qui est obligée d'en rendre autant, lors de sa dissolution, à celui des conjoints à qui elles appartiennent, ou à

les héritiers. La communauté n'en est donc pas dépositaire simplement, elle en est véritablement débitrice. Les créances, qu'a le survivant pour la reprise de ses deniers stipulés propres, ou pour le remploi du prix de ses propres, sont donc de véritables dettes de la communauté, dont les héritiers du prédécédé sont débiteurs pour la part qu'ils ont dans la communauté. Si ces reprises s'acquittent lors du partage des biens de la communauté, par *délibation* et prélèvement sur les biens de la communauté, elles n'en sont pas moins des dettes de la communauté. Elles le sont si bien, qu'à l'égard de celles de la femme, le mari et ses héritiers en sont tenus envers la femme ou ses héritiers, quand même il n'y aurait pas de biens dans la communauté, de quoi les acquitter. Les créances, qu'a le survivant pour ses reprises, et pour le remploi du prix de ses propres aliénés, sont donc véritablement des dettes de la communauté. Si, en acceptant les meubles, il ne les confond pas, et s'il n'est pas obligé d'en acquitter la succession du prédécédé pour la part dont elle en est tenue, la seule véritable raison est, que ces créances, quoiqu'elles soient, dans la vérité, créances mobilières, sont, entre les conjoints, réputées pour immeubles fictifs, que le survivant, chargé seulement des dettes *purement* mobilières, n'est pas tenu d'acquitter.

437. Le survivant, qui prend les meubles, confond-il le préciput conventionnel stipulé à son profit par le contrat de mariage? Lebrun, *ibidem*, n. 21, fait une distinction. Il convient que, lorsque le préciput conventionnel consiste en une somme de deniers, le survivant doit le confondre, parce que c'est, en ce cas, une dette mobilière de la communauté, dont il doit acquitter la succession du prédécédé, pour la part dont elle en est tenue : mais, lorsque le préciput consiste en meubles, que le survivant pourra prendre jusqu'à concurrence d'une certaine somme, cet auteur prétend que le survivant, qui prend le préciput légal, ne confond point ce préciput conventionnel, qu'il peut prendre dans les meubles qui sont à Paris, lesquels n'entrent pas dans le préciput légal. *La raison*, dit-il, *est, que le préciput conventionnel n'est point* (en ce cas) *une dette mobilière, mais une distraction de certains meubles.*

Je réponds, qu'il est faux que le préciput de *choses* ne soit pas une dette mobilière de la communauté. Il n'est pas moins une dette que le préciput d'une somme d'argent : la seule différence qu'il y a, est que celui-ci est une dette *quantitatis*, et que le préciput de *choses* est une dette *specierum*. Le préciput de choses, de même que le préciput d'une somme, naît de la convention par laquelle les parties contractantes s'obligent réciproquement envers le survivant, de lui laisser prélever, lors du partage de la communauté, les choses portées par la convention. Cette convention forme donc une obligation. Le préciput de choses est donc une dette; car dette et obligation, c'est bien la même chose. C'est une dette de communauté, puisque c'est sur les biens de la communauté qu'elle doit être acquittée. C'est une dette mobilière, puisque les choses, qui en font l'objet, sont des choses mobilières. Le survivant, qui prend les meubles, doit donc confondre ce préciput. L'article 238, qui le charge de toutes les dettes mobilières, comprend, dans la généralité de ses termes, toutes les dettes mobilières de la communauté, de quelque espèce qu'elles soient, les dettes *specierum*, aussi bien que les dettes *quantitatum*. Duplessis est de notre avis.

438. La charge d'acquitter les frais funéraires du prédécédé est une charge, que les Coutumes ont jugé à propos d'imposer au préciput légal, quoique cette charge ne soit pas une charge de la communauté, mais de la succession du prédécédé.

Le deuil, que la femme survivante a droit d'exiger des héritiers du prédécédé, est censé faire partie de ces frais funéraires; c'est pourquoi, elle le confond, lorsqu'elle prend le préciput légal.

Quelques Coutumes chargent aussi le survivant, qui prend le préciput légal, de l'acquittement des legs faits par le prédécédé, qu'elles appellent *piés, pieux, piteux* ou *pitoyables*. Ce sont ceux qui contiennent des aumônes faites aux pauvres, ou ceux faits à des églises pour des prières. Cela ne doit s'entendre que de legs modiques.

Cette charge des legs pieux n'a lieu que dans les Coutumes qui en ont une disposition expresse : hors de ces Coutumes, le prédécédé ne peut diminuer en rien, par des dispositions testamentaires, le préciput du survivant; ce sont les héritiers du prédécédé qui sont seuls chargés de les acquitter.

439. Il reste une question, qui est de savoir si le survivant, après avoir, en majorité, accepté le préciput légal, peut, lorsqu'il a fait un inventaire, se décharger des charges de ce préciput, en renonçant, et en offrant de compter, aux héritiers du prédécédé, de leur part dans les biens meubles de la communauté. Les auteurs sont encore partagés sur cette question. Ceux, qui tiennent la négative, tirent argument de ce qui s'observe à l'égard de la garde-noble. Le gardien noble, après qu'il a une fois accepté la garde, ne peut plus se décharger de l'obligation qu'il a contractée, en l'acceptant, d'acquitter les dettes mobilières du mineur, quoiqu'il offre d'abandonner tout l'émolument de la garde, et de compter de tout ce qui lui est parvenu des biens et des revenus du mineur. On dit, au contraire, pour l'affirmative, qu'il y a une grande différence entre le préciput légal et la garde-noble. Le préciput légal est une pure donation, que la loi fait au survivant, de la part du prédécédé dans le mobilier de la communauté, à la charge de payer la part dudit prédécédé dans les dettes mobilières de ladite communauté. Or, c'est un

principe commun à tous les donataires, que le donataire, quoiqu'il ait accepté la donation, n'est tenu des charges de la donation que jusqu'à concurrence de l'émolument, et qu'il peut se soustraire aux charges en abandonnant les choses données, et en comptant de tout ce qu'il a perçu de la donation. Le survivant, qui a accepté le préciput légal, peut donc, de même que tous les autres donataires, se décharger des charges qui y sont attachées, en abandonnant ce préciput. Au contraire, la garde-noble n'est pas tant un don, qu'une espèce de marché que la loi fait, pour le mineur, avec le gardien, qui veut bien accepter la garde, par lequel elle lui abandonne les revenus des biens qu'avait le mineur de la succession du prédécédé, et, dans quelques Coutumes, ses meubles, pour qu'il les rende, à la fin de la garde-noble, quittes de toutes dettes mobilières, qu'il lui remette ses héritages en bon état, et qu'il lui donne une éducation convenable à un gentilhomme. Ce marché est une espèce de forfait, dont le profit, qu'y peut faire le gardien, ou la perte, dépendent souvent de l'événement incertain du temps que durera la garde. Or, quand on a fait un marché, on n'est pas reçu à s'en départir pour éviter la perte qui s'y trouve. On ne peut donc tirer argument de la garde, qui est un marché, au préciput légal, qui est un don.

§ II. De la convention du préciput, et du préciput conventionnel.

440. C'est une convention très-ordinaire, dans le contrat de mariage, que le futur époux, au cas de survie, aura dans les biens de la communauté par préciput, ses habits et linges à son usage, et ses armes et chevaux, si c'est *un homme de guerre;* ou *ses livres,* si c'est un homme de lettres; ou *ses outils,* si c'est un artisan. A l'égard de la femme, on stipule que la future épouse aura pareillement, en cas de survie, ses habits, bagues et joyaux.

S'il était dit seulement *ses habits,* les bagues et joyaux n'y seraient pas compris; *et vice versâ,* s'il était dit seulement *ses bagues et joyaux,* les habits n'y seraient pas compris.

Ces termes, *ses habits,* comprennent tout ce qui sert à couvrir le corps. Le terme *joyaux,* qui répond au terme latin *ornamenta,* comprend ce qui sert à orner et parer une femme, plutôt qu'à la couvrir : *Ornamenta muliebria sunt, quibus mulier ornatur; veluti inaures, armillæ, viriolæ, annulli, præter signatorios, et omnia quæ ad aliam rem nullam parantur, nisi corporis ornandi causâ,* l. 25, § 10, ff. *de aur. argent. etc.; leg.;* c'est-à-dire, les pendans d'oreilles, les bracelets, bagues, anneaux, colliers, aiguilles de tête, et autres ornemens de tête, etc.

La montre, qu'une femme porte à sa ceinture, l'éventail, qu'elle porte à la main, une tabatière, un étui, sont aussi compris, dans

l'usage, sous le terme de joyaux; et, en cela, notre terme *joyaux*
a un peu plus d'étendue que le terme latin *ornamenta*.

On n'y comprend pas la toilette et tout ce qui en dépend: tout
cela appartient plutôt à un autre genre, que les jurisconsultes
appelaient *mundus muliebris*, et qu'ils distinguaient très-fort de
ce qu'ils appelaient *ornamenta*. *Ornamenta*, dit Ulpien, *sunt
quibus mulier ornatur : mundus muliebris*, dit le même Ulpien,
est quo mulier mundior fit; dict. l. 25, § 10.

Si, à ces termes, *ses habits, bagues et joyaux*, on avait ajouté
ceux-ci, *et généralement ce qui se trouvera servir pour l'usage de
la personne de la future épouse*, la toilette serait comprise sous
la généralité de ces termes, et tout ce qui en dépend, comme mi-
roirs de toilette, boîtes de toilette, pommades, parfums, etc.

Cette convention s'appelle *convention de préciput*. Les choses,
que le survivant, en conséquence de cette convention, a droit de
prélever au partage de la communauté, s'appellent *le préciput
du survivant*. On donne le même nom au droit qu'il a de les
prélever.

441. Cette convention se fait de différentes manières. Quelquefois on fait consister le préciput en espèces; comme lorsqu'il
est dit : Le survivant prendra pour préciput ses habits, armes
et chevaux. Quelquefois on le fait consister en une somme d'argent; comme lorsqu'il est dit, prendra pour préciput la somme
de tant.

Lorsqu'on fait consister en espèces le préciput, quelquefois il
est illimité; comme lorsqu'il est dit simplement que le survivant
prendra ses habits, armes et chevaux, ou que la future prendra
ses habits, bagues et joyaux. Au contraire, quelquefois il est
limité par ces termes, que le notaire ajoute, *jusqu'à concurrence
de la somme de tant*.

Lorsque le préciput en espèces est illimité, il consiste dans
toutes les choses de ces espèces, qui se trouvent dans les biens de
la communauté lors de sa dissolution, en quelque nombre qu'elles
soient, et à quelque prix qu'elles montent; pourvu, néanmoins,
que ce prix ne soit pas excessif, eu égard à l'état et aux facultés
des parties; car, quoique les parties n'aient pas limité le préciput
à une somme déterminée, elles sont néanmoins censées être convenues d'un préciput, qui fût proportionné à leur état et à leur
faculté. Donc, lorsqu'il est excessif, les héritiers du prédécédé
sont bien fondés à demander qu'il soit réduit et modéré *arbitrio
judicis*.

On doit aussi retrancher de ce préciput les choses, qui paraissent avoir été, pendant la dernière maladie du prédécédé,
acquises en fraude et dans la vue de le grossir: comme si un gentilhomme de campagne, qui, depuis un très-long temps qu'il est
marié, n'avait jamais eu d'autres chevaux que ceux qui servaient

au labour de ses terres, avait, pendant la dernière maladie de sa femme, acheté un attelage de six chevaux de carrosse de grand prix, il serait évident qu'il n'a fait cette emplette, que dans la vue de grossir le préciput illimité de ses armes et chevaux, et les héritiers du prédécédé seraient bien fondés à l'empêcher de les y comprendre.

442. Quelquefois on donne le choix au survivant, du préciput en espèces, ou du préciput d'une somme d'argent; comme lorsqu'il est dit, *prendra ses habits, armes et chevaux, ou la somme de tant.* Le préciput en espèces peut, en ce cas, excéder la somme d'argent dont on lui a donné le choix, pourvu néanmoins qu'il n'y ait pas une trop grande disproportion.

Quelquefois on donne l'un et l'autre; savoir, un préciput en argent, et un préciput en espèces; comme lorsqu'il est dit, *aura par préciput la somme de tant, et en outre ses habits, armes et chevaux.*

Quoique la convention du préciput, quelles que soient les choses et les sommes, dans lesquelles on la fait consister, renferme un avantage, que celui des conjoints, qui doit prédécéder, fait au survivant, et qu'il soit regardé comme tel, tant par rapport au premier qu'au second chef de l'édit des secondes noces, comme nous l'avons vu en la dernière partie du Traité du Contrat de Mariage; néanmoins elle est regardée plutôt comme convention de mariage, que comme donation, et, en conséquence, elle n'est pas sujette à la formalité de l'insinuation. *Voyez* la Déclaration du 25 juin 1729, et l'article 21 de l'Ordonnance de 1731.

443. Le préciput n'étant accordé, qu'en cas de survie, ce ne peut être que le prédécès de l'un des conjoints qui donne ouverture au préciput au profit du survivant.

La mort civile de l'un des conjoints doit-elle être regardée comme un prédécès qui donne ouverture au préciput? Par exemple, si un homme, par un arrêt ou autre jugement en dernier ressort, avait été condamné à la peine des galères à perpétuité, cette condamnation, qui lui fait perdre son état civil, doit-elle être regardée comme un prédécès, qui donne ouverture au préciput de la femme? et la femme, en conséquence, peut-elle le prélever au partage qui est à faire des biens de la communauté, entre elle et les seigneurs confiscataires qui succèdent à la part du condamné? On peut dire, pour l'affirmative, qu'une personne, par la mort civile qu'elle a encourue, n'étant plus censée exister par rapport à la société civile, sa mort civile doit être regardée comme un véritable *prédécès*, qui ne l'en a pas moins retranchée que ne l'en aurait retranchée la mort naturelle, et qui doit, par conséquent, donner ouverture au préciput. Néanmoins, par un célèbre arrêt du 2 juin 1549, le roi Henri II tenant son lit de justice, il a été jugé que la mort civile ne donnait pas ouverture au préciput, et que la seule mort naturelle y donnait ouverture. La raison est, que la convention du préciput étant une convention que les parties contractantes ont jugé à propos de faire dépendre de l'existence d'une condition, il ne peut pas y avoir ouverture à cette convention, que la chose, que les parties ont jugé à propos d'y apposer pour condition, ne soit arrivée. Or, le cas du prédécès de l'un des conjoints, et la survie de l'autre, que les parties ont jugé à propos d'apposer pour condition à la convention du préciput, est le seul cas du prédécès, qui doit arriver par la mort naturelle du premier mourant des conjoints; c'est le seul cas qu'elles aient prévu : il n'est pas naturel qu'elles aient prévu, ni même qu'elles aient pu penser au cas de la mort civile qui arriverait à l'une des parties. Le cas apposé pour condition à la convention de préciput, est donc le seul cas de la mort naturelle du premier mourant des conjoints; ce n'est point celui de la mort civile de l'un d'eux; et, par conséquent, il n'y a que celui de la mort naturelle, qui puisse faire exister la condition apposée à la convention, et donner ouverture au préciput. On ne peut pas non plus dire que le cas de la mort civile et celui de la mort naturelle soient entièrement semblables; car le cas de la mort civile laisse quelque espérance de retour à la vie, par la restitution à l'état civil qui peut être accordée par le prince : il n'y a que la mort naturelle qui soit sans espérance de retour à la vie.

Ne pourrait-on pas opposer à cet arrêt l'article 24 de l'Ordonnance des substitutions, qui porte que, dans tous les cas où la condamnation pour crime emporte mort civile, elle donnera ouverture au fidéicommis? La réponse est, qu'on ne peut pas argumenter des fidéicommis à la convention de préciput; les fidéicommis, qui sont faits en l'absence de la personne, au profit de qui la disposition est faite, étant susceptibles d'une interprétation beaucoup plus étendue, que ne le sont les conventions entre vifs.

La disposition de l'Ordonnance des substitutions n'est donc pas seule suffisante pour établir qu'on s'est écarté de la jurisprudence établie par l'arrêt de 1549 : mais j'ai appris que la cour s'en était formellement écartée, en jugeant, dans l'espèce d'un homme qui était sorti du royaume pour cause de religion, que la mort civile, qu'il avait encourue par sa sortie hors du royaume, avait donné ouverture au préciput au profit de sa femme.

Le magistrat, qui m'a fait part de cet arrêt, et qui avait été un des juges, m'a aussi appris qu'on avait jugé, par cet arrêt, que la femme étant sortie avec son mari, le mari devait être censé sorti le premier, et la femme n'avoir fait autre chose que le suivre; qu'en conséquence, le préciput lui avait été acquis par la mort civile de son mari, pendant un instant de raison, et qu'elle l'avait transmis avec ses biens à ses héritiers, par la mort civile qu'elle avait encourue elle-même par sa sortie du royaume. Le magistrat n'approuvait pas l'arrêt en ce point; la femme n'ayant pu transmettre à ses héritiers un droit, qu'elle n'a jamais pu elle-même exercer, et qui n'a pu lui être acquis dans le temps auquel son mari est sorti, puisque, dans le même temps, elle sortait elle-même avec lui.

444. Lorsque les deux conjoints, qui, par leur contrat de mariage, étaient convenus d'un préciput, sont depuis morts par un même accident, *putà*, dans un naufrage ou dans un incendie, sans qu'on puisse prouver lequel a survécu à l'autre, il n'y aura point de préciput au partage qui est à faire entre les héritiers de l'un desdits conjoints, et ceux de l'autre; car ni les uns ni les autres ne peuvent justifier que c'est celui des conjoints, auquel ils ont succédé, qui a survécu, et au profit de qui il y ait ouverture à préciput : et, par conséquent, ni les uns ni les autres ne peuvent demander le préciput, parce que ni les uns ni les autres ne sont en état de fonder la demande qu'ils en feraient. Voyez *in Pand. Justin. tit. de Reb. Dub. n. 4.*

445. Lorsque la dissolution de communauté est arrivée du vivant des deux conjoints, *putà*, par une séparation, le partage se fait sans préciput, auquel il n'y a pas encore ouverture; mais il se fait à la charge que, lorsqu'il y aura ouverture par le prédécès de l'un d'eux, la succession du prédécédé fera raison de ce préciput au survivant. C'est pourquoi, si le préciput porté au contrat de mariage est, par exemple, d'une somme de 4,000 livres, la succession du prédécédé devra au survivant, sur la part que le prédécédé a eue au partage de la communauté, la somme de 2,000 livres.

Lorsque le préciput est en espèces, il faut faire une estimation des choses sujettes au préciput de chacun des conjoints, qui se sont trouvées parmi les biens de la communauté lors de la dissolution, afin de fixer la somme que la succession du prédécédé devra au survivant, lorsqu'il y aura ouverture au préciput par le prédécès de l'un des conjoints.

En attendant, chacun des conjoints prendra, sur le pied de l'estimation, les choses sujettes à son préciput, non en les prélevant par forme de préciput, auquel il n'y a pas encore ouverture, mais en les précomptant sur sa part; à la charge que, lorsqu'il y aura ouverture au préciput par le prédécès de l'un des conjoints, la succession du prédécédé devra au survivant, sur la part que le prédécédé a eue au partage, la moitié de l'estimation du préciput du survivant.

446. Suivant la jurisprudence de l'arrêt de 1549, lorsque l'un des conjoints ayant été condamné à une peine capitale, le partage des biens de la communauté s'est fait entre le fisc et l'autre con-

joint ; si le condamné vient, par la suite, à prédécéder, le fisc doit de la même manière faire raison au survivant de son préciput.

Mais si c'est le condamné qui survit, le fisc ne peut pas prétendre, comme étant à ses droits, le préciput convenu par le contrat de mariage ; car le fisc n'a pu succéder au condamné à ce préciput, qui n'était pas ouvert lors de sa condamnation, et il n'a pu, par le prédécès de l'autre conjoint, être ouvert au profit de ce condamné, qui n'existait plus dans la société civile.

447. Le préciput ne peut ordinairement s'exercer qu'en cas d'acceptation de la communauté par la femme ou les héritiers de la femme.

Lorsque c'est le mari qui a survécu, il est évident que si les héritiers de la femme renoncent à la communauté, la convention du préciput devient inutile au mari, puisque tous les effets de la communauté, ceux qui auraient composé le préciput, ainsi que les autres, lui demeurent *jure non decrescendi*.

Lorsque c'est la femme qui a survécu, elle ne peut pas non plus prétendre son préciput, si elle a renoncé à la communauté ; car, par sa renonciation à la communauté, elle renonce entièrement à tous les biens de la communauté, à quelque titre qu'elle eût pu les prétendre. D'ailleurs, le préciput étant un droit qui s'exerce au partage de la communauté, il ne peut y avoir de préciput, lorsque, par la renonciation de la femme, il n'y a plus de partage à faire de la communauté.

448. On convient néanmoins assez souvent, par les contrats de mariage, que la future épouse, en cas de renonciation à la communauté, aura son préciput.

L'esprit de cette convention est de rendre le mari et sa succession, garans du préciput de la femme. C'est pourquoi, non-seulement elle a l'effet de rendre la femme, en cas de renonciation à la communauté, créancière du montant de son préciput contre la succession de son mari ; elle a aussi l'effet, en cas d'acceptation de la communauté, de rendre la femme créancière de la succession de son mari, de ce qui s'est trouvé de manque dans les biens de la communauté, pour la remplir en entier de son préciput : au lieu que, hors le cas de cette convention, et lorsque les parties sont simplement convenues d'un préciput de telles choses ou d'une telle somme ; de même que la femme, en cas de renonciation, n'a aucun préciput, elle n'a non plus, en cas d'acceptation, aucun recours contre la succession de son mari, pour ce qui s'est trouvé de manque dans les biens de la communauté, pour la remplir de son préciput ; le préciput n'étant, *in se*, qu'un droit de prélever sur la masse, qui ne peut avoir lieu qu'autant qu'il y a de quoi prélever.

ARTICLE VIII.

De quelques autres espèces de conventions.

§ I. De la convention par laquelle on assigne à chacun des conjoints, ou à ses héritiers, des parts inégales au partage qui se fera des biens de la communauté.

449. Quoique, suivant nos Coutumes, les conjoints par mariage soient communs chacun pour moitié, et que, lors de la dissolution de la communauté, les conjoints ou leurs héritiers les partagent par portions égales, et non par portions proportionnées à ce que chacun d'eux y a apporté, néanmoins on peut valablement convenir, par le contrat de mariage, qu'ils y auront des parts inégales ; par exemple, que *la femme sera commune pour un tiers* ou *pour un quart*, et, qu'en conséquence, au partage de la communauté, l'homme aura les deux tiers ou les trois quarts.

On peut pareillement convenir qu'arrivant la dissolution de la communauté par le prédécès de l'un des conjoints, les héritiers du prédécédé n'auront que le tiers ou le quart, ou quelque portion moindre, et que le survivant aura le surplus.

Dans le cas de ces conventions, chacun doit supporter la même part dans les dettes de la communauté, que celle qui lui est assignée dans le partage de l'actif. On ne pourrait pas valablement convenir que l'un des conjoints aurait une certaine part dans l'actif de la communauté, et qu'il supporterait une part différente dans le passif, ou plus grande, ou moindre ; parce que, par ces conventions, on pourrait éluder les lois, qui ne permettent pas que l'un des conjoints par mariage, puisse, pendant le mariage, ou s'avantager aux dépens de l'autre, ou avantager l'autre à ses dépens.

Par exemple, s'il était dit, par le contrat de mariage, que la femme n'aurait que le tiers dans l'actif de la communauté, et qu'elle supporterait néanmoins la moitié des dettes, il est évident qu'une telle convention, si elle pouvait être valable, donnerait le pouvoir au mari de s'avantager aux dépens de sa femme, en faisant des acquisitions dont il devrait le prix ; car il ferait payer à sa femme la moitié du prix de ces acquêts, dont elle n'aurait que le tiers, et dont il aurait les deux tiers.

Vice versé, s'il était dit, par le contrat de mariage, que la femme n'aurait que le tiers dans la communauté, mais qu'elle l'aurait franc de dettes, ou qu'elle supporterait seulement un sixième dans les dettes, il est visible qu'une telle convention, si elle pouvait être valable, mettrait le mari en état d'avantager à ses dépens sa femme, en faisant des acquisitions dont il devrait le prix ; car la femme aurait le tiers de ces acquisitions, et le prix de ce tiers, que la femme y aurait, serait payé par le mari, à la décharge de la femme, ou en total, ou en partie. Ces conventions doivent donc être déclarées nulles; et, sans y avoir égard, les conjoints ou leurs héritiers doivent partager la communauté également, tant en actif que passif.

Dans le cas de la seconde espèce que nous venons de proposer, les héritiers du mari seraient-ils fondés à prétendre qu'on ne doit déclarer nulle la convention, que pour la seconde partie, par laquelle il a été convenu que la femme aurait sa part franche de dettes, ou qu'elle en supporterait une moindre part que celle qu'elle a dans l'actif; et qu'on doit laisser subsister la première partie de la convention, qui restreint au tiers la portion de la femme?

On peut dire pour raison de douter, en faveur de cette prétention des héritiers du mari, que ce n'est que sur la seconde partie que tombe l'injustice de la convention. C'est cette seconde partie qui donne au mari le moyen d'avantager sa femme à ses dépens; on ne doit donc déclarer nulle que la seconde partie. Néanmoins on doit décider que la convention doit être déclarée nulle dans sa totalité, et que le partage de la communauté doit se faire par portions égales, tant en actif que passif, comme s'il n'y avait eu aucune convention. La raison de décider est, que la première partie de la convention est inséparable de la seconde; la femme n'ayant consenti, par la première partie de la convention, à la réduction de sa part de la communauté au tiers, que parce que, par la seconde partie, on la lui accordait franche de dettes, ou qu'on la chargeait seulement de la sixième partie des dettes. La seconde partie de la convention est une condition de la première: la nullité de la seconde partie de la convention doit donc entraîner la nullité de la première, et la convention doit être déclarée nulle dans sa totalité.

§ II. Du forfait de communauté.

450. On convient quelquefois, par un contrat de mariage, que les héritiers de la femme auront, pour tout droit de communauté, une certaine somme.

Si, dans le cas de cette convention, il n'y avait pas, dans les biens de la communauté, lors de sa dissolution, de quoi payer cette somme, le mari serait-il fondé à prétendre que la clause n'a été mise qu'en sa faveur; que chacun pouvant renoncer à ce qui a été stipulé en sa faveur, il peut renoncer à cette convention, et se décharger de la somme y portée, aux offres d'admettre les héritiers de la femme à partager à l'ordinaire la communauté? Cette prétention n'est pas fondée. La convention ne contient pas une simple faculté qui soit donnée au mari, de retenir tous les biens de la communauté, en donnant la somme convenue; elle est une cession, que la femme fait à son mari, au cas qu'il lui survive, de la part incertaine qu'elle aurait pu avoir dans les biens de la communauté, lors de sa dissolution. La somme convenue, pour le prix de la cession, est donc due aux héritiers de la femme, en quelque état que se trouve la communauté lors de sa dissolution. Si elle se fût trouvée opulente, le mari en aurait eu le bénéfice; lorsqu'elle est mauvaise, il en doit supporter la perte : *Æquum est ut quem sequuntur commoda, eum sequantur incommoda.* C'est ce qui a été jugé par arrêts des 15 avril 1608, et 19 février 1646, rapportés par Brodeau sur Louet, *lettre M, chap. 4.* Le prix de la cession leur est dû, quand même il ne resterait aucuns biens de la communauté lors de sa dissolution; car la cession d'un droit de communauté, de même que celle d'un droit successif, est une espèce de contrat aléatoire, semblable à la vente qu'un pêcheur fait de son coup de filet. De même que la vente du coup de filet n'a pas pour objet quelque chose de réel et de physique, mais un être moral, qui est l'espérance des poissons qui pourront être pris; et, qu'en conséquence, le prix du coup de filet soit dû, quoi-qu'il n'ait été pris aucun poisson par le coup de filet, l'acheteur ayant eu l'espérance de ceux qui pouvaient être pris, qui est la seule chose qui lui ait été vendue; de même la cession, que la femme, en cas de dissolution de communauté par son prédécès, fait à son mari, de sa part dans les biens de la communauté, n'a pour objet que l'espérance de ceux qui pourront se trouver. C'est pourquoi, le prix de la cession est dû, quoiqu'il ne se soit trouvé aucuns biens de la communauté lors de la dissolution : il suffit qu'il ait pu s'en trouver, l'espérance de ceux qui pourraient se trouver, étant la seule chose qui ait été l'objet de la cession. C'est l'avis de d'Argentré sur l'article 22 de l'ancienne Coutume de Bretagne, *glos. 4,* sur la fin, où il est dit : *Si maritus sponsæ ducenta pepigisset pro suâ parte conquæstuum, etiamsi secuto ma-trimonio nulli acquæstus fierent, tamen non minùs ducenta debe-rentur, veluti incerto eventûs redempto.* Sa décision est dans l'es-pèce où c'est la femme elle-même qui a été restreinte à une certaine somme pour son droit de communauté; mais il y a même raison de le décider dans l'espèce où ce ne sont que les héritiers de la femme qui y sont restreints.

451. Il faudrait décider autrement, si, après la clause que les héritiers de la femme auraient pour tout droit de communauté une telle somme, on avait ajouté cette restriction, *si tant s'en trouve :* car, en ce cas, la somme portée par la convention, ne serait due que jusqu'à concurrence de ce qu'il se trouverait de biens dans la communauté; et, s'il n'en restait aucuns, il ne serait rien dû. Cela est encore conforme au sentiment de d'Argentré, qui, après ce que nous avons rapporté ci-dessus, ajoute de suite: *nisi*

quidem conditionaliter concepta esset stipulatio , veluti sub verbis, si quos fieri contingeret.

452. Il faudrait aussi décider autrement, si la clause était conçue en ces termes : *Il sera loisible au futur survivant, de retenir tous les biens de la communauté, en donnant aux héritiers de la femme une telle somme.* Ces termes, *il sera loisible*, expriment une faculté et un choix qui est accordé à l'homme ou de retenir tous les biens de la communauté, en donnant la somme aux héritiers de la femme, ou de les admettre à la partager à l'ordinaire.

453. La clause, que les héritiers de la femme auront, pour tout droit de communauté, une certaine somme, n'exclut, du droit de partager la communauté, que lesdits héritiers, et non la femme. Elle ne peut, en conséquence, avoir lieu que dans le seul cas auquel la dissolution de communauté arrive par le prédécès de la femme. Si elle arrivait du vivant de la femme, par une sentence de séparation d'habitation, le droit de partager la communauté avec le mari, ayant été ouvert au profit de la femme par la sentence de séparation, quand même la femme viendrait à mourir peu après, avant que d'avoir procédé à ce partage, elle transmettrait ce droit à ses héritiers; et le mari ne pourrait, en ce cas, les en exclure, en leur offrant la somme portée par la convention.

454. Cette clause, que les héritiers de la femme auront, pour tout droit de communauté, une certaine somme, comprend tous les héritiers, tant les enfans que les collatéraux.

455. Le mari, qui, en conséquence de cette convention, demeure propriétaire de tous les biens de la communauté, à la charge de donner aux héritiers de la femme la somme portée par la convention, peut, sur cette somme, leur faire déduction de toutes les créances que la communauté a contre la femme; *puta*, pour les sommes tirées de la communauté, afin d'acquitter des dettes mobilières de la femme, antérieures au mariage, et excluses de la communauté par une clause de séparation de dettes, ou pour des impenses (autres que celles d'entretien) faites, des deniers de la communauté, sur les héritages propres de la femme, ou pour quelque autre cause que ce soit.

Si les créances de la communauté contre la femme excédaient la somme, que le mari doit donner aux héritiers de la femme pour leur droit de communauté, non-seulement le mari démeurerait quitte envers eux de cette somme, mais ils seraient débiteurs envers lui de l'excédant.

456. Lorsque la femme, durant le mariage, a doté, conjointement avec son mari, des biens de la communauté, quelqu'un de leurs enfans communs; si elle prédécède, on doit mettre au rang des créances de la communauté contre la femme, ce qu'elle en a

tiré, afin de contribuer pour sa moitié à cette dot. La clause, que les héritiers de la femme auront, pour tout droit de communauté, une certaine somme, renferme une renonciation qu'elle a faite à la communauté pour cette somme, dans le cas de son prédécès. Cette renonciation l'exclut entièrement des biens de la communauté, et, par conséquent, l'oblige à faire raison à la communauté de tout ce qu'elle en a tiré.

Il en serait autrement, si elle n'avait pas été partie à la dotation; car ne dote qui ne veut. Il ne suffit pas, pour qu'elle soit censée avoir doté, qu'elle ait été en qualité au contrat de mariage; car elle est censée n'y avoir été que pour donner son consentement au mariage.

457. Le mari, qui retient tous les biens de la communauté, à la charge de donner la somme convenue aux héritiers de la femme, doit, en conséquence, être seul tenu pour le total de toutes les dettes de la communauté. C'est pourquoi, il doit payer aux héritiers de la femme, outre la somme portée par la convention, tout ce que la communauté doit à la femme pour ses reprises, remplois de propres; et pour quelque autre cause que ce soit, sans que les héritiers de la femme en fassent aucune confusion.

458. Les héritiers de la femme, qui ont reçu du mari la somme portée par la convention, pour leur droit de communauté, ne sont pas tenus des dettes de la communauté, même envers les créanciers, à moins que la femme ne se fût obligée envers eux. En cela, cette convention est différente de la cession que les héritiers feraient à un tiers, de leur droit en la communauté : ils seraient, en ce cas, tenus des dettes de la communauté envers les créanciers, sauf leur recours contre leur cessionnaire, qui doit les en acquitter. La raison de différence est que les héritiers de la femme, qui cèdent à un tiers leur part en la communauté, doivent avoir acquis cette part pour pouvoir la lui céder ; et, comme ils ne peuvent avoir acquis cette part, que par une acceptation de la communauté, la cession, qu'ils font de leur part à un tiers, renferme nécessairement une acceptation de la communauté, acceptation qui les oblige aux dettes de la communauté. Au contraire, les héritiers de la femme, auxquels le mari paye la somme portée par la convention, *pour tout droit de communauté*, n'ont aucune part dans la communauté. La femme cède, par cette convention, en cas de dissolution de la communauté par son prédécès, non la part que ses héritiers auront, mais celle qu'ils auraient pu y avoir, et à laquelle elle renonce pour le prix porté par la convention.

459. Quelquefois ce n'est pas seulement aux héritiers de la femme, c'est à la femme elle-même qu'on assigne, par le contrat, une somme pour tout droit de communauté. Dans le cas de cette convention, de quelque manière qu'arrive la dissolution de

19*

communauté, il ne peut y avoir lieu à un partage de communauté. Ni la femme ni ses héritiers n'ont droit de le demander : ils sont seulement créanciers de la somme portée par la convention; et ni le mari ni ses héritiers ne sont reçus, pour s'en décharger, à offrir d'admettre la femme à un partage de la communauté. *Arrêt du 15 avril 1608, rapporté par Brodeau sur Louet, lett. M, chap. 4.*

Au surplus, tout ce que nous avons dit, à l'égard de l'espèce précédente, peut pareillement s'appliquer à celle-ci.

460. Il y a une troisième espèce de convention, par laquelle on convient que les héritiers du prédécédé n'auront, pour tout droit de communauté, qu'une telle somme; ce qui comprend aussi bien les héritiers du mari, si c'est lui qui prédécède, que ceux de la femme, lorsque c'est elle qui prédécède.

Observez une grande différence, qui se rencontre dans cette espèce et dans les précédentes. Dans la première espèce, quelque mauvaise que soit la communauté, lors de sa dissolution, le mari ne peut se dispenser de payer aux héritiers de la femme la somme convenue, franche et quitte des dettes de la communauté; le mari demeure seul chargé de ces dettes. Les héritiers du mari, contractent la même obligation dans la seconde espèce. Au contraire, dans cette troisième espèce, la femme survivante peut bien, suivant la convention du contrat, retenir tous les biens de la communauté, lorsqu'elle la trouve avantageuse, en donnant aux héritiers du mari la somme portée par la convention; mais cette convention ne prive pas la femme du droit de renoncer à la communauté, lorsqu'elle la trouve mauvaise, et de laisser, par sa renonciation, aux héritiers du mari les biens de la communauté avec toutes les charges. La raison de différence est, que le mari ne pouvant renoncer à sa communauté, dont il est le chef, ses héritiers, qui succèdent à toutes ses obligations, ne le peuvent pas non plus. Au contraire, la femme a tellement le droit de renoncer à la communauté, qu'elle ne peut même en être privée par quelque convention que ce soit : comme il ne doit pas être au pouvoir du mari d'engager les propres de sa femme, sans son consentement, en contractant des dettes durant la communauté, il doit toujours être au pouvoir de la femme de renoncer à la communauté pour s'en décharger.

Dans l'espèce de cette convention, lorsque la femme survivante juge à propos de renoncer à la communauté, la convention demeure sans effet : les héritiers du mari ayant, par la renonciation de la femme, tout le droit de la communauté en total, ne peuvent demander à la femme survivante la somme portée par la convention, qui ne leur est accordée qu'à la place et pour leur tenir lieu du droit qu'ils peuvent prétendre à la communauté.

§ III. De la clause d'exclusion de communauté.

461. On peut convenir, par contrat de mariage, qu'il n'y aura aucune communauté de biens entre les conjoints. L'effet de cette convention est, que ni la femme, ni les héritiers de la femme ne peuvent prétendre aucune part, lors de la dissolution du mariage, dans les biens, soit mobiliers, soit immobiliers, que le mari à acquis, durant le mariage, à quelque titre que ce soit, ni encore moins dans ceux qu'il avait lorsqu'il s'est marié.

Quand même les acquisitions, que le mari a faites, durant le mariage, auraient été faites des revenus des biens de la femme, dont le mari a droit de jouir, la femme et ses héritiers n'en seraient pas plus fondés à y prétendre part.

La femme et ses héritiers, en conséquence de cette convention, n'ayant aucune part dans les biens que le mari acquiert, durant le mariage, ils ne sont pas tenus des dettes qu'il contracte ; et si la femme s'y était obligée, elle en doit être indemnisée par son mari.

462. Le mari, de son côté, n'a aucune part dans la propriété des biens de sa femme ; mais il a le droit d'en jouir, *ad sustinenda onera matrimonii*, tant de ceux qu'elle a, lors du mariage, que de ceux qu'elle acquiert depuis, à quelque titre que ce soit : car c'est une maxime, dans nos pays coutumiers, que tous les biens d'une femme sont réputés dotaux.

Nous ne suivons pas, à l'égard de cette jouissance, la disposition des lois romaines, qui accordaient au mari les fruits de la dot, au prorata du temps qu'avait duré le mariage. Le mari, en cas d'exclusion de communauté, a droit de percevoir à son profit tous les fruits, tant civils que naturels, qui se perçoivent ou naissent, durant le temps du mariage, pour se récompenser des charges du mariage qu'il supporte ; de même que, lorsqu'il y a communauté, ces fruits appartiennent à la communauté, pour la dédommager des charges du mariage, qui sont à la charge de la communauté, lorsqu'il y en a une.

463. Le mari, dans le cas de cette convention n'ayant que le droit de jouir des biens de la femme, durant le mariage, il doit, lors de la dissolution du mariage, rendre à la femme ou à ses héritiers tous les biens que sa femme lui a apportés, soit en se mariant, soit durant le mariage.

La femme peut quelquefois en poursuivre la restitution durant le mariage, lorsqu'elle peut établir que les mauvaises affaires du mari mettent sa dot en péril.

§ IV. De la séparation contractuelle.

464. On peut convenir, par un contrat de mariage, que non-

seulement il n'y aura pas de communauté de biens entre les conjoints, mais que chacun d'eux jouira séparément de ses biens. On appelle cette convention *séparation contractuelle*. Elle a cela de plus que la simple exclusion de communauté, qu'elle prive le mari de la jouissance des biens de la femme.

La femme, par cette séparation contractuelle, a bien le droit de recevoir les revenus de ses biens, d'en faire de simples baux à loyer ou à ferme, et généralement de faire tous les actes d'une simple administration, sans avoir besoin, pour tous ces actes, de l'autorisation de son mari, comme nous l'avons vu dans notre *Traité de la puissance maritale*. Mais, comme cette séparation contractuelle ne la soustrait pas à la puissance de son mari, elle ne peut aliéner ses immeubles, ni même recevoir le rachat de ses rentes, sans être autorisée par son mari ou par justice; le mari peut même arrêter les deniers du rachat, jusqu'à ce qu'il en soit fait emploi, pour sûreté des charges du mariage, auxquelles elle est obligée de contribuer.

Si la femme, qui, en conséquence d'une séparation contractuelle, jouit séparément de ses biens, refusait de contribuer aux charges du mariage, le mari pourrait la faire condamner à y contribuer. Le juge doit, en ce cas, régler la pension que cette femme doit payer à son mari avec qui elle demeure, à une somme, eu égard à ses facultés et à sa qualité : il doit pareillement régler la somme, pour laquelle elle doit contribuer aux alimens et à l'éducation des enfans communs.

465. En cela, la séparation contractuelle convient avec celle qui intervient, durant le mariage, par une sentence du juge. Elle en diffère en ce que, lorsque la séparation est intervenue durant le mariage, les conjoints peuvent, d'un commun consentement quand bon leur semble, se désister de la sentence, et se remettre en communauté comme avant la sentence. Au contraire, la séparation contractuelle est irrévocable, comme le sont toutes les conventions des contrats de mariage; et les conjoints ne peuvent, durant le mariage, au préjudice de cette convention, établir une communauté. C'est ce qui a été jugé par des arrêts rapportés par Louet.

§ V. D'une autre espèce de convention.

466. La femme pouvant valablement convenir qu'elle jouira séparément de tous ses biens, comme nous l'avons vu au paragraphe précédent, il s'ensuit qu'elle peut pareillement convenir valablement qu'elle jouira séparément d'un certain héritage, des revenus duquel elle pourra disposer à son gré, pendant tout le temps que le mariage durera, et établir au surplus une commu-

nauté de biens avec son futur époux. C'est une conséquence de ce principe, que, *qui peut le plus, peut le moins*.

Les acquisitions, que la femme aurait faites, en ce cas, durant le mariage, qui seraient provenues de ses épargnes sur lesdits revenus, doivent-elles tomber en communauté? Borjon décide pour l'affirmative. J'y trouve de la difficulté : car la femme s'étant réservé, par cette convention, tous les revenus de cet héritage, qui seraient à percevoir pendant tout le temps que durerait le mariage, ces revenus sont pour elle des propres. Or, tout ce qui provient des propres sans en être un fruit, ne tombe pas en communauté; *suprà*, n. 96. Mais, au moins, pour que ces acquisitions soient propres, il ne suffit pas qu'il soit dit, par le contrat, qu'elles sont faites des deniers provenus desdits revenus, si cela n'est bien justifié; autrement le mari aurait une voie ouverte d'avantager sa femme, en faisant passer sous son nom toutes les acquisitions qui se feraient durant le mariage.

SECONDE PARTIE.

Du droit des conjoints sur les biens de la communauté.

467. Le droit du mari, sur les biens de la communauté, est renfermé dans les deux axiomes suivans :

Premier axiome. Le mari, comme chef de la communauté, est réputé seul seigneur des biens de la communauté, tant qu'elle dure, et il en peut disposer à son gré, sans le consentement de sa femme.

Second axiome. Ces dispositions, néanmoins, ne sont valables, qu'autant qu'elles ne paraissent pas faites en fraude de la part, que la femme et les héritiers de la femme ont droit d'y avoir, lors de la dissolution de la communauté : il ne peut surtout s'en avantager, ni ses héritiers, au préjudice de cette part.

Nous développerons chacun de ces axiomes dans des articles séparés, et nous traiterons, dans un troisième article, du droit de la femme.

ARTICLE PREMIER.

Développement du premier axiome.

468. Nous avons vu, dès le commencement de ce traité, que la communauté de biens, qui est établie, soit par la loi, soit par la convention, entre des conjoints par mariage, est en quelque façon *in habitu*, plutôt qu'*in actu*, et que le mari, tant qu'elle dure, est, en sa qualité de chef de cette communauté, réputé, en quelque façon, seul seigneur des biens dont elle est composée; non parce qu'il a droit, en cette qualité, de disposer à son gré, non-seulement de sa part, mais de celle de sa femme, sans lui en être comptable. « Le mari, dit la Coutume de Paris, en *l'art.* 225, » est seigneur des meubles et conquêts immeubles par lui faits » durant et constant le mariage de lui et de sa femme. »

Ces termes, *par lui faits*, se sont glissés dans le texte par inadvertance, et sont superflus. La disposition de la Coutume n'est pas restreinte, par ces termes, aux seuls immeubles que le mari a lui-même acquis durant le mariage; elle comprend tous ceux dont la communauté est composée; même ceux que la femme y a apportés par une convention d'ameublissement. Ce principe est si constant, et les longues raisons de douter, que Lebrun a apportées, sont si inutiles, qu'elles ne m'ont pas paru valoir la peine d'être rapportées.

469. COROLLAIRE PREMIER. Le mari peut charger les biens de la communauté de toutes les dettes qu'il juge à propos de contracter pendant qu'elle dure, non-seulement de celles qu'il contracte pour les affaires de la communauté, ou qui pourraient paraître la concerner, mais même de celles qui n'ont aucun rapport aux affaires de la communauté, même de celles qui ont pour cause les délits par lui commis, comme nous l'avons vu au long, *suprà*, *n.* 248.

470. COROLLAIRE SECOND. Le mari peut, à son gré, perdre les biens de la communauté, sans en être comptable : il peut laisser périr, par la prescription, les droits qui dépendent de sa communauté, dégrader les héritages, briser les meubles, tuer par brutalité ses chevaux et autres animaux dépendans de la communauté, sans être comptable à sa femme de toutes ces choses.

471. COROLLAIRE TROISIÈME. Le mari peut aliéner, par des actes entre vifs, à quelque titre que ce soit, même à titre de donation entre vifs, envers telles personnes qu'il juge à propos, sauf à celles dont il sera parlé en l'article suivant, les différens biens dont la communauté est composée. Il peut charger lesdits biens d'hypothèques, non-seulement pour ses dettes, mais pour les dettes d'autrui : il peut les charger de servitudes.

La Coutume de Paris, en l'article 225, ci-dessus cité, a elle-même tiré ces conséquences. Après avoir dit, *le mari est seigneur,* etc., elle ajoute : « En telle manière qu'il les peut vendre, aliéner
» ou hypothéquer, et en faire et disposer par donation ou autre
» disposition faite entre vifs, à son plaisir et volonté, sans le
» consentement de sadite femme, à personne capable, et sans
» fraude. »

Nous verrons, dans l'article suivant, l'explication de ces termes *à personne capable, et sans fraude.*

472. Presque toutes les Coutumes ont, à cet égard, la même disposition que celle de Paris. Il y en a néanmoins quelques-unes qui ne regardent le mari que comme un simple administrateur *cum liberá*, et qui, en conséquence, permettent bien au mari de vendre, permuter et hypothéquer les biens de la communauté, mais qui ne lui permettent pas de les donner entre vifs, si ce n'est pour sa part seulement. Telles sont les Coutumes d'Anjou, *art.* 289; du Maine, *art.* 304; de Lodunois, *chap.* 26, *art.* 6.

La Coutume de Saintonge, *tit.* 8, *art.* 68, excepte de la faculté qu'elle donne au mari, de disposer sans sa femme des meubles et conquêts, ceux qui ont été faits par le mari et sa femme *contractans* ensemble.

D'autres en exceptent ceux qui ont été faits par la femme et par son industrie. Bayonne, *tit.* 9, *art.* 29; Labour, *tit* 9, *art.* 2.

473. Corollaire quatrième. Il se trouve dans l'article 233 de la Coutume de Paris, où il est dit : « Le mari est seigneur des actions mobilières et possessoires, *posé* qu'elles procèdent du côté » de la femme; et peut le mari agir et déduire lesdits droits et actions en jugement sans sadite femme. »

La communauté étant composée de tous les biens mobiliers de chacun des conjoints, et le mari étant, en sa qualité de chef de la communauté, seul seigneur des biens de la communauté, tant qu'elle dure, la Coutume a très-bien tiré la conséquence, qu'il est seigneur pour le total des actions mobilières de sa femme, et qu'il peut seul les déduire en jugement.

Pareillement, la jouissance des propres de chacun des conjoints appartenant à la communauté, la Coutume a très-bien conclu que les actions possessoires, qui concernent la jouissance des héritages de la femme, appartiennent au mari, comme seigneur des biens et droits de la communauté.

La disposition de cet article a lieu, quand même le mobilier de la femme aurait été réalisé par une clause de réserve de propre : car tout l'effet de cette clause, comme nous l'avons vu *suprà*, *n.* 325, est de lui accorder, et à ses héritiers, une reprise lors de la dissolution de communauté : elle n'empêche pas que le mobilier de la femme ne tombe dans la communauté, à la charge de la reprise.

De même que le mari peut intenter seul les actions mobilières et possessoires de sa femme, il peut aussi défendre seul aux actions mobilières et possessoires qu'on a contre elle.

Quand même ces actions auraient été intentées par la femme ou contre elle avant son mariage, elles ne peuvent plus, après son mariage, être poursuivies par elle ou contre elle seule; il faut que l'instance soit reprise par le mari, ou contre le mari.

Quoique ces actions, qu'on a contre la femme, puissent être valablement intentées et poursuivies contre le mari seul, néanmoins un créancier de la femme a intérêt d'assigner le mari et la femme, afin que la condamnation, qu'il obtiendra contre le mari et la femme, lui donne une hypothèque sur les biens de la femme.

474. De ce que le mari est réputé seul seigneur des biens de la communauté, pendant qu'elle dure, et de ce qu'il peut les aliéner pour le total, on en avait tiré autrefois une mauvaise con-

séquence, qui est que, lorsqu'un homme était condamné à une peine capitale qui emporte confiscation, il devait rendre confiscables les biens de la communauté pour le total, au profit du seigneur.

Quelques Coutumes, du nombre desquelles était notre ancienne Coutume d'Orléans, en avaient des dispositions. Celle de Bretagne avait cru faire une grâce aux veuves, en leur accordant une provision sur les biens de la communauté du mari condamné.

Ce n'était que par un privilége accordé aux bourgeois de Paris, dont Loysel fait mention en ses *Inst. Cout.*, *liv.* 6, *tome* 2, *art.* 26, qu'à Paris les femmes étaient admises à distraire de la confiscation des biens de leur mari, adjugée au roi, leur part dans les biens de la communauté.

Dumoulin s'est élevé avec raison contre cette mauvaise jurisprudence. Il a observé que le mari n'est seigneur pour le total des biens de la communauté, que pendant le temps qu'elle dure : la dissolution de communauté donnant ouverture à la part, que la femme ou ses héritiers doivent avoir dans les biens de la communauté, elle réduit le droit du mari à la moitié desdits biens. Le jugement, qui condamne le mari à une peine capitale, faisant perdre l'état civil au mari, dissout la communauté. La confiscation des biens du mari, qui est une suite de cette peine capitale, n'a donc lieu que dans un temps où la communauté est dissoute, et, par conséquent, dans un temps où le droit du mari, sur les biens de la communauté, se trouve réduit à moitié. Il n'en peut donc rendre confiscable que la moitié.

Ces raisons, et l'autorité de Dumoulin, ont fait changer la jurisprudence. On a suivi la décision de ce jurisconsulte, dans l'*art.* 209 de notre nouvelle Coutume d'Orléans, où il est dit que l'homme condamné, en cas de confiscation, rend confiscable, avec ses propres, la moitié des meubles et conquêts immeubles de la communauté; et on a, en cela, dérogé à l'ancienne Coutume, qui, par l'article 176, confisquait le total.

475. Du principe, que le droit du mari, qui est seigneur pour le total des biens de la communauté, pendant qu'elle dure, est, par sa dissolution, réduit à la moitié, il suit aussi qu'il ne peut disposer par testament, des biens de la communauté, que pour la moitié : car les dispositions testamentaires n'ayant d'effet qu'à la mort du testateur, le mari ne peut disposer par testament, que du droit qu'il se trouvera avoir lors de sa mort, dans les biens de la communauté. Or, lors de sa mort, il n'y a plus que la moitié, puisque sa mort a opéré la dissolution de communauté, et réduit, en conséquence, à la moitié son droit dans les biens de la communauté. La plupart des Coutumes s'en expliquent en termes formels.

L'article 225 de la Coutume de Paris, ci-dessus rapporté, n. 471, l'insinue clairement, en disant que le mari peut disposer à son gré des meubles et conquêts, *par donation ou autre disposition faite entre vifs.* Par ces termes *faite entre vifs*, elle dit assez que le mari ne peut pas en disposer de même par des dispositions testamentaires, mais seulement pour la part qu'il y a.

476. De là naît une question : Lorsque le mari a légué par son testament un certain effet de la communauté, il n'est pas douteux que ce legs ne peut préjudicier à la part de la femme : mais est-il valable pour le total vis-à-vis des héritiers du mari, de manière qu'ils soient obligés de racheter à leurs dépens la part de la femme, et de faire la délivrance de la chose entière au légataire? ou si le legs n'est censé être que de la part du mari dans la chose léguée? Il y a plusieurs cas à distinguer sur cette question. Le premier cas est, lorsqu'on a employé dans le legs, les pronoms *mon* ou *son;* comme lorsque le testament porte : *Je lègue à un tel* mon *pré; je lègue à un tel son pré.* Ces termes, *mon*, *son*, paraissent devoir restreindre les legs à la part du mari testateur dans ladite chose. C'est ce qui paraît résulter de la loi 5, § 2, ff. de leg. 1°, où Paul dit : *Quùm fundus communis legatus sit, non adjectá portione, sed* MEUM *nominaverit; portionem deberi constat.*

Je ne pense pas, néanmoins, qu'on doive faire de ce texte de droit une règle générale, et qu'on doive décider indistinctement que les pronoms *mon*, *son*, employés dans le legs, que le mari a fait d'un effet de la communauté, restreignent le legs à la part que le mari doit y avoir lors de la dissolution de la communauté. Lorsque par le testament il est dit : Je lègue à un tel mon pré, ou je lègue à un tel ma vigne, j'accorderai volontiers que, par ces termes, *mon*, *ma*, le testateur est censé avoir voulu restreindre son legs à sa portion dans le pré ou dans la vigne : mais, lorsqu'il est dit : *Je lègue à mon valet de chambre ma garde-robe; je lègue à un tel,* mon *ami, ma tabatière d'or; je lègue à un tel mon cheval;* je pense que, dans ces legs, ces termes, *mon*, *ma*, ne signifient autre chose que, *qui est à mon usage,* et qu'ils ne sont pas employés pour restreindre les legs à la portion indivise qu'a le mari dans sa garde-robe, sa tabatière et son cheval; étant vraisemblable que la volonté du testateur (qui est ce qu'on doit rechercher pour l'interprétation des legs) a été de léguer toute sa garde-robe, et de léguer une tabatière et un cheval en entier, et non pas seulement une portion dans une tabatière ou dans un cheval.

477. Le second cas est, lorsque la chose a été léguée simplement, sans employer lesdits pronoms; comme lorsque le legs est conçu en ces termes : *Je lègue à un tel la maison de la Croix-Blanche.* Cette maison étant un conquêt, le mari est-il censé

l'avoir léguée entière, et avoir chargé ses héritiers de racheter la part de la femme? ou est-il censé, même dans ce cas, n'avoir légué que sa part dans ce conquêt? Cette question paraît être la même que celle qui est traitée par Vinnius, *illust. Quæst.* 11, 26, sur le legs d'une chose qui appartenait au testateur en commun avec un tiers. Vinnius, sur cette question, rapporte l'opinion d'Accurse, qui pense que le legs d'une chose, dans laquelle le testateur n'avait qu'une part, s'il n'est expressément restreint à cette part, est de la chose entière, lorsque le testateur n'a pas ignoré qu'il n'y avait qu'une part; de même que le legs de la chose d'autrui est valable, lorsque le testateur n'a pas ignoré qu'elle appartenait à un autre, suivant la décision qui est aux Institutes de Justinien, *tit. de leg.* § 5.

Vinnius embrasse l'opinion contraire, qui est celle de Barthole, Balde, et d'autres auteurs par lui cités; et il décide que les legs d'une chose, dans laquelle le testateur savait n'avoir qu'une part, est présumé n'être que de cette part, quoiqu'il n'y ait pas de termes dans la disposition qui le restreignent expressément à cette part. Il fonde son opinion sur cette maxime de droit, qui se trouve aux Institutes, *dict.* § : *Nemo præsumitur hæredem suum redemptione rei alienæ gravare velle* : un testateur, en faisant un legs particulier, n'est pas présumé, sans nécessité, avoir voulu charger son héritier d'acheter une chose qui ne serait pas de sa succession. Il établit ensuite la différence, à cet égard, entre le legs *rei alienæ*, c'est-à-dire, d'une chose, dans laquelle le testateur n'a aucune part, et le legs *rei communis*, dans laquelle le testateur n'a qu'une part.

Lorsque le legs est *prorsùs rei alienæ*, et que le testateur, n'ignorant pas qu'elle ne lui appartenait pas, a néanmoins voulu la léguer, la chose étant entièrement à autrui, il est, en ce cas, nécessaire de reconnaître que le testateur a voulu léguer la chose d'autrui; et, conséquemment, qu'il a voulu charger son héritier de l'acheter, pour en faire délivrance au légataire : par conséquent, il ne peut y avoir lieu à la maxime, *nemo præsumitur hæredem suum redemptione rei alienæ gravare velle*. Il n'en est pas de même du legs d'une chose commune au testateur et à une autre personne : la maxime, *nemo præsumitur hæredem suum redemptione gravare velle*, peut recevoir application, parce qu'on peut présumer, pour cet effet, que le testateur, en léguant cette chose, n'a entendu léguer que la part qu'il y avait.

Vinnius autorise son opinion par des textes de droit. La loi 24, *de instruct. fund. leg.*, est formelle pour son opinion. Neratius avait dit que, lorsque quelqu'un léguait un héritage avec les meubles qui servent à son exploitation, le legs comprenait même ceux qui appartiennent au fermier. Paul décide, au contraire, qu'on doit plutôt présumer que le legs n'est que de ceux qui appartenaient au testateur : *Fundus, qui locatus erat, legatus est cum instrumento; instrumentum, quod colonus in eo habuit, legato cedit,* disait Neratius. Paul le reprend ainsi : *An quod coloni fuit; an tantùm id, quod de eo testatoris fuit? Et hoc magis dicendùm est, nisi nullum domini fuit.*

Enfin Vinnius répond aux objections qu'on fait contre son opinion. La principale consiste à dire, dans le langage ordinaire, *rei appellatione totum continetur :* Quand on dit *une telle chose,* en termes indéfinis, cela s'entend du total de cette chose, et non pas d'une partie de cette chose : donc lorsque le testateur a dit, *je lègue une telle chose,* cela doit s'entendre du total de cette chose, et non pas seulement de la part que le testateur y avait. La réponse est prompte. Cette proposition, *quand on dit une telle chose,* en termes indéfinis, cela s'entend du total de la chose, n'est vraie qu'autant qu'il ne se rencontre pas des circonstances, qui fassent entendre d'une partie seulement de la chose, ce qu'on en a dit en termes indéfinis.

On doit encore, dans ce second cas, rechercher quelle a été la volonté du testateur, par les circonstances, tant de la nature de la chose léguée, que de la qualité de la personne du légataire.

La raison, qui sert de principal fondement à l'opinion de Vinnius, qui est que *nemo præsumitur hæredem suum redemptione rei alienæ gravare velle,* milite principalement à l'égard du legs d'une chose qui appartiendrait en commun au testateur, et à un tiers, avec qui il n'aurait rien de commun que cette chose. C'est dans ce cas, que, si la chose était léguée en total, l'héritier ne pourrait absolument acquitter le legs, qu'en déboursant de quoi racheter la part que ce tiers a dans cette chose. Mais cette raison ne milite pas également dans le cas d'un legs, qu'un mari fait d'un effet de sa communauté; car, en ce cas, on peut faire tomber la chose léguée dans le lot de l'héritier du mari, au partage qui est à faire des biens de la communauté entre lui et la veuve; au moyen de quoi, le legs pourra être acquitté, sans que l'héritier soit grevé *redemptione rei alienæ.*

478. Le troisième cas est, lorsque le legs, fait par un homme qui a, parmi les effets de sa communauté, la maison de la Croix-Blanche, est conçu en ces termes : *Lègue à un tel sa moitié de la maison de la Croix-Blanche, et de ses meubles.* On a formé la question, si, dans l'espèce de ce legs, le testateur, en léguant *moitié de sa maison et de ses meubles,* est censé n'avoir légué que la moitié de sa part dans la maison et dans les meubles de la communauté, ce qui fait le quart au total de ladite maison et des meubles? On fait, en faveur des héritiers du mari, ce raisonnement : Il a été décidé, dit-on, sur le premier cas, que ces termes, *sa maison, ses meubles,* s'entendaient de la part qu'il avait dans la maison; et de celle qu'il avait dans les meubles; d'où l'on con-

clut que, dans l'espèce de ce legs, la moitié de sa maison et de ses meubles n'est que de la moitié de sa part dans la maison et dans les meubles. Néanmoins, il a été jugé, par arrêt du 8 février 1624, rapporté par Lebrun, *liv.* 2, *chap.* 2, *sect.* 1, *n.* 2, que le legs était de toute la moitié du mari dans la maison et dans les meubles de la communauté. Léguer la moitié de sa maison et de ses meubles, c'est léguer sa maison et ses meubles pour la moitié qui en appartient au testateur.

479. Le quatrième cas est, lorsque le testateur s'est expliqué expressément, qu'il léguait la chose pour le total. Il n'est pas douteux, en ce cas, que les héritiers du mari doivent, ou s'accommoder avec la veuve, de la part qu'elle a dans la chose léguée, pour la délivrer en entier au légataire; ou, s'ils ne peuvent s'en accommoder avec elle, ils doivent en payer au légataire l'estimation.

ARTICLE II.

Développement du second axiome.

480. Nous avons dit que les dispositions, que le mari fait des effets de la communauté, ne sont valables qu'autant qu'elles ne paraissent pas faites en fraude de la part que la femme, ou ses héritiers, doivent avoir aux biens de la communauté, lors de sa dissolution.

C'est ce qui résulte de l'article 225 de la Coutume de Paris, qui a été rapporté *suprà*, *n.* 471, où la Coutume, après avoir dit que le mari peut disposer des effets de la communauté par donation ou autre disposition, ajoute ces termes, *à personne capable et sans fraude.*

481. L'excès de la donation fait présumer cette fraude. C'est sur ce fondement que la Coutume de Poitou, *art.* 244, après avoir dit que le mari peut donner les meubles et conquêts de sa communauté, ajoute, « pourvu que ce ne soit en fraude, aussi » que ce ne soit par contrat général d'aliénation de tous ses biens: » car, en ce cas, la femme pourrait demander la moitié, et ne » vaudrait ledit transport universel, que de ce qui était au mari. » La Coutume de Saintonge, *tit.* 8, *art.* 67, s'en explique pareillement.

Lebrun, *liv.* 2, *chap.* 2, *sect.* 1, *n.* 33, dit que la fraude se présume aussi par le temps auquel la donation est faite. Par exemple, si le mari faisait une donation un peu considérable pendant la dernière maladie de sa femme, elle devait être censée faite en fraude de la part que devraient y avoir les héritiers de la femme. Cela est assez plausible.

Quant à ce que Lebrun dit au nombre suivant, que la donation entre vifs d'un conquêt, faite par le mari, sous la réserve d'usufruit au profit de lui seul, est censée faite en fraude, par cela seul que l'usufruit est réservé au profit de lui seul, j'aurais de la peine à être de son avis. Le mari pouvait donner ce conquêt purement et simplement, et sans aucune réserve d'usufruit, sans que sa femme, ni les héritiers de sa femme, eussent pu s'en plaindre. Pourquoi s'en plaindraient-ils, lorsque la donation est faite sous la réserve de cet usufruit? On ne peut pas dire qu'il s'avantage par cette réserve : car c'est la communauté qui profite de cet usufruit réservé pendant tout le temps qu'elle dure; et, après sa dissolution par la mort de la femme, cet usufruit, que le mari s'est réservé, étant un effet de la communauté, se partage entre le mari et les héritiers de la femme, pendant tout le temps qu'il doit durer.

482. Le principal cas de la fraude, est lorsque la disposition faite des biens de la communauté, tend à en avantager le mari ou ses hoirs, au préjudice de la part, que la femme ou ses héritiers doivent avoir un jour dans les biens de la communauté, lors de sa dissolution.

C'est l'interprétation que Dumoulin donne à ces termes de l'article 107 de l'ancienne Coutume de Paris, *à personne capable, et sans fraude* : C'est, dit-il, *s'enrichir*, ou *ses hoirs, en diminution de communauté.*

C'est pour cette raison, que toutes les fois que le mari s'est avantagé des biens de la communauté, *putà*, en tirant de la communauté, des sommes pour des affaires qui lui étaient particulières, il en doit récompense à la communauté, lors de sa dissolution, et, par conséquent, à sa femme, ou aux héritiers de sa femme, pour la part qu'ils ont dans la communauté. Nous traiterons de ces récompenses *infrà, part.* 4, et nous en parcourrons les différens cas.

Le mari non-seulement ne peut s'avantager directement des biens de la communauté, au préjudice de la part que la femme aurait dû y avoir; il ne le peut même indirectement. De-là, il suit que la donation, que le mari ferait d'un conquêt de sa communauté à son père, ou à quelque autre de ses parens, dont il ne tendrait la succession, doit être censée faite en fraude; car il ne le donne que pour qu'il lui revienne comme propre dans la succession du donataire, et, par ce moyen, s'en avantager indirectement, au préjudice de la part qu'aurait eue sa femme dans ce conquêt, s'il ne l'eût pas donné.

483. Non-seulement le mari ne peut s'avantager lui-même des biens de la communauté; il ne peut pareillement, comme le dit Dumoulin, *en enrichir ses hoirs* : ce qui comprend les enfans qu'il a d'un précédent mariage; et, à défaut d'enfans, ceux de sa famille qui sont en degré de lui succéder.

Il ne peut donc rien donner à ces personnes, des biens de sa communauté, au préjudice de la part qu'y doivent avoir sa femme ou les héritiers de sa femme, lors de sa dissolution.

On doit regarder une donation comme suspecte de fraude, et comme faite à un incapable, non-seulement lorsqu'elle est faite à l'incapable lui-même, mais aussi lorsqu'elle est faite aux enfans de l'incapable; surtout lorsqu'il ne paraît pas que le donateur ait eu d'autre motif pour la leur faire, que celui d'éluder la loi, qui ne lui permettait pas de la faire à l'incapable lui-même.

484. Il n'y a que les donations, que le mari fait à ses héritiers présomptifs, qui soient censées faites en fraude de la part de la femme; celles, que le mari a faites à ses parens collatéraux, quelque proches qu'ils lui soient, lorsqu'ils ne sont pas ses héritiers présomptifs, ne sont pas censées faites en fraude. C'est ce qui a été jugé par un arrêt du 14 août 1571, *consultis classibus*, rapporté par les commentateurs de la Coutume de Paris, dans l'espèce d'une donation faite par un homme, de quelques biens de sa communauté, à sa nièce, qui n'était pas son héritière présomptive, étant précédée par des frères, par lesquels elle se trouvait exclue; la représentation en collatérale n'ayant été introduite que par la nouvelle Coutume. La veuve ayant demandé que le montant de cette donation fût précomptée sur la part des héritiers du mari, elle en fut déboutée. Guérin, qui rapporte cet arrêt, en tire cet axiome : *Sic soli hæredes pro incapacibus habentur; sanguinis autem ratio fraudis suspicionem non inducit.*

485. Les donations entre vifs étant des actes qui ont leur effet au temps du contrat, c'est au temps de la donation qu'on doit avoir égard, pour décider si elle a été faite *à personne capable, et sans fraude;* ou si elle a été faite à une personne, qui la fasse présumer faite en fraude de la portion de la femme; et, comme c'est la qualité d'héritier présomptif du mari, dans la personne du donataire, qui donne lieu à cette présomption de fraude, il suffit qu'au temps de la donation, le donataire ait été héritier présomptif du mari, pour qu'il y ait lieu à cette présomption, et pour que, lors de la dissolution de communauté, la femme ou ses héritiers soient fondés, en conséquence, à en demander récompense.

Il n'importe que ce donataire ne soit pas parvenu à la succession du mari, soit par le prédécès de ce donataire, soit par sa renonciation à cette succession, soit parce qu'il est survenu, depuis la donation, un enfant au mari, qui a fait perdre à ce donataire la qualité d'héritier présomptif : car, comme nous venons de le dire, il suffit qu'il ait eu, dans le temps de cette donation, cette qualité, pour qu'elle ait infecté cette donation, et qu'elle ait empêché qu'elle ne pût préjudicier à la femme. C'est le sentiment de Lebrun, *ibid.*, *n.* 26 *et* 28.

486. Que doit-on décider dans le cas inverse? Si le donataire, lors de la donation, n'était pas l'héritier présomptif du mari, qui avait alors des enfans, et que depuis, par le prédécès des enfans, il soit devenu l'héritier du mari, la donation, qui lui a été faite, sera-t-elle valable au préjudice de la part de la femme? Lebrun, *n.* 27, décide pour la négative, parce que, dit-il, *il serait injuste, qu'étant donataire des conquêts au préjudice de la femme, il vînt encore partager le restant.* Cela me paraît être pétition de principe : car c'est précisément ce qui est en question, si cette donation, faite à une personne, qui n'était pas, lors de la donation, héritière présomptive du mari, peut être censée faite *au préjudice de la femme?* Et c'est aussi ce qui est en question, s'il est injuste que ce donataire, étant depuis devenu héritier du mari, partage avec la femme le restant des conquêts, qui s'est trouvé lors de la dissolution de la communauté, sans précompter sur sa part ceux qui lui ont été donnés? Au fond, sur cette question, on peut dire, contre le sentiment de Lebrun, qu'une femme n'ayant droit au partage des biens dont la communauté se trouvera composée lors de sa dissolution, les donations faites à titre singulier des conquêts de la communauté, à personnes capables, et sans fraude, ne sont point censées faites au préjudice de la femme, qui n'avait, ni ne devait avoir aucun droit aux choses données, puisqu'elle n'en doit avoir qu'à celles qui resteront. Or, n'y ayant que les parens du mari, qui sont ses héritiers présomptifs, qui ne soient pas *personnes capables*, la donation, faite par le mari à ce parent, qui, lors de la donation, n'était pas son héritier présomptif, a été faite alors *à personne capable, et sans fraude.* En conséquence, les choses ont été alors valablement données par le mari, tant pour sa part, que pour celle qu'avait sa femme dans les choses données : la femme est censée les avoir alors données elle-même pour sa part, en sa qualité de commune, par le ministère de son mari : les donations entre vifs ayant un effet présent et irrévocable, la qualité d'héritier présomptif du mari, qui est survenue depuis au donataire, n'a pu y apporter aucun changement.

Néanmoins, s'il était au moins vraisemblable, lors de la donation, que le parent du mari, à qui elle a été faite, serait un jour son héritier, quoiqu'il ne fût pas encore alors en degré de lui succéder, je ne crois pas qu'en ce cas, la donation dût être censée faite à personne capable, et sans fraude. Par exemple, si le mari, qui n'avait qu'un enfant, malade d'une pulmonie dans ses derniers périodes, ne pouvant espérer que cet enfant lui survécût, avait fait donation d'un conquêt à son neveu, qui était son plus proche parent après cet enfant, la donation ne doit pas être censée faite à personne capable : car, quoique le donataire ne fût pas encore en degré de lui succéder, néanmoins le donateur le regardait dès-lors comme celui qui devait lui succéder ; ce qui suffit, pour que ce donataire ne puisse être regardé comme personne capable, et pour que la donation doive être censée faite *en fraude*, et dans le dessein d'enrichir ses héritiers aux dépens de la communauté.

Je pense que cette décision doit avoir lieu, même dans le cas où le donateur étant mort peu après, le neveu n'aurait pas été son héritier : il suffit que, lors de la donation, le donateur l'ait pu regarder comme devant l'être, pour que ce neveu ne fût pas personne capable.

487. Si le parent, à qui le mari a fait donation d'une somme d'argent ou d'un conquêt de la communauté, n'était pas son héritier aux meubles et acquêts, mais l'était aux propres d'une certaine ligne, la donation serait-elle faite à une personne capable ? Lebrun, *ibid.*, *n*. 25, tient la négative : il pense qu'il suffit que le donataire soit héritier présomptif du mari, de quelque manière que ce soit, pour qu'il ne puisse être censé personne capable. Ce sentiment me paraît souffrir beaucoup de difficulté. Quoique le donataire soit héritier présomptif aux propres d'une certaine ligne, n'étant point héritier présomptif aux meubles et acquêts, il est absolument étranger par rapport aux choses qui lui sont données.

488. Ce que nous avons dit jusqu'à présent, que le mari ne peut donner aucuns biens de la communauté *à ses hoirs*, au préjudice de sa femme, doit s'entendre de ses hoirs qui lui sont particuliers, tels que sont les enfans qu'il a d'un précédent mariage, ou à défaut d'enfans, ses parens collatéraux qui sont en degré de lui succéder ; mais cela ne doit point s'entendre des enfans qui sont communs à lui et à sa femme.

La raison, pour laquelle un mari ne peut avantager ses héritiers aux dépens de la communauté, c'est qu'en avantageant ses héritiers, c'est, en quelque façon, s'en avantager soi-même ; puisque nous regardons ceux qui doivent nous succéder, comme devant être la continuation de nous-mêmes, et que c'est pour ceux que nous travaillons. C'est pour cette raison que le mari ne peut donner aucuns biens de sa communauté à ses héritiers présomptifs, au préjudice de sa femme : parce que ce serait, comme nous venons de le dire, s'en avantager, en quelque façon, lui-même dans la personne de ses héritiers. Mais on ne peut dire cela d'une donation de quelque bien de la communauté, que le mari fait à un enfant commun : car, cet enfant n'appartenant pas moins à sa femme qu'à lui, on ne peut pas dire qu'il s'enrichisse dans la personne de cet enfant, au préjudice de sa femme. L'enfant n'étant pas moins cher à la mère qu'au père, si ce qui est donné à l'enfant, est censé une richesse pour le père, il n'est pas moins censé une richesse pour la mère.

C'est donc mal-à-propos que Lebrun soutient que, lorsque le

20*

mari a doté un enfant commun de quelques biens de la communauté, la femme, qui n'a pas parlé à la dot, en peut prétendre récompense après la dissolution de communauté.

L'argument de Lebrun consiste à dire : La mère n'est pas obligée de doter; car c'est une maxime parmi nous, que *ne dote qui ne veut*. Mais elle se trouverait avoir doté malgré elle, si elle n'avait pas récompense de ce que le mari a tiré de la communauté pour doter l'enfant commun : donc elle est fondée à prétendre cette récompense.

Je réponds en convenant avec Lebrun de la maxime, *ne dote qui ne veut*. Il suit seulement de cette maxime, que la femme n'est pas obligée, si elle ne le veut, de doter en son propre nom et sur ses propres : mais lorsque le mari, comme chef de la communauté, dote un enfant commun des biens de la communauté, et qu'il parle seul à la dot, la femme, représentée par son mari, chef de la communauté, est censée, non en son propre nom, mais en sa qualité de commune, doter conjointement avec son mari, sans qu'elle y consente ; de même que, lorsque le mari fait donation à un étranger d'effets de la communauté, la femme, quoiqu'absente, et sans son consentement, est censée, en sa qualité de commune, par le ministère de son mari, et conjointement avec lui, faire donation à cet étranger, desdits effets pour la part qu'elle y a.

Denisart, sur le mot *Conquêts*, rapporte des arrêts qui ont jugé, conformément à notre avis et contre celui de Lebrun, que les enfans communs étaient personnes capables, auxquelles le mari pouvait donner des biens de la communauté, sans le consentement de sa femme, et sans qu'elle en pût prétendre récompense.

Néanmoins, s'il paraissait, par les circonstances, que le mari, en donnant à un enfant commun, des effets de la communauté, avait eu intention de les lui donner, non comme chef de la communauté, mais en son propre nom et sur sa part, ce qu'il a ainsi donné doit lui être précompté sur sa part au partage de la communauté, après la dissolution de la communauté.

C'est ce qui a été jugé par arrêt du 30 avril 1677, rapporté au premier tome du Journal du Palais. Dans l'espèce de cet arrêt, le père avait donné, durant sa communauté, à un enfant commun, la moitié d'un conquêt, et la donation était conçue en ces termes : La moitié par indivis à lui appartenante de son conquêt des terres de Montgeron, etc. Il était évident, dans cette espèce, que le mari n'avait entendu donner qu'en son nom et sur sa part : c'est pourquoi, il fut jugé, par l'arrêt, que la veuve, au partage de la communauté, devait prélever l'autre moitié de ce conquêt.

Par la même raison que la donation d'effets de la communauté faite à un enfant commun, est censée faite *à personne capable*, et *sans fraude*, on peut aussi soutenir que, si le mari et la femme avaient la même personne pour héritière présomptive, ce qui peut souvent arriver, lorsqu'un homme a épousé une cousine germaine, la donation d'effets de la communauté, que le mari ferait à une personne qui serait l'héritière présomptive, tant de sa femme que de lui, devrait être censée faite à personne capable, et sans fraude.

489. Il y a certaines donations, qui, quoique faites par le mari, d'effets, ou de sommes tirées de la communauté, à un enfant d'un précédent mariage, ne sont pas censées faites en fraude de la part de la femme : telles sont les donations d'alimens. Il y a, néanmoins, quelques distinctions à faire. Lorsque l'enfant, que le mari a d'un précédent mariage, n'a pas de biens pour subvenir à ses alimens, ceux, que le mari fournit du fonds de sa communauté, sont moins une donation qu'il lui fait de ce qu'il tire pour cet effet du fonds de sa communauté, que l'acquittement d'une dette naturelle. Ces alimens, quoique fournis du fonds de la communauté à cet enfant d'un précédent mariage, ne pouvant donc pas être regardés comme donnés en fraude, la femme n'en peut prétendre aucune récompense : les dettes de chacun des conjoints étant une charge de la communauté.

490. *Quid*, s'il y avait, par le contrat de mariage, une convention expresse ou tacite de séparation de dettes, la femme pourrait-elle prétendre récompense des sommes tirées de la communauté pour les alimens de cet enfant? Je pense que, même en ce cas, la femme ne serait pas fondée à en prétendre récompense. Ces alimens sont comme une rente viagère, que le mari devait dès avant son mariage. Or, nous avons vu *suprà*, n. 360, que, même en cas de séparation de dettes, il n'était pas dû récompense à la communauté, pour les arrérages courus pendant le temps de la communauté, et payés des deniers de la communauté, parce que ces arrérages étaient une charge annuelle qui diminuait de plein droit les revenus du mari, débiteur de la rente, qui tombent dans la communauté. On en peut dire autant des alimens qu'il devait à l'enfant de son premier lit.

491. Si cet enfant avait un bien suffisant pour subvenir à ses alimens, son père, en ce cas, ne lui en devait pas. C'est pourquoi, si, les lui ayant fournis aux dépens de sa seconde communauté, il ne les a pas employés en dépense dans le compte qu'il lui a rendu, et que, par ce moyen, le reliquat de ce compte, qui a été payé à cet enfant par la seconde communauté, se soit trouvé plus fort, la somme, dont ce reliquat s'est trouvé plus fort qu'il ne l'eût été, si les alimens eussent été employés en dépense, est un avantage, que le mari est censé avoir fait des deniers de la communauté à cet enfant, et dont le mari doit récompense.

Cela a lieu, lorsque c'est par une remise purement gratuite

que le mari n'a pas employé en dépense, dans le compte qu'il a rendu à l'enfant de son premier mariage, les alimens qu'il lui a fournis des biens de la communauté; mais, s'il ne les avait pas employés en dépense, par une compensation qu'il en aurait faite avec les services que cet enfant aurait rendus à la maison, il est évident qu'il n'aurait fait, en ce cas, aucun avantage à cet enfant, et qu'il n'y aurait lieu à aucune récompense.

492. Quoique nous ne devions pas des alimens à nos collatéraux, si le mari avait pour héritier présomptif un de ses parens collatéraux, qui était dans l'indigence, et qu'il ait tiré de sa communauté de quoi lui fournir des alimens, je ne pense pas que cette donation d'alimens doive être regardée comme faite en fraude de la part de la femme, et comme devant donner lieu à une récompense : c'est l'acquittement d'une dette naturelle, c'est une aumône. On ne peut pas dire, en ce cas, qu'il *a enrichi son héritier* aux dépens de la communauté, il l'a seulement fait vivre.

493. Lorsque le mari a eu auprès de lui son héritier présomptif, pour lui faire compagnie, et que, par cette considération, il n'a exigé de lui aucunes pensions, quoiqu'il eût le moyen d'en payer, je ne pense pas que cela doive passer pour une donation faite en fraude, et qui donne lieu à la récompense : on ne doit pas prendre si à la rigueur la défense d'avantager ses hoirs aux dépens de la communauté.

494. Il y a un autre cas, auquel la donation, que le mari a faite de quelques biens de la communauté à son héritier présomptif en collatérale, n'est point faite en fraude, et ne donne, en conséquence, lieu à aucune récompense : c'est le cas, auquel la femme y a expressément consenti, et surtout lorsqu'elle a parlé au contrat, et donné conjointement avec son mari. Il est évident que la donation ne peut paraître, en ce cas, faite en fraude de la femme; car *nemo volens fraudatur.* Néanmoins Lebrun, *ibid.*, n. 23, dit que notre décision ne doit avoir lieu que dans la Coutume de Paris, qui permet expressément à l'un des conjoints, qui n'a point d'enfans, de donner aux enfans de l'autre, et, à plus forte raison, aux héritiers présomptifs en collatérale de l'autre. Mais il soutient que, dans les autres Coutumes, à l'exception de celle de Paris, il n'est pas permis à l'un des conjoints de donner ni aux enfans ni aux héritiers présomptifs, quoique collatéraux de l'autre conjoint : d'où il conclut que, lorsqu'une femme a donné conjointement avec son mari, des biens de la communauté à un héritier présomptif de son mari, la donation est nulle pour la moitié que la femme a donnée, et qu'il y a lieu à la récompense pour l'autre moitié que le mari a donnée.

Je conviens avec Lebrun, que, dans toutes les Coutumes, à l'exception de celle de Paris, il n'est pas permis à l'un des conjoints de donner aux enfans, que l'un des conjoints a d'un précédent mariage, comme nous l'allons voir au nombre suivant ; mais je ne sais où il a trouvé qu'il était pareillement défendu à un conjoint de donner aux héritiers présomptifs en collatérale de l'autre conjoint. Cette assertion de Lebrun n'est fondée ni sur aucune raison, ni sur aucune autorité, et elle est contredite par l'usage. Il cite Ricard, *Traité des Donations, part.* 1, *n.* 727 : mais Ricard, au lieu cité, dit seulement que l'un des conjoints ne peut donner aux père, mère et enfans de l'autre conjoint ; il ne dit pas un seul mot des collatéraux. On doit donc tenir pour constant, que la femme pouvant valablement donner aux parens collatéraux de son mari, quoique ses héritiers présomptifs, elle peut aussi valablement consentir aux donations que leur fait son mari, durant la communauté, et, qu'au moyen de ce consentement, ces donations ne sont pas censées faites en fraude, et ne donnent lieu à aucune récompense.

495. Il n'en est pas de même des enfans que le mari a d'un précédent mariage. Dans toutes les Coutumes, qui ne permettent pas aux conjoints de s'avantager durant le mariage, à l'exception de la seule Coutume de Paris, il n'est pas plus permis à une femme de donner, durant le mariage, aux enfans de son mari d'un précédent mariage, que de donner à son mari lui-même ; ce qui est fondé sur ce principe, que l'affection, que nous avons pour nos enfans, nous fait regarder ce qu'on leur donne comme nous étant donné à nous-mêmes : *Quod donatur filio, videtur donatum patri.* Mais si la femme ne peut pas donner aux enfans de son mari d'un précédent mariage, elle ne peut pas non plus, par un consentement qu'elle donnerait à la donation que le mari ferait auxdits enfans, des biens de la communauté, renoncer à la récompense à laquelle cette donation doit donner lieu.

496. Les personnes, qui sont incapables des donations que le mari leur a faites, des biens de la communauté, tels que sont les enfans d'un précédent mariage, et, à défaut d'enfans, ses héritiers présomptifs en collatérale, n'en sont incapables que vis-à-vis de la femme, et non vis-à-vis du mari, qui leur en fait donation : c'est pourquoi, ces donations ne sont point nulles. Mais elles ne peuvent porter aucun préjudice à la femme, et elles doivent, en conséquence, être censées faites sur la seule part du mari dans les biens de la communauté. C'est pourquoi, au partage des biens de la communauté, qui doit se faire après sa dissolution, le mari ou ses héritiers doivent en faire récompense, en rapportant, par fiction, à la masse de la communauté, le montant desdites donations, lequel doit être précompté sur la part du mari.

Le mari ne doit rapporter ainsi, par fiction, que les sommes qu'il a données à ces personnes : il n'est pas obligé d'en rapporter les intérêts depuis la donation, jusqu'à la dissolution de communauté. Pareillement, lorsque ce sont des conquêts qu'il a donnés, il n'est pas obligé de tenir compte des fruits que le donataire en a perçus; mais, du jour de la dissolution de communauté, les intérêts de la somme due à la communauté, pour la récompense desdites donations, sont dus, de même que de toutes les autres espèces de récompenses, comme nous le verrons en la quatrième partie.

ARTICLE III.

Du droit de la femme sur les biens de la communauté.

497. Le droit de la femme sur les biens de la communauté, n'est, pendant qu'elle dure, qu'un droit informe, puisque non-seulement elle ne peut seule et d'elle-même disposer en rien de la part qu'elle y a; mais que c'est son mari qui, en sa qualité de chef de la communauté, a seul, tant qu'elle dure, le droit de disposer comme de sa propre chose, de tous les effets qui la composent, tant pour la part de la femme que pour la sienne, sans en être comptable, comme nous l'avons vu *suprà*, article premier.

Le droit de la femme se réduit donc, tant que la communauté dure, à une simple espérance de partager les biens qui se trouveront la composer, lors de sa dissolution; ce n'est que par cette dissolution que le droit de la femme est ouvert, et qu'il devient un droit véritable et effectif de propriété pour moitié de tous les biens qui se trouvent alors la composer.

498. La femme ne peut, comme nous l'avons dit, seule et d'elle-même, disposer de rien de sa part de la communauté, tant que la communauté dure; mais elle peut en disposer conjointement avec son mari.

Elle peut disposer et contracter des biens de la communauté, conjointement avec son mari, de deux manières différentes, ou en sa seule qualité de commune, ou en son propre nom.

Lorsque le mari dispose et contracte seul des biens de la communauté; comme c'est en sa qualité de chef de la communauté qu'il est censé contracter, il est, en conséquence, censé contracter tant pour lui que pour sa femme; et sa femme, quoiqu'elle ne soit pas présente, ni nommée au contrat, est censée contracter avec lui pour la part qu'elle a dans la communauté. Mais elle n'est censée contracter qu'en sa seule qualité de commune, et non en son propre nom : c'est pourquoi, en renonçant à la communauté, elle peut se décharger de toutes les obligations qui résultent du contrat, même vis-à-vis de celui avec qui son mari a contracté.

Cela a lieu, non-seulement à l'égard des obligations qui naissent des contrats, mais à l'égard de toutes celles que le mari contracte durant la communauté.

Par exemple, lorsque le mari, durant la communauté, contracte envers quelqu'un l'obligation de réparer le tort qu'il lui a causé par quelque délit, la femme n'est pas, à la vérité, censée avoir commis, avec son mari, le délit que son mari a commis, mais elle est censée s'être obligée avec lui, en sa qualité de commune, à la réparation de ce délit.

499. Lorsque, par le contrat, par lequel le mari contracte et dispose de quelques biens de sa communauté, la femme autorisée est présente et partie au contrat, elle contracte, en ce cas, non-seulement en sa qualité de commune en biens, mais en son propre nom; et elle ne peut pas, en ce cas, en renonçant à la communauté, se décharger des obligations résultantes de ce contrat vis-à-vis du créancier, avec qui elle a contracté, sauf à elle à s'en faire indemniser par son mari, ou par les héritiers de son mari.

500. Lorsqu'une femme, marchande publique, dispose d'effets de la communauté, par des contrats relatifs à son commerce, elle est censée disposer, conjointement avec son mari, lequel, en lui souffrant faire son commerce, est censé approuver ses contrats, et les faire avec sa femme. Comme c'est la femme, en ce cas, qui contracte elle-même, elle s'oblige non-seulement en sa qualité de commune, mais en son propre nom.

501. Le droit de la femme devenant ouvert par la dissolution de la communauté, on a fait la question de savoir si, lorsque cette dissolution arrivait par une condamnation capitale de la femme, la moitié de la femme, dans les meubles et conquêts, tombait en confiscation? Les Coutumes de Touraine, *art.* 255, et de Bourbonnais, *art.* 266, ont décidé pour l'affirmative. Le plus grand nombre a décidé pour la négative; et c'est le droit commun qui a été confirmé par arrêt du 14 mai 1703, rapporté par Denisart, sur le mot *Confiscation.* La raison est, que le droit, qu'a la femme sur les biens de la communauté, ne pouvant être ouvert, que lors de la dissolution, et la femme, dans cette espèce, se trouvant, lors de la dissolution, morte civilement, puisque c'est par sa mort civile que cette dissolution s'opère, il s'ensuit que, dans cette espèce, le droit de la femme, sur les biens de la communauté, n'a jamais pu être ouvert à son profit: ne pouvant pas y avoir d'ouverture d'un droit au profit de cette femme, qui n'existe pas dans la société civile. Ne se trouvant donc pas dans les biens de la femme, au temps de sa mort civile qui donne lieu à la confiscation, aucun droit ouvert et formé qu'elle eût dans les biens de la communauté, le fisc n'en peut rien confisquer.

On opposera, peut-être, que, lorsque la dissolution de la communauté arrive par le prédécès de la femme, elle transmet son droit sur les biens de la communauté, à ses héritiers, quoique, lors de son prédécès, qui a opéré la dissolution de communauté, elle n'existât plus, non-seulement dans la société civile, mais même dans la nature. Donc, lorsque la dissolution de communauté arrive par une condamnation capitale de la femme, elle peut pareillement transmettre son droit sur les biens de la communauté, au fisc qui lui succède, quoique, lors de la dissolution de communauté, elle n'existât plus dans la société civile.

La raison de différence est que, lorsque nous contractons, nous sommes censés contracter pour nous et pour nos héritiers : *Qui paciscitur, sibi hæredique suo paciscitur.* C'est ce qui fait que, lorsqu'il n'y a pas ouverture aux droits résultans d'un contrat du vivant de la personne qui a contracté, il peut y avoir ouverture auxdits droits après sa mort, au profit des héritiers de cette personne, puisque lesdits héritiers sont censés compris dans le contrat. Les parties contractantes étant censées avoir contracté pour elles et pour leurs héritiers, il ne peut donc y avoir, au profit des héritiers de la femme, ouverture au droit de la femme sur les biens de la communauté, quoique la dissolution de la communauté qui y donne ouverture, arrive par le prédécès de la femme : car la femme, en stipulant une communauté de biens, l'a stipulée pour elle et pour ses héritiers.

Mais on ne peut pas dire de même que la femme, en stipulant une communauté de biens, soit censée l'avoir stipulée pour elle et pour le fisc, s'il devenait son successeur.

Il ne peut donc pas y avoir, au profit du fisc, ouverture au droit de la femme sur les biens de la communauté ; et elle ne peut transmettre au fisc la moitié desdits biens, à moins que le droit n'ait été ouvert de son vivant.

502. La dissolution de communauté, qui arrive par la condamnation de la femme à une peine capitale, ne pouvant donner ouverture au droit de la femme sur les biens de la communauté, ni au profit de la femme, ni au profit du fisc qui lui succède, la part de la femme dans lesdits biens, doit-elle demeurer au mari, *jure non decrescendi,* ou doit-elle appartenir aux héritiers de la femme ? Il paraît qu'elle ne doit pas appartenir aux héritiers de la femme, et qu'elle doit appartenir au mari, *jure non decrescendi.* La raison est, que le droit d'avoir des héritiers, à qui nous transmettions notre succession, est un droit que nous ne tenons que de la loi civile, qui ne peut appartenir, par conséquent, qu'aux personnes à qui la loi civile l'accorde. Or, dans les provinces où la confiscation a lieu, la loi civile n'accorde point ce droit aux personnes qui sont condamnées à une peine capitale : les enfans ou autres parens de la femme condamnée à une peine capitale, n'ont donc pas droit de se porter ses héritiers, et de demander, en cette qualité, sa part dans les biens de la communauté, laquelle doit, en conséquence, demeurer au mari, *jure non decrescendi.* C'est la disposition des Coutumes de Nivernais, *chap.* 2,

art. 4; d'Auxerre, *art.* 29. C'est le sentiment de Bacquet, *Traité des Droits de Justice, chap.* 15. Il paraît que c'était aussi celui de Dumoulin, lequel, sur l'article 3 du chapitre 5 de la Coutume de Montargis, dit : *Jure societatis præmanente marito per jus non decrescendi.*

Il y a, néanmoins, quelques Coutumes, qui adjugent aux héritiers de la femme condamnée à mort, sa part dans les biens de la communauté. Notre Coutume d'Orléans est de ce nombre : il y est dit en l'article 209 : « Femme condamnée et exécutée pour » ses démérites, ne confisque les meubles et conquêts immeubles » qu'elle et son mari ont lors de la condamnation : ains demeu- » rent aux héritiers de ladite femme. » La Coutume de Laon, *art.* 209, a une pareille disposition. La raison, sur laquelle se sont fondées ces Coutumes, est que c'est la confiscation qui prive la personne condamnée du droit de transmettre sa succession à ses héritiers; et que, de même qu'elle la leur transmet dans les provinces où la confiscation n'a pas lieu, elle peut de même, dans les provinces où elle a lieu, transmettre à ses héritiers ses droits, qui, n'étant pas encore ouverts au temps de la confiscation, n'ont pu tomber dans la confiscation.

Remarquez ces termes, dont se sert la Coutume, *la femme condamnée et exécutée.* Par ces termes *et exécutée,* la Coutume insinue que, tant que la condamnation de la femme à une peine capitale n'a pas été suivie de sa mort naturelle, le mari a droit de retenir la part de la femme dans les biens de la communauté, jusqu'à la mort naturelle de sa femme, comme s'il n'y avait pas eu de dissolution de communauté, le mari ne devant pas souffrir du crime de sa femme, qui l'a privée de son état civil.

TROISIÈME PARTIE.

De la dissolution de communauté ; de l'acceptation qu'en font la femme ou ses héritiers, et de leur renonciation à la communauté.

Nous exposerons, dans le premier chapitre, les différentes manières dont se dissout la communauté. Dans le chapitre second, nous traiterons de l'acceptation de la communauté par la femme ou ses héritiers, et de leur renonciation à la communauté.

CHAPITRE PREMIER.

Des manières dont se dissout la communauté.

Nous parcourrons, dans un premier article, les différentes manières dont se dissout la communauté ; dans un second article, nous traiterons en particulier de la séparation.

ARTICLE PREMIER.

Quelles sont les différentes manières dont se dissout la communauté.

503. La communauté, qui est entre un mari et une femme, se dissout, de même que toutes les autres sociétés, par la mort naturelle de l'une ou de l'autre des parties : *Morte socii solvitur societas*.

504. Elle se dissout aussi par la mort civile, qui survient à l'une ou à l'autre des parties, par une condamnation à une peine capitale.

Quoique cette mort civile n'empêche pas le mariage de subsister, quant au lien naturel, il ne subsiste plus néanmoins comme mariage civil ; il n'a plus les effets civils : d'où il suit que la communauté conjugale, qui était entre les parties, laquelle était un des effets civils du mariage, ne peut plus subsister. Cette communauté étant quelque chose de civil, il ne peut plus y avoir de communauté avec une personne qui n'existe plus dans la société civile.

Quoique, suivant ces principes, la condamnation de la femme à une peine capitale, doive opérer la dissolution de la communauté; néanmoins, comme le mari ne doit pas souffrir du crime de sa femme, auquel il n'a pas eu de part, ni de la peine de ce crime, quelques auteurs ont prétendu que le mari, outre la moitié de sa femme dans les biens de la communauté, qu'il retenait *jure non decrescendi*, comme nous l'avons vu *suprà*, n. 501, devait encore jouir des revenus des biens propres de sa femme confisqués, jusqu'à la mort naturelle de sa femme, comme s'il n'y avait pas eu de dissolution de communauté. Mais Denisart, sur le mot *Confiscation*, rapporte un arrêt du 14 mars 1703, rendu en la première des enquêtes, sur un partage d'avis en la grand'chambre, par lequel le mari a été débouté de cette prétention par rapport aux revenus des propres de sa femme confisqués.

505. Lorsque l'un des conjoints est absent, sans qu'on sache s'il est mort ou vivant, la communauté est provisionnellement réputée dissoute, du jour de la demande qui a été donnée contre le conjoint présent, par les héritiers présomptifs de l'absent, qui, après le temps fixé par la Coutume ou par l'usage, se sont fait envoyer en possession des biens de l'absent, ou du jour de celle que le conjoint a donnée contre eux.

On ne peut pas prétendre qu'elle ait été dissoute plus tôt, faute de pouvoir prouver le temps de la mort de l'absent, qui en ait opéré la dissolution. Si l'absent reparaissait, quelque partage qu'on eût fait des biens de la communauté, elle serait censée n'avoir jamais été dissoute; et ceux, qui ont été mis en possession provisionnellement des biens de l'absent, seraient tenus d'en rendre compte.

506. La communauté se dissout par la séparation de biens : nous en traiterons spécialement dans l'article suivant.

Elle se dissout aussi par la séparation d'habitation, qui emporte toujours avec elle la séparation de biens. Comme nous avons déjà traité cette matière de la séparation d'habitation, dans notre Traité du Contrat de Mariage, *part.* 6, *chap.* 3, nous y renvoyons.

507. Le jugement, qui, sur la plainte du mari, déclare la femme convaincue d'adultère, opère aussi la dissolution de la communauté, et prive la femme d'y prendre part. *Voyez ce que nous en avons dit en notre Traité du Contrat de Mariage.*

Néanmoins, si le mari, durant le terme dans lequel le jugement de condamnation lui permet de reprendre sa femme, l'avait ramenée en sa maison, il serait censé lui avoir pardonné sa faute; et, au moyen de ce pardon, les parties seraient censées avoir rétabli leur communauté de biens, laquelle serait censée avoir toujours continué.

508. Le jugement, qui déclare un mariage nul, n'est pas tant une dissolution de la communauté conjugale, qu'une déclaration qu'il n'y a jamais eu de véritable communauté conjugale; la convention de communauté étant, de même que toutes les autres conventions des contrats de mariage, dépendante de la condition, *si nuptiæ sequantur.*

Observez que, s'il n'y a pas eu une véritable communauté conjugale, il y a eu entre les parties une société de fait, au partage de laquelle chacune des parties doit retirer ce qu'elle y a mis, et les profits doivent être partagés entre elles. C'est ce qui a été jugé par arrêt entre les héritiers de Sailli et ceux de Charlotte de Créqui.

509. L'état de fureur, ou même de démence de l'un ou de l'autre des conjoints, ne dissout pas la communauté, au moins de plein droit : cet état, dans le mari, peut seulement être pour la femme une cause de demander la séparation.

ARTICLE II.

De la séparation de biens.

Nous verrons sur cette matière, 1° pour quelles causes peut intervenir la séparation de biens, et par qui elle peut être demandée; 2° comment se fait cette séparation; 3° comment elle peut être détruite.

§ I. Pour quelles causes peut intervenir la séparation de biens.

510. La femme peut donner contre son mari la demande en séparation de biens, pour les mêmes causes pour lesquelles, par le droit romain, la femme pouvait demander, durant le mariage, la restitution de sa dot.

La loi 24, ff. *sol. matrim.* nous apprend quelles sont ces causes. C'est, dit cette loi, toutes les fois que la dot de la femme est en péril, et qu'il paraît que le mauvais état des affaires du mari rend ses biens insuffisans pour en répondre : *Si, constante matrimonio, propter inopiam mariti, mulier agere volet, undè exactionem dotis initium accipere ponamus? Et constat, exindè dotis exactionem competere, ex quo evidentissimè apparuerit mariti facultates ad dotis exactionem non sufficere.*

Il n'est pas néanmoins nécessaire, pour que la femme soit reçue à demander la séparation, que son mari soit devenu entièrement insolvable; la séparation serait alors pour elle un remède inutile. Il suffit qu'il commence à le devenir, et que le mauvais train que prennent ses affaires, donne lieu de craindre qu'il ne le devienne de plus en plus.

Il n'est pas nécessaire que le mauvais état des affaires du mari soit arrivé par sa faute et par sa mauvaise conduite. Quoique le dérangement de ses affaires soit arrivé sans sa faute, par des pertes considérables survenues dans son commerce, qu'il n'avait pas pu prévoir, il suffit, pour obtenir la séparation, que les biens du mari ne soient plus suffisans pour répondre de la dot de la femme.

511. Le défaut d'emploi des deniers dotaux de la femme, qu'elle s'est réservés propres par son contrat de mariage, peut aussi être un moyen pour obtenir la séparation, surtout lorsque cet emploi a été stipulé par le contrat de mariage. C'est ce qui a été jugé par un arrêt du 10 janvier 1699, rapporté par Augear, *tome* 3, *chap.* 47. Cela, néanmoins, dépend des circonstances; et ce défaut d'emploi ne serait pas seul un moyen suffisant pour la séparation, s'il ne paraissait du péril pour la dot, soit parce que le mari n'aurait pas assez de biens fonds pour en répondre, soit parce qu'il aurait des dettes considérables antérieures au mariage. L'arrêt ci-dessus cité, et rapporté par Augear, était dans cette espèce. C'est ainsi qu'on doit le concilier avec d'autres qui ont débouté la femme de sa demande en séparation, qu'elle fondait sur ce défaut d'emploi.

512. Le péril de la dot de la femme étant le fondement ordinaire des demandes en séparation de biens, en doit-on conclure qu'une femme, qui n'a apporté aucune dot à son mari, ne puisse jamais demander cette séparation? Non; car une femme, qui n'a apporté aucune dot, peut avoir un talent qui lui en tienne lieu, comme lorsqu'elle est une habile couturière, une excellente brodeuse, etc. Si cette femme a un mari dissipateur, tous les gains, qu'elle fait de son talent, entrant dans la communauté, ne servent qu'à fournir aux débauches de son mari, ou sont la proie de ses créanciers : la femme a donc intérêt d'obtenir la séparation de biens, pour se conserver à l'avenir les gains qu'elle peut faire de son talent.

513. Il n'y a que la femme qui puisse demander, contre son mari, la séparation de biens; le mari ayant seul en sa libre disposition tous les biens de la communauté, n'est pas recevable à la demander. Lebrun, néanmoins, rapporte trois cas dans lesquels il estime que le mari peut être reçu à demander la séparation de biens. Le premier est, lorsque les affaires de sa femme sont si embrouillées, que toute sa fortune ne suffit pas pour les débrouiller. Il cite un arrêt rapporté par Peleus, v. 25, qui a fait droit sur la demande en séparation donnée par un mari, fondée sur ce que sa femme avait cent quatorze procès indécis. Le second cas est, lorsque les arrérages annuels des rentes dues par la femme, excèdent considérablement ses revenus. Le

troisième est, lorsqu'un héritage de la femme étant chargé de rentes foncières, qui excèdent le revenu, la femme a l'obstination de ne pas vouloir consentir au déguerpissement. Lebrun prétend que, dans ces trois cas, le mari peut demander la séparation; avec cette différence, néanmoins, que la femme, qui se fait séparer de biens, renonce à la communauté, tant pour le passé que pour l'avenir; au lieu que le mari ne peut renoncer à la communauté pour le passé, et il est tenu de toutes les dettes de sa femme qui y sont entrées; il ne peut se décharger de la communauté que pour l'avenir. Je doute très-fort que le mari fût écouté, même dans les trois cas rapportés par Lebrun. Denisart, sur le mot *Séparation*, rapporte un arrêt du 24 juillet 1745, qui, sur l'appel d'une sentence du bailliage de Bourges, qui avait admis une demande en séparation de biens, donnée par un mari contre sa femme, déclara la sentence et toute la procédure nulles, nonobstant l'usage de la province d'admettre ces demandes, attesté par la Thaumassière en ses maximes.

§ II. Comment se fait la séparation de biens.

514. La séparation de biens ne peut se faire par le seul consentement mutuel des parties; il est nécessaire qu'elle soit ordonnée par une sentence du juge, rendue avec connaissance de cause.

La raison est, que toutes les conventions de mariage sont irrévocables, et ne peuvent se changer durant le mariage, même par le consentement mutuel des parties, parce que tels changemens pourraient renfermer des avantages indirects, qui ne sont pas permis entre conjoints par mariage.

Supposons, par exemple, que deux conjoints par mariage, dont l'un a beaucoup plus de revenus que l'autre, ont contracté une communauté de biens, laquelle augmente tous les ans, par les emplois que le mari fait des revenus de ladite communauté. N'est-il pas évident que celui des conjoints, qui a beaucoup moins de revenus que l'autre, ferait un très-grand avantage à celui qui en a plus, en consentant à une séparation de biens?

On doit donc, pour empêcher de pareils avantages prohibés entre conjoints, rejeter les séparations de biens qui se feraient par le seul consentement des parties.

Une transaction, par laquelle les parties conviendraient d'une dissolution de communauté, et qu'à l'avenir chacune des parties jouirait séparément de son bien, serait donc un acte nul.

Cela a lieu, quand même, dès le temps de cette transaction, la femme aurait eu de justes raisons de demander cette séparation, auxquelles le mari se serait rendu : car, pour que la transaction soit nulle, il suffit que la séparation n'ait pas été faite dans la forme dans laquelle elle doit être faite.

Cela a lieu, quand même les parties auraient fait homologuer, en justice, cette transaction. L'une ou l'autre partie, ou ses héritiers, pourraient, en appelant de la sentence d'homologation, faire déclarer nulle la séparation; et les créanciers le pourraient pareillement, en formant opposition à cette sentence d'homologation.

La séparation de biens ne peut donc se faire que par une sentence qui l'ordonne, après une connaissance de cause préalable.

C'est ce qu'enseigne l'article 198 de la Coutume d'Orléans, qui doit être suivi dans les Coutumes qui ne s'en sont pas expliquées, et qui forme, à cet égard, le droit commun. Il y est dit : « Les séparations de biens d'entre homme et femme, conjoints par mariage, se doivent faire avec connaissance de cause, et information préalablement faite par les juges des lieux où demeureront ceux qui requerront lesdites séparations; et ne seront lesdites séparations déclarées valables, sinon que les sentences d'icelles aient été publiées en jugement, à jour ordinaire, le juge séant, et enregistrées en la juridiction dudit juge, et exécutées sans fraude. »

515. Pour parvenir à la sentence de séparation de biens, la femme doit commencer par donner requête au juge, par laquelle elle expose les sujets qu'elle a de demander la séparation; et elle demande à être par lui autorisée à donner cette demande contre son mari. Le juge met au bas de la requête son ordonnance, par laquelle il l'y autorise; et, si elle est mineure, il lui nomme un curateur, sous l'autorité duquel elle procèdera. C'est ordinairement son procureur qu'on nomme pour son curateur à cet effet.

En vertu de cette ordonnance, la femme doit assigner son mari devant le juge, pour voir ordonner la séparation. Elle ne doit pas, pour cela, se retirer de la maison de son mari; et, en cela, la demande en séparation de biens diffère de celle en séparation d'habitation.

Le juge, à qui la femme doit s'adresser, et devant qui la demande doit être donnée, est le juge du domicile des parties, comme il est porté par l'article ci-dessus rapporté.

Ce qui n'exclut pas, néanmoins, le juge de privilége, lorsque le mari a droit de *committimus*.

Les juges d'église en avaient autrefois prétendu la connaissance; mais étant constant aujourd'hui qu'ils sont incompétens pour connaître des demandes en séparation d'habitation, comme nous l'avons vu en notre *Traité du Contrat de Mariage*, n. 518, à plus forte raison le sont-ils pour les demandes en simple séparation de biens.

516. Sur cette demande, le juge ne doit ordonner la sépara-

tion, qu'après que la femme aura fait la preuve des faits qui servent de fondement à sa demande, c'est-à-dire, du mauvais état des affaires de son mari, qui met sa dot en péril. C'est ce que la Coutume enseigne par ces termes : *Les séparations... se doivent faire avec connaissance de cause, et information préalablement faite.*

Ce terme, *information*, se prend pour *enquéte*, et même, dans un sens encore plus large, pour toutes sortes de genres de preuves par lesquelles le juge puisse être *informé* et certifié de la vérité des faits qui donnent lieu à la séparation : car, comme nous le verrons ci-après, il n'est pas toujours nécessaire, pour cela, d'entendre des témoins, la preuve pouvant souvent s'en faire par des pièces, beaucoup mieux que par des témoins.

Quand même le mari aurait, par ses défenses, avoué les faits qui servent de fondement à la demande de la femme, le juge ne doit pas moins exiger que la femme en fasse la preuve : car, les séparations ne devant pas se faire du consentement des parties, il est nécessaire, pour éviter la collusion qui pourrait être entre le mari et la femme, que les faits, qui servent de fondement à la femme, soient justifiés autrement que par l'aveu du mari.

C'est pourquoi, soit que le mari soit disconvenu des faits allégués par la femme pour fonder sa demande, soit qu'il en soit convenu, le juge, en l'un et en l'autre cas, doit rendre un appointement qui permette à la femme d'en faire la preuve, tant par pièces que par témoins ; et au mari, de faire la preuve contraire.

Cette preuve se fait, tant par témoins, qui déposent de la mauvaise conduite du mari, que par des pièces qui l'établissent : souvent même il n'est pas nécessaire de faire entendre des témoins, les pièces produites par la femme étant souvent seules suffisantes pour établir le mauvais état des affaires du mari, qui met en péril la dot de la femme, telles que peuvent être les pièces justificatives de la saisie réelle des biens du mari, les pièces justificatives de sa faillite, une multitude de sentences obtenues contre lui pour des sommes considérables.

517. Après que la femme a fait la preuve des faits qui servent de fondement à sa demande, le juge rend la sentence qui ordonne que les parties seront séparées de biens.

C'est cette sentence qui dissout la communauté.

La sentence, néanmoins, n'a cet effet, qu'autant que la femme satisfait aux autres choses requises par l'article ci-dessus cité. Si elle manquait d'y satisfaire, elle serait censée s'être désistée du profit de la sentence, laquelle demeurerait sans effet.

La Coutume ordonne, en premier lieu, que la sentence sera publiée en jugement, à jour ordinaire, le juge séant.

Cela est requis pour les sentences de séparation, qui ont été rendues en procès par écrit, sur un appointement à mettre. Si la sentence avait été rendue à l'audience sur la plaidoirie des avocats ou procureurs, il ne serait pas besoin d'une autre publication.

Cette publication est requise pour la publicité de la sentence, étant nécessaire que le public soit instruit de ces séparations, et qu'il sache que le mari n'a plus le droit de disposer des revenus des biens de sa femme, et que la femme est en état de contracter, pour l'administration de ses biens, sans avoir besoin d'autorisation.

La Coutume dit que la publication se fera à *jour ordinaire*. Si les juges, pour quelque sujet, avaient indiqué un jour d'audience extraordinaire, elle ne serait pas valablement faite à cette audience : mais les audiences, qui se tiennent régulièrement à certains jours, pendant le temps des vacations, pour l'expédition des affaires provisoires, sont des audiences tenues *à jour ordinaire ;* et je ne doute pas qu'une sentence de séparation n'y puisse être valablement publiée.

La Coutume dit, *le juge séant,* pour faire entendre que la publication ne serait pas valablement faite, si elle était faite après que le juge a levé l'audience.

L'Ordonnance de 1673, *tit.* 8, prescrit des formalités particulières pour les séparations des femmes des marchands, tant en gros qu'en détail, et des banquiers. Elle ordonne que les sentences de séparation soient publiées à l'audience de la juridiction consulaire, s'il y en a; sinon, dans l'assemblée de l'hôtel-de-ville, et qu'elles soient insérées dans un tableau exposé en lieu public.

Elle ordonne pareillement que, dans les lieux où la communauté de biens entre homme et femme est de coutume ou d'usage, les clauses des contrats de mariage de ces personnes, qui y dérogent, soient pareillement publiées et insérées dans un tableau, *à peine de nullité* (c'est-à-dire, que la femme, faute d'avoir satisfait à cette formalité, ne pourra opposer sa séparation, ni obtenir la récréance de ses meubles qui auraient été saisis par les créanciers de son mari, comme appartenans au mari).

La formalité du tableau ne s'observe plus ici : je ne sais pas si elle s'observe dans d'autres villes.

Outre cette formalité de la publication en jugement, et de l'enregistrement de la sentence de séparation, il y a encore, dans différens siéges, des formalités particulières qui y doivent être observées. Il y a un règlement pour le bailliage d'Orléans, qui ordonne que les sentences de séparation seront publiées au prône et dans les marchés, à cri public, aux jours et heures des marchés; comme aussi, qu'elles seront signifiées au syndic des notaires. Ce règlement ordonnait aussi qu'il y aurait, dans l'auditoire, un tableau, dans lequel il y aurait une note de toutes les sentences de séparation, qui contiendrait la date et les noms, demeures et qualités des parties; mais il y a long-temps que cela ne s'observe plus.

518. Enfin, pour qu'une sentence de séparation soit valable, il faut, comme il est dit par l'article ci-dessus rapporté, qu'elle ait *été exécutée sans fraude;* c'est-à-dire, qu'il faut, qu'en exécution de la sentence de séparation, le mari ait restitué à sa femme sa dot, ou du moins qu'elle ait fait des poursuites pour se la faire rendre, et qu'elle ne les ait pas abandonnées.

§ III. De l'effet de la séparation de biens.

519. Le principal effet de la séparation de biens, est qu'elle dissout la communauté, comme nous l'avons dit *suprà.*

La femme, qui a obtenu une sentence de séparation de biens, renonce ordinairement à la communauté; auquel cas, la séparation ne donne lieu à aucun inventaire des biens de la communauté, ni à aucun partage : elle donne seulement lieu à l'action qu'a la femme contre son mari, pour la restitution de sa dot, c'est-à-dire, tant de ses reprises et remplois de propres, que de ce qu'elle a mis en communauté, et dont elle a, par son contrat de mariage, stipulé la reprise en cas de renonciation à la communauté.

Elle ne peut demander *ni préciput, ni douaire :* sa demande serait prématurée, ces choses ne lui étant dues que dans le cas de la survie, qui n'est pas encore arrivé.

520. C'est une question, si la femme peut, après avoir obtenu une sentence de séparation de biens, accepter la communauté et en demander le partage. Il semble, d'abord, que cette demande implique contradiction avec la séparation de biens, qui ne peut être fondée que sur le mauvais état des affaires du mari, et par bien conséquent, de sa communauté. Néanmoins, Lebrun a fort bien remarqué, qu'il peut se rencontrer des cas où une femme, après avoir obtenu une sentence de séparation de biens, est fondée à accepter la communauté, et à demander, en conséquence, qu'il soit procédé à l'inventaire et au partage des biens de la communauté.

Supposons, par exemple, qu'une femme a apporté en communauté tout son bien, qui consistait en un gros mobilier. Elle n'a pas fait de contrat de mariage; ou, si elle en a fait un, elle n'y a pas stipulé la reprise de son apport, en cas de renonciation à la communauté. Cette femme, s'apercevant que son mari a déjà dissipé la plus grande partie de son bien, et qu'il était en chemin d'achever de dissiper dans peu ce qui lui en restait, donne la demande en séparation; et, sur la preuve qu'elle fait des débauches

et de la dissipation de son mari, elle obtient sentence de séparation. En exécution de cette sentence, elle ne renonce pas à la
communauté, puisqu'en y renonçant, elle n'aurait rien à demander; mais elle l'accepte, et elle demande à partager les débris qui
en restent, qui sont sa seule ressource, pour la conservation de
laquelle elle a demandé la séparation, avant que son mari eût
achevé de tout dissiper. N'est-il pas évident que, dans ce cas, elle
est bien fondée à accepter la communauté, et à en demander le
partage?

C'est ce qui se trouve autorisé par un acte de notoriété du Châtelet de Paris, du 27 juillet 1707, qui se trouve dans le recueil
de Denisart. Il y est dit : « Lorsqu'une femme demande la sépa-
» ration, elle a la faculté de renoncer à la communauté, ou de
» l'accepter.... Il est vrai que ceux, qui n'ont pas fait réflexion
» sur cet usage, sont d'abord prévenus d'un sentiment contraire,
» ne pouvant pas comprendre qu'une femme, qui demande la
» séparation, causée toujours sur la ruine et la dissipation de son
» mari, puisse demander le partage d'une communauté, qu'elle
» trouve bonne, puisqu'elle demande à la partager : mais, en
» réfléchissant, on trouvera que ce qui s'est observé, est fondé
» en raison.... L'on a trouvé qu'il n'était pas nécessaire qu'un
» homme fût ruiné, pour obtenir par la femme une séparation ;
» mais lorsque l'on connaissait un dérèglement..... L'on a cru
» qu'il n'était pas juste d'attendre que le bien, qui avait été ac-
» quis *ex mutuá collaboratione*, fût dissipé; et qu'une femme, en
» justifiant que son mari, par ses dérèglemens, *vergit ad inopiam*,
» pouvait demander la séparation et le partage de la commu-
» nauté. »

521. La communauté étant dissoute par la sentence de séparation de biens, il n'est pas douteux que tout ce que chacun des
conjoints acquiert depuis la séparation, il l'acquiert pour son
compte : mais la sentence de séparation a-t-elle un effet rétroactif? Empêche-t-elle de tomber en communauté ce que la femme
aurait acquis, dans le temps intermédiaire entre la demande et la
sentence? Par exemple, si, dans ce temps intermédiaire, une
personne est morte, qui a laissé cette femme pour son héritière,
la succession mobilière, qui a été acquise à cette femme, du jour
de la mort de cette personne, et, par conséquent, dans le temps
intermédiaire de la demande et de la sentence de séparation,
tombera-t-elle dans la communauté?

Pour la négative, on dira qu'il y a une différence, à cet égard,
entre les sociétés ordinaires et la communauté entre homme et
femme. Si, dans les sociétés ordinaires, la société est censée dissoute du jour de la demande en dissolution de société, c'est que,
dans les sociétés ordinaires, la demande, que je donne contre
mon associé, pour la dissolution de la société, est, ou par elle-

même suffisante pour la dissoudre, ou du moins elle met mon associé en demeure de la dissoudre. Or, je ne dois pas souffrir de la demeure injuste, en laquelle a été mon associé d'acquiescer à une demande juste que je lui faisais, et qui a été trouvée telle par la sentence qui y a fait droit, et il doit encore moins en profiter.

Au contraire, la communauté, qui est entre un mari et une femme, ne pouvant se dissoudre que par la sentence du juge, n'étant pas au pouvoir du mari d'acquiescer à la demande en séparation, qui est donnée contre lui, il paraîtrait que la communauté dût subsister jusqu'à la sentence, et qu'on ne pût pas même dire que le mari est, par la demande, mis en demeure de la dissoudre.

Nonobstant ces raisons, l'usage du Châtelet de Paris est de donner aux sentences de séparation de biens un effet rétroactif au jour de la demande en séparation, et de regarder la communauté comme ayant cessé, et ayant été dissoute de ce jour. C'est en conséquence de cet usage, que la femme a coutume de faire, dès le jour de sa demande, sa déclaration au greffe, qu'elle renonce à la communauté. La raison de cet usage est, qu'étant établi, par la sentence de séparation qui a fait droit sur la demande de la femme, qu'elle a eu un juste sujet de demander la dissolution de communauté, cette dissolution de communauté était une justice, qui lui était due dès le jour qu'elle l'a demandée, dont l'effet ne doit pas être retardé par la procédure qu'il faut faire pour parvenir à la sentence de séparation, que les chicanes du mari font souvent durer pendant un très-long temps, avant que de parvenir à la sentence.

L'usage du Châtelet ayant donné aux sentences de séparation de biens un effet rétroactif au jour de la demande, il paraît que c'est une conséquence d'adjuger à la femme, du jour de la demande en séparation, les intérêts de sa dot, que le mari est condamné de lui restituer, par la sentence de séparation. Néanmoins, il y a un arrêt du 8 avril 1672, rapporté au troisième tome du Journal des audiences, qui n'a adjugé à la femme les intérêts de sa dot, que du jour de la sentence de séparation. Nonobstant cet arrêt, Lacombe, sur le mot *Séparation*, prétend que l'usage constant du Châtelet est d'adjuger à la femme lesdits intérêts, du jour de sa demande; bien entendu, sous la déduction des alimens qui ont été fournis à la femme depuis ce temps, et de la part dont elle a dû contribuer aux charges du mariage. Je pense que cela doit être laissé à l'arbitrage du juge, qui compensera les intérêts de la dot, depuis la demande jusqu'à la sentence, avec les alimens fournis à la femme pendant ledit temps, et la part dont elle a dû contribuer aux charges du mariage, lorsqu'il trouvera qu'il n'y a pas grande différence, et surtout lorsque l'instance n'a pas duré long-temps. Mais, lorsque par les chicanes du mari, l'instance, aura duré long-temps, et que, la dot étant considérable, les intérêts excèdent de beaucoup lesdites choses, le juge les adjugera du jour de la demande, sous lesdites déductions.

522. C'est un des effets de la sentence de séparation, que la femme acquiert, par-là, le droit d'administrer ses biens, et de faire tous les contrats relatifs à cette administration, sans avoir besoin d'être autorisée; mais elle ne peut les aliéner sans être autorisée.

Tout ce que nous avons dit de la séparation contractuelle, *suprà*, *n.* 464, reçoit à cet égard application à la séparation judiciaire.

§ IV. Comment se détruit la séparation de biens judiciaire.

523. Il y a cette différence, entre la séparation judiciaire, qui est formée par une sentence de séparation, et la séparation contractuelle, qui résulte d'une convention du contrat de mariage, que celle-ci est irrévocable, et que l'autre peut se détruire par le consentement des parties.

La raison de différence se tire de ce que les conventions de mariage sont irrévocables, et qu'il n'est pas au pouvoir des parties d'y déroger. C'est pourquoi, lorsqu'il est convenu, par un contrat de mariage, qu'il n'y aura pas de communauté de biens entre les futurs conjoints, et que chacun jouira séparément de ses biens, les conjoints ne peuvent pas, par une convention contraire, durant le mariage, établir entre eux une communauté de biens.

Au contraire, le retour à la loi du contrat de mariage étant favorable, lorsque les parties, en se mariant, ont, par une convention, ou expresse ou implicite, établi entre elles une communauté, laquelle, pour de justes raisons, a été dissoute par une sentence de séparation, il est au pouvoir des parties de se départir, par un consentement mutuel, de cette séparation judiciaire, et de rétablir leur communauté, en remettant leurs biens ensemble.

La sentence de séparation de biens peut donc être détruite, et elle peut l'être de deux manières :

1°. Lorsque la femme, qui l'a obtenue, ne la met pas à exécution; auquel cas, comme nous l'avons vu *suprà*, *n.* 518, la sentence demeure sans effet, et n'opère aucune séparation.

2°. Quoique la séparation ait été exécutée, quelque long que soit le temps pendant lequel elle l'a été, il est au pouvoir des parties de détruire, par un consentement mutuel, cette séparation, en remettant leurs biens ensemble.

524. Est-il nécessaire que ce rétablissement de communauté soit constaté par un acte passé devant notaires, ou au greffe? Il

faut, à cet égard, distinguer entre la séparation d'habitation, et la simple séparation de biens.

Dans le cas de la séparation d'habitation, nous avons vu, dans notre Traité du Contrat de Mariage, *n.* 524, que le retour de la femme en la maison de son mari, suffit seul pour détruire la sentence de séparation d'habitation, sans qu'il soit besoin qu'il soit passé, pour cet effet, aucun acte devant notaires ou au greffe, parce que ce retour de la femme en la maison de son mari, est un fait notoire qui ne peut être ignoré du public.

Ce retour de la femme en la maison de son mari, en détruisant la séparation d'habitation, détruit aussi la séparation de biens, qui est comme un accessoire; à moins que la femme ne proteste, par un acte devant notaires, qu'en retournant avec son mari, elle n'entend se départir que de la séparation d'habitation, et non de la séparation de biens. Je crois qu'il est de l'intérêt public de permettre cette espèce de protestation; sans quoi, une femme, qui croit n'avoir plus rien à craindre des mauvais traitemens de son mari, dont l'âge a adouci le caractère, mais qui n'a pas la même confiance dans la conduite de son mari pour la sûreté de sa dot, pourrait être détournée de retourner avec son mari, si son retour faisait nécessairement cesser la séparation de biens.

525. Dans le cas d'une sentence de simple séparation de biens, est-il nécessaire que le rétablissement de communauté soit constaté par un acte devant notaires, ou au greffe? Je crois que cet acte est nécessaire, au moins ordinairement. La raison de différence est, que le rétablissement de communauté, après une sentence de simple séparation de biens, n'est pas un fait notoire, comme l'est le retour d'une femme en la maison de son mari. Quand même il serait établi que, depuis la séparation de biens, l'homme et la femme auraient fait en commun l'acquisition de quelque héritage, ce ne serait pas une preuve suffisante qu'ils eussent voulu rétablir leur communauté; car ils ont pu faire cette acquisition en commun, comme l'auraient pu faire deux étrangers, qui n'auraient pas d'ailleurs de communauté entre eux. On ne peut pas non plus tirer une preuve d'un rétablissement de communauté, de ce que, depuis la séparation, le mari aurait fait la récolte sur les héritages propres de sa femme, ni de ce qu'il y aurait fait faire des réparations au vu et au su de sa femme; car le mari a pu faire ces choses comme mandataire, ou comme *negotiorum gestor* de sa femme, sans que les parties aient voulu pour cela rétablir leur communauté, qui a été dissoute par la séparation. Il est donc à propos d'exiger que le rétablissement de communauté soit prouvé par un acte authentique.

1°. Cela évite les procès, auxquels donneraient lieu les questions sur la suffisance ou l'insuffisance des faits, qui seraient allégués pour établir le rétablissement de communauté.

2°. Ce rétablissement devant être connu du public, et surtout de tous ceux qui peuvent avoir des affaires avec l'un ou avec l'autre des conjoints, il doit être établi par des actes authentiques, et on ne doit pas le faire dépendre d'indices équivoques et incertains. C'est l'avis de Lebrun, en son *Traité de la Communauté, liv.* 3, *chap.* 1, *n.* 25. Cet auteur veut même que l'acte de rétablissement de société soit passé au greffe du siége, où la sentence de séparation a été rendue; ou que, s'il a été passé devant notaires, il soit enregistré audit greffe. Brodeau, sur Louet, *lettre S, chap.* 16, *n.* 12, exige aussi un acte par écrit du rétablissement de la communauté, et il autorise son avis par deux arrêts.

L'annotateur de Lebrun pense, au contraire, que cet acte n'est pas nécessaire. Il prétend que cela a été jugé par un arrêt du 16 mai 1705, rapporté par Brillon. Il cite aussi, pour son avis, l'article 199 de notre Coutume d'Orléans, qui dit : *Si, après la séparation de biens d'entre homme et femme conjoints par mariage, lesdits conjoints se rassemblent et mettent leurs biens ensemble, cessera l'effet de ladite séparation.* Cette Coutume, dit l'annotateur, demande, pour faire cesser la séparation, que les conjoints aient remis leurs biens ensemble; elle ne dit pas qu'il sera passé un acte du rétablissement de la communauté : donc cet acte n'est point nécessaire. Ce n'est point de cette manière que cet article est entendu dans la Province. Lalande, en son Commentaire sur cet article, dit que ce rétablissement de communauté doit être justifié par un acte par écrit. C'est aussi l'avis de l'auteur des notes de 1711, etc. La Coutume décide bien, par cet article, que la séparation est détruite, lorsque, depuis la séparation, les conjoints ont remis leurs biens ensemble; mais c'est une autre question, sur laquelle la Coutume ne s'est pas expliquée, de savoir comment se devait justifier le fait, que les parties ont remis leurs biens ensemble. Si elle n'a pas dit que, pour justifier ce fait, il fallait un acte par écrit, elle n'a pas dit non plus qu'il n'en fallait point.

526. Observez que, pour le rétablissement d'une communauté, qui a été dissoute par une sentence de séparation, il faut le consentement mutuel du mari et de la femme. Denisart, sur le mot *Séparation*, rapporte plusieurs arrêts, qui ont jugé des femmes non-recevables à se désister de sentences de séparation, soit d'habitation, soit de biens, qu'elles avaient obtenues; et ont, dans le cas de séparation d'habitation, donné congé de leur demande aux fins que leur mari fût tenu de les recevoir.

527. Le rétablissement de la communauté détruit tellement la séparation, qu'elle remet les choses au même état que s'il n'y en avait jamais eu; de telle manière, que la communauté est censée avoir toujours duré, et n'avoir point été discontinuée. C'est pourquoi, toutes les choses, que chacun des conjoints a acquises depuis

la séparation, entrent dans la communauté, comme elles y seraient
entrées s'il n'y avait jamais eu de séparation; et les dettes, que
chacun des conjoints a contractées depuis la séparation, y tombent
pareillement. C'est ce qu'explique très-bien l'article 199 de la
Coutume d'Orléans, lequel, après ce que nous en avons déjà rapporté ci-dessus, continue en ces termes : « Et rentreront en ladite
» communauté les meubles et acquêts immeubles, même ceux qui
» sont échus et acquis pendant ladite séparation, comme si elle
» ne fût avenue. »

528. Enfin l'article ajoute, *demeurant néanmoins bon et valable*
ce qui a été contracté pendant la séparation. Ces contrats, qui sont
confirmés par ces derniers termes de l'article, sont tous ceux que
la femme a faits, depuis la sentence de séparation, pour l'administration de ses biens; tels que sont des baux à ferme ou à loyer,
qu'elle aurait faits de ses héritages, des ventes, des achats, et
autres contrats dépendans de ladite administration. Quoique tous
ces contrats, que la femme a faits sans autorisation, n'eussent pas
été valables, s'il n'y eût pas eu une séparation, néanmoins la
sentence de séparation ayant donné à la femme le droit de les
faire sans être autorisée, et ces contrats ayant été, en conséquence, faits valablement, il ne serait pas juste que le rétablissement de communauté, qui est depuis intervenu, pût y donner
atteinte. C'est le seul effet de la sentence de séparation de biens,
que le rétablissement de la communauté laisse subsister.

529. L'effet, qu'a le rétablissement de la communauté, de faire
regarder la séparation comme non avenue, ne peut avoir lieu que
vis-à-vis des conjoints et entre eux : il ne peut pas avoir cet
effet vis-à-vis d'un tiers, auquel la séparation aurait acquis un
droit.

Supposons, par exemple, que, par un contrat de mariage, un
tiers, pour augmenter la dot de la future épouse, a compté au
mari une certaine somme, avec clause qu'il aurait droit de répéter du mari cette somme, lors de la dissolution de la communauté, soit par mort, soit par séparation. Le cas étant arrivé par
une sentence de séparation, qui est intervenue, et qui a été bien
et dûment exécutée; ce tiers ayant acquis, par l'événement de la
condition, le droit de répéter la somme, le rétablissement de communauté, qui intervient depuis, ne peut l'en priver. C'est ce qu'a
fort bien observé Lebrun, *liv.* 3, *chap.* 1, *n.* 27, qui cite, à ce
sujet, fort à propos la loi 63, ff. *de jur. dot.*, qui dit : *Stipulatio de*
dote reddendâ ab extraneo interposita, facto divortio, statim com-
mittitur, nec redintegrato matrimonio actio stipulatori quæsita in-
tercidit.

Il nous reste une question sur le rétablissement de communauté, qui est de savoir si les parties, en rétablissant leur communauté, peuvent y apporter des limitations et restrictions, en

convenant, par exemple, que les héritages, acquis depuis la sentence de séparation, par l'un ou par l'autre des conjoints, lui demeureront propres, et n'entreront pas dans la communauté rétablie; ou bien, en convenant que chacun des conjoints sera seul tenu des dettes par lui contractées, depuis la sentence de séparation. Lebrun, *dicto loco*, *n.* 23, décide, avec raison, que ces conventions, portées par l'acte de rétablissement de communauté, sont nulles. Les séparations n'ont d'effet qu'autant qu'elles durent : elles sont détruites et regardées comme non avenues par le seul fait, lorsque les parties ont remis leurs biens en commun. Il ne peut pas y avoir deux communautés entre des conjoints par mariage, l'une, qui ait duré jusqu'à la sentence de séparation, et l'autre, qui ait commencé lors du rétablissement. Il n'y a, entre les conjoints, que la seule communauté, qui a commencé lors de leur mariage, et qui a duré jusqu'à sa parfaite dissolution par la mort de l'une des parties; dans laquelle communauté entrent toutes les choses, que chacun des conjoints a acquises, et toutes les dettes qu'il a légitimement contractées, en quelque temps que ce soit, même depuis la sentence de séparation, qui, n'ayant pas duré jusqu'à la fin du mariage, a été sans effet, et n'a pas dissous la communauté.

CHAPITRE II.

De l'acceptation de la communauté, et de la renonciation à la communauté.

530. Le droit du mari, sur les biens de la communauté, qui, pendant qu'elle durait, en était réputé seigneur pour le total, comme nous l'avons vu, est, par la dissolution de la communauté, réduit à la moitié desdits biens; l'autre moitié appartient à la femme ou à ses héritiers, pourvu néanmoins qu'ils acceptent la communauté.

Cela est conforme à l'article 229 de la Coutume de Paris, qui porte : « Après le trépas de l'un desdits conjoints, les biens se divisent en telle manière, que la moitié en appartient au survivant, et l'autre moitié aux héritiers du trépassé. »

Nous traiterons, dans un premier article, de l'acceptation de la communauté; dans un second, de la renonciation à la communauté; dans un troisième, du cas auquel, entre plusieurs héritiers de la femme, les uns ont accepté la communauté, et les autres y ont renoncé.

De l'acceptation de la communauté.

Nous verrons, 1° par qui, et en quel cas la communauté peut être acceptée; 2° comment elle s'accepte; 3° quels sont les effets de cette acceptation.

§ I. Par qui, et en quel cas la communauté peut être acceptée.

531. Après la dissolution de la communauté, il est ordinairement au choix de la femme, ou de ses héritiers et autres successeurs universels, d'accepter la communauté, ou d'y renoncer.

Ce principe souffre exception, 1° lorsqu'il en a été autrement convenu par le contrat de mariage; comme lorsqu'il est convenu que les héritiers de la femme ne pourront prétendre, pour tout droit de communauté, qu'une certaine somme. La dissolution de communauté étant arrivée par le prédécès de la femme, les héritiers de la femme n'ont pas, en ce cas, le choix d'accepter ou de renoncer à la communauté; ils ne peuvent demander que la somme portée par la convention. Nous avons traité de cette convention *suprà*, n. 450.

2°. Lorsqu'une femme, sur la plainte du mari, a été déclarée convaincue d'adultère, elle est déchue de son droit à la communauté, dont les biens demeurent, en ce cas, en entier au mari, *jure non decrescendi*, comme nous l'avons vu en notre Traité du Contrat de Mariage, n. 527. Elle n'a donc pas, en ce cas, le choix d'accepter la communauté.

3°. Une femme peut aussi être déclarée déchue de son droit de communauté, par sentence du juge, sur la demande de son mari, lorsqu'après plusieurs sommations, que son mari lui a faites par un huissier, de retourner avec lui, elle a persévéramment refusé d'y retourner.

La peine, en ce cas, dépend des circonstances, et elle est laissée à l'arbitrage du juge, qui ne déclare pas toujours, en ce cas, la femme déchue entièrement de tout droit de communauté, mais seulement déchue de prendre part aux acquisitions faites, depuis qu'elle a quitté son mari.

532. 4°. Enfin, la femme ou ses héritiers n'ont le choix d'accepter la communauté, ou d'y renoncer, que jusqu'à ce qu'ils aient consommé leur choix : lorsqu'ils ont pris une fois l'un des deux partis, ils ne peuvent plus varier. C'est pourquoi, la femme, ni ses héritiers, après qu'ils ont renoncé à la communauté, ne peuvent plus accepter la communauté, et en demander le partage

au mari, qui, par cette renonciation, est devenu propriétaire irrévocable dès biens de la communauté, pour le total.

Si, néanmoins, la partie, qui a renoncé à la communauté, était mineure, elle pourrait, en prenant des lettres de rescision contre sa renonciation, être mise au même état qu'elle était avant la renonciation, et, en conséquence, accepter la communauté, et en demander le partage.

Quoique les héritiers de la femme aient renoncé à la communauté en majorité, ils peuvent quelquefois être restitués contre leur renonciation, lorsque c'est par le dol du mari survivant qu'ils y ont été engagés; comme lorsqu'il leur a caché les forces de la communauté, en omettant malicieusement, dans l'inventaire, des effets considérables, ou en supposant de faux créanciers.

533. Quoique la femme ou ses héritiers, qui ont renoncé à la communauté, ne soient plus recevables à l'accepter; néanmoins, si la femme, ou un héritier de la femme, avait, en fraude de ses créanciers, renoncé à une communauté avantageuse, lesdits créanciers seraient reçus à faire déclarer frauduleuse cette renonciation, et à demander, en conséquence, la part qui appartient à leur débiteur dans les biens de la communauté; de même que, lorsqu'un héritier a renoncé à une succession, en fraude de ses créanciers, ses créanciers sont reçus, dans notre jurisprudence française, à exercer les droits de leur débiteur dans la succession.

534. Tant que la femme ou ses héritiers ne sont pas poursuivis pour faire le choix qu'ils ont, d'accepter la communauté, ou d'y renoncer; ils sont toujours à temps de le faire : le mari survivant, qui est demeuré seul en possession des biens de la communauté, ne peut opposer aux héritiers de la femme, contre leur demande aux fins de partage, que la prescription de trente ans, laquelle même ne court pas contre les mineurs.

535. Il n'y a que la femme, ou ses héritiers, qui aient le choix d'accepter la communauté, ou d'y renoncer. Il est évident que le mari ne peut avoir un pareil choix, et qu'il ne peut renoncer à sa propre communauté : il demeure, lors de la dissolution de la communauté, nécessairement propriétaire de tous les biens de la communauté, ou pour moitié, si les héritiers de la femme acceptent la communauté, ou pour le total, s'ils y renoncent. On doit dire la même chose des héritiers du mari.

§ 11. Comment s'accepte la communauté.

536. La communauté s'accepte ou expressément ou tacitement, aut verbis, aut facto.

La femme accepte la communauté verbis et expressément, lorsque, depuis la dissolution de la communauté, elle prend dans quelque acte la qualité de commune.

Si elle avait pris cette qualité de *commune* dans un acte, avant la dissolution de communauté, cette qualité serait de nul effet, et ne serait pas une acceptation de communauté ; car le droit de la femme à la communauté n'étant ouvert que par la dissolution de communauté, la femme n'a pu, avant cette dissolution, accepter valablement une communauté, à laquelle elle n'avait encore aucun droit formé. Il en est de cela comme de celui qui aurait pris la qualité d'héritier d'une personne encore vivante.

537. La communauté s'accepte *facto* et tacitement, lorsque l'acceptation de la communauté s'induit et se collige de quelque fait de la femme, qui suppose dans elle la volonté d'être commune, de même que l'acceptation d'une succession s'induit et se collige de quelque fait d'une personne appelée à la succession, lequel suppose en elle la volonté d'être héritière.

Observez, néanmoins, que la femme ne pouvant être commune, que par la volonté qu'elle a eue de l'être, et qu'elle a suffisamment déclarée, il faut, pour qu'un fait de la femme renferme une acceptation de la communauté, que ce fait soit tel, qu'il suppose nécessairement en elle la volonté d'être commune, et qu'on ne puisse apercevoir de raison, pourquoi elle aurait fait ce qu'elle a fait, si elle n'eût pas voulu être commune.

538. Telle est, par exemple, la disposition que la femme aurait faite, depuis la dissolution de la communauté, de quelques effets de la communauté, sans avoir d'autre qualité pour en disposer, que la qualité qu'elle pouvait avoir de commune. La femme est censée, par-là, avoir fait acte de commune : car, comme nous ne devons pas disposer des choses qui ne nous appartiennent pas, et dans lesquelles nous savons n'avoir aucun droit, la femme, en disposant de ces choses, les a regardées comme choses qui lui appartenaient ; et, comme elles ne pouvaient lui appartenir qu'en qualité de commune, elle s'est donc regardée comme commune, en disposant de ces choses ; elle a donc eu la volonté d'être commune, qu'elle a suffisamment déclarée en disposant desdites choses.

Quand même les choses, dont la femme a disposé, n'auraient pas appartenu à son mari, ni, par conséquent, dépendu de la communauté, *putà*, parce qu'elles avaient été prêtées à son mari, ou lui avaient été confiées en dépôt, il suffit que la femme, qui ignorait ce prêt ou ce dépôt, en ait disposé comme de choses qu'elle croyait dépendre de la communauté, pour, qu'en disposant de ces choses, elle se soit regardée comme commune, et qu'elle ait suffisamment déclaré la volonté qu'elle avait d'être commune.

Il en est de cela, comme d'un héritier qui disposerait d'une chose, qu'il a trouvée parmi les effets de la succession, et qu'il croyait dépendre de cette succession, quoiqu'elle n'en fît pas partie : en disposant de cette chose, qu'il croit être de la succession, il ne fait pas moins acte d'héritier, que s'il eût disposé d'une chose qui dépendît véritablement de la succession. C'est ce qui fait dire à Ulpien : *Interdùm animus solus eum obstringet hæreditati, ut putà, si re non hæreditariâ, quasi hæres usus sit ;* l. 21, §.1, ff. *de adquir. hæred.* Par la même raison, la femme, qui dispose d'effets qu'elle croit dépendre de sa communauté, quoiqu'ils n'en dépendent pas, ne fait pas moins acte de commune, que s'ils en dépendaient effectivement.

539. Ce n'est pas seulement en disposant de quelques effets de la communauté, ou qu'elle croit être de la communauté, que la femme fait acte de commune ; elle le fait pareillement en payant, pour sa part, quelque dette de la communauté, à laquelle elle n'est point obligée en son propre nom, et sans qu'elle ait d'autre qualité pour la payer, que celle de commune. Comme personne n'est présumé vouloir payer ce qu'il ne doit pas, la femme, en payant cette dette, est censée se réputer débitrice de cette dette ; et, comme elle n'en peut être débitrice que par la qualité de commune, elle est censée, en faisant ce paiement, prendre la qualité de commune, et déclarer suffisamment la volonté qu'elle a de l'être.

Il en est de cela, comme d'une personne qui paierait, quoique de ses propres deniers, quelque dette d'une succession à laquelle elle est appelée, sans avoir d'autre qualité pour faire ce paiement, que celle d'héritier. Les lois décident que, par ce paiement, cette personne fait acte d'héritier ; l. 2, *cod. de jur. deliber. ; car gerit pro hærede qui animo agnoscit successionem, licet nihil attingat hæreditarium ;* l. 88, ff. *de adquir. hæred.* Par la même raison, une femme, qui paie, quoique de ses propres deniers, quelque dette de la communauté, sans avoir d'autre qualité pour la payer, que celle de commune, doit être censée faire, par ce paiement, acte de commune.

540. La femme, comme nous l'avons déjà dit, en disposant des effets de la communauté, ou en payant des dettes de ladite communauté, ne fait acte de commune, que lorsqu'elle n'avait d'autre qualité que celle de commune pour la faire : mais si elle avait une autre qualité, putà, si elle était exécutrice testamentaire de son défunt mari, ou tutrice de ses enfans héritiers de sondit mari, et qu'elle eût disposé de quelques effets, ou payé quelques dettes de la communauté, on ne pourrait pas dire, en ce cas, qu'elle eût fait acte de commune ; car elle peut l'avoir fait en sa qualité d'exécutrice testamentaire de son mari, ou de tutrice de ses enfans.

Pareillement, si elle était obligée en son propre nom à la dette de la communauté, qu'elle a payée, quand ce ne serait que comme caution de son mari, qu'elle s'y fût obligée, elle ne doit

point être censée, en la payant, faire acte de commune, ayant
pu la payer par le seul motif de se libérer de sa propre obligation.

541. Observez qu'une veuve, après la dissolution de la communauté arrivée par la mort de son mari, est de droit préposée
à la garde et conservation des effets de la communauté, avant
qu'elle se soit déterminée sur le choix qu'elle a de l'accepter ou
d'y renoncer : c'est pourquoi, tout ce qu'elle fait pour la conservation des biens et effets de la communauté, ne doit pas passer
pour acte de commune ; comme lorsqu'elle a fait faire des réparations urgentes à des biens de la communauté ; lorsqu'elle a
vendu des effets périssables, qu'elle a été obligée de vendre pour
en éviter la perte.

Par la même raison, lorsque la veuve d'un marchand en détail
ou d'un artisan, a continué, après la mort de son mari, et avant
qu'elle ait pris qualité, de tenir la boutique ouverte, et d'y débiter
les marchandises de la boutique, elle n'est point censée faire
acte de commune, en vendant et débitant ces marchandises, qui
sont des effets de la communauté, parce qu'il paraît qu'elle fait
cela pour ne pas écarter les pratiques, et pour la conservation
du fonds de commerce qui dépend de sa communauté.

Quoique la femme ne fasse pas acte de commune, en faisant
ce qui est nécessaire pour la conservation des biens de la communauté, il est néanmoins de sa prudence, pour éviter les contestations, de protester qu'elle ne fait ce qu'elle fait, que pour
la conservation des biens de la communauté, et sans préjudicier
aux qualités qu'elle a à prendre : il est même encore plus utile,
qu'elle se fasse autoriser pour le faire, en donnant, pour cet effet,
requête au juge de son domicile.

542. Quoique les provisions de ménage, qui se sont trouvées
dans la maison du défunt, soient des effets de la communauté, la
femme ne fait pas acte de commune, en consommant dans la
maison lesdites provisions, jusqu'à concurrence de ce qu'il est
besoin d'en consommer pour sa nourriture et celle de ses domestiques : car elle a le droit de vivre aux dépens de la communauté, depuis la mort jusqu'à ce que l'inventaire soit achevé. C'est
ce qui est attesté par un acte de notoriété du Châtelet de Paris,
du 21 juillet 1688, qui porte : « Il est d'usage constant et cer-
» tain, qu'il est loisible à une veuve, après le décès de son mari,
» de demeurer avec sa famille en la maison où il est décédé,
» et d'y vivre, sans que, pour cette résidence, on puisse lui im-
» puter avoir fait acte de commune, etc. »

543. Enfin, de même qu'un parent n'est point censé faire
acte d'héritier, en commandant les obsèques de son parent, ni en
payant ses frais funéraires, non plus qu'en poursuivant la vengeance de sa mort ; *Si quid pietatis causá fecit…. apparet non vi-*

deri pro hærede gessisse ; l. 20, ff. *de adquir. hæred. ;* à plus forte raison, doit-on décider qu'une femme ne fait pas par-là acte de commune : car les frais funéraires ne sont pas une charge de la communauté, mais de la succession du défunt : et, à l'égard de la poursuite de la vengeance de la mort, c'est une action qui ne dépend ni de la communauté, ni de la succession, mais que la veuve et les héritiers ont de leur chef.

544. La cession, que la femme fait, après la dissolution de communauté, soit à des étrangers, soit aux héritiers de son mari, de ses droits de communauté, renferme une acceptation de la communauté, qui l'oblige, pour sa part, aux dettes de la communauté envers les créanciers, sauf son recours contre son cessionnaire, qui l'en doit indemniser. La raison est évidente : on ne peut céder que ce qu'on a. La femme ne peut donc céder son droit à la communauté, si elle ne l'a acquis. La cession, qu'elle en fait, suppose qu'elle l'a acquis. Or, elle ne peut l'acquérir qu'en acceptant la communauté : cette cession suppose donc nécessairement en elle, et manifeste suffisamment sa volonté d'accepter la communauté.

Il en est de même de la renonciation, que la femme ferait à la communauté en faveur de l'un des héritiers du mari, préférablement aux autres. Cette renonciation n'a que le nom de renonciation ; c'est une vraie cession, qu'elle fait à cet héritier, de son droit à la communauté, laquelle renferme une acceptation, que cette femme doit être nécessairement censée avoir faite de la communauté : car la femme, en renonçant à la communauté en faveur de cet héritier préférablement aux autres, n'abdique pas simplement son droit, elle en dispose en faveur de cet héritier. Or, comme personne ne peut disposer que de ce qui lui appartient, cette disposition, que la femme fait de son droit en faveur de cet héritier, suppose nécessairement qu'elle regarde ce droit comme quelque chose qui lui appartient ; et, comme ce droit ne peut lui appartenir que par une acceptation de la communauté, cette disposition, qu'elle fait de son droit, renferme et suppose nécessairement une acceptation de la communauté.

Mais lorsque l'acte de renonciation porte que la femme a renoncé à la communauté, en faveur des héritiers de son mari indistinctement, ces termes, *en faveur des héritiers de son mari,* qui sont superflus dans cet acte, et qui n'ont aucun effet, ne doivent faire passer cet acte pour autre chose que pour une simple renonciation à la communauté. Ces termes ne font qu'exprimer l'effet naturel, qu'a la renonciation d'une femme à la communauté, qui est de faire accroître, *jure non decrescendi,* aux héritiers du mari, la part qu'eût eue la femme, si elle eût accepté.

545. Si la femme avait reçu des héritiers de son mari une

somme d'argent, pour renoncer à la communauté, serait-elle, en ce cas, censée avoir fait acte de commune? La raison de douter est, qu'elle semble, en recevant de l'argent, avoir fait une vente et une cession de son droit à la communauté, laquelle cession renferme, comme nous l'avons vu ci-dessus, une acceptation de communauté. Il faut décider, au contraire, que cette renonciation à la communauté, quoique faite pour de l'argent que la femme reçoit des héritiers, n'est proprement ni une vente, ni une cession, que la femme fasse de son droit, mais c'est un contrat *do ut facias.* Les héritiers du mari ayant intérêt que la femme renonce à la communauté, lui donnent une somme d'argent, pour la porter à faire cette renonciation; en conséquence, elle renonce à la communauté. Elle ne leur fait aucune cession de son droit à la communauté. Cette cession était inutile auxdits héritiers, puisque, sans aucune cession, par la seule renonciation de la femme, tous les biens de la communauté leur demeurent *jure non decrescendi.* Il en est de cette renonciation à la communauté que la femme fait pour une somme d'argent, qu'elle reçoit des héritiers de son mari, comme de celle que quelqu'un fait à une succession qui lui est déférée, pour une somme d'argent qu'il reçoit de ses cohéritiers, ou de l'héritier qui lui est substitué. Or, suivant la décision de la loi 24, ff. *de adquir. hæred.*, une telle renonciation ne renferme point un acte d'héritier : *Qui pretium omittendæ hæreditatis causá capit, non videtur hæres esse.* Il y a même raison pour décider que la femme, qui a reçu de l'argent pour renoncer, n'est pas censée, pour cela, avoir fait acte de commune.

546. Les règles, que nous avons proposées jusqu'à présent, pour connaître quand la femme devait être censée avoir fait acte de commune ou non, s'appliquent pareillement aux héritiers de la femme.

547. On a autrefois agité la question de savoir, si la femme ou ses héritiers peuvent prendre des lettres de bénéfice d'inventaire, pour accepter la communauté, de même que les héritiers en prennent pour accepter une succession. On a jugé pour la négative, par arrêt de règlement du 8 mars 1605, rapporté par Louet, *lettre* C, *chap.* 53. La raison est, que la loi leur a subvenu par un autre bénéfice, qui est celui de n'être tenu de leur part dans les dettes de la communauté, que jusqu'à concurrence des biens qu'ils en amendent, dont nous parlerons *infrà*, part. 5.

§ III. De l'effet de l'acceptation de la communauté.

548. L'acceptation, que la femme ou les héritiers font de la communauté, a un effet rétroactif au temps de la dissolution de

communauté : la femme ou ses héritiers sont réputés, en conséquence, dès l'instant de la dissolution de communauté, propriétaires pour une moitié par indivis de tous les biens dont la communauté s'est trouvée alors composée. Tous les fruits, qui ont
été perçus depuis ce temps, et généralement tout ce qui en est
provenu, leur appartient pareillement pour moitié.

Par l'acceptation de la communauté, la femme ou ses héritiers
deviennent débiteurs, pour la part qu'ils ont dans la communauté, de toutes les dettes de la communauté : la femme, qui a
accepté la communauté, ou dont les héritiers l'ont acceptée, est
censée les avoir contractées, en sa qualité de commune, conjointement avec son mari, lorsque son mari, qui était le chef de la
communauté, les a contractées, comme nous l'avons vu ci-de-
vant.

Néanmoins, les Coutumes accordent à la femme et à ses héritiers, lorsqu'ils ont accepté la communauté, le bénéfice de n'être
tenus, pour la part des dettes de la communauté, que jusqu'à concurrence de ce qu'ils ont amendé.

Nous traiterons de ce bénéfice *infrà*, *part.* 5.

ARTICLE II.

De la renonciation de la femme, ou de ses héritiers, à la commu-
nauté.

549. La renonciation à la communauté est un acte, par lequel
la femme ou ses héritiers, pour n'être pas tenus des dettes de la
communauté, renoncent à la part qui leur est déférée par la
dissolution de communauté, dans les biens dont elle est composée.

On prétend que l'origine du droit, qu'ont les femmes de renoncer à la communauté, vient du temps des croisades, et qu'il fut
accordé aux veuves des gentilshommes qui contractaient, en ce
temps, des dettes considérables pour leurs voyages d'outre-mer.

Nous verrons, sur cette matière, 1° quelles sont les personnes
qui peuvent renoncer à la communauté; 2° si une femme peut,
par le contrat de mariage, renoncer, soit pour elle, soit pour ses
héritiers, à la faculté de renoncer à la communauté; 3° comment
et quand cette renonciation doit se faire; 4° nous traiterons de
l'inventaire que la femme doit faire pour renoncer à la communauté; 5° nous expliquerons quels sont les effets de la renonciation à la communauté.

§ I. Quelles sont les personnes qui peuvent renoncer à la communauté.

550. Il n'y avait autrefois que les femmes nobles qui eussent

le droit de renoncer à la communauté. C'est ce qui paraît par l'article 415 de l'ancienne Coutume de Paris, qui porte : « Il est » loisible à une noble femme, extraite de noble lignée, et vivant » noblement, de renoncer, si bon lui semble, après le trépas de » son mari, à la communauté, etc. »

Depuis, la jurisprudence des arrêts a étendu ce droit de renoncer à la communauté, à toutes les femmes nobles ou non nobles; et elle l'a même étendu à leurs héritiers, par arrêt du 15 avril 1567.

La raison de cette jurisprudence, est que le mari ayant seul, pendant que la communauté dure, le droit d'en disposer, et de la charger de dettes sans le gré et la participation de sa femme, on a trouvé qu'il serait injuste qu'un mari dissipateur pût, en contractant des dettes immenses, engager ou même absorber entièrement les propres de sa femme, sans que la femme pût se décharger desdites dettes par la renonciation à la communauté.

C'est sur cette jurisprudence qu'a été formé l'article 237 de la nouvelle Coutume de Paris, qui porte : « Il est loisible à toute » femme noble ou non noble, de renoncer, si bon lui semble, après » le trépas de son mari, à la communauté de biens d'entre elle » et sondit mari, la chose étant entière. »

Ces termes, *après le trépas de son mari,* ne sont pas restrictifs : la Coutume énonce le cas du trépas du mari, comme le plus ordinaire : au reste, il n'est pas douteux que la femme peut pareillement renoncer à la communauté du vivant de son mari, lorsqu'il y a dissolution de communauté par une sentence de séparation.

La Coutume de Paris a omis, en cet article, de s'expliquer sur les héritiers de la femme ; mais la Coutume d'Orléans, réformée trois ans après celle de Paris, par les mêmes commissaires, s'en est expliquée, et doit, en cela, servir d'explication à celle de Paris. Voici ce qu'elle porte : « Il est loisible à femme » noble ou non noble, après le décès de son mari, OU A SES HÉ- » RITIERS, SI ELLE PRÉDÉCÈDE, de renoncer, si bon lui semble, à » la communauté de biens d'elle et dudit mari, la chose étant » entière. »

Ces dispositions des Coutumes de Paris et d'Orléans ayant été formées sur la jurisprudence, qui était déjà établie lors de la réformation desdites Coutumes, elles forment un droit commun, et ont lieu dans les Coutumes qui ne s'en sont pas expliquées.

§ II. La femme peut-elle, par le contrat de mariage, renoncer, soit pour elle, soit pour ses héritiers, à la faculté qu'elle a de renoncer à la communauté.

551. Cette convention a été rejetée par la jurisprudence des arrêts. Il y en a un du 5 avril 1597, rapporté par Peleus, *liv.* 3, *art.* 61, et cité par l'annotateur de Lebrun, qui a admis une veuve à renoncer à la communauté, nonobstant une clause de son contrat de mariage, qui portait qu'elle ne le pourrait dans le cas où il y aurait des enfans du mariage, lequel cas était arrivé.

Les raisons de cette jurisprudence sont, 1° qu'il a paru être contre le bon ordre et l'intérêt public, de laisser au pouvoir des maris d'engager et d'absorber les propres de leurs femmes : *nam rei publicæ interest mulieres dotes salvas habere;* l. 2, ff. *de jur. dot.* C'est pourquoi, on a proscrit toutes les conventions qui tendraient à laisser ce pouvoir au mari; telles qu'est celle par laquelle une femme se priverait de renoncer à la communauté, pour se décharger des dettes immenses qu'un mari dissipateur aurait contractées.

2°. Il n'y a que les créanciers qui aient intérêt que la femme soit exclue du droit de renoncer à la communauté : le mari n'en a aucun, puisque, même en cas d'acceptation de la communauté, il est tenu d'acquitter la femme ou ses héritiers, de ce qu'ils paieraient de dettes au-delà de ce qu'ils amendent des biens de la communauté. Le futur époux, en stipulant, par le contrat de mariage, que la femme ne pourra renoncer à la communauté, stipulerait donc une chose à laquelle il n'a aucun intérêt, ce qui suffit pour que la convention soit nulle, suivant les principes que nous avons établis en notre Traité des obligations, *n.* 138.

Notre Coutume d'Orléans, *art.* 204, paraît néanmoins autoriser cette convention; car, après avoir dit qu'il est loisible à femme noble ou non noble de renoncer à la communauté, en faisant faire bon et loyal inventaire, elle ajoute ces termes, *sinon qu'il n'y eût convention au contraire.* L'annotateur de Lebrun prétend que ces derniers termes de l'article ne doivent pas se rapporter à ce qui est dit au commencement de l'article, qu'*il est loisible à la femme de renoncer à la communauté;* mais qu'ils doivent se rapporter à ceux-ci, *en faisant faire bon et loyal inventaire,* qui les précèdent immédiatement; et qu'en conséquence, la Coutume ne donne pas la permission de convenir que la femme ne pourra renoncer à la communauté, mais seulement de convenir que la femme ne serait pas obligée, pour renoncer, de faire un inventaire. Cette interprétation ne vaut rien : il n'est pas vraisemblable que la Coutume ait voulu approuver la convention, par laquelle la femme serait dispensée de faire inventaire pour renoncer. Cette convention, qui tendrait à procurer à la femme la facilité de tromper les héritiers ou les créanciers de son mari, étant une convention contraire aux bonnes mœurs, ne peut pas être valable: il vaut mieux dire que ces derniers termes de l'article de la Coutume d'Orléans s'y sont glissés par inadvertance, et qu'ils ne doivent avoir aucun effet.

Non-seulement on ne peut, par le contrat de mariage, priver la femme du droit de renoncer à la communauté; on ne peut pas non plus en priver les héritiers de la femme. Il y a même raison: toute convention, qui donne pouvoir au mari d'exténuer les propres de sa femme, est rejetée dans notre jurisprudence.

§ III. Quand et comment la renonciation à la communauté doit-elle se faire.

552. La renonciation de la femme à la communauté se faisait autrefois lors des obsèques du mari, avec certaines cérémonies. Après que le corps du mari avait été mis dans la fosse, la veuve, en signe de sa renonciation à la communauté, se déceignait, et jetait sur la fosse la bourse et les clefs qu'elle avait pendues à sa ceinture. Nous avons un monument de cet usage dans la Chronique de Monstrelet, *tome 1, chap. 17*, où il est dit que Marguerite, veuve de Philippe, duc de Bourgogne, qui mourut en 1404, renonça à la communauté, en mettant, sur la représentation du défunt, sa ceinture avec sa bourse et ses clefs, *comme il est de coutume, et de ce demanda instrument à un notaire qui était là présent.*

La Coutume de Meaux a conservé cet ancien usage: elle dit, en l'article 52, que la femme noble, après le décès de son mari, peut renoncer, *et en démonstrance doit mettre les clefs sur la fosse du trépassé, en déclarant qu'elle renonce,* etc. En l'article suivant, elle prescrit aux femmes roturières la même formalité, pour renoncer à la communauté.

La Coutume de Vitry-le-Français, *tit. 5, art. 91*, et celle de Bourgogne, *chap. 4, art. 20*, n'assujettissent à cette formalité que les veuves roturières. Depuis, cette formalité est entièrement tombée en désuétude, même dans les Coutumes qui l'exigent expressément. C'est ce qui nous est attesté par les commentateurs.

Plusieurs Coutumes veulent que la femme fasse sa renonciation à la communauté en justice, en personne, ou par procureur fondé de procuration spéciale.

Quelques Coutumes veulent qu'elle promette par serment, devant le juge, de mettre tous les effets de la communauté en évidence.

Quelques-unes veulent que la renonciation se fasse, l'héritier appelé, s'il est sur le lieu; sinon en présence du procureur du roi. Au contraire, la Coutume de Calais, qui veut que la femme fasse sa renonciation en jugement, la dispense expressément d'y appeler l'héritier.

Dans les Coutumes, qui ne se sont pas expliquées sur la manière dont doit se faire la renonciation à la communauté, il suffit de la faire par un acte devant notaires, par lequel la femme ou ses héritiers déclarent qu'ils renoncent à la communauté. Par arrêt rendu en forme de règlement, du 14 février 1701, il a été enjoint à tous notaires ou greffiers, qui reçoivent des actes de renonciation à la communauté, d'en garder une minute.

553. A l'égard du temps, auquel la renonciation à la communauté doit se faire, il est évident que la femme ne peut faire cette renonciation avant la dissolution de communauté; car ce n'est que par cette dissolution que le droit de la femme à la communauté est ouvert. Or, on ne peut renoncer à un droit qui n'est pas encore ouvert.

Les Coutumes se sont partagées sur le temps que la femme ou ses héritiers doivent avoir depuis la dissolution de la communauté, pour y renoncer.

Nous avons déjà vu que quelques-unes exigeaient que cette renonciation se fît lors des obsèques du mari. D'autres accordent, pour la faire, un temps de huit jours, d'autres un temps de vingt jours, trente jours, quarante jours, trois mois. Quelques-unes distinguent entre les veuves nobles et les roturières; comme celle de Mantes, qui accorde trois mois aux nobles, et quarante jours aux roturières; et celle de Tours, quarante jours aux nobles, et vingt jours aux roturières.

Les dispositions de ces Coutumes sur le terme, dans lequel doit se faire la renonciation à la communauté, sont réputées avoir été abrogées par l'Ordonnance de 1667, qui a réglé les délais que les veuves doivent avoir pour prendre qualité sur la communauté, comme nous l'allons voir. C'est ce qui m'a été attesté, pour la Coutume de Tours, par des officiers et des avocats de Tours que j'ai consultés. Vaslin, en son commentaire sur l'article 46 de la Coutume de la Rochelle, qui n'accorde que quarante jours à la veuve pour renoncer, atteste aussi que, suivant l'usage de cette province, cette disposition est regardée comme abrogée par l'Ordonnance de 1667, et qu'on y accorde aux veuves les délais de trois mois, pour faire inventaire, et de quarante jours pour délibérer, qui sont accordés par cette Ordonnance.

554. La Coutume de Paris, et une grande partie des Coutumes, n'ont limité aucun temps. Elles se contentent de dire qu'il est loisible à la femme de renoncer à la communauté, *la chose étant entière*, c'est-à-dire, tant qu'elle n'a pas accepté la communauté,

soit en prenant la qualité de commune, soit en faisant quelque acte de commune.

Suivant ces Coutumes, la femme ou ses héritiers sont toujours à temps de renoncer à la communauté, tant qu'ils ne l'ont pas acceptée, et qu'ils ne sont pas poursuivis.

Mais lorsque la veuve est poursuivie par quelques créanciers de la communauté, pour payer sa part d'une dette de la communauté, elle doit s'expliquer sur la qualité qu'elle entend prendre.

Il faut, néanmoins, distinguer si les délais, que l'Ordonnance accorde pour prendre qualité, sont expirés ou non. L'Ordonnance en accorde deux; savoir, un de trois mois pour faire inventaire, afin qu'elle puisse s'instruire, par cet inventaire, des forces de la communauté. Ce délai court du jour de la mort de son défunt mari, si elle était sur le lieu où son mari est mort; sinon, du jour qu'elle en a eu connaissance, et elle est présumée avoir eu cette connaissance au bout du temps qui est nécessaire pour l'avoir, si le contraire n'est justifié. Outre ce délai de trois mois, qui est accordé à la veuve pour faire cet inventaire, l'Ordonnance lui en accorde un de quarante jours pour délibérer, lequel commence à courir du jour que l'inventaire a été achevé, ou qu'il a dû être achevé : car si, par la négligence de la femme, l'inventaire n'avait pas été achevé dans les trois mois, le délai de quarante jours commencerait à courir du jour de l'expiration du temps du premier délai de trois mois, qui est le temps auquel l'inventaire aurait dû être achevé.

Si, lors de la demande du créancier, ces délais ne sont pas expirés, la veuve assignée peut arrêter ses poursuites, en lui opposant qu'elle est dans ses délais.

Après l'expiration de ces deux délais, soit qu'ils fussent déjà expirés, lors de la demande du créancier, soit qu'ils ne l'aient été que depuis, la femme doit s'expliquer précisément, et rapporter un acte de renonciation à la communauté, si elle veut éviter la condamnation.

555. La femme, poursuivie par un créancier de la communauté, ne peut lui opposer d'autres délais, que ceux réglés par l'Ordonnance de 1667, quoique, par une clause de son contrat de mariage, on lui eût accordé un délai plus long; car cette convention ne peut être valable que vis-à-vis des héritiers du mari, et ne peut nuire à ce créancier, qui n'était pas partie à la convention.

556. Faute par la femme, après les délais expirés, d'avoir rapporté sa renonciation, le juge la condamne à payer la dette; de la même manière que si elle était commune. Mais, sur l'appel, et jusqu'à ce qu'il ait été rendu un jugement, qui ait passé en force de chose jugée, la femme est encore à temps de rapporter sa renonciation; auquel cas, elle doit être déchargée de la condamna-

tion, et condamnée seulement aux dépens faits jusqu'au jour auquel elle l'a rapportée.

557. Lorsque la femme, qui n'a point rapporté de renonciation, a été condamnée par un arrêt, ou un jugement dont il ne peut y avoir d'appel, cet arrêt l'oblige envers le créancier qui a obtenu la condamnation, à lui payer la somme en laquelle elle a été condamnée envers lui, de même que si elle était commune ; mais cet arrêt ne la rend pas commune, et n'empêche pas qu'elle ne puisse opposer un acte de renonciation à d'autres créanciers, qui, depuis cet arrêt, lui demanderaient le paiement d'autres dettes de la communauté : car c'est un principe, qu'un jugement ne peut acquérir de droit qu'à la partie qui l'a obtenu : *Res inter alios judicatæ, neque emolumentum afferre his, qui judicio non interfuerunt, neque præjudicium solent irrogare ;* l. 2, cod. quib. res judic. non noc.

558. La Coutume ne permettant à la femme de renoncer à la communauté, que tant que la chose est entière; lorsqu'elle a cessé de l'être par une acceptation expresse ou tacite, que la femme a faite de la communauté, il ne lui est plus, dès-lors, loisible de renoncer à la communauté; et la renonciation, qu'elle ferait depuis, serait nulle, tant vis-à-vis des héritiers de son mari, auxquels elle ne peut plus demander la restitution de son apport, dont elle a stipulé la reprise en cas de renonciation, que vis-à-vis des créanciers de la communauté, envers lesquels, nonobstant cette renonciation, qui est nulle, elle doit être condamnée à leur payer sa part, des dettes de la communauté; sauf à elle à user du privilége qu'elle a, de n'en être tenue que jusqu'à concurrence de ce qu'elle a amendé de la communauté, en leur comptant de tout ce qu'elle a amendé, et en leur représentant un bon et loyal inventaire, comme nous le verrons en son lieu.

Si, néanmoins, la femme était mineure, lorsqu'elle a accepté la communauté, elle peut prendre des lettres de rescision contre son acceptation, si elle lui est préjudiciable; et son acceptation étant anéantie par l'entérinement desdites lettres, *la chose est entière,* et elle peut valablement renoncer à la communauté.

La femme, qui a accepté la communauté en majorité, ne peut se faire restituer contre son acceptation, quelque préjudiciable qu'elle lui soit, à moins qu'elle n'eût la preuve de quelque supercherie employée par les héritiers du mari, pour lui faire faire cette acceptation; comme s'ils avaient supposé de fausses lettres, par lesquelles on annonçait le retour inespéré dans un port de France, d'un vaisseau qu'on avait cru perdu, et sur lequel le défunt avait un très-gros intérêt; et que, sur la foi de ces fausses lettres, qu'on aurait représentées à la femme, elle eût accepté la communauté.

559. Quoique la femme, qui a accepté la communauté, ne

puisse plus y renoncer, néanmoins, si elle a fait cette acceptation en fraude de ses créanciers, pour décharger les héritiers de
son mari de la reprise de son apport, stipulée par le contrat de
mariage, en cas de renonciation à la communauté, les créanciers
de la femme peuvent, en ce cas, sur la demande par eux formée
contre les héritiers du mari, faire déclarer nulle et frauduleuse
l'acceptation de la communauté faite par la femme, et, sans y
avoir égard, exercer la reprise de l'apport de la femme leur débitrice, en leur abandonnant toute la part de la femme en la
communauté.

Tout ce que nous avons dit jusqu'à présent de la femme, reçoit
application à l'égard des héritiers de la femme.

§ IV. De l'inventaire que la femme doit faire, pour être reçue à renoncer à la communauté.

560. Lorsque la dissolution de communauté arrive par le prédécès du mari, les Coutumes ont voulu que la femme, pour être
admise à renoncer à la communauté, ait fait un bon et loyal inventaire. C'est la disposition de l'article 237 de la Coutume de
Paris, qui porte : « Il est loisible à toute femme de renoncer,
» après le trépas de son mari, à la communauté...... en faisant
» faire bon et loyal inventaire. »

La raison, pour laquelle cet inventaire est requis, est afin que
la femme, qui, par le prédécès de son mari, se trouve en possession de tous les effets de la communauté, justifie par cet inventaire, soit aux héritiers, soit aux créanciers de son mari, qu'elle
abandonne tous les effets de la communauté, qu'elle est obligée
d'abandonner en renonçant à la communauté.

561. La femme n'est obligée à faire cet inventaire, pour être
admise à renoncer à la communauté, que lorsque c'est par le prédécès du mari qu'arrive la dissolution de communauté : mais lorsque c'est du vivant du mari, par une sentence de séparation, que
la dissolution de communauté arrive, la femme peut renoncer à
la communauté sans inventaire, parce que ce n'est pas elle, en
ce cas, c'est le mari qui se trouve en possession des effets de la
communauté.

562. Par la même raison, les héritiers de la femme peuvent
renoncer à la communauté, sans inventaire, lorsque la dissolution
de la communauté arrive par le prédécès de la femme.

563. Par la même raison, quoique ce soit par le prédécès du
mari, que la dissolution de communauté soit arrivée, si la femme,
qui ne demeurait pas alors avec son mari, ne s'est trouvée en possession de rien, et que ce soient, au contraire, les héritiers du
mari qui se soient mis en possession de tous les effets de la communauté, la renonciation de la femme peut être valable sans in-

ventaire. C'est l'avis de Ricard et de Fortin, sur l'*article* 237 de la Coutume de Paris. C'est ce qui a été jugé par arrêt du 7 février 1707, rapporté par Augear, *t.* 2, *chap.* 69, et par l'annotateur de Lebrun. Dans l'espèce de cet arrêt, la veuve, lors de la mort de son mari, s'était trouvée dans un couvent, où son mari l'avait fait renfermer pour cause de démence. Le curateur nommé, après la mort du mari, à cette veuve, renonça pour elle à la communauté, sans inventaire : par l'arrêt, la renonciation fut déclarée valable contre un créancier qui la débattait.

564. Lorsque la veuve s'est trouvée en possession des biens de la communauté, elle ne peut, à la vérité, renoncer sans inventaire; mais, s'il en avait été fait un après la mort du mari, à la requête des héritiers du mari, la femme ne serait pas obligée, pour renoncer, d'en faire un autre : il lui suffit d'employer celui qui a été fait à la requête des héritiers; et, si elle a connaissance de quelques effets omis, elle doit les y ajouter.

Si le mari, peu avant sa mort, avait fait un inventaire de ses effets, *putà*, pour dissoudre une société, en laquelle il était avec un tiers, il suffirait à la femme de faire un récolement, qui contiendrait ceux des effets compris dans cet inventaire, qui ne se sont plus trouvés lors de la mort, et ceux qui se sont trouvés lors de la mort, et qui n'y ont point été compris.

Lorsqu'après la mort du mari, il a été fait, par quelque créancier, une saisie générale et une vente, la femme peut employer, pour inventaire, les procès-verbaux de saisie et de vente.

565. Il ne suffit pas à la veuve, pour se dispenser de rapporter un inventaire, de dire que son mari n'a laissé à sa mort aucuns effets; elle doit le justifier par un procès-verbal de carence. *Acte de notoriété* du 23 *février* 1708.

566. L'inventaire doit être fait devant notaires. Il en doit rester minute, afin qu'il ne soit pas au pouvoir de la femme de le faire paraître à son gré. *Arrêt de Règlement du* 14 *février* 1701, envoyé *dans les siéges du ressort, rapporté par Joui.*

Au surplus, sur la forme, et sur les personnes avec qui doit être fait l'inventaire, voyez ce qui sera dit *infrà, part.* 4.

567. Pour que la femme puisse renoncer, il n'est pas nécessaire que son inventaire ait été clos et affirmé en justice; cette clôture n'est requise par l'article 241, que pour le cas dudit article, qui concerne la continuation de communauté : et cela a été jugé par arrêt du 18 novembre 1600, rendu *consultis classibus*, rapporté par Fortin, et dans le recueil de Joui. C'est aussi l'avis de Lebrun.

§ V. Des effets de la renonciation à la communauté.

568. PREMIER EFFET. L'effet de la renonciation de la femme ou

de ses héritiers, est de les exclure des biens de la communauté, desquels, en conséquence, le mari ou ses héritiers demeurent propriétaires pour le total, *jure non decrescendi.*

La femme, qui renonce à la communauté, est exclue du préciput stipulé par le contrat de mariage, au profit du survivant, sur les biens de la communauté, à moins qu'il ne fût dit, par le contrat de mariage, qu'elle aurait ce préciput, même en cas de renonciation.

569. On doit, néanmoins, lui laisser une robe, et le reste de ce qui forme un habillement complet, quand même il n'y aurait aucun préciput stipulé par le contrat de mariage; car *non debet abire nuda.*

Quelques Coutumes, comme Bourbonnais, *art.* 245, veulent que l'habillement, que la femme peut retenir en renonçant, ne soit ni le meilleur, ni le pire. Chauni, *art.* 136, a la même disposition. Bar, *art.* 80, lui laisse ceux qu'elle portait les jours de fêtes.

Dans les Coutumes, qui ne s'en sont pas expliquées, je crois qu'on ne doit pas envier à la veuve le choix de son meilleur habillement.

La Coutume de Tours, *art.* 293, est plus libérale envers les femmes qui renoncent à la communauté : elle donne, en ce cas, à la veuve, un lit garni, ses heures et patenôtres, une de ses meilleures robes, et l'autre moyenne, tant d'hiver que d'été. Celle de Lodunois a à peu près la même disposition.

570. Quoiqu'en cas de renonciation à la communauté, tous les effets de la communauté appartiennent à la succession du mari, il est, néanmoins, d'usage que la femme puisse, jusqu'à la fin de l'inventaire, vivre, avec ses domestiques, des provisions qui se sont trouvées dans la maison à la mort du mari, sans que les héritiers du mari soient reçus à lui demander le prix de ce qu'elle en a consommé.

571. A plus forte raison, les héritiers du mari ne sont pas recevables à faire supporter à la veuve aucun loyer de la maison, où elle est restée après la mort de son mari; car c'est la communauté qui est censée avoir occupé la maison, par les effets qu'elle y avait, et dont la femme, qui est restée dans la maison, n'était que la gardienne : c'est donc la communauté qui doit le loyer de la maison.

Même, après que la maison a cessé d'être occupée par les meubles de la communauté, il n'est pas d'usage que les héritiers du mari exigent de la veuve le loyer de cette maison, jusqu'au prochain terme, en quoi ils souffrent peu; car ils n'eussent pas trouvé à la louer en sur-terme.

Au moins, en prenant les choses à la rigueur, la femme ne devrait le loyer que de la partie qu'elle en a occupée.

572. La femme ou ses héritiers, en renonçant à la communauté, renoncent non-seulement aux biens, dont la communauté se trouve composée lors de sa dissolution, mais à tout ce qu'elle en a tiré, pendant qu'elle a duré, pour ses affaires particulières; et elle doit, en conséquence, récompense aux héritiers du mari, de tout ce qu'elle en a tiré, à l'exception seulement de ce qui en a été tiré pour ses alimens, et pour l'entretien de ses héritages propres, ces choses étant des charges de la communauté.

Nous traiterons cette matière plus amplement *infrà*.

573. SECOND EFFET. Le second effet de la renonciation à la communauté, est que la femme, ou ses héritiers, qui ont renoncé à la communauté, sont déchargés de toutes les dettes de la communauté.

Ils en sont déchargés même envers les créanciers, lorsque la femme n'était pas obligée en son propre nom. Au contraire, si la dette de la communauté procède de son chef, ou qu'elle s'y soit obligée en son propre nom, ayant été partie dans le contrat avec son mari, qui l'a autorisée, la femme et ses héritiers, nonobstant la renonciation, en sont tenus envers le créancier; mais ils en doivent être acquittés par les héritiers du mari.

574. A l'égard des dettes, auxquelles la femme ne s'est pas obligée en son nom, la femme et ses héritiers n'en sont pas tenus, même envers le créancier, quand même ce seraient des dettes dont il pourrait sembler que la femme a profité; telles que sont celles du boulanger, du boucher, du marchand qui a vendu les étoffes dont elle est habillée. Denisart rapporte un arrêt du 22 juillet 1762, qui a donné à une veuve, qui avait renoncé à la communauté, congé de la demande du boucher, pour fournitures de viande jusqu'à la mort de son mari, en infirmant une sentence du Châtelet, qui avait fait droit sur la demande.

La raison est, que la femme est censée avoir payé à son mari tout ce qu'elle a consommé de ces différentes fournitures, par la jouissance de la dot qu'elle lui a apportée *ad sustinenda onera matrimonii*. L'ayant payé à son mari, elle ne doit pas être obligée à le payer une seconde fois aux marchands qui n'ont contracté qu'avec son mari, et non avec elle : ils ne sont pas plus fondés à le lui demander, que ne le serait un boulanger, qui aurait fourni du pain à un maître de pension, et qui s'aviserait d'en demander le prix aux pensionnaires qui l'ont mangé.

Cette décision doit avoir lieu, quand même la femme aurait arrêté les parties, ou fait elle-même les emplettes : car elle n'est censée faire cela, que pour et au nom de son mari; elle n'est pas censée vouloir, par-là, s'obliger en son nom.

Cela a été jugé par arrêt du 16 février 1694, rapporté au cinquième tome du Journal des Audiences.

575. Il en est de même de tous les marchés, qu'une femme de

marchand ou d'artisan fait pour le commerce de son mari : elle est censée les faire pour son mari, sans vouloir s'obliger en son nom. Mais, lorsqu'elle fait elle-même un commerce séparé, elle est censée s'obliger en son nom pour tout ce qui est relatif à ce commerce. C'est pourquoi, en renonçant à la communauté, elle est tenue de ces dettes envers les créanciers, avec qui elle a contracté, sauf son recours contre les héritiers de son mari, qui l'en doivent acquitter.

576. La femme, qui renonce à la communauté, doit aussi être acquittée entièrement par la succession de son mari, des frais de l'inventaire, quoique fait à la requête de ladite femme. Lebrun lui en fait porter moitié; mais je crois que c'est une erreur. Ces frais sont une charge privilégiée des biens de la communauté, qu'il était nécessaire de constater par un inventaire : ils doivent, par conséquent, être acquittés sur lesdits biens, et non par la veuve; de même que, dans le cas d'une succession bénéficiaire, les frais d'inventaire se paient sur les biens de la succession, et non par l'héritier bénéficiaire. Lebrun tire argument, pour son opinion, de l'article 107 de la Coutume de Troyes, qui dit que le *survivant* paiera la moitié des frais dudit inventaire. La réponse est, que cet article suppose le cas d'acceptation, comme le plus commun.

ARTICLE III.

Du cas auquel la femme laisse plusieurs héritiers, dont les uns acceptent la communauté, et les autres y renoncent.

577. Le droit, qu'a la femme, d'avoir moitié dans les biens dont la communauté se trouve composée, lors de sa dissolution, est, suivant les principes que nous avons établis en notre Traité des obligations, *n.* 288, un droit divisible, puisqu'il a pour objet quelque chose de divisible; cette moitié dans lesdits biens, qui fait l'objet de ce droit, étant, ainsi que lesdits biens, quelque chose de divisible.

De-là il suit, suivant les mêmes principes, que, lorsque la femme laisse plusieurs héritiers, ce droit, qu'a la femme, d'avoir moitié dans les biens de la communauté, se divise de plein droit, de même que tous les autres droits divisibles de la succession, entre ses héritiers, lesquels y succèdent chacun pour leur part héréditaire. Par exemple, si la femme laisse quatre héritiers, chacun de ses héritiers succédera, pour un quart, à la part de la femme, et aura un quart en la moitié des biens de la communauté.

578. Cela est sans difficulté, lorsque tous les héritiers acceptent la communauté; mais si trois desdits héritiers renoncent à la

communauté, et qu'un seul l'accepte, cet acceptant aura-t-il en entier la moitié de la femme dans les biens de la communauté, ou n'aura-t-il que son quart de ladite moitié?

Lebrun décide qu'il aura la moitié en entier. Cette décision me paraît contraire aux premiers principes. Ces trois héritiers de la femme ont bien renoncé à la communauté, pour la part qu'ils y avaient, mais ils n'ont pas renoncé à la succession de la femme. Celui, qui a accepté la communauté, n'est toujours, nonobstant cette renonciation de ses cohéritiers, héritier de la femme que pour un quart; et, par conséquent, il n'est successeur aux droits de la femme que pour un quart; et, par conséquent, il ne peut succéder que pour un quart au droit de la femme, dans les biens de la communauté, de même qu'à tous les autres droits de la succession.

Ce n'est donc point à lui que doivent accroître les parts, auxquelles ses cohéritiers ont renoncé : elles doivent, par leur renonciation, demeurer au mari, *jure non decrescendi,* par la même raison que la part de la femme serait demeurée en entier au mari, si la femme, ou tous les héritiers de la femme, avaient renoncé à la communauté.

Chacun des quatre héritiers de la femme, qui a succédé pour son quart au droit de la femme aux biens de la communauté, a, pour son quart, le même droit que la femme. Par conséquent, de même que la femme, si elle eût survécu, n'eût pu renoncer à la communauté, pour se décharger des dettes, qu'en laissant aux héritiers de son mari tout son droit dans les biens de la communauté; de même, chacun de ses héritiers ne peut renoncer à la communauté, qu'en laissant au mari le droit auquel il a succédé à la femme dans les biens de la communauté, pour la part qu'il y a.

Il résulte de tout ceci, que, dans l'espèce proposée, lorsque la femme a laissé quatre héritiers, dont trois ont renoncé à la communauté, et un seul l'a acceptée, celui, qui l'a acceptée, ne doit avoir que son quart en la moitié, et le mari doit avoir le surplus; savoir, la moitié de son chef, et les trois quarts dans l'autre moitié, qui sont les portions auxquelles les trois autres héritiers ont renoncé.

On ne peut tirer aucun argument du droit d'accroissement, qui a lieu entre les légataires d'une même chose, pour l'accroissement des parts des héritiers de la femme, qui ont renoncé à la communauté, à celle de celui qui l'a acceptée.

Le droit d'accroissement, qui a lieu entre les légataires, n'a lieu qu'entre ceux qui sont *conjuncti re,* soit qu'ils soient *conjuncti re et verbis,* soit qu'ils le soient *re tantùm ;* c'est-à-dire, entre ceux à chacun desquels le testateur a légué la chose entière, de manière qu'il n'y eût que leur concurrence qui dût partager entre eux la chose léguée.

Lorsque l'un de ces légataires conjoints prédécède, ou répudie le legs, la part, qu'il eût eue dans le legs, s'il l'eût accepté, doit accroître, ou plutôt ne pas décroître à celui qui l'a accepté, parce qu'il est légataire de la chose entière, et qu'il n'y avait conséquemment que la concurrence de son co-légataire qui a renoncé, qui eût pu le priver d'une part de la chose.

Mais lorsque le testateur a assigné à chacun de ses légataires une part dans la chose qu'il leur a léguée, quoique par une même phrase, comme lorsqu'il a dit : Je lègue à Titius et à Caïus une telle chose par égales portions, *ex œquis partibus*, ces légataires sont *conjuncti verbis tantùm, qui ab initio partes habent*, et il n'y a pas lieu entre eux au droit d'accroissement, à moins que le testateur ne s'en soit expliqué. C'est pourquoi, si l'un d'eux répudie le legs, celui, qui a accepté, n'aura que la moitié qui lui a été assignée dans la chose léguée, sans pouvoir prétendre l'accroissement de la part de celui qui a répudié; car il n'est légataire que de sa moitié. C'est ce qui est décidé en la loi 11., *de usufr. accr.* C'est ce que dit Cujas, *ad l. 16, ff. de leg. 1°.*

En faisant l'application de ces principes aux héritiers d'une femme, qui ont succédé à son droit de communauté, et dont l'un a accepté la communauté, et les autres y ont renoncé, il est évident que ces héritiers ne peuvent être comparés à ces légataires, qui sont *conjuncti re*, et entre lesquels il y a lieu au droit d'accroissement : au contraire, ils ressemblent à ceux qui *ab initio partes habent*. Ces héritiers, de même que ces légataires, *ab initio partes habuerunt;* ils n'ont chacun succédé que pour leur part, au droit de la femme à la communauté : d'où il suit que, de même qu'il n'y a pas lieu au droit d'accroissement entre ces légataires, qui ne sont point *conjuncti re*, et qui, au contraire, *ab initio partes habent,* il ne doit pas non plus y avoir lieu au droit d'accroissement entre ces héritiers.

579. Passons à une autre question. En retenant l'espèce de quatre enfans, héritiers de leur mère, dont un accepte la communauté, et les trois autres y renoncent : si, par le contrat de mariage, la reprise de l'apport de la femme avait été stipulée au profit des enfans, en cas de renonciation, pour quelle part chacun des enfans, qui ont renoncé à la communauté, aura-t-il la reprise de cet apport, et par qui la reprise de cet apport est-elle due? Le droit de reprise de l'apport de la femme, en cas de renonciation, étant un droit divisible de sa succession, chacun des quatre enfans y a succédé pour sa part héréditaire, c'est-à-dire, pour un quart : d'où il suit que chacun des trois, qui ont renoncé, ne peut exercer cette reprise que pour un quart. A l'égard du quart, que celui, qui a accepté la communauté, aurait eu, s'il eût pareillement renoncé, il en a fait

confusion par son acceptation de la communauté, et ce quart de l'apport est demeuré confondu dans les biens de la communauté.

Cela est sans difficulté. Il y en a plus sur la question de savoir par qui est due cette reprise. L'enfant, qui a accepté la communauté, est-il tenu d'y contribuer pour le quart, en la moitié qu'il a dans les biens de la communauté? ou le mari est-il seul tenu d'acquitter cette reprise envers les trois enfans qui ont renoncé? Pour y faire contribuer l'enfant, qui a accepté, on dira que l'apport de la femme étant entré dans la communauté, la reprise de cet apport est une dette de la communauté, dont l'enfant acceptant doit être tenu, de même que de toutes les autres dettes de la communauté, pour la part qu'il a dans la communauté.

On dira encore que la reprise de l'apport, de même que les autres reprises, s'exerce sur la masse des biens de la communauté, laquelle étant par-là diminuée, la part, que l'enfant acceptant a dans cette masse, se trouve diminuée à proportion; et l'enfant, par ce moyen, contribue à cette reprise pour sa part. Nonobstant ces raisons, je pense qu'on doit décider que le mari doit payer seul, aux trois renonçans, la part que chacun d'eux a dans l'apport de la femme, sans que l'enfant acceptant soit tenu d'y contribuer; et qu'en conséquence la reprise ne doit pas en être faite, en ce cas, sur la masse des biens de la communauté. La raison est, que l'enfant, qui renonce pour sa part à la communauté, et demande pour sa part l'apport de sa mère, abandonne au mari l'apport qu'il a dans la communauté, pour la part qu'il a dans l'apport de sa mère, à laquelle il se tient : cette part de l'apport de sa mère, est le prix de l'abandon qu'il fait au mari de sa part en la communauté. Or, le mari profitant seul de l'abandon de cette part, qui demeure par-devers lui, *jure non decrescendi*, comme nous l'avons vu *suprà*, n. 544, c'est lui seul qui doit être tenu du prix de cet abandon.

580. Passons, à présent, au cas auquel la femme a laissé des héritiers à différentes espèces de biens; l'un à ses meubles et acquêts, l'autre à ses propres d'une certaine ligne. La part des dettes de la communauté, dont la succession de la femme est tenue, en cas d'acceptation de la communauté, devant être, en ce cas, supportée, tant par l'héritier aux propres, que par l'héritier aux meubles et acquêts, à proportion de ce que chacun a dans l'actif de la succession, quoique l'héritier aux propres ne succède à rien des choses qui composent la communauté, il s'ensuit que ces héritiers ont des intérêts opposés, par rapport au parti de l'acceptation de la communauté et à celui de la renonciation à la communauté. L'héritier aux propres, qui, en cas d'acceptation de la communauté, ne succède à rien de ce qui en compose l'ac-

tif, et porte néanmoins sa part des dettes de ladite communauté, a intérêt d'y renoncer, quelque avantageuse que soit en elle-même la communauté: pourra-t-il, au préjudice de l'héritier aux meubles et acquêts, renoncer à une communauté qui est en elle-même avantageuse; et, par ce moyen, se décharger de la part des dettes qu'il en doit supporter, qu'il fera retomber sur l'autre héritier?

Vice versâ, l'héritier aux meubles et acquêts peut quelquefois avoir intérêt d'accepter une communauté onéreuse, parce qu'en succédant seul à tout ce qui en compose l'actif, il se décharge d'une partie du passif, sur l'héritier aux propres: pourra-t-il, au préjudice de l'héritier aux propres, accepter une communauté qui en elle-même est plus onéreuse que profitable?

Vaslin, sur la Coutume de la Rochelle, prétend, d'après Lebrun qu'il cite, que l'héritier aux meubles et acquêts peut accepter la communauté, quoique manifestement mauvaise, au préjudice de l'héritier aux propres, qu'il fera contribuer à la part des dettes de la communauté, dont la succession de la femme est chargée. Il se fonde sur ce que l'article 229 de la Coutume déférant la moitié de la communauté aux héritiers, il a, dit-il, cette part de son chef; d'où il conclut qu'il peut à son gré l'accepter, sans que l'héritier aux propres puisse critiquer son acceptation; et que ce n'est pas le cas d'entrer dans l'examen du *quid utilius*, et de ce qu'aurait dû faire la défunte, puisque ce n'est pas du chef de la défunte, mais de son propre chef qu'il l'accepte. Cette opinion me paraît injuste, et fondée sur un faux principe. Il est faux que l'héritier aux meubles et acquêts ait de son chef la part des biens de la communauté. Il a cette part comme héritier de la femme, comme représentant la personne de la femme, et comme trouvant dans la succession de la femme le droit d'accepter cette part des biens de la communauté. S'il ne l'avait pas de cette manière, s'il l'avait de son chef, comme le prétend Vaslin, il s'ensuivrait qu'il serait tenu seul de toutes les dettes de la communauté, dont cette part des biens de la communauté est chargée, et qu'il ne pourrait y faire contribuer en rien l'héritier aux propres. Ce droit d'accepter ou de répudier la communauté, est donc un droit de la succession de la femme, qui n'est qu'une seule et unique succession, quoique la loi y appelle plusieurs personnes auxquelles elle en distribue l'actif et le passif. Ce droit intéresse différemment l'héritier aux meubles et acquêts, qui a intérêt à l'acceptation, devant succéder à l'actif, et l'héritier aux propres, qui ne peut succéder qu'au passif. Ce choix, intéressant différemment les différens héritiers, ne doit pas se faire suivant l'intérêt particulier ni de l'un ni de l'autre des héritiers, mais suivant l'intérêt général de la succession. Les différens héritiers, représentant tous ensemble la personne de la femme, doivent faire pour elle le choix qu'elle ne peut plus faire par elle-même, mais qu'elle a intérêt de faire, en la considérant comme se survivant à elle-même par sa succession.

Il faut donc, pour ce choix, entrer dans l'examen du *quid utilius*; c'est-à-dire, qu'il faut examiner, non l'intérêt particulier de l'un ou de l'autre des héritiers de la femme, mais l'intérêt général de sa succession. Si, par cet examen, il paraît que la communauté est en elle-même avantageuse, et qu'il est, en conséquence, de l'intérêt général de la succession de la femme de l'accepter, on doit, en ce cas, faire prévaloir le parti de l'acceptation; et l'héritier aux propres n'est pas recevable à se décharger de la part, qu'il doit supporter dans le passif de la communauté, en déclarant qu'il y renonce. Au contraire, s'il est trouvé que la communauté est en elle-même plus onéreuse que profitable, et qu'en conséquence il est de l'intérêt général de la succession de la femme d'y renoncer, on doit, en ce cas, faire prévaloir le parti de la renonciation; l'héritier aux meubles et acquêts ne peut pas, en acceptant cette communauté, faire rien supporter du passif de cette communauté, à l'héritier aux propres.

Quelquefois c'est l'héritier aux propres de la femme, qui a intérêt à l'acceptation de la communauté, comme dans le cas où elle se trouverait presque entièrement composée de propres de la ligne de cet héritier, que la femme y aurait ameublis. Si, en ce cas, l'héritier aux propres voulait accepter la communauté, pour succéder à ses propres ameublis, et que l'héritier aux meubles et acquêts voulût y renoncer, il faudrait entrer dans l'examen du *quid utilius*, comme dans l'espèce précédente; et, si la communauté était trouvée être en elle-même avantageuse, l'héritier aux meubles et acquêts ne pourrait pas, en déclarant qu'il y renonce, se décharger de la part qu'il doit supporter dans le passif de cette communauté. Au contraire, si elle est trouvée être plus onéreuse que profitable, l'héritier aux propres, qui l'a acceptée, ne pourra rien faire supporter du passif de cette communauté, à l'héritier aux meubles et acquêts qui y renonce.

584. Lorsque la femme a laissé pour successeur un héritier qui se tient aux quatre quints des propres, et un légataire universel, dans le legs duquel tombe tout l'actif de la communauté, pour la part qu'y avait la femme; si l'héritier avait renoncé à la communauté, avant que de saisir le légataire universel de son legs, il faudrait, avant que de saisir le légataire universel de son legs, il faudrait, en ce cas, entrer dans l'examen du *quid utilius*. Si, par cet examen, la communauté se trouvait être en elle-même avantageuse, en ce cas, le légataire universel, nonobstant la renonciation à la communauté, faite par l'héritier, qui n'a pu la faire à son préjudice, serait reçu, en sa qualité de légataire uni-

versel, à accepter la communauté, et à faire supporter à l'héritier, qui s'est tenu aux quatre quints des propres, la part qu'il
doit supporter du passif de la communauté. Au contraire, si la
communauté était trouvée être plus onéreuse que profitable, le
légataire, en l'acceptant, ne pourrait rien faire porter du passif à
l'héritier.

QUATRIÈME PARTIE.

De la liquidation et du partage qui sont à faire après la dissolution de la communauté.

Nous traiterons, dans un premier chapitre, des différentes créances de chacun des conjoints contre la communauté, et des différentes dettes de chacun desdits conjoints envers elle. Dans un second chapitre, nous traiterons du partage des biens de la communauté, et des actes qui y sont préalables.

CHAPITRE PREMIER.

Des différentes créances de chacun des conjoints contre la communauté, et des différentes dettes de chacun desdits conjoints envers la communauté.

582. Après la dissolution de la communauté, on doit liquider les créances, que chacun des conjoints a contre la communauté, et les dettes, dont chacun des conjoints est débiteur envers la communauté.

Cette liquidation est nécessaire, en cas d'acceptation de la communauté par la femme ou ses héritiers, afin que chacun des conjoints (ou ses héritiers) puisse, au partage qui se fera des biens de la communauté, exercer sur les biens de la communauté la reprise de la somme dont il se sera trouvé créancier de la communauté, déduction faite de celle dont il était débiteur envers elle; et que, dans le cas où l'un ou l'autre des conjoints se serait trouvé débiteur de quelque somme envers la communauté, déduction faite de ce qui lui est dû par la communauté, cette somme, dont il s'est trouvé redevable envers la communauté, lui soit, au partage, précomptée sur sa part.

583. Dans le cas de la renonciation à la communauté par la femme ou ses héritiers, il est inutile de liquider les créances, qu'a le mari contre la communauté, et les dettes, dont il est débiteur envers la communauté : car demeurant, par cette renonciation, seul propriétaire des biens, et seul tenu des dettes de la

communauté, il fait confusion sur lui de tout ce qui lui est dû par la communauté, et de tout ce qu'il lui doit.

A l'égard de la femme, il faut, dans le cas de renonciation à la communauté, de même que dans celui de l'acceptation, liquider les créances de la femme contre la communauté; car elle a, pour ses créances, action contre le mari ou ses héritiers; et il faut pareillement liquider les dettes, dont elle est tenue envers la communauté, la somme, dont elle se trouvera redevable, devant lui être déduite sur la restitution de sa dot.

Nous parcourrons, dans une première section, les différentes espèces de créances, que chacun des conjoints peut avoir contre la communauté; et, dans une seconde section, les différentes espèces de dettes dont ils peuvent être débiteurs envers la communauté.

SECTION PREMIERE.

Des différentes créances des conjoints contre la communauté.

584. La première espèce de créance, que chacun des conjoints peut avoir contre la communauté, est la reprise de tout le mobilier, que chacun des conjoints s'est, par le contrat de mariage, réservé propre, et qui est entré dans la communauté, lors ou depuis le mariage. Nous avons déjà parlé de cette créance, *suprà*, *part.* 1, *chap.* 3, dans l'article où nous avons traité de la clause de réalisation.

La seconde espèce de créance de chacun des conjoints contre la communauté, est le remploi du prix de ses propres aliénés durant la communauté. Nous en traiterons en particulier dans le premier article de cette section. Nous parcourrons, dans un second article, les autres différentes espèces de créances des conjoints contre la communauté. Dans un troisième, nous observerons la différence entre l'homme et la femme, par rapport à ses créances.

ARTICLE PREMIER.

Du remploi du prix des propres des conjoints, aliénés durant la communauté.

585. Lorsque, durant la communauté, l'héritage propre de l'un ou de l'autre des conjoints a été aliéné, ou lorsque la rente propre de l'un d'eux a été rachetée, et que la communauté en a reçu le prix, s'il n'a pas été fait remploi en autres héritages ou rentes, de la manière dont il a été dit *suprà*, n. 198 *et* 199; celui des conjoints, à qui l'héritage ou la rente appartenait, est créancier de la communauté de ce prix.

Cela a toujours été sans difficulté, lorsque, par le contrat de mariage, il avait été stipulé que chacun des conjoints aurait remploi du prix de ses propres aliénés durant le mariage. A défaut de cette clause, par le contrat de mariage, ou du moins par l'aliénation, le conjoint ne pouvait autrefois prétendre aucun remploi ni reprise du prix. Comme c'était une voie ouverte aux conjoints, de s'avantager, la nouvelle Coutume de Paris, pour empêcher ces avantages indirects qui en résultaient, a accordé la reprise du prix, quoiqu'il n'y eût aucune convention. C'est la disposition de l'article 232, où il est dit : « Si, durant le mariage, est vendu » aucun héritage ou rente propre, appartenante à l'un ou à » l'autre des conjoints par mariage, ou si ladite rente est ra- » chetée, le prix de la vente ou rachat est repris sur les biens de » la communauté, au profit de celui à qui appartenait l'héritage » ou rente, encore qu'en vendant n'eût été convenu du remploi » ou récompense, et qu'il n'y ait eu aucune déclaration sur ce » fait. »

Cet article a été inséré dans la Coutume d'Orléans, *art. 192.*

Dans les Coutumes, qui ne s'en sont pas expliquées, on avait encore, depuis la réformation de la Coutume de Paris, suivi, pendant un peu de temps, l'ancienne jurisprudence, qui n'accordait aucune reprise, si elle n'avait été convenue par le contrat de mariage ou par l'aliénation; mais depuis, cette disposition de la Coutume de Paris a été étendue à toutes les Coutumes. C'est ce qui paraît par les arrêts rapportés par Brodeau sur Louet, *lettre R, ch. 30.*

Cette disposition de la Coutume de Paris est principalement fondée sur ce principe, qu'il n'est pas permis à l'un des conjoints par mariage d'avantager l'autre, à ses dépens, durant le mariage.

De-là, il suit que l'un des conjoints ne peut, à ses dépens, avantager la communauté durant le mariage; car, en avantageant sa communauté, il avantage l'autre conjoint, pour la part que l'autre conjoint doit avoir dans les biens de la communauté, lors de sa dissolution.

De-là, il suit que, lorsque le propre de l'un des conjoints a été aliéné durant la communauté, il doit, lors de la dissolution de la communauté, avoir la reprise sur les biens de la communauté, de tout ce qui est parvenu à la communauté, par l'aliénation de ce propre; autrement il aurait avantagé la communauté à ses dépens.

Quoique la disposition de l'article 232 de la Coutume de Paris ait été principalement faite pour empêcher les avantages indirects entre mari et femme, elle a, néanmoins, été étendue même aux*Coutumes qui leur permettent de s'avantager. Il a paru qu'il y aurait de l'inconvénient de permettre, dans ces

Coutumes, des avantages qui ne seraient pas l'effet d'une volonté expresse des parties.

Les principes, que nous avons exposés, servent à la décision de tout ce qui fera la matière de ce que nous allons traiter dans cinq paragraphes : 1° En quoi consiste la reprise, lorsque l'héritage propre de l'un des conjoints a été vendu durant la communauté. 2° Quelles espèces d'aliénations d'un héritage, ou autre droit immobilier propre de l'un des conjoints, donnent lieu à la reprise ; et en quoi consiste-t-elle dans chacune desdites espèces d'aliénations. Dans un troisième, nous verrons si la vente d'un office de la maison du roi, dont le mari était pourvu avant le mariage, donne lieu au remploi. Dans un quatrième, nous rapporterons un cas, auquel il y a lieu à la reprise du prix d'héritages aliénés avant que la communauté ait commencé. Dans un cinquième, nous verrons si le mari est tenu du remploi du prix des héritages de la femme, aliénés depuis la séparation.

§ I. En quoi consiste la reprise, lorsque l'héritage propre de l'un des conjoints a été vendu durant la communauté.

586. Suivant nos principes, que la reprise est due de ce qui est parvenu à la communauté, par l'aliénation du propre du conjoint, cette reprise ne doit être, ni du prix, auquel ce propre a été estimé par le contrat de mariage, ni de celui, qu'il valait lors de l'aliénation, mais précisément de celui, pour lequel il a été vendu, quand même il aurait été vendu au-dessous ou au-dessus de ce qu'il valait. C'est ce qui est décidé par l'article 232 de la Coutume de Paris, ci-dessus rapporté, qui porte : *Si, durant le mariage, est vendu aucun héritage propre,......* LE PRIX DE LA VENTE EST REPRIS.

587. Suivant les mêmes principes, ces termes de la Coutume, *le prix de la vente*, doivent s'entendre non-seulement du prix principal, mais de tout ce qui est accessoire de ce prix, et dont la communauté a profité ; comme de ce qui a été reçu pour pot de vin, pour épingles, ou sous quelqu'autre dénomination que ce soit, soit en argent, soit en effets mobiliers.

Par exemple, si j'ai vendu mon héritage propre durant la communauté avec ma femme, et que l'acheteur ait donné pour épingles à ma femme une belle robe, je dois avoir la reprise, non-seulement de la somme, qui a fait le prix principal de la vente de mon propre, mais encore de la somme que valait cette robe, qui a été donnée à ma femme pour épingles ; car cette robe faisait partie du prix de la vente de mon propre, et ma communauté en a profité.

588. Par la même raison, on doit comprendre *dans le prix de la vente*, dont la reprise est due, celui des charges appréciables

à prix d'argent, qui ont été imposées à l'acheteur, et dont la communauté a profité.

Par exemple, si un raffineur a, durant sa communauté, vendu son héritage propre à Pierre, pour une certaine somme, et à la charge que Pierre le servirait gratuitement, en qualité de contre-maître, pendant trois ans, la charge de ce service imposée à Pierre, est une charge appréciable à prix d'argent, et dont la communauté a profité, puisqu'elle a été déchargée, pendant ce temps de trois ans, des appointemens qu'il eût fallu donner à un contre-maître. Le raffineur doit donc avoir la reprise du prix de cette charge, c'est-à-dire, de la somme, à laquelle auraient monté les appointemens des trois années dont la communauté a été déchargée.

Par la même raison, le conjoint doit avoir la reprise du prix des charges qu'il a imposées sur son héritage propre en l'aliénant, lorsque c'est la communauté qui en profite. Par exemple, si le conjoint, en vendant une maison qui lui était propre, l'a chargée d'un droit de servitude envers la maison voisine, qui est un conquêt de sa communauté, il doit avoir la reprise du prix qu'on estimera valoir ce droit de servitude, dont la communauté profite aux dépens de ce conjoint, qui eût vendu sa maison plus cher, s'il l'eût vendue sans cette charge.

589. La communauté ne doit les intérêts du prix de la vente de l'héritage propre de l'un des conjoints, qu'elle a reçu, que du jour de la dissolution de la communauté. Elle n'en doit point pour tout le temps qui a couru, depuis qu'elle a reçu ce prix, jusqu'au temps de la dissolution de la communauté; car ils lui tiennent lieu des fruits de l'héritage qu'elle eût eus, si l'héritage n'eût pas été vendu.

590. Lorsque l'héritage a été vendu pour un seul prix, avec les fruits pendans; si la communauté a duré au-delà du temps de la récolte de ces fruits, on doit déduire, sur ce prix, celui des fruits pendans : car la communauté ne profite pas du prix desdits fruits, lesquels lui auraient appartenu, s'ils n'eussent pas été vendus; elle ne profite que du surplus : elle ne doit donc la reprise que du surplus.

Par la même raison, lorsque l'un des conjoints a vendu, durant la communauté, son héritage propre, pour un certain prix, que l'acheteur, qui entrerait en jouissance du jour du contrat, ne paierait, néanmoins, qu'au bout de trois ans sans intérêts; si la communauté a duré jusques et au-delà des trois ans, le conjoint ne peut prétendre la reprise de ce prix, que sous la déduction de celui des trois années de jouissance, qui auraient appartenu à la communauté, et qui est entré dans ce prix.

591. *Contrà*, *vice versâ*, si l'un des conjoints a vendu, durant la communauté, son héritage propre, pour un certain prix payé

comptant lors du contrat, et à la charge, néanmoins, que l'acheteur n'entrerait en jouissance qu'au bout de trois ans; si la communauté a duré jusqu'à ce temps, ce conjoint doit avoir la reprise non-seulement du prix porté au contrat, mais de ce que l'héritage aurait été vendu de plus sans la réserve de ses trois années de jouissance, réserve qui en a diminué le prix : autrement, ce serait une perte que ferait ce conjoint, dont la communauté profiterait, qui, pendant ces trois ans, a eu tout à la fois, et la jouissance de l'héritage, et la jouissance du prix.

592. Lorsque c'est un droit d'usufruit, ou de rente viagère, propre de l'un des conjoints, qui a été vendu durant la communauté, pour le prix d'une certaine somme d'argent payée comptant, le conjoint ne doit avoir la reprise de cette somme, que sous la déduction de ce dont la communauté aurait profité des revenus de cet usufruit, ou des arrérages de cette rente, pendant tout le temps couru, depuis la vente qui en a été faite, jusqu'à celui de la dissolution de communauté, au-delà des intérêts de la somme reçue pour le prix : car la communauté n'a profité de la somme reçue pour ce prix, que sous cette déduction.

Par exemple, je suppose qu'un droit d'usufruit, dont le revenu était, tous risques et charges déduits, de 1,000 livres par chacun an, ait été vendu pour le prix de 12,000 livres, et que la communauté ait duré dix ans, dans un temps auquel l'intérêt de l'argent était au denier vingt. Cet usufruit, s'il n'eût pas été vendu, aurait, pendant les dix ans courus depuis la vente, jusqu'à la dissolution de la communauté, produit par chacun an 400 livres de plus, ce qui fait pour les dix ans 4,000 livres. Le conjoint ne doit donc avoir la reprise de la somme de 12,000 livres, pour laquelle son propre a été vendu, que sous la déduction de ladite somme de 4,000 livres. Il n'importe, suivant cette opinion, que la dissolution de la communauté soit arrivée par le prédécès de celui des conjoints, à qui appartenait l'usufruit ou la rente viagère, ou par celui de l'autre conjoint. La reprise du prix se règle de cette manière en l'un et en l'autre cas.

§ II. Quelles espèces d'aliénations des héritages et droits immobiliers de chacun des conjoints, donnent lieu à la reprise; et en quoi consiste-t-elle dans le cas de chacune desdites espèces d'aliénations.

593. Ce n'est pas seulement la vente des propres de chacun des conjoints, qui donne lieu à la reprise; toutes les autres espèces d'aliénation desdits propres, par lesquelles il parvient à la communauté, soit quelque somme d'argent ou autre chose, soit quelque avantage appréciable à prix d'argent, y donnent pareillement lieu. C'est ce que nous allons faire voir, en parcourant les différentes espèces d'aliénations.

594. *La dation en paiement.* Lorsque l'un des conjoints a donné son héritage propre en paiement de quelques dettes de la communauté, il est créancier de la communauté, de la reprise du montant desdites dettes : car la communauté a profité d'autant par la libération desdites dettes, que lui a procurée l'aliénation du propre de ce conjoint, qui a été donné en paiement desdites dettes.

La donation rémunératoire. Lorsque l'un des conjoints a fait donation à quelqu'un de son héritage propre, en récompense de services; si ces services étaient appréciables à prix d'argent, et que la récompense de ces services fût due par la communauté, le conjoint sera créancier de la communauté, de la reprise du montant du prix de ces services, dont la communauté a été libérée : car cette donation est, jusqu'à concurrence du prix desdits services, une dation en paiement d'une dette de la communauté.

La donation onéreuse. Lorsque l'un des conjoints, par la donation qu'il a faite à quelqu'un, pendant la communauté, de son héritage propre, a imposé quelques charges au donataire; si ces charges sont appréciables à prix d'argent, et que ce soit la communauté qui en ait profité, le conjoint est créancier de la communauté, de la reprise du prix de ces charges, dont la communauté a profité; car c'est quelque chose qui est parvenu à la communauté, par l'aliénation de ce propre.

L'aliénation pour une rente viagère. Lorsque l'un des conjoints, durant la communauté, a aliéné son héritage propre, pour une rente viagère, la reprise, due à ce conjoint, consiste dans la somme dont les arrérages de la rente viagère, courus depuis l'aliénation de l'héritage, jusqu'à la dissolution de la communauté, excèdent les revenus dudit héritage, lesquels seraient tombés dans la communauté, si l'héritage n'eût pas été aliéné.

Par exemple, supposons qu'un héritage, dont le revenu était, tous risques et charges déduits, de 600 livres par chacun an, ait été aliéné pour une rente annuelle et viagère de 1,000 livres, et que la communauté ait duré dix ans, depuis l'aliénation de cet héritage : la rente viagère excède de 400 livres par chacun an le revenu de l'héritage; c'est, pour les dix années qui en ont couru pendant la communauté, une somme de 4,000 livres, dont la communauté a profité, et dont le conjoint, qui a aliéné son héritage, doit avoir la reprise.

Observez que, si le prédécédé des deux conjoints avait donné son héritage propre pour une rente viagère, au profit de lui et de l'autre conjoint, pendant les vies de l'un et de l'autre, les héritiers du prédécédé auraient droit de percevoir cette rente à la place du survivant, pendant la vie du survivant, à qui le prédécédé n'a pu faire valablement aucun avantage durant le mariage.

595. *L'échange.* Lorsque l'un des conjoints a aliéné son héritage propre, à titre d'échange, contre des choses mobilières qu'il a reçues en contre-échange, ce conjoint est créancier de la communauté, de la reprise de la somme que valaient lesdites choses au temps qu'il les a reçues : lesdites choses ayant été substituées, durant la communauté, à l'héritage propre de communauté, qui a été aliéné, elles sont elles-mêmes des propres de communauté, qui n'y ont pu entrer qu'à la charge de la reprise, comme nous l'avons vu *suprà, n.* 99.

Pareillement, lorsque l'échange a été fait contre un autre héritage, mais à la charge d'un retour, soit en deniers, soit en d'autres choses, le conjoint est créancier de la communauté, de la reprise de la somme de deniers, ou de la valeur des choses qu'il a reçues pour ce retour.

596. *Bail à rente.* Lorsque l'un des conjoints a, durant la communauté, fait bail à rente de son héritage; si, par le bail, il a reçu, par forme de deniers d'entrée, ou une somme d'argent, ou d'autres choses mobilières; ou si, par forme de deniers d'entrée, il a imposé au preneur quelque charge, dont la communauté a profité, il est créancier de la communauté, de la reprise, soit de la somme de deniers, soit de la valeur des choses qu'il a reçues par forme de deniers d'entrée, soit de la valeur de la charge qu'il a imposée au preneur, dont la communauté a profité.

597. Pour que le conjoint soit créancier de la communauté, par de la reprise de tout ce qui est parvenu à la communauté, par l'aliénation faite durant la communauté, de son héritage propre, il n'importe que l'aliénation ait été nécessaire ou volontaire. C'est ce qui paraît par l'article 232 de la Coutume de Paris, ci-dessus rapporté, qui accorde la reprise du prix du rachat d'une rente propre (ce qui est une aliénation nécessaire), aussi bien que celle du prix de la vente volontaire, qui a été faite d'un héritage propre.

Par cette raison, lorsque, pendant la communauté, l'un des conjoints a été obligé de délaisser un de ses héritages propres, sur une action de réméré, ou sur une action de retrait, soit lignager, soit seigneurial, soit conventionnel, il est créancier de la communauté, de la reprise du prix de l'héritage qui lui a été rendu sur lesdites actions de réméré ou de retrait.

598. Il n'en est pas de même du délais d'un héritage, que l'un des conjoints avait acheté avant son mariage, qu'il a été obligé de faire, durant la communauté, sur une action rescisoire du vendeur, soit pour cause de minorité, soit pour cause de lésion de plus de moitié du juste prix, soit pour quelque autre cause de rescision. La vente, qui lui a été faite de cet héritage, étant rescindée par le jugement qui intervient sur cette action, il est censé

n'en avoir jamais été propriétaire. Le délais, qu'il en fait sur cette action, ne peut donc passer pour une aliénation de son héritage propre; et la somme, qui lui est rendue sur cette action par le vendeur, ne peut passer pour le prix de son héritage propre; il est censé avoir été seulement créancier pour la répétition de cette somme, *condictione sine causâ*, comme l'ayant payée en vertu d'un contrat nul. Cette créance étant la créance d'une somme d'argent, et, par conséquent, une créance mobilière, est tombée dans la communauté, sans que le conjoint en puisse avoir aucune reprise; à moins que, par son contrat de mariage, il n'eût, par une clause de réalisation, stipulé propre son mobilier.

Contrà, vice versâ, si l'un des conjoints avait, avant son mariage, vendu son héritage, pour un prix au-dessous de la moitié du juste prix, et que, depuis, durant la communauté, il ait exercé l'action rescisoire contre l'acheteur, qui lui a payé une certaine somme pour le supplément du juste prix, le conjoint est créancier de la communauté, de la reprise de cette somme; car elle est le prix du rachat de l'action rescisoire, que ce conjoint avait contre cet acheteur, et, par conséquent, le prix du rachat d'un propre; car cette action rescisoire était un droit immobilier, qui appartenait à ce conjoint, dès avant son mariage, et, par conséquent, un propre de communauté.

599. Lorsque l'un des conjoints, pendant la communauté, a été obligé de délaisser, sur une action hypothécaire, un héritage, qui lui était propre de communauté; si, pour faire ce délais, il a reçu du demandeur une certaine somme d'argent, pour le prix des améliorations faites par lui ou par ses auteurs, sur cet héritage, avant son mariage, il est créancier de la communauté, de la reprise de cette somme; car ces améliorations étant quelque chose, qui fait partie de l'héritage sur lequel elles ont été faites, la somme, qu'il a reçue pour le prix de ces améliorations, est une somme qu'il a reçue durant la communauté, pour le prix de son propre, qu'il a été obligé de délaisser et d'aliéner pendant la communauté.

Si les améliorations avaient été faites depuis le mariage, il n'y aurait pas de reprise de la somme payée par le demandeur, pour le prix de ces améliorations; car, ayant été faites, en ce cas, aux dépens de la communauté, c'est la communauté qui a dû en être remboursée.

600. Lorsque c'est sur une action de revendication, que l'un des conjoints a été obligé de délaisser, pendant la communauté, un héritage qu'il possédait avant son mariage, il ne doit pas avoir la reprise de la somme qu'il a reçue pour le prix des améliorations. On ne peut pas dire, dans cette espèce, que le prix de ces améliorations fût le prix de son propre; car, par le jugement,

qui est intervenu sur cette demande, il paraît que l'héritage ne lui appartenait pas, et n'était pas, par conséquent, un héritage qui lui fût propre. Les améliorations faites sur cet héritage, quoique faites de ses deniers, étant quelque chose qui fait partie de l'héritage, ne lui appartenaient pas; elles appartenaient au propriétaire de l'héritage, suivant la règle : *Accessorium sequitur jus ac dominium rei principalis.* Le conjoint n'avait, pour le remboursement du prix de ces améliorations, qu'une créance personnelle, *ex quasi contractu negotiorum gestorum*, contre le propriétaire de l'héritage : cette créance étant la créance d'une somme d'argent, et, par conséquent, créance mobilière, est tombée dans la communauté, comme le reste de son mobilier, sans qu'il puisse en avoir la reprise, à moins qu'il n'eût réservé propre son mobilier, par son contrat de mariage.

601. Lorsque, par une transaction, l'un des conjoints, durant la communauté, a fait, pour une certaine somme, le délaissement d'un héritage, qu'il possédait dès avant son mariage, à une personne qui lui en contestait la propriété; le conjoint est créancier de la communauté, de la reprise de cette somme; car, quoiqu'il soit incertain si cet héritage lui appartenait, et qu'il soit incertain, par conséquent, si la somme, qu'il a reçue pour faire ce délaissement, est le prix d'un héritage propre de ce conjoint, au moins il est certain que cette somme, qu'il a reçue durant la communauté, est le prix de la prétention qu'il avait à cet héritage. Cette prétention est une espèce de droit, qu'il avait dès avant son mariage, et qui était, par conséquent, propre : la somme, qu'il a reçue pour l'abandon de cette prétention, peut donc être regardée comme le prix d'un abandon de son propre, qu'il a fait durant la communauté, dont il doit, par conséquent, avoir la reprise.

§ III. Si la vente d'un office de la maison du roi, dont le mari était pourvu avant son mariage, faite pendant le mariage, peut donner lieu au remploi du prix.

602. Cette question a été jugée par un arrêt du 24 septembre 1679, rapporté au second tome du Journal du Palais, pour un office de secrétaire du cabinet du roi, dont était pourvu le sieur Lucas, dès avant son mariage, et qu'il avait vendu durant son mariage, pour le prix de cent huit mille livres, avec l'agrément du roi. Lucas ayant demandé la reprise de cette somme au partage de la communauté, elle lui fut contestée par les héritiers de sa femme. Leur moyen était que ces offices n'étant, comme nous l'avons vu *suprà*, n. 91, que des commissions, qui sont sous la main du roi, étant des choses qui ne sont pas *in bonis*, qui ne font pas proprement partie du patrimoine et des biens de l'offi-

tier qui en est revêtu, le sieur Lucas ne pouvait pas prétendre que la somme, qu'il avait reçue du résignataire de son office, fût le prix de son *bien propre*, puisque l'office n'étant pas en tout son bien, ne pouvait pas être son *bien propre*. Cette somme n'étant pas le prix d'un bien propre, ne peut être considérée que comme une simple obvention, que Lucas tient de la libéralité du roi, qui, pour gratifier Lucas, a bien voulu donner au résignataire l'agrément, sous la condition de payer à Lucas cette somme. Cette obvention étant advenue durant la communauté, est tombée dans la communauté. Lucas répondait que, quoiqu'un office de la maison du roi, en tant qu'on le considère comme en la main et en la disposition du roi, ne soit pas le bien de l'officier, il le devient par la permission, que le roi donne à l'officier, de le vendre et d'en disposer. Le sieur Lucas, en vendant son office, a donc vendu son *bien*, et son bien *propre*, puisque c'était une chose qu'il avait avant son mariage : la somme, qu'il a reçue pour le prix de son office, est donc le prix d'un bien propre vendu durant la communauté, dont la Coutume lui accorde la reprise. L'arrêt a jugé que la reprise était due.

§ IV. Cas auquel il y a lieu à la reprise du prix d'héritages aliénés avant que la communauté ait commencé.

603. Supposons que deux futurs conjoints, par leur contrat de mariage, ont stipulé qu'ils seraient communs, conformément à la Coutume : l'un d'eux, dans le temps intermédiaire du contrat et de la célébration du mariage, a vendu ses héritages, dans la vue d'avantager l'autre conjoint, en faisant entrer dans la communauté, au temps de la célébration, qui est le temps auquel elle commence, tout le mobilier qu'il se trouvait avoir alors, dans lequel il a converti ses héritages, qui ne seraient pas entrés en la communauté, s'il ne les eût pas vendus. Dans ce cas, quoique les héritages de ce conjoint aient été aliénés avant que la communauté ait commencé, ce conjoint ou ses héritiers doivent avoir la reprise du prix, qui en est depuis entré en la communauté, lorsqu'elle a commencé. La raison est, que des futurs conjoints peuvent bien se faire tels avantages que bon leur semble par leur contrat de mariage ; mais, dans le temps intermédiaire entre le contrat et la célébration, il ne leur est plus permis d'en changer les conditions, et de se faire aucun avantage, ni direct, ni indirect, à l'insu et sans le gré de leurs parens qui y ont assisté. C'est pour cette raison que les Coutumes de Paris, *art.* 258, et d'Orléans, *art.* 223, déclarent nulles toutes les contre-lettres faites à part, et hors la présence des parens, qui ont assisté au contrat de mariage. *Voyez l'Introduction.* Or, la vente, que ce conjoint a faite de ses héritages, dans un temps intermédiaire entre le con-

trat et la célébration, est un avantage qu'il a voulu faire dans un temps prohibé à l'autre conjoint, en faisant entrer, dans la communauté, le mobilier dans lequel il a converti ses héritages, qui ne doivent pas y entrer. On doit donc, pour empêcher cet avantage, lui accorder, et à ses héritiers, la reprise du prix desdits héritages, qui est entré en la communauté. *Voyez supra, n.* 281.

604. Le conjoint a-t-il pareillement, en ce cas, le remploi du prix de ses rentes, qui ont été rachetées dans le temps intermédiaire du contrat de mariage et de la célébration? La raison de douter est, que le rachat des rentes étant forcé, il semble qu'on ne peut pas dire que le conjoint, en recevant les deniers du rachat, ait eu intention d'avantager l'autre conjoint. Néanmoins, je pense qu'on doit pareillement lui accorder la reprise, pour obvier aux avantages indirects; autrement le conjoint, à qui les rentes sont dues, pourrait trouver le moyen de s'en procurer le rachat, en engageant des tiers à fournir au débiteur les deniers pour le faire.

§ V. Le mari est-il tenu du remploi du prix des héritages vendus par sa femme séparée.

605. Lorsque le mari a autorisé sa femme, pour vendre un héritage propre de la femme, et pour en recevoir le prix, la femme l'ayant vendu, en ayant reçu le prix, et n'en paraissant aucun emploi, c'est une question entre les auteurs, si le mari est tenu, en ce cas, du remploi du prix envers la femme ou les héritiers de la femme. Pour la négative, on dit que la raison, pour laquelle la Coutume de Paris a accordé le remploi, ne peut avoir d'application dans ce cas-ci. La raison, pour laquelle la Coutume a accordé ce remploi, est pour empêcher les avantages indirects, qui ne sont pas permis entre conjoints pendant le mariage. La communauté ayant été enrichie par le prix du propre vendu qui y est entré, l'autre conjoint, qui partage la communauté, se trouverait avantagé aux dépens du conjoint, qui a vendu son propre, si on ne lui en accordait pas le remploi. Or, il est évident que cette raison ne peut recevoir aucune application dans ce cas-ci, auquel il n'y a pas de communauté; dans laquelle le prix du propre de la femme ait pu entrer.

Ceux, qui tiennent l'opinion contraire, et qui prétendent que le mari doit être tenu du remploi du prix des héritages vendus durant le mariage, par une femme séparée, conviendront volontiers que la raison, pour laquelle on accorde le remploi, dans le cas d'une communauté, n'a aucune application dans le cas d'une séparation. Mais il y a d'autres raisons très-fortes, pour obliger le mari à faire faire un remploi du prix des héritages, que sa femme séparée vend durant le mariage, et à le rendre responsable du prix, lorsqu'il n'en a fait faire aucun emploi. Ces raisons sont : Que, sans cela, la séparation serait une voie à un mari pour s'approprier tout le bien de sa femme, par l'abus qu'il pourrait faire de la puissance qu'il a sur sa femme, pour la porter à vendre ses fonds, et à lui en faire passer le prix de la main à la main, sans qu'il en parût rien. Il n'y a pas d'autre moyen de remédier à cet inconvénient, que celui d'obliger le mari à faire l'emploi dont on vient de parler. On ne fait, en cela, aucun grief au mari, au pouvoir duquel il est, ou de ne pas autoriser sa femme à vendre ses héritages; ou, lorsqu'il l'y autorise, de tenir arrêté, chez le notaire, le prix, jusqu'à ce qu'on ait trouvé à en faire emploi. Lorsque les deniers ne se trouvent plus, sans qu'il en ait été fait emploi, le mari est légitimement suspect de se les être appropriés, et il doit, en conséquence, en être responsable. Il ne doit pas être écouté à dire que c'est la femme qui a touché les deniers, et qui en a disposé comme bon lui a semblé; car il était en son pouvoir de les tenir arrêtés, et de ne pas les lui laisser toucher. Faute de l'avoir fait, il en est responsable, non-seulement comme légitimement suspect de se les être appropriés, mais encore par une autre raison, qui est que la séparation ne donnant à la femme que le droit d'administrer ses biens, et d'en recevoir les revenus, la femme séparée demeure, quant à sa personne, et quant à la disposition de ses fonds, sous la puissance et le gouvernement de son mari : or, c'est une suite de ce gouvernement, qu'a le mari, qu'il soit tenu de veiller à la conservation des fonds de sa femme, et à faire un emploi du prix, lorsqu'ils sont aliénés.

Cette opinion est autorisée par deux arrêts des 24 mars 1741, et 30 juillet 1744, rapportés dans le Recueil d'arrêts de la quatrième Chambre des Enquêtes; mais il y en a un contraire, du 27 avril 1748, rapporté dans le même Recueil.

Pour les concilier, il faut dire que, lorsqu'une femme a vendu un héritage, ou reçu le rachat de quelque rente, depuis sa séparation, le mari, qui l'a autorisée, est tenu du remploi du prix, tant envers la femme, qu'envers les héritiers de la femme, lorsqu'il est suspect d'en avoir profité; ce qui se présume surtout, lorsqu'il ne paraît aucun emploi qui en ait été fait. Dans l'espèce des deux arrêts qui ont jugé pour le remploi, le mari était suspect d'avoir profité du prix, suivant que le rapporte l'auteur du Recueil, qui avait été un des juges.

Au contraire, lorsque le mari n'est pas suspect d'avoir profité du prix, la femme, qui fait elle-même l'emploi du prix, quelque mauvais qu'ait été cet emploi, n'est pas recevable à le critiquer; et le mari, qui n'a pas reçu les deniers, n'est pas tenu du remploi. C'est l'espèce de l'arrêt de 1748, qui a refusé le remploi. L'auteur, qui nous le rapporte, nous dit que, dans l'espèce de cet arrêt, la femme avait toujours été, depuis leur séparation de biens, en mauvaise intelligence avec son mari, et qu'ils s'étaient volontairement séparés d'habitation; que le mari ne pouvait, par conséquent, être suspect d'avoir profité du prix; d'ailleurs, la femme convenait de l'avoir employé elle-même en actions qui étaient devenues à rien.

ARTICLE II.

Des autres créances qu'a chacun des conjoints contre la communauté, lors de la dissolution.

606. Chacun des conjoints est créancier de la communauté, de la reprise, non-seulement de son mobilier réalisé par le contrat de mariage, et du prix de ses propres qui ont été vendus, et dont le prix a été payé durant la communauté, mais pareillement de toutes les choses qui, quoique mobilières, sont provenues de ses propres, sans en être des fruits, et qui leur ont été substituées, et généralement de toutes les choses que nous avons vues *suprà*, part. 1, *chap.* 2, *sect.* 1, *art.* 1, § 3, devoir être, quoique mobilières, exclues de la communauté, et n'y entrer qu'à la charge de la reprise.

607. On peut aussi établir, pour principe général, que chacun des conjoints est, lors de la dissolution de la communauté, créancier de tout ce dont il a enrichi la communauté à ses dépens, pendant qu'elle a duré.

En voici un exemple. Supposons trois héritages contigus. Celui du haut est un héritage, qui m'est propre de communauté; celui du milieu appartient à un voisin; celui du bas est un conquêt de ma communauté. Pendant la communauté, j'ai eu une convention avec le voisin, par laquelle j'ai affranchi son héritage d'un droit de servitude, qu'il devait à mon héritage propre de communauté; en récompense de quoi, le voisin a, de son côté, affranchi l'héritage conquêt de communauté, d'une servitude qu'il devait à son héritage. Par cette convention, j'ai enrichi la communauté, en améliorant un conquêt de la communauté, par l'affranchissement d'un droit de servitude dont il était chargé; et c'est à mes dépens que j'ai procuré cet avantage à la communauté, puisque c'est par la remise que j'ai faite d'un droit de servitude, qui appartenait à mon héritage, en quoi j'ai diminué les droits et le prix de mon héritage propre. Je dois donc, en ce cas, lors de la dissolution de la communauté, être créancier de la communauté, de ce dont je l'ai enrichie par cette convention, c'est-à-dire, de la somme, à laquelle on estimera valoir l'affranchissement de la servitude dont le conquêt était chargé, néanmoins, jusqu'à concurrence seulement de celle, à laquelle on estimera le droit de servitude dû à mon héritage, dont j'ai fait remise.

608. Voici une autre espèce. Un de mes parens en ligne collatérale m'a fait un legs. Il est mort pendant ma communauté, et sa succession m'a été déférée pour partie. Quoique la portion, que j'eusse pu prétendre dans sa succession, eût été plus considérable que le legs qu'il m'a fait, néanmoins, dans la vue, à ce qui paraît, d'avantager ma communauté, dans laquelle le legs devait entrer, et dans laquelle ne seraient pas entrés les immeubles, que j'eusse eus pour ma portion héréditaire, j'ai renoncé à la succession, et j'ai choisi le legs. On demánde si je dois être censé, en ce cas, avoir enrichi la communauté à mes dépens, et si je dois, en conséquence, avoir la reprise des choses léguées, que j'ai fait entrer dans la communauté à mes dépens, ayant été obligé de renoncer pour cet effet à la portion que j'avais droit de prétendre dans la succession? Lebrun décide pour l'affirmative. Il se fonde sur ce que, si on n'accordait pas la reprise dans cette espèce et dans les espèces semblables, ce serait laisser aux conjoints le pouvoir de se faire, pendant le mariage, dês avantages indirects, prohibés par les Coutumes. Je pense que l'opinion de Lebrun ne doit pas être suivie dans la pratique. Dans cette espèce, et dans les autres espèces semblables, celui des conjoints, qui a le choix de deux qualités, *putà,* de celle de légataire ou de celle d'héritier, et qui choisit l'une des deux, ne fait qu'user du droit, qu'il a, de choisir celle qui lui convient le mieux : ses héritiers ne doivent pas être recevables à soutenir que la qualité de légataire, qu'il a choisie, était en elle-même moins avantageuse que celle d'héritier, et qu'il ne l'a choisie qué dans la vue d'avantager la communauté, et, en avantageant la communauté, d'avantager l'autre conjoint. Ce serait entrer dáns une discussion, qui donnerait lieu à des procès, qu'on doit toujours éviter dans la pratique. D'ailleurs, quand il serait bien établi que le legs, qu'il a choisi, est de moindre valeur que la portion héréditaire, à laquelle il a renoncé, il ne s'ensuivrait pas qu'il eût choisi le legs dans la vue d'avantager sa communauté: il peut avoir eu d'autres vues pour préférer le legs à une portion héréditaire, *putà,* pour ne pas s'exposer à des dettes inconnues qui pourraient survenir, et à des garanties de partage.

ARTICLE III.

Différence entre l'homme et la femme, par rapport à leurs créances contre la communauté.

609. PREMIÈRE DIFFÉRENCE. Le mari n'est créancier de la communauté, que de ce qu'il y a fait entrer. S'il a vendu quelqu'un de ses propres, durant la communauté, et que, par sa négligence à poursuivre l'acheteur, qui est devenu insolvable, il n'ait

24*

été payé que d'une partie du prix, il n'est créancier de la communauté, que de la partie du prix qu'il a reçue durant la communauté. S'il a laissé prescrire de ses rentes propres, faute de faire passer reconnaissance aux débiteurs, il ne peut prétendre aucune indemnité de cette perte contre la communauté. Au contraire, la femme est créancière de la communauté, pour la reprise de ses dettes actives stipulées propres, et pour le prix de ses propres vendus durant la communauté, quoique le mari ne s'en soit pas fait payer, si c'est par sa faute, et par sa négligence, qu'il ne l'a pas été. La raison est, que le mari étant, durant le mariage, administrateur des biens propres de sa femme, il est, en cette qualité, tenu envers elle de la négligence qu'il a commise dans le recouvrement qu'il était obligé d'en faire, et il charge sa communauté de cette dette qu'il contracte envers sa femme.

Par la même raison, s'il a laissé perdre, soit par la prescription, soit en manquant de s'opposer à un décret, quelques rentes ou autres droits propres de la femme, il est tenu envers elle des dommages et intérêts qu'elle souffre de cette perte; et, comme c'est durant la communauté qu'il contracte cette dette, il en charge sa communauté, et la femme est, par conséquent, créancière de la communauté, pour raison desdits dommages et intérêts.

610. SECONDE DIFFÉRENCE. Le mari ne peut, pour les créances qu'il a contre la communauté, se venger que sur ce qui reste des biens de la communauté, après que la femme a prélevé sur lesdits biens ce qui lui est dû par la communauté. La femme, quoiqu'elle ait accepté la communauté, n'est tenue de sa part de ce qui est dû à son mari par la communauté, de même que de toutes les autres dettes de la communauté, que jusqu'à concurrence de ce qu'elle amende de la communauté. Au contraire, la femme, pour les créances qu'elle a contre la communauté, à défaut des biens de la communauté, a droit de se venger sur les biens propres de son mari, et elle a hypothèque sur lesdits biens, du jour de son contrat de mariage; ou, s'il n'y en a pas eu, du jour de la célébration du mariage.

611. L'hypothèque du jour du contrat de mariage ne souffre pas de difficulté à l'égard de la reprise des deniers réalisés, ni à l'égard de la reprise des propres de la femme aliénés durant le mariage, lorsque l'aliénation a été nécessaire : mais, lorsque l'aliénation a été volontaire, l'hypothèque, qu'on fait remonter, en ce cas, au jour du contrat de mariage, souffre les mêmes difficultés, que celle qui est accordée à la femme pour son indemnité des dettes de la communauté, auxquelles elle s'est obligée. Nous les discuterons *infrà, part. 5*, et nous y renvoyons.

La jurisprudence a passé par-dessus ces difficultés; et il n'est pas douteux aujourd'hui que la femme a hypothèque du jour de son contrat de mariage, pour la reprise de ses propres aliénés, soit que l'aliénation ait été nécessaire, soit qu'elle ait été volontaire.

SECTION II.

Des différentes dettes dont chacun des conjoints peut être tenu envers la communauté lors de la dissolution.

612. Les dettes, dont chacun des conjoints, ou ses héritiers, peuvent se trouver débiteurs envers la communauté, lors de sa dissolution, sont :

1°. Ce qui reste dû de la somme que le conjoint a promis d'apporter à la communauté. *Voyez*, sur cette espèce de dette, ce que nous avons dit *suprà*, *part.* 1, *chap.* 3, *sect.* 2, *art.* 2.

2°. Les récompenses, qui peuvent être dues par chacun des conjoints à la communauté, pour ce qu'il en a tiré pendant la communauté, pour ses affaires particulières.

Nous établirons, dans un premier article, des principes généraux sur ces récompenses. Nous en parcourrons les différens cas dans les articles suivans.

ARTICLE PREMIER.

Principes généraux sur les récompenses dues à la communauté.

613. PREMIER PRINCIPE. Toutes les fois que l'un ou l'autre des conjoints s'est enrichi aux dépens de la communauté, il lui en doit récompense.

SECOND PRINCIPE. La récompense n'est pas toujours de ce qu'il en a coûté à la communauté pour l'affaire particulière de l'un des conjoints; elle n'est due que jusqu'à concurrence de ce qu'il a profité.

TROISIÈME PRINCIPE. La récompense n'excède pas ce qu'il en a coûté à la communauté, quelque grand qu'ait été le profit que le conjoint a retiré.

Nous aurons occasion de faire l'application de ces principes, en parcourant les différens cas de ces récompenses.

ARTICLE II.

De la récompense due à la communauté, pour l'acquittement des dettes propres de l'un des conjoints.

614. Lorsque l'un des conjoints a, durant la communauté,

acquitté, des deniers de la communauté, une dette qui lui était propre, il en doit récompense à la communauté.

Cette récompense est fondée sur le premier principe, qu'un conjoint doit récompense, toutes les fois qu'il s'enrichit aux dépens de la communauté; car ce conjoint s'enrichit en acquittant sa dette propre, et il s'enrichit aux dépens de la communauté, qui lui a fourni les deniers pour l'acquitter.

615. Lorsque cette dette était la dette d'une somme d'argent, dont il était seul tenu, en vertu d'une convention de séparation de dettes, il doit récompense de la somme qu'il a payée : mais, lorsque la dette, qu'il a acquittée des deniers de la communauté, était une rente dont il était débiteur, la communauté ne peut pas lui demander précisément la somme qu'il en a tirée pour la racheter; il n'est débiteur, envers la communauté, que de la continuation d'une rente, telle que celle dont il s'est acquitté envers son créancier.

Cela est conforme à notre second principe sur la matière des récompenses, qui est que la récompense n'est due que de ce que le conjoint a profité aux dépens de la communauté. Le conjoint, dans cette espèce, n'ayant été libéré aux dépens de la communauté, que d'une rente, ne doit donc, suivant ce principe, être débiteur envers la communauté, que de la continuation d'une pareille rente.

C'est la disposition des articles 244 et 245 de la Coutume de Paris : « Quand aucune rente due par l'un des conjoints par ma-
» riage, ou sur ses héritages paravant leur mariage, est rachetée
» par lesdits deux conjoints, ou l'un d'eux, constant ledit ma-
» riage, tel rachat est réputé conquêt, art. 244.
» Et est tenu l'héritier (du conjoint débiteur de la rente) ou
» détenteur de l'héritage sujet à la rente, continuer la moitié de
» ladite rente (à l'autre conjoint), et payer les arrérages du jour
» du décès, jusqu'à l'entier rachat; » art. 245.

L'article suppose le cas de l'acceptation de la communauté : en ce cas, l'héritier du conjoint, débiteur de la rente, étant propriétaire pour moitié des biens de la communauté, confond sur lui la moitié de cette rente, dont il est débiteur envers la communauté, et il n'est tenu de la continuer à l'autre conjoint, que pour la moitié qu'a l'autre conjoint dans les biens de la communauté.

Mais si l'héritier de la femme débitrice de la rente, renonçait à la communauté; n'ayant rien dans les biens de la communauté au moyen de cette renonciation, et le mari en demeurant seul propriétaire, il serait tenu de continuer la rente pour le total au mari.

Si c'était une rente due par le mari, qui eût été rachetée des deniers de la communauté, il n'y aurait lieu à la disposition de ces articles, que dans le cas d'acceptation de la communauté par la femme ou ses héritiers : en cas de renonciation, il se ferait une entière confusion et extinction de la rente.

616. Il y a deux opinions sur l'interprétation de ces termes de l'article 244, *tel rachat est réputé conquêt.*

La première est de ceux qui les interprètent en ce sens, *tel rachat*, c'est-à-dire, la rente, ainsi rachetée des deniers de la communauté, est censée la même rente en nature, qui n'a fait que changer de créancier, et est devenue un conquêt de la communauté, pour le compte de laquelle elle est censée avoir été acquise, du créancier à qui elle était due. Lebrun, *liv.* 3, *chap.* 2, *sect.* 1, *dist.* 5, suit cette opinion, et il tire argument de ces termes de l'article 245 : *Et est tenu l'héritier...... continuer la moitié de ladite rente.*

Ces termes, *de ladite rente,* disent assez formellement que c'est de la même rente, qui a été rachetée des deniers de la communauté, que le conjoint, qui l'a rachetée, continue d'être débiteur envers la communauté, à la place de celui qui en était le créancier. Si la Coutume eût entendu que le conjoint, qui a racheté des deniers de la communauté la rente qu'il devait avant son mariage, fût tenu de continuer, non pas précisément la même rente, mais une rente qu'il serait censé avoir constituée envers la communauté, pour le prix de la somme qu'il en a tirée pour faire le rachat de la rente, la Coutume n'aurait pas dit qu'il est tenu de continuer la moitié *de ladite rente* à l'autre conjoint; mais elle aurait dit qu'il est tenu de lui continuer la moitié *de pareille rente.*

On peut encore tirer argument, pour cette opinion, de ce qui est dit en l'article 245 : *Et est tenu l'héritier* ou *détenteur de l'héritage sujet à la rente, continuer, etc.* La Coutume, en décidant par cet article, que, lorsque la rente, que le conjoint a rachetée des deniers de la communauté, était une rente foncière, dont son héritage propre était chargé, c'est le détenteur de cet héritage, celui qui succède à cet héritage, qui en est le principal débiteur, et qui la doit continuer; elle décide manifestement que c'est la même rente foncière qui subsiste au profit de la communauté : car si la rente, dont la continuation est due, était une nouvelle rente, que le conjoint fût censé avoir constituée à la communauté, pour le prix des deniers qu'elle lui a fournis pour le rachat, ce serait une rente personnelle, qui serait due par tous les héritiers de ce conjoint, et non pas précisément par le détenteur de l'héritage, qui était chargé de celle qui a été rachetée.

617. La seconde opinion est de ceux qui pensent que la rente, dont le conjoint devient débiteur envers la communauté, n'est pas la même rente en nature, qu'il a rachetée des deniers de la

communauté, mais une nouvelle rente que ce conjoint est censé, *potestate juris*, avoir constituée au profit de la communauté, pour le prix de la somme qu'il en a tirée, afin de racheter et d'éteindre l'ancienne; laquelle constitution est faite avec subrogation aux priviléges et hypothèques de l'ancienne. Ils interprètent, en conséquence, ces termes, *tel rachat est réputé conquét*, en ce sens, *tel rachat est réputé* renfermer *un conquét*, c'est-à-dire, une acquisition faite au profit de la communauté, d'une pareille rente, contre le conjoint qui a racheté des deniers de la communauté, celle dont il était débiteur.

Pour cette seconde opinion, on dit que la principale intention du conjoint, qui, durant la communauté, rachète, des deniers de la communauté, une rente dont il est débiteur, est d'éteindre la rente, et non de l'acquérir au profit et pour le compte de la communauté. Pareillement, l'intention du créancier, à qui est fait le rachat, n'est autre que de recevoir ce rachat, et non de la vendre. Ce n'est donc plus la même rente qui subsiste, puisqu'elle a été éteinte par le consentement mutuel du débiteur qui l'a rachetée, et du créancier qui en a reçu le rachat; c'est une nouvelle rente, que le conjoint, qui était débiteur de l'ancienne, constitue au profit de la communauté, pour le prix des deniers qu'elle a fournis pour racheter l'ancienne, laquelle nouvelle rente est semblable à celle qui serait constituée à un tiers qui fournirait les deniers.

618. On réplique, en faveur de la première opinion, qu'en accordant que, dans la vérité, la rente a été éteinte, la loi a pu, par une fiction de droit, la faire revivre, et la faire regarder encore subsistante au profit de la communauté; et c'est ce que la Coutume de Paris a voulu faire, suivant qu'il paraît par les termes dont elle s'est servie, comme on l'a fait voir ci-dessus.

Quoique la seconde opinion présente quelque chose de plausible, il faut convenir que la première paraît plus conforme à la lettre du texte.

619. Du choix, que l'on fera de l'une ou de l'autre de ces deux opinions, dépend la décision des différentes questions qu'on fait sur cette matière.

L'un des conjoints devait, avant son mariage, une rente au denier dix-huit, ce taux étant celui qui était le taux légitime, lorsqu'elle a été constituée : il l'a rachetée aujourd'hui des deniers de la communauté. La rente continuera-t-elle, au profit de la communauté, sur le pied du denier dix-huit? ou ne continuera-t-elle que sur le pied du denier vingt-cinq, qui est le taux auquel le rachat a été fait des deniers de la communauté? Si, suivant la première opinion, la rente, que le conjoint doit continuer à la communauté, est précisément la même rente, qui a été rachetée des deniers de la communauté, il faut dire qu'elle continue au même taux du denier dix-huit. Lebrun cite, d'après

Ricard, un arrêt du 7 septembre 1662, qui a jugé, conformément à cette opinion, que la rente continuait au taux de sa constitution, quoique le taux fût plus faible au temps du rachat. Au contraire, suivant la seconde opinion, on doit décider que, la rente étant une nouvelle rente, qui est censée constituée au profit de la communauté, pour le prix des deniers qu'elle a fournis pour le rachat de l'ancienne, elle n'est due qu'au denier vingt-cinq, qui est celui qui était le taux légitime, lorsque la communauté a fourni la somme de deniers, pour laquelle la rente est censée avoir été constituée.

620. Dans le cas inverse, lorsque la rente, due par l'un des conjoints au denier cinquante, avant son mariage, a été rachetée des deniers de la communauté, la rente continuera-t-elle au taux du denier cinquante, ou au taux du denier vingt-cinq, qui était le taux des rentes au temps du rachat? Il faut décider, dans l'une et dans l'autre opinion, que la rente continuera au denier cinquante. Cela est conforme à notre second principe sur la matière des récompenses, qui est que la récompense n'est due, que jusqu'à concurrence de ce que le conjoint a profité aux dépens de la communauté. Le conjoint n'ayant donc profité que de la libération d'une rente au denier cinquante, il ne la doit continuer qu'au denier cinquante.

621. Lorsque l'un des conjoints a racheté, des deniers de la communauté, une rente foncière due sur un héritage propre, l'autre conjoint a-t-il, pour la moitié qui lui en doit être continuée, les mêmes droits et prérogatives qui sont propres aux seigneurs de rente foncière? Suivant la première opinion, il faut dire qu'il les a; dans la seconde, il faut décider le contraire. La rente, qui continue pour moitié envers l'autre conjoint, n'étant, suivant cette opinion, qu'une rente constituée à prix d'argent envers la communauté, pour la somme qu'elle a fournie, afin de racheter l'ancienne, le conjoint, à qui on la continue, n'est point un créancier de rente foncière, et ne peut avoir, par conséquent, les droits de gage, de suite, de préférence sur les fruits de l'héritage, qui était sujet à la rente foncière qui a été rachetée, ni sur les meubles servant à son exploitation; ces droits étant des droits qui n'appartiennent qu'aux seigneurs de rentes foncières.

La rente foncière, due sur l'héritage propre de l'un des conjoints, qui a été rachetée des deniers de la communauté, étant une rente, dont il pouvait se libérer par le déguerpissement de l'héritage qui y était sujet, ce conjoint pourra-t-il pareillement, par ce déguerpissement, se libérer de celle dont il est devenu débiteur à la place envers la communauté? Il n'est pas douteux qu'il le peut, suivant la première opinion, puisque, dans cette opinion, c'est précisément la même rente qui est censée continuer. Ne pourrait-on pas même, dans la seconde opinion, tenter de dire qu'il le peut, en faisant usage du second principe sur la matière des récompenses, et en disant que, suivant ce second principe, le conjoint ne doit pas être tenu envers la communauté, à plus qu'il n'a profité? Ainsi, puisqu'il a été libéré d'une rente, dont il avait la faculté de se décharger par le déguerpissement de l'héritage, il devait avoir la même faculté, à l'égard de celle qu'il continuait en sa place à la communauté. Néanmoins, je pense que, suivant la seconde, il ne peut y avoir lieu, en ce cas, au déguerpissement. La faculté du déguerpissement venait de la nature de la rente qui a été rachetée, et de ce qu'elle était due par l'héritage plutôt que par la personne. Au contraire, celle, dont le conjoint est débiteur en sa place envers la communauté, est, suivant la seconde opinion, une rente due par la personne du conjoint, contre la nature de laquelle il est que le conjoint, qui en est le débiteur personnel, puisse s'en décharger par le déguerpissement d'un héritage qui n'y est qu'hypothéqué. Au reste, si le conjoint n'a pas, à l'égard de la nouvelle rente, la faculté du déguerpissement, il a, à la place, la faculté de la racheter à toujours, par le remboursement de la somme tirée de la communauté, pour laquelle il est censé l'avoir constituée.

622. Lorsque la rente, que l'un des conjoints a rachetée des deniers de la communauté, était une rente foncière, dont son héritage propre était chargé, au rachat de laquelle le créancier a bien voulu consentir, quoique de sa nature elle ne fût pas rachetable, le conjoint, qui l'a rachetée, et qui la doit continuer à l'autre conjoint, pour la part que l'autre conjoint a dans la communauté, a-t-il la faculté de la racheter, en rendant à l'autre conjoint, pour sadite part, la somme tirée de la communauté, pour le rachat? Cela n'est pas douteux dans la seconde opinion; mais même, en suivant la première, je pense qu'on doit décider qu'il a cette faculté. La Coutume la lui accorde assez clairement, aussi bien qu'à ses successeurs, puisqu'elle dit en l'article 245, que le détenteur de l'héritage sujet à rente (ce qui ne peut s'entendre que d'une rente foncière), est tenu de la continuer jusqu'à l'entier rachat. La Coutume accorde donc, en ce cas, la faculté du rachat.

Cette faculté sera-t-elle sujette à s'éteindre par la prescription de trente ans? Je ne le crois pas. Il n'y a que les droits et les facultés, qui naissent des conventions, qui soient sujettes à cette prescription. Le conjoint et ses successeurs tenant de la Coutume la faculté de racheter la rente, cette faculté est imprescriptible, comme l'est la faculté, que la loi accorde de racheter les rentes créées sur les maisons des villes.

623. L'un des conjoints, durant la communauté, a racheté, des deniers de ladite communauté, une rente foncière dont était chargé un héritage de son ancien patrimoine : si ce conjoint laisse,

en mourant, différens héritiers, les uns aux meubles et acquêts, les autres aux propres, qui sont ceux qui sont tenus de la continuation de la rente envers l'autre conjoint? Sont-ce tous ses héritiers? ou est-ce seulement l'héritier aux propres, qui a succédé à l'héritage qui était chargé de la rente?

Suivant la seconde opinion, il faudrait dire que la rente, qui doit être continuée à l'autre conjoint, pour la part qu'il a dans la communauté, étant une nouvelle rente, que le conjoint, qui a racheté, des deniers de la communauté, la rente foncière dont son héritage était chargé, a constituée, à la place, à la communauté, et dont il s'est rendu débiteur personnel envers elle, tous ses héritiers, qui succèdent tous à ses obligations personnelles, en devraient être tenus chacun pour la part dont il est héritier. Néanmoins, la Coutume décide, en l'article 245, que c'est *le détenteur de l'héritage sujet à la rente*, qui doit la continuer; ce qui, comme nous l'avons remarqué, paraît décisif pour la première opinion.

624. La continuation, qui doit être faite à la communauté, de la rente due par l'un des conjoints, rachetée des deniers de la communauté, empêche-t-elle, suivant la première opinion, l'extinction des hypothèques, que les créanciers de celui, à qui la rente appartenait, et à qui le conjoint l'a rachetée, avaient sur cette rente? La raison de douter est que, suivant cette première opinion, la rente, qui continue au profit de la communauté, est censée être précisément la même, que celle rachetée des deniers de la communauté, et n'avoir fait que changer de créancier par le rachat, de même que si celui, à qui elle appartenait, en eût fait un transport. Mais si c'est la même rente qui subsiste, si, par le rachat, elle n'a point été éteinte, les hypothèques, qui y sont attachées, n'ont pas non plus été éteintes. Néanmoins, il faut décider, même dans cette première opinion, que les hypothèques ont été éteintes par le rachat. La raison est, que ce n'est que par fiction que la rente, qui est continuée au profit de la communauté, est censée être la même qui a été rachetée des deniers de la communauté : dans la vérité, la rente, qui a été rachetée des deniers de la communauté, a été éteinte par le rachat : le conjoint, qui l'a rachetée, et le créancier, à qui elle a été rachetée, ayant eu l'un et l'autre l'intention de l'éteindre, l'extinction de cette rente a entraîné celle des hypothèques qui y étaient attachées. Si, par une fiction introduite en faveur de l'autre conjoint, cette rente, rachetée des deniers de la communauté, est toujours continuée et regardée comme subsistante, ce n'est qu'à son égard qu'on doit la considérer ainsi, les fictions ne devant avoir d'effet qu'à l'égard des personnes en faveur de qui elles sont faites. Cette fiction ne doit donc avoir aucun effet à l'égard des créanciers hypothécaires, n'ayant pas été faite pour eux; et elle

ne doit pas empêcher l'extinction de leurs hypothèques, qui s'est faite par le rachat de la rente.

625. Tout ce qui a été dit jusqu'à présent sur la première opinion, et sur toutes les conséquences qui en ont été tirées, étant fondé sur la lettre du texte des articles 244 et 245 de la Coutume de Paris, n'a d'application qu'à cette Coutume. Dans les autres Coutumes, la seconde opinion ne souffre pas de difficulté. Lorsque l'un des conjoints a racheté, des deniers de la communauté, une rente qu'il devait seul; celle, qu'il doit continuer à la place à l'autre conjoint, pour la part qu'a l'autre conjoint dans la communauté, est regardée comme une nouvelle rente, qu'il a constituée envers la communauté, pour le prix qu'il en a tiré pour le rachat. Lebrun en convient au lieu cité ci-dessus.

626. Lorsque la rente, due par l'un des conjoints, qui a été rachetée des deniers de la communauté, durant la communauté, était une rente viagère; si la personne, sur la tête de qui était créée cette rente, est morte durant la communauté, il est évident qu'il n'est dû, en ce cas, aucune récompense à la communauté, par le conjoint qui en était le débiteur; car la communauté étant tenue d'acquitter les arrérages des rentes, tant viagères que perpétuelles, dus par chacun des conjoints, courus pendant tout le temps qu'elle dure; et, dans cette espèce, la personne, sur la tête de qui la rente viagère a été constituée, étant morte durant la communauté, c'est la communauté seule qui a profité du rachat, qui a été fait de cette rente, puisqu'elle aurait été chargée de tous les arrérages qui auraient couru de cette rente, jusqu'à son extinction, si elle n'eût pas été rachetée.

Si la dissolution de communauté est arrivée du vivant de la personne, sur la tête de qui la rente est constituée, le conjoint, qui en était le débiteur, profite, en ce cas, aux dépens de la communauté, du rachat qui en a été fait des deniers de la communauté, de la libération de cette rente, qu'il eût été obligé d'acquitter depuis la dissolution de la communauté, jusqu'à la mort de cette personne, si la rente n'eût pas été rachetée. Il doit donc récompense à la communauté; et cette récompense doit consister dans la continuation qu'il doit faire de cette rente à l'autre conjoint, pour la part, qu'a l'autre conjoint dans les biens de la communauté, pendant le temps, si elle n'eût pas été rachetée, c'est-à-dire, pendant le temps de la vie de la personne sur la tête de qui elle était constituée; si mieux n'aime le conjoint, qui était débiteur de la rente, rembourser à l'autre conjoint, pour la part qu'il a dans la communauté, la somme tirée de la communauté, pour le rachat, sous la déduction de ce que la communauté a profité elle-même du rachat, c'est-à-dire, de ce dont les arrérages de la rente viagère eussent excédé les intérêts de la somme, pour laquelle elle a été rachetée, pendant tout le temps couru depuis le rachat de la rente, jusqu'à la dissolution de la communauté.

ARTICLE III.

Des récompenses dues à la communauté, par rapport aux sommes qui en ont été tirées pour les héritages propres de l'un des conjoints.

627. Chacun des conjoints doit récompenser à la communauté, de ce qu'il en a tiré pour ses héritages propres.

1°. Lorsque l'un des conjoints, durant la communauté, aux dépens de la communauté, est devenu propriétaire d'un héritage qui lui est propre, il doit récompenser à la communauté, de ce qu'il en a tiré pour le devenir.

PREMIER EXEMPLE. Lorsque l'un des conjoints a exercé, durant la communauté, le retrait lignager d'un héritage de sa famille, cet héritage lui est propre, comme nous l'avons vu *suprà, n.* 166. Ce conjoint doit récompenser à la communauté, de la somme qu'il en a tirée pour exercer le retrait; ce qui comprend tout ce qu'il a payé, des deniers de la communauté, à l'acquéreur sur qui il a exercé le retrait, pour le rembourser du prix de l'acquisition, et des loyaux coûts et mises.

SECOND EXEMPLE. Si le père de l'un des conjoints, qui avait promis à l'un des conjoints, en le mariant, une certaine somme en dot, lui a donné à la place un héritage, durant la communauté, cet héritage lui est propre. Mais, comme il en devient propriétaire aux dépens de la communauté, dans laquelle était entrée la créance de la somme promise en dot, il doit à la communauté récompense de la somme promise en dot.

Il en serait autrement, si le père avait promis en dot à ce conjoint, en le mariant, cette somme, ou l'héritage, sous une alternative, soit qu'il s'en fût réservé le choix, soit qu'il l'eût laissé au conjoint. Le choix ayant été fait de l'héritage, durant la communauté, cet héritage est propre, sans que le conjoint doive, pour cela, aucune récompense à la communauté; car la qualité de la créance de la dot était en suspens, et dépendait du choix qui serait fait. Le choix ayant été fait de l'héritage, la créance de la dot est censée avoir été toujours immobilière (suivant les principes établis en notre Traité des Obligations, *n.* 254), et n'avoir, par conséquent, jamais appartenu à la communauté.

TROISIÈME EXEMPLE. On a donné, durant la communauté, à l'un des conjoints, un héritage, à la charge de payer une certaine somme à un tiers. Si le donateur était le père, ou la mère, ou un autre parent de la ligne directe ascendante du conjoint; ou, sans cela, si la donation a été faite expressément pour lui être propre, l'héritage est un propre de ce conjoint; mais il doit récompense à la communauté, de la somme qu'il en a tirée, pour en acquitter la charge, sous laquelle la donation lui a été faite.

Si la donation avait été faite, à la charge de payer une rente à un tiers, le conjoint ne devrait aucune récompense à la communauté, de tous les arrérages qui en ont couru pendant qu'elle a duré; car les arrérages des rentes dues par les conjoints, sont des charges de leurs revenus, qui les diminuent de plein droit, et, par conséquent, sont à la charge de la communauté à qui appartiennent lesdits revenus.

QUATRIÈME EXEMPLE. L'un des conjoints est devenu, durant la communauté, propriétaire d'un héritage, en vertu d'un droit qu'il avait, dès avant son mariage, *putà*, en vertu d'un droit de retrait conventionnel ouvert à son profit dès avant son mariage. Cet héritage lui est propre; mais il doit récompense à la communauté des sommes qu'il en a tirées, pour en devenir propriétaire.

628. 2°. Par la même raison, lorsqu'un des conjoints rentre, durant la communauté, dans un héritage que lui ou ses auteurs avaient aliéné avant le mariage, il doit récompense à la communauté, des sommes qu'il a tirées, pour y rentrer; comme lorsqu'il est rentré dans un héritage sur une action de réméré, ou sur une action rescisoire, il doit récompense à la communauté, des sommes qu'il en a tirées, pour rembourser ceux sur qui il a exercé ces actions.

Il y a pareillement lieu à la récompense dans l'espèce suivante. L'un des conjoints a vendu, avant son mariage, un héritage, sans en recevoir le prix : il s'est marié ensuite, et a contracté, en se mariant, une communauté à l'ordinaire, dans laquelle est entrée sa créance pour le prix de son héritage, ainsi que le reste de son mobilier. Depuis, durant la communauté, il est rentré dans cet héritage par une convention qu'il a eue avec l'acheteur, à qui il a fait remise du prix qui en était dû : il doit récompense à la communauté, du prix dont il a fait remise à l'acheteur, pour rentrer dans l'héritage; autrement, il profiterait de cet héritage qui lui est propre, aux dépens de la communauté, à qui appartenait la créance du prix dont il a fait remise, pour entrer dans ledit héritage.

629. 3°. Lorsque, par un partage d'immeubles, fait durant la communauté, par l'un des conjoints avec ses cohéritiers, ou avec ses copropriétaires d'héritages, qu'il avait en communauté avec eux, dès avant son mariage, le lot, échu audit conjoint, a été chargé d'un retour, qu'il a acquitté des deniers de la communauté, il doit récompense à la communauté, de la somme qu'il en a tirée pour acquitter ce retour.

Par la même raison, si, au lieu de partager les immeubles avec sesdits cohéritiers ou copropriétaires, il s'est rendu adjudicataire par licitation, les héritages, dont il s'est rendu adjudicataire, lui étant propres pour le total, comme nous l'avons vu *suprà*, n. 145, il doit récompense à la communauté, des sommes qu'il en a tirées, pour payer à ses colicitans leurs parts dans le prix de la licitation.

630. Par la même raison, si l'un des conjoints, au partage de la succession de ses père et mère, qui s'est fait depuis son mariage, a fait un rapport effectif d'une certaine somme d'argent, qui lui avait été donnée avant son mariage, et n'a eu, par le partage, dans son lot, que des immeubles, il doit à la communauté récompense de cette somme, qu'il en a tirée pour faire ce rapport.

S'il était échu dans son lot du mobilier, il ne devrait récompense à la communauté, de la somme qu'il en a tirée, que sous la déduction de ce mobilier, qui y est entré à la place.

Si la somme, dont le conjoint a fait le rapport, lui avait été donnée durant la communauté; n'ayant pu, en ce cas, la faire entrer dans la communauté, que sous la même charge du rapport sous laquelle il l'avait reçue, la communauté, en ce cas, est tenue du rapport, et il n'y a lieu à aucune récompense.

631. Si l'un des conjoints, par le partage qu'il a fait durant la communauté, avec son cohéritier, des biens d'une succession qui était composée de meubles et d'immeubles, a eu, dans son lot, plus d'immeubles à proportion que de meubles, doit-il récompense à la communauté, de ce qu'il a eu de moins en meubles, pour avoir plus d'immeubles?

Par exemple, si la masse des immeubles était de 20,000 l., et la masse mobilière de 10,000 livres, et que le conjoint ait eu, pour son lot de partage dans cette succession, 12,000 l. en immeubles, et 3,000 livres seulement en meubles, devra-t-il récompense de la somme de 2,000 livres à la communauté? Pour l'affirmative, on dira que la part du conjoint, dans la masse immobilière, ne montant, avant le partage, qu'à 10,000 livres, et sa part dans le mobilier montant, avant le partage, à 5,000 livres, ce conjoint profite, par le partage, de 2,000 livres en immeubles, aux dépens de sa part dans la masse mobilière, dans laquelle il a pareille somme de 2,000 livres de moins, et, par conséquent, aux dépens de sa communauté, dans laquelle devait entrer sa part dans le mobilier. Néanmoins, il faut décider qu'il n'est dû, dans ce cas, aucune récompense à la communauté.

La raison est, qu'un conjoint ne doit récompense à la communauté, que de ce qu'il en a tiré pour ses affaires particulières. Or, dans cette espèce, il ne peut être censé en avoir rien tiré; car les partages ayant, dans notre jurisprudence, un effet rétroactif et déclaratif, le conjoint est censé n'avoir succédé au défunt, à d'autres choses qu'à celles qui lui sont échues dans son lot, auxquelles le partage est censé avoir déterminé sa part dans la succession, qui était auparavant indéterminée. Il n'a donc fait entrer dans sa communauté que les 3,000 livres de mobilier échues dans son lot : la communauté est censée n'en avoir jamais eu davantage. Il n'a donc point ce qu'il a d'immeubles aux dépens de la communauté, et il ne lui doit aucune récompense.

632. 4°. Ce que l'un des conjoints a tiré des biens de sa communauté, pour se conserver son héritage propre, étant donné pour raison de son héritage, il en doit pareillement récompense à la communauté. On peut apporter pour exemple le cas auquel l'un des conjoints a acheté, avant son mariage, un héritage, sur lequel le vendeur avait contre lui une action rescisoire, pour cause de lésion d'outre moitié du juste prix. Si ce conjoint, durant la communauté, a payé, des deniers de la communauté, au vendeur, une certaine somme pour le supplément du juste prix, le conjoint ayant tiré cette somme de sa communauté, pour se conserver son héritage propre, il en doit récompense à la communauté.

On peut apporter, pour second exemple, le cas auquel l'un des conjoints, poursuivi durant la communauté, en action hypothécaire, par un créancier, qui avait une hypothèque sur l'héritage propre dudit conjoint, aurait acquitté, des deniers de la communauté, les causes de l'hypothèque, pour éviter le délais de son héritage propre.

Enfin, on peut apporter, pour troisième exemple, le cas auquel l'un des conjoints, durant la communauté, par une transaction sur une action, de quelque espèce qu'elle fût donnée contre lui, pour lui faire délaisser son héritage propre, aurait donné, des deniers de la communauté, une somme au demandeur, pour le faire désister de sa demande : le conjoint ayant tiré cette somme de la communauté, pour raison de son héritage propre, et pour se le conserver, il en doit récompense à la communauté.

633. 5°. Un conjoint est aussi censé avoir tiré de la communauté, pour son héritage propre, ce qu'il en a tiré pour les impenses qu'il y a faites, et pour en racheter les charges. C'est ce qui va faire la matière de l'article suivant.

ARTICLE IV.

De la récompense due à la communauté, pour raison des impenses et améliorations faites sur les héritages propres de chacun des conjoints.

634. Il n'est pas question ici des impenses de simple entre-

tien : l'entretien des héritages propres de chacun des conjoints, étant une des charges de la communauté, comme nous l'avons vu *suprà*, n. 271 *et suivans*, c'est une conséquence que celles, qui ont été faites sur lesdits héritages, durant la communauté, ne peuvent donner lieu à aucune récompense.

Nous avons, à l'endroit cité, donné des règles pour distinguer quelles sont les impenses, qui sont de simple entretien, et dont la communauté est, en conséquence, chargée, et quelles sont celles qui ne sont pas impenses d'entretien : nous y renvoyons.

C'est de ces impenses, qui ne sont pas impenses d'entretien, et qui ont été faites durant la communauté, des deniers de la communauté, sur l'héritage propre de l'un des conjoints, qu'il est ici question. Ce sont celles qui donnent lieu à une récompense, qui est due à la communauté par le conjoint propriétaire de l'héritage sur lequel elles ont été faites.

Cette récompense est fondée sur le principe que nous avons établi, qu'un conjoint ne peut, durant le mariage, s'avantager, ni avantager l'autre conjoint, aux dépens de la communauté.

635. Il faut, par rapport à cette récompense, distinguer trois espèces d'impenses; les nécessaires, les utiles, et celles qui sont purement voluptuaires.

Les impenses nécessaires sont celles qu'il est indispensable de faire : *Necessariæ (impensæ) dicuntur, quæ habent in se necessitatem impendendi;* l. 1, § 1, ff. *de imp. in res dot. fact.* Telles sont la réfection à neuf d'un gros mur de la maison propre de l'un des conjoints; la réfection entière de la couverture, dont la charpente ne vaut plus rien, etc.

Le conjoint, propriétaire de l'héritage sur lequel l'impense nécessaire a été faite, doit toujours récompense à la communauté, de la somme qu'elle a coûtée à la communauté, quand même la chose, pour laquelle l'impense a été faite, ne subsisterait plus, la maison, sur laquelle elle a été faite, ayant été incendiée par le feu du ciel. La raison est, que l'impense étant supposée nécessaire et indispensable, si elle n'eût été faite des deniers de la communauté, le conjoint propriétaire de l'héritage eût été obligé de la faire de ses propres deniers, ou de ceux qu'il aurait empruntés d'un tiers : c'est pourquoi, quoique l'impense ne subsiste plus, il profite toujours de toute la somme qu'il a tirée de la communauté, en ce quelle lui a épargné de tirer une pareille somme de son propre fonds, ou de l'emprunter d'un tiers : *Hactenùs locupletior est, quatenùs propriæ pecuniæ pepercit.*

La somme due pour cette espèce de récompense, peut se justifier par les quittances des marchands et ouvriers, lorsqu'elles se trouvent parmi les papiers de la communauté, ou par un journal sur lequel serait inscrite la dépense. A défaut de ces titres, il faut avoir recours à l'estimation par experts, qui doivent estimer ce qu'il en a pu coûter à la communauté, pour ces sortes d'impenses.

636. Les impenses utiles sont celles qu'on pouvait se passer de faire, mais qui augmentent le prix de l'héritage sur lequel elles ont été faites.

Il y a une grande différence entre la récompense qui est due pour ces impenses, lorsqu'elles ont été faites sur l'héritage propre de l'un des conjoints durant la communauté, et des deniers de la communauté, et celle qui est due pour les impenses nécessaires. La récompense de celle-ci est due, comme nous l'avons dit, de tout ce qu'il en a coûté à la communauté, soit que la chose, pour laquelle elle a été faite, subsiste, soit qu'elle ait cessé de subsister. Au contraire, la récompense pour impenses utiles n'est due qu'autant et jusqu'à concurrence de ce que l'héritage propre de l'un des conjoints, sur lequel elles ont été faites, se trouve en être plus précieux au temps de la dissolution de la communauté, suivant l'estimation qui en doit être faite par experts.

La raison de cette différence est sensible. Le conjoint, sur l'héritage de qui l'impense nécessaire a été faite, profite, en quelque cas que ce soit, de tout ce qu'il a tiré du fonds de la communauté, pour la faire; en ce que, comme nous l'avons remarqué, en la faisant, du fonds de la communauté, il a épargné d'autant son propre fonds, duquel il aurait été obligé de tirer la même somme, pour faire cette impense, si elle n'eût pas été faite du fonds de la communauté, puisqu'il était indispensable de la faire.

On ne peut pas dire la même chose à l'égard des impenses utiles; ces impenses étant des impenses qu'on pouvait se passer de faire, on ne peut pas dire que le conjoint, sur l'héritage de qui elles ont été faites, en les faisant du fonds de la communauté, ait épargné d'autant son propre fonds; car s'il n'eût pas trouvé, dans le fonds de la communauté, les deniers dont il s'est servi pour les faire, il aurait pu ne pas les faire, et ne pas entamer son propre fonds. Le conjoint, sur l'héritage duquel l'impense utile a été faite, ne peut donc être censé, au temps de la dissolution de la communauté, en profiter que jusqu'à concurrence de ce que son héritage s'en trouve alors plus précieux; et, par conséquent, ce n'est que jusqu'à cette concurrence qu'il doit récompense à la communauté, des deniers qu'on en a tirés pour la faire. Ce que l'impense a coûté de plus à la communauté, que l'héritage n'en a augmenté de valeur, est une perte pour la communauté; il n'en est pas dû de récompense.

La raison est, que le mari étant maître absolu des biens de la communauté, il peut employer les deniers de la communauté à tout ce que bon lui semble, pourvu qu'il n'en avantage ni lui ni sa femme. Il a donc pu employer les deniers de la communauté aux impenses qu'il lui a plu de faire sur son héritage propre, sans en devoir aucun compte, si ce n'est jusqu'à concurrence de ce qu'il s'en trouve avantagé; et il n'est avantagé que de ce que son héritage s'en trouve plus précieux. Pareillement, lorsque les impenses ont été faites sur l'héritage de sa femme, elle n'en doit récompense que jusqu'à concurrence de ce qu'elle en est avantagée; et elle ne l'est que de ce que son héritage s'en trouve plus précieux.

637. Les impenses voluptuaires sont celles qui ne procurent que de l'agrément, sans augmenter le prix de l'héritage sur lequel elles sont faites : telles sont celles qui se font pour faire des bosquets, des jets d'eau; pour peindre un plafond, pour faire des cheminées à la mode, pour des boiseries, des parquets, des glaces, des chambranles, etc.

Observez que les impenses pour les mêmes choses, peuvent, selon les différens lieux où elles sont faites, être différemment considérées. Par exemple, les mêmes embellissemens qu'on fait dans les appartemens d'un château à la campagne, et qui y sont considérés comme impenses purement voluptuaires, parce qu'elles n'augmentent ni le revenu ni la valeur de la terre; lorsqu'ils sont faits, au contraire, dans une maison de Paris, ou de quelque autre grande ville, ils sont considérés comme impenses utiles, parce qu'ils augmentent le revenu de la maison, dont on tire un plus gros loyer par rapport à ces embellissemens.

Par la même raison que nous avons ci-dessus décidé qu'il n'était dû récompense, pour les impenses utiles, que jusqu'à concurrence de ce que l'héritage, sur lequel elles ont été faites, en est devenu plus précieux, on doit décider qu'il n'est dû aucune récompense pour les impenses purement voluptuaires, qui ont été faites durant la communauté, des deniers de la communauté, sur l'héritage de l'un des conjoints; puisque l'héritage n'en étant pas devenu plus précieux, le conjoint ne se trouve pas avantagé aux dépens de la communauté.

Mais, au moins, le conjoint, sur l'héritage duquel ont été faites les impenses voluptuaires, ne peut refuser la permission d'enlever les choses, dans lesquelles ces impenses consistent, et qui peuvent s'enlever sans détérioration, pour les vendre au profit de la communauté, si mieux n'aime les retenir, en faisant raison à la communauté du prix qu'elles valent; autrement, il profiterait aux dépens de la communauté, du prix qu'il en peut retirer, quand il le voudra, en les vendant.

638. Lorsqu'une servitude prédiale, dont était chargé l'héritage propre de l'un des conjoints, a été rachetée, durant la com-

25*

munauté, des deniers de la communauté, ce rachat procure, aux dépens de la communauté, un avantage au conjoint propriétaire de l'héritage, son héritage devenant plus précieux par la libération de cette charge : ce conjoint doit donc récompense à la communauté, de la somme qui en a été tirée pour le rachat de cette servitude.

Si la servitude était sur l'héritage propre de la femme et qu'elle n'ait pas consenti à ce rachat, elle ou ses héritiers peuvent, lors de la dissolution de la communauté, se dispenser de la récompense, en offrant de souffrir la servitude, sauf au mari son recours contre le voisin, s'il y a lieu.

Je dis s'il y a lieu, car le voisin peut quelquefois se défendre de rendre la somme, qu'il a reçue pour le rachat de son droit de servitude, *putà*, s'il a employé cette somme à quelque dépense qu'il a faite pour se passer de cette servitude. Supposons, par exemple, que la maison de ma femme était chargée, envers la maison voisine, de souffrir les habitans de cette maison venir tirer de l'eau au puits de la sienne : si j'ai racheté cette servitude pour la somme de trois cents livres, sans la participation de ma femme, et que, lors de la dissolution de la communauté, ma femme ne veuille pas faire récompense à la communauté, de cette somme, en offrant de souffrir la servitude, le propriétaire de la maison voisine, qui a reçu la somme de trois cents livres, pour le rachat du droit de servitude qu'il avait, peut se défendre de la rendre, s'il a employé cette somme à faire un puits chez lui, qui lui rend inutile le droit de servitude qu'il avait sur la maison de cette femme.

639. Lorsque la servitude, dont l'héritage de l'un des conjoints était chargé, et qui a été rachetée des deniers de la communauté, était une servitude personnelle, *putà*, si c'était un droit d'usufruit; pour décider s'il y a lieu à la récompense, je crois qu'on doit distinguer si le tiers, qui avait ce droit d'usufruit, qui a été racheté des deniers de la communauté, est mort avant la dissolution de la communauté, ou s'il y a survécu. S'il est mort avant, il n'y a pas lieu à la récompense; car c'est la communauté qui a seule profité du rachat de cet usufruit, puisqu'elle a reçu les revenus de l'héritage, pendant tout le temps qu'eût duré l'usufruit, s'il n'eût pas été racheté. Si, au contraire, le tiers, à qui appartenait le droit d'usufruit, a survécu à la dissolution de la communauté, le conjoint, propriétaire de l'héritage, profite du rachat, qui a été fait des deniers de la communauté, de l'usufruit dont était chargé son héritage, puisqu'il entre aussitôt en jouissance de cet héritage; au lieu qu'il n'y serait entré qu'à la mort de cet usufruitier, si l'usufruit n'eût pas été racheté. Il doit donc, pour ce rachat, dont il profite, une récompense à la communauté.

Mais en quoi doit consister cette récompense? La récompense devant se régler sur ce qu'il en a coûté à la communauté, de manière, néanmoins, que cela n'excède point ce dont le conjoint a profité, je pense que le conjoint, débiteur de la récompense, doit avoir le choix de deux choses; ou de rendre à la communauté la somme qui en a été tirée pour faire ce rachat, sous la déduction de ce que la communauté a reçu des jouissances de l'héritage, au-delà de l'intérêt de cette somme, pendant tout le temps que la communauté a duré, depuis ce rachat jusqu'à sa dissolution; ou d'abandonner à l'autre conjoint, pour la part qu'il a dans la communauté, la jouissance de l'héritage, afin qu'il en jouisse pour ladite part, pendant la vie de celui, à qui appartenait l'usufruit qu'on a racheté.

Par exemple, dans cette hypothèse, l'héritage propre de l'un des conjoints était chargé d'un droit d'usufruit qu'y avait Marie. Cet usufruit a été racheté en l'année 1750, durant la communauté, pour une somme de 12,000 livres, payée à Marie, des deniers de la communauté. La dissolution de la communauté est arrivée en 1760. La communauté, depuis le rachat jusqu'à sa dissolution, a reçu, pendant dix ans, le revenu de cet héritage, qui était, tous risques et charges déduits, de 1,000 livres par chacun an, lequel excédait, par conséquent, de 400 livres par chacun an, l'intérêt des 12,000 livres que la communauté a fournies pour le rachat; ce qui fait, pour les dix années, 4,000 livres, dont il doit être fait déduction sur ladite somme de 12,000 livres : restera, par conséquent, 8,000 livres, dont le conjoint propriétaire de l'héritage doit récompenser la communauté, si mieux il n'aime abandonner le profit, qu'il retire du rachat de cet usufruit, en cédant à l'autre conjoint, pour la part qu'a l'autre conjoint dans la communauté, la jouissance de son héritage, pendant tout le temps de la vie de Marie.

640. Un autre exemple d'augmentation faite sur l'héritage propre de l'un des conjoints, aux dépens de la communauté, est le cas auquel l'un des conjoints, qui, lors de son mariage, avait un héritage, dont dépendaient des bois taillis, les aurait laissé croître, durant la communauté, en haute futaie. Cette haute futaie est une augmentation, qui s'est faite sur l'héritage de ce conjoint, aux dépens de la communauté, qui a été privée des coupes, qui auraient dû se faire de ces bois durant la communauté, si on ne les eût pas laissé croître en futaie. Le conjoint doit donc récompense à la communauté, de la somme qu'elle aurait retirée du prix de ces coupes, si elles eussent été faites.

ARTICLE V.

De la récompense due pour les dots des enfans des conjoints, qui ont été dotés des biens de la communauté.

641. Lorsqu'un homme a, durant la communauté, doté des biens de la communauté, un enfant qu'il a d'un précédent mariage, il n'est pas douteux qu'il doit récompense à la communauté du montant de cette dot; car il ne peut s'avantager, ni les siens, aux dépens de la communauté, comme nous l'avons vu *suprà*.

Parcillement, lorsque la femme, autorisée de son mari, a doté des biens de la communauté, un enfant qu'elle a d'un précédent mariage, elle doit récompense à la communauté, du montant de cette dot, soit qu'elle accepte la communauté, soit qu'elle y renonce.

642. Quand même il serait porté, par le contrat de mariage de cet enfant, que c'est son beau-père et sa mère qui l'ont doté conjointement, la femme ne laisserait pas de devoir récompense du total du montant de la dot à la communauté, dans les Coutumes qui défendent aux conjoints de s'avantager : car, à l'exception de celle de Paris, qui, en l'article 283, selon l'interprétation commune, permet à l'un des conjoints par mariage, qui n'a point d'enfans, de donner aux enfans, que l'autre conjoint a d'un précédent mariage; dans toutes les autres Coutumes, qui défendent aux conjoints de s'avantager, la jurisprudence a étendu la prohibition aux enfans qu'ils ont de leurs précédens mariages. C'est pourquoi, dans ces Coutumes, quoique, par le contrat de mariage, il soit dit que le beau-père et la femme donnent, le beau-père étant incapable de rien donner, pendant le mariage, à l'enfant de sa femme, c'est la femme qui est censée seule donner toute la dot, et qui doit, par conséquent, récompense à la communauté du total de la dot. Les termes, par lesquels il est dit que le beau-père donne, doivent s'entendre en ce sens, qu'il approuve la donation que fait sa femme, et qu'il l'autorise à la faire.

643. Si le beau-père avait parlé seul à la dotation de l'enfant de sa femme, la donation de cette dot serait, dans lesdites Coutumes, une donation nulle; et il aurait la répétition des choses données, contre l'enfant à qui elles ont été données : mais il ne peut prétendre, pour raison de cette dot, qu'il a donnée sans le consentement de sa femme, aucune récompense contre elle, car elle ne peut être obligée à doter malgré elle.

644. Passons maintenant au cas, auquel c'est un enfant commun qui a été doté.

Avant que de décider en quel cas il est dû récompense pour cette dot, il est à propos d'établir quelques maximes.

PREMIÈRE MAXIME. Les dots des enfans communs sont, dans notre droit, une dette naturelle de l'un et de l'autre des conjoints.

Cette maxime est reconnue par tous les auteurs.

En cela, notre droit est différent du droit romain, qui imposait cette charge au père seul : *Omninò paternum est officium dotem, vel antè nuptias donationem pro suá dare progenie ; l. fin. cod. de dot. promiss.*

La raison de différence entre le droit romain et le nôtre ; à cet égard, me paraît venir de ce que la charge de doter les enfans est une charge attachée au droit de puissance paternelle. Par le droit romain, le droit de puissance paternelle était un droit qui n'appartenait qu'au père ; la mère ne participait en aucune manière à ce droit : elle n'avait pas ce droit sur ses enfans, même après la mort de son mari ; ses enfans n'étaient pas même ses héritiers, jusqu'au temps de Marc-Aurèle, où ils furent appelés à sa succession par le sénatus-consulte Orphitien. La puissance paternelle étant un droit du père seul, la charge de doter les enfans était aussi une charge du père seul.

Au contraire, dans notre droit français, le droit de puissance paternelle est un droit, qui est commun au père et à la mère, quoique le père, en sa qualité de chef, en ait principalement l'exercice durant le mariage. La charge de doter les enfans, qui est attachée à ce droit, doit donc pareillement être commune au père et à la mère.

645. SECONDE MAXIME. Quoique l'obligation de doter les enfans soit une dette naturelle de l'un et de l'autre conjoint, et, qu'en ce sens, cette dette soit appelée une dette commune, néanmoins, elle n'est pas une dette de leur communauté, mais plutôt une dette propre de chacun d'eux, pour la part dont chacun d'eux y doit contribuer.

Les alimens et l'éducation des enfans communs sont bien une charge de la communauté, parce qu'elle doit s'acquitter sur les revenus des biens des conjoints, dont la communauté est composée : il n'en est pas de même des dots des enfans, pour lesquelles les père et mère doivent souvent entamer chacun leur patrimoine. C'est donc plutôt une dette propre de chacun d'eux, qu'une dette de leur communauté.

Si la dot des enfans communs était une dette de la communauté, il s'ensuivrait que, lorsque le père, qui a parlé seul à la dotation d'un enfant commun, a donné pour cette dot un de ses héritages propres, il devrait avoir récompense sur les biens de la communauté, comme ayant à ses dépens acquitté une dette de la communauté, et, par conséquent, enrichi à ses dépens la communauté, ce qui produit une récompense. Néanmoins, personne ne s'est encore jamais avisé de dire qu'il y ait lieu, en ce cas, à une récompense. Il n'est donc pas vrai que les dots des enfans communs soient une dette de la communauté.

646. TROISIÈME MAXIME. L'obligation de doter les enfans communs, est une dette qui n'est que naturelle, pour l'acquittement de laquelle la loi ne donne aucune action aux enfans contre leurs pères et mères. C'est pourquoi, chacun des conjoints ne doit doter, s'il ne le veut bien; et, par la même raison, chacun d'eux ne contribue à la dot, que pour la part pour laquelle il veut bien y contribuer.

En cela, notre droit est différent du droit romain; car, dans le droit romain, suivant la constitution de Sévère et d'Antonin, un père pouvait être contraint par le magistrat à doter ses enfans; l. 19, ff. de rit. nupt.

Au contraire, dans notre droit, la loi présume assez de l'affection, que la nature inspire aux pères et mères pour leurs enfans, pour croire que, lorsqu'ils ne dotent pas leurs enfans, c'est qu'ils n'ont pas le moyen de le faire d'une manière convenable : elle juge qu'il serait contre le respect, que les enfans doivent à leurs pères et mères, qu'ils pussent les traduire en justice, et les obliger à y découvrir le secret de leurs affaires, pour connaître s'ils ont, ou non, le moyen de donner une dot convenable.

Il peut, à la vérité, se rencontrer des pères et mères qui ne rendent pas, sur ce point, justice à leurs enfans; mais c'est un cas rare, et un moindre mal qu'il faut tolérer, pour en éviter un plus grand.

647. QUATRIÈME MAXIME. La femme n'est pas obligée, à la vérité, suivant la maxime précédente, de contribuer de ses biens propres à la dot des enfans communs, si elle ne le veut bien; mais son mari peut, sans avoir besoin de son consentement, l'y faire contribuer pour la .part, qu'elle a dans les effets de la communauté, qu'il donne en dot à un enfant commun.

Cette maxime est une suite du droit qu'a le mari, en sa qualité de chef de la communauté, de disposer, sans le consentement de sa femme, tant pour elle que pour lui, des effets de la communauté, tant pour la part que sa femme a dans lesdits effets, que pour la sienne, à quelque titre que ce soit, même à titre de donation faite entre vifs à personne capable, comme nous l'avons vu *suprà*, n. 471. Or, un enfant commun est une personne capable, comme nous l'avons établi, n. 488. Donc le mari peut, sans le consentement de sa femme, donner en dot à un enfant commun, des effets de la communauté, tant pour la part qu'y a sa femme, que pour la sienne, et faire, par-là, contribuer sa femme à cette dot, sans qu'elle y ait consenti.

Si le mari peut, sans le consentement de sa femme, disposer d'effets de la communauté, tant pour la part qu'y a sa femme, que pour la sienne, afin d'en faire une donation entre vifs à un étranger , à laquelle sa femme n'a aucun intérèt, à plus forte raison cela doit-il lui être permis pour donner à un enfant commun une dot, qui n'est pas moins une dette naturelle de sa femme que de lui.

648. CINQUIÈME MAXIME. Lorsque le mari a donné en dot à un enfant commun, des effets de la communauté, quoiqu'il ait parlé seul au contrat de dotation, s'il ne paraît pas que son intention ait été de doter seul, et seulement sur sa part, il est censé avoir fait, en sa qualité de chef de la communauté, cette dotation, comme il est censé faire, en cette qualité, tous les actes par lesquels il dispose des effets de la communauté : il est censé, en conséquence, avoir donné en dot ces effets, tant pour sa femme que pour lui, comme cela lui est permis, suivant la quatrième maxime. C'est pourquoi, la femme, ni les héritiers de la femme, ne peuvent prétendre, au partage de la communauté, aucune récompense.

Cette maxime contredit l'opinion de Lebrun, qui décide, en son Traité de la Communauté, que le mari, qui a parlé seul à la dotation d'un enfant commun, doit récompense, au partage de la communauté, du montant des effets qu'il a tirés de la communauté, pour le doter.

Lebrun fonde son opinion sur le principe qu'un conjoint doit récompense à la communauté, de ce qu'il en a tiré pour acquitter ses dettes propres : d'où il conclut que, la dot des enfans étant une dette du mari qui les a dotés, il doit récompense de ce qu'il a tiré de la communauté, pour acquitter cette dette.

La réponse est, qu'un conjoint doit récompense de ce qu'il a tiré de la communauté, pour acquitter une dette, qui était la dette de lui seul, et dont l'autre conjoint n'était pas tenu : mais la dot d'un enfant commun, qu'il a fournie en effets de la communauté, est une dette, qui n'était pas moins la dette de sa femme que la sienne, et à laquelle il avait droit, suivant notre quatrième maxime, de la faire contribuer, pour la part qu'elle avait dans les effets de la communauté donnés en dot, sans qu'il eût besoin, pour cela, de son consentement, et sans qu'il fût besoin qu'elle fût présente avec lui au contrat de dotation, ayant, en sa qualité de chef de la communauté, une qualité suffisante pour la représenter dans tous les actes par lesquels il dispose des effets de la communauté. La femme ne peut donc prétendre aucune récompense pour cette dot.

649. Il faut maintenant exposer les différens cas, dans lesquels un enfant commun a été doté durant le mariage.

PREMIER CAS. Le père et la mère ont doté conjointement un enfant commun, et lui ont fourni une dot en effets de la communauté, sans qu'il soit dit pour quelle part chacune des parties entend y contribuer. Le père et la mère sont censés, en ce cas, avoir doté chacun pour moitié; et la femme ou ses héritiers, en cas de renonciation à la communauté, doivent récompense à la communauté, de ce qui en a été tiré pour la moitié, dont elle a consenti de contribuer à cette dot; de laquelle récompense on doit déduction sur les reprises que la femme, ou ses héritiers, ont à exercer contre la communauté.

C'est ce qui a été jugé par plusieurs arrêts rapportés par Brodeau, *lettre* R, *chap.* 54, *n.* 11; par un, du 7 décembre 1679, rapporté au Journal du Palais, etc. C'est ce qu'enseignent Brodeau, Renusson et plusieurs autres.

La raison est que, quoique la dot ne fût qu'une dette naturelle de la femme, qu'elle pouvait se dispenser de reconnaître et d'acquitter sur ses propres, en ne parlant pas au contrat de dotation, néanmoins, ayant parlé au contrat, et ayant doté conjointement avec son mari, elle a regardé et reconnu cette dot, quant à la moitié, pour laquelle elle y contribuait, comme une dette dont elle était tenue; et suivant la deuxième maxime, comme sa dette propre, pour laquelle, par conséquent, elle doit récompense à la communauté, de même que pour toutes ses autres dettes propres qui auraient été payées, durant la communauté, des deniers de la communauté.

650. Néanmoins, si, par le contrat de dotation, il y avait une clause, par laquelle il aurait été dit que la mère n'entendait la doter que sur la part à elle appartenante dans les biens de la communauté, et que, dans le cas auquel elle n'y aurait aucune part, par la renonciation qui serait faite par elle ou par ses héritiers à la communauté, la dot serait, en ce cas, réputée avoir été donnée par le père seul, la clause serait valable; car la mère ayant pu ne pas doter, elle a pu apposer à sa dotation telle condition que bon lui a semblé.

Dans le premier cas proposé, auquel le père et la mère ont doté conjointement, chacun par moitié, d'effets de la communauté, l'enfant commun, il est évident que, si la communauté a été acceptée, il se fait, en ce cas, compensation de la somme que chacune des parties a tirée de la communauté, pour cette dot.

Si, néanmoins, on avait ajouté au contrat de dotation la clause que la dot serait imputée en entier sur la succession du prédécédé, en ce cas, le prédécédé serait censé avoir doté seul, et avoir acquitté, des deniers de la communauté, sa dette propre, dont il était seul débiteur: en conséquence, au partage de la communauté, la dot entière serait précomptée sur la part appartenante à la succession du prédécédé.

651. Un second cas est, lorsque le père et la mère ont doté conjointement, d'effets de la communauté, leur enfant, mais pour des sommes inégales, chacune des parties doit récompense à la

communauté de la somme qu'elle en a tirée, afin d'acquitter la portion pour laquelle elle a contribué à la dot. C'est pourquoi, en cas d'acceptation de la communauté, la partie, qui a contribué à la dot pour une plus grande portion, et qui a, par conséquent, tiré une plus grande somme de la communauté, doit à l'autre partie le mi-denier de ce qu'elle a tiré de plus qu'elle de la communauté.

C'est ce qui a été jugé par arrêt du 30 août 1677, rapporté au premier tome du Journal du Palais, dans l'espèce suivante. Un père et une mère avaient doté conjointement leur fille, d'une somme de 100,000 livres tirée de leur communauté, et il était dit, par le contrat de dotation, que, sur cette dot de 100,000 livres, le père en donnait 94, et la mère 6,000 livres. L'arrêt jugea que la succession du père devait à la veuve, qui avait accepté la communauté, la moitié de la somme de 88,000 livres, que le père en avait tirée de plus qu'elle pour cette dot. Si c'était la mère, qui eût donné 94,000 livres, elle devrait pareillement, en cas d'acceptation de la communauté, à la succession de son mari, qui n'aurait contribué à la dot que pour 6,000 livres, le mi-denier de ce qu'elle aurait donné de plus que lui; et, si elle renonçait à la communauté, elle lui devrait la somme de 94,000 livres.

652. Un troisième cas est, lorsqu'il est dit, par le contrat de dotation d'un enfant, que le père et la mère lui ont donné en dot un tel héritage, lequel est le propre héritage de l'un d'eux, *putà*, du père : en ce cas, la femme, qui n'a rien fourni de sa part pour cette dot, doit récompense à son mari, de la moitié du prix de l'héritage donné en dot.

La raison est, que la femme, en dotant conjointement avec son mari, a reconnu qu'elle était tenue de contribuer pour sa part à cette dot. N'ayant rien fourni pour cela, elle est censée avoir donné charge à son mari, de donner tant pour elle que pour lui, l'héritage qui a été donné en dot à leur enfant. Elle est donc obligée, *actione mandati contrariâ*, de rembourser à son mari le prix de la moitié de son héritage, qu'il a donné pour elle.

Il n'importe, en ce cas, que la femme ait accepté la communauté, ou qu'elle y ait renoncé; car ce n'est pas à la communauté, c'est à son mari qu'elle doit le prix de la moitié de l'héritage propre de son mari, qu'il a donné pour elle.

Si l'héritage, que le père et la mère ont donné en dot conjointement, était l'héritage propre de la mère, le père devrait pareille récompense à sa femme.

653. Un quatrième cas est, lorsqu'il est dit, par le contrat de dotation, que le père et la mère ont donné en dot à l'enfant, savoir, le père telles et telles choses, et la mère telles et telles choses. Dans ce cas, chacune des parties est censée n'avoir voulu contribuer à la dot, que pour les choses qu'il est dit qu'elle a données. C'est pourquoi, quoique les choses, données par l'une

des parties, soient d'une valeur beaucoup plus grande que celle des choses données par l'autre, la partie, qui a donné plus, n'a aucune récompense à prétendre contre celle qui a donné moins: celle-ci est censée n'avoir voulu contribuer à la dot, que pour les choses qu'elle a données; et suivant la troisième maxime, elle n'était pas obligée de contribuer à plus qu'à ce dont elle a bien voulu y contribuer.

Dans ce quatrième cas, lorsque, parmi les choses, que l'une des parties a déclaré donner pour la part pour laquelle elle contribue à la dot, il y a des effets de la communauté, elle doit récompense à la communauté du prix de ces effets; car, les ayant donnés pour sa part, elle les a tirés de la communauté, pour son compte particulier, et elle en doit, par conséquent, récompense.

654. Un cinquième cas est, lorsque le père et la mère ont donné à leur enfant une dot, qu'ils ont composée tant d'effets de la communauté, que d'héritages, dont les uns sont propres du père, les autres propres de la mère, sans que, par le contrat de dotation, on ait distingué les choses que chacune des parties donnait, ni exprimé pour quelle part chacune des parties contribuait à la dot; comme lorsqu'il est dit simplement par le contrat de dotation, que le père et la mère ont donné en dot à leurs enfans la somme de tant, en telles et telles choses : il y a lieu de penser que, dans ce cas, les parties ne s'étant pas expliquées sur la part pour laquelle chacune d'elles devait contribuer à la dot, ni distingué les choses que chacune d'elles donnait, les parties étaient censées avoir doté chacune pour moitié; et, qu'en conséquence, la partie, qui a fourni moins que sa moitié de la dot, est redevable de ce qui s'en manque, à la partie qui a fourni plus. Par exemple, si le père et la mère ont donné conjointement à leur enfant, une dot de 60,000 livres, consistante en 10,000 livres d'argent, un héritage propre du père, du prix de 30,000 livres, et un héritage propre de la mère, du prix de 20,000 livres; en ce cas, la mère, au partage de la communauté qu'elle a acceptée, se trouve avoir fourni, pour cette dot, son héritage, qui est de 20,000 livres, et de 5,000 livres pour la moitié qui lui appartenait dans la somme de 10,000 livres en deniers, qui ne font en tout que 25,000 livres : par conséquent, ayant fourni 5,000 livres de moins que la moitié de cette dot, qui monte à 30,000 livres, elle est redevable de cette somme de 5,000 livres envers la succession de son mari, qui a fourni 35,000 livres.

Si la femme avait renoncé à la communauté, elle n'aurait fourni que son héritage de 20,000 livres : n'ayant eu rien dans les 10,000 livres tirées de la communauté, au moyen de sa renonciation, elle aurait, en ce cas, fourni 10,000 livres de moins que sa moitié de la dot, dont elle serait redevable à la succession de son mari.

655. Un sixième cas est, lorsque le père et la mère se sont conjointement obligés de payer, pour la dot de leur enfant, une certaine somme qui n'est pas encore payée.

Dans ce cas, la femme, quoiqu'elle ait renoncé à la communauté, demeure débitrice de cette dot, quant à la part pour laquelle elle s'y est obligée, sans qu'elle puisse prétendre, pour cela, aucun recours contre la succession de son mari. C'est ce qui a été jugé par les arrêts que Brodeau a rapportés sur Louet, *lettre R*, chap. 34. En vain se fonderait-elle sur la clause, qui est dans tous les contrats de mariage, que la femme, en cas de renonciation à la communauté, sera acquittée par la succession de son mari, de toutes les dettes auxquelles elle se sera obligée pendant le mariage : car cette clause ne comprend que les dettes de la communauté, auxquelles la femme s'est obligée; elle ne s'étend pas aux dettes propres de la femme. Or, suivant la seconde maxime ci-dessus, la dette, dont chacun des conjoints est tenu pour la dot de leurs enfans, n'est pas une dette de communauté, mais une dette propre de chacun desdits conjoints, pour la part dont il en est tenu.

656. Un septième cas est celui auquel le père a doté seul, et a fourni la dot en effets de la communauté.

En ce cas, quoique le mari ait parlé seul au contrat de dotation, étant censé, suivant la cinquième maxime ci-dessus, avoir donné, en sa qualité de chef de la communauté, les effets de la communauté, qu'il a donnés en dot, sa femme, ni les héritiers de sa femme, n'en peuvent prétendre contre lui aucune récompense au partage de la communauté. Voyez *suprà*, n. 648.

Néanmoins, s'il paraissait, par les circonstances, que le mari, qui a parlé seul au contrat de dotation, n'a pas eu intention de doter en sa qualité de chef de la communauté, et de donner, tant sur la part de sa femme que sur la sienne, les effets de la communauté, qu'il a donnés en dot; que son intention a été, au contraire, de doter en son propre nom, et seulement sur sa part; en ce cas, le montant des effets par lui donnés en dot, doit lui être précompté au partage de la communauté.

Cette intention du mari, de donner, sur sa part seulement, les effets de la communauté qu'il a donnés en dot, paraît, lorsqu'il est dit, par le contrat de dotation, qu'il les donne *en avancement de sa succession*.

Cette intention paraissait dans l'espèce de l'arrêt de 1679, rapportée *suprà*, n. 650, dans laquelle un père, durant sa communauté, avait donné à un enfant commun, *la moitié à lui appartenante* dans un héritage conquêt de sa communauté.

657. Un huitième cas est celui, auquel le père a parlé seul au contrat de dotation, et a promis une somme d'argent qu'il n'a pas encore payée.

Dans ce cas, à moins qu'il ne parût, par des circonstances particulières, que le père a eu intention de doter en son nom seul, et pour sa part seulement, il est censé avoir promis la dot en sa qualité de chef de la communauté. En conséquence, la femme est débitrice, non en son propre nom, n'ayant pas parlé au contrat de dotation, mais en sa qualité de commune, de la moitié de cette dot, jusques à concurrence seulement de ce qu'elle amendera des biens de la communauté.

658. Un neuvième cas est celui auquel le père seul a parlé au contrat de dotation, et a donné en dot un de ses héritages propres.

Il n'est pas douteux qu'il a seul doté, en ce cas, et que sa femme ne contribue en rien à cette dot.

659. Un dixième cas est, lorsque la mère, autorisée de son mari, a parlé seule au contrat de dotation, et a promis une certaine somme pour la dot, ou l'a fournie en effets de la communauté, sans que le mari, de son côté, ait rien donné ni promis, ayant été au contrat de dotation uniquement pour autoriser sa femme.

On ne peut pas dire, en ce cas, que le mari ait doté; car le mari peut bien, en sa qualité de chef de la communauté, sans le consentement de sa femme, disposer de la part de sa femme dans les effets de la communauté, qu'il donne en dot à un enfant commun; mais la femme ne peut pas *vice versâ*, disposer de la part de son mari, sans le consentement de son mari. C'est pourquoi, on ne peut pas dire, en ce cas, que le mari ait en rien contribué à la dot : c'est la femme seule qui a doté; c'est, en conséquence, elle seule qui est débitrice de la dot; et ce qu'elle a tiré de la communauté, pour la dot, doit lui être précompté sur sa part en la communauté, et en cas de renonciation, sur ses propres.

ARTICLE VI.

Des récompenses que peut devoir le mari, pour raison de son office.

660. Le mari, qui est revêtu d'un office qui lui est propre, doit récompense à la communauté, des sommes qu'il en a tirées pour payer des taxes imposées sur son office pendant le mariage, lorsque ces taxes ont été imposées pour des augmentations de gages, ou pour de nouveaux droits et émolumens attribués à l'office : l'office s'en trouvant augmenté, le mari profite de ces taxes payées aux dépens de sa communauté, et lui en doit, par conséquent, récompense.

S'il avait été permis, par la création de ces augmentations de gages, de les désunir de l'office, le mari devrait avoir le choix de les retenir, en récompensant la communauté, ou de les lui abandonner pour le prix qu'elle en a payé.

Lorsque les taxes imposées durant le mariage, sont des taxes sèches, sans aucune attribution, le mari, qui n'en profite pas, n'en doit pas de récompense à la communauté qui les a payées; c'est une perte survenue durant la communauté, qui tombe sur la communauté.

661. Lorsque le mari s'est fait recevoir, durant le mariage, dans un office qui lui était propre, il ne doit aucune récompense à la communauté, de ce qu'il en a tiré pour les frais de provisions et de réception; car il n'en est pas enrichi, ces frais étant en pure perte, l'office n'en étant pas de plus grand prix après qu'il s'y est fait recevoir, qu'il l'était avant qu'il y fût reçu. D'ailleurs, la communauté profite de cette réception, par les revenus de l'office qui y tombent, et la femme participe aux honneurs qui y sont attribués.

662. Il n'est pas dû de récompense à la communauté, pour la paulette qui a été payée, quoiqu'elle ait procuré la conservation de l'office; car la paulette étant une charge annuelle de la jouissance de l'office, la communauté, qui perçoit le revenu de l'office, en doit être chargée.

ARTICLE VII.

De la récompense pour raison de l'office acquis durant la communauté, et retenu par le mari.

663. Lorsqu'un homme, durant la communauté, acquiert un office, dans lequel il se fait recevoir, il n'est pas censé, en s'y faisant recevoir, le prendre à ses risques. Cet office, quoiqu'il s'y soit fait recevoir, est un conquêt de la communauté, qui est, par conséquent, aux risques de la communauté, et qui périt pour la communauté, soit en cas de suppression, soit en cas de perte de l'office, par la mort du conjoint qui en était pourvu, et qui n'a pas payé la paulette.

Quoique cet office soit un conquêt, néanmoins, la jurisprudence a accordé à l'officier, lorsqu'il survit à la dissolution de la communauté, le droit de retenir, si bon lui semble, l'office dont il se trouve revêtu, à la charge de récompenser la communauté, du prix que l'office a coûté. Ce droit est fondé sur l'indécence qu'il y aurait à dépouiller un officier de son office.

Trois questions se présentent : 1° Quand l'officier doit-il déclarer s'il entend, ou non, retenir l'office; et quel est l'effet du défaut de cette déclaration? 2° En quoi consiste la récompense qu'il doit à la communauté, lorsqu'il retient l'office? 3° A l'égard de quels offices ce droit a-t-il lieu?

§ I. Quand le mari doit-il déclarer s'il entend, ou non, retenir son office; et de l'effet, tant de cette déclaration, que du défaut de cette déclaration.

664. Tant que la communauté dure, le mari n'est point obligé de faire sa déclaration s'il entend retenir, ou non, l'office acquis durant la communauté, dans lequel il s'est fait recevoir : mais, lorsque la dissolution de la communauté a donné ouverture au droit qu'ont les héritiers de la femme dans les biens de la communauté, le mari ne doit pas tarder à faire sa déclaration; car le prix des offices étant très-sujet à des variations, il ne serait pas juste qu'en ne faisant point sa déclaration, il fût le maître de profiter de l'augmentation qui pourrait, depuis la dissolution de la communauté, arriver sur l'office, en le retenant, et se décharger de la perte, s'il venait à diminuer de prix, en le remettant, en ce cas, à la communauté.

Quel est le temps qu'on doit déterminer, dans lequel le mari doit faire cette déclaration? Doit-il être laissé à l'arbitrage du juge? J'inclinerais assez à adopter l'opinion de l'annotateur de Lebrun, qui pense qu'on doit accorder les délais que l'Ordonnance accorde aux veuves et aux héritiers pour prendre qualité; savoir, trois mois pour vaquer à la confection de l'inventaire et le parachever, et quarante jours pour délibérer depuis le jour que l'inventaire a été achevé; et, lorsqu'il ne l'est pas, du jour de l'expiration du temps de trois mois, pendant lequel il a dû être achevé.

Le même auteur enseigne que, lorsqu'après la mort de la femme, il y a eu continuation de communauté, le délai, qu'a le mari pour faire cette déclaration, ne court pas, tant que la continuation de communauté dure; mais que, si les enfans renoncent à la continuation de communauté, la communauté étant censée, en ce cas, dissoute dès le temps du décès de la femme, le délai, qu'a le mari pour faire cette déclaration, est censé avoir couru dès ce temps.

665. Lorsque le mari, dans ce temps, qui lui est accordé pour faire son choix, a déclaré qu'il entendait retenir l'office, l'effet de cette déclaration est, qu'il est censé avoir acquis l'office pour son compte particulier, et non pour celui de la communauté; de manière que cet office est réputé n'avoir jamais été conquêt, mais avoir toujours été un effet propre du mari, qui a comme emprunté de la communauté les deniers qui lui ont servi à en faire l'acquisition.

Au contraire, si, dans le temps accordé au mari pour faire son choix, le mari a déclaré qu'il n'entendait pas retenir l'office, l'effet de cette déclaration est, que le mari ne peut plus, par la suite, demander à retenir l'office, ayant, par cette déclaration, renoncé au droit qu'il avait de le retenir. C'est pourquoi l'office doit être, en ce cas, compris dans la masse des biens de la communauté, qui sont à partager, comme un des conquêts de cette communauté, et il doit être couché pour le prix qu'il vaut au temps présent, c'est-à-dire, au temps auquel les parties, pour parvenir au partage, font faire l'estimation des biens qui sont à partager.

666. Lorsque le mari a laissé expirer le temps, sans avoir fait sa déclaration sur le choix qu'il entend faire, il n'est plus recevable à le faire; et il n'est pas nécessaire, pour cela, qu'il ait été, par quelque interpellation judiciaire, constitué en demeure de le faire.

On a agité la question, si, faute par le mari de l'avoir fait, l'office devait être regardé comme conquêt, sans que désormais le mari pût être écouté à demander à retenir l'office, pour le prix qu'il a coûté; ou si, au contraire, le mari doit être présumé avoir pris l'office à ses risques, pour le prix qu'il a coûté, sans pouvoir plus désormais le porter dans la masse des biens de la communauté?

Pour la première opinion, on dit : l'office est, dans la vérité, un conquêt de la communauté, puisqu'il a été acquis durant la communauté. Le droit, que le mari avait de le retenir comme propre, en récompensant la communauté, était un droit qui lui était accordé, dont il pouvait user ou ne pas user. L'héritage ne peut être regardé comme propre du mari, qu'autant qu'il paraîtrait avoir voulu user de son droit, dans le temps qui lui est accordé pour en user; il ne peut pas paraître qu'il en ait voulu user, lorsqu'il ne s'en est pas expliqué. Par conséquent, l'office doit être, en ce cas, considéré tel qu'il est dans la vérité, c'est-à-dire, comme conquêt. Lebrun rapporte un arrêt qui a jugé conformément à cette opinion.

Pour l'opinion contraire, on dit qu'il est vrai que l'office ne peut être regardé comme un propre du mari, à la charge de la récompense; qu'autant qu'il peut paraître que le mari a voulu user du droit qu'il avait de le retenir; mais qu'en étant revêtu, on présume facilement qu'il a voulu le retenir, par cela seul qu'il n'a pas fait de déclaration contraire.

C'est ce qui a été jugé par un arrêt du 1er mars 1627, rapporté par Bardet, tome 1. Dans l'espèce de cet arrêt, le mari, pendant sa communauté, avait été pourvu d'un office de commissaire au Châtelet de Paris, pour une somme de 2,400 livres. Dans l'inventaire fait après la mort de sa femme, il avait compris les provisions dudit office, et les quittances de finance de ladite somme de 2,400 livres, sans déclarer s'il entendait le retenir, et l'avait, huit ans après, vendu 16,000 livres. L'arrêt jugea qu'il était censé l'avoir retenu pour son compte, et qu'il n'était tenu, en conséquence, envers ses enfans, que du mi-denier de la somme de 2,400 livres. On citait, en faveur du père, plusieurs arrêts précédens.

Il y a un autre arrêt du 27 février 1655, qui a jugé, suivant le même principe, que le mari n'ayant point fait de déclaration s'il entendait retenir l'office pour son compte, était censé l'avoir retenu, et, en conséquence, tenu de faire raison du mi-denier du prix qu'il l'avait acheté, quoiqu'il fût considérablement diminué de prix depuis. Borjon en cite un plus moderne, du 25 juillet 1703, qui a jugé de même.

§ II. En quoi consiste la récompense.

667. Le mari, qui, lors de la dissolution de la communauté, retient l'office pour son compte, doit récompense à la communauté, du prix qu'il a coûté.

Quoique, depuis l'acquisition, que le mari a faite de l'office durant la communauté, l'office ait beaucoup augmenté de valeur, et qu'il soit, lors de la dissolution de la communauté, d'un prix beaucoup plus grand que celui pour lequel il a été acheté, le mari ne doit, néanmoins, récompense à la communauté, que de la somme qu'il lui a coûté. C'est une suite de ce qui a été dit ci-dessus, n. 665, que la déclaration, que le mari fait, après la dissolution de la communauté, qu'il entend retenir l'office, a un effet rétroactif au temps de l'acquisition, qui la fait réputer faite pour le compte du mari seul, plutôt que pour celui de la communauté.

Il paraît néanmoins, en cela, quelque apparence d'injustice; car l'office, depuis qu'il a été acquis, jusqu'à la déclaration que le mari a faite, après la dissolution de la communauté, qu'il entendait le retenir, ayant été toujours aux risques de la communauté, dans laquelle le mari n'eût pas manqué de le laisser, s'il fût considérablement diminué ou s'il fût péri, il semble que l'équité demande que la communauté, qui aurait souffert la perte, profite de l'augmentation, suivant cette règle d'équité: *Ubi periculum, ibi et lucrum*, l. 22, § 3, *cod. de furt.* Par ces raisons, Dumoulin, sur l'article 111 de l'ancienne Coutume de Paris, décide, contre l'avis de Chartier, célèbre consultant, son contemporain, que le mari, qui veut retenir l'office, doit récompense à la communauté, non du prix qu'il a coûté, mais du prix qu'il vaut, lors de la dissolution de la communauté. Mais ce sentiment de Dumoulin n'a pas été suivi; et il a prévalu, suivant l'avis de Chartier, que le mari ne devait récompense que du prix que l'office avait coûté. La faveur des officiers a fait donner au mari cette petite prérogative.

668. Le mari, qui retient l'office, ne doit aucune récompense

des sommes tirées de la communauté pour les frais de provisions et de réception. La raison est que, suivant les principes sur la matière des récompenses, le mari ne doit récompense à la communauté, que de ce dont il profite aux dépens de la communauté. Les frais de provision et de réception se faisant en pure perte pour le mari, il n'en doit pas récompense à la communauté, qui n'aurait pas moins perdu ces frais, si l'office eût été laissé à la communauté. Il doit suffire à la femme qu'elle ait participé aux honneurs de l'office, et que les émolumens de l'office soient entrés dans la communauté pendant qu'elle a duré. C'est l'avis de Lebrun, *l. 1, ch.* 5, *sect.* 2, *n.* 66. Voyez *suprà*, *n.* 667.

À l'égard des taxes, qui ont été levées sur l'office, et payées des deniers de la communauté, il faut distinguer : lorsque ces taxes sont des taxes sèches, qui n'ont procuré à l'office aucune augmentation de gages ou de droits, le mari n'en doit pas de récompense ; mais si elles ont procuré à l'office des augmentations de gages ou d'émolumens, le mari en doit récompense. Lebrun, *n.* 67. Voyez *suprà*, *n.* 660.

§ III. À l'égard de quels offices ce droit a-t-il lieu.

669. Ce droit a lieu à l'égard des offices vénaux acquis durant la communauté, dont le mari se trouve revêtu lors de la dissolution de la communauté, non-seulement à l'égard des offices de magistrature, mais aussi à l'égard des offices inférieurs, tels que ceux des notaires, procureurs, huissiers, sergens, et généralement à l'égard de tous les offices vénaux de justice, police ou finance.

670. Si le mari avait acquis plusieurs offices durant la communauté, de tous lesquels il se trouve revêtu lors de la dissolution, il pourrait user de ce droit, ou à l'égard de tous lesdits offices, ou seulement de l'un desdits offices, en déclarant qu'il entend le retenir, et laisser les autres à la communauté.

Si, néanmoins, les offices étaient de nature que leur séparation les dépréciât, le mari ne pourrait pas retenir l'un, et remettre l'autre à la masse de la communauté : il faudrait, ou qu'il retînt les deux, ou qu'il remît les deux, à la masse.

671. Ce droit étant fondé sur l'indécence qu'il y a de dépouiller un officier de son office, ne doit pas avoir lieu à l'égard d'un office acquis durant la communauté, mais dans lequel le mari ne se serait pas encore fait recevoir, lorsque la dissolution de la communauté est arrivée. Suffirait-il au mari, pour pouvoir user de ce droit, qu'au temps de la dissolution de la communauté, il eût déjà obtenu des provisions de l'office, quoiqu'il n'y fût pas encore reçu ? On peut dire, pour la négative, que le droit est accordé aux *officiers*; que celui, qui n'est pas encore reçu dans l'of-

fice, quoiqu'il en soit pourvu, n'est pas encore *officier*, puisque c'est la réception qui fait l'officier. On peut dire, au contraire, pour l'affirmative, que les frais de provisions étant ceux qui sont les plus considérables, le mari, qui s'est déjà fait pourvoir de l'office, a déjà fait la plus grande partie du chemin pour y parvenir, et qu'il est favorable d'étendre jusqu'à lui ce droit. La question est fort arbitraire.

672. Cette faveur, que la jurisprudence a accordée à l'officier, étant fondée principalement sur la dureté qu'il y aurait à dépouiller un homme de son état, ce droit ne doit pas avoir lieu à l'égard des offices qu'on n'a que pour le revenu, et qui ne constituent pas l'état de la personne qui en est revêtue. C'est ce qui a été jugé à l'égard d'un office d'inspecteur sur les veaux, par arrêt du 7 juillet 1745, rapporté par Denisart.

673. Par une semblable raison, Lebrun, *liv.* 1, *ch.* 5, *sect.* 2, *d.* 1, *n.* 58, refuse au mari ce droit à l'égard de tous les offices domaniaux, tels que sont les greffes et autres. La raison qu'il en donne, est que ces offices sont moins attachés à la personne que les autres; ces offices étant souvent possédés par des femmes et par des mineurs, qui les font exercer par un commis qui les tient à ferme, ou qui en compte de clerc à maître.

Cet auteur accorde seulement, à l'égard de ces offices, au mari qui en est titulaire, le droit de les avoir par préférence, non pour le prix qu'ils ont coûté, mais pour le prix de leur valeur présente, lorsque les héritiers de la femme en demandent la vente.

Lorsqu'aucune des parties ne demande la vente de l'office, il doit rester en commun, et les émolumens doivent se partager en commun, sous la déduction d'une certaine somme, telle qu'elle sera réglée, qui doit être prélevée par le mari titulaire, pour son exercice.

674. A l'égard des offices de la maison du roi, et autres semblables, auxquels il n'y a aucune finance attachée, ces offices, comme nous l'avons vu *suprà*, *n.* 91, étant regardés comme de simples commissions, qui ne font point partie du patrimoine des particuliers, et qui ne sont point, par conséquent, regardés comme faisant partie des biens de la communauté; lorsque le mari a acquis, durant la communauté, un office de cette espèce, dont il se trouve revêtu lors de la dissolution de la communauté, il le retient, sans être obligé de donner aucune récompense à la communauté, des deniers qu'il a tirés de la communauté pour l'acquérir; car cet office n'étant pas une chose qui soit *in bonis*, ni, par conséquent, qui soit susceptible d'aucune estimation, il n'est pas censé s'être enrichi, en l'acquérant des deniers de la communauté, et il ne doit, par conséquent, aucune récompense. Cela est conforme à l'édit de 1678.

Mais si le mari avait, durant la communauté, obtenu du roi

un brevet de retenue sur cet office, ce brevet de retenue serait un effet de la communauté, et, en conséquence, les héritiers de la femme devraient avoir leur part dans la somme qui serait payée par le successeur à l'office.

ARTICLE VIII.

De la récompense due à la communauté, pour la conversion que l'un des conjoints a faite de son mobilier en immeubles, pendant le temps intermédiaire entre le contrat de mariage et la célébration du mariage.

675. Lorsque des parties, par leur contrat de mariage, sont convenues qu'il y aurait communauté de biens, selon la Coutume, elles sont censées, en ne réalisant aucune partie de leur mobilier par une stipulation, être tacitement convenues que tout le mobilier, que chacune d'elles avait alors, entrerait alors en communauté. Si donc l'une des parties, dans le temps intermédiaire entre le contrat de mariage et la célébration du mariage, convertit une grande partie de son mobilier en acquisition d'immeubles, lesquels n'entreront pas en la communauté, ayant été acquis avant le mariage, elle doit récompense à la communauté, du montant de ce mobilier qu'elle a converti en acquisition d'immeubles; sans quoi, il est évident qu'elle contreviendrait à la convention tacite d'apporter à la communauté tout le mobilier qu'elle avait alors.

SECTION III.

Des créances que l'un des conjoints peut avoir, non contre la communauté, mais contre l'autre conjoint.

676. Il y a des créances que l'un des conjoints a quelquefois, lors de la dissolution de communauté, non contre la communauté, mais contre l'autre conjoint.

Par exemple, si les deniers, que l'un des conjoints s'est réservés propres, ou qui sont provenus du prix de l'aliénation de ses propres, ont été employés, durant la communauté, à acquitter une dette propre de l'autre conjoint, le conjoint, à qui appartenaient ces deniers, est créancier, non de la communauté, mais de l'autre conjoint, de la somme qui a servi à acquitter la dette propre de l'autre conjoint.

Lorsque c'est la femme qui a employé ses deniers propres à acquitter la dette propre de son mari, cette créance, que la femme a contre son mari, pour la restitution de cette somme, ayant pour objet la restitution d'une somme, qui faisait partie de la dot de la femme, elle a hypothèque, pour cette créance, du jour de son contrat de mariage; ou, s'il n'y en a pas eu, du jour de la célébration du mariage, sur tous les biens de son mari, qui, en se mariant, est censé s'être obligé à la restitution de la dot de la femme.

Au contraire, lorsque c'est le mari qui a employé ses deniers propres à acquitter la dette propre de sa femme, il n'a, de son chef, aucune hypothèque sur les biens de sa femme, pour la créance qu'il a contre sa femme pour la restitution de cette somme : il peut seulement avoir celle qu'avait le créancier qu'il a payé, s'il a eu la précaution, en le payant, de requérir la subrogation.

677. Lorsque l'un des conjoints, dès avant le mariage, était créancier de l'autre conjoint, d'une certaine somme d'argent, et que cette dette a été exclue de la communauté, tant de la part du conjoint créancier, par une clause de réalisation de son mobilier, que de celle du conjoint débiteur, par une convention de séparation de dettes, cette créance est une créance que le conjoint créancier continue d'avoir, lors de la dissolution de la communauté, non contre la communauté, mais contre l'autre conjoint, qui en est le débiteur, ou ses héritiers.

Il en est de même, lorsque l'un des conjoints a succédé, durant la communauté, au créancier de l'autre conjoint, et que la dette a été exclue de la communauté, tant de la part du conjoint, qui a succédé au créancier, par une clause de réalisation des successions, que de la part du conjoint débiteur, par une convention de séparation de dettes.

Quoique la créance, que la femme avait contre son mari, avant son mariage, ou à laquelle elle a succédé, ne fût que chirographaire, la femme a, pour cette créance, hypothèque sur les biens de son mari, du jour de son contrat de mariage; ou, s'il n'y en a pas eu, du jour de la célébration du mariage : car cette créance fait partie de la dot de la femme : le mari, en se mariant, a contracté l'obligation d'exiger de lui-même le montant de cette créance, et de le rendre à la femme avec le surplus de la dot. A l'égard de la créance, que le mari avait contre la femme, ou à laquelle il a succédé, il n'acquiert aucune hypothèque par le mariage.

678. Le douaire de la femme et son deuil sont aussi des créances que la femme a, non contre la communauté, mais seulement contre les héritiers de son mari.

Nous traiterons du douaire dans un traité particulier qui suivra celui-ci. Nous dirons ici deux mots du deuil de la femme. C'est une créance qu'une femme veuve a contre la succession de son mari, qui est tenue de lui fournir la somme qui lui est nécessaire pour porter le deuil de son mari. Cette somme est quelquefois fixée par le contrat de mariage. Lorsqu'elle ne l'a pas été, elle doit être arbitrée, eu égard à l'état et aux facultés du défunt.

On fait entrer, dans les frais de deuil, le prix des robes et autres habillemens de deuil, tant de la veuve que de ses domestiques.

On y comprend aussi, à l'égard des personnes riches et de qualité, la draperie du carrosse.

On n'accorde pas de deuil aux femmes du bas peuple, telle qu'est la veuve d'un gagne-denier.

Ce deuil, que les héritiers du mari sont obligés de fournir à la veuve, est regardé comme faisant partie des frais funéraires du mari : c'est ainsi que le considèrent Lebrun, Renusson et autres. En conséquence, il est d'usage de donner à la veuve, pour la créance de son deuil, le même privilége qu'à celle des frais funéraires. Mais si la femme est préférée, pour son deuil, aux créanciers de son mari, mort insolvable, au moins doit-on avoir, en ce cas, attention à le régler à la moindre somme qu'il est possible.

Le deuil est dû à la femme, soit qu'il y ait communauté, ou non ; soit qu'elle l'accepte, soit qu'elle y renonce.

Lorsque c'est la femme qui est prédécédée, le mari n'est pas reçu à demander aux héritiers de la femme les frais de son deuil : l'usage est constant. Je ne vois pas la raison de la différence qu'on a faite à cet égard entre l'homme et la femme. La loi 9, ff. *de his qui not. inf.*, qu'on a coutume de citer, où il est dit : *Uxores viri lugere non compelluntur*, ne me paraît avoir ici aucune application, puisque, suivant nos mœurs, le mari porte le deuil de sa femme, comme la femme le porte de son mari. Il faut, à cet égard, s'en tenir à ce que dit Julien : *Non omnium, quæ à ma-joribus constituta sunt, ratio reddi potest ;* l. 20, ff. *de legib.*

679. Enfin, la créance, qui résulte des donations que les conjoints se sont faites par leur contrat de mariage, est une créance que le conjoint donataire a, non contre la communauté, mais contre la succession de l'autre conjoint qui lui a fait la donation.

680. Observez, à l'égard de toutes les créances, que l'un des conjoints a, non contre la communauté, mais contre l'autre conjoint ou sa succession, que le conjoint, qui en est créancier, ne les prélève pas sur les biens de la communauté, puisque ce n'est pas la communauté qui en est débitrice ; mais il en doit être payé en total, tant sur la part que le conjoint, qui en est débiteur, aura eue dans les biens de la communauté, que sur les autres biens dudit conjoint débiteur.

CHAPITRE II.

Du partage des biens de la communauté, après la dissolution; et des actes qui y sont préalables.

L'inventaire des biens de la communauté étant la première démarche nécessaire pour parvenir au partage des biens de la communauté après la dissolution, nous traiterons, dans un premier article, de l'inventaire, et des recels; dans un second, des autres actes qui sont préalables au partage des biens de la communauté; dans un troisième, nous traiterons de ce partage; et, dans un quatrième, de ses effets, et de la garantie qu'il produit.

ARTICLE PREMIER.

De l'inventaire, et des recels.

Nous verrons, 1° ce que c'est que l'inventaire; quelles sont les choses qu'on doit y comprendre; 2° comment, à la requête de qui, et en présence de qui, il se fait; 3° nous traiterons des recels.

§ I. *Ce que c'est que l'inventaire, et quelles sont les choses qu'on y doit comprendre.*

681. L'inventaire est un acte, qui contient, par le détail, la description de tous les effets dont la communauté est composée.

A la tête de cet acte est une prémisse, qui contient les noms et qualités des personnes à la requête desquelles, et de celles en la présence desquelles l'inventaire est fait.

Après cette prémisse, l'inventaire contient la description, par le détail, de tous les meubles corporels dont la communauté est composée.

682. On y doit comprendre même les habits, linges et hardes, qui sont à l'usage du survivant, sauf un habillement complet qu'on doit lui laisser, et qui, ne devant point entrer en partage, ne doit point être inventorié.

Lorsque le survivant est un homme d'épée, on doit pareillement lui laisser l'épée qu'il a coutume de porter; et, si c'est un homme de robe, on doit lui laisser sa robe de cérémonie.

Les manuscrits, qu'un homme d'esprit a composés, ne doivent pas non plus être compris dans l'inventaire; ce sont choses inestimables, qui ne sont pas censées faire partie d'une communauté de biens, ni même d'une succession : on doit donc les laisser au survivant qui les a composés; et, s'il est prédécédé, à l'aîné de ses enfans; ou, à défaut d'enfans, à l'aîné de sa famille, quand même ces personnes auraient renoncé à sa succession.

Les portraits de famille ne font point partie des biens, et ne doivent pas être inventoriés. Chacune des parties doit prendre les portraits de sa famille. Le portrait du conjoint prédécédé doit être laissé à l'autre conjoint, pendant sa vie, à la charge de le rendre, après sa mort, à l'aîné de la famille du prédécédé.

Il en est de même des marques des ordres de chevalerie, dont le mari a été décoré, telles qu'est une croix de Saint-Louis. Ces choses ne font pas partie de la communauté, et ne doivent pas être inventoriées, mais elles doivent être laissées, pour les garder comme des monumens de l'honneur de la famille.

683. On joint à chacun des meubles corporels, compris dans l'inventaire, une mention de la somme à laquelle il a été estimé.

Cette estimation, ou prisée, se fait ordinairement par un huissier-priseur, qui se fait, pour cet effet, assister de quelque revendeur ou revendeuse publique. Cette assistance n'est pas, néanmoins, absolument nécessaire. Elle se pratique dans les villes de province, où les huissiers-priseurs, faute d'expérience, ne connaissent guère le prix des meubles. A Paris, les huissiers-priseurs font la prisée, sans être assistés de personne, sauf lorsqu'ils ont à priser une bibliothèque; car alors ils appellent des libraires pour prendre leurs avis.

684. Après la description des meubles corporels, l'inventaire doit comprendre la déclaration de tous les titres, papiers et enseignemens des biens de la communauté, tels que sont les journaux et autres papiers domestiques, les livres de commerce, les obligations passées devant notaires, et les billets sous signature privée, des débiteurs de la communauté, les titres des rentes et des héritages qui appartiennent à la communauté.

Lorsqu'il y a quelques dettes actives de la communauté, dont il n'y a aucun acte par écrit, telles que serait celle qui résulte du prêt d'une somme d'argent fait à un ami sans billet, le survivant, qui en a la connaissance, en doit faire déclaration par l'inventaire.

Enfin l'inventaire contient la déclaration des dettes passives de la communauté.

§ II. Comment se fait l'inventaire; à la requête de qui, et en présence de qui.

685. L'inventaire se fait ordinairement par un acte devant notaires, et il se fait aussi quelquefois par un acte sous les signatures privées des parties.

Il se fait ordinairement en la maison qui était le domicile des parties, lors de la mort du prédécédé, parce que c'est en ce lieu que sont ordinairement les meubles et les titres, qui dépendent de la communauté, au moins pour la plus grande partie.

Lorsqu'il y a des meubles en différens lieux, quelquefois on se transporte dans les différens lieux où ils sont, pour en faire l'inventaire; quelquefois on les fait transporter du lieu où ils sont, dans le lieu principal où se fait l'inventaire, pour les y inventorier; quelquefois on se contente de la déclaration que le survivant fait, par l'inventaire, qu'il y a, dans tel et tel lieu, tels et tels effets; *putà*, tant de muids de blé, tant de pièces de vin, un troupeau de tant de bêtes, tels et tels ustensiles de pressoir, etc., qu'on estime valoir tant.

686. L'inventaire se fait ordinairement à la requête du survivant; néanmoins, quelquefois à la requête des héritiers du prédécédé: comme dans le cas auquel la femme survivante, sans être séparée par sentence, ne demeurait pas avec son mari prédécédé.

687. Le survivant doit faire l'inventaire en présence des héritiers du prédécédé, ou eux dûment appelés. Il n'est néanmoins obligé d'appeler que ceux qui sont sur le lieu. Comme il peut ne pas connaître ceux qui ne sont pas sur le lieu, ou du moins ne pas connaître leur demeure, il peut se passer de leur présence, en faisant assister à l'inventaire le procureur du roi, ou le procureur-fiscal de la justice du lieu.

Lorsque les héritiers se trouvent volontairement à l'inventaire, il n'est pas nécessaire qu'ils y aient été judiciairement appelés; mais, lorsqu'ils ne s'y trouvent pas, le survivant doit les assigner devant le juge du lieu, et faire rendre une sentence qui donne assignation aux parties, à tel jour, à telle heure, et aux jours suivans, en la maison du survivant, pour y être procédé à l'inventaire.

Lorsque la sentence a été rendue par défaut, le survivant doit la leur faire signifier.

En conséquence de cette sentence, le survivant peut, aux jours et heures portés par la sentence, faire procéder à son inventaire, soit que les héritiers s'y trouvent, soit qu'ils ne s'y trouvent pas; et l'inventaire fait en leur absence, est, en ce cas, aussi valable que s'ils y avaient été présens, parce qu'ils y ont été dûment appelés.

Lorsque les héritiers du prédécédé sont des enfans mineurs, dont le survivant est le tuteur, il doit leur faire nommer, par le juge, un subrogé tuteur qui y assiste pour eux.

§ III. Des recels.

688. On appelle *recel*, l'omission malicieuse que le survivant

a fait, dans son inventaire, de quelques effets corporels, ou de quelques titres des biens et droits de la communauté, dans la vue d'en dérober la connaissance aux héritiers du prédécédé, et de les priver, par ce moyen, de la part qu'ils ont droit de prétendre à titre de communauté dans lesdits effets.

Les omissions, qui se trouvent dans l'inventaire que le survivant a fait faire, ne passent pour recels, et ne sont sujettes aux peines du recel, que lorsqu'il y a lieu de les présumer malicieuses.

Elles sont surtout présumées n'être pas malicieuses, lorsque le survivant, avant que personne se soit plaint des omissions, a ajouté à l'inventaire les effets ou les titres qu'il avait omis d'y comprendre.

Quand même les héritiers du prédécédé auraient découvert l'omission, avant que le survivant eût ajouté à son inventaire les choses omises, l'omission peut encore être présumée n'être pas malicieuse, soit par rapport à la modicité de l'objet, soit parce qu'il paraît, par les circonstances, que ces choses ont pu échapper à la connaissance du survivant : c'est pourquoi, en ce cas, les héritiers du prédécédé, qui ont découvert l'omission de ces choses, ne peuvent demander autre chose, sinon qu'elles soient ajoutées à l'inventaire, et ils ne peuvent pas conclure, contre le survivant, aux peines des recels.

Au contraire, l'omission est présumée malicieuse, lorsque la multitude des choses omises, et la qualité de ces choses, qui étaient en évidence, et d'un usage journalier, ne permet pas de penser qu'elles aient pu échapper à la connaissance du survivant, qui ne les a pas comprises dans son inventaire.

L'omission doit surtout être jugée malicieuse, lorsque les effets omis dans l'inventaire ont été, par le survivant, depuis la mort ou pendant la dernière maladie du prédécédé, détournés du lieu où ils étaient, et portés hors de la maison, ou cachés dans quelque recoin.

689. Les héritiers de la femme ne sont recevables à se plaindre des recels prétendus faits par le mari, que lorsqu'ils ont accepté la communauté; car, s'ils y renoncent, il est évident qu'ils n'ont aucun intérêt aux recels.

Néanmoins, s'ils prétendaient que c'est par le dol du mari survivant, qui, par les recels qu'il a faits, leur a caché les forces de la communauté, qu'ils ont été engagés à y renoncer, ils pourraient, en prenant des lettres de rescision, être admis à la preuve du dol et des recels du mari; et, après avoir, en conséquence, fait entériner leurs lettres et fait rescinder leur renonciation, être reçus à accepter la communauté, et à conclure contre le mari à la peine du recel.

690. La peine du recel est, que le survivant, qui en est con-

vaincu, est non-seulement condamné à ajouter à l'inventaire et à la masse des biens de la communauté, les choses recélées, mais qu'il est encore déclaré déchu de sa part dans les meubles qu'il a recélés, et dans les droits et créances dont il a recélé les titres; lesquels effets recélés appartiendront, en conséquence, pour le total, aux héritiers du prédécédé. *Arrêt du 15 mai 1656, au premier tome du Journal des audiences.*

Par exemple, si le survivant avait caché les billets de quelques débiteurs de la communauté, les créances, portées par ces billets, appartiendront en entier aux héritiers du prédécédé, en punition du recel.

Si le survivant, qui a fait les recels, était donataire en usufruit, de la part du prédécédé, il serait aussi déclaré déchu de cet usufruit, dans les effets recélés. C'est ce qui a été jugé par l'arrêt ci-dessus cité.

La femme survivante, qui a commis des recels, outre cette peine, qui lui est commune avec le mari, est encore sujette à d'autres peines qui lui sont particulières. Ces peines sont, qu'elle est déchue du droit de renoncer à la communauté, comme nous l'avons vu *suprà,* n. 560; et de celui de n'être tenue des dettes de la communauté, que jusqu'à concurrence du profit qu'elle en a eu.

Il nous reste à observer que le survivant, qui a commis des recels, peut, avant que les héritiers du prédécédé en aient eu connaissance, éviter par son repentir la peine de ses recels, en rapportant les choses recélées, et les ajoutant à son inventaire. C'est ce qui a été jugé par les arrêts que Brodeau a rapportés sur Louet.

Mais, s'il paraît que les héritiers du prédécédé ont eu connaissance des recels, le survivant ne peut plus, dès-lors, éviter la peine du recel, en ajoutant à l'inventaire les effets recélés, quoiqu'il les ait ajoutés avant aucune demande donnée contre lui pour raison desdits recels. C'est ce qui a été jugé par un arrêt du 14 avril 1629, rapporté par Brodeau sur Louet, *lettre R, chap.* 1, dans l'espèce duquel une veuve fut déclarée sujette à toutes les peines des recels, quoiqu'elle eût ajouté à l'inventaire, avant aucune demande contre elle, les effets par elle détournés; parce qu'elle ne les avait ajoutés que depuis la saisie, qui en avait été faite par les héritiers de son mari.

ARTICLE II.

Des autres actes préalables au partage.

691. Les autres actes préalables au partage des biens de la communauté, sont, 1° le compte mobilier, par lequel les parties se

font respectivement raison de ce que chacune d'elles, depuis la dissolution, a reçu des biens de la communauté, et de ce que chacune d'elles a mis pour les biens de la communauté.

Lorsque l'une des parties, qui n'a pas été chargée du recouvrement des dettes de la communauté, a reçu des sommes de quelqu'un des débiteurs de la communauté, si elle a déclaré, par les quittances qu'elle a données, qu'elle a reçu ces sommes sur sa part, ou pour sa part, elle n'est pas obligée de faire raison de ces sommes au compte mobilier, sauf à l'autre partie de se faire payer, comme elle pourra, de sa part par lesdits débiteurs; ce qui a lieu, quand même ces débiteurs seraient depuis devenus insolvables, la partie, qui a reçu sa part, n'étant pas garante de leur insolvabilité, en ce cas, envers l'autre partie, qui doit s'imputer de n'avoir pas usé de la même diligence. *Arg.* 38, ff. *fam. ercisc.*

Mais, lorsqu'une partie s'est chargée du recouvrement des dettes de la communauté, soit qu'elle s'en soit seule chargée, soit que les deux parties s'en soient réciproquement chargées, il ne lui est pas permis de recevoir sa part préférablement à la communauté, et elle doit tenir compte de tout ce qu'elle a reçu des débiteurs, quelque déclaration qu'elle ait faite dans les quittances qu'elle a données. C'est de ce cas qu'il est dit en la loi 63, § 5, ff. *pro soc.*: *Iniquum est ex eâdem societate alium plus, alium minùs consequi.* Voyez notre Traité de Société, *n.* 122.

La réparation du dommage, que l'une des parties, depuis la dissolution de la communauté, aurait causé, par sa faute, dans quelqu'un des effets de la communauté, est aussi une chose qui fait partie du compte mobilier : on y apprécie ce dommage à une certaine somme, dont la partie, qui l'a causé, est déclarée débitrice envers la société, et dont elle doit, en conséquence, faire raison au compte mobilier.

692. 2°. L'acte de liquidation, qui contient un état des différentes reprises et créances, que chacune des parties a à exercer contre la communauté, et des différentes dettes et récompenses, dont chacun des conjoints est débiteur envers la communauté.

Nous avons vu, au chapitre précédent, quelles pouvaient être ces différentes créances et ces différentes dettes.

On doit, par l'acte de liquidation, arrêter un total des créances, dont chacun des conjoints est créancier de la communauté, et un total des dettes, dont chacun des conjoints est débiteur envers la communauté; balancer le total des créances, que chacun des conjoints a contre la communauté, avec le total des dettes, dont le même conjoint est débiteur envers elle; et déclarer chacun des conjoints, ou créancier de la communauté, pour la somme dont le total de ses créances excède le total de ses dettes, ou débiteur, envers la communauté, de la somme dont le total de ses dettes excède le total de ses créances.

693. 3°. Enfin, avant que de pouvoir parvenir au partage des biens de la communauté, il est nécessaire de procéder à l'estimation des conquêts de la communauté, tant des véritables conquêts que des propres ameublis, qui, en conséquence de la convention d'ameublissement, doivent entrer dans la masse des biens de la communauté qui sont à partager, de même que les véritables conquêts.

Les parties, lorsqu'elles sont majeures, peuvent faire cette estimation à l'amiable, ou par elles-mêmes, ou par des estimateurs dont elles conviennent : elles n'ont besoin d'avoir recours au juge, que lorsqu'elles ne peuvent s'accorder sur le choix des estimateurs.

Lorsque quelqu'une des parties est mineure, on a recours aux juges, pour ordonner que les estimateurs, convenus par les parties, passeront, et pour leur faire prêter serment avant qu'ils procèdent à l'estimation.

Outre la visite et l'estimation des conquêts de la communauté, on doit aussi faire une visite des héritages propres de chacun des conjoints, pour déclarer et estimer toutes et chacune des réparations d'entretien qui sont à faire auxdits héritages, la communauté en étant chargée, comme nous l'avons vu *suprà*, n. 271.

ARTICLE III.

Du partage de la communauté.

694. Le partage de la communauté est la division qui se fait entre les parties, des biens de la communauté.

Il est de la nature de toutes les sociétés, que chacune des parties, qui a une part dans les biens qui sont demeurés en commun, après la dissolution de la société, puisse, lorsqu'elle est majeure, en demander aux autres parties le partage; car c'est un principe, que *nemo invitus in communione manere debet*.

Suivant ce principe, après la dissolution de la communauté, qui était entre un mari et une femme, non-seulement le survivant, non-seulement l'héritier du prédécédé; mais, lorsqu'il a laissé plusieurs héritiers, un seul desdits héritiers, lorsqu'il est majeur, peut demander aux autres parties le partage des biens de la communauté.

695. Lorsqu'une partie est mineure, elle peut bien, ou par son tuteur, ou par elle-même, lorsqu'elle est émancipée, demander le partage des biens mobiliers de la communauté. Elle peut demander un partage provisionnel des biens immeubles, c'est-à-

dire, un partage, qui assigne à chaque partie la jouissance de certains biens, pour en jouir divisément jusqu'au partage définitif; mais un mineur ne peut pas valablement demander un partage définitif des immeubles.

La raison est, que le partage des immeubles, qui se ferait sur la demande de ce mineur, renfermerait une disposition, que ce mineur ferait, de la part qu'il a dans lesdits biens immeubles; or, les lois interdisent aux mineurs toutes dispositions de leurs biens immeubles.

696. Quoiqu'un mineur ne puisse pas lui-même provoquer les autres parties à un partage définitif des biens immeubles, il peut être provoqué à ce partage définitif par une partie majeure; et ce partage définitif, fait sur la demande d'une partie majeure, est valablement fait avec le mineur.

La raison est, que les lois, qui interdisent aux mineurs la disposition de leurs biens immeubles, en exceptent celles qui sont nécessaires : elles ne leur interdisent que celles qui sont volontaires. Un partage, qui se fait sur la demande d'un mineur, est une disposition qu'il fait de ses immeubles, qui est volontaire, puisque rien ne l'obligeait de donner cette demande : mais, lorsque le partage se fait sur la demande d'un majeur, qui a provoqué le mineur au partage, la disposition, que le mineur fait par ce partage, de la part qu'il a dans ces immeubles, est une disposition nécessaire, car la demande, qui a été donnée contre lui aux fins de partage, est une chose qui ne dépendait pas de lui, et qu'il n'a pu empêcher.

697. La demande aux fins de partage doit être donnée contre toutes les parties; c'est pourquoi, lorsque le prédécédé a laissé plusieurs héritiers, si le survivant n'a donné la demande aux fins de partage que contre un des héritiers, ou s'il n'y a qu'un des héritiers qui ait donné la demande contre le survivant, on ne peut statuer sur cette demande jusqu'à ce que les autres héritiers aient été aussi assignés, ou qu'ils soient intervenus.

698. Tant que les parties possèdent les biens de la communauté par indivis, l'action de partage, que chacune d'elles a droit d'intenter contre les autres parties, n'est sujette à aucune prescription de temps, quelque long qu'il soit; car l'indivision réclame perpétuellement en faveur de l'action de partage : *Quàm nemo invitus in communione manere debeat.*

Mais si l'une des parties avait possédé séparément, pendant trente ans, certains biens de la communauté, quoiqu'elle ne pût produire aucun acte de partage qui fût intervenu, cette possession séparée, qu'elle aurait eue pendant ledit temps, ferait présumer qu'il y en a eu un, et opérerait en sa faveur contre l'action de partage, si elle était intentée contre elle, la prescription ordinaire de trente ans, qui a lieu contre toutes les actions.

699. On commence ordinairement le partage des biens de la communauté, par celui du mobilier, et on ne vient qu'après à celui des immeubles. Néanmoins, quelquefois on ne fait qu'un même partage du mobilier et des immeubles, et même quelquefois on met tout le mobilier, ou la plus grande partie, dans un lot, et tous les immeubles, ou la plus grande partie, dans l'autre, lorsque c'est la convenance réciproque des parties : comme lorsque les biens de la communauté d'un marchand sont à partager entre la veuve et le fils, héritier de son père ; si le fils a dessein de continuer le commerce de son père, et que la veuve, au contraire, ait dessein de vivre bourgeoisement, sans faire ce commerce, les marchandises et effets de commerce étant, en ce cas, à la convenance du fils, on les met dans le lot du fils ; et les biens-fonds étant plus à la convenance de la veuve, on les met dans le lot de la veuve.

700. On procède quelquefois à la vente des meubles de la communauté, au lieu de les partager ; mais, lorsque l'une des parties veut avoir sa part en nature dans les meubles, et s'oppose, en conséquence, à la vente que l'autre partie veut faire, on ne peut lui en refuser le partage, à moins qu'il ne fût nécessaire de vendre le tout, ou partie, pour l'acquittement des dettes exigibles de la communauté, tant de celles qui sont dues à des tiers, que de celles qui seraient dues à l'une ou à l'autre des parties ; auquel cas, la vente des meubles ne peut être empêchée, jusqu'à concurrence de ce qu'il est nécessaire d'en vendre pour l'acquittement desdites dettes, en commençant par la vente des meubles périssables.

Quand même il y aurait de quoi acquitter les dettes de la communauté, sans vendre les meubles, si l'héritier du prédécédé est un mineur, son tuteur ne peut empêcher la vente que le survivant voudrait en faire ; car il est, au contraire, du devoir d'un tuteur de faire procéder à la vente des meubles de son mineur, pour employer le prix en acquisition d'héritages ou de rentes, qui produisent le revenu au mineur.

Mais, au contraire, si le survivant en demande le partage, le tuteur de l'héritier mineur ne peut l'empêcher ; sauf à lui, après le partage qui en aura été fait, de faire procéder à la vente des meubles échus par le partage au lot de son mineur.

701. Pour procéder au partage des immeubles de la communauté, on dresse une masse de tous ceux dont elle est composée, dans laquelle chaque immeuble est couché pour la somme à laquelle il a été estimé.

La masse ainsi dressée et arrêtée, la femme ou ses héritiers doivent prélever, dans les meilleurs effets de ladite masse, à leur choix, la somme à laquelle, par la liquidation, se sont trouvées monter les reprises et autres créances de la femme, déduction faite de ce qu'elle devait à la communauté, lorsqu'ils n'en ont pas été payés sur le prix des meubles.

Après ce prélèvement, fait par la femme ou ses héritiers, le mari ou ses héritiers prélèvent pareillement, à leur choix, dans les meilleurs effets qui restent de ladite masse, la somme à laquelle montent les reprises et créances du mari, déduction faite de ce qu'il devait à la communauté.

Après ces prélèvemens, on fait deux lots des conquêts qui restent à partager, savoir, un pour le survivant, et un pour les héritiers du prédécédé, qu'ils tirent au sort.

On fait ces lots aussi égaux qu'il est possible; mais, comme ordinairement l'égalité ne peut pas être parfaite, pour les égaler, on charge celui, qui est le plus fort, d'un retour envers le plus faible.

Par exemple, si, après les prélèvemens faits, il reste pour 50,000 livres de conquêts à partager, dont on ait fait deux lots, l'un de 30,000 livres, et l'autre de 20,000 livres, on chargera, pour les égaler, le lot de 30,000 livres, d'un retour de 5,000 l. envers celui de 20,000 livres; au moyen duquel retour, le lot de 30,000 livres sera diminué de 5,000 livres, et réduit, par conséquent, à 25,000 livres; et le lot de 20,000 livres étant augmenté de 5,000 livres, par le retour de 5,000 livres qui lui est dû, sera pareillement de 25,000 livres.

Le retour, dont on charge le lot le plus fort envers le lot le plus faible, consiste en une rente; comme lorsqu'il est dit : Un tel lot sera chargé de tant de rente envers l'autre, ou il consiste en une somme d'argent.

Lorsqu'il consiste en une rente, cette rente est une charge réelle des conquêts, dont le lot, qui en est chargé, est composé ; c'est une véritable rente foncière, qui n'est pas rachetable, à moins que la faculté n'en ait été expressément accordée; c'est une rente, pour laquelle la partie, à qui ce retour est dû, a tous les droits des seigneurs de rente foncière. *Voyez notre Traité du Bail à Rente.*

Lorsque le retour consiste dans une somme d'argent, la créance de ce retour est une créance mobilière et exigible, qui porte néanmoins intérêt *ex naturâ rei,* du jour du partage jusqu'au paiement; à moins qu'il ne fût convenu, par le partage, que les parties n'entreraient en jouissance que d'un tel jour : auquel cas les intérêts du retour ne courent que de ce jour.

Quelquefois, après qu'il a été dit, par le partage, qu'un tel lot serait chargé envers l'autre, du retour de telle somme, on ajoute que, pour le prix de ladite somme, on constitue une rente de tant. Cette rente, en ce cas, n'est pas une charge réelle et foncière des conquêts qui composent le lot; c'est une véritable rente constituée, dont le propriétaire de ce lot est débiteur personnel, laquelle est rachetable à toujours, selon la nature des rentes constituées, et pour laquelle la partie, à qui elle est due, a seulement une hypothèque privilégiée sur les conquêts du lot qui en est chargé. *Voyez*, sur ces retours, *notre Traité du Contrat de Société*, n. 175, 176, et 177.

702. Lorsque les parties ont partagé les biens de la communauté, sans avoir prélevé préalablement sur la masse les sommes dont chacune d'elles était créancière de la communauté, elles doivent s'en faire raison, après le partage, de la manière qui suit.

On doit faire compensation, jusqu'à due concurrence, des sommes dont chacune d'elles est créancière de la communauté. Après cette compensation faite, la partie, qui est créancière de la plus grande somme, doit encore faire confusion sur elle, pour la moitié qu'elle a en la communauté, de la moitié de la somme qui est restée après ladite compensation faite, et elle a droit de demander à l'autre partie le paiement de l'autre moitié, avec les intérêts, du jour de la dissolution de la communauté.

Par exemple, je suppose que les parties ont partagé une masse de 100,000 livres, sans avoir fait aucun prélèvement des sommes dont elles étaient respectivement créancières de la communauté. Je suppose encore que le survivant fût, par la liquidation, créancier de 30,000 livres, et les héritiers du prédécédé, de 20,000 livres. Compensation faite des créances respectives, le survivant demeure créancier de 10,000 livres, dont il fait confusion de moitié sur lui : reste 5,000 livres dont il est créancier des héritiers du prédécédé.

Cette opération a le même effet que si le prélèvement des créances respectives s'était fait avant partage sur la masse; car, suivant cette opération, il revient au survivant, dans les biens de la communauté, la somme de 55,000 livres; savoir, 50,000 livres pour son lot de partage, et 5,000 que les héritiers du prédécédé sont tenus de lui payer sur leur part; et il ne revient aux héritiers que 45,000 livres, étant obligés d'ôter de leur part de 50,000 livres, celle de 5,000 livres qu'ils doivent au survivant.

En faisant le prélèvement des créances respectives avant partage, il revient pareillement au survivant la même somme de 55,000 livres; savoir, celle de 30,000 livres, qu'il a prélevée, et celle de 25,000 livres, pour sa moitié dans les biens restés à partager; laquelle, par les prélèvemens, a été réduite à 50,000 livres; lesquelles deux sommes de 30,000 et de 25,000 livres; font celle de 55,000 livres : il revient pareillement aux héritiers du prédécédé la même somme de 45,000 livres; savoir, celle de 20,000 livres qu'ils prélèvent, et celle de 25,000 livres pour leur moitié dans la masse des biens restés à partager.

703. Observez que la femme et ses héritiers ne sont obligés de compenser la somme, dont ils sont créanciers de la communauté, avec celle dont le mari ou ses héritiers en sont pareillement créanciers, que jusqu'à concurrence de la part de ladite femme ou de ses héritiers dans les biens de la communauté. La raison est, que la compensation, que la femme ou ses héritiers font avec la créance du mari, est un paiement qu'ils font au mari, de ce que la communauté lui doit; *nam qui compensat, solvit.* Or, comme nous le verrons *infrà, part.* 6, la femme ou ses héritiers, ne sont tenus des dettes de la communauté, que jusqu'à concurrence du montant de la part qu'ils ont dans les biens de la communauté : ils ne sont donc obligés de compenser la créance, qu'ils ont contre la communauté, avec celle du mari, que jusqu'à concurrence du montant de leur part dans les biens de la communauté; autrement, ils se trouveraient avoir payé des dettes de la communauté au-delà de leur part.

704. Par la même raison, la femme ou ses héritiers ne sont obligés de faire confusion pour moitié de ce qui leur est dû par la communauté, que jusqu'à concurrence du montant de la part qu'ils ont dans les biens de la communauté; car la confusion, que la femme fait pour moitié de sa créance contre la communauté, est un paiement qu'elle se fait pour cette moitié à elle-même, de ce qui lui est dû par la communauté. Or, elle n'est tenue des dettes de la communauté, tant de celles qui sont dues à des tiers, que de celles qui lui sont dues, que jusqu'à concurrence du montant de la part qu'elle a dans les biens de la communauté : elle n'est donc obligée à faire confusion, que jusqu'à concurrence du montant de ladite part.

Supposons, par exemple, que la masse de la communauté était de 30,000 livres, que les parties ont partagées sans prélever au préalable les créances respectives qu'elles ont contre la communauté : la part de chacune des parties aura été de 15,000 livres. Supposons, à présent, que la femme soit créancière de la communauté d'une somme de 25,000 livres, et le mari d'une somme de 40,000 livres : la femme n'étant obligée de souffrir aucune compensation ni aucune confusion, que jusqu'à concurrence de la somme de 15,000 livres, elle demeurera créancière de 10,000 livres, que son mari sera tenu de lui payer; au moyen de quoi, il ne restera plus que 5,000 livres au mari, pour se payer de sa créance de 40,000 livres; et la femme, par cette somme de 10,000 livres, et par celle de 15,000 livres, qu'elle a eue pour sa part au partage de la communauté, sera payée entièrement de sa créance de 25,000 livres.

Cette opération a le même effet que si on avait pris la voie du prélèvement; car la créance de la femme devant être prélevée avant celle du mari, la femme, sur la masse de 30,000 livres,

27*

en aurait prélevé 25,000 livres pour se remplir de sa créance, et il ne serait plus resté que 5,000 livres pour la créance du mari.

705. Lorsqu'une des parties, par la liquidation, s'est trouvée débitrice, envers la communauté, d'une certaine somme, déduction faite de ce qui lui est dû par la communauté, elle en doit faire raison au partage des biens de la communauté.

Cela peut se faire de deux manières. La première est, en ajoutant à la masse des biens de la communauté la créance que la communauté a contre la partie débitrice, et en la lui précomptant sur sa part dans ladite masse.

Par exemple, si, outre une créance de 10,000 livres, que la communauté a contre l'une des parties, les biens de la communauté montent à 90,000 livres, en y ajoutant cette créance de 10,000 livres, la masse montera à 100,000 livres. C'est pour la moitié de chacune des parties, 50,000 livres, en précomptant à la partie débitrice, sur la part qu'elle doit avoir dans cette masse, la créance de 10,000 livres, que la communauté a contre elle, et, en lui délivrant pour 40,000 livres des autres effets de ladite masse, elle sera remplie de ses 50,000 livres, et il en restera 50,000 livres pour la part de l'autre partie.

La seconde manière est, que, sans ajouter à la masse de la communauté la créance de la somme de 10,000 livres, qu'elle a contre moi, je laisse l'autre partie prélever, avant partage, sur les 90,000 livres dont la masse est composée, une somme de 10,000 livres, pareille à celle dont je suis débiteur envers la communauté, et que nous partagions ensuite les 80,000 livres restantes.

Suivant cette seconde manière, j'aurai, comme dans la première opération, 40,000 livres, ma dette de 10,000 livres acquittée; ce qui fait 50,000 livres : et l'autre partie aura pareillement 50,000 livres; savoir, 10,000 livres qu'elle a prélevées, et 40,000 livres pour sa moitié dans les 80,000 livres qui, après le prélèvement fait, étaient restées à partager.

S'il n'a pas été fait raison de cette dette lors du partage, je dois, pour la moitié, que j'ai dans les biens de la communauté, faire confusion de la moitié de la dette de 10,000 liv. dont je suis débiteur à la communauté, et payer 5,000 livres à l'autre partie pour sa moitié; ce qui revient au même que les deux opérations précédentes.

706. Lorsque les deux parties sont chacune débitrices envers la communauté, *putà*, l'une de 6,000 livres, et l'autre de 4,000 livres, elles peuvent pareillement s'en faire raison de deux manières.

La première consiste à ajouter à la masse des biens qui sont à partager, chacune des créances que la communauté a contre chal'une des parties, et précompter à chacune des parties, sur sa part, les créances que la communauté a contre elle.

La seconde manière, qui revient au même, est de faire, jusqu'à due concurrence, compensation des sommes dont chacune des parties est débitrice, et de faire ensuite prélever sur la masse, par celle qui devait le moins, une somme pareille à celle dont la partie, qui devait le plus, s'est trouvée débitrice après ladite compensation faite.

Par exemple, la partie, qui était débitrice d'une somme de 4,000 livres, prélèvera sur la masse une somme de 2,000 livres, qui est pareille à la somme de 2,000 livres, dont celle, qui était débitrice de 6,000 livres, s'est trouvée débitrice, après la compensation faite de sa dette avec la dette de 4,000 livres de l'autre partie.

Lorsque le partage s'est fait, sans que les parties se soient fait raison de leurs dettes respectives envers la communauté, pour qu'elles s'en fassent raison après le partage, on doit pareillement faire, jusqu'à due concurrence, compensation des sommes, dont chacune des parties était débitrice envers la communauté; après quoi, la partie, qui devait plus, doit, pour la moitié qu'elle a dans les biens de la communauté, faire confusion de la moitié de la somme, dont elle est restée débitrice après ladite compensation, et payer l'autre moitié de ladite somme à l'autre partie.

Par exemple, dans notre espèce, la partie, qui était débitrice de 6,000 livres, et qui, après la compensation de cette dette avec celle de 4,000 livres, dont l'autre partie était débitrice, demeure encore débitrice d'une somme de 2,000 livres, doit faire confusion de 1,000 livres, moitié de ladite somme de 2,000 livres, et payer à l'autre partie 1,000 livres, pour l'autre moitié de ladite somme.

707. Quelquefois le survivant et les héritiers du prédécédé, au lieu de partager les conquêts de la communauté, conviennent entre eux de les liciter.

La licitation est un acte qui tient lieu de partage, par lequel une chose, qui était commune et indivise entre deux ou plusieurs parties, est adjugée pour le total, à celle des parties qui l'a portée à un plus haut prix, à la charge, par l'adjudicataire, de payer aux autres parties leur part dans le prix de l'adjudication.

708. Lorsque l'une des parties, entre lesquelles les biens de la communauté sont à partager, demande la licitation, l'autre partie peut l'empêcher, et demander le partage, lorsque, dans les biens qui sont à partager, il y a plusieurs corps d'héritages dont on peut faire deux lots, en chargeant le lot, qui serait le plus fort, d'un retour envers le lot le plus faible.

Même dans le cas, auquel les biens immeubles de la communauté ne consisteraient que dans un seul corps d'héritage; si cet héritage peut se partager commodément, c'est-à-dire, sans que le partage le déprécie, on peut encore empêcher la licitation, et demander le partage.

Lorsque les parties ne conviennent pas du fait, si l'héritage peut, ou non, se partager commodément, le juge en ordonne la visite, pour en connaître.

709. Un mineur ne peut pas demander la licitation des héritages de la communauté, puisqu'il ne peut pas même en demander le partage définitif, comme nous l'avons vu *suprà*, n. 695.

Mais la partie majeure peut donner la demande en licitation contre la partie mineure. Le juge, néanmoins, ne peut l'ordonner, qu'après qu'il lui aura été justifié que l'héritage, dont on demande la licitation, et qui est la seule chose à partager entre les parties, est de nature à ne pouvoir être partagée, sans que le partage le déprécie. Le juge, pour s'en instruire, doit en ordonner la visite, à moins qu'il ne soit évident, par la qualité de l'héritage, qu'il ne peut pas se partager.

710. Lorsqu'il y a une partie mineure, la licitation doit se faire à l'audience du juge. Elle doit être préalablement annoncée au public, par des affiches et des publications, et on doit admettre les enchères de tous les étrangers, qui voudront enchérir l'héritage licité.

Lorsque toutes les parties sont majeures, la licitation se fait dans l'étude d'un notaire, et les parties peuvent la faire entre elles, sans y appeler les étrangers pour enchérir. Si, néanmoins, l'une des parties, quoique majeure, demandait que les enchères étrangères fussent reçues, l'autre partie ne peut le refuser, et on doit, en ce cas, annoncer au public la licitation, par affiches et publications, aux frais de la communauté : autrement, une partie riche aurait un avantage sur une partie pauvre, qui n'a pas se moyen d'enchérir, et se rendrait la maîtresse du prix : ce qui serait une injustice manifeste.

ARTICLE IV.

De l'effet du partage des biens de la communauté, et de la garantie qu'il produit.

§ 1. De l'effet du partage.

711. Selon les principes de notre jurisprudence française, qui sont différens en cela du droit romain, les partages ne sont pas regardés comme des titres d'acquisitions, mais comme des actes qui n'ont d'autre effet, que de déterminer la part indéterminée et indivise de chacun des copartageans dans les biens qui sont à

partager, aux seules choses qui échéent par le partage aux lots respectifs de chacun d'eux.

Suivant ces principes, le partage des biens de la communauté, qui se fait entre le mari ou ses héritiers d'une part, et la femme ou ses héritiers d'autre part, n'a d'autre effet, que de déterminer la part indéterminée et indivise, que chacune des parties a dans les biens de la communauté, aux seules choses qui, par le partage, lui échéent en son lot.

En conséquence, le mari est censé avoir acquis pour le compte de lui seul, et pour le remplir de sa part dans la communauté, tous les conquêts échus en son lot, et en avoir été toujours seul propriétaire, sans en rien tenir de sa femme, ni des héritiers de sa femme; et il est censé, au contraire, n'avoir jamais été propriétaire en son propre nom, pour aucune part de ceux échus au lot de sa femme, ou des héritiers de sa femme, et n'y avoir jamais eu d'autre droit, que celui qu'il y a en sa qualité de chef de la communauté, pendant le temps qu'elle a duré.

Pareillement, la femme est censée avoir acquis par le ministère de son mari, pour le compte d'elle seule, et pour la remplir de sa part en la communauté, tous les effets échus en son lot, et en avoir été seule propriétaire depuis le temps des acquisitions, sans en rien tenir de son mari; et, au contraire, n'avoir jamais eu de part dans ceux échus au lot du mari.

712. A l'égard des propres ameublis, lorsqu'ils tombent, par le partage, au lot de la partie qui a fait l'ameublissement, elle est censée en avoir toujours été seule propriétaire, au même titre auquel elle l'était, lorsqu'elle les a apportés à la communauté.

Lorsque les propres ameublis par l'une des parties, tombent au lot de l'autre partie, la partie, au lot de laquelle ils sont tombés par le partage, est censée les avoir acquis, dès le temps qu'ils ont été apportés à la communauté, et en avoir été seule propriétaire depuis ce temps.

713. La licitation est un acte qui tient lieu de partage, lorsque c'est une des parties licitantes qui se rend adjudicataire de l'héritage licité : elle a, en ce cas, le même effet que le partage. La partie, qui s'est rendue adjudicataire de l'héritage licité, quand même cet héritage aurait seul composé tout le bien immeuble de la communauté, est censée ne rien tenir de l'autre partie dans l'héritage dont elle s'est rendue adjudicataire par la licitation, et en avoir toujours été propriétaire pour le total, à la charge de payer à l'autre partie sa part du prix de la licitation.

L'autre partie licitante, qui ne s'est pas rendue adjudicataire, est censée n'avoir jamais eu aucune part dans l'héritage adjugé par la licitation. Elle avait bien une part indivise dans l'universalité des biens immeubles de la communauté, laquelle part était un droit immobilier; mais l'universalité des biens immeubles de la communauté étant quelque chose de distingué, par l'entendement, des individus qui la composent, cette part, dans l'universalité, n'a jamais été une part déterminée à aucun des individus qui la composaient; et, par la licitation, cette part ne s'est déterminée à aucun héritage, mais seulement à la portion du prix qui revient à cette partie dans le prix de la licitation; et, en conséquence, elle est censée n'avoir jamais eu aucune part dans l'héritage licité.

Lorsque c'est une des parties licitantes qui s'est rendue adjudicataire, il n'importe que les enchères étrangères aient été reçues; la licitation n'en est pas moins regardée comme n'étant qu'un acte qui tient lieu de partage : mais, lorsque c'est un étranger qui s'est rendu adjudicataire, il n'est pas douteux, en ce cas, que la licitation est une véritable vente de l'héritage, qui a été faite par les parties licitantes à cet étranger adjudicataire.

714. Lorsque l'une des parties a vendu à l'autre sa part indivise dans tous, ou dans quelqu'un des conquêts de la communauté, cet acte, quoique conçu dans la forme et dans les termes d'une vente, est réputé n'être autre chose qu'un acte dissolutif de la communauté qui était entre les parties par rapport à ces conquêts. Les parties sont censées s'être exprimées improprement, en disant que l'une vendait à l'autre sa part dans lesdits conquêts : elles sont censées n'avoir voulu autre chose que déterminer le droit indivis que chacune avait dans lesdits conquêts; savoir, le droit de l'une au total desdits conquêts, et le droit de l'autre à la somme que celui, à qui les héritages demeurent pour le total, s'oblige de lui payer.

Voyez, sur la nature et les effets des partages, licitations et autres actes qui en tiennent lieu, ce que nous en avons dit en notre *Traité du Contrat de Société*.

§ II. De l'obligation de garantie que produit le partage.

715. Les partages sont des actes dans lesquels l'égalité est requise, plus que dans tous les autres actes. Quoique, dans les contrats commutatifs qui se passent entre majeurs, dans lesquels il n'est intervenu ni dol ni violence, il n'y ait lieu à la rescision du contrat pour la seule cause de lésion, que lorsque la partie lésée, qui se plaint du contrat, l'a été de plus de moitié de ce qu'elle devait avoir; au contraire, quoiqu'un acte de partage ait été passé entre majeurs, et qu'il n'y soit intervenu aucun dol ni violence, il suffit, pour que le partage soit sujet à rescision, que la partie qui se plaint du partage, ait été lésée au-delà seulement du quart de ce qui doit lui revenir par le partage.

Suivant ce principe, lorsque le survivant de deux conjoints par mariage, et les héritiers du prédécédé, ont partagé les biens de la communauté ; si l'une des parties a été lésée par ce partage, *putà*, parce que les effets, dont la masse était composée, n'ont pas été estimés dans la même proportion, ceux échus en son lot ayant été estimés trop cher, et ceux du lot de l'autre partie l'ayant été à trop vil prix, elle sera bien fondée à demander la rescision du partage, pourvu qu'elle prouve que cette lésion excède le quart de ce qui devait lui revenir par le partage.

Pour être reçu à cette action rescisoire, il faut se pourvoir par lettres de rescision, obtenues en la chancellerie du Palais, dans les dix ans depuis le partage.

716. La même raison d'égalité, qui doit régner dans les partages, produit aussi entre le survivant et les héritiers du prédécédé, qui ont partagé les biens de la communauté, une obligation réciproque de garantie des effets tombés en leurs lots respectifs, par laquelle chacune des parties s'oblige envers l'autre de la garantir des évictions qu'elle pourrait souffrir depuis le partage, à l'égard de quelqu'un des effets échus dans son lot.

Il est évident que, par l'éviction, que l'une des parties souffre de quelqu'un des effets échus dans son lot, l'égalité, qui doit régner dans les partages, serait blessée, si l'autre partie ne lui en faisait pas raison pour sa part. Supposons, par exemple, que le survivant et l'héritier du prédécédé aient partagé chacun par moitié les biens de la communauté, dont la masse montait à 100,000 livres, et qu'il soit échu, dans le lot du survivant, une maison couchée pour 10,000 livres dont il a été, depuis le partage, évincé par un tiers. Il est évident que l'égalité est blessée, puisque, par cette éviction, son lot est réduit à 40,000, pendant que le lot de l'héritier du prédécédé, qui n'a pas souffert d'éviction, est de 50,000 liv. Il faut donc, pour rétablir l'égalité, que l'héritier du prédécédé, pour la moitié qu'il avait au partage des biens de la communauté, fasse raison au survivant, de la moitié de la somme de 10,000 liv., pour laquelle la maison dont il a été évincé, lui avait été donnée en partage. Par ce moyen, l'égalité est rétablie; le lot de l'héritier du prédécédé sera réduit à 45,000 liv., et celui du survivant, composé des 40,000 liv. qui lui restent, et des 5,000 livres que ledit héritier lui retourne, sera pareillement de 45,000 livres.

717. Les évictions, dont les copartageans sont garans l'un envers l'autre, sont celles dont il y avait une cause, ou du moins un germe existant dès le temps du partage.

Par exemple, si, dans le partage des biens de la communauté, qui a été fait entre le survivant et l'héritier du prédécédé, il est échu au lot de l'une des parties un héritage qui était hypothéqué à un tiers, et que, depuis le partage, la partie, au lot de laquelle l'héritage était échu, en ait été évincée sur une action hypothécaire du créancier qui avait ce droit d'hypothèque, l'autre partie sera garante envers elle de cette éviction ; car le droit d'hypothèque, qu'avait le créancier sur l'héritage, et qui a été la cause de l'éviction, existait avant le partage.

Pareillement, lorsqu'une personne, qui n'avait point d'enfans, m'a fait, durant la communauté avec ma femme, donation d'un héritage, lequel est entré en ma communauté, et qui, depuis, par le partage que j'ai fait avec l'héritier de ma femme, des biens de cette communauté, est échu au lot de cet héritier, si, depuis le partage, il est survenu un enfant au donateur, par la survenance duquel la donation a été révoquée, et l'héritier de ma femme, au lot duquel l'héritage est échu, en a été évincé, je suis garant envers lui de cette éviction; car la condition tacite de révocation, en cas de survenance d'enfans, que renfermait la donation qui m'a été faite, est le germe qui a produit l'éviction que l'héritier de ma femme a soufferte de cet héritage; et ce germe est antérieur au partage.

718. Quoique la cause de l'éviction, que l'une des parties a soufferte depuis le partage, soit antérieure au partage; si cette éviction est une espèce d'éviction dont la partie, qui l'a soufferte, a été chargée par le partage, il n'y a pas lieu à la garantie.

Par exemple, si l'on a déclaré, par le partage, qu'un héritage compris dans la masse des conquêts de la communauté, était réversible à des tiers, au bout d'un certain temps, en cas d'existence d'une certaine condition, la partie, au lot de laquelle l'héritage est échu, n'aura aucun recours de garantie pour l'éviction qu'elle aura soufferte par l'expiration du temps au bout duquel, ou par l'existence de la condition sous laquelle cet héritage était réversible : car, par la déclaration qui a été faite au partage, que cet héritage était réversible au bout de ce temps, ou par l'existence de cette condition, la partie, au lot de laquelle il est échu, a été chargée de cette espèce d'éviction. La partie ne souffre, en cela, aucune lésion par le partage : car la somme, pour laquelle l'héritage lui a été donné par le partage, n'est le prix que de ce que l'héritage valait, eu égard à cette charge, et non pas le prix qu'il eût valu, si le droit, que la communauté y avait, eût été un droit de propriété perpétuelle.

Mais si la partie, qui a été chargée de cette espèce d'éviction, avant la réversion, souffrait éviction de l'héritage pour une autre cause dont elle n'aurait pas été chargée, il y aurait lieu à la garantie.

Pareillement, si l'héritage échu à l'une des parties, était réversible au bout d'un temps plus court que celui déclaré par le partage, l'autre partie doit lui faire raison, pour sa portion, de ce que l'héritage eût dû être estimé de moins.

719. Il n'y a pas lieu à la garantie, lorsque l'éviction, que l'une des parties a soufferte de quelqu'une des choses échues en son lot, procède d'une cause qui n'est survenue que depuis le partage.

Par exemple, si on a pris à l'une des parties, pour faire un chemin public, une mine de terre échue en son lot de partage; quand même elle n'aurait pu obtenir du fisc aucune indemnité, elle n'aura, pour cette éviction, dont la cause n'est survenue que depuis le partage, aucun recours de garantie contre l'autre partie. La raison est, que, depuis le partage, les choses échues aux lots respectifs, sont aux risques de chacune des parties, auxquelles elles sont échues : la chose n'étant devenue que depuis le partage, sujette à l'éviction que la partie a soufferte, n'étant point, lors du partage, sujette à cette éviction, le partage n'a renfermé aucune inégalité qui puisse donner lieu à la garantie.

720. La garantie, à laquelle donne lieu l'éviction, que l'une des parties a soufferte pour une cause antérieure au partage, n'ayant d'autre objet que le rétablissement de l'égalité, qui se trouve blessée par cette éviction, la partie, qui est tenue de la garantie envers celle qui a souffert l'éviction, n'est obligée envers elle à autre chose qu'à lui faire raison, pour sa portion, de la somme pour laquelle la chose, dont elle avait été évincée, lui avait été donnée en partage, comme nous l'avons vu *suprà*, n. 716.

Il suit de ce principe que, pour régler l'obligation de cette garantie, on n'a égard qu'à la somme pour laquelle la chose a été donnée en partage à la partie qui en a été depuis évincée, quand même cette chose serait d'une beaucoup plus grande valeur au temps de l'éviction. En cela, cette garantie est différente de celle qui naît d'un contrat de vente, ou d'un autre contrat commutatif. La raison de cette différence est, que celle-ci naît de l'obligation que le vendeur contracte envers l'acheteur, de lui faire avoir à toujours la chose qu'il lui a vendue, *præstare emptori rem habere licere*. Cette obligation renferme *omne quod emptoris interest quóminùs rem habere liceat;* ce qui comprend tout ce que la chose vaut au temps de l'éviction, de plus que le prix pour lequel elle a été vendue.

Au contraire, des copartageans ne contractent point l'un envers l'autre une obligation précise *præstare invicem rem habere licere ;* ils ne s'obligent à autre chose, qu'à rétablir l'égalité, si, par la suite, elle se trouvait blessée par les évictions qui surviendraient. Nous avons expliqué plus au long, selon les principes de Dumoulin, en notre Traité du Contrat de Vente, n. 632, la différence de ces deux espèces de garantie.

721. L'obligation de garantie, que les copartageans contractent réciproquement l'un envers l'autre par le partage, ne s'étend pas seulement aux évictions; elle s'étend aussi aux charges réelles, auxquelles quelque héritage compris au partage, était dès-lors sujet, et qui n'ont pas été déclarées par le partage. Cette garantie oblige la partie, qui en est tenue, à faire raison, pour sa portion, à celle, dans le lot de laquelle est échu l'héritage sujet à

cette charge, de ce qu'il aurait été estimé de moins par rapport à cette charge, si elle eût été déclarée.

Il faut excepter de cette garantie les charges qui sont de droit commun, telles que sont celles des droits seigneuriaux; ces héritages, échus aux lots respectifs des parties, étant censés leur avoir été donnés en partage avec ces charges, quoiqu'elles n'aient pas été exprimées. Voyez *notre Traité du Contrat de Vente, part.* 2, *chap.* 1, *sect.* 3, § 1.

Il faut pareillement excepter de cette garantie des charges réelles, les servitudes visibles; la présomption étant que, n'ayant pu être ignorées de ceux qui ont fait l'estimation de l'héritage sujet à la servitude, l'héritage aura été estimé eu égard à cette charge.

722. L'obligation de garantie, qui naît du partage, s'étend aussi aux vices redhibitoires de quelques-unes des choses comprises au partage, qu'on n'a pas déclarés : elle oblige la partie tenue de cette garantie, à faire raison, pour sa part, à celle à qui sont échues, par le partage, les choses qui ont ces vices, de ce qu'elles auraient été estimées de moins qu'elles ne l'ont été, si ces vices eussent été connus lors du partage.

723. Enfin, dans le partage des biens de la communauté, qui se fait entre le survivant et les héritiers du prédécédé, de même que dans les autres partages, la garantie s'étend à l'insolvabilité des débiteurs des créances et des rentes comprises au partage.

Observez, à cet égard, une différence entre les créances de sommes exigibles, et les rentes.

La partie, à qui est échue en partage une créance d'une somme exigible, n'a de recours de garantie pour l'insolvabilité du débiteur, que lorsque le débiteur, ou était déjà insolvable au temps du partage, ou l'est devenu avant l'expiration du temps, qui était nécessaire à la partie, à qui la créance est échue, pour s'en faire payer; et elle doit justifier cette insolvabilité, par des diligences qu'elle a faites, avant l'expiration de ce temps, contre le débiteur.

Si l'insolvabilité n'est survenue que depuis, elle n'a aucun recours de garantie. Elle doit s'imputer à elle-même de ne s'être pas fait payer pendant que le débiteur était encore solvable; son copartageant ne doit pas souffrir de la négligence qu'elle a eue à se faire payer.

Au contraire, comme cette raison ne milite pas à l'égard des rentes, le créancier ne pouvant pas exiger le principal; en quelque temps que survienne l'insolvabilité du débiteur de la rente, fût-ce plus de cent ans après le partage, la partie, au lot de laquelle elle est échue, ou ses représentans, ont un recours de garantie contre l'autre partie ou ses représentans, pourvu, néanmoins, que ce ne soit pas par la faute de la partie, à qui la rente est tombée en partage, ou par celle de ses représentans, que la rente est devenue caduque, *putà*, en laissant éteindre les hypothèques dont la rente était accompagnée, faute d'interrompre les prescriptions, ou de s'opposer aux décrets des héritages hypothéqués, sur le prix desquels le créancier de la rente eût pu être utilement colloqué, s'il eût formé son opposition.

Cette garantie, dont je suis tenu envers mon copartageant, au lot duquel la rente devenue caduque est tombée, ne m'oblige pas précisément à lui payer, pour ma part, la somme pour laquelle cette rente lui a été donnée en partage, mais seulement à la lui continuer pour ma part, si mieux je n'aime lui payer, pour ma part, la somme pour laquelle elle lui a été donnée en partage; et je dois aussi, en l'un et en l'autre cas, lui payer, pour ma part, les arrérages dont il n'a pu être payé par le débiteur.

Cette espèce de garantie, qui a lieu dans les partages, qui s'étend jusqu'à garantir la solvabilité des débiteurs des rentes, ou autres créances, comprises au partage, a, quant à cela, plus d'étendue que celle qui naît d'un contrat de vente : car, comme nous l'avons vu en notre Traité du Contrat de Vente, *part.* 6, *chap.* 4, *art.* 3, le vendeur d'une rente ou autre créance n'est point, par la nature du contrat, garant de la solvabilité du débiteur, s'il ne s'y oblige par une clause particulière. La grande égalité, qui doit régner dans les partages, y a fait introduire cette espèce de garantie.

On opposera peut-être que la grande égalité, qui doit régner dans les partages, peut bien exiger que les copartageans soient réciproquement garans de la solvabilité présente des débiteurs des rentes, et autres créances, échues en leurs lots respectifs, parce qu'une rente, ou autre créance, dont le débiteur était déjà insolvable dès le temps du partage, n'étant pas, dès-lors, de la valeur de la somme pour laquelle elle a été donnée en partage à l'aîné des parties, le partage contiendrait une inégalité, si l'autre partie, à qui il n'est échu que de bons effets, n'en était pas garante envers elle.

Mais il semble que la garantie de la solvabilité future de ces débiteurs, ne soit pas nécessaire pour l'égalité qui doit régner dans les partages; car il suffit que le débiteur de la créance échue en mon lot, ait été solvable au temps du partage, pour que cette créance ait valu alors la somme pour laquelle elle m'a été donnée en partage, et pour qu'il y ait eu, par conséquent, égalité dans le partage.

La garantie de la solvabilité future n'est donc pas, dira-t-on, nécessaire pour l'égalité qui doit régner dans les partages : au contraire, elle paraît, dira-t-on, opposée à un autre principe, qui est que, depuis le partage, les choses échues aux lots respectifs de chacun des copartageans, sont aux risques de celui au lot duquel elles sont tombées. Si, suivant ce principe, je n'ai aucun recours de garantie contre mon copartageant, pour les accidens de force majeure, survenus depuis le partage, tels que le feu du ciel, un tremblement de terre, et autres semblables, qui ont détruit une maison échue en mon lot, pourquoi mon copartageant en aura-t-il un contre moi, pour l'insolvabilité du débiteur, qui a réduit à rien la créance échue dans son lot; lorsque cette insolvabilité est un accident, qui n'est pareillement survenu que depuis le partage?

La réponse à cette objection, est qu'il y a une différence entre les choses corporelles, telles qu'est une maison, un pré, un bateau, etc., et des créances. Les choses corporelles ont en elles-mêmes seules tout ce qu'elles ont de réalité. C'est pourquoi, lorsqu'une maison, par exemple, est échue par le partage en mon lot, en recevant cette maison, par la délivrance qui m'en est faite par le partage, j'ai reçu toute la chose et toute la réalité de la chose échue en mon lot : je ne puis donc avoir aucune action de garantie pour raison de cette maison, pourvu que je n'en sois pas évincé par une cause antérieure au partage. Au contraire, une créance étant une chose qui ne subsiste que dans l'entendement, tout ce qu'elle a de réalité consiste dans la chose due qui en fait l'objet : c'est cette chose due que l'on considère dans la créance, et qui en fait toute la réalité. D'où il suit, que lorsqu'une créance échet par le partage au lot de l'un des copartageans, ce copartageant ne reçoit ce qu'il y a de réalité dans la créance qui lui est échue au partage, que lorsque, par le paiement qui lui en est fait, il reçoit la chose due qui était l'objet de cette créance, et qui en faisait la réalité. Si donc, par l'insolvabilité du débiteur, quoiqu'elle ne soit survenue que depuis le partage, il n'a pu en être payé, il doit avoir recours de garantie, comme n'ayant pas reçu ce qui faisait la réalité de la chose échue en son lot, pourvu, néanmoins, que ce ne soit pas par sa faute qu'il ne l'a pas reçu, ayant eu un temps suffisant pour se faire payer, pendant que le débiteur était solvable.

Pareillement, les rentes constituées étant des êtres successifs, qui ne subsistent que dans l'entendement, et dont toute la réalité consiste dans les sommes d'argent que le créancier de la rente reçoit pour les arrérages, et dans celle qu'il reçoit pour le rachat, quand le débiteur veut en arrêter le cours, la partie, à qui une rente est échue en partage, est censée n'avoir pas reçu ce qui fait la réalité de la chose échue en son lot, lorsque, par l'insolvabilité du débiteur de la rente, en quelque temps qu'elle survienne, il ne peut plus recevoir, ni les arrérages ni le principal de sa rente; et il doit, en conséquence, y avoir lieu à la garantie.

724. L'obligation réciproque de garantie, que les copartageans contractent, étant de la nature des partages, mais n'étant pas de

leur essence, le survivant et les héritiers du prédécédé, qui partagent les biens de la communauté, peuvent se décharger de cette garantie, soit par une clause apposée au partage, soit par une convention intervenue entre elles, depuis le partage.

Les parties peuvent aussi restreindre et modifier cette garantie, *putà*, en convenant qu'elles seront bien garantes des évictions des choses échues aux lots respectifs, mais qu'elles ne seront pas garantes des caducités des rentes qui surviendront depuis le partage ; ou, en convenant que la garantie n'aura lieu que jusqu'à un certain temps.

Ces conventions, néanmoins, ne sont valables, qu'autant qu'elles sont faites de bonne foi. Si l'une des parties, qui ont eu cette convention, avait connaissance de la cause qui donnait lieu de craindre l'éviction de quelqu'une des choses comprises au partage, et qu'elle eût dissimulé cette connaissance à l'autre partie, à qui cette chose est échue par le partage, ce serait un dol qui rendrait la convention vicieuse ; et la partie, qui, par la suite, souffrirait l'éviction de cette chose, pourrait se pourvoir par lettres de rescision contre la convention, par laquelle les parties se sont déchargées de la garantie des évictions.

725. De ces obligations de garantie, naît une action de garantie, que chacune des parties a contre son copartageant, et pour laquelle elle a une hypothèque privilégiée sur les biens compris au partage, et échus au lot de son copartageant.

De plus, lorsque le partage a été fait par acte devant notaires, elle a une hypothèque générale sur tous les biens de son copartageant, du jour de l'acte de partage.

CINQUIÈME PARTIE.

Comment le mari et la femme, et leurs héritiers, sont-ils tenus des dettes de la communauté, après la dissolution.

726. LE mari ou ses héritiers, et la femme ou ses héritiers, après la dissolution de la communauté, sont entre eux tenus de toutes les dettes de la communauté, de quelque côté qu'elles procèdent, chacun par moitié; savoir, le mari ou ses héritiers, pour une moitié, et la femme ou ses héritiers, pour l'autre moitié; sauf, néanmoins, que la femme ou ses héritiers n'en sont tenus que jusqu'à concurrence du montant de ce que ladite femme ou ses héritiers ont eu des biens de la communauté : de manière que, si ce qu'ils en ont eu ne suffit pas pour acquitter cette moitié des dettes, le mari ou ses héritiers sont tenus d'acquitter le surplus.

Nous verrons, dans les deux premiers articles de cette partie, comment ils en sont tenus envers les créanciers, 1° à l'égard du mari ou de ses héritiers; 2° à l'égard de la femme ou de ses héritiers. Nous traiterons, dans un troisième article, du privilège qu'ont la femme ou ses héritiers, de n'être tenus des dettes, que jusqu'à concurrence de ce qu'ils ont amendé des biens de la communauté. Nous traiterons, dans un quatrième article, de l'action hypothécaire qui a lieu contre la femme, comme détentrice des conquêts. Enfin, dans un cinquième article, nous traiterons des indemnités respectives que le mari et la femme ont l'un contre l'autre, pour raison desdites dettes.

ARTICLE PREMIER.

Comment le mari ou ses héritiers sont-ils tenus des dettes de la communauté, après la dissolution.

727. Lorsque le mari a contracté des dettes avant son mariage, lesquelles, depuis, sont tombées dans sa communauté, il n'est pas douteux qu'il en demeure toujours débiteur, pour le total, envers les créanciers envers qui il les a contractées, de même qu'il l'était avant son mariage, et avant qu'elles fussent tombées

dans la communauté; car la communauté de biens, qu'il a contractée avec sa femme, et dans laquelle lesdites dettes sont tombées, est une chose étrangère aux créanciers, qui n'a pu diminuer le droit qu'ils ont contre la personne du mari, qui s'est personnellement obligé envers eux.

728. Il en est de même des dettes des successions qui lui sont
échues, soit avant, soit depuis son mariage. Quoique ces dettes
soient tombées dans sa communauté, quoique tous les biens desdites successions y soient tombés, il ne laisse pas d'être tenu envers les créanciers, pour le total de tout ce dont il s'est rendu
débiteur envers eux, en acceptant la qualité d'héritier; car la
communauté de biens, dans laquelle il a porté lesdites dettes, et
même les biens desdites successions, ne détruit point et n'altère
en rien sa qualité d'héritier et de successeur *in universum jus
defuncti*, qui est inséparable de sa personne, et qui le rend débiteur desdites dettes.

Il en est de ce cas, comme de celui auquel un héritier fait un
transport à quelqu'un de ses droits successifs : ce transport ne le
décharge pas envers les créanciers de la succession, parce que
sa qualité d'héritier, qui l'en rend débiteur, demeure toujours,
nonobstant le transport, en sa personne, dont elle est inséparable, comme nous l'avons vu en notre Traité du Contrat de Vente,
n. 529.

729. A l'égard des dettes, que le mari a contractées durant la
communauté, on a autrefois agité la question, si le mari en demeurait débiteur pour le total envers les créanciers, après la dissolution de la communauté, ou s'il n'en était plus débiteur que
pour moitié. Bacquet, *Traité des Droits de Justice*, estime qu'il
n'en est plus débiteur que pour moitié. Il se fonde sur ce que le
mari, toutes les fois qu'il contracte pendant que la communauté
dure, est, selon lui, censé contracter seulement en sa qualité de
commun et de chef de la communauté, qui l'oblige bien pour le
total, envers les créanciers, pendant que sa qualité dure, c'est-à-
dire, pendant tout le temps que dure la communauté; mais cette
qualité s'évanouissant par la dissolution de communauté, et le
mari n'étant plus que commun pour moitié, Bacquet en concluait
qu'il n'était plus tenu de ces dettes, que pour cette moitié. L'o-
pinion contraire a prévalu, et il n'est pas douteux aujourd'hui,
que, vis-à-vis des créanciers, le mari demeure, après la dissolution de la communauté, débiteur pour le total des dettes qu'il a
contractées pendant le temps qu'a duré la communauté. L'opinion
de Bacquet portait sur un faux principe. Il n'est pas vrai que le
mari, dans les contrats qu'il fait pendant que la communauté dure,
contracte seulement en sa qualité de commun et de chef de la
communauté; il contracte aussi en son propre nom : tous ceux,
qui contractent sans exprimer en quelle qualité, étant censés con-

tracter en leur propre nom. Les personnes, qui contractent avec lui, considèrent en lui, en contractant, sa propre personne, plus que sa qualité qu'il a de commun : *ejus solius fidem sequuntur.*

Cela est sans difficulté, lorsque le mari a contracté seul. En serait-il de même, s'il était obligé conjointement avec sa femme, envers quelqu'un, sans aucune expression de solidité? Serait-il, en ce cas, débiteur pour le total envers le créancier, après la dissolution de la communauté? La raison de douter est, que s'il se fût obligé conjointement avec toute autre personne que sa femme, envers quelqu'un, sans expression de solidité, il serait censé ne s'être obligé que pour sa part. Néanmoins, on décide communément que, même en ce cas, auquel le mari s'est obligé conjointement avec sa femme, sans expression de solidité, il est censé s'être obligé pour le total, et il demeure, après la dissolution de la communauté, débiteur du total envers le créancier. La raison est, que, lorsqu'on fait intervenir une femme à l'obligation du mari, l'intention des parties est de procurer une plus grande sûreté au créancier, plutôt que de partager et diminuer l'obligation du mari.

730. A l'égard des dettes de la communauté, que le mari n'a pas lui-même contractées, mais qui procèdent du chef de la femme, telles que sont celles qu'elle a contractées avant son mariage, et celles des successions qui lui sont échues durant la communauté, dans laquelle les biens et les dettes desdites successions sont tombés, il y en a qui pensent que, le mari, ayant été débiteur pour le total de ces dettes envers les créanciers, en sa qualité de chef de la communauté, continue de l'être après la dissolution de la communauté. Je pense, au contraire, que, le mari n'ayant pas lui-même contracté ces dettes, n'en ayant été débiteur qu'en sa qualité de chef et seigneur de la communauté, cette qualité venant à se restreindre par la dissolution de la communauté (lorsqu'elle est acceptée par les héritiers de la femme), à celle de commun pour moitié, il ne doit plus demeurer débiteur, que pour moitié envers les créanciers; sauf que, si les biens de communauté, échus par le partage aux héritiers de la femme, n'étaient pas suffisans pour acquitter l'autre moitié, il serait encore tenu, envers les créanciers, de ce qui s'en manquerait, comme il l'est envers lesdits héritiers.

C'est la différence qu'il y a entre les dettes, que l'on contracte en une certaine qualité, et celles, que l'on contracte en son propre nom. Celles-ci ne s'abolissent point, jusqu'à ce qu'elles soient acquittées, *quùm nemo propriam personam exuere possit*: au contraire, celles, que l'on contracte en une certaine qualité, ne subsistent qu'autant, et pour la part pour laquelle subsiste la qualité en laquelle elles ont été contractées. Nous avons rapporté un exemple de cette différence, en notre Traité des Obligations, n. 381. Nous y avons vu que, lorsqu'un mineur s'est fait restituer contre une obligation qu'il a contractée en son propre nom, ses fidéjusseurs ne sont pas déchargés, parce que le bénéfice de la restitution n'a pu détruire l'obligation qu'il a contractée en son propre nom : ce bénéfice lui donne seulement une exception contre l'action qui en naît, laquelle exception lui étant personnelle, ne peut passer à ses fidéjusseurs. Au contraire, lorsqu'un mineur a contracté une obligation en une qualité d'héritier qu'il avait, et qu'il s'est fait restituer contre l'acceptation qu'il a faite de la succession, la qualité d'héritier, en laquelle il avait contracté cette obligation, étant détruite par la restitution, cette obligation ne subsiste plus, ni celle de ses fidéjusseurs, qui ne peut subsister sans l'obligation principale.

La Coutume de Melun a une disposition conforme à notre avis. Il y est dit, article 216 : *Le mari est tenu de toutes les dettes mobilières qu'elle (sa femme) devait auparavant le mariage, desquelles il peut être valablement poursuivi pour le tout, durant le mariage; et icelui dissolu, pour la moitié seulement.* C'est aussi l'avis de Lebrun, *liv.* 2, *chap.* 3, *sect.* 1, *n.* 18.

Tout ce que nous avons dit de la manière dont le mari est tenu des différentes dettes de la communauté envers les créanciers, doit s'appliquer à ses héritiers.

ARTICLE II.

Comment la femme ou ses héritiers sont-ils tenus des dettes de la communauté envers les créanciers.

731. La femme, après la dissolution de la communauté, soit qu'elle accepte la communauté, soit qu'elle y renonce, continue d'être débitrice, pour le total, envers les créanciers, des dettes de la communauté qui procèdent de son chef, c'est-à-dire, de celles qu'elle a elle-même contractées, soit avant, soit depuis le mariage, et de celles des successions qui lui sont échues.

Les raisons, que nous avons exposées à l'égard du mari, *supra, n.* 727 *et* 728, s'appliquent pareillement, à cet égard, à la femme.

732. Lorsque la femme, pendant le mariage, n'a pas contracté seule, mais conjointement avec son mari, sans expression de solidité; quoique le mari soit censé, en ce cas, s'être obligé pour le total, comme nous l'avons vu *supra, n.* 729, la femme n'est censée s'être obligée que pour moitié, et n'est débitrice envers le créancier, que pour moitié.

Au reste, elle est tenue envers le créancier, même en cas de renonciation à la communauté. S'étant une fois obligée, en son propre nom, rien ne peut la dispenser d'acquitter son obligation, pas même la cassation de son mariage, qui serait depuis intervenue : *Arrêt du 2 juillet 1609, rapporté par l'auteur du Traité des Contrats de Mariage.*

733. A l'égard de toutes les autres dettes de la communauté, que la femme n'a pas elle-même contractées, et dont elle n'est tenue qu'en sa qualité de commune, la femme, après la dissolution de communauté qu'elle a acceptée, n'en est débitrice que pour moitié envers les créanciers.

Elle n'est même débitrice de cette moitié, que jusqu'à concurrence de ce qu'elle a eu des biens de la communauté, comme nous allons le voir en l'article suivant.

Tout ce que nous avons dit de la femme, s'applique à ses héritiers.

ARTICLE III.

Du privilége qu'ont la femme ou ses héritiers, de n'être tenus des dettes de la communauté, que jusqu'à concurrence de ce qu'ils en ont amendé.

734. Le mari ayant, pendant le mariage, en sa qualité de chef de la communauté, le pouvoir d'en dissiper les biens, et de les charger de dettes, sans la participation de sa femme, et sans qu'elle puisse l'empêcher, la jurisprudence a pourvu à la conservation des propres de la femme, en ne permettant pas que le mari pût les entamer par les dettes de la communauté.

Pour cet effet, elle a accordé à la femme et à ses héritiers deux espèces de bénéfices ; 1° celui de pouvoir renoncer à la communauté, pour se décharger des dettes de la communauté. Nous en avons parlé *suprà*, part. 3, chap. 2, art. 2 ; 2° de n'être tenus, même en cas d'acceptation de la communauté, que jusqu'à concurrence des biens qu'ils ont eus de la communauté. C'est sur cette jurisprudence qu'a été formé l'article 228 de la nouvelle Coutume de Paris, où il est dit : « Le mari ne peut, par contrat » et obligation faite avant ou durant le mariage, obliger sa » femme, sans son consentement, plus avant que jusqu'à concur- » rence de ce qu'elle ou ses héritiers amendent de la commu- » nauté ; pourvu toutefois, qu'après le décès de l'un des con- » joints, soit fait loyal inventaire, et qu'il n'y ait fraude ni faute » de la part de la femme ou de ses héritiers. »

Notre Coutume d'Orléans a une pareille disposition à la fin de l'article 187.

Ce privilége a lieu, même dans les Coutumes qui ne s'en sont pas expliquées, suivant les arrêts rapportés par Brodeau sur Louet, *lettre C, chap.* 54.

Nous verrons, sur ce privilége, 1° en quoi il diffère du bénéfice d'inventaire, qui est accordé à des héritiers, pour accepter
une succession suspecte; 2° vis-à-vis de quelles personnes, et à
l'égard de quelles dettes il a lieu; 3° sous quelles conditions;
4° nous traiterons du compte, que doivent aux créanciers la
femme ou ses héritiers, pour jouir de ce privilége.

§ I. En quoi consiste ce privilége, et en quoi il diffère de celui du bénéfice
d'inventaire.

735. Ce privilége consiste dans la faculté, que la femme ou ses
héritiers ont, de se décharger des dettes de la communauté, en
comptant de ce qu'ils en ont amendé, et en abandonnant tout ce
qui leur en reste.

Cet abandon ne détruit pas, néanmoins, dans la femme, la
qualité de commune, ni dans ses héritiers; c'est pourquoi la
femme, quoiqu'elle ait fait cet abandon, ne peut pas exercer la
reprise de son apport, qui ne lui a été accordé, par son contrat
de mariage, qu'en cas de renonciation à la communauté.

736. Ce privilége donne-t-il seulement à la femme une exception contre les créanciers? va-t-il jusqu'à lui donner la répétition
contre le créancier, à qui elle a payé, par erreur, au-delà de ce
qui lui restait des biens de la communauté, lors du paiement
qu'elle lui a fait? Il faut distinguer : si le paiement a été fait au
nom de la femme seulement, qui a eu la précaution de faire
mettre dans la quittance, que le créancier a reçu pour la part
dont elle était tenue de la dette; la femme, en justifiant qu'elle a
payé par erreur au-delà de ce qu'elle a amendé des biens de la
communauté, doit en avoir la répétition : car elle n'en était
aucunement débitrice, ne s'étant point obligée elle-même à
cette dette, et son mari n'ayant pas eu le pouvoir de l'obliger
comme commune, au-delà de ce qu'elle amenderait des biens de
la communauté. Or, c'est un principe de droit, qu'un créancier est tenu de rendre la chose qui lui a été payée, quoiqu'elle
lui fût due, lorsque le paiement ne lui en a pas été fait au nom
de celui qui en était le débiteur, mais par celui et au nom de
celui qui croyait, par erreur, en être débiteur, sans l'être : *Indebi-
tum est non tantùm, quod omninò non debetur, sed.... si id, quod
alius debebat, alius, quasi ipse debeat, solvit;* l. 65, § *fin.*, ff. *de
condict. indeb.*

Au contraire, lorsque le paiement, que la femme a fait d'une
dette de la communauté, paraît avoir été fait aussi bien au nom
de son mari qu'au sien; comme lorsqu'elle a payé toute la dette,
ou des à-comptes sur toute la dette, et non pas seulement sur sa
part; le créancier n'est sujet, en ce cas, à aucune répétition,
ayant reçu ce qui lui était dû, et au nom de celui qui était débi-

teur : la femme n'a, en ce cas, de recours que contre les héritiers de son mari.

737. Le privilége de la femme est différent du bénéfice d'inventaire, que la loi ou le prince accorde à des héritiers, pour accepter une succession suspecte; ce bénéfice d'inventaire donne aux héritiers qui y ont recours, le droit de n'être pas tenus, sur leurs propres biens, des dettes de la succession, et de renvoyer les créanciers à se pourvoir sur les biens de la succession, dont les héritiers ne sont regardés, vis-à-vis des créanciers, que comme des administrateurs.

Il n'en est pas de même de ce privilége que la Coutume accorde à la femme, lorsqu'elle a accepté la communauté. Il ne lui donne pas le droit de n'être pas tenue des dettes de la communauté sur ses propres biens, mais seulement celui de n'être tenue que jusqu'à concurrence de ce qu'elle a eu des biens de la communauté. La femme peut donc être poursuivie, sur ses propres biens, pour sa part des dettes de la communauté, lorsqu'elle l'a acceptée, tant qu'elle retient quelque chose des biens de ladite communauté; elle ne peut en être déchargée qu'en rendant compte aux créanciers qui la poursuivent, de tout ce qu'elle en a eu, et en abandonnant ce qui lui en reste. Nous traiterons de ce compte, au quatrième paragraphe, *infrà*.

Il en est de même des héritiers de la femme.

§ II. Vis-à-vis de quelles personnes, et à l'égard de quelles dettes la femme ou ses héritiers ont-ils ce privilége.

738. Le privilége, qu'a la femme, de n'être tenue des dettes de la communauté, que jusqu'à concurrence de ce qu'elle a eu des biens de la communauté, a lieu, non-seulement vis-à-vis des héritiers du mari, mais aussi vis-à-vis des créanciers de la communauté.

1°. Il a lieu vis-à-vis des héritiers du mari. C'est pourquoi, lorsque ce que la femme a eu des biens de la communauté ne suffit pas pour acquitter la moitié des dettes, les héritiers du mari sont chargés de ce qui s'en manque; et, si la femme avait payé pour la moitié desdites dettes, plus qu'elle n'a eu des biens de la communauté, elle aurait recours contre les héritiers du mari, pour l'acquitter de ce surplus.

2°. Le privilége a lieu, même contre les créanciers : en conséquence, lorsqu'un créancier demande à la femme le paiement de la moitié de ce qui lui est dû, elle peut se défendre de la demande, en offrant à ce créancier de lui compter de ce qu'elle a eu des biens de la communauté, et de lui payer ce qui lui en reste ; sauf à ce créancier à se pourvoir, pour le surplus, contre les héritiers du mari.

739. Observez une grande différence par rapport à ce privilége, entre les héritiers du mari et les créanciers. La femme n'a ce privilége vis-à-vis des créanciers, qu'à l'égard des dettes de la communauté que son mari a contractées seul, auxquelles elle n'a pas parlé, et dont elle n'est tenue qu'en sa seule qualité de commune. C'est ce qui résulte de l'article de la Coutume de Paris ci-dessus rapporté; mais, à l'égard des dettes qu'elle a contractées elle-même, soit qu'elle les ait contractées seule, soit qu'elle se soit obligée avec son mari, elle ne peut user de ce privilége envers les créanciers.

Au contraire, vis-à-vis des héritiers du mari, la femme a ce privilége indistinctement à l'égard de toutes les dettes de la communauté, aussi bien à l'égard de celles qui procèdent de son chef, qu'à l'égard de celles que son mari a contractées.

Si l'article 228 de la Coutume de Paris, que nous avons ci-dessus rapporté, n. 734, ne parle que des dettes que le mari a contractées, c'est qu'il n'est parlé, en cet article, de ce privilége, que vis-à-vis des créanciers. La Coutume de Paris a omis de s'expliquer sur ce privilége de la femme vis-à-vis du mari, et des héritiers du mari; mais on y doit suppléer par l'*article 187* de la Coutume d'Orléans, réformée trois ans après, par les mêmes commissaires. Après ce qui est dit en cet article 187, généralement à l'égard de toutes les dettes de la communauté, « lesquelles » dettes se divisent par la dissolution dudit mariage, tellement » que ledit survivant n'en peut être tenu que pour la moitié, et » lesdits héritiers pour l'autre moitié; » les réformateurs ajoutent tout de suite et indistinctement, *et néanmoins n'est tenue la femme ni ses héritiers, sinon jusqu'à concurrence des biens de la communauté.*

740. La femme a ce privilége, non-seulement à l'égard des dettes, dont la communauté est débitrice envers des tiers, mais pareillement à l'égard de celle dont elle est débitrice envers elle : c'est pourquoi, la femme, qui accepte la communauté, ne fait confusion sur elle de la moitié de ses reprises de propres, qui lui sont dues par la communauté, que jusqu'à concurrence de ce qu'elle a eu des biens de la communauté. Lorsque les biens de la communauté ne sont pas suffisans pour les acquitter, elles doivent, pour le surplus, être acquittées sur les biens propres du mari ou de ses héritiers.

741. Tout ce que nous avons dit de la femme, s'applique aux héritiers de la femme, lesquels, de même que la femme, ne sont tenus des dettes de la communauté, tant vis-à-vis des créanciers que vis-à-vis du mari et ses héritiers, que jusqu'à concurrence de ce qu'ils ont eu des biens de la communauté.

§ III. Sous quelles conditions ce privilége est-il accordé à la femme ou à ses
héritiers.

742. La Coutume de Paris, en l'article 228, rapporté *supra*,
n. 734, impose à la femme et à ses héritiers, pour qu'ils puissent
user de ce privilége, deux conditions.

La première est, qu'il soit fait, après la dissolution de la communauté, un inventaire des biens de la communauté. C'est ce
qui est porté par ledit art. 228, en ces termes : *Pourvu toutefois
qu'après le décès de l'un des conjoints, soit fait loyal inventaire.*

Cet inventaire, que la femme doit faire, pour n'être pas tenue
des dettes *ultra fines*, en acceptant la communauté, doit être tel
que celui qu'elle doit faire pour y renoncer, dont nous avons
traité *supra*, *part.* 3, *chap.* 2, *art.* 2, § 4.

Ce que nous y avons dit de cet inventaire, et des actes qui
peuvent en tenir lieu, reçoit ici application : nous y renvoyons.

743. Quoique la femme ne soit obligée à faire inventaire, pour
renoncer à la communauté, que dans le cas auquel la dissolution
de communauté arrivant par le prédécès du mari, elle se trouve
en possession des biens de la communauté, et qu'elle n'ait pas
besoin d'inventaire pour renoncer, dans le cas d'une dissolution
de communauté, par une sentence de séparation ; au contraire,
en cas d'acceptation, soit que la dissolution arrive par le prédécès du mari, soit qu'elle arrive de son vivant, par une sentence
de séparation d'habitation, la femme, pour jouir vis-à-vis des
créanciers, du privilége de n'être tenue des dettes de la communauté, que jusqu'à concurrence de ce qu'elle en a amendé, doit
leur représenter un inventaire. La raison de la différence est sensible. La femme, qui renonce à la communauté, dans le cas d'une
séparation, n'ayant point été en possession des biens de la communauté, n'a pas besoin d'un inventaire pour justifier aux créanciers qu'elle n'en retient rien. Au contraire, en cas d'acceptation,
soit que la dissolution de la communauté soit arrivée par le prédécès du mari, soit qu'elle soit arrivée de son vivant, par une
sentence de séparation, le privilége, qu'a la femme, de n'être
tenue des dettes de la communauté, que jusqu'à concurrence de
ce qu'elle en a amendé, renferme, par une conséquence nécessaire, celle de leur représenter un inventaire, pour justifier de
ce qu'elle en a amendé.

744. Par la même raison, lorsque la dissolution de la communauté arrive par le prédécès de la femme, les héritiers de la
femme, qui ont accepté la communauté, doivent représenter aux
créanciers un inventaire, pour jouir du privilége de n'être tenus
des dettes de la communauté, que jusqu'à concurrence des biens

qu'ils en ont amendés, quoique, pour renoncer, ils n'aient pas besoin d'inventaire. Les termes, dans lesquels est conçu l'art. 228 de la Coutume de Paris, établissent la nécessité d'un inventaire, pour que les héritiers de la femme jouissent de ce privilége, dans le cas du prédécès de la femme. Il y est dit : *Pourvu qu'après le décès de l'un des conjoints, soit fait inventaire*, etc. Ces termes indéfinis, *après le décès de l'un des conjoints*, comprennent le cas du prédécès de la femme, aussi bien que celui du prédécès du mari, et établissent la nécessité de l'inventaire, tant à l'égard des héritiers de la femme, en cas du prédécès de la femme, qu'à l'égard de la femme, en cas du prédécès du mari.

745. L'inventaire est absolument nécessaire vis-à-vis des créanciers; mais il n'est pas précisément nécessaire pour que les héritiers de la femme puissent jouir de ce privilége contre le mari. Le partage, qui a été fait entre le mari et les héritiers de la femme, des biens tant mobiliers qu'immobiliers de la communauté, peut, aussi bien qu'un inventaire, justifier de ce qu'ils ont amendé des biens de la communauté, pour leur part; et c'est une preuve que le mari ne peut désavouer, puisqu'elle résulte d'un acte auquel il a été partie.

746. La seconde chose que l'article 228 exige, est *qu'il n'y ait faute ou fraude de la part de la femme ou de ses héritiers.*

Cette fraude qui, aux termes de cet article, fait déchoir la femme ou ses héritiers de ce privilége, est celle qu'ils commettent, soit en détournant, soit en recélant, soit en cachant de quelque manière que ce soit, aux créanciers, une partie de ce qu'ils ont amendé des biens de la communauté. En un mot, la fraude, qui les a fait déchoir de ce privilége, est la même que celle qui les fait déchoir de celui de pouvoir renoncer à la communauté dont nous avons traité, *part. 3, chap. 2, art. 2, § 4.* Nous y renvoyons.

L'article dit, *pourvu qu'il n'y ait faute ni fraude.* Je crois que, par ces termes, pourvu *qu'il n'y ait faute*, la Coutume entend que, si la femme ou ses héritiers avaient, par leur faute, laissé perdre quelques-uns des effets de la communauté, qui leur sont échus, ils seraient obligés d'en compter aux créanciers, dans le compte qu'ils leur doivent, pour jouir du privilége, quoique, par leur faute, ils n'aient pas profité desdits effets. La raison est évidente. La femme ou ses héritiers, n'ayant droit, par ce privilége, d'être déchargés des dettes de la communauté, qu'à la charge de compter aux créanciers, de ce qu'ils en ont amendé, ils sont, lorsqu'ils veulent user de ce privilége, comptables envers les créanciers, des biens de la communauté qui leur sont échus. Ils sont, par conséquent, obligés, à l'égard desdits biens, envers les créanciers, au même soin auquel tout comptable est obligé à l'égard des biens dont il est comptable. Donc si, faute d'avoir apporté ce soin, ils ont, par leur faute, laissé perdre quelques-uns desdits effets, ils en sont responsables envers les créanciers, et ils doivent leur en compter, comme s'ils existaient.

§ IV. Du compte que la femme ou ses héritiers doivent aux créanciers de la communauté, pour jouir de ce privilége.

747. La femme, qui veut jouir de ce privilége, doit un compte des biens qui lui sont échus de la communauté, aux créanciers qui la poursuivent pour le paiement de quelques dettes de la communauté.

La femme, par ce compte, doit se charger en recette, de tous les effets de la communauté qu'elle a eus par le partage, tant pour sa part qu'à titre de préciput.

Lorsque ce sont des meubles, elle doit s'en charger suivant la prisée qui en a été faite par l'inventaire, et elle ne serait pas recevable à les abandonner en nature après les avoir usés.

Lorsque ce sont des héritages, elle doit s'en charger, suivant l'estimation qui en a été faite par le partage, si mieux elle n'aime les abandonner en nature, en tenant compte, en ce cas, des dégradations qui procèderaient de son fait.

Elle doit aussi compter des fruits qu'elle a perçus pour ce qui en reste après compensation faite, jusqu'à due concurrence, desdits fruits avec les intérêts des sommes qu'elle a payées, tant à des tiers qu'à elle-même, pour l'acquittement des dettes de la communauté.

Lorsque la femme s'est trouvée créancière de la communauté, d'une somme pour ses reprises, toutes déductions faites de ce qu'elle devait à la communauté, elle n'est point obligée de se charger en recette, de ce qu'elle a prélevé sur les biens de la communauté, pour se payer de cette somme; car la femme, par ce prélèvement, n'ayant fait que se payer de ce qui lui était dû, on ne peut pas dire que ce prélèvement soit quelque chose dont elle ait amendé, et qu'elle ait profité des biens de la communauté.

Au contraire, lorsque la femme s'est trouvée débitrice envers la communauté, d'une somme, toutes déductions faites de ce qui lui était dû, et que cette somme lui a été précomptée sur sa part au partage de la communauté, elle doit s'en charger en recette, car la libération de cette somme qu'elle devait, est quelque chose dont elle a amendé aux dépens de la communauté.

Elle doit se charger en recette, de la moitié de ce qui a été tiré, durant le mariage, du fonds de la communauté pour dotation des enfans communs, lorsqu'elle les a dotés conjointement avec son mari : car, en les dotant conjointement avec son mari, elle est censée avoir pris pour son compte la moitié de ces dots, et avoir tiré de la communauté la moitié de ce qui en a été tiré pour les fournir. C'est par cette raison qu'en cas de renonciation à la communauté, elle est obligée d'en faire déduction sur la restitution qui lui est faite de ses propres. Par la même raison, dans ce cas-ci, elle doit s'en charger en recette, comme l'ayant amendé de la communauté.

748. Le chapitre de recette ainsi composé, on doit allouer à la femme en mises et déductions :

1°. Ce qu'elle a payé pour sa part des frais d'inventaire et de partage : car ce n'est que sous la déduction de ces charges, qu'elle amende et profite des biens de la communauté.

2°. On doit allouer en déduction à la femme ce qu'elle a payé à d'autres créanciers de la communauté, qui ont été plus vigilans à se faire payer, que celui par qui elle est poursuivie.

Il n'importe, à cet égard, que les créanciers, que la femme a payés, soient antérieurs ou postérieurs à celui par qui elle est poursuivie, lorsque le créancier, par qui elle est poursuivie, n'est ni hypothécaire, ni privilégié; ou, quoiqu'il soit hypothécaire ou privilégié, lorsque la femme n'a, parmi les biens qu'elle a eus de la communauté, que des meubles qui ne sont pas susceptibles d'hypothèque, et qu'elle n'en a aucuns qui soient sujets à son privilége.

Il en est autrement, lorsque le créancier, par qui la femme est poursuivie, est un créancier hypothécaire ou privilégié, et que la femme a des effets sujets à ses hypothèques ou à son privilége, comme nous le verrons ci-après.

3°. Lorsque la femme créancière de la communauté n'a pas prélevé, au partage des biens de la communauté, la somme dont elle était créancière, déduction faite de ce qui lui était dû par la communauté, on doit lui allouer, en déduction, la moitié de cette créance, dont elle fait confusion sur elle : car cette confusion, qu'elle fait sur elle, de la moitié de sa créance, est un paiement qu'elle se fait à elle-même sur sa part des biens de la communauté, de la moitié d'une dette de la communauté dont elle est créancière, qui ne diminue pas moins sa part, que les paiemens qu'elle a faits à d'autres créanciers de la communauté, et qui, par conséquent, doit lui être alloué, de même qu'on lui alloue les paiemens qu'elle a faits à d'autres créanciers qui ont été plus vigilans à se faire payer, que ceux par qui elle est poursuivie.

4°. Enfin, on doit lui allouer en dépense les frais du compte.

749. Lorsque, par la balance qui sera faite du chapitre de recette, c'est-à-dire, du chapitre des choses que la femme a eues des biens de la communauté, et du chapitre des déductions qui doivent lui être faites, la femme se trouve avoir autant ou plus payé, soit à des tiers, soit à elle-même, pour l'acquittement des dettes et charges de la communauté, qu'elle n'en a amendé, et,

par conséquent, n'avoir rien amendé effectivement, elle doit être renvoyée de la demande du créancier.

Lorsque, par cette balance, il reste quelque chose que la femme a amendé effectivement des biens de la communauté, elle doit être reçue à offrir d'en faire raison au créancier par qui elle est poursuivie, et être au surplus renvoyée de sa demande.

750. Ce que nous venons de dire a lieu, lorsque l'action, sur laquelle la femme est poursuivie, est une action personnelle et ordinaire; mais, lorsqu'elle est poursuivie par un créancier privilégié, et que, parmi les biens qu'elle a eus de la communauté, elle a encore en nature des effets sujets à son privilège, elle ne peut l'empêcher de se venger sur lesdits effets sujets à son privilége; et elle opposerait en vain les paiemens qu'elle a faits, soit à d'autres créanciers, soit à elle-même, en acquit de la communauté, sauf son recours contre les héritiers de son mari : ce qui doit pareillement avoir lieu, lorsque la femme, détentrice des conquêts, est poursuivie sur une action hypothécaire. *Voyez l'article suivant.*

Tout ce que nous avons dit de la femme, en cet article, reçoit application aux héritiers de la femme.

ARTICLE IV.

De l'action hypothécaire qui a lieu contre la femme.

751. Quoique la femme ne soit tenue personnellement des dettes de la communauté, après la dissolution, que pour moitié, lorsqu'elles ne procèdent pas de son chef, et même qu'elle n'en soit tenue que jusqu'à concurrence de ce qu'elle a eu des biens de la communauté, elle peut, néanmoins, comme détentrice des immeubles de la communauté, être poursuivie hypothécairement pour le total, par les créanciers auxquels son mari les a hypothéqués.

Nous verrons, 1° quels sont les créanciers qui ont cette action hypothécaire contre la femme ; 2° quel est l'effet de cette action.

§ I. Quels sont les créanciers qui ont cette action hypothécaire contre la femme.

752. Les créanciers, qui ont cette action hypothécaire contre la femme, sont les créanciers de dettes contractées par le mari durant le mariage, envers lesquels le mari s'est obligé par un acte devant notaires, ou a été condamné par une sentence. Le mari, qui avait, en ce temps, la qualité de chef de la communauté, et qui est censé s'être obligé, ou avoir été condamné envers eux, non-seulement en son propre nom, mais aussi en cette qualité, est censé obligé, par ces actes, sous l'hypothèque de tous les

biens qu'il avait droit alors d'hypothéquer, et, par conséquent, sous l'hypothèque de tous les immeubles de la communauté présens et à venir; la qualité de chef de la communauté qu'il avait, lui donnant alors le droit d'en disposer, de les aliéner, engager et hypothéquer tous irrévocablement, suivant l'article 225 de la Coutume de Paris, et suivant le droit commun. Une femme, qui a accepté la communauté, étant censée avoir fait, en sa qualité de commune, tout ce que son mari a fait durant la communauté, en sa qualité de chef de la communauté, comme nous l'avons vu *suprà, part.* 3; le mari ayant, durant la communauté, en sa qualité de chef de la communauté, hypothéqué à ses créanciers tous les conquêts de la communauté, sa femme est censée, en sa qualité de commune, les avoir elle-même hypothéqués, pour la part qu'elle y aurait par le partage de la communauté.

753. Il n'en est pas de même des créanciers, envers qui le mari s'est obligé avant le mariage. Quoiqu'il se soit obligé envers eux, sous l'hypothèque de tous ses biens présens et à venir, lesdits créanciers n'ont aucun droit d'hypothèque sur les conquêts échus à la femme par le partage. Le mari n'a pu leur hypothéquer la part de sa femme, n'y ayant que la qualité de chef de la communauté, qu'il n'avait point encore, qui eût pu lui donner le droit de la leur hypothéquer.

On objectera qu'il suffit que le mari soit, depuis le contrat, devenu propriétaire de tous les conquêts de la communauté, pour le total, pendant un temps, pour que tous lesdits conquêts aient été, pour le total, frappés de l'hypothèque que le mari leur a constituée de tous ses biens présens et à venir. Or, le mari l'est devenu pendant le temps de son mariage : donc tous lesdits conquêts sont sujets à cette hypothèque, tant ceux échus à la femme que ceux restés au mari.

La réponse est, que l'hypothèque ne peut avoir plus d'étendue que n'en a le droit de propriété de celui qui l'a constituée, et d'où elle dérive. Or, le droit de propriété, que celui, qui a constitué cette hypothèque, avait acquis de tous les conquêts de sa communauté, était un droit qui était de nature à se restreindre par la dissolution et l'acceptation de la communauté, à ceux qui écherraient par le partage. Donc, le droit d'hypothèque qu'il a constituée sur lesdits biens auxdits créanciers, doit pareillement se restreindre à la part des conquêts qui lui est restée par le partage.

754. Notre Coutume d'Orléans s'est écartée de ces principes ; et, en prenant pour raison de sa décision, celle que nous avons ci-dessus proposée comme objection, elle décide que tous les créanciers hypothécaires du mari, même ceux envers qui il s'est obligé avant son mariage, même ceux qui sont créanciers du mari seul, et non de la communauté, ont hypothèque sur tous

les conquêts de la communauté, et qu'ils la conservent, après le partage de la communauté, même sur ceux échus à la femme.

C'est ce qui paraît par l'article 190 de ladite Coutume, où, après avoir dit que les rentes constituées par l'un ou par l'autre des conjoints, avant le mariage, doivent être continuées par celui seul qui les a constituées, la Coutume ajoute, à l'égard des rentes constituées par le mari, avant le mariage, que, si la femme, qui ne les a pas constituées, en est poursuivie hypothécairement depuis la dissolution du mariage, elle aura son recours contre les héritiers de son mari ; ce qui suppose que les créanciers hypothécaires du mari, même ceux qui le sont du mari seul, et non de la communauté, conservent, après la dissolution et le partage de la communauté, leur hypothèque sur les conquêts échus par le partage à la femme.

Observez, à l'égard des termes de cet article, *en cas que celui des conjoints qui ne les aurait constituées.... en fût poursuivi hypothécairement comme détenteur des conquêts,* que ces termes, celui des conjoints, ne doivent s'entendre que de la femme ; car, il n'y a que la femme qui, comme détentrice de conquêts, puisse être poursuivie hypothécairement par les créanciers particuliers du mari. *Contra,* le mari ne peut être poursuivi comme détenteur de conquêts, par les créanciers particuliers de la femme ; lesquels ne peuvent avoir d'hypothèque que sur la part de la femme. L'ancienne Coutume d'Orléans s'était, à cet égard, mieux expliquée que la nouvelle. Elle portait, en l'article 175, d'où le 190ᵉ de la nouvelle est tiré : *Toutefois s'il y a des conquêts.... et* LADITE FEMME *en possède..... elle peut être convenue hypothécairement,* etc.

755. Il n'y a qu'un cas, auquel le mari puisse être, après la dissolution de la communauté, poursuivi hypothécairement par les créanciers particuliers de la femme ; c'est celui auquel il serait échu au lot du mari un propre ameubli par la femme, qu'elle aurait hypothéqué à ses créanciers avant son mariage.

§ II. De l'effet de l'action hypothécaire contre la femme.

756. Sur la demande, qu'un créancier hypothécaire a donnée contre la femme, comme détentrice des conquêts qui lui sont hypothéqués, la femme doit les lui délaisser.

Si la femme avait auparavant acquitté des dettes, dont l'hypothèque fût préférable à celle du demandeur ; quand même, en les acquittant, elle n'aurait pas eu la précaution de s'y faire subroger, le demandeur serait obligé de lui en faire raison : car la femme, en ce cas, a rendu meilleure la condition du demandeur ; elle a bonifié l'hypothèque du demandeur, en acquittant des hypothèques préférables à la sienne : *meliorem ejus pignoris causam fecit.*

Néanmoins, c'est une précaution sage, lorsque la femme paie quelque créancier hypothécaire, de requérir la subrogation, pour éviter toute contestation.

757. Le demandeur doit faire raison à la femme, non-seulement de ce qu'elle a payé à des tiers, dont l'hypothèque était antérieure à celle du demandeur; il doit pareillement lui faire raison de ce qu'elle s'est payé à elle-même pour ses créances contre la communauté, pour lesquelles elle a une hypothèque, du jour de son contrat de mariage, antérieure à celle du demandeur.

758. Mais il n'est pas obligé de lui faire raison de ce qu'elle a payé à d'autres créanciers de la communauté, qui n'étaient que chirographaires, ou dont l'hypothèque était postérieure à celle du demandeur, quand même ce que la femme leur a payé égalerait, ou même excéderait ce qu'elle a eu des biens de la communauté; sauf à elle son recours contre les héritiers de son mari, pour être indemnisée de ce qu'elle se trouve avoir payé de plus que ce qui lui est resté pour sa part des biens de la communauté.

ARTICLE V.

Des indemnités respectives que les conjoints ont l'un contre l'autre, pour raison des dettes de la communauté.

759. Les conjoints n'étant tenus entre eux des dettes de la communauté, que chacun pour moitié, et même la femme n'en étant tenue pour cette moitié, que jusqu'à concurrence de ce qu'elle a eu des biens de la communauté, il suit de-là que chacun des conjoints a un recours d'indemnité contre l'autre, pour être remboursé de ce qu'il a payé de plus qu'il n'en devait porter.

C'est pourquoi, lorsque le mari, après la dissolution de la communauté, a acquitté en total une dette de la communauté, quoiqu'il en fût effectivement débiteur pour le total vis-à-vis du créancier, l'ayant lui-même contractée, il a un recours d'indemnité contre sa femme, ou les héritiers de sa femme, pour la part qu'ils en doivent porter.

Vice versá, lorsque la femme, depuis la dissolution de la communauté, a acquitté, pour le total, une dette de la communauté, *putá*, parce qu'elle procédait de son chef, elle a un recours d'indemnité contre les héritiers de son mari, pour être par eux remboursée de la part qu'ils en doivent porter.

Observez trois différences entre le recours d'indemnité que le mari ou ses héritiers ont contre la femme ou ses héritiers, pour les dettes de la communauté, et celui qu'a la femme ou ses héritiers, contre le mari ou ses héritiers.

760. PREMIÈRE DIFFÉRENCE. Le mari ne peut avoir recours d'in-

demnité pour les dettes de la communauté, contre la femme ou ses héritiers, que dans le cas d'acceptation de la communauté par la femme ou ses héritiers. Il est évident qu'il n'en peut avoir aucun en cas de renonciation à la communauté par la femme ou ses héritiers, la femme et ses héritiers en devant être, en ce cas, déchargés entièrement. Au contraire, la femme a un recours contre son mari, soit en cas d'acceptation, soit en cas de renonciation. En cas de renonciation, elle a recours pour le total; en cas d'acceptation, elle l'a pour la part que son mari ou les héritiers de son mari en doivent porter.

761. SECONDE DIFFÉRENCE. Le mari a recours d'indemnité contre les héritiers de la femme, pour les dettes de la communauté, après qu'il les a payées.

Même avant qu'il les ait payées, lorsqu'il est poursuivi par un créancier de la communauté pour le paiement, il peut dénoncer les poursuites aux héritiers de la femme, et conclure contre eux à ce qu'ils soient condamnés à l'en acquitter pour la part dont ils en sont tenus.

Mais, tant qu'il n'a pas payé les dettes de la communauté, et qu'il n'est pas poursuivi pour les payer, il ne peut exercer aucune action d'indemnité contre les héritiers de la femme.

Au contraire, la femme, après la dissolution de la communauté, a action d'indemnité contre les héritiers de son mari, pour être acquittée des dettes de la communauté, auxquelles elle est obligée en son nom : elle a surtout cette action en cas de renonciation à la communauté, afin d'être, en ce cas, acquittée pour le total; et, en cas d'acceptation, pour la part que les héritiers du mari en doivent porter.

En l'un et en l'autre cas, on doit donner au mari un délai qui doit dépendre de l'arbitrage du juge.

Idem dictum puta des héritiers de la femme contre le mari.

762. TROISIÈME DIFFÉRENCE. Le mari n'a aucune hypothèque de son chef sur les biens propres de sa femme, pour l'action d'indemnité qu'il a contre elle ou ses héritiers, lorsqu'il a payé, après la dissolution de la communauté, la part que sa femme, ou les héritiers de sa femme, devaient porter dans les dettes de la communauté.

Il peut seulement, lorsqu'il a payé un créancier de la communauté, auquel la femme s'était obligée, exercer les hypothèques que ce créancier avait sur les biens de la femme, pourvu qu'en le payant, il ait eu la précaution de s'y faire subroger.

Je pense aussi qu'on ne peut refuser au mari, pour son action d'indemnité, une hypothèque privilégiée sur les conquêts échus à la femme par le partage; la femme ne pouvant avoir droit de prendre part aux biens de la communauté, qu'à la charge de payer les dettes.

763. Au contraire, suivant la jurisprudence du Parlement de Paris, la femme a hypothèque, du jour de son contrat de mariage, sur tous les biens de son mari, pour l'indemnité qu'il lui doit pour les dettes de la communauté, qu'il est tenu d'acquitter.

Cette jurisprudence accorde cette hypothèque, du jour du contrat de mariage, soit qu'elle y ait été stipulée, soit qu'elle ne l'ait pas été; et, même lorsqu'il n'y a pas eu de contrat de mariage, elle l'accorde du jour de la célébration du mariage.

Cette hypothèque, du jour du contrat de mariage, a souffert néanmoins autrefois beaucoup de difficulté, et il y a de fortes raisons contre cette hypothèque. On peut dire que l'hypothèque des biens étant accessoire à l'obligation de la personne, il est impossible, par la nature des choses, qu'elle précède l'obligation de la personne, étant impossible qu'un accessoire subsiste sans son sujet. S'il est dit en la loi 5, ff. *de pign. et hypoth.*, que *Futuræ obligationis nomine* (*res hypothecæ*) *dari possunt*, cela s'entend en ce sens, *sic tamen ut ex illâ conventione non priùs nascatur jus hypothecæ, quàm contracta fuerit obligatio.* La convention d'hypothèque peut bien précéder l'obligation de la personne; mais le droit d'hypothèque, qui naît de cette convention, ne naît que du jour qu'est contractée l'obligation de la personne. Or, l'obligation du mari d'indemniser sa femme, des obligations qu'elle contracte durant la communauté, ne peut commencer que du jour que la femme les a contractées. On ne peut concevoir *per rerum naturam*, que le mari soit obligé d'indemniser sa femme, d'une obligation qu'elle n'a pas encore contractée. L'obligation d'indemniser sa femme, des dettes de la communauté, ne pouvant naître que du jour qu'elle les a contractées, l'hypothèque des biens du mari, qui est un accessoire de cette obligation d'indemnité, ne peut pareillement naître que du jour que la femme a contracté les dettes dont elle doit être indemnisée, et non du jour de son contrat de mariage.

Ces principes sont conformes à la décision de Gaïus, en la loi 11, ff. *qui potior. in pign.*, qui a décidé que, lorsqu'une personne avait eu convention avec une autre, d'hypothéquer certaines choses pour l'emprunt d'une certaine somme qu'elle comptait emprunter, l'hypothèque ne commençait que du jour que la somme lui avait été comptée; parce qu'ayant été, jusqu'à ce temps, au pouvoir de cette personne de ne point contracter d'obligation, en ne recevant pas la somme, il n'a pu y avoir, jusqu'à ce temps, ni obligation, ni hypothèque. Par la même raison, tant qu'il a été au pouvoir du mari de ne pas contracter les dettes qu'il a contractées, et de n'y pas faire intervenir sa femme, il n'a pu y avoir d'obligation d'en acquitter sa femme, ni d'hypothèque pour cette obligation.

Si le mineur, pour la restitution des sommes que son tuteur a reçues pour lui, durant le cours de la tutelle, a hypothèque sur les biens de son tuteur, du jour qu'a commencé la tutelle, et non pas seulement du jour qu'il a reçu lesdites sommes, c'est qu'on ne peut pas dire, de même, qu'il a été au pouvoir de ce tuteur, de ne pas contracter l'obligation de rendre ces sommes en ne les recevant pas ; car il n'était pas en son pouvoir de ne les pas recevoir. Il a contracté, par l'acte de tutelle, l'obligation de recevoir toutes les sommes dues à son mineur, pendant tout le cours de la tutelle, et d'en rendre compte. Son obligation ayant été contractée par l'acte même de la tutelle, l'hypothèque, qui en est l'accessoire, l'est aussi. Au lieu qu'ayant toujours été au pouvoir du mari de ne pas contracter les dettes qu'il a contractées, et de n'y pas faire intervenir sa femme, jusqu'à ce qu'il les ait contractées, et jusqu'à ce que sa femme y soit intervenue, et ayant été, par conséquent, en son pouvoir, jusqu'à ce temps, de ne pas contracter l'obligation d'en indemniser sa femme, en ne les contractant pas, cette obligation d'en indemniser sa femme, n'a pu naître plus tôt, ni, par conséquent, l'hypothèque de cette obligation d'indemnité.

Nonobstant ces raisons, qui sont très-fortes, la jurisprudence a accordé à la femme hypothèque, du jour du contrat de mariage, pour l'indemnité qui lui est due des dettes auxquelles elle s'est obligée durant la communauté.

764. On a cru, néanmoins, pendant quelque temps, qu'elle ne devait remonter au temps du contrat de mariage, que lorsque l'indemnité y avait été expressément stipulée : mais depuis, quoique l'indemnité n'ait pas été expressément stipulée, on en a fait remonter l'hypothèque au temps du contrat de mariage; et, lorsqu'il n'y a pas de contrat, au jour de la célébration du mariage. Lebrun, *liv. 3, chap. 2, sect. 2, dist. 6*, rapporte plusieurs arrêts qui ont établi cette jurisprudence; et il atteste qu'on n'en a plus fait de question depuis un arrêt du 5 juillet 1684, rapporté au quatrième tome du Journal des Audiences, qui a fait remonter l'hypothèque de l'indemnité de la femme, au jour du contrat de mariage, quoiqu'elle n'y eût pas été stipulée; et c'est ce que nous voyons effectivement pratiquer dans toutes les sentences d'ordre.

Pour justifier cette jurisprudence, on dit qu'un homme, en se mariant, contracte envers sa femme l'obligation de lui restituer sa dot franchement après la dissolution de la communauté; il s'oblige *dotem salvam fore*. Or, cette obligation de lui rendre sa dot *franchement*, renferme celle d'acquitter la femme des dettes par lesquelles sa dot pourrait être entamée, et qui empêcherait qu'elle ne l'eût franchement.

765. Lorsqu'une femme séparée, soit par contrat de mariage,

soit par une sentence de séparation exécutée par la restitution que son mari lui a faite de sa dot, a, depuis, contracté quelque obligation pour son mari, l'hypothèque, pour l'indemnité de cette obligation que le mari doit à sa femme, a-t-elle pareillement lieu du jour du contrat de mariage? On peut dire, pour la négative, que la raison, pour laquelle on a fait remonter au jour du contrat de mariage l'hypothèque pour l'indemnité due à la femme, des dettes qu'elle a contractées durant la communauté, tirée de l'obligation du mari, contractée par le contrat de mariage, de rendre à sa femme sa dot franchement, ne se rencontre pas dans ces espèces : car, dans le cas d'une séparation contractuelle, l'obligation de rendre la dot franchement, n'a point été contractée par le mari, qui ne l'a point reçue ; et, dans le cas d'une séparation judiciaire, exécutée par la restitution qui a été faite à la femme, de sa dot, l'obligation de rendre la dot était acquittée, et ne subsistait plus, lorsque, depuis, la femme a contracté des obligations pour son mari.

Nonobstant ces raisons, Lebrun, *ibidem*, rapporte trois arrêts qui ont accordé l'hypothèque du jour du contrat de mariage, pour l'indemnité des obligations qu'une femme séparée avait contractées pour son mari. Vaslin en cite deux autres postérieurs, qui ont jugé de même. La raison est que, nonobstant la séparation, nonobstant la restitution de la dot, faite en exécution, le mari demeure toujours obligé à la conservation de la dot, par l'obligation qu'il en a contractée en se mariant.

C'est pour cela que, dans tous les actes qui peuvent tendre à l'aliénation ou à l'engagement des immeubles, qui font partie de la dot de la femme, l'autorisation du mari doit intervenir. C'est pourquoi, lorsque la femme, quoique séparée, a, sous l'autorisation de son mari, contracté des obligations pour son mari, par lesquelles sa dot pourrait être entamée, le mari, par l'obligation qu'il a contractée en se mariant, de conserver la dot de sa femme, est obligé d'en indemniser sa femme, pour que sa dot n'en soit pas entamée ; et, comme cette obligation remonte au temps de son contrat de mariage, l'hypothèque, pour cette obligation, doit aussi y remonter. On ajoute que la séparation ayant pour fin de conserver la dot de la femme, on ne doit pas lui donner un effet contraire à cette fin, en privant la femme d'une hypothèque qu'elle aurait pour son indemnité, si elle n'était pas séparée.

Il y a des arrêts contraires. L'arrêt du 8 juin 1674, qui est au Journal du Palais, accorde l'hypothèque, du jour du contrat de mariage, à l'indemnité d'une femme, pour les obligations qu'elle avait contractées avant sa séparation ; mais, à l'égard d'une obligation, qu'elle avait contractée depuis sa séparation, l'arrêt ne lui accorde l'hypothèque, pour son indemnité, que du jour de l'obligation.

On trouve aussi deux arrêts dans le Recueil de Lacombe, l'un du 9 avril 1702, l'autre du 26 juillet 1742, qui n'ont accordé l'hypothèque, pour l'indemnité de la femme séparée, que du jour de ses obligations.

766. La femme ayant hypothèque, du jour de son contrat de mariage, pour l'indemnité qui lui est due des obligations qu'elle a contractées, il suit de-là, que, lorsque les biens immeubles du mari sont discutés, les créanciers, qui ont la femme pour obligée, doivent, comme exerçant les droits de la femme, leur débitrice, qui a hypothèque, du jour du contrat de mariage, pour être l'indemnité des obligations qu'elle a contractées envers eux, ou de la colloqués en sous-ordre, du jour du contrat de mariage, ou de la célébration, s'il n'y a point de contrat. Par ce moyen, ces créanciers, quoique postérieurs, seront payés préférablement aux créanciers antérieurs du mari, envers lesquels le mari, depuis le mariage, s'est obligé seul. Jugez, par-là, de quelle importance il est, lorsqu'on contracte avec un homme marié, de faire intervenir la femme, pour qu'elle s'oblige avec lui.

767. Si, pendant que tous les biens du mari sont saisis réellement par des créanciers postérieurs au mariage, envers lesquels le mari s'est obligé seul, le mari, conjointement et solidairement avec sa femme, contractait des obligations envers d'autres personnes, devrait-on, dans ces circonstances, accorder à la femme et à ses nouveaux créanciers, envers qui elle s'est obligée, une hypothèque, du jour du contrat de mariage ? Les anciens créanciers ont de fort bonnes raisons pour s'y opposer; 1° parce que ces nouvelles dettes qu'on fait paraître, sont fort suspectes d'être des dettes supposées; 2° parce qu'en les supposant véritables, c'est une fraude que le mari commet envers les anciens créanciers, en faisant intervenir sa femme aux nouvelles obligations, pour faire perdre aux anciens ce qui leur est légitimement dû : et la femme, en intervenant à ces nouvelles obligations, se rend elle-même participante de cette fraude, qu'elle ne peut ignorer : la saisie générale des biens de son mari ayant rendu notoire son insolvabilité.

De cette fraude, dont la femme est participante, naît une exception de dol, que les anciens créanciers sont bien fondés à opposer, tant à la femme, qu'à ces nouveaux créanciers qui voudraient exercer ces droits; par laquelle exception de dol, ils peuvent empêcher la femme et ces nouveaux créanciers d'être colloqués avant eux.

768. Lebrun accorde à la femme une hypothèque sur les biens du mari, du jour du contrat de mariage, pour l'indemnité des dettes de la communauté, auxquelles elle n'était pas obligée, qu'elle a payées depuis le décès de son mari; et depuis sa renonciation à la communauté. Cette décision de Lebrun n'est pas soutenable. Cette

indemnité est une créance, qu'elle a contre les héritiers de son mari, qui naît *ex quasi contractu negotiorum gestorum*, dont le mari n'a jamais été tenu, puisqu'elle n'est née que depuis son décès, et à laquelle, par conséquent, on ne peut dire qu'il ait hypothéqué ses biens.

SIXIÈME PARTIE.

De la continuation de communauté.

Nous distinguons deux espèces de continuation de communauté, la *simple* et la *composée*.

La simple est celle qui n'a lieu qu'entre le survivant et les héritiers du prédécédé ; la composée est celle à laquelle le survivant a associé des tiers.

Il est à propos d'en traiter séparément.

CHAPITRE PREMIER.

De la continuation de communauté qui est simple.

769. Cette continuation de communauté est établie par les articles 240 et 241 de la Coutume de Paris, qui sont placés sous le titre de la communauté. L'article 240 est conçu en ces termes : « Quand l'un des conjoints va de vie à trépas, et délaisse aucuns » enfans mineurs dudit mariage ; si le survivant ne fait faire inventaire avec personne capable et légitime contradicteur, des » biens qui étaient communs durant ledit mariage, au temps » du trépas, soit meubles ou conquêts immeubles, l'enfant ou » enfans survivans peuvent, si bon leur semble, demander com- » munauté en tous les biens meubles et conquêts immeubles du » survivant ; posé qu'icelui survivant se remarie. »

L'article 241 est conçu en ces termes : « Et pour la dissolution » de la communauté, faut que ledit inventaire soit fait et parfait, » et à la charge de faire clore ledit inventaire par le survivant, » trois mois après qu'il aura été fait ; autrement et à faute de ce » faire par le survivant, est la communauté continuée, si bon » semble aux enfans. »

770. La jurisprudence a étendu cette disposition de l'article 240 de la Coutume de Paris, aux Coutumes qui ne se sont pas expliquées sur la continuation de communauté. On peut voir dans Brodeau sur Louet, *lettre C, chap. 30*, les arrêts rendus en forme de règlement, qui ont établi cette jurisprudence, laquelle n'est plus

aujourd'hui révoquée en doute, suivant que l'attestent Lebrun et Renusson, en leurs Traités de la Communauté.

La question s'en étant renouvelée pour la Coutume de la Rochelle, il a été jugé par arrêt du 20 juin 1704, rendu en forme de règlement, que la continuation de communauté, telle qu'elle est établie par la Coutume, y devait être étendue.

L'extension de cette continuation de communauté, aux Coutumes qui ne s'en sont pas expliquées, est fondée en grande raison, étant impossible de subvenir autrement aux enfans mineurs des conjoints, que le survivant, par le défaut d'inventaire, met le plus souvent dans l'impossibilité d'établir à quoi montait leur part dans le mobilier de la communauté, lors de la mort du prédécédé auquel ils ont succédé, et dont le survivant leur doit rendre compte.

Nous verrons, sur cette matière, 1°. ce que c'est que la continuation de communauté, selon les principes de la Coutume de Paris; 2° en quel cas elle a lieu; 3° entre quelles personnes; 4° de quelles choses elle est composée; 5° quelles en sont les charges; 6° quel est le pouvoir du survivant sur cette continuation de communauté. 7° Nous traiterons des manières dont elle se dissout; 8° du droit d'accroissement qui a lieu entre les enfans; 9° de l'acceptation et de la renonciation à la continuation de communauté; 10° du partage des biens de cette communauté; 11° comment chacune des parties est tenue des dettes de cette communauté. C'est ce qui fera la matière de onze sections.

La Coutume d'Orléans et quelques autres semblables, ayant, sur la matière de la continuation de communauté, des principes différens de celle de Paris, nous en observerons sur chaque section les différences.

SECTION PREMIÈRE.

Ce que c'est que la continuation de communauté.

ARTICLE PREMIER.

Ce que c'est que la continuation de communauté, suivant les principes de la Coutume de Paris.

771. Suivant les principes de la Coutume de Paris, la continuation de communauté n'est autre chose qu'une peine, que la Coutume impose au survivant de deux conjoints, faute d'avoir fait constater par un inventaire, après la mort du prédécédé, la part de leurs enfans dans les biens de la communauté, à laquelle ils ont succédé au prédécédé; laquelle peine consiste dans le droit et la faculté que la Coutume donne auxdits enfans, de demander

part au survivant, dans tous les biens meubles qu'il se trouve avoir, lors de l'inventaire qui doit dissoudre la communauté, et pareillement dans les acquêts immeubles qu'il se trouve avoir, et qu'il a faits depuis la mort du prédécédé jusqu'audit temps; tout ainsi et de la même manière que si la communauté avait toujours continué jusqu'audit temps, par rapport auxdits biens.

772. Cela conduit à la décision de la question, si, dans la Coutume de Paris, la continuation de communauté est une nouvelle communauté, qui se contracte entre le survivant et les enfans mineurs héritiers du prédécédé; ou si c'est la même communauté, qui était entre les deux conjoints, et qui est censée ne s'être point dissoute par la mort du prédécédé, et avoir continué.

Laurière, par l'inclination qu'il avait à trouver partout des vestiges de l'ancien droit Coutumier, à la recherche duquel il s'était principalement et utilement appliqué, a cru trouver dans la disposition de la Coutume de Paris sur la continuation de la communauté, un vestige de l'ancien droit Coutumier, qui faisait résulter une communauté entre proches, de la cohabitation et du mélange des biens : en conséquence, il prétend que la continuation de communauté, dans la Coutume de Paris, n'est pas la même qui était entre les deux conjoints, laquelle finit par la mort du prédécédé, suivant la nature du contrat de société : *Adeò morte socii solvitur societas, ut nec ab initio pacisci possimus, ut hæres etiam succedat societati;* l. 59, ff. *pro socio.* La continuation de communauté est donc, selon lui, une nouvelle communauté, que la Coutume établit entre le survivant et ses enfans mineurs, qu'elle fait, conformément à l'ancien droit, résulter de la cohabitation et du mélange de leurs biens, laquelle n'est appelée *continuation de communauté,* que parce qu'elle succède *continuô et nullo interposito intervallo,* à celle qui était entre les conjoints. On ajoute que c'est tellement une nouvelle communauté, différente de celle qui était entre les conjoints, qu'elle se régit par différens principes; le survivant, qui en est le chef, n'ayant pas le même pouvoir sur les biens de la continuation de communauté, que celui qu'avait le mari sur ceux de la communauté, comme nous le verrons *infrà,* sect. 6. D'ailleurs, elle n'est pas composée des mêmes choses, les conquêts de la communauté conjugale ne demeurant, dans celle-ci, que pour la jouissance seulement; et, au lieu que tout ce qui est acquis par l'un et l'autre des conjoints entre dans la communauté pendant qu'elle dure, il n'entre dans celle-ci que ce qui est acquis par le survivant : ce qui est acquis par les enfans n'y entre pas, comme nous le verrons *infrà,* sect. 4.

L'opinion contraire, qui est de ceux qui pensent que, dans la Coutume de Paris, la continuation de communauté est la même communauté qui était entre les conjoints, laquelle, en faveur des enfans mineurs du survivant, est supposée n'avoir point été dissoute par la mort du prédécédé, et avoir toujours continué sous certaines modifications, jusqu'au temps de l'inventaire, me paraît préférable à celle de Laurière : elle est plus conforme et au texte et à l'esprit de la Coutume.

1°. Elle est plus conforme au texte. L'article 241 dit expressément : *Et pour la dissolution de communauté, faut que ledit inventaire soit fait et parfait... et à faute de ce faire par le survivant, est la communauté continuée.* N'est-ce pas dire bien clairement que la communauté, qui était entre les conjoints, n'est pas dissoute par la mort du prédécédé ; qu'il faut, pour la dissoudre, que le survivant fasse un inventaire ; et que, faute de cet inventaire, cette communauté (c'est-à-dire, celle qui était entre les conjoints) est censée continuer.

2°. Notre opinion est pareillement plus conforme à l'esprit de la Coutume. En établissant la continuation de communauté, elle n'a point songé à établir une société taisible, telle que celle que l'ancien droit français faisait résulter, entre proches, de la cohabitation et du mélange des biens. Si c'eût été son esprit, elle l'eût établi aussi bien avec les enfans majeurs du survivant, qu'avec les enfans mineurs. Ne l'ayant établie qu'avec les enfans mineurs, il paraît qu'elle n'a eu d'autre vue, en l'établissant, que celle de subvenir aux mineurs, en supposant en leur faveur, que la communauté a toujours continué jusqu'à l'inventaire, par rapport au mobilier et aux acquêts faits depuis la mort du prédécédé, et en leur accordant, en conséquence, une part dans lesdits biens, qui leur tienne lieu du compte qui leur est dû par le survivant, de celle qui leur appartenait dans les biens qui se sont trouvés, lors de la mort du prédécédé, dont ils sont héritiers, et qu'il leur est impossible de constater, faute d'inventaire.

3°. On peut encore tirer argument du lieu où ont été placés les articles qui concernent la continuation de communauté : ces articles étant placés sous le titre de la communauté, au milieu des articles qui concernent la communauté qui est entre les conjoints, c'est une marque que la Coutume a regardé la continuation de communauté, comme n'étant pas quelque chose de différent de la communauté qui était entre les conjoints.

A l'égard des raisons qu'on allègue pour prouver que c'est une communauté différente, et que nous avons rapportées ci-dessus, il est facile d'y répondre.

On oppose, en premier lieu, qu'il est de la nature des sociétés, qu'elles finissent par la mort de l'un des associés. Celle, qui était entre les conjoints, a donc fini, dit-on, par la mort de l'un d'eux, et ce ne peut être qu'une nouvelle communauté, qui soit établie entre le survivant et les héritiers du prédécédé.

La réponse est, qu'il est effectivement de la nature des sociétés, qu'elles finissent par la mort de l'un des associés : mais cela n'est pas tellement de leur essence, qu'on ne puisse quelquefois les faire continuer avec les héritiers de l'associé. C'est ce qui s'observait, par le droit romain, à l'égard de la société qui se contractait pour la ferme des impôts publics, laquelle passait aux héritiers des fermiers associés qui mouraient pendant le cours de la société, lorsqu'on en était convenu; *dict. l.* 59. La Coutume a donc pu, pour de bonnes raisons, en faveur des enfans mineurs du survivant, héritiers du prédécédé, faire continuer avec eux la communauté, qui était entre le survivant et le prédécédé.

On oppose, en second lieu, que la continuation de communauté est tellement différente de celle qui était entre les deux conjoints, qu'elle se régit par des principes différens, et qu'elle n'est pas composée des mêmes choses.

La réponse est, que cette société ou communauté continue sous certaines modifications, que la Coutume a jugé à propos d'y apporter; mais il ne s'ensuit pas que ce ne soit pas la même communauté. Lorsque deux associés, au bout d'un certain temps, conviennent entre eux que l'un d'entre eux n'aura pas à l'avenir le même pouvoir qu'il avait, et que certaines choses, qui y entraient, n'y entreront pas à l'avenir; quoique leur société continue sous des modifications qu'ils y ont apportées par leur convention, elle n'en est pas moins la même société.

ARTICLE II.

Ce que c'est que la continuation de la communauté, suivant les principes de la Coutume d'Orléans.

773. Les principes de la Coutume d'Orléans, sur la continuation de communauté, sont très-différens de ceux de la Coutume de Paris.

La disposition, par laquelle la Coutume d'Orléans établit la continuation de communauté, n'est pas placée sous le titre de la communauté, mais sous un autre, qui est celui de *société.* Après avoir, par l'article 213, abrogé l'usage des sociétés taisibles, qui avaient lieu par l'article 180 de l'ancienne Coutume, entre toutes sortes de personnes, « *par demeurance, communi-* » *cation ou négociation de leurs biens faits en commun pour con-* » *tracter société par personnes demeurantes ensemble par an et* » *jour entier,* » la Coutume fait une exception à cette abrogation des sociétés taisibles, par l'article 216, pour le cas de la continuation de communauté entre le survivant et les héritiers du prédécédé.

Voici comment cet article est conçu : « Si de deux non nobles » conjoints par mariage, l'un va de vie à trépas, et laisse ses en-

« fans ou autres parens ses héritiers, et ledit survivant ne fait au-
» cun inventaire, partage ou division, ou que autrement entre
» les parties n'en soit disposé, la communauté de biens se con-
» tinue, et conserve entre le survivant pour la moitié, et lesdits
» enfans ou autres parens et héritiers pour l'autre moitié, chacun
» pour leurs portions viriles et héréditaires; ensemble la saisine
» et possession de la succession de leur père, mère ou parent
» décédé, jusqu'à ce que inventaire, partage ou division en
» soient faits, ou que autrement par eux en soit disposé. »

On ne peut pas dire, dans cette Coutume d'Orléans, comme
dans la Coutume de Paris, que cette continuation de communauté est établie par forme de peine contre le survivant, et par
forme de dommages et intérêts des enfans, résultans du défaut
d'inventaire. En effet, cette Coutume établit cette continuation
de communauté, non-seulement avec les enfans mineurs du survivant, des intérêts desquels il pourrait paraître avoir été chargé,
mais même avec les majeurs, des intérêts desquels on ne peut
pas dire que le survivant fût chargé, puisqu'étant majeurs, ils
étaient en état d'y veiller par eux-mêmes : elle l'établit même
avec les enfans, que le prédécédé avait d'un précédent mariage,
et même avec ses héritiers collatéraux, lesquels sont des personnes étrangères au survivant, et des intérêts desquels on ne peut
pas dire que le survivant fût chargé.

La continuation de communauté n'étant point établie dans la
Coutume d'Orléans, par forme de peine, il en faut rechercher
une autre raison; et il n'en paraît point d'autre, que l'observance
de l'ancien droit, que notre Coutume d'Orléans a voulu conserver en ce cas.

Nous trouvons cet ancien droit dans le grand Coutumier, *liv.* 2,
chap. 40. Il y est dit : « Par usage et coutume, deux conjoints de-
» meurans ensemble par an et jour, sans faire division ni protes-
» tation, ils acquièrent l'un avec l'autre communauté, quant
» aux meubles et conquêts, et pource, si deux conjoints ont un fils,
» et après l'un d'iceux va de vie à trépas, et depuis icelui fils de-
» meure avec le survivant sans faire inventaire, partage ni divi-
» sion, tout ce que le survivant a conquêté, reviendra en commu-
» nauté avec le fils. »

774. Il résulte de tout ceci, que dans la Coutume d'Orléans,
la continuation de communauté, n'est point, comme elle l'est
dans celle de Paris, la même communauté qui était entre les conjoints, qui est censée avoir continué; mais que c'est une nouvelle
communauté, qui se contracte, après la mort du prédécédé,
entre le survivant et les héritiers du prédécédé, et qui n'est appelée *continuation de communauté*, que parce qu'elle succède,
nullo interposito intervallo, à celle qui était entre les conjoints. Ce n'est que par rapport à cette succession de cette

nouvelle communauté, à la première qui était entre les conjoints, qu'il est dit que la communauté *se continue et se conserve.*

ARTICLE III.

Quelle Coutume doit-on suivre pour la continuation de communauté.

775. Lorsque deux conjoints par mariage ont, en se mariant, contracté une communauté de biens, suivant la Coutume du lieu où ils avaient alors leur domicile, et que, depuis leur mariage, ils ont transféré leur domicile sous une autre Coutume, la continuation de communauté entre le survivant et les héritiers du prédécédé, aura-t-elle lieu, et se régira-t-elle suivant la Coutume du lieu où ils ont contracté leur communauté? ou doit-on suivre la Coutume, sous laquelle ils avaient leur domicile, lors de la mort du prédécédé?

Cette question me paraît devoir se décider par une distinction. Si, selon les règles de la Coutume, suivant laquelle ils ont, en se mariant, contracté la communauté, la communauté conjugale n'a pas été dissoute par la mort du prédécédé, cette communauté, qui continue, étant la même qu'ils ont contractée en se mariant, elle doit se régir suivant la Coutume du lieu où était leur domicile lorsqu'ils se sont mariés. Au contraire, si, selon les règles de la Coutume suivant laquelle ils ont contracté leur communauté conjugale, cette communauté se trouve dissoute par la mort du prédécédé, la nouvelle communauté, qui se forme, en ce cas, entre le survivant et les héritiers du prédécédé, ne pouvant l'être que par la loi de leur nouveau domicile, à laquelle ils sont sujets, c'est par cette loi de leur nouveau domicile, que leur continuation de communauté doit se régir.

Cela s'éclaircira par des exemples. Deux Parisiens y ont contracté en se mariant une communauté de biens: ils ont depuis transféré leur domicile à Orléans. L'un d'eux y est mort, et a laissé, pour héritiers, des enfans mineurs de leur mariage. La continuation de communauté, qui a lieu, en ce cas, entre le survivant et ses enfans mineurs, faute de faire inventaire, comme le prescrit la Coutume de Paris, doit se régir par la Coutume de Paris; car c'est la même communauté, qu'ils ont contractée suivant la Coutume de Paris, qui continue de subsister entre le survivant et ses enfans mineurs, héritiers du prédécédé. Les conjoints, en contractant cette communauté, sont censés être, au moins implicitement, convenus de toutes les dispositions de la Coutume de Paris; ils sont donc censés être convenus que cette communauté ne pourrait se dissoudre, qu'en satisfaisant à ce que

la Coutume de Paris requiert pour la dissoudre. Lorsque le prédécédé a laissé, pour héritiers, des enfans mineurs de leur mariage, l'engagement, que les conjoints ont contracté par cette
convention, subsiste, nonobstant leur translation de domicile.
C'est pourquoi, faute par le survivant d'avoir satisfait à ce que
la Coutume de Paris prescrit, pour la dissolution de la communauté, elle n'a point été dissoute : c'est la même communauté que les conjoints ont contractée en se mariant, et,
par conséquent, une communauté contractée suivant la Coutume de Paris, qui doit se régir par les règles de la Coutume
de Paris.

La Coutume d'Orléans, à laquelle ces conjoints sont devenus
sujets par leur translation de domicile, n'a pu former entre le
survivant et les héritiers du prédécédé, la continuation de communauté qu'elle établit par son article 216; car cette communauté
doit succéder à la communauté conjugale, et ne peut, par conséquent, s'établir, tant que la communauté conjugale subsiste encore, et n'est pas dissoute.

776. Supposons, à présent, que l'un des conjoints par mariage,
qui, en se mariant à Paris, ont contracté communauté suivant
la Coutume de Paris, soit mort à Orléans, depuis leur translation de domicile, en laissant, pour ses héritiers, des enfans tous
majeurs : la communauté, qu'ils ont contractée suivant la Coutume de Paris, étant, en ce cas, dissoute, rien n'empêche que la
Coutume d'Orléans, sous l'empire de laquelle se trouvaient les
conjoints, lors de la mort du prédécédé, ne soit censée avoir,
au moment de la mort du prédécédé, formé entre le survivant
et les héritiers du prédécédé, la continuation de communauté
qu'elle établit par l'article 216; laquelle étant formée par la
Coutume d'Orléans, se régit suivant les règles de la Coutume
d'Orléans.

777. Supposons à présent que deux Orléanais, qui ont contracté ensemble communauté suivant la Coutume d'Orléans, ont
transféré leur domicile à Paris, et que, depuis cette translation,
l'un d'eux y soit mort, laissant, pour héritiers, des enfans tous
majeurs : il n'y aura, en ce cas, aucune continuation de communauté. La Coutume de Paris, sous l'empire de laquelle ils étaient,
lors de la mort du prédécédé, n'en admet pas en ce cas; et celle
d'Orléans, qui en forme une au temps de la mort du prédécédé,
entre le survivant et les héritiers du prédécédé, majeurs ou mineurs, n'a pu la former entre le survivant et les héritiers du prédécédé de ces conjoints, lesquels, au temps de la mort du prédécédé, n'étaient plus, par leur translation de domicile à Paris, sujets à l'empire de la Coutume d'Orléans.

778. Lorsque l'un des Orléanais, qui ont contracté, en se mariant, une communauté selon la Coutume d'Orléans, meurt depuis

la translation de domicile à Paris, en laissant pour héritiers des enfans mineurs de leur mariage, y aura-t-il, en ce cas, continuation de communauté, et suivant quelle Coutume? La communauté ayant été contractée entre ces conjoints, suivant les règles de la Coutume d'Orléans, elle s'est dissoute par la mort du prédécédé. Il est vrai que cette Coutume en établit une nouvelle au temps de la mort du conjoint prédécédé, entre le survivant et les héritiers du prédécédé; mais elle n'a pu l'établir entre ce survivant et les héritiers du prédécédé : lesdits conjoints, au temps de la mort du prédécédé, n'étant plus sous son empire. D'un autre côté, on dira que la Coutume de Paris peut bien régler la durée d'une communauté contractée suivant la Coutume de Paris, et prescrire ce qui doit être observé pour sa dissolution; mais qu'il ne lui appartient pas de régler la durée d'une communauté contractée suivant les règles d'une autre Coutume.

Nonobstant ces raisons, on doit décider qu'il suffit que le survivant, au temps de la mort du prédécédé, ait été sous l'empire de la Coutume de Paris, pour qu'il contracte l'obligation que cette Coutume impose au survivant des deux conjoints, de faire constater, par un inventaire, dans la forme qu'elle le prescrit, la part qui appartient à ses mineurs, comme héritiers du prédécédé, dans les biens du prédécédé, et pour que, faute de l'avoir, il soit sujet à la peine de la continuation de communauté, que la Coutume de Paris impose. Il y aura donc lieu, en ce cas, à une continuation de communauté, suivant la Coutume de Paris.

SECTION II.

En quels cas y a-t-il lieu à la continuation de communauté.

ARTICLE PREMIER.

En quels cas y a-t-il lieu à la continuation de communauté, suivant les principes de la Coutume de Paris.

Pour qu'il y ait lieu à la continuation de communauté, il faut, suivant les principes de la Coutume de Paris, que quatre choses concourent : 1° il faut qu'au temps de la mort du prédécédé, il y ait eu une communauté de biens qui subsistait entre les conjoints; 2° il faut que le prédécédé ait laissé, pour héritiers, des enfans mineurs de leur mariage, qui aient succédé au prédécédé à une part des biens de la communauté; 3° il faut que le survivant ait manqué à faire, dans le temps prescrit, ce que la Coutume requiert pour la dissolution de communauté; 4° il faut que la continuation de communauté ait été demandée.

§ I. PREMIÈRE CONDITION. Il faut qu'au temps de la mort du prédécédé, il y ait eu une communauté de biens qui subsistait entre les deux conjoints.

779. Cela est évident. Le droit de continuation de communauté, qu'établit la Coutume de Paris, consiste à supposer que la communauté, qui était entre les conjoints, n'a pas été dissoute par la mort du prédécédé, et qu'elle a continué depuis jusqu'à l'inventaire, comme nous l'avons vu *suprà*. Or, cela renferme nécessairement l'existence d'une communauté entre les conjoints au temps de la mort du prédécédé ; car il n'y a que ce qui existe, qui puisse continuer.

Il ne peut donc y avoir lieu à une continuation de communauté, soit que le contrat de mariage des conjoints portât exclusion de communauté, soit qu'il y ait eu entre eux une communauté, mais qui ait été dissoute de leur vivant, par une sentence de séparation exécutée, et qui ne subsistait plus au temps de la mort du prédécédé.

Lorsque la sentence de séparation, qui est intervenue avant la mort du prédécédé, n'a pas été exécutée, et qu'il n'a été fait, en exécution de cette sentence, aucun inventaire, y a-t-il lieu à la continuation de la communauté ? Je pense qu'il doit y avoir lieu ; car, lorsqu'elle n'a pas été exécutée, elle est regardée comme non avenue, et elle n'empêche pas que la communauté ne puisse être regardée comme n'ayant pas été dissoute, et comme ayant continué. La raison, pour laquelle la continuation de communauté a été établie, milite entièrement dans cette espèce. La sentence de séparation, qui est intervenue, et qui n'a reçu aucune exécution, n'empêche pas que la part, qu'ont les mineurs dans les biens de la communauté qui sont à partager, ne doive être constatée par un inventaire ; et que, faute par le survivant, qui est chargé des intérêts de ces mineurs, de l'avoir fait constater, il ne doive être sujet à la peine de continuation de la communauté, qui est le seul remède, par lequel on peut subvenir à ces mineurs contre le défaut d'inventaire.

§ II. SECONDE CONDITION. Il faut que le prédécédé ait laissé pour héritiers un ou plusieurs enfans mineurs de leur mariage, et qu'ils lui aient succédé à une part dans la communauté.

780. C'est ce qui résulte des termes de l'article 240 : « Quand l'un des deux conjoints par mariage, va de vie à trépas, et délaisse *aucuns enfans mineurs dudit mariage.* » Il n'est pas nécessaire que le prédécédé en ait laissé plusieurs ; il suffit qu'il en ait laissé un seul. C'est ce qui résulte de ces

termes dudit article, l'ENFANT OU ENFANS *peuvent*, *si bon leur semble*, etc.

Sous ces termes, *délaisse aucuns enfans mineurs dudit mariage*, on doit comprendre les petits-enfans, qui viendraient à la succession du prédécédé par représentation de leur père ou mère, enfant du mariage, mort avant le prédécédé; car les petits-enfans sont compris sous le terme *enfans : Liberorum nomine nepotes continentur*.

781. Lorsque les enfans, que le prédécédé a laissés pour ses héritiers, sont majeurs, il n'y a pas lieu à la continuation de communauté. La Coutume, en l'établissant pour le cas auquel il y a quelque enfant mineur, l'exclut tacitement pour le cas auquel ils seraient tous majeurs, suivant cet axiome : *Inclusio unius est exclusio alterius*. La raison de la différence entre l'un et l'autre cas, est que, lorsque les enfans sont mineurs, n'étant pas, par le défaut de leur âge, en état de veiller à leurs intérêts, et de faire constater, par un inventaire, la part qu'ils ont dans les biens de la communauté, le survivant, comme chargé de leurs intérêts, doit le faire pour eux; et, faute de l'avoir fait, il est sujet à la peine de la continuation de communauté.

Au contraire, lorsque les enfans sont tous majeurs, le survivant n'étant point chargé de leurs intérêts, auxquels ils peuvent veiller par eux-mêmes, puisqu'ils sont majeurs, il ne doit pas être sujet à la peine de la continuation de communauté, faute d'avoir fait constater par un inventaire la part de ses enfans : ces enfans étant majeurs, ne doivent s'en prendre qu'à eux-mêmes, si cela n'a pas été fait.

782. Dans les Coutumes, qui réputent les enfans majeurs à vingt ans, et qui suivent, sur la continuation de communauté, la Coutume de Paris, y a-t-il lieu à la continuation de communauté, lorsque le prédécédé a laissé un enfant majeur de vingt ans, quoiqu'au-dessous de vingt-cinq ans? Lebrun, *liv. 3, chap. 3, sect.* 2, tient avec raison l'affirmative. Cette majorité Coutumière est une majorité imparfaite, qui donne seulement à l'enfant le droit d'administrer ses biens, et qui, de même qu'elle ne l'empêche pas d'être considéré comme mineur pour l'aliénation de ses biens-fonds, et pour le bénéfice de restitution en entier en matière importante, suivant la doctrine de Dumoulin, en ses notes sur l'article 444 d'Anjou, 455 du Maine, et ailleurs, elle ne doit pas l'empêcher d'être considéré comme mineur pour le fait de la continuation de communauté.

Par la même raison, la continuation de communauté a lieu avec un enfant mineur, quoiqu'au temps de la mort du prédécédé, il fût marié, et qu'il eût été doté par ses père et mère : car, quoique le mariage l'émancipe, et lui donne le droit d'administrer son bien, il ne le rend pas majeur; et la dot, qu'il a reçue, n'empêche pas que le survivant ne lui doive un compte, de la part des biens de la communauté appartenante à la succession du prédécédé, ce qui suffit pour que le survivant soit sujet à la peine de la continuation, faute d'avoir fait constater le mobilier de la communauté, dont il doit compte à cet enfant, pour la part qu'il y a; *Lebrun, liv.* 3, *chap.* 3, *sect.* 2, *n.* 12.

783. Quoique la fille mineure, que le prédécédé a laissée pour son héritière, fût alors mariée à un mari majeur, il ne laisse pas d'y avoir lieu à la continuation de communauté; car la Coutume l'admet indistinctement, *quand l'un des conjoints délaisse aucuns enfans mineurs :* c'est pourquoi, le gendre, quoique majeur, peut, du chef de sa femme qui était mineure, demander au survivant, faute d'inventaire, continuation de communauté.

784. Si le prédécédé a laissé un enfant mineur, à la vérité, lors de la mort du prédécédé, mais qui est devenu majeur avant l'expiration du délai de trois mois, qui est accordé au survivant pour faire l'inventaire, y a-t-il lieu à la continuation de communauté? Vaslin pense qu'il n'y a pas lieu, et il cite pour opinion Lebrun, *liv.* 3, *sect.* 1, *n.* 14. On dit, pour cette opinion, que, dans la Coutume de Paris, la continuation de la communauté étant la peine du défaut d'inventaire, le survivant ne peut, dans l'espèce proposée, avoir encouru cette peine, parce qu'il n'a pas été en demeure de le faire pendant la minorité de l'enfant, qui a cessé avant que le délai, qui lui est accordé pour le faire, fût expiré, et qu'il n'a pas été non plus en demeure depuis la majorité de l'enfant, n'étant obligé à faire inventaire qu'à ses enfans mineurs, et non à ses enfans majeurs.

Cette opinion me paraît contraire au texte de la Coutume. Ces termes de l'article 240, *quand l'un des conjoints va de vie à trépas, et délaisse aucuns enfans mineurs,* font entendre que c'est au temps du trépas du prédécédé, que la Coutume considère si les enfans sont mineurs, pour qu'il y ait lieu à la continuation de communauté. Il suffit donc que l'enfant ait été mineur, lors du décès du prédécédé, pour que le survivant ait, dès ce temps, contracté envers cet enfant l'obligation de la continuation de communauté, si, dans le délai qui lui est accordé, il ne satisfaisait pas à la condition de faire inventaire, qui lui est prescrite pour s'en décharger : le survivant ayant une fois contracté cette obligation envers l'enfant mineur, la majorité de cet enfant qui survient, ne peut l'éteindre.

785. Lorsque l'enfant, que le prédécédé a laissé pour héritier, était majeur, à la vérité, mais en démence ● a-t-il lieu à la continuation de communauté?

Pour la négative, on dira que les dispositions de la Coutume sont de droit étroit, et ne sont pas susceptibles d'extension, surtout lorsqu'elles sont pénales, telles qu'est celle qui établit la continuation de communauté; qu'ainsi la Coutume de Paris n'ayant accordé la continuation de communauté qu'aux enfans mineurs du mariage, ne s'étant point expliquée pour le cas des majeurs, qui seraient en démence, sa disposition n'y doit pas être étendue. D'un autre côté, on peut dire avec plus de raison pour l'affirmative, que *ubi eadem æquitas et eadem ratio occurrit, idem jus statuendum est.* Cet enfant, qui est en démence, quoique majeur, n'est pas plus en état de pourvoir par lui-même à ses intérêts, et de faire constater, par un inventaire, la part qui lui appartient dans la communauté, que ne le sont des mineurs. Le survivant ne doit pas moins être chargé de ses intérêts, qu'il ne l'est de ceux de ses mineurs : il ne doit donc pas moins être obligé de faire constater, par un inventaire, la part de cet insensé, qu'il n'y est obligé à l'égard de ses mineurs; et, faute de l'avoir fait, il doit être sujet à la même peine de la continuation de communauté, à laquelle il est sujet envers ses enfans mineurs. Quant à ce qu'on dit, que la disposition de la Coutume de Paris, pour la continuation de la communauté, est une disposition pénale, qui n'est pas susceptible d'extension, la réponse est que, quoiqu'elle soit pénale, elle est, néanmoins, très-favorable, puisqu'elle tend à éviter des procès et des discussions qui seraient inévitables, s'il fallait entrer dans l'examen de ce à quoi pouvait monter la portion des enfans au temps de la mort du prédécédé. C'est l'avis de Lebrun, *chap.* 3, *sect.* 2, *n.* 51.

786. Pour qu'il y ait lieu à la continuation de communauté, il faut que les enfans mineurs, que le prédécédé a laissés, aient été ses héritiers, ou du moins ses successeurs à titre universel, tels qu'est un enfant mineur, donataire universel ou légataire universel du total, ou d'une partie des biens du prédécédé; tels que sont pareillement les enfans mineurs d'un homme condamné à peine capitale, auxquels le prince a fait remise de la confiscation. Dans tous ces cas, les enfans mineurs ont droit de demander continuation de communauté au survivant qui n'a pas fait inventaire.

Mais il est évident que la continuation de communauté ne peut être demandée ni par un exhérédé, ni par les filles, qui, par la dot qu'elles ont reçue, sont, dans certaines Coutumes, exclues de la succession; ni par les enfans, qui ont renoncé à la succession du prédécédé, s'ils ne se font restituer contre leur renonciation.

787. Il ne suffit pas même que les enfans aient été héritiers du prédécédé, il faut qu'ils lui aient succédé à une part dans les biens de la communauté.

C'est pourquoi, si, par une clause du contrat de mariage, les héritiers du prédécédé n'avaient à prétendre qu'une certaine somme pour tout droit de communauté, il ne pourrait y avoir lieu, en ce cas, à la continuation de communauté; car, leur droit étant fixé à une somme certaine et invariable, et n'ayant aucune part ni dans l'actif ni dans le passif de la communauté, ils ne peuvent avoir aucun intérêt que les biens de la communauté soient constatés par un inventaire : ils ne peuvent donc se plaindre de ce que le survivant a manqué de le faire, ni demander, pour dédommagement, la continuation de communauté.

Par la même raison, il ne peut pas y avoir lieu à la continuation de communauté, lorsque les enfans, héritiers de leur mère prédécédée, ont renoncé à la communauté, tant que cette renonciation subsiste : mais si, par des lettres de rescision, ils se sont fait restituer contre leur renonciation, ils pourront demander continuation de communauté.

788. Pour qu'il y ait lieu à la continuation de communauté, il faut que les enfans mineurs, que le prédécédé a laissés pour héritiers, soient enfans du mariage du prédécédé et du survivant; si le prédécédé n'avait laissé que des enfans mineurs d'un mariage précédent, il n'y aurait pas lieu à la continuation de communauté; car la Coutume dit, *enfans mineurs dudit mariage* : et la raison est, que le survivant n'étant pas chargé des intérêts de ces enfans, qui ne sont pas les siens, ne doit pas être sujet à la peine de la continuation de communauté, faute d'avoir fait un inventaire, pour constater la part qu'avaient lesdits enfans dans le mobilier.

On a prétendu que, quoique le prédécédé n'eût laissé des enfans que d'un précédent mariage, il y avait un cas, auquel ces enfans pouvaient demander continuation de communauté au survivant; c'est le cas auquel une femme aurait convolé à de secondes noces, sans avoir fait, jusqu'à sa mort, inventaire pour dissoudre la communauté avec les enfans de son premier mari. On prétend que ces enfans, qui, du vivant de leur mère, formaient une tête dans la continuation de communauté qui était entre eux, leur mère et leur beau-père, pouvaient, après la mort de leur mère, en leur qualité d'enfans mineurs, héritiers de leur mère, demander à leur beau-père continuation de communauté. Duplessis, qui rapporte cette opinion, la rejette avec raison. La Coutume ayant dit : Quand l'un des conjoints va de vie à trépas, et délaisse aucuns enfans *dudit mariage*, elle déclare bien formellement qu'elle n'admet la continuation de communauté, que lorsque le prédécédé a laissé quelque enfant mineur de son mariage avec le survivant; et qu'elle ne l'admet, en aucun cas, lorsqu'il n'a laissé que des enfans d'un précédent mariage. C'est pourquoi, dans l'espèce ci-dessus, la mort de la femme ne peut donner lieu à la continuation de communauté; mais elle dissout et la communauté de cette femme avec son mari, et celle en laquelle elle était avec ses enfans.

789. Lorsque le survivant est donataire, en propriété, de la part du prédécédé, dans les meubles et conquêts, ou même seulement dans les meubles de la communauté, on a agité la question, si, même en ce cas, il y a lieu à la continuation de communauté, faute, par le survivant, d'avoir fait inventaire à ses enfans mineurs? La raison, pour la négative, se présente d'abord. L'esprit de la Coutume de Paris, en obligeant le survivant à faire inventaire à ses enfans mineurs, héritiers du prédécédé, et en établissant contre lui la peine de la continuation de communauté, faute de l'avoir fait, a été de faire constater le montant de la part qui appartenait aux enfans dans le mobilier de la communauté, qui s'est trouvé au temps de la mort du prédécédé; faute, par le survivant, de l'avoir fait constater par un inventaire, la Coutume vient au secours des enfans; et, pour les dédommager et leur tenir lieu de la part qui leur appartenait dans ce mobilier, qui, faute d'inventaire, ne peut plus facilement se constater, elle leur donne à la place une part dans tous les biens de la continuation de communauté, qu'elle fait continuer pour cet effet. De-là il suit, que la continuation de communauté n'étant accordée aux enfans, qu'à la place et pour leur tenir lieu de la part du mobilier, à laquelle ils ont succédé au prédécédé, ils ne peuvent la prétendre, lorsqu'au moyen de la donation, que le prédécédé en a faite au survivant, ils n'y ont pas succédé.

Au contraire, pour soutenir que cette donation n'empêche pas qu'il n'y ait lieu à la continuation de communauté, faute d'inventaire, on dit, que, quoique le mobilier du prédécédé ait été donné au survivant, les enfans ont intérêt qu'il soit constaté par un inventaire; 1° pour connaître la part que le survivant donataire, doit porter dans les dettes de la succession du prédécédé pour raison de la donation de ce mobilier; 2° pour connaître si cette donation n'entame pas leur légitime. La réponse est, que ce n'est pas, en ce cas, par une continuation de communauté, qu'on remédie au défaut d'inventaire, mais en portant, lors de la contribution aux dettes, le mobilier compris en la donation, au plus haut prix qu'on puisse vraisemblablement croire qu'il ait pu monter; ou encore mieux, en offrant, par le survivant, de se charger seul de toutes les dettes. A l'égard de la légitime, on peut s'assurer, par la grande quantité de biens immeubles, que le prédécédé laisse dans sa succession, que la donation du mobilier n'a pu entamer la légitime. Lemaître, sur Paris, allègue une troisième raison, qui consiste à dire que les enfans ont intérêt que le mobilier du prédécédé qui a été donné au survivant, soit constaté par un inventaire, parce que, dans le cas auquel le survivant se remarierait, ce mobilier, donné au survivant, doit, suivant le second chef de l'édit des secondes noces, leur être restitué après la mort du survivant. On doit donc établir une continuation de communauté, dans laquelle on doit leur donner part, pour leur tenir lieu de ce mobilier compris dans la donation. La réponse est, que le mobilier donné au survivant, ne devant être restitué aux enfans, que dans le cas auquel le survivant se serait remarié, et ne devant même, en ce cas, leur être rendu qu'après sa mort, c'est une conséquence qu'au moins ils ne pourraient, sur ce fondement, prétendre la continuation de communauté qui leur en tient lieu, tant que le survivant ne se remarie pas; et que, même dans le cas où il serait remarié, ils ne pourraient la prétendre qu'après sa mort.

On allègue un arrêt du 6 juin 1673, rapporté au troisième tome du Journal des audiences, *liv.* 7, *chap.* 7; et par Brodeau sur Louet, par lequel il a été jugé qu'il y avait lieu à la continuation de communauté, quoique, dans l'espèce, le survivant fût donataire, en propriété, des meubles et conquêts du prédécédé. La réponse est, que cet arrêt ayant été rendu dans la Coutume de Poitou, n'a aucune application dans celle de Paris; la Coutume de Poitou ayant, sur la continuation de communauté, des principes entièrement différens de ceux de la Coutume de Paris. Elle admet la continuation de communauté, soit que les enfans soient en bas âge, ou non: elle ne l'admet donc pas par forme de peine; elle la fait résulter seulement du mélange des biens. C'est, dans cette Coutume, une société, qui est censée se contracter entre le survivant et les enfans, quand il n'y a pas de déclaration contraire, et à laquelle il suffit que les enfans apportent les revenus de leurs propres, lorsqu'ils n'ont pas autre chose à y apporter, et que le survivant, en ne faisant pas de déclaration contraire, a bien voulu s'en contenter.

On oppose, avec plus de fondement, un arrêt du 10 juillet 1627, qui a jugé que, dans la Coutume de Dreux, qui ne s'explique pas sur la continuation de communauté, il y avait lieu à la continuation de communauté avec les enfans mineurs, faute d'inventaire; quoique, dans l'espèce de l'arrêt, le survivant fût donataire des meubles et acquêts en propriété. L'arrêt est en forme de règlement, et porte qu'il sera lu aux siéges de Dreux et de Chartres. Il est rapporté par Auzanet et par Joui, dans son Recueil de règlemens.

790. Lorsqu'un enfant a été doté par ses père et mère, avec la clause qu'il ne pourrait demander inventaire ni partage au survivant; et que, lors de la mort du prédécédé, il se trouve encore mineur, le survivant est-il dispensé, par cette clause, de faire inventaire pour empêcher la continuation de communauté? Non. La clause du contrat de mariage ne donne au survivant, que le droit de jouir de la part de cet enfant dans les biens de la communauté, comme le permet l'article 281 de la Coutume. La propriété de cette part appartient à l'enfant: il est donc nécessaire

de la constater par un inventaire. Le survivant, en ne le faisant pas, se soumet à la continuation de communauté, qui y doit suppléer. L'enfant, par la clause du contrat de mariage, ne s'oblige à autre chose, qu'à demeurer en continuation de communauté avec le survivant, tant que le survivant ne jugera pas à propos de faire inventaire, et à laisser jouir le survivant de sa part.

§ III. TROISIÈME CONDITION. L'inobservance de quelqu'une des choses que la Coutume requiert pour la dissolution de communauté.

791. Lorsque le prédécédé de deux conjoints par mariage, étant en communauté, a laissé, pour héritiers, des enfans mineurs dudit mariage, la Coutume de Paris exige, en ce cas, du survivant, certaines choses pour la dissolution de la communauté. S'il les observe toutes, il n'y a pas lieu à la continuation de communauté; mais il y a lieu, s'il manque à une seule des choses qui lui sont prescrites.

La première chose, que la Coutume de Paris exige pour empêcher la continuation de communauté, est que le survivant fasse un inventaire.

792. Cet inventaire doit être une description exacte de tous les meubles corporels dont la communauté est composée, et de tous les titres, papiers et enseignemens des biens de ladite communauté.

Il doit aussi contenir la prisée de chacun desdits meubles corporels, qui se fait par un huissier-priseur, convenu entre le survivant et le contradicteur; lequel huissier se fait, pour cette prisée, assister par des revendeurs publics. *Voyez ci-dessus*, n. 683.

S'ils ne peuvent convenir de l'huissier-priseur, le juge en nommera un. Dans les lieux, où il n'y a pas d'huissier-priseur, la prisée se fera par des experts nommés par les parties ou par le juge, et qui feront serment devant le juge.

793. Cet inventaire doit être fidèle, et contenir tous les effets de la communauté qui sont à la connaissance du survivant. La fin, que la Coutume se propose en exigeant un inventaire, étant de constater la part qu'ont les mineurs dans les biens de la communauté, il est évident que le survivant ne remplit pas cette fin par un inventaire infidèle, qui ne contient pas tous les effets qui sont à sa connaissance; et, par conséquent, un tel inventaire ne peut empêcher la continuation de la communauté.

Il est étonnant que M. Le Camus, dans un acte de notoriété du Châtelet de Paris, du 18 janvier 1707, ait été d'avis contraire, et ait pensé qu'un inventaire, quoiqu'infidèle, pourvu qu'il fût revêtu de ses formes extérieures, ne laissait pas d'empêcher la continuation de la communauté, et donnait seulement lieu à l'action *rerum amotarum*. Cette opinion a été proscrite par les arrêts

des 4 septembre 1747, 18 mai 1752 et autres, rapportés par Denisart, sur le mot *Continuation de communauté.*

Mais, quoiqu'il y ait des omissions dans l'inventaire, si elles
ne sont pas malicieuses, les effets omis ayant pu échapper à la
mémoire du survivant, l'inventaire ne laisse pas d'être valable,
et d'empêcher la continuation de la communauté, sauf à y ajouter, par la suite, ceux qui surviendraient à sa connaissance; car
les lois n'entendent pas obliger à l'impossible. C'est pourquoi, la
Coutume de Paris, en obligeant le survivant à un inventaire,
pour empêcher la continuation de la communauté, n'entend l'o-
bliger qu'à un inventaire des effets qui sont à sa connaissance.

Sur la question de savoir quand les omissions, qui se trouvent
dans l'inventaire, doivent être, ou non, présumées malicieuses,
voyez ce qui a été dit *suprà*, n. 688.

794. A l'égard de la forme, dans laquelle doit être fait cet inventaire, il y a un règlement pour Paris, du 6 avril 1632, qui
ordonne qu'il sera fait devant notaires, et écrit de la main du
notaire ou de son clerc, et non de celle de l'une ou de l'autre des
parties : il doit, au surplus, être revêtu de toutes les formes requises dans les actes devant notaires. Renusson rapporte un arrêt,
qui a déclaré un inventaire nul, et la communauté continuée,
parce qu'il n'était signé que d'un notaire et des parties.

795. La Coutume ne s'est pas expliquée sur le temps dans
lequel cet inventaire devait être fait; l'usage l'a déterminé au
temps de trois mois pour le commencer et le parachever. On s'est
fondé sur l'Ordonnance de 1667, qui, dans un autre cas, a accordé
ce temps aux veuves pour faire inventaire.

Lorsque le survivant a laissé passer ce temps, sans faire et parachever son inventaire, ce qui a été fait depuis, ne peut empêcher
qu'il y ait eu continuation de communauté depuis la mort du
prédécédé : il ne peut qu'arrêter le cours de cette continuation de
communauté.

M. de Lamoignon, *art.* 115 de ses Arrêtés, veut que la date de
la dernière vacation soit dans les trois mois.

Mais, lorsque le survivant a parachevé son inventaire dans les
trois mois, depuis la mort du prédécédé, et qu'il a satisfait à toutes
les autres choses requises par la Coutume, cet inventaire empêche
qu'il n'y ait eu aucune continuation de communauté : la communauté est censée, en ce cas, dissoute du jour de la mort du prédécédé, et non pas seulement du jour de l'inventaire. C'est pourquoi, si le survivant avait acquis quelque chose dans le temps
intermédiaire entre la mort du prédécédé et l'inventaire, il l'aurait
acquis pour lui seul, et il ne serait pas obligé de le comprendre
dans l'inventaire parmi les effets de la communauté. La raison en
est évidente. La continuation de communauté est une peine, que
la Coutume a établie contre le survivant. Or, le survivant ne peut

être sujet à aucune peine, lorsqu'il a satisfait, dans le temps prescrit, à tout ce que la Coutume exige de lui ; il ne peut donc y avoir lieu, en ce cas, à la continuation de communauté.

796. La seconde chose, que la Coutume exige du survivant, est qu'il fasse son inventaire *avec un légitime contradicteur*. Ce sont les termes de l'article 240, qui ont été insérés lors de la réformation.

Cette disposition de la Coutume de Paris, sur la présence d'un légitime contradicteur à l'inventaire, pour que l'inventaire puisse dissoudre la communauté, a été étendue aux Coutumes qui ne s'en sont pas expliquées. C'est ce qui a été jugé par plusieurs arrêts. Il y en a un de 1728, en la quatrième chambre des Enquêtes, au rapport de M. Lambelin, qui l'a jugé pour la Coutume de Roye.

797. Le légitime contradicteur est le tuteur des mineurs, lorsqu'ils en ont un autre que le survivant. Lorsque c'est le survivant, qui est lui-même tuteur de ses enfans mineurs, il doit leur faire nommer, par le juge, un subrogé tuteur, qu'on appelle autrement *curateur pour le fait d'inventaire*. A Orléans, on l'appelle *auteur*. Le juge nomme celui qui est élu par les parens convoqués, à cet effet, devant lui, au nombre de cinq ou six au moins ; ou, à défaut de parens, par des voisins et amis.

Ce subrogé tuteur doit, pour avoir qualité, avoir prêté serment devant le juge, comme l'a établi M. D'Aguesseau, dans son plaidoyer, qui est au quatrième tome de ses OEuvres, sur lequel est intervenu arrêt du 20 juin 1698, qui a déclaré un inventaire nul, fait avec un subrogé tuteur nommé par le juge, parce qu'il n'avait pas prêté serment ; et elle a déclaré, en conséquence, la communauté continuée.

C'est ce subrogé tuteur, après qu'il a prêté serment, qui est le légitime contradicteur avec qui l'inventaire doit être fait, pour qu'il soit valable, et qu'il puisse empêcher la continuation de communauté. Il peut y assister, ou par lui-même, ou par une personne fondée de sa procuration spéciale. Il est évident qu'il ne peut charger de sa procuration le survivant, la même personne ne pouvant pas, dans un acte, soutenir des personnages opposés.

L'inventaire, qui serait fait avec les plus proches parens du mineur, même avec l'aïeul des mineurs, du côté du conjoint du prédécédé, n'est pas valable, si cet aïeul ou autre parent, avec qui l'inventaire a été fait, n'a pas été nommé par le juge pour subrogé tuteur aux mineurs.

Quelque grande que soit la présomption, que les liens du sang forment, de l'attachement de cet aïeul aux intérêts des mineurs, et du soin qu'il a apporté à l'inventaire, il suffit qu'il n'ait pas été nommé par le juge, pour qu'il ait été sans qualité, pour qu'il ne soit pas *le* LÉGITIME *contradicteur* avec qui la Coutume a voulu que l'inventaire fût fait, et pour qu'en conséquence l'inventaire fait avec lui ne soit pas valable, et n'ait pu empêcher la continuation de communauté : car les formalités, que les Coutumes prescrivent, doivent être observées littéralement, et elles ne peuvent l'être par équipollence.

Par la même raison, l'officier chargé du ministère public, en présence de qui le survivant aurait fait son inventaire, ne peut suppléer au légitime contradicteur avec qui la Coutume a voulu qu'il fût fait.

L'inventaire doit être, non-seulement commencé, mais entièrement parachevé avec le subrogé tuteur. Si, après avoir été commencé avec lui, il venait à mourir, avant qu'il fût parachevé, il faudrait en nommer un autre en sa place, avec qui l'inventaire devrait être parachevé, pour ce qui en reste à faire.

798. La troisième formalité, que la Coutume de Paris exige, pour empêcher la continuation de communauté, est que le survivant fasse clore son inventaire dans les trois mois qu'il a été fait.

Pour cet effet, le survivant se présente devant le juge, avec le notaire, qui doit rapporter la minute de l'inventaire. Le juge reçoit le serment du survivant, qu'il a compris, dans l'inventaire qu'il représente, tous les effets, titres et papiers de la communauté, qui sont à sa connaissance ; et il en donne acte, lequel acte est écrit par le greffier sur la minute de l'inventaire, en tête et à la fin. C'est ce qui est porté par l'acte de notoriété du 11 janvier 1701, ci-dessus cité.

Par arrêt de règlement de 1655, rapporté par Joui, cela doit se faire en présence du légitime contradicteur, qui doit signer la minute de l'acte de clôture.

Faute de cette clôture faite dans ledit temps, l'inventaire, quoique fait incontinent après la mort du prédécédé, quoique fait d'ailleurs dans toutes les règles, et avec un légitime contradicteur, n'est pas valable, et il n'a pas empêché la continuation de communauté. C'est ce qui est porté expressément par l'article 241.

La formalité de la clôture d'inventaire, prescrite par la Coutume de Paris, a été étendue aux Coutumes, qui, pour la dissolution de communauté, requièrent un inventaire, sans s'expliquer sur la clôture. C'est ce qui a été jugé pour la Coutume de Senlis, par arrêt du 5 mars 1722, rendu en forme de règlement. Toutes les choses requises pour dissoudre la communauté, le sont même dans le cas auquel la femme renoncerait à la communauté. C'est la disposition d'un arrêt de règlement du 4 mars 1727, rendu sur les conclusions de M. D'Aguesseau. Par cet arrêt, la cour, faisant droit sur le réquisitoire du procureur-général du roi, ordonne qu'à l'avenir, arrivant le décès de l'un des conjoints par mariage, laissant des enfans mineurs dudit mariage, le conjoint survivant sera tenu de faire bon et loyal inventaire, avec personne capable, et légitime contradicteur, et icelui faire clore en justice, dans les trois mois, même dans le cas où la femme survivante aurait renoncé à la communauté; et, à faute de ce faire par le survivant, sera la communauté continuée, si bon semble aux enfans.

799. Tout ce qui est prescrit par la Coutume, pour que l'inventaire puisse empêcher la continuation de communauté, étant établi en faveur des enfans mineurs du mariage, que le prédécédé a laissés pour ses héritiers, il n'y a qu'eux qui peuvent en opposer les défauts, le survivant n'est pas recevable à les opposer. C'est pourquoi, quoiqu'un inventaire ait été fait après la mort du prédécédé, sans légitime contradicteur; quoiqu'il n'ait pas été clos, si les enfans ne le désapprouvent pas, et demandent au survivant leur part dans les biens de la communauté, conformément à cet inventaire, le survivant ne peut s'en défendre, et il n'est pas reçu à opposer que cet inventaire est nul, que la communauté a continué, et qu'il en faut faire un autre.

§ IV. QUATRIÈME CONDITION. Pour qu'il y ait continuation de communauté, il faut qu'elle ait été demandée.

800. La continuation de communauté ne consistant, dans la Coutume de Paris, que dans un droit et une faculté, que cette Coutume accorde aux enfans mineurs, de demander au survivant part dans tous les meubles, et dans les acquêts faits par le survivant, depuis la mort du prédécédé, que le survivant se trouve avoir comme si la communauté eût toujours continué par rapport à ces choses, laquelle part leur tient lieu de dédommagement de ce que le survivant a manqué de faire constater celle qui leur appartenait dans les biens de la communauté, au temps de la mort du prédécédé; il s'ensuit que, tant que les enfans ou leurs représentans n'ont pas paru user de cette faculté, que la Coutume leur donne, et qu'ils n'ont pas demandé au survivant la continuation de communauté, on ne peut dire qu'il y ait eu continuation de communauté : car il est de la nature de tous les droits, qui consistent dans une faculté, qu'ils n'ont lieu que lorsque les personnes, à qui la faculté est accordée, en veulent user.

Suivant ces principes, lorsque le prédécédé de deux conjoints a laissé, pour héritier, un enfant de leur mariage, et que le survivant, après avoir vécu long-temps sans faire inventaire, et sans que cet enfant ait donné aucune demande contre lui, meurt aussi, et laisse, pour unique héritier, ce même enfant;

il n'y aura pas eu, en ce cas, de continuation de communauté ; l'enfant, qui avait la faculté de la demander au survivant, ne la lui ayant jamais demandée, et ne pouvant plus la demander depuis la mort du survivant, puisqu'il en est l'unique héritier.

C'est pourquoi, dans cette espèce, tous les acquêts faits par le survivant depuis la mort du prédécédé, ne seront point considérés comme acquêts faits en continuation de communauté, mais comme acquêts faits par le survivant pour son compte seul. L'enfant sera censé les avoir recueillis pour le total dans la succession du survivant, et ils seront, en conséquence, dans la succession de l'enfant, censés être pour le total propres naissans du côté du survivant ; au lieu que, s'il y eût eu continuation de communauté, ils eussent été pour moitié acquêts en la personne de l'enfant, et propres naissans du côté du survivant, pour l'autre moitié seulement.

En quel cas y a-t-il lieu à la continuation de communauté, suivant les principes de la Coutume d'Orléans.

801. La Coutume d'Orléans n'a rien de différent de celle de Paris, quant à la première condition requise pour qu'il y ait lieu à la continuation de communauté, *supra*, n. 779. A Orléans, de même qu'à Paris, il ne peut y avoir de continuation de communauté, s'il n'y avait pas, au temps de la mort du prédécédé, une communauté entre les conjoints.

802. A l'égard de la seconde condition, il y a beaucoup de différence entre les deux Coutumes. Au lieu que la Coutume de Paris ne l'admet que lorsque le prédécédé laisse, pour héritiers, des enfans du mariage des deux conjoints, qui soient mineurs au temps de la mort du prédécédé ; au contraire, la Coutume d'Orléans établit une continuation de communauté entre le survivant et les héritiers du prédécédé, quels qu'ils soient, soit qu'ils soient enfans d'un autre mariage, ou même de simples collatéraux : elle l'établit avec lesdits héritiers, soit majeurs, soit mineurs.

C'est ce qui résulte de ces termes de l'art. 216 de la Coutume d'Orléans, ci-dessus rapporté : « La communauté de biens se continue et conserve entre le survivant pour la moitié, et lesdits enfans, ou autres parens et héritiers, pour l'autre moitié, chacun pour leurs portions viriles et héréditaires. »

La raison est que, dans la Coutume d'Orléans, la continuation de communauté n'est fondée que sur le mélange des biens. C'est pourquoi, cette Coutume ne considère, dans ceux qu'elle met en continuation de communauté avec le survivant, que leur seule qualité d'héritiers et successeurs aux biens du prédécédé.

803. Pour qu'il y ait lieu à la continuation de communauté entre les héritiers du prédécédé et le survivant, il faut, tout comme à Paris, que lesdits héritiers du prédécédé lui aient succédé à une part des biens de la communauté. C'est pourquoi, lorsqu'il est porté, par le contrat de mariage des conjoints, que les héritiers du prédécédé n'auront, pour tout droit de communauté, qu'une certaine somme, il n'y a pas de continuation de communauté, de même qu'il n'y en a pas à Paris; car les héritiers du prédécédé n'ayant, dans ce cas, aucune part dans les biens de la communauté, n'ayant, en conséquence, aucuns biens mêlés et communs avec ceux du survivant, n'ayant contre lui que la créance d'une somme certaine, il ne peut y avoir lieu à la continuation de communauté, qui n'est fondée que sur ce mélange des biens.

804. Par la même raison, il n'y a pas lieu à la continuation de communauté dans la Coutume d'Orléans entre nobles, lorsque les héritiers du prédécédé sont des enfans mineurs, qui tombent en la garde-noble du survivant : car la Coutume accordant au survivant, pour émolument de la garde-noble, tout le mobilier qui est échu à ses mineurs, de la succession du prédécédé, et tout le revenu des immeubles, qui leur viennent de ladite succession, il ne reste rien auxdits mineurs, dont le mélange avec les biens du survivant puisse former une continuation de communauté.

Ce n'est que ce cas de la garde-noble, que la Coutume entend excepter de la continuation de communauté, par ces termes de l'art. 216 : *Si de deux non nobles, etc.* Lorsqu'il n'y a pas lieu à la garde-noble, soit parce que le survivant y a renoncé, soit parce que les enfans, lors de la mort du prédécédé, avaient déjà passé l'âge auquel les enfans tombent en garde-noble, il y a, en ce cas, lieu à la continuation de communauté entre nobles, aussi bien qu'entre non nobles.

C'est ce qui paraît par l'article 184 de l'ancienne Coutume d'Orléans, qui porte : « Toutefois si, entre nobles, le survivant » veut prendre les meubles, faire le pout, en prenant la garde » des enfans mineurs ; et *en ce faisant*, n'a lieu ladite commu- » nauté. »

Cette interprétation est constante dans l'usage ; et personne ne doute, dans la province, que la continuation de communauté entre nobles a lieu, quand il n'y a pas de garde-noble.

805. Lorsque le prédécédé a laissé pour héritiers plusieurs en- fans, dont les uns sont tombés en garde-noble, les autres avaient passé l'âge au temps de la mort du prédécédé, la continuation de communauté n'a pas lieu avec ceux qui sont tombés en garde- noble ; mais elle a lieu avec ceux qui n'y sont pas tombés.

806. Quelle sera, en ce cas, la part qu'auront, dans la conti-

nuation de communauté, les enfans avec qui elle a continué? Supposons, par exemple, que le prédécédé a laissé trois enfans, dont deux sont tombés en garde-noble, et qu'il y a eu continuation de communauté avec le troisième : quelle part aura ce troisième enfant dans la continuation de communauté? Il y a de son chef un tiers en la moitié, qui fait un sixième au total. C'est ce qui résulte de l'article 216 de la Coutume d'Orléans, qui dit : *La communauté de biens se continue entre le survivant pour la moitié, et lesdits enfans et héritiers pour l'autre moitié, chacun pour leurs portions viriles et héréditaires.* Dans cette espèce, l'enfant, avec qui la communauté continue, étant héritier pour un tiers, du prédécédé, sa portion virile et héréditaire, qu'il doit avoir de son chef dans la communauté, est, aux termes de cet article, comme nous l'avons dit, un tiers en la moitié, qui fait un sixième au total. La difficulté tombe sur les deux autres tiers en la moitié, qui eussent appartenu aux deux autres enfans, si la communauté eût aussi continué avec eux, et qu'ils ne fussent pas tombés en garde-noble. Ces deux portions appartiendraient-elles au survivant seul, comme ayant succédé auxdits enfans par la garde-noble, et étant, en conséquence, aux droits desdits enfans? ou le survivant sera-t-il tenu de les partager avec l'enfant avec qui il est en continuation de communauté, au *prorata* des portions que le survivant et ledit enfant y ont chacun de leur chef?

La raison, pour ce partage, est que, la continuation de communauté ayant commencé dès l'instant de la mort du prédécédé, elle a commencé au même temps que la garde-noble a été ouverte au profit du survivant. Tout le droit, que le survivant a acquis par la garde-noble, a donc été par lui acquis pendant la continuation de communauté, et doit, par conséquent, y tomber : car c'est un principe, que tout ce qui est acquis par le survivant, pendant la continuation de communauté, y tombe. Il est vrai que, par l'art. 217, la Coutume en excepte ce qui advient au survivant ni une succession ou legs; mais l'émolument d'une garde-noble n'est ni une succession, ni une donation : c'est comme un marché, et un forfait, par lequel le gardien acquiert, des enfans qui tombent en la garde-noble, les choses qui y entrent, pour certaines charges auxquelles il s'oblige envers eux. Ce marché et ce forfait étant faits pendant la continuation de communauté, les choses, qui en ont été l'objet, y doivent tomber,

Suivant ces principes, le survivant ayant, pendant la continuation de communauté, en laquelle il était avec son troisième enfant, acquis, par droit de garde-noble, les portions des deux autres enfans, lesdites portions ont dû tomber dans ladite continuation de communauté, et se répartir entre le survivant, et l'enfant qui est en continuation de communauté avec lui. Cela doit d'autant plus être, que les charges de la garde-noble étant acquittées sur les fonds de cette continuation de communauté, et le troisième enfant supportant, par conséquent, sa part desdites charges, il est juste qu'il ait part aussi à l'émolument.

La répartition des parts des deux enfans tombés en garde-noble, devant se faire, comme nous l'avons dit, entre le survivant et le troisième enfant, avec qui il est en continuation de communauté, au prorata des parts que chacun d'eux a de son chef dans cette continuation de communauté, le survivant ayant la moitié, et l'enfant un sixième au total, la part du survivant étant, par conséquent, triple de celle de l'enfant, puisque, dans une moitié, il y a trois sixièmes, le survivant doit avoir, dans cette répartition, une part qui soit triple de celle qu'y doit prendre l'enfant; les portions des enfans tombés en garde-noble, qui sont à répartir entre le survivant et l'enfant qui continue la communauté, étant chacune d'un sixième au total, ce qui fait, pour les deux portions, deux sixièmes, outre quatre douzièmes au total; le survivant doit, suivant ce que nous venons de dire, avoir dans ces quatre douzièmes, trois douzièmes, et l'enfant l'autre douzième.

En conséquence, le survivant aura, dans les biens de la continuation de communauté, savoir, de son chef, la moitié ou six douzièmes, et, dans la répartition ci-dessus, trois douzièmes; ce qui fait en tout neuf douzièmes, ou les trois quarts; et l'enfant y aura, savoir, de son chef, deux douzièmes; et dans la répartition ci-dessus, un douzième: ce qui fait en tout trois douzièmes ou un quart.

807. Dans la Coutume d'Orléans, la donation universelle des meubles faite en propriété au survivant, n'empêche pas la continuation de communauté entre le survivant et les héritiers du prédécédé, quoiqu'au moyen de la donation, ces héritiers n'aient aucuns meubles à y conférer de leur part; car il suffit qu'il y ait, dans la succession du prédécédé, des immeubles, pour que le mélange des revenus desdits immeubles, avec ceux du prédécédé, forme une continuation de communauté.

808. La clause, par laquelle un enfant doté par ses père et mère, a promis de ne demander ni inventaire ni partage au survivant, ne peut empêcher non plus, à Orléans, la continuation de communauté; car cette clause n'empêche pas que l'enfant doté n'ait une part dans la continuation de communauté.

809. La Coutume d'Orléans est aussi très-différente de celle de Paris, par rapport à la troisième condition.

PREMIÈRE DIFFÉRENCE. Il n'est pas précisément nécessaire, à Orléans, comme il l'est à Paris, pour empêcher la continuation de communauté, que le survivant fasse un inventaire; tout acte quel qu'il soit, pourvu qu'il soit par écrit, par lequel les parties déclarent, ou donnent suffisamment à entendre, qu'ils n'entendent pas être en continuation de communauté, est suffisant pour l'empêcher. C'est ce qui résulte de ces termes de l'article 216 de la Coutume d'Orléans, *si ledit survivant ne fait aucun inventaire, partage ou division*, ou QU'AUTREMENT ENTRE LES PARTIES N'EN SOIT DISPOSÉ. La Coutume n'en requiert donc pas précisément un inventaire ou un partage, pour empêcher la continuation de communauté ; elle se contente, pour cela, *qu'il en ait été autrement disposé entre les parties*, par quelque acte que ce soit.

La jurisprudence des arrêts a modifié cette grande liberté que donne la Coutume d'Orléans, d'empêcher la continuation de communauté par quelque acte que ce soit, qui contienne une disposition contraire. Les arrêts rendus dans cette Coutume, ont jugé que, lorsque les héritiers du prédécédé étaient mineurs, la continuation de communauté ne pouvait être empêchée, que par un inventaire fait avec un légitime contradicteur.

810. SECONDE DIFFÉRENCE. La Coutume d'Orléans ne requiert en aucun cas une clôture d'inventaire : l'inventaire a, sans cette clôture, toute sa perfection, pour empêcher la continuation. Néanmoins, lorsque les héritiers exigent du survivant, qu'il affirme la fidélité de son inventaire devant le juge, il ne peut le refuser, sur l'assignation qui lui est donnée pour cet effet.

811. TROISIÈME DIFFÉRENCE. Nous avons vu que, dans la Coutume de Paris, l'inventaire, pour empêcher la continuation de communauté, devait être fait dans les trois mois. Dans notre Coutume d'Orléans, la continuation de communauté ayant été établie à l'instar de ces anciennes sociétés taisibles, qui se contractaient par le mélange des biens pendant un an et jour, sans protestation contraire, comme nous l'avons vu *suprà, n.* 773, il paraît que c'est en conséquence, que, pour empêcher la continuation de communauté dans cette Coutume, il suffit qu'il intervienne un acte de disposition contraire dans l'année, du jour que la mort du prédécédé a été ou pu être connue aux héritiers du prédécédé. Quoique cette décision me paraisse véritable, et conforme à l'esprit de notre Coutume d'Orléans, et que je pense qu'elle doive être suivie dans les jugemens, si l'occasion s'en présentait ; néanmoins, comme, dans l'usage, on n'a pas coutume d'attendre si long-temps, un survivant, qui veut empêcher la continuation de la communauté, fera prudemment de faire et de parachever son inventaire dans les trois mois.

812. A l'égard de la quatrième condition, pour qu'il y ait continuation de communauté, les principes de la Coutume d'Orléans sont diamétralement opposés à ceux de Paris. Nous avons vu *suprà*, que, dans la Coutume de Paris, la continuation de la communauté n'étant considérée que comme une faculté, il n'y avait de continuation de communauté, que lorsque les personnes, à qui cette faculté était accordée, avaient témoigné vouloir en user.

Au contraire, dans la Coutume d'Orléans, lorsqu'il n'a pas été satisfait à ce qu'elle prescrit pour empêcher la continuation de communauté, elle est établie de plein droit, *ipso jure*, entre le survivant et les héritiers du prédécédé, jusque-là même qu'il n'est pas au pouvoir des héritiers du prédécédé de s'en désister, lorsqu'ils sont majeurs. Il est vrai que la Coutume permet à ceux qui étaient mineurs, au temps de la mort du prédécédé, d'y renoncer, parce que les mineurs sont restituables contre tout ce qu'ils peuvent avoir fait de contraire à leurs intérêts; mais, tant qu'ils n'ont pas été restitués, la continuation de communauté est censée avoir lieu.

C'est pourquoi, lorsque le prédécédé de deux conjoints a laissé pour héritier un enfant de leur mariage, avec lequel le survivant n'a fait aucun acte, ni pour empêcher, ni pour dissoudre la continuation de communauté, et que ledit enfant devient pareillement, long-temps après, l'héritier du survivant, ledit enfant étant censé, en ce cas, avoir toujours vécu en continuation de communauté avec le survivant, depuis la mort du prédécédé, tous les acquêts faits, depuis ce temps, par le survivant, sont censés, pour moitié, purs acquêts en la personne de l'enfant, et propres naissans du côté du survivant, pour l'autre moitié seulement.

SECTION III.

Entre quelles personnes a lieu la continuation de communauté.

843. La Coutume de Paris n'admettant la continuation de communauté, que dans le cas auquel le prédécédé de deux conjoints a laissé pour héritier un enfant mineur de leur mariage, on a agité autrefois la question, si, dans le cas auquel le prédécédé aurait laissé, pour ses héritiers, plusieurs enfans, dont un était mineur, et les autres majeurs, il n'y avait que le mineur qui pût prétendre continuation de communauté, pour la part qu'il avait dans la succession du prédécédé; ou si, au contraire, les enfans majeurs pouvaient, à la faveur du mineur, demander tous ensemble continuation de communauté, pour la part entière de la succession du prédécédé? Plusieurs auteurs, tels que Bacquet, Chopin, Ricard, ont tenu la négative. Ils se fondaient sur ce que la continuation de communauté est une peine établie contre le survivant envers l'enfant mineur, par forme de dédommagement dû par le survivant audit mineur, pour le tort, que lui a fait le survivant, en ne faisant pas constater, par un inventaire, la part qui appartenait à ce mineur dans les biens de la communauté. Or, disent ces auteurs, cette peine, dont le survivant est tenu envers le mineur, ce dédommagement, qu'il doit au mineur, ne

doit pas s'étendre aux enfans majeurs, auxquels le survivant ne peut devoir aucun dédommagement résultant du défaut d'inventaire, n'ayant point été chargé des intérêts desdits enfans, qui, étant majeurs, pouvaient y veiller par eux-mêmes. La peine de la continuation de communauté, en laquelle consiste ce dédommagement dû au mineur, doit donc se borner à la portion, qu'a le mineur, dans la succession du prédécédé, et ne pas s'étendre aux portions, qu'y ont les majeurs, auxquels le survivant ne doit aucun dédommagement. Il est vrai que ce qui est établi pour le mineur profite quelquefois au majeur; mais cela ne doit avoir lieu que lorsque l'intérêt du majeur est inséparable de celui du mineur, et qu'on ne peut subvenir à l'un sans l'autre: comme, par exemple, si un mineur et un majeur avaient imposé conjointement, sur un héritage qui leur est commun, une servitude au propriétaire de l'héritage voisin; la restitution, qui sera accordée au mineur, contre cette constitution de servitude, profitera au majeur: parce que les servitudes étant quelque chose d'indivisible, une maison ne peut être affranchie d'une servitude, qu'elle ne le soit pour le total, pour la partie du majeur, aussi bien que pour celle du mineur. Au contraire, dans cette espèce-ci, l'intérêt de l'enfant mineur est très-séparable de celui du majeur. On peut très-pleinement dédommager le mineur, du tort qu'il a souffert par défaut d'inventaire, en lui accordant continuation de communauté, pour la portion qu'il a dans la succession du prédécédé, sans accorder un pareil bénéfice aux majeurs, pour les portions qu'ils y ont.

Nonobstant ces raisons, l'opinion contraire a prévalu, et on ne doute plus aujourd'hui, que, lorsque le prédécédé de deux conjoints a laissé, pour héritiers, des enfans de leur mariage, dont l'un est mineur et les autres majeurs, les majeurs peuvent, à la faveur du mineur, demander continuation de communauté pour toute la part du prédécédé; et c'est le sens littéral de l'article 240. Il faut, à la vérité, suivant cet article, pour qu'il y ait lieu à la continuation de communauté, lors de la mort du prédécédé de deux conjoints, qu'il laisse des enfans mineurs, ou du moins un enfant mineur: si *l'un des conjoints*, dit l'article, *délaisse aucuns enfans mineurs*, et que le survivant ait manqué de faire constater, par un inventaire, le droit de cet enfant dans les biens de la communauté. Mais, après que l'existence d'un enfant mineur, et le défaut d'inventaire, auront donné ouverture à la continuation de communauté, la Coutume ne dit pas qu'il n'y aura que l'enfant mineur qui pourra demander continuation de communauté pour sa part; elle dit, au contraire, généralement et indistinctement: *L'enfant ou enfans survivans peuvent, si bon leur semble, demander continuation de communauté.* Elle ne dit pas lesdits enfans mineurs, dont il a été parlé dans la première partie de l'article; mais elle dit indistinctement, *l'enfant, ou enfans*, ce qui comprend tous les enfans, les majeurs et les mineurs. Il est vrai que c'est en faveur des seuls enfans mineurs que la continuation de communauté a été établie : c'est une fausse conséquence, que d'en conclure que cette continuation de communauté, lorsque l'existence d'un enfant mineur, à qui le survivant n'a pas fait d'inventaire, y a donné ouverture, ne doive avoir lieu que pour la portion que le mineur a dans la succession du prédécédé, et que les autres enfans majeurs ne doivent pas y être admis. On peut prouver la fausseté de cette conséquence, par des exemples tirés du droit romain. L'espèce de succession prétorienne, qu'on appelait *bonorum possessio contrà tabulas*, n'avait été établie qu'en faveur des enfans émancipés prétérits par le testament de leur père ; les enfans, qui étaient institués, quelque petite que fût la portion pour laquelle ils l'étaient, n'y étaient pas par eux-mêmes admis. Lorsqu'un enfant prétérit avait donné ouverture à cette succession prétorienne, quoique ce ne fût qu'en sa faveur qu'elle eût été établie, il n'était pas, pour cela, le seul qui y fût admis ; l. 3, ff. *de bon. poss. contr. tab.* Quant à ce qu'on oppose, que la disposition de la Coutume de Paris, pour la continuation de la communauté, est une disposition pénale, la réponse est que, quoiqu'elle soit pénale, elle est, néanmoins, très-favorable, en ce qu'elle sert à éviter des procès et des discussions inextricables, qui ne manquent pas de se rencontrer, lorsqu'il faut partager une communauté de biens, en l'état qu'elle était lors de la mort du prédécédé, et que cet état ne peut s'établir que sur des enquêtes de commune renommée.

814. Tout ce que nous avons dit pour et contre sur cette question, à l'égard des enfans majeurs, reçoit application à l'égard des enfans, que le prédécédé aurait des mariages précédens : c'est pourquoi, il suffit que le prédécédé de deux conjoints ait laissé un enfant mineur de leur mariage, à qui le survivant a manqué de faire inventaire, pour que les autres enfans, qu'il a de mariages précédens, qui sont appelés comme lui à la succession, puissent, à sa faveur, prétendre la continuation de communauté, aussi bien que celui du mariage.

815. Pour que l'enfant mineur du mariage donne ouverture à la continuation de communauté, au profit des majeurs et des autres enfans d'un autre mariage, suffit-il qu'il ait existé au temps de la mort du prédécédé, quoiqu'il soit mort, depuis, sans l'avoir demandée, et même quoiqu'il y ait depuis expressément renoncé ? Auzanet tient l'affirmative. Il prétend que cet enfant ayant, par son existence, donné ouverture à la continuation au profit de tous les enfans, il ne peut pas, en n'usant pas, pour sa part, de la continuation de communauté, empêcher les autres enfans d'user d'un droit qui, quoiqu'il leur ait été acquis par lui, leur a été acquis aussi réellement qu'à lui. On peut tirer argument de ce

qui est décidé en droit, que, lorsqu'un enfant prétérit avait donné ouverture à la succession prétorienne, qu'on appelle *bonorum possessio contrà tabulás*, au profit des autres enfans institués, qui n'eussent pu, par eux-mêmes, y être admis, la répudiation, que l'enfant prétérit faisait de cette succession, n'empêchait pas les institués d'y venir : *Quùm enim semel beneficio aliorum ad id beneficium fuerint admissi, jàm non curant, petant illi, nec ne, bonorum possessionem ; l. 10, § 6, ff. de bonor. poss. contr. tab.*

Au contraire, Lebrun prétend que les enfans majeurs, et ceux des autres mariages, ne peuvent être reçus à demander la continuation de communauté, qu'autant qu'elle est demandée par l'enfant mineur du mariage, qui y donne ouverture pour eux.

On dit pour raison, que la continuation de communauté étant une peine due par le survivant, pour le défaut d'inventaire, elle ne peut lui être demandée que par l'enfant mineur, qui est le seul qui ait droit de se plaindre de ce défaut. Les autres enfans peuvent bien demander part à cette continuation de communauté, lorsqu'elle a été demandée par le mineur ; mais ils ne peuvent pas seuls, par eux-mêmes, la demander, n'ayant pas droit de se plaindre du défaut d'inventaire. A l'égard des raisons alléguées pour la première opinion, on les sape, en niant le principe que ce soit l'existence de l'enfant mineur, qui, avec le défaut d'inventaire, donne ouverture au droit de continuation de communauté, au profit des enfans majeurs, et de ceux d'un autre mariage ; on soutient, au contraire, par les raisons que nous venons de rapporter, qu'il n'y a que l'usage, que le mineur fait du droit de continuation de communauté, qui y donne ouverture au profit des autres enfans.

Denisart atteste que cette seconde opinion est suivie dans l'usage.

816. Il est évident que les filles dotées, qui sont exclues de la succession du prédécédé, ou par la Coutume des lieux, ou par la renonciation qu'ils y ont faite par leur contrat de mariage, ne peuvent être admises à la continuation de communauté, puisque ce n'est qu'entre le survivant et les héritiers du prédécédé qu'elle a lieu.

A l'égard des enfans dotés, qui ne sont pas exclus de la succession du prédécédé, et qui y peuvent venir en rapportant leur dot, ils ont droit, comme les autres enfans, à la continuation de communauté, s'ils sont mineurs, ou s'ils concourent avec un mineur, sauf le rapport de leur dot.

817. Il n'y a pas lieu aux questions qui ont été agitées dans cette section, dans la Coutume d'Orléans, qui fait continuer la communauté avec les héritiers, quels qu'ils soient.

31*

SECTION IV.

Des choses qui tombent en la continuation de communauté, et dont elle est composée.

ARTICLE PREMIER.

Des choses qui tombent en la continuation de communauté, et dont elle est composée, suivant les principes de la Coutume de Paris.

818. Suivant les principes de la Coutume de Paris, tout mobilier, dont la communauté était composée au temps de la mort du prédécédé, tombe de part et d'autre dans la continuation de communauté, tant pour la part, qui en appartient au survivant, que pour celle qui appartient à la succession du prédécédé.

819. Pareillement, les revenus de tous les biens immeubles, tant du survivant que de ceux de la succession du prédécédé, qui tombaient dans la communauté, continuent de tomber dans la continuation de communauté, pendant tout le temps qu'elle durera.

820. Il n'en est pas de même des conquêts de la communauté, quant à la propriété. La jurisprudence des arrêts a voulu, qu'à la mort du prédécédé, ils ne demeurassent, dans la continuation de communauté, que quant à leurs revenus, et qu'ils en fussent exclus quant à la propriété. C'est une modification que la jurisprudence a apportée à la continuation de communauté. Le dernier arrêt, qui a fixé sur ce point la jurisprudence, est du 10 juillet 1627, et a été rendu en forme de règlement. La raison de cette jurisprudence est, que les conquêts de la communauté devenant, par la mort du prédécédé, des propres naissans des enfans, pour la moitié à laquelle ils succèdent, il n'était pas convenable que le survivant eût le pouvoir d'en disposer et de les aliéner pour cette moitié, comme il l'aurait, s'ils étaient des effets de la continuation de communauté.

821. Comme c'est au temps de la mort du prédécédé, que le mobilier de la communauté tombe dans la continuation de communauté, et que les conquêts immeubles en sont exclus, quant à la propriété; c'est à ce temps qu'on doit avoir égard, si les rentes constituées, qui appartenaient à la communauté, y sont tombées comme un mobilier, ou si elles en ont été exclues comme conquêts immeubles; c'est pourquoi, si, au temps de la mort du prédécédé, les conjoints avaient leur domicile sous une Coutume qui répute immeubles les rentes constituées, celles, qui apparte-

naient alors à la communauté, étant alors réputées immeubles, elles seront, quant à la propriété, exclues de la continuation de communauté, de même que tous les autres conquêts immeubles de la communauté.

Quand même, par la suite, le conjoint transférerait, durant la continuation de communauté, son domicile sous une Coutume, qui répute meubles les rentes constituées, ces rentes, quoique devenues meubles par cette translation de domicile, ne tomberaient pas dans la continuation de communauté; en ayant été une fois excluses, étant devenues à chacune des parties, pour la part qu'elle y a, des propres de communauté, elles ne peuvent plus tomber dans la communauté.

Au contraire, si, au temps de la mort du prédécédé des deux conjoints, lesdits conjoints avaient leur domicile sous une Coutume, qui répute meubles les rentes constituées, celles, qui appartiennent à la communauté, étant, en ce cas, suivant la loi du domicile, réputées meubles, elles doivent tomber, en cette qualité de meubles, dans la continuation de communauté; et, y étant une fois tombées, elles n'en sortiront pas, quand même, par la suite, elles acquerraient la qualité d'immeubles, par la translation de domicile, que le survivant ferait sous une Coutume qui répute immeubles les rentes constituées.

822. Tous les droits et créances, qui étaient propres de communauté à chacun des conjoints, soit au survivant, soit au prédécédé, tels que sont leurs créances respectives, soit pour la reprise de leurs deniers dotaux, soit pour le remploi du prix de leurs propres, quoiqu'effets mobiliers, n'entrent pas plus dans la continuation de communauté que dans la communauté, et s'exercent sur la continuation de communauté après sa dissolution, comme elles se seraient exercées sur la communauté, si elle n'eût pas continué, comme nous le verrons *infrà*.

823. La créance même, que le survivant a pour son préciput, n'entre pas et ne se confond pas dans la continuation de communauté, et le survivant peut l'y prélever.

824. Nous avons vu ce qui passait de la communauté dans la continuation de communauté; voyons à présent ce qui y entre pendant qu'elle dure. Nous poserons, à cet égard, deux maximes.

PREMIÈRE MAXIME. Toutes les choses, que la Coutume fait entrer en la communauté qui est entre conjoints, lorsqu'elles adviennent à l'un des conjoints pendant cette communauté, elle les fait pareillement entrer dans la continuation de communauté, lorsqu'elles adviennent au survivant pendant la continuation de communauté.

Le fondement de cette maxime est, que la continuation de communauté est, vis-à-vis du survivant, censée être la même communauté qui était entre les conjoints.

825. Suivant cette maxime, tout le mobilier, que le survivant acquiert, ou qui lui advient, à quelque titre que ce soit, même à titre de succession, tant directe que collatérale, pendant la continuation de communauté, entre dans la continuation de communauté; car, s'il fût advenu à l'un des conjoints, à quelqu'un de ces titres, pendant la communauté qui était entre les conjoints, la Coutume l'eût fait entrer dans la communauté.

826. Les immeubles, qui adviennent au survivant, pendant la communauté, à titre de succession, ou à titre de don ou legs, à lui fait par quelqu'un de ses parens de la ligne directe ascendante, ne tombent pas dans la continuation de communauté; s'ils la Coutume ne les eût pas fait entrer dans la communauté, s'ils lui fussent advenus, à ces titres, pendant la communauté : mais ceux, qu'il acquiert à quelque autre titre que ce soit, même de don ou legs pendant la continuation de communauté, y entrent, de même qu'ils seraient entrés dans la communauté, s'il les eût acquis pendant la communauté.

Denisart atteste que l'usage est constant sur ce point, nonobstant l'avis contraire de Duplessis.

827. Néanmoins, si le don ou legs, soit de meubles, soit d'immeubles, est fait sous la condition expresse que les choses données ou léguées n'entreront pas en la continuation de communauté, ou, ce qui est la même chose, qu'elles seront propres au donataire, elles n'y entreront pas; car il est permis d'apporter telle condition que bon semble à sa libéralité : *Unicuique licet quem voluerit modum liberalitati suæ apponere.*

828. Il n'en est pas de même des clauses du contrat de mariage du survivant avec le prédécédé. Par exemple, s'il était stipulé, par ce contrat, que tout ce qui adviendrait, pendant le mariage aux conjoints par succession, don ou legs, lui serait propre, cette clause, qui aurait exclu de la communauté le mobilier des successions, qui seraient échues aux conjoints pendant le mariage, n'exclura pas de la continuation de communauté le mobilier des successions, qui écherront au survivant après la dissolution du mariage, pendant la continuation de la communauté.

Pareillement, s'il avait été stipulé que les successions seraient communes, cette clause, qui aurait fait entrer dans la communauté les immeubles des successions qui leur seraient échues pendant le mariage, ne fera pas entrer, dans la continuation de communauté, les immeubles des successions échues au survivant pendant cette continuation de communauté.

Notre opinion est fondée sur deux raisons. La première est, que les conventions de réalisation, de même que celles d'ameublissement, sont de droit étroit, et, par conséquent, non susceptibles d'extension. Celles, qui réalisent ou qui ameublissent ce qui adviendra pendant le mariage aux conjoints par succession, don ou legs, ne peuvent donc pas s'étendre à ce qui n'est advenu au survivant à ces titres, que depuis la dissolution du mariage pendant la continuation de communauté.

La seconde raison est, que, la communauté étant formée par la convention expresse ou tacite des parties, c'est leur convention qui doit régler ce qui doit y entrer, ou n'y pas entrer. Mais c'est la loi, et non la convention, qui forme la continuation de communauté. Il n'y a donc que la loi seule qui doive régler ce qui doit y entrer, ou n'y pas entrer.

On trouve, à la vérité, dans les livres, un arrêt du 3 mars 1635, contraire à notre opinion, par lequel, dans l'espèce d'une communauté de tous biens présens et à venir, établis par le contrat de mariage, on prétend avoir été jugé que les immeubles d'une succession échue au survivant, pendant la continuation de communauté, devaient y tomber; mais, comme il ne paraît pas que cet arrêt, en le supposant tel qu'il est rappporté, ait fixé, sur ce point, la jurisprudence, il est très-permis de s'écarter de ce qu'on prétend qu'il a décidé.

829. SECONDE MAXIME. Rien de tout ce que les enfans acquièrent, durant la continuation de communauté, à quelque titre que ce soit, soit meubles, soit immeubles, ni même de ce qu'ils avaient lorsqu'elle a commencé, d'ailleurs que de la succession du prédécédé, n'entre dans la continuation de communauté, ni quant à la propriété, ni quant à la jouissance.

En un mot, les enfans ne mettent rien dans la continuation, que ce qu'ils y ont fait entrer de la succession du prédécédé, dont le survivant se trouve en possession. La raison est, que la Coutume, par l'article 240, donne bien aux enfans le droit de demander continuation de communauté au survivant, dans les meubles et conquêts qu'il se trouvera avoir. Elle dit : « Les enfans » pourront, si bon leur semble, demander communauté en tous les » biens meubles et conquêts immeubles du survivant; » mais elle ne dit pas que le survivant pourra demander communauté en ce qu'auront les enfans.

C'est pourquoi, si, durant la continuation de communauté, il est échu aux enfans quelque succession de quelqu'un de leurs parens; s'il leur a été fait quelque don ou legs; s'ils ont gagné quelque chose par leur industrie, rien de tout cela ne tombe dans la continuation de communauté; et, si le survivant était leur tuteur, il doit leur en rendre compte, tant en principaux qu'intérêts, sans rien imputer des intérêts sur leurs alimens, qui leur sont dus d'ailleurs par la continuation de communauté.

ARTICLE II.

En quoi diffère la Coutume d'Orléans, de celle de Paris, sur les choses qui entrent dans la continuation de communauté.

830. La Coutume d'Orléans convient avec celle de Paris, par rapport à ce qu'elle fait passer de la continuation de communauté; elle en diffère seulement par rapport à ce que le survivant acquiert pendant la continuation de communauté; elle n'y fait entrer que ce qu'il acquiert du fonds commun, ou par son industrie, laquelle est censée faire aussi, en quelque façon, partie du fonds commun. Le survivant ayant apporté son industrie à la communauté, qui a été entre lui et le prédécédé, est censé continuer de l'apporter à la continuation de la communauté.

Suivant ces principes, le survivant acquiert à la continuation de communauté les gains qu'il fait, qui proviennent de son commerce, de son art, ou de sa possession; mais ce qui advient au survivant, par succession, don ou legs, n'y entre pas. C'est ce qui résulte de l'article 217 de la Coutume d'Orléans, qui est conçu en ces termes : « Si, durant la communauté de biens entre plu-» sieurs personnes, à aucune d'icelles échéent et adviennent quel-» ques biens et héritages par succession, don ou legs, tels héritages » et biens ne sont compris en ladite communauté, sinon qu'il y eût » convention expresse au contraire. »

Ces termes, *durant la communauté de biens*, ne comprennent pas, à la vérité, la communauté de biens qui est entre un mari et une femme. Cette communauté est une espèce particulière de communauté, différente des autres communautés et sociétés universelles, qui se règle par des principes différens, et qui lui sont particuliers, dont la Coutume, en conséquence, a traité sous un titre particulier; mais ces termes comprennent toutes les autres communautés, ou sociétés universelles, non-seulement celles qui se contractent entre personnes étrangères par un traité par écrit, mais pareillement celle qui se contracte sans écrit, par l'article 216, entre le survivant et les héritiers du prédécédé, qu'on appelle continuation de communauté.

La seconde partie de l'article 217, qui commence par ces termes, *Néanmoins si au survivant de deux conjoints*, et que nous rapporterons ci-après, nous fournit une preuve manifeste que la première partie de l'article 217 comprend, dans la règle qu'elle propose, la communauté de biens entre le survivant des deux conjoints et les héritiers du prédécédé : car la Coutume, après avoir établi pour règle, par la première partie de l'article, que tout ce qui advient durant la communauté, par succession, don ou legs, à un des associés, n'entre pas en communauté, excepté incontinent de cette règle, par la seconde partie, une certaine espèce de succession qui advient au survivant de deux conjoints pendant la continuation de communauté, en laquelle il est avec ses enfans, laquelle succession, en un certain cas, demeure dans la continuation de communauté. La Coutume, par cette exception qu'elle fait à la règle établie par la première partie de l'article, fait évidemment connaître que l'espèce de communauté, qui est entre le survivant et les héritiers du prédécédé, est comprise dans cette règle; et que, hors le cas porté par l'exception qui est en la seconde partie de l'article, dans tous les autres cas, tout ce qui advient au survivant, par succession, don ou legs, ne tombe pas dans la continuation de communauté, suivant cette maxime de droit : *Exceptio firmat regulam in casibus non exceptis.*

831. L'article 217, que nous avons rapporté ci-dessus, dit : *Si, durant la communauté entre plusieurs personnes, à aucunes d'icelles adviennent quelques* BIENS *et héritages.* Ce terme BIENS, est un terme général, qui comprend tant les meubles que les immeubles. C'est pourquoi, non-seulement les héritages, mais même le mobilier, qui échet au survivant par succession, don ou legs, pendant la continuation de communauté, en est exclu; et, lors de la dissolution de la communauté le survivant doit au partage, avoir la reprise de ce mobilier, pourvu qu'il en justifie par un inventaire, ou par quelque autre acte qui en puisse tenir lieu, tel que serait un partage qu'il aurait fait d'une succession mobilière avec ses cohéritiers.

832. Rien de ce qui est échu au survivant à ces titres, n'entre dans la continuation de communauté, pas même la jouissance. C'est pourquoi, lors de la dissolution, le survivant pourrait retenir les fruits des héritages qui lui seraient advenus à quelqu'un de ces titres, si lesdits fruits étaient encore extans, quoique lesdits fruits eussent été perçus durant la continuation de communauté. Pareillement, il pourrait retenir le prix qui en serait encore dû, s'il les avait vendus. Mais, lorsqu'ils ne sont plus en nature, ni le prix d'iceux, le survivant ne peut en prétendre aucune reprise, à moins qu'il ne justifiât qu'il en a enrichi la société : autrement, on présume qu'il en a vécu plus au large, et que la société n'en a pas été enrichie.

833. La règle, que tout ce qui arrive au survivant à titre de succession durant la communauté, n'y entre pas, reçoit exception dans un cas, par la seconde partie de l'art. 217, dont voici les termes :

« Néanmoins, si au survivant de deux conjoints par mariage, » qui n'aurait fait partage à ses enfans et héritiers du décédé, ou » inventaire dûment fait des biens communs, ou contrat équipol- » lent à partage, advenaient et échussent quelques biens meubles

» par la succession et trépas desdits enfans, et dans l'an d'icelle
» succession advenue, il ne fait lesdits partage ou inventaire avec
» ses enfans vivans, ou qu'autrement entre iceux n'en soit dis-
» posé; en ce cas, lesdits biens meubles échus au survivant par
» le trépas de sondit enfant, seront et demeureront en ladite com-
» munauté, ensemble le revenu desdits héritages, jusqu'à ce que
» lesdits partage ou inventaire soient faits. » Suivant cet article,
le survivant, qui est en continuation de communauté avec ses
enfans, à qui, pendant ladite société, échet la succession de l'un
desdits enfans, doit, pour se la conserver en entier, dissoudre,
dans l'année de la mort de cet enfant, la continuation de communauté, en laquelle il est avec ses autres enfans; quoi faisant,
il succède à cet enfant à tous les biens de cet enfant, auxquels la
qualité d'héritier aux meubles et acquêts dudit enfant lui donne
droit de succéder, et, par conséquent, à la part que cet enfant
avait dans les biens, tant meubles qu'immeubles, de la continuation, sans que le survivant fasse rien entrer de cette succession dans la continuation de communauté, durant laquelle elle
lui est échue, conformément à la règle établie au commencement.

Mais, lorsque le survivant a négligé de satisfaire à la Coutume,
et n'a pas fait dissoudre, dans l'année de la mort de cet enfant,
la continuation de communauté, en laquelle il est avec ses autres
enfans, il est privé de la succession de cet enfant, quant à la part
que cet enfant avait dans le mobilier de la continuation de communauté, laquelle part, en ce cas, demeure dans la continuation
de communauté, et accroît aux autres enfans. C'est ce qui résulte
de ces termes de l'art. 217, *en ce cas, lesdits biens meubles échus
audit survivant par le trépas de sondit enfant, seront et demeureront en ladite communauté.*

834. Observez que ces termes, *seront et demeureront en ladite
communauté,* ne peuvent s'appliquer qu'à la part que cet enfant
avait dans les biens meubles de la continuation de communauté.
Si cet enfant a laissé dans sa succession d'autres biens qu'il avait
d'ailleurs, nulle difficulté que le survivant y succède, sans en rien
faire entrer dans la continuation de communauté.

835. A l'égard de la part, que l'enfant, dont la succession est
échue au survivant, durant la continuation de communauté, avait
dans les acquêts de ladite continuation de communauté, le survivant, faute d'avoir fait dissoudre la continuation de communauté
dans l'année de la mort dudit enfant, n'est privé de la succession
de cette part dans lesdits acquêts, que pour les revenus, qui continuent de tomber dans la continuation de communauté, tant que
le survivant la laisse subsister; mais il n'en est pas privé quant à
la propriété. C'est le sens de ces termes, *ensemble le revenu desdits héritages, jusqu'à ce que lesdits partage ou inventaire soient*

faits. La Coutume ne dit pas, comme elle le dit des meubles, que les héritages demeureront en la continuation de communauté; elle dit seulement que *le revenu desdits héritages y demeurera jus qu'à ce que lesdits partage ou inventaire soient faits*.

Observez que ces derniers termes ne se rapportent qu'à ceux-ci, *le revenu desdits héritages ;* car les meubles demeurent irré-vocablement confondus dans la continuation de communauté.

836. Observez aussi que la Coutume entend par *lesdits héri-tages*, tant les acquêts de la continuation de communauté, dont le survivant est héritier en propriété de l'enfant décédé, pour la part qu'il y avait, que les conquêts de la première communauté, devenus propres naissans du côté du prédécédé en la personne des enfans, dont le survivant est héritier en usufruit, suivant l'article 15 de la Coutume d'Orléans, pour la part que ledit enfant y avait. Le survivant, faute d'avoir fait dissoudre la conti-nuation de communauté, est privé, par cet article 217, du revenu de la succession desdits héritages, tant que dure ladite continua-tion de communauté.

SECTION V.

Des charges de la continuation de communauté.

837. PREMIÈRE ESPÈCE *de charges de la continuation de commu-nauté*. Toutes les dettes mobilières, dont la communauté était tenue au temps de la mort du prédécédé, deviennent dettes de la continuation de communauté. C'est une suite de ce qui a été dit en la section précédente, que tous les biens mobiliers de la com-munauté entrent dans la continuation de communauté; car ils n'y peuvent passer qu'avec la charge des dettes mobilières, qui est inséparable desdits biens.

838. Cela comprend non-seulement les dettes, dont la com-munauté était débitrice envers des tiers, mais pareillement celles dont elle était débitrice envers chacune des parties. C'est pour-quoi, toutes les créances et reprises que, soit le survivant, soit les héritiers du prédécédé, avaient droit d'exercer sur la com-munauté, deviennent pareillement dettes de la continuation de communauté, et s'exercent sur la continuation de communauté, au partage qui s'en fait après sa dissolution.

839. Il est inutile de mettre en question si les immeubles de la communauté n'entrant pas, quant à la propriété, dans la con-tinuation de communauté, les rentes, par elles dues, n'y doivent pas entrer non plus, quant à leurs principaux. Car le survivant, et les héritiers du prédécédé, ayant chacun moitié, tant dans la continuation de communauté, que dans la communauté, il est indifférent qu'ils soient tenus desdits principaux, comme d'une

dette de continuation de communauté, ou simplement comme d'une dette de communauté.

840. Les dettes propres de chacun des conjoints n'étant point, pour leurs principaux, dettes de la communauté; elles ne sont pas non plus dettes de la continuation de communauté; mais elle est tenue des arrérages et intérêts desdites dettes, tant de ceux qui étaient échus au temps de la mort du prédécédé, lesquels étaient, par leur échéance, devenus une dette mobilière de la communauté, que de tous ceux qui courront pendant tout le temps que durera la continuation de communauté; car les revenus des biens, tant du survivant, que de la succession du prédécédé, tombant dans la continuation de communauté, il est nécessaire que les arrérages et intérêts de leurs dettes, qui sont une charge desdits revenus, y tombent pareillement, pendant tout le temps que durera la continuation de communauté.

841. Les frais funéraires du prédécédé, parmi lesquels on comprend le deuil qui est dû à la veuve, pareillement les legs portés au testament du prédécédé, n'étant point dettes de la communauté, comme nous l'avons vu *suprà*, n. 275 *et* 276, ne le sont pas non plus de la continuation de communauté : c'est pourquoi, les sommes payées pour les acquitter, sont précomptées aux héritiers du prédécédé, au partage de la continuation de communauté, comme nous le verrons *infrà*.

Lebrun, *ibid.*, sect. 4, *dist.* 1, *n.* 17, est d'avis contraire. Il prétend que les legs testamentaires du prédécédé, étant une charge de tous les biens de sa succession, tant de ses propres, qui n'entrent pas dans la continuation de communauté, que de son mobilier qui y entre, la continuation de communauté doit être chargée d'une part desdits legs, au *prorata* de ce qu'en doit porter le mobilier, qui n'a pu entrer dans la continuation de communauté qu'avec cette charge. Cette opinion de Lebrun nous jetterait dans la discussion que la Coutume a voulu éviter en établissant la continuation de communauté, qui est la discussion de la quantité du mobilier qu'il y avait dans la succession du prédécédé, au temps de sa mort. Indépendamment de cet inconvénient, le raisonnement, sur lequel Lebrun fonde son opinion, est faux. De ce que la part, que le prédécédé avait dans les biens de la communauté, laquelle est entrée, ou plutôt demeurée dans la continuation de communauté, était chargée des legs du prédécédé, il s'ensuit seulement que ces legs sont une charge de la part des enfans dans la continuation de communauté; mais il ne s'ensuit pas qu'ils soient une charge commune de la continuation de communauté. Cette continuation de communauté étant la même communauté, qui est censée continuer, il n'y a de dettes de la continuation de communauté, que celles qui étaient dettes de la communauté, et celles que le survivant a depuis contractées;

comme chef de cette société. Celles, qui étaient dettes particulières de chacune des parties, ne sont pas dettes de la continuation de communauté, mais seulement dettes de la part que la partie débitrice a dans la continuation de communauté.

842. Si le prédécédé avait fait des legs de rentes ou pensions annuelles, les arrérages étant une charge du revenu des biens de sa succession, lequel revenu entre dans la continuation de communauté; pendant tout le temps qu'elle dure, ladite continuation de communauté sera chargée desdits arrérages, qui courront pendant le temps qu'elle durera.

Il en est de même des arrérages et intérêts du douaire dû à la veuve par la succession du prédécédé : la veuve, qui jouit, en continuation de communauté, de tout le revenu des biens de la succession du prédécédé, doit confondre tous les intérêts et arrérages de son douaire, qui courront, pendant tout le temps que la continuation de communauté courra.

843. SECONDE ESPÈCE. La continuation de communauté est chargée de toutes les dettes, que le survivant contracte pendant le temps que durera la continuation de communauté : elle est tenue, tant des dettes mobilières, que des rentes que le survivant aurait constituées pendant ce temps, tant des principaux que des arrérages.

844. Il faut en excepter, 1° celles que le survivant aurait contractées pour des affaires qui lui sont particulières, et dont il profite seul. Par exemple, si, par un partage d'immeubles, que le survivant a fait avec ses cohéritiers, pendant le temps de la continuation de communauté, il s'est obligé envers ses cohéritiers à un retour, soit en rente, soit en argent, cette dette n'est point une dette de continuation de communauté, si ce n'est pour les arrérages et intérêts, qui en courront pendant le temps qu'elle doit durer ; car c'est une dette, qu'il a contractée pour une affaire qui lui est particulière, et dont il a seul profité.

Par la même raison, si le survivant, durant la continuation de communauté, s'était obligé, envers un architecte, au paiement d'une certaine somme d'argent, pour la construction d'une maison, qu'on lui a construite sur son héritage propre, le survivant, profitant seul de cette construction, doit être tenu seul de cette dette : quoiqu'il l'ait contractée pendant la continuation de communauté, elle n'en doit pas être chargée.

845. Il faut excepter, 2° les dettes, qui ont pour cause une pure donation ; car le pouvoir, qu'a le survivant sur les biens de la continuation de communauté, ne s'étendant pas jusqu'à pouvoir en disposer par donation, comme nous le verrons dans la section suivante, c'est une conséquence qu'il ne peut la charger des dettes qui auraient pour cause une pure donation. C'est pourquoi, si, durant le temps de la continuation de communauté, le

survivant a promis, en faveur de mariage, une somme à un tiers pour l'amitié qu'il lui portait, la continuation de communauté ne sera pas tenue de cette dette ; le survivant sera tenu seul de l'acquitter sur sa part.

846. Ayant décidé *suprà*, n. 253, que l'obligation de garantie, que l'homme contracte en vendant, pendant sa communauté, l'héritage propre de sa femme, sans son consentement, n'est pas une dette de sa communauté, nous devons, par la même raison, décider que, lorsque le survivant a vendu, pendant la continuation de communauté avec ses enfans, l'héritage propre de ses enfans, l'obligation de garantie, qu'il contracte envers l'acheteur, quoique contractée durant la continuation de communauté, n'est pas une dette de cette continuation de communauté, qui doit seulement être tenue de la restitution du prix qui y est entré. C'est pourquoi, les enfans pourront, du vivant du survivant, revendiquer leur propre qu'il a vendu, aux offres de rendre, pour leur part, le prix, sans craindre que l'acheteur leur oppose l'exception de garantie.

847. Hors ces trois cas d'exception, la continuation de communauté est chargée de toutes les dettes, que le survivant a contractées pendant tout le temps qu'elle a duré.

Il paraît, néanmoins, y avoir, à cet égard, quelque différence entre la Coutume de Paris et celle d'Orléans. Dans la Coutume de Paris, les enfans ayant droit de demander au survivant part dans tous les biens meubles, et conquêts immeubles du survivant, faits depuis la mort du prédécédé, quelle qu'ait pu être la cause qui les lui a fait acquérir, ils doivent pareillement supporter la part de toutes les dettes, qu'il a contractées pendant la continuation de communauté, sans qu'on doive rechercher la cause pour laquelle il les a contractées, si ce n'est dans les cas d'exception ci-dessus.

Au contraire, la Coutume d'Orléans ne faisant entrer, dans la continuation de communauté, que ce que le survivant acquiert du fonds commun, elle ne doit la charge des dettes contractées par le survivant, que lorsqu'elles peuvent paraître avoir été contractées pour raison du fonds commun.

Il est vrai que le survivant ayant une administration des biens de la continuation de communauté, dont il n'est pas comptable, il n'est pas nécessaire, pour que les dettes, qu'il a contractées pendant le temps de la continuation de communauté, en soient une charge, qu'il soit justifié qu'elles ont été contractées pour les affaires de cette continuation de communauté. C'est pourquoi, il n'est pas douteux que la continuation de communauté est tenue des différens emprunts de deniers, que le survivant a faits pendant qu'elle a duré, quoiqu'il ne paraisse aucun emploi qu'il en ait fait ; car il n'est pas impossible qu'ils aient effectivement été faits pour les affaires de la continuation de communauté. Mais, lorsque les dettes contractées par le survivant, pendant la continuation de communauté, ont une cause, qui lui est entièrement étrangère, elle n'en doit pas être chargée, suivant l'esprit de la Coutume d'Orléans.

Par exemple, si, pendant la continuation de communauté, le survivant a eu une querelle avec un particulier, envers qui il ait été condamné en quelque somme pour réparation civile, la continuation de communauté ne doit pas, suivant l'esprit de la Coutume, être chargée de cette dette, dont la cause lui est entièrement étrangère.

Par la même raison, si le survivant, pendant la continuation de communauté, a géré la tutelle d'un mineur, elle sera bien tenue du compte des sommes qu'il a reçues pour le mineur, parce qu'elles y sont entrées; mais elle ne sera pas tenue des dommages et intérêts, que le survivant devrait à son mineur pour sa mauvaise administration, la cause de cette dette étant entièrement étrangère à la continuation de communauté.

848. A l'égard des dettes, que les héritiers du prédécédé contractent durant la continuation de communauté, il est évident qu'elle n'en est pas tenue. Ces héritiers n'acquérant rien à la continuation de communauté, de ce qu'ils acquièrent durant la continuation de communauté, ils ne doivent pas la charger des dettes qu'ils contractent.

849. Troisième espèce. Dans la Coutume de Paris, les dettes des successions, qui échéent au survivant durant la continuation de communauté, sont dettes de ladite continuation de communauté, à proportion du mobilier desdites successions qui y entre, de la même manière que les dettes des successions, qui échéent durant le mariage à l'un des conjoints, sont dettes de la communauté, à proportion de ce qui y entre desdites successions. *Voyez supra*, *n*. 261.

Dans la Coutume d'Orléans, qui ne fait rien entrer, dans la continuation de communauté, des successions qui échéent au survivant, il est évident que les dettes desdites successions n'y entrent pas.

850. Quatrième espèce. La continuation de communauté est chargée, tant des alimens du survivant, que de ceux des héritiers du prédécédé, pendant qu'elle dure.

Observez, néanmoins, à l'égard de ceux des héritiers du prédécédé, que ces héritiers les doivent venir chercher dans la maison du survivant, où est le siége de la continuation de communauté. Ils doivent aussi leur être fournis aux dépens de la continuation de communauté, dans les lieux où le survivant juge à propos de les envoyer pour leur éducation. Mais, si ces héritiers ont vécu ailleurs de leur industrie, pendant un certain temps, ils ne sont pas reçus à rien prétendre contre la continuation de communauté, pour les alimens qu'elle ne leur a pas fournis pendant ce temps.

851. CINQUIÈME ESPÈCE. La continuation de communauté est chargée des réparations et frais d'entretien des héritages, dont elle a la jouissance, de même que la communauté en est tenue à l'égard des héritages, dont elle a la jouissance; mais elle n'est pas tenue des grosses réparations et reconstructions, de même que la communauté n'en est pas tenue. *Voyez* ce que nous avons dit *suprà, n.* 271 *et* 272.

852. SIXIÈME ESPÈCE. Les frais de l'inventaire, qui est fait pour la dissolution de la continuation de communauté, les frais de liquidation et de partage des biens, et de tous les actes nécessaires pour y parvenir, sont aussi des charges de la continuation de communauté.

SECTION VI.

Du pouvoir du survivant sur les biens de la continuation de communauté.

853. De même que la communauté entre deux conjoints par mariage, a un chef, qui est le mari, la continuation de communauté a pareillement un chef, qui a seul le droit de disposer des effets de cette continuation de communauté pendant qu'elle dure; et ce chef est le survivant, soit que ce soit le mari, soit que ce soit la femme qui ait survécu.

Le pouvoir, qu'a ce chef sur les biens de la continuation de communauté, est, suivant Renusson, entièrement le même que celui du mari sur les biens de la communauté; mais, suivant le sentiment commun, il est différent de celui qu'a le mari sur les biens de la communauté. Celui-ci a, sur les biens de la communauté, le pouvoir d'un maître absolu; il peut en disposer comme de choses à lui appartenantes pour le total, même par des donations qu'il peut faire à des tiers, sauf qu'il ne peut les appliquer à son profit, ni au profit des siens, au préjudice de sa femme, comme nous l'avons vu *suprà, part.* 2.

Au contraire, le pouvoir, qu'a le survivant, soit le mari, soit la femme, sur les biens de la continuation de communauté, n'est pas le pouvoir d'un maître absolu; c'est pourquoi, il n'a pas le droit de disposer des effets de la continuation de communauté à titre de donation pure et simple, envers des tiers, au préjudice de la part, qu'y ont les héritiers du prédécédé; il a seulement sur lesdits biens le pouvoir d'un administrateur *cum liberâ,* c'est-à-dire, celui que donne un droit d'administration, dont on ne doit aucun compte. Il peut, en conséquence, disposer de tous les effets de la continuation de communauté, tant pour sa part, que pour celle des héritiers du prédécédé, à quelque titre que bon lui semble, sauf le titre de donation, qui lui est interdit.

C'est en conséquence de ce pouvoir, qu'a le survivant sur les biens de la continuation de communauté, qu'elle est chargée de toutes les dettes qu'il contracte, comme nous l'avons vu suprà.

C'est en conséquence de ce pouvoir, qu'il peut associer un tiers à la continuation de communauté, qui deviendra l'associé des héritiers du prédécédé, aussi bien que le sien, sans qu'il ait besoin, pour cela, de leur consentement, comme nous le verrons au chapitre second.

SECTION VII.

Des manières dont se dissout la continuation de communauté.

ARTICLE PREMIER.

Des manières dont se dissout la continuation de communauté,
suivant les principes de la Coutume de Paris.

854. Pour dissoudre la continuation de communauté, du vivant des parties, lorsque les enfans, avec lesquels elle a continué, sont encore mineurs, ou même lorsque l'un d'eux l'est encore, le survivant doit faire un inventaire fidèle, avec un légitime contradicteur.

855. Cette dissolution de communauté peut être demandée, soit par l'une, soit par l'autre des parties; le survivant peut la demander, soit que ses enfans soient majeurs, soit qu'ils soient encore mineurs, en leur faisant, pour cet effet, nommer un subrogé tuteur, avec qui il fera l'inventaire dissolutif de communauté.

Lorsque les enfans sont devenus majeurs, et qu'ils ne se prêtent pas à la dissolution de communauté, le survivant peut les assigner, et faire rendre une sentence, qui donnera assignation à un certain jour, en la maison du survivant, pour être procédé ledit jour et les jours suivans, à l'inventaire dissolutif de la continuation de communauté, tant en présence qu'absence.

Les enfans peuvent aussi demander au survivant la dissolution de la communauté, et l'assigner à cet effet pour faire inventaire; laquelle assignation doit être donnée, soit par le tuteur ou subrogé tuteur des enfans, s'ils sont encore mineurs, soit par eux-mêmes, s'ils sont devenus majeurs.

856. Cet inventaire, qui est nécessaire pour dissoudre la continuation de communauté, lorsqu'elle a commencé, doit être tel, et revêtu des mêmes formes que celui qui est nécessaire pour

empêcher la continuation de communauté; il doit pareillement être clos et affirmé en justice dans les trois mois, du jour qu'il a été fini. *Voyez* ce qui en a été dit *suprà, sect.* 2, *art.* 1, § 3.

Lorsque la clôture a été faite dans les trois mois, il a été jugé qu'elle avait un effet rétroactif au temps de la perfection de l'inventaire, et que la communauté était censée avoir cessé, non pas seulement du jour de la clôture, mais du jour que l'inventaire avait été achevé. L'arrêt, qui est de l'année 1689, est rapporté par Lemaire.

Pour que la clôture, qui ne serait faite qu'après l'expiration des trois mois, puisse dissoudre la continuation de communauté, il faut que le survivant fasse, avec le subrogé tuteur, procéder à un récolement de l'inventaire, qui constate, tant les choses acquises depuis l'inventaire, que celles comprises en l'inventaire, qui ne se trouvent plus; lequel récolement, aussi bien que l'inventaire, doit être présenté au juge, et affirmé par le survivant.

L'auteur du Traité des contrats de mariage rapporte un arrêt du 12 mai 1749, sur les conclusions de M. Joli de Fleury, qui a jugé qu'une clôture d'inventaire, faite après les trois mois, n'avait pas, faute de récolement, dissous la continuation de communauté.

857. Lorsque cet inventaire est défectueux en quelque chose, les enfans sont biens fondés à prétendre que, sans avoir égard à cet inventaire, qui sera déclaré nul, la communauté sera déclarée avoir toujours continué.

Il n'y a que les enfans qui soient recevables à opposer les défauts de cet inventaire : quelque défectueux qu'il soit, les enfans peuvent s'en contenter, et fixer au temps de cet inventaire, l'époque de la dissolution de la continuation de communauté, sauf à eux à demander que le survivant y ajoute les effets qu'ils justifieront avoir été omis.

Lorsque les enfans, qui étaient mineurs lors de la mort du prédécédé, et avec lesquels la communauté a continué, faute d'inventaire, sont tous depuis devenus majeurs, Duplessis sur Paris, *Traité de la Communauté, liv.* 3, *chap.* 5, pense que le seul consentement du survivant et des enfans, de quelque manière qu'il soit exprimé, pourvu que ce soit par écrit, suffit, en ce cas, pour dissoudre la continuation de communauté. Cette opinion paraît raisonnable.

858. Lorsque la continuation de communauté n'a pas été dissoute du vivant des parties, elle se dissout par la mort du survivant, suivant le principe de droit : *Morte socii dissolvitur societas ;* 1. 65, § 9, ff. *pro. soc.*

859. Lorsque la communauté a continué entre le survivant et plusieurs enfans du prédécédé, la mort de l'un desdits enfans ne dissout pas la continuation de communauté, tant qu'il en reste quelqu'un ; mais la part, que cet enfant avait dans la continua-

tion de communauté, accroît aux autres enfans. C'est ce qui est décidé par l'*art.* 243 de la Coutume de Paris, qui sera rapporté en la section suivante.

Cette décision n'est point contraire au principe de droit, que la mort d'un seul des associés opère la dissolution de la société à l'égard de tous les associés : *Morte socii solvitur societas…. etsi plures supersunt; dict.* §.9; car le principe n'a d'application, que lorsque cet associé, qui est mort, faisait seul une tête dans la société : mais, dans celle qui est entre le survivant et ses enfans, chacun desdits enfans ne fait pas une tête dans la société ; ils ne font tous ensemble qu'une tête. C'est pourquoi, lorsqu'il reste un seul des enfans qui composaient cette tête, cette tête subsiste par celui qui reste, et il n'y a pas lieu au principe : *Morte socii solvitur societas.*

Lorsque l'un des enfans, qui est mort durant la continuation de communauté, a laissé des enfans, qui sont ses héritiers, les enfans, qu'il a laissés, le représentent dans sa part à la continuation de communauté, et il n'y a pas lieu à l'accroissement de cette part.

860. Lorsque les enfans, avec lesquels la communauté a continué, sont tous morts sans enfans, laissant le survivant pour leur héritier aux meubles et acquêts, la tête, qu'ils composaient dans la société, étant éteinte, il n'est pas douteux qu'il ne peut plus y avoir de continuation de communauté : mais ces enfans étant morts sans avoir demandé continuation de communauté, on doit plutôt dire, en ce cas, qu'il n'y a pas plus lieu à la continuation de communauté, qu'on ne doit la dire dissoute, suivant les principes que nous avons établis, *suprà,* n. 806.

C'est pourquoi, le survivant est censé, en ce cas, avoir fait pour lui seul toutes les acquisitions d'héritages, qu'il a faites depuis la mort du prédécédé, et n'avoir succédé à aucune part à ses enfans, envers lesquels le survivant était seulement débiteur du compte du mobilier de la succession du prédécédé, de laquelle dette il a fait confusion en sa qualité de leur héritier au mobilier.

861. Lorsque le prédécédé de deux conjoints a laissé de leur mariage, des enfans, dont les uns étaient mineurs et les autres majeurs, et que tous ceux, qui étaient mineurs, sont morts sans avoir demandé continuation de communauté, la communauté continue-t-elle avec les majeurs qui restent ? Cette question dépend de celle qui a été agitée *suprà,* si, pour qu'il y ait continuation de communauté avec les majeurs, il suffit que le prédécédé ait laissé à sa mort un mineur pour l'un de ses héritiers, ou s'il est nécessaire que le mineur ait demandé continuation de communauté : nous y renvoyons.

32*

862. On a autrefois agité la question, si, lorsqu'un enfant, qui était en continuation de communauté avec le survivant, était depuis marié, et doté du fonds de la continuation, son mariage opérait la dissolution de la continuation de communauté, surtout s'il s'établissait une demeure séparée de celle du survivant? On avait pensé autrefois que l'enfant, en contractant une nouvelle communauté avec la personne qu'il épousait, et en sortant de la maison du survivant, était censé renoncer pour l'avenir à la communauté, en laquelle il était avec le survivant, et retirer provisionnellement, par la dot qui lui était fournie, la part qu'il avait dans cette communauté, sauf à compter au partage, s'il lui revenait quelque chose de plus.

Cette opinion n'a pas été suivie. Depuis long-temps il n'est pas douteux qu'un enfant, quoique marié et doté pendant la continuation de communauté, quoique sorti de la maison du survivant, continue d'être en continuation de communauté, et d'avoir sa part dans la continuation de communauté, sauf, lors du partage, qui s'en fera après la dissolution, à précompter la dot qu'il a reçue, laquelle, jusqu'à ce temps, est comme une provision qui lui est donnée, pour que les revenus qu'il en percevra, lui tiennent lieu des alimens que la continuation de communauté devait lui fournir.

Cela a lieu, quoique l'enfant fût majeur lorsqu'il a été marié, et quoiqu'il fût le seul avec qui la communauté continuât.

ARTICLE II.

Des manières dont se dissout la continuation de communauté, suivant les principes de la Coutume d'Orléans.

863. Pour dissoudre la continuation de communauté du vivant des parties, la Coutume d'Orléans n'exige pas autre chose, que ce que nous avons vu, *suprà*, qu'elle exigeait pour empêcher qu'elle n'eût lieu avant qu'elle ait commencé : elle veut, en l'un et en l'autre cas, que les parties aient, sur cela, fait connaître leur volonté et leur consentement. C'est le sens de ces termes de l'*art.* 216, ci-dessus rapporté, *ou que autrement entre eux n'en soit disposé.*

Néanmoins, lorsqu'il y a des mineurs, la jurisprudence a établi que, pour dissoudre la continuation de communauté, après qu'elle a commencé, de même que pour empêcher qu'elle n'ait lieu, avant qu'elle ait commencé, le survivant doit faire un inventaire avec un légitime contradicteur.

864. La continuation de communauté se dissout par la mort du survivant; mais, suivant les principes de la Coutume d'Orléans, la mort de toutes les personnes, qui ont été héritières du

prédécédé, et avec lesquelles la communauté a continué, ne finit pas la continuation de communauté, à moins que le survivant ne fût leur héritier; mais cette communauté continue avec leurs héritiers, et même avec leurs successions vacantes. La raison est, que la Coutume d'Orléans, qui fait continuer la communauté avec les héritiers du prédécédé, quels qu'ils soient, majeurs ou mineurs, enfans ou collatéraux, ne considère, dans les personnes, pour faire continuer avec elles la communauté, que la seule qualité qu'elles ont d'héritières du prédécédé; et, par conséquent, suivant l'esprit de cette Coutume, la communauté doit continuer avec les héritiers, auxquels lesdits héritiers transmettent la qualité qu'ils avaient d'héritiers du prédécédé, qui est la seule qualité, en laquelle la communauté continuait avec eux. En un mot, suivant l'esprit de la Coutume, c'est avec la succession du prédécédé, plutôt qu'avec les personnes, que la communauté continue; laquelle succession continue dans les héritiers des héritiers, et même dans leur succession vacante.

SECTION VIII.

De l'accroissement des portions des enfans décédés pendant la continuation de communauté.

ARTICLE PREMIER.

De cet accroissement, selon les principes de la Coutume de Paris.

865. L'art. 243 de la Coutume de Paris est conçu en ces termes : « Si aucun des enfans qui ont continué la communauté, » meurt, ou tous fors un, les survivans ou survivant desdits en- » fans continuent ladite communauté, et prennent autant que si » tous lesdits enfans étaient vivans. »

On ne voit pas trop sur quoi cet accroissement est fondé. Les commentateurs appliquent mal à cet article ce principe du droit romain, qu'il y a lieu au droit d'accroissement *inter conjunctos re et verbis*. On appelle conjoints, ceux à qui une chose a été léguée pour le total à chacun d'eux, de manière qu'elle ne dût être partagée entre eux, que par leur concours à l'acceptation du legs. C'est entre ces conjoints que, suivant les principes du droit romain, il y a lieu au droit d'accroissement, lorsque l'un d'eux meurt avant l'échéance du legs, ou l'a répudié : en ce cas, la chose léguée demeure pour le total, *jure accrescendi*, ou plutôt *jure non decrescendi*, au légataire qui a accepté le legs, et qui était légataire du total; mais après que tous les légataires ont concouru au legs, il ne peut plus y avoir lieu au droit d'accroissement. Il n'y a pas lieu non plus au droit d'accroissement entre ceux, à chacun desquels on a assigné une part dans la chose, par le legs qui leur en a été fait ; car, chacun n'étant légataire que de sa part, ils ne sont pas *conjuncti re*, ils sont *conjuncti verbis tantùm, inter quos non est locus juris accrescendi.*

Dans l'espèce de cet article, lorsque plusieurs enfans mineurs sont venus à la succession du prédécédé, chacun d'eux acquiert, dans la moitié des biens de la continuation de communauté, la même part qu'il a dans les biens de la succession du prédécédé. Ils ne sont donc point entre eux conjoints dans cette moitié des biens de la continuation de communauté, puisque chacun d'eux y a sa part ; et, par conséquent, le droit d'accroissement, qui a lieu *inter conjunctos re et verbis*, ne peut recevoir, dans l'espèce de cet article, aucune application : il ne se fait d'accroissement que d'une part que l'un des conjoints a manqué d'acquérir ; il n'y a pas lieu à l'accroissement, lorsqu'elle a été une fois acquise. C'est ce qu'a fort bien remarqué Laurière sur cet article ; d'où il a fort bien conclu que les parts, qu'avaient, dans les biens de la continuation de communauté, les enfans qui meurent durant la continuation de communauté, étant des parts qui leur étaient acquises, le principe du droit d'accroissement *inter conjunctos re et verbis*, ne peut recevoir d'application.

Il faut donc chercher une autre raison de l'accroissement des portions des enfans, qui meurent durant la continuation de communauté, que la Coutume accorde par cet article aux autres enfans. Je n'en vois pas d'autre, sinon que la Coutume, par cet article, a voulu établir une nouvelle peine contre le survivant qui ne dissout pas la communauté, en le privant de la succession des portions qu'avaient, dans les biens de la continuation de communauté, ses enfans morts durant la continuation de communauté, nonobstant sa qualité d'héritier aux meubles et acquêts desdits enfans, et en transférant cette succession aux autres enfans survivans, jusqu'au dernier, pour y succéder à sa place.

866. Observez que la Coutume ne prive, par cet article, le survivant de la succession de ses enfans morts durant la continuation de communauté, que par rapport à cette espèce de biens : si ces enfans, morts durant la continuation de communauté, avaient acquis, par leur industrie, des biens meubles ou immeubles, ces biens n'étant pas de la continuation de communauté, *suprà*, n. 829, le survivant, en qualité d'héritier aux meubles et acquêts desdits enfans, y succèderait.

Mais, comme le mobilier, qui advient au survivant, à quelque titre que ce soit, même à titre de succession, pendant la continuation de communauté, y tombe, comme nous l'avons vu *suprà*, n. 825, ce mobilier, qui n'était pas de la continuation de communauté, et que cet enfant avait en propre, tombe dans la continuation de communauté, au moyen de la succession qui en est échue au survivant pendant la continuation de communauté.

867. Observez que c'est à titre de succession que la part, qu'avait, dans les biens de la continuation de communauté, l'enfant mort durant cette continuation de communauté, accroît aux autres enfans : c'est pourquoi, ils sont tenus, comme héritiers de cet enfant, de toutes les dettes de cet enfant, non-seulement de celles de la continuation de communauté, pour la part dont cet enfant en était tenu, et qui diminuent de plein droit la part qu'il avait dans les biens de la continuation, mais aussi de toutes les autres dettes, que cet enfant aurait contractées d'ailleurs ; et ils en sont tenus, à moins que cet enfant n'eût laissé d'autres biens immeubles, qu'il avait acquis de son industrie particulière, auxquels le survivant succède : auquel cas, les dettes se répartissent entre le survivant, comme héritier desdits biens, et entre les frères et sœurs de cet enfant, comme héritiers de sa portion dans les biens de la continuation de communauté ; pourquoi, il y a une ventilation à faire. Hors ce cas, le survivant ne succède en rien à son enfant mort durant la continuation de communauté ; ce sont ses frères et sœurs qui sont ses seuls héritiers : car la portion, qu'avait cet enfant dans les biens de la continuation de communauté, étant le prix de ce qui revenait à cet enfant dans le mobilier et dans le revenu des immeubles de la succession du prédécédé, dont le survivant lui devait compte, le survivant, par l'accroissement qui se fait de la portion de cet enfant dans les biens de la communauté, au profit des frères et sœurs de cet enfant, s'acquitte envers eux de ce qui revenait à cet enfant dans le mobilier et dans les revénus des immeubles de la succession du prédécédé ; il leur en transfère la succession, bien loin qu'il y succède lui-même. Il n'est donc héritier pour rien de cet enfant ; ce sont les frères et sœurs de cet enfant, qui sont seuls ses héritiers, et qui sont, en conséquence, tenus de toutes ses dettes.

868. Lorsque l'enfant, mort durant la continuation de communauté, laisse une veuve, avec qui il était en communauté de biens, la portion, qu'il avait dans les biens de la continuation de communauté, n'accroît à ses frères et sœurs, qu'à la charge de laisser à la veuve sa part dans les biens de ladite portion, qui sont entrés dans la communauté qui était entre son mari et elle.

869. La disposition de l'article 243 n'a lieu, que lorsque les enfans, qui meurent durant la continuation de communauté, meurent sans enfans : s'ils en laissent, ils leur succèdent à leur droit de continuation de communauté, et il n'y a pas lieu au droit d'accroissement porté par cet article.

Lorsque la communauté continue avec plusieurs enfans du prédécédé, et des petits-enfans représentant un enfant mort, avant ou depuis la continuation de communauté, si l'un desdits petits-enfans meurt, sa portion accroît à ses frères et sœurs qui restent ;

ce n'est qu'après la mort de tous lesdits petits-enfans, que leur portion accroît aux autres enfans du conjoint prédécédé.

870. La disposition de cet article étant exorbitante du droit commun, elle doit être restreinte à son cas. Cet article faisant accroître les portions des enfans morts durant la continuation de communauté, aux autres enfans survivans, jusqu'au dernier, qui continuera la communauté, il n'y a que ceux, qui acceptent la continuation de communauté, qui puissent prétendre cet accroissement. C'est pourquoi, si le dernier resté des enfans renonçait à la continuation de communauté, et demandait compte au survivant de la part qui lui revient dans les biens de la succession du prédécédé ; n'étant pas lui-même en continuation de communauté avec le survivant, il ne pourrait pas prétendre l'accroissement des portions des enfans morts avant lui : les choses, en ce cas, doivent rentrer dans le droit commun, et le survivant doit avoir été héritier de ceux de ses enfans qui sont morts de son vivant.

ARTICLE II.

Du droit d'accroissement qui a lieu dans la Coutume d'Orléans.

871. Lorsque le survivant de deux conjoints par mariage, est en continuation de communauté avec plusieurs enfans de leur mariage, et que quelqu'un desdits enfans vient à mourir, pendant la continuation de communauté, la Coutume d'Orléans prive aussi le survivant de la succession, de la portion que cet enfant avait dans le mobilier de la continuation de communauté, qu'elle fait demeurer dans ladite continuation de communauté, et accroître aux autres enfans ; mais elle ne prive pas d'abord et sur-le-champ le survivant de cette succession, comme fait la Coutume de Paris : elle donne au survivant une année, du jour de la mort de l'enfant, pour se conserver cette succession, en faisant dissoudre dans ledit temps la continuation de communauté : ce n'est que faute par le survivant d'avoir fait dissoudre la continuation de communauté dans ledit temps, qu'elle le prive de la succession de ladite portion, et qu'elle la fait demeurer dans la continuation de communauté, et accroître aux autres enfans. C'est une première différence entre la Coutume d'Orléans et celle de Paris, par rapport au droit d'accroissement.

872. Une seconde différence est, qu'au lieu que la Coutume de Paris prive le survivant de toute la portion que l'enfant décédé, durant la continuation de communauté, avait dans tous les biens de la continuation de communauté, tant dans les acquêts que dans le mobilier, et la fait accroître aux autres enfans ; au contraire, la Coutume d'Orléans ne prive pas, quant à la pro-

priété, le survivant de la portion qu'avait l'enfant décédé, dans les acquêts de la continuation de communauté; elle ne le prive que des revenus desdits acquêts, pendant tout le temps que la continuation de communauté a duré depuis la mort dudit enfant : elle lui en laisse la propriété pour la portion qu'y avait ledit enfant, et à laquelle elle n'empêche pas le survivant de succéder audit enfant. *Voyez* ce que nous en avons déjà dit *suprà*, n. 835.

SECTION IX.

De l'acceptation et de la renonciation à la continuation de communauté.

ARTICLE PREMIER.

De l'acceptation et de la renonciation à la continuation de communauté, suivant les principes de la Coutume de Paris.

873. Il est au choix des enfans, après l'examen fait sur l'inventaire des forces de la continuation de communauté, ou d'accepter, et de demander au survivant la continuation de communauté, ou de renoncer à la continuation de communauté, et de demander compte des biens de la succession du prédécédé, en l'état qu'ils étaient au temps de la mort du prédécédé.

Observez que les enfans doivent, ou accepter la continuation de communauté, pour tout le temps qu'elle a duré, ou y renoncer, pour tout ledit temps : ils ne seraient pas reçus à la demander pour une partie du temps qu'elle a duré, en y renonçant pour le surplus dudit temps.

Nous verrons, dans un premier paragraphe, par qui peut être demandée la continuation de communauté; dans un second, si cette demande est sujette à prescription; dans un troisième, quel est l'effet de l'acceptation de la continuation de communauté. Nous traiterons, dans un quatrième, de la renonciation à la continuation de communauté; dans un cinquième, nous verrons si, entre plusieurs enfans, les uns peuvent demander continuation de communauté, les autres y renoncer, et quelle part, en ce cas, doivent avoir, dans la continuation de communauté, ceux qui l'acceptent.

§ I. Par qui la continuation de communauté peut-elle être demandée.

874. Lorsque le prédécédé de deux conjoints a laissé, pour héritiers, des enfans mineurs de leur mariage; faute par le survivant d'avoir satisfait à ce que la Coutume exige pour empêcher la continuation de communauté, chacun des desdits enfans peut

demander continuation de communauté. Les enfans, qui étaient majeurs lors de la mort du prédécédé, et ceux, que le prédécédé avait d'un précédent mariage, le peuvent aussi, mais seulement dans le cas auquel la continuation aurait été demandée par quelqu'un de ceux qui étaient mineurs.

875. C'est une question différemment jugée par les arrêts, si le droit, que la Coutume accorde aux enfans, de demander continuation de communauté, est un droit ordinaire et disponible, qui passe à leurs légataires universels, qui tombe dans leur communauté, lorsqu'ils sont mariés, et qui puisse être exercé par leurs créanciers; ou si c'est un droit, qui leur soit personnel, de manière qu'il n'y ait que lesdits enfans, qui puissent être reçus à demander par eux-mêmes la continuation de communauté, sans que ceux, qui se prétendraient à leurs droits, pussent être reçus à la demander, lorsque les enfans ne la demandent pas, ou qu'ils sont morts sans l'avoir demandée. On cite des arrêts qui ont jugé pour cette personnalité. On en cite un, qui a donné congé d'une demande de créanciers qui demandaient à exercer les droits d'un enfant, leur débiteur, dans une continuation de communauté, que cet enfant n'avait pas demandée. On en cite un autre, qui, dans l'espèce d'un enfant, qui était mort sans s'être expliqué sur la continuation de communauté, a déclaré le légataire universel de cet enfant non-recevable à la demander. On en cite un autre, qui déclare pareillement non-recevable une veuve, dans la demande qu'elle faisait en qualité de commune, avec son défunt mari, qui était mort sans s'expliquer sur une continuation de communauté, par laquelle cette veuve demandait à partager la part, que son mari avait dans les biens de ladite continuation, comme étant ladite part tombée dans la communauté, qui avait été entre elle et son mari.

Il y a des arrêts contraires. On en cite un, qui a admis le légataire universel d'un enfant, à demander, en cette qualité, continuation de communauté, quoique l'enfant fût mort sans l'avoir demandée.

Lebrun s'efforce en vain de distinguer le cas d'un légataire universel d'un enfant, qui est mort sans avoir demandé la continuation de communauté, qu'il avait droit de demander, et le cas de la veuve ou des créanciers de cet enfant. Il dit qu'un légataire universel, qui est *hæredis loco*, a plus de qualité pour demander la continuation de communauté, que le défunt avait droit de demander, que n'en ont la veuve ou les créanciers. Cette distinction est insoutenable. Ou ce droit est purement personnel à l'enfant, ou il ne l'est pas. S'il lui est purement personnel, il ne peut pas plus passer à ses légataires universels, qu'à sa veuve et à ses créanciers. S'il ne l'est pas, pourquoi les créanciers de cet enfant ne seraient-ils pas reçus à exercer pour lui ce droit, puisqu'ils sont reçus, dans notre jurisprudence française, à exercer les droits de leur débiteur pour une succession, non-seulement dans le cas auquel leur débiteur ne l'aurait pas accep-tée, mais même dans le cas auquel il l'aurait répudiée en fraude; en quoi, bien loin que des créanciers aient moins de qualité et moins de droit pour exercer les droits de leur débiteur, que n'en ont ses héritiers ou légataires universels, comme le prétend Le-brun, ils en ont, au contraire, davantage, puisque ces héritiers ou légataires universels ne pourraient pas accepter une succes-sion que le défunt aurait répudiée.

En mettant à l'écart les arrêts qui sont contraires, et qui peuvent avoir été rendus plutôt sur les circonstances de fait, que par le point de droit, je ne vois aucune raison solide, qui oblige de regarder comme un droit, qui soit personnel aux en-fans, celui que la Coutume leur donne de demander au sur-vivant continuation de communauté, à la place du compte qu'il leur doit du mobilier et du revenu des immeubles de la succes-sion du prédécédé : je ne vois rien qui empêche que, lorsqu'ils n'ont pas, de leur vivant, consommé ce choix, que la Coutume leur donne, ils ne puissent transmettre ce choix à leurs succes-seurs.

C'est ce qui a été jugé récemment, par un arrêt du 1er sep-tembre 1766, en la grand'chambre, au profit des créanciers du feu sieur Durand de Mesi, rapporté dans le Supplément de Denisart.

§ II. Si le droit que la Coutume accorde aux enfans, de demander conti-nuation de communauté, est sujet à prescription.

876. Le droit, que la Coutume accorde aux enfans, de de-mander au survivant continuation de communauté, leur étant accordé pour leur tenir lieu, tant de leur part dans le mobilier de la communauté, qui est resté entre les mains du survivant, que de leurs revenus, dont le survivant leur doit compte, c'est une conséquence, que, tant que les enfans sont recevables à demander compte, ils sont recevables à demander la continua-tion de communauté, qui doit, s'ils le veulent, leur en tenir lieu.

Mais l'action, que les enfans ont pour demander ce compte, étant, de même que toutes les autres actions, sujette à la pres-cription ordinaire de trente ans; lorsque cette prescription a été acquise au survivant contre cette action, il paraît qu'elle doit l'être aussi contre la demande en continuation de communauté, qui en est comme une espèce de dépendance.

On ne peut pas établir, contre cette décision, le principe que nous avons admis en notre Traité du Contrat de Société, n. 166, que la demande, qu'avait un associé, pour demander le partage d'une société, était imprescriptible, tant que la communauté subsistait. Ce principe n'a aucune application; car il suppose qu'il y a eu une société établie, qui subsiste encore : mais la continuation de communauté n'étant, dans la Coutume de Paris, qu'un droit et une faculté, que la Coutume donne aux enfans, à la de demander continuation de communauté au survivant, à la place du compte qu'il leur doit du mobilier et des revenus des biens de la succession de leur mère, il n'y a de société et de communauté entre le survivant et les enfans, qu'autant que les enfans ou leurs représentans ont demandé au survivant qu'il y en eût une. Lorsqu'ils ne l'ont pas demandée, et que, n'étant plus recevables à demander compte au survivant, ils ne sont plus recevables à lui demander une continuation de communauté, qui en tient lieu, il est censé n'y avoir jamais eu de société, ni de communauté entre le survivant et ses enfans, et, par conséquent, le principe opposé ne peut recevoir d'application.

877. Il en est autrement dans la Coutume d'Orléans : la continuation de communauté n'est pas, dans cette Coutume, une simple faculté, qu'ont les enfans, de la demander; c'est une vraie société et communauté, que la Coutume établit entre le survivant et les héritiers du prédécédé, s'il n'y a pas eu de déclaration contraire. Cette société ayant été établie lors de la mort du prédécédé, le survivant a, dès-lors, commencé, et a depuis toujours continué de posséder en commun, avec les héritiers du prédécédé, les biens dont cette société est composée. C'est pourquoi, les héritiers sont toujours à temps de lui en demander le partage, sans qu'il puisse leur opposer aucune prescription, suivant le principe rapporté ci-dessus.

§ III. Quel est l'effet de l'acceptation de la continuation de communauté.

878. La continuation de communauté, dans les principes de la Coutume de Paris, étant la même communauté qui était entre les deux conjoints, laquelle est censée avoir continué entre le survivant, et les enfans héritiers ou successeurs du prédécédé, il s'ensuit que, lorsque tous lesdits enfans acceptent la continuation de communauté, ils doivent avoir tous ensemble, dans la continuation de communauté, la même part qu'ils ont dans la communauté.

C'est pourquoi, lorsque la communauté entre les conjoints a été contractée à l'ordinaire, pour être partagée par moitié entre le survivant et les héritiers du prédécédé, les enfans auront pareillement tous ensemble la même part dans les biens de la continuation de communauté.

Mais si, par une clause du contrat de mariage, il était convenu que les héritiers du prédécédé n'auraient que le tiers dans les biens de la communauté, les enfans n'auront tous ensemble que le tiers dans ceux de la continuation de communauté. *Vice versâ*, s'il était dit que la femme ne serait commune que pour un tiers, le mari étant prédécédé, ses enfans, qui ont les deux tiers dans la communauté, auront aussi les deux tiers dans ceux de la continuation de communauté.

879. Dans la subdivision de la portion qui revient à tous les enfans, lorsqu'ils ont tous accepté la continuation de communauté, chacun y aura la même portion, pour laquelle il succède aux biens du prédécédé. C'est pourquoi, si le prédécédé, qui a laissé quatre enfans, en a fait un son légataire universel, ce légataire ayant seul succédé à la moitié des biens du prédécédé, chacun des trois autres enfans, réduits à leur légitime, n'ayant succédé aux biens du prédécédé que pour un huitième, n'aura pareillement qu'un huitième dans cette subdivision, et le légataire universel aura le surplus.

Néanmoins, le fils aîné, quoiqu'il ait, dans les fiefs de la succession du prédécédé, une plus grande portion que ses puînés, n'a, dans la subdivision de la portion qui revient aux enfans dans les biens de la continuation de communauté, qu'une part égale à celle que chacun de ses puînés y a.

La raison est, que ce qu'il a de plus que ses puînés dans les fiefs de la succession du prédécédé, il ne l'a qu'à titre de préciput légal; mais il n'est héritier et successeur aux biens du prédécédé, que pour une part égale à celle pour laquelle chacun de ses puînés succède.

A l'égard du cas, auquel il n'y a qu'une partie des enfans qui accepte la continuation de communauté, *voyez* le paragraphe 5, *infrà*.

§ IV. De la renonciation à la continuation de communauté.

880. La Coutume, en disant en l'article 240, que les enfans peuvent demander, *si bon leur semble*, continuation de communauté, déclare suffisamment qu'ils peuvent renoncer à ce droit qu'ils ont, lorsqu'ils jugent que la continuation de communauté ne leur serait pas avantageuse.

Ils y peuvent renoncer, soit expressément, en le déclarant au bas de l'inventaire, ou par quelque autre acte; soit tacitement, par quelque fait qui renferme la volonté d'y renoncer. En voici un exemple : des enfans, qui étaient en droit de demander continuation de communauté à la succession du survivant, à laquelle ils viennent avec d'autres enfans, que le survivant avait d'un précédent mariage, laissent comprendre dans la masse des biens de la succession du survivant, tous les meubles qui se sont trouvés lors de la mort du survivant, et tous les immeubles acquis par le survivant depuis la mort du prédécédé, et partagent avec leurs cohéritiers les biens de cette masse, sans demander aucune distraction, pour la part qu'ils avaient droit de prétendre dans lesdits biens, à titre de continuation de communauté. Il est bien évident que, par ce fait, les enfans déclarent suffisamment qu'ils renoncent à la continuation de communauté, et qu'ils s'en tiennent à la créance qu'ils ont contre la succession du survivant, pour le compte que ladite succession leur doit de celle du prédécédé, et de la communauté qui a été entre le survivant et le prédécédé, en l'état qu'elle était au temps de la mort du prédécédé.

881. Lorsque c'est la femme qui est prédécédée, les enfans peuvent ou renoncer, tant à la communauté qu'à la continuation de communauté, ou renoncer seulement à la continuation de communauté, et accepter la communauté en l'état qu'elle était au temps de la mort du prédécédé. Lorsque c'est le mari qui est prédécédé, les enfans ne peuvent renoncer qu'à la continuation de communauté.

882. L'effet de la renonciation des enfans à la continuation de communauté, est, que tous les meubles, que le survivant se trouve avoir, et tous les immeubles acquis par le survivant depuis la mort du prédécédé, appartiennent, pour le total, au survivant, qui est seulement débiteur envers ses enfans, du compte des biens de la succession du prédécédé, dont il est demeuré en possession, et du compte de la communauté qui a été entre le survivant et le prédécédé, en l'état qu'elle s'est trouvée au temps de la mort du prédécédé.

Il est nécessaire, pour ce compte, de fixer à une certaine somme la quantité du mobilier de la communauté, qui s'est trouvé lors de la mort du prédécédé, pour la part qui en appartenait à la succession du prédécédé, dont le survivant doit compte à ses enfans.

Lorsque les parties ne conviennent pas, entre elles, de la somme à laquelle ce mobilier sera fixé, il faut avoir recours au juge pour régler cette somme. Le juge, pour parvenir à ce réglement, ordonne qu'il sera fait preuves respectives par les parties, tant par titres que par témoins, de l'état et des forces du mobilier de la communauté, au temps de la mort du prédécédé.

Les titres, qui peuvent conduire à cette preuve, sont les livres de commerce, journaux et papiers domestiques, par le dépouillement qu'on en peut faire. Le survivant est, pour cet effet, tenu de les représenter, ou de se purger par serment, qu'il n'en a aucuns.

La seconde espèce de preuves résulte des enquêtes, par lesquelles chacune des parties peut faire entendre, en déposition, les personnes qui peuvent avoir quelque connaissance de l'état du mobilier de la communauté, qui était au temps de la mort du prédécédé.

C'est sur l'une et sur l'autre de ces preuves, ou sur l'une d'elles, que le juge se règle, pour fixer la somme du mobilier, dont le survivant doit rendre compte.

§ V. Si, entre plusieurs enfans, les uns peuvent demander continuation de communauté, les autres y renoncer, et quelle part, en ce cas, y ont les acceptans

883. Le droit de continuation de communauté est un droit divisible, puisqu'il a pour objet des choses divisibles. *Voyez notre Traité des Obligations*, part. 2, chap. 4, sect. 2, n. 288.

Il est de la nature de tous les droits divisibles, que, lorsqu'un tel droit appartient à plusieurs personnes, il se divise de plein droit entre les personnes, à qui il appartient, lesquelles y ont chacune leur part; *ibid.*, n. 299.

Le droit de continuation de communauté, que la Coutume accorde aux enfans du prédécédé, se divise donc entre lesdits enfans : chacun d'eux y a sa part; et, comme c'est en leur qualité d'héritiers du prédécédé, que ce droit leur est accordé, la part, que chacun desdits enfans y a, est la part pour laquelle il est héritier du prédécédé.

Chacun des enfans ayant sa part dans la continuation de communauté, rien n'empêche que les uns puissent demander la continuation de communauté, pour les parts qu'ils y ont, et que les autres y renoncent pour la part qu'ils y ont.

Les enfans ont même souvent, à cet égard, des intérêts différens. Supposons que, pendant une continuation de communauté, qui a duré long-temps, le survivant ait fait de grandes dépenses pour l'éducation d'un garçon, lesquelles ont absorbé les revenus de cet enfant, et, qu'au contraire, il n'ait fait aucune dépense pour une fille, qui a toujours demeuré à la campagne pendant ce temps. La part, que chaque enfant a dans la continuation de communauté, lui tenant lieu de ce qui lui reviendrait, dans le compte que le survivant doit à ses enfans, du mobilier et des revenus des immeubles de la succession du prédécédé, pour ce qui en revient à chacun d'eux, le garçon, à qui il doit revenir peu de chose par ce compte, a intérêt de demander sa part dans la continuation de communauté. Au contraire, la fille, à qui il doit revenir beaucoup par ce compte, a intérêt de demander ce compte, et de renoncer, pour cet effet, à la continuation de communauté.

884. La grande question est de savoir, dans le cas auquel, entre plusieurs enfans, les uns demandent continuation de communauté, les autres y renoncent, quelle doit être la part de ceux qui demandent la continuation de communauté? Lebrun prétend que les parts de ceux qui ont renoncé à la continuation de communauté, leur accroissent; de manière que, n'y eût-il qu'un enfant, qui eût accepté la continuation de communauté, il peut seul demander en entier la moitié des biens de la continuation de communauté, que la Coutume donne à tous les enfans du prédécédé, à la charge, par cet acceptant, de satisfaire, à la décharge du survivant, ses frères et ses sœurs, qui ont renoncé à la continuation de communauté, de ce qui peut leur revenir pour leur part dans le compte du mobilier, et des revenus des immeubles de la succession du prédécédé, que le survivant leur doit.

M. Le Camus, dans un acte de notoriété du Châtelet, du 8 août 1702, rejette l'opinion de Lebrun, qui ne charge de la dette du compte dû aux renonçans, que les seuls enfans acceptans. La part des renonçans, dans les biens de la succession du prédécédé, dont le compte leur est dû, ayant été en la possession du survivant, et non en celle des enfans acceptans, il est contre la raison de charger de ce compte les enfans acceptans, et de n'en pas charger le survivant.

Suivant ce même acte de notoriété, l'usage du Châtelet est, que les enfans acceptans aient, en ce cas, la moitié des biens de la continuation de communauté, et qu'ils contribuent, pour cette moitié, à la dette du compte dû aux renonçans, de même qu'à toutes les autres dettes de la communauté.

Cet usage du Châtelet est, en ce point, contraire à la décision d'un arrêt du 6 septembre 1687, rapporté au second tome du Journal du Palais, et par Lebrun, quoique contraire à son avis. Cet arrêt a jugé que la part de l'enfant, qui acceptait la continuation de communauté, n'était point augmentée par la renonciation que les autres y avaient faite. Dans l'espèce de l'arrêt, de trois enfans, que le prédécédé avait laissés pour ses héritiers, deux avaient renoncé à la continuation de communauté, un seul l'avait demandée. L'arrêt n'accorda à celui qui l'avait demandée, que son tiers en la moitié, qui est un sixième au total des biens de ladite continuation.

La raison de l'arrêt est, que la part, que chacun des enfans a droit de demander dans les biens de la continuation de communauté, lui tient lieu de la part qui lui revient dans le mobilier, et dans le revenu des immeubles de la succession du prédécédé, qui sont restés en la possession du survivant, dont il doit compte à ses enfans. Ceux des enfans, qui ont renoncé à la continuation de communauté, conservent la part qu'ils ont dans le mobilier et dans les revenus des immeubles de la succession du prédécédé, et ils ne renoncent à la continuation de communauté, que pour s'en faire rendre compte par le survivant. Leur renonciation n'augmente donc pas la part qui en revient à celui des enfans qui demande continuation de communauté; et, par conséquent, elle ne doit pas augmenter sa part dans les biens de la continuation de communauté, qui lui en tient lieu. L'article 243, qui est le seul fondement de l'opinion contraire, ne reçoit ici aucune application. Si cet article fait accroître les portions des enfans morts durant la continuation de communauté, aux enfans survivans, jusqu'au dernier, c'est, comme nous l'avons déjà observé *suprà*, que cet article, qui contient une nouvelle peine contre le survivant, prive le survivant de succéder auxdits enfans, à ce qui leur revient des biens de la succession du prédécédé qui sont entrés dans la continuation de communauté, et, en conséquence, de succéder à la part qu'ils avaient droit de demander dans les biens de la continuation de communauté, qui devait leur en tenir lieu. La Coutume transfère cette succession, dont elle prive le survivant des conjoints, aux enfans survivans, jusqu'au dernier. C'est en conséquence que le dernier resté des enfans peut demander en entier la moitié des biens de la continuation de communauté, tant comme y ayant part de son chef, que comme étant aux droits des autres enfaus prédécédés, dont la Coutume le rend à cet égard héritier à l'exclusion du survivant.

Mais, dans l'espèce dont il s'agit, l'enfant, qui demande seul continuation de communauté, n'est pas aux droits de ceux qui ont renoncé. Bien loin de cela, ceux, qui y ont renoncé, conservent leurs droits, et ne renoncent à la continuation de communauté, que pour s'en faire rendre compte. L'enfant, qui demande seul continuation de communauté, n'ayant donc que la part qu'il a de son chef dans le mobilier, et les revenus des immeubles de la succession du prédécédé, du compte desquels la moitié des biens de la continuation de communauté tient lieu, il ne doit avoir que la part, qu'il a de son chef dans lesdits biens de la continuation de communauté, et qu'il aurait, si tous les enfans demandaient, comme lui, la continuation de communauté.

Laurière, dans une Dissertation qui est à la fin de ses Notes sur Loisel, ne suit ni la décision de cet arrêt, ni celle de l'acte de notoriété ci-dessus rapporté. Il embrasse un sentiment qui lui est particulier, et il prétend que la part de chacun des acceptans dans les biens de la continuation, doit être en même proportion que celle du survivant. Par exemple, en supposant que de trois enfans, il n'y en ait qu'un qui accepte; la mise de cet enfant étant le sixième qu'il avait dans la première communauté, et celle du survivant étant la moitié, qui fait trois sixièmes, la mise de l'enfant est à celle du survivant, dans la même raison qu'un est à trois; et, par conséquent, suivant ce système, il devrait avoir un quart dans les biens de la continuation, et le survivant les trois quarts.

Cette opinion de Laurière porte sur un faux principe, qui consiste à considérer la continuation de communauté comme une nouvelle société, qui se contracte entre le survivant et ses enfans. Ce principe étant faux, comme nous l'avons fait voir *supra*, *n.* 772, l'opinion de Laurière, qui porte sur ce principe, ne doit pas avoir lieu dans la Coutume de Paris, mais bien dans celles où la continuation de communauté est effectivement une nouvelle société : aussi l'avons-nous embrassée *infrà*, pour la Coutume d'Orléans, qui est de ce nombre.

ARTICLE II.

Principes de la Coutume d'Orléans, sur la renonciation à la continuation de communauté.

885. La continuation de communauté étant, suivant les principes de la Coutume d'Orléans, une nouvelle communauté ou société, qui se contracte entre le survivant et les héritiers du prédécédé, lorsque ces héritiers étaient majeurs au temps de la mort du prédécédé, ils ne sont pas plus reçus que le survivant à renoncer à cette continuation de communauté, pour tout le temps qu'elle a duré; ils peuvent seulement, suivant les règles des sociétés, en demander la dissolution pour l'avenir.

886. Lorsque les héritiers du prédécédé, ou quelques-uns d'eux, étaient mineurs, lors de la mort du prédécédé, la Coutume leur permet d'y renoncer, et de s'en tenir à la communauté, en l'état qu'elle était au temps de la mort du prédécédé. C'est ce qui est porté par l'article 216, en ces termes : « Toutefois, si lesdits enfans ou (autres) héritiers étaient mineurs, sera en leur choix et option d'accepter ou refuser ladite continuation de communauté. »

C'est une restitution que la Coutume accorde aux mineurs contre la continuation de communauté ou société qu'ils ont tacitement contractée en minorité avec le survivant. Cette restitution est fondée sur ce que les mineurs, de droit commun, sont restituables contre tous les engagemens qu'ils contractent en minorité contre leurs intérêts.

887. Il suffit que les héritiers du prédécédé aient été mineurs au temps de la mort du prédécédé, qui est le temps auquel la nouvelle communauté est censée s'être contractée, pour qu'ils puissent y renoncer, quoiqu'ils soient depuis devenus majeurs.

888. Ils le peuvent, même après l'âge de trente-cinq ans accomplis. Il est vrai que l'Ordonnance déclare les mineurs, après

ret âge, non-recevables à se pourvoir par lettres de rescision contre les engagemens qu'ils ont contractés en minorité ; mais les héritiers du prédécédé, qui étaient mineurs au temps de la mort du prédécédé, n'ayant pas besoin de se pourvoir par lettres de rescision contre la continuation de communauté, puisqu'ils tiennent de la loi même le droit d'être restitués contre, et de pouvoir y renoncer, ils ne sont pas sujets à cette prescription.

889. Ils doivent faire cette renonciation à la continuation de communauté, pour tout le temps qu'elle a duré depuis la mort du prédécédé : ils ne seraient pas recevables à l'accepter jusqu'à un certain temps, et à y renoncer pour le reste du temps qu'elle a duré.

Mais rien n'empêche qu'un des héritiers du prédécédé ne puisse accepter, de son chef, et pour sa part, la continuation de communauté, et y renoncer du chef et pour la part de son cohéritier, à qui il a succédé.

890. L'effet de la renonciation à la communauté est, qu'il est dû, par le survivant, aux héritiers qui ont renoncé à la continuation de communauté, un compte de la part, qui leur appartient, dans les biens de la succession du prédécédé, dont le survivant est demeuré en possession. *Voyez*, sur ce compte, ce qui en a été dit *suprà*.

Lorsqu'il n'y a qu'une partie des héritiers du prédécédé qui a renoncé à la continuation de communauté, le compte, qui leur est dû par le survivant, est une dette de la continuation de communauté, qui est entre le survivant et les autres héritiers du prédécédé.

891. Lorsque la communauté ne continue qu'avec une partie des héritiers du prédécédé, les parts du survivant, et de chacun desdits héritiers dans la continuation de communauté, ne se règlent pas, dans la Coutume d'Orléans, de la même manière qu'elles se règlent dans la Coutume de Paris. La continuation de communauté étant, selon les principes de la Coutume d'Orléans, une espèce de société, que le survivant contracte avec les héritiers du prédécédé, et à laquelle chacune des parties apporte la part qu'il a dans la première communauté ; les parts, que chacune des parties doit avoir dans la continuation de communauté, doivent, suivant les règles des sociétés, être dans la même proportion que ce que chacune d'elles y a mis.

Lorsque cette société se contracte entre le survivant et tous les héritiers du prédécédé, le survivant y apportant la moitié, qu'il avait dans la communauté, et les héritiers y apportant pareillement leur moitié, qu'ils y avaient, ce que le survivant y a apporté étant en raison égale à ce que les héritiers du prédécédé y ont apporté, le survivant doit avoir, dans la continuation de communauté, une part égale à celle des héritiers ; c'est-à-dire que le survivant y doit avoir la moitié, et les héritiers du prédécédé l'autre moitié, qui se subdivise entre eux par portions viriles, sans que l'aîné y puisse prétendre plus que les autres.

Mais, lorsque la communauté ne continue qu'avec une partie des héritiers du prédécédé, ce que le survivant a apporté étant, en ce cas, en raison inégale avec ce qu'ont apporté lesdits héritiers, chacune des parties doit avoir, dans la continuation de communauté, une part inégale, proportionnée à ce qu'elle y a mis. Supposons, par exemple, que le prédécédé a laissé trois héritiers, dont il n'y en a que deux qui aient continué la communauté avec le survivant, le troisième y ayant renoncé : les deux héritiers n'ayant apporté, en ce cas, que le tiers en la moitié, ou le sixième au total que chacun d'eux avait dans la communauté, ce qui fait deux sixièmes pour eux deux ; et le survivant ayant, de son côté, apporté la moitié qu'il y avait, qui fait trois sixièmes, ce que les héritiers ont apporté, se trouve, par rapport à ce que le survivant y a apporté, dans la raison de deux à trois, et, par conséquent, pour que chacune des parties ait, dans la continuation de communauté, une partie proportionnée à ce qu'elle y a mis, le survivant y doit avoir les trois cinquièmes, et les deux héritiers deux cinquièmes, qui est pour chacun d'eux un cinquième.

SECTION X.

Du partage de la continuation de communauté; des prélèvemens, et des rapports qui s'y font.

892. La première chose, pour parvenir au partage des biens de la continuation de communauté, est l'inventaire qu'on en doit faire.

On doit ensuite faire la liquidation des créances, que chacune des parties a contre la continuation de communauté, et des dettes, dont chacune des parties est débitrice envers la communauté.

Toutes les dettes de la communauté entrant dans la continuation de communauté, chacune des parties, les héritiers du prédécédé, de même que le survivant, ont contre la continuation de communauté les mêmes créances qu'ils avaient contre la communauté.

Le survivant est encore créancier de la continuation de communauté, pour la reprise du prix de ses propres aliénés, et qui y est entré durant la continuation de communauté.

Dans la Coutume d'Orléans, le survivant est, outre cela, créancier pour la reprise de tout le mobilier, qu'il justifiera lui être advenu par succession, don ou legs, durant la continuation de communauté, et y être entré, comme nous l'avons vu *suprà*, n. 831.

Il en est autrement dans la Coutume de Paris, qui fait entrer ce mobilier dans la continuation de communauté, comme nous l'avons vu *suprà*, n. 825.

Les héritiers du prédécédé, outre les créances, qu'ils avaient contre la communauté, sont pareillement créanciers, pour la reprise du prix de leurs propres aliénés durant la continuation de communauté, qui y est entré; à moins que lesdits héritiers ne jugeassent à propos de désapprouver la vente, que le survivant en aurait faite sans droit, et de les revendiquer contre les acquéreurs : auquel cas, il est évident qu'ils ne pourraient en demander le prix à la continuation de communauté.

Lorsqu'il est échu, durant la continuation de communauté, aux héritiers du prédécédé, quelques biens, ou mobiliers, ou immobiliers, dont le survivant, comme leur tuteur, a eu l'administration, ces biens, qui ne procèdent d'ailleurs que de la succession du prédécédé, n'appartiennent point, ni quant à la propriété, ni quant aux revenus, à la continuation de communauté, comme nous l'avons vu : le compte de tutelle, que le survivant doit auxdits héritiers, pour l'administration qu'il a eue desdits biens durant la continuation de communauté, est une dette de la continuation de communauté; et, en conséquence, lesdits héritiers sont créanciers de la continuation de communauté, du reliquat de ce compte : c'est pourquoi, il est préalable de procéder à ce compte, avant que de procéder au partage des biens de la continuation de communauté.

893. Les dettes, dont chacune des parties est débitrice envers la continuation de communauté, sont, en premier lieu, toutes celles dont elle était déjà débitrice envers la communauté.

En second lieu, chacune des parties est débitrice, envers la continuation de communauté, des sommes qui en ont été tirées pour les affaires particulières dont elle a seule profité, et dont la continuation de communauté n'était point chargée, telles que sont celles qui en ont été tirées pour le paiement de ses dettes propres, pour des impenses nécessaires ou utiles, autres que celles de simple entretien, faites à ses héritages propres.

On peut, à cet égard, établir pour règle, que chacune des parties, soit le survivant, soit les héritiers du prédécédé, doit récompense à la continuation de communauté, des sommes qui en ont été tirées pour ses affaires particulières, dans les mêmes cas, dans lesquels il aurait été dû récompense à la communauté conjugale, pour les sommes qui en auraient été tirées pour pareilles affaires.

Les héritiers du prédécédé sont aussi débiteurs, envers la continuation de communauté, de la somme qui en a été tirée pour le paiement des frais funéraires du prédécédé, et pour l'acquittement de son testament; car, comme nous l'avons vu *suprà*, n. 275 *et* 276, ce sont charges particulières de la succession du prédécédé, dont la communauté ni la continuation de communauté ne sont point chargées.

894. Après avoir fait des états de toutes les sommes, dont chacune des parties est créancière de la continuation de communauté, et de toutes celles dont elle lui est débitrice; lorsque les créances de l'une des parties, soit du survivant, soit des héritiers du prédécédé, excèdent ses dettes, la somme, dont elle sera trouvée demeurer créancière, après déduction faite de ses dettes, fait la matière d'un prélèvement, que cette partie a droit d'exercer sur la masse des biens, tant de ladite somme que des intérêts qui ont couru depuis la dissolution de communauté.

Au contraire, lorsque les dettes de l'une des parties excèdent ses créances, la somme, dont elle se trouvera débitrice envers la continuation de communauté, après déduction et compensation faite de ce qui lui est dû, fait la matière d'un rapport, que cette partie est tenue de faire à la masse des biens de la continuation de communauté, tant de cette somme, que des intérêts qui en ont couru depuis la dissolution de communauté; laquelle somme, et lesdits intérêts doivent être, au partage de ladite masse, précomptés à la partie qui en est débitrice.

895. Lorsqu'un enfant a été marié, pendant la continuation de communauté, et a reçu une dot, soit en héritages, soit en argent, du fonds de la continuation de communauté, il en doit faire le rapport au partage des biens de la continuation de communauté.

Il ne doit le rapport, que du principal de la dot : il ne doit le rapport des fruits qu'il a perçus, ni des intérêts, que depuis la dissolution de la communauté; les autres lui tiennent lieu des alimens que la continuation de communauté eût été obligée de lui fournir, s'il n'eût pas été doté.

L'enfant satisfait au rapport de sa dot, qu'il doit, en la précomptant sur la part qui lui revient au partage des biens de la continuation de communauté. Si la dot excédait cette part, l'enfant devrait précompter l'excédant sur la part qui doit lui revenir au partage, qui est à faire entre lui et ses frères et sœurs, des propres de la succession du prédécédé.

Si la dot excédait la part, qui revient à cet enfant dans tous les biens de la succession du prédécédé, le survivant serait censé avoir donné *de suo* l'excédant; lequel excédant devrait, en conséquence, être précompté sur la part du survivant dans les biens de la continuation de communauté.

Lorsqu'un enfant, durant la continuation de communauté, [a] sans être marié, reçu du fonds de cette communauté une somme, pour lui former un établissement de commerce, ou pour l'acquisition d'une charge, ou pour quelque autre espèce d'établissement que ce soit, il doit pareillement faire rapport de la somme qu'il a reçue, au partage des biens de la continuation de communauté ; et tout ce que nous venons de dire du rapport, qu'y doit faire de sa dot un enfant marié, reçoit une entière application à ce rapport.

896. Lorsqu'une fille a fait profession religieuse, durant la continuation de communauté, et a reçu, pour cet effet, une dot tirée des biens de la continuation de communauté, ses frères et sœurs, auxquels, suivant l'article 243 de la Coutume de Paris, accroît la part, qu'elle avait dans la continuation de communauté, doivent, comme étant à ses droits, précompter, sur cette part qui leur accroît, la dot qu'elle est censée avoir reçue à compte de cette part.

Quand même la dot, qu'elle a reçue, excèderait cette part, s'il y a des propres de la succession du prédécédé, les frères et sœurs de la religieuse, qui lui ont succédé à la part qu'elle y avait, doivent faire raison de cette dot au survivant, qui est censé l'avoir fournie plutôt sur le bien de sa fille, que sur le sien.

Mais, si la dot excédait la part, que la fille religieuse avait dans tous les biens de la succession du prédécédé, le survivant serait censé avoir donné *de suo* l'excédant, et cet excédant devrait, en conséquence, lui être précompté sur sa part, au partage des biens de la continuation de communauté.

Dans la Coutume d'Orléans, qui, faute par le survivant d'avoir dissous la continuation de communauté, dans l'année de la profession religieuse de sa fille, ne fait accroître à ses frères et sœurs la part, qu'elle avait dans les biens de la continuation de communauté, que quant au mobilier, la dot doit être précomptée, par proportion, en partie sur le mobilier, et en partie sur les acquêts de la part de la religieuse.

897. Au surplus, tout ce qui a été dit au chapitre second de la quatrième partie, sur le partage des biens de la communauté, sur les effets et sur les obligations qu'il produit, s'applique également au partage des biens de la continuation de communauté.

Nous ferons seulement deux observations à l'égard de la subdivision, qui est à faire entre les enfans du prédécédé.

La première est, que, de même qu'au partage principal, quoique l'une des parties ait apporté plus que l'autre à la continuation de communauté ; comme lorsque le survivant a beaucoup de propres, dont les revenus sont tombés dans la continuation de communauté, et que les héritiers du prédécédé en avaient peu, ou point ; *aut vice versâ* : néanmoins, la partie, qui a apporté plus en revenus, ne peut, pour raison de ce plus, prétendre aucun prélèvement.

De même, dans la subdivision qui est à faire entre les enfans, quoique l'aîné, qui a seul la moitié dans les héritages féodaux de la succession du prédécédé, ait apporté à la continuation de communauté beaucoup plus en revenus, que n'en a apporté chacun de ses puînés, néanmoins, dans la subdivision, il ne peut prétendre que sa part virile, et égale à celle qu'y a chacun des puînés, sans qu'il puisse prétendre aucun prélèvement pour ce qu'il a apporté en revenus, de plus que n'en a apporté chacun d'eux.

898. La seconde observation est que, dans la subdivision, l'aîné ne peut prétendre, dans les acquêts de la continuation de communauté, quoique féodaux, qu'une part égale à celle qu'y a chacun de ses puînés; et il ne peut y exercer aucun droit d'aînesse. La raison est, que l'aîné n'a droit d'aînesse, que dans les fiefs et autres biens nobles des successions de ses père et mère ou autres ascendans; mais on ne peut pas dire que ces acquêts féodaux de la continuation de communauté soient de la succession du prédécédé, n'ayant été acquis que depuis sa mort. La Coutume d'Orléans, article 216, s'en est expliquée en ces termes: « Et ès acquisitions qui seront faites des biens de ladite communauté, le fils aîné, ou autre mâle, n'aura prérogative d'aînesse. »

899. Ces termes, *ni autre mâle*, concernent le cas, auquel la communauté a continué avec des héritiers collatéraux du prédécédé, mâles et femelles. La Coutume décide que, quoique les mâles excluent les femelles dans les fiefs en succession collatérale, néanmoins, ils ne les excluent pas pour les acquêts féodaux de la continuation de communauté, parce que ces acquêts ne sont pas de la succession, n'ayant été acquis que depuis.

SECTION XI.

Comment chacune des parties est-elle tenue des dettes de la continuation de communauté.

900. Il n'est pas douteux que les parties, après le partage fait des biens de la continuation de communauté, sont entre elles tenues des dettes, pour la part que chacune d'elle y a.

Pendant que la continuation de communauté dure, et même jusqu'au partage, le survivant étant seul en possession de tous les biens de la continuation de communauté, doit être seul chargé des dettes; et, si les héritiers du prédécédé en sont poursuivis, il les en doit acquitter.

901. Il faut voir maintenant comment chacune des parties est tenue des dettes de la continuation de communauté, vis-à-vis des créanciers.

Pendant le temps que la continuation de communauté dure, et même jusqu'au partage, le survivant peut en être poursuivi pour le total, comme nous l'avons déjà dit. Après le partage des biens de la continuation de communauté, il faut distinguer entre les dettes, que le survivant a lui-même contractées, durant la continuation de communauté, et celles de la communauté, qui sont devenues dettes de la continuation de communauté.

A l'égard des dettes, qu'il a lui-même contractées durant la continuation de communauté, il en est tenu pour le total vis-à-vis du créancier; car le créancier, en contractant avec lui, n'a connu que lui, *ejus solius fidem secutus est;* le survivant, en contractant sans dire en quel nom il contractait, est censé avoir contracté et s'être obligé *proprio nomine.*

A l'égard des dettes de la communauté, qui a été entre le survivant et le prédécédé, qui sont devenues dettes de la continuation de communauté, le survivant en est tenu après le partage, soit pour le total, soit pour moitié, vis-à-vis le créancier, suivant la distinction *suprà, part.* 5, *art.* 1 *et* 2, de même que s'il n'y avait pas eu de continuation de communauté; la continuation de communauté, dans laquelle les dettes de la communauté sont entrées, étant une chose étrangère à un créancier, laquelle n'a pu apporter aucun changement à l'obligation des débiteurs vis-à-vis du créancier.

902. Les héritiers du prédécédé sont tenus envers le créancier, des dettes que le survivant a contractées seul pendant la continuation de communauté, pour la part qu'ils ont; et ils n'en sont tenus qu'après le partage des biens de ladite continuation de communauté.

La raison, pour laquelle ils n'en sont tenus qu'après le partage des biens de la continuation de communauté, c'est que le survivant ayant seul contracté lesdites dettes, lesdits héritiers n'en sont tenus directement qu'envers le survivant, envers qui ils sont obligés par le quasi-contrat de continuation de communauté, d'en porter leur part; n'ayant point contracté avec le créancier, ils n'en sont tenus envers lui qu'indirectement, à cause du recours que le survivant, poursuivi pour le total par le créancier, aurait, contre eux, pour leur faire porter leur part de la dette. Pour éviter ce circuit d'actions, le créancier est reçu à la leur demander. Lesdits héritiers n'étant donc tenus de la dette envers le créancier, qu'à cause du recours, que le survivant aurait contre eux, lequel recours il ne peut avoir que depuis le partage, ne pouvant pas l'avoir pendant qu'il est seul en possession des biens de la continuation de communauté, c'est une conséquence, qu'ils ne sont tenus de la dette envers le créancier, qu'après le partage des biens de la continuation de communauté.

903. Les héritiers du prédécédé ne sont, à la vérité, tenus personnellement, que pour leur part, des dettes que le survivant a contractées durant la continuation de communauté : mais, lorsque ces dettes sont hypothécaires, et que lesdits héritiers sont possesseurs de quelque immeuble de la continuation de communauté, tombé dans leur lot, ils peuvent être poursuivis hypothécairement pour le total desdites dettes, le survivant, comme chef et libre administrateur des biens de la continuation de communauté, ayant eu le droit de les hypothéquer aux dettes qu'il a contractées.

904. A l'égard des dettes de la communauté, qui sont devenues dettes de la continuation de communauté, les héritages du prédécédé en sont tenus envers le créancier, soit pour le total, soit pour leur part, suivant les distinctions qui ont été faites, *suprà, part. 5, 1 et 2*, de même que s'il n'y avait point eu de continuation de communauté; et ils en sont tenus, même pendant le temps de la continuation de communauté, sauf leur recours contre le survivant pour en être acquittés.

905. Il reste une question, qui est de savoir, si le privilége, que la Coutume accorde à la femme et à ses héritiers, de n'être tenus des dettes de la communauté, que jusqu'à concurrence de ce qu'ils en ont amendé, a pareillement lieu à l'égard des dettes de la continuation de communauté. Lorsque c'est la femme qui a survécu, ayant continué la communauté faute de faire inventaire, il est évident qu'elle ne peut plus jouir de ce privilége, que les Coutumes ne lui accordent, que sous la condition expresse de faire inventaire, comme nous l'avons vu *suprà, n. 560.*

Lorsque c'est le mari qui a survécu, la continuation de communauté étant, dans la Coutume de Paris, regardée comme la même communauté, qui était entre les deux conjoints, qui continue entre le survivant et les héritiers du prédécédé, comme nous l'avons vu *suprà, n. 772*, je pense que les héritiers de la femme prédécédée doivent jouir de ce privilége, et qu'ils ne doivent être tenus, tant des dettes de la communauté, qui sont devenues dettes de la continuation de communauté, que de celles que le survivant a contractées pendant la continuation de communauté, que jusqu'à concurrence de ce qu'ils ont amendé, tant des biens de la communauté, que de ceux de la continuation de communauté. C'est l'avis de Lebrun.

Duplessis enchérit sur Lebrun en deux points, par rapport aux dettes contractées par le survivant, pendant la continuation de communauté. 1°. Il accorde le privilége de n'en être pas tenus *ultrà vires*, non-seulement aux héritiers de la femme prédécédée, mais pareillement aux héritiers du mari prédécédé. 2°. Il veut qu'ils n'en soient tenus, que jusqu'à concurrence de ce qu'ils ont dans les biens de la continuation de communauté seulement, sans qu'ils soient tenus du compte de la part qu'ils ont eue dans les conquêts de la communauté.

906. La question souffre plus de difficulté dans la Coutume d'Orléans. La continuation de communauté étant, dans cette Coutume, une communauté contractée entre le survivant et les héritiers du prédécédé, différente de celle qui était entre les conjoints; étant une communauté, qui n'est appelée continuation de communauté, que parce qu'elle succède à la première *nullo interposito intervallo*, comme nous l'avons vu *suprà*, *n*. 774, il paraît difficile d'accorder aux héritiers de la femme prédécédée, qui ont été en continuation de communauté avec le survivant, le privilége de n'être pas tenus des dettes de la continuation de communauté *ultrà vires*, soit de celles, que le survivant a contractées durant la continuation de communauté, soit de celles, qui, étant dettes de communauté, sont devenues dettes de la continuation de communauté : car la Coutume n'ayant accordé ce privilége que pour la communauté, n'en ayant rien dit à l'égard de la continuation de communauté, dont elle a traité dans un titre séparé, il est difficile d'étendre à la continuation de communauté, un privilége que la Coutume a établi pour la communauté; car il est de la nature des priviléges, de ne pouvoir être étendus d'un cas à un autre.

On peut dire, au contraire, en faveur de l'extension, que le privilége, accordé à la femme et à ses héritiers, de n'être tenus des dettes de la communauté au-delà de ce qu'ils en amendent, étant fondé sur cette raison, que, le mari étant le maître de contracter autant de dettes qu'il voudra, sans le consentement de sa femme, il serait trop dur que la femme et ses héritiers fussent tenus, au-delà de ce qu'ils amendent de la communauté, de ces dettes qu'ils n'ont pu empêcher. Le survivant ayant, pendant la continuation de communauté, la même liberté de contracter des dettes, sans le consentement des héritiers du prédécédé; il semble que la même raison milite en leur faveur : or, *ubi eadem æquitas*, *ibi idem jus*.

CHAPITRE II.

De la continuation de communauté composée.

907. Lorsque le survivant, qui est en continuation de communauté avec ses enfans héritiers du prédécédé, passe à un second

mariage avec une seconde femme, avec qui il contracte une communauté de biens; en contractant avec elle cette communauté, il l'associe à celle en laquelle il est avec ses enfans de son premier mariage. Ces deux communautés, savoir, celle en laquelle il est avec ses enfans du premier mariage, et celle qu'il vient de contracter avec sa seconde femme, se réunissent, et forment, quant aux choses et aux charges, qui sont tant de l'une que de l'autre communauté, une communauté composée, que nous appellerons *tripartite*, parce que c'est une communauté par tiers entre trois têtes; savoir, le survivant, les enfans du premier mariage, et la seconde femme.

Il en est de même, quand une veuve, qui est en continuation de communauté avec ses enfans, passe à un second mariage avec un homme avec qui elle contracte communauté.

Observez que les deux communautés, qui se réunissent pour former la communauté tripartite, ne laissent pas, nonobstant cette union, de conserver leur être propre et leur nature particulière.

Si la femme, à qui s'est remarié le survivant, qui est en continuation de communauté avec ses enfans, était elle-même en continuation de communauté avec des enfans d'un premier mariage, il se formerait, par la réunion de ces différentes communautés, une communauté par quart, ou quadripartite, entre quatre têtes, savoir, le survivant, les enfans de son premier mariage, sa seconde femme, et les enfans du premier mariage de la seconde femme.

La communauté peut encore se former entre un plus grand nombre de têtes, lorsque les conjoints, qui se remarient, sont veufs de plusieurs femmes ou de plusieurs maris, avec les enfans de chacun desquels ils sont en continuation de communauté.

908. Ce que nous avons dit jusqu'à présent, que le survivant, en se remariant à une seconde femme, avec qui il contracte communauté, l'associe à celle en laquelle il est avec ses enfans, paraît contraire à la règle de droit qui est en la loi 47, § *fin. ff. de reg. jur. Socii mei socius, meus socius non est.* Suivant cette règle, mon associé, en contractant une société avec un tiers, durant cette société, ne peut pas associer ce tiers à notre société, et le faire devenir mon associé; il ne peut l'associer qu'à sa part dans notre société.

La réponse est, que cette règle de droit n'a lieu que dans les sociétés ordinaires. Dans ces sociétés, chaque associé n'ayant droit de disposer, sans le consentement de l'autre, que de la part qu'il a dans la société, 1. 68, ff. *pro soc.,* mon associé, en contractant société avec un tiers, ne peut l'associer qu'à la part qu'il a dans notre société : il ne peut l'associer à la mienne, dont il n'a pas droit de disposer; il ne peut, par conséquent, sans mon consentement, le faire devenir mon associé. C'est sur ces principes qu'est formée la règle de droit : *Socii mei socius, socius meus non est*, ci-dessus citée. Mais cette règle ne peut s'appliquer à la continuation de communauté, qui est entre le survivant et ses enfans; car cette société est une espèce particulière de société, dont le survivant, qui en est le chef, a seul la libre disposition, sans le consentement de ses enfans, tant pour leur part que pour la sienne. C'est pourquoi, lorsqu'il contracte communauté avec un tiers, il l'associe à la communauté, en laquelle il est avec ses enfans, tant pour leur part que pour la sienne.

Nous verrons, sur la tripartite, 1° quelles sont les choses qui la composent; 2° quelles en sont les charges; 3° qui en est le chef, et quel est son pouvoir; 4° comment elle se dissout, et des effets de sa dissolution; 5° de la renonciation à la communauté; 6° du partage de cette communauté, des prélèvemens et des rapports qui s'y font; 7° comment chacun est tenu des dettes de cette communauté. Cela fera la matière de sept sections. Nous en ajouterons une huitième sur une espèce particulière, dans laquelle il est question de savoir, si des enfans sont recevables à demander la communauté par tiers à leur belle-mère.

Tout ce que nous dirons, dans ce chapitre, sur la communauté tripartite, peut s'appliquer à celles qui sont composées d'un plus grand nombre de têtes.

SECTION PREMIÈRE.

Des choses dont est composée la communauté tripartite.

909. On peut établir, comme un principe général, que la communauté tripartite est composée des choses qui entrent dans l'une et dans l'autre des communautés qui la forment, c'est-à-dire, des choses qui entrent tant dans la communauté conjugale, que dans celle du survivant avec ses enfans. Les choses, qui n'entrent que dans l'une des deux communautés, ne sont pas de la communauté tripartite.

910. COROLLAIRE PREMIER. Toutes les choses, qui sont de la communauté du survivant avec ses enfans, et que le survivant, suivant le droit qu'il en a, *suprà*, n. 853, fait entrer dans la communauté qu'il contracte avec sa seconde femme, sont de la communauté tripartite.

Suivant ce corollaire, le mobilier, qui est de la communauté du survivant avec ses enfans, tombant dans la communauté, que le survivant contracte avec sa seconde femme, et se trouvant, par conséquent, être des deux communautés, il est de la communauté tripartite.

Dans ce mobilier de la continuation de communauté, sont comprises les créances mobilières, qu'elle a non-seulement contre des tiers, mais même celles qu'elle a, soit contre le survivant, soit contre ses enfans; lesquelles créances deviennent des créances de la communauté tripartite.

Si, par une clause du contrat du second mariage, ce mobilier ne devait entrer dans la communauté conjugale avec la seconde femme, que jusqu'à la concurrence d'une certaine somme, il n'entrerait dans la communauté tripartite, que jusqu'à concurrence de cette somme : le surplus étant, par cette clause, exclus de la communauté conjugale, est, par conséquent, pareillement exclus de la communauté tripartite, et demeure commun entre le survivant et ses enfans seulement.

A l'égard du mobilier, que le survivant aurait réalisé, en se le réservant propre par une clause du contrat de son premier mariage, il entre bien dans la communauté conjugale que le survivant contracte avec sa seconde femme; mais, n'appartenant pas à la communauté du survivant avec ses enfans, dans laquelle il n'est qu'à la charge de la reprise au profit du survivant, il ne peut, suivant notre principe, être de la communauté tripartite.

A plus forte raison, le mobilier, réalisé par le prédécédé, n'en est pas; car il n'est ni de l'une ni de l'autre des deux communautés. Il n'appartient pas à la communauté du survivant et de ses enfans, dans laquelle il n'est qu'à la charge de la reprise au profit des enfans : il n'appartient pas non plus à la communauté conjugale, dans laquelle le survivant, qui n'a pas le droit d'en disposer, n'a pu le faire entrer.

Les conquêts de la continuation de communauté, acquis par le survivant, dans le temps intermédiaire de la mort du prédécédé et du second mariage, ne sont pas de la communauté tripartite; car ils ne sont communs qu'entre le survivant et ses enfans : ils n'entrent pas dans la communauté conjugale, que le survivant a contractée avec sa seconde femme.

Mais si le survivant, par une clause du contrat de son second mariage, avait ameubli ces conquêts, ils seraient de la communauté tripartite; car le mari, en les faisant entrer, par la clause d'ameublissement, dans la communauté conjugale, qu'il contracte avec sa seconde femme, comme il en a le droit, *supra*, n. 853, ils se trouveraient appartenir à l'une et à l'autre communauté.

Il en serait autrement des propres du survivant, qu'il aurait ameublis par le contrat de son second mariage : ne devenant, par cet ameublissement, communs qu'entre le survivant et la seconde femme; n'étant que de la communauté conjugale du survivant avec sa seconde femme; n'étant pas de celle du survivant avec ses enfans, ils ne pourraient, suivant notre principe, être de la communauté tripartite.

Nous entendons par propres du survivant, même les conquêts de la communauté qui était entre le survivant et le prédécédé, pour la part qui en appartient au survivant; car ces conquêts n'entrant pas dans la continuation de communauté, comme nous l'avons vu *suprà*, *n.* 820, ils sont propres de la continuation de communauté.

Enfin tous les revenus, tant des biens du survivant, présens et à venir, que de ceux de la succession du prédécédé, à compter du jour du second mariage, pendant tout le temps que les deux communautés durent, sont de la communauté tripartite; car ils commencent, de ce jour, à entrer dans la communauté conjugale du survivant avec sa seconde femme, et à être, par conséquent, de l'une et de l'autre communauté, dont la communauté tripartite est composée.

911. COROLLAIRE SECOND. Toutes les choses, que la seconde femme fait entrer dans la communauté conjugale que le survivant contracte avec elle, sont de la communauté tripartite; car elles sont des deux communautés. Ces choses étant mises par la seconde femme dans la communauté conjugale, qui est entre elle et le survivant, elles deviennent en même temps biens de la communauté, qui est entre le survivant et ses enfans, à laquelle le survivant acquiert tout ce qu'il acquiert pendant qu'elle dure, et à laquelle, par conséquent, il acquiert toutes les choses qu'il acquiert de sa seconde femme, par le contrat de communauté qu'il contracte avec elle.

Suivant ce corollaire, tout le mobilier, que la seconde femme avait lors du second mariage, est de la communauté tripartite; puisqu'en entrant dans la communauté conjugale, il entre aussi dans celle du survivant avec ses enfans.

Mais si, par une clause du contrat du second mariage, le mobilier n'avait été apporté à la communauté, que jusqu'à concurrence d'une certaine somme, il ne serait de la communauté tripartite, que jusqu'à concurrence de cette somme, n'étant, pour le surplus, ni de l'une ni de l'autre des communautés qui la composent.

Suivant ce corollaire, les immeubles, que la seconde femme ameublit par le second contrat de mariage, sont aussi de la communauté tripartite; car ils sont des deux communautés: le survivant, en les acquérant à titre de communauté, les acquiert à la communauté qu'il a avec ses enfans.

Les revenus de tous les biens de la femme, présens et à venir, tombant dans la communauté conjugale, depuis le jour du second mariage, tombent aussi dans celle du survivant avec ses enfans, et sont de la communauté tripartite.

Pareillement, toutes les choses, qui adviennent à la seconde femme, pendant que durent les deux communautés, et qui tombent dans la communauté conjugale, soit de droit commun, soit par quelque clause d'ameublissement, tombant aussi, par les raisons ci-dessus dites, dans la communauté du survivant et de ses enfans, elles sont de la communauté tripartite.

Même dans la Coutume d'Orléans, les choses advenues à la seconde femme par succession ou donation, et qui sont tombées dans la communauté conjugale, tombent aussi dans celle du survivant et de ses enfans, et sont, par conséquent, de la communauté tripartite. La Coutume d'Orléans exclut bien de la communauté, qui est entre le survivant et ses enfans, les choses qui en échéent au survivant à titre de succession, donation ou legs, comme nous l'avons vu *suprà, n. 830 et suiv.* : mais les choses, échues à ces titres à la seconde femme, n'en sont pas pour cela exclues; car le survivant acquiert de la seconde femme ces choses, en vertu du titre de la communauté qu'il a contractée avec elle, lequel titre de communauté est un titre de commerce; et tout ce que le survivant acquiert à titre de commerce, il l'acquiert à la communauté qu'il a avec ses enfans.

912. COROLLAIRE TROISIÈME. Toutes les choses, que le survivant acquiert depuis le second mariage, et qui entrent dans les deux communautés, sont de la communauté tripartite.

Suivant ce corollaire, toutes les choses, que le survivant acquiert, à titre de commerce, depuis le second mariage, pendant que les deux communautés durent, sont de la communauté tripartite; car elles entrent dans les deux communautés.

913. Pareillement, suivant ce corollaire, tout le mobilier, qui advient au survivant, à quelque titre que ce soit, depuis le second mariage, pendant que les deux communautés durent, est de la communauté tripartite dans la Coutume de Paris; car il tombe dans les deux communautés.

Excepté celui, qui aurait été réalisé par une clause du contrat du second mariage, laquelle réserverait propre ce qui adviendrait aux parties par succession, don ou legs, le mobilier, qui adviendrait durant le second mariage au survivant, à quelqu'un de ces titres, ne serait pas de la communauté tripartite; car, étant exclus, par la clause de la réalisation, de la communauté conjugale, il n'est commun qu'entre le survivant et ses enfans.

Dans la Coutume d'Orléans, le mobilier advenu au survivant par succession, ou donation, ou legs, n'est pas de la communauté tripartite : à la vérité, il entre dans la communauté, qui est entre le survivant et sa seconde femme; mais cette Coutume, *art. 217,* l'exclut de la communauté qui est entre le survivant et ses enfans.

914. Dans la Coutume de Paris, même les immeubles, qui sont donnés ou légués au survivant depuis son second mariage, pen-

daut que les deux communautés durent, sont de la communauté tripartite ; car, dans cette Coutume, ils entrent dans les deux communautés.

Bien entendu pourtant, pourvu que ces donations ou legs n'aient pas été faits par ses père et mère, ou quelque autre de ses parens de la ligne ascendante ; auquel cas, ils n'entrent ni dans l'une ni dans l'autre communauté.

Les donations, faites au survivant par des collatéraux ou des étrangers, sont aussi de la communauté tripartite, pourvu qu'il n'y ait pas quelque clause de réserve de propre, soit par le contrat du second mariage, soit par l'acte de donation, qui les exclut de l'une et de l'autre communauté.

Dans la Coutume d'Orléans, les immeubles, de même que les meubles donnés ou légués au survivant par quelque personne que ce soit, n'entrant pas dans la communauté du survivant avec ses enfans, comme il a été déjà dit, ils ne peuvent être de la communauté tripartite.

915. Les immeubles, échus par succession au survivant depuis son second mariage, ne peuvent être de la communauté tripartite, quand même il y aurait clause par le contrat du second mariage, qui porterait que les successions seraient communes ; car cette clause fait bien entrer ces immeubles dans la communauté du survivant avec sa seconde femme, mais ils n'entrent pas dans celle du survivant avec ses enfans, et ils ne sont pas, par conséquent, de la communauté tripartite.

916. On doit comprendre parmi les biens de la communauté tripartite, non-seulement les créances, qu'elle a contre des tiers, mais pareillement celles, qu'elle a contre la seconde femme, soit contre les enfans, soit contre le survivant, pour ce que chacune desdites parties a tiré de ladite communauté, soit pour le paiement de ses dettes propres, soit pour des impenses faites sur ses héritages propres, autres que celles de simple entretien, soit pour quelque autre affaire qui lui était particulière, et dont elle eût seule recueilli le profit.

SECTION II.

Des charges de la communauté tripartite.

917. Les charges de la communauté tripartite sont celles, qui le sont tant de l'une que de l'autre communauté, dont elle est composée.

COROLLAIRE PREMIER. Toutes les dettes mobilières de la continuation de communauté du survivant avec ses enfans, sont de la communauté tripartite.

La raison est, que le survivant, en associant sa seconde femme, par la communauté qu'il contracte avec elle, à tous les biens mobiliers de sa communauté avec ses enfans, il la rend aussi participante de toutes les dettes passives mobilières de cette communauté. Ces dettes étant une charge desdits biens, *quùm bona non intelligantur nisi deducto ære alieno*, elles entrent avec lesdits biens de la communauté, que le survivant contracte avec la seconde femme ; et, étant dettes de l'une et de l'autre communauté, elles sont, suivant notre principe, dettes de la communauté tripartite.

918. Ces dettes passives mobilières de la communauté du survivant avec ses enfans, qui entrent dans la communauté conjugale, avec la seconde femme, et, par conséquent, dans la communauté tripartite, sont non-seulement celles, dont ladite communauté du survivant avec ses enfans est débitrice envers des tiers, mais pareillement celles dont elle est débitrice, soit envers les enfans, soit envers le survivant, pour leurs reprises, remplois de propres, etc., même pour le préciput porté au contrat du premier mariage, dont ladite communauté est débitrice envers le survivant.

919. Les rentes dues par la communauté du survivant avec ses enfans, ne tombent pas dans celle qu'il contracte avec sa seconde femme ; n'y ayant que le mobilier respectif des parties, tant en actif que passif, qui y tombe, elles ne sont pas, par conséquent, dettes de la communauté tripartite.

Si, néanmoins, le survivant, par le contrat du second mariage, avait contracté avec sa seconde femme une communauté de tous ses biens, tous les biens, tant immeubles que meubles, de la continuation de communauté avec ses enfans, entrant, en ce cas, dans la communauté conjugale, toutes les dettes de cette continuation de communauté, tant les rentes que les dettes mobilières, en doivent pareillement y entrer, et elles sont, par conséquent, en ce cas, dettes de la communauté tripartite.

920. Le principe, que nous avons établi par ce corollaire, que les dettes passives mobilières de la communauté du survivant, sont de la communauté tripartite, souffre exception, dans le cas auquel le contrat de mariage avec la seconde femme, porte une séparation de dettes, soit expresse, soit tacite ; car, étant, par cette clause, exclues de la communauté conjugale, et n'étant dettes que de la communauté qui est entre le survivant et ses enfans, elles ne peuvent être dettes de la communauté tripartite.

921. Les dettes passives mobilières du survivant, qui lui sont propres, et ne sont pas dettes de sa communauté avec ses enfans (*sur quoi voyez la section V du chapitre précédent.*), entrent bien dans la communauté conjugale avec la seconde femme, s'il n'y a pas de clause de séparation de dettes ; mais elles ne sont pas dettes de la communauté tripartite, ne l'étant que de l'une des communautés dont la tripartite est composée.

À plus forte raison, les dettes passives, qui sont propres aux enfans, ne sont pas dettes de la communauté tripartite; car elles ne le sont ni de l'une ni de l'autre communauté.

922. COROLLAIRE SECOND. Toutes les dettes passives mobilières de la seconde femme, qui tombent dans la communauté conjugale, qu'elle contracte avec le survivant, sont de la communauté tripartite.

La raison est, que tous les biens, que la seconde femme apporte à la communauté conjugale, entrant dans celle du survivant avec ses enfans, comme nous l'avons vu en la section précédente, n. 910, les dettes passives mobilières de la seconde femme, qui sont une charge desdits biens, doivent pareillement y entrer; *quàm bona non intelligantur nisi deducto ære alieno.* Ces dettes étant donc des dettes de l'une et de l'autre communauté, dont la tripartite est composée, elles sont dettes de la communauté tripartite.

923. Les rentes, dues par la seconde femme, n'entrant pas dans la communauté conjugale, n'entrent pas pareillement dans celle du survivant avec ses enfans; et n'étant dettes ni de l'une ni de l'autre communauté, elles ne peuvent l'être de la communauté tripartite.

Mais si, par le contrat du second mariage, il y avait une communauté de biens, tous les biens de la seconde femme, tant immeubles que meubles, entrant, en ce cas, tant dans la communauté conjugale, que dans celle du survivant avec ses enfans, toutes les dettes de la seconde femme, les rentes, aussi bien que les dettes mobilières, doivent pareillement y entrer; et étant, en ce cas, dettes des deux communautés, elles sont dettes de la communauté tripartite.

Au contraire, lorsque, par le contrat du second mariage, il y a séparation de dettes, soit expresse, soit tacite, les dettes de la seconde femme ne peuvent être dettes de la communauté tripartite; puisqu'elles ne le sont ni de l'une ni de l'autre des communautés dont elle est composée.

924. COROLLAIRE TROISIÈME. Toutes les dettes contractées par l'homme survivant, pendant tout le temps que dure la communauté tripartite, sont dettes de cette communauté; car, étant le chef des deux communautés, dont elle est composée, il les charge l'une et l'autre des dettes qu'il contracte, et la communauté tripartite en est, par conséquent, chargée.

Ce corollaire souffre exception à l'égard des dettes, dont il ne peut charger sa communauté conjugale, sur quoi voyez *suprà*, *n.* 251 *et suiv.*; et, à l'égard de celles dont il ne peut charger la communauté qu'il a avec ses enfans, sur quoi voyez *suprà*, *n.* 844 *et suiv.*

Parmi les dettes, que contracte la communauté tripartite, pen-

34*

dant qu'elle dure, on doit comprendre non-seulement celles qu'elle contracte envers des tiers; mais pareillement celles, qu'elle contracte, soit envers la seconde femme, soit envers le survivant, *putà*, pour la reprise du prix de leurs propres aliénés, durant la communauté tripartite, dans laquelle le prix est entré.

925. Les créances, tant de la seconde femme que du survivant, et de ses enfans, pour la reprise de leur mobilier stipulé propre par le contrat du second mariage, et pour le préciput du second mariage, sont pareillement des dettes de la communauté tripartite.

926. Outre les dettes, dont la communauté tripartite est chargée, elle est encore chargée de l'entretien de tous les héritages, dont elle perçoit les revenus, tant de ceux du survivant, que de ceux de la succession du prédécédé, et de ceux de la seconde femme; *suprà*, n. 910 *et* 911 : car les frais de cet entretien sont une charge de la jouissance qu'elle en a.

La communauté tripartite est encore chargée des alimens, tant du survivant que de la seconde femme, et des enfans, tant du premier que du second mariage, et des frais de leur éducation.

Enfin on doit comprendre, parmi les charges de la communauté tripartite, les frais du partage des biens de ladite communauté, de l'inventaire, et des autres actes qui se font pour parvenir audit partage.

Tout ce que nous avons dit, dans cette section, et dans la précédente, des choses qui entrent dans la communauté tripartite, et de ses charges, peut s'appliquer aux autres communautés composées d'un plus grand nombre de têtes. Les choses, qui entrent dans la communauté composée, sont celles qui appartiennent à toutes les communautés dont elle est composée; et ses charges sont celles qui sont charges de toutes lesdites communautés.

SECTION III.

Quel est le chef de la communauté tripartite.

927. Lorsque c'est l'homme qui, étant en continuation de communauté avec les enfans de son premier mariage, contracte une communauté de biens avec une seconde femme qu'il épouse; cet homme étant le chef, tant de la communauté qu'il a avec ses enfans, que de la communauté conjugale qu'il a contractée avec sa seconde femme, il ne peut y avoir de difficulté qu'il soit le chef de la communauté tripartite, qui est formée par l'union de ces deux communautés.

928. Lorsque c'est la femme, qui, étant en continuation de communauté avec ses enfans, a contracté communauté avec son second mari, c'est ce second mari qui est le chef de la commu-

nauté tripartite. Il l'est par lui-même de la communauté conjugale; et la femme, en unissant à la communauté conjugale sa
communauté avec ses enfans, perd, pendant que cette union
dure, la qualité qu'elle avait de chef de cette communauté, et
elle la transfère au second mari, chef de la communauté conjugale.

929. Le chef de la communauté tripartite n'a pas, vis-à-vis des
enfans, qui font une tête dans cette communauté, le même pouvoir sur les biens de cette communauté tripartite, qu'il a vis-à-
vis de la femme. Il a sur les biens de cette communauté, vis-à-
vis de la femme, un pouvoir de maître absolu, tel que nous avons
vu qu'était le pouvoir du mari sur les biens de la communauté
conjugale, *suprà, part.* 2; mais, vis-à-vis des enfans, le chef de
la communauté tripartite n'a qu'un pouvoir de libre administrateur, tel qu'est celui du survivant sur les biens de la continuation
de communauté avec ses enfans, comme nous l'avons vu au chapitre précédent, *sect.* 6.

Cela a lieu, soit que le chef de la communauté tripartite soit
l'homme qui s'est remarié; car il n'a pas pu, en se remariant,
augmenter, vis-à-vis de ses enfans, son pouvoir sur les biens de
la continuation de communauté qui est entre eux et lui : soit que
ce soit le second mari de la femme qui s'est remariée; car elle n'a
pu, en transférant à son second mari sa qualité de chef de la communauté, qui est entre elle et ses enfans, lui transférer plus de
pouvoir qu'elle n'en avait.

Cette différence de pouvoir du chef de la communauté tripartite, vis-à-vis de la femme et vis-à-vis des enfans, se remarque
dans le cas auquel le chef de la communauté tripartite aurait disposé de quelques effets de cette communauté envers des étrangers,
par donation entre vifs; car cette donation serait valable vis-à-vis
de la femme, qui n'en pourrait prétendre aucune récompense; le
pouvoir du chef de la communauté tripartite, sur les biens de
cette communauté, étant, vis-à-vis de la femme, un pouvoir de
maître absolu, tel que celui d'un mari sur les biens de la communauté conjugale, qui lui donne le droit d'en disposer à ce titre;
suprà, n. 471.

Mais cette donation ne serait pas valable vis-à-vis des enfans,
et il leur serait dû récompense de leur tiers dans les effets donnés;
le chef de la communauté tripartite n'ayant, vis-à-vis desdits
enfans, sur les biens de ladite communauté, qu'un pouvoir de
libre administrateur, qui ne lui donne pas le droit d'en disposer
par donation entre vifs.

SECTION IV.

De la dissolution de la communauté tripartite.

930. Il est évident que la communauté tripartite se dissout par la dissolution de l'une ou de l'autre des communautés dont elle est composée; car il ne peut plus y avoir de communauté tripartite et composée, lorsqu'il n'en reste plus qu'une.

Mais la dissolution de l'une des deux communautés, qui s'étaient réunies pour former la communauté tripartite, n'entraîne pas la dissolution de l'autre.

Par exemple, lorsque le survivant, du vivant de la seconde femme ou de son second mari, dissout, par son inventaire, la continuation de communauté avec ses enfans, la communauté conjugale, avec la seconde femme ou le second mari, continue de subsister.

Vice versâ, lorsque la communauté conjugale a été dissoute, soit par la mort de la seconde femme ou du second mari, soit par une sentence de séparation; si l'inventaire, fait en exécution de la dissolution de cette communauté, n'a pas été fait avec les enfans, la continuation de communauté du survivant avec lesdits enfans continue de subsister, et la femme survivante reprend la qualité de chef de cette communauté, qu'elle avait perdue en contractant communauté avec son second mari.

La mort du survivant dissout les deux communautés.

SECTION V.

De la renonciation à la communauté tripartite.

§ I. Du cas auquel c'est l'homme qui s'est remarié.

931. De quelque manière qu'arrive la dissolution de la communauté tripartite, qui est entre l'homme survivant, sa seconde femme et ses enfans du premier mariage, l'homme survivant ne peut renoncer ni à l'une ni à l'autre des communautés, dont elle était composée.

932. Lorsque la dissolution de la communauté tripartite arrive par la dissolution de celle qui était entre le survivant et ses enfans, la seconde femme ne peut pas non plus, tant que la communauté conjugale dure, renoncer ni à l'une ni à l'autre des communautés, dont était composée la communauté tripartite.

933. Les enfans, en renonçant à la continuation de communauté, qui était entre leur père et eux, renoncent aussi à la part qu'ils eussent pu prétendre dans la communauté conjugale de

leur père avec sa seconde femme, à laquelle ils ne pouvaient avoir de droit, que par la communauté avec leur père, à laquelle ils ont renoncé.

Mais, tant que lesdits enfans ne renoncent pas à la communauté, qui était entre leur père et eux, ils ne peuvent renoncer à la communauté conjugale, à laquelle leur père a le droit d'unir la communauté qu'il avait avec eux, tant pour leur part que pour la sienne, sans avoir besoin de leur consentement. Il ne suffirait pas aux enfans, pour pouvoir renoncer à la part qu'ils ont dans la communauté conjugale, et se décharger des dettes de ladite communauté, qu'ils déclarassent qu'ils renoncent à leur communauté avec leur père, pour le temps qu'elle a duré depuis le second mariage de leur père; car la communauté avec leur père, étant la même communauté, tant avant que depuis le second mariage, ils ne peuvent y renoncer pour le temps seulement qu'elle a duré depuis le second mariage; ils ne peuvent y renoncer, qu'ils n'y renoncent pour tout le temps qu'elle a duré depuis la mort de leur mère prédécédée, tant avant que depuis le second mariage de leur père. Voyez *infrà*.

934. Dans la Coutume d'Orléans, qui ne permet pas aux enfans ou autres héritiers du prédécédé, qui étaient majeurs lors de la mort du prédécédé, de renoncer à la continuation de communauté avec le survivant, ils ne peuvent, de leur chef, renoncer ni à l'une ni à l'autre des communautés, dont la communauté tripartite était composée.

935. L'effet de la renonciation des enfans à leur communauté avec le survivant, est que les biens de cette communauté, qui étaient entrés dans la communauté tripartite, sont communs à l'homme survivant et à sa seconde femme seulement, qui y ont chacun moitié, à la charge du compte qui est dû auxdits enfans, des biens de la succession de leur mère prédécédée. Si, néanmoins, par le contrat du second mariage, il y avait séparation de dettes, la seconde femme ne serait tenue du compte, que pour la gestion faite depuis le second mariage; l'homme survivant serait tenu seul du compte de celle faite auparavant.

936. Lorsque les enfans acceptent la communauté, qui a été entre le survivant et eux, cette communauté a existé jusqu'au temps de la dissolution, et, par conséquent, la communauté tripartite a pareillement existé jusqu'à ce temps; et, après cette dissolution, il reste une masse indivise des biens de cette communauté tripartite, à partager entre les trois têtes qui y ont part. Mais, lorsque les enfans renoncent à la communauté, qu'ils avaient droit de demander au survivant, cette communauté est censée n'avoir jamais existé, ni, par conséquent, la tripartite.

937. Arrivant la dissolution de la communauté conjugale, la seconde femme peut y renoncer; et sa renonciation à cette com-

munauté renferme aussi nécessairement sa renonciation à la part qu'elle eût pu , si elle l'eût acceptée, prétendre dans la communauté de son mari avec ses enfans; car elle ne pouvait y avoir droit, que par la communauté conjugale à laquelle elle a renoncé.

L'effet de cette renonciation de la seconde femme à la communauté conjugale, est que n'y ayant pas eu lieu à la communauté conjugale, il n'y a pas eu de communauté tripartite; et ceux des biens de la communauté du survivant, qui y sont entrés, ne sont communs qu'entre l'homme survivant et ses enfans, qui y ont chacun moitié.

§ II. Du cas auquel c'est la femme qui s'est remariée.

938. De quelque manière que soit arrivée la dissolution de communauté tripartite, qui était entre la femme survivante, ses enfans et son second mari, le second mari, qui en était le chef, ne peut renoncer ni à l'une ni à l'autre des communautés dont elle était composée.

939. La femme ne peut non plus renoncer ni à l'une ni à l'autre, tant que dure la communauté conjugale.

Mais, après la dissolution de la communauté conjugale, elle peut y renoncer ; et, en y renonçant, elle y renonce, tant pour elle que pour ses enfans : car, de même qu'en la qualité qu'elle avait de chef et de libre administratrice de la communauté d'entre elle et ses enfans, elle a pu contracter, tant pour elle que pour ses enfans, une nouvelle communauté avec son second mari, sans avoir pour cela besoin du consentement de ses enfans; de même elle peut y renoncer, tant pour elle que pour ses enfans, sans avoir besoin de leur consentement, en la même qualité de chef et de libre administratrice de la communauté d'entre elle et ses enfans, qu'elle reprend après la dissolution de la communauté conjugale. Cette renonciation, qu'elle fait à la communauté conjugale, qu'elle était censée avoir contractée tant pour elle que pour ses enfans, étant un acte qui fait partie de l'administration qu'elle a des droits de la communauté d'entre elle et ses enfans, lesdits enfans ne peuvent la critiquer.

Si la communauté, avec le second mari, était une communauté manifestement opulente, à laquelle il parût que la femme n'a renoncé, que pour favoriser les enfans de son second mariage; les enfans du premier mariage venant par la suite avec eux à la succession de la mère commune, pourraient-ils prétendre que l'avantage, que les enfans du second lit ont ressenti de cette renonciation, est un avantage indirect que leur a fait leur mère, sujet à rapport? Nous réservons cette question pour le Traité des Successions.

940. L'effet de cette renonciation de la femme à la communauté conjugale, est que les biens de la communauté d'entre elle et ses enfans, qu'elle avait fait entrer dans la communauté conjugale, tant pour la part de ses enfans que pour la sienne, appartiennent, par cette renonciation, au second mari seul; à moins que, par une clause du contrat du second mariage, elle n'en eût stipulé la reprise en cas de renonciation; auquel cas, elle exerce cette reprise, tant pour elle que pour ses enfans, avec lesquels elle est en continuation de communauté.

941. De même que les enfans, qui sont en continuation de communauté avec leur mère survivante, ne peuvent, après la dissolution de la communauté conjugale, critiquer la renonciation que leur mère juge à propos d'y faire, comme nous venons de le dire; de même, lorsque leur mère juge à propos d'accepter cette communauté conjugale, ils ne peuvent critiquer l'acceptation qu'elle en a faite. Elle l'accepte tant pour eux que pour elle; et elle les oblige à cette communauté conjugale, sans qu'ils puissent en être déchargés, qu'en renonçant entièrement à la communauté, qui a continué entre leur mère survivante et eux, pour tout le temps qu'elle a duré; auquel cas, ils n'ont plus de part à la communauté conjugale, ne pouvant en avoir que par leur communauté avec le survivant, à laquelle ils ont renoncé.

SECTION VI.

Du partage des biens de la communauté tripartite; des prélèvemens et des rapports qui se font à ce partage.

942. Après la dissolution de la communauté tripartite, le partage des biens de ladite communauté doit se faire par tiers, entre les trois parties qui y ont droit; savoir, 1° le survivant ou la survivante, qui est ou était en continuation de communauté avec ses enfans héritiers du prédécédé; 2° lesdits enfans; 3° la seconde femme ou le second mari.

Pour y parvenir, il faut faire un état des créances, que chacune desdites trois parties a contre la communauté tripartite, et un état des dettes, dont chacune desdites trois parties est débitrice envers ladite communauté.

Les créances, qu'ont chacune des parties contre la communauté, donnent lieu à des prélèvemens.

Les dettes desdites parties donnent lieu aux rapports.

943. Le survivant, qui, étant en continuation de communauté avec ses enfans, s'est remarié, peut avoir, contre la communauté tripartite, des créances de trois espèces, savoir, 1° des créances qui lui sont particulières; 2° des créances qui lui sont communes et à ses enfans, comme dépendantes de la communauté qui est

entre eux; 3° des créances qui lui sont communes et à sa seconde femme ou à son second mari, comme dépendantes de leur communauté conjugale.

Une créance du survivant, qui lui est particulière, est celle qu'il a pour la reprise du prix de ses propres aliénés, durant la communauté tripartite, dont le prix est entré dans ladite communauté.

944. Les créances du survivant, qui lui sont communes avec ses enfans, comme dépendantes de la continuation de communauté, qui est entre eux, sont 1° la créance pour la reprise du mobilier, dépendant de la continuation de communauté, qui a été réalisée et réservée propre par le contrat du second mariage; 2° la reprise du prix des conquêts de la continuation de communauté, faits avant le second mariage, qui ont été aliénés pendant la communauté tripartite, et dont le prix y est entré; 3° la créance du préciput stipulé par le contrat du second mariage, lorsque le survivant a survécu à sa seconde femme ou à son second mari, est aussi une créance dépendante de la communauté du survivant et de ses enfans : car cette créance étant un droit, qu'il a acquis pendant que cette communauté durait, par le contrat qu'il a fait avec sa seconde femme ou son second mari, il a acquis ce droit à la communauté qu'il a avec ses enfans, à laquelle il acquiert tout ce qu'il acquiert pendant qu'elle dure, surtout à titre de commerce, tel qu'est le titre de conventions matrimoniales.

945. Les créances, qu'avait le survivant contre sa communauté avec ses enfans, soit pour la reprise de son mobilier réalisé par le contrat de son premier mariage, soit pour le remplir du prix de ses propres, aliénés durant son premier mariage, ou pendant sa viduité, sont des créances, qu'il a contre la communauté tripartite, qui lui sont communes, et à sa seconde femme ou à son second mari, comme dépendantes de leur communauté conjugale.

Elles sont créances contre la communauté tripartite; car toutes les dettes de la communauté du survivant avec ses enfans, qui en était débitrice, deviennent, par la communauté conjugale, dans laquelle elles entrent, dettes de la communauté tripartite, comme nous l'avons vu, *suprà*, *n.* 918, pourvu qu'il n'y eût pas, par le contrat du second mariage, une séparation de dettes; car, en ce cas, la communauté conjugale n'en étant pas tenue, elles ne seraient pas créances contre la communauté tripartite, qui n'est débitrice que des dettes qui le sont des deux communautés, *suprà*, *n.* 917 : elles ne seraient, en ce cas, créances que contre la communauté particulière du survivant et de ses enfans.

Ces créances sont communes au survivant et à sa seconde femme ou à son second mari; car le survivant a apporté à la communauté conjugale de son second mariage tout son mobilier, tant celui qui dépendait de sa communauté avec ses enfans, que celui qui lui était propre; et, par conséquent, il y a apporté lesdites créances, qui sont des créances mobilières.

Si, néanmoins, par le contrat du second mariage, il y avait une clause générale de réalisation du mobilier du survivant, dans laquelle lesdites créances se trouvassent comprises, lesdites créances seraient des créances du survivant contre la communauté tripartite, qui seraient particulières au survivant.

946. A l'égard du préciput du premier mariage, c'est aussi une créance, qu'a le survivant contre la communauté tripartite, qui est tenue de toutes les dettes mobilières, dont est tenue celle qui est entre le survivant et ses enfans; s'il n'y a clause de séparation de dettes au contrat du second mariage, comme nous l'avons vu *suprà*, *n.* 948. Le survivant prélèvera donc ce préciput sur la masse de la communauté tripartite : mais, ce préciput étant un gain du premier mariage, il est obligé, par le second chef de l'édit des secondes noces, de le conserver après sa mort aux enfans de son premier mariage, comme nous l'avons vu en notre Traité du mariage, *part.* 7.

947. Les dettes, dont le survivant est débiteur envers la communauté tripartite, peuvent aussi être de trois espèces. Il y en a dont il est seul débiteur; d'autres, dont il est débiteur conjointement avec ses enfans; d'autres, dont il est débiteur conjointement avec sa seconde femme ou son second mari, comme étant dépendantes de la communauté conjugale avec la seconde femme ou le second mari.

Les dettes, dont le survivant est seul débiteur envers la communauté tripartite, sont celles dont il est débiteur pour impenses nécessaires ou utiles, faites pendant qu'elle durait, des deniers de ladite communauté, aux héritages propres dudit survivant, autres que celles de simple entretien, ou pour des sommes qu'il en a tirées pour payer des dettes qui lui étaient particulières, n'étant entrées ni dans l'une ni dans l'autre des communautés; soit par leur nature, si elles étaient dues pour le prix de quelqu'un de ses héritages propres, *suprà*, *n.* 239; soit parce qu'elles en avaient été exclues par des séparations de dettes, dans les contrats, tant du premier que du second mariage. Et généralement le survivant est seul débiteur envers la communauté tripartite, des sommes qu'il en a tirées pour des affaires qui lui étaient particulières, et dont il a seul profité.

948. Les dettes, dont le survivant est débiteur conjointement avec ses enfans, envers la communauté tripartite, sont celles dont il est débiteur pour impenses nécessaires ou utiles, autres que celles de simple entretien, faites des deniers de la communauté tripartite, aux héritages dépendans de la communauté du survivant et de ses enfans; ou pour le paiement fait, des deniers de la com-

munauté tripartite, des dettes dépendantes de la communauté particulière du survivant et de ses enfans.

949. Les dettes, dont le survivant est débiteur, conjointement avec sa seconde femme ou son second mari, envers la communauté tripartite, sont celles dont il était débiteur envers la communauté particulière, qui est entre lui et ses enfans.

Ces dettes sont dues à la communauté tripartite; car le survivant, en contractant, tant pour lui que pour sa communauté avec ses enfans, la communauté conjugale qu'il a contractée avec sa seconde femme, il y a apporté tous les effets mobiliers de sa communauté avec ses enfans, et en a rendu participante la communauté conjugale, et, par conséquent, il l'a rendue participante des créances mobilières, que ladite communauté avait contre lui. Ces créances étant communes aux deux communautés, sont créances de la communauté tripartite, *suprà*, n. 909; et le survivant, qui en est débiteur, en est débiteur envers la communauté tripartite, pourvu néanmoins qu'il n'y ait pas eu, par le contrat du second mariage, une clause de réalisation, dans laquelle lesdites créances se soient trouvées renfermées.

Ces dettes sont dues par le survivant; conjointement avec sa seconde femme; car, par la communauté conjugale, que le survivant a contractée avec elle, il l'a rendue participante de toutes ses dettes passives mobilières, et, par conséquent, de celles dont il était débiteur envers sa communauté avec ses enfans, ainsi que de toutes les autres; pourvu, néanmoins, qu'il n'y ait pas, par le contrat du second mariage, une clause de séparation de dettes.

950. Les deux autres têtes de la communauté tripartite peuvent aussi avoir contre elle, chacune des créances et des dettes qui leur sont particulières.

La créance, qu'ont les enfans contre la communauté tripartite, pour la reprise du prix de leurs propres aliénés durant ladite communauté, qui y est entre, est une créance qui leur est particulière.

Les créances, qu'ils avaient contre leur communauté avec le survivant, telles que celles mentionnées *suprà*, n. 892, deviennent une créance qu'ils ont contre la communauté tripartite, par les raisons expliquées *suprà*, n. 949, laquelle créance leur est particulière.

Si, néanmoins, il y avait, par la clause du contrat du second mariage, une séparation de dettes, la communauté conjugale n'étant pas, en ce cas, tenue de cette dette, les enfans, alors, n'auraient pas cette créance contre la communauté tripartite; ils ne l'auraient que contre leur communauté avec le survivant.

951. Les dettes des enfans envers la communauté tripartite, dont ils sont débiteurs seuls, sont celles de ce qu'ils ont tiré de ladite communauté, soit pour le paiement de leurs dettes propres,

soit pour quelque autre affaire que ce soit, qui leur était particulière, et dont ils ont seuls profité.

Les enfans sont aussi seuls débiteurs envers la communauté tripartite, des dettes dont ils étaient débiteurs envers leur communauté avec le survivant. Les créances, que cette communauté avait contre eux, entrant dans la communauté conjugale, comme nous l'avons vu *suprà, n.* 909 *et* 910, elles deviennent créances de la communauté tripartite; à moins que, par le contrat du second mariage, il n'y eût une clause de réalisation, dans laquelle elles se trouvassent renfermées.

952. Les créances, qu'a la seconde femme contre la communauté tripartite, qui lui sont particulières, sont celles qu'elle a pour la reprise du prix de ses propres aliénés pendant ladite communauté, pour la reprise de son mobilier réalisé par son contrat de mariage, et même pour son préciput, lorsque c'est elle qui survit.

Ce préciput est une dette de la communauté tripartite, dont les enfans sont tenus pour leur tiers; car le survivant, en sa qualité de chef de la communauté qui est entre eux, a pu, en contractant, durant cette communauté, la dette de ce préciput envers sa seconde femme, y obliger ses enfans, de même qu'il les oblige à toutes les autres dettes, qu'il contracte durant cette communauté. En vain opposerait-on que le survivant ne peut disposer par donation; car le contrat de communauté, dont la convention de préciput fait partie, est un contrat de commerce, et non une donation.

953. La seconde femme est débitrice seule envers la communauté tripartite, de ce qu'elle en a tiré, soit pour le paiement de ses dettes propres, soit pour quelque autre affaire qui lui était particulière, et dont elle a seule profité.

Tout ce qui vient d'être dit des créances et des dettes de la seconde femme, s'applique pareillement au second mari.

954. Les créances, qu'a contre la communauté tripartite chacune des parties qui y a part, donnent lieu à des prélèvemens sur la masse des biens de ladite communauté.

Chacune des parties prélève la somme dont elle se trouve créancière, déduction faite de ce qu'elle doit à ladite communauté.

La partie, qui en est créancière seule, la prélève à son profit seul. A l'égard de celles, dont le survivant est créancier conjointement avec ses enfans du précédent mariage, le survivant, après avoir prélevé la somme dont il est créancier avec ses enfans, doit la reporter dans la masse particulière des biens de la communauté, qui est à partager entre lui et ses enfans.

Il en est de même des créances, que le survivant a conjointement avec sa seconde femme; il reporte, dans la communauté conjugale, ce prélèvement qu'il en a fait sur la masse des biens de la communauté tripartite.

955. Les dettes, dont chacune des parties est débitrice envers la communauté tripartite, donnent lieu à des rapports.

La partie doit rapporter à la masse des biens de cette communauté, la somme dont elle s'est trouvée débitrice, déduction faite de ce qui lui est dû; et cette somme lui doit être précomptée sur la part qu'elle a dans ladite masse.

956. Les intérêts des prélèvemens et des rapports sont dus du jour de la dissolution de communauté, et se joignent aux sommes principales prélevées ou rapportées.

957. Lorsqu'un enfant du premier mariage a été doté des deniers de la communauté tripartite; si le montant de cette dot excède la part qui lui revient dans la subdivision des biens de ladite communauté, le surplus sera précompté sur la part du survivant, lequel le retiendra sur les autres biens de cet enfant qu'il a entre les mains, si tant s'en trouve; le survivant étant censé n'avoir donné *de suo*, que ce qui manquerait des biens de cet enfant pour fournir cette dot.

958. Lorsque quelqu'un des enfans du second mariage a été doté des deniers de la communauté tripartite, le rapport en est dû à ladite communauté, par le survivant pour moitié, et par la seconde femme pour l'autre moitié, quand même elle n'aurait pas été partie en son nom au contrat de dotation; sauf qu'en ce cas elle n'est tenue du rapport de la moitié de la dot, que jusqu'à concurrence de ce qu'elle a amendé de la communauté; au lieu que, lorsqu'elle y a été partie en son propre nom, elle en est tenue indéfiniment. La raison est, que, quoique la femme n'ait pas été partie en son nom au contrat de dotation, son mari, comme chef de la communauté conjugale, est censé avoir fourni la dot, tant pour lui que pour elle, en sa qualité de commune, sans avoir pour cela besoin de son consentement, comme nous l'avons vu *suprà*, n. 647.

SECTION VII.

Comment les parties, qui ont part à la communauté tripartite, sont-elles tenues des dettes de ladite communauté.

1°. *Comment en sont-elles tenues entre elles.*

959. Les parties, qui ont part à la communauté tripartite, sont, entre elles, tenues des dettes de ladite communauté, chacune pour la part qu'elle a dans les biens de ladite communauté.

Chacune des têtes de cette communauté y ayant part pour un tiers, elles sont tenues chacune des dettes pour un tiers entre elles.

C'est pourquoi, si l'une desdites têtes payait le total d'une de ces dettes au créancier, elle aurait recours contre les autres têtes, pour le tiers que chacune d'elles en doit porter.

960. Observez, néanmoins, que, lorsque le passif excède l'actif, la seconde femme n'est tenue de son tiers des dettes de la communauté tripartite, que jusqu'à concurrence de ce qu'elle a amendé des biens de la communauté conjugale : car, ne faisant une tête dans la communauté tripartite, que par rapport à la communauté conjugale, qu'elle a contractée avec le survivant, elle ne doit être tenue des dettes, que suivant les règles de la communauté conjugale, c'est-à-dire, jusqu'à concurrence de ce qu'elle amende des biens de cette communauté conjugale ; le surplus doit être porté par le survivant et les enfans du premier mariage. Ces enfans doivent porter leur part de ce surplus ; car le survivant, comme chef de la continuation de communauté, qui est entre lui et eux, a fait, tant pour eux que pour lui, le contrat de communauté conjugale avec sa seconde femme, et a contracté, tant pour eux que pour lui, les obligations renfermées dans ce contrat, dont celle d'acquitter ce surplus de dettes fait partie.

961. *Vice versâ*, dans le cas auquel une femme survivante, étant en continuation de communauté avec ses enfans, a contracté une communauté conjugale avec un second mari, ce qui a formé une communauté tripartite, lesdits enfans ne sont tenus, de même que leur mère, des dettes de cette communauté, que jusqu'à concurrence de ce qu'ils amendent des biens de la communauté conjugale ; le second mari est tenu du surplus : car la femme, comme chef de la continuation de communauté, qui était entre elle et lesdits enfans, a contracté, tant pour elle que pour eux, la communauté avec son second mari, et les y a associés aux mêmes droits et conditions qu'elle y a été elle-même associée.

962. Les enfans de la femme prédécédée, qui sont en continuation de communauté avec leur père, ayant, suivant les principes de la Coutume de Paris, le privilége de n'être tenus des dettes de la continuation de communauté, que jusqu'à concurrence de ce qu'ils ont amendé des biens, tant de la continuation de communauté, que de la communauté d'entre le survivant, et leur mère prédécédée, comme nous l'avons vu *suprà*, *n.* 905, lesdits enfans ne doivent être tenus des dettes de la communauté tripartite, que jusqu'à cette concurrence ; car ils n'en sont tenus, qu'autant qu'elles sont dettes de leur continuation de communauté : leur père et sa seconde femme doivent être tenus du surplus, chacun par moitié ; sauf que la femme n'est tenue de cette moitié, que jusqu'à concurrence de ce qu'elle amende des biens de la communauté conjugale.

2°. Comment les parties sont-elles tenues vis-à-vis du créancier.

963. Les dettes de la communauté tripartite sont dues pour le total vis-à-vis du créancier, par la partie qui les a contractées, ou du chef de qui elles procèdent; telles que sont les dettes mobilières d'une succession échue à l'une des parties, quoique, vis-à-vis de ses associés, elle n'en soit tenue que pour sa part. ✝

Les autres parties, qui n'ont pas contracté les dettes, et du chef de qui elles ne procèdent pas, et qui n'en sont débiteurs que comme faisant une tête dans la communauté, ne sont tenues desdites dettes, même vis-à-vis du créancier, que pour la part qu'elles ont dans la communauté.

Observez, néanmoins, que, quoique lesdites parties ne soient tenues personnellement desdites dettes que pour leur part, elles peuvent, lorsque ce sont des dettes hypothécaires, contractées par le chef de la communauté, être tenues hypothécairement pour le total, si elles possèdent quelque conquêt immeuble de la communauté; car le chef a pu, en sa qualité de chef, les hypothéquer pour le total aux dettes qu'il contractait.

SECTION VIII.

Espèce particulière dans laquelle on a agité la question, si un enfant pouvait prétendre, contre sa belle-mère, la continuation de communauté par tiers.

964. Un homme, étant en continuation de communauté avec un enfant mineur de son premier mariage, passe à un second, et, par le contrat du second mariage, il est expressément stipulé qu'il sera tenu de faire incessamment inventaire, à l'effet de dissoudre sa communauté avec l'enfant de son premier mariage, à peine des dommages et intérêts de la future épouse. Il se passe un très-long temps depuis ce second mariage, pendant lequel cet homme fait de grosses acquisitions, et augmente considérablement les biens de sa communauté : il meurt enfin, sans avoir exécuté la convention, et sans avoir fait inventaire, en laissant pour son unique héritier l'enfant de son premier mariage. Cet enfant prétend que, faute d'inventaire, il a continué d'être en communauté avec son père jusqu'à sa mort; qu'il a droit, en conséquence, de prétendre, dans tous les biens de la communauté, un tiers de son chef, un autre tiers comme héritier de son père, et qu'il ne doit rester, par conséquent, qu'un tiers dans lesdits biens pour la veuve. Cette veuve prétend, au contraire, que son mari, en s'obligeant, envers elle, à faire cesser incessamment sa communauté avec l'enfant du premier mariage, s'est

engagé, par-là, envers elle, à empêcher l'enfant du précédent mariage de pouvoir prétendre aucune part dans les biens de leur communauté, qui pût diminuer la moitié qu'elle y doit avoir; que cette obligation, à laquelle l'enfant, comme unique héritier de son père, a succédé en entier, le rend non recevable à demander de son chef aucune part dans lesdits biens; qu'il doit seulement y prélever la moitié de la somme, à laquelle sera fixé par commune renommée le montant du mobilier de la continuation de communauté, qui existait au temps que le mari s'était obligé de la dissoudre, et qui s'est confondu, faute d'inventaire, avec celui de la communauté conjugale.

Il y a, sur cette question, deux opinions. La première, est de ceux qui, par les raisons que nous venons d'exposer, pensent que, dans cette espèce, l'enfant du premier mariage est non recevable à demander la part, qu'il a de son chef, dans les biens de la communauté de son père avec sa belle-mère.

La seconde, est de ceux qui pensent, que l'enfant du premier mariage, nonobstant la convention portée au contrat du second mariage, doit être reçu à demander la part dans tous les biens de la communauté, qui a continué par tiers, faute d'inventaire, jusqu'à la mort du mari. La raison, sur laquelle ils se fondent, est, que la veuve doit s'imputer de s'être mariée sans faire exécuter auparavant la convention, par laquelle son mari s'était obligé de dissoudre, par un inventaire, sa communauté avec son enfant; qu'il en résulte une présomption d'un concert de fraude entre l'homme et la seconde femme, pour priver l'enfant du premier mariage, de sa part dans les gains qui pourraient être faits pendant le second mariage, pendant qu'en cas de mauvaise fortune, il demeurerait exposé à supporter sa part des pertes; que ce concert de fraude présumé fournit à l'enfant du premier mariage *replicationem doli* contre l'exception résultante de la convention portée au contrat du second mariage, qui lui serait opposée par sa belle-mère. Cette opinion paraît autorisée par un arrêt du mois de juillet 1655, cité par Renusson.

On peut encore ajouter, en faveur de cette opinion, un arrêt du 3 mai 1758, rapporté par Denisart, qui a débouté une femme de sa demande en dommages et intérêts contre la succession de son mari, qu'elle prétendait résulter de l'inexécution d'une clause de son contrat de mariage, portant qu'il serait fait inventaire avant ou après la célébration, pour dissoudre la communauté avec les enfans du premier mariage, à laquelle le mari n'avait satisfait que trois ans et demi après le mariage.

965. Dans la première opinion, qui juge l'enfant du premier mariage non recevable, dans cette espèce, à demander la part qu'il a de son chef dans les biens de la communauté avec la seconde femme, observez que, comme c'est la qualité qu'il a d'hé-

ritier de son père, qui le rend non recevable, il ne doit être non recevable, que pour la part quant à laquelle il est héritier. C'est pourquoi, s'il y avait quatre enfans du second mariage, qui vinssent à la succession de son père avec lui, n'étant héritier de son père que pour un cinquième, il ne devrait être exclus que pour un cinquième, de la part qu'il a dans les biens de la communauté de sa belle-mère; sauf à elle son recours contre ses quatre enfans, pour les dommages et intérêts résultans de ce que la moitié, qu'elle devait avoir dans les biens de la communauté, a été diminuée par la part qu'y a eue de son chef l'enfant du premier mariage.

966. Quoique l'enfant du premier mariage soit héritier unique, lorsque sa belle-mère est donataire de part d'enfant, et qu'elle a droit, en cette qualité, de partager avec lui par moitié les biens de la succession de son mari, l'enfant, en ce cas, en admettant la première opinion, ne devrait être exclus que pour moitié, de la part qu'il a de son chef dans les biens de la communauté conjugale de son père avec sa belle-mère : car la belle-mère, en sa qualité de donataire de part d'enfant, étant tenue pour moitié de toutes les dettes de la succession de son mari, elle a dû faire confusion sur elle-même pour moitié, de l'obligation que son mari avait contractée envers elle, de faire cesser la communauté avec l'enfant du premier mariage; au moyen de quoi, cet enfant, n'en demeurant plus débiteur envers elle que pour moitié, ne doit être exclus, que pour moitié, du tiers qu'il a de son chef dans les biens de ladite communauté.

FIN DU TRAITÉ DE LA COMMUNAUTÉ.

TRAITÉ
DES DONATIONS
ENTRE MARI ET FEMME.

CHAPITRE PRÉLIMINAIRE.

Nous diviserons ce chapitre en quatre articles. Nous exposerons, dans le premier, la variété de nos lois sur les donations entre mari et femme. Nous traiterons, dans un second, de la nature de ces lois. Nous verrons, dans un troisième, si l'on peut y déroger par le contrat de mariage. Le quatrième article contiendra la division de ce Traité.

ARTICLE PREMIER.

De la variété de nos lois sur les donations entre mari et femme.

1. Suivant le droit romain, c'était un des effets du mariage, que l'homme et la femme ne pouvaient, pendant le mariage, se faire valablement à l'un et à l'autre aucune donation entre vifs.

Ulpien nous en donne de très-belles raisons : *Moribus apud nos receptum est, ne inter virum et uxorem donationes valerent : hoc autem receptum est, ne mutuo amore invicem spoliarentur, donationibus non temperantes, sed profusâ ergà se facilitate;* l. 1 , ff. de donat. inter vir. et uxor.

Il en apporte encore une autre raison : *Majores nostri,* dit-il, *inter virum et uxorem donationes prohibuerunt, amorem honestum solis animis æstimantes, famæ conjunctorum consulentes, ne concordia pretio conciliari videretur; neve melior in paupertatem incideret, deterior ditior fieret;* l. 3 , ff. dict. tit.

2. Il n'y avait que les donations entre vifs qui fussent défendues par le droit romain entre des conjoints par mariage. Il leur était permis de disposer à leur gré l'un envers l'autre par dona-

35*

tion pour cause de mort, ou par testament : *Inter virum et uxorem mortis causâ donationes receptæ sunt ; l. 9 , § 2. ff. dict. tit. Quià in hoc tempus excurrit donationis eventus, quo vir et uxor esse desinunt ; l. 10 , ff. dict. tit.*

3. La rigueur du droit romain, qui déclarait absolument nulles les donations entre vifs faites entre mari et femme pendant le mariage, reçut un tempérament par la constitution des empereurs Sévère et Antonin Caracalla son fils, qu'il avait associé à l'empire. Cette constitution ordonne que, lorsque celui des conjoints, qui a fait une donation de certaines choses à l'autre conjoint, meurt sans avoir témoigné, à cet égard, aucun changement de volonté, l'héritier de ce conjoint donateur ne soit pas recevable à répéter les choses données; la mort du donateur, qui meurt sans avoir changé de volonté, devant être censée, en ce cas, avoir confirmé la donation, sans qu'il fût besoin dorénavant qu'il la confirmât par testament.

C'est ce qui résulte des termes de cette constitution, qui nous sont rapportés par Ulpien : *Ait oratio, fas esse eum quidem, qui donavit, pœnitere ; hæredem verò eripere, forsitan adversùs supremam voluntatem ejus, qui donaverit, durum et avarum esse ; l. 32, § 2 , ff. dict. tit.*

4. De même que l'héritier du conjoint donateur, qui est mort sans avoir changé de volonté, ne peut, suivant les principes du droit romain, répéter contre le conjoint donataire les choses données, dont le donateur lui a fait la tradition ; de même lorsque l'un des conjoints a, par donation, fait remise à l'autre conjoint des créances qu'il avait contre lui, et est mort sans avoir changé de volonté, son héritier n'est pas reçu à faire aucune demande de ces créances : *Sive res fuit quæ donata est, sive obligatio remissa, potest dici donationem effectum habituram ; dict. l. 32, § 23.*

5. Par le droit du Digeste, il n'y avait que les donations qui avaient reçu toute leur exécution du vivant du donateur, qui était mort sans changer de volonté, qui fussent confirmées par la constitution de Caracalla. Elle n'allait pas jusqu'à donner une action au conjoint donataire, pour demander l'exécution des donations qui lui avaient été faites par le conjoint donateur, quoiqu'il fût mort sans avoir changé de volonté : *Papinianus recte putabat orationem Divi Severi ad rerum (1) donationem pertinere. Denique si stipulanti spopondisset uxori suæ ; non putabat conveniri posse (2) hæredem mariti, licet durante voluntate maritus decesserit ; l. 23 , ff. dict. tit.*

_____

(1) *Donationes rerum appellat, eas quæ re seu traditione consummatæ sunt.*
(2) La loi 33, ff. dict. tit., paraît contraire. *Voyez* les conciliations que nous avons rapportées en notre note sur cette loi, *in* Pandect. Just., dict. tit., n. 73.

Mais Justinien, par sa Novelle 162, *chap.* 1, a voulu que les donations entre mari et femme, quoiqu'elles n'eussent pas été exécutées par la tradition, fussent confirmées par la mort du donateur qui n'avait point changé de volonté; et il a accordé une action, en ce cas, au conjoint donataire, contre l'héritier du donateur, pour en poursuivre l'exécution.

6. On a élevé la question, si, dans les provinces régies par le droit écrit, ces principes du droit romain, qui confirment les donations entre mari et femme, lorsque le donateur est mort sans avoir changé de volonté, étaient abrogés par l'Ordonnance de 1731, qui porte, art. 3 : *Qu'il n'y ait plus dans nos Etats que deux formes de disposer de ses biens à titre gratuit, dont l'une sera celle des donations entre vifs, l'autre, celle des testamens ou des codicilles.*

Suivant cette disposition de l'Ordonnance, il ne peut plus y avoir que deux espèces de donations qui soient valables : les donations entre vifs, et celles qui sont revêtues de la forme des testamens ou des codicilles. Or, la donation, faite entre mari et femme, quoique le donateur soit mort sans avoir changé de volonté, n'appartient ni à l'une ni à l'autre de ces deux espèces. Elle n'est pas donation entre vifs, le donateur ayant eu jusqu'à sa mort le droit de la révoquer. Elle n'est pas non plus revêtue de la forme des testamens ou codicilles : elle ne peut donc plus aujourd'hui être valable.

Nonobstant cette raison, il paraît que les Parlemens des provinces du droit écrit, sont demeurés attachés aux principes du droit romain sur la confirmation des donations entre mari et femme, quand le donateur est mort sans avoir changé de volonté. C'est ce qui paraît par l'article 40 des réponses faites par le Parlement de Toulouse, depuis l'Ordonnance de 1731, aux questions proposées par M. le chancelier d'Aguesseau. Il y est dit que la loi romaine, à laquelle il se conforme par ses arrêts, défend, à la vérité, les donations entre mari et femme; mais qu'elle veut qu'elles soient confirmées par la mort du donateur, lorsqu'il a persévéré dans la même volonté.

A l'égard du Parlement de Paris, la question s'y est présentée l'année dernière. Un mari, dans la vue d'avantager sa femme, lui avait donné quittance d'une certaine somme, pour augmentation de dot, sans l'avoir reçue. La femme, après la mort de son mari, demanda cette somme. Elle convenait bien que son mari ne l'avait pas reçue, et que la quittance, que son mari lui en avait donnée, était un avantage que son mari avait voulu lui faire; mais elle soutenait que cet avantage était valable, ayant été confirmé par la mort de son mari, qui était mort sans avoir, à cet égard, changé de volonté. Le premier juge l'avait jugé ainsi. Par arrêt rendu en la troisième des Enquêtes, au mois d'août dernier, la sentence a été infirmée, et il a été donné congé de la demande de la femme. Cet arrêt a jugé que l'avantage, que le mari avait fait à cette femme par cette quittance, n'avait pu être confirmé par la mort du mari, l'Ordonnance de 1731 y mettant un obstacle.

7. A l'égard de nos Coutumes, il y a beaucoup de variétés entre elles sur les donations entre mari et femme. Nous les diviserons en quatre principales classes.

PREMIÈRE CLASSE.

8. La première classe, est des Coutumes qui défendent toutes donations et tous avantages directs ou indirects, entre mari et femme, pendant le mariage, les testamentaires aussi bien que celles entre vifs. De cette classe sont les Coutumes de Paris et d'Orléans, et le plus grand nombre des Coutumes.

Ces Coutumes, pour la plupart, apportent une exception à cette défense, en permettant aux conjoints par mariage de se faire, pendant le mariage, un don mutuel, au moins de certains biens, et en certains cas.

Il y a une très-grande variété entre ces Coutumes, par rapport à ce don mutuel, que nous observerons en la seconde partie de ce traité.

SECONDE CLASSE.

9. La seconde classe, est des Coutumes qui défendent bien les donations entre vifs entre mari et femme pendant le mariage, sauf le don mutuel à l'égard de certains biens et en certains cas, mais qui leur permettent les donations testamentaires.

Il y a deux sous-divisions à faire de ces Coutumes, qui permettent aux conjoints par mariage de se donner par testament.

Première sous-division.

10. Cette sous-division concerne les cas, dans lesquels ces Coutumes permettent à un conjoint par mariage de donner à l'autre par testament.

Plusieurs, comme Chartres, Château-Neuf, Péronne, etc., le permettent, soit qu'il y ait des enfans, ou non.

Au contraire, la Coutume de Mantes ne le permet que dans le seul cas, auquel il n'y a pas d'enfans.

Seconde sous-division.

11. Cette sous-division concerne ce que ces Coutumes per-

mettent à un conjoint par mariage de donner à l'autre par testament.

Il y en a qui permettent à un conjoint par mariage de donner par testament à l'autre conjoint tout ce qu'il pourrait donner par testament à un étranger. Telles sont les Coutumes de Péronne, *art.* 111; celle de Ponthieu, *tit.* 2, *art.* 24; celle de Château-Neuf, *chap.* 17, *art.* 113; celle de Dreux, *tit.* 18, *art.* 81; celle de Chartres, *chap.* 17, *art.* 91; sauf que, dans celle du Perche, qui est locale de Chartres, le conjoint ne peut pas donner par testament à l'autre l'année du revenu de tous ses propres, qu'il aurait pu donner à un étranger.

D'autres Coutumes, qui permettent aux conjoints par mariage de se donner l'un à l'autre par testament, ne le permettent que sous certaines restrictions.

Telle est la Coutume de Reims, *art.* 291, qui permet bien aux conjoints par mariage de se léguer l'un à l'autre leurs meubles et conquêts en propriété; mais elle ne leur permet de disposer par testament l'un envers l'autre *de la moitié de leur naissant et acquêts faits auparavant leur mariage, qu'en usufruit seulement.*

Enfin, il y en a qui distinguent, à cet égard, le cas auquel il n'y a pas d'enfans, et le cas auquel il y a des enfans.

Telle est celle d'Amiens, *tit.* 5, *art.* 106, qui permet aux conjoints par mariage de se donner l'un à l'autre par testament, lorsqu'il n'y a pas d'enfans, tout ce qu'ils pourraient donner par testament à un étranger; mais qui ne leur permet pas de se rien donner par testament, qu'en usufruit, lorsqu'il y a des enfans.

12. On a fait la question, si les Coutumes, qui ont défendu les donations entre vifs entre conjoints par mariage, et qui ne se sont pas expliquées sur les testamentaires, doivent être rangées sous cette classe. Je pense qu'elles y doivent être rangées, et qu'il est permis, dans ces Coutumes, aux conjoints par mariage, de se donner l'un à l'autre, par testament, tout ce qu'on peut donner par testament à un étranger. La raison est, que la liberté naturelle, que chacun a de tester à son gré de ses biens envers qui bon lui semble, ne peut être restreinte que par une loi prohibitive. Or, il ne s'en trouve aucune dans les Coutumes qui ont défendu aux conjoints les donations entre vifs, sans parler des testamentaires. On ne peut tirer aucune conséquence de la défense, qu'elles ont faite de celles entre vifs, pour en conclure qu'elles défendent pareillement les testamentaires; car il n'y a pas même raison; la contrainte et les sollicitations, qui sont à craindre dans les donations entre vifs, qui sont irrévocables, ne l'étant pas également dans les testamentaires, qu'un testateur est toujours le maître de révoquer secrètement, lorsqu'il les a faites

contre son gré. C'est pourquoi, le droit civil, qui défend les donations entre vifs, ne laisse pas de permettre expressément les testamentaires.

Si la Coutume de Paris, et plusieurs autres, ont défendu les donations testamentaires aux conjoints par mariage, aussi bien que celles entre vifs, il y en a un assez grand nombre d'autres, qui leur permettent les testamentaires, pour qu'on ne puisse pas dire que celles, qui les défendent, fassent un droit commun pour tout le pays Coutumier, et pour les étendre hors de leur territoire. Enfin Coquille, dans son Commentaire sur l'*art. 27* du *tit.* 23 de la Coutume de Nivernais, qui est du nombre de celles qui défendent les donations entre vifs, et se taisent sur les testamentaires, atteste que l'usage de la province est de les regarder comme permises; et il rapporte un arrêt de 1531, qui a jugé qu'il était permis aux conjoints de se donner par testament l'un à l'autre, dans les Coutumes qui n'avaient pas de disposition contraire.

TROISIÈME CLASSE.

13. La troisième classe est des Coutumes qui admettent non-seulement les donations testamentaires, que l'un des conjoints ferait à l'autre, mais même les donations simples entre vifs, lorsque le conjoint est prédécédé sans les avoir révoquées, conformément aux principes du droit romain.

Telle est la Coutume de Touraine, dans le cas seulement auquel les conjoints n'ont pas d'enfans. Telle est celle de Poitou, soit qu'il y ait enfans, ou non.

L'Ordonnance de 1731 étant censée avoir abrogé cette disposition du droit romain, comme nous l'avons vu *suprà, n. 6*, elle doit être censée, par la même raison, avoir abrogé cette disposition de ces Coutumes, lesquelles, par conséquent, rentrent dans la seconde classe.

QUATRIÈME CLASSE.

14. La quatrième classe des Coutumes, est de celles qui permettent à l'un des conjoints par mariage, de faire à l'autre donation entre vifs simple, au moins en certains cas, et sous certaines restrictions.

Telles sont, celle d'Angoumois, *art.* 52, qui permet aux conjoints par mariage de se faire, pendant le mariage, l'un à l'autre, donation entre vifs, ou mutuelle, ou simple en usufruit, de leurs meubles acquêts, et du tiers de leurs propres, dans le cas auquel ils n'ont pas d'enfans.

Celle de Montfort, qui leur permet pareillement de se donner l'un à l'autre, par donation entre vifs en usufruit, leurs meubles et conquêts, et le quart de leurs propres, quand il n'y a pas d'enfans.

Celle de Noyon est encore plus favorable aux conjoints par mariage. Elle leur permet, *tit.* 13, *art.* 21, de se faire donation entre vifs l'un à l'autre, soit qu'il y ait enfans, ou non ; sauf que, lorsqu'il n'y a pas d'enfans, elle permet aux conjoints de se donner l'un à l'autre entre vifs leurs meubles et acquêts en propriété, et l'usufruit de la moitié de leurs propres ; au lieu que, lorsqu'il y a des enfans, elle ne leur permet que la donation des meubles et acquêts, sauf la légitime des enfans ; et elle ne leur permet pas de se rien donner de leurs propres.

La Coutume de Saint-Jean-d'Angély est aussi du nombre des Coutumes qui permettent aux conjoints les donations entre vifs simples, aussi bien que les mutuelles. Maichain, et son Commentaire sur l'*art.* 13 du *tit.* 8 de cette Coutume, dit qu'on en avait douté dans la province, et que plusieurs entendaient l'article 13, qui contient cette permission, non des véritables donations entre vifs, mais de celles qui étaient confirmées par la mort du donateur, qui mourait sans les avoir révoquées : mais cette interprétation étant contraire au sens obvie du texte, sans qu'il y eût rien dans cette Coutume qui la favorisât, a été rejetée ; et il a été jugé par un arrêt du Parlement de Bordeaux, du mois de mai 1642, dans l'espèce d'une donation entre vifs simple, faite, par une femme, à son mari, pendant le mariage, qu'elle était une véritable donation entre vifs, que la donatrice n'avait pu révoquer.

La Coutume d'Auvergne, *chap.* 14, *art.* 28, fait une distinction entre l'homme et la femme. Elle permet à l'homme de faire à sa femme donation entre vifs de tous ses biens, sauf la légitime des enfans ; et elle ne permet pas à la femme de rien donner à son mari.

15. On a élevé la question, à l'égard des Coutumes qui permettent les donations entre vifs, et qui ne se sont pas expliquées sur les testamentaires, si les restrictions, qu'elles apportent à la permission des donations entre vifs, doivent s'étendre aux testamentaires. Par exemple, si, dans la Coutume de Montfort, qui permet aux conjoints par mariage, lorsqu'il n'y a pas d'enfans, de se faire l'un à l'autre donation entre vifs, mais avec cette restriction, qu'elle ne permet de la faire qu'en usufruit, cette restriction doit s'étendre aux donations testamentaires. Thouret, sur la Coutume de Montfort, rapporte deux arrêts, un du 13 avril 1604, et l'autre du 7 septembre 1637, qui ont jugé que, dans cette Coutume, elle ne devait pas s'y étendre, et que les conjoints pouvaient se léguer l'un à l'autre, en propriété, tout ce qu'il est permis de léguer à un étranger ; et il atteste que c'est l'usage constant de sa province.

En effet, si la défense expresse et absolue, que plusieurs Coutumes font de toutes donations entre vifs entre conjoints, ne s'étend pas aux testamentaires, sur lesquelles elles ne se sont pas expliquées, comme nous l'avons établi *suprà, n.* 12, la défense, que cette Coutume fait tacitement des donations entre vifs en propriété, en permettant de les faire en usufruit, ne doit pas non plus s'étendre aux donations testamentaires.

16. Il semblerait que l'autre restriction, que cette Coutume appose à la permission des donations entre vifs, en ne les permettant que dans le cas, auquel il n'y a pas d'enfans, ne devrait pas non plus s'étendre aux testamentaires, sur lesquelles elle s'est tue. Néanmoins, Thouret nous atteste que, dans sa province, l'usage est constant de l'y étendre, et de réputer les conjoints par mariage, qui ont des enfans, incapables de se rien donner l'un à l'autre par testament, aussi bien qu'entre vifs. La raison, qu'il en donne, est que la défense, que fait cette Coutume, des donations entre vifs, dans le seul cas auquel il n'y a pas d'enfans, étant uniquement fondée sur la faveur des enfans; et ce même motif, qui a porté la Coutume à défendre, en ce cas, les donations entre vifs, se rencontrant à l'égard des testamentaires, on en doit conclure que l'esprit de la Coutume est de défendre pareillement, en ce cas, aux conjoints par mariage, de se faire l'un à l'autre aucune donation testamentaire, suivant cette règle : *Ubi eadem ratio et æquitas occurrit, idem jus statuendum est.*

17. On fait une autre question à l'égard des Coutumes qui ne permettent les donations entre vifs simples, et les donations testamentaires, que dans le seul cas auquel les conjoints n'ont pas d'enfans; s'il suffit, pour qu'une donation entre vifs simple, ou pour qu'une donation testamentaire soit valable dans ces Coutumes, que celui, qui a fait la donation, n'ait point d'enfans, quoique celui, à qui elle a été faite, en ait d'un précédent mariage. Il paraît que cela suffit; car la défense de ces donations, en cas d'enfans, n'étant, dans ces Coutumes, fondée que sur la faveur des enfans, il n'y a que les enfans du donateur, comme les seuls intéressés à l'empêcher, qui puissent y mettre obstacle.

ARTICLE II.

De la nature des lois municipales qui concernent les donations entre mari et femme.

18. Les lois municipales, qui concernent les donations entre mari et femme, ayant pour objet de régler quelles donations on doit permettre ou défendre à des conjoints par mariage, de se faire l'un à l'autre *de leurs biens*, sont des statuts réels; car, on appelle statuts réels ceux qui ont pour objet les biens.

Suivant la nature des statuts réels, la seule loi, qui régit chacun des biens des conjoints, doit décider s'il leur est permis ou défendu de se les donner l'un à l'autre. Les biens, qui ont une situation, tels que sont les fonds de terre et les maisons, sont régis par la loi du lieu où ils sont situés.

Pareillement les droits réels, que nous avons dans quelque héritage, tels qu'un droit de rente foncière, étant censés avoir la même situation que l'héritage, sont régis par la loi du lieu où est situé l'héritage.

Les rentes sur le roi étant censées avoir leur situation où est le bureau de paiement des arrérages, sont régies par la loi de ce lieu. Par exemple, les rentes sur l'Hôtel-de-Ville de Paris sont régies par la Coutume de Paris, où est le bureau de paiement desdites rentes.

Les offices étant censés avoir leur situation au lieu où est le principal siége de l'exercice, c'est la loi de ce lieu qui les régit.

C'est donc la loi du lieu, où ces différens biens sont situés, ou sensés situés, qui doit décider si les donations, que s'en feraient les conjoints par mariage, sont permises ou défendues : et il n'importe, à cet égard, en quel lieu les conjoints par mariage aient leur domicile ; car c'est le caractère des statuts réels, qu'ils exercent leur empire sur les biens qui y sont soumis, quelles que soient les personnes à qui ils appartiennent, et quoiqu'elles aient leur domicile dans d'autres provinces.

Suivant ces principes, si des conjoints par mariage, domiciliés à Lyon, ont des héritages situés sous la Coutume de Paris, ou des rentes foncières à prendre sur des héritages de Paris, ou des rentes constituées sur l'Hôtel-de-Ville de Paris, ou quelque office qui s'exerce à Paris; quoique la loi observée à Lyon, qui est pays de droit écrit, permette aux conjoints par mariage de se donner l'un à l'autre, par testament, tous leurs biens, néanmoins, le conjoint par mariage, à qui appartiennent lesdits biens, n'en pourra rien donner à l'autre conjoint, parce que la Coutume de Paris, qui régit lesdits biens, ne le permet pas.

Vice versâ, si des conjoints par mariage, domiciliés à Paris, ont des biens situés dans le Lyonnais, ils pourront en disposer par testament l'un envers l'autre, quoique la Coutume de Paris, où est leur domicile, défende aux conjoints par mariage de se rien donner, ni entre vifs, ni par testament.

19. Les rentes constituées, à l'exception de celles du roi, quand même elles seraient assignées spécialement sur quelque héritage, sont censées n'avoir aucune situation : elles suivent, en conséquence, la personne à qui elles appartiennent; et elles sont régies par la loi du domicile de cette personne. Il en est de même de tous les biens meubles, soit corporels, soit incorporels.

C'est donc la loi du lieu du domicile des conjoints par mariage, auxquels les biens de cette espèce appartiennent, qui doit décider si la donation, que le conjoint, à qui ils appartiennent, en fait à l'autre conjoint, est permise ou défendue.

Les donations entre vifs ayant toute leur perfection lorsqu'elles se font, c'est la loi du domicile, que les conjoints par mariage ont, au temps que se fait la donation, qui doit seule décider si la donation, que l'un des conjoints a faite des biens de cette espèce à l'autre conjoint, est permise ou défendue; et l'on n'a aucun égard à la loi du domicile, qu'ils avaient au temps qu'ils se sont mariés.

C'est pourquoi, si des conjoints, qui, lorsqu'ils se sont mariés, avaient leur domicile sous la Coutume de Paris, qui défend tous avantages entre conjoints, ont depuis transféré leur domicile sous la Coutume de Noyon, qui permet les donations entre mari et femme; la donation, que l'un desdits conjoints aura faite des biens de cette espèce à l'autre conjoint, depuis leur translation de domicile à Noyon, sera valable.

Vice versâ, si des conjoints, qui avaient leur domicile à Noyon, lorsqu'ils se sont mariés, ont transféré leur domicile à Paris; quoique la Coutume de Noyon, où ils se sont mariés, leur permît de se donner entre vifs les biens de cette espèce, ils ne pourront plus, depuis leur translation de domicile à Paris, se les donner.

Mais celle, qu'ils se seraient faite, pendant qu'ils avaient encore leur domicile à Noyon, sera valable, quoiqu'ils aient depuis transféré leur domicile à Paris.

20. Observez que, pour que des gens mariés, qui, lorsqu'ils se sont mariés, étaient domiciliés sous une Coutume qui défend les donations entre mari et femme, puissent, en transférant leur domicile sous une Coutume qui les permet, acquérir le pouvoir de se donner l'un à l'autre leurs biens meubles et leurs rentes, il faut que cette translation de domicile soit sincère; il faut que le nouveau domicile soit un véritable domicile, où ils aient eu dessein de se fixer pour toujours, et non un domicile simulé. On juge de cette intention par les circonstances.

Par exemple, si un Parisien, après s'être marié à Paris, avec une femme de Paris, emmène sa femme à Noyon, y loue une maison, se fait mettre sur le rôle de la capitation des bourgeois de Noyon, y demeure pendant trois ou quatre ans, pendant lequel temps il fait une donation à sa femme de ses meubles et de toutes ses rentes; après quoi il quitte Noyon, et revient demeurer à Paris, il est visible, en ce cas, que le domicile, que cet homme prétend avoir eu à Noyon, n'était qu'un domicile simulé, et n'était point un véritable domicile; qu'il n'a point eu intention de fixer son domicile à Noyon; qu'il n'y est allé, et n'y a passé le temps qu'il y a passé, que pour y faire la donation qu'il y a faite à sa femme : c'est pourquoi, cet homme doit être censé avoir toujours conservé son domicile à Paris, où il a toujours eu la volonté de retourner. Il n'a point cessé, par conséquent, d'être sujet à la Coutume de Paris; et la donation, qu'il a faite à sa femme, est nulle.

Mais si ce Parisien a eu véritablement intention de fixer son domicile à Noyon, et que cela paraisse, parce qu'il a effectivement demeuré à Noyon, jusqu'à la dissolution de son mariage, ou du moins pendant un temps très-considérable, il aura cessé d'être soumis à la Coutume de Paris, en transférant son domicile à Noyon, et la donation, qu'il y a faite à sa femme, doit être jugée valable.

21. Cela a lieu, quand même ce Parisien se serait porté à transférer son domicile à Noyon uniquement dans la vue de pouvoir faire à sa femme la donation qu'il lui a faite, pourvu qu'il ait eu véritablement intention d'y fixer son domicile pour toujours. La donation, que le Parisien fait, en ce cas, à sa femme, depuis sa translation de domicile à Noyon, est très-permise dans le for de la conscience, aussi bien que dans le for extérieur; et on ne peut pas dire que ni la translation de domicile, ni la donation, soient faites en fraude de la loi. Une personne agit en fraude de la loi, lorsque, demeurant sous l'empire de la loi, elle fait, par des voies obliques, quelque chose que la loi défend, quelque chose qui, sans paraître contraire aux termes de la loi, est opposé à l'esprit de la loi : *In fraudem legis facit, qui, salvis verbis legis, sententiam ejus circumvenit;* l. 29, ff. *de leg.* Mais ce n'est rien faire en fraude de la loi, que de se soustraire, par une voie licite, à l'empire d'une loi positive et locale. Nos lois municipales étant des lois positives et locales, qui n'ont d'empire que sur les personnes qui ont leur domicile dans leur territoire, et étant très-permis à chacun de transférer son domicile d'un lieu dans un autre, ce Parisien ne fait rien en fraude de la loi de Paris, en transférant son domicile à Noyon, pour soustraire sa personne, et les droits attachés à sa personne, à l'empire de la Coutume de Paris : *Non videtur dolo facere qui jure communi utitur;* pourvu qu'il ait véritablement intention d'y transférer son domicile; car s'il avait intention de retourner dans le lieu de son premier domicile, cet esprit de retour lui conserverait son premier domicile, aux lois duquel il continuerait toujours d'être sujet.

22. Nous avons vu, à l'égard des donations entre vifs, que l'un des conjoints par mariage a faites de ses biens meubles ou de ses rentes à l'autre conjoint, que c'était la seule loi du lieu où les parties avaient leur domicile au temps de la donation, qui devait décider si elle était permise ou défendue, sans qu'on ait égard à celle du lieu où elles ont depuis transféré leur domicile. Il n'en

est pas de même des donations testamentaires. Comme celles-ci n'acquièrent leur perfection, et même leur être, qu'au temps de la mort du testateur; quoique le conjoint, qui a disposé des biens de cette espèce au profit de l'autre conjoint, eût, au temps qu'il a fait son testament, son domicile sous une Coutume qui permet ces dispositions, la disposition ne sera pas valable, si, au temps de sa mort, il avait son domicile sous une Coutume qui la défend. Par exemple, si un homme, domicilié sous la Coutume de Chartres, qui permet aux conjoints par mariage de disposer par testament de leurs biens l'un envers l'autre, après avoir fait son testament à Chartres, par lequel il a légué tous ses biens meubles à sa femme, a depuis transféré son domicile à Paris, où il est mort, le legs qu'il a fait à sa femme, sera nul, parce qu'il n'est pas permis par la Coutume de Paris, par laquelle ses biens meubles étaient régis lors de sa mort.

ARTICLE III.

Si les parties peuvent, par leur contrat de mariage, déroger aux lois qui concernent les donations entre mari et femme.

23. Il faut, à cet égard, distinguer entre les lois prohibitives, qui défendent les donations entre mari et femme, et celles qui les permettent.

Il ne peut être douteux que les parties ne peuvent, par leur contrat de mariage, déroger aux lois prohibitives, qui défendent les donations entre mari et femme. La raison est que, *Jus publicum privatorum pactis mutari non potest; l. 38, ff. de pact. Privatorum conventio juri publico non derogat; l. 45, ff. de reg. jur.*

C'est pourquoi, si, par la clause d'un contrat de mariage, quoique passé dans un lieu dont la Coutume permet les donations entre mari et femme, entre des parties qui y ont leur domicile, il était porté que, en quelque lieu que les parties transférassent leur domicile, et en quelque lieu que fussent situés leurs biens, il leur serait permis de se faire, pendant leur mariage, telles donations qu'elles jugeraient à propos, il est évident qu'une telle convention serait nulle.

Le principe, qui rend nulle la clause d'un contrat de mariage, par lequel les parties conviendraient qu'elles pourraient se faire les donations que les Coutumes défendent entre conjoints par mariage, reçoit exception dans la Coutume de Bourgogne. Cette Coutume, *chap. 4, art.* 7, après avoir dit : « Le mari et la femme » ne peuvent faire traité, donation, concession, n'autres contrats » constant leur mariage, » ajoute à la fin de l'article, « s'autrement » par le traité de mariage il n'était *entre eux convenu.* »

Cette disposition est très-singulière, et ne peut être étendue aux autres Coutumes qui n'ont pas une pareille disposition.

24. Non-seulement les conventions, qui dérogent ouvertement et expressément aux lois qui défendent les donations entre mari et femme, sont nulles; toutes celles même, qui tendent indirectement à laisser aux conjoints par mariage le pouvoir de se faire, pendant le mariage, quelque avantage indirect défendu par ces lois, sont pareillement nulles.

Telle est, par exemple, la clause, que les futurs conjoints n'auront aucun remploi du prix de leurs propres, qui seront aliénés pendant le mariage. Il est évident que, par cette clause, chacun des conjoints aurait une voie ouverte d'avantager pendant le mariage, si bon lui semblait, l'autre conjoint, en vendant ses héritages propres pendant le mariage, ou en trouvant des moyens de se procurer, pendant le mariage, le rachat de ses rentes; puisque le prix de la vente de ses héritages et du rachat de ses rentes, tombant dans la communauté, l'autre conjoint profiterait de ce prix pour la part qu'il a dans la communauté. Une telle clause ne doit donc pas être valable.

25. Telle est pareillement la clause, par laquelle des futurs conjoints, en se mariant avec exclusion de communauté, conviendraient qu'il leur serait néanmoins permis, pendant leur mariage, d'établir une communauté, si bon leur semblait.

Il est évident que, en établissant une communauté pendant le mariage, celui des conjoints, qui a un gros revenu à y apporter, fait un très-grand avantage à l'autre conjoint qui en a peu. Cette clause, qui permet aux conjoints d'établir entre eux une communauté pendant le mariage, tend donc à lui permettre de faire un avantage à l'autre conjoint pendant le mariage, contre la défense de la loi; elle ne doit donc pas être valable. C'est ce que décide Dumoulin, qui, sur l'article 110 de l'ancienne Coutume de Paris, dit que par contrat de mariage *non potest vir sibi reservare facultatem* de l'appeler (sa femme) à la communauté.

26. Par la même raison, la clause d'un contrat de mariage, par lequel il serait dit que la femme aurait moitié dans les meubles et conquêts de la communauté, et ne serait point tenue des dettes de la communauté, ou en serait seulement tenue pour un tiers, n'est pas valable, puisqu'elle ouvrirait au mari une voie d'avantager sa femme pendant le mariage, en faisant beaucoup d'acquisitions pendant le mariage, dont il devrait le prix; ce qui serait un avantage pour la femme, qui aurait moitié de ces acquisitions, et ne paierait rien du prix, ou n'en paierait que le tiers. *Voyez* ce que nous avons dit en notre *Traité de la Communauté*, n. 449, sur cette clause, et sur la clause inverse.

27. C'est offenser les lois, que de se permettre ce qu'elles défendent; mais ce n'est pas les offenser, que de s'interdire ce qu'elles

permettent : c'est pourquoi, on demande si les parties peuvent, par leur contrat de mariage, déroger aux lois qui permettent aux conjoints par mariage de se donner; et si la clause, portée par un contrat de mariage, par laquelle il serait dit que les futurs époux, en quelque lieu qu'ils eussent leur domicile, et en quelque lieu que leurs biens fussent situés, ne pourraient se faire l'un à l'autre aucune donation, ni entre vifs, ni par testament, serait valable.

Ferrière, sur l'article 280 de la Coutume de Paris, *gloss.* 1, *n.* 33, rapporte un arrêt du mois de juin 1640, qui a jugé que cette convention était valable, et qu'un homme et une femme, qui avaient inséré cette convention dans leur contrat de mariage, n'avaient pu, en conséquence de cette convention, se faire, pendant leur mariage, le don mutuel permis par la Coutume de Paris. Cette décision ne pouvait souffrir aucune difficulté, lorsqu'on regardait les conventions des contrats de mariage comme des conventions qui étaient censées intervenir, non-seulement entre les deux futurs conjoints, mais encore entre leurs familles respectives, lesquelles avaient intérêt de faire cette convention, pour empêcher que les biens d'une famille ne passassent à l'autre; mais depuis que l'arrêt en forme de règlement, que nous avons rapporté en notre Traité de la Communauté, *n.* 349, a établi pour principe, que les conventions matrimoniales ne doivent plus être regardées, que comme des conventions entre les seules parties contractantes, la question peut souffrir plus de difficulté; car on peut opposer, contre cette convention, que les futurs conjoints ne paraissent pas pouvoir avoir intérêt de s'interdire la liberté naturelle, que la loi leur laisse, de disposer de leur bien à leur gré, et de s'en avantager l'un l'autre, si bon leur semble : ils paraissent, au contraire, avoir plutôt intérêt de se la conserver. Or c'est un principe que *Nemo utiliter stipulari potest quod suâ non interest.*

On peut répondre que l'intérêt d'affection, qu'a chacun des futurs conjoints de conserver son bien à sa famille, peut servir de fondement suffisant aux conventions matrimoniales. La convention, par laquelle l'un des conjoints stipule que son mobilier sera propre à ceux de son côté et ligne, à l'effet d'empêcher l'autre conjoint survivant d'y succéder à leurs enfans communs, et de le conserver à la famille de celui qui a fait la stipulation, n'a pas d'autre fondement; et, cependant, c'est une convention très-usitée, et dont la validité n'a jamais été révoquée en doute. Cette raison se rencontre dans la convention, par laquelle ils s'interdisent la liberté naturelle, que la loi leur laissait, de s'avantager l'un l'autre : leur motif est d'éviter, par-là, de se trouver dans la fâcheuse alternative, ou de priver leur famille de leurs biens contre leur inclination, par les donations que l'un d'eux ferait à l'autre ; ou d'altérer la concorde conjugale par le refus qu'il ferait de faire à l'autre conjoint les donations qu'il le solliciterait de lui faire.

28. Il ne peut être douteux que la clause, insérée à la donation faite à l'un des conjoints par le contrat de mariage, qu'il ne pourra rien donner à l'autre conjoint des biens compris en la donation, au préjudice de sa famille, est valable, étant permis à un donateur d'apposer telle loi que bon lui semble à la donation qu'il fait.

ARTICLE IV.

Division du Traité.

Nous diviserons ce Traité en trois parties. Nous traiterons, dans la première partie, des avantages directs et indirects, qui sont défendus par la Coutume de Paris et autres semblables, entre conjoints par mariage. Dans la seconde, nous traiterons du don mutuel permis, par l'article 280 de la Coutume de Paris, entre conjoints par mariage, qui n'ont point d'enfans. Nous traiterons, dans la troisième partie, d'une autre espèce de don mutuel, que l'article 281 de la Coutume de Paris permet à des conjoints par mariage, qui ont des enfans, de se faire l'un à l'autre en mariant leurs enfans.

PREMIÈRE PARTIE.

Des avantages directs et indirects défendus par la Coutume de Paris, et autres semblables, entre conjoints par mariage.

La Coutume de Paris défend aux conjoints par mariage de se faire l'un à l'autre, pendant leur mariage, aucun avantage, ni direct ni indirect.

Voici comme elle s'en explique en l'*art.* 282 : « Homme et » femme conjoints par mariage, constant icelui, ne se peuvent » avantager l'un l'autre par donations entre vifs, par testament » ou ordonnance de dernière volonté, ne autrement, directe- » ment ne indirectement, sinon par don mutuel, comme des- » sus. »

Après avoir prémis quelque chose sur les personnes comprises en la disposition de cet article 282, nous traiterons, dans un premier chapitre, des avantages directs qui sont défendus entre mari et femme ; et dans un second, des indirects.

ARTICLE PRÉLIMINAIRE.

Quelles personnes sont comprises en la disposition de l'article 282.

29. La Coutume dit, *homme et femme conjoints par mariage.* Cela comprend tous les conjoints par mariage, soit qu'ils soient communs en biens, soit qu'ils soient séparés de biens, ou même d'habitation.

30. La disposition de la Coutume a-t-elle lieu entre un homme et une femme, dont le mariage serait nul, ayant été contracté contre les lois ? Ulpien en élève la question dans le droit romain, qui défendait pareillement les donations entre mari et femme : *Si senatoris filia libertino contrà senatús-consultum nupserit, vel provincialis mulier ei, qui ibi meret, contrà mandata valebit donatio, quia nuptiæ non sunt : sed fas non est eas donationes ratas esse, ne melior sit conditio eorum, qui deliquerunt,* l. 3, § 1, ff. *de donat. int. vir. et ux.*

L'empereur Alexandre décide pareillement que la donation faite par une femme à un homme, avec qui elle avait contracté un mariage nul, quoiqu'elle pût paraître valable, en s'en tenant à la lettre, devait néanmoins être déclarée nulle : *Si matrimonium jure non valuit, licet ipso jure donatio tenuerit, quià tamen indigna persona ejus fuit, qui nec maritus potest dici, utiles actiones super revocandis his tibi competunt ;* l. 7, Cod. dict. tit. Nous devons pareillement décider que les donations, faites entre personnes mariées, soit que leur mariage soit valable, soit qu'il ne le soit pas, sont comprises sous la disposition de cet article, qui défend tous avantages entre homme et femme. Les raisons, qui sont rapportées *suprà, n.* 1, militent également, soit que le mariage soit valable, soit qu'il ne le soit pas.

Cela doit s'entendre tant que ces personnes se portent pour mari et femme ; mais si elles s'étaient séparées, après que leur mariage aurait été déclaré nul par un jugement de l'Official, ou par un arrêt rendu sur un appel comme d'abus, ces personnes doivent passer pour étrangères, et je ne vois rien qui doive les empêcher de pouvoir se faire l'une et l'autre des donations, comme le peuvent des personnes étrangères.

31. Un homme et une femme, qui, sans avoir contracté mariage, vivent en concubinage, sont aussi incapables de se faire aucunes donations ; non par cet article, car on ne peut pas dire qu'ils soient *conjoints par mariage ;* mais par une raison qui leur est particulière, savoir, qu'il serait contre les bonnes mœurs et l'honnêteté publique, que ces personnes pussent recevoir par des donations la récompense de leur mauvais commerce. Plusieurs Coutumes en ont des dispositions.

C'est pourquoi, même dans les Coutumes qui permettent les donations entre mari et femme, comme Tours, *art.* 243, celles faites entre ces personnes qui vivent en concubinage, sont défendues ; *Tours, art.* 246.

Je pense que cela doit avoir lieu, même après que ces personnes se sont séparées, et ont cessé ce mauvais commerce ; car les donations, qu'elles se feraient, pourraient toujours paraître faites en considération des habitudes qu'elles ont eues ensemble, et être une récompense du mauvais commerce qu'elles ont eu. On permet, néanmoins, des donations faites à des concubines, lorsqu'elles sont modiques, et faites pour alimens.

32. Lorsqu'un homme et une femme, après avoir vécu en concubinage, contractent ensemble un mariage légitime, la dignité du mariage effaçant, en ce cas, la honte du mauvais commerce qu'ils ont eu par le passé, les rend capables de se faire des donations par leur contrat de mariage. Mais, si la donation que l'homme ferait à sa femme, par ce contrat de mariage, était excessive, comme si elle était de tous ses biens, ou si c'était une donation en propriété d'une grande partie de ses biens, une telle donation paraîtrait dictée par la passion, et être un effet de l'empire que ces sortes de femmes acquièrent sur les hommes

qu'elles séduisent; et elle devrait en conséquence être déclarée nulle, ou du moins réduite.

Si le mari laissait pour héritiers des enfans, qui ont été légitimés par le mariage qu'il a contracté avec sa concubine, ces enfans seraient-ils recevables à attaquer la donation portée par le contrat de mariage, ce contrat de mariage étant, dit-on, le titre qui leur a donné leur état civil? Je pense qu'ils y seraient recevables. Le titre, qui leur a donné leur état civil, est le mariage : ils n'attaquent point ce titre en attaquant la donation, qui, quoique portée par le contrat de mariage, est quelque chose de différent et de distingué du mariage.

CHAPITRE PREMIER.

Des avantages directs défendus entre mari et femme.

Nous verrons, dans un premier article, quels sont ces avantages : nous traiterons, dans un second, de ce qui résulte de la nullité de ces avantages.

ARTICLE PREMIER.

Quels sont les avantages directs défendus entre mari et femme.

33. La Coutume défend, par cet article, aux conjoints par mariage, de s'avantager par donation entre vifs. Cela comprend non-seulement les donations simples, que l'un des conjoints ferait à l'autre, mais aussi les donations mutuelles, que les conjoints se feraient mutuellement l'un à l'autre, sauf seulement celles qu'elle permet par les articles 280 et 281.

34. La défense comprend non-seulement les donations d'héritages ou d'autres immeubles, mais même les donations de meubles, qu'un conjoint séparé de biens aurait faites à l'autre, lorsque ces meubles sont considérables : mais un conjoint, ni ses héritiers, ne seraient pas écoutés à redemander de petits présens que ce conjoint aurait faits à l'autre conjoint; ce qui doit s'estimer eu égard aux facultés des parties : *Si vir uxori munus* IMMODICUM *Kalendis Martiis aut natali die dedisset, donatio est* (*prohibita*)*; l. 31, § 8, ff. de donat. int. vir. et ux.* Pomponius, en regardant les présens, lorsqu'ils sont trop considérables, comme donations défendues entre mari et femme, laisse à conclure qu'il en est autrement des petits présens. Par exemple, si entre conjoints séparés de biens, le mari a fait présent à sa femme d'une robe ou d'une garniture de tête, pour qu'elle parût

parée à quelque jour de fête où elle devait se trouver ; ou même s'il lui a donné en argent de quoi faire cette emplette, ces présens ne passeront pas pour une donation défendue entre mari et femme : c'est pourquoi Pomponius, après ce que nous venons de rapporter de la loi 31, § 8, ajoute de suite : *Sed si impensas, quas faceret mulier, quò honestiùs se tueretur, contrà est.*

Pareillement, les petits présens, qu'une femme fait à son mari, ne sont point regardés comme des donations défendues ; comme si elle lui a fait présent d'une veste qu'elle lui avait brodée, ou de quelques douzaines de chemises faites du lin qu'elle avait filé elle-même.

35. Les sommes, qu'un homme donne à sa femme non commune en biens, tous les ans ou tous les mois, pour son entretien et pour ses menues nécessités, même celles qu'il lui donne par extraordinaire, ou pour quelque dépense extraordinaire, comme pour un voyage, sont regardées comme un acquittement des charges du mariage, plutôt que comme une donation qu'il ait faite de ces sommes d'argent à sa femme : c'est pourquoi, si elle avait fait quelques épargnes sur les sommes qu'elle a reçues, qu'elle se trouvât avoir au temps de la dissolution du mariage, elle ne serait pas obligée d'en rien rendre ; pourvu que les sommes, qu'elle a reçues, ne fussent pas excessives : ce qui s'estime eu égard à la qualité des parties, et à la valeur de la dot que le mari a reçue : *Ex annuo vel menstruo, quod uxori maritus præstat, tunc, quod superest, revocabitur, si satis immodicum est, id est, suprà vires dotis ;* l. 15, ff. de don. int. vir. et ux.

Il est vrai que la femme n'est pas, à la vérité, obligée de rendre les sommes que son mari lui a données pour les causes susdites ; mais elle n'a pas d'action pour exiger de lui celles qu'il lui a promises, durant le mariage, pour les susdites causes ; l. 11, Cod. dict. tit.

36. Non-seulement, il n'est pas permis à l'un des conjoints de donner à l'autre conjoint les choses mêmes ; il ne lui est pas même permis de lui en donner la jouissance : *Inter virum et uxorem nec possessionis ulla donatio est ;* l. 46. ff. de don. int. vir. et ux.

37. Cela ne doit pas, néanmoins, s'interpréter d'une manière trop rigoureuse ; et on ne doit pas regarder comme donation défendue entre mari et femme, les prêts que l'un des conjoints aurait faits à l'autre de quelques-uns de ses meubles. Par exemple, si, dans nos colonies, l'un des conjoints séparés de biens avait prêté quelques nègres de son habitation à l'autre conjoint, pour travailler dans l'habitation de l'autre conjoint, ce prêt ne devrait pas être regardé comme une donation défendue entre mari et femme. C'est précisément l'espèce de la loi 28, § 2, ff. dict. tit., où Paul dit : *Si quas servi operas viri uxori præstite-*

rint, vel contrà ; magis placuit nullam habendam earum ratiōnem : et sanè non amarè nec tanquàm inter infestos jus prohibitæ donationis tractandum est, sed ut inter conjunctos maximo affectu, et solam inopiam timentes.

Il en est de même du prêt, qu'un laboureur séparé de biens aurait fait de ses bœufs ou de ses chevaux à sa femme, pour faire quelque petit lot de terre que sa femme a dans le voisinage des siennes ; et, généralement, de tous les autres prêts que l'un des conjoints fait à l'autre, de quelque espèce de meubles que ce soit.

Cela a lieu, quand même les choses prêtées auraient été usées et dépréciées par l'usage qu'en a eu le conjoint, à qui elles ont été prêtées. C'est ce qu'enseigne Papinien en l'espèce suivante : *Res in dotem æstimatas* (1)*, consentiente viro, mulier in usu habuit : usu deteriores si fiant, damni* (2) *compensatio non admittitur ; l. 53, § 1, ff. dict. tit.*

38. Lorsque l'un des deux conjoints séparés de bien paie à l'autre, avant l'échéance, une somme d'argent qu'il lui doit, on ne doit pas regarder cette anticipation de paiement comme un avantage et une donation défendue entre mari et femme : *Quod vir uxori in diem debet, sine metu donationis præsens solvere potest, quamvis commodum temporis, retentâ pecuniâ, sentire potuerit ; l. 31, § 6, ff. dict. tit.*

Mais lorsque le mari a rendu, avant la dissolution du mariage, à sa femme, les héritages qu'elle lui avait apportés en dot, cette restitution anticipée est une donation prohibée : *Si, constante matrimonio à marito uxori dos sine causâ legitimâ refusa est, quod legibus stare non potest, quia donationis instar perspicitur obtinere ; eâdem uxore defunctâ, ab ejus hæredibus cum* FRUCTIBUS *ex die refusæ dotis, marito restituatur ; l. unic. Cod. si dos constant. matrim.*

39. La remise gratuite, qu'un créancier fait à son débiteur de ce qu'il lui doit, étant une véritable donation, il n'est pas douteux que celle, que l'un des conjoints créancier de l'autre lui ferait, ne serait pas valable, comme étant une donation prohibée par la Coutume. Il en est de même de la remise qu'il lui ferait de quelque droit de servitude, ou autre, qu'il a sur son héritage.

40. Néanmoins, si l'un des conjoints par mariage, séparé de biens, avait, pendant le mariage, acquis un héritage relevant en fief ou en censive de l'autre conjoint, je pense que la remise, que le conjoint acquéreur aurait obtenue de l'autre conjoint,

---

(1) Dont le mari avait par conséquent la propriété irrévocable.
(2) C'est-à-dire, les héritiers du mari ne pourront pas retenir, sur la somme qu'ils doivent rendre à la femme pour le prix des choses par elle apportées en dot, ce dont ces choses sont dépréciées par l'usage qu'elle en a eu, le mari ayant pu licitement lui donner cet usage.

d'une partie du profit dû pour l'acquisition, serait valable, et ne devrait pas être censée comprise dans la prohibition que la Coutume a faite des donations entre mari et femme.

Cela est surtout sans difficulté, si la remise a été faite avant la vente volontaire de l'héritage; les remises, qui se font en ce cas, étant plutôt des compensations que des donations, et se faisant assez souvent, en ce cas, moins par libéralité, que par la crainte de manquer le profit, en faisant manquer la vente par trop de rigueur.

Lorsque la remise n'a été faite que depuis le contrat de vente, ou lorsque la vente était une vente forcée, on ne peut, en ce cas, disconvenir qu'elle est une véritable donation; elle est *liberalitas nullo jure cogente facta :* mais cette espèce de donation étant une donation d'usage et de bienséance, qu'un seigneur généreux ferait à un acquéreur étranger, elle ne doit pas être comprise dans la prohibition de la Coutume; l'esprit de la Coutume, en faisant cette prohibition, n'ayant pu être que le mari dût traiter, en ce cas, sa femme avec plus de rigueur qu'un étranger.

Lorsqu'un mari, qui a tout son bien en mobilier, a fait faillite, et a fait un contrat d'atermoiement avec tous ses créanciers, par lequel ils lui ont fait remise d'une certaine partie de leurs créances, la remise, que la femme a faite d'une semblable partie des siennes, ne doit pas être regardée comme une donation, qu'elle ait faite à son mari contre la défense de la Coutume, la femme ayant été obligée de suivre la condition des autres créanciers : cette remise ayant été forcée, n'est pas une véritable donation; elle n'est point *liberalitas nullo jure cogente facta.*

41. La remise, qu'une femme fait à son mari, d'un droit d'hypothèque qu'elle a sur un héritage de son mari, en consentant à la vente qu'il en fait, est valable, et n'est point regardée comme une donation prohibée entre mari et femme : *Si pignus vir uxori vel uxor viro remiserit, verior sententia est nullam fieri donationem existimantium;* l. 18, ff. *quæ in fraud. credit.* La raison est, que la remise, qui est faite au conjoint, de ce droit d'hypothèque, n'apportant aucune diminution à sa dette, ne le rend pas plus riche qu'il ne l'était auparavant. Or, c'est un principe du droit romain, qu'il n'y a de donations prohibées entre homme et femme, que celles par lesquelles l'un s'enrichit aux dépens de l'autre : *Ubicumque non deminuit de facultatibus suis qui donavit; vel etiam si deminuat, locupletior tamen non fit qui accepit, donatio valet;* l. 5, § 16, ff. *de donat int. vir. et uxor.*

42. Suivant ce principe, les lois romaines décidaient que la donation d'une somme d'argent, faite par une femme à son mari, pour subvenir à une dépense à laquelle l'engageait une dignité qui lui avait été déférée, était valable; le mari n'étant pas devenu, par cette donation, plus riche qu'il ne l'était. C'est ce que nous

apprend Gaïus : *Nuper ex indulgentiâ principis Antonini recepta est alia causa donationis, quam dicimus* HONORIS CAUSA *: ut ecce, si uxor viro laticlavii* (1) *petendi gratiâ donet, vel ut equestris ordinis fiat, vel ludorum gratiâ ;* l. 42 , ff. *dict. tit.* Pourrait-on tirer argument de cette loi, pour dire qu'une femme peut licitement donner à son mari, pendant le mariage, une somme d'argent pour obtenir des provisions et se faire recevoir dans un office honorable ? Je ne le crois pas : les frais de provisions et de réception sont aujourd'hui trop considérables, pour qu'on puisse se dispenser de les regarder comme une donation, que la femme fait à son mari, lorsqu'elle fournit la somme nécessaire pour ces frais. En vain opposerait-on que le mari n'en a pas été enrichi, ces frais tombant en pure perte pour l'officier, et n'apportant aucune augmentation au prix de son office. La réponse est, que le mari eût été obligé de prendre sur son bien ces frais de provisions et de réception, si la femme ne les lui eût fournis, et son bien s'en trouverait diminué d'autant : sa femme, en les lui fournissant, l'a donc enrichi, en lui épargnant cette dépense : *Locupletior est quatenùs propriæ pecuniæ pepercit.*

43. Les lois romaines permettaient aussi la donation, que l'un des conjoints faisait à l'autre pour la réparation de quelque dommage qu'il avait souffert par quelque accident imprévu dans ses biens; comme si l'un d'eux avait donné à l'autre de quoi reconstruire sa maison incendiée : *Quod si vir uxori, cujus ædes incendio consumptæ sunt, ad refectionem earum ædium pecuniam donaverit, valet donatio in tantùm, quantùm ædificii exstructio postulat;* l. 14, ff. *dict. tit.*

Notre droit est plus rigoureux, en ce point, que le droit romain ; il ne permet point cette donation. L'argent, que la femme donne, en ce cas, à son mari, pour reconstruire sa maison, est un véritable avantage qu'elle lui fait à ses dépens, compris sous la généralité des termes de la Coutume, qui défendent tous avantages directs et indirects. Automne, dans sa Conférence sur cette loi, pense qu'elle ne doit pas même être suivie dans les pays régis par le droit écrit; il dit : *Hanc legem, quòd si vir uxori, abrogandam censeo.*

44. Il nous reste à observer que la donation, que l'un des conjoints fait à l'autre pendant le mariage, ne peut pas être rendue valable par le consentement qu'y donneraient, par l'acte de donation, les héritiers présomptifs du donateur qu'on ferait intervenir à l'acte.

La raison est que, outre que ce n'est pas seulement en faveur

_____

(1) *Latus-clavus erat purpura quæ supra vestem in pectus demittebatur, senatoriæ dignitatis insigne ; hunc nonnulli equites , datâ pecuniâ , à principe obtinebant.* Cujac. *observ.* XII, 39.

des héritiers que ces donations sont défendues, un tel consentement des héritiers n'est pas libre, mais est extorqué par la crainte que le donateur ne les privât, par d'autres voies, de sa succession, s'ils refusaient de le donner. C'est ce qui a été jugé par un arrêt de 1543, *n.* 7, rapporté par Dumoulin, sur l'*art.* 156 de l'ancienne Coutume : *Et benè,* dit-il ; *quià videtur consensus extortus ; quià aliàs donaret aliïs extraneis ; tum quià ut non sit amor conjugum venalis.*

Néanmoins, la Coutume de Bourgogne, *chap.* 4, *art.* 7, après avoir dit que le mari et la femme ne peuvent faire traité ou donation au profit l'un de l'autre, ajoute, si ce n'est du consentement des plus prochains parens vivans, qui devraient succéder au mari ou à la femme qui feraient seuls lesdits traités : mais la disposition de cette Coutume, étant exorbitante du droit commun, doit être restreinte à son territoire.

45. Passons aux donations testamentaires. La Coutume, en l'*art.* 282, les défend expressément entre mari et femme, aussi bien que celles entre vifs.

Cela a lieu, quand même le testament aurait précédé le mariage : c'est pourquoi, si j'ai fait avant mon mariage mon testament, par lequel j'ai fait un legs à Marie, qui n'était point alors une personne prohibée, le mariage, que j'ai depuis contracté avec elle, rend le legs nul ; car un legs ne peut être valable qu'autant qu'il se trouve être, à la mort du testateur, la dernière volonté du testateur. Mais Marie étant devenue, par le mariage que j'ai contracté avec elle, une personne prohibée à qui la loi ne me permet pas de rien laisser de mes biens par testament, il ne m'a plus été permis de persévérer dans la volonté que j'avais eue de lui faire un legs, lorsque j'ai fait mon testament : ce legs ne peut donc plus être valable. C'est l'avis de Dumoulin, sur l'*art.* 156 de l'ancienne Coutume, *n.* 6.

46. Quand même le conjoint, qui a, par son testament, chargé ses héritiers de payer à l'autre conjoint une certaine somme, aurait déclaré, par son testament, qu'il est débiteur de cette somme, et que c'est pour décharger sa conscience qu'il en ordonne la restitution, cette déclaration ne serait pas suffisante pour donner au conjoint, au profit de qui elle est faite, une action pour demander cette somme, à moins qu'il n'eût d'ailleurs des preuves de cette dette ; car c'est un principe, que *qui non potest donare, non potest confiteri.* Autrement, un testateur aurait une voie ouverte pour éluder les lois qui défendent de léguer aux personnes prohibées.

47. La défense, que fait la Coutume aux conjoints par mariage, de s'avantager par testament, comprend-elle les dispositions, par lesquelles l'un des conjoints chargerait les héritiers de vendre à l'autre conjoint survivant un de ses propres, pour le

prix qu'il serait estimé, ou par lesquelles il les chargerait de laisser prendre au survivant, au partage de la communauté, certains effets de la communauté, pour le prix auquel ils auraient été estimés; sauf à eux à s'égaler en effets de pareille valeur et bonté, pour autant? La raison de douter est, que ces dispositions testamentaires paraissent ne renfermer proprement aucun avantage, puisque la personne, envers qui la disposition est faite, paie le juste prix de la chose qui en fait l'objet. Néanmoins, Dumoulin, sur l'*art.* 256 de l'ancienne Coutume de Paris, *n.* 5, décide que ces dispositions testamentaires ne sont pas valables : *Si vir leget uxori, quod possit domum talem communem conquæstum, etiàm nedùm propriam viri, habere pro pretio, vel in partem suam dividendo conquæstus, alia quædam relinquendo, non valet.* La raison est, que ce choix, cette préférence, qui est accordée à la femme pour lesdits effets sur les héritiers du mari, est une espèce d'avantage qui est fait à la femme, lequel, s'il n'a pas une valeur pécuniaire, au moyen de ce qu'elle doit payer le prix de la chose qui lui est laissée, a une valeur et un prix d'affection; ce qui a paru suffire pour le comprendre dans la défense générale que la Coutume fait aux conjoints par mariage, de tous avantages directs et indirects par testament.

48. Lorsque l'un des conjoints fait l'autre conjoint exécuteur de son testament, et lui a légué quelques meubles ou quelque somme d'argent, le conjoint, qui s'est chargé de l'exécution testamentaire, est fondé à prétendre ce legs, pourvu qu'il ne soit pas excessif; ce qui s'estime eu égard aux facultés et à la qualité des personnes. La raison est, qu'un tel legs est moins un legs, qu'une rémunération des soins de l'exécution testamentaire.

49. Lorsque des conjoints sont séparés de biens, que l'un d'eux est riche, et que l'autre n'a aucun bien pour subsister, je crois que le riche peut lui léguer valablement quelque pension viagère, ou quelque usufruit pour ses alimens, *intrà justum modum*, eu égard aux facultés et à la qualité des parties : je pense même que, s'il avait omis de le faire, le conjoint serait écouté à demander des alimens.

ARTICLE II.

De ce qui résulte de la nullité des avantages que se sont faits des conjoints par mariage, contre la défense de la Coutume.

Nous distinguerons six cas. Le premier est, lorsque la donation est d'un héritage, et qu'elle a été exécutée par la tradition; le second, lorsqu'elle est d'une somme d'argent, ou de quelque autre chose mobilière, et qu'elle a été pareillement exécutée par la tradition; le troisième cas, lorsque la donation est d'une chose incorporelle, exécutée pareillement par une quasi-tradition; le quatrième cas est, lorsque la donation consiste dans une remise, que l'un des conjoints a faite à l'autre, de quelque créance, qu'il avait contre lui, ou de quelque droit, qu'il avait sur quelqu'un des héritages; le cinquième cas est, lorsque la donation ne consiste que dans une promesse qui n'a pas eu son exécution; le sixième cas est, lorsque c'est une donation testamentaire.

§ I. Du cas auquel la donation est d'un héritage, et a été suivie de tradition.

5o. Il y a lieu, en ce cas, à deux actions : 1° à l'action de revendication. La raison est que, par les termes de l'article de la Coutume, *homme et femme* NE SE PEUVENT *avantager l'un l'autre par donation entre vifs, etc.*, les conjoints par mariage étant incapables de se faire donation d'aucune chose, la donation, qu'ils se sont faite, est un titre nul. Or c'est un principe, que la tradition, qui se fait d'une chose en exécution d'un titre nul, n'en transfère pas la propriété : *Nunquàm nuda traditio transfert dominium; sed ità, si venditio, aut aliqua justa causa præcesserit, propter quam traditio sequeretur; l. 31, ff. de adquir. rer. dom.* Donc (et c'est la conséquence que les lois elles-mêmes en ont tirée) la tradition, qui se fait d'une chose en exécution d'une donation entre mari et femme, n'en transfère pas la propriété au donataire. *Sciendum est*, dit Ulpien, *ità interdictam inter virum et uxorem donationem, ut ipso jure nihil valeat, quod actum est. Proindè si corpus sit, quod donatur, nec traditio quicquam valet; l. 3, § 10, ff. de don. int. vir. et ux.* La propriété de la chose donnée n'est donc point transférée au donataire par la tradition que le donateur lui en a faite; le donateur, nonobstant la donation et la tradition qu'il a faite de la chose donnée, en conserve la propriété, et la transmet à ses héritiers : il y a lieu, par conséquent, à l'action de revendication contre le conjoint donataire, ses héritiers ou autres qui s'en trouvent en possession : *Si donatæ res exstant, etiam vindicari poterunt; l. 36, ff. de don. int. vir. et ux.*

51. Il y a lieu, 2° aussi à une action personnelle; car le conjoint donataire, en recevant indûment l'héritage qui lui est donné contre la défense de la loi, contracte l'obligation de le rendre au donateur et à ses héritiers, avec tous les fruits qui en doivent provenir, et de le conserver en aussi bon état qu'il l'a reçu. Cette obligation naît de la loi naturelle, qui oblige tous ceux qui retiennent indûment une chose qui ne leur appartient pas, à la rendre à celui à qui elle appartient, avec tout ce qui en est provenu depuis qu'elle est en leur possession, et à apporter un soin convenable à la conservation de la chose, jusqu'à ce qu'ils se soient acquittés de l'obligation de la rendre. De cette obligation, que le

conjoint donataire a contractée, naît une action personnelle contre lui et ses héritiers, que nous appellerons *actio in factum*, à défaut d'autre nom.

52. Quoique la vue de conserver les biens dans les familles, en empêchant les conjoints par mariage de priver de leurs biens leurs héritiers, par des donations qu'ils se feraient l'un à l'autre (ce qui aurait pu arriver souvent), ait été un des motifs qui ont porté la Coutume à défendre les donations entre mari et femme, néanmoins ce motif n'a pas été le seul; il y en a d'autres que nous avons rapportés *suprà*, n. 1, qui tombent sur la personne même des conjoints. C'est pourquoi, ce ne sont pas seulement les héritiers du conjoint donateur qui peuvent, après la mort du donateur, se plaindre des donations, que le défunt a faites à leur préjudice à l'autre conjoint, et exercer ces actions; le donateur, lorsqu'il se repent de la donation qu'il a faite, peut aussi les exercer; et il est reçu lui-même à intenter l'action de revendication des choses qu'il a données, soit contre le conjoint donataire, soit contre tous les autres qu'il en trouve en possession : *Quæ jam nuptæ maritus donavit, viri manent, et potest ea vindicare*; l. 48, ff. *dict. tit.*

Il n'a pas besoin, pour cela, de prendre des lettres de rescision contre la donation qu'il a faite, puisque c'est la loi elle-même qui annule cette donation.

53. Par la même raison, le légataire universel du conjoint donateur, quoique étranger à la famille, peut, après qu'il s'est fait servir de son legs, former la demande en revendication des choses données, sans qu'on puisse, pour l'exclure de cette demande, lui opposer qu'il est étranger à la famille du donateur : car, comme nous l'avons observé, ce n'est pas seulement en faveur de la famille des conjoints, que la Coutume a défendu les donations entre mari et femme; il suffit à ce légataire que la propriété des choses données, et le droit de les revendiquer, se soient trouvés dans les biens du donateur, pour que ce légataire puisse, après s'être fait saisir du legs desdits biens, donner la demande en revendication.

54. Cette action de revendication doit être donnée contre ceux qui se trouvent en possession des choses données, soit que soient le donataire ou ses héritiers qui s'en trouvent en possession, soit que ce soient des tiers.

55. Lorsque ce sont le donataire ou ses héritiers, qui se trouvent en possession des héritages, ou autres choses comprises au contrat de donation, ils ne peuvent se défendre de la demande en revendication formée contre eux, par quelque long temps qu'ils les aient possédés, quand même ils les auraient possédés pendant cinquante ou soixante ans, et beaucoup plus, depuis la mort du donateur.

La raison est, qu'un possesseur peut bien acquérir, par la prescription, un héritage qu'il a possédé pendant trente ans, quoiqu'il ne rapporte aucun titre de sa possession ; mais lorsque le titre de sa possession est produit, et se trouve vicieux, la possession, qu'il a eue en vertu de ce titre, étant dans son origine une possession vicieuse, continue toujours d'être une possession vicieuse, qui ne peut, par quelque laps de temps que ce soit, faire acquérir aucun droit à un possesseur : *A veteribus præceptum est*, dit Paul, *neminem sibi ipsum causam possessionis mutare posse*; l. 3, § 19, ff. *de adquir. vel amitt. possess.* C'est le cas de la maxime, *Melius est non habere titulum, quàm habere vitiosum.* En vain les héritiers du conjoint donataire allégueraient-ils leur bonne foi, et qu'ils n'ont point eu de connaissance du titre, en vertu duquel le conjoint donataire possédait les héritages qu'ils ont trouvés dans sa succession : on leur répond que les héritiers étant la continuation de la personne du défunt, succédant à tous ses droits actifs et passifs, la possession, qu'ils ont des héritages compris en la donation, est la même possession que celle qu'a eue le conjoint donataire, auquel ils ont succédé ; laquelle, ayant été vicieuse dans son origine, continue toujours de l'être dans leurs personnes, comme elle l'était dans la personne du défunt dont ils sont la continuation. C'est ce que nous apprend Papinien, lorsqu'il nous dit : *Quàm hæres in jus omne defuncti succedit, ignoratione suâ defuncti vitia non excludit;* l. 11, ff. *de divers. temporal. præscrip.* C'est ce que nous apprend pareillement la loi 11, *Cod. de adq. et retin. possess.;* où il est dit : *Vitia possessionum à majoribus contracta perdurant; et successorem auctoris sui culpa comitatur.* Les héritiers du conjoint donataire, et les héritiers desdits héritiers, médiats ou immédiats, ne peuvent donc pas plus acquérir, par prescription, les choses comprises en la donation, que ne l'eût pu lui-même le conjoint, par quelque long temps qu'ils les aient possédées.

56. Lorsque l'héritage compris en la donation se trouve en la possession d'un tiers, qui l'a acquis du donataire ou de ses héritiers, soit à titre d'achat, soit à quelque autre titre, ou qui s'en trouve en possession, de quelque manière que ce soit, le donateur ou ses héritiers peuvent donner la demande en revendication contre ce tiers, avec cette différence, qu'au lieu que, lorsque ce sont le donataire ou ses héritiers qui possèdent, ils ne peuvent opposer la prescription contre la demande en revendication : au contraire, les tiers détenteurs peuvent l'opposer, lorsqu'ils ont possédé l'héritage pendant le temps requis pour la prescription par la loi du lieu où l'héritage est situé.

Ce temps, dans le pays de droit écrit, dans la Coutume de Paris, et dans la plupart des Coutumes, est de dix ans entre personnes domiciliées dans une même province, et de vingt ans entre personnes domiciliées en différentes provinces, lorsque le possesseur produit un titre de son acquisition, et est un possesseur de bonne foi, laquelle se présume tant que le contraire ne paraît pas. Lorsque le possesseur ne rapporte aucun titre d'acquisition, le temps de la prescription est de trente ans.

Quelques Coutumes, du nombre desquelles est celle d'Orléans, exigent, pour la prescription, trente ans de possession, indistinctement, soit que le possesseur produise un titre d'acquisition, soit qu'il n'en produise point.

On ne compte, pour la prescription, que le temps depuis lequel ces tiers acquéreurs ont commencé de posséder; on ne compte point le temps de la possession du donataire et de ses héritiers, de qui ils ont acquis, cette possession étant vicieuse; car c'est un principe, que *Vitiosa possessio non potest accedere ei, quæ vitiosa non est ;* l. 13, § *fin.* ff. *de adquir. vel amitt. possess.*

Lorsque ces tiers acquéreurs ont été adjudicataires de ces héritages par un décret solennel, ils n'ont pas besoin de les avoir possédés pendant le temps requis pour la prescription : ils ont un autre moyen pour se défendre de la demande en revendication du donateur, ou de ceux qui seraient à ses droits; c'est le défaut d'opposition formée au décret : car faute par le donateur, ou ceux qui sont à ses droits, d'avoir formé une opposition au décret, à fin de distraire, le décret a éteint le droit de propriété qu'ils avaient dans ces héritages.

57. Sur la demande en revendication, l'héritage doit être délaissé en l'état qu'il se trouve, avec ce qui a été uni et qui en fait partie; à la charge, néanmoins, de rembourser au possesseur les impenses qu'il a faites à l'héritage, jusqu'à concurrence de ce qu'il s'en trouve plus précieux. C'est ce qu'enseigne Pomponius : *Si vir uxori aream donaverit, et uxor in eâ insulam ædificaverit, ea insula sine dubio mariti est; sed eam impensam mulierem servaturam placet; nam si maritus vindicet insulam, retentionem impensæ mulierem facturam;* l. 31, § 2, ff. *de donat. int. vir. et uxor.*

58. *Quid*, si l'héritage se trouvait au contraire dégradé? Il y a, à cet égard, une distinction. Lorsque c'est contre le donataire ou ses héritiers que la demande en revendication est donnée, le donateur, ou ceux qui sont à ses droits, peuvent conclure aux dommages et intérêts résultans de ces dégradations : car le donataire, en recevant indûment la donation d'un héritage, que la loi lui défendait de recevoir, a contracté l'obligation de le rendre au donateur, et, par conséquent, de le conserver, et de ne le pas dégrader; et les héritiers du donataire succèdent à cette obligation.

Il en est autrement, lorsque la demande est donnée contre un tiers acquéreur, possesseur de bonne foi. Il n'est point tenu des dégradations faites avant la demande, soit par ses auteurs, soit par lui-même; car il a pu dégrader un héritage qu'il croyait lui appartenir; *potuit negligere rem quam existimabat suam.* Il n'a contracté par rapport à cet héritage, avant la demande, aucune obligation envers le donateur : ce n'est que par la demande, et par la copie qu'on lui donne des titres, qu'il apprend que l'héritage appartient au demandeur, et qu'il contracte l'obligation de le rendre en l'état auquel il se trouve au temps de cette demande.

Observez, néanmoins, que si les dégradations faites avant la demande par le tiers acquéreur, possesseur de bonne foi, étaient des dégradations dont il eût profité; comme s'il avait vendu des bois de haute-futaie qui étaient sur l'héritage; il serait tenu de cette dégradation jusqu'à concurrence de ce qu'il en a profité; car il ne peut jamais être permis de s'enrichir du bien d'autrui : *Jure naturæ æquum est, neminem cum alterius detrimento et injuriâ locupletari;* l. 206, ff. *de reg. jur.*

Le donateur ou ses héritiers, qui ne peuvent se faire faire raison par le tiers acquéreur, des dégradations qu'il a faites, dont il n'a pas profité, ont recours, pour les dommages et intérêts résultans desdites dégradations, contre le donataire et ses héritiers; car le donataire et ses héritiers n'ont pu, par leur fait, en mettant hors de leurs mains l'héritage, se décharger de l'obligation que le donataire, en recevant indûment cet héritage, a contractée de le rendre en aussi bon état qu'il l'a reçu.

59. Le donateur ou ses héritiers peuvent, sur la demande en revendication contre le donataire et ses héritiers, conclure à la restitution des fruits perçus par le donataire et ses héritiers.

Les jurisconsultes romains faisaient, à cet égard, une distinction entre les fruits naturels et les fruits industriels : ils obligeaient le conjoint à la restitution de tous les fruits naturels qu'il avait perçus. On appelle fruits naturels, ceux que la terre produit sans culture, tels que sont les coupes d'un bois taillis, les foins que produisent les prés, les pommes, les noix, etc. Au contraire, ils déchargeaient le conjoint donataire, de la restitution des fruits industriels, c'est-à-dire, de ceux que la terre ne produit que par la culture, tels que sont les vins, les blés, et autres grains. C'est ce qu'enseigne Pomponius : *Fructus percipiendo uxor, vel vir, ex re donatâ, suos facit, illos tamen, quos suis operis acquisierit, veluti serendo; nam si pomum decerpserit, vel ex silvâ cædit, non fit ejus; quia* (ajoute-t-il, et c'est la raison de différence) *non ex facto ejus is fructus nascitur;* l. 45, ff. *de usur.*

La pensée du jurisconsulte, qui a besoin d'être développée, est que le donataire tient les fruits industriels des peines qu'il a prises, et des impenses qu'il a faites pour les faire venir; ce qui peut lui servir de fondement pour les retenir *pro culturâ et curâ;*

mais les fruits naturels étant produits sans aucune culture, il ne peut paraître les tenir que de la donation qui lui a été faite de l'héritage, laquelle étant un titre illicite, ne peut lui donner aucun droit de les retenir. C'est le sens de ces termes, *quià non ex facto ejus is fructus nascitur.*

Je ne crois pas que cette distinction soit suivie dans notre droit. La donation entre mari et femme étant un titre nul, le conjoint donataire ayant possédé indûment et sans titre l'héritage qui lui a été donné, il n'a pas eu le droit d'en percevoir les fruits; et il doit rendre au donateur, ou à ses héritiers, tous ceux qu'il a perçus, de quelque espèce qu'ils soient, naturels, industriels ou civils. Automne, en sa Conférence, dit sur cette loi : *Hæc les fructus non est in usu.*

60. Observez, néanmoins, que, quelque long temps que le donataire et ses héritiers aient possédé l'héritage, on ne peut leur demander le rapport des fruits que des vingt-neuf années qui ont précédé la demande, et ceux qui ont été perçus depuis la demande. Si le donataire et ses héritiers ne peuvent se défendre de la restitution de l'héritage par aucune prescription, c'est que l'héritage existe : le donateur et ses héritiers, qui en sont toujours demeurés propriétaires, peuvent revendiquer une chose qui leur appartient, en quelque temps que ce soit; mais les fruits de cet héritage, que le donataire et ses héritiers ont perçus, ont été consommés, et n'existent plus. Le donateur et ses héritiers ne peuvent donc plus les revendiquer; ils n'ont qu'une créance pour en demander l'estimation au donataire et à ses héritiers, qui les ont indûment perçus. Or toutes les créances sont sujettes à la prescription de trente ans, qui commence à courir du jour que la demande a pu s'en faire : celle du donateur, pour les jouissances que le donataire a eues trente ans avant la demande, est donc prescrite; et il ne peut, par conséquent, demander que celle des vingt-neuf années qui ont précédé la demande.

61. Lorsque la demande en revendication est donnée contre un tiers acquéreur de bonne foi, le donateur, ou ceux qui sont à ses droits, ne peuvent demander contre lui le rapport, que des fruits qu'il aurait perçus depuis la demande; des possesseurs de bonne foi n'étant pas tenus au rapport de ceux qu'ils ont perçus auparavant.

Mais, en ce cas, le donateur et ceux qui sont à ses droits, peuvent demander au donataire et à ses héritiers, quoiqu'ils ne possèdent plus l'héritage, les jouissances de l'héritage, qu'ils ne peuvent demander au tiers acquéreur; car le donataire et ses héritiers n'ont pu, en mettant hors de leurs mains l'héritage, se décharger par leur fait de l'obligation que le donataire, en recevant indûment cet héritage, a contractée de le rendre, avec toutes les jouissances.

62. Outre l'action de revendication, le donateur et ses héritiers ont encore l'action personnelle *in factum*, contre le donataire et ses héritiers, comme nous l'avons vu *suprà*, n. 11.

Le donateur et ses héritiers n'ont pas besoin de cette action, lorsque l'héritage est en la possession du donataire ou de ses héritiers, contre lesquels ils ont, en ce cas, l'action de revendication.

Mais, lorsque le donataire ou ses héritiers ont, par leur fait, cessé de le posséder, le donateur ou ses héritiers ont cette action contre eux, par laquelle ils sont fondés à demander les dommages et intérêts résultans de l'inexécution de l'obligation que le donataire a contractée de le rendre, en le recevant indûment ; laquelle obligation ledit donataire, ou ses héritiers, se sont mis, par leur fait, hors d'état d'exécuter, en cessant, par leur fait, de posséder l'héritage.

Le donateur et ses héritiers ont surtout besoin de cette action contre le donataire, et ses héritiers, lorsqu'ils n'ont plus l'action de revendication contre le tiers, qui possède l'héritage, et qui l'a acquis *jure usucapionis*, par une possession de dix ans.

63. Cette action *in factum*, que le donateur ou ses héritiers et ayans-cause ont contre le donataire, et ses héritiers, qui ne possèdent plus l'héritage, est, comme toutes les actions personnelles, sujette à la prescription de trente ans, laquelle ne commence à courir que du jour de la mort du donateur. Elle ne court pas du vivant du donateur ; car c'est un avantage prohibé, que fait le donateur, en n'usant pas, contre le donataire, de cette action qu'il a contre lui, pour la répétition de ce qu'il lui a donné.

Cette raison ne doit arrêter la prescription pendant la vie du donateur, que pour la demande du fonds : il serait trop dur de l'étendre aux jouissances, pour en demander plus de vingt-neuf années avant la demande ; *suprà*, n. 60.

64. Il y a encore une action qui peut être intentée contre ceux qui se trouvent posséder les héritages, que l'un des conjoints a donnés à l'autre conjoint pendant le mariage, soit que ce soit le donataire, ses héritiers, ou des tiers ; c'est l'action hypothécaire, que peuvent intenter contre eux les créanciers hypothécaires du donateur, même ceux dont l'hypothèque est postérieure à la donation : car le donateur étant toujours demeuré propriétaire de ces héritages, nonobstant la donation, et la tradition qu'il en a faite, comme nous l'avons vu *suprà*, n. 50, ces héritages sont compris sous toutes les hypothèques générales qu'il a contractées de ses biens, quoique postérieurement à la donation.

§ II. *Du cas auquel la donation faite entre mari et femme, pendant le mariage, est de meubles ou d'une somme d'argent, et qu'elle a été exécutée par la tradition.*

65. Si les meubles, que l'un des conjoints a donnés à l'autre pendant le mariage, se trouvent encore en nature en la possession du donataire, ou de ses héritiers, le donateur et ses héritiers peuvent les revendiquer, sans que ledit donataire ou ses héritiers puissent se défendre de les rendre, par quelque temps qu'ils les aient possédés, de même que nous l'avons dit à l'égard des héritages, au paragraphe précédent.

66. Le donateur et ses héritiers peuvent aussi revendiquer et entiercer lesdits meubles, sur les tiers acquéreurs qui s'en trouveraient en possession; sauf en deux cas. *Le premier cas* est celui auquel lesdits acquéreurs prouveraient les avoir achetés à une vente judiciaire, ou en foire et marché public; auquel cas, l'acquéreur ne peut être évincé, à moins que le propriétaire n'offre de lui rendre le prix que la chose lui a coûté. Livonière en a fait une maxime, *liv. 4, chap. 10, R. 16. Voyez* les autorités citées sur cette règle.

Le possesseur doit justifier qu'il a acquis dans une vente judiciaire, par le rapport du procès-verbal de vente; et il doit justifier par témoins, qu'il a acquis en foire ou en marché public.

67. Le second cas est, lorsque ces tiers les ont acquis *jure usucapionis,* par la possession qu'ils en ont eue pendant le temps requis pour la prescription.

Ce temps est de trois ans par le droit de Justinien, que plusieurs de nos Coutumes, telles que Melun, Amiens, Anjou, le Maine, Sedan, ont adopté par des dispositions expresses, et qui doit faire un droit commun pour les Coutumes qui ne s'en sont pas expliquées. Notre Coutume d'Orléans, en disant par l'article 260, que *prescription moindre de trente ans,* EN HÉRITAGES ET CHOSES IMMOBILIÈRES, *n'a lieu,* insinue assez qu'à l'égard des meubles elle s'en rapporte au droit commun, qui a établi celle de trois ans.

Outre cette différence de temps pour la prescription entre les immeubles et les meubles, il y en a une autre, qui est que, pour l'usucapion des immeubles par une possession de dix ou vingt ans, il faut que le possesseur rapporte le titre par écrit de son acquisition; mais, à l'égard des meubles, comme il est d'usage que les ventes, les donations, et les autres genres d'aliénations des meubles, s'exécutent et se consomment par la tradition qui s'en fait de la main à la main, sans en dresser acte par écrit, le possesseur, pour cette prescription, doit être cru de ce qu'il allègue du titre auquel il dit avoir la chose, pourvu que ce qu'il allègue soit vraisemblable.

68. Lorsque les meubles, que l'un des conjoints a donnés à sa femme, ne se trouvent pas; s'ils sont péris par quelque accident, sans le fait ni la faute du donataire ou de ses héritiers, la perte en tombe sur le donateur, qui en était toujours demeuré le propriétaire, ou sur ses héritiers; *res perit domino.*

69. Lorsque les meubles, que l'un des conjoints a donnés à l'autre, ne paraissent plus, le donataire en ayant disposé, le donateur ou ses héritiers ont une action personnelle contre le donataire ou ses héritiers, qui naît de l'obligation que le donataire, en les recevant indûment, a contractée de les rendre; laquelle action tend à ce que ledit donataire ou ses héritiers, faute par eux de rendre les choses données, soient condamnés à en payer le prix, suivant l'estimation.

Lorsque c'est une somme d'argent, que l'un des conjoints a donnée à l'autre, pendant le mariage, le donateur et ses héritiers ont pareillement contre le donataire, ou ses héritiers, une action personnelle pour la restitution de cette somme.

70. Suivant les principes du droit romain, le conjoint donataire, qui avait dépensé la somme qui lui avait été donnée, ou qui n'avait plus les choses qui lui avaient été données, n'était tenu de la restitution de ladite somme, de même que du prix des choses qui lui avaient été données, que jusqu'à concurrence de ce qu'il se trouvait, au temps de la contestation en cause, en avoir profité : *Hactenùs revocatur donum ab eo ab eâve cui donàtum est, ut si quidem extet res, vindicetur; si consumpta sit, condicatur hactenùs, quatenùs quis eorum locupletior factus est;* l. 5, § 18, ff. *de donat. inter vir. et ux. Quod autem spectetur tempus an locupletiores sint facti. . . . . . verum est, litis contestatæ tempus spectari oportere;* l. 7, ff. *dict. tit.* C'est une suite du principe du droit romain rapporté ci-dessus, que les donations entre mari et femme ne sont défendues, qu'autant que l'un en est enrichi aux dépens de l'autre.

Dans notre jurisprudence, l'on n'examine pas ce que le conjoint donataire a fait de l'argent qui lui a été donné, de même que des choses qui lui ont été données, et qui ne paraissent plus; il est présumé en avoir profité.

§ III. Du cas auquel la donation est d'une chose incorporelle, et a été exécutée par une quasi-tradition.

71. De même que, dans la donation, que l'un des conjoints fait à l'autre conjoint, pendant le mariage, la tradition, qui est faite de cette chose au conjoint donataire, ne lui en transfère point la propriété; pareillement, lorsque l'un des conjoints a fait donation d'une chose incorporelle à l'autre conjoint, la quasi-

37*

tradition, qui intervient, n'en transfère point la propriété au donataire.

Supposons, par exemple, que je sois créancier de Pierre, soit d'une somme d'argent, soit d'une tapisserie précieuse que j'ai achetée de lui, et qu'il s'est obligé de me livrer. J'ai fait, pendant le mariage, donation de cette créance à ma femme, avec qui je ne suis pas commun en bien : ma femme a fait signifier à Pierre le transport que je lui en ai fait. Cette signification de transport, qui est une quasi-traditon de la créance, dont je lui ai fait donation et transport, et qui est, à l'égard des créances, ce qu'est la tradition réelle, à l'égard des choses corporelles, n'aura pas transféré à ma femme la propriété de cette créance; de même que la tradition réelle d'une chose corporelle, dont je lui aurais fait donation, n'aurait pu lui en transférer la propriété. Je demeure donc propriétaire de cette créance, nonobstant la signification du transport, que ma femme a faite à Pierre mon débiteur : en conséquence, mes créanciers peuvent, nonobstant la signification qui a été faite de ce transport, saisir ce qui m'est dû par Pierre; et pareillement je puis, si je me repens de la donation que j'ai faite à ma femme, faire signifier à Pierre des défenses de payer entre les mains de ma femme.

72. N'ayant été signifié à Pierre aucun empêchement, ni de ma part, ni de la part des créanciers, le paiement, que Pierre ferait à ma femme, serait-il valable? Il est valable à l'égard de Pierre, à l'effet de le libérer de ce qu'il doit. La raison est, que le transport de ma créance, que j'ai fait à ma femme, qui le lui a signifié, contient un ordre que je lui donne de payer entre les mains de ma femme. Or, le paiement qu'il fait de mon ordre à ma femme, est réputé fait à moi-même, et est aussi valable, que s'il était fait à moi-même, suivant cette règle de droit : *Quod jussu alterius solvitur, pro eo est, quasi ipsi solutum esset ;* l. 180, ff. de reg. jur.

Mais ce paiement, qu'il fait de mon ordre à ma femme, de la chose qu'il me doit, ne transfère pas à ma femme la propriété de la chose qu'il paie entre ses mains; c'est, au contraire, à moi qu'il en transfère la propriété par le paiement qu'il en fait à ma femme. La raison est, que, lorsque mon débiteur, pour s'acquitter envers moi de la tapisserie qu'il m'avait vendue, et qu'il s'était obligé de me donner, la délivre de mon ordre à ma femme, c'est comme s'il me l'avait livrée à moi-même, et que, après l'avoir reçue de lui, je la donnasse moi-même à ma femme. C'est moi-même qui la lui donne par son ministère; et je ne puis pas plus, en la lui donnant par le ministère de mon débiteur, lui en transférer la propriété, qu'en la lui donnant directement.

C'est ce qu'enseigne Ulpien : *Si (vir uxori donare volens) debitorem suum ei solvere jusserit, hic quæritur an nummi fiant ejus;*

debitorque liberetur. Celsus, libro 15° Digestorum , scribit viden-
dum esse ne dici possit, et debitorem liberatum et nummos factos
mariti, non uxoris; nam etsi donatio jure civili non impediretur,
eum rei gestæ ordinem futurum, ut pecunia ad te à debitore tuo,
deindè à te ad mulierem perveniret; nam celeritate conjungendarum
inter se actionum, unam actionem occultari : cæterum debitorem
creditori dare, creditorem uxori; nec novum aut mirum esse, quod
per alium accipias, te accipere; l. 3, § 12, ff. de donat. inter vir.
et uxor.

Étant propriétaire de la tapisserie, que mon débiteur a payée
à ma femme, je puis la revendiquer sur ma femme, et sur tous
ceux qui s'en trouveront en possession; de même que si, au lieu
de la créance de la tapisserie, c'était la tapisserie que je lui eusse
donnée; car la créance de la tapisserie s'étant fondue et réalisée
dans la tapisserie par le paiement, la donation de la créance de
la tapisserie est devenue donation de la tapisserie, par le paiement
qui en a été fait.

73. Un autre exemple, c'est lorsque l'un des conjoints a constitué à titre de donation un droit de servitude, *putà*, un droit
de pâturage qu'il a imposé sur son héritage, envers celui de l'autre conjoint voisin du sien. Quoique la quasi-tradition de ce
droit, qui se fait *usu et patientiâ*, soit intervenue, et que le conjoint donataire ait envoyé les bestiaux pâturer au vu et su du
conjoint donateur, qui l'a souffert; par quelque long temps que
le conjoint donataire et ses successeurs à l'héritage les y aient
envoyés, et par quelque long temps que le conjoint donateur et
ses successeurs l'aient souffert, ils ont l'action *negatoria servitutis*
pour l'empêcher; car un droit de servitude ne peut s'établir que
par un titre valable, quelque long temps qu'on ait joui; et les
donations entre mari et femme étant nulles de plein droit, la donation, que l'un des conjoints en a faite à l'autre, n'est pas un
titre valable.

§ IV. Du cas auquel la donation consiste dans la remise de quelque
créance, ou de quelque autre droit.

74. L'effet de la nullité de la donation, que renferme cette remise, est que cette remise est regardée comme non avenue, et
n'a aucun effet. En conséquence, la créance ou le droit, de quelque espèce qu'il soit, dont le conjoint a fait remise, continue de
subsister tel qu'il était auparavant : le conjoint, qui a fait la remise, continue d'avoir les mêmes actions qu'il avait, que lui et
ses héritiers peuvent exercer, de même que s'il n'avait pas fait la
remise.

§ V. Du cinquième cas, lorsque la donation, que l'un des conjoints a faite à l'autre, ne consiste que dans une promesse qui n'a pas été suivie de tradition.

75. La nullité, qui résulte de la donation que renferme cette promesse, est qu'elle ne produit, dans la personne qui l'a faite, aucune obligation; et que celui, à qui elle a été faite, n'a aucune action, ni contre le conjoint qui l'a faite, ni contre ses héritiers, pour en demander l'exécution.

76. Néanmoins, si, après la mort de celui qui a fait la promesse, ses héritiers avaient payé à l'autre conjoint ce que le défunt lui avait promis, le paiement serait valable. On ne peut pas dire qu'il ait été sans cause, et que celui, à qui il a été fait, a sans cause la chose qui lui a été payée; car la fidélité, qu'a un héritier à exécuter les volontés du défunt, quoique la loi ne l'y oblige pas, est louable, et est une cause honnête du paiement qu'il a fait. Il est vrai que si c'était le conjoint lui-même qui eût fait ce paiement, il ne serait pas valable, et tant lui que ses héritiers en auraient la répétition. La raison est, que la Coutume ne défend pas moins à ce conjoint le paiement que la promesse; mais la défense de la loi n'étant faite qu'à la personne du conjoint, son héritier, à qui la loi n'a fait aucune défense, a pu valablement faire ce paiement.

§ VI. Sixième cas : des donations testamentaires.

77. L'effet de la nullité des donations testamentaires, que l'un des conjoints a faites à l'autre, est qu'elles ne donnent aucun droit au conjoint, à qui elles ont été faites, ni, par conséquent, aucune action pour en demander la délivrance : mais si les héritiers du conjoint testateur, par respect pour ses dernières volontés, avaient acquitté ces legs, le paiement, qu'ils en auraient fait, serait valable, par les mêmes raisons qui ont été rapportées au paragraphe précédent.

CHAPITRE II.

Des avantages indirects défendus entre mari et femme.

Nous distinguerons quatre espèces d'avantages indirects. La première espèce est celle des contrats, qui interviennent entre un mari et une femme pendant le mariage, lesquels, sans être des donations formelles, renferment, ou sont suspects de renfermer quelque avantage, que l'un des conjoints fait à l'autre.

La seconde comprend tous les faits qui renferment quelque avantage, que l'un des conjoints fait à l'autre pendant le-mariage.

La troisième espèce d'avantages indirects, est de ceux qui se font par personnes interposées.

La quatrième, est des avantages, que l'un des conjoints ferait à un enfant que l'un des conjoints a d'un précédent mariage.

ARTICLE PREMIER.

Des contrats qui interviennent entre conjoints pendant le mariage, qui renferment, ou sont suspects de renfermer quelque avantage que l'un fait à l'autre.

78. Le droit romain ne défendait pas à des conjoints par mariage de faire ensemble, pendant le mariage, tous les contrats qu'ils jugeaient à propos de faire, pourvu qu'ils ne renfermassent aucun avantage, qui fût fait à l'un d'eux aux dépens de l'autre, et que l'égalité y fût exactement observée.

À l'égard de ceux qui renfermaient quelque avantage fait à l'un des conjoints aux dépens de l'autre, les jurisconsultes romains faisaient une distinction entre ceux qui étaient simulés, et ceux qui, sans être simulés, renfermaient quelque avantage.

Ceux, qui étaient simulés, qui n'étaient faits que pour couvrir et déguiser une donation, que l'un des conjoints voulait faire à l'autre, étaient déclarés nuls; les autres étaient valables. On réformait seulement l'avántage prohibé qu'ils renfermaient, en obligeant celui, au profit de qui il était fait, à suppléer le juste prix.

Pomponius nous donne un exemple de cette distinction, en la loi 5, § 5, ff. *de donat. inter vir et uxor. Neratius (dicit) venditionem donationis causá inter virum et uxorem factam nullius esse momenti; si modò, quùm animum maritus vendendi non haberet, idcircò venditionem commentus sit, ut donaret; enim verò si, quùm animum vendendi haberet, ex pretio ei remisit, venditionem quidem valere, remissionem autem hactenùs non valere quatenùs facta est locupletior.*

Observez que le jurisconsulte ne déclare pas la remise, qui a été faite d'une partie du juste prix, entièrement nulle, mais seulement *quatenùs facta est locupletior : Itáque,* ajoute-t-il, *si res quindecim vœniit quinque, nunc autem sit decem, quinque tantùm præstanda sunt, quia in hoc locupletior videtur facta.* Dans cette espèce, quoique le mari ait fait une remise de dix écus à la femme, sur le prix de la chose qu'il lui a vendue, quoiqu'il eût pu

avoir ces dix écus de plus d'un étranger à qui il l'aurait vendue;
néanmoins, la femme, à qui cette remise a été faite, au moyen
de ce que la chose est diminuée de prix, et ne vaut plus aujour-
d'hui que dix écus, se trouvant ne profiter que de cinq écus, la
chose ne valant plus que cinq écus de plus qu'elle ne l'a achetée,
elle n'est pas obligée de rendre la somme entière de dix écus,
dont on lui a fait remise, mais seulement cinq écus, qui est la
somme dont elle profite de cette remise. Cela est conforme à ce
principe du droit romain, tiré de la loi 5, § 16, rapporté ci-
dessus, *n.* 70, que les avantages directs ou indirects, que l'un
des conjoints fait à l'autre, ne sont pas nuls pour tout ce qu'a
donné celui qui a fait l'avantage, et pour tout ce qu'il lui en a
coûté, mais seulement jusqu'à concurrence de ce que celui, à qui
l'avantage a été fait, en a profité.

La vente d'une chose, que l'un des conjoints avait faite à l'autre, n'était pas non plus réputée avantage indirect et prohibé,
par cela seul qu'elle était faite à vil prix, lorsqu'il ne paraissait
pas de dessein d'avantager; la vente n'ayant été faite à vil prix,
que faute de trouver des acheteurs qui en donnassent davantage:
Sine dubio, dit Pomponius, *licet à viro vel uxore minoris emere,
si non sit animus donandi;* l. 31, § 3, ff. *dict. tit.*

Notre droit français a été beaucoup plus attentif à prévenir
tous les avantages indirects, que des conjoints par mariage pourraient se faire, par les différentes espèces de contrats qui inter-
viendraient entre eux pendant leur mariage; par lesquels ils
transporteraient l'un à l'autre quelque chose de leurs biens.
Quelques Coutumes s'en sont expliquées. La Coutume de Normandie, *chap.* 15, *art.* 410, dit : « Gens mariés ne peuvent céder,
» donner ou transporter l'un à l'autre quelque chose que ce soit,
» ni *faire contrats* ou confessions, par lesquels les biens de l'un
» viennent à l'autre, en tout ou partie. » Celle de Nivernais,
chap. 23, *art.* 27, dit : « Gens mariés, constant leur mariage,
» ne peuvent *contracter* au profit l'un de l'autre. » *Voy. Bour-*
bonnais, chap. 10, *art.* 226.

Cela a pareillement lieu dans les Coutumes qui ne s'en sont
pas expliquées: c'est pourquoi Dumoulin, sur l'article 256 de
l'ancienne Coutume de Paris, *n.* 5, pose pour maxime que des
conjoints par mariage ne peuvent, pendant leur mariage, faire
aucun contrat entre eux sans nécessité : *Nullum contractum etiam*
reciprocum facere possunt, nisi ex necessitate.

Suivant ces principes, des conjoints par mariage ne peuvent
pas, pendant leur mariage, établir entre eux une communauté
de biens, non-seulement dans le cas auquel leur contrat de mariage porterait une exclusion de communauté, parce que ce serait
déroger à une convention du contrat de mariage, qui doit être
invariable; mais même dans le cas, où des conjoints domiciliés

sous une Coutume, qui n'admet pas la communauté, se seraient mariés sans contrat de mariage.

C'est suivant ces mêmes principes, que Dumoulin, au lieu ci-dessus cité, n. 4, décide que le mari ne peut pas, pendant le mariage, vendre à sa femme son héritage propre, ni en faire un conquêt, à la charge que la femme lui en paierait le prix, pour la part qu'elle aura comme commune : *An possit maritus justo pretio vendere (uxori) quod domus propria viri erit communis... Respondi, Non.*

ARTICLE II.

Des faits qui renferment des avantages indirects défendus entre mari et femme.

79. On peut apporter une infinité d'exemples de faits qui renferment de ces avantages indirects.

Une première espèce d'avantage indirect, qu'un mari fait assez souvent à sa femme pendant le mariage, est l'acte, par lequel il reconnaît avoir reçu d'elle plus qu'il n'a effectivement reçu.

Finge. Des futurs époux ont, par leur contrat de mariage, promis apporter chacun 10,000 livres à la communauté, et ont réservé propre le surplus, ensemble tout ce qui leur écherrait par succession : il est dit : En cas de renonciation à la communauté, la femme reprendra ce qu'elle y a apporté. Le mobilier, que la femme avait lorsqu'elle s'est mariée, avec celui qu'elle a eu depuis de succession, ne montait qu'à 20,000 livres. Par des états enflés qui en ont été faits pendant le mariage, qui ont été signés et reconnus véritables par le mari, on le fait monter à 50,000 livres. C'est un avantage indirect, que le mari fait, par cette reconnaissance, à sa femme, d'une somme de 30,000 livres, dans le cas auquel elle renoncerait à la communauté, et de 15,000 livres seulement, au cas qu'elle l'accepte ; parce qu'elle fait, en ce cas, confusion sur elle de la moitié de la somme qu'elle a reprise.

80. Un mari fait un avantage indirect à sa femme, non-seulement en enflant l'état du mobilier de sa femme, mais aussi en diminuant le sien. Par exemple, si, en retenant la même espèce, le mari, dont le mobilier réservé propre montait à 50,000 livres, n'en a fait paraître que pour 20,000 livres dans l'état qu'il en a fait, en omettant d'y comprendre plusieurs effets, et en portant au-dessous de leur juste valeur ceux qui y sont compris, c'est un avantage indirect, qu'il fait à sa femme, d'une somme de 15,000 livres, lorsqu'elle accepte la communauté : la femme ayant, en ce cas, sa part dans les 30,000 livres, que les héritiers

du mari eussent dû prélever de plus que la somme de 20,000 livres qu'ils ont prélevée. Lorsque la femme a renoncé à la communauté, il n'en résulte aucun avantage.

81. Ces avantages indirects étant défendus, tant dans le for extérieur, que dans celui de la conscience, les héritiers du mari, dans le for extérieur, sont reçus à la preuve, tant de ce que la femme avait de moins, que de ce que l'homme avait de plus qu'il n'est porté par les états respectifs; et, à défaut de preuves, à déférer le serment décisoire à la femme.

Dans le for de la conscience, quand même les héritiers du mari ne se seraient pas aperçus de l'infidélité de ces états, et ne feraient à la femme aucune contestation à cet égard, la femme est obligée, dans le for de la conscience, à déclarer aux héritiers du mari la connaissance qu'elle en a, et à faire réformer lesdits états, conformément à la vérité; et, si elle ne l'a pas fait, elle est obligée, dans le for de la conscience, de restituer aux héritiers du mari tout ce qui lui est parvenu de ces avantages indirects que son mari lui a faits, soit qu'elle en eût connaissance dès le temps du partage, soit que la connaissance ne lui en soit survenue que depuis; avec cette distinction, que, si elle avait connaissance de ces avantages indirects, au temps qu'elle a reçu ce qui lui est parvenu, elle est obligée, dans le for de la conscience, indistinctement, à la restitution de tout ce qui lui est parvenu, même à la restitution des fruits et des intérêts; au lieu que, si la connaissance ne lui en est survenue que depuis, elle n'est obligée, dans le for de la conscience, qu'à la restitution des choses qui lui restaient, lorsque cette connaissance lui est survenue, et de ce dont elle se trouvait alors avoir profité de celles qui ne sont plus en nature. Cela est fondé sur ce principe du droit naturel, que l'obligation de restituer, que nous fait contracter la connaissance, qui nous survient, qu'une chose, que nous avons reçue de bonne foi comme nous étant due, ne nous était pas due, n'étant fondée que sur la règle d'équité, qui ne permet pas que quelqu'un s'enrichisse aux dépens d'autrui, nous ne devons être obligés à cette restitution, qu'autant que nous nous trouvons en avoir été enrichis et en avoir profité.

82. La femme peut faire de semblables avantages indirects à son mari, en diminuant pareillement l'état du mobilier, dont elle a la reprise, et en souscrivant les états enflés que son mari a faits du sien.

Ce que nous avons dit des obligations de la femme, par rapport à ces avantages indirects que lui a faits son mari, s'applique pareillement au mari par rapport à ceux que lui a faits sa femme.

83. La suppression des pièces justificatives et enseignemens des reprises, que l'un des conjoints et ses héritiers auraient droit

d'exercer, faite par l'un des conjoints, pour en dérober la connaissance à ses héritiers, et les priver de cette reprise, est une autre espèce d'avantage que ce conjoint fait à l'autre, dont la part dans la communauté sera, par ce moyen, plus considérable.

Par exemple, si le mari a reçu, pendant le mariage, le rachat de plusieurs principaux de rentes qui lui étaient propres, montant à 12,000 livres, et que, ayant supprimé tous les enseignemens qui pouvaient en donner connaissance, ses héritiers n'en aient pu exercer la reprise, la part de la femme, dans la masse des biens de la communauté, s'étant trouvée plus forte de 6,000 livres, c'est un avantage qui l'oblige, dans le for de la conscience, envers lesdits héritiers, à la restitution de cette somme.

Pareillement, lorsque l'un des conjoints est débiteur envers la communauté de quelque récompense, *putà*, pour des dettes qu'il devait seul, et qui ont été acquittées des deniers de la communauté, ou pour des impenses nécessaires ou utiles faites à ses héritages propres, la suppression, que font les conjoints des pièces justificatives et enseignemens de ces récompenses, pour en décharger le conjoint qui en est le débiteur, renferme un avantage prohibé, dont il ne lui est pas permis, dans le for de la conscience, de profiter.

84. La fausse énonciation du prix, portée par le contrat de vente d'un héritage propre de l'un des conjoints, renferme une pareille espèce d'avantage indirect.

Par exemple, si, par le contrat de vente de l'héritage propre de la femme, il est dit qu'il a été vendu pour le prix de 80,000 l., quoique, dans la vérité, le prix ait été de 100,000 livres; la femme ou ses héritiers n'ayant, par ce moyen, la reprise que d'une somme de 80,000 livres, au lieu de celle de 100,000 liv., qui leur appartient, c'est un avantage indirect, que la femme fait au mari, de 20,000 livres, en cas de renonciation à la communauté, et de 10,000 livres, en cas d'acceptation. *Contrà*, s'il est porté, par le contrat, que l'héritage a été vendu pour le prix de 100,000 livres, quoiqu'il n'ait été vendu que 80,000 liv., c'est un avantage, que le mari fait à la femme, de 20,000 liv., en cas de renonciation à la communauté, et de 10,000 livres, en cas d'acceptation.

85. Voici une autre espèce d'avantage indirect. Dans une succession, qui m'est échue pendant mon mariage, il s'est trouvé plusieurs principaux de rentes passés par des billets, sous les signatures privées des débiteurs. Ces principaux de rentes sont des propres dans les Coutumes où les rentes sont réputées immeubles. Pour en faire passer la moitié à ma femme, en les faisant passer pour conquêts, je vais trouver les débiteurs, auxquels je propose

de me passer des billets portant constitution de rente, datés du temps de mon mariage, à la place de ceux qu'ils ont passés au défunt : ces débiteurs ont la complaisance de se prêter à cette fraude, et me passent ces billets à la place de ceux qu'ils avaient passés au défunt, que je leur rends. C'est un avantage indirect que je fais à ma femme, dont il ne lui est pas permis de profiter.

C'est pourquoi, si ma femme, qui a connaissance de cette manœuvre, a eu au partage la moitié de ces principaux de rentes, ou d'autres effets à l'équipollent, elle est obligée, dans le for de la conscience, à restituer à mes héritiers la part qu'elle a eue dans ces principaux, ou dans ce qu'elle a eu à la place, avec tous les arrérages qui en ont couru depuis la dissolution de la communauté.

Si elle ne satisfait pas à cette restitution, les débiteurs, qui se sont prêtés à cette fraude, et en ont été participans, sont obligés à cette restitution, à son défaut.

Ces débiteurs seraient-ils obligés à cette restitution, s'ils étaient des ignorans qui n'ont pas compris pourquoi se faisait ce changement de billets ? Je pense que, pour qu'ils contractent cette obligation, il n'est pas nécessaire qu'ils aient compris ce qui devait résulter de cette fraude; il suffit qu'ils aient connu que ce changement de billets, auquel on leur proposait de se prêter, renfermait quelque fraude, et pouvait faire tort à quelqu'un, pour qu'ils contractent l'obligation de réparer le tort qui résultera de cette fraude, à laquelle ils se sont prêtés.

86. Ulpien nous rapporte un autre exemple d'avantage indirect; c'est lorsque l'un des conjoints, qui a un droit de servitude sur l'héritage de l'autre conjoint, laisse éteindre son droit, en n'en usant pas, dans la vue de l'avantager, et de décharger son héritage : *Si, donationis causá, vir vel uxor servitute non utatur, puto amitti servitutem; verùm post divortium condici posse;* l. 5, § 6, ff. *de donat. inter vir et uxor.*

87. Dans notre droit français, au lieu de donner une action au conjoint, qui a laissé éteindre cette servitude, contre l'autre conjoint, pour qu'il soit tenu d'en constituer une pareille, on décide simplement que le temps de la prescription, par laquelle s'éteignent les droits de servitude, n'a pas couru pendant le mariage.

88. Les jurisconsultes romains élèvent une autre question. L'un des conjoints, *putà*, le mari, renonce à une succession opulente qui lui a été déférée, à dessein que sa femme, qui était appelée à cette succession à son défaut, la recueille : ou bien il répudie un legs, qui lui a été fait par un parent de sa femme, mort pendant le mariage, dont sa femme était l'unique héritière, et chargée, en cette qualité, de la prestation. On demande si,

dans ces deux espèces, la répudiation, soit de la succession, soit du legs, dont sa femme a profité, doivent passer pour des avantages indirects que le mari a faits à sa femme ; et si, en conséquence, les héritiers du mari sont fondés à demander à la femme la restitution, soit de la succession, soit du legs, dont elle a profité. Ils décident pour la négative. La raison, sur laquelle ils se fondent, est que les biens d'une succession, de même que des choses léguées, sont censés n'avoir jamais appartenu à la personne qui a répudié, soit la succession, soit le legs. Le mari, en les répudiant, a seulement manqué d'acquérir : il n'a rien diminué de ses biens ; il n'en a rien fait passer à la femme, qui a profité de cette renonciation du mari à la succession ou au legs, qui avaient bien été déférés à son mari, mais qui ne lui ont point été acquis. Cet avantage, que la femme ressent de cette renonciation, n'est donc point un avantage prohibé, la loi ne défendant les donations et avantages entre mari et femme, que lorsque l'avantage, que l'un fait à l'autre, diminue quelque chose de ses biens pour enrichir l'autre : *Si maritus hæres institutus repudiet hæreditatem donationis causâ, Julianus scripsit donationem valere ; neque enim pauperior fit qui non acquirat, sed qui de patrimonio suo deposuit : repudiatio autem mariti mulieri prodest, si vel substituta sit mulier, vel etiam ab intestato hæres futura ; dict. l. 5, § 13. Simili modo et si legatum repudiet, placet nobis valere donationem, si mulier substituta sit in legato, vel etiam si proponas eam hæredem institutam ; dict. l. § 14.*

Cette raison, sur laquelle est fondée la décision des jurisconsultes romains, *neque enim pauperior fit qui non acquirat, sed qui de patrimonio suo deposuit*, me paraît avoir plus de subtilité que de solidité. Il est vrai que les choses mêmes, qui composaient la succession à laquelle j'ai renoncé, ou le legs que j'ai répudié, ne m'ont jamais appartenu ; mais le droit de recueillir cette succession ou ce legs, est un droit qui m'a appartenu, lorsque la succession ou le legs m'a été déféré. Ce droit était de même valeur que les choses qui en faisaient l'objet ; il faisait partie de mon bien ; et en le perdant volontairement par la répudiation que j'en ai faite, j'ai diminué mon bien d'autant. Cette répudiation est donc un avantage qui enrichit la femme aux dépens du mari.

On peut apporter une meilleure raison pour décider que la répudiation, que le mari fait d'un legs à lui fait par une personne dont sa femme est l'héritière, ne doit pas être considérée comme un avantage prohibé qu'il ait fait à sa femme : cette raison est, que le mari, en répudiant le legs, n'a pas tant eu la vue de faire de ses biens un avantage à sa femme, que celle de laisser le cours naturel des choses, et de ne pas priver sa femme des biens d'une succession que la loi lui défère. Il ne fait, en cela, que ce que font par générosité des personnes qui répudient un legs qui leur a été fait par leurs amis ou leurs cliens, non précisément dans la vue de faire une donation à l'héritier qui doit profiter de cette répudiation, qui souvent est une personne qu'ils ne connaissent pas, mais qui n'ont d'autre vue que de laisser les choses dans l'ordre naturel, et de ne pas s'enrichir des biens d'une famille étrangère.

Mais lorsque le mari, qui était seul dans le degré le plus prochain pour recueillir une succession opulente, la répudie pour la faire passer à sa femme, qui se trouve être dans le degré suivant, cette répudiation ne peut passer que pour un véritable avantage, qu'il a eu dessein de faire à sa femme, aux dépens du droit qu'il avait de la recueillir; lequel avantage, nonobstant la subtilité de la loi romaine, doit passer pour un avantage prohibé.

89. Il y a moins de difficulté à admettre la décision des jurisconsultes romains dans l'espèce suivante. Mon ami m'a fait part du dessein qu'il avait de me faire un don ou un legs : je l'ai engagé de le faire plutôt à ma femme. Le jurisconsulte Pomponius décide que je ne fais, en cela, aucun avantage prohibé à ma femme. Je ne me dépouille, dans cette espèce, de rien qui m'appartienne. Je n'ai jamais eu aucun droit aux biens de mon ami, qu'il avait eu dessein de me donner, et qu'il a donnés à ma femme à l'intention, qu'il a eue de me donner, n'ayant point été mise à exécution, n'a pu me faire acquérir aucun droit : *Quod legaturus mihi, aut hœredidatis nomine relicturus es, potes, rogatus à me, uxori meæ relinquere; et non videtur ea esse donatio, quia nihil es bonis meis diminuitur;* l. 31, § 7, ff. *dict. tit.*

90. Lorsqu'un testateur, dont j'étais l'unique héritier, a fait à ma femme un legs, qui entame considérablement les quatre quints des propres, que la loi me permet de retenir, le paiement, que je fais à ma femme de ce legs en entier, sans lui faire souffrir aucun retranchement, doit-il être regardé comme un avantage indirect, jusqu'à concurrence de ce que j'étais en droit de retrancher du legs? Je ne le crois pas. J'avais un autre motif pour acquitter le legs en entier, qui était le respect pour les dernières volontés du testateur. Ce motif étant un motif louable, on doit présumer que c'est plutôt par ce motif que je me suis porté à acquitter le legs en entier, que dans la vue de faire à ma femme un avantage prohibé par la loi. Ce paiement *magis videtur plenior executio voluntatis defuncti, quàm donatio.*

Si, entre plusieurs legs, qui entamaient les quatre quints de mes propres, il n'y avait que celui fait à ma femme que j'eusse ainsi acquitté en entier, et que j'eusse fait souffrir aux autres légataires le retranchement qui devait être fait à leur legs, il ne serait pas douteux, en ce cas, que c'est dans la vue d'avantager ma femme, que je n'ai pas retranché du legs à elle fait ce que

J'avais droit d'en retrancher, et que c'est, par conséquent, un avantage prohibé dont elle ne doit pas profiter.

91. Lorsque, pendant mon mariage, j'ai choisi un legs qui m'a été fait par un de mes parens collatéraux, dont j'étais héritier pour partie, préférablement à la part qui m'était déférée dans sa succession, composée d'immeubles, nous avons dit en notre Traité de la Communauté, n. 608, que mes héritiers n'étaient pas reçus à prétendre que ce choix est un avantage indirect que j'ai fait à ma femme, ni à offrir de justifier que la portion, qui m'a été déférée dans la succession, était en soi plus avantageuse que le legs. Cela doit s'observer, tant parce qu'il est incertain si j'ai fait ce choix pour faire un avantage à ma femme, ayant pu avoir d'autres raisons pour le faire, que parce qu'il est à propos d'éviter des procès, auxquels pourraient donner lieu l'examen et la discussion du fait, si la portion héréditaire, à laquelle j'ai renoncé, était effectivement beaucoup plus avantageuse que le legs. Mais, dans le for de la conscience, si la femme a une parfaite connaissance que son mari n'a fait le choix du legs, que dans la seule vue de l'avantager à ses dépens, la portion, qui lui était déférée dans la succession, étant plus considérable que le legs qu'il a choisi, je pense qu'elle ne doit pas profiter de cet avantage, et qu'elle doit laisser aux héritiers de son mari sa part, dans ce dont la communauté a été augmentée, par le choix que son mari a fait du legs qui y est tombé.

92. Une autre espèce d'avantage indirect, c'est lorsque l'un des conjoints, en nommant l'autre conjoint pour exécuteur de son testament, le décharge de rendre compte. Cette décharge de rendre compte, qui lui laisse la liberté de retenir et d'appliquer à son profit ce qu'il voudra des biens de la succession, tendant à un avantage indirect, on n'y doit avoir aucun égard; et nonobstant cette clause, le conjoint ne pourra avoir l'exécution testamentaire, qu'à la charge de rendre compte.

93. Par la même raison, on n'a point d'égard à la disposition testamentaire de l'un des conjoints, par laquelle le défunt aurait ordonné qu'on remettrait entre les mains du survivant une certaine somme, pour être par lui employée suivant les intentions du testateur, dont il lui a donné connaissance : ce serait une voie d'éluder la loi, en couvrant de ce prétexte le legs, que l'un des conjoints voudrait faire à l'autre contre la défense de la loi.

ARTICLE III.

Des avantages indirects entre mari et femme, qui se font par des personnes interposées.

94. Les conjoints par mariage, et les autres personnes, à qui

la loi civile défend de se donner, non-seulement ne peuvent se rien donner directement ; elles ne le peuvent faire licitement par personnes interposées : *Non solùm per se maritus et uxor cæteræque personæ dare non possunt ;* l. 3, § 9, ff. *dict. tit.*

C'est pourquoi, si, pour éluder la loi, qui me défend de rien donner à ma femme, je donne ou je lègue quelque chose à un tiers, avec qui j'ai une convention secrète qu'il le rendra à ma femme, un tel don ou legs n'est permis ni dans le for extérieur, ni dans le for de la conscience.

C'est pourquoi, en ce qui concerne le for extérieur, si mes héritiers ont la preuve littérale, ou même seulement testimoniale, de la convention que j'ai eue avec le tiers, à qui j'ai fait le don ou le legs, ils doivent être admis à la faire ; et s'ils la font, le don ou le legs doit être déclaré nul.

Ils peuvent même, à défaut de preuves, déférer le serment à ce donataire ou légataire, à l'effet qu'il soit tenu de déclarer s'il n'est pas personne interposée pour le rendre à ma femme ; et s'il ne le fait pas, on doit pareillement déclarer nul le don ou le legs qui lui a été fait.

A l'égard du for de la conscience, ma femme, qui, contre la défense de la loi, a reçu ce que je lui ai fait parvenir par le ministère de la personne interposée, est obligée de le rendre à mes héritiers, avec les fruits qui en ont été perçus, si ce sont des héritages ; et les intérêts, si ce sont des sommes d'argent, du jour de la délivrance qui lui en a été faite.

95. A défaut par la femme de faire cette restitution, la personne interposée, qui a prêté son ministère pour lui faire parvenir ce qu'elle a reçu, est obligée elle-même, dans le for de la conscience, à cette restitution ; car c'est un principe certain dans le droit naturel, que quiconque a prêté son ministère à une injustice, est obligé à la réparer, lorsque celui, qui en a profité, ne le fait pas.

On a coutume, dans le monde, d'alléguer, pour se dispenser de cette restitution, que les donations entre mari et femme n'étant défendues que par la loi civile, étant permises par le droit naturel, ne renferment aucune injustice. La réponse est facile. La loi naturelle, dit-on, permet les donations entre mari et femme. Je distingue. Elle les permet aux personnes qui ne sont pas sous l'empire d'une loi civile qui les défend : j'en conviens. Elle les permet même aux personnes qui sont sous l'empire d'une loi civile qui les défend : je le nie ; car la loi naturelle nous commandant de nous soumettre aux lois civiles sous l'empire desquelles nous vivons ; lorsque des maris ou femmes se trouvent sous l'empire d'une loi, qui défend les donations entre mari et femme, ces donations, qui leur sont défendues par la loi civile, sous l'empire de laquelle ils vivent, leur sont aussi défendues par la loi naturelle, qui leur ordonne de se soumettre aux lois civiles qui la leur défendent.

On insiste, et on dit que la loi civile ne peut être opposée à la loi naturelle : donc, dit-on, elle ne peut défendre les donations entre mari et femme, que la loi naturelle permet. La conséquence est mal tirée. De ce que la loi civile ne peut être opposée à la loi naturelle, il s'ensuit seulement qu'elle ne peut ordonner, ni même permettre ce que la loi naturelle défend, ni défendre ce que la loi naturelle commande; mais la loi civile n'est point opposée à la loi naturelle, en défendant ce que cette loi ne fait que permettre. Or, la loi naturelle n'ordonne pas les donations entre mari et femme, elle ne fait que les permettre : la loi civile a donc pu les défendre.

96. Nous avons suffisamment établi que le légataire, qui a rendu à la femme du testateur le legs qui lui a été fait, suivant la convention secrète qu'il en avait eue avec le testateur, était, à défaut de la femme, obligé à le restituer aux héritiers. Il y est à plus forte raison obligé, si, contre la foi de la convention, il l'a retenu pour lui, ne pouvant ignorer que ce n'est pas à lui que le testateur a voulu faire ce legs.

97. Lorsque la convention entre le testateur et le légataire a été, que le légataire rendrait à la femme du testateur seulement partie du legs, le legs n'est illicite que pour ce qui en devait être rendu à la femme; il est licite et valable pour la partie qui en doit être retenue par le légataire.

98. Pareillement, lorsque la convention entre le testateur et le légataire a été, que le légataire donnerait à la femme, non la chose même qui lui a été léguée, mais une somme d'argent, ou quelque autre chose, il peut licitement demander la délivrance du legs qui lui a été fait; mais il doit donner aux héritiers du testateur ce qu'il était convenu de donner à sa femme. Par exemple, si un mari a légué un certain héritage à Pierre, avec convention tacite qu'il paierait une somme de 10,000 livres à la femme de ce mari; Pierre ne peut pas licitement donner cette somme à la femme, la loi ne le permettant pas : mais comme ce n'est pas en sa faveur, mais en faveur des héritiers du mari, que la loi ne permet pas ce fidéicommis, dont le testateur l'a chargé envers sa femme, par la convention qu'ils ont eue ensemble, ce n'est pas lui qui doit profiter de la nullité de ce fidéicommis; ce sont les héritiers du mari, auxquels il doit, par conséquent, donner cette somme, au lieu de la donner à la femme à qui il s'était chargé de la donner.

99. Il arrive assez souvent qu'un homme, pour mieux éluder la loi, qui ne permet pas de rien léguer à sa femme, et pour mettre la personne par le canal de laquelle il a intention de faire passer à sa femme ses biens, ou partie d'iceux, à portée de jurer

qu'il n'a eu aucune convention avec le testateur de les rendre à sa femme, lègue lesdits biens à un ami de sa femme, avec lequel il n'a aucune convention de les rendre à sa femme, et à qui même il ne donne de son vivant aucune connaissance de ce legs, dans la confiance qu'il a que ce légataire devinera facilement l'intention qu'il a eue, en lui faisant ce legs, et qu'il rendra à sa femme les biens compris dans ce legs.

On demande si, dans le for de la conscience, le légataire, à qui le testateur n'a donné aucune connaissance de l'intention qu'il a eue, en lui faisant ce legs, de le faire passer à sa femme, et qui n'a, sur cette intention du testateur, que de simples soupçons, peut se faire saisir de ce legs, et donner ensuite à la femme du testateur les biens qui y sont compris. La raison de douter est, que ni le testateur, ni autre personne n'ayant donné à ce légataire connaissance de l'intention du testateur de faire passer le legs à sa femme, n'en paraissant rien à l'extérieur, ce légataire n'est pas, dit-on, obligé de la supposer. Ne paraissant donc, dans le legs qui lui est fait, rien que de licite, il lui est permis de s'en faire saisir. Étant devenu propriétaire des biens compris dans ce legs, il a le droit d'en disposer comme bon lui semble, et de les donner à la femme du défunt, qui n'est point, vis-à-vis de lui, une personne à qui la loi défende de donner.

Nonobstant ces raisons, je pense qu'il suffit que ce légataire ait des soupçons probables que l'intention du testateur, en faisant ce legs, a été de le faire passer par son canal à sa femme, pour qu'il soit obligé, dans le for de la conscience, de répudier ce legs. La raison est, que nous sommes obligés de nous abstenir non-seulement des choses, dont nous connaissons clairement l'injustice, mais de tout ce qui a quelque apparence d'injustice, de tout ce qui en est suspect. Pour que nous soyons obligés de répudier un legs, il n'est donc pas nécessaire que nous ayons une parfaite connaissance que le legs, qui nous est fait, est fait dans la vue de le faire passer à la femme du testateur, contre la défense de la loi, en fraude de ses héritiers, ce qui est une injustice ; il suffit, pour cela, que nous ayons des soupçons probables qu'il est fait dans cette vue, et qu'il renferme cette injustice, parce que nous sommes obligés de nous abstenir de tout ce qui a quelque apparence d'injustice, et de tout ce qui en est suspect.

Le fondement des soupçons, que le légataire peut avoir, que le legs lui a été fait dans la vue de le faire passer à sa femme, résulte de ce que le légataire, qui n'était point lié d'une amitié intime avec le testateur, n'apercevant aucun motif, qui eût pu porter le testateur à vouloir lui laisser ses biens, ne voit dans ce legs d'autre motif qui ait pu porter le testateur à le lui faire, que celui de la confiance qu'il a eue qu'il le ferait passer à sa femme, dont il est l'ami.

Pour obvier à cette espèce de fraude, qui n'est que trop commune; lorsqu'un legs, fait à un étranger, est suspect d'avoir été fait par le testateur en vue de le faire passer à sa femme, les héritiers du mari sont fondés non-seulement à demander au légataire son serment, qu'il n'a eu aucune convention avec le testateur de le faire passer à sa femme, ce qui n'obvierait pas à cette seconde espèce de fraude; mais ils doivent encore être reçus à demander que le légataire jure précisément que c'est pour lui qu'il demande le saisissement du legs, et non dans la vue de le faire passer à la veuve.

100. Le légataire, qui a des soupçons probables que le legs, qui lui a été fait, l'a été dans la vue de le faire passer à la femme, non-seulement ne doit pas, dans le for de la conscience, l'accepter pour le lui faire passer, il ne doit pas non plus l'accepter pour le retenir; car c'est un principe de droit naturel, que nous ne devons nous mettre en possession d'aucunes choses, qu'autant que nous sommes assurés de la légitimité du titre, en vertu duquel nous les acquérons. Le legs, qui a été fait à ce légataire, ne pouvant être pour lui un titre légitime, qu'autant que la volonté du testateur a été que les biens compris au legs fussent pour lui, et non pour un autre, à qui le testateur aurait voulu les faire passer par son canal; le légataire ayant de l'incertitude sur cette volonté du testateur, il n'est point assuré que le legs, qui lui a été fait, soit un titre légitime.

101. Un homme n'a pas intention de rien faire passer de ses biens à sa femme, contre la défense de la loi; il veut seulement empêcher qu'elle n'ait des procès et de mauvaises contestations à essuyer, au partage qui sera à faire entre elle et son héritier, qu'il connaît pour être un chicaneur. Pour cet effet, il fait un legs universel à un homme de confiance. Son intention secrète est que ce légataire universel, après s'être fait saisir de son legs, fasse, en sa qualité de légataire universel, avec sa veuve, la liquidation des droits respectifs, tant de sa succession que de sa veuve, et le partage des biens de la communauté; et que, après cette liquidation, et ce partage fait selon les règles d'une exacte justice, le légataire rende à l'héritier ce qui lui est revenu du legs universel. Un tel legs ne contient rien d'illicite; et celui, à qui il a été fait, soit que le testateur lui ait fait part de ses intentions, soit qu'il les soupçonne seulement, non-seulement ne pèche pas, mais fait une action louable en acceptant ce legs, pour remplir les intentions du testateur.

102. Tout ce que nous venons de dire des legs faits par un homme à un tiers, dans le dessein de faire passer à sa femme les choses léguées, reçoit une entière application à l'égard de ceux, qu'une femme aurait faits à un tiers, dans le dessein de faire passer à son mari les choses léguées.

103. Une femme, à la vérité, ne peut rien faire passer de ses biens après sa mort, par le canal d'un tiers, à son mari, pour l'en avantager ; mais si une femme était débitrice envers son mari de dettes, dont il n'y a pas de preuves, la déclaration, qu'elle ferait, par son testament, qu'elle est débitrice d'une telle somme envers son mari, ne pouvant obliger, dans le for extérieur, les héritiers de cette femme, lesquels, comme nous l'avons vu *suprà, n. 46*, seraient écoutés à faire rejeter cette déclaration, comme suspecte de renfermer un avantage indirect, suivant la maxime, *Qui non potest donare, non potest confiteri;* la femme, pour la décharge de sa conscience, non-seulement peut, mais doit, de son vivant, prendre des mesures avec quelque personne de confiance, pour faire passer à son mari le montant de ce qu'elle lui doit, par le canal de cette personne de confiance, à qui elle fera un legs de la somme nécessaire pour cette restitution.

Supposons, par exemple, qu'une femme commune en biens avec son mari, à l'insu de sondit mari, ait pris plusieurs sommes d'argent en différentes fois, qu'elle a dépensées à l'insu de son mari, au jeu, ou qu'elle a données à ses amis : il n'est pas douteux que la femme est débitrice envers son mari de la moitié du montant de ces sommes, en cas que ses héritiers acceptent la communauté, et du total, au cas qu'ils y renoncent : car n'ayant droit de disposer de rien, pendant que la communauté dure, c'est un vol qu'elle a fait à son mari, qui l'oblige à restitution ; de laquelle restitution elle ne peut s'acquitter que de la manière que nous venons de dire.

104. Observez que la personne, à qui s'adresse la femme, pour lui prêter son ministère pour s'acquitter de ces restitutions, ne doit s'en charger, que lorsqu'elle connaît bien cette femme, et qu'elle a lieu de croire que ce qu'elle lui a dit est véritable, et n'est point un faux prétexte pour déguiser un avantage qu'elle veut faire à son mari.

105. La femme ayant fait à la personne de confiance un legs, de la somme dont elle voulait faire restitution à son mari, conçu en ces termes : « Je lègue à un tel la somme de tant, pour l'em- » ployer suivant mes intentions, dont il ne rendra aucun compte ; » si les héritiers de la femme lui demandent son serment, si ce n'est pas pour le faire passer à des personnes prohibées, elle peut faire ce serment ; car le mari est bien une personne prohibée pour recevoir un avantage que sa femme lui ferait ; mais il n'est pas personne prohibée pour recevoir une restitution qui lui est due.

Mais si l'on exigeait d'elle qu'elle dît précisément si ce legs ne lui est pas fait pour le faire passer au mari, elle ne pourrait se dispenser, en ce cas, d'en convenir : elle ajouterait que c'est pour une restitution, dont elle a connaissance, et dont elle exposerait les causes. Le juge, suivant les circonstances, y ajouterait telle foi qu'il jugerait à propos.

106. Le mari peut aussi avoir des restitutions à faire à sa femme, pour des causes dont sa femme ne peut avoir aucune preuve, desquelles restitutions il ne peut, par conséquent, s'acquitter, que de la manière que nous venons de dire.

On peut apporter, pour exemple, le cas auquel un mari aurait donné entre vifs, de la main à la main, à ses enfans d'un précédent mariage, des sommes considérables d'argent pendant sa communauté, dont sa femme ne peut avoir de preuves; soit parce que les enfans, à qui il a donné ces sommes, sont morts depuis, ayant laissé des enfans; soit parce qu'ils pourraient avoir la mauvaise foi d'en disconvenir.

107. Le mari, qui a dissipé les biens de la communauté en débauches, quoiqu'il soit très-blâmable, n'est pas néanmoins pour cela obligé à aucune restitution envers sa femme : car la loi n'oblige point le mari à conserver à sa femme les biens de la communauté; elle lui défend seulement d'avantager ni lui, ni les siens. Les conditions du contrat de communauté, qui intervient entre un mari et une femme, sont que le mari disposera en maître des biens de la communauté pendant qu'elle durera, et que la femme ne pourra prétendre que la moitié de ce qui restera, lors de la dissolution.

108. Quelques Coutumes regardent les donations, qui seraient faites par un conjoint à des personnes dont l'autre conjoint est l'héritier présomptif, comme étant faites à l'autre conjoint par personnes interposées; elles les présument faites dans la vue de faire passer à l'autre conjoint les biens compris dans la donation par le canal de ce donataire, dans la succession duquel il doit un jour les retrouver; et elles les comprennent, en conséquence, dans la défense qu'elles font des donations entre mari et femme.

Telle est la Coutume de Bourbonnais, qui porte, *art.* 226 : « Le mari, durant le mariage, ne peut faire aucune association, » donation, ni autre contrat au profit de sa femme, enfans de » sadite femme d'autre lit, ni autres auxquels elle doive succéder » *immediatè; nec è contrà* la femme au mari, à ses enfans, ou » autres ésquels le mari doive succéder. »

La Coutume d'Auvergne, *ch.* 14, *art.* 28, défend pareillement à la femme de faire aucune donation ni disposition au profit de son mari, ni d'autre à qui il puisse succéder.

Hors ces Coutumes, la donation ou le legs, que le mari fait à un frère, ou à la sœur, ou à quelque autre parent collatéral de sa femme, dont sa femme est héritière présomptive; et pareillement ceux, que la femme fait aux parens collatéraux de son mari, dont il est l'héritier présomptif, sont valables. Je suis censé avoir fait la donation, que j'ai faite au parent de ma femme, pour la bonne amitié que j'avais pour lui, et non en considération de ma femme. Il est vrai qu'il peut arriver que ma femme profite un jour indirectement de cette donation, en trouvant les effets donnés dans la succession du donataire, lorsqu'elle la recueillera; mais c'est un accident qu'on ne présume point être entré en considération, lors de la donation qui a été faite, et sur lequel on n'a pas dû compter.

109. Les donations ou legs, que l'un des conjoints ferait au père ou à la mère, ou à quelque autre des ascendans de l'autre conjoint, peuvent faire plus de difficulté; les biens des père et mère devant, selon l'ordre naturel, passer à leurs enfans, leurs biens étant même censés être en quelque façon, de leur vivant, les biens de leurs enfans, qui sont appelés pour cette raison *sui hœredes*, lorsqu'ils y succèdent, *quasi succedant in bona quæ jam erant sua*. Les donations ou legs, que je fais au père ou à la mère de ma femme, sont censés comme faits à ma femme elle-même, et, par conséquent, comme compris sous la défense générale, qui est faite aux conjoints, de se donner l'un à l'autre directement ni indirectement. On peut tirer argument de l'édit des secondes noces, qui, défendant aux femmes de donner à leur second mari au-delà d'une part d'enfant, comprend expressément, dans cette défense, les donations qui seraient faites aux père et mère de leur second mari, comme étant réputées faites au second mari lui-même, par personne interposée : d'où l'on peut tirer cette maxime, que la défense générale, qui est faite par une loi, de donner directement ni indirectement à certaines personnes, comprend les donations faites aux père et mère desdites personnes, comme étant réputées faites indirectement auxdites personnes.

Néanmoins, on cite quelques arrêts qui ont confirmé des legs faits par un homme au père de sa femme. On répond à ces arrêts, qu'ils sont rendus dans la Coutume de Paris, dans l'espèce où le donateur n'avait point d'enfans. Or, étant permis, dans la Coutume de Paris, à celui des conjoints, qui n'a point d'enfans, de donner aux enfans de l'autre conjoint, on a jugé qu'il devait pareillement lui être permis de donner aux père et mère de l'autre conjoint : mais, dans les Coutumes, qui ne permettent pas à l'un des conjoints de donner rien aux enfans d'un précédent mariage de l'autre conjoint, par la raison que l'union intime, qui est entre le père et les enfans, les fait regarder comme n'étant, en quelque façon, qu'une même personne, et fait, en conséquence, réputer ce qui est donné aux enfans du conjoint, comme donné au conjoint lui-même, on doit, par la même raison, réputer les donations faites par l'un des conjoints aux père et mère de l'autre conjoint, comme faites à ce conjoint lui-même, et, comme telles, les déclarer nulles.

110. Si, par la donation, que l'un des conjoints aurait faite au père ou à la mère, ou à quelque autre ascendant de l'autre conjoint, ce donataire était chargé de substitution après sa mort, au profit de quelque étranger ; comme on ne pourrait pas dire, en ce cas, que la donation a été faite en considération de l'autre conjoint, et pour lui faire passer les choses données par le canal du donataire, puisqu'après la mort de ce donataire, elles doivent passer à d'autres, la donation devrait être jugée valable.

ARTICLE IV.

Des donations faites aux enfans de l'un des conjoints d'un précédent mariage.

111. La Coutume de Paris, *art.* 283, s'est expliquée en ces termes : « Ne peuvent lesdits conjoints donner aux enfans l'un de » l'autre d'un précédent mariage, au cas qu'ils, ou l'un d'eux, » aient enfans. »

L'interprétation de cet article a souffert difficulté. Plusieurs prétendaient que l'un des conjoints ne pouvait jamais, en aucun cas, donner aux enfans, que l'autre conjoint avait d'un précédent mariage. D'autres soutenaient que la défense, portée par cet article, n'était que pour le cas auquel il y avait des enfans communs, ou pour celui auquel le conjoint donateur aurait lui-même des enfans d'un précédent mariage ; mais qu'il n'était point défendu, par cet article, au conjoint qui n'avait point d'enfans, de donner aux enfans de l'autre conjoint. Si la Coutume eût voulu que l'un des conjoints ne pût jamais, en aucun cas, soit qu'il eût des enfans, soit qu'il n'en eût point, donner aux enfans de l'autre conjoint d'un précédent mariage, elle aurait dit seulement, *ne pourront lesdits conjoints donner aux enfans l'un de l'autre d'un précédent mariage* : il eût été inutile d'ajouter cette clause qu'elle ajoute, *au cas qu'ils, ou l'un d'eux, aient enfans* : cette clause serait entièrement superflue. Or c'est une règle, en matière d'interprétation, que nous avons rapportée en notre Traité des Obligations, *n.* 92, qu'on doit plutôt entendre une clause dans un sens qui lui donne quelque effet, que dans un sens dans lequel elle n'en aurait aucun. On doit donc entendre cette clause, *au cas qu'ils, ou l'un d'eux, aient enfans*, en ce sens, qu'elle est ajoutée pour restreindre à deux cas la défense générale portée par le commencement de cet article ; savoir ; *au cas qu'ils*, c'est-à-dire, que les deux conjoints aient des enfans communs, ou que *l'un d'eux*, c'est-à-dire que l'un d'eux, qui est le donateur, ait lui-même des enfans d'un précédent mariage. Donc, dans la Coutume de Paris, hors ces deux cas, c'est-à-dire, lorsque l'un des conjoints n'a aucuns enfans, ni de son mariage avec l'autre conjoint, ni des mariages précédens, il lui est permis de donner aux enfans, que l'autre conjoint a d'un précédent mariage. Cette interprétation a été confirmée par un arrêt de 1583, rendu en forme de règlement, qui a jugé que, dans la Coutume de Paris, celui des conjoints, qui n'avait point d'enfans, pouvait donner aux enfans de l'autre.

112. A l'égard des autres Coutumes, qui ont défendu les donations entre mari et femme; dans celles qui s'en sont expliquées, et qui ont dit indistinctement que les conjoints ne peuvent se faire aucunes donations l'un à l'autre, ni à ses enfans d'un précédent mariage, il n'est pas douteux que l'un des conjoints, soit qu'il ait des enfans, soit qu'il n'en ait point, ne peut donner aux enfans que l'autre a d'un précédent mariage.

113. Dans celles qui, comme notre Coutume d'Orléans, art. 280, ont défendu les donations entre conjoints par mariage, sans s'expliquer sur celles qui seraient faites, par l'un des conjoints, aux enfans de l'autre conjoint d'un précédent mariage, on a douté si ces donations étaient comprises dans la défense, surtout lorsque l'enfant, à qui la donation était faite, paraissait avoir pu mériter par lui-même l'amitié et la bienveillance de son beau-père ou de sa belle-mère, qui lui a fait la donation. On disait en faveur de ces donations, que les donations entre mari et femme n'ayant rien en elles-mêmes de contraire aux bonnes mœurs, la loi, qui les défend pour certaines raisons politiques, étant une loi qui tend à gêner et restreindre la liberté naturelle, que chacun a de disposer de ses biens comme bon lui semble, ne devait pas être regardée comme une loi favorable, qui fût susceptible d'extension. On disait, au contraire, que les lois, qui ont défendu les donations entre mari et femme, sont fondées sur de très-bonnes raisons, rapportées *suprà*, n. 1. Elles ne doivent donc pas être si facilement éludées qu'elles le seraient, s'il était permis à l'un des conjoints de donner aux enfans, que l'autre a d'un précédent mariage, parce que ce conjoint ne manquerait jamais de faire donner à ses enfans, ce que la loi ne permet pas qu'on donne à lui-même. Cette dernière opinion a été confirmée par un arrêt du 15 février 1729, rendu en forme de règlement. Il en est depuis intervenu plusieurs autres; un du 1er mars 1734, en forme de règlement, dans la Coutume de Châlons; un du 27 juillet 1736, en la Coutume de Blois; un du 25 juin 1737, en forme de règlement, en la Coutume de Vitry; un du 7 mai 1742, en la Coutume d'Artois; et un du 29 avril 1768, dans la Coutume de Melun. C'est un magistrat du Parlement qui a eu la bonté de me donner une note de tous ces arrêts.

Il ne peut donc plus être douteux aujourd'hui que, si l'on en excepte la Coutume de Paris, dans laquelle il est permis, suivant l'article 283, à celui des conjoints, qui n'a point d'enfans, de donner aux enfans de l'autre conjoint; dans toutes les autres Coutumes, qui défendent les donations entre mari et femme, l'un des conjoints, soit qu'il ait des enfans, soit qu'il n'en ait point, ne peut faire aux enfans de l'autre conjoint, d'un précédent mariage, les dons et les legs que la loi défend de faire à ce conjoint.

114. La défense, faite à l'un des conjoints, de donner aux enfans de l'autre, d'un précédent mariage, comprend-elle toutes les donations, de quelque espèce qu'elles soient, les mutuelles comme les simples? Dans les Coutumes, qui comprennent expressément les enfans dans la défense qu'elles font aux conjoints de se donner l'un à l'autre, il ne paraît pas qu'il y ait de difficulté à décider qu'elles y sont comprises; car les enfans, que les conjoints ont d'un précédent mariage, ayant été compris dans la même défense, qui a été faite de se donner entre conjoints, les mêmes donations, qu'il leur est défendu de se faire l'un à l'autre, doivent aussi être censées leur être défendues envers les enfans de l'autre. Or les donations, de quelque espèce qu'elles soient, les mutuelles aussi bien que les simples (sauf dans les deux cas particuliers d'exception portés ès articles 280 et 281), étant comprises dans la défense des donations entre conjoints, elles doivent aussi être défendues envers les enfans que les conjoints ont d'un mariage précédent.

115. Il y a plus de difficulté dans les Coutumes qui, dans la défense qu'elles ont faite des donations entre mari et femme, n'ont pas compris expressément les enfans qu'ils ont d'un précédent mariage. Si, dans ces Coutumes, un enfant, que ma femme a eu d'un précédent mariage, et moi, nous nous sommes fait une donation mutuelle de nos biens présens, dont nous nous sommes respectivement dessaisis, sous la réserve de l'usufruit, au profit du survivant; ce que nous nous sommes donné réciproquement étant à peu près égal, et cet enfant étant à peu près autant ou plus âgé que moi; ou, s'il est moins âgé, étant d'une complexion plus faible que la mienne, dira-t-on que cette donation est nulle, par la raison générale que la jurisprudence a étendu la défense des donations entre conjoints par mariage, à celles que l'un d'eux ferait aux enfans de l'autre? Ne doit-on pas plutôt dire au contraire : Les enfans, que les conjoints ont d'un précédent mariage, n'étant pas formellement compris dans la loi qui défend les donations entre conjoints, les arrêts, qui ont déclaré nulles les donations faites par l'un des conjoints aux enfans de l'autre, ne sont fondés que sur ce qu'elles sont suspectes d'être faites en considération du conjoint, et en fraude de la loi qui ne permettait pas de lui donner à lui-même? Donc, lorsqu'il paraît un autre motif, qui a pu porter le donateur à faire la donation aux enfans de l'autre conjoint, comme dans cette espèce, son propre intérêt et son propre avantage, que le conjoint donateur trou-

vait dans cette donation mutuelle, la donation doit être hors d'atteinte.

On peut faire la même question à l'égard des donations rémunératoires. *Finge.* Dans une Coutume, qui, dans la défense qu'elle fait des donations entre conjoints par mariage, n'a pas compris formellement celles, que l'un d'eux ferait aux enfans de l'autre; mon beau-fils, que ma femme a eu d'un précédent mariage, me voyant dans l'eau près de me noyer, s'y est jeté, et m'en a retiré, en s'exposant au danger de se noyer avec moi : si, par la suite, je lui fais une donation, pourra-t-on attaquer cette donation, parce qu'elle est faite au fils de ma femme ? Peut-on dire qu'elle est faite en considération de ma femme, et en fraude de la loi, qui ne permettait pas de lui donner à elle-même ? Ne paraît-il pas, en ce cas, un autre motif beaucoup plus vraisemblable, qui m'a porté à cette donation, savoir, celui de témoigner au donataire ma reconnaissance d'un si grand bienfait ?

Néanmoins, comme l'examen des motifs, qui ont pu porter le conjoint à donner aux enfans de l'autre conjoint, donnerait lieu à des discussions et à des procès, je crois qu'il est à propos, pour les éviter, de ne point entrer dans ces motifs, et d'établir comme une règle qui ne souffre pas d'exception, que l'un des conjoints ne peut donner aux enfans de l'autre.

116. Observez que la défense, qui est faite à l'un des conjoints, de donner aux enfans que l'autre a d'un précédent mariage, n'étant fondée que sur ce que ces donations sont présumées faites en considération de l'autre conjoint, et en fraude de la loi, qui défend de lui donner, cette présomption ne pouvant avoir lieu que de son vivant, la défense cesse à sa mort. C'est pourquoi, il est permis à un homme demeuré veuf, de donner aux enfans de sa défunte femme d'un précédent mariage; et, pareillement, il est permis à une femme de donner aux enfans de son défunt mari, même dans les Coutumes qui défendent expressément de donner aux enfans de l'autre conjoint.

SECONDE PARTIE.

Du don mutuel permis par la Coutume de Paris, et autres semblables, entre conjoints par mariage, qui n'ont pas d'enfans.

Il y a beaucoup de variétés dans nos Coutumes, par rapport au don mutuel entre mari et femme.

Première espèce de variété.

117. Cette première espèce de variété concerne les cas, dans lesquels le don mutuel est permis pendant le mariage entre mari et femme.

La Coutume de Paris, celle d'Orléans, et le plus grand nombre des Coutumes, ne permettent le don mutuel, que dans le seul cas auquel le mari et la femme n'ont ni l'un ni l'autre aucun enfant, lors de la mort du prédécédé.

Au contraire, il y a des Coutumes qui les permettent en tous les cas, soit qu'il y ait des enfans, ou non; comme Reims, Péronne, et plusieurs autres.

Enfin, il y en a qui ne les permettent en aucun cas. Telle est la coutume de Chartres, qui dit, *tit. 3, art.* 14 : *Don mutuel n'a point de lieu, et ne peuvent deux conjoints par mariage donner aucune chose l'un à l'autre.*

Il n'y a pas lieu non plus au don mutuel dans la Coutume d'Auvergne, qui permet au mari de donner à sa femme, mais qui ne permet pas à la femme de rien donner au mari, de quelque manière que ce soit.

118. On peut encore mettre au rang des Coutumes, dans lesquelles il n'y a lieu au don mutuel en aucun cas, celles qui permettent un don mutuel entre conjoints, que chacun d'eux puisse toujours révoquer sans le consentement de l'autre, en lui notifiant, de son vivant, la révocation : telle est la Coutume de Poitou, *art.* 213, et celle de Mantes, *art.* 149. L'Ordonnance de 1731 ayant abrogé cette espèce de donation, comme nous l'avons vu *suprà*, *n.* 6, il ne peut y avoir lieu au don mutuel dans ces Coutumes.

119. Dans la Coutume de Dunois, il n'y a pas lieu non plus à un don mutuel, qui soit un vrai don entre vifs; celui, que cette

Coutume permet, devant, pour être valable, être confirmé par un testament mutuel.

Seconde espèce de variété.

120. La seconde espèce de variété, qu'il y a entre les Coutumes, concerne les différentes espèces de biens, dont elles permettent aux conjoints par mariage de se faire don mutuel.

La Coutume de Paris, celle d'Orléans, et le plus grand nombre des Coutumes, restreignent le don mutuel, qu'elles permettent aux conjoints par mariage de se faire, aux seuls biens de leur communauté.

D'autres Coutumes ne restreignent point le don mutuel entre mari et femme aux biens de leur communauté, et leur permettent de se faire don mutuel de tous leurs meubles, acquêts et conquêts.

Il y a même quelques Coutumes qui leur permettent d'y faire entrer une partie de leurs propres.

Il y en a qui distinguent, à cet égard, le cas auquel il y a des enfans, et celui auquel il n'y en a pas.

Troisième espèce de variété.

121. La Coutume de Paris, celle d'Orléans, et le plus grand nombre des Coutumes, ne permettent aux conjoints de se faire don mutuel qu'en usufruit.

Plusieurs permettent de le faire en propriété.

Quelques Coutumes distinguent, à cet égard, entre les différentes espèces de biens, en ne le permettant qu'en usufruit pour les propres, et en le permettant en propriété pour les meubles et acquêts. Quelques-unes ne le permettent en propriété que pour les meubles : telle est la Coutume du Grand-Perche, art. 194. Celle de Berry, tit. 8, art. 3, permet aux conjoints, qui n'ont point d'enfans, de se donner en propriété le tiers de leurs meubles, et l'usufruit en entier de leurs conquêts.

Il y en a qui distinguent, à cet égard, le cas auquel il y a des enfans, et le cas auquel il n'y en a pas : telle est la Coutume de Blois, qui permet le don mutuel des meubles et conquêts en propriété, quand il n'y a pas d'enfans, et qui ne le permet qu'en usufruit, lorsqu'il y en a.

Quatrième espèce de variété.

122. La Coutume de Paris, et un grand nombre d'autres, requièrent, pour la validité du don mutuel, une égalité parfaite

dans ce que l'un des conjoints donne à l'autre, comme nous le verrons *infrà*, *chap. 1, art. 2.*

Il y a d'autres Coutumes qui ne demandent pas cette égalité. Elles se contentent que chacun ait des biens de la même espèce, c'est-à-dire, que chacun ait des propres, lorsqu'on fait entrer les propres dans le don mutuel; que chacun ait des acquêts, lorsqu'on y fait entrer les acquêts, etc. Anjou, *art.* 327; Tours, *art.* 243.

Cinquième espèce de variété.

123. Il y a quelques Coutumes qui requièrent, pour le don mutuel fait pendant le mariage entre conjoints, qu'ils soient à peu près égaux en âge. Celle d'Auxerre, qui est de ce nombre, les répute égaux en âge, lorsqu'il n'y a pas quinze ans de différence de l'âge de l'un à celui de l'autre. Celle de Nivernais, *chap.* 23, *art.* 27, veut que la différence n'excède pas dix ans.

Les autres Coutumes ne demandent pas cette égalité d'âge.

Sixième espèce de variété.

124. Dans la Coutume de Paris, le don mutuel est sujet à délivrance, comme nous le verrons *infrà.* Dans quelques Coutumes, le donataire mutuel est saisi de plein droit. Celle de Bourbonnais dit qu'il en est saisi incontinent après le décès du donateur prédécédé. Dans d'autres, c'est du jour qu'il a présenté caution.

Septième espèce de variété.

125. Les Coutumes de Paris et d'Orléans, et la plupart des Coutumes qui permettent aux conjoints le don mutuel en usufruit, chargent le donataire mutuel de donner bonne et suffisante caution. Celle du Grand-Perche se contente de sa caution juratoire, en affirmant qu'il n'en peut donner d'autre. Celle de Blois ne l'oblige à donner caution que dans le cas auquel il se remarierait.

Huitième espèce de variété.

126. Quelques Coutumes, comme Bretagne et Château-Neuf, font perdre au survivant, qui a des enfans, son don mutuel, lorsqu'il se remarie. Il ne le perd pas dans les Coutumes qui n'ont pas une pareille disposition.

Il nous suffira d'avoir indiqué en gros les principales variétés, qui se rencontrent dans les Coutumes, par rapport au don mutuel entre conjoints par mariage. Nous ne nous proposons pas d'embrasser toutes ces Coutumes dans notre traité; nous nous contenterons de traiter du don mutuel entre mari et femme, tel qu'il a lieu dans la Coutume de Paris, et autres Coutumes semblables.

L'article 280 de la Coutume de Paris, qui permet ce don mutuel, est conçu en ces termes : « Homme et femme conjoints par » mariage, étant en santé, peuvent et leur loist faire donation » mutuelle l'un à l'autre également de tous leurs biens meubles » et conquêts faits durant et constant leur mariage, et qui sont » trouvés à eux appartenir, et être communs entre eux à l'heure » du trépas du premier mourant desdits conjoints, pour en jouir » par le survivant d'iceux conjoints, sa vie durant seulement, en » baillant par lui caution suffisante de restituer les biens après » son trépas, pourvu qu'il n'y ait enfans, soit des deux con- » joints, ou de l'un d'eux, lors du décès du premier mou- » rant. »

La Coutume d'Orléans, et un grand nombre d'autres, ont, à cet égard, des dispositions semblables.

127. Pour traiter avec ordre ce qui concerne ce don mutuel, nous examinerons, dans un premier chapitre, quelle est sa nature, et quels sont les caractères essentiels qu'il doit avoir pour être valable. Nous traiterons, dans un second, des personnes entre lesquelles se peut faire ce don mutuel, et des choses qu'elles se peuvent donner; dans un troisième, de sa forme; dans un quatrième, des conditions dont il dépend. Dans un cinquième chapitre, nous verrons quand le don mutuel est ouvert; comment le donataire mutuel en est saisi; en quoi consiste son droit d'usufruit dans les choses qui y sont comprises : dans le sixième, quelles en sont les charges; dans le septième, quand s'éteint l'usufruit du donataire mutuel; et de la restitution qui doit se faire après l'usufruit fini.

CHAPITRE PREMIER.

De la nature du don mutuel, et de ses caractères.

ARTICLE PREMIER.

De la nature du don mutuel.

128. On peut définir le don mutuel dont nous traitons, un don entre vifs égal et réciproque, que deux conjoints par mariage se font réciproquement l'un à l'autre, à défaut d'enfans de l'un et de l'autre, et en cas de survie, de l'usufruit des biens de leur communauté, aux charges portées par les Coutumes.

129. On peut faire la question, au sujet de ce don mutuel, s'il est un véritable don entre vifs, comme nous le définissons; ou si ce n'est qu'un contrat intéressé de part et d'autre, de la classe des contrats aléatoires, qui n'a de la donation que le nom.

Pour le regarder comme tel, on dira que ce contrat ne contient aucun bienfait, aucun avantage que l'un des conjoints fasse à l'autre conjoint. Chacun des conjoints, par ce contrat, reçoit de l'autre autant que ce qu'il lui donne. Par exemple, si, par ce contrat, le mari donne à sa femme l'espérance de la part qu'il se trouvera avoir dans les biens de la communauté, au cas qu'elle le survive, il reçoit d'elle une pareille espérance d'une pareille part, au cas que ce soit lui qui la survive : il reçoit donc d'elle, par ce contrat, autant que ce qu'il lui donne ; *et vice versâ.*

Il en est de ce contrat, comme du contrat qui intervient entre deux joueurs. La somme, que le gagnant reçoit du perdant, en exécution de ce contrat, n'est pas un don que le perdant lui fasse ; car il en a payé le prix, par le risque, qu'il a couru envers le perdant, de lui donner pareille somme, si le sort lui eût été favorable : par la même raison (dira-t-on), la part du prédécédé dans les biens de la communauté, que le survivant reçoit, ne doit pas être regardée comme un don qui lui soit fait par le prédécédé, puisqu'il en a payé le prix au prédécédé par le risque qu'il a couru envers lui de lui donner autant, si le prédécédé l'eût survécu. Le don mutuel ne doit donc pas être regardé comme une donation réciproque, que le mari et la femme se fassent l'un à l'autre, mais comme un pur contrat aléatoire, tels que sont les contrats du jeu, et tous les autres contrats aléatoires.

Nonobstant ces raisons, on doit décider que le don mutuel entre mari et femme, tel qu'il est permis par l'article de la Coutume ci-dessus rapporté, renferme de véritables donations mutuelles et réciproques, que chacun des conjoints fait à l'autre en cas de survie. Ces donations ne sont, à la vérité, ni si pures, ni si parfaites, que l'est une donation pure et simple ; mais elles ne laissent pas d'être de véritables donations.

La raison de cette décision est tirée de ce principe, que c'est principalement l'intention, qu'ont eue les parties en contractant, qui règle la nature du contrat.

Nous avons déjà vu ailleurs des exemples de ce principe. C'est conformément à ce principe que nous avons vu en notre Traité du Contrat de Vente, *n.* 643, que, lorsque le copropriétaire d'une chose la vendait à celui avec qui elle lui était commune par indivis, quoique l'acte fût conçu dans la forme d'un contrat de vente, néanmoins il était regardé comme un simple acte de dissolution de communauté, plutôt que comme un contrat de vente; parce qu'on présumait que la principale intention des parties, et la principale fin, qu'elles s'étaient proposée dans cet acte, avait été de dissoudre leur communauté.

Pareillement, suivant le même principe, pour décider si un contrat est un pur contrat aléatoire, ou s'il contient des donations mutuelles et réciproques, que les parties se soient faites, il faut examiner quelle a été vraisemblablement l'intention des parties contractantes.

Dans le contrat du jeu, il est évident que chacun des joueurs n'a eu, en faisant ce contrat, d'autre intention, et ne s'est proposé d'autre fin, que celle de gagner la chose ou la somme qui faisait la matière du jeu, dans l'espérance que chacun d'eux avait que le sort lui serait favorable. Ce n'est par aucune raison d'affection que l'un des joueurs eût pour celui contre lequel il a joué, ni dans aucune vue de lui faire un bienfait, qu'ils ont fait ensemble le contrat du jeu; ils ne se proposaient l'un et l'autre que le gain, que chacun d'eux espérait de la faveur du sort : ce contrat ne renferme donc aucune donation; c'est un pur contrat aléatoire.

Au contraire, lorsqu'un homme et une femme, lorsque deux proches parens, lorsque deux amis se font l'un à l'autre un don mutuel en cas de survie, il y a lieu de présumer que la principale intention de chacune des parties, en faisant ce don mutuel, a été de faire, après sa mort, du bien à l'autre partie. C'est l'affection réciproque, qu'elles avaient l'une pour l'autre, qui les a portées à faire ce don mutuel; il renferme donc, suivant l'intention qu'ont eue les parties, des donations que chacune d'elles a eu intention de faire à l'autre en cas de survie. Quoiqu'elles soient mutuelles, quoique chacune des parties reçoive de l'autre autant que ce qu'elle lui donne, elles n'en sont pas moins de véritables donations, *ad quas se mutuis affectionibus provocaverunt*, puisqu'elles ont pour principe la bienfaisance, qui fait le caractère des donations.

ARTICLE II.

Des caractères que doit avoir le don mutuel dans la Coutume de Paris, et dans les autres qui ont une semblable disposition.

130. Le don mutuel, que la Coutume de Paris permet aux conjoints par mariage, est un don entre vifs qu'ils se font réciproquement l'un à l'autre : son principal caractère doit donc être d'être irrévocable, l'irrévocabilité étant un caractère essentiel à toutes les donations entre vifs.

Ces donations doivent avoir un autre caractère, c'est celui d'être *égales*. C'est ce qui résulte du texte de l'article 280, ci-dessus rapporté, où il est dit : « Peuvent et leur loist faire donation mu- » tuelle l'un à l'autre *également*. »

Plusieurs autres Coutumes se sont pareillement expliquées sur ces qualités, qu'elles requièrent dans le don mutuel.

La raison est que la Coutume, en l'article 282, défendant aux conjoints par mariage de se faire aucun avantage l'un à l'autre, il faut que, par le don mutuel, qu'elle leur permet de se faire entre eux, le don, que l'un fait à l'autre, puisse se compenser entièrement avec celui que l'autre lui fait : et, pour cela, il faut que ces dons, qu'ils se font réciproquement, soient égaux ; autrement celui, qui donnerait plus, ferait un avantage réel à l'autre de ce qu'il donne de plus, contre la défense de la Coutume, qui défend tous avantages entre conjoints. Par cette raison, l'égalité doit être pareillement censée requise dans la Coutume d'Orléans, et dans les autres qui ne permettent pas aux conjoints de s'avantager pendant le mariage, ci ce n'est par don mutuel, et qui le restreignent aux biens de la communauté, quoiqu'elles ne s'en soient pas expliquées en termes formels.

Cette égalité dans le don mutuel se considère sous deux rapports : 1° par rapport à la qualité des choses que chacun des conjoints se donne réciproquement ; 2° par rapport à l'espérance que chacun des conjoints doit avoir de survivre à l'autre, et de recueillir le don qui lui est fait.

Ces deux caractères d'irrévocabilité et d'égalité, que doit avoir le don mutuel pour être valable, feront la matière de trois paragraphes. Nous traiterons, dans le premier, de l'irrévocabilité du don mutuel ; dans le second, de l'égalité du don mutuel par rapport aux choses données ; dans le troisième, de l'égalité d'espérance requise dans le don mutuel.

§ I. De l'irrévocabilité du don mutuel.

131. Le don mutuel, que les conjoints peuvent se faire durant le mariage, est irrévocable aussitôt qu'il est fait. Il ne peut plus être révoqué, que par le consentement mutuel des deux parties : il n'est plus au pouvoir de l'une ni de l'autre des parties de le révoquer sans le consentement de l'autre.

Cette irrévocabilité est tellement de l'essence du don mutuel, que si, par une clause du contrat du don mutuel, les parties ou l'une d'elles s'étaient réservé la faculté de le révoquer, une telle clause rendrait le don mutuel absolument nul, même dans le cas auquel elles n'auraient pas usé de cette faculté.

132. Non-seulement la clause portée au don mutuel, par laquelle les parties, ou l'une d'elles, se réserveraient expressément la faculté de le révoquer, détruit le don mutuel, mais généralement toutes celles, par lesquelles les parties ou l'une d'elles se réserveraient le pouvoir d'y donner quelque atteinte, et d'en diminuer l'effet, de quelque manière que ce soit, le rendent nul,

comme destructives du caractère d'irrévocabilité qui est de son essence.

En conséquence, la clause, par laquelle les parties, ou l'une d'elles, se réserveraient, par le contrat de don mutuel, le pouvoir de disposer par testament de leurs meubles et acquêts, rendrait nul le don mutuel; car il est évident que le donateur, qui a donné à l'autre partie tous les meubles et acquêts qu'il laisserait lors de son décès, donne atteinte à ce don, et en diminue l'effet, en disposant par testament desdits effets, puisqu'il prive le donataire d'une partie des effets qu'il lui avait donnés. La clause, par laquelle il se réserve le pouvoir de donner cette atteinte à sa donation, doit donc, suivant notre principe, rendre le don mutuel nul. Lemaître s'est trompé, lorsqu'il a dit qu'elle devait seulement être regardée comme non écrite.

On opposera peut-être que le donateur peut, comme nous le verrons ci-après, disposer, par des actes entre vifs, de ses meubles et acquêts, sans qu'il paraisse, par-là, donner aucune atteinte au don mutuel qu'il a fait. Je réponds que le donateur, qui dispose par des actes entre vifs de quelqu'un de ses meubles et acquêts, ne donne aucune atteinte au don mutuel qu'il a fait: car le don mutuel, qu'il a fait, n'étant que des meubles et acquêts *qui se trouveront lui appartenir à l'heure de son trépas;* en disposant, par des actes entre vifs, de quelques-uns de ses meubles, il ne dispose de rien qui fasse partie de ce qu'il a donné, puisque ces choses, dont il a disposé par des actes entre vifs, ne se trouveront pas lui appartenir à l'heure de son trépas. Il ne donne donc aucune atteinte au don mutuel qu'il a fait. Mais lorsque le donateur dispose par testament de quelques-uns lui ses meubles et acquêts, il dispose de choses qui se trouvent de appartenir à l'heure de son trépas, et, par conséquent, de choses comprises au don mutuel qu'il a fait: il y donne donc atteinte. Par conséquent, se réserver la faculté de disposer par testament de ses meubles et acquêts, c'est se réserver la faculté de donner atteinte au don mutuel. Une clause, par laquelle les parties, ou l'une d'elles, se réservent cette faculté, est donc contraire à l'irrévocabilité, qui est de l'essence du don mutuel, et elle le rend absolument nul.

133. Les parties, qui se font un don mutuel, ne peuvent pas, sans le rendre nul, se réserver une faculté indéterminée de tester de leurs meubles et acquêts: mais si elles veulent, sans donner atteinte à leur don mutuel, conserver la faculté de disposer par testament, elles peuvent excepter de la donation, qu'elles se font l'une à l'autre de leurs meubles et conquêts, une certaine somme, telle qu'elles jugeront à propos. Par ce moyen, elles peuvent se conserver la faculté de tester jusqu'à concurrence de cette somme; et l'exception, qu'elles font de cette somme par le

contrat de don mutuel, n'empêche pas ce contrat d'être valable. Cette exception ne porte aucune atteinte à l'irrévocabilité requise dans le don mutuel. On ne peut pas dire que, en ce cas, elles se réservent le pouvoir d'étendre ou de diminuer à leur gré l'effet de leur don mutuel, en disposant ou en ne disposant pas de la somme; car cette somme doit toujours demeurer exceptée du don mutuel, soit qu'elles en aient disposé, soit qu'elles n'en aient pas disposé. Tout l'effet de cette clause est de restreindre leur don mutuel, en ne se donnant pas tout ce que la Coutume leur permet de se donner. Mais qui peut le plus, peut le moins. La Coutume, en leur permettant de se donner l'un à l'autre la totalité de leurs meubles et acquêts, leur permet de ne s'en donner, si elles le jugent à propos, qu'une partie, et d'en excepter ce qu'elles jugeront à propos.

Observez que, pour que le don mutuel ne reçoive aucune atteinte, il faut que chacune des parties ait excepté de sa donation la même somme. Si l'une des parties avait excepté de sa donation une somme plus grande que celle que l'autre partie a exceptée de la sienne, le don mutuel serait nul, parce qu'il n'aurait pas le caractère d'égalité, qui ne lui est pas moins essentiel que celui de l'irrévocabilité, comme nous le verrons au paragraphe suivant.

134. Si les parties, en exceptant chacune de leur donation une certaine somme égale de part et d'autre, avaient ajouté, par une clause du contrat du don mutuel, que la somme exceptée, dans le cas auquel les parties n'en auraient pas disposé par testament, demeurerait comprise dans le don mutuel, cette clause rendrait le don mutuel nul : car, par cette clause, les parties se réservent le pouvoir d'étendre ou de diminuer à leur gré leur donation, en disposant ou en ne disposant pas de cette somme; ce qui est contraire au caractère d'irrévocabilité, qui est essentiel au don mutuel, de même qu'à toutes les donations entre vifs.

Le don mutuel, en ce cas, est-il seulement nul par rapport à cette somme? La raison de douter est, que ce n'est que par rapport à cette somme qu'il pèche contre le caractère d'irrévocabilité. Néanmoins, il faut décider qu'il est entièrement nul; car, comme nous le verrons au chapitre suivant, *art.* 2, *n.* 166, c'est le caractère des actes synallagmatiques, tel qu'est le don mutuel, qui les distingue des dispositions simples, d'être indivisibles, et de ne pouvoir être valables pour rien de ce qui en fait l'objet, s'ils ne le sont pour le total.

135. Observez, par rapport à l'irrévocabilité du don mutuel, une différence entre le don mutuel, qui se fait durant le mariage, et celui qui est fait par le contrat de mariage. Celui-ci ne peut se révoquer pendant le mariage, même par le consentement des

39*

deux parties, pour une raison qui lui est particulière, qui est que le don mutuel, lorsqu'il est fait par le contrat de mariage, fait partie des conventions du mariage. Or, c'est le caractère de ces conventions, qu'il ne soit plus au pouvoir des conjoints d'y déroger, ni d'y faire aucun changement, même par un consentement commun. Au contraire, le don mutuel, que les conjoints se font pendant le mariage, peut, de même que toutes les donations, qui se font entre autres personnes, se révoquer par le commun consentement des parties, suivant cette maxime de droit : *Nihil tàm naturale est quàm eo genere quidque dissolvere, quo colligatum est ;* l. 35, ff. *de Reg. J.* C'est ce que la Coutume de Paris décide formellement par ces derniers termes de l'*art.* 284, « après laquelle insinuation ledit don mutuel n'est révoca-
» ble, *sinon du consentement des deux conjoints.* »

136. Suivant la règle de droit ci-dessus citée, la révocation du don mutuel, pour être valable, doit se faire dans la même forme que le don mutuel ; c'est-à-dire, par un acte passé devant notaires, soit au bas de la minute du don mutuel, soit par un acte dont il y ait aussi minute.

137. Pareillement, de même que le don mutuel ne peut se faire valablement pendant la maladie de l'une des parties, la révocation du don mutuel ne peut pas non plus se faire valablement pendant la maladie de l'une des parties.

138. Le don mutuel étant sujet à l'insinuation, la révocation du don mutuel y est-elle aussi sujette ? Ricard décide pour la négative, et il cite un arrêt pour autoriser son avis. En cela, le don mutuel diffère de la donation simple. Celle-ci étant exécutée dès le temps du contrat, la révocation ne peut s'en faire que par une rétrocession, que le donataire, déjà devenu propriétaire de la chose donnée, fait de cette chose à celui qui la lui a donnée ; laquelle rétrocession est une nouvelle donation, sujette, par conséquent, à l'insinuation. Au contraire, le don mutuel ne devant recevoir son exécution qu'après la mort de l'un des conjoints, la révocation, qu'ils en font, d'un commun consentement, ne renferme pas une nouvelle donation, mais un simple désistement de leur don mutuel. Or, il y a bien une loi, qui assujettit les donations à l'insinuation ; mais il n'y en a pas qui y assujettisse le désistement d'une donation. La loi *Nihil tàm naturale est,* ne peut recevoir ici d'application, la formalité de l'insinuation n'étant requise, que pour l'exécution de la donation contre les héritiers et créanciers du donateur ; mais elle n'est pas de la substance de la donation, qui est parfaite sans cela, et ne peut être révoquée par le donateur.

139. L'irrévocabilité requise dans le don mutuel, et dont le don mutuel est susceptible, est une irrévocabilité beaucoup moins parfaite, que celle des donations entre vifs ordinaires.

On ne peut donner, par une donation entre vifs ordinaire, que ses biens présens; la donation, qu'une personne ferait des biens qu'elle laissera lors de son décès (hors le cas des contrats de mariage , et celui du don mutuel entre mari et femme), n'est pas valable, et est proscrite par l'article 13 de l'Ordonnance de 1731.

On ne peut non plus, dans les donations entre vifs ordinaires, charger le donataire des dettes que le donateur contractera depuis la donation; la clause, qui en chargerait le donataire, rendrait la donation nulle, suivant l'article 16 de ladite Ordonnance de 1731.

Au moyen de cela, les donations entre vifs ordinaires ont, dès l'instant de la donation, un état fixe et invariable, qui ne peut recevoir de diminution par aucun fait du donateur.

Au contraire, le don mutuel étant la donation des biens, meubles, et conquêts immeubles, qui se trouveront appartenir au donateur au temps de son trépas, ce don ne peut avoir un état fixe et déterminé, qu'au temps de la mort du donateur; lequel, conservant jusqu'à ce temps la liberté de disposer et de contracter des dettes, peut rendre le don plus ou moins considérable, par les acquisitions ou par les aliénations qu'il fera, et par les dettes qu'il contractera.

Toute l'irrévocabilité, dont le don mutuel est susceptible, consiste en ce que l'une et l'autre des parties, aussitôt qu'elles ont fait ce don mutuel, ne peuvent plus le révoquer sans le consentement de l'autre, et en ce qu'elles ne peuvent en diminuer l'effet par des dispositions testamentaires.

Quoique le donateur conserve, après le don mutuel, la liberté de disposer, par des actes entre vifs, de ses meubles et conquêts, cela, néanmoins, doit s'entendre avec tempérament, pourvu que ces dispositions ne parussent pas faites en fraude du don mutuel, telles que seraient des dispositions universelles, ou des donations considérables, qu'il ferait à ses proches. Le donataire mutuel serait fondé, en ce cas, à prétendre la jouissance des choses comprises dans lesdites donations; bien entendu, pourvu que le don mutuel ait été insinué : car le défaut d'insinuation prive les donations de tout effet contre des tiers.

§ II. De l'égalité qui doit être dans le don mutuel, par rapport aux choses données.

140. Pour que le don mutuel, que les Coutumes permettent entre mari et femme, soit valable, il faut, comme nous l'avons déjà dit, qu'il y ait une parfaite égalité dans les choses que chacune des parties se sont données l'une à l'autre.

Si l'une des parties donnait à l'autre quelque chose de plus que ce que l'autre partie lui donne, le don mutuel serait entièrement nul de part et d'autre, par défaut d'égalité.

Suivant ce principe, si le mari, par son contrat de mariage, avait donné à sa femme la moitié de ses meubles et conquêts, soit en propriété, soit en usufruit, sans que sa femme lui eût fait le même avantage, *aut vice versâ*, par le don mutuel, que les conjoints se feront pendant le mariage, la femme ne pourra donner à son mari que l'usufruit de la moitié de sa part des meubles et conquêts : car si elle lui donnait davantage, elle lui donnerait plus que ce que son mari peut lui donner par le don mutuel; puisque, ayant déjà donné, par le contrat de mariage, à sa femme, la moitié de sa part des meubles et conquêts, il ne lui reste plus à pouvoir lui donner, par le don mutuel, que l'usufruit de l'autre moitié de ladite part.

A plus forte raison, lorsque le mari a donné, par contrat de mariage, tous ses meubles et conquêts à sa femme, *aut vice versâ*, les conjoints ne peuvent se faire aucun don mutuel pendant le mariage, ne restant plus rien au mari à donner.

141. Suivant le même principe, lorsque, par le contrat de mariage, les conjoints ont des parts inégales dans les biens de la communauté ; *putà*, s'il était dit que la femme serait commune pour un tiers seulement ; en ce cas, si les conjoints se faisaient durant le mariage don mutuel, au survivant d'eux, de tous les biens de la communauté qui appartiendraient au prédécédé lors de son décès, ce don serait nul, faute d'égalité : pour qu'il soit valable, il faut que, par le don mutuel, le mari, qui a pour sa part les deux tiers des biens de la communauté, ne donne à sa femme, par le don mutuel, que la moitié de sa part, qui fait le tiers du total des biens de la communauté, sa femme n'ayant qu'un tiers dans lesdits biens à lui donner.

142. Les héritiers de l'un des conjoints, *putà*, de la femme, seraient-ils recevables à attaquer, par le défaut d'égalité, le don mutuel qu'elle a fait à son mari, en soutenant que, si le mari fût prédécédé, la femme n'eût pu profiter du don mutuel que le mari lui a fait de sa part en la communauté ; laquelle aurait été absorbée, ou au moins considérablement entamée par les dettes propres du mari, le mari n'ayant aucuns biens propres sur lesquels lesdites dettes eussent pu être acquittées? Ces faits supposés, dont les héritiers de la femme offrent la preuve, ils disent que le mari n'ayant pu donner avec effet sa part dans les biens de la communauté à sa femme, elle n'a pu, de son côté, lui donner valablement la sienne ; l'égalité, que la Coutume requiert dans le don mutuel, ne permettant à l'un des conjoints de donner à l'autre conjoint sa part, qu'autant que l'autre lui donne avec effet la sienne. Je ne crois pas les héritiers de la femme recevables à attaquer, sur ce fondement, le don mutuel, qu'elle a

fait à son mari, parce que les faits, qui font le fondement de cette demande, pour la preuve desquels il faudrait entrer dans l'examen du secret des affaires du mari, sont des faits dont la preuve n'est pas admissible; l'ordre de la société civile ne permettant pas que le mari puisse être obligé à découvrir, aux héritiers de sa femme, le secret de ses affaires.

§ III. De l'égalité d'espérance requise dans le don mutuel.

143. L'égalité, requise dans le don mutuel, ne consiste pas seulement dans les choses qui sont données de part et d'autre; il faut encore que chacun des conjoints, en se faisant le don mutuel, ait pu avoir espérance de survivre à l'autre, et de recueillir le don mutuel que l'autre lui faisait.

Les Coutumes sont différentes sur cette égalité d'espérance. Il y en a qui requièrent une égalité, ou presque égalité de probabilité dans l'espérance, que chacun des conjoints doit avoir de recueillir le don mutuel qui lui est fait par l'autre. Tel est l'esprit des Coutumes qui ne permettent le don mutuel entre les conjoints, que lorsqu'ils *sont égaux ou presque égaux en âge;* comme sont celles d'Auxerre, *art.* 222; Bar, *art.* 163. Ces Coutumes, en ne permettant pas le don mutuel, lorsqu'il y a disproportion d'âge, ne se fondent que sur ce que l'égalité de probabilité d'espérance manque dans ce cas; car, quoique le conjoint, qui est vieux, puisse avoir quelque espérance de survivre au jeune, puisqu'il arrive quelquefois que les jeunes meurent avant les vieux; néanmoins, l'espérance, qu'a le jeune, de survivre au vieux, a plus de probabilité que celle, qu'a le vieux, de survivre au jeune. C'est ce défaut d'égalité, dans la probabilité de l'espérance, que chacun doit avoir de survivre, et de recueillir le don mutuel, qui empêche, dans ces Coutumes, le don mutuel entre les conjoints, lorsqu'il y a une disproportion d'âge considérable.

La Coutume de Paris, et les autres, qui ne se sont pas plus expliquées qu'elle, n'exigent pas cette égalité de probabilité; il suffit, dans ces Coutumes, pour l'égalité d'espérance dans le don mutuel, que chacun des conjoints, en se faisant don mutuel, ait pu avoir quelque espérance de survivre à l'autre, quoique l'espérance de l'un eût plus de probabilité que celle de l'autre.

CHAPITRE II.

Entre quelles personnes peut se faire le don mutuel, que les Coutumes permettent entre mari et femme ; et quelles choses peuvent elles se donner.

ARTICLE PREMIER.

Entre quelles personnes peut se faire ce don mutuel.

144. La Coutume, en l'article ci-dessus rapporté, dit, *homme et femme conjoints par mariage.* Les Coutumes, par ces termes, *conjoints par mariage,* entendent un véritable mariage, qui a les effets civils. Les personnes, entre lesquelles peut se faire le don mutuel permis par cet article de la Coutume de Paris, et par les autres Coutumes semblables, entre mari et femme, doivent donc, en premier lieu, être unies par un mariage légitime, qui ait les effets civils. C'est pourquoi, si un homme et une femme se sont fait un don mutuel, et que, par la suite, leur mariage soit déclaré nul, le don mutuel, qu'ils se sont fait, sera nul.

Ricard se fait cette objection : Lorsque le mariage des personnes, qui se sont fait un don mutuel, est déclaré nul, cela ne doit pas rendre nul le don mutuel ; car ces personnes, par le jugement qui déclare nul leur mariage, étant réputées avoir été personnes étrangères l'une à l'autre, le don mutuel, qu'elles se sont fait, n'en doit être que plus valable, les donations étant plus permises entre personnes étrangères, qu'elles ne le sont entre mari et femme.

Ricard répond à cette objection, en disant qu'on doit considérer, dans le don mutuel que ces personnes se sont fait, l'intention qu'elles ont eue ; qu'elles ne se sont pas fait ce don mutuel comme personnes étrangères, mais en considération du mariage par lequel elles se croyaient unies.

C'est la considération de ce mariage, qui était le principe, le fondement, la cause de leur don mutuel : ce principe, ce fondement, cette cause, ne pouvant subsister, le mariage ayant été déclaré nul, leur don mutuel ne peut pas non plus subsister : *Cessante causâ, cessat effectus.*

Il n'y a plus lieu à cette objection, que Ricard s'était proposée, et il y a une raison bien simple pour déclarer nul le don mutuel, que s'étaient fait un homme et une femme, dont le mariage a été depuis déclaré nul. Suivant l'Ordonnance de 1731, les donations entre vifs des biens, que le donateur se trouvera avoir lors de sa mort, sont déclarées nulles, sauf, dans les contrats de mariage, et dans le cas du don mutuel entre mari et femme; le don mutuel, que ces personnes se sont fait de leurs meubles et conquêts, qui se trouveront leur appartenir lors de leur mort, n'étant pas dans le cas de l'exception faite pour le cas du don mutuel entre mari et femme, puisque, leur mariage ayant été déclaré nul, elles ne sont pas mari et femme; il se trouve compris dans la règle générale établie par l'Ordonnance, qui déclare nulle cette espèce de donation.

145. Une femme, sur de bons certificats de la mort de son mari, qu'on avait cru tué à une bataille, s'est mariée à un second mari, avec qui elle a depuis fait un don mutuel. Après la mort du second mari, le premier, qu'on croyait mort, a reparu, et a fait déclarer nul le second mariage. Les héritiers du second mari peuvent-ils attaquer de nullité le don mutuel qu'il a fait à cette femme, sur le fondement que le mariage ayant été déclaré nul, il ne peut avoir la qualité de don mutuel entre mari et femme, qui seule pouvait le rendre valable? Non; car c'est un principe que nous avons établi en notre *Traité du Mariage*, n. 438, que, lorsque des personnes ont contracté de bonne foi un mariage nul, leur bonne foi donne à ce mariage, quoique nul, tous les effets civils d'un véritable mariage, et, par conséquent, le pouvoir de faire ensemble le don mutuel, que les Coutumes permettent entre mari et femme, lequel pouvoir est un des effets civils du mariage.

146. Les conjoints, entre lesquels se peut faire le don mutuel, que la Coutume de Paris et autres semblables permettent entre mari et femme, doivent, en second lieu, être communs en biens. C'est ce qui résulte de ces termes de l'article 280, ci-dessus rapporté : « Homme et femme... peuvent et leur loist faire donation » mutuelle l'un à l'autre également de tous leurs biens meubles et » conquêts faits durant le mariage, qui se trouveront à eux ap- » partenir et être COMMUNS entre eux à l'heure du trépas du pre- » mier mourant. »

Il est évident, par ces termes, que la Coutume emploie, qu'elle veut que les conjoints par mariage, auxquels elle permet de se faire un don mutuel, soient communs en biens. Ce droit est un effet de leur communauté de biens, que la Coutume leur accorde en considération de cette communauté, comme une récompense de leur commune collaboration pendant tout le temps qu'a duré le mariage.

C'est pourquoi, lorsque, par le contrat de mariage de deux conjoints, il y a séparation de biens, ou même une simple exclusion de communauté; ou même, lorsque la communauté de biens, qui avait été établie entre eux, a été dissoute par une sentence de séparation de biens, sans que les conjoints l'aient rétablie; il ne peut y avoir, dans tous ces cas, don mutuel entre les conjoints.

147. Lorsqu'il y a une clause, par le contrat de mariage, que la femme ou les héritiers de la femme auront, pour tout droit de communauté, une certaine somme, *putà*, une somme de dix mille livres, les conjoints peuvent-ils se faire un don mutuel? Non. Indépendamment de la raison qu'on a coutume d'alléguer, tirée de l'inégalité qu'il y aurait dans ce don mutuel, les meubles et conquêts, que le mari donnerait à sa femme, pouvant être d'une plus grande ou d'une moins grande somme que celle de dix mille livres, que la femme lui donnerait de son côté, il y a une autre raison décisive qui ne permet pas le don mutuel en ce cas. La Coutume ne permet aux conjoints de disposer par don mutuel l'un envers l'autre, que d'une certaine espèce de biens, savoir, des meubles et conquêts, qui se seront trouvés appartenir au donateur à l'heure de son trépas, et être *communs* entre eux. Les conjoints ne peuvent donc se donner par don mutuel l'un à l'autre, que des biens de cette espèce. Or, au moyen de la clause du contrat de mariage, la femme, lors de son prédécès, ne laisse aucuns biens de cette espèce : elle ne laisse aucuns meubles et conquêts, qui lui seraient communs avec son mari; elle ne laisse qu'une simple créance de dix mille livres contre son mari, laquelle n'étant pas une chose qu'elle ait en commun avec son mari, n'est pas susceptible du don mutuel, que les Coutumes permettent entre conjoints. La femme n'ayant donc rien, dans cette espèce, qu'elle puisse donner par don mutuel à son mari, il ne peut y avoir de don mutuel entre eux.

148. On doit décider la même chose, dans le cas auquel le forfait de communauté serait réciproque; comme lorsqu'il est dit que les héritiers du prédécédé, soit du mari, soit de la femme, auront, pour tout droit de communauté, une certaine somme; il ne peut pas encore y avoir de don mutuel, en ce cas, entre les conjoints. Si la raison tirée de l'inégalité ne milite pas dans cette espèce, celle, que nous avons apportée, qui est tirée de la nature des choses que la Coutume permet de donner, ne milite pas moins dans cette espèce que dans la précédente.

149. Si deux conjoints séparés de biens par leur contrat de mariage, avaient fait ensemble, pendant leur mariage, l'acquisition d'un héritage en commun, pourraient-ils se donner l'un à l'autre, par don mutuel, la moitié que chacun d'eux y a? Non. La communauté de cet héritage n'est que la communauté d'une chose particulière. Ces conjoints, pour avoir fait quelque acquisition en commun, ne sont pas pour cela communs en biens; il ne leur serait pas même permis d'établir entre eux une communauté de biens, étant convenus, par leur contrat de mariage, qu'il n'y en aurait pas. Or, ce n'est qu'à des conjoints communs en

biens, et en considération de la communauté de biens, que la Coutume de Paris et les autres Coutumes semblables permettent le don mutuel, comme nous l'avons vu *suprà*.

450. La Coutume de Paris exige, en troisième lieu, que les conjoints, qui se font don mutuel, soient en santé lorsqu'ils le font. L'article 280, ci-dessus rapporté, dit, « homme et femme conjoints par mariage, *étant en santé*. »

Comment doivent s'entendre ces termes, *étant en santé*? Doivent-ils s'entendre d'une exemption de toute maladie, quelque légère qu'elle fût? ou doivent-ils s'entendre en ce sens, que le don mutuel ne peut être valablement fait pendant une maladie dangereuse de l'un des conjoints, ou dont il est mort, ou dont on croyait qu'il mourrait? ou enfin doivent-ils s'entendre seulement en ce sens, que le don mutuel ne peut être valablement fait pendant la dernière maladie, dont l'un des conjoints est décédé?

Il faut d'abord écarter le premier sens. Il est sans difficulté que les termes, *étant en santé*, employés par les Coutumes, ne doivent pas s'entendre d'une exemption de toute maladie, quelque légère qu'elle soit; et il n'est pas douteux qu'un don mutuel entre conjoints par mariage est valable, quoique l'un d'eux eût quelque légère maladie, comme sont des fièvres réglées, quand même le contrat aurait été passé pendant l'accès; ce qui doit avoir lieu même dans les Coutumes les plus rigoureuses, pour l'égalité d'espérance que chacun des conjoints doit avoir de survivre à l'autre, et de recueillir le don qui lui est fait : car une légère maladie, qui survient, et dont on compte guérir, ne diminue point cette espérance.

Il y a beaucoup plus de difficulté si l'on doit suivre le second ou troisième sens. Lemaître entend ces termes de la Coutume de Paris, *étant en santé*, dans le troisième sens : il pense qu'ils sont relatifs à l'article 247, qui porte que les donations, faites pendant la maladie dont le donateur décède, sont réputées pour cause de mort, et non entre vifs; et que la Coutume, par ces termes, *étant en santé*, ne veut dire autre chose, sinon que le don mutuel, qu'elle permet, étant un don entre vifs, il faut que les conjoints, lorsqu'ils se font ce don mutuel, *soient en santé*, c'est-à-dire, qu'aucun d'eux ne soit malade de la maladie dont il est mort, parce qu'il ne serait plus capable de faire un don entre vifs. En conséquence, cet auteur décide que le don mutuel, quoique fait pendant la maladie de l'un des conjoints, quelque dangereuse qu'elle fût, est valable, lorsque le conjoint n'est pas mort de cette maladie, et qu'il ne peut, étant revenu en convalescence, le révoquer.

On prétend pouvoir, pour cette opinion, tirer argument de ce que les termes, *étant en santé*, sont entendus dans ce troisième sens par les Coutumes de Montfort, de Laon, de Châlons et du Grand-Perche.

Celle de Montfort, *art. 48*, dit : « Homme et femme étant en » pleine santé, quoique ce soit, n'étant malades de maladie dont » ils seraient décédés, peuvent, etc. »

Celle de Laon, *tit. 5, art. 47*, dit : « Homme et femme con- » joints par mariage, sains de corps et d'entendement, quoique » ce soit, non malades de la maladie dont ils seraient décédés, » peuvent faire donation mutuelle, etc. »

Celle du Grand-Perche, *art. 94*, dit pareillement : « Étant en » santé, ou n'étant malades de maladie dont ils seraient depuis » décédés. »

La Coutume de Châlons s'exprime dans les mêmes termes.

Cette opinion de Lemaître me paraît contraire au texte de la Coutume.

Ces termes, *étant en santé*, employés par la Coutume, peuvent bien n'être pas entendus dans un sens rigoureux, pour une exemp- tion de toute maladie, quelque légère qu'elle soit; et on peut dire que des conjoints étaient en santé, dans le sens que l'entend la Coutume, quoique, lors du don mutuel, l'un d'eux eût quelque indisposition, pourvu que ce ne fût pas une maladie qui le mît en danger de mort : mais on ne peut pas dire, sans renverser toutes les idées des choses, que des conjoints *étaient en santé*, lorsqu'ils ont fait leur don mutuel, quand l'un d'eux était alors malade d'une maladie dont il était vraisemblable qu'il devait mourir, quoiqu'il n'en soit pas mort, rien n'étant si opposé ni si contradictoire au terme *de santé*, qu'une telle maladie.

Ce qui a été rapporté ci-dessus des textes des Coutumes de Montfort, Laon, Châlons, et du Grand-Perche, ne prouve nul- lement que les termes, *étant en santé*, signifient, dans le sens des Coutumes, qu'ils ne sont pas malades de la maladie dont ils sont décédés.

La Coutume de Montfort dit, à la vérité, *étant en pleine santé, quoique ce soit, n'étant malades de maladie dont ils seraient dé- cédés* : mais ces termes, *quoique ce soit, n'étant malades*, etc., ne sont pas explicatifs de ceux qui précèdent, *étant en pleine santé*. Le terme, *quoique ce soit*, n'est pas pris là pour *id est*, ou c'est-à-dire : ces termes, *quoique ce soit, n'étant malades*, sont plutôt un correctif de ceux, *en pleine santé*, qui les précè- dent.

Le sens est : Homme et femme, surtout lorsqu'ils sont en pleine santé, mais même quand ils seraient malades, pourvu qu'ils ne soient malades de la maladie dont ils seraient décédés, peu- vent, etc.

On doit dire la même chose des Coutumes de Laon et de Châ- lons. A la bonne heure que, dans ces Coutumes, qui portent ce correctif, le don mutuel soit valable, quoique l'un des conjoints fût alors malade d'une maladie dont on croyait qu'il devait mourir, pourvu qu'il n'en soit pas mort. Mais, dans la Coutume de Paris, qui n'a apporté aucun correctif à ces termes, *étant en santé*, qui, par conséquent, requiert absolument, pour la validité du don mutuel, que les conjoints soient en santé, lorsqu'ils le font; je crois qu'il ne peut être valable, si l'un des conjoints était alors malade d'une maladie dangereuse, dont on croyait qu'il devait mourir, quoiqu'il n'en soit pas mort; car on ne peut dire, en aucun sens, d'une personne malade d'une telle maladie, qu'elle est en santé.

Par ces raisons, Duplessis pense que, par ces termes, *étant en santé*, la Coutume, en cet *art.* 280, exige plus pour la validité du don mutuel, qu'elle n'exige pour la validité de la donation simple, par l'*art.* 277. Elle ne refuse, par l'*art.* 277, la qualité de donation entre vifs à la donation simple, que lorsque la maladie du donateur, pendant laquelle elle a été faite, était sa dernière maladie, dont il est décédé : mais par ces termes, *étant en santé*, dans l'*art.* 280, elle ne permet le don mutuel aux conjoints, que lorsque les deux conjoints sont en santé; et elle le leur interdit, par conséquent, lorsque l'un d'eux est malade d'une maladie dangereuse. C'est pourquoi, le don mutuel, qui avait été fait pendant une telle maladie, ayant été fait dans un temps auquel il était interdit aux conjoints, est nul, quoique, par l'événement, le malade ne soit pas mort de cette maladie.

Je suis fort de l'avis de Duplessis sur cela : mais, quant à ce qu'il ajoute, que, quoique le don mutuel soit nul en ce cas, néanmoins, s'il n'a point été révoqué depuis la convalescence, il devient valable, *velut ex novo tacito consensu;* j'aurais de la peine à être de son avis. Ce don mutuel étant fait dans un temps, auquel le pouvoir de le faire était interdit aux conjoints, est absolument nul, comme Duplessis le reconnaît lui-même. Or, ce qui est nul n'est pas susceptible de confirmation : les parties en doivent donc faire un autre dans la forme requise pour le don mutuel; *infrà, chap.* 3; c'est-à-dire, par un nouvel acte pardevant notaires.

Il est vrai que Ricard est aussi d'avis que le don mutuel, fait pendant la maladie, devient valable faute de révocation depuis la convalescence; il se fonde sur ce qu'il prétend que la nullité du don mutuel n'est pas, en ce cas, une nullité absolue, et qu'elle n'est fondée que sur ce qu'elle est présumée faite *contemplatione mortis;* laquelle présomption est détruite par le défaut de révocation, et la persévérance du consentement depuis la convalescence. Pour moi, je pense que le don mutuel, étant fait dans un temps, auquel la loi ne permettait pas de le faire, est absolument nul.

La Coutume de Reims, *art.* 234, est aussi du nombre de celles qui ne permettent pas le don mutuel, pendant que l'un des conjoints est malade d'une maladie griève, quoiqu'il n'en soit pas mort. Elle s'exprime ainsi : « Homme et femme étant en santé, ou » quoique ce soit, non malades de maladie, dont ils seraient » VRAISEMBLABLEMENT décédés, peuvent, etc. » Elle ne dit pas, comme celle de Laon, *dont ils seraient décédés*; mais elle dit, *dont ils seraient vraisemblablement décédés*. Par ce terme, elle donne à entendre que non-seulement la maladie, dont l'un des conjoints est décédé, mais celle, dont il était vraisemblable qu'il décèderait, quoiqu'il ne soit pas décédé, ne peut compatir avec le don mutuel.

151. Dans les Coutumes, qui ne se sont pas expliquées sur la santé des conjoints lors de leur don mutuel, telle qu'est notre Coutume d'Orléans, que doit-on décider ? Je pense que, dans ces Coutumes, on ne doit pas exiger, pour la validité du don mutuel, plus qu'elles ne demandent, et qu'il suffit, à cet égard, qu'il n'ait pas été fait pendant la dernière maladie, dont l'un des conjoints serait décédé.

152. Il faut excepter de cette décision les Coutumes qui requièrent, dans les conjoints, une égalité ou presque égalité d'âge, pour pouvoir se faire don mutuel. Dans ces Coutumes, quoiqu'elles ne se soient pas expliquées sur l'état de santé des conjoints, il est évident que le don mutuel, que des conjoints se seraient fait, pendant que l'un d'eux était malade d'une maladie dangereuse, quoiqu'il n'en soit pas mort, ne peut être valable; l'esprit de ces Coutumes étant d'exiger, pour la validité du don mutuel entre conjoints, une égalité de probabilité d'espérance de dans chaque conjoint, qui survivra l'autre ; laquelle égalité de probabilité se rencontre encore moins entre deux conjoints, dont l'un est en santé, et l'autre en un danger de mort présent, qu'entre deux conjoints d'un âge disproportionné.

153. Dans les Coutumes, qui ne prescrivent pas une égalité rigoureuse d'espérance, et qui demandent seulement que les conjoints n'attendent pas à faire le don mutuel, lors de la dernière maladie dont l'un des conjoints est mort : lorsque la dernière maladie de l'un des conjoints, pendant laquelle le don mutuel a été fait, est de ces maladies, qui, quoique mortelles dès leur commencement, n'ont pas néanmoins un trait prochain à la mort, et n'y conduisent souvent le malade qu'après beaucoup d'années, cette maladie, pendant laquelle le don mutuel a été fait, fait-elle toujours obstacle au don mutuel, ou seulement lorsqu'elle était dans ses derniers périodes, et qu'elle avait un trait prochain à la mort? Les Coutumes de Berry et de Bourbonnais ont décidé que ce n'est que dans ce dernier cas que la maladie, pendant laquelle le don mutuel a été fait, le rend nul; et elles ont déter-

miné quand la maladie devait être censée avoir été dans ses derniers périodes, au temps du don mutuel, en décidant que le don mutuel était nul, lorsque le conjoint était mort de cette maladie dans les quarante jours après le don mutuel. Les autres Coutumes, en ne s'en expliquant pas, ont cru devoir laisser à l'arbitrage du juge, si la maladie devait être censée avoir été dans ses derniers périodes au temps du don mutuel; mais il y a lieu de croire que ce n'est que dans ce dernier cas, auquel elle est dans ses derniers périodes, qu'elles ont décidé qu'elle faisait un obstacle au don mutuel. La raison est que, lorsque ces maladies ne sont pas dans leurs derniers périodes, le conjoint malade peut avoir encore quelque espérance de vivre assez long-temps pour survivre à l'autre conjoint, et recueillir le don qu'il lui a fait : c'est ce qui suffit, dans ces Coutumes, pour la validité du don mutuel.

On doit décider autrement dans les Coutumes, qui prescrivent, pour la validité du don mutuel, une égalité de probabilité d'espérance, dans chacun des conjoints, de le recueillir, et qui, en conséquence, interdisent le don mutuel, lorsqu'il y a disproportion d'âge entre les conjoints : car cette égalité se trouve encore moins entre deux conjoints, dont l'un est pulmonique, et l'autre d'un bon tempérament et bien sain, qu'elle ne se trouve entre deux conjoints, dont l'un est beaucoup plus âgé que l'autre, *putà*, entre un homme de cinquante ans et une femme de vingt-cinq. C'est pourquoi, je pense que, dans ces Coutumes, la maladie mortelle, dont l'un des conjoints se trouve déjà attaqué lors du don mutuel, quoiqu'elle ne soit encore que dans son commencement, et qu'elle n'ait pas encore un trait prochain à la mort, est un obstacle au don mutuel : mais si l'un et l'autre des conjoints étaient malades de semblables maladies, n'y ayant pas, en ce cas, d'inégalité de probabilité d'espérance, le don mutuel serait valable, pourvu qu'elles ne fussent pas dans leurs derniers périodes.

154. Si, lors du don mutuel, la femme était enceinte, et que, fort peu après, il lui soit survenu quelque accident, occasioné par sa grossesse, qui l'ait conduite au tombeau, le don mutuel, même dans les Coutumes d'une égalité rigoureuse, ne laissera pas d'être valable; car la grossesse d'une femme, tant qu'il ne survient pas d'accident, est un état naturel d'une femme, et non pas une maladie.

155. Quelques Coutumes demandent, en quatrième lieu, dans les conjoints, auxquels elles permettent le don mutuel pendant le mariage, qu'ils soient égaux, ou presque égaux en âge, comme nous l'avons vu *supra*.

On fait la question de savoir, si, dans les Coutumes qui ne se sont pas expliquées sur l'âge, la grande inégalité d'âge était un obstacle au don mutuel. Ricard tient l'affirmative : il prétend que, quoique les Coutumes ne s'en soient pas expliquées, cela doit se suppléer, l'égalité étant de la substance du don mutuel.

Cette opinion de Ricard n'a pas prévalu. On tient communément, et nous voyons pratiquer tous les jours, que des conjoints par mariage, quoique très-inégaux en âge, se font l'un à l'autre le don mutuel permis par les Coutumes. On ne doit pas demander, pour ce don mutuel, plus que ce que demandent les Coutumes; on ne doit donc pas demander l'égalité d'âge, lorsque les Coutumes n'en on pas dit un seul mot. Quant à ce qu'oppose Ricard, qu'il n'était pas besoin qu'elles en parlassent, l'égalité étant de la substance du don mutuel; la réponse est que l'égalité, qui est de la substance du don mutuel, se considère principalement dans les choses qui sont données de part et d'autre; qu'il suffit, pour celle de l'espérance, comme nous l'avons ci-dessus observé, que chacun des conjoints puisse, en se faisant don mutuel, espérer de survivre à l'autre, et de recueillir le don qui lui est fait; ce qui se trouve, quoique les conjoints soient inégaux en âge : car, arrivant assez fréquemment que les jeunes meurent avant les vieux, le conjoint, qui est le plus âgé, peut espérer de survivre au plus jeune.

156. La plupart des Coutumes demandent, en cinquième lieu, dans les conjoints qui se font don mutuel, que ni l'un ni l'autre n'aient d'enfans. Ces Coutumes, pour la plupart, s'expriment en ces termes : « Homme et femme conjoints par mariage, non ayant » enfans, peuvent, etc. »

Ces Coutumes ne s'expliquent pas précisément, si c'est dès le temps que se fait le don mutuel, qu'il faut que les conjoints n'aient pas d'enfans; ou s'il suffit qu'il n'y en ait point au temps de la mort du prédécédé, qui y donne ouverture. L'ancienne Coutume de Paris ne s'en expliquait pas non plus. L'article 155 portait simplement, qu'homme et femme, conjoints par mariage, peuvent se faire don mutuel......, *pourvu qu'il n'y ait d'enfans.*

On avait fait la question, sur l'ancienne Coutume de Paris, si, dans la Coutume de Paris, et dans la plupart des Coutumes, qui requièrent, pour le don mutuel, que ni l'un ni l'autre n'aient d'enfans, il suffisait qu'ils n'en eussent point au temps de la mort du prédécédé. Dumoulin, sur l'article 155 de l'ancienne Coutume, avait été d'avis que cela suffisait. La raison est, que les dispositions des Coutumes, qui demandent, pour le don mutuel, que ni l'un ni l'autre des conjoints n'aient d'enfans, étaient uniquement fondées sur la faveur des enfans. La fin, que ces Coutumes s'étaient proposée, était entièrement remplie, lorsqu'il ne s'en trouve point au temps de l'ouverture du don mutuel, et qu'il était indifférent, pour cette fin, qu'il y en eût eu au temps du contrat. Cette explication de Dumoulin a été adoptée lors de la réformation de la Coutume ; et, en conséquence, après ces mots, *pourvu qu'il n'y ait enfans*, on a ajouté ceux-ci, *soit des deux conjoints*, *soit de l'un d'eux, lors du décès du premier mourant.* Cette explication ayant été formée sur la jurisprudence qui avait lieu alors, il y a lieu de l'étendre aux autres Coutumes, qui demandent que, pour le don mutuel, ni l'un ni l'autre des conjoints n'aient d'enfans.

157. On a fait autrefois la question de savoir, si des conjoints par mariage, mineurs, pouvaient se faire le don mutuel, que les Coutumes de Paris et les autres Coutumes semblables permettent entre conjoints. La raison de douter est, que les lois ne permettent pas aux mineurs d'aliéner leurs immeubles ; ils ne peuvent pas même aliéner l'usufruit : *Si proprietatem habeat pupillus, non potest usumfructum vel usum alienare* ; l. 3, § 5, ff. *de reb. eorum qui sub tutel., etc.* Néanmoins, il a prévalu que des conjoints mineurs étaient capables de ce don mutuel. C'était l'avis de Dumoulin ; *Quia,* dit-il, *est negotium utrique utile, non continens alienationem, sed meliorem conditionem.* Les lois, qui défendent aux mineurs d'aliéner leurs immeubles, même quant à l'usufruit, ne le leur défendent que dans la crainte qu'ils ne se causent quelque préjudice : elles doivent donc cesser dans le cas du don mutuel, qui, bien loin de leur être préjudiciable, se fait pour l'avantage réciproque des conjoints qui le font. Ricard rapporte plusieurs arrêts, qui, conformément à l'avis de Dumoulin, ont jugé que les conjoints, quoique mineurs, peuvent se faire ce don mutuel ; et cela n'est plus révoqué en doute.

158. Un mari et une femme peuvent-ils se faire don mutuel, lorsque le mari est interdit pour cause de prodigalité ? On peut dire, pour l'affirmative, que l'interdiction n'étant faite qu'en faveur de l'interdit, elle ne lui interdit que les contrats qui pourraient lui être préjudiciables, et non ceux qui lui sont avantageux : c'est pourquoi, un interdit peut accepter une donation qui lui serait faite. Par la même raison, le don mutuel entre mari et femme étant censé se faire pour l'avantage réciproque des conjoints qui se le font, l'interdit peut en être capable : c'est l'avis de Duplessis.

159. On a aussi demandé si des conjoints par mariage, étrangers non naturalisés, qui sont domiciliés en France, peuvent faire ensemble un don mutuel. Je pense qu'ils le peuvent. Ils ne peuvent, à la vérité, faire des testamens, exercer un retrait lignager, ni faire les autres actes, qui appartiennent au droit civil, et que le droit civil n'a établis que pour les citoyens ; mais le don mutuel appartient au droit des gens, qui est commun à toutes les nations. Les étrangers, non plus que les citoyens, ne peuvent pas faire les contrats du droit des gens qui sont défendus par les lois civiles qui régissent leurs biens ; mais ils peuvent faire ceux qu'elles permettent.

ARTICLE II.

Des choses que les conjoints par mariage peuvent se donner par don mutuel.

160. La Coutume de Paris, en l'*art.* 280, ci-dessus rapporté, permet aux conjoints de se faire donation mutuelle *de tous leurs biens meubles et conquêts faits durant et constant le mariage, qui sont trouvés à eux appartenir, et être communs entre eux à l'heure du trépas du premier mourant.... pour en jouir par le survivant, sa vie durant.*

La Coutume d'Orléans, et un grand nombre d'autres Coutumes, ont une semblable disposition.

Ces termes, *et être communs*, se réfèrent à toute la phrase. Les conjoints ne peuvent se donner, par don mutuel, que les biens meubles de la communauté, pour la part qui leur en appartient ; les biens meubles, qui leur sont propres, tel qu'est le mobilier qu'ils ont exclus de la communauté par une stipulation de propre, n'entrent pas dans le don mutuel : c'est pourquoi, en cas de don mutuel, les héritiers du conjoint prédécédé ne laissent pas d'en exercer la reprise sur la masse des biens de la communauté, et le survivant ne jouit, pour son don mutuel, que de la part du prédécédé dans ce qui reste de ladite masse, après les reprises respectives exercées et prélevées.

161. A l'égard de ce qui est dit, *conquêts faits durant et constant le mariage ;* ces termes n'ont été mis, que pour exclure du don mutuel les acquêts faits avant le mariage, lesquels sont propres de communauté : ils n'ont pas été mis pour restreindre le don mutuel aux seuls conquêts réels ; et il n'est pas douteux dans l'usage, que les héritages, que les conjoints ont mis dans la communauté, par une clause d'ameublissement, entrent dans le don mutuel, comme tous les autres biens de la communauté.

162. Un homme a tiré de sa communauté une somme de 10,000 livres pour acquitter ses dettes propres, ou pour quelque autre affaire, pour laquelle il doit récompense de cette somme à la communauté ; ensuite lui et sa femme se font un don mutuel. Si c'est lui qui survit, la créance de 5,000 livres, appartenante à la femme pour sa part dans celle de 10,000 livres, que la communauté a contre lui pour ladite récompense, entre dans le don mutuel, que sa femme lui a fait de sa part dans les biens de la communauté qui se trouveraient lui appartenir au jour de sa mort : en conséquence, il a donc, en sa qualité de donataire de mutuel, droit de jouir, pendant sa vie, de cette créance de 5,000 livres, que les héritiers de sa femme ont contre lui, lesquels ne peuvent l'exiger qu'après l'extinction de l'usufruit. Mais

si c'est le mari, débiteur de la récompense, qui prédécède, la femme donataire mutuelle pourra-t-elle prétendre que la somme de 5,000 livres, qui appartenait à son mari dans la créance de 10,000 livres que la communauté avait contre lui, et dont il a fait confusion, comme en étant le débiteur, est entrée dans le don mutuel que son mari lui a fait, et demander, en conséquence, que les héritiers de son mari lui comptent une somme de 10,000 livres; savoir, 5,000 livres pour la part qui lui appartient de son chef, comme commune, dans sa créance de 10,000 livres, que la communauté avait contre son mari, et cinq autres mille livres, pour la part que son mari avait dans ladite créance, et dont il a fait confusion, afin qu'elle en jouisse par usufruit, comme étant entrée dans le don mutuel que son mari lui a fait; si mieux n'aiment les héritiers lui faire l'intérêt de cette somme pendant sa vie?

Pour la négative, on dit que, dans le même temps que la communauté est devenue créancière du mari de la somme de 10,000 livres qu'il en avait tirée, il s'est fait confusion et extinction de la part qu'il avait dans cette créance; personne ne pouvant, *per rerum naturam*, être créancier de lui-même. La part, que le mari avait dans la créance que la communauté avait contre lui, ayant donc été éteinte, par la confusion, aussitôt qu'elle est née, et ne subsistant plus au temps du don mutuel, elle n'a pu entrer dans le don mutuel qu'il a fait à sa femme, le néant ne pouvant être susceptible du don mutuel; la femme ne peut donc être fondée, en sa qualité de donataire, à demander la jouissance de la part que son mari avait dans la créance des 10,000 livres dont il a fait confusion.

On dit, au contraire, pour l'affirmative, que si ladite somme de 5,000 livres n'entrait pas dans le don mutuel que le mari a fait à sa femme, il y aurait inégalité dans le don mutuel; le mari aurait donné 5,000 livres de moins, que ce que sa femme lui a donné. Quant à ce qu'on dit, que la part, que le mari avait dans la créance de 10,000 livres que la communauté avait contre lui, ayant été éteinte par la confusion, et que, ne subsistant plus, elle n'a pu entrer dans le don mutuel, on répond qu'il est vrai qu'elle ne subsiste plus, quant à la subtilité : mais le profit, que le mari a fait par l'emploi de la somme qu'il a tirée de la communauté pour l'augmentation de ses biens propres, est un profit très-réel, dont il doit récompense à sa femme pour moitié, et qu'il ressent très-réellement pour l'autre moitié. Ce profit, qui est encore subsistant au temps de sa mort, qui fait partie de ce qu'il se trouve, au temps de sa mort, profiter des biens de la communauté, doit faire partie, par conséquent, du don mutuel qu'il a fait à sa femme des biens de la communauté. Cette opinion me paraît la plus équitable.

C'est pourquoi, je pense qu'on doit établir pour principe général, que, pour régler ce qui doit composer le don mutuel, on doit faire une masse de tous les effets, qui se trouvent composer la communauté au temps de la mort du prédécédé; à laquelle masse, dans le cas auquel chacun desdits conjoints, ou l'un d'eux, se trouverait débiteur, pour récompense, de plus qu'il ne lui est dû pour ses reprises, chacun desdits conjoints, ou l'un d'eux, doit rapporter et ajouter la somme, dont il se trouve débiteur envers la communauté, déduction faite de ce qui lui est dû par ladite communauté; de même que, dans le cas contraire, lorsque chacun des conjoints, ou l'un d'eux, est créancier de ladite communauté, de plus qu'il ne lui doit, chacun des conjoints doit prélever sur cette masse la somme dont il est créancier de la communauté, déduction faite de ce qu'il doit à ladite communauté. C'est de la part, que la succession du prédécédé a dans cette masse ainsi augmentée par lesdits rapports, ou diminuée par lesdits prélèvemens, que le don mutuel du survivant doit être composé.

163. Lorsque, par le contrat de mariage, la reprise de ce que la femme a apporté à la communauté, a été stipulée au profit des père et mère de la femme; l'homme et la femme s'étant fait, pendant le mariage, un don mutuel, la femme étant prédécédée, et ayant laissé pour héritiers ses père et mère, lesquels ont renoncé à la communauté, on a fait la question de savoir si le mari, en sa qualité de donataire mutuel, peut prétendre jouir en usufruit de cet apport. Ricard pensait qu'il n'y est pas fondé. La raison, qu'il allègue, est que la femme, par la clause de reprise de l'apport portée au contrat de mariage, doit être censée n'avoir mis dans la communauté ce qu'elle y a apporté, que sous la condition qu'elle ou ses héritiers, au profit desquels la reprise avait été stipulée, ne renonceraient pas à la communauté; que la condition ayant défailli par la renonciation, les effets apportés par la femme étaient censés n'être point entrés en communauté, n'être point effets de la communauté, mais un bien propre de la femme, lequel qui ne pouvait, par conséquent, entrer dans le don mutuel, lequel ne peut être que des biens de la communauté.

Nous trouvons, au troisième tome des œuvres de M. d'Aguesseau, un arrêt du 12 mars 1696, qui a jugé, contre ce sentiment de Ricard, que le mari survivant devait, en sa qualité de donataire mutuel, jouir de la mise en la communauté de la femme, que les héritiers de la femme avaient, par la clause du contrat de mariage, droit de reprendre en renonçant à la communauté. M. d'Aguesseau établit parfaitement bien la fausseté du principe de Ricard. Il est faux que les choses, que la femme a apportées en communauté, doivent être censées n'en avoir jamais fait partie, lorsque la femme ou ses héritiers, auxquels la faculté de les reprendre, en cas de renonciation, a été accordée par le contrat de mariage, exercent cette reprise. Cette faculté, qui leur est accordée, de les en retirer, suppose qu'elles y sont entrées. Elles faisaient donc partie des biens de la communauté, au temps du décès de la femme prédécédée, et elles n'en doivent sortir qu'après sa mort, par la reprise que ses héritiers exercent. Or il suffit, aux termes de l'article 280, qu'elles aient été communes au temps du décès de la femme prédécédée, pour qu'elles soient comprises dans le don mutuel qu'elle a fait à son mari.

La clause pour la reprise de l'apport, en cas de renonciation à la communauté, est mise pour empêcher que le mari ou ses héritiers, en leur qualité de seuls maîtres des biens de la communauté, par la renonciation de sa femme ou de ses héritiers, ne puissent retenir les choses que la femme y a mises, de même que le surplus des biens de la communauté : mais cette clause, étant de droit très-étroit, et non susceptible d'extension, doit être bornée à ce cas, et ne doit pas être étendue au cas du don mutuel. Si elle empêche que le mari, en sa qualité de seul maître des biens de la communauté, par la renonciation des héritiers de sa femme, ne puisse, néanmoins, retenir les choses qui y ont été mises par sa femme, elle ne doit pas empêcher que le mari ne puisse en avoir la jouissance à un autre titre, en sa qualité de donataire mutuel de sa femme.

164. Le mari a-t-il droit, en ce cas, de jouir en don mutuel de toute cette reprise, ou seulement de la moitié ? Pour restreindre le don mutuel à la moitié, on allègue le principe, que l'un des conjoints ne peut donner à l'autre plus que ce que l'autre lui a réciproquement donné. Or, le mari n'ayant jamais pu avoir que la moitié dans les effets apportés par la femme, et compris dans la reprise, il n'a pu en donner à sa femme que cette moitié : donc, dit-on, sa femme n'a pu, de son côté, lui en donner par don mutuel que la moitié. La réponse est, que le don mutuel, que le mari a fait à sa femme, et qu'elle eût recueilli, s'il fût prédécédé, n'était pas seulement de sa part dans les effets apportés par sa femme, mais de sa part dans tous les effets de la communauté, laquelle part pouvait égaler le total de ceux compris dans la reprise. On ne peut donc pas dire que, en donnant par don mutuel en usufruit à son mari le total de cette reprise, elle lui a donné plus que ce que son mari lui donnait réciproquement.

165. On a aussi agité la question, si, lorsque la femme survivante a renoncé à la communauté, elle peut demander le don mutuel que son mari lui a fait des biens de la communauté. La question ne peut guère se présenter dans le cas, auquel la reprise de ce que la femme a apporté à la communauté, n'aurait pas été stipulée par le contrat de mariage ; car la femme ne renonce à la communauté, que parce qu'elle la juge mauvaise ; et cette raison, qui la porte à renoncer à la communauté, ne doit pas manquer

de la porter à renoncer au don mutuel, que son mari lui a fait des biens de la communauté, aussi bien qu'à la communauté. Mais étant d'usage que les femmes stipulent, par les contrats de mariage, qu'en cas de renonciation à la communauté, elles auront la reprise de ce qu'elles y ont apporté, il peut arriver souvent qu'une femme renonce à la communauté, et ait intérêt de jouir en don mutuel des biens de la communauté, qui demeurent, par sa renonciation, aux héritiers du mari.

Supposons, par exemple, que, lors de la mort du mari, le fonds de la communauté, toutes dettes déduites, était de 20,000 livres, y compris 14,000 livres que la femme y avait apportées, et qu'elle avait droit de reprendre en renonçant à la communauté, suivant la clause de son contrat de mariage. La femme, dans cette espèce, renoncera à la communauté, pour reprendre ses 14,000 livres ; au lieu qu'en l'acceptant, elle n'aurait eu que 10,000 livres pour sa part en la communauté. Cette femme ayant renoncé à la communauté, et repris ses 14,000 livres, est-elle fondée à jouir en don mutuel des 6,000 livres qui demeurent aux héritiers de son mari, du fonds de la communauté ?

Pour la négative on dit : Lorsque la femme renonce à la communauté, c'est comme s'il n'y avait jamais eu de communauté entre les conjoints ; c'est comme s'il n'y avait jamais eu rien de commun entre eux, qu'ils se soient pu donner. La femme surtout n'avait, en ce cas, rien qu'elle ait pu donner à son mari, puisque la femme, en cas de renonciation à la communauté, n'a aucune part dans les biens de la communauté. Mais si la femme n'avait, dans ce cas, rien à donner à son mari, le mari n'a pu, de son côté, lui en donner, l'un des conjoints ne pouvant rien donner à l'autre par don mutuel, qu'autant que l'autre peut lui en donner réciproquement. On répond pour la femme, au premier moyen opposé par les héritiers, qu'il est bien vrai, que, lorsque la femme renonce à la communauté, elle n'a pas plus de part dans l'actif ni dans le passif de la communauté, que s'il n'y avait pas eu de communauté : mais il n'est pas vrai, que, lorsque la femme renonce à la communauté, il n'y ait jamais eu de communauté, ni rien de commun, entre les conjoints, qu'ils se soient pu donner ; car, au contraire, la renonciation à la communauté suppose nécessairement une communauté et des effets communs, qui ont pu être l'objet du don mutuel ; car, pour renoncer à la communauté, il faut qu'il y ait eu une communauté : on ne peut pas renoncer à ce qui n'est pas.

A l'égard du second moyen, il est faux que la femme, qui a renoncé à la communauté, pour reprendre son apport, n'eût rien à donner de son côté à son mari, s'il lui eût survécu. Elle avait à lui donner la part qu'elle devait laisser à ses héritiers dans les biens de la communauté, à laquelle ses héritiers n'auraient pas renoncé comme elle a fait, n'ayant pas le droit qu'elle avait de reprendre son apport : et, quand même ses héritiers auraient eu le même droit, elle aurait eu à lui donner les choses comprises en son apport, ces choses étant un bien de communauté, susceptible du don mutuel, comme nous l'avons décidé en la question précédente, et qui pouvait égaler ce que son mari lui avait donné.

Par ces raisons, on doit décider que la femme, quoiqu'elle renonce à la communauté, peut être donataire mutuelle de son mari. M. d'Aguesseau, dans son plaidoyer ci-dessus cité, n. 157, rapporte un arrêt de 1641, rendu après une enquête par turbes, faite au Châtelet, qui a jugé conformément à cette décision, et a fixé sur ce point la jurisprudence.

Peut-elle, en ce cas, jouir du total des biens de la communauté, qui, par sa renonciation, sont demeurés aux héritiers du mari; ou n'en doit-elle jouir que de la moitié ? Ricard décide qu'elle n'en doit jouir que de la moitié. Sa raison est, que le mari n'a pu donner à sa femme plus que ce que sa femme pouvait lui donner.

Il faut décider, au contraire, que la femme doit jouir en don mutuel du total de ce qui est resté, aux héritiers du mari, des biens de la communauté, après la déduction de l'apport de la femme, qui en a été faite : car la femme ne prenant le parti de renoncer à la communauté, que parce que son apport, qu'elle reprend en renonçant, est plus considérable, ou au moins aussi considérable que la part qu'elle aurait eue dans les biens de la communauté en l'acceptant, il s'ensuit que le total des biens de la communauté, resté aux héritiers du mari, après la distraction de l'apport de la femme, ne peut être tout au plus que la moitié des biens dont était composée la communauté dans laquelle cet apport était compris. C'est pourquoi, il est évident que, en comprenant dans le don mutuel, que le mari a fait à sa femme, le total du restant desdits biens de la communauté, qui demeurent à ses héritiers par la renonciation de la femme, il ne lui donne pas plus, et peut-être moins que ce que sa femme, de son côté, lui a donné par le don mutuel qu'elle lui a fait, dont il eût joui, si elle fût précédédée.

166. Il nous reste à observer que, lorsque le mari et la femme, ou l'un d'eux, se sont donné, par don mutuel, plus que la loi ne leur permettait de se donner; comme lorsqu'ils se sont donné en usufruit leurs biens de communauté et leurs propres; ou lorsqu'ils se sont donné la propriété de leurs biens de communauté, au lieu de s'en donner seulement l'usufruit; le don mutuel est, en ce cas, entièrement nul de part et d'autre. En cela, le don mutuel est différent des legs. Lorsqu'un testateur a légué à quelqu'un plus que la loi ne lui permettait de léguer, le legs n'est

pas entièrement nul; il est seulement réductible à ce que la loi lui permet de léguer.

Par exemple, si un testateur avait légué à quelqu'un ses meubles et acquêts, et le total de ses propres, le legs ne serait pas nul, mais il serait réductible aux meubles et acquêts, et au quint des propres. La raison de différence est, que les legs sont valables par la seule volonté du testateur consignée dans son testament. C'est pourquoi, pour qu'un legs excessif soit valable, au moins jusqu'à concurrence de ce que la loi permet de donner, il suffit que le testateur, qui a légué, ait eu la volonté de léguer au moins ce que la loi permet, pour que le legs soit valable jusqu'à cette concurrence. Or, le moins étant renfermé dans le plus, *in eo quod plus est, inest et minus*; le testateur, qui a légué plus que la loi ne lui permettait, a eu la volonté de léguer ce que la loi lui permet de léguer, qui est renfermé dans le plus. Par exemple, celui, qui a légué le total de ses propres, a eu la volonté d'en léguer le quint, que la loi permet de léguer, le quint étant renfermé dans le total qu'il a voulu léguer. Le legs n'est donc pas entièrement nul; il est valable jusqu'à concurrence de ce que la loi permet de léguer.

Il n'en est pas de même du don mutuel. Le don mutuel étant un acte synallagmatique, n'est pas valable par la seule volonté de l'une des parties qui a fait le don. Il ne suffit donc pas, pour que le don de celui, qui a donné plus que la loi ne lui permettait de donner, soit valable, qu'il ait voulu donner ce que la loi lui permettait de donner. Lorsqu'un homme et une femme se font un don mutuel, chacun d'eux ne donne à l'autre qu'à cause du don que l'autre lui fait de son côté. C'est pourquoi, lorsque, par don mutuel, j'ai donné à ma femme plus que la loi ne me permettait : *putà*, lorsque je lui ai donné mes biens de communauté et mes propres, ma femme ne m'ayant donné, de son côté, qu'à cause du don que je lui faisais, et qu'autant que le don que je lui faisais aurait pu avoir son entière exécution, dans le cas auquel elle m'aurait survécu, le don, que je lui ai fait, ne pouvant pas avoir son entière exécution, puisque la loi ne me permet pas de disposer par don mutuel, envers ma femme, de mes propres; celui, qu'elle m'a fait, de son côté, n'ayant été fait que dans cette fausse supposition, tombe *quasi ex conditionis defectu*, et est entièrement nul. Mais si le don, que ma femme m'a fait, est nul, celui, que je lui ai fait, est aussi entièrement nul, et non pas seulement pour ce que j'ai donné de plus que la loi ne me permettait; car il est de l'essence du don mutuel, que le don, que l'un des conjoints fait à l'autre, ne puisse être valable, qu'autant que celui, que l'autre lui a fait, eût pu l'être. C'est ce qu'établit Ricard en son *Traité du Don mutuel, chap.* 4, § 6.

La Coutume de la Marche s'est écartée, à la vérité, de ce

principe. Après avoir dit, *art.* 290, que le don mutuel doit être égal, elle ajoute, *et s'il y avait inégalité, sera réduit à l'égalité.* Elle se contente donc de réduire le don de celui qui a donné plus qu'il ne pouvait; elle ne le déclare pas nul; mais je crois que cette Coutume doit être restreinte à son territoire.

167. Si, par un acte fait pendant le mariage, après une première convention, par laquelle un homme et une femme se seraient fait don mutuel en usufruit de leurs biens de communauté, aux charges de la Coutume, par le même acte, par une convention particulière, l'homme donnait en outre à la femme l'usufruit de ses biens propres; on pourrait peut-être soutenir que la nullité du don, fait par le mari de l'usufruit de ses propres, n'entraînerait pas la nullité du don mutuel, que les conjoints se sont fait de l'usufruit de leurs biens de communauté, parce que ces dons, étant faits par des conventions séparées, paraissent indépendans l'un de l'autre. Néanmoins, cela souffre difficulté; car on peut dire que les conventions d'un même acte, quoique énoncées par des clauses séparées, sont relatives les unes aux autres, et que, dans cette espèce, la femme a pu ne se porter à faire à son mari le don de sa part de l'usufruit dans les biens de la communauté, qu'en considération de celui que son mari lui faisait, même de celui de ses propres.

CHAPITRE III.

De la forme du don mutuel entre homme et femme.

168. Quoique l'Ordonnance de 1731, *art.* 46, ait excepté les dons mutuels entre mari et femme, de la nécessité des formes et des règles, qu'elle a prescrites pour les autres donations entre vifs, néanmoins il y a encore quelques formes auxquelles ces dons mutuels sont assujettis.

Ils doivent, de même que les autres donations entre vifs, être faits par des actes passés devant notaires, dont il reste minute.

Cette forme est nécessaire pour empêcher les fraudes; autrement, si le don mutuel pouvait se faire par un acte sous signature privée, il serait au pouvoir d'un conjoint, en antidatant l'acte, de faire ce don pendant sa dernière maladie; ce que la loi ne permet pas, comme nous l'avons vu *suprà,* n. 150.

Pareillement, si le don mutuel pouvait se faire par un acte passé à la vérité devant notaires, mais expédié en brevet, sans qu'il restât minute, il serait au pouvoir du mari, en supprimant l'acte, d'annuler le don mutuel, sans le consentement de sa femme; ce qui est contraire au caractère de l'irrévocabilité qui est de l'essence du don mutuel.

169. Ce don mutuel doit se faire par un seul et même acte. Si chacun des conjoints avait, par des donations séparées, fait donation à l'autre conjoint, en cas de survie du donataire, de l'usufruit de sa part dans les biens de la communauté, qui se trouveraient lors de son prédécès, aucune de ces donations ne serait valable. C'est ce qu'observe Dumoulin, en sa note sur l'art. 325 de la Coutume d'Anjou, qui permet aux conjoints par mariage de se donner par don mutuel : *Non ergo seorsim*, dit-il, *etiam si alter alteri donaret, sed separatim et non mutuá contemplatione.*

Ricard, néanmoins, en son *Traité du Don mutuel, n.* 135 *et* 136, pense qu'un don mutuel pourrait être valable, quoique fait par des donations séparées, que chacun des conjoints aurait faites à l'autre, et même en différens temps, pourvu que, dans chacune des donations, il fût exprimé que la donation est faite en exécution du dessein, qu'ils avaient formé ensemble, de se faire don mutuel des biens de leur communauté, et que, au temps de chacune des donations, l'un et l'autre des conjoints fût en santé. Cela n'est pas sans difficulté; c'est pourquoi, lorsqu'un homme et une femme, qui sont en des lieux éloignés, veulent se faire don mutuel, comme lorsque l'homme est à l'armée, il faut que l'homme envoie une procuration à un de ses amis sur le lieu où est sa femme, pour faire, en son nom, le don mutuel avec sa femme, par un même acte, et que, par cette procuration, il autorise sa femme pour le faire.

170. Le don mutuel est-il sujet à la forme de l'insinuation? Il semblerait qu'il ne devrait pas y être sujet. L'insinuation est requise dans les autres donations entre vifs, en faveur des tiers acquéreurs et des créanciers qui contracteraient depuis la donation avec le donateur; parce que, si cette donation n'était pas rendue publique par l'insinuation, ces tiers acquéreurs et créanciers, qui ignoreraient la donation, pourraient être induits en erreur, en contractant avec un homme qu'ils croiraient avoir beaucoup de biens, et qui s'en serait dépouillé par la donation qu'ils ignorent. L'insinuation des donations est aussi requise en faveur des héritiers, qui, faute d'avoir connaissance des donations faites par le défunt, pourraient être induits en erreur, et accepter une succession chargée de dettes, en comptant sur des biens dont le donateur s'est dépouillé par des donations qu'ils ignoraient.

Ces raisons, dira-t-on, ne se rencontrent pas à l'égard du don mutuel : ce don n'étant que des biens que le donateur laissera lors de son décès, et étant fait à la charge des dettes que le donateur a contractées depuis la donation, le don mutuel ne peut intéresser que ceux qui ont acquis du donateur, ou qui ont contracté avec le donateur, depuis le don mutuel; et ils nont aucun intérêt d'en avoir connaissance par l'insinuation.

Le défaut de publicité de la donation ne peut pas non plus, dira-t-on, induire en erreur les héritiers du donateur, en leur faisant accepter une succession chargée de dettes, sans trouver les biens sur lesquels ils comptaient pour les acquitter, puisque les biens compris au don mutuel sont chargés de dettes.

Nonobstant ces raisons, la Coutume de Paris a assujetti à l'insinuation les dons mutuels entre mari et femme. Elle dit en *l'art.* 284 : « Un don mutuel..... pour être valable, doit être insinué » dans les quatre mois du jour du contrat; et l'insinuation faite » par l'un d'eux, vaut pour tous deux; après laquelle insinuation » le dit don mutuel n'est révocable, sinon du consentement des » deux conjoints. »

Ce n'est pas seulement en la Coutume de Paris que les donations mutuelles entre mari et femme sont sujettes à l'insinuation. On en exceptait autrefois seulement celles faites dans la Coutume de Poitou, parce que, dans cette Coutume, ces donations sont plutôt des donations pour cause de mort, que des donations entre vifs : mais, par une déclaration du Roi, du 5 décembre 1622, toutes donations mutuelles entre mari et femme, même celles faites dans la Coutume de Poitou, sont déclarées sujettes à l'insinuation.

À l'égard des raisons ci-dessus opposées, on répond : Il est vrai que les tiers acquéreurs, qui ont acquis du donateur, et les créanciers, avec qui il a contracté depuis le don mutuel, n'ont aucun intérêt d'avoir connaissance de la donation par l'insinuation; mais il n'en est pas de même des héritiers du donateur : ils pourraient quelquefois être induits en erreur, faute d'avoir eu, par l'insinuation, connaissance de la donation; comme lorsque la succession est embarrassée de beaucoup de dettes propres, qui ne sont point à la charge du don mutuel. Un héritier appelé à la succession, faute d'avoir connaissance de la donation, se portera plus facilement à l'accepter, croyant d'abord entrer en jouissance, qu'il ne s'y porterait, s'il savait ne devoir entrer en jouissance qu'après la mort du donataire.

Ricard rapporte encore une autre raison, pour laquelle l'insinuation des donations mutuelles entre mari et femme a pu être ordonnée. C'est, dit cet auteur, pour empêcher les fraudes; car, sans cela, comme l'a observé Ricard, un mari pourrait profiter du don mutuel que lui a fait sa femme, sans que sa femme pût profiter de celui qu'il lui a fait, en faisant passer l'acte du don mutuel par un notaire inconnu à sa femme, et mettant, par ce moyen, la femme dans l'impossiblité de trouver l'acte du don mutuel, dans le cas auquel elle survivrait.

171. Observez que, dans le don mutuel, l'insinuation n'est nécessaire, que pour la donation que la femme fait à son mari: elle ne l'est pas pour celle que le mari a faite à sa femme; car le mari étant, en sa qualité d'administrateur des droits et biens de sa femme, obligé envers elle de faire tout ce qui est nécessaire pour la conservation de ses droits, ni lui, ni les héritiers, qui succèdent à ses obligations, ne peuvent être recevables à opposer à la femme le défaut d'insinuation de la donation qu'il lui a faite, puisque c'était lui-même qui, en sa susdite qualité, en était chargé. C'est la disposition de l'article 39 de l'Ordonnance de 1731. Mais lorsque c'est la femme qui est prédécédée, si le don mutuel n'a pas été insinué, les héritiers de la femme sont bien fondés à opposer au mari donataire mutuel, le défaut d'insinuation, et à faire, en conséquence, déclarer nul le don mutuel.

172. On a fait la question, si, dans la Coutume de Paris, la femme était reçue à révoquer le don mutuel, pour le défaut d'insinuation. Duplessis tient l'affirmative : le texte de la Coutume de Paris paraît favoriser cette opinion. L'art. 284, rapporté ci-dessus, *n.* 164, dit : *Après laquelle insinuation le don mutuel n'est révocable, sinon du consentement des deux parties ;* d'où il pourrait sembler qu'on peut, par argument *à contrario*, conclure que, tant que le mari est en demeure de satisfaire à l'insinuation, il est loisible à la femme de révoquer le don mutuel. Quant à ce qu'on pourrait opposer, que les autres donations entre vifs ne peuvent être attaquées par le défaut d'insinuation, que par les tiers acquéreurs et créanciers du donateur, et par ses héritiers, et non par le donateur lui-même, on pourrait peut-être répondre que l'insinuation des autres donations entre vifs n'est requise, qu'en faveur des tiers acquéreurs des créanciers, et des héritiers du donateur, qui peuvent avoir intérêt d'être instruits de la donation par la publicité de l'insinuation, et non en faveur du donateur, qui ne peut ignorer la donation qu'il a faite : mais l'insinuation du don mutuel entre mari et femme est requise, pour une raison qui concerne la personne même de la femme qui a fait le don mutuel, comme nous l'avons vu *suprà.* La femme peut donc elle-même être reçue à en opposer le défaut, pour révoquer et faire déclarer nul le don mutuel.

Ricard pense, au contraire, que la femme n'est pas recevable à opposer elle-même le défaut d'insinuation. Il répond à l'argument tiré du texte de la Coutume de Paris, que les argumens *à contrario* ne sont pas toujours concluans; que celui, dont on se sert dans la question présente, n'est pas suffisant pour faire exception au principe général, qu'un donateur n'est pas recevable à opposer lui-même contre sa donation le défaut d'insinuation.

Comme ce principe n'était pas, au temps de la réformation de la Coutume de Paris, aussi avéré qu'il l'est aujourd'hui, la Coutume n'a entendu décider autre chose, sinon que le don mutuel était irrévocable après l'insinuation, en laissant indécise la question, s'il pouvait être révoqué auparavant par le défaut d'insinuation.

Il faut s'en tenir à l'avis de Ricard. L'Ordonnance de 1731, art. 17, en décidant que le donateur ne peut opposer le défaut d'insinuation, n'a fait aucune exception pour les donations mutuelles entre mari et femme.

173. L'article, ci-dessus rapporté, dit que le don mutuel doit être insinué *dans les quatre mois du jour du contrat*. Cela ne doit pas s'entendre en ce sens, que l'insinuation ne puisse plus se faire après l'expiration de ce délai. Le mari, qui est chargé de cette insinuation, est toujours à temps de la faire valablement pendant la vie de sa femme; et l'héritier de la femme n'en peut opposer le défaut, que lorsqu'elle n'a pas été faite du vivant de la femme. Pareillement, même dans l'opinion de ceux qui pensent que la femme peut elle-même impugner le don mutuel par le défaut d'insinuation, le mari peut, quoique après l'expiration du délai, faire valablement l'insinuation, tant que la femme ne s'est pas plainte. Tout l'effet de ce délai, est que le mari ne peut être censé en demeure de faire l'insinuation, tant que ce délai, qui lui est accordé pour la faire, n'est point expiré. C'est pourquoi, lorsque la femme est morte peu après l'acte du don mutuel, avant l'expiration de ce délai de quatre mois accordé pour la faire, le mari peut, dans le temps qui lui reste de ce délai, faire valablement l'insinuation, quoique après la mort de la femme, sans que l'héritier puisse, en ce cas, lui opposer le défaut de l'insinuation, n'ayant point été en demeure de la faire. Par la même raison, dans l'opinion de ceux qui reçoivent la femme à révoquer le don mutuel par le défaut d'insinuation, elle n'y serait recevable qu'après l'expiration de ce délai.

174. Il nous reste à observer, à l'égard de l'insinuation du don mutuel, que le don mutuel n'ayant aucun objet déterminé, il suffit que l'insinuation se fasse au lieu du domicile des parties : il n'est pas nécessaire de la faire au lieu de la situation des choses données, étant incertain, jusqu'à la mort du donateur, quelles seront les choses qui se trouveront faire l'objet de la donation. Cela a été décidé par arrêt du 29 juillet 1767, rendu *consultis classibus*, rapporté au Supplément de Denisart, sur le mot *insinuation*.

Lorsque l'insinuation se fait dans le délai de la loi; comme elle a, en ce cas, un effet rétroactif au temps du contrat, elle doit être faite au lieu du domicile, que les parties avaient au temps du contrat, quoiqu'elles en aient changé depuis : mais lorsqu'elle se fait après le délai, l'insinuation doit se faire au lieu où les parties ont leur domicile lors de l'insinuation. C'est une distinction observée par Ricard, en son Traité des Donations, n. 1212.

175. Le don mutuel n'est pas sujet aux autres formalités des donations entre vifs, telle qu'est celle de l'acceptation expresse. Il est nécessaire, pour la validité des autres donations entre vifs, qu'il soit dit, en termes exprès, que la donation a été acceptée par le donataire, ou par quelqu'un ayant pouvoir ou qualité de l'accepter pour lui, sans que cette formalité puisse être suppléée, ni par la signature du donataire au bas de l'acte de donation, ni même par son entrée en possession des choses données; *Ordonnance de* 1731, *art.* 6. Au contraire, le don mutuel entre mari et femme est valable, quand même on aurait omis de faire mention par l'acte, que les parties l'ont respectivement accepté; l'*Ordonnance de* 1731, *art.* 46, ayant déclaré les dons mutuels entre mari et femme n'être compris dans ses dispositions.

176. La tradition requise dans les autres donations entre vifs, ne l'est pas dans le don mutuel; il n'en est pas même susceptible, n'étant que des choses que le donateur laissera après sa mort.

177. C'est une forme qui n'est pas particulière au don mutuel, mais qui est commune à tous les actes, dans lesquels une femme sous puissance de mari est partie, que, pour que l'acte soit valable, la femme doit être autorisée de son mari. *Voyez notre Traité de la Puissance du Mari sur la personne et les biens de la Femme,* n. 42, où nous avons réfuté l'opinion de Ricard, qui a cru que l'autorisation du mari n'était pas nécessaire pour le don mutuel.

CHAPITRE IV.

Des conditions d'où dépend le don mutuel.

178. Le don mutuel entre mari et femme dépend de deux conditions. La première, est la condition de la survie du donataire; la seconde, est qu'il ne se trouvera aucun enfant, ni de l'un ni l'autre des conjoints, au temps du décès du premier mourant. Chacune de ces conditions fera la matière d'un paragraphe. Nous dirons un mot, dans un troisième paragraphe, des autres conditions qu'on pourrait y ajouter.

§ I. De la condition de survie.

179. Les donations mutuelles, que les conjoints se font l'un à

l'autre, sont faites sous la condition de la survie du conjoint donataire. C'est pourquoi, la donation, que le conjoint prédécédé a faite au survivant, est la seule qui ait effet par l'accomplissement de la condition de la survie du conjoint survivant. Au contraire, celle, que le conjoint survivant avait réciproquement faite au conjoint prédécédé, demeure sans effet, par la défaillance de la condition.

180. On a agité la question, si la mort civile de l'un des conjoints, qui arrive par une condamnation à une peine capitale, faisait exister la condition de la survie de l'autre conjoint. On tenait autrefois la négative, et on citait un arrêt rendu par le roi Henri II, tenant son lit de justice, qui a jugé que la condition de survie ne s'accomplissait que par la mort naturelle, et, qu'en conséquence, la mort civile de l'un des conjoints n'avait pu donner ouverture au préciput, au profit de l'autre conjoint. Mais nous avons vu dans notre Traité de la Communauté, *n.* 443, où nous avons amplement traité la question, que la jurisprudence avait changé, et qu'on avait jugé que la mort civile, qu'un homme avait encourue en sortant du royaume pour cause de religion, avait donné ouverture au préciput de l'autre conjoint. Cet arrêt ayant décidé, à l'égard d'une convention de préciput, que la mort civile de l'un des conjoints faisait exister la condition de survie de l'autre conjoint, il y a même raison pour décider, dans l'espèce d'un don mutuel, que la mort civile de l'un des conjoints fait exister la condition de survie de l'autre conjoint, et donne, en conséquence, ouverture à la donation que lui a faite le conjoint mort civilement.

On peut encore tirer argument de l'Ordonnance de 1747, qui porte en *l'article* 24, que la mort civile donnera ouverture aux substitutions, de même que la mort naturelle.

§ II. De la condition que ni l'un ni l'autre conjoint n'auront aucuns enfans lors du décès du premier mourant.

181. Cette condition est apposée en termes formels au don mutuel, par l'article 280. Il y est dit : « Homme et femme peuvent et leur loist faire donation mutuelle.... pourvu qu'il n'y ait enfans, soit des deux conjoints, ou de l'un d'eux, lors du décès du premier mourant. »

Cette condition ayant été apposée en faveur des enfans, il semblerait qu'il devrait suffire que le donateur prédécédé n'eût laissé aucuns enfans, et que ceux du donataire survivant ne devraient pas faire obstacle au don mutuel, n'y ayant que ceux du donateur prédécédé qui aient intérêt de l'empêcher. Néanmoins, il faut décider que les enfans du donataire, aussi bien que ceux du donateur, font défaillir la condition apposée par cet article au don mutuel, et le rendent nul.

En effet, la Coutume ne dit pas, *pourvu qu'il n'y ait enfans du prédécédé ;* mais elle dit indistinctement, *pourvu qu'il n'y ait enfans, soit des deux, ou de l'un d'eux ;* ce qui comprend ceux du donateur survivant, aussi bien que ceux du prédécédé donateur. La raison est, qu'il est de l'essence du don mutuel, que la donation, faite par l'un des conjoints, ne puisse être valable, qu'autant que celle, qui lui a été faite par l'autre conjoint, eût pu l'être s'il fût prédécédé ; autrement, elle ne serait pas mutuelle. Or, lorsque le survivant a des enfans, la donation, que le survivant a faite au conjoint prédécédé, n'eût pu être valable, si ce fût le survivant qui fût prédécédé. Donc celle, que le prédécédé a faite au survivant, n'est pas, en ce cas, valable ; donc les enfans du conjoint donataire survivant font obstacle au don mutuel, aussi bien que ceux du donataire prédécédé.

182. Quoique, dans cette condition, *pourvu qu'il n'y ait enfans,* la Coutume se soit exprimée au pluriel, néanmoins il suffit qu'il y en ait un seul, pour faire défaillir la condition : SI SINE LIBE-RIS DECEDAS, *conditio deficit, vel uno filio superstite relicto ;* l. 101, §. 1. ff. *de condit. et demonstr.*

183. Il y a plus. Quoiqu'il n'y eût encore, *lors du décès du premier mourant,* aucun enfant né ; si la veuve du prédécédé était alors enceinte, cette femme étant depuis accouchée à terme d'un enfant vivant, cet enfant sera regardé comme s'il eût été déjà né lors de la mort du mari prédécédé. C'est ce qu'enseigne Paul : *Antiqui libero ventri ità prospexerunt, ut in tempus nascendi omnia jura integra ei reservarent ;* l. 3, ff. *Si pars hær. petat. Et Terentius Clemens : Intelligendus est mortis tempore fuisse, qui in utero relictus est ;* l. 153, ff. *de verb. signif.* En conséquence, il fera défaillir cette condition du don mutuel, *pourvu qu'il n'y ait point d'enfans.* Cela est conforme à cette règle de droit : *Si quis uxorem prægnantem reliquit, non videtur sine liberis decessisse ;* l. 187, ff. *de Reg. J.* Justinien a pareillement décidé en la loi 6, *Cod. ad S. C. Treb.*, que la naissance d'un posthume faisait défaillir la condition *si sine liberis decesserit.*

Cela a lieu, quelque peu de temps qu'eût vécu le posthume, pourvu qu'il soit venu à terme ; car, n'eût-il vécu qu'une minute, il a été saisi de la succession du conjoint prédécédé, et il l'a acquise et l'a transmise sans la charge du don mutuel.

L'enfant est censé venir à terme, lorsqu'il est venu au monde au moins dans le septième mois de la grossesse de sa mère : *Septimo mense nasci perfectum partum, jam receptum est propter auctoritatem doctissimi viri Hyppocratis ;* l. 12, ff. *de stat. hom.* S'il était né avant ce terme, il serait considéré comme un avorton, plutôt que comme un enfant ; et quand il aurait eu vie pendant quelques minutes, il n'aurait pas fait défaillir la condition : *Abortus vel abactus venter partum efficere non videtur ;* Paul. Sent., *lib. 4. tit. 9, § 6.*

A plus forte raison, ceux, qui viennent morts au monde, quoiqu'à terme, ne la font pas défaillir : *Qui mortui nascuntur, neque nati, neque procreati videntur, quià nunquàm liberi appellari potuerunt ;* l. 129, ff. *de verb. sign.*

184. C'est aux parens du conjoint prédécédé à prouver que le posthume venu à terme a eu vie. En vain opposerait-on que c'est le survivant qui est demandeur en délivrance du don mutuel, lequel est, en cette qualité de demandeur, tenu de fonder sa demande. La réponse est, qu'il la fonde suffisamment en produisant le contrat de don mutuel. Les parens du prédécédé, qui attaquent le don mutuel, en soutenant qu'il y a eu un enfant posthume qui a fait défaillir la condition du don mutuel, et qui a recueilli la succession du prédécédé, qu'il leur a transmise, doivent justifier de la vie de ce posthume, qui fait le fondement de leurs défenses. Cela est conforme à cette règle de droit : *In exceptionibus dicendum est reum partibus actoris fungi oportere, ipsumque exceptionem, velut conditionem implere, (id est) probaré debere,* l. 19, ff. *de probat. et demonstr.* Ce sont les parens du conjoint prédécédé qui soutiennent, pour fondement de leurs défenses, qu'il a laissé un enfant vivant ; c'est à eux à prouver le fait qu'ils avancent, suivant cette autre règle : *Et incumbit probatio, qui dicit, non qui negat ;* l. 2. ff. *de probat. et demonstr.* Faute par les parens du conjoint prédécédé, de pouvoir prouver le fait qu'ils avancent, et qu'ils opposent contre le don mutuel qu'ils attaquent, savoir, que l'enfant, dont la veuve est accouchée, est né vivant, et que le conjoint prédécédé a laissé un enfant, la condition, *pourvu qu'il n'y ait pas d'enfans,* sera regardée comme accomplie, et le don mutuel aura lieu.

185. On peut faire une semblable question dans l'espèce suivante. Deux conjoints par mariage, qui avaient un enfant unique, se sont fait un don mutuel : le prédécédé a péri dans un naufrage avec cet enfant, sans qu'on puisse savoir si l'enfant a survécu. Faute par l'héritier, qui impugne le don mutuel, de pouvoir prouver la survie de cet enfant, la condition, *pourvu qu'il n'y ait point d'enfans,* doit être réputée pour accomplie, et le don mutuel doit avoir lieu. Notre décision est autorisée par celle d'Ulpien, en la loi 17, § 7, ff. *ad S. C. Trebel.* Cette loi est dans l'espèce d'un fidéi-commis, dont une personne avait été grevée sous cette condition, *si elle meurt sans enfans.* Cette personne étant périe dans un naufrage avec un enfant unique qu'elle avait, sans qu'on pût savoir qui a survécu, Ulpien décide que la condition, *si elle meurt sans enfans,* doit être réputée pour accomplie : *Quùm quis antè, et quis posteà decesserit, non*

apparet, extitisse conditionem fidei-commissi magis dicendum.

On opposera qu'il est décidé, au contraire, dans la loi 9, § 1, ff. *de reb. dub.*, que, lorsque le père et le fils pubère ont péri ensemble dans un même accident, sans qu'on sache lequel des deux est mort le premier, le fils est présumé avoir survécu : *Quùm bello pater cum filio periisset, materque filii, quasi posteà mortui, bona vindicaret, adgnati verò patris, quasi filius ante periisset. D. Hadrianus credidit patrem priùs mortuum.* Il y a une pareille décision en la même loi, au § 4, et en la loi 22, ff. *dict. tit.*

La réponse est, que cette espèce de présomption n'a lieu, que dans le cas auquel deux personnes, dont chacune était l'héritière présomptive de l'autre, étant mortes ensemble, il est nécessaire de fixer laquelle doit être censée avoir survécu et succédé à l'autre : hors ce cas, cette présomption n'a pas lieu. Il demeure incertain si le fils, qui a péri avec le père, a survécu au père ; et la partie, qui, pour le fondement de sa demande ou de son exception, est obligée de faire la preuve du fait de cette survie, est réduite à ne la pouvoir faire.

186. Observez encore, à l'égard de cette condition, *pourvu qu'il n'y ait enfans,* que la Coutume a apposée au don mutuel, que le terme d'*enfans* doit s'entendre, non-seulement des enfans qui sont au premier degré, mais de tous les enfans, en quelque degré éloigné qu'ils soient. C'est pourquoi, si, au temps du décès du premier mourant, il se trouve un petit-fils ou un arrière petit-fils de l'un des conjoints, il fait défaillir la condition. C'est ce qui a été décidé par Justinien, en la loi 6, § 2, *Cod. ad Senatûs-consultum Treb.*, à l'égard de la condition *si sine liberis decesserit,* apposée aux fidéi-commis.

187. Cette condition, *pourvu qu'il n'y ait point d'enfans,* que la Coutume a apposée au don mutuel, étant apposée pour conserver aux enfans la succession des conjoints, c'est une conséquence que, dans cette condition, sous le terme *enfans,* on ne doit comprendre que ceux qui sont habiles à succéder.

Donc, 1° les bâtards, que l'un ou l'autre des conjoints aurait, au temps du décès du premier mourant, ne font point défaillir la condition *pourvu qu'il y ait enfans.*

188. 2°. Il en est de même des enfans qui, quoique nés de légitime mariage, ont, avant la mort du premier mourant des conjoints, perdu leur état civil, soit par la profession religieuse, soit par une condamnation à peine capitale : ces enfans étant regardés, dans la société civile, comme n'étant point, ne peuvent faire défaillir la condition.

Si l'enfant n'avait fait profession que depuis la mort du premier décédé, quoiqu'il fût déjà novice, il aurait fait défaillir la condition.

Si la mort du conjoint prédécédé, et la profession de l'enfant, étaient du même jour, on ne pourrait prétendre que la condition est défaillie, ni, en conséquence, attaquer le don mutuel, qu'autant qu'on pourrait justifier que la profession de l'enfant a précédé la mort du conjoint.

189. Lorsque la condamnation à une peine capitale, intervenue contre l'enfant avant la mort du prédécédé des conjoints, a été rendue et exécutée par contumace, l'état civil de l'enfant étant, en ce cas, en suspens, le don mutuel sera pareillement en suspens. Si l'enfant meurt après les cinq ans du jour de l'exécution par affiche, sans s'être représenté, l'enfant étant censé, en ce cas, avoir perdu l'état civil, du jour de cette exécution, et, par conséquent, avant la mort du prédécédé des conjoints, le don mutuel sera valable : mais si l'enfant meurt dans les cinq ans, ou s'il se représente, soit dans les cinq ans, soit même après les cinq ans, le jugement de contumace étant, en l'un et en l'autre cas, anéanti, l'enfant sera censé avoir eu l'état civil au temps de la mort du premier décédé, et avoir fait défaillir la condition du don mutuel.

En attendant l'événement, la provision étant due au jugement, délivrance doit être, par provision, faite du don mutuel, à la charge par le donataire de rendre les jouissances qu'il aura perçues, au cas que le jugement de contumace viendrait par la suite à être anéanti par la mort de l'enfant pendant les cinq ans, ou par sa représentation.

190. 3°. Dans la condition *pourvu qu'il n'y ait pas d'enfans*, on ne doit pas comprendre ceux qui sont exhérédés pour une juste cause ; l'exhérédation les rendant inhabiles à succéder.

On nous opposera peut-être la loi 114, § 13, ff. *leg.* 1°, où Marcien décide en termes formels, que les enfans, quoique exhérédés, font défaillir la condition *s'il meurt sans enfans : Quùm erit rogatus, si sine liberis decesserit, fideicommissum restituere, conditio defecisse videbitur, si patri supervixerint liberi, nec quœritur an hœredes extiterint.*

La réponse est, que le défaut de la plupart des jurisconsultes romains était de trop s'attacher à la lettre. Dans notre jurisprudence française, nous recherchons davantage quel a été l'esprit, soit du testateur dans une condition apposée à une substitution, soit de la loi dans une condition apposée à une loi. Or, il est évident que la seule vue, qu'a eue la Coutume de Paris, en apposant au don mutuel la condition *pourvu qu'il n'y ait enfans*, a été d'empêcher qu'un conjoint par mariage ne pût, par des dispositions faites pendant le mariage, préférer à ses enfans l'autre conjoint, pour la jouissance de ses biens : elle n'a donc pu avoir en vue, dans cette condition, que ceux qui ont droit de

41*

succéder à ses biens, et non ceux qui en sont exclus par l'exhérédation.

Observez que, pour qu'un enfant né du mariage des conjoints ne fasse pas obstacle au don mutuel, il faut qu'il soit exhérédé par l'un et par l'autre des conjoints : il ne suffirait pas qu'il le fût par l'un des deux; car le don mutuel, fait par celui des conjoints qui ne l'aurait pas exhérédé, ne pouvant être valable, par l'obstacle qu'il y ferait dans le cas auquel ce conjoint prédécèderait; celui, fait par le conjoint qui l'a exhérédé, ne peut pas non plus être valable, suivant le principe que nous avons établi, que, dans le don mutuel, que se font des conjoints l'un à l'autre, le don, fait par l'un des conjoints, ne peut être valable, qu'autant que celui, qui lui a été fait réciproquement par l'autre conjoint, aurait pu l'être.

191. Lorsqu'à la mort du prédécédé, il s'est trouvé un enfant, à qui la succession du prédécédé a été déférée, quoiqu'il y ait renoncé, il ne laisse pas de faire défaillir la condition *pourvu qu'il n'y ait enfans;* car il suffit, pour cela, qu'il y ait eu un enfant lors de la mort du prédécédé, à qui la succession du prédécédé a été déférée sans la charge du don mutuel.

D'ailleurs, si, comme nous l'avons établi ci-dessus, l'enfant, qui a été exhérédé par le prédécédé, et qui ne l'a pas été par le survivant, fait défaillir la condition, à plus forte raison, celui, qui a renoncé à la succession du prédécédé, et qui n'aurait peut-être pas renoncé de même à celle de l'autre conjoint, si c'eût été lui qui fût prédécédé, doit-il la faire défaillir.

192. La Coutume n'ayant permis le don mutuel, que sous la condition *pourvu qu'il n'y ait enfans,* il n'est pas permis aux conjoints d'y déroger, ni de la modifier de quelque manière que se soit. C'est pourquoi, il n'est pas permis aux conjoints de se faire don mutuel, qui aurait lieu dans le cas, auquel les enfans, qui se trouveraient lors de la mort du prédécédé, mourraient sans postérité avant le survivant.

En vain opposerait-on que le don mutuel, fait sous une telle condition, n'apporte aucun préjudice aux enfans en faveur desquels la condition *pourvu qu'il n'y ait enfans,* a été apposée : la réponse est, qu'il suffit que cette condition ait été apposée, pour que les conjoints ne puissent pas s'y soustraire. D'ailleurs, il est faux que le don mutuel ne préjudicie pas, en ce cas, aux enfans; car un bien chargé de quelque charge que ce soit, ne vaut pas tant qu'un bien libre.

193. L'intervention des enfans majeurs au contrat de don mutuel, que se font leurs père et mère, dispense-t-elle ces conjoints de la condition *pourvu qu'il n'y ait enfans?* Dumoulin, sur l'*art.* 155, a tenu l'affirmative, par cette raison, que cette

condition n'est apposée qu'en leur faveur. Son sentiment n'a pas prévalu, à cause de la faculté, qu'auraient des pères et mères, d'extorquer ce consentement de leurs enfans, qui ne le donneraient que par crainte : *Non liberè, sed metu, ne pejus facerent,* comme s'exprime le même Dumoulin en sa note sur l'*art.* 99 de la Coutume de Vitry.

§ III. Si les conjoints, qui se font don mutuel, peuvent, outre les conditions qui sont de la nature du don mutuel, y en apposer d'autres.

194. Il n'est pas douteux que les conjoints, qui se font, pendant leur mariage, un don mutuel, peuvent y apposer telles conditions que bon leur semble, outre celles qui sont de la nature du don mutuel; car qui peut le plus, peut le moins.

Par exemple, des conjoints, qui ont un très-gros intérêt sur un vaisseau, dont on attend le retour des Indes, peuvent faire dépendre leur don mutuel du cas de la perte de ce vaisseau; parce que ce n'est que dans ce cas que le survivant aurait besoin de jouir de la part du prédécédé dans les biens de la communauté, pour vivre plus commodément.

Pareillement, deux conjoints, qui n'ont point d'enfans, et qui ont pour héritier présomptif la même personne, qui est le frère consanguin de l'un, et le frère utérin de l'autre, et qui ne veulent pas diminuer le droit de ce frère dans leur succession, peuvent faire dépendre leur don mutuel du cas auquel ce frère mourrait avant le premier décédé des conjoints.

195. Observez que les conditions, que les conjoints peuvent apposer à leur don mutuel, doivent être des conditions casuelles; une condition potestative, dont l'accomplissement dépendrait absolument de la volonté de l'un des conjoints, qui serait apposée au don mutuel, le rendrait nul.

Par exemple, s'il était dit que les conjoints se sont fait don mutuel en usufruit des biens de la communauté, que laissera le prédécédé, *s'il meurt intestat,* le don mutuel serait nul; car étant au pouvoir du conjoint de faire défaillir la condition en faisant un testament, et de révoquer, par ce moyen, sans le consentement de l'autre, le don qu'il lui a fait, le don mutuel n'a pas le caractère d'irrévocabilité, qui lui est essentiel, comme nous l'avons vu ci-dessus.

196. Observez aussi que, pour qu'une condition soit valablement apposée au don mutuel, il faut qu'elle soit apposée à chacune des donations, que chacun des conjoints se fait réciproquement; si elle n'était apposée qu'à la donation de l'un des conjoints, sans être pareillement apposée à celle que l'autre conjoint lui a faite, le don mutuel serait nul par le défaut de l'égalité qui y est requise.

Cette raison, tirée du défaut d'égalité, cesserait, si la donation, que l'autre conjoint lui a faite, n'était pas faite, à la vérité, sous la même condition, mais sous une autre condition différente, dont l'événement serait à peu près également incertain : c'est pourquoi, je pense qu'un tel don mutuel est valable.

CHAPITRE V.

Quand le don mutuel est-il ouvert ; comment le donataire mutuel en est-il saisi ; et en quoi consiste le droit d'usufruit qu'il a dans les choses comprises au don mutuel?

ARTICLE PREMIER.

Quand le don mutuel est-il ouvert, comment le donataire mutuel en est-il saisi ?

197. Le don mutuel étant fait en cas de survie, c'est la mort de celui des conjoints qui meurt le premier, qui donne ouverture à la donation, qu'il a faite au survivant par le contrat de don mutuel, et qui fait défaillir la condition de celle que le survivant avait faite au prédécédé.

La mort civile y donne-t-elle ouverture, aussi bien que la mort naturelle ? Voyez *suprà*, n. 180.

198. Suivant les principes de la Coutume de Paris, l'ouverture du don mutuel ne donne au survivant donataire mutuel, que le droit de demander à l'héritier du prédécédé la délivrance des choses qui y sont comprises, pour en avoir la jouissance.

La Coutume de Paris s'en explique formellement en l'*art.* 284, où il est dit : *Un don mutuel de soi ne saisit, ains est sujet à délivrance.*

En cela, le don mutuel, fait pendant le mariage, est différent de celui fait par le contrat de mariage, lequel n'est pas sujet à délivrance, et saisit de plein droit, du jour du décès du prédécédé, le survivant donataire, par-devers qui se trouvent les choses données.

199. Tronçon prétend que l'article de la Coutume de Paris, qui soumet à délivrance le don mutuel fait pendant le mariage, doit souffrir exception, lorsque, par le contrat de don mutuel, il y a des clauses de constitut et de précaire, par lesquelles chacun des conjoints s'est dessaisi, envers le donataire, de toutes les choses comprises en la donation qu'il lui a faite, et s'est constitué ne les retenir dorénavant que précairement et au nom du donataire.

Cette opinion de Tronçon est insoutenable. Le don mutuel, *per rerum naturam*, n'est pas susceptible de ces clauses; car le don mutuel n'étant que des choses que le prédécédé laissera lors de son décès, le donateur ne peut pas, *per rerum naturam*, se dessaisir, dès le temps de la donation, de ce qu'il délaissera lors de son décès. *Ce qu'il laissera* est quelque chose d'indéterminé : le donateur ne peut pas, *per rerum naturam*, être censé se dessaisir de ce qui n'est encore qu'indéterminé, et ne sera déterminé qu'au temps de sa mort.

200. Le don mutuel étant sujet à délivrance, le survivant donataire mutuel n'est point censé entré en jouissance de la part, qu'ont les héritiers du prédécédé dans les biens de la communauté, qui fait l'objet du don mutuel, tant qu'il ne lui en a pas été fait délivrance par lesdits héritiers, ou tant qu'il ne leur a pas au moins présenté une caution suffisante pour l'obtenir : jusqu'à ce temps, il est censé jouir en commun avec lesdits héritiers, et il doit leur compter de leur part des fruits qu'il perçoit des biens de la communauté; il ne perçoit, pour le total, à son profit, que ceux qu'il a perçus depuis le jour qu'il a présenté aux héritiers du prédécédé une caution suffisante.

201. Est-il nécessaire, pour que le survivant entre en jouissance de son don mutuel, qu'il ait préalablement justifié de la solvabilité de la caution qu'il a présentée? La raison de douter est, que les héritiers du prédécédé n'étant obligés d'accorder au survivant la délivrance du don mutuel, qu'à la charge par lui de leur donner une caution suffisante, ils paraissent n'être pas en demeure de faire cette délivrance, tant qu'on ne leur a pas justifié la suffisance et la solvabilité de la caution. Néanmoins, la Coutume de Paris se contente que le survivant ait présenté une caution suffisante, pour qu'il doive entrer en jouissance du jour qu'il l'a présentée, sauf aux héritiers à la débattre.

C'est la disposition de la Coutume de Paris en l'*art.* 285, où il est dit : « Le donataire mutuel ne gagne les fruits que du jour qu'il a présenté caution suffisante; et demeurent les fruits à l'héritier jusques à ladite caution présentée, laquelle il ne peut présenter en jugement dès la première assignation. »

La raison, pour laquelle la Coutume veut que le survivant entre en jouissance du don mutuel, du jour que la caution a été présentée, sans attendre que la solvabilité de la caution ait été justifiée, est de peur que la longueur des procédures, et les chicanes, que les héritiers pourraient faire sur la solvabilité de la caution, ne retardassent par trop long-temps la jouissance du donataire, qui a satisfait autant qu'il est en lui à la Coutume, en présentant une caution suffisante.

202. Si la caution présentée, ayant été débattue, avait été jugée insuffisante et rejetée, le survivant serait-il censé, en ce

cas, être en jouissance du don mutuel, du jour de la présentation de cette caution? Charondas tient l'affirmative; mais Lemaître, qui rapporte cet avis, le rejette avec raison; car la Coutume dit, *art.* 285, que le donataire ne gagne les fruits que du jour qu'il a présenté *caution suffisante;* or on ne peut pas dire qu'il ait présenté caution suffisante, lorsque celle, qu'il a présentée, a été déclarée insuffisante.

Sur les qualités que doit avoir cette caution, pour qu'elle doive être jugée suffisante, *voyez* ce que nous avons dit en notre *Traité des Obligations, n.* 391.

Si, avant le jugement sur le débat de la solvabilité de la caution, le donataire mutuel, pour éviter la discussion sur la solvabilité de sa caution, avait donné un bon certificateur; la caution présentée n'ayant point été déclarée insuffisante, on ne pourrait contester au donataire mutuel la jouissance depuis qu'il l'a présentée.

203. Le donataire ne trouvant personne, qui veuille le cautionner pour le don mutuel, est-il fondé à demander aux héritiers du prédécédé, qu'ils jouissent par leurs mains des biens compris au don mutuel, à la charge de lui compter des revenus, en offrant même, de leur laisser, par chacun an, une certaine somme pour récompense de la peine de la recette? Je ne crois pas qu'il soit fondé dans cette demande; les héritiers du prédécédé ne sont pas obligés d'être les receveurs du donataire.

Mais le donataire peut trouver quelque personne solvable, qui veuille bien, pour une certaine récompense convenue, se charger de cette recette, et se rendre caution, pour le donataire, envers les héritiers du prédécédé, pour la restitution du don mutuel.

204. Les conjoints ne peuvent pas, par le don mutuel, qu'ils se font pendant le mariage, se décharger de cette caution. En cela, ce don mutuel est différent de celui qu'ils se feraient par le contrat de mariage. La raison de la différence est sensible. Il est au pouvoir des conjoints de faire, par le contrat de mariage, telles conventions et telles donations que bon leur semble : ils pourraient se donner leurs biens en propriété; à plus forte raison, lorsqu'ils ne se les donnent qu'en usufruit, peuvent-ils dispenser le donataire de la caution. Mais les conjoints étant devenus incapables de se faire aucunes donations pendant le mariage, sauf celles, que les Coutumes leur permettent spécialement de se faire, ils ne peuvent se les faire que sous les conditions, et de la manière dont les Coutumes leur permettent de se les faire. La Coutume n'ayant donc permis aux conjoints par mariage le don mutuel, qu'à la charge par le donataire de donner caution, ils ne peuvent le faire que de cette manière; et ils ne peuvent, par conséquent, décharger, par le don mutuel, le donataire de la caution.

205. Mais, après l'ouverture du don mutuel, il est fort permis aux héritiers du prédécédé de remettre au donataire la caution qu'il leur doit; car il est permis à chacun de renoncer à ses droits, lorsque les personnes, en faveur de qui on y renonce, ne sont pas personnes prohibées, auxquelles la loi ne permette pas de faire aucun avantage. Or, le donataire mutuel était bien une personne prohibée, vis-à-vis du conjoint prédécédé; mais il ne l'est pas vis-à-vis de l'héritier de ce conjoint.

Observez que, lorsque les héritiers du prédécédé ont déchargé le survivant donataire mutuel de donner caution, le donataire mutuel en est bien déchargé vis-à-vis desdits héritiers, qui ne sont plus recevables à la lui demander, à moins qu'il ne survienne un changement dans sa fortune, et un dérangement dans ses affaires; mais ne l'est pas vis-à-vis de tous les autres qui ont intérêt à la conservation des biens, dont il jouit en don mutuel. C'est ce qui a été jugé par un arrêt du 7 juin 1741, rapporté dans Denisart. Par cet arrêt, une veuve, donataire mutuelle, que les héritiers de son mari avaient déchargée de donner caution, fut, sur la demande d'un légataire particulier, dont le legs était payable après l'extinction du don mutuel, condamnée à donner caution.

206. Il reste la question de savoir, si la clause, portée au contrat du don mutuel, qui décharge de la caution le donataire, est seulement nulle, ou si elle entraîne la nullité du don mutuel. Il y a lieu de penser qu'elle n'entraîne pas la nullité du don mutuel; car cette clause est extrinsèque au contrat de don mutuel, et ne touche pas sa substance : *Non versatur circa substantialia contractús.* Le vice de cette clause, qui n'est pas nécessairement cohérent au contrat, doit donc seulement la rendre nulle, sans entraîner la nullité du contrat.

207. Notre Coutume d'Orléans exige, de même que celle de Paris, du donataire mutuel, qu'il donne une bonne et suffisante caution, pour qu'il puisse jouir de son don mutuel; *art.* 281 *et* 282.

Ce n'est que du jour qu'il a présenté cette caution, qu'il est saisi de son don mutuel; c'est ce qui résulte de l'*art.* 282 : « Est tenu celui qui veut jouir dudit don mutuel, donner caution.... et ce faisant, demeure icelui survivant saisi dudit don. » Notre Coutume, par ces termes, *ce faisant, demeure saisi*, déclare assez qu'il n'est pas saisi avant que d'avoir donné cette caution, ou du moins, avant que d'en avoir présenté une aux héritiers; car l'usage a établi que le donataire mutuel était censé saisi du jour qu'il avait présenté une caution aux héritiers du prédécédé.

208. Dans la Coutume de Paris, suivant l'*art.* 285, ci-dessus

rapporté, le donataire mutuel, pour jouir de son don mutuel, doit présenter sa caution en jugement ; ce qu'il peut faire dès la première assignation, qu'il a donnée pour avoir délivrance du don mutuel.

Dans notre Coutume d'Orléans, il n'est pas nécessaire que le donataire mutuel présente en jugement sa caution; il peut la présenter à l'héritier, dès la première vacation de l'inventaire; ce qui suffit pour le saisir du don mutuel, sans qu'il soit besoin d'aucune assignation pour en demander la délivrance.

209. On tient même, dans notre Coutume, que le donataire mutuel est saisi par la présentation qu'il a faite d'une caution, même dans le cas où elle aurait été jugée insuffisante, et qu'il aurait été obligé d'en donner une autre. On se fonde sur ce que notre Coutume d'Orléans n'a pas dit, comme celle de Paris, que le donataire mutuel ne serait saisi que du jour qu'il aurait présenté caution *suffisante*; elle s'est contentée de dire qu'il était saisi en donnant caution. Il suffit donc qu'il ait donné ou présenté une caution, pour qu'il soit saisi, sauf le débat sur la suffisance.

210. Il y a des Coutumes, où le donataire est saisi de plein droit du jour du décès du prédécédé, telles que celle de Bourbonnais, *art.* 227. On doit, à cet égard, suivre la Coutume des lieux où sont situés les héritages compris dans le don mutuel. C'est pourquoi, lorsque des Parisiens se sont fait don mutuel pendant leur mariage, lequel don est composé de conquêts, dont les uns sont situés sous la Coutume de Paris, et les autres sous la Coutume de Bourbonnais, le donataire mutuel, qui n'a présenté caution que quelques années après la mort du prédécédé, n'aura les fruits des héritages situés sous la Coutume de Paris, que depuis la présentation de la caution ; mais il aura tous ceux perçus depuis le décès du prédécédé, sur les héritages situés sous la Coutume de Bourbonnais.

ARTICLE II.

En quoi consiste le droit d'usufruit du donataire mutuel, dans les choses dont le don mutuel est composé.

211. Le droit d'usufruit du donataire mutuel, par rapport aux conquêts immeubles de la communauté, pour la part qu'y avait le prédécédé, est un droit d'usufruit, proprement dit, semblable à celui de tous les autres usufruitiers. Tout ce que nous avons dit en notre Traité du Douaire, *chap.* 5, de l'usufruit de la douairière, s'applique à celui du donataire mutuel.

212. A l'égard de l'argent comptant, et des autres effets mobiliers de la communauté, pour la part qui en appartenait au

prédécédé lors de sa mort, le droit du donataire mutuel est le droit *quasi usúsfructús,* qui consiste en ce que la propriété en est transférée au donataire mutuel, à la charge par lui de rendre, après l'expiration de son usufruit, c'est-à-dire, après sa mort, à l'héritier du prédécédé ou à ses représentans, le montant de la part du prédécédé, tant dans l'argent comptant, que dans les autres effets mobiliers de la communauté, suivant la prisée qui en a été faite par l'inventaire.

213. Le donataire mutuel n'est pas obligé d'ajouter à la prisée de l'inventaire la crue du parisis. Ce parisis est une peine qui n'est établie que contre les tuteurs, qui, par le devoir de leur charge, sont obligés de vendre les meubles de leurs mineurs, pour faire un emploi du prix en héritages ou rentes qui produisent un revenu auxdits mineurs : faute par le tuteur d'avoir satisfait à ce devoir, le tuteur, pour dédommager les mineurs de ce que leurs meubles auraient pu être vendus au-delà de la prisée de l'inventaire, est tenu de se charger en recette du parisis, c'est-à-dire, du quart en sus de la prisée de l'inventaire; non pas, néanmoins, indistinctement de tous les meubles, mais seulement des meubles meublans, et non des marchandises qui ont un prix connu. Il n'en doit pas être de même du donataire mutuel; aucune loi ne l'obligeant de vendre les meubles compris au don mutuel, dont il a droit de jouir; il ne doit pas être sujet à la peine de la crue du parisis. La seule chose, que peut demander l'héritier du prédécédé, lorsqu'il se plaint de la prisée, est d'en demander à ses frais une nouvelle par estimateurs, dont les parties conviendront. C'est ce qui est porté par l'article 288 de la Coutume de Paris, où il est dit : « L'héritier peut demander, à » l'encontre du donataire, que nouvelle prisée soit faite des » meubles, par gens dont ils conviendront, pour être lesdits » meubles prisés à la juste estimation, autre que celle faite par » l'inventaire; et en ce faisant, le donataire aura la jouis-» sance desdits meubles, sans qu'il soit tenu de les faire » vendre. »

On doit étendre aux Coutumes qui ne s'en sont point expliquées, la disposition de cet article, qui est équitable, et qui, ayant été ajoutée lors de la réformation de la Coutume, paraît avoir été formée sur la jurisprudence qui se pratiquait alors.

La Coutume n'a pas dit aux frais de qui devait se faire la nouvelle prisée. On peut dire que la prisée de l'inventaire, qui a été faite juridiquement, devant, dans la rigueur, faire la loi des parties, cette nouvelle prisée, qui est une grâce accordée à l'héritier du prédécédé, doit se faire aux dépens de cet héritier. Cela surtout doit avoir lieu, lorsque cette nouvelle prisée est à peu près conforme à celle qui a été faite, paraissant, en ce cas, que cet héritier a eu tort de la demander. Mais si la nouvelle prisée excédait considérablement celle de l'inventaire, cette nouvelle prisée paraissant, en ce cas, avoir été nécessaire pour rendre aux parties la justice qui leur était due, il paraît équitable que les frais en soient couchés en frais d'inventaire.

214. Si le donataire mutuel croit les meubles trop estimés par la prisée de l'inventaire, il lui est permis de faire, peu de temps après l'inventaire, une vente publique des meubles, en y appelant l'héritier du prédécédé; auquel cas, on n'a plus égard à la prisée de l'inventaire; et le donateur mutuel n'est tenu de rendre, après l'extinction du don mutuel, que la somme revenant à l'héritier du prédécédé dans le prix de la vente, déduction faite des frais.

Il faut, pour cela, que le donataire mutuel fasse une vente, ou de tous les meubles de la communauté, lorsqu'il n'en a été fait aucun partage entre lui et l'héritier du prédécédé, ou de ceux tombés au lot de l'héritier, lorsqu'ils les ont partagés: mais il ne serait pas reçu à se décharger de la prisée de l'inventaire, en vendant certains meubles qu'il croirait avoir été portés par la prisée à un prix cher, et en retenant pour leur prisée les autres meubles qu'il croirait estimés à bas prix; il faut, ou qu'il vende le tout, ou qu'il paie le tout, suivant la prisée.

215. Le donataire mutuel a ce droit de quasi-usufruit, non-seulement à l'égard des choses, qui se consomment entièrement par l'usage qu'on en fait, comme sont les blés, les vins, et les autres choses *quæ in quantitate consistunt*, lesquelles ne sont pas susceptibles de l'usufruit proprement dit; il y a lieu, même à l'égard des autres meubles qui pourraient être, à la rigueur, susceptibles d'un usufruit proprement dit, tels que sont les meubles meublans. Le donataire mutuel ne serait pas reçu à y prétendre un droit d'usufruit proprement dit, et à prétendre, en conséquence, jouir de ces meubles, à la charge de les rendre en nature. La raison est, que ces choses se déprécient trop par un long usage, soit par une diminution intrinsèque, en s'usant, soit par une diminution extrinsèque, c'est-à-dire, par la diminution du prix qu'y peuvent apporter les changemens de modes.

C'est ce qui paraît avoir prévalu dans l'usage, contre le sentiment de quelques auteurs cités par Lemaître, qui avaient pensé que le donataire mutuel devait être reçu à rendre en nature les choses qui, quoique mobilières, ne se consommaient pas par l'usage, et étaient susceptibles de l'usufruit proprement dit.

216. A l'égard des dettes actives, le droit du donataire mutuel consiste dans le droit qu'il a de s'en faire payer par les débiteurs, à la charge de rendre, après l'expiration du don mutuel, à l'héritier du prédécédé, ou à ses représentans, la part qui revient audit héritier dans ce qu'il a reçu desdites dettes.

Il est aussi tenu de faire raison de ce qu'il a manqué de recevoir par sa faute ; et il est censé avoir manqué de recevoir par sa faute, lorsqu'il n'est justifié d'aucunes diligences par lui faites contre les débiteurs.

On ne doit pas, néanmoins, exiger de lui qu'il ait discuté entièrement les biens des débiteurs ; il suffit qu'il ait fait les poursuites qu'aurait faites un père de famille soigneux de ses affaires ; et, lorsqu'on rapporte des commencemens de poursuites par lui faites peu après le temps des échéances, on doit facilement présumer qu'il a fait pour le mieux, en ne faisant pas davantage.

217. A l'égard des dettes reconnues caduques par l'inventaire, le donataire mutuel n'est tenu que de ce qui lui en est parvenu, et on ne peut lui imputer de n'avoir pas fait de poursuites contre les débiteurs ; la présomption est qu'elles eussent causé des frais inutilement.

La déclaration, faite par l'inventaire, qu'une dette est caduque, peut bien la faire présumer telle, et dispenser le donataire mutuel de justifier, par des poursuites, l'insolvabilité du débiteur : mais s'il est justifié que c'est par la faute du donataire mutuel qu'il n'a pas été payé, il ne laisse pas d'en être responsable ; comme s'il paraît, par l'ordre qui a été fait du prix d'un héritage hypothéqué à cette dette, que le donataire mutuel eût pu être colloqué utilement, s'il eût fait l'opposition au décret, qu'il a manqué de faire.

218. Lorsque, parmi les effets dont la communauté se trouve composée, au temps de la mort du prédécédé, il y a une rente viagère sur la tête du conjoint survivant donataire mutuel, la moitié, qui appartient dans cette rente à la succession du prédécédé, dont le survivant doit jouir par don mutuel, est une chose qui n'est pas susceptible de l'usufruit proprement dit, dans la personne du survivant, sur la tête de qui elle est créée, étant impossible, *per rei naturam*, qu'il puisse en jouir pendant sa vie, *salvâ rei substantiâ*, cet usufruit s'éteignant entièrement par sa mort. Le survivant donataire mutuel ne peut donc avoir, dans la moitié qui appartient à la succession du prédécédé dans cette rente viagère, qu'un droit de quasi-usufruit, tel qu'il a lieu à l'égard des choses *quæ usu consumuntur* : c'est pourquoi, suivant ce qui s'observe à l'égard du quasi-usufruit, *Instit. tit. de usufr.*, §.3, la moitié, qui appartient aux héritiers du prédécédé dans cette rente viagère, doit être délivrée au survivant donataire mutuel, sous l'estimation qui sera faite de ladite rente, pour la moitié qui en appartient auxdits héritiers, eu égard à l'âge et à la complexion du tempérament du donataire mutuel, sur la tête de qui elle est créée ; à la charge de rendre, après l'extinction de l'usufruit, la somme à laquelle cette estimation aura été portée.

Notre principe n'est pas avoué de tout le monde. Plusieurs

pensent, au contraire, qu'il n'y a pas d'estimation à faire en ce cas-ci, et que, après la mort du donataire mutuel, sa succession doit rendre aux héritiers du prédécédé, tous les arrérages qu'il a perçus pendant tout le temps que son usufruit a duré ; lesdits arrérages, suivant ceux qui sont de cette opinion, n'appartenant pas au donataire mutuel, qui a seulement le droit de jouir pendant sa vie des sommes qu'il reçoit pour lesdits arrérages. Cette opinion est contraire aux idées que nous nous sommes formées de la rente viagère, que nous regardons comme un droit qui a un être moral et intellectuel, tenant nature d'immeuble, et distingué des arrérages qu'il produit, qui en sont considérés comme les fruits ; et qui ne diffère de la rente perpétuelle, qu'en ce que celle-ci a un être perpétuel ; au lieu que la rente viagère a un être périssable, dont la durée est bornée au temps de la vie de la personne, sur la tête de qui elle est créée.

219. Lorsque, parmi les biens de la communauté, dont le survivant doit jouir en usufruit, il se trouve, au temps de la mort du prédécédé, un droit de rente viagère sur la tête d'un tiers, ce droit étant une espèce d'immeuble, qui est, à la vérité, de nature périssable, mais qui peut durer plus long-temps que la vie du donataire mutuel, comme il peut durer moins ; cela me paraît suffire, pour que le survivant donataire mutuel puisse avoir un usufruit proprement dit, de la moitié de cette rente viagère qui appartient à la succession du prédécédé. La propriété de ce droit de rente, qui demeure à l'héritier du prédécédé pour sa moitié, propriété qui renferme le droit et l'espérance de rentrer dans la jouissance de cette rente pour la moitié, dans le cas auquel le donataire mutuel mourrait pendant que la rente subsisterait encore, est quelque chose de réel, et de séparable de l'usufruit, que le donataire mutuel a de la moitié de cette rente. Si cette rente vient à s'éteindre pendant la vie du donataire mutuel, par la mort de la personne, sur la tête de qui elle était, le donataire mutuel n'a rien à rendre à l'héritier du prédécédé, qui en était demeuré le propriétaire pour moitié ; de même que celui, qui jouissait par usufruit d'un héritage reversible, n'a rien à rendre à celui qui en était le propriétaire, lorsque le temps de la reversion est arrivé pendant le temps de l'usufruit.

CHAPITRE VI.

Des charges du don mutuel.

La Coutume de Paris déclare, dans les *articles* 286 *et* 287, quelles sont les charges du don mutuel ; et ces articles forment un droit commun pour les Coutumes qui ne s'en sont pas expliquées.

Des charges du don mutuel, énoncées en l'article 286 de la Coutume de Paris.

220. Cet article est conçu en ces termes : « Le donataire mutuel est tenu d'avancer et payer les obsèques et funérailles du premier décédé, ensemble la part et moitié des dettes communes dues par ledit premier décédé, lesquelles obsèques et funérailles, et moitié des dettes, lui doivent être déduites sur la part et portion dudit premier décédé : toutefois n'est tenu payer les legs, et autres dispositions testamentaires. »

La Coutume dit, *payer et avancer*. Le donataire mutuel n'ayant que la jouissance de la part du prédécédé dans les biens de la communauté, il ne doit être tenu qu'à faire l'avance des dettes et charges, dont cette part est chargée, pendant le temps que doit durer sa jouissance ; c'est pourquoi, après l'expiration de cette jouissance, les héritiers du donataire mutuel peuvent retenir, sur les biens qu'ils doivent rendre aux héritiers du prédécédé, tout ce que le donataire mutuel a déboursé pour lesdites avances.

221. La première chose, que la Coutume charge, par cet article, le donataire mutuel d'avancer, sont les frais funéraires du prédécédé. Il est chargé de les avancer pour le total ; car ils ne sont pas une charge commune, mais une charge de la succession du prédécédé.

La somme, qui est due, par l'héritier du mari prédécédé, à la veuve pour son deuil, fait partie de ces frais funéraires, qu'elle est obligée, en sa qualité de donataire mutuelle, d'avancer : c'est pourquoi, la somme, à laquelle son deuil sera arbitré, ne peut être exigée pendant sa vie ; mais elle sera retenue par ses héritiers, sur les biens dont ils feront la restitution aux héritiers du prédécédé.

222. La seconde chose, que la Coutume charge, par cet article, le donataire mutuel d'avancer, est *la part et moitié des dettes communes dues par ledit premier décédé.*

La Coutume, par cet article, ne parle que des dettes mobilières de la communauté : c'est par l'article suivant qu'elle règle à quoi doit être tenu le donataire mutuel, par rapport aux rentes dues par la communauté : nous en traiterons en l'article suivant.

La Coutume dit, *la part et moitié*. Elle suppose le cas ordinaire, auquel chacun des conjoints a moitié dans la communauté. Si, par une clause du contrat de mariage, le prédécédé y avait moindre part, *putà*, le tiers, la part du prédécédé ne serait, en ce cas, chargée que d'une pareille part des dettes, que le donataire mutuel serait tenu d'avancer.

223. La Coutume, par ces termes, *la part et moitié des dettes communes*, déclare assez qu'elle ne charge le donataire mutuel de l'avance d'aucunes autres dettes de la succession du prédécédé, que de celles qui sont dettes de la communauté; le donataire mutuel n'est, en aucune manière, tenu dés autres.

C'est par cette raison que la Coutume, en l'*art.* 257, décide que la femme donataire mutuelle ne souffre sur son don mutuel *aucune diminution ni confusion* de son douaire préfix, qui consiste en *une somme de deniers pour une fois*. La raison est que, quoiqu'un tel douaire soit une dette mobilière de la succession du prédécédé, elle n'est pas une dette de la communauté.

Cela a lieu, quand même le mari prédécédé n'aurait laissé aucuns autres biens que ceux de la communauté, dont sa femme doit jouir en don mutuel : elle a droit, même en ce cas, d'exiger incontinent son douaire de l'héritier qui n'a succédé qu'à la nue propriété. L'Annotateur de Duplessis cite un arrêt de 1697, qui l'a jugé. Par la même raison, dans cette espèce, une femme, par son contrat de mariage, a fait donation à son mari d'une somme de 3,000 livres à prendre sur tous ses biens : depuis, les conjoints se sont fait don mutuel; le mari a survécu. Il a droit d'exiger incontinent des héritiers de la femme, la somme de 3,000 livres, que sa femme s'est obligée de lui donner après sa mort, sans qu'il soit tenu d'en faire aucune confusion ni diminution de son don mutuel : car cette dette de 3,000 livres, dont la succession de sa femme est tenue envers lui, n'étant pas une dette de communauté, il n'en peut être aucunement tenu.

224. Quoique le donataire mutuel ne soit tenu en aucune manière des dettes propres du prédécédé, néanmoins, avant que la délivrance ait été faite au donataire mutuel de la part du prédécédé dans les biens de la communauté dont il doit jouir, les créanciers desdites dettes propres peuvent saisir cette part et la faire vendre, sauf au donataire mutuel son recours contre l'héritier du prédécédé, pour l'en indemniser. Mais, après que le donataire mutuel a été saisi de ladite part, les créanciers ne sont plus à temps de la saisir, les meubles n'ayant pas de suite; ils peuvent seulement arrêter, entre les mains du donataire mutuel, la somme qui doit être rendue à l'héritier après l'expiration du don mutuel. C'est l'avis de Duplessis.

225. Parmi les dettes de la communauté, dont la part du prédécédé est chargée, et que le donataire mutuel est tenu d'avancer, on doit comprendre aussi bien celles, qui n'ont été contractées que depuis le don mutuel, que celles, qui ont été contractées auparavant.

Pareillement, on doit comprendre non-seulement les dettes, dont la communauté est débitrice envers des tiers, mais aussi celles, dont elle est débitrice envers chacun des conjoints : c'est pourquoi, tant le survivant, que les héritiers du prédécédé, doivent chacun prélever, sur la masse de la communauté, toutes leurs reprises respectives qu'ils ont droit d'exercer sur la communauté. Le don mutuel ne consiste que dans ce qui, après lesdits prélèvemens faits, se trouvera rester de ladite masse, pour la part du prédécédé dans ce restant; et si lesdits prélèvemens absorbaient entièrement ladite masse, et qu'il ne restât rien, le don mutuel serait réduit à rien.

De-là il suit, comme l'a fort bien observé Duplessis, que, lorsqu'il y a un don mutuel, les prélèvemens, que chacune des parties a droit de faire sur la communauté, ne doivent pas se compenser l'un l'autre jusqu'à due concurrence.

Observez que chacune des parties n'a droit de prélever le montant des créances, qu'elle a contre la communauté, que sous la déduction des sommes, dont elle est débitrice envers la communauté ; car, *per rerum naturam*, je ne suis véritablement créancier que déduction faite de ce que je dois.

226. Lorsque le conjoint prédécédé a laissé des héritiers de différentes espèces, l'un aux meubles et acquêts, l'autre aux propres, dans les Coutumes telles que celles de Paris et d'Orléans, qui font contribuer l'héritier aux propres avec l'héritier aux meubles et acquêts, aux frais funéraires du défunt, et à toutes les dettes, de quelque nature qu'elles soient, tant à celles de la communauté qu'aux autres; c'est une question, si, dans ce cas, le donataire mutuel doit avancer le total des frais funéraires du prédécédé, et le total de la part des dettes de la communauté, dont la part du prédécédé est chargée, suivant qu'il y est obligé par l'article ci-dessus rapporté; ou s'il ne doit les avancer, que pour la part dont en est tenu l'héritier aux meubles et acquêts, et non pour celle dont en est tenu l'héritier aux propres. Pour soutenir que le donataire n'est tenu d'avancer toutes ces choses, que pour la part dont l'héritier aux meubles et acquêts en est tenu, on dit que le don mutuel ne se prenant que sur les biens, auxquels l'héritier aux meubles et acquêts succède, il ne doit avancer toutes lesdites choses, que pour la part que ledit héritier en porte; qu'on ne doit pas l'obliger à avancer celle que l'héritier aux propres en doit porter, le don mutuel n'ôtant rien à cet héritier.

Nonobstant ces raisons, on doit décider que le donataire mutuel doit avancer les frais funéraires du prédécédé pour le total, et la part entière des dettes de la communauté dont la succession du prédécédé est tenue. La raison est, que la Coutume, en l'article ci-dessus rapporté, charge le donataire mutuel de faire l'avance desdites choses, non pour ce dont certains biens de la succession en sont tenus, mais pour tout ce dont ladite succession en général en est tenue; la répartition qu'elle en fait, entre les différens héritiers du prédécédé, est une chose qui ne concerne que ces différens héritiers. Si, par cette répartition, l'héritier aux meubles et acquêts est déchargé d'une partie des dettes communes, dont l'héritier aux propres est chargé, il est, à la place, chargé d'une partie des dettes propres; mais cette répartition ne concerne que ces différens héritiers entre eux; c'est une chose étrangère au donataire mutuel, chose qui ne doit ni changer ni diminuer ses obligations envers la succession du prédécédé en général, à l'égard desquelles la Coutume a suivi des règles différentes de celles qu'elle a suivies pour la répartition des dette entre les différens héritiers.

A l'égard de l'objection qu'on fait, que, le don mutuel étant à prendre entièrement dans les biens auxquels l'héritier aux meubles et acquêts succède, et n'ôtant rien à l'héritier aux propres de ceux auxquels il succède, le donataire mutuel ne doit être tenu de faire l'avance, dont la Coutume le charge, que pour l'héritier aux meubles et acquêts, et qu'il ne doit rien avancer pour l'héritier aux propres.

Je réponds que l'avance, dont la Coutume charge le donataire mutuel, devant se faire sur les biens compris au don mutuel, sur lesquels cette avance doit être retenue en entier, lors de la restitution qui doit s'en faire, après l'expiration du don mutuel, à l'héritier aux meubles et acquêts, qui a succédé auxdits biens pour la propriété, le donataire mutuel, en faisant cette avance, la fait entièrement pour l'héritier aux meubles et acquêts. Cette avance se faisant sur des biens auxquels cet héritier a succédé pour la propriété, cet héritier est censé avoir payé lui-même le total des frais funéraires, et la part entière des dettes communes dont la succession est tenue, par l'avance qu'en fait le donataire mutuel, à qui il en doit faire raison et déduction lors de l'expiration du don mutuel. C'est pourquoi, aussitôt que cette avance a été faite par le donataire mutuel, l'héritier aux meubles et acquêts peut répéter, contre l'héritier aux propres, la part que ledit héritier aux propres doit porter dans les frais funéraires et dettes de la communauté, de même que si c'était l'héritier aux meubles et acquêts qui les eût payés lui-même.

227. Outre les frais funéraires du prédécédé, et la part dont la succession est tenue des dettes de la communauté, le donataire mutuel doit encore être chargé d'avancer les frais d'inventaire et de liquidation, pour ce qu'en doit porter la part du prédécédé dans les biens de la communauté, ces choses étant une charge des biens de la communauté.

228. La Coutume ajoute à la fin de l'article ci-dessus rapporté,

que le donataire mutuel *n'est tenu payer les legs et autres dispo-sitions testamentaires.*

Cela est pris dans la nature même du don mutuel; le caractère d'irrévocabilité, qui est essentiel au don mutuel, comme nous l'avons vu *suprà*, ne permet pas qu'il puisse être au pouvoir des donateurs d'y donner atteinte et de le diminuer par des legs que le donataire serait tenu d'avancer.

On opposera que les conjoints peuvent, depuis le don mutuel, contracter des dettes que le donataire mutuel est tenu d'avancer, comme on l'a vu *suprà*. Pourquoi, dira-t-on, ne pourraient-ils pas pareillement charger le donataire de l'avance des legs qu'ils jugeront à propos de faire? La raison de différence est sensible. Les dettes, que le conjoint prédécédé a contractées, de son vivant, depuis le don mutuel, n'y ont donné aucune atteinte; car le prédé-cédé n'a donné que la jouissance des biens, qu'il se trouverait avoir lors de sa mort : or il n'a de biens, lors de sa mort, que ce qui reste, déduction faite des dettes qu'il a contractées de son vivant; *quia bona non intelliguntur nisi deducto ære alieno.* Le donataire mu-tuel, en avançant, sur les biens du prédécédé, de quoi acquitter lesdites dettes, et en jouissant du reste, jouit donc de tout ce qui lui a été donné; le prédécédé, en contractant lesdites dettes, n'a donc donné aucune atteinte à sa donation. Il n'en est pas de même des legs faits par le prédécédé. Ces legs n'étant dus qu'a-près la mort du testateur, par la succession, n'ayant jamais pu l'être par le testateur lui-même, ne s'acquittant que par un re-tranchement qu'on fait après sa mort dans les biens qu'il avait lors de sa mort (c'est pourquoi ils sont appelés *delibatio hæredi-tatis*), le prédécédé ayant donné, par le don mutuel, la jouis-sance de tous les biens communs, qui se trouveraient lui appar-tenir à sa mort, le donataire souffrirait une diminution dans ce qui lui a été donné, s'il était obligé d'avancer les legs; et le pré-décédé aurait, par ces legs, donné atteinte à la donation qu'il lui a faite.

229. Le donataire mutuel n'étant pas obligé d'avancer les legs, cela donne lieu à la question, si, dans le cas auquel le prédécédé ne laisserait d'autres biens que des biens de la communauté, dont le donataire mutuel a l'usufruit, les légataires pourraient exiger incontinent leurs legs de l'héritier qui n'a succédé qu'à une nue propriété; ou s'ils doivent attendre l'extinction de l'usufruit du donataire mutuel. La décision dépend de la présomption de la volonté du testateur : car, à moins que le testateur n'ait eu la volonté d'accorder ce terme, l'héritier est tenu, aussitôt après la mort, de payer les legs, ou d'abandonner aux légataires la nue propriété à laquelle il a succédé.

On doit facilement présumer que la volonté du testateur a été d'accorder ce terme. On ne doit pas, néanmoins, en faire une règle générale. Il y a des circonstances qui peuvent faire présumer le contraire; *putà*, si le legs est le legs d'une rente viagère fait à un vieillard, surtout s'il est fait pour ses alimens, il n'est pas présumable, en ce cas, que le testateur ait voulu que le légataire ne jouisse de son legs qu'après la mort du donataire mutuel, qui est peut-être plus jeune que lui.

230. La disposition de la Coutume de Paris, qui décharge le donataire mutuel d'avancer les dispositions testamentaires du prédécédé, étant conforme aux principes sur la nature du don mutuel, forme, à cet égard, un droit commun pour les Coutumes qui ne s'en sont pas expliquées.

Néanmoins, quelques Coutumes, comme Sens, Laon, Châlons, Bourbonnais, etc., se sont, à cet égard, écartées du droit commun : elles obligent le donataire mutuel à accomplir, sur les biens compris au don mutuel, le testament du prédécédé.

Cela ne s'entend, néanmoins, que des legs modiques; et cette modicité s'estime eu égard et par proportion à la quantité et valeur des biens compris au don mutuel.

231. Dans cette variété de Coutumes sur la question, si le donataire mutuel doit être chargé, ou non, de faire l'avance de l'accomplissement du testament du prédécédé, ce sont les Coutumes qui régissent les biens compris au don mutuel, qui doivent décider si le donataire mutuel en doit être chargé, ou non. Le mobilier, compris au don mutuel, étant régi par la Coutume du lieu du domicile des conjoints, et les conquêts, par celle des lieux où ils sont situés; si la Coutume du lieu, où était le domicile des conjoints au temps du don mutuel, et où les conquêts sont situés, impose cette charge au donataire mutuel, il en sera chargé.

Il le sera, quand même, depuis le don mutuel, les conjoints auraient transféré leur domicile sous une Coutume différente, qui n'impose point cette charge au donataire mutuel; car le don mutuel étant un acte entre vifs, qui reçoit sa perfection au temps auquel il est passé, les parties ne peuvent pas, par leur fait, en changeant de domicile, changer les charges et les conditions du don mutuel.

Il en est de même, *vice versâ*, si la Coutume du lieu, où était le domicile des conjoints, au temps du don mutuel, et où les conquêts sont situés, n'impose pas au donataire mutuel la charge de l'accomplissement du testament du prédécédé : la translation du domicile, sous une Coutume qui impose cette charge au donataire mutuel, ne pourra l'en charger.

232. Si la Coutume, qui régit le mobilier compris au don mutuel, impose au donataire mutuel la charge de l'accomplissement du testament du prédécédé, et que d'ailleurs elle soit de la classe des Coutumes, qui chargent le mobilier de la succession de la

charge de toutes les dettes mobilières, il n'importe, en ce cas, quelle soit la disposition des Coutumes, où les conquêts qui entrent dans le don mutuel sont situés, sur l'accomplissement du testament du donateur; le donataire mutuel, en sa seule qualité de successeur aux meubles, est tenu de les acquitter.

On peut, à cet égard, alléguer l'arrêt du 17 avril 1747, rendu en la quatrième chambre des Enquêtes, qui a jugé, en faveur du prince Charles, héritier aux propres de M. de Coislin, contre le duc d'Estrissac, héritier au mobilier, que la Coutume de Metz chargeant l'héritier au mobilier de toutes les dettes mobilières de la succession, le duc d'Estrissac en était seul tenu, quoiqu'il y eût des propres situés sous des Coutumes qui ordonnent la répartition des dettes d'une succession, sur toutes les différentes espèces de biens de la succession; la Coutume ne lui ayant accordé la succession mobilière, qu'à cette charge.

Suivant le principe de cet arrêt, si le mobilier, qui entre dans le don mutuel, est régi par une Coutume qui charge le mobilier de toutes les dettes et charges mobilières, et qui soit aussi du nombre de celles qui chargent le donataire de l'accomplissement du testament, on doit pareillement décider que le donataire mutuel en doit être chargé pour le total, quelles que soient les dispositions des Coutumes où sont situés les conquêts, par rapport à la charge de l'accomplissement du testament.

233. Hors ce cas, lorsque les biens, qui entrent dans le don mutuel, sont régis par différentes Coutumes, dont les unes imposent au donataire mutuel la charge de l'avance du testament, les autres ne l'en chargent pas, il doit être tenu d'une partie de cette charge, qui soit dans la même raison et proportion, qu'est la valeur des biens régis par les Coutumes, qui imposent cette charge, à la totalité des biens compris au don mutuel. Par exemple, si la totalité des biens compris au don mutuel est de 30,000 livres, et qu'il y en ait pour 20,000 livres régis par des Coutumes qui imposent cette charge au donataire mutuel, et pour 10,000 livres sous des Coutumes qui ne la lui imposent pas, il sera tenu pour les deux tiers de cette charge.

234. Il nous reste à observer que, lorsque le don mutuel n'est pas de la part entière du prédécédé dans les biens de la communauté, mais d'une portion seulement de cette part, le donataire mutuel n'est tenu des charges du don mutuel, que pour cette portion.

Par la même raison, si le don mutuel n'est que du mobilier de la communauté, et non des conquêts, aut vice versá, et que le mobilier ne soit pas régi par une Coutume qui le charge de toutes les dettes, et ne fasse que le tiers des biens de la communauté, le donataire mutuel de ce mobilier ne sera tenu que pour un tiers des charges du don mutuel; il n'avancera que pour un tiers les frais funéraires du prédécédé, et il n'avancera les dettes de la communauté, que pour un tiers de la moitié dont la succession du prédécédé est tenue desdites dettes.

ARTICLE II.

Des autres charges du don mutuel, portées par l'article 287 de la Coutume de Paris.

235. Cet article est conçu en ces termes : « *Aussi est tenu ce-* » *lui qui veut jouir du don mutuel, faire faire les réparations étant* » *à faire sur les héritages sujets audit don mutuel; payer les cens* » *et charges annuelles, et les arrérages, tant des rentes foncières* » *que des autres rentes constituées, pendant la communauté,* » *échues depuis la jouissance dudit don mutuel, sans espérance* » *de les recouvrer.* »

Les charges, que cet article impose au donataire mutuel, sont des charges dont tous les usufruitiers sont tenus par la nature même du droit d'usufruit : c'est pourquoi, la disposition de cet article doit être regardée comme un droit commun, pour toutes les Coutumes qui ne s'en sont pas expliquées.

Nous traiterons séparément de chacune de ces charges.

§ I. De la charge d'entretenir de réparations les héritages compris au don mutuel.

236. L'article dit que *le donataire doit faire les réparations viagères, etc.* Cela est conforme aux principes du droit : *Eum, ad quem ususfructus pertinet, sarta tecta suis sumptibus præstare debere, explorati juris est;* l. 7, Cod. de usufr. *Quoniam omnis fructus rei ad eum pertinet, reficere quoque eum ædes per arbitrum cogi;* l. 7, § 2, ff. de usufr. et quemadmod. quis utat.

Cette charge des réparations viagères, que la Coutume impose au donataire mutuel, n'est pas une simple avance : l'héritier du prédécédé, lors de la restitution des biens compris au don mutuel, n'est pas tenu d'en faire aucune déduction sur lesdits biens. C'est ce qui résulte de ces termes qui sont en fin de l'article 287, ci-dessus rapporté, *sans espérance de les recouvrer;* termes qui doivent se rapporter, non-seulement à l'acquittement des cens et rentes, mais à tout le contenu de l'article.

La raison est, que cette charge des réparations viagères, qui surviennent pendant le temps de l'usufruit du donataire mutuel, est une charge des jouissances des biens compris au don mutuel, plutôt que du fonds même desdits biens; elles sont *onera fructuum.* L'héritier du prédécédé, à qui on ne restitue pas les jouissances des biens compris au don mutuel, mais seulement le fonds, ne peut donc être obligé à tenir aucun compte de ce qu'il en a coûté au donataire mutuel pour lesdites réparations.

237. Observez, en premier lieu, à l'égard des réparations, dont la Coutume charge, par cet article, le donataire mutuel, qu'elle ne le charge pas indistinctement de toutes les réparations, qui surviennent pendant le cours de son usufruit; elle le charge seulement des réparations viagères, qu'on appelle autrement réparations usufruitières; elle ne le charge pas de celles qu'on appelle grosses réparations.

Pour savoir quelles sont les réparations usufruitières, dont les usufruitiers sont chargés, et quelles sont celles qu'on appelle grosses réparations, dont ils ne sont pas chargés, *voyez* ce que nous en avons dit en notre Traité de la Communauté, *n.* 271 *et* 272.

Il y a un cas, auquel le donataire mutuel doit être chargé même des grosses réparations, sans que l'héritier du prédécédé soit tenu d'en tenir aucun compte, après l'expiration de l'usufruit du donataire mutuel : c'est lorsqu'elles viennent de la faute du donataire mutuel, qui n'a pas entretenu, comme il le devait, les héritages compris au don mutuel, en négligeant de faire les réparations viagères, qu'il était obligé de faire. Il est tenu, en ce cas, des grosses réparations, par forme de dommages et intérêts résultans de l'inexécution de l'obligation qu'il a contractée de jouir en bon père de famille.

Mais lorsque les grosses réparations viennent ou de vétusté, ou de quelque accident de force majeure, tel qu'un tremblement de terre ou un ouragan, le donataire mutuel n'en est pas tenu.

238. De-là naît une question, si le donataire mutuel, n'étant pas chargé de faire les grosses réparations, qui surviennent à quelqu'un des héritages compris au don mutuel, peut obliger le propriétaire de l'héritage à les faire. Ulpien semble décider pour la négative, en la loi 7, § 2, ff. *de usufr. et quemadmod. quis utat.*, où il dit : *Si quá vetustate corruissent, neutrum cogi reficere.* *Neutrum*, c'est-à-dire, ni l'usufruitier, puisqu'il n'est pas tenu des grosses réparations; ni le propriétaire de l'héritage, parce qu'il est de la nature du droit d'usufruit, de même que de celle de tous les autres droits de servitude, qu'il ne consiste pas à obliger le propriétaire à faire quelque chose, mais seulement à souffrir l'usufruitier jouir : *Servitutum non ca natura est, ut aliquid faciat quis, sed ut patiatur, aut non faciat;* l. 15, § 1, ff. *de servitut.*

Néanmoins, je pense que le donataire mutuel est bien fondé à prétendre, contre l'héritier du prédécédé propriétaire de la maison, qu'il est tenu de faire ces réparations, si mieux il n'aime abandonner sa nue propriété. La raison est, que le refus, qu'il fait, de faire ces réparations, qu'il ne manquerait pas de faire, si la maison n'était pas chargée d'usufruit, n'est fait que parce qu'il sent qu'en ne les faisant point, le donataire mutuel sera dans la nécessité d'en faire l'avance, pour pouvoir jouir de la maison, qui, sans cela, serait inexploitable. Si on n'obligeait pas l'héritier du prédécédé à faire ces réparations, ce serait lui laisser une voie indirecte d'augmenter les charges du donataire mutuel, et de lui imposer la charge de l'avance des grosses réparations, charge qui ne lui a point été imposée par la donation qui lui a été faite.

Il en serait autrement, si la maison était totalement périe, *putà*, par un incendie, ou quelque autre accident. Le refus, que ferait le propriétaire, de rebâtir cette maison, qu'il ne rebâtirait peut-être pas, quand même elle ne serait pas chargée d'usufruit, ne pouvant, en ce cas, être suspect de fraude, il ne peut être, en ce cas, obligé à rebâtir la maison. C'est de ce cas qu'on doit entendre ce que dit Ulpien, *Si quâ vetustate corruissent, neutrum cogi reficere*. Il n'est tenu, en ce cas, lorsqu'il ne juge pas à propos de rebâtir la maison, qu'à retirer les ruines qui empêchent l'usufruitier de jouir de la place.

239. Le donataire mutuel, et les autres usufruitiers, ne sont pas, à la vérité, chargés de faire faire les grosses réparations, qui surviennent pendant le cours de leur usufruit ; mais le propriétaire, qui les a faites à ses dépens, ne serait-il pas fondé à demander à l'usufruitier qu'il paie l'intérêt de ce qu'elles ont coûté à faire, pendant le temps que doit durer l'usufruit, jusqu'à concurrence de ce que ces réparations augmentent sa jouissance ? Pour l'affirmative, on dit que le propriétaire de la maison, qui fait ces grosses réparations, pour la conservation de sa maison, fait, à la vérité, sa propre affaire, *proprium negotium gerit* ; mais, en faisant sa propre affaire, il fait aussi celle de l'usufruitier, à qui il procure, en faisant ces réparations, l'émolument de la jouissance de la maison, laquelle, sans cela, serait infructueuse à l'usufruitier. Cet usufruitier est donc obligé, *obligatione negotiorum gestorum, non quidem directâ, sed utili*, envers le propriétaire, qui a fait cette impense, à y contribuer à proportion de ce qu'il en profite ; et comme le propriétaire, qui a fait cette impense, n'en doit profiter qu'après l'extinction de l'usufruit, et que l'usufruitier doit en avoir tout le profit pendant le temps que doit durer l'usufruit, il doit payer, pendant ce temps, l'intérêt de la somme qu'ont coûtée ces réparations. Cette obligation naît de cette règle d'équité, que celui, qui participe au profit, doit participer à la charge : *Qui sentit commodum debet sentire onus*.

On ajoute qu'il y a, à cet égard, une grande différence entre un locataire et un usufruitier. Le propriétaire est obligé envers son locataire précisément à le faire jouir ; et, par conséquent, il est obligé envers lui à faire ces grosses réparations, sans lesquelles il ne pourrait le faire jouir, ni, par conséquent, exiger de lui aucun loyer. Le propriétaire, en faisant ces grosses réparations, ne fait donc que son affaire ; il ne fait que ce qu'il doit, et ce qu'il est obligé de faire envers le locataire : mais le propriétaire n'est pas obligé envers l'usufruitier précisément à le faire jouir ; il n'est obligé qu'à le souffrir jouir de la chose en l'état qu'elle se trouve, et autant qu'il peut en jouir.

Nonobstant ces raisons, on doit décider pour la négative. On ne doit pas imposer à l'usufruitier plus de charges que la loi ne lui en a imposé. La loi ayant chargé l'usufruitier des réparations viagères seulement, il ne doit être en aucune manière chargé des grosses : le propriétaire ne peut donc être fondé à exiger de lui l'intérêt de la somme qu'elles ont coûtée.

240. La seconde observation par rapport aux réparations dont *l'art.* 287, ci-dessus rapporté, charge le donataire mutuel, est qu'elle ne le charge, que de celles qui surviennent à faire pendant le temps de son usufruit.

A l'égard de celles, qui étaient déjà à faire, avant que le donataire mutuel fût entré en jouissance, il en fait seulement l'avance ; sauf à retenir sur les biens compris au don mutuel, lors de la restitution qui s'en fera, après l'expiration de l'usufruit du donataire mutuel, la somme qu'il aura avancée pour les faire.

Il doit, en conséquence, avant que d'entrer en jouissance du don mutuel, faire faire, par experts convenus entre lui et l'héritier du prédécédé, une visite et estimation des réparations qui sont à faire.

En cela, le donataire mutuel est différent de la douairière. Celle-ci peut obliger les héritiers de son mari à faire toutes les réparations, qui sont à faire aux héritages sujets au douaire, lors de l'ouverture du douaire. La raison de différence est, que le mari contracte, par le mariage, l'obligation envers sa femme de la faire jouir, après sa mort, des héritages qu'il possède au temps du mariage, et de ceux qui lui adviendront en directe pendant le mariage : il est, en conséquence, débiteur envers sa femme de corps certains. Or, il est de la nature de l'obligation de donner des corps certains (soit qu'on s'oblige d'en donner la propriété, soit qu'on s'oblige seulement d'en donner la jouissance), que celui, qui s'oblige de les donner, contracte en même temps une obligation secondaire de les conserver et de les entretenir en bon état, jusqu'à la tradition qu'il en doit faire, comme nous l'avons vu en notre *Traité des Obligations*, *n.* 142. Le mari ayant donc, suivant ce principe, contracté envers sa femme l'obligation d'entretenir en bon état les héritages sujets au douaire, jusqu'à ce qu'elle en entre en jouissance par l'ouverture du douaire, l'héritier du mari, qui lui succède à cette obligation, est obligé de faire faire toutes les réparations, qui sont à faire pour les mettre en bon état. Au contraire, le don mutuel n'étant d'aucuns corps certains et déterminés, mais de la part du donateur premier décédé dans les biens de la communauté, qui se trouveront lors de son décès, tels et en l'état qu'ils se trouveront, l'héritier du prédécédé n'a succédé à aucune obligation de les mettre en bon état. La charge de ces réparations, qui se trouvent à faire, lors de l'ouverture du don mutuel, aux biens de la communauté, est une des charges de ces biens, que le donataire mutuel est tenu d'avancer, ainsi que les autres charges de la communauté.

§ II. De l'acquittement des rentes foncières.

241. La Coutume de Paris, *art.* 287, dit : « Est tenu celui qui » veut jouir du don mutuel, payer les cens et charges annuelles, » et les arrérages, tant des rentes foncières que des autres rentes » constituées pendant la communauté, échus depuis la jouissance » du don mutuel. »

Ces termes, *charges annuelles*, ne doivent pas s'entendre *restrictivè*, et ne déchargent pas le donataire de l'acquittement des autres charges, telles que sont les tailles d'église, qu'on impose sur tous les héritages d'une paroisse, pour les réparations qui sont à faire à l'église de la paroisse, lorsque la fabrique n'a pas le moyen d'y subvenir. Telles sont les tailles, qu'on impose sur toutes les maisons d'un quartier, pour les réparations à faire au puits commun. Telle est la charge de l'entretien du pavé des rues dans les villes, dont chaque maison est tenue en droit soi, et autres charges semblables, dont les usufruitiers sont tenus, quoique ces charges ne soient pas des charges annuelles : *Si quid cloacarii nomine debeatur, vel si quid ob formam aquæductus, qui per agrum transit, pendatur, ad onus fructuarii pertinebit; sed et si quid ad collationem viæ, puto hoc quoque fructuarium subiturum; l. 27, § 3, ff. de usufr. et quemadmod. quis utat.*

242. Il ne peut être douteux que le donataire mutuel n'est pas tenu d'acquitter le profit de rachat dû par la mort du prédécédé ; car ce profit étant dû, dès l'instant de la mort du prédécédé, qui a saisi son héritier de sa part dans les biens féodaux de la communauté, est une charge qui a précédé le temps de la jouissance du donataire mutuel, dont, par conséquent, le donataire mutuel ne peut être tenu, n'étant tenu que de celles nées pendant sa jouissance.

243. Le donataire mutuel est-il tenu d'acquitter le profit de rachat dû par la mort de l'héritier du prédécédé, qui arriverait

pendant le temps de sa jouissance? Je ne pense pas que le donataire mutuel en soit tenu, quoique ce profit soit né pendant le temps de sa jouissance. La raison est, que ce rachat est dû pour rendre héréditaires les fiefs qui n'étaient autrefois que personnels, et pour le prix de l'investiture, que le seigneur est obligé de donner à son vassal. N'y ayant que le propriétaire du fief, qui doive se faire investir, c'est lui qui doit ce rachat, plutôt que l'usufruitier.

244. Il n'en est pas de même du profit de relevoisons à plaisir, qui est dû dans certaines censives de la ville d'Orléans. Ces relevoisons n'étant autre chose que de simples charges foncières, celles, qui surviennent pendant le temps de la jouissance du donataire mutuel, par les mutations des propriétaires de la maison, sont par lui dues, de même que par les autres usufruitiers.

Si nous avons dit, en notre Traité du Douaire, que la douairière n'en était pas tenue, c'est par une raison qui lui est particulière. *Voyez* au surplus ce que nous avons dit sur ces relevoisons, en ce même traité, *n.* 235 *et suivans.*

245. Suivant l'arrêt du conseil du 13 avril 1713, le droit de franchief est dû par les usufruitiers qui sont de qualité à être sujets à ce droit. *Voyez le Traité du Douaire.*

246. Le centième denier dû par la mort du prédécédé, est dû par son héritier : comme il ne succède qu'à la nue propriété, il ne doit le centième denier que de la valeur de la nue propriété. A l'égard du centième denier dû pour l'usufruit du donataire mutuel, je crois qu'on le fait payer lors du contrat : il paraîtrait, néanmoins, équitable qu'il ne dût être payé que lors de l'ouverture du don mutuel.

247. La Coutume, outre les charges foncières, charge encore le donataire mutuel d'acquitter les arrérages des rentes constituées pendant la communauté, qui courront pendant le temps de sa jouissance. Elle a trouvé équitable que le donataire mutuel, ayant tout le revenu des biens de la communauté, acquittât ces arrérages, qui sont une charge naturelle des revenus des biens de la communauté.

Le donataire mutuel n'étant sujet à aucune restitution des revenus qu'il perçoit, ne doit avoir aucune répétition des arrérages courus pendant le temps de sa jouissance, qu'il doit payer, comme étant une charge desdits revenus. Il doit pareillement payer, sans aucune répétition, les intérêts des dettes mobilières de la communauté courus pendant le temps de sa jouissance, jusqu'au paiement.

Lorsque le conjoint prédécédé a laissé, dans la Coutume de Paris et autres semblables, différens héritiers, l'un aux meubles et acquêts, et l'autre aux propres; l'héritier aux meubles et acquêts, pour qui, et à la décharge de qui le donataire mutuel paie les arrérages desdites rentes, doit avoir la répétition, contre l'héritier aux propres, de la part dont ledit héritier aux propres est tenu desdites rentes, suivant la répartition que la Coutume de Paris en fait entr'eux.

248. Il nous reste à observer que ces termes, dont se sert la Coutume, *échus et courus depuis la jouissance du don mutuel*, doivent s'entendre en ce sens, courus et échus depuis et pendant tout le temps de la jouissance, etc. C'est pourquoi, si, par exemple, le donataire mutuel est entré en jouissance du don mutuel au premier septembre 1781, le donataire mutuel ne sera pas tenu de payer, sans répétition, l'année entière d'arrérages qui sera échue à la Toussaint de ladite année : il ne sera tenu de payer, sans répétition, que les deux derniers mois de cette année d'arrérages, qui ont couru depuis le 1er septembre, jour auquel il est entré en jouissance. A l'égard du surplus de ladite année, il n'est tenu que de l'avancer, de même que les autres dettes.

Pareillement, les héritiers du donataire mutuel sont tenus de ce qui a couru des arrérages de l'année, dont le terme n'est échu que depuis sa mort, pour tout ce qui a couru de ladite année jusqu'au jour de sa mort. Par exemple, si le donataire mutuel est mort au 1er septembre 1781, ses héritiers seront tenus de payer dix mois de l'année qui écherra à la Toussaint de ladite année, y ayant dix mois des arrérages de ladite année courus jusqu'au 1er septembre, jour de la mort du donataire mutuel.

249. Lorsque le mari, revêtu d'un office acquis pendant la communauté, qu'il a déclaré, après la mort de sa femme, entendre laisser dans la communauté, jouit, comme donataire mutuel, de la moitié appartenante à l'héritier de sa femme dans cet office, il doit payer à ses dépens, et sans aucune répétition, le prêt et l'annuel dudit office; et si, faute de l'avoir payé, l'office tombait aux parties casuelles, sa succession serait tenue d'indemniser de cette perte l'héritier du prédécédé.

Car, par la nature de l'usufruit, le donataire mutuel devant s'obliger envers le propriétaire *rem finito usufructu restitutum iri*, il contracte l'obligation de faire ce qui est nécessaire pour conserver l'office, afin de pouvoir le rendre *finito usufructu*. Or, selon les principes établis en notre Traité des Obligations, *n.* 550 *et suiv.*, un débiteur doit faire à ses dépens ce qui est nécessaire pour s'acquitter de son obligation : il doit donc faire à ses dépens, et sans répétition, le paiement du prêt et de l'annuel qui est nécessaire pour la conservation de l'office.

Si le donataire mutuel négligeait de le faire, il pourrait y être contraint, tant par l'héritier du prédécédé, à qui la restitution doit être faite, que par la personne qui s'est rendue caution pour la restitution du don mutuel.

Il y a certains offices, qui n'ont presque point de revenus, mais que la dignité des fonctions qui y sont attachées, avait autrefois portés à un prix considérable, et que la corruption des mœurs, la chute des études et le goût de la frivolité, qui en sont les suites, ont tellement fait diminuer de prix aujourd'hui, que le prêt et l'annuel, qui seraient payés pendant plusieurs baux de paulette, pour la conservation de ces offices, en surpasseraient le prix. Il serait trop dur que l'héritier du prédécédé pût contraindre le donataire mutuel à entrer en paulette pour ces offices; il doit se contenter de la sûreté, qu'il a dans la caution, que le donataire mutuel lui a baillée pour la restitution de l'office, quant à la part qu'il y avait, dans le cas auquel le donataire mutuel mourrait en perte d'office.

250. A l'égard des taxes imposées sur l'office, pendant le temps de la jouissance du don mutuel, si ces taxes attribuent des augmentations de gages, ou des droits qui augmentent le prix de l'office, on doit, lors de la restitution du don mutuel, en faire raison, sur l'office, à la succession du donataire mutuel qui les a payées; mais si ces taxes sont des taxes sèches, je ne pense pas que le donataire mutuel en doive avoir aucune restitution : ce sont des charges de sa jouissance.

CHAPITRE VII.

De quelles manières s'éteint l'usufruit du donataire mutuel; et de la restitution qui doit se faire des biens compris au don mutuel, après l'extinction de cet usufruit.

251. La manière la plus ordinaire, par laquelle s'éteint l'usufruit du donataire mutuel, est sa mort. Il s'éteint aussi par les autres différentes manières dont s'éteint le droit d'usufruit. Nous les avons rapportées en notre Traité du Douaire, *part.* 1, *chap.* 6; nous y renvoyons. Tout ce qui y est dit des manières dont s'éteint l'usufruit de la douairière, reçoit une entière application à celui du donataire mutuel.

252. Dans la Coutume de Paris, et dans la plus grande partie des Coutumes, l'usufruit du donataire mutuel ne s'éteint pas par son convol à un autre mariage, à moins que les parties n'eussent apposé à leur contrat de don mutuel une clause, par laquelle il aurait été dit que le survivant ne jouirait, que pendant le temps qu'il demeurerait en viduité.

On a fait la question de savoir, si ces termes, qui se trouvaient dans un contrat de don mutuel, *lequel don mutuel les parties se sont fait pour aider au survivant à vivre pendant sa viduité*, devaient être censés renfermer la clause, que le survivant ne jouirait que pendant le temps qu'il demeurerait en viduité. Ferrière cite un arrêt du 19 avril 1640, qui a jugé que ces termes ne renfermaient point cette condition, et que le donataire mutuel devait, dans cette espèce, quoiqu'il eût convolé à de secondes noces, jouir du don mutuel jusqu'à sa mort. Cet arrêt a très-bien jugé. Ces termes ne présentent autre chose que l'énonciation de la cause impulsive qui a porté les parties à faire le don mutuel. Or, c'est un principe, à l'égard de toutes les dispositions, aussi bien à l'égard de celles qui sont entre vifs, qu'à l'égard des testamentaires, que l'énonciation de la cause impulsive ne forme point une condition dans la disposition, et que la disposition en est indépendante : *Causa non cohæret legato.* C'est suivant ce principe qu'on décide, que le legs, fait à une fille pour la marier, et celui fait à un jeune homme *pour faire ses études en Sorbonne*, ne laissent pas d'être dus, quoique la fille ne se marie pas, et quoique le jeune homme ait pris un autre parti que celui des études.

253. Aussitôt que l'usufruit du donataire mutuel est éteint, les héritiers du prédécédé, propriétaires des héritages et rentes compris au don mutuel, ou ceux, qui leur ont succédé, soit à titre universel, soit à titre singulier, à la propriété des héritages ou rentes, rentrent de plein droit dans la jouissance desdits héritages ou rentes, jouissance qui n'avait été séparée de leur droit de propriété, que pour le temps que devait durer l'usufruit du donataire mutuel.

C'est pourquoi, tous les fruits, qui se sont trouvés pendans sur lesdits héritages, au temps de l'extinction de l'usufruit du donataire mutuel, appartiennent au propriétaire desdits héritages; à la charge, néanmoins, de rembourser la succession du donataire, des frais de labours, semences et autres, que le donataire mutuel a faits pour les faire venir.

Tout ce que nous avons dit en notre Traité du Douaire, *part. 1, chap.* 7, par rapport au cas auquel, après la mort de la douairière, les héritiers du mari, ou leurs successeurs, propriétaires des héritages dont la douairière jouissait en usufruit, sont rentrés dans la jouissance desdits héritages, reçoit une entière application au cas, auquel les héritiers du conjoint prédécédé, ou leurs successeurs, propriétaires des héritages compris au don mutuel, rentrent dans la jouissance desdits héritages, après la mort du donataire mutuel. Nous y renvoyons, pour ne pas répéter.

254. Lorsque le don mutuel consiste en deniers et en effets mobiliers, dont le donataire mutuel jouissait, la mort du donataire mutuel donne ouverture à une action, que les héritiers du prédécédé, ou leurs successeurs, ont contre l'héritier du dona-

taire, aux fins de restitution de la somme, à laquelle montait, suivant la prisée de l'inventaire, toutes dettes et charges déduites, la part du prédécédé dans le mobilier de la communauté, dont le donataire mutuel avait joui, comme nous l'avons déjà vu *suprà*, *n.* 212.

TROISIÈME PARTIE.

D'une autre espèce d'avantage mutuel que la Coutume de Paris permet aux conjoints par mariage de se faire pendant le mariage.

255. L'ARTICLE 281 porte : « Père et mère mariant leurs en-
» fans, peuvent convenir que leursdits enfans laisseront jouir le
» survivant desdits père et mère, des meubles et conquêts du
» prédécédé, la vie durant du survivant, pourvu qu'ils ne
» se remarient ; et n'est réputé tel accord, avantage entre lesdits
» conjoints. »

Il résulte indirectement de la convention permise et autorisée par cet article, qui intervient entre les père et mère et leur enfant, une espèce de don mutuel, qu'ils se font réciproquement au survivant d'eux, de la portion du prédécédé dans les biens de la communauté.

Le motif de la Coutume a été d'encourager les père et mère à établir par mariage leurs enfans, en accordant, pour cet effet, auxdits père et mère, la permission de se faire cette espèce de don mutuel, en récompense et comme une condition de la dot, dont ils se dessaisissent de leur vivant envers leurs enfans.

Nous verrons, sur cette espèce de don mutuel, 1° en quoi il convient avec celui porté par l'article 280, dont nous avons traité ; et en quoi il en diffère ; 2° par quel acte peut se faire la convention permise par l'article 281, qui le renferme indirectement ; 3° en quels cas ; 4° nous parlerons de la condition de ne se pas remarier, que la Coutume y appose ; 5° nous verrons quelles choses entrent dans cette espèce de don mutuel ; 6° quel est l'effet de cette convention permise par l'article 281, qui renferme indirectement cette espèce de don mutuel ; 7° quel effet a, dans les autres Coutumes, la clause *que l'enfant doté ne pourra provoquer le survivant à partage.*

ARTICLE PREMIER.

En quoi convient ce don mutuel avec le don mutuel porté par l'article 280 ; et en quoi il en diffère.

§ I. En quoi convient-il ?

256. L'espèce de don mutuel, que la Coutume de Paris

permet, par cet article 281, aux père et mère de se faire en mariant leurs enfans, convient avec le don mutuel permis entre conjoints par mariage, par l'article 280, qui a fait l'objet et la matière de la seconde partie de notre Traité, en ce qu'il doit pareillement, pour être valable, être réciproque et égal.

C'est pourquoi, si, par le contrat de mariage d'un enfant, il était dit que, au moyen de la dot, qui lui est donnée par ses père et mère, il laisserait sa mère, au cas qu'elle survécût à son père, jouir en usufruit des meubles et conquêts de la succession de son père, et qu'on n'eût pas stipulé pareillement qu'au cas que ce fût le père qui survécût, l'enfant le laisserait pareillement jouir des meubles et acquêts de la succession de la mère ; le don, que l'homme aurait, par cette convention, fait de ses meubles et conquêts à sa femme, au cas qu'elle lui survécût, ne serait pas valable, faute d'être mutuel et réciproque.

Par la même raison, si la convention portait que la mère, au cas qu'elle survécût, jouirait de tous les meubles et conquêts du père prédécédé ; et que, si c'était le père qui survécût, il jouirait seulement d'une portion de ceux de la mère, le don serait nul de part et d'autre, faute d'être égal.

La réciprocité et l'égalité, que nous disons être requises pour la validité du don, que l'article 281 permet aux père et mère de se faire en mariant leurs enfans, résulte évidemment des termes qui sont à la fin de cet article, *et n'est réputé tel accord avantage entre les conjoints ;* car ce ne peut être que la réciprocité et l'égalité de ce don, qui puissent empêcher de le regarder comme un avantage.

257. La convention, portée au contrat de mariage de l'enfant, par laquelle il est dit que, au moyen de la dot qu'il reçoit de ses père et mère, la mère, au cas qu'elle survive au père, jouira des meubles et conquêts du père, sans qu'on ait stipulé la même chose au profit du père, est bien nulle par rapport à la donation qu'elle renferme, faite par le père à la mère, au cas qu'elle lui survive ; mais elle n'est pas nulle par rapport à la condition, que la mère met à la dot qu'elle donne, qu'elle ne la donne qu'autant que l'enfant la laissera jouir, au cas qu'elle survive à son mari, des meubles et acquêts de sa succession ; car il est permis à chacun d'apposer telle condition que bon lui semble à la donation qu'il fait. C'est pourquoi, dans l'espèce proposée, la dissolution de la communauté étant arrivée par le prédécès du père, l'enfant, au moyen de la nullité de la donation faite par son père à sa mère, pourra provoquer sa mère au partage des biens de la communauté, et demander à jouir de la part qu'il a comme héritier de son père : mais, au moyen de ce que, en provoquant sa mère à ce partage, il fait défaillir la condition apposée à la dot

qui lui a été donnée par sa mère, la mère sera censée n'avoir pas doté, et l'enfant devra rendre à sa mère la dot qu'il a reçue, pour la moitié pour laquelle elle a contribué, ou (ce qui revient au même) laisser prélever à sa mère le total de cette dot, au partage qu'ils ont à faire des biens de la communauté. Par exemple, dans l'espèce d'une pareille convention, supposons que la dot, qui a été donnée à l'enfant, fût de vingt mille livres, et que la dissolution de la communauté étant arrivée par le prédécès du mari, il restât encore cinquante mille livres de biens dans la communauté. La donation, que le mari a faite à sa femme de sa part dans lesdits biens, étant nulle, faute de réciprocité, l'enfant, héritier de son père, est fondé à demander à sa mère la part de son père dans lesdits biens; mais la femme n'ayant voulu contribuer à la dot de l'enfant, que sous la condition qu'il la laisserait jouir de cette part, l'enfant doit, par l'action *condictio causâ datâ, causâ non secutâ*, ou rendre *de suo* à sa mère dix mille livres, qui est la somme, pour laquelle elle a contribué à la dot de vingt mille livres, qu'il a reçue, ou laisser sa mère prélever avant lui, au partage qu'ils ont à faire, une pareille somme de vingt mille livres; au moyen duquel prélèvement, le fonds de la communauté restant à partager entre sa mère et lui, demeurera réduit à trente mille livres, dont il revient à l'enfant pour sa part quinze mille livres, laquelle somme, jointe à celle de vingt mille livres, fait trente-cinq mille livres : ce qui revient au même que s'il avait rendu les dix mille livres pour la moitié de sa dot à sa mère ; car, dans ce cas, il aurait, dans le fonds de la communauté, vingt-cinq mille livres pour sa part, laquelle somme, jointe aux dix mille livres qui lui restent de sa dot, fait pareille somme de trente-cinq mille livres.

258. Si c'étaient des héritages conquêts, qui eussent été donnés en dot à l'enfant, et qu'il ne se trouvât pas, dans les biens de la communauté restés après la mort du père, de quoi égaler la mère en héritages de pareille valeur et bonté, la mère pourrait, en ce cas, obliger l'enfant à rapporter en nature à la masse des biens de la communauté, qui est à partager entre elle et lui, ces héritages qu'il a reçus en dot, sauf à lui faire raison au partage, des impenses nécessaires qu'il y aurait faites, autres que celles d'entretien, qui sont une charge de la jouissance qu'il en a eue; même des impenses utiles; mais, à l'égard de celles-ci, jusqu'à concurrence seulement de ce que l'héritage se trouverait plus précieux au temps du partage.

Si, au contraire, les héritages se trouvaient dégradés et détériorés par le fait ou la faute de l'enfant, il en doit faire raison au partage, suivant l'estimation qui sera faite desdites dégradations, par experts convenus entre les parties.

259. On opposera peut-être que, la dot ayant été fournie en

biens de la communauté, la femme n'a pu apposer de condition à la dot qu'elle a fournie, pour la part qu'elle avait dans lesdits biens, puisque le mari, en sa qualité de chef de la communauté, pouvait y faire contribuer sa femme pour la part qu'elle avait dans lesdits biens, sans avoir même besoin, pour cela, de son consentement. La réponse est, que le mari avait ce droit, mais qu'il pouvait n'en pas user. Il pouvait, au contraire, comme nous l'avons vu en notre Traité de la Communauté, *part. 4, chap.* 1, *sect.* 2, *art.* 5, prendre sur lui seul la charge de la dot de l'enfant commun, et la fournir pour son compte seul, quoiqu'en biens de la communauté, en le déclarant par le contrat de dotation, de manière que sa femme n'y contribuât en rien, et qu'elle eût récompense contre lui, après la dissolution du mariage, de la part qu'elle avait dans ce qui a été tiré de la communauté pour la fournir. Or, si la dot peut être fournie par le mari à un enfant commun en biens de la communauté, de manière que la femme n'y contribue point du tout, elle peut, à plus forte raison, être par lui fournie, de manière que la femme n'y contribue, que sous telle condition qu'elle juge à propos d'y apposer.

260. Le don mutuel, que l'art. 281 de la Coutume permet à des conjoints par mariage de se faire, lorsqu'ils marient leurs enfans, convient encore avec celui qui leur est permis par l'article 280, en ce que l'un et l'autre ne leur est permis, que lorsqu'ils sont communs en biens. C'est ce qui résulte des termes de la Coutume, *peuvent convenir que leurs enfans laisseront jouir le survivant des meubles et conquêts du prédécédé.* La Coutume, par ce terme *conquêts,* suppose une communauté entre eux; et ce n'est que des biens de la communauté, dont cet article leur permet de se faire un don mutuel. C'est encore un point dans lequel le don mutuel, permis par cet art. 281, convient avec celui permis par l'article 280.

§ II. En quoi diffère le don mutuel, qui résulte de l'article 281, de celui permis par l'article 280.

261. La principale différence entre le don mutuel permis aux conjoints par l'art. 280, et celui qui leur est permis par l'art. 281, est que celui, permis par l'art. 280, est un don mutuel que les conjoints se font directement l'un à l'autre. Au contraire, celui, qui leur est permis par l'art. 281, est un don mutuel qui ne résulte qu'indirectement de la convention portée au contrat de mariage d'un enfant commun, par laquelle les conjoints par mariage conviennent l'un et l'autre avec cet enfant, que, au moyen de la dot qu'ils lui donnent, il laissera le survivant d'eux jouir de la part entière du prédécédé dans les biens de la communauté.

262. De cette différence en naissent d'autres. 1°. Le don mutuel,

permis par l'art. 280, est un acte auquel les conjoints par mariage sont les seules parties, sans l'intervention d'aucune autre. Au contraire, celui, qui résulte de l'art. 281, se fait par un acte auquel l'enfant commun, doté par l'un et l'autre des conjoints avec la convention permise par ledit article, est avec eux une des principales parties à l'acte, qui renferme indirectement le don mutuel entre lesdits conjoints; 2° le don mutuel, permis par l'art. 280, peut se faire pendant tout le temps du mariage, pourvu que les conjoints soient en bonne santé lorsqu'ils le font. Au contraire, celui, qui résulte de leur convention permise par l'art. 281, ne peut se faire que lorsqu'ils marient leurs enfans, et par le contrat de mariage de leursdits enfans; 3° pour que le don mutuel, permis par l'art. 280, entre conjoints par mariage, soit valable, il faut qu'ils ne laissent l'un et l'autre aucuns enfans. Au contraire, celui, qui résulte de la convention permise par l'art. 281, suppose qu'ils ont des enfans; 4° le don mutuel, permis par l'art. 280, ne se perd pas, lorsque le survivant donataire mutuel se remarie. Au contraire, celui, qui résulte de la convention permise par l'art. 281, se perd, lorsque le survivant se remarie.

ARTICLE II.

Par quels actes peut se faire la convention permise par l'article 281.

263. Cette convention ne peut se faire que par le contrat de mariage des enfans, par lequel l'enfant, en conséquence de la dot, qui lui est fournie par ses père et mère, consent que le survivant de sesdits père et mère jouisse, pendant sa vie, de la part que le prédécédé se trouvera avoir dans la communauté, au temps de son prédécès.

C'est ce qui résulte de ces termes de l'*art.* 281, *mariant leurs enfans*. Ce n'est donc que lorsqu'ils marient leurs enfans, ce n'est donc que par le contrat de mariage de leurs enfans, que cette convention peut intervenir.

Cette convention ayant été omise au contrat de mariage de l'enfant, à qui ses père et mère ont donné une dot, elle ne peut se faire valablement par un acte subséquent, auquel l'enfant interviendrait, et consentirait de laisser jouir le survivant de ses père et mère, de la part du prédécédé dans les meubles et conquêts.

Cette convention est une condition que la Coutume permet aux père et mère d'apposer à la donation de la dot qu'ils donnent à leur enfant. Mais c'est un principe, qu'on ne peut apposer de condition à une donation entre vifs, que par l'acte même de la donation, laquelle ayant reçu toute sa perfection aussitôt que l'acte a été passé, ne peut plus recevoir aucune altération par des actes subséquens.

264. Cette convention ayant été omise par le contrat de mariage de l'enfant, pourrait-elle se faire par un acte, dans lequel les père et mère donneraient à cet enfant, depuis son mariage, une augmentation de dot? Non; car la Coutume ne permet aux père et mère cette convention, qu'en mariant leurs enfans, c'est-à-dire, par le contrat de mariage de leurs enfans. Cette permission est accordée à la faveur que méritent les contrats de mariage, et ne peut être, par conséquent, étendue à d'autres actes.

C'est pourquoi, si, par l'acte de donation faite par les père et mère à l'enfant pendant son mariage, il était dit que l'enfant laisserait jouir le survivant de ses père et mère, des meubles et conquêts du prédécédé, le don mutuel, que les père et mère auraient entendu se faire par cette clause au survivant, des meubles et conquêts du prédécédé, ne serait pas valable, et l'enfant, en sa qualité d'héritier du prédécédé, aurait droit de demander à jouir de sa part des biens de la communauté. Cette clause n'aurait d'autre effet, que d'apposer à la donation faite par le survivant à l'enfant par cet acte, la condition que l'enfant le laisserait jouir de la part du prédécédé dans les meubles et conquêts, et d'obliger, en conséquence, l'enfant qui aurait contrevenu à cette condition, à imputer en entier l'augmentation de dot, qui lui aurait été donnée par cette donation, sur la succession du prédécédé.

ARTICLE III.

Dans quels cas peut se faire la convention mentionnée en l'article 281.

265. La Coutume s'exprime sur les cas dans lesquels elle permet cette convention, par ces termes, *en mariant leurs enfans;* sur quoi on fait deux questions : 1.º Si, par ces termes, la Coutume entend que les père et mère, pour pouvoir faire cette convention, doivent donner l'un et l'autre une dot aux enfans qu'ils marient. 2.º Si ces termes comprennent aussi les petits-enfans.

§ I. Si par ces termes, *en mariant leurs enfans*, la Coutume entend que les père et mère doivent leur donner une dot.

266. La raison de douter est, que la Coutume, en l'art. 281, dit, *en mariant leurs enfans;* elle ne dit pas, *en dotant leurs enfans.*

D'où il semble qu'on peut conclure qu'elle ne requiert pas, pour la convention qu'elle permet par cet article, que les père et mère fournissent une dot à leurs enfans, mais seulement qu'elle soit faite dans le temps qu'ils marient leurs enfans, et par le contrat de mariage de leurs enfans. Néanmoins, je pense que cette convention n'est valable, que lorsque les père et mère fournissent une dot à leurs enfans. En effet, quelle est la fin que se propose la Coutume par cet article? C'est d'encourager les père et mère à marier leurs enfans et à leur donner, pour cet effet, une dot qu'il est nécessaire de leur donner, pour pouvoir trouver à les marier. Pour les porter d'autant plus à donner cette dot, la Coutume leur propose, par cet article, comme une récompense de cette dot, la permission de convenir que le survivant jouira par usufruit de la part du prédécédé dans les biens de la communauté : les père et mère, qui n'ont fourni aucune dot, n'ayant point mérité cette récompense, ne doivent pas jouir de la permission accordée par cet article.

Quant à ce qu'on oppose, que la Coutume n'a pas dit en termes formels, *en dotant*, et qu'elle a dit simplement, *en mariant:*

La réponse est, que, quoiqu'il puisse arriver quelquefois qu'on trouve à marier une fille sans lui donner aucune dot, à un homme qui la prend sans dot, pour sa beauté ou ses bonnes qualités, néanmoins, suivant ce qui arrive ordinairement, les père et mère donnent une dot à leurs enfans, lorsqu'ils les marient, ne trouvant pas ordinairement à les marier sans leur en donner une plus ou moins considérable. Les lois ayant coutume de parler conformément à ce qui arrive ordinairement, lorsque la Coutume dit, en cet article, *les père et mère en mariant leurs enfans*, elle est censée par ces termes, *en mariant*, suffisamment dire qu'ils leur ont donné une dot, sans qu'il fût besoin de le dire expressément, parce que, ordinairement, on ne les marie pas sans cela.

267. De notre principe, que, pour la convention permise par l'*art.* 281, il faut que les père et mère donnent une dot à leurs enfans, il suit que cette convention ne peut être permise dans le cas, auquel un enfant se marie avec le bien qu'il a gagné par son industrie. On ne peut pas dire, en ce cas, que ses père et mère *le marient;* c'est lui seul qui se marie du bien qu'il a, et ses père et mère ne paraissent au contrat, que pour approuver et consentir son mariage.

268. Au surplus, il n'importe quelle ait été la dot que les père et mère ont donnée à leurs enfans : quelque modique qu'elle ait été, les père et mère peuvent valablement faire cette convention.

269. Est-il nécessaire que la dot ait été fournie par les père et mère conjointement? Suffirait-il qu'elle eût été fournie par l'un d'eux seulement, sans que l'autre eût rien donné? Cela ne suffirait pas; car la permission, que la Coutume donne par cet article aux conjoints, de convenir, par le contrat de mariage de leurs enfans, que le survivant jouira, pendant sa vie, de la part

du prédécédé dans les biens de leur communauté, ne leur étant accordée, comme nous venons de le voir, qu'en récompense de la dot qu'ils donnent à leurs enfans, celui, qui n'en a donné aucune, n'a pas droit de stipuler par cette convention, en cas de survie, la part de l'autre conjoint dans les biens de la communauté; et, s'il ne le peut pas, l'autre conjoint, qui a fourni la dot, ne le peut pas non plus; car cette convention renferme un don mutuel, que les conjoints font réciproquement au survivant, de la part du prédécédé. Or, il est de l'essence du don mutuel, qu'aucune des deux donations qu'il renferme, ne puissent être valables, si l'une des deux ne peut l'être. Par conséquent, la donation, faite par celui qui a fourni la dot à celui qui n'y a pas contribué, ne pouvant pas être valable, celle, que lui a faite le conjoint qui n'a pas contribué à la dot, ne peut pas l'être non plus.

270. Lorsque le père a doté l'enfant des biens de la communauté, quoiqu'il ne soit pas dit que la mère a doté, elle est censée avoir contribué à la dot, non, à la vérité, en son propre nom, mais en sa qualité de commune: ce qui suffit, pour que les conjoints puissent faire la convention qui leur est permise par cet article, à moins qu'il ne fût dit, en termes formels, que le père a doté sur sa part; auquel cas, la femme n'aurait pas contribué à la dot, et il ne pourrait y avoir lieu à convention.

§ II. Si ces termes de l'article 281, *en mariant leurs enfans*, comprennent les petits-enfans.

271. C'est une question controversée entre les auteurs, si ces termes de l'*art.* 281, *en mariant leurs enfans*, comprennent les petits-enfans; et si, en conséquence, deux conjoints par mariage peuvent, en mariant leurs petits-enfans, se faire valablement la convention permise par l'*art.* 281.

Il y a lieu à cette question dans deux cas : le premier est, lorsque deux conjoints par mariage marient un petit-enfant, qu'ils ont de leur enfant prédécédé; le second cas est, lorsqu'ils marient un petit-enfant, qu'ils ont de leur enfant vivant.

Premier cas.

272. Les père et mère n'ayant pas, par le contrat de mariage de leur fils, fait la convention que la Coutume, par cet article, leur permettait de faire; leur fils étant depuis prédécédé, peuvent-ils, par le contrat de mariage d'un petit-fils qu'ils ont de ce fils, et à qui ils donnent une dot, faire la convention que le survivant jouira, pendant sa vie, de la part du prédécédé dans les biens de la communauté? Lemaître, après Auzanet, tient la

négative : c'est aussi l'avis de Laurière. Ces auteurs se fondent sur ce que la Coutume a dit seulement *les père et mère,* et n'a pas ajouté *aïeul et aïeule :* or, disent-ils, c'est un principe que les dispositions des Coutumes sont de droit étroit, et ne sont pas susceptibles d'extension, surtout celle-ci, qui est contraire au droit commun, en permettant aux conjoints de se faire un avantage contre le principe général du droit commun, qui défend tous avantages entre conjoints.

Au contraire, pour l'affirmative, on dit que les Coutumes, sous les termes de *père et mère,* comprennent l'aïeul et l'aïeule, et les autres ascendans, toutes les fois que la raison de leur disposition se rencontre également à l'égard de l'aïeul et de l'aïeule, comme à l'égard des père et mère. On peut citer pour exemple, *l'art.* 314 de la Coutume de Paris, qui dit que « *Père et mère* » jouissent par usufruit des biens délaissés par leurs enfans, qui » ont été acquis par lesdits père et mère, et par le décès de l'un » d'eux, advenus à leursdits enfans. » Il est constant que, dans cet article, la Coutume, sous le terme de *père et de mère,* a compris l'aïeul et l'aïeule ; parce que la raison tirée de la collaboration, sur laquelle la disposition de cet article est fondée, milite également pour l'aïeul et l'aïeule, comme pour les père et mère. Or, pareillement, la raison, sur laquelle est fondée la disposition de *l'art.* 281, qui accorde aux père et mère la permission de convenir que le survivant jouira de la part du prédécédé dans les biens de la communauté, comme une récompense de la dot qu'ils donnent à leurs enfans en les mariant, milite également à l'égard des aïeul et aïeule, qui sont d'autant plus dignes de cette récompense, qu'ayant déjà marié leur fils prédécédé, ils marient encore et dotent le petit-enfant qu'ils ont de ce fils. Donc, dans *l'art.* 281, on doit, sous les termes de *père et mère,* comprendre l'aïeul et l'aïeule, qui marient et dotent un petit-enfant qu'ils ont de leur enfant prédécédé. Quant à ce qu'on dit, que *l'art.* 281 est de droit étroit, et n'est pas susceptible d'extension, en tant qu'il s'écarte de la règle générale qui défend tous avantages entre conjoints, on répond que c'est au contraire la loi, qui défend les avantages entre conjoints, qui est un droit rigoureux, en tant qu'elle gêne la liberté naturelle, que chacun a de disposer de son bien ; et que c'est la disposition de cet *art.* 281 qui est favorable, en tant qu'elle rappelle, pour le cas qu'elle contient, la liberté naturelle.

273. Pour que l'aïeul et l'aïeule puissent, par le contrat de mariage d'un petit-enfant qu'ils ont d'un enfant prédécédé, convenir que le survivant jouira en usufruit de la part du prédécédé dans les biens de leur communauté, il faut qu'ils lui donnent une dot, quoiqu'ils en aient déjà donné une à leur enfant, et quoique le bien, qu'ils ont donné en dot à leur enfant, ait passé à ce petit-enfant

qui en a été héritier, et avec lequel bien il a été marié : car cette convention étant une condition, que la loi permet aux conjoints par mariage d'apposer à la dot qu'ils donnent à leurs enfans en les mariant, elle ne peut, comme nous l'avons déjà dit, intervenir que dans le temps qu'ils donnent cette dot, et par le contrat de mariage par lequel ils la donnent. N'ayant donc pas fait cette convention par le contrat de mariage de leur enfant, à qui ils ont donné une dot, ils ne sont plus à temps de la faire par le contrat de mariage du petit-enfant, à moins qu'ils ne donnent une nouvelle dot au petit-enfant, dont cette convention soit la condition.

Second cas.

274. Passons au cas, auquel des conjoints par mariage, ayant un fils et un petit-fils de ce fils, marient et dotent ce petit-fils du vivant du fils. Peuvent-ils, par le contrat de mariage de ce petit-fils, valablement convenir que le survivant aura la jouissance de la part du prédécédé dans les biens de la communauté, en faisant intervenir leur fils, père de ce petit-fils, qui consentira à cette convention ? La raison de douter est, que cette convention n'est permise aux conjoints, et le consentement, que donne à cette convention l'enfant qui doit succéder à la part du prédécédé, n'est valable, qu'autant que cette convention est la récompense de la dot que cet enfant reçoit.

D'où l'on conclut que, dans cette espèce, cet enfant ne recevant aucune dot, puisque ce n'est pas à lui, mais au petit-fils, que la dot est donnée, le consentement, qu'il donne à cette convention, en intervenant au contrat du petit-fils, ne peut rendre cette convention valable. Je pense, néanmoins, que la convention est, en ce cas, valable. La raison est, que la dot, qui est donnée au petit-fils par le contrat de mariage du petit-fils, est censée donnée au fils, père de ce petit-fils : car c'est un principe de droit, que ce qui est donné au fils, est censé donné au père : *Donatum filio, videtur donatum patri ;* et c'est en conséquence de ce principe que la Coutume de Paris, *art.* 306, oblige le fils à rapporter à la succession de ses père et mère ce qui a été donné à ses enfans, comme s'il eût été donné à lui-même. Dans cette espèce, la dot, donnée au petit-fils, est d'autant plus censée donnée au fils, qui est son père, qu'elle est censée donnée en acquittement d'une dette naturelle de ce fils, la dot du petit-fils étant une dette naturelle du fils qui est son père ; et le fils, en intervenant au contrat, est censé reconnaître cette dette naturelle, et reconnaître la dot donnée au petit-fils, comme donnée en son acquit, et, par conséquent, comme donnée à lui-même.

275. Observez que, pour que la convention, que font l'aïeul

et l'aïeule par le contrat de mariage de leur petit-fils, que le survivant jouira pendant sa vie de la part du prédécédé dans les biens de leur communauté, soit valable, il faut que le fils, père de ce petit-fils, intervienne au contrat ; car cette convention n'est valable que par le consentement, que l'enfant, qui doit succéder au prédécédé, est censé donner à cette convention, en acceptant la dot qui n'est donnée qu'à cette condition, soit à lui, soit à ses enfans. Or, il ne peut être censé donner ce consentement, s'il n'intervient à l'acte : le consentement, que donne à la convention le petit-fils, ne peut être utile et ne peut la rendre valable, qu'autant que, par le prédécès de son père avant la mort du prédécédé des conjoints qui ont donné la dot, ce serait lui qui viendrait à la succession du prédécédé.

276. Il nous reste à observer sur le sens de ces termes, *les pères en mariant leurs enfans*, qu'ils ne peuvent s'entendre que de leurs enfans communs : c'est pourquoi, si l'un deux mariait un enfant qu'il a d'un précédent mariage, quand même l'autre conjoint concourrait et contribuerait à la dot de cet enfant, qui n'est pas le sien, la convention permise par l'*art. 281, aux père et mère mariant leurs enfans*, ne pourrait avoir lieu ; car on ne peut pas dire qu'ils marient *leurs enfans*, celui qui est marié n'étant l'enfant que de l'un d'eux.

ARTICLE IV.

Quel est le sens de ces termes de l'article 281, pourvu qu'il ne se remarie?

277. Lorsque la Coutume dit, *Père et mère mariant leurs enfans, peuvent convenir qu'ils laisseront jouir le survivant....* POURVU QU'IL NE SE REMARIE ;

La Coutume, par ces termes, *pourvu qu'il ne se remarie*, entend-elle faire dépendre absolument la convention, qu'elle permet par cet article, de la condition que le survivant ne se remariera pas ; de manière que cette condition venant à défaillir, la convention devienne nulle, tant pour le passé que pour l'avenir, et que le survivant soit obligé de rendre les fruits qu'il a perçus, comme les ayant perçus sans titre, ou, ce qui est la même chose, en vertu d'un titre qui se trouve nul par la défaillance de la condition dont il dépendait? ou la Coutume n'entend-elle autre chose par ces termes, *pourvu qu'il ne se remarie*, sinon que le survivant, qui se remarie, doit, depuis qu'il s'est remarié, cesser de jouir de la portion des biens du prédécédé? On dit, pour la première interprétation, que si la Coutume eût voulu seulement que le second mariage du survivant fît cesser son usufruit pour l'avenir, elle se serait exprimée autrement ; qu'elle aurait dit *jouira pendant sa viduité*, ou bien *tant qu'il ne se re-*

mariera pas : mais en se servant de ceux-ci, *pourvu qu'il ne se remarie*, qui équipollent à ceux-ci, *s'il ne se remarie pas*, la Coutume a apposé la condition de ne se pas remarier, au don mutuel permis par cet article, de l'accomplissement ou de la défaillance de laquelle dépend la validité ou la nullité de ce don mutuel. On dit, au contraire, qu'il y aurait de l'inhumanité que le survivant, qui aurait perçu pendant une longue suite d'années les fruits de la portion du prédécédé, étant alors dans une disposition de volonté de demeurer en viduité, ayant depuis changé de volonté, et s'étant remarié, fût obligé au rapport de tous ces fruits qu'il a consommés de bonne foi. On ne doit donc pas croire que la Coutume ait eu cette intention. A l'égard de l'argument, qu'on tire du terme *pourvu que*, la réponse est, que si ce terme s'emploie quelquefois pour exprimer une condition suspensive, il s'emploie aussi quelquefois pour exprimer une condition qui n'est que résolutoire pour l'avenir. C'est ce qu'Ulpien enseigne dans cette espèce : Je vous vends un tel héritage pour un tel prix, *pourvu que*, d'ici à tel temps, on ne m'en offre pas davantage : *Nisi quis intrà Kalendas januarias proximas meliorem conditionem fecerit*. C'est ce qu'on appelait en droit, *addictio in diem*. Ulpien demande si, dans cette espèce, ces termes, *nisi quis, etc.*, POURVU QUE *d'ici à tel temps on n'en offre pas davantage*, expriment une condition suspensive, qui rend la vente conditionnelle, ou s'ils n'expriment qu'une condition résolutoire, sous laquelle la vente doive se résoudre pour l'avenir : et il décide que cela dépend de ce qui paraîtra avoir été l'intention des parties : *Quoties fundus in diem addicitur, utrùm pura emptio est sed sub conditione resolvitur, an verò conditionalis sit magis emptio, quæstionis est? Et mihi videtur verius, interesse quid actum sit*. Puisque Ulpien décide que, en ce cas, on doit rechercher quelle a été l'intention des parties, il suppose donc que ces termes, *nisi quis, etc.*, pourvu que d'ici à tel temps on n'en offre pas davantage, sont susceptibles des deux sens, et qu'ils peuvent s'entendre d'une condition, qui soit seulement résolutoire de la vente pour l'avenir, aussi bien que d'une condition suspensive qui rendît conditionnelle la vente. Donc, pareillement, dans l'*art.* 281 de la Coutume, ces termes, *pourvu qu'il ne se remarie*, peuvent s'entendre non-seulement d'une condition suspensive, de l'accomplissement ou de la défaillance de laquelle dépendent entièrement la validité ou la nullité du don mutuel, mais aussi d'une condition simplement résolutoire, sous laquelle le don mutuel, porté par cet article, doive se résoudre pour l'avenir seulement : or, ce second sens étant le plus équitable et le plus favorable, on doit présumer que c'est celui, dans lequel la Coutume a entendu ces termes, *pourvu qu'il ne se remarie*, et qu'elle n'a voulu autre chose, sinon que, si le survivant se remariait, il cessât dès-lors d'avoir la jouissance de la portion du prédécédé, qu'elle lui avait accordée.

278. La clause, portée au contrat de mariage de l'enfant, qu'au moyen de la dot, que ses père et mère lui fournissent, le survivant desdits père et mère jouira, pendant sa vie, de la portion du prédécédé dans les biens de la communauté, renferme, comme nous l'avons déjà vu, deux conventions : l'une, qui intervient entre les père et mère, par laquelle ils se font l'espèce de don mutuel que l'*art.* 281 leur permet de se faire des biens de la communauté que le prédécédé laissera à son décès; et l'autre, qui intervient entre chacun des père et mère et l'enfant, qui ne reçoit la dot qui lui est fournie, qu'à la charge de laisser jouir le survivant de la part du prédécédé dans les biens de la communauté. C'est à la première convention qu'est apposée la condition, que renferment ces termes de l'*art.* 281, *pourvu qu'il ne se remarie*, la Coutume ne la leur ayant permise que sous cette condition. Mais cette condition ne concerne point l'autre convention, par laquelle l'enfant reçoit la dot qui lui est fournie, à condition de laisser jouir le survivant de la part du prédécédé : car le survivant, qui n'était pas obligé de contribuer à la dot, a pu apposer à la dot qu'il a donnée, telle condition que bon lui a semblé. C'est pourquoi, si l'enfant demande au survivant, qui s'est remarié, la part du prédécédé dans les biens de la communauté, le survivant sera bien fondé à demander à l'enfant, *per condictionem causâ datâ, causâ non secutâ*, qu'il lui rende la dot, quant à la part pour laquelle il y a contribué; ou, ce qui revient au même, que l'enfant la laisse prélever en entier au survivant, au partage qu'ils ont à faire des biens de la communauté.

ARTICLE V.

Quelles choses peuvent être comprises dans l'espèce de don mutuel qui résulte de la convention permise par l'article 281 ; et quelles en sont les charges.

§ I. Quelles choses peuvent être comprises dans cette espèce de don mutuel.

279. La Coutume s'en explique audit article. Il y est dit que les père et mère, en mariant leurs enfans, peuvent convenir que lesdits enfans *laisseront jouir le survivant des meubles et conquêts du prédécédé.*

Par ces termes, la Coutume entend l'usufruit de la portion du prédécédé dans les biens de la communauté; et, en cela, l'espèce de don mutuel permis par cet article convient avec celui qui est permis par l'*art.* 280.

Les créances, que le prédécédé avait contre la communauté, quoique meubles, ne sont donc pas comprises dans cette espèce de don mutuel; au contraire, les propres ameublis y sont compris sous le terme de *conquêts*, l'ameublissement les faisant réputer tels.

280. La Coutume ayant borné à ces biens l'espèce de don mutuel qu'elle permet aux conjoints, par cet *art.* 281, de se faire, il ne peut être valablement fait d'autres choses.

C'est pourquoi, s'il était dit, par le contrat de mariage d'un enfant, que, au moyen de la dot qu'il a reçue, il laisserait jouir le survivant de tous les biens du prédécédé, meubles et acquêts et propres, le don mutuel, que les conjoints ont entendu se faire par cette convention, serait nul.

Il le sera non-seulement par rapport aux propres, que la Coutume ne leur permet pas de se donner; il le sera entièrement, même par rapport aux meubles et conquêts, dont ils eussent pu se donner l'usufruit, s'ils eussent borné leur don mutuel à cette espèce de biens. Nous en avons dit la raison en la seconde partie, *n.* 167.

Cela a été jugé par un arrêt du 14 juillet 1751, rapporté par Denisart, sur le mot *avantage*. Dans l'espèce de cet arrêt, deux conjoints avaient donné une dot considérable à leur fille, à la charge que le survivant aurait la jouissance, tant des conquêts, que des propres du prédécédé : après la mort du prédécédé, le gendre et la fille offrirent d'imputer la dot en entier sur la succession du prédécédé, et demandèrent compte et partage. Le survivant offrait de compter du revenu des propres, et prétendait retenir la jouissance des biens de la communauté; il en fut débouté par l'arrêt, sur le fondement que le don mutuel, porté par la convention du mariage, n'étant pas borné aux seuls biens, dont la Coutume permettait aux conjoints de disposer l'un envers l'autre, était entièrement nul.

Par la même raison, la Coutume n'ayant permis aux conjoints de se donner qu'en usufruit; s'il était dit, par le contrat de mariage de l'enfant, que, au moyen de la dot qui lui a été donnée, le survivant aurait en propriété la portion du prédécédé, soit dans les meubles, soit dans quelque autre effet de la communauté, le don mutuel, que les conjoints auraient entendu se faire par cette convention, serait nul, quand même cette propriété, qui en fait l'objet, serait d'un beaucoup moindre prix, que l'usufruit de toute la portion du prédécédé dans les meubles et conquêts, que les conjoints eussent pu se donner.

281. Ces conventions sont nulles par rapport au don mutuel qu'elles renferment, n'ayant été au pouvoir des conjoints de se donner que ce que la Coutume leur permet de se donner, et de la manière dont elle le leur permet; mais elles sont valables à l'effet

d'obliger l'enfant, qui n'y satisfait pas, à imputer sa dot entière sur la succession du prédécédé; car le survivant, qui était le maître de ne point donner du tout la dot à cet enfant, a pu ne la donner, que dans le cas auquel il satisferait à ce qu'il a jugé à propos de lui prescrire.

Les conjoints ne peuvent pas, en mariant leurs enfans, se donner plus que ce que la Coutume leur permet de se donner, ni des choses différentes; mais ils peuvent ne se donner que partie desdites choses. Par exemple, ils peuvent convenir, en mariant leur enfant, qu'il laissera jouir le survivant de la portion du prédécédé dans les meubles de la communauté, sans stipuler la même chose à l'égard des conquêts; ou bien, qu'il laissera jouir le survivant d'un certain effet particulier, sans stipuler la même chose à l'égard du surplus. C'est le cas de cette règle: *Qui peut le plus, peut le moins.*

§ II. Quelles sont les charges de l'espèce de don mutuel permis par l'article 281.

282. La Coutume ne s'en est pas expliquée par l'*art.* 281; mais ce que la Coutume permet par cet article aux conjoints de se donner par don mutuel, étant la même chose que ce qu'elle leur permet de se donner par l'article précédent, savoir, l'usufruit de l'universalité de la portion du prédécédé dans les biens de la communauté, on doit facilement sousentendre, dans l'*art.* 281, que la Coutume leur permet de se donner cet usufruit sous les mêmes charges qu'elle a déclaré, par l'*art.* 286, être attachées à cet usufruit; savoir, la charge d'avancer, tant les frais funéraires du prédécédé, que la portion dont le prédécédé était tenu des dettes mobilières de la communauté. Il n'est pas douteux que le survivant, qui, en vertu de la convention permise par l'*art.* 281, jouit de la portion du prédécédé, doit aussi acquitter les arrérages des rentes, tant foncières que constituées, dont les biens de la communauté sont chargés, qui courront pendant tout le temps que durera sa jouissance, et qu'il est tenu de toutes les autres charges des usufruitiers. *Voyez* ce que nous en avons dit en la seconde partie, chap. 6.

ARTICLE VI.

Quel est l'effet de la convention permise par l'article 281.

283. L'effet de cette convention est, en ce cas, que les enfans, qui ont été mariés avec cette convention, ne sont pas recevables à demander au survivant le partage des biens de la communauté, surtout lorsque les autres enfans, qui pourraient le demander,

n'ayant point été mariés avec cette convention, ne le demandent point.

Nous verrons *infrà*, s'ils seraient recevables à demander leur part, même dans le cas auquel les autres enfans demanderaient ce partage.

284. Lorsque l'enfant, qui a été marié avec cette convention, est mort avant ses père et mère, les enfans de cet enfant, qui le représentent dans la succession du prédécédé, soit qu'ils aient été héritiers, ou non, de l'enfant qu'ils représentent, ne sont pas plus recevables à demander partage au survivant, que ne l'eût été l'enfant qu'ils représentent : car c'est un principe, que les représentans ne peuvent avoir plus de droit à une succession, que n'en a eu la personne qu'ils représentent : *Qui alterius jure utitur, eodem jure uti debet.*

285. Lorsque l'enfant marié avec cette convention, et mort avant ses père et mère, était un enfant unique, et, qu'en conséquence, les enfans de cet enfant viennent, non par représentation, mais de leur chef, à la succession du prédécédé des deux conjoints qui ont marié cet enfant, à la charge de laisser jouir le survivant, *quid juris?*

Il faut distinguer, en ce cas, si les enfans de cet enfant ont été ses héritiers, ou non. S'ils ont été ses héritiers, ils ont succédé à l'obligation qu'il a contractée par le contrat de mariage, envers le survivant, de le laisser jouir de la portion du prédécédé dans les biens de la communauté; et ils sont, par conséquent, aussi bien que lui, non recevables à demander le partage au survivant, de son vivant : mais si les enfans de l'enfant, qui s'est obligé, par son contrat de mariage, à laisser jouir le survivant de la portion du prédécédé dans les biens de la communauté, ont renoncé à la succession de cet enfant; ces enfans n'ayant pas, en ce cas, succédé à cette obligation, et d'ailleurs venant à la succession du prédécédé, non par représentation de cet enfant, mais de leur propre chef, rien ne peut les empêcher de jouir, en leur qualité d'héritiers du prédécédé, de la portion du prédécédé dans les biens de la communauté qui était entre lui et le survivant, à moins que les enfans n'eussent été eux-mêmes mariés et dotés par leurs aïeul et aïeule, à la charge de laisser jouir le survivant.

286. L'enfant, qui a été marié par ses père et mère avec la convention de laisser jouir le survivant des meubles et conquêts du prédécédé, n'est pas reçu, à la vérité, à en demander le partage au survivant, tant que ce partage n'est pas demandé par d'autres enfans : mais si un autre enfant, qui n'a point été marié avec cette convention, ou qui n'a point été marié du tout, a demandé ce partage au survivant, quel est, en ce cas, l'effet de la convention, à l'égard de celui qui a été marié avec cette convention? Les auteurs ont des opinions différentes sur cette question.

Laurière et Ferrière pensent que, même en ce cas, l'enfant, qui a été marié avec cette convention, est tenu de l'exécuter autant qu'il est en lui, et qu'il doit, en conséquence, laisser au survivant l'usufruit de la part qui lui revient dans la portion des biens de la communauté, appartenante à la succession du prédécédé. Ces auteurs ajoutent que, lorsqu'il y a aussi dans la succession du prédécédé des biens propres, l'enfant, qui doit à la succession du prédécédé le rapport de la moitié de la dot qui lui a été fournie par ses père et mère, doit faire ce rapport sur les biens propres de la succession du prédécédé, plutôt que sur les biens de la communauté de cette succession, en laissant prendre avant lui à l'enfant qui n'a pas été marié, une quantité de biens propres égale à celle dont il lui doit le rapport; afin que, par ce moyen, l'enfant marié soit en état de remplir plus pleinement l'obligation qu'il a contractée, par son contrat de mariage, envers le survivant, en lui laissant, dans toute son intégrité, la part revenante audit enfant dans les meubles et conquêts de la succession du prédécédé.

Duplessis et Lemaître rejettent cette opinion, comme contraire au principe qui ne permet pas qu'entre enfans, qui viennent à une succession, les uns puissent être, par le fait de celui, à la succession duquel ils viennent, plus avantagés dans cette succession que les autres; ce qui arriverait, néanmoins, si le prédécédé avait pu valablement donner au survivant l'usufruit de la portion de ses meubles et conquêts, qui revient, dans sa succession, à l'enfant qui a été marié sous cette condition, pendant que l'autre enfant jouirait en pleine propriété de la sienne. En conséquence, ces auteurs pensent que le don mutuel de l'usufruit des meubles et conquêts du prédécédé, que la Coutume, en l'*art.* 281, permet aux père et mère de se faire en mariant leurs enfans, n'est valable, qu'autant que tous les enfans, qui viennent à la succession du prédécédé, ont tous été mariés avec cette convention. On ajoute que c'est le sens grammatical de l'*art.* 281; car la Coutume, en cet article, ne s'exprime pas *distributivè*; elle ne dit pas: père et mère, en mariant quelqu'un de leurs enfans, peuvent convenir que ledit enfant laissera jouir le survivant de la part revenante audit enfant dans les meubles et conquêts de la succession du prédécédé; mais elle dit *conglobatim*, *en mariant leurs enfans*, peuvent convenir que *lesdits enfans laisseront jouir*, etc. Ce n'est donc pas en mariant quelqu'un de leurs enfans; ce n'est qu'en mariant tous leurs enfans, qui doivent venir à la succession du prédécédé, que les père et mère peuvent se faire le don mutuel, que la Coutume leur permet de se faire par cet article, des meubles et conquêts du prédécédé. Chacun des enfans, qui sont mariés avec la convention permise par cet article, est censé ne consentir laisser jouir le survivant des meubles et conquêts du prédécédé, qu'autant que les autres enfans, qui viendront avec lui à cette succession du prédécédé, en laisseront pareillement jouir le survivant, soit que les autres enfans aient été mariés comme lui avec pareille convention, soit qu'ils veuillent bien volontairement y consentir. Mais, dès que quelqu'un des autres enfans, qui n'aura pas été marié avec cette convention, ou qui ne l'aura pas été du tout, provoquera le survivant au partage des biens de la communauté, et demandera à jouir de la part qui lui revient dans les meubles et conquêts; celui, qui a été marié avec la convention de laisser jouir le survivant, sera admis pareillement à jouir de la sienne, sans que la convention, portée par son contrat de mariage, y fasse obstacle.

On réplique, en faveur de la première opinion, que les enfans, qui ont la pleine propriété de leur part dans les biens de la communauté délaissés par le prédécédé, ne doivent pas être censés plus avantagés, en cela, que l'enfant doté, qui n'aurait que la nue propriété de sa part dans lesdits biens, dont il serait tenu de laisser la jouissance au survivant; car cet enfant est payé de cette jouissance par la jouissance de la dot que le survivant lui a fournie, qui lui tient lieu et est comme le prix de celle qu'il a laissée au survivant. Donc, quoiqu'il n'ait pas la jouissance de sa part, comme les autres enfans ses cohéritiers, qui ont celle de la leur, il n'est pas, pour cela, moins avantagé dans les biens de la succession du prédécédé, puisqu'il en a eu l'équivalent.

Cela doit avoir lieu, quand même la jouissance de la part de cet enfant, laissée par lui au survivant, excèderait de beaucoup la jouissance de la dot, qui lui a été fournie par le survivant; car si elle se trouve aujourd'hui d'une plus grande valeur, il pouvait aussi arriver qu'elle se trouvât moindre : il en a couru les risques, lorsque, par son contrat de mariage, il a traité de cette jouissance avec le survivant; et même, par cela seul qu'il en a traité avec le survivant, il doit être censé y avoir succédé au prédécédé. On ne peut donc pas dire qu'il ait succédé à moins, que les autres enfans ses cohéritiers, et que ceux-ci aient été plus avantagés que lui dans la succession du prédécédé.

Quoique ce raisonnement détruise absolument le principal fondement de la seconde opinion, et que l'argument tiré des termes du texte ne soit rien moins que concluant, ces termes pouvant très-bien s'entendre *distributivè*, comme il résulte des exemples rapportés au titre *de legat.*, n. 186, dans mes Pandectes; néanmoins, on m'assure que cette seconde opinion, qui est celle de Duplessis et de Lemaître, est celle qui est la plus reçue, et la plus suivie au Palais. J'aurais de la peine à m'y rendre.

Dans l'opinion de Duplessis, quoique l'enfant doté, marié avec la convention qu'il laissera jouir le survivant de la part du prédécédé dans les biens de la communauté, ne soit pas obligé de laisser la jouissance de la portion qui lui revient dans cette part, lorsqu'un autre enfant, qui n'a pas été doté avec cette convention, en demande le partage, la convention doit au moins avoir cet effet, que cet enfant sera obligé d'imputer en entier, sur la succession du prédécédé, la dot qu'il a reçue de ses père et mère; le survivant n'ayant voulu contribuer à la dot, que dans le cas auquel on le laisserait jouir des meubles et conquêts du prédécédé.

287. On a fait la question, si un enfant ayant été marié et doté par ses père et mère, avec la clause de laisser jouir le survivant des biens de la communauté, et ayant été fait légataire universel par le prédécédé, était tenu de laisser jouir le survivant de toute la part qu'il a dans les biens de la communauté comme légataire universel, ou seulement de ce qui lui serait revenu pour sa portion héréditaire, sa dot prélevée. Je penserais que le survivant ne doit jouir que de cette portion; car ce n'est que de cette portion que l'enfant a entendu traiter par la convention de son contrat de mariage, par laquelle il s'est obligé de laisser jouir le survivant : il n'a pu traiter alors de celle qu'il aurait du legs universel, puisqu'il ignorait alors que le prédécédé le ferait légataire universel.

ARTICLE VII.

De l'effet de la clause de ne pouvoir provoquer le survivant à inventaire ni partage, dans les Coutumes qui ne permettent pas l'espèce de don mutuel que celle de Paris permet par l'article 281.

288. L'article 281 de la Coutume de Paris, qui permet aux père et mère de se faire, en mariant leurs enfans, une espèce de don mutuel des meubles et conquêts du prédécédé, est une disposition qui est particulière à la Coutume de Paris.

Dans les Coutumes qui ne s'en sont pas expliquées, quoiqu'il soit assez fréquent que les père et mère, en mariant leurs enfans, fassent insérer, dans le contrat de mariage de leursdits enfans, la clause que l'enfant, au moyen de la dot qu'il a reçue, ne pourra provoquer le survivant à aucun inventaire ni partage, cette clause n'empêche pas l'enfant, lorsqu'il deviendra héritier du prédécédé, de demander en cette qualité au survivant, inventaire et partage des biens de la communauté : la clause n'a d'autre effet, dans ces Coutumes, si ce n'est que l'enfant, qui, en demandant au survivant partage, manque à la condition sous laquelle le survivant a contribué à la dot, est obligé d'imputer en entier la dot qu'il a reçue sur la succession du prédécédé.

Cette convention, que l'enfant ne pourra provoquer le survivant à partage, n'est différente de celle, par laquelle on convient que la dot, que des père et mère donnent à un enfant, sera imputée sur la succession du premier décédé, sinon que, dans le cas de celle-ci, il n'y a absolument que celui qui meurt le premier, qui soit censé avoir doté : la dot doit être imputée en entier sur la succession, en quelque cas que ce soit, dans le cas auquel l'enfant n'aurait pas demandé partage au survivant et l'aurait laissé jouir des biens du prédécédé, aussi bien que dans le cas auquel il l'aurait demandé. Au contraire, dans l'espèce de la clause, par laquelle il est seulement dit que l'enfant ne pourra provoquer le survivant à partage, ce sont les deux conjoints qui donnent la dot; sauf que le survivant n'est censé y avoir concouru et contribué, que sous la condition portée au contrat, que l'enfant ne le provoquera pas à partage. C'est pourquoi, lorsque l'enfant contrevient à la condition, en demandant partage au survivant, le survivant est censé n'avoir pas doté, et l'enfant doit imputer en entier sur la succession du prédécédé la dot qu'il a reçue. Au contraire, lorsque l'enfant a satisfait à la condition, en laissant jouir le survivant jusqu'à la fin de sa vie, l'enfant, qui vient au partage de la succession du prédécédé, avec les autres enfans qui n'ont pas été dotés, n'est obligé de rapporter à cette succession, que la moitié de la dot qu'il a reçue; et il peut, en renonçant à la succession du survivant, retenir l'autre moitié de la dot.

Il en est de même, quoique l'enfant, doté par ses père et mère avec cette clause, ait, après la mort du prédécédé, partagé les biens de la communauté avec le survivant, pourvu que ce ne soit pas lui qui ait demandé ce partage.

APPENDICE

AU TRAITÉ DES DONATIONS

ENTRE MARI ET FEMME.

Interprétation de l'article 68 de la Coutume de Dunois.

1. L'ARTICLE 68 de la Coutume de Dunois, locale de celle de Blois, contient une disposition qui lui est particulière, par laquelle elle ne permet aux conjoints par mariage de se rien donner pendant leur mariage, que par une donation mutuelle, qui soit confirmée par un testament mutuel; ou de se donner par un testament mutuel, sans qu'il soit précédé de donation.

Cette disposition étant particulière à cette Coutume, et personne, que je sache, n'ayant, jusqu'à présent, rien donné au public sur cette Coutume, j'ai entrepris de donner une interprétation de l'article qui la contient.

Cet article est conçu en ces termes :

« Homme et femme conjoints par mariage, sains d'entende-
» ment, peuvent donner à toujours mais l'un à l'autre, par don
» mutuel fait entre vifs, et confirmé par testament, seulement fait
» ensemblement, tous et chacuns leurs biens meubles, et acqué-
» remens immeubles, tant en propriété qu'en usufruit, qu'ils au-
» ront lors du trépas du premier décédé d'eux deux, et l'usufruit
» de tous les héritages propres, la vie durant du survivant seule-
» ment : et vaut ladite donation, soit qu'ils aient enfans, ou non,
» à la charge toutefois de nourrir, entretenir, pourvoir et assi-
» gner leurs enfans selon leur état, durant leur minorité, ou qu'ils
» soient mariés, ou autrement pourvus; et payer les dettes, legs
» et funérailles du premier décédé, ensemble les charges fonciè-
» res que doivent lesdits héritages, et iceux entretenir; et demeure
» ledit donataire saisi.

» Mais èsdites seigneuries de Marchenoir et Fréteval, quand
» il y a enfans, lesdits meubles et conquêts ne se peuvent donner
» à toujoursmais, et en icelles se peut faire ledit don, sans le
» confirmer par testament. »

Cette disposition a quelque rapport à l'ancien droit romain, qui était observé avant le sénatus-consulte rendu sous les empereurs Sévère et Antonin Caracalla, rapporté en la loi 32, ff. de *donat. int. vir. et ux.* Quoique, par ce sénatus-consulte, les donations entre conjoints par mariage soient confirmées de plein droit par le prédécès du donateur, qui est mort sans les avoir révoquées, ces donations, par l'ancien droit, avant ledit sénatus-consulte, ne pouvaient être valables, si elles n'étaient expressément confirmées par le testament du donateur.

2. Avant que de venir à l'interprétation de cet article, il y a une question préliminaire à examiner, qui est de savoir, si la disposition du présent article peut encore avoir lieu, depuis l'Ordonnance du mois d'août 1735, qui a abrogé l'usage des testamens mutuels. Il est dit par cette Ordonnance, *art.* 77 : « Abrogeons l'usage des testamens ou codicilles mutuels ou faits conjointement, soit par mari et femme, soit par d'autres personnes : voulons qu'à l'avenir ils soient regardés comme nuls et de nul effet dans tous les pays de notre domination. »

La question s'en est élevée dans les Coutumes de Dunois, et elle a été jugée par un arrêt du 27 mars 1759, qui a confirmé un testament mutuel entre mari et femme, du 12 septembre 1749, fait, par conséquent, postérieurement à l'Ordonnance de 1735. Cet arrêt, en confirmant ce testament, a clairement jugé que la disposition du présent article n'avait pas été abrogée par l'article 77 de l'Ordonnance de 1735, et qu'elle continuait d'avoir lieu comme auparavant.

La décision de cet article est fondée sur une exception qui est en fin dudit article 77, où il est dit : « Sans rien innover en ce qui concerne les donations mutuelles à cause de mort, jusqu'à ce qu'il y ait été par nous pourvu, suivant la réserve portée par l'article 46 de notre Ordonnance du mois de février 1731. »

Et ledit article 46 porte : « N'entendons comprendre dans les dispositions de la présente Ordonnance ce qui concerne les dons mutuels, et autres donations faites entre mari et femme.... jusqu'à ce qu'il y ait été autrement par nous pourvu. »

L'arrêt a jugé que les testamens mutuels, permis par la Coutume de Dunois entre conjoints par mariage, étaient, par-là, suffisamment exceptés de la disposition de l'Ordonnance de 1735, qui abroge l'usage des testamens mutuels.

La raison ultérieure de cette exception est, que l'Ordonnance, en abrogeant l'usage des testamens mutuels, n'a voulu autre chose, sinon que, pour obvier, autant qu'il était possible, aux suggestions, qui sont plus à craindre dans les testamens mutuels que dans les testamens simples, les personnes, qui pouvaient faire auparavant leurs dispositions testamentaires, ou par des testamens simples, ou par des testamens mutuels, ne pourraient plus à l'avenir se servir que de la voie du testament simple; mais l'intention de l'Ordonnance n'a point été de priver personne de faire les dispositions testamentaires que les lois lui permettent de faire, et de les faire envers les personnes, envers qui les lois lui permettent de les faire. L'Ordonnance n'a donc pas eu intention d'interdire aux conjoints par mariage les testamens mutuels, que la Coutume de Dunois leur permet : car cette Coutume ne leur accordant que la voie du testament mutuel, pour se donner leurs biens l'un à l'autre, et ne leur accordant pas la voie du testament simple ; si le testament mutuel leur était interdit, il ne leur resterait aucune voie pour pouvoir se rien donner l'un à l'autre, et ils seraient privés de la faculté, que la loi, qui régit leurs biens, leur accorde d'en disposer l'un envers l'autre ; ce qui n'a pas été l'intention de l'Ordonnance.

3. Les testamens mutuels, permis aux conjoints par mariage par cet article de la Coutume, le sont-ils même dans les seigneuries de Marchenoir et Fréteval ? La raison de douter est, qu'étant permis, dans ces seigneuries, aux conjoints par mariage, de se faire l'un à l'autre don mutuel, sans qu'il soit besoin qu'il soit confirmé par un testament mutuel, comme cela est requis dans tout le reste du Dunois, l'abrogation des testamens mutuels ne les prive pas de la faculté de se donner l'un à l'autre, puisqu'ils peuvent le faire par don mutuel, sans faire de testament mutuel, Néanmoins, il faut décider que les testamens mutuels entre conjoints par mariage doivent encore avoir lieu dans ces seigneuries ; autrement les conjoints par mariage y auraient bien le pouvoir de se donner l'un à l'autre, mais ils n'y auraient pas le pouvoir de tester l'un au profit de l'autre, la Coutume ne leur permettant de le faire que par la seule voie du testament mutuel. Or, l'intention de l'Ordonnance n'a pas été de priver personne de la faculté de tester au profit des personnes, envers qui les lois permettent de disposer, pas plus que de la faculté de leur donner.

4. Observez que l'usage des testamens mutuels n'ayant été conservé dans la Coutume de Dunois, que pour les dispositions qu'elle permet aux conjoints par mariage de se faire par testament mutuel, leur testament mutuel ne peut être valable, que pour les dispositions qu'ils s'y font l'un à l'autre ; ils ne peuvent plus, comme ils le pouvaient avant l'Ordonnance de 1735, faire valablement, par leur testament mutuel, des dispositions testamentaires envers des tiers, ces dispositions se trouvant aujourd'hui prohibées par l'Ordonnance de 1735 : chacun des conjoints doit donc faire séparément, hors du testament mutuel, par un testament simple, toutes les dispositions testamentaires qu'il juge à propos de faire envers des tiers.

5. Observez que les conjoints par mariage peuvent bien, par le testament mutuel que cette Coutume permet, disposer valablement l'un envers l'autre des biens régis par cette Coutume ;

c'est-à-dire, de ceux qui y sont situés , quelque part où les conjoints aient leur domicile, et de ceux qui n'ont pas de situation , lorsque les conjoints ont leur domicile dans le Dunois; mais ils ne peuvent pas valablement disposer, l'un envers l'autre, par ce testament mutuel, des biens régis par d'autres Coutumes, qui permettent simplement aux conjoints de se donner l'un à l'autre par testament ; ils doivent chacun séparément disposer l'un envers l'autre desdits biens par un testament simple.

Passons présentement à l'interprétation de cet article.

Pour l'interprétation de cet article, nous examinerons, dans un premier paragraphe, le motif de sa disposition. Nous traiterons, dans un second, de la nature des donations et testamens qu'il permet. Dans un troisième, nous verrons quels sont les conjoints par mariage auxquels cet article permet de se donner l'un à l'autre; dans un quatrième, quels sont les biens qu'il leur permet de se donner l'un à l'autre; dans un cinquième, quelles sont les charges qu'il impose au donataire; enfin, dans un sixième, nous traiterons de l'exécution du don mutuel permis par cet article.

§ 1, Du motif de la disposition de l'article.

6. Nous examinerons d'abord pourquoi la Coutume ne permet aux conjoints de se rien donner l'un à l'autre, que par des dispositions mutuelles, et non par des donations simples ou par des legs simples que l'un ferait à l'autre. La raison est, que la donation entre vifs ou testamentaire simple, que l'un des conjoints ferait à l'autre, est un véritable avantage. La Coutume ne les permet pas, comme contraires à la loi générale qui interdit aux conjoints de se faire aucuns avantages pendant le mariage : au contraire, elle leur permet de se donner par don mutuel, ou par testament mutuel, parce que les avantages, que ces actes renferment, ne sont qu'improprement des avantages, ce que le survivant reçoit du don que lui a fait le prédécédé, n'étant pas tant un avantage, que lui ait fait le prédécédé, que le prix du risque qu'il a couru d'en laisser autant, ou presque autant au prédécédé, si c'eût été lui qui eût survécu.

7. Il nous reste à examiner le motif, pour lequel la Coutume veut que le don mutuel, que se font les conjoints par mariage, soit confirmé par un testament mutuel. Il paraît tiré de la crainte, que la Coutume a eue, que le grand ascendant, que l'union conjugale donne souvent à l'un des conjoints sur la volonté de l'autre, n'empêchât souvent que leur consentement, qu'ils donnent à leur don mutuel, ne fût pas toujours aussi libre et aussi parfait que doit l'être le consentement qu'on donne à un acte irrévocable. C'est pourquoi, la Coutume a voulu qu'ils ne pussent

faire que par des actes révocables le don mutuel qu'elle leur permet, afin que le pouvoir, qu'ils conservent de le révoquer, fût un remède contre le défaut de liberté qu'ils auraient pu avoir en le faisant.

§ II. De la nature des donations et testamens permis par cet article.

8. L'article dit, peuvent donner l'un à l'autre *par don mutuel fait entre vifs, confirmé par testament.* Quoique l'article se soit servi de ces termes, *fait entre vifs*, néanmoins les donations mutuelles, qu'il permet aux conjoints de se faire l'un à l'autre, ne sont pas de véritables donations entre vifs; ce sont de pures donations pour cause de mort, puisque, après que les conjoints ont fait leur don mutuel, chacun d'eux demeure le maître de détruire la donation qu'il a faite à l'autre, soit en ne faisant pas le testament mutuel, qui est nécessaire pour la confirmer, soit en révoquant celui par lequel elle a été confirmée. Il manque donc à ces donations le caractère d'irrévocabilité qui est essentiel aux donations entre vifs; et elles ont, au contraire, celui de révocabilité, qui est le caractère distinctif des donations pour cause de mort. Ces termes, *fait entre vifs*, ne signifient donc autre chose que *conçu dans les termes et fait dans la forme extérieure d'un don entre vifs;* mais ils ne veulent pas dire que ce don soit un véritable don entre vifs.

9. Ce que nous venons de dire souffre exception à l'égard du don mutuel, que les conjoints par mariage se font dans les seigneuries de Marchenoir et de Fréteval, dans lesquelles il est dit, à la fin de l'article, que le don mutuel n'a pas besoin d'être confirmé par testament. Rien n'empêche qu'on ne puisse le regarder comme un véritable don entre vifs irrévocable, et tel, à cet égard, que le don mutuel, que les conjoints par mariage se font dans les autres Coutumes.

Les conjoints par mariage peuvent, dans ces deux seigneuries, s'avantager de deux manières différentes; ou par un don mutuel entre vifs, qui est irrévocable, ou par un testament mutuel, lorsqu'ils veulent conserver la faculté de révoquer leur donation.

10. Dans le reste de la province de Dunois, quoique la Coutume paraisse accorder aux conjoints par mariage deux voies de s'avantager, celle du don mutuel, qui doit être confirmée par un testament mutuel, et celle d'un testament mutuel seul, ils n'en ont, néanmoins, proprement qu'une, qui est celle du testament mutuel; le don mutuel, que la Coutume leur permet de se faire, lequel a besoin d'être confirmé par un testament mutuel, étant un acte tout-à-fait inutile et superflu, puisqu'il ne peut avoir plus d'effet qu'un testament mutuel, qui n'est précédé d'aucun don mutuel.

11. Le testament mutuel, que la Coutume permet par cet article aux conjoints par mariage, est, par sa nature de testament, révocable par la volonté seule de chacun des conjoints qui l'ont fait, sans qu'il soit besoin que la volonté de l'autre conjoint concoure pour cette révocation.

L'un des conjoints, en révoquant le testament mutuel qu'ils ont fait, détruit non-seulement la donation testamentaire, qu'il a faite à l'autre conjoint par ce testament, mais il détruit pareillement celle que l'autre conjoint lui a faite, quand même celui, qui la lui a faite, déclarerait expressément qu'il persévère dans sa volonté; car la donation testamentaire, que l'un des conjoints a faite à l'autre, ne subsistant plus, par la révocation qu'il en a faite, celle, que l'autre conjoint lui a faite, cesse d'être mutuelle; et n'étant plus mutuelle, elle ne peut plus subsister, la Coutume n'ayant permis aux conjoints par mariage de s'avantager l'un l'autre que par des dispositions mutuelles.

12. Ricard, en son Traité du Don mutuel, n. 237, apporte une limitation au principe de la révocabilité des testamens mutuels : il dit que, quoique régulièrement les testamens soient révocables jusqu'au dernier moment de la vie du testateur, néanmoins, lorsque deux personnes ont fait l'une au profit de l'autre un testament mutuel, elles ne doivent pas attendre, pour le révoquer, qu'elles soient à l'extrémité; et que la révocation, que le prédécédé a faite pendant la dernière maladie dont il est décédé peu après, doit être réputée frauduleuse, et déclarée nulle, n'étant pas juste que le survivant, après avoir couru tout le risque de laisser son bien au prédécédé, si le prédécédé lui survivait, dans l'espérance de recueillir celui du prédécédé, s'il lui survivait, fût, par la révocation du testament mutuel, privé de recueillir le fruit de cette espérance, dans un temps où il était sur le point de le recueillir. Il est en quelque façon contre la bonne foi, que le prédécédé, qui n'a point révoqué le testament mutuel, tant qu'il a pu espérer que ce serait lui qui, par sa survie, en recueillerait le bénéfice, enlève au survivant ce bénéfice, lorsqu'il voit que le survivant est sur le point de le recueillir.

Ricard autorise son avis par deux arrêts, l'un du 12 avril 1613, et l'autre du 18 mars 1617, rapportés par Brodeau sur Louet, *lettre T, art.* 10, qui ont déclaré nulle une révocation de don mutuel, faite par l'un des conjoints dans la dernière maladie, dans la Coutume de Poitou, où, suivant l'article 213 de cette Coutume, le don mutuel est un don pour cause de mort, révocable par l'un des conjoints sans le consentement de l'autre.

13. Ricard demande encore, pour la validité de la révocation du testament mutuel, que le conjoint, qui l'a faite, l'ait notifiée à l'autre conjoint par un acte en forme probante. Il se fonde sur deux arrêts des 15 juin 1591, et 9 juillet 1618, rapportés par

Brodeau au même lieu, qui ont déclaré nulle la révocation d'un testament mutuel, faite par l'une des parties, sans avoir été notifiée à l'autre. Cela a été ainsi jugé pour empêcher les fraudes; car si l'on souffrait que ces révocations pussent être tenues secrètes, un conjoint aurait une voie ouverte, pour pouvoir, en fraude de la réciprocité, qui doit intervenir dans le testament, profiter seul de la donation testamentaire, qui lui a été faite par l'autre conjoint, sans que l'autre conjoint pût jamais profiter de celle qu'il lui a faite, en ne faisant paraître cette révocation, que dans le cas auquel l'autre conjoint survivrait, pour le priver du bénéfice du testament mutuel; et en supprimant, au contraire, cette révocation, dans le cas auquel l'autre conjoint prédécéderait.

14. Ricard observe fort bien que, quoique, dans l'espèce de ces deux arrêts, la révocation du testament mutuel, faite par le conjoint prédécédé, n'eût point été notifiée du tout, de son vivant, à l'autre conjoint, et n'eût été produite qu'après sa mort, elle devrait être pareillement déclarée nulle, dans le cas auquel on aurait attendu à la notifier, au temps de la dernière maladie du prédécédé qui l'a faite; la même fraude n'étant pas moins à craindre dans ce cas, que dans le cas auquel la notification n'a pas été faite du tout : car c'est, à cet égard, la même chose, qu'il n'ait point notifié du tout la révocation du testament mutuel, ou qu'il ait, pour la notifier, attendu le temps auquel il ne pouvait plus avoir l'espérance de survivre, et de profiter du testament mutuel.

15. Il nous reste une chose à observer sur la nature du don mutuel permis par cette Coutume. Quoique, suivant notre observation *suprà*, n. 6, on puisse le regarder en quelque façon comme n'étant pas un avantage proprement dit, que le prédécédé ait fait au survivant donataire mutuel, lequel est censé avoir, en quelque façon, acheté ce qui lui a été donné, par le risque qu'il a couru d'en laisser autant, ou presque autant, au prédécédé, si c'eût été le prédécédé qui eût survécu; néanmoins, lorsqu'on considère ce don mutuel du côté du motif qui a porté les conjoints à le faire, qui est celui d'amitié et de bienfaisance, et de la fin qu'ils se sont proposée en le faisant, qui est celle de faire du bien au survivant, le don mutuel peut passer pour un véritable don, que le prédécédé a fait au survivant. En conséquence, lorsque le survivant donataire mutuel passe à de secondes noces, il doit, conformément à la disposition du second chef de l'Édit des secondes noces, conserver aux enfans de son premier mariage ce qu'il a recueilli de ce don mutuel, pour leur être restitué après sa mort. C'est ce qui a été jugé par sentence du bailliage de Blois du 20 juin 1750, confirmative de celle du bailliage de Châteaudun.

§ III. Entre quels conjoints par mariage la Coutume permet-elle les dispositions qu'elle permet par cet article?

16. La Coutume dit : *Homme et femme conjoints par mariage*. Il est évident que cela ne peut s'entendre que de ceux, qui sont conjoints par un mariage valablement contracté, et qui ait les effets civils, ou auquel, quoiqu'il ne fût pas valablement contracté, la bonne foi des parties, qui l'ont contracté, avait donné les effets civils. *Voyez* ce que nous avons dit, à cet égard, dans notre Traité, *suprà*, n. 30.

17. Il faut, en second lieu, que les conjoints par mariage aient les droits de citoyen. Il est vrai, suivant que nous l'avons enseigné en notre Traité du Don mutuel, n. 159, que les étrangers domiciliés en France, quoiqu'ils n'y soient pas naturalisés, peuvent faire ensemble les dons mutuels entre vifs, permis entre homme et femme par les Coutumes ; mais c'est parce que les dons mutuels entre vifs sont des actes qui appartiennent au droit des gens, dont les étrangers sont capables aussi bien que les citoyens. Il n'en est pas de même des testamens. Ces actes appartiennent au droit civil, qui ne les a établis que pour les citoyens, et dont les étrangers, qui n'ont pas les droits de citoyen, sont incapables. Ils ne peuvent donc pas être capables des dons mutuels, que la Coutume permet aux conjoints par mariage de faire ensemble, n'étant pas capables de faire le testament qui est nécessaire pour le confirmer.

Dans les seigneuries de Marchenoir et Fréteval, qui permettent aux conjoints par mariage de se faire un don mutuel, sans qu'il soit besoin de le confirmer par testament, les conjoints par mariage étrangers, quoique non naturalisés, peuvent se faire ce don mutuel.

18. Pour que le testament mutuel, que la Coutume permet aux conjoints par mariage de se faire l'un au profit de l'autre, puisse être valable, il faut que, lors de la confection du testament mutuel, l'un des conjoints, qui se sont fait ce testament, ne fût pas déjà malade de sa dernière maladie dont il est mort peu après ; car si cela était, le testament mutuel serait nul de part et d'autre. La raison est que, comme nous l'avons déjà observé *suprà*, n. 6, les donations, que la Coutume permet aux conjoints de se faire l'un à l'autre, doivent être des donations qui ne soient pas tant un avantage, que le prédécédé fasse au survivant, que le prix du risque que le survivant a couru d'en laisser autant ou presque autant au prédécédé, si le prédécédé eût survécu. Il faut, en conséquence, que le testament, que la Coutume permet, soit un testament mutuel, dont chacune des parties puisse raisonnablement espérer de percevoir le bénéfice. Or, il est évident que le

testament mutuel, que se sont fait deux conjoints, dont l'un était, lors de la confection, grièvement malade de la maladie dont il est mort peu après, ne peut avoir ce caractère : il n'est donc pas celui que la Coutume permet, et il ne peut être valable.

19. *Quid*, si, lors de la confection du testament mutuel, l'une et l'autre des parties étaient grièvement malades de la maladie dont l'une et l'autre sont décédées, tellement qu'il fût alors absolument incertain laquelle des deux mourrait la première, leur testament mutuel serait-il valable? Un jurisconsulte de la province, que j'ai consulté sur cette question, a trouvé qu'elle souffrirait difficulté. Pour moi, je pense que le testament serait valable. Il est vrai que, dans les Coutumes de Paris, et autres semblables, le don mutuel, fait pendant la dernière maladie des conjoints, ne peut être valable. La raison est, que le don mutuel, que ces Coutumes permettent, est un don entre vifs, et que, suivant les principes de notre droit français, les personnes malades de la maladie dont elles décèdent, lorsque la maladie a déjà un trait prochain à la mort, ne sont plus capables de faire des dons entre vifs. Mais le don mutuel, que la Coutume de Dunois permet, est un don mutuel testamentaire. Le testament étant un acte, dont la nature est de pouvoir se faire, et même de se faire souvent pendant la dernière maladie, les conjoints, quoique malades de la maladie dont ils sont décédés l'un et l'autre, étaient capables de ce don mutuel testamentaire. Si, dans le cas de l'espèce précédente, auquel, lors de la confection du testament mutuel, il n'y avait que l'un des conjoints qui fût malade de la maladie dont il est décédé, le testament mutuel n'est pas valable, c'est par la seule raison que le testament, dans ce cas, n'est pas proprement *mutuel* : il n'y a proprement, en ce cas, que le moribond qui donne à l'autre conjoint; la donation, que l'autre conjoint fait réciproquement, en cas de survie, au moribond, n'est pas sérieuse, étant moralement certain qu'il ne survivra pas. Cette raison ne se rencontre pas dans le cas, auquel, lors de la confection du testament, les deux conjoints étaient pareillement malades de la maladie dont ils sont morts l'un et l'autre, tellement qu'il était incertain lequel des deux conjoints mourrait le premier, chacun d'eux, en ce cas, ayant pu raisonnablement espérer de survivre, et de recueillir le bénéfice du testament. Le testament est véritablement, dans ce cas, testament mutuel, et je ne vois aucune raison pour laquelle il ne serait pas valable. Je vais plus loin, et je pense que, s'il est justifié que, lors de la confection du testament mutuel, les deux conjoints fussent alors grièvement malades, et dans un égal ou presque égal danger de mort, la donation mutuelle faite par le prédécédé mort de cette maladie, au survivant, ne laisserait pas d'être valable, quoique depuis il fût revenu en convalescence ; car il suffit, pour cela, que, lors de la confec-

tion du testament, il fût absolument incertain lequel mourrait le premier, et que chacune des parties ait pu raisonnablement espérer de recueillir le bénéfice du testament.

20. Est-il nécessaire, dans cette Coutume, pour que les conjoints puissent se faire un don mutuel, qu'ils soient communs en biens? Le jurisconsulte, que j'ai consulté sur cette question, tient l'affirmative, et il appuie son opinion de l'autorité d'une note sur l'*article* 68, qui se trouve dans un ancien manuscrit qu'il a en sa possession. Je conviens que les conjoints, qui ne sont pas communs en biens, ne peuvent se faire aucun don mutuel en propriété. La Coutume n'ayant permis aux conjoints le don mutuel en propriété, que des biens de leur communauté, comme nous le verrons au paragraphe suivant, c'est une conséquence que les conjoints qui, n'étant pas communs en biens, ne peuvent avoir des biens de cette espèce, ne puissent se faire de don mutuel en propriété : mais la Coutume ayant permis aussi aux conjoints de se faire don mutuel en usufruit de leurs biens propres, je ne vois aucune raison qui empêche les conjoints, qui ne sont pas communs, de se faire ce don mutuel en usufruit. La Coutume n'ayant point dit que les conjoints dussent être communs pour se faire ce don mutuel en usufruit, on ne doit point exiger des conjoints, pour le faire, ce que la Coutume n'a point exigé. On oppose que le don mutuel en usufruit, que la Coutume permet aux conjoints de se faire de leurs biens propres, n'est qu'un accessoire de celui qu'elle leur permet de se faire des biens de leur communauté ; que l'accessoire ne pouvant pas être sans le principal, les conjoints, qui ne sont pas communs en biens, ne pouvant se faire don mutuel de ce qu'il y a de principal dans le don mutuel que la Coutume permet, ils ne peuvent pas se faire don mutuel de ce qui n'en est que l'accessoire. Je réponds en niant le principe, que le don mutuel des propres en usufruit, que la Coutume permet, ne soit qu'un accessoire du don mutuel des biens de la communauté ; je ne vois rien dans le texte de l'*art.* 68, d'où l'on puisse inférer ce prétendu principe : le don mutuel des propres en usufruit me paraît y être permis, aussi principalement que l'est celui des biens de la communauté.

21. Observez, néanmoins, que, pour que le don mutuel, que des conjoints non communs se seraient fait de tous leurs biens en usufruit, soit valable, il faut qu'il n'y ait pas entre eux une trop grande disproportion de fortune ; car la grande inégalité, qui se trouverait, en ce cas, dans leur don mutuel, est contraire à la nature du don mutuel, que la Coutume permet entre conjoints, lequel ne doit pas paraître un avantage que l'un des conjoints fasse à l'autre, comme nous l'avons observé *suprà*, *n.* 6.

C'est pourquoi, dans cette espèce d'une grande disproportion de fortune, pour que le don mutuel, que les conjoints voudraient se faire, soit valable, il faut qu'il soit porté par le don mutuel; que *les conjoints se sont fait de part et d'autre don mutuel au survivant d'eux de l'usufruit de leurs biens, néanmoins jusqu'à concurrence seulement d'une telle somme de revenu annuel,* laquelle ne doit pas excéder celle à laquelle monte le revenu de celui des conjoints qui a le moins de fortune.

22. Il n'importe pas non plus qu'ils soient mineurs ou majeurs, la Coutume n'ayant point dit quel âge ils devaient avoir, et s'étant contentée de dire qu'ils devaient être sains d'entendement.

§ IV. Des choses dont cet article permet de disposer.

23. Le texte porte : « Peuvent donner l'un à l'autre...... tous
» et chacuns leurs *biens meubles et acquéremens immeubles*, tant
» en propriété qu'en usufruit, qu'ils auront lors du trépas du
» premier décédé des deux, et l'usufruit de tous leurs *héritages pro-*
» *pres,* la vie durant du survivant seulement. »

Il résulte de ce texte, que cet article permet aux conjoints de disposer mutuellement l'un envers l'autre de tous leurs biens, de quelque nature qu'ils soient, avec cette distinction, qu'il leur permet de se donner l'un à l'autre non-seulement l'usufruit, mais même, s'ils le jugent à propos, la propriété de leurs *biens meubles et acquéremens immeubles;* au lieu qu'il ne leur permet de se donner l'un à l'autre que l'usufruit de leurs héritages propres.

24. Qu'entend la Coutume par ces termes, *acquéremens immeubles ?* Elle en a donné elle-même l'explication par ce qui est dit à la fin de l'article : *Mais esdites seigneuries de Marchenoir et Fréteval, quand il y a des enfans,* LESDITS *meubles et conquêts ne se peuvent donner à toujours.* Ce terme, *lesdits,* qui est relatif à ce qu'elle a dit plus haut *des acquéremens immeubles,* déclare suffisamment que ce qu'elle a appelé plus haut *acquéremens immeubles,* est ce qu'elle appelle ici *conquêts,* et qu'elle n'a, par conséquent, compris, sous ce terme, *acquéremens immeubles,* que les conquêts de la communauté, et non les acquêts, que chacun des conjoints a faits avant le mariage, qui n'ont point été apportés en communauté, et qui sont propres de communauté.

La Coutume, en l'*art.* 57, donne aussi promiscuement aux héritages de la communauté les noms de *conquêts* et d'*acquéremens.*

25. Pareillement, par ces termes, *et de l'usufruit de tous leurs héritages* PROPRES, la Coutume entend tous les héritages *propres de communauté,* non-seulement leurs héritages patrimoniaux, qui leur viennent de succession, mais aussi ceux qu'ils ont acquis avant leur mariage, et qui sont *propres* de communauté. C'est une suite de l'interprétation que nous venons de donner des termes *acquéremens immeubles.* La Coutume n'ayant point placé les acquêts faits avant le mariage sous ces termes d'*acquéremens*

immeubles, dans la classe des biens qu'elle permet aux conjoints de se donner en propriété, c'est une conséquence qu'elle les a placés sous les termes *d'héritages propres*, dans l'autre classe des biens dont elle ne leur permet de se donner que l'usufruit.

Cette interprétation est autorisée par un ancien arrêt, connu dans la province sous le nom de l'arrêt des Pichery; lequel, suivant la tradition des anciens praticiens, a jugé que les acquêts immeubles, faits avant le mariage, étaient du nombre de ceux dont cet article de la Coutume ne permet aux conjoints par mariage de se donner que l'usufruit.

La raison de la différence, que la Coutume a mise entre les héritages conquêts de la communauté, et entre les autres héritages des conjoints, en permettant aux conjoints de se donner l'un à l'autre en propriété les conquêts, et en ne leur permettant de se donner que l'usufruit des autres héritages, se tire de la faveur que méritent, à cet égard, les conquêts, qui sont le fruit de leur collaboration.

26. On peut faire une seconde question sur l'interprétation des termes *tous et chacuns leurs biens meubles et acquéremens immeubles*, qui est de savoir, si, sous ces termes, *leurs biens meubles*, la Coutume ne comprend que les biens meubles, qui composent leur communauté, de même qu'elle ne comprend que les acquêts de communauté sous le terme *d'acquéremens meubles*; ou si, sous ces termes, *tous et chacuns leurs biens meubles*, elle comprend tous leurs biens mobiliers, sans aucune exception, tant ceux qui composent la communauté, que les autres.

La Coutume ayant uni ces termes, *tous et chacuns leurs biens meubles*, à ceux-ci, *et acquéremens immeubles*, il y a lieu de penser qu'elle les a entendus dans le même sens. Or, il a été démontré au nombre précédent, que la Coutume, en cet *article* 68, n'avait entendu par ces termes, *acquéremens immeubles*, que les acquêts immeubles de la communauté. Donc il y a lieu de croire que, par ces termes, *tous et chacuns leurs biens meubles*, elle n'a pareillement entendu que les biens meubles de la communauté. On ajoute que, dans le langage ordinaire des Coutumes, lorsqu'elles joignent ce terme *meubles*, avec ceux-ci, *conquêts*, *meubles et conquêts*, elles n'entendent, par *meubles*, que ceux de la communauté, comme dans l'*art.* 281 de la Coutume d'Orléans, où il est dit : Homme et femme..... peuvent faire don mutuel de *leurs meubles et conquêts immeubles*. Il n'est pas révoqué en doute que, par ces termes, *leurs meubles*, la Coutume n'entend que les meubles de la communauté. Pareillement ces termes de l'*art.* 68, *tous et chacuns leurs meubles et acquéremens immeubles*, étant la même chose que ceux-ci, *meubles et conquêts immeubles*, ces termes ne doivent s'entendre que des meubles de la communauté.

On opposera peut-être que la Coutume, après avoir fait une première classe des biens, dont elle permet aux conjoints par mariage de se faire un don mutuel, même en propriété, fait ensuite une seconde classe de ceux dont elle ne leur permet de se faire don mutuel qu'en usufruit ; et, pour déclarer quels sont les biens dont elle compose cette classe, elle s'exprime en ces termes, *l'usufruit de tous leurs héritages propres, la vie durant du survivant seulement.* Or, dit-on, ces termes, *héritages propres,* ne doivent s'entendre que des propres réels, c'est-à-dire, des héritages et des immeubles. Donc, conclut-on, les biens meubles, que chacun des conjoints a hors de la communauté, qu'on appelle propres fictifs, ne sont point compris dans cette seconde classe des biens, dont la Coutume ne permet le don mutuel qu'en usufruit : ils doivent donc être compris dans la classe de ceux, dont elle permet aux conjoints de se faire don mutuel en propriété.

On répond que ces termes, *héritages propres,* dans leur sens propre, ne s'entendent, à la vérité, que des immeubles réels ; mais quelquefois, *lato sensu,* ils comprennent tous les *propres,* même les propres fictifs, c'est-à-dire, les biens meubles, que la fiction regarde comme immeubles et héritages, à l'effet de les empêcher d'entrer dans la communauté. C'est en ce sens large que les termes d'*héritages propres* sont entendus dans cet article ; et c'est l'interprétation que leur a donnée l'usage de la province de Dunois. Il n'y a pas plus de deux ans que, la question s'étant présentée au bailliage de Châteaudun, il fut jugé que les biens meubles, qui étaient propres à chacun des conjoints, ne pouvaient entrer que pour l'usufruit dans leur don mutuel. Il est vrai qu'il y a eu appel de cette sentence, lequel a été porté à Blois, et de Blois au Parlement, où j'ignore si cet appel a été jugé.

27. On peut faire cette question sur le don mutuel, que la Coutume permet, par cet article, aux conjoints de se faire de leurs meubles et conquêts, tant en propriété qu'en usufruit : l'un d'eux pourrait-il donner la propriété de ses meubles et conquêts à l'autre, qui ne lui donnerait que l'usufruit des siens ? ce don serait-il valable ? Je ne crois pas qu'il fût valable ; car il ne serait pas *mutuel* et réciproque à l'égard de la propriété. Or, la Coutume ne permet aucun don entre conjoints par mariage, que celui qui est mutuel et réciproque.

On opposera peut-être que la Coutume n'ayant pas dit que les conjoints doivent se donner *également,* comme le dit la Coutume de Paris, il suffit, pour que le don mutuel soit valable, que chacun des conjoints ait donné quelque chose à l'autre ; mais il n'est pas nécessaire que chacun donne à l'autre autant que l'autre lui a donné : d'où on conclut que le don mutuel ne laisse pas d'être valable, quoique l'un ait donné la propriété de sa portion des biens de la communauté à l'autre, qui ne lui a donné que l'usufruit de la sienne.

Je réponds, que, si la Coutume ne s'est point expliquée comme celle de Paris sur l'égalité du don mutuel, on en doit seulement conclure qu'elle ne requiert pas, dans le don mutuel, une égalité aussi rigoureuse que celle que requiert la Coutume de Paris. C'est pourquoi, le don mutuel, qu'elle permet aux conjoints de se faire l'un à l'autre de l'usufruit de tous leurs propres, ne laisse pas d'être valable, quoique l'un des conjoints ait plus de propres que l'autre. Pourvu que les conjoints se donnent aussi pleinement l'un et l'autre ce qu'ils ont à se donner de part et d'autre, la Coutume ne fait pas attention à quelque inégalité qui se trouverait dans la quantité des choses qu'ils se sont données; mais la Coutume n'entend pas permettre un don, qui, quoique mutuel *aliquatenùs*, présente un avantage évident, que l'un des conjoints ferait à l'autre. La Coutume n'ayant permis, entre conjoints, que les donations mutuelles et réciproques, son esprit, comme nous l'avons déjà observé *suprà, n.* 6, est de ne pas permettre que l'un des conjoints puisse avantager l'autre pendant le mariage. Elle regarde le don mutuel, qu'elle leur permet, comme n'étant pas un avantage, chacun recevant en espérance de l'autre autant, ou à peu près autant, que ce qu'il lui donne : mais on ne peut considérer la donation, que l'un des conjoints fait, de la propriété de la moitié qui lui appartient dans les biens de la communauté, à l'autre conjoint, qui, de son côté, ne lui donne que l'usufruit de la sienne, autrement que comme un avantage qu'il lui fait, qui ne peut, par conséquent, être valable.

28. La donation de celui qui a donné la propriété, est-elle réductible seulement, en ce cas, à l'usufruit? ou le don mutuel est-il, en ce cas, absolument nul de part et d'autre? *Voyez notre Traité du Don mutuel, n.* 166, où nous rapportons les raisons, par lesquelles Ricard établit que le don mutuel est, en ce cas, absolument nul de part et d'autre.

29. Dans le cas, auquel, par une clause du contrat de mariage, la femme n'aurait que le tiers dans la communauté; si elle donnait la propriété de ce tiers à son mari, qui, de son côté, ne lui donnerait que l'usufruit de sa portion, le don mutuel serait-il valable? La raison de douter est, que la femme, qui donne à son mari la propriété du tiers à elle appartenant dans les biens de la communauté, qui se trouveront lors de son décès, reçoit de lui un juste équivalent de ce qu'elle lui donne, par la donation qu'il lui fait de l'usufruit des deux tiers desdits biens, ce qui empêche que la donation, qu'elle lui fait de la propriété de son tiers, ne soit un avantage.

Néanmoins, je pense qu'elle n'est pas valable, faute de réciprocité; car, pour qu'un don soit véritablement mutuel et réciproque, il faut non-seulement que chacune des parties donne à l'autre, mais il faut qu'elles se donnent de la même manière; ce qui ne se rencontre pas, lorsque l'une fait sa donation en propriété, et l'autre ne la fait qu'en usufruit.

C'est pourquoi, dans cette espèce, où la femme n'étant commune que pour un tiers, n'a qu'un tiers à donner à son mari dans les biens de la communauté, son mari ne peut pareillement lui en donner qu'un tiers, qui est la moitié de la portion qu'il y a ; et ils doivent se faire ce don mutuel, ou l'un et l'autre en propriété, ou l'un et l'autre en usufruit seulement.

30. On peut aussi faire quelques questions sur le don mutuel, que la Coutume permet aux conjoints de se faire de l'usufruit de leurs propres. On convient que, dans le cas, auquel il n'y a que l'un des conjoints qui en ait, ce conjoint ne peut pas ajouter au don mutuel qu'il fait de ses meubles et acquêts à l'autre conjoint qui n'a point de propres, l'usufruit de ses propres; car le don ne serait pas mutuel par rapport à cet usufruit de ses propres; et l'addition, qu'il ferait seul de cet usufruit au don des meubles et acquêts, ne pourrait passer que pour un avantage qu'il ferait à l'autre conjoint.

31. Lorsque l'un des conjoints a des propres, dont la quantité est de quelque considération, et l'autre n'a qu'un petit propre qui n'est d'aucune considération, *putà*, une rente d'un écu; c'est le même cas que celui, auquel l'un des conjoints aurait des propres, et l'autre n'en aurait point du tout; car dans les choses morales, *parùm pro nihilo reputatur*.

32. Lorsque la quantité des propres, que chacun des conjoints a, est de quelque considération; quoique l'un d'eux en ait plus que l'autre, ils peuvent chacun ajouter au don mutuel, qu'ils se font de leurs meubles et conquêts, l'usufruit de tous leurs propres, sans que celui, qui en a plus que l'autre, soit censé lui faire un avantage; car, comme il a été déjà observé *suprà*, *n.* 21, la Coutume, par cet *art.* 68, n'exige pas dans le don mutuel une égalité rigoureuse, telle que l'exige celle de Paris; elle suit, au contraire, ce principe du droit romain : *Non amare nec tanquam inter infestos jus prohibitæ donationis tractandum est ; l.* 28, § 2, ff. *de donat. int. vir. et uxor.* S'il fallait qu'il y eût une égalité rigoureuse dans la donation mutuelle, que la Coutume permet aux conjoints de se faire de l'usufruit de leurs propres, il n'y aurait presque jamais lieu à ce don mutuel, le cas étant très-rare que chacun des conjoints ait précisément autant de propres l'un comme l'autre.

33. J'ai vu faire la question., si, lorsqu'il n'y a que l'un des conjoints qui ait des propres réels, il peut, par le don mutuel, en donner l'usufruit à l'autre conjoint, qui, de son côté, ne lui donne l'usufruit que de ses propres conventionnels, n'en ayant

pas de réels; et pareillement, si, lorsqu'il n'y a que l'un des conjoints qui ait des propres conventionnels, il peut, par le don mutuel, en donner l'usufruit à l'autre, qui, de son côté, ne lui donne l'usufruit que de ses propres réels, n'en ayant pas de conventionnels. Il y en a qui pensent que, lorsqu'il n'y a que l'un des conjoints qui ait des propres réels, quoique l'autre en ait de conventionnels, les propres réels ne peuvent pas être compris dans le don mutuel, parce qu'il manquerait de réciprocité par rapport aux propres réels; et pareillement, que lorsqu'il n'y a que l'un des conjoints qui ait des propres conventionnels, quoique l'autre conjoint ait des propres réels, ses propres conventionnels ne peuvent entrer dans le don mutuel, parce qu'il n'y aurait pas de réciprocité par rapport auxdits propres conventionnels. Je ne suis pas de cet avis. La Coutume, par l'*article* 68, n'ayant distingué, par rapport au don mutuel, que deux espèces de biens, l'une des biens de la communauté, dont elle permet de donner la propriété, l'autre, des biens propres; n'ayant fait, à l'égard desdits biens propres, aucune distinction des réels et des conventionnels, n'en ayant fait qu'une seule espèce et une seule classe de biens propres qu'elle permet aux conjoints de se donner en usufruit seulement, il suffit, pour qu'il y ait réciprocité dans le don mutuel, et pour qu'il soit valable, que l'un et l'autre des conjoints aient des propres, qu'ils se donnent réciproquement l'un à l'autre en usufruit, sans qu'il importe si ces propres, qu'ils se donnent, sont propres réels ou propres conventionnels.

§ V. Quelles sont les charges du don mutuel permis par cet article.

34. La Coutume, en cet article 68, ne s'étant point expliquée sur la caution que doit donner le donataire mutuel, lorsque le don mutuel des meubles et conquêts a été fait en usufruit, on peut faire la question, si, lorsque les conjoints ne s'en sont pas non plus expliqués par le contrat de don mutuel, le survivant donataire mutuel est obligé de donner caution fidéjussoire pour jouir de son usufruit. Je pense qu'il y est obligé. Je me fonde sur ce que, suivant les principes du droit établis au titre *usufr. quemadm. cav.*, cette caution est de la nature de l'usufruit, et qu'elle en est une charge naturelle, à laquelle tous les usufruitiers sont de droit commun assujettis : *Hanc cautionem ad omnem usumfructum pertinere Julianus, libro* 38 *Digestorum, probat;* l. 13. ff. *de usufr. et quemadmod. quis utat. Usufructu constituto consequens est, ut satisdatio boni viri arbitratu præbeatur;* l. 4, *Cod. de usufr.* La charge de donner caution étant une charge naturelle de l'usufruit, c'est une conséquence que, pour que l'usufruitier puisse se dispenser de cette caution, il ne suffit pas que la loi et la convention, qui ont établi

son usufruit, ne s'en soient pas expliquées, et ne l'y aient pas expressément assujetti ; il faut, au contraire, qu'elles l'en aient expressément déchargé.

Mais si, par le contrat de don mutuel, que les conjoints se sont fait de l'usufruit de leurs meubles et conquêts, ils s'étaient expressément déchargés de donner caution, la convention serait valable, et le survivant donataire mutuel ne serait point, en conséquence, obligé d'en donner : car qui peut le plus, peut le moins. Or, les conjoints pouvaient se donner en pleine propriété leurs meubles et conquêts, suivant la permission que la Coutume leur en donne, ce qui est plus que de se les donner en usufruit, sans charge de caution ; donc ils peuvent ce qui est le moins, c'est-à-dire, se faire don en usufruit desdits meubles et conquêts, sans charge de caution.

35. Il n'en est pas de même du don mutuel, que la Coutume leur permet de se faire de l'usufruit de leurs propres : la Coutume ne leur permettant de se faire ce don qu'en usufruit, et ne dispensant pas de la caution le donataire ; si les conjoints, par le contrat de don mutuel qu'ils se font de l'usufruit desdits propres, dispensaient de la caution le donataire, ils feraient plus que ce que la Coutume leur permet de faire ; ils ajouteraient au don qu'ils se font de l'usufruit de leurs propres, qui est tout ce que la Coutume leur permet à l'égard desdits propres, la décharge de donner caution : cette clause, comme exorbitante de ce que leur permet la Coutume, ne peut donc être valable.

36. La Coutume charge le donataire mutuel de payer les *dettes, legs et funérailles du premier décédé.*

Lorsque les conjoints ne se sont fait don que des biens de leur communauté, et qu'ils n'y ont point ajouté celui de l'usufruit de leurs propres, le donataire mutuel n'est tenu de payer que les dettes de la communauté, qui sont une charge des biens de la communauté, dont il est donataire ; il n'est pas tenu de payer les dettes propres, c'est-à-dire, celles que le prédécédé devait seul hors de la communauté ; et si ce donataire mutuel était contraint de les payer au créancier, sur quelque action hypothécaire que le créancier aurait donnée contre lui, comme possesseur des conquêts du prédécédé qui y sont hypothéqués, le donataire mutuel doit avoir recours contre les héritiers du prédécédé, pour en être acquitté.

37. Outre les dettes, la communauté charge le donataire mutuel de payer *les legs et funérailles du premier décédé.*

Nous avons vu, en notre Traité du Don mutuel, *n.* 230, que plusieurs Coutumes imposaient pareillement au donataire mutuel cette charge de payer les legs et d'accomplir le testament du prédécédé ; et nous avons observé que, suivant l'interprétation, que la jurisprudence et les commentateurs ont donnée à ces dispositions, elles étaient bornées aux legs modiques pour aumônes, prières, petits présens, etc., qui sont d'usage dans les testamens, et auxquels le donataire mutuel a dû s'attendre; mais qu'elles ne s'étendaient point à des legs considérables, qui donneraient une atteinte considérable au don mutuel. Je pense que la disposition du présent article doit souffrir la même limitation; qu'elle doit être bornée aux legs modiques, et ne doit pas être étendue à des legs considérables, faits par des actes séparés de celui qui contient le don mutuel, qui donneraient une atteinte considérable au don mutuel. Il est vrai que le don mutuel, permis par cet article, étant un don mutuel qui est fait ou confirmé par testament, est de sa nature révocable, soit pour le tout, soit pour partie; mais, suivant la nature des testamens mutuels, pour que la révocation du don mutuel, porté par le testament mutuel, soit valable, il faut, comme nous l'avons observé ci-dessus, n. 12, que le donateur l'ait de son vivant notifiée au donataire; tout autre acte ne peut donner atteinte à ce don mutuel. Le donateur ne peut donc, après le testament mutuel, donner atteinte au don mutuel par quelque testament particulier, qui contiendrait des legs considérables; le donataire mutuel ne doit donc pas être tenu desdits legs considérables.

38. Lorsque les conjoints ne se sont pas fait don mutuel en propriété de leurs meubles et conquêts, comme la Coutume le leur permet, mais se sont fait ce don mutuel seulement en usufruit, les héritiers du donataire mutuel, lors de la restitution, qu'ils doivent faire aux héritiers du prédécédé, des biens dont le donataire mutuel a joui, doivent retenir, sur lesdits biens, tout ce que le donataire mutuel a payé pour les dettes, legs et funérailles du prédécédé; car ce sont charges desdits biens, qui les diminuent de plein droit.

Il n'y a que les arrérages des rentes dues par la communauté, courus pendant tout le temps qu'a duré la jouissance du donataire mutuel, que le donataire mutuel paie sans aucune répétition, ces arrérages étant des charges des revenus qu'il perçoit pendant ledit temps. A l'égard des arrérages courus jusqu'à la mort du prédécédé, qui étaient dus lors de la mort du prédécédé, et que le donataire mutuel a payés, les héritiers du donataire mutuel, lors de la restitution qu'ils font aux héritiers du prédécédé, des biens dont le donataire mutuel a joui, les retiennent pour la part dont le prédécédé en était tenu, de même que les autres dettes du prédécédé que le donataire mutuel a acquittées.

39. Lorsque les conjoints ont ajouté au don mutuel qu'ils se sont fait de leurs meubles et conquêts, celui de l'usufruit de leurs propres, le donataire mutuel doit aussi avancer les dettes propres du prédécédé; sauf à ses héritiers à s'en faire faire rai-

son et déduction par le prédécédé, lorsqu'ils lui feront la restitution du don mutuel.

A l'égard des rentes, dont le prédécédé était seul débiteur, le donataire mutuel, qui jouit en usufruit des propres du prédécédé, doit acquitter, sans aucune répétition, tout ce qui courra d'arrérages desdites rentes, pendant tout le temps de sa jouissance, lesdits arrérages étant une charge des revenus qu'il perçoit : ceux courus avant la mort du prédécédé, et qui étaient dus lors de sa mort, sont une dette de la communauté des conjoints, et doivent, par conséquent, de même que les autres dettes de la communauté, être, ou payés sans répétition, lorsque le don mutuel des meubles et conquêts a été fait en propriété, ou seulement avancés, s'il n'a été fait qu'en usufruit.

40. La Coutume, après avoir dit que le donataire mutuel doit payer les dettes, legs et funérailles du prédécédé, ajoute : *Ensemble les charges foncières que doivent les héritages, et iceux entretenir.*

L'acquittement des charges foncières, tant des annuelles et ordinaires, que des extraordinaires, qui échéent pendant tout le temps que dure l'usufruit, est une charge commune à tous les usufruitiers. *Voyez ce que nous en avons dit en notre Traité du Don mutuel.*

A l'égard de celles, qui sont échues du vivant du prédécédé, et qui étaient dues lors de la mort du prédécédé, elles sont dettes de la communauté, laquelle ayant la jouissance des héritages propres respectifs des conjoints, était tenue en conséquence d'en acquitter les charges foncières : le donataire mutuel en est tenu en conséquence, comme il est tenu des autres dettes de la communauté ; c'est-à-dire, qu'il doit, ou les acquitter sans répétition, si le don mutuel des meubles et conquêts est en propriété, ou seulement les avancer, s'il n'a été fait qu'en usufruit.

41. Enfin, la Coutume impose au donataire mutuel la charge d'entretenir les héritages propres du prédécédé, dont l'usufruit est compris au don mutuel. C'est une charge naturelle de l'usufruit des héritages. *Voyez ce que nous en avons dit en notre Traité.*

Le donataire mutuel est tenu, en conséquence, de faire toutes les réparations d'entretien, qui surviennent pendant le temps de son usufruit auxdits héritages.

A l'égard de celles, qui sont survenues pendant le temps de la communauté qui a été entre les conjoints, et qui étaient à faire lors de la mort du prédécédé, elles sont une dette de cette communauté, qui, ayant la jouissance des héritages propres des conjoints, était, en conséquence, tenue de leur entretien. Le donataire mutuel, en sa qualité de donataire mutuel des meubles et conquêts, en est tenu de la même manière qu'il est tenu de toutes les autres dettes de communauté.

42. La Coutume, en cet article, impose au donataire mutuel une autre charge, qui est particulière au cas auquel il y a des enfans. Il y est dit, *à la charge de nourrir, entretenir, pourvoir et assigner leurs enfans selon leur état, durant leur minorité, ou qu'ils soient mariés, ou autrement pourvus.*

Ce terme *entretenir,* comprend non-seulement tout ce qui est nécessaire pour les besoins du corps, mais ce qui est nécessaire pour l'éducation des enfans.

Ces termes *pourvoir et assigner,* me paraissent signifier que le donataire mutuel doit faire les dépenses nécessaires pour mettre ses enfans en état d'exercer quelque profession qui leur procure de quoi vivre. Par exemple, si les conjoints étaient des artisans, le donataire mutuel doit faire apprendre des métiers à ses enfans : s'ils sont d'une condition plus élevée, il doit faire les dépenses nécessaires pour les mettre en état d'exercer quelque profession à laquelle il les jugera propres, telle que celle d'avocat, de médecin, ou quelque autre ; et, pour cela, les envoyer dans les universités, leur fournir les livres nécessaires, faire les frais des degrés qu'ils y obtiendront, etc. Si on destine les enfans au service, le donataire mutuel doit les placer dans quelque corps, et leur donner un équipage convenable.

§ VI. Comment le donataire mutuel est-il saisi ; et quelle procédure a-t-il à faire vis-à-vis des héritiers du prédécédé ?

43. La Coutume, par cet article, saisit de plein droit le donataire mutuel, suivant ces termes, *et est saisi.*

Le donataire mutuel peut, en conséquence, retenir les biens compris au don mutuel, lesquels, étant des biens dont il jouissait conjointement avec le prédécédé, se trouvent par-devers lui à la mort du prédécédé : il n'est point obligé à en demander la délivrance aux héritiers du prédécédé ; il n'est obligé à autre chose envers eux, qu'à leur donner copie de l'acte du don mutuel. La signification a coutume de s'en faire par un huissier, qui en donne copie aux héritiers.

44. Lorsque le don mutuel est en propriété, le donataire mutuel n'a aucun inventaire à faire des meubles de la communauté ; les héritiers du prédécédé n'ayant rien à y prétendre, ils peuvent seulement demander un inventaire des titres, pour connaître s'il se trouve des propres dans la succession du prédécédé, la propriété desdits propres appartenant auxdits héritiers.

Il faut, néanmoins, excepter le cas, auquel le prédécédé aurait laissé des enfans mineurs ; auquel cas le survivant, quoique donataire mutuel en propriété, a intérêt de faire un inventaire pour empêcher la continuation de communauté. *Voyez notre Traité de la Communauté, n.* 789.

Lorsque les conjoints ne se sont fait don mutuel de leurs meubles et conquêts qu'en usufruit, il est nécessaire, en ce cas, de faire un inventaire et une prisée des meubles. *Voyez ce que nous en avons dit en notre Traité du Don mutuel, n.* 214 *et* 215.

FIN DU SIXIÈME VOLUME.

TABLE

Des chapitres, articles, sections et paragraphes contenus dans le Traité de la Puissance du Mari, dans celui de la Communauté, et dans celui des Donations entre Mari et Femme.

TRAITÉ DE LA PUISSANCE DU MARI.

PREMIÈRE PARTIE.

SECONDE PARTIE.

TRAITÉ DE LA COMMUNAUTÉ.

PREMIERE PARTIE.

SECONDE PARTIE.

TROISIÈME PARTIE.

QUATRIÈME PARTIE.

CHAPITRE II.

CINQUIÈME PARTIE.

SIXIÈME PARTIE.

TRAITÉ

DES DONATIONS ENTRE MARI ET FEMME.

PREMIÈRE PARTIE.

TOME VI.

46

APPENDICE AU TRAITÉ DES DONATIONS

ENTRE MARI ET FEMME.